上海市级专志

中山医院志

上海市地方志编纂委员会　编

上海科学技术文献出版社

颜福庆（1882—1970），中山医院创办人，中国近代著名医学教育家、公共卫生学家

1931年1月17日，中山医院发起人会议在上海银行公会召开，沪上政、学、商、医各界名流与会，联合签署《筹设上海中山医院缘起》

籌設上海中山醫院緣起

國家統一，建設伊始，凡我國民，敢不奮起，以盡天職，以利人羣，

醫學為世界科學之結晶，且為人類生命之保障，疲癘發疾，

四民無告者，固隨處皆是，而以上海一隅五方雜處，屬五界第

六之大都，人口有二百七十五萬以上，疾癘叢生，不堪設想，當

供不應求之際，殊乏規模發大之醫院可以收容病人，分科

療治，以救危急；間或有之，都為外人所經營，要皆為外

人而設取費過高，吾中人以上，既難問津，遑遍平民。

國人而設，蘗都扯於經齊，設備不同，更無分科旧療之可

能以收專門之功效。即醫師林立，分任各科，而每遇病者，

亟欲送院特殊診治，乃無相當之處足資遠送，以應急

亟需。至民眾一般，更為可憫，固之設備發善之醫院，常感

就診無門之痛苦，坐以待斃比，皆此，故以社會之需要亟

待醫院之建設。

先總理以醫國之長才，兼治病之能手，早歲問世，懸壺滬

中，秉今南服，人爭義之，其三民主義，注重衛生，自強

不息，立民族之基，博愛人君羊，樹民生之的，吾全國民

尤以總理之心為心，目擊乎國家之急需，就通都大邑樹

其風聲。爰有創設上海中山醫院之議，蓋亦以紀念

先總理以斯人走千萬通志之高一申……

發 起 人

易恒基　陸文六　慶谷卿　顏福慶

陳炳謙　孔祥熙　許秋帆　郭希祈　林可勝　陳光甫　伍連德　黃瑞生　林拯侯

宋子文　徐謨　王正廷　張嘉璈　杜月笙　辛慶甫　陳嘉祐　林宣明　劉鴻生

譚延闓　褚民誼　錢永銘　金曰章　吳任之　孫科

1931年，建院发起人签名，其中孙科为孙中山先生之子

春满江南

上海中山醫院

上海醫學院奠基典禮

牛惠生敬題

1935年，牛惠生为上海中山医院及上海医学院奠基题词

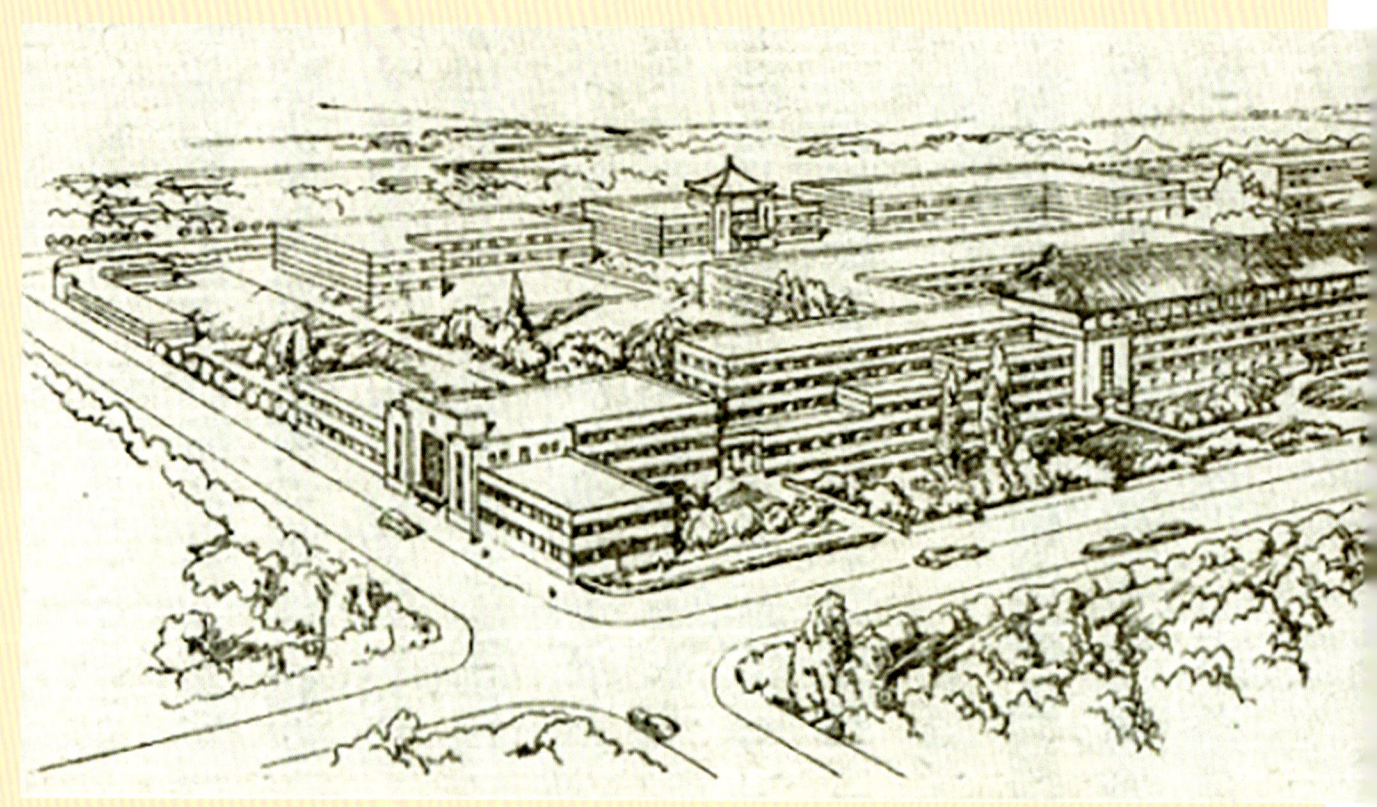

1936年，上海医事事业中心鸟瞰图（效果图），包含上海医学院和上海中山医院

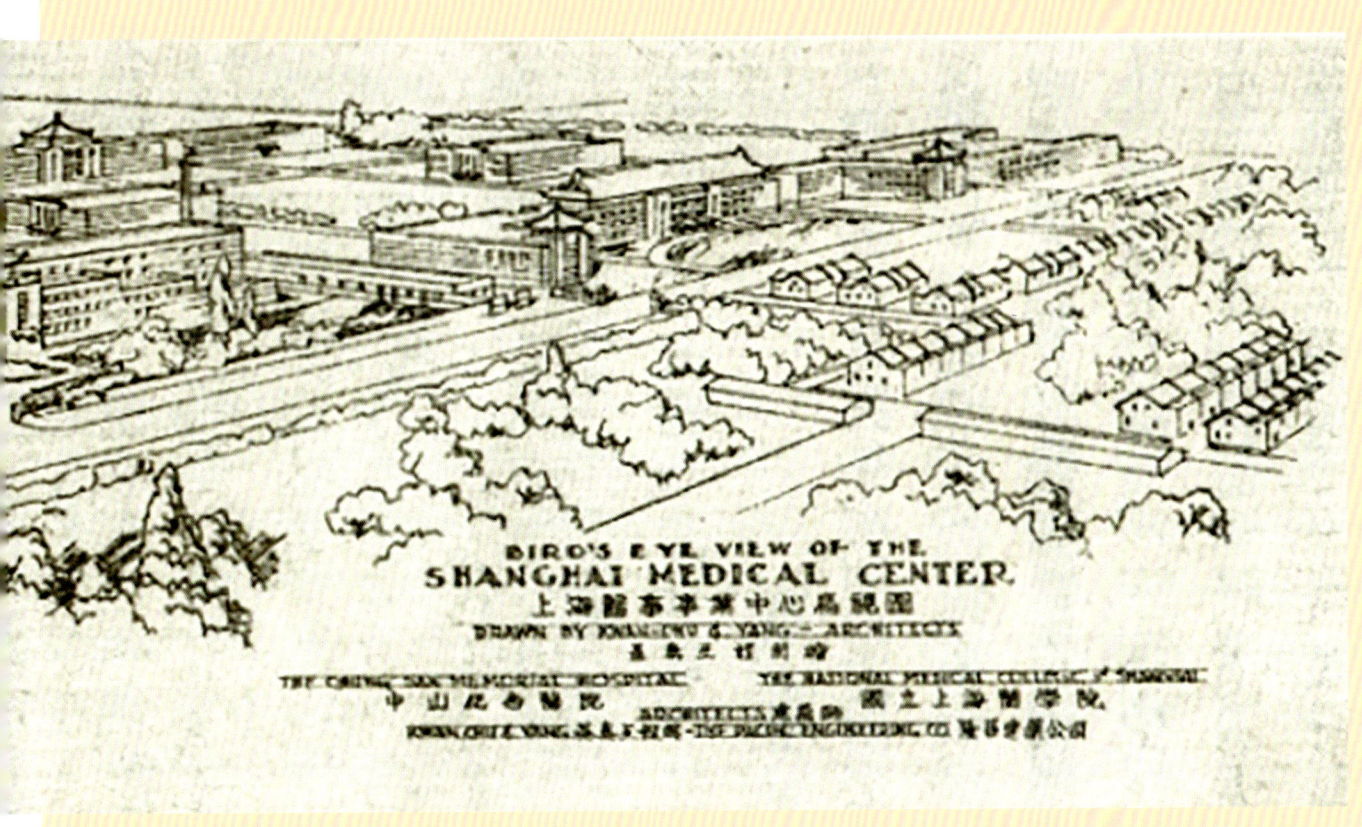

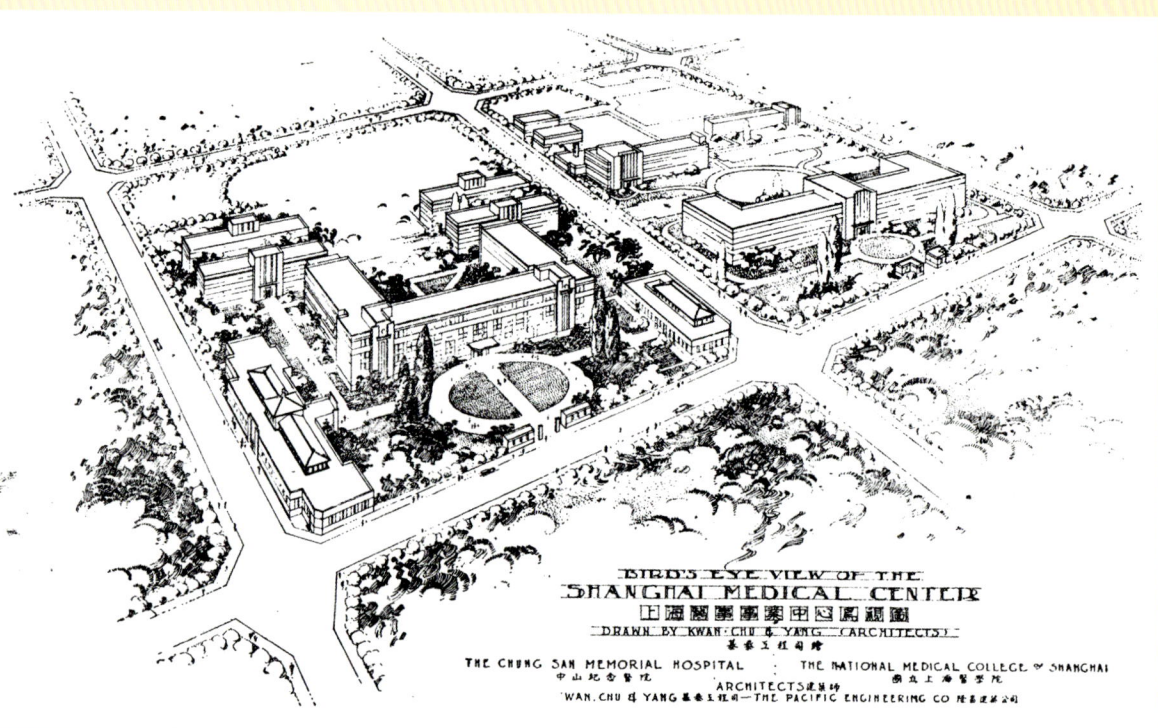

$\dfrac{1}{2}$

1. 1936年，上海医事事业中心鸟瞰图
2. 1936年，建设中的中山医院

1936年，中山医院建成（现3号楼）

1937年4月，中山医院开业合影，此照片刊载于当年中华医学会会刊

中山醫院將開幕

各界贈品續誌

楓林橋中山醫院、行將開幕、各界贊助、熱烈、禮品頻送、曾誌前報、茲聞該院昨日新收禮物、爲胡美醫師櫃鐘一具、隆昌公司雙面電鐘一只、五洲大藥房柚木器具全堂、楊嘯天司令銀杯一只、方椒伯君立軸一幅、江蘇銀行銀盾一座、張公權部長匾額一方、朱少屏君畫鏡二幅、尚慕姜君銀盾一座、袁覆登君立軸一幅、中華職業教育社立軸一幅、惠霖中學立軸一幅、此外各方禮品、絡繹不絕、惟聞該院所需用品、爲病房花插、被褥、床凳、窗帷、滅火器、電鳳扇、冰箱、短波電療機、大菜刀叉、中式客廳木器、病人用輪椅、及懸燈等、尚望熱心人士捐助云、

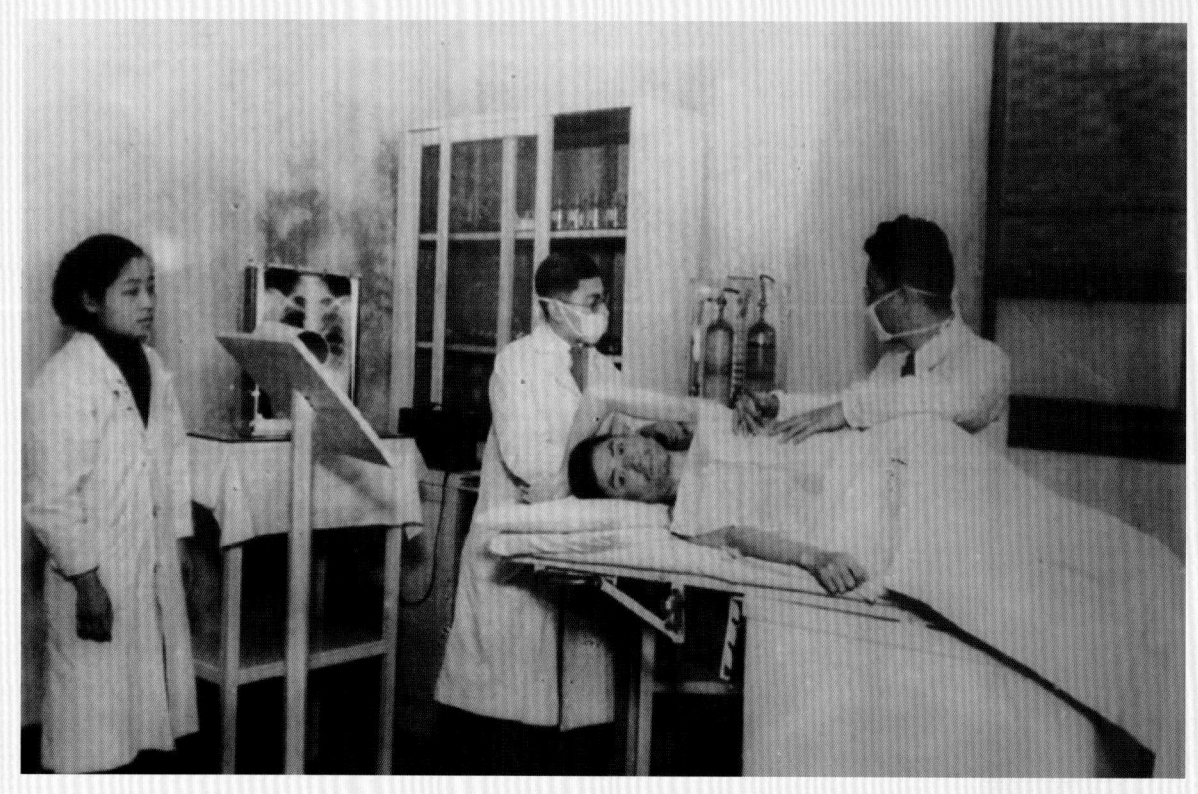

1
2

1. 1937年，报刊登载中山医院即将开幕，记述社会各界热烈捐助医院用物的情况
2. 20世纪50年代，医院早期诊疗活动

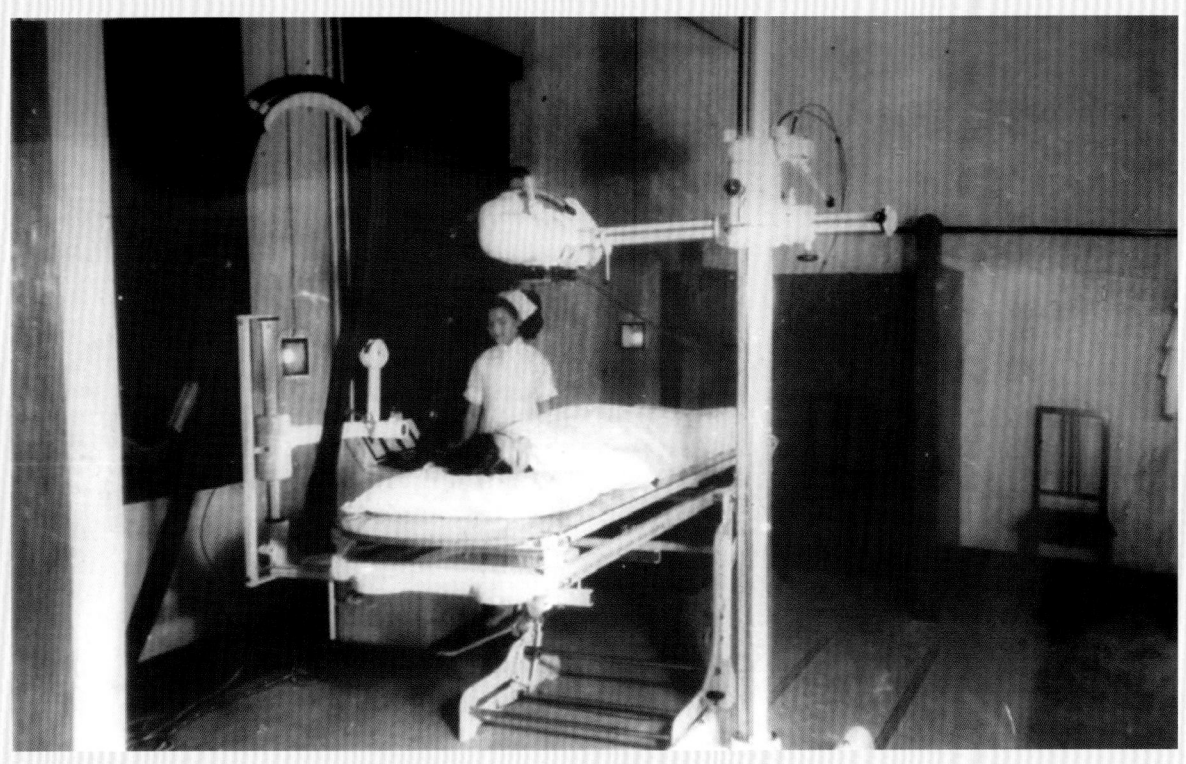

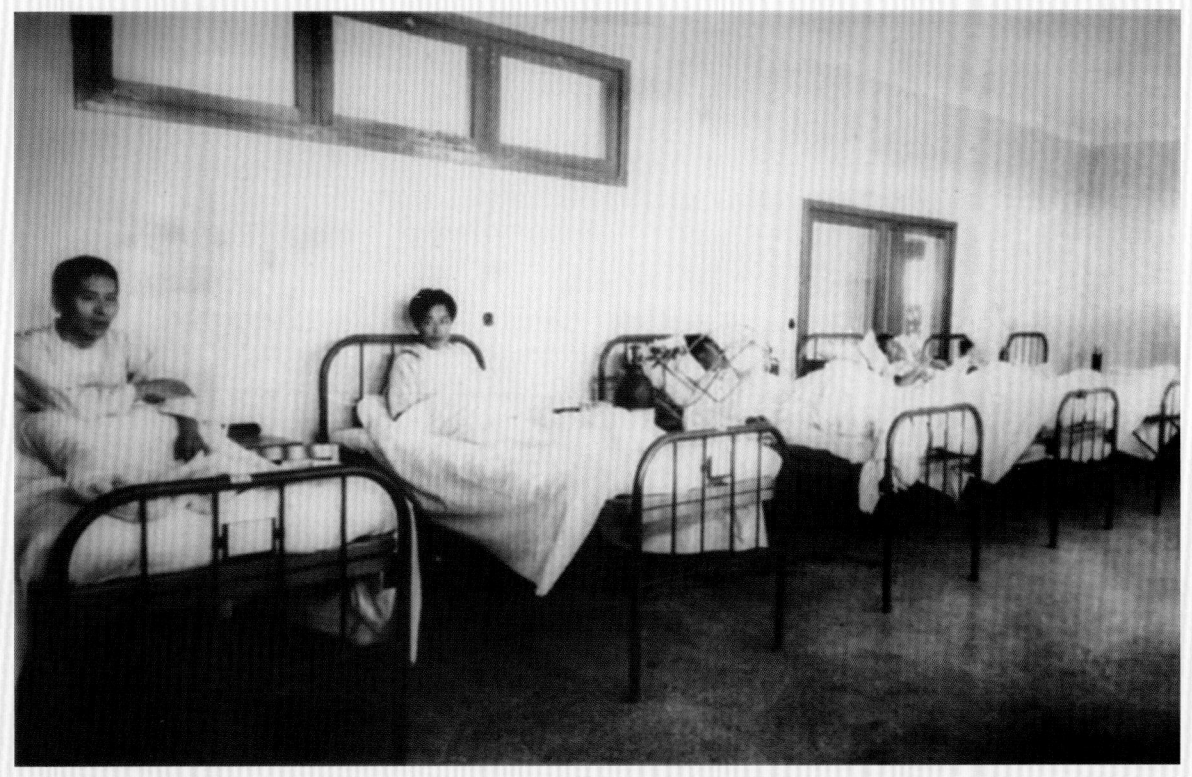

$\frac{1}{2}$

1. 20世纪50年代，医院早期X光室
2. 20世纪50年代，医院早期病房

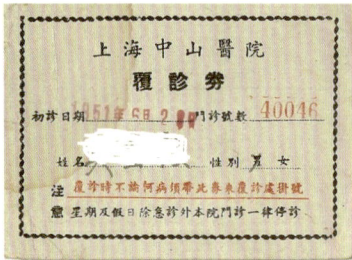

Date: September 15, 1950
Name: 張克非小姐
Hosp. No. 50-3753.
Diagnosis: Adeno-fibromata of breast.
Operation: Excision of adeno-fibromata of breast.
Anaesthesia: Local. o.5% novocain
Operators: Drs. Shen, Wang, Chien and Huang.
Procedure:-

After usual preparation, intradermal and subcutaneous infiltration of novocain solution were made along the infra-mammary fold. A curvilinear incision was then made along it reaching the retro-mammary space immediately. Here more novocain solution was injected beneath the breast using long needles. The breast could then be lifted up from below without any sensation. Now pushing the tumor down from above by the assistant's hand, it was dissected out readily. The tumor was found to be well encapsulated, but at places some glandular tissues were taken with it also. Another much smaller tumor, at first thought to have been incorporated in the main one, was inadvertently left behind. The wound had to be partly re-opened for its removal.

Closure of wound was made in three layers all interrupted. The first anchored the glandular tissue to deep fascia, the second approximated the subcutaneous layer and the third the skin.

Snug gauze dressing.

Patient stood the operation well.

J. K. Shen

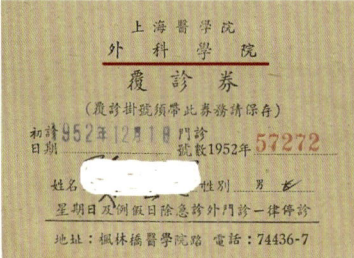
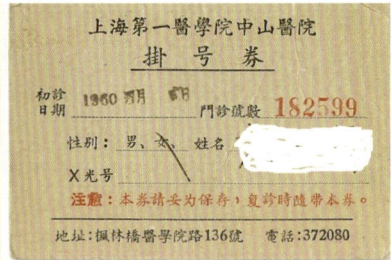

$$\frac{1}{2 \mid 3 \mid 4}$$

1. 1950年沈克非手术记录
2~4. 1951年、1952年、1960年的中山医院复诊券

$\frac{1}{2}$

1. 20世纪80年代，中山医院门诊部入口
2. 20世纪80年代，中山医院门诊部

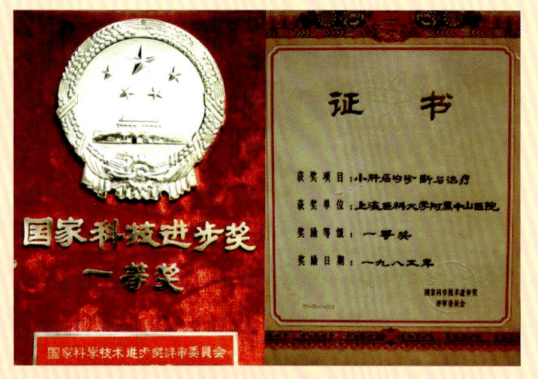
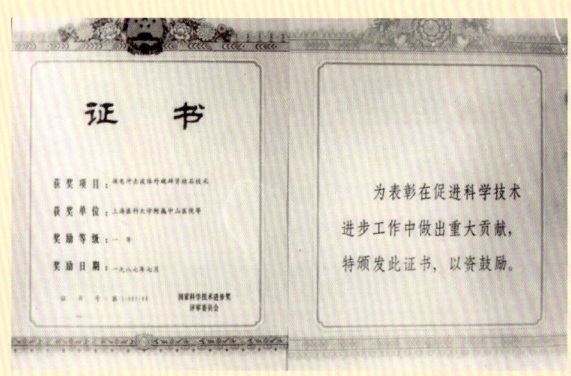

$\dfrac{1\ \vert\ 2}{3}$

1. 1985年，"小肝癌的诊断与治疗"获国家科技进步奖一等奖
2. 1987年，"液电冲击波体外破碎肾结石技术"获国家科技进步奖一等奖
3. 2007年，"转移性人肝癌模型系统的建立及其在肝癌转移研究中的应用"获国家科技进步奖一等奖

一级教授

颜福庆
（1882—1970）

黄家驷
（1906—1984）

沈克非
（1898—1972）

吴绍青
（1895—1980）

荣独山
（1901—1988）

谷镜汧
（1896—1968）

林兆耆
（1896—1968）

杨国亮
（1899—2005）

郭秉宽
（1904—1991）

钱 悳
（1906—2006）

陈翠贞
（1898—1958）

（说明：以上均为在中山医院工作过的一级教授）

两院院士

陈中伟
中国科学院学部委员、
中国科学院院士

汤钊猷
中国工程院院士

陈灏珠
中国工程院院士

葛均波
中国科学院院士

樊　嘉
中国科学院院士

历任院长

牛惠生
1937年2—5月
任院长

应元岳
1937年8月—不详
任院长

沈克非
1946年10月—1952年3月
任院长

黄家驷
1952年4月—1955年4月
任院长

崔之义
1955年4月—1961年11月
任院长

林兆耆
1961年11月—1966年12月
任院长

裘　麟
1978年8月—1984年10月
任院长

王承棓
1984年10月—1988年8月
任院长

林　贵
1988年8月—1991年12月
任院长

杨秉辉
1991年12月—2003年1月
任院长

王玉琦
2003年1月—2013年12月
任院长

樊　嘉
2013年12月—
任院长

历任书记

袁耀萼
1949年9月—1952年2月
任党支部负责人

刘文英
1952年2月—1953年10月
任党支部书记

张 亮
1953年10月—1963年3月
任党支部、党总支书记

胡田成
1963年3月—1968年3月
任党总支书记

方梦日
1970年8月—1976年7月
任党总支书记

张培胜
1976年7月—1978年8月
任党委书记

裴 麟
1978年8月—1984年11月
任党委副书记（主持
工作）、党委书记

朱新华
1984年11月—1992年10月
任党委书记

施荣范
1992年10月—2004年6月
任党委副书记（主持
工作）、党委书记

王小林
2004年6月—2007年8月
任党委书记

秦新裕
2007年8月—2015年7月
任党委书记

汪 昕
2015年7月—
任党委书记

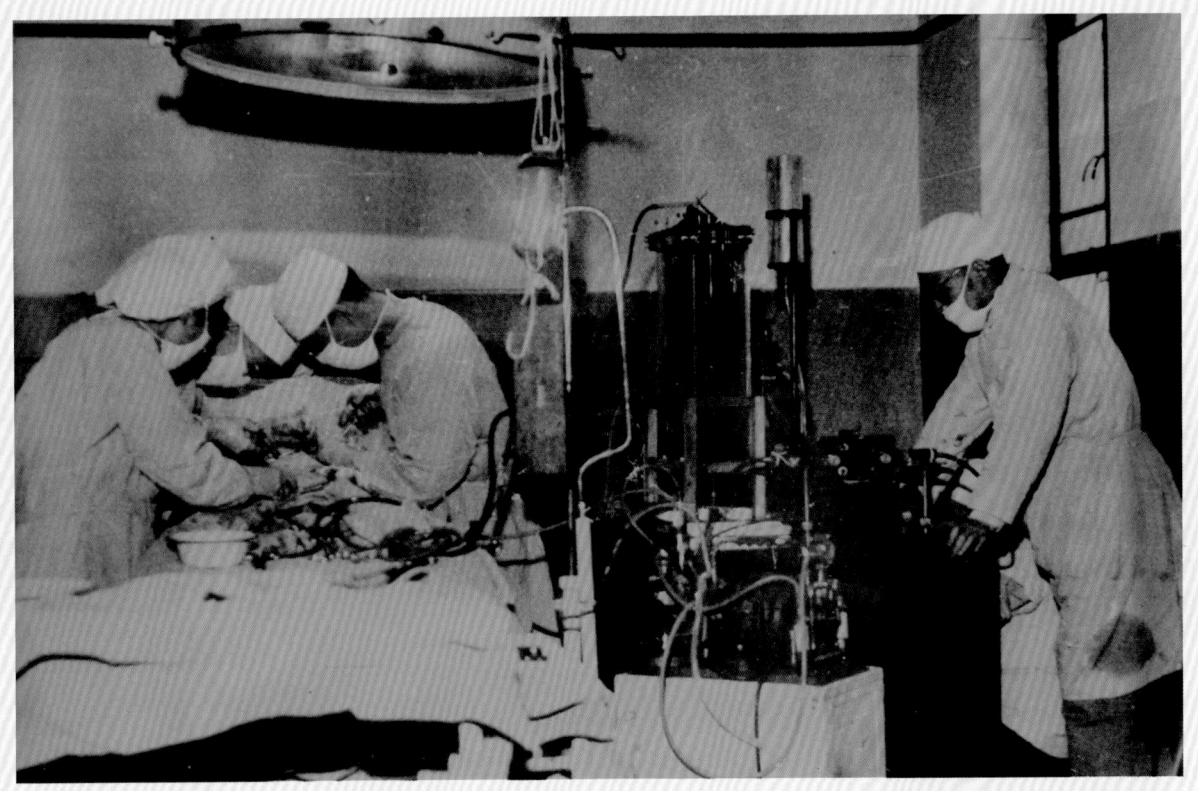

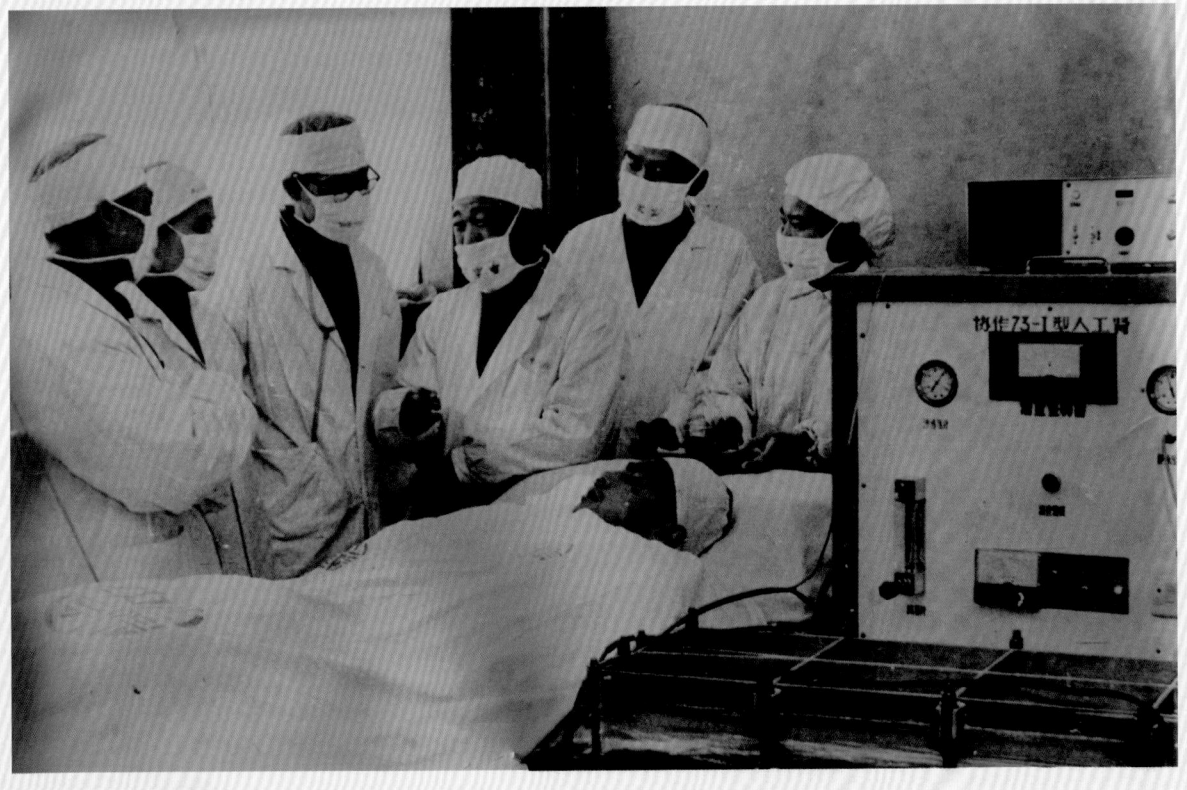

$\frac{1}{2}$

1. 20世纪50年代，国产第一台人工心肺机用于体外循环心脏手术
2. 1972年9月，平板式人工肾透析治疗

$\frac{1}{2}$

1. 20世纪70年代早期，开展无创通气治疗
2. 1979年，试制真丝人造血管成功

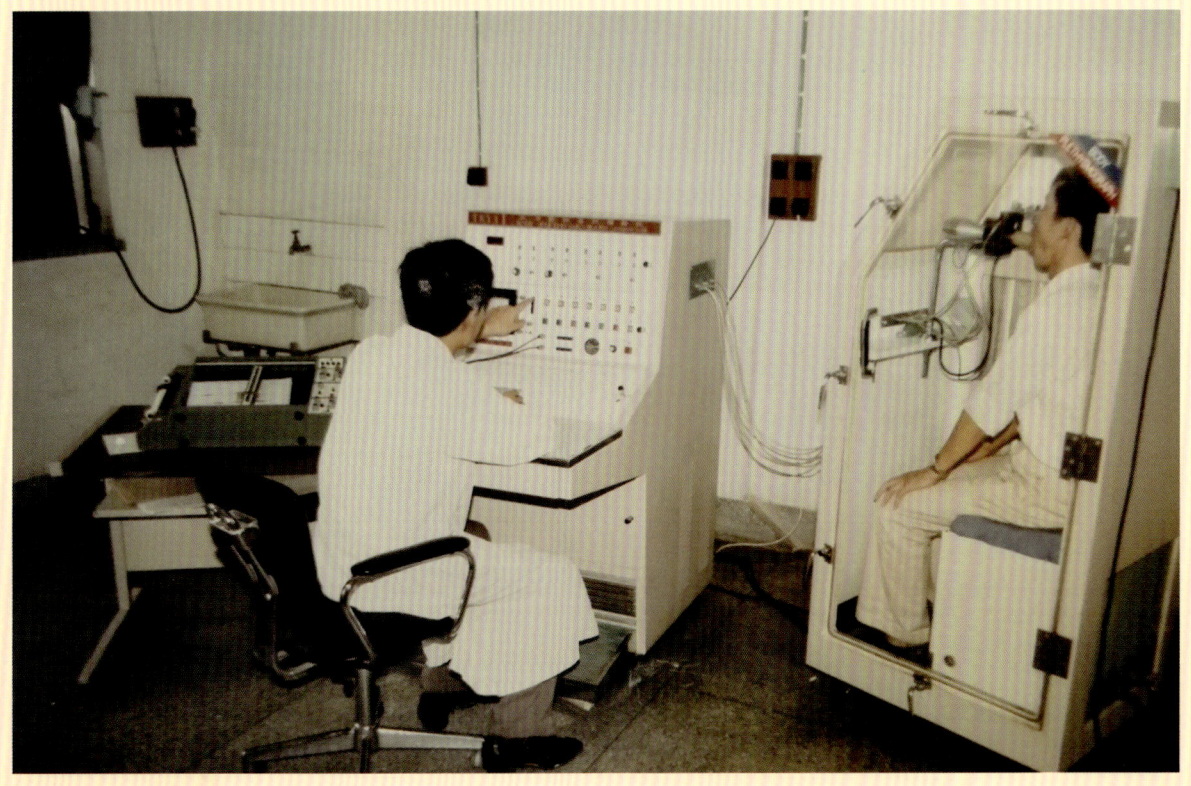

$\dfrac{1}{2}$

1. 20世纪70年代，心胸外科石美鑫（右三）和心内科陈灏珠（坐者）合作开展心脏病学创新研究
2. 1987年，早期肺功能检查

$\frac{1}{2}$

1. 1992年，中国首例依靠人工全静脉营养维持生命的"无肠女"周绮思（右二）与医院吴肇光（左三）、蒋豪（左二）、黄德骧（左一）合影

2. 20世纪90年代，"无肠女"周绮思（右一）与普外科吴肇汉（左一）合影

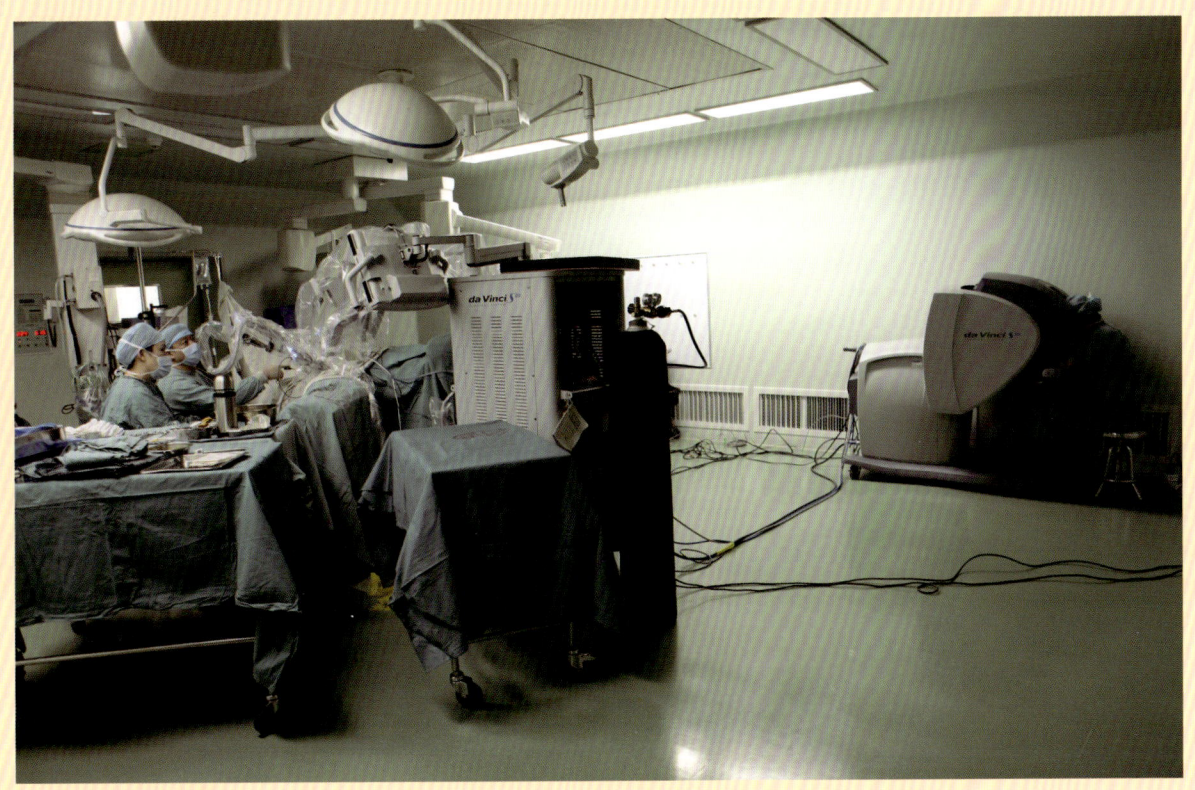

$\frac{1}{2}$

1. 2009年，医院引进达芬奇机器人外科手术系统，是国内首批拥有该设备的医院之一
2. 2015年，肝肿瘤外科成功开展世界首例利用切除的废弃肝脏行成人-儿童部分肝移植

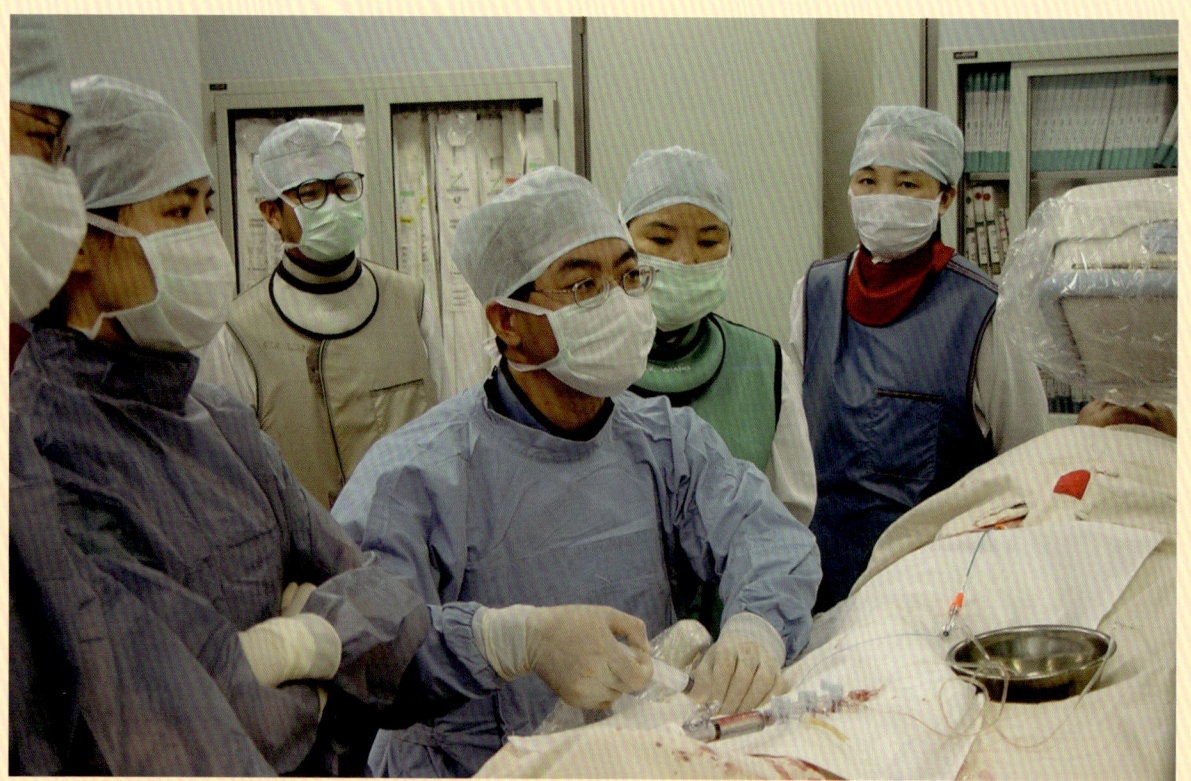

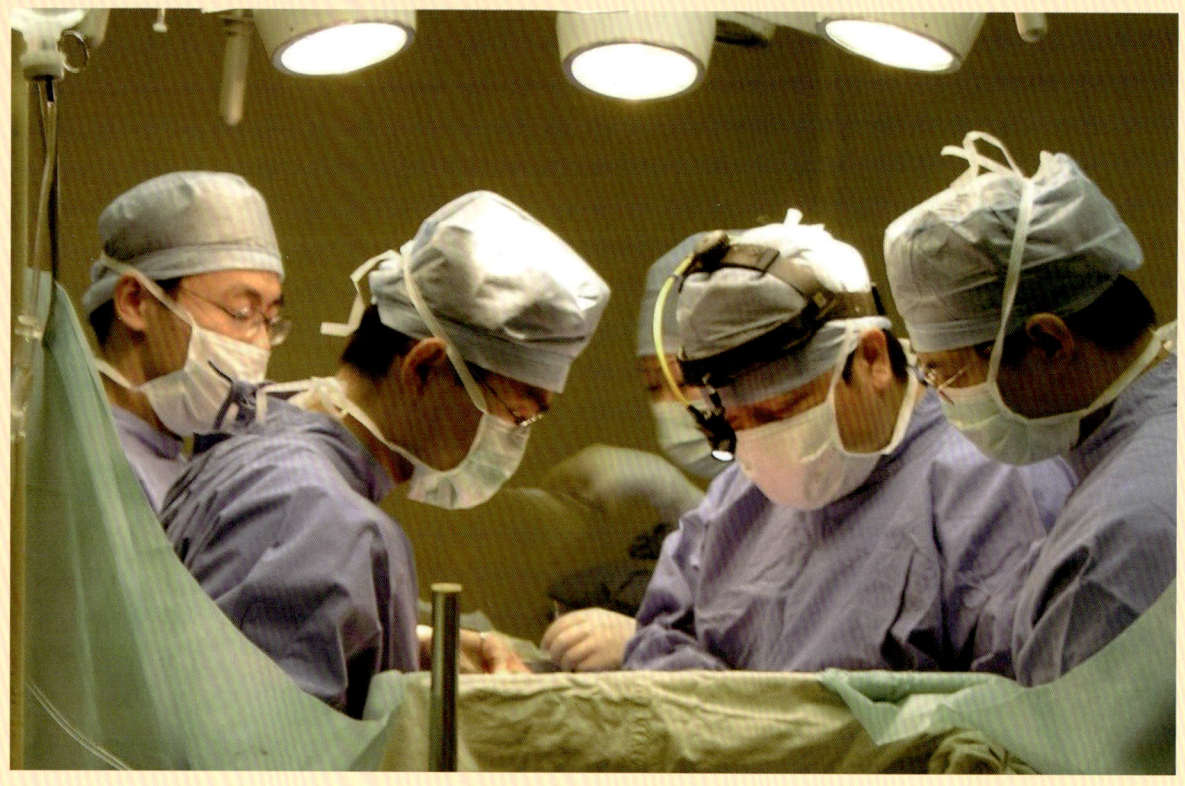

$\dfrac{1}{2}$

1. 21世纪初，中国科学院院士葛均波在手术中
2. 21世纪初，心脏移植手术

$\dfrac{1}{2}$

1. 1951年，黄家驷（左二）担任上海市抗美援朝志愿医疗手术总队队长兼第二手术大队长
2. 20世纪50年代，医院职工在街头进行卫生宣传

$\dfrac{1}{2}$

1. 1974年，医院援多哥医疗队员受到多哥总统（右三）接见
2. 1991年10月1日，医院援摩洛哥塔扎医疗队与当地医务人员一起欢度国庆

$\dfrac{1}{2}$

1. 20世纪90年代，医院职工参加安徽抗洪救灾
2. 1998年，医院职工参加上海医疗队赴安徽抗洪救灾

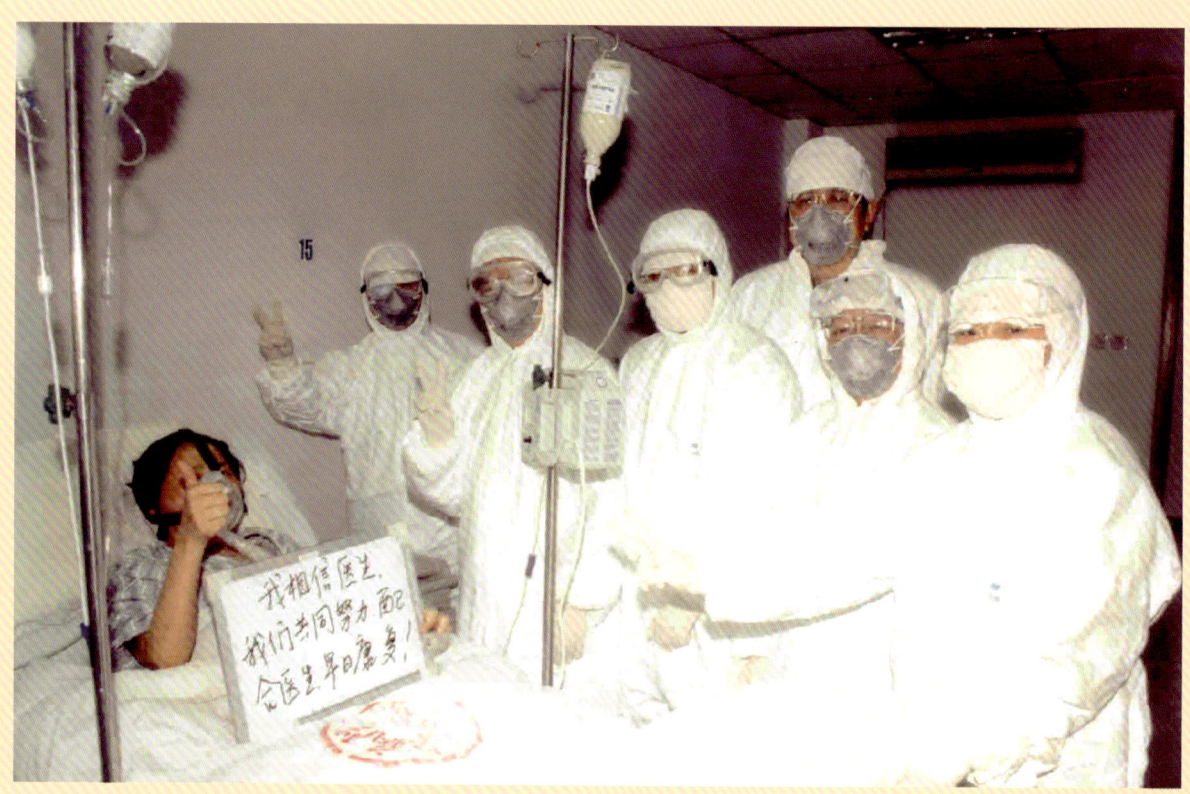

$\frac{1}{2}$

1. 2003年，医院医护人员进驻上海市传染病医院救治传染性非典型肺炎（SARS）患者
2. 2004年，医院派出医护人员参加中国卫生救援队赴印度尼西亚参与海啸灾后救援

$\dfrac{1}{2}$

1. 2008年5月，医院第一批赴四川汶川抗震救灾医疗队出发合影
2. 2012年，医院国家医疗队出发合影

$\frac{1}{2}$

1. 2012年，医院国家医疗队在云南巡回医疗
2. 2014年8月8日，复旦大学与厦门市签署协议，共建"复旦大学附属中山医院厦门医院"

$\dfrac{1}{2}$

1. 2014年8月，医院紧急选派2名普外科医师、2名重症医学科医师赴云南昭通鲁甸县参
   与抗震救灾
2. 2014年，医院第一批对口支援云南省曲靖市第二人民医院医疗队合影

$\dfrac{1}{2}$

1. 2016年，医院第一批对口帮扶西藏察雅县卫生服务中心医疗队出发前合影
2. 2017年3月，医院第二批对口援建西藏察雅县卫生服务中心医疗队抵达邦达机场时合影

$\dfrac{1}{2}$

1. 孙中山像，雕像后方为1990年落成的医院外科大楼
2. 1991年建成的逸仙楼

$\dfrac{1}{2}$

1. 2000年，为配合门急诊医疗综合楼建设，中山医院门诊临时搬迁至原泰康食品厂地块
2. 2003年开始建设的风雨长廊

$\dfrac{1}{2}$

1. 2004年启用的西院区门诊大厅
2. 2015年建成的东院区花园

$\dfrac{1}{2}$

1. 2015年建成的直升机停机坪（位于东院区16号楼楼顶）
2. 2015年正式启用的东院区肝肿瘤和心血管病医疗综合楼

$\dfrac{1}{2}$

1. 2017年落成的医院院名石
2. 2017年，中山医院鸟瞰图（效果图）

《上海市级专志·中山医院志》编纂委员会

齐璐璐	江孙芳	江峥增	许青璟	许金鹏	许建芳	许根英	孙湛
孙昀晔	孙宝荣	孙益红	孙崇卡	孙惠川	许纪元	严梅华	严跃进
芦琦	劳力敏	杜施霖	李华茵	李妍莹	李倩	李晓宇	李小英
李长煜	李文娟	李芃芃	杨云	杨永年	李荣英	李菁	李熙雷
杨冬	杨震	杨骥	时强	吴杰	杨延杰	杨秉辉	杨居坤
杨春欣	杨新梅	励莲	何辅成	余情	吴跻	吴燕	吴国豪
邱网妹	何萍	何礼贤	汪昕	汪灏	余一祎	余优成	余浩军
邹建洲	邹静怀	汪红	宋乐	宋元林	汪皓琪	沈松	沈赟
沈旭晖	沈继平	沈锡中	张新	张静	宋羽成	宋洁琼	宋振举
张弛	张岚	张键	张林杉	张欣迪	张玉侠	张世龙	张宁萍
张永梅	张光健	张兴伟	张群仁	张德香	张建中	张春燕	张晓彪
张钱龙	张梦瑶	张博恒	陈琳	陈子贤	陆树洋	陆彦炯	陆晶莹
陈朴	陈刚	陈岗	陈思瑜	陈峥嵘	陈卫文	陈伶俐	陈茂培
陈旻敏	陈春华	陈荣新	陈曙光	邵云潮	陈统一	陈晓倩	陈海燕
陈菲菲	陈惠芬	陈嫣妍	金琳	金美玲	范薇	林芷英	林靖宇
林寰东	季建林	金菁	郑玉英	郑贤胤	金晓璐	周建	周俭
周容	周蓉(教育处)	周蓉(输血科)	胡予	胡沁	周慧	周平红	周宇红
周尽红	周京敏	於亚辉	钮善福	段静雯	练文俊	项波	赵珺
赵赟	赵瀛	赵瑞红	施越冬	施森	胡必杰	胡骁轶	柯晓洁
柳菊	钟一红	钟春玖	姚顶根	姚雨濛	侯英勇	侯晓广	俞小芳
俞梅蓉	施东伟	施伟斌	袁虹	袁俊	姜红	姜立经	姜林娣
洪群英	祝墡珠	姚礼庆	顾宇形	顾宇参	姚晨玲	贺轶锋	秦薇
秦万章	秦嗣萃	袁非	徐一凡	徐冶国	袁颖	袁弥满	袁源智
贾泽军	夏罕生	夏舒迟	高键	高磊	顾虹艳	钱邻	倪佳丽
徐军	徐决	徐晨	郭美奂	郭颖凌	翁蔓蓉	凌雁	凌晓敏
栾丽娟	高虹	高峰	黄胡萍	黄新生	高鑫	高作枫	高晓东
郭玮	郭莺	郭剑明	符逸	符伟国	唐兆庆	唐红敏	诸杜明
陶祥元	黄剑	黄洁	阿克苏	宿燕岗	曹志娟	曹蕾	龚剑
龚赛赛	崔晓通	崔彩梅	蒋密	蒋进军	章志娟	章冠群	阎作勤
梁亮	梁颖	宿杰	曾昭冲	曾蒙苏	隋梦芸	隗祎璐	葛均波
葛晓雯	董健	董曦	蔡定芳	臧兰玲	韩富佳慧	韩晓凤	程蕾蕾
舒先红	鲁继东	童朝阳	颜志平	潘志刚	谭柏申	谭黎杰	裘兴骏
虞佩霓	詹成	蔡松年	魏宁	魏来		潘翠珍	缪长虹
黎勉勤	黎音亮	滕杰					薛渊
薛张纲	薛佳颖	戴佩芳					

序　言

盛世修志,志载盛世。适逢全国人民欢庆中国共产党成立100周年之际,《中山医院志》定稿付梓,我心中无比激动,这是中山医院的大事,也是全体中山人的幸事!

国有史,地有志,家有谱。志具有存史、育人、资政的重要作用,是文脉之根、文化之矿。2016年,医院成立《中山医院志》编纂委员会正式启动院志撰写工作。五年来,我们举全院之力,以《跨世纪的辉煌——中山医院志1937—2007》《岁月如歌　中山如炬——复旦大学附属中山医院建院80周年志》为蓝本,做了大量细致的咨询考证及查漏补缺工作,力求还原史实、周全缜密,其间几易其稿、多次磋商,最终成稿。相信这是一本能够体现中山医院发展历程、反映中山人奋斗精神的经典之作!其间,上海市地方志编纂委员会及办公室相关老师均对本志的撰写给予了悉心指导和帮助,全体编纂和审稿人员更为之付出了大量心血。在此,我谨代表复旦大学附属中山医院向所有参与、关心和支持本志编纂出版的朋友们表示衷心的感谢,也感谢社会各界一直以来对中山医院的关心和爱护!

八十载风雨兼程,八十载坚守初心。中山医院创建于1937年,是最早由国人自己创建和管理的大型综合性医院之一,为纪念中国民主革命的先驱孙中山先生而命名。八十余年的发展,中山医院见证了中华民族由积贫积弱到国富民强,见证了平民百姓由缺医少药到全民医保,也记载了中山人初心不改、筚路蓝缕、艰难困苦的创业经历。

彼时的中国战乱频仍,中华民族多灾多难,百姓流离失所、疾病丛生。著名的医学教育家颜福庆先生目睹百姓之疾苦,克服重重困难,集各方力量,创建了中山医院。颜先生心系苍生、仁爱天下的情怀,铸就了中山医院"一切为了平民"的服务初心。八十余年来,无论时代如何变迁,中山医院始终坚守初心,为病家解疾苦、为民众谋健康,与人民同呼吸、与国家共命运。无论是淞沪会战的伤员救治、朝鲜战场的医疗保障、唐山地震的医疗救援、抗击非典的白衣执甲，还是汶川特大地震的医者仁心、抗击新冠疫情的逆行而上，无数的中山人不计个人安危，始终战斗在前列，服务在一线，践行了中山医院"一切为了病人"的服务宗旨。

八十载栉风沐雨，八十载悬壶济世。八十余年来，特别是中华人民共和国成立后，在中国共产党的领导下，在一代代中山人的不懈努力中，中山医院创造了一个又一个的全国第一，造福了千千万万的平民百姓。为了拯救患者，中山医院成功开展了全国首例真丝人造血管移植手术、首例肺功能检查、首例主动脉弓全切除并同种主动脉移植术、首例同种异体肾移植手术以及全球首例经心尖二尖瓣夹合手术、首例废弃肝脏成人-儿童部分肝移植术；成功研制全国第一台标准平板型人工肾、全国第一台静立垂屏式人工心肺机；成立了上海市胸病研究所（上海市心血管病研究所）、上海医科大学肝癌研究所；主编了《实用内科学》《黄家驷外科学》《X线诊断学》等一系列经典医学专著；等等。

八十余年来，中山医院始终定位为"临床与科教同行、务实与创新并重"的研究型医院，医疗、教育、科研均取得了显著的成绩。医院门急诊就诊量、出院患者量、住院手术患者量均居上海首位、全国前列，形成了心脏、肝脏、肺部疾病及消化系统疾病内镜诊治等医疗重点和特色；医院的医学教育系统全面，住院医师规范化培训成效显著，走在全国的前列，多次荣获国家级、省部级教学成果奖励；医院的学术科研硕果累累，科研论文产出在全国名列前茅，连续多年荣获上海市三甲医院科研竞争力总排名第一，专利申报及成果转化业绩显著，荣获了包括国家科技进步奖一等奖、二等奖在内的一系列的荣誉和奖励。

八十载使命担当，八十载英才辈出。八十余年来，中山医院牢记为国家培育医学人才的使命，坚持将临床医疗服务与医学人才培育融为一体，为国家输送了一大批的医学专家。八十余年来，中山医院涌现出黄家驷、沈克非、荣独山、林兆耆教授等泰斗级的医学奠基者，也培养了包括汤钊猷、陈灏珠、葛均波院士等在内的医学大家及业界翘楚。他们守仁心、施仁术，不仅医术精湛而且医德高尚，为中山医院留下了宝贵的精神财富。

中山医院始终以人为本，注重关爱员工、培育人才，多次荣获"中国最佳雇主公立医院"第一名。中山医院成立巴林特小组缓解员工心理压力，成立职工子女晚托班、寒暑托班解决员工的后顾之忧,等等。一系列暖心举措激励和鼓舞了员工,形成了强大的中山凝聚力,使得老一辈的中山精神得以薪火相传,不断为患者提供最优质的服务。

以史为鉴,可以知兴衰!中山医院八十余年的辉煌历程体现了创业者的初心、开拓者的雄心和继承者的恒心,对未来我们不忘初心,充满信心,永葆真心!我相信在中国共产党的正确领导下,新一代的中山人一定能够传承中山精神,继承中山传统,辛勤耕耘,不断创新,超越自我,始终站在医学发展的前沿,书写中山医院新的发展篇章,创造中山医院新的发展辉煌!

中 国 科 学 院 院 士

樊　嘉

复旦大学附属中山医院院长

2021 年 7 月

凡　例

一、本志以马克思列宁主义、毛泽东思想、邓小平理论、"三个代表"重要思想、科学发展观和习近平新时代中国特色社会主义思想为指导,遵循实事求是、依法修志原则,力求真实、准确、客观、公正、全面地反映中山医院的历史和现状,努力发挥志书存史、育人、资政的作用。

二、本志以中山医院为记述范围,反映医院自1937年建院至2017年,共计80年的发展历程。为保证内容完整,便于读者阅读理解,个别内容适当上溯或延伸至2018年12月。

三、本志采用述、志、记、传、图、表、录等体裁,表随文设,图照取卷首集中与串文分散结合形式。卷首列图照、序言、凡例、总述、大事记;正文共8篇,篇下视具体内容设章、节、目等层次,横排门类,纵述史实;卷末设专记、附录、索引、编后记。

四、本志文体采用现代语体文、记述体。志设总述,篇设概述,以提示梗概,综述全貌。

五、本志时间表述务求准确、具体、规范。大事记中,中华人民共和国成立前采用历史纪年括注公元纪年;中华人民共和国成立后一律采用公元纪年,公历纪日月。

六、本志重点记述医院的历史沿革、党群工作、组织机构、业务科室、医疗管理、医学教育、医学研究、人事管理、后勤保障、医院文化、人物等,力求体现时代特征、医疗特点、上海特色。各篇多次使用同一名称时,首次用全称,其后用简称。在不影响理解的情况下,本志中"医院"通常特指"上海中山医院(1937.4—1952.4)、上海医学院外科学院(1952.4—1952.11)、上海第一医学院外科学院(1952.11—1955.8)、上海第一医学院附属第二医院(1955.8—1956.8)、上海第一医学院中山医院(1956.8—1978.10)、上海第一医学院附属中山医院(1978.10—1985.5)、上海医科大学附属中山医院(1985.5—

2000.7)、复旦大学医学院附属中山医院（2000.7—2001.2）、复旦大学附属中山医院
（2001.2—　　　）"。

七、本志大事记中入选事件和人物均以其对医院发展的贡献和重要性为标准，记述医院历年来规模变迁和主要领导更迭，学科建设与发展的重要节点和标志性事件，具有较高国内外影响的医、教、研、管成果，以及精神文明建设和医院文化建设的举措。采用以事系人方法，体现人物的活动、成就。

八、本志人物篇设人物传和人物简介；列入人物传的按卒年排序，列入人物简介的按生年排序。

九、本志所用资料，以档案、报刊、图书为主，部分采用科内留存资料以及知情者口碑资料，经考证核实后载入，一般不注明出处。

十、本志中标题格式、文字标点使用、名称和时间表述、数字书写、计量名称、引文注释、图表格式等方面的要求，均参照《〈上海市志（1978—2010）〉编纂行文规范》执行。

目　　录

CONTENTS

总　述

中山医院创建于1937年,是最早由中国人自己创办和管理的大型综合性医院之一。80年来,医院经历战火洗礼、世事变迁,也在新时代沐浴改革春风、进入快速发展。然而,中山医院"为国人而生"的初心和"一切为了病人"的精神始终没有改变;科技创新推动医疗发展的理念为一代代中山人所传承。

由于医院和医学院建制的更迭,中山医院曾有9个命名:上海中山医院(1937.4—1952.4)、上海医学院外科学院(1952.4—1952.11)、上海第一医学院外科学院(1952.11—1955.8)、上海第一医学院附属第二医院(1955.8—1956.8)、上海第一医学院中山医院(1956.8—1978.10)、上海第一医学院附属中山医院(1978.10—1985.5)、上海医科大学附属中山医院(1985.5—2000.7)、复旦大学医学院附属中山医院(2000.7—2001.2)、复旦大学附属中山医院(2001.2—　　　)。

截至2017年,中山医院是国家卫计委预算管理单位,也是复旦大学最大的附属医院。院本部坐落于上海市枫林路180号,并拥有天马山院区、南院、金山分院、青浦分院、厦门医院、徐汇医院、闵行分院等分支机构。医院医疗、教学、科研、管理综合水平均居全国前列。

截至2017年12月,中山医院核定床位2 005张,形成了心脏、肝脏、肾脏和肺部疾病诊治的医疗特色;拥有中国科学院院士2人,中国工程院院士2人;国家临床医学研究中心1个,国家临床重点专科建设项目18个,国家重大疾病多学科合作诊疗能力建设项目2个;拥有住院医师规范化培训基地19个,专科医师规范化培训基地30个,是首批国家临床教学培训示范中心、首批国家住院医师规范化培训示范基地。

截至2017年12月,医院拥有国家重点学科13个,省部级工程研究中心3个,省部级重点实验室5个,上海市"重中之重"临床医学中心2个,上海市重点学科2个,上海市"重中之重"临床医学重点学科2个,上海市医学重点学科2个,上海市卫计委重要薄弱学科4个,上海市公共卫生重点学科6个,上海市研究所8个,复旦大学研究机构13个。

截至2017年12月,医院有卫生技术人员4 253人,其他技术人员143人,管理人员123人,工勤人员94人,合计4 613人;其中正高级职称227人,副高级职称429人,中级职称1 031人,师级职称1 441人,士级职称683人,其他802人。上海市住院医师规范化培训基地培训生416人。

一

1924年2月,在南京举行的中华医学会大会上,湘雅医学院院长颜福庆发表演讲,倡议在中国东部地区创建一流的中国医事中心。1927年,第四中山大学在上海吴淞建立医学院,颜福庆担任院长。1928年,租赁中国红十字会第一医院作为综合性教学医院,颜福庆兼任医院院长。20世纪30年代的上海有市民300余万,而医院病床不足5 000张,且多为外国人设立,收费昂贵,一般百姓患病,就诊十分困难。1930年,颜福庆倡议创建上海医事中心,计划的核心是创建一家规模宏大、设备齐全的国人医院,亦即中山医院的雏形。颜福庆邀集耶鲁大学校友、民国政府实业部部长兼央行总裁孔祥熙,实业家刘鸿生,教育家蔡元培,中华全国商会联合会主席林康侯,外交部次长徐谟,以及宋子文、唐绍仪、易培其、牛惠生等社会名流几经商榷,发起关于创办"规模宏巨、设备完善"的国人医院的建议。

1931年1月17日,中山医院发起人会议在上海银行公会召开。沪上政、学、商、医各界名流有孔祥熙、孙科(孙中山之子)、王一亭、张公权、陈庶青、宋汉章、刘月如、屈文六、刘吉生、刁信德、刘鸿生、叶扶霄、史量才、林康侯、闻兰亭、颜福庆、余日章、徐新六、王晓籁、赵晋卿、黄瑞生、赵运文、陆伯鸿、庄得之、黄涌之、杨敦甫、张杏村等共27人与会,联合签署《筹设上海中山医院缘起》;推举成立以孔祥熙为主任,孙科、刘瑞恒为副主任,史量才、王晓籁、王一亭为常务委员,颜福庆为总干事的中山医院筹备会。通过筹备会向社会各界募集捐款,设定募集100万银元,其中60万用于建筑,20万用于设备,20万作为基金。募捐启事明确指出"创设上海中山医院……其特点在注重卫生防病,不仅分科治疗,切重教育群众……并注重平民、俾中等以下之民众,不致向隅兴叹,而各界人士亦得适宜之疗养……"的建院方针,颇得社会各界拥戴,捐款踊跃。在筹建中山医院的募捐过程中,筹备会总干事颜福庆四处奔走,做了很多的工作。

1933年11月,颜福庆被民国时期上海市政府聘为上海市立医院筹备委员会委员。该委员会的职责是对新建的市立医院进行行政技术上的规划、院房建筑的计划及建筑经费的筹集和管理。

1934年4月,应颜福庆之请,洛氏基金会把法租界天文台路8.99万平方米(135亩)土地捐赠给上海医学院,用于上海医学院和中山医院建设。同年8月,颜福庆向法租界当局递交了上海医学院、中山医院建筑计划。1935年春,颜福庆出售天文台路一部分土地,在华界枫林桥置换6.66万平方米(100亩)土地,用以建造中山医院及上海医学院。院址解决后,筹备工作告一段落,由中山医院发起人邀请各界领袖组织上海医事事业董事会,管理中山医院。该董事会推举孔祥熙为董事长,叶子衡为书记,钱新之为会计,孙科、刘鸿生、林康侯为常务委员,聘颜福庆为董事会总干事。对于中山医院的筹备工作积极进行,董事会多次开会审议并投票决定由基泰建筑公司设计图样,森泰厂承包建设。根据《筹设上海中山医院计划概要》,中山医院按最新式医院设计,拟建病房楼一座、门诊处一所,分设特别门诊处及儿童门诊处等。计划医院分医务、事务、护理三个部分。医务部分设内科、外科、矫形外科、妇产科、儿科、保健科、皮肤科、泌尿科、眼科、耳鼻咽喉科、放射科、理疗科和精神病科等。事务部设院长、副院长、事务长、药剂室主任、各科主任及事务员若干。护理部设护士学校以及护理部主任、护士长、护士和护士生若干。中山医院设病床500张。在中山医院建造过程中得到基泰工程公司免设计费,上海水泥厂及中国水泥公司赠送水泥,财政部税务科免征水泥税,恒大洋行捐赠卫生器具等社会各界支持。

1935年6月,中山医院正式动工。名人史量才家属捐款建量才堂一幢,为护士学校之用,学校附设在中山医院内。量才堂与中山医院同时竣工。

1936年12月,中山医院落成,占地26 644平方米(40亩),建筑面积13 597平方米。附设护士学校一所。

1937年2月,董事会聘请骨科专家牛惠生担任中山医院首任院长。从中国红十字会第一医院(现华山医院)分出部分医务人员组建中山医院内科、外科、妇产科、儿科、泌尿科、眼科、耳鼻喉科等科室,医院开始收治患者。3月28日,在中山医院主楼南面辅楼区域内建独立病室,并定名为中正楼,以兼顾患者特殊需求及世界名医应诊的便利。4月1日,举行中山医院开幕典礼,孔祥熙夫人宋蔼龄女士为中山医院揭幕剪彩。当时中山医院实际开放病床300张。中山医院的创办成为颜福庆理想中"上海医事中心"的起点,也为国立上海医学院提供了教学基地。

中山医院开业不久,院长牛惠生病逝,由应元岳代理院长。1937年"八一三"事变,日军进攻上海,中山医院先后改为"第六救护医院"和"国际第一医院",在3个月内共收治伤兵2万余人,并且同中国红十字会第一医院组成国立上海医学院第一、第二两个救护队,赴无锡、南京救治伤员,为抗日战争做出了贡献。当中国军队撤出上海时,院长应元岳和王霖生在上海医学院院长颜福庆领导下,夜以继日地组织中山医院撤退,在交通工具极度缺乏的情况下,直至日军占据前1小时,才冒险将全部伤病员和设备转移完毕。从此,中山医院院址被日军占据了8年。其间,中山医院的一部分员工随国立上海医学院师生员工转移到西南大后方,一部分留在中国红十字会第一医院继续从事医疗、教学工作。

抗战胜利后,1946年3月,国立上海医学院附属医院医师、护士等一行29人,奉调回沪支援中山医院复院。7—9月,上海霍乱流行,中山医院作为时疫医院共收治患者2 300余人。同年10月,中山医院修复,聘请沈克非担任院长,王霖生和刘成义担任副院长。当时有医师70余人,护士100余人,设备较齐全,开设病床347张,沈克非兼任普外科主任。11月,中山医院正式复业。1947年1月,上海医事事业董事会总干事颜福庆赴美考察,其总干事职务由中山医院院长沈克非代理。

1946—1948年,袁耀萼等作为上海医学院党组织成员,在隐蔽战线积极工作。1948年底,其顺利完成上海地下党医务党总支下达的任务,保护中山医院在中华人民共和国成立前夕免受国民党特务的破坏,迎接上海解放。

1947—1948年,中山医院的一些临床专科形成雏形。1947年,在中山医院内重新设立护士学校,定名为"上海市私立中山高级护士学校",并开始招生。同年11月,中山医院胸外科成立,黄家驷担任胸外科主任,设有病床20张,并在中山医院组建上海医学院呼吸疾病外科研究室。黄家驷在极其困难的条件下,在全国率先开展肺结核、支气管扩张、肺囊肿以及肺癌的手术治疗,此后还在上海率先开展转移性肺部肿瘤切除术。1947年,在美国密歇根大学医院学习泌尿外科的熊汝成回国,立即在中山医院正式开展泌尿外科工作。根据医疗需要,医院又增设口腔科和皮肤科。1948年,从美国留学回国的陶寿淇在中山医院建立内科心脏病组,并设立心电图室。他从美国带回一台Cambridge心电图仪,在国内率先开展心电图方面的临床实践和研究。

建院以后的12年,时局动荡、举步维艰,物价飞涨、政治腐败。中山医院仅依赖有关方面补助和向外募捐才得以维持,全院职工在极其困苦的环境下守望相助,直到上海解放。

二

(一)

1949年5月,上海解放。7月,中山医院由中国人民解放军上海市军事管制委员会指定卫生处派员接管,并公开了中国共产党党组织,成立中山医院党支部。1950年4月1日,根据上海市军管会和华东军政委员会的指示,中山医院归属华东军政委员会卫生部领导,原军代表及工作组随之撤销。

1952年4月,学校宣布,经中央卫生部及华东卫生部批准,将教学医院改为专科医院,中山医院改为"上海医学院外科学院"。按照上海第一医学院院务委员会常委会第一次会议的决定:外科学院停收小儿科和妇产科患者;儿科学院停收妇产科患者;妇产科学院除收治妇产科患者外,其他各科均停收;内科学院停收小儿科患儿;由于眼耳鼻喉科学院尚未建成,外科学院继续收治眼耳鼻喉科患者。4月,黄家驷担任外科学院院长,组建由医院正副院长、秘书主任、工会代表、科主任、护士代表等组成的医院院务委员会。

1952 年 10 月,上海医学院更名为上海第一医学院,并进行院系调整。中山医院更名为"上海第一医学院外科学院"。当时全院医师 103 人、护士 91 人,职工总数为 414 人,开放病床 422 张。为充实外科学院外科力量的需要,医院内科、皮肤性病科、眼科和妇产科及中山医院护校被撤销。皮肤性病科人员并入中国红十字会第一医院;眼科郭秉宽、陈道瑜等和耳鼻喉科医师并入上海第一医学院附属眼耳鼻喉科学院;妇产科并入上海第一医学院附属妇产科学院;内科与中国红十字会第一医院内科合并为上海第一医学院内科学院;中山高级护校与中国红十字会第一医院护校、协和护校合并,组成上海第一医学院附设护士学校,另建新校舍于枫林路。成立了以黄家驷、崔之义、左景鉴、刘文英、石美鑫等为常委的外科学院院务委员会。1953 年 9 月,外科学院院务委员会改组,新的院务委员会以黄家驷、崔之义、左景鉴、刘文英、石美鑫、邱敬华等为常委,共有委员 21 人。

1955 年 8 月,根据卫生部关于医学院校专业设置的规定,各临床学院恢复医院名称,外科学院改为"上海第一医学院附属第二医院",崔之义任院长。恢复综合性医院建制,设内、外、妇产、肺、中医 5 个主要临床科室,外科再分设胸外、骨、泌尿、普外等专业组,内科包括消化、心脏、血液等专业组,建立了血库、肺功能室和心电图室等。肿瘤医院新楼(现中山医院 8 号楼)划归第二医院,辟为内科病房大楼,增加建筑面积 4 671 平方米,土地面积增加至 40 000 平方米(60 亩),床位增加为 500 张,全院职工 658 人,全年门急诊 141 175 人次。

1956 年 8 月,上海第一医学院附属第二医院恢复中山医院命名,更名为"上海第一医学院中山医院"。

1957 年 4 月,医院成立党总支,张亮担任党总支书记。党总支下设医务和职工 2 个党支部,有中共正式党员 34 名,预备党员 14 名。

1957 年应党中央、国务院号召,抽调上海医学院人员赴重庆建立重庆医学院。中山医院副院长左景鉴,以及李宗明、王鸣岐、陈家骝、郑伟如、徐葆元、林琦、钱文治、方开先、徐文成、蒋夏、陈汝启、袁景伦、韩文妙、张定凤、李德旺、钱婉贞、肖昆玉、吴爱文等员工赴重庆,支援和建设重庆医学院(现重庆医科大学)。

"文化大革命"对医院各项工作造成极大冲击,正常的医疗秩序被打乱,合理的规章制度被取消。全院部分临床科室被合并,仅外科、内科以及妇产科,研究室和实验室被关闭。但是,大多数医务人员仍坚守岗位,坚持医疗工作。

1974 年医院建造门诊大楼,大楼落成后增加建筑面积 3 900 平方米,并被列为全国重点改造医院之一。

1977 年量才堂拆除,在原址上由卫生部投资兴建的上海市心血管病研究所大楼竣工并投入使用。

(二)

中华人民共和国成立后,医院发展逐渐走向正轨,主要表现在医疗创新和医疗水平的提高。这一时期,许多临床专科从无到有、从小到大,经历初创和初步发展的阶段,并奠定日后成为医院重点优势学科的基础。1956 年 12 月,放射科荣独山、内科林兆耆、肺科吴绍青及胸外科黄家驷被卫生部和上海市高等教育局评定为国家一级教授。

心胸外科和心血管内科　1951 年,沈克非和黄家驷安排石美鑫专门从事胸外科专业,从此中山医院胸外科业务逐渐发展。黄家驷国内首先报道开展食管胃颈部吻合术,扩大根治范围,并降低手术死亡率。1952 年,黄家驷带领胸外科帮助江湾原国防医学院附属医院、澄衷肺病疗养院开展胸外科工作。此后,胸心外科开展一系列新术式:1953 年,完成国内首例体外循环分流术治疗法洛四联症(tetralogy of Fallot,TOF)、全肺切除术、胸骨后空肠代食管术;1954 年,石美鑫创造先缝合动脉导管的两端再切断缝合动脉导管的新操作方法;1957 年,完成国内首例先天性食管闭锁及食管气管瘘一期根治术;1960 年,石美鑫等完成中国首例主动脉窦动脉瘤穿破缝合术;1972 年,心外科成功研制人工生物瓣并应用于临床等。

20 世纪 50 年代,西方国家对中国实施封锁,禁运相关器材,医院无法获得人工心肺机。在学校和医院领导的支持下,1958 年,成立体外循环心内直视手术研究组,试制成功中国第一台静立垂屏式人工心肺机,为开展心脏直视手术创造条件。1958 年,石美鑫等在低温麻醉下施行国内首例先天性心脏病患者房间隔缺损伴肺静脉异位引流心内直视缝闭术,获得成功。石美鑫还成功为一例心房间隔缺损印尼华侨患者施行缺损缝闭手术,取得良好疗效。1954 年起,胸外科和麻醉科合作,开始低温下心脏直视手术的动物实验研究工作;1961 年,动物实验获得成功。1962 年,石美鑫应用深低温体外循环施行左心室室壁瘤切除术和二尖瓣狭窄合并关闭不全心内直视瓣膜整复术,均获得成功。

20 世纪 50 年代,陶寿淇在中山医院开展心电图检查,并逐步开展心脏病诊疗工作。其间,陶寿淇在国际上首先报道锑剂是治疗血吸虫病过程中引起室性心动过速和心室颤动导致猝死的直接原因,对中国的血吸虫病防治工作做出重要贡献,并受到国际同道的高度重视。1957 年,内科心脏病组陈灏珠在陶寿淇带领下建立心导管室,中山医院从而成为中国最早开展心血管病介入性诊断和治疗的单位之一。1962 年,在国内率先开展左心导管检查。同年,陈灏珠主编的国内第一本心脏介入专著《心脏插管检查的临床应用》出版。1968 年,心外科石美鑫与心内科陈灏珠合作安置国内第一台埋藏式人工心脏房室传导起搏器,成功治疗完全性心脏传导阻滞。1973 年,心内科陈灏珠与上海市第六人民医院协作,首次在国内开展选择性冠状动脉造影术,并获得成功。

鉴于中山医院在心胸疾病诊治中的突出成就,1958 年,上海市卫生局批准在中山医院建立上海市胸病研究所,确定以心脏血管疾病的防治作为研究重点,黄家驷和沈克非先后担任所长。1963 年,更名为上海市心血管病研究所。1972 年,医院恢复科室建制后,正式建立心内科和心外科,分别由陈灏珠、石美鑫担任主任。

消化病和肝癌防治　1959 年,林兆耆在国际上首次发表《原发性肝癌 207 例临床与病理对照研究》,最早提出肝癌的临床分型,奠定医院原发性肝癌临床研究的基础。同年,成立由中山医院、上海市肿瘤研究所、中国科学院药物所和中国科学院生化研究所等单位组成的肝癌协作组,开展肝癌诊治的研究工作。1960 年,朱无难发表《肝癌的腹腔镜检查》,为肝癌的形态学诊断提供重要依据。1969 年,成立由汤钊猷、杨秉辉等 5 人组成的中山医院肝肿瘤小组。1969 年,医院将"工农兵病房"改为以收治肝肿瘤为主的肝癌病房。同期,派杨秉辉等前往江苏启东肝癌高发区进行实地调查,并分期分批派人前往该地进行肝癌防治工作,为肝癌的临床研究打开了局面。同时,中山医院检验科、中国科学院生化研究所、上海医化所共同协作,成功进行甲胎蛋白(AFP)的提纯,用于临床检测,明确甲胎蛋白是肝癌早期诊断最重要指标之一。1970 年,中山医院肝癌小组进行肝癌的早期发现研究,通过甲胎蛋白的检测发现一大批早期肝癌患者,开创"小肝癌"的临床研究工作。

1956 年,内科李宗明用德国产半曲式胃镜成功进行了第一例胃镜检查,为中山医院消化内镜诊断奠定基础。1958年，朱无难和李宗明利用旧的膀胱镜和自制套针改装成腹腔镜，中山医院成为在上海率先开展腹腔镜检查和应用的单位之一。1958年，内科实验室在上海市最早开展谷丙转氨酶、谷草转氨酶等生化检查项目，并使之作为临床肝炎诊断的一个新指标。1960年，又在全市最早开展γ-谷氨酰氨基转肽酶(γ-GT)肝病诊断辅助指标的研究工作。这些都成为消化内科和消化内镜事业发展的起点。

呼吸病 1950年，肺科吴绍青主持成立上海市结核病防治委员会，开展防痨宣传、结核病普查，并进行儿童预防接种卡介苗的试用及推广。1951年，开展国产抗结核药物"异烟肼"的临床研究。1955年，吴绍青在中山医院建立国内第一个肺功能实验室，并与上海医疗器械厂协作研制成功国产肺功能检测仪，填补国内空白。

影像医学 1952年，设立放射科，荣独山担任放射科主任。1953年，荣独山深入矿井等实地考察，开展硅沉着病(矽肺)的X线诊断研究，并主编《普通X射线诊断学》。1958年，荣独山主持制定《矽肺的诊断标准以及分期》，作为全国通用标准。1955年，荣独山与陈又新、赵惠扬在中山医院筹备和建立同位素实验室。1958年，经卫生部批准成立同位素实验室(后改名核医学实验室)，使中山医院成为国内最早开展放射性核素临床应用和研究的单位之一。

1958年，医院安排徐智章研究超声技术在医学科学中的应用。1959年成立超声诊断室，徐智章任主任。医院成功研制A-P型、B型超声诊断仪并应用于临床，使中山医院成为在全国最先开展超声检查的医院之一。1960年，在国内首先临床应用手动接触式B型超声显像诊断。1961年，在国内率先研制成功M型超声心动仪(原名：超声光点连续扫描仪)，并首先用M型超声心动图研究正常人二尖瓣曲线及风湿性二尖瓣狭窄。

血管外科 1956年，崔之义、冯友贤等开始进行真丝人造血管的研究。1957年试制成功，并应用于临床，很快推广至全国。医院在全国率先建立隶属于普外科的血管外科组。1959年，《真丝人造血管——实验研究和临床应用》及多篇有关论文在《中华外科杂志》上发表，并在罗马第二十届国际外科学会议上宣读。1961年，在国内首创采用真丝人造血管实施肾-腹主动脉旁路手术治疗肾动脉狭窄并获得成功。

麻醉科 1952年，吴珏创建了麻醉科。1955年，在国内首先采用静吸复合全麻、支气管内麻醉、硬膜外阻滞和连续硬膜外阻滞等麻醉方式。

泌尿外科与肾脏病 1952年，熊汝成创建泌尿外科，并开展泌尿肿瘤、肾动脉狭窄等研究。

1959年，章仁安等成功研制套筒式人工肾，开始肾透析研究工作。1972年，缪中良等研制成功全国第一台标准平板型人工肾，为中山医院开展血液透析和肾移植做技术准备。平板型人工肾成功抢救急性挤压伤伴肾小管坏死肾衰竭病例、青鱼胆中毒致急性肾衰竭病例等获得成功。1974年，该项目获上海市重大科技成果奖。

1973年，中山医院成立肾病组，成功开展中国第一例血液透析治疗尿毒症患者。

其他首创技术和学科建立 1950年，沈克非与史玉泉成功开展全国首例右侧额叶胶质瘤开颅切除手术，此举填补了中国医学史上的空白，被《新闻报》头版报道。1958年，吴肇光等在全国率先开展了全胃肠道外营养、重症监护和休克机制的研究。1959年，普外科在国内率先开展胰十二指肠切除手术。

1955年，陈悦书建立血液实验室，并率先在国内开展白血病细胞化学染色检查。1959年，周毓菜、陈俊康、蔡涵蓉、许杏林医生和助产士丁蔼贞，婴儿室护士汪柳莺、戚雅仙来中山医院建立妇产科。

1953 年,聘请老中医姜春华开设中医门诊。1956 年,中山医院正式成立中医科,提出"边学边用、边学边研究、边学边务实、边学边写、边学边教密切结合"的学习措施,促进了中西医结合治疗工作的开展。

1966 年中山医院骨科、血管外科和华山医院杨东岳等在中山医院成功实施 5 例第二足趾一期游离移植再造拇指术,有关论文于 20 世纪 70 年代初在广州的断肢再植会议上宣读后获得同行的高度重视。1975 年,皮肤科秦万章率先开展中草药雷公藤治疗系统性红斑狼疮的研究。

三

(一)

1981 年,中山医院被国家计划委员会列为全国重点改造的 18 所医院之一,医院开始整体性改造。实验大楼(现 4 号楼)由原来 3 层加至 5 层,内科大楼(现 8 号楼)由 4 层加至 5 层,新建动物房。经过改建和扩建,共增加建筑面积 8 050 平方米。

1991 年 3 月,急诊室进行改扩建。在此期间,急诊科利用老外科大楼空的病房,在未增加医护人员的情况下,从原科内 28 张留察床增加到 115 张留察床,3 个月内收治患者 4 929 人次。7 月,中山医院外科大楼(现 1 号楼)落成启用。卫生部副部长孙隆椿、上海市政协主席谢希德、上海市副市长谢丽娟等有关领导出席新大楼落成典礼。经卫生部批准核定,中山医院病床数从 840 张增加到 1 000 张。1998 年 9 月,中山医院完成上海市心血管病研究所楼(现 9 号楼)加层改造修缮工程。改建后的心研所大楼建筑面积达 8 442 平方米,较原来增加 2 605 平方米。

1991 年 12 月,成立由院长、专家、行政职能部门负责人组成的医院等级评审领导小组及办公室,相继成立医疗护理质量管理委员会、病案管理委员会、药事管理委员会、院内交叉感染控制委员会和公费医疗管理委员会。12 月 17 日,中山医院成为上海市第一批第一家评审通过的三级甲等医院。

1994 年 7 月 31 日,中山医院在院内建立沪港合资的逸仙医院。这所院中院是中山医院与香港保健协会有限公司为适应上海大都市经济文化发展及境内外人士的高层次保健需要而合资建立的一所综合性医院,开设床位 46 张,依托中山医院的综合实力为特需患者提供优质服务。

1998 年 10 月,医院自筹资金,在医学院路与平江路之间门诊部旧址及以西征地 6 666.67 平方米,开始筹建门急诊医疗综合楼。2002 年 5 月 15 日,启动门急诊医疗综合楼工程,并于 2004 年建成投入使用,建筑面积达 7.2 万平方米。

2002 年 6 月 25 日,中山医院托管青浦区中心医院。

2003 年 11 月 18 日,医院绿色通道——封闭式长廊连接各医疗大楼启用,方便患者就医。

2007 年 8 月 15—16 日,中国共产党复旦大学附属中山医院委员会第一次代表大会在中山医院召开。这是自 1950 年中山医院建立党组织以来的首次党员代表大会,120 多名正式代表出席大会。

(二)

1978 年,中山医院建立肝肿瘤科,肝癌研究开始分为病房和实验室两个部分。此后,肝癌小组改名为中山医院肝癌研究室,仍由汤钊猷担任室主任,并成功施行国内首例低温无血切肝手术。率先在国内建立外科重症监护病房。普外科吴肇光领衔下的手术团队，为一例肝肿瘤患者施行肝脏移植手术取得成功，实现中山医院肝移植手术零的突破。

1986年，普外科接诊一名从妇产科医院转来、严重腹膜炎休克的二十几岁孕妇。在患者的肠组织已经全部坏死情况下，普外科吴肇光团队运用中山医院正在开展的静脉营养临床研究新技术，对患者实施监护室内肠外营养的治疗，并抢救成功。此后该患者靠肠外营养，成为世界上存活最长的"无肠人"，创造世界纪录。1987年1月，医学心理科徐俊冕在中山医院开设上海市第一家综合医院心理咨询门诊，建立医学心理学的实践基地。1991年5月，林贵在中山医院建立第一家正式介入放射学病房（当时设有正式介入床位20张）。1995年7月26日，医院成功开发"远程多媒体医院专家会诊系统"并启用，创国内第一。1999年6月，医院内镜中心建立上海首条内镜抢救24小时绿色通道，解决晚间急诊常见的急性结直肠梗阻、消化道出血、化脓性胆管炎和食管异物等问题。2002年1月28日，肺科、心胸外科和放射科联手成立中山医院肺部肿瘤治疗中心。

1992年3月27日，普外科吴肇汉、陈君雪施行上海首例腹腔镜下阑尾切除手术，获得成功。1993年11月27日，放射科王小林团队研究发现，采用胃动脉化疗加栓塞疗法能有效延长晚期胃癌患者生命，经专家组评审认为研究整体水平已达到国际先进水平。1995年9月20日，心内科采用冠脉内脉冲激光溶血栓术，成功抢救一例急性广泛前壁心肌梗死患者，在国内尚属首例。同年，心内科在国内首次采用经静脉途径安置埋藏式自动起搏复律除颤器，并获得成功。1996年9月19日，骨科陈中伟、陈峥嵘为一名失去右手的患者顺利施行"游离第二足趾再造前臂手指"手术，世界首例"手臂残端再造指控制电子假手"在中山医院获得成功。1998年2月20日，血管外科与介入科合作，完成国内首例腔内人造血管置入术。1998年2月21日，内镜中心姚礼庆首次应用内镜气囊扩张术取胆总管结石获得成功，该技术的推广使一大批胆总管结石患者免受开腹手术。2000年5月23日，王春生团队为一名年仅12岁的女孩施行心脏移植术，这台国内年龄最小的"换心人"的手术，实现中山医院心脏移植零的突破。2001年1月3日，葛均波团队在国内首创桡动脉穿刺诊断冠心病技术。2002年5月8日，心内科运用介入治疗方式，成功实施国内最大房间隔缺损介入治疗。2003年12月31日，心外科王春生领衔团队成功为一名患者施行心肺联合移植术获得成功，这是上海首例同种异体心肺联合移植术。2005年7月18日，心外科手术团队为一名患先天性心脏病房间隔缺损的7岁女孩，顺利实施国内首创机器人辅助微创封堵房间隔缺损术。2006年3月26日，肝肿瘤外科樊嘉团队在大规模样本调查评估的基础上，创新性地提出更符合中国国情的肝癌患者肝移植适应证新标准，命名为"上海复旦标准"。

（三）

1978年，中山医院恢复开展研究生教育工作。医学系又分成一部和二部，一部仍设在中山医院，系主任为熊汝成，副主任为孟承伟和朱无难。熊汝成兼任外科一部主任，冯友贤、吴肇光、王承棓、张元芳担任外科一部副主任，林兆耆担任内科一部主任，负责中山医院外科学和内科学的医疗、医学生教学和科学研究工作。1992年12月25日，为理顺教学体制成立中山临床医学院，原医学系建制撤销，实行两块牌子、一套班子。中山医院院长杨秉辉兼任中山临床医学院院长。中山医院副院长施寿康、陈世波和王玉琦兼任中山临床医学院副院长。张希德担任中山临床医学院教育处处长，临床医学院的日常事务由临床医学院教育处负责。1996年10月18日，肝癌研究所举办全国肝癌外科及复发转移学习班，这是中山医院第一个被批准的国家级继续医学教育项目，有7省13市共 13 名人员参加。

1979 年,经卫生部批准在中山医院成立全国第一个血管外科研究室,冯友贤担任主任。1980 年 3 月 13 日,中国第一个核医学研究所——上海第一医学院核医学研究所成立。其中,肿瘤核医学和临床核医学 2 个研究室挂靠中山医院。1993 年 5 月,为促进科学研究不断发展,医院成立 5 个跨学科的研究机构,即器官移植研究发展中心、多脏器功能衰竭研究中心、肿瘤生物治疗中心、肺癌研究中心和中西医结合康复研究中心。1995 年 4 月 20 日,上海市中西医结合康复医学研究所暨上海市红十字康复医学研究所成立。1999 年 11 月,正式成立国内第一个血管外科研究所,即上海医科大学血管外科研究所。2001 年 12 月 25 日,中山医院放射科、核医学科和超声诊断科强强联手,挂牌成立上海市影像医学研究所,周康荣任研究所所长。

1995 年 9 月,心血管内科学和肝脏肿瘤学入选上海市医学领先专业第一周期第一批重点学科,陈灏珠和汤钊猷分别为该学科带头人。2007 年 6 月,在教育部对全国高校国家重点学科的评估中,医院肝肿瘤科、心内科、普外科、泌尿外科作为国家重点学科牵头单位,肾内科、骨科、影像与核医学科(放射科、核医学科、超声科)、中医科、神经外科、神经内科、病理科作为参加单位,全部通过国家重点学科的评估,11 个学科再次入选国家重点学科。

(四)

1980 年,荣独山主编的《X 线诊断学》获卫生部科技成果奖一等奖。1982 年 4 月 26 日,中山医院肝癌研究室主任汤钊猷主编的《原发性肝癌》由上海科学技术出版社出版,系中国第一本肝癌专著。1983 年 8 月,熊汝成主编、缪廷杰副主编的中国首部器官移植专著《肾脏移植》由人民卫生出版社出版。1985 年,汤钊猷主编的《亚临床肝癌》由德国斯普林格出版社出版,在全世界发行,这是世界上第一部描述早期肝癌的专著。

1985 年 2 月,汤钊猷领衔的"小肝癌诊断与治疗"研究项目,获国家科技进步奖一等奖。1985 年,泌尿外科和上海交通大学合作研制成功震波碎石机,并进行国内首例患者的治疗工作,该成果获得 1987 年国家科技进步奖一等奖。1989 年,杨英珍牵头的"黄芪治疗心肌炎研究"项目获卫生部科技进步奖一等奖,该项目在国内首次提出病毒性心肌炎临床分型。1998 年 7 月 2 日,汤钊猷团队采用裸鼠人肝癌转移模型的皮下和肝内移植瘤组织作为建系的瘤源,先后 78 次取该移植瘤组织进行原代培养,成功建立首株具有高转移潜能的人肝癌细胞系。2006 年,心内科主任葛均波创新的血管内超声诊断技术——"半月现象"和"指尖现象",获上海市科技进步奖一等奖。中医科主任蔡定芳等开展的"分期辨证治疗急性缺血性脑卒中研究"获中国中西医结合学会科学技术奖二等奖。2007 年 2 月 28 日,肝研所汤钊猷院士领衔的"转移性人肝癌模型系统的建立及其在肝癌转移研究中的应用"项目,获 2006 年国家科技进步奖一等奖。心研所葛均波领衔的"血管内超声与多普勒技术在冠状动脉疾病诊治中的应用研究"项目,获国家科技进步奖二等奖。

1995 年 7 月,医院实验研究中心正式启用。该中心的实验研究平台为院内课题的研究、研究生论文的完成、本科生临床实验及院外科研合作提供良好的实验环境。1998 年 11 月 27 日,经国家科学技术部、国家新闻出版总署批准,由中山医院主办的《中国临床医学》杂志首次获批在国内外公开出版发行(ISSN 1008 - 6358/CN 31 - 1794/R)。

四

（一）

2008 年以来，医院落实院科两级管理模式，进一步深化全面科学化、规范化、精细化管理，并落实到医、教、研等各方面。2011、2015 年，医院先后接受大型医院巡查。2012 年，上海市卫生局授牌中山医院正式通过上海市三级甲等综合医院的等级复评审。2014 年，中山医院与复旦大学基础医学院在枫林校区签署学科建设合作协议，这是实现复旦大学"建设世界一流大学"目标、巩固复旦大学医学学科在全国的地位及世界影响力的重要措施。2016 年，在国家卫生计生委大型医院巡查后，医院顺利通过大型医院巡查"回头看"活动。

2009 年，医院启用新建外科手术楼。该楼在拆除原 10 号楼与逸仙楼的地块上建设而成，包括地下 2 层、地上 6 层，总建筑面积 1.5 万平方米，内设手术室、重症监护室、病理科、医院车库和多功能会议厅。同年，肝肿瘤和心血管病综合楼打下了第一根建筑桩，"两个中心"建设工程正式启动。2012 年，肝肿瘤及心血管病医疗综合楼的主体建筑结构封顶。该项目总建筑面积为 17.6 万平方米（地上部分的建筑面积达到 11 万余平方米），分别建造肝肿瘤及心血管病临床医学楼、急诊及周转部病房、两栋科教大楼及儿科门急诊楼，同时建设两条跨街（枫林路）连廊和一条地下通道，将中山医院的东西院区联系在一起。2014 年，医院急诊部迁至斜土路枫林路口的医院东院区东北角一侧并正式启用，经上海市卫计委批准，急诊部为安全转移患者破例停诊一周，这在医院建院 78 年的历史上是首次。医院通过美国医疗卫生信息与管理系统协会电子病历应用成熟度模型（HIMSS EMRAM）认证，成为上海市首家医疗信息化应用水平达 HIMSS 6 级标准的医院。2015 年，东院区的肝肿瘤和心血管病医疗综合楼经过近 6 年的建设正式启用，共设有 720 张床位。同年，屋顶设直升机停机坪及急救绿色通道等。2015 年，天马山分部二期项目动工开建。该项目位于松江区天马山，占地 56 000 余平方米、建筑面积 38 000 余平方米，提供健康体检、咨询等多种服务，并辅以各种会务、疗休养等功能。2017 年，中山医院东院区的肝肿瘤及心血管病综合楼工程项目获中国建筑工程"鲁班奖"。

2011 年，中山医院获全国五一劳动奖状，成为上海市卫生系统唯一获全国五一劳动奖状的单位。2012 年，医院获全国文明单位，2015 年通过复评审，再次蝉联这一荣誉称号。2010 年，院长王玉琦获医院管理突出贡献奖。2013 年，内镜中心团队获上海市五一劳动奖状。2015 年，医院获中国最佳医院管理团队奖。自 2012 年"中国医疗机构最佳雇主调查"首次发布以来，2012—2017 年，中山医院已连续 5 年获中国医疗机构最佳雇主单位。

（二）

2008—2017 年的十年间，医院将医疗技术创新作为医院中心工作之一，并成为学科发展的原动力。

传统优势学科继续保持技术领先地位。① 心血管病研究所：2012 年，葛均波在国内率先开展经导管二尖瓣修复手术。2013 年，完成中国首例由国人自主研发的完全可降解聚乳酸支架的植入。2014 年，葛均波与周达新率先在华东地区完成经导管左心耳封堵术；心外科王春生团队为一例前降支完全闭塞患者实施心脏不停跳的全机器人缝线吻合冠脉搭桥手术，为亚太地区首例；王春生牵头采用中国自主创新研发的瓣膜植入系统，为一例重度主动脉瓣关闭不全79岁高龄患者实施经心尖微创主动脉瓣置换术。2015年，葛均波团队成功实施世界首例经皮导管肾交感神经深低温冷冻消融术；王春生团队成功完成国内首例经心尖"瓣中瓣"经导管主动脉瓣置换手术。2017年，王春生团队应用3D打印技术辅助外科手术，成功治愈罕见先天性复杂变异胸主动脉瘤患者。② 肝癌研究所：2014年，肝外科樊嘉团队利用机器人辅助外科手术系统成功完成整个"活体获取供肝"手术，施行亚洲首例机器人辅助成人—幼儿(出生50天)活体供肝移植手术。2016年，周俭团队突破极高龄患者的手术治疗禁区，完成一例92岁高龄患者巨块型肝肿瘤切除手术。③ 其他临床科室新技术：2013年，呼吸科白春学团队在国际上率先成功开发中心-社区联动物联网医学睡眠呼吸疾患诊治新技术。2015年，整形外科亓发芝团队完成中国首例自体脂肪颗粒移植、组织瓣转移修补直肠阴道瘘手术。2016年，胸外科葛棣和骨科董健完成国内首例肺癌侵犯胸椎肋骨一次性肿瘤整块切除；泌尿科朱同玉带领的肾移植团队完成上海市第一例供肾小肾癌切除后的活体亲属供肾移植手术和第一例ABO血型不相容亲属活体供肾移植术；介入放射科王小林团队成功完成世界首例CT导引下胰腺射频消融导管治疗胰腺癌；王建华与颜志平成功开展"经肝动脉化疗栓塞联合微波消融"治疗大肝癌；颜志平团队原创发明的"植入性碘-125粒子条"获得实用新型专利授权，并被纳入中国2016版《介入治疗专家共识》；泌尿外科主任郭剑明团队完成上海首例膀胱软镜前列腺新型螺旋形热膨胀支架置入手术；呼吸科张新团队成功完成首例ECMO下气管镜介入治疗；血管外科符伟国团队成功应用自主研发设备完成巨大胸主动脉瘤腔内微创修复术；检验科正式加入美国国家糖化血红蛋白标准化计划参考实验室网络，率先成为世界第六、亚洲第二、国内首家二级参考实验室。

内镜中心异军突起，依靠技术创新实现飞跃发展。2009年，周平红团队首次开展内镜黏膜下挖除技术治疗食管黏膜下平滑肌瘤；2011年，国际首创黏膜下隧道内镜肿瘤切除技术。2009年，在消化科、胸外科和麻醉科配合下完成国内首例贲门失弛缓症内镜下肌切开微创手术治疗。2012年，周平红进一步完善该技术，应用海博刀实施食管环状肌和纵行肌的全层切开手术方式，为世界首创，该术式命名为"POEM ZHOU"。2013年，利用该技术治疗食管手术后的吻合口狭窄，同年还分别创造接受POEM手术患者年龄最大、最小世界纪录。2016年，内镜中心周平红、徐美东完成超声胃镜引导下十二指肠胆道支架置入术治疗复杂胆道梗阻。

全新医疗设备引入助力医疗技术水平提升。2009年，"达芬奇S"外科手术系统在中山医院完成安装，各类机器人辅助微创手术迅速开展。泌尿外科团队成功施行上海首例达芬奇S机器人辅助腹腔镜肾脏手术、国内首例达芬奇S机器人辅助腹腔镜亲属活体供肾获取、国内首例患者年龄最小的机器人辅助腹腔镜肾盂输尿管成形术。胸外科团队在国内率先成功完成一例机器人辅助食管癌切除术。2011年，普外科和肝外科合作，为一名直肠癌合并肝转移的患者先应用腹腔镜切除肝转移灶，再实施达芬奇机器人直肠癌根治术，获得成功，完成了国际上首例直肠癌肝转移微创同步切除术，填补了国内该领域的空白。2013年，普外科、胸外科、肝外科等完成国际首例肠癌肺转移微创同步切除手术和上海市首例、国内第二例机器人辅助微创同步肠癌根治术和肝转移灶切除手术。2014年，这三个科室又合作成功完成世界首例应用达芬奇机器人微创技术为一名患者同时完成直肠癌根治术、肝转移灶切除术和肺转移灶切除手术。2009年，医院新添的第二台西门子OncorAD直线加速器投入使用，成为全国首家拥有2台西门子最新型直线加速器、首次实现无缝连接放疗的单位。同年，放疗科启动世界最先进的放疗设备——螺旋断层放射治疗系统(TOMO)，中山医院成为国内仅有的拥有该设备的两家医院之一。

以疾病为中心的多学科诊治模式和个体化诊疗成为热点。2007年,成立全国首个呼吸病防治联盟——中山呼吸病防治联盟。2009年,普外科牵头成立结直肠癌多学科综合治疗团队。2011年,胸外科牵头成立食管癌及相关疾病多学科团队。同年,内分泌科挂牌成立脂肪肝诊治中心。2012年,成立肺部肿瘤综合诊疗中心。2015年,重症医学科牵头成立重症呼吸治疗小组。同年,血液科牵头成立国内首个多发性骨髓瘤多学科协作组。2016年,中山医院结直肠癌中心挂牌。2017年,医院成立国内第一个院内血糖管理小组。同年,肿瘤化放疗营养多学科诊疗门诊开诊,营养科、肿瘤内科及放射科三科专家共同诊疗。

(三)

2008年,樊嘉领衔的"肝癌门静脉癌栓形成机制及多模式综合治疗技术"项目获国家科技进步奖二等奖;葛均波课题组的"冠状动脉介入治疗后再狭窄的机制及干预研究"项目获教育部科技进步奖一等奖;符伟国牵头的"主动脉扩张性疾病的腔内治疗"项目及王吉耀牵头的"肝纤维化细胞分子机制与治疗策略"项目同时获教育部科技进步奖二等奖和上海市科技进步奖三等奖;王春生牵头的"原位心脏移植治疗终末期心脏病"项目获上海市科技进步奖二等奖。2009年,汤钊猷被授予中华人民共和国成立60周年上海科学研究杰出贡献人物称号;陈灏珠被授予上海市科技功臣奖;葛均波领衔的"冠状动脉介入治疗后支架内再狭窄的防治"项目获上海市科技进步奖一等奖;肝外科团队的"肝癌转移的分子基础与预测"项目获上海市自然科学奖一等奖;白春学团队研究的"光纤感受器及实时荧光检测系统"项目获第二十二届上海市优秀发明选拔赛优秀发明金奖。2011年,心内科葛均波领衔研制的"新型可降解涂层冠脉药物洗脱支架"获国家技术发明奖二等奖;放疗科曾昭冲领衔的"原发性肝癌放射治疗的实验研究与临床实践"项目获中华医学科技奖二等奖;肝外科"肝癌转移复发的机制与防治策略"科研团队入选教育部长江学者和创新团队发展计划。2012年,肝外科周俭领衔的"肝癌早期诊断和转移复发机制及防治的应用基础研究"项目获国家杰出青年科学基金资助;樊嘉领衔的"肝癌肝移植适应证优化及复发防治策略"项目获上海市科技进步奖一等奖,被列入近年来上海医学科技最新的"十大进展"之一;骨科董健领衔的"骨缺损坏死修复的关键基础技术及临床应用"项目获上海市科技进步奖一等奖;普外科秦新裕领衔的"结直肠癌肝转移的外科和综合治疗"项目与全科医学科杨秉辉"由疾病保健转向疾病预防的医学科普"项目均获上海市科技进步奖一等奖。2013年,樊嘉领衔的"肝癌肝移植术后复发转移的防治新策略及关键机制"项目获国家科技进步奖二等奖。2014年,血管外科符伟国领衔的"复杂主动脉夹层腔内治疗方案的优化"项目获上海医学科技奖一等奖。2015年,普外科秦新裕领衔的"结直肠癌肝转移的多学科综合治疗"项目获国家科技进步奖二等奖;血管外科符伟国领衔的"复杂主动脉夹层腔内治疗方案的优化"项目与心研所邹云增领衔的"心肌重构的调控机制及其临床应用"项目分获中华医学科技奖二等奖和三等奖;心脏超声诊断室舒先红领衔"多维超声参数评价心肌节段功能的临床和实验研究"项目获上海医学科技奖一等奖;肝外科周俭领衔的"肝癌转移复发的精准医疗研究创新团队"入选2015年创新人才推进计划中的重点领域创新团队。2016年,周平红领衔的"内镜微创治疗食管疾病技术体系的创建与推广"项目获上海市科技进步奖一等奖。

2009年,汤钊猷组织制订中国第一部具有坚实循证医学基础的《原发性肝癌规范化诊治专家共识》,规范中国肝癌的诊断和治疗。2010年,普外科秦新裕领衔的"结直肠癌肝转移诊治指南"项目组,受卫生部委托牵头起草了中国第一部结直肠癌肝转移诊治指南——《结直肠癌肝转移诊断和综合治疗指南》(2010 版),被卫生部《结直肠癌诊疗规范》(2010 版)采纳,该项目还获得 2011 年教育部科技进步奖一等奖、2012 年上海医学科技奖一等奖和 2015 年国家科技进步奖二等奖。2012 年,医院感染管理科主任胡必杰牵头编写的首部《中国丙型病毒性肝炎医院感染防控指南》发布;内镜中心姚礼庆牵头制定的《有关胃肠道黏膜病变 ESD 专家共识意见》和《经口内镜下肌切开术(POEM)治疗专家共识意见》获得通过。2014 年,普外科副主任、胰腺外科亚专科主任楼文晖受中华医学会委托起草并牵头制定《胰腺神经内分泌肿瘤治疗指南》(2014 版)。2016 年,普外科秦新裕主编的《结直肠癌肝转移诊断和综合治疗指南》(2016 年版)出版;检验科主任潘柏申主编发表《便携式血糖仪临床操作和质量管理规范中国专家共识》。

(四)

加强学科建设,不断推进医院临床发展。2010 年,消化科、麻醉科、检验科入选国家临床重点专科。2011 年,新增心内科、心脏大血管外科、胸外科、内分泌科、护理专业和中医脑病 6 个专科。2012 年,新增呼吸内科、肾病科、普通外科与重症医学科 4 个专科。2014 年,新增肿瘤科、器官移植科、神经内科、急诊医学科、医学影像科 5 个专科。至此,共有 18 个专科成为国家临床重点专科建设项目。2007 年,肝肿瘤科、心内科、普外科、泌尿外科作为国家重点学科牵头单位,肾内科、骨科、影像与核医学科(放射科、核医学科、超声科)、中医科、神经外科、神经内科、病理科作为参加单位,全部通过国家重点学科的评估。2007 年,内科学(呼吸系病)和外科学(胸心外科)入选第二期上海市重点学科,建设周期为 3 年(2008—2010)。2009 年,中医科通过上海市卫生局组织的上海市中医临床优势专科(专病)第一批建设项目验收;"中西医结合治疗急性卒中"专科成为上海市首批 17 个中医临床优势专科(专病)之一。

打造科研发展的多个平台。2008 年,复旦大学普通外科研究所成立,挂靠中山医院。复旦大学内镜诊疗研究所正式成立,由复旦大学附属 10 所医院内镜中心(室)共同组建。2009 年,臧荣余作为上海妇科肿瘤学组组长,创建上海妇科肿瘤协作组(SGOG),中山医院成为组长单位。2012 年,上海市消化内镜工程技术研究中心成立,并挂靠中山医院内镜中心;上海市呼吸病研究所挂牌成立。2014 年,上海市肝病研究所、上海市肾病与透析研究所、上海市临床生物信息学研究所在医院挂牌成立。2015 年,复旦大学慢性代谢性疾病研究所揭牌,挂靠中山医院;中山医院与华大基因合作的中华精准医学中心成立。

医院积极推进科研创新,大力推进"产、学、研、医"结合,多项创新技术也获得了转化。2008 年,首次启动中山管理科学基金。2009 年,上海中山医疗科技发展公司与中山医院签订"产学研合作协议",旨在共同搭建医疗科研成果(专利)转化平台。2010 年,葛均波领衔的"可降解涂层新型冠脉支架"项目获上海市技术发明奖一等奖。上海中山医疗科技发展公司获"中国产学研合作创新成果奖",其与呼吸科钮善福合作的无创机械通气面罩、与内镜中心姚礼庆合作的胃镜用吸氧面罩、与麻醉科薛张纲合作的麻醉气体吸附器和一次性使用自控式输注泵(镇痛泵)都实现了产业化。其中,硅胶面膜通气面罩、多功能通气面罩被认定为 A 级上海市高新技术成果转化项目、上海市医疗器械名优产品。2013 年,心内科葛均波牵头申报的"心血管介入治疗技术与器械教育部工程研究中心"项目获教育部工程研究中心正式批准立项,并进入建设期。这是第一个医学领域教育部工程研究中心,是中山医院在临床医学转化建设平台上的重要突破。2014 年,中山医院通过国家药物临床试验机构资格;内镜中心联合上海澳华公司采用"临床研究＋企业研发"模式,自主研发国产内镜并成功投入临床使用;泌尿外科陈伟项目组的发明专利和实用新型专利"一种腹腔镜手术遥控动脉夹"成功转化。2016年,心内科葛均波发布的中国自主研发的完全可降解聚乳酸支架已完成大规模临床试验,进入创新医疗器械特别审批程序,迈出了上市前审批的关键一步;"一种瓣膜夹合器"国家发明专利成功转化。2017年,骨科董健团队开发的新型融合器实现专利转化。

加快推进国际合作交流。2008年,中山医院与中芬联合生物医学研发中心签署合作协议,合作内容涵盖生物医学领域的研究合作、生物新材料的选择与研发、新型生物材料的临床前期实验研究、新型生物材料的临床试验、组织工程中与干细胞合作研究及研究人员的互访交流等方面。2011年,医院挂牌成立中山-全球预防心脏病学国际交流网络英国帝国理工大学合作中心,成为心血管病预防专业人才的培训基地。中山医院医生的身影也活跃在国际学术舞台,身份从"听者"逐渐转变为"讲者""术者"。2011年,内镜中心副主任周平红作为中国唯一受邀出席在意大利米兰召开的国际消化内镜大会的代表,用30分钟演示了一例高难度的早期胃癌内镜黏膜下剥离手术和一例应用海博刀(水刀)进行贲门失弛缓症经口内镜微创肌切开手术(国际首次)。2014年,心外科魏来受邀在华盛顿召开的全球最大规模的介入心脏病大会上,做20分钟专题演讲介绍中山医院"经心尖主动脉瓣置换术"的经验,这也是该大会历史上首次邀请中国大陆心脏外科医生做大会发言。2014年,重症医学科钟鸣团队在瑞士日内瓦召开的第三十六届欧洲肠内与肠外营养大会上,作为国内唯一受邀在大会上发言的医学团队,介绍了课题组"食道癌术后全量营养支持策略对患者的作用"最新的研究成果,引起参会者的关注。2014年,肝外科樊嘉牵头"循环肿瘤细胞在肝癌当中的应用"项目,在第八届国际肝癌协会年会上受邀展示,这是来自中国的唯一一项研究成果。同时,该项目成员杨欣荣在其英文演讲中介绍了该项成果,得到各国参会者的关注。2014年,普外科许剑民作为中国唯一特邀代表,参加在英国利物浦举行的第三十四届欧洲肿瘤外科会议,并做大会主题发言。2014年9月,由呼吸科白春学倡议,在德国慕尼黑市召开的第十六届欧洲呼吸学会年会中首次设立了"中国日"专场。2015年,心外科承办"2015上海国际心血管外科论坛"(SISCS 2015)。2016年,肝病研究所主办第一届"肝脏病理生物学临床实践转化"国际研讨会;神经内科联合主办2016国际癫痫前沿论坛。

(五)

坚持人才强院政策,夯实医院发展人力基础。葛均波和樊嘉分别于2011年和2017年当选为中国科学院院士。2007年,心内科钱菊英和肝外科邱双健分获第十一届"银蛇奖"。2008年,葛均波入选"新世纪百千万人才工程"项目。2010年,血管外科符伟国入选上海领军人才。2011年,国家卫健委病毒性心脏病重点实验室(简称"心实验室")孙爱军获第四届上海市五一巾帼创新奖(个人)(上海市医务系统唯一获奖个人)和"银蛇奖"二等奖;中西医结合科蔡定芳获第二届全国中西医结合贡献奖;泌尿外科朱同玉、肝外科周俭、普外科许剑民、肾病科丁小强、肝内科夏景林和药剂科吕迁洲被列入上海市卫生系统优秀学科带头人(简称"新百人计划")培养对象;肝外科杨欣荣、心脏超声诊断科董丽莉、内镜中心钟芸诗和心内科张峰4名青年医师被列入上海市卫生系统优秀青年人才培养计划(简称"新优青计划")培养对象;肾内科丁小强和骨科董健入选上海市领军人才培养计划。2012年,心内科葛均波获谈家桢生命科学创新奖、全国五一劳动奖章;护理部顾奕获首届左英护理奖;肝外科樊嘉入选上海市劳模年度人物、上海市十佳医生;检验科潘柏申入选十佳医技工作者;血管外科符伟国被授予2011—2012年卫生部有突出贡献中青年专家称号;医保办郭莺获上海市医务青年管理十杰荣誉称号。2013 年,汪昕获全国节能先进个人称号;汤钊猷获上海市教育功臣奖;心研所邹云增获上海市科技精英称号。2014 年,葛均波获上海市劳模年度人物。2015 年,内镜中心团队被评为上海市科学创新先进典型,并作为医疗界唯一入选团队被评为 2015"感动上海"年度人物,团队代表姚礼庆被评为上海市先进工作者;内镜中心钟芸诗获得第十五届"银蛇奖"一等奖,其导师姚礼庆获特别荣誉奖。2016 年,肝肿瘤外科樊嘉获第九届谈家桢生命科学临床医学奖、吴阶平-保罗·杨森医学药学奖、2016 中国十大医学新闻人物(管理与经营领域);内镜中心周平红入选央视专题片《大国工匠》(第 4 季)。2017 年,顾建英获"医树奖"卫生管理创新奖;骨科董健获全国科普工作先进工作者称号。

加强教学基地建设,提升教育教学质量。2007 年,消化内镜和泌尿外科内镜通过了卫生部内镜诊疗技术培训基地专家组的验收与评价,成为中国首批通过卫生部验收的国家级内镜培训基地之一。王国民和姚礼庆分别被聘为卫生部内镜诊疗技术(上海)泌尿科和消化科培训基地的主任。2008 年,中山医院获卫生部批准为第一批冠心病介入诊疗、先天性心脏病介入诊疗和心律失常介入诊疗(导管消融和植入器械)基地,也是上海市唯一的成人先天性心脏病介入治疗培训基地。2012 年,复旦大学在"临床医学硕士培养衔接住院医师规范化培训课程建设"启动会上宣布:中山医院在上海市乃至全国范围内,率先启动全科医学科临床医学硕士培养衔接住院医师规范化培训课程建设的项目,探索住院医师规范化培训与临床医学专业学位"四证合一"学员的课程建设。经过培养合格者将获得研究生毕业证书、硕士学位证书、执业医师资格证书及上海市住院医师规范化培训合格证书。经中国生物医学工程学会体外循环分会批准,心脏外科中国体外循环培训基地正式挂靠中山医院,这是华东地区首家、全国第四家。2013 年,全科医学系(上海市全科医师师资培训中心)成为中国第一个国家级区域性全科医学师资培训中心。同年,中共中央政治局委员、国务院副总理刘延东考察中山医院住院医师和全科医师规范化培养工作。药剂科成为卫生部首批 11家临床药师师资培训基地之一。老年病科成为上海市第一批老年病科专科医师规范化培训基地。全科医学科祝墡珠牵头完成的"全科医学教学体系和人才培养模式的探索与创新"项目获 2013 年上海市级教学成果奖(高等教育)特等奖,这是上海市教育领域政府类最高奖励。2015 年,医院获评成为国家住院医师规范化培训示范基地。医院与国产医疗设备供应商建立了战略合作关系,搭建华东地区唯一的国产医疗设备影像示范基地。"前列腺癌规范化管理项目示范基地"在医院揭牌,挂靠泌尿科。2016 年,医院挂牌成立全国第一个达芬奇手术机器人中国泌尿外科临床手术教学示范中心。临床技能培训中心启动了首期美国心脏病协会(AHA)的导师培训。

扩大教学实践影响力,主编并出版教材和专著。2009 年,由消化科王吉耀担任主编,国内第一部完全由中国作者自己编写的、具有自主知识产权的全英文教材《内科学概要》出版;内镜中心姚礼庆牵头编写的《内镜黏膜下剥离术》出版,这是国内首部专门介绍消化道早癌最新治疗方式的专著;内镜中心王萍主编的《现代内镜护理学》出版,这是国内第一部全面介绍现代内镜专科护理的专著。2011 年,由秦新裕、姚礼庆和陆维祺共同主编的《现代胃肠道肿瘤诊疗学》出版发行,这是一部有关消化道肿瘤诊疗方面最全面、最新颖的专著,填补了系统性综合性胃肠道肿瘤诊疗学专著的空白;由石洪成与上海交通大学医学院黄钢共同主编的《心脏核医学》专著出版,是国内首部心脏核医学方面的专著。2012 年,第六届全国高等学校五年制本科临床医学专业教材评审委员会成立,并认定全国高校新一轮规划教材的主审、主编、副主编人员名单,陈灏珠任教材评审委主任委员,葛均波和祝墡珠分任《内科学》(第八版)和《全科医学概论》(第四版)主编,秦新裕任《外科学》(第八版)副主编,陈灏珠、吴肇汉和杨秉辉分任《内科学》(第八版)、《外科学》(第八版)和《全科医学概论》(第四版)主审。2013 年,陈灏珠主编的《实用内科学》完成第十四版的出版。2014 年,周平红主编的《内镜切除技术》(英文版)出版,这是中国第一部关于内镜切除技术的英文图书,由德国斯普林格出版社出版,并获得《美国胃肠病学杂志》的推荐。2016 年,消化科王吉耀被国务院任命为《中国大百科全书》(第三版)现代医学版副主编。

(六)

医院响应国家推动医疗联合体建设的号召,推进优质医疗资源下沉。2008 年,神经内科牵头在青浦区举行中山医院-青浦金泽社区疾病综合防治中心合作协议签署与挂牌成立仪式。2009 年,医院牵头成立"上海长风糖尿病合作研究社区基地",为该社区中老年居民提供多种慢性代谢性疾病防治服务。同年,在国内首创与江苏省大丰市医疗保险基金管理中心签署沪丰医保"一卡通"合作协议,实现当地参保人员转入中山医院治疗所发生的住院医疗费用均可实现实时结算。2013 年,中山医院与江苏省盐城市医保基金管理中心签订《盐城市参保人员转中山医院住院费用实时结算合作协议》,是深入推进异地医保实时结算、服务与方便当地参保人员在上海住院诊治的新举措。2014 年,厦门市政府与复旦大学签署《合作建设运营"复旦大学附属中山医院厦门医院"协议书》,确定共建的"复旦中山医院厦门医院"为非营利性公立医院,按照三级甲等综合性医院标准规划建设,以小综合、大专科为发展特色,突出复旦大学附属中山医院的重点优势专科,并与厦门市现有医疗机构错位发展。2015 年,中山医院与吴阶平医学基金会签署战略合作协议。2016 年,挂牌成立华东地区医疗协作服务中心,启动多学科会诊服务以及特需门诊远程会诊服务。国家卫生计生委主任李斌在浙江全程观摩该中心首次远程会诊连线。2016 年,徐汇区-中山医院医疗联合体成立揭牌,葛均波院士工作站和周平红内镜工作站在徐汇区中心医院挂牌。2017 年,中山医院与金山区人民政府签约组建金山区-中山医院医疗联合体。

医院积极响应国家号召,精准扶贫,深入开展对口支援,组建国家医疗队支援奔赴"老、少、边、穷"地区,圆满完成援摩及精准扶贫、对口支援、医疗保障等多项专项任务。2008 年汶川特大地震,医院按上级要求组建医疗队,党委副书记牛伟新任队长,奔赴受灾最严重的汶川与安县的上百个村庄,累计诊治患者 2 000 多人次,圆满完成医疗援助任务。2009 年,按照上海市对口援建云南省协议,中山医院被指定援建富源县人民医院。2011 年,院长王玉琦带队调研富源县人民医院二级甲等医院创建工作。通过对口支援,顺利帮助该院通过二甲医院评审。2016 年,医院落实与执行国家卫计委指派的为期 5 年(2016—2020)的对口帮扶任务,组建第一批西藏医疗队赴西藏自治区昌都市察雅县卫生服务中心开展帮扶工作。2011 年起,医院参加卫生部国家医疗队巡回医疗项目,成为首批三家医院之一。2011—2016 年,国家医疗队赴云南、新疆、重庆、安徽、青海、江西、甘肃等"老、少、边、穷"地区开展医疗援助,并为当地医院"造血",培养一支"带不走的医疗队"。

从 1937 到 2017 年,中山医院 80 年的历史,也是中国医药卫生事业不断发展、壮大的缩影。一代代名医大家在此诞生,一项项先进医疗技术由此开创,医疗服务能级逐年提升,医院管理理念不断创新;始终秉承服务国家民族大局的家国情怀,始终秉承一切为了患者的医者仁心;从最早由国人创建管理的综合性医院,到国内国际知名的国家医学中心。在中国医疗卫生事业发展的历程中,在医疗卫生体制改革逐渐深入的大潮中,在中国医学科学攀登世界高峰的征程上,中山医院始终勇挑重担、身先士卒,努力发挥公立医院"国家队"的引领示范作用。

大事记

民国十八年(1929)

8月6日 《大公报(天津)》第14版刊载《筹设上海中山医院计划概要》。

民国二十年(1931)

1月17日 中山医院发起人会议在上海银行公会召开,联合签署《筹设上海中山医院缘起》。推举成立以孔祥熙为主任,孙科、刘瑞恒为副主任,史量才、王晓籁、王一亭为常务委员,颜福庆为总干事的中山医院筹备会。

民国二十三年(1934)

4月 应颜福庆之请,洛氏基金会把法租界天文台路8.99万平方米(135亩)土地捐赠给上海医学院,用于建设上海医学院和中山医院。

民国二十四年(1935)

春 颜福庆出售天文台路一部分土地,在华界枫林桥置换6.66万平方米(100亩)土地,用以建造上海医学院及中山医院。

6月 中山医院正式动工。

是年 由总干事颜福庆等发起,经卫生署和上海市卫生局核准备案的私立上海医事事业董事会在上海江湾叶家花园成立,以筹建中山医院。

民国二十五年(1936)

8月21日 量才堂奠基。

12月 中山医院落成,占地26 644平方米(40亩),建筑面积13 597平方米。史量才家属捐款建量才堂一幢,为护士学校之用,学校附设在中山医院内。

民国二十六年(1937)

2月 董事会聘请骨科专家牛惠生担任中山医院首任院长。

4月1日 举行中山医院开业典礼。

8月　应元岳代理中山医院院长。

是年　抗日战争全面爆发,应元岳、王霖生和颜福庆领导组织中山医院撤退。中山医院原址被日本侵华军占领。其间,中山医院一部分员工随上海医学院师生员工转移到西南大后方,另一部分员工留在中国红十字会第一医院继续从事医疗、教学工作。10月,改为时疫医院;11月,改为难民所;12月4日,改为伤病医院。

民国二十九年(1940)

是年　林兆耆首创骨髓培养法诊断伤寒、副伤寒、葡萄球菌败血症及其他全身性细菌感染,并对伤寒、副伤寒患者的胆汁、骨髓、血液、粪、尿等培养结果及肥达反应进行比较研究。

民国三十四年(1945)

是年　建立眼科,由陈道瑜、谢春泉和王汉英等创建,何章岑兼眼科主任。

是年　建立耳鼻咽喉科,首任主任王鹏万。

民国三十五年(1946)

3月　上海医学院附属医院医师、护士等一行29人,奉调从云南回沪支援中山医院复院。

10月　沈克非担任中山医院院长。

11月　中山医院正式复业。

民国三十六年(1947)

9月　重设护士学校,更名为"上海市私立中山高级护士职业学校",并开始招生,校长由中山医院护理部主任陈良玉兼任。

11月　黄家驷在中山医院创立胸外科,组建上海医学院呼吸疾病外科研究室。在全国率先开展肺结核、支气管扩张、肺囊肿及肺癌的手术治疗。

是年　增设口腔科和皮肤科。

民国三十七年(1948)

是年　陶寿淇在中山医院建立内科心脏病组,并设立心电图室,在中山医院率先开展心电图临床实践和研究。

1949 年

9月　袁耀萼任中山医院党支部第一任支部书记。

10月　选举产生医院第一届工会委员会,沈永和任工会主席。

1950 年

9 月 23 日 《人民日报》第六版以"战士们的血吸虫病被消灭了——记模范医务工作者钱惪教授"为题报道中山医院内科教授钱惪。

12 月 20 日 沈克非和史玉泉成功开展全国第一例右侧额叶胶质瘤切除术。12 月 21 日,上海《新闻报》作头版报道。

是年 中山医院员工积极参加上海市郊区为解放军治疗急性血吸虫病工作。陶寿淇因在防治血吸虫病工作中取得出色成绩获二等功,陈灏珠获三等功。

1951 年

1 月 根据抗美援朝前线的需要,经中央人民政府卫生部批准,上海首批抗美援朝志愿医疗手术队 321 人出发奔赴前线,黄家驷被任命为医疗总队队长。7 月,上海第二批抗美援朝志愿医疗手术队奔赴齐齐哈尔,接替第一批医疗手术队的工作,由熊汝成担任大队长,陶寿淇担任副队长,林兆耆和陈化东担任顾问;成立上海市抗美援朝志愿医疗手术队技术顾问团,沈克非担任团长。

11 月 1 日 黄家驷率领的抗美援朝医疗队归来,应邀出席第一届全国政协第三次会议,并做题为"决心尽一切力量医好志愿军伤病员"大会发言,受到国家主席毛泽东、总理周恩来、副主席刘少奇和总司令朱德的亲切接见。

是年 吴绍青与中国人民解放军军事医学科学院合作开展国产抗结核药物"异烟肼"的临床研究,该药成为国内最早合成的抗结核化疗首选药物。

是年 吴珏创建麻醉科,是中国麻醉学科的发源地之一。

1952 年

2 月 刘文英任医院党支部书记。

4 月 医院改为上海医学院外科学院,黄家驷担任外科学院院长。

9 月 林兆耆主编,钱惪、郑伟如、陈悦书、孙忠亮、刘约翰等参编的中国最早的内科学专著《实用内科学》(第一版)由华东医务生活社出版发行。

11 月 中山医院更名为上海第一医学院外科学院。

是年 熊汝成创建泌尿外科。

是年 荣独山创建放射科。

1953 年

3 月 2 日 石美鑫实施全国第一例 B－T 分流手术并取得成功。后又成功施行国内首例体外循环分流术治疗法洛四联症。

10 月 张亮任党支部书记。

是年 贯彻"中西医结合"的卫生方针,聘请老中医姜春华开设中医门诊和中医病房。

是年　骨科在国内率先开展椎间盘造影诊断腰椎间盘突出症和骨折切开复位内固定手术。

是年　荣独山主编出版《普通 X 线诊断学》。

1954 年

是年　上海第一医学院成立麻醉学教研室，吴珏任主任。吴珏主编的国内第一部《临床麻醉学》出版。

是年　医院组成医疗队参加安徽抗洪救灾，被上海市卫生局授予"救灾防病先进集体"，并荣立集体三等功。

1955 年

8 月　外科学院改为上海第一医学院附属第二医院，崔之义任院长。恢复综合性医院建制，设内科、外科、妇产科、肺科和中医科 5 个主要临床科室，外科分设胸外科、骨科、泌尿外科、普外科等专业组，内科包括消化、心脏、血液等专业组，建立血库、肺功能室和心电图室等科室。新增内科病房大楼（现 8 号楼），建筑面积增加 4 671 平方米，土地面积增加至 40 000 平方米，床位增加为500 张。

是年　吴绍青建立国内首个肺功能实验室并与上海医疗器械厂协作研制成功国产肺功能检测仪，开展临床呼吸生理和肺功能测定的研究。

是年　陈悦书建立血液实验室，并率先在国内开展白血病细胞化学染色检查。

1956 年

8 月　医院名称由"上海第一医学院附属第二医院"改为"上海第一医学院中山医院"。

12 月　中山医院建立内、外科教研室，熊汝成任外科教研室主任，石美鑫和冯友贤担任副主任。内科教研室设立内科学基础教研组和系统内科教研组，分别由林兆耆和郑伟如担任教研组主任。

是年　放射科荣独山、内科林兆耆、肺科吴绍青及胸外科黄家驷被卫生部和上海市高等教育局评定为国家一级教授。

1957 年

4 月　医院成立党总支，下设医务和职工两个党支部。

是年　中山医院副院长左景鉴，以及李宗明、王鸣岐、陈家骝、郑伟如、徐葆元、林琦、钱文治、方开先、徐文成、蒋夏、陈汝启、袁景伦、韩文妙、张定凤、李德旺、钱婉贞、肖昆玉、吴爱文等赴重庆，支援和建设重庆医学院。

是年　崔之义、冯友贤首创试制成功真丝人造血管并应用于临床。

是年　石美鑫等为出生后 4 天的婴儿施行国内首例先天性食管闭锁及食管气管瘘一期根治术，获得成功。

是年　成立中医科,首任科主任李文杰。

1958 年

4 月 10 日　石美鑫完成中国首例体外循环下心内直视手术(房间隔缺损修补手术)。

是年　中山医院与上海汽轮机厂等工厂协作,研制成功中国第一台静立垂屏式人工心肺机。

是年　徐智章在全国最先开展 B 超检查。

是年　中山医院成立上海市胸病研究所,黄家驷和沈克非先后担任所长。

是年　卫生部批准同意中山医院成立同位素实验室,在国内最早开展同位素临床应用和研究。

是年　李宗明和朱无难将尿道膀胱镜改装成腹腔镜,成功用于临床进行腹腔镜检查。

1959 年

6 月　建立妇产科,首任主任周毓菜。

9 月 11 日　石美鑫成功实施国内首例主动脉弓全切除并同种主动脉移植手术。

是年　吴肇光率先在国内实施规则性肝切除术和胰十二指肠切除术等手术。

是年　林兆耆在国际上首次发表《原发性肝癌 207 例临床与病理对照研究》,最早提出肝癌的临床分型。成立由中山医院、上海市肿瘤研究所、中国科学院药物所和中国科学院生化研究所等单位联合组成的肝癌协作组,开展肝癌诊治的研究工作。

是年　章仁安等成功研制套筒式人工肾,开始肾透析研究工作。

是年　荣独山领导制定《矽肺的诊断标准以及分期》,作为硅沉着病(矽肺)X 线初步诊断的全国通用标准。

1960 年

6 月　中山医院获评为全国先进单位。

12 月　挪威卫生署署长卡尔·埃万一行参观中山医院。

是年　黄家驷主编的《外科学》出版,第四版《外科学》更名为《黄家驷外科学》。

是年　朱无难发表《肝癌的腹腔镜检查》,为肝癌的形态学诊断提供重要依据。

1961 年

9 月　荣独山主编的国内第一部《X 线诊断学》统编教材出版。

是月　超声波室主任徐智章牵头在国内率先研制成功 M 型超声心动仪(原名:超声光点连续扫描仪),并首先用 M 型超声心动图研究正常人二尖瓣曲线及风湿性二尖瓣狭窄。

11 月　林兆耆担任中山医院院长。

是年　国内首创采用真丝人造血管实施肾-腹主动脉旁路手术治疗肾动脉狭窄,获得成功。

1962 年

是年　陈灏珠主编的国内第一部《心脏插管检查的临床应用》出版。

1963 年

3 月　胡田成担任中山医院党总支书记。
5 月　经上海市卫生局批准,上海市胸病研究所更名为上海市心血管病研究所。

1964 年

3 月　中山医院建立肺病学研究室,吴绍青兼任研究室主任。
8 月　同位素室赵惠扬主编的《临床同位素学》出版,这是中国核医学专业领域第一部专著。
是年　林兆耆主编的《内科学》出版,这是国内十多位教授共同参与编写和评阅的中国第一部高等医学院校内科学教科书。

1968 年

是年　石美鑫与陈灏珠成功安置国内第一台埋藏式人工心脏房室传导起搏器治疗完全性心脏传导阻滞。

1969 年

是年　成立中山医院肿瘤小组,由汤钊猷、杨秉辉等 5 人组成。开设肝癌病房,与中山医院检验科、中科院生化所、上海医化所共同协作研制甲胎蛋白(AFP)的提纯,用于临床检测。并先后在江苏省启东县,上海市徐汇区、闵行区开展肝癌筛查工作,受检人数达 40 万之多。开创小肝癌的研究工作。

1970 年

8 月　方梦日任中山医院党总支书记。

1971 年

5 月　经上级党组织同意选举产生中山医院团总支,王国民任团总支书记。

1972 年

9 月　中山医院缪中良等研制成功全国第一台标准平板型人工肾。

10 月　泌尿外科用首台研制成功的标准平板型人工肾成功抢救急性挤压伤伴肾小管坏死的肾衰竭病例,取得成功。上海《文汇报》等进行专题报道。

是年　正式建立心内科、心外科,分别由陈灏珠与石美鑫担任科室主任。

1973 年

3 月　恢复上海市心血管病研究所建制。

4 月 23 日　心内科陈灏珠首次在国内开展选择性冠状动脉造影手术获得成功。

4 月　中山医院在内科教研组内成立肾病组,开展中国第一例尿毒症血液透析治疗。

1974 年

2 月　内科消化组与普外科合作,在国内率先开展腹水浓缩回输治疗肝硬化腹水的研究。

12 月　中山医院改为综合性医院,除开设内、外、妇、中医等专科门诊外,又相继开设和恢复皮肤科、眼科、耳鼻喉科和口腔科等门诊。

是年　经国家卫生部批准中山医院建造门诊大楼。大楼落成后增加建筑面积 3 900 平方米。

1975 年

4 月 22 日　心内科陈灏珠与胸外科石美鑫成功抢救来华访问的美国寄生虫病专家巴施(Basch)。

7 月 14 日　泌尿外科成功完成国内首例同种异体肾移植手术。患者存活 9 年以上,成为当时中国肾移植存活时间最长的病例。

是年　秦万章率先开展中草药雷公藤治疗系统性红斑狼疮的研究。

1976 年

7 月 28 日　唐山发生 7.8 级强震。中山医院立即组织由方梦日带队、42 名医护人员参加的抗震救灾医疗队,奔赴唐山开展医疗救援。

7 月　中山医院成立党委,张培胜担任党委书记。

1977 年

是年　拆除量才堂,在原址上建造的、由卫生部出资的上海市心血管病研究所大楼竣工并投入使用(现 9 号楼),建筑面积 5 837 平方米。

是年　外科吴肇光在医院主持建立全国第一个外科监护室(SICU)。

是年　恢复肺科独立建制。

1978 年

8 月　内科消化病组更名为消化科,由朱无难担任第一任科室主任。

是月　裘麟任中山医院院长兼党委副书记，主持党委工作。

10 月　医院更名为"上海第一医学院附属中山医院"。

是年　《外科学》（第二版）获全国科学大会重大成果奖。

是年　赵惠扬牵头的"放射性^{99m}Tc 同位素的制备及临床应用研究"项目获卫生部科技进步奖二等奖。"无创性同位素时相分析和心脏断层显像在早期诊断冠心病中的应用"获国家科技进步奖三等奖和卫生部科技进步奖二等奖。

是年　卫生部批准建立超声诊断研究室，徐智章兼任研究室主任。超声诊断科应用维生素 C 碳酸氢钠超声造影剂诊断多种心脏分流性疾病，为国内首创。

是年　心外科王敏生在国内率先采用经食管超声监测下行二尖瓣修复，该项目获卫生部科技进步奖三等奖。

是年　中山医院成功抢救兰州某石油学院烧伤面积达 98％的女大学生，《解放日报》为此做专题报道。

是年　中山医院恢复开展研究生招生和培养工作。

是年　普外科吴肇光团队成功施行中山医院第一例肝脏移植手术，在国内尚无免疫抑制剂的情况下，该患者存活了 30 余天。

1979 年

2 月　肝癌研究室成功施行国内首例低温无血切肝手术。

8 月　汤钊猷等因小肝癌研究获美国癌症研究所"早治早愈"金牌。

是年　汤钊猷自美国带回裸鼠，建成中国首例裸鼠人肝癌模型。"小肝癌的研究"等 8 项科研成果获卫生部医药卫生科技成果甲等奖。

是年　卫生部批准中山医院成立全国第一个血管外科研究室，冯友贤担任主任。

1980 年

3 月 13 日　中国第一个核医学研究所——上海第一医学院核医学研究所成立。其中，肿瘤核医学和临床核医学 2 个研究室挂靠中山医院。

4 月 1—2 日　医院召开第一届职工代表大会。

9 月 18 日　肯尼亚共和国总统丹尼尔·阿拉普·莫伊参观中山医院。

是年　荣独山主编的《X 线诊断学》获卫生部科技成果奖一等奖。

是年　裘麟任中山医院党委书记。

1981 年

6 月 8 日　比利时国王博杜安一世和法比奥拉王后参观中山医院。

7 月 20 日　中山医院与上海医疗器械研究所协作，研制成功 BFS－1 型血液纤维仪，为医疗单位测定凝血时间和开展血液学、药物学、人工脏器移植等科学研究提供重要工具，填补国内这方面的空白。

是年　荣独山与夫人捐资人民币 6 万元,在上海第一医学院设立"荣林氏奖学金"资助家庭困难优秀学生。荣独山是在上海第一医学院设立奖学金的第一人。

是年　上海市心血管病研究所被世界卫生组织和中国卫生部定为世界卫生组织培训合作中心,石美鑫担任中心主任,陈灏珠被聘为世界卫生组织心血管病专家咨询委员会委员。

是年　中山医院建立整形外科,孙以鲁担任主任。

1982 年

4 月 26 日　汤钊猷主编的中国第一部肝癌专著《原发性肝癌》由上海科学技术出版社出版,并被中国出版工作者协会科技出版委员会评为 1977—1981 年全国优秀科技图书。

10 月　在香港召开的国际肝病会议和亚太肝病会议上,汤钊猷首次代表中国成为主席团成员,并应邀做"小肝癌的研究与中国肝癌治疗"的专题演讲。

是年　中山医院正式成立肾脏病科,廖履坦担任主任。

是年　中山医院成立临床药理实验室。

是年　中国科学院学部委员陈中伟调入中山医院骨科,并担任主任。

是年　中山医院建立显微外科中心实验室。

是年　姜楞建立超声心动图室,开展心脏超声诊治研究。

1983 年

8 月　熊汝成主编的中国首部器官移植专著《肾脏移植》由人民卫生出版社出版。

是年　中山医院被确定为卫生部临床药理基地、国际原子能机构临床核医学医师培训基地。

是年　林贵在南斯拉夫世界血管造影研讨会上发表由他实验证明的"肝肿瘤具有双重血供"的崭新理论,这一发现改变世界医学界"肝肿瘤只有单血供"的传统观念,确立他所提出的用"双介入"方法提高肝肿瘤患者疗效的理论基础。

1984 年

10 月　王承棓担任中山医院院长。

11 月　朱新华担任中山医院党委书记。

是年　吴肇光成功实施国内首例微囊化同种异体胎儿胰岛移植。

1985 年

2 月　汤钊猷领衔的"小肝癌诊断与治疗"研究项目获国家科技进步奖一等奖。汤钊猷主编的《亚临床肝癌》由德国斯普林格出版社出版,这是世界上第一本描述早期肝癌的专著。

5 月　医院更名为"上海医科大学附属中山医院"。

是年　泌尿外科和上海交通大学合作研制成功震波碎石机并进行国内首例患者的治疗工作。

是年　吴珏和诸骏仁担任国家药典委员会委员和医学组长,主编出版《临床用药须知》。

是年　陈中伟被遴选为国际显微重建外科学会主席,成为第一位在国际性医学学术组织内任职的中国人。陈中伟也是该组织的 7 位发起人之一。

1986 年

2月　吴肇光带领普外科通过全肠外营养成功抢救一例因肠坏死后行小肠及结肠切除术患者。此后该患者成为世界上靠肠外营养存活时间最长的"无肠人",创世界纪录。

是年　成立急诊科,首任主任李洁英。

是年　由中山医院肝癌研究室牵头,首届"上海国际肝癌肝炎会议"在上海举行,来自 14 个国家和地区的 500 余人参加。

1987 年

1月　医学心理科徐俊冕在中山医院开设上海市第一家综合医院心理咨询门诊。

5月　经卫生部党组批准,中山医院定为副局级单位,各职能科室定为副处级。

7月　汤钊猷应党中央的邀请到北戴河疗养,受到邓小平等中央领导的接见。

是月　章仁安等与上海交通大学合作完成的"液电冲击波体外破碎肾结石技术"项目获国家科技进步奖一等奖。

是年　在中山医院肝癌研究室的基础上成立上海医科大学肝癌研究所,所长汤钊猷。

是年　成立上海医科大学老年病学研究中心。

1988 年

3月3日　中山医院购买松江天马山占地 1 333 平方米的神龙康复中心,建立以康复为主要医疗业务的中山医院天马山分院。

3月24日　上海南翔附近发生两列火车相撞事故。中山医院组织医疗小分队急赴现场参加救援,成功抢救一批极危重的日本伤员,受到上海市人民政府表彰和伤员家属的高度赞扬。

3月　甲型肝炎在上海大流行。中山医院积极收治甲型肝炎住院患者 2 000 余例,抢救重症肝炎患者近 200 例。

6月　超声诊断科徐智章在世界超声医学会联合会上获国际超声先驱者奖。

8月2日　林贵担任中山医院院长。

11月　成立医院第一届纪律检查委员会。

是年　中山医院制剂楼竣工并投入使用。该楼内设有灭菌、普通和中草药 3 个制剂室和质检室,是上海第一座兼具制剂、检验,内容齐全的制剂室,主要以生产大输液产品为主。

是年　中山医院率先在国内建立介入放射学联合治疗中心和放射介入科。

是年　血管外科正式成立,成为全国最早独立于普外科的血管外科专科。

是年　成立康复医学科。

1989 年

是年　建立中山医院老年病科。

是年　心内科被国家教委和卫生部定为重点学科,陈灏珠为学科带头人。

是年　卫生部、中华医学会来院摄制科教片《人工肝肾解毒器的基础研究和临床应用》。

是年　中山医院设立内分泌科和风湿组。

是年　马来西亚总统一行来院参观。

是年　心内科杨英珍牵头的"黄芪治疗心肌炎研究"项目获 1988 年度卫生部科技进步奖一等奖,首次提出病毒性心肌炎的临床分型。

1990 年

2 月 15 日　中山医院检验科与泌尿科合作在国内首先采用先进的流式细胞分析术、影像细胞分析术、形态定量分析术和癌基因的产物 $p21$ 表达 4 项参数联合应用,对膀胱肿瘤进行早期诊断和预后评价的新方法获得成功。

4 月 21—24 日　泌尿外科在医院成功举行首次全国体外固体震波碎石会议。

是年　林贵在国内首创"双介入疗法"治疗恶性梗阻性黄疸等介入放射学技术。

1991 年

3 月　中山医院派出赴摩洛哥医疗队。

5 月 8 日　中山医院首届文化艺术节开幕。

5 月　林贵在中山医院建立全国第一家介入放射学病房。

6 月　中山医院与澳大利亚墨尔本市奥斯汀医院签署结成友好姐妹医院的协议。

7 月　中山医院 18 层外科大楼落成启用。卫生部副部长孙隆椿、上海市政协主席谢希德、上海市副市长谢丽娟等有关领导出席新大楼落成典礼。经卫生部批准核定,中山医院病床数从 840 张增加到 1 000 张。

12 月 17 日　中山医院成为上海市第一批第一家评审通过的三级甲等医院。

12 月 28 日　杨秉辉任中山医院院长。

1992 年

3 月 27 日　外科吴肇汉、陈君雪为一名急性阑尾炎患者实施最新的腹腔镜下阑尾切除手术,获得成功。这是上海首例运用腹腔镜外科技术切除阑尾。

7 月 10 日　举办中山医院第一场免费周末健康教育纳凉晚会。

10 月 26 日　施荣范担任中山医院党委副书记主持党委会工作。

12 月 25 日　成立中山临床医学院。

是年　中山医院开设神经内、外科及康复门诊、止痛门诊等新专科门诊。心胸外科分为心外科和胸外科两个科室。建立神经内科、神经外科。成立独立专科的内镜中心。建立病理科。成立营养科。

1993 年

3 月　中山医院派出新一批赴摩洛哥塔扎省援助医疗队。

4 月　施荣范担任中山医院党委书记。

12 月 2 日　秦新裕入选首届全国中青年医学科技之星。

12 月 30 日　杨秉辉获全国优秀医学科普工作者称号。

是年　成立医学心理科，徐俊冕任主任。

1994 年

7 月 31 日　在中山医院内建立沪港合资的逸仙医院。

9 月 2 日　中山医院成立全科医学科，成为中国第一个在三级医院设立全科医学科的医院。

11 月 13 日　中山医院接送病人服务中心挂牌成立。

1995 年

4 月 20 日　上海市中西医结合康复医学研究所暨上海市红十字康复医学研究所成立，该研究所挂靠中山医院。

7 月 12 日　骨科张光健团队突破"禁区"成功施行从颈部前入路直接治疗颈椎齿状突骨折手术。

7 月 26 日　医院成功开发国内首台远程多媒体医院专家会诊系统并启用。

9 月　心血管内科学和肝脏肿瘤学被定为上海市医学领先专业第一周期第一批重点学科，陈灏珠和汤钊猷分别为学科带头人。

是月　心内科在国内首次采用经静脉途径安置埋藏式自动起搏复律除颤器获得成功。

1996 年

1 月　中山医院实验研究中心建成启用。

4 月　中山医院与美国新泽西州罗伯特·伍德·强生大学医院签署结为姐妹医院协议，并举行揭牌仪式，编制资料片《与美国新泽西州罗伯特·强生医院结为友好姐妹医院》。

9 月 19 日　骨科陈中伟、陈峥嵘成功施行"游离第二足趾再造前臂手指"手术，世界首例"手臂残端再造指控制电子假手"在中山医院获得成功。

10 月 4 日　中山医院与江西省宁冈县医院签署共建"上海中山-江西宁冈希望医院"协议。这是全国第一家"希望医院"。

10 月 18 日　肝癌研究所举办"全国肝癌外科及复发转移学习班"，这是中山医院第一个被批准的国家级继续医学教育项目。

11 月 19 日　中山医院放疗科成立，是上海市第一家综合性医院成立的放疗科。

1997 年

3 月 22 日　医院建立职工培训中心，改分散学习为集中培训，对象为中级职称以下专业技术人员、行政副科以上干部等。

7 月 15 日　中山医院出资 200 万元设立中山人才培养基金。

10 月 10—16 日　中山医院举行建院 60 周年院庆活动。出版《开拓前进六十年》一书、《中山医院藏画集》一册、《中山医院年鉴》一本、《院庆专刊》报一张，拍摄《开拓奋进六十年》录像一部，并建立院史陈列室。

11 月 2 日　在第二届大众科学奖颁奖会上，院长杨秉辉成为第二届大众科学奖奖项的唯一得主。

1998 年

2 月 20 日　血管外科与介入科成功合作实施国内首例"腔内人造血管置入术"。

2 月 21 日　内镜中心姚礼庆成功实施国内首例经十二指肠镜气囊扩张术胆总管结石取出术。

7 月　上海医科大学呼吸病研究所成立，研究所挂靠中山医院。

8 月　中国遭遇特大洪灾，中山医院王玉琦率抗洪救灾医疗队奔赴湖南洪水灾区救援。

是月　汤钊猷设立"汤钊猷-上海建行肝癌诊疗研究奖励基金"，并举行首次颁奖仪式。

10 月　中山医院与美国费城杰斐逊超声教育研究所建立超声教育合作中心，举行揭牌仪式。

11 月 27 日　经国家科学技术部、国家新闻出版总署批准，由中山医院主办的《中国临床医学》杂志获批为国内外公开出版发行(ISSN 1008－6358/CN 31－1794/R)。

11 月　中山医院获全国创建文明先进单位称号。

是年　心内科潘信伟牵头的"卡托普利对急性心肌梗死患者早期病死率及并发症影响的多中心随机临床试验"研究项目，获卫生部科技进步奖一等奖。

是年　中山医院获 1998 年度卫生部、国家中医药管理局、中国人民解放军总后勤部颁发的"全国百佳医院"奖牌，成为全国 145 家"百佳医院"之一。

1999 年

6 月　内镜中心在医院内率先建立上海市第一条内镜抢救 24 小时绿色通道。

是月　陈中伟获国际显微重建外科学会颁发的"世纪奖"，奖杯上篆刻"给陈中伟博士，以表彰他在再植与显微重建外科上的突出贡献"。

7 月　医院综合档案室档案管理通过卫生部专家组最终评审，晋升国家科技事业档案管理一级单位，成为卫生部部属医院中第一家档案管理国家一级单位。

11 月　医院正式成立国内第一个血管外科研究所，即上海医科大学血管外科研究所，挂靠于医院血管外科。

2000 年

4月3日　普外科与整形外科合作采用"腺体置换疗法",在国内率先开展保留皮肤的乳癌根治术。

5月23日　王春生团队为年仅12岁的女孩施行心脏移植术,这例国内年龄最小的"换心人"手术的成功,实现中山医院心脏移植零的突破。

7月　因上海医科大学与复旦大学合并,组建新的复旦大学,医院更名为"复旦大学医学院附属中山医院"。

8月15日　介入科王建华等运用介入法治疗子宫肌瘤获得成功。

2001 年

1月3日　葛均波等医师首创桡动脉穿刺诊断冠心病技术获成功。

2月　医院更名为"复旦大学附属中山医院"。

6月20日　普外科、胸外科、泌尿科、妇产科携手成立腹腔镜诊疗中心。

12月25日　医院成立上海市影像医学研究所,周康荣任所长。

2002 年

1月28日　中山医院肺部肿瘤治疗中心成立。

4月28日　肝外科临床医师组获全国五一劳动奖状。

6月25日　投资超过2亿元的青浦区中心医院整体由中山医院托管。

10月6日　医院和儿科医院联手对一例3岁患儿成功实施亲属活体供肝肝移植手术。

是年　肝肿瘤外科樊嘉团队完成第一例心肝联合移植。

2003 年

1月　王玉琦任院长。

2月12日　中山医院成为上海市唯一获全国科普工作先进集体的单位。杨秉辉获全国科普工作先进个人称号。

5月　中山医院组成医疗队支援上海市传染病医院抗击"非典"(SARS),并参与抢救重症"非典"患者。

8月16日　血管外科和介入放射科合作实施国际首例采用腔内人造血管支架移植术结合动脉转流术,成功治愈一例降主动脉夹层动脉瘤。

11月18日　启用封闭式长廊连接各医疗大楼。

11月28日　樊嘉开创性施行"劈裂式肝移植"手术获得成功。

12月9日　中山医院与美国托马斯·E·斯塔泽(Thomas E. Starzl)移植研究所合作中心揭牌成立。

2004 年

2月23日　心外科与美国麻省总医院心脏外科联合建立的上海中山医院-美国麻省总院心脏外科培训中心在医院揭牌。

4月28日　泌尿外科团队用腹腔镜下切取供肾的微创方式,实现活体脏器移植新突破。

6月　王小林担任中山医院党委书记。

12月30日　泰国突发海啸,中山医院派医护人员参加上海市卫生局组织的首支救援队,参加海外医疗救援。

是年　成立肿瘤内科,刘天舒任科室副主任(主持工作)。

2005 年

3月3日　心外科团队为一名7岁儿童成功实施心脏搭桥手术。

4月29日　肝肿瘤外科团队为一名83岁患者进行肝移植手术取得成功。

10月18日　中山医院718名医务人员加入中华骨髓库志愿者行列。

是年　《外科学》(第六版)获全国优秀教材一等奖。

2006 年

3月26日　肝肿瘤外科樊嘉团队提出更符合中国国情的肝癌患者肝移植适应证新标准,被命名为"上海复旦标准"。

4月8日　中山医院获3项教育部高等学校科学技术奖:放疗科曾昭冲等的"肝细胞癌放射治疗——放射敏感试验及不同病期的临床疗效比较"获一等奖;内分泌科高鑫等的"C肽对糖尿病微血管病变的疗效及重组人C肽的新药研发"获二等奖;呼吸科瞿介明等的"免疫功能低下宿主肺部感染的临床和炎症反应及其相关研究"获二等奖。

6月　中医科蔡定芳等开展的"分期辨证治疗急性缺血性脑卒中研究"获中国中西医结合学会科学技术奖二等奖。

8月17日　中山医院开设国内首个飞机和高原旅游健康门诊。

是年　葛均波创新的血管内超声诊断技术——"半月现象"和"指尖现象"获上海市科技进步奖一等奖。

2007 年

2月28日　肝研所汤钊猷领衔的"转移性人肝癌模型系统的建立及其在肝癌转移研究中的应用"项目获2006年国家科技进步奖一等奖。心研所葛均波领衔的"血管内超声与多普勒技术在冠状动脉疾病诊治中的应用研究"项目获2006年国家科技进步奖二等奖。

6月　肝肿瘤科、心内科、普外科、泌尿外科作为国家重点学科牵头单位,肾内科、骨科、影像与核医学科(放射科、核医学科、超声科)、中医科、神经外科、神经内科、病理科通过教育部全国高校国家重点学科评估。

7月 卫生部发放全国首批器官移植项目许可证,中山医院成为上海市唯一同时获得心脏、肝脏和肾脏3项移植许可的医院,同时也是上海市唯一获准开展心脏移植的医院。

8月15—16日 中国共产党复旦大学附属中山医院委员会第一次代表大会在中山医院召开。8月16日下午,中山医院第一次党代会结束后,分别召开新一届党委和纪委委员的第一次全体会议,秦新裕当选为新一届党委书记。

9月18日 为庆祝中山医院建院70周年,王玉琦主编的《跨世纪的辉煌——中山医院志1937—2007》由复旦大学出版社出版。

9月20日 首届董宝机-朱剑华医学人才培养基金颁奖仪式在中山医院举行。该培养基金由上海医科大学校友董宝机和朱剑华捐助10万美元设立。

9月22日 在上海展览中心友谊会堂举行庆祝中山医院建院70周年大会。全国人大常委会副委员长韩启德,全国政协副主席、中国工程院院长徐匡迪等领导为中山医院70周年院庆题词。上海市委书记习近平发来贺信。全国政协副主席张怀西在庆祝会上发表讲话。

9月26日 消化内镜和泌尿外科内镜通过卫生部内镜诊疗技术培训基地专家组的验收评价,成为中国首批通过卫生部验收的国家级内镜培训基地之一。

9月28日 中山医院工会主办的"庆祝中山医院七十华诞暨第七届文化艺术节文艺晚会"在宛平剧场举行。

10月2—11日 在特奥运动会组委会的支持下,成立中山医院特奥志愿者服务队,由副院长汪昕担任队长。23名医师、19名护士、18名医学生和13名管理人员组成志愿者服务队,为来自100多个国家的5060名运动员提供为期10天的志愿服务。

是年 诸骏仁牵头起草编撰的《中国成人血脂异常防治指南》发布。

2008 年

5月12日 四川汶川县发生7.8级特大地震。中山医院组建上海市第一支抗震救灾医疗队。

5月31日 复旦大学内镜诊疗研究所成立揭牌,挂靠中山医院内镜中心。

6月13—15日 由中山医院承办、中国移植受者运动协会等共同举办的第三届中国移植运动会在复旦大学举行。本届运动会有来自包括香港在内的全国各地近500名曾经接受心、肝、肾移植并恢复健康的"移植运动员",参加20多项标准体育竞赛,角逐60枚含义特殊的金、银、铜牌。

6月25日 经上海市卫生局批准,复旦大学普通外科研究所成立,挂靠中山医院。

12月18日 樊嘉领衔的"肝癌门静脉癌栓形成机制及多模式综合治疗技术"项目获2008年度国家科技进步奖二等奖。葛均波课题组的"冠状动脉介入治疗后再狭窄的机制及干预研究"项目获教育部科技进步奖一等奖。符伟国牵头的"主动脉扩张性疾病的腔内治疗"项目获教育部科技进步奖二等奖。

12月24日 中山医院获卫生部批准为第一批冠心病介入诊疗、先天性心脏病介入诊疗和心律失常介入诊疗(导管消融和植入器械)基地,也是上海市唯一的成人先天性心脏病介入治疗培训基地。

2009 年

3 月 30 日　中山医院新建外科手术楼启用。

5 月 20 日　"达芬奇 S"外科手术系统在中山医院完成安装,这是上海引进的第一套外科机器人设备。中山医院可以开展相关手术,成为国内首家拥有"达芬奇 S"外科手术系统的地方综合性医院。

5 月 30 日　由消化科王吉耀主编,中国第一本完全由中国学者自己编写的、具有自主知识产权的全英文教材《内科学概要》出版。

8 月 15 日　肝肿瘤和心血管病综合楼奠基仪式在中山医院举行。

8 月 23—25 日　检验科通过中国合格评定国家认可委员会的现场评审,成为上海市首家通过 ISO 15189 认可的医学实验室,检验科室申报的百余项常用检测项目结果报告获得全球 40 多个国家医疗机构认可。

8 月 30 日　内镜中心姚礼庆牵头编写的《内镜黏膜下剥离术》出版,这是国内首部专门介绍消化道早癌最新治疗方式的专著。

9 月 3 日　由内镜中心护士长王萍主编的《现代内镜护理学》出版,这是国内第一部全面介绍现代内镜专科护理的专著。

9 月 20 日　由汤钊猷牵头制定完成的国内第一部具有坚实循证医学基础的《原发性肝癌规范化诊治专家共识》发布。

是年　为纪念院士陈中伟诞辰 80 周年,《陈中伟院士纪念文集》出版。

2010 年

1 月 19 日　在卫生部组织的 2009 年"医疗质量万里行"活动全国三级综合医院病历质量检查评比中,中山医院在上海地区排名第一。

2 月 5 日　樊嘉代表医院与云南富源县人民医院签署为期 3 年的援建协议。4 月 8 日,首批由 5 名医师组成的中山富源医疗队出发。

2 月　普外科秦新裕受卫生部委托牵头起草中国第一部结直肠癌肝转移诊治指南——《结直肠癌肝转移诊断和综合治疗指南》(2010 版),该指南被卫生部《结直肠癌诊疗规范》(2010 版)采纳,同年 6 月 19 日正式发布。该项目还获得 2011 年教育部科技进步奖一等奖、2012 年上海市科技进步奖一等奖和 2015 年国家科技进步奖二等奖。

4 月 16—17 日　在中国女医师协会主办的首届中国女医师大会暨中国女医师协会杰出贡献和终身成就奖颁奖大会上,心内科杨英珍获 2010 年度中国女医师杰出贡献奖。

7 月 6 日　中山医院与江苏省大丰市医疗保险基金管理中心就沪丰医保"一卡通"合作签约,中山医院成为全国首家实现跨省异地医保实时结算的医院。

10 月 22 日　在由中国医院协会和《健康报》报社共同主办的 2010 年度中国医院突出贡献奖、优秀院长表彰大会上,王玉琦获医院管理突出贡献奖。

是年　消化科、麻醉科、检验科成功申报国家临床重点专科。

2011 年

4 月 11 日　由樊嘉领队、11 名专家组成的卫生部首批国家医疗队赴云南省怒江傈僳族自治州开始为期 1 个月的医疗援助工作。

4 月 29 日　中山医院在上海市五一劳动奖状(章)表彰暨创先争优劳动竞赛推进大会上,获全国五一劳动奖状并受到大会表彰。

5 月 16—20 日　《劳动报》在《党旗下的劳模风采》栏目刊发 6 个版面的长篇通讯《把每个病人当成兄弟姐妹》并配发头版评论,宣传好医师樊嘉事迹。市卫生局要求组织全市 16 万医务工作者认真学习该报道,并召开各级医院医务人员座谈会,讨论学习"樊嘉精神",培育职业精神。

5 月 20—21 日　卫生部肾脏病临床质量控制中心等联合主办的首届"全国腹膜透析标准操作实地培训会议"在医院举行。

6 月 8 日　内镜中心徐美东在经口内镜下肌切开术和内镜黏膜下剥离术(ESD)的基础上,成功实施国际首创经内镜黏膜下隧道肿瘤切除技术。

7 月　核医学科主任石洪成与上海交通大学医学院黄钢共同主编的国内首部《心脏核医学》专著出版。

11 月 22 日　中西医结合科蔡定芳获第二届全国中西医结合贡献奖。

12 月 9 日　心内科葛均波当选为中国科学院院士。

12 月 20 日　在北京举行的全国精神文明建设工作表彰大会上,中山医院获全国文明单位称号。

12 月 28 日　心研所孙爱军获上海市卫生局行政记大功 1 次。

12 月 29 日　卫生部发文公布 2011 年国家临床重点专科的名单,中山医院心内科、心脏大血管外科、胸外科、内分泌科、护理专业和中医脑病 6 个科室被评为国家临床重点专科。

2012 年

1 月 7 日　放疗科曾昭冲领衔的"原发性肝癌放射治疗的实验研究与临床实践"项目在 2010—2011 年中华医学科技奖颁奖大会上获中华医学科技奖二等奖。

1 月 10 日　作为国家"十一五"规划重点和上海市重大工程的肝肿瘤及心血管病医疗综合楼的主体建筑结构封顶仪式在东院区工地举行。

1 月 18 日　经上海市科委批准,上海市消化内镜工程技术研究中心成立,挂靠医院内镜中心。

1 月 20 日　经上海市红十字会审核同意,中山医院正式冠名为"上海市中山红十字医院"。

1 月 21 日　肝外科"肝癌转移复发的机制与防治策略"科研团队入选教育部 2011 年度"长江学者和创新团队发展计划"名单。

1 月 28 日　神经内科钟春玖团队在老年性痴呆发病机制、致病因素和治疗等相关研究中,首次发现苯磷硫胺能显著减少阿尔茨海默小鼠模型脑内 β-淀粉样蛋白沉积、tau 蛋白磷酸化等病理损害,改善模型小鼠行为学表现,为临床治疗提供新的思路。该成果发表于国际知名学术杂志 *Brain*,先后获国家、国际发明专利授权保护和国家一类新药的临床批文。

2 月 15 日　心内科葛均波领衔研制的"新型可降解涂层冠脉药物洗脱支架"在 2011 年度国家

科学技术奖励大会上获国家技术发明奖二等奖。

2月27日　经上海市卫生局批准,上海市呼吸病研究所在中山医院挂牌成立,挂靠中山医院。

3月7日　在2012年上海市医院等级评审工作会议上,市卫生局授牌中山医院正式通过上海市三级甲等综合医院的等级复评审。

3月22日　院长王玉琦代表医院在卫生系统全国文明单位表彰大会上接受"全国文明单位"的授牌。

3月28日　心内科葛均波获第四届谈家桢生命科学创新奖。

4月25日　心内科葛均波在上海市五一劳动奖状(章)表彰大会上获全国五一劳动奖章。

4月　心外科王敏生在中国医师协会心外科医师分会第八届年会暨第六届中国医师协会心血管外科医师奖(金刀奖)颁奖典礼上,获中国医师协会心血管外科医师奖之终身成就奖。

5月15日　在武汉召开的第一届中国核医学医师年会暨第一届中国核医学医师奖颁奖典礼上,核医学科赵惠扬获首届核医学医师终身成就奖。

5月　国内医药及生命科学领域的社会化媒体平台"丁香园"公布中山医院获2011—2012年中国医疗机构最佳雇主。

6月8日　第六届全国高等学校五年制本科临床医学专业教材评审委员会认定全国高校新一轮规划教材的主审、主编、副主编人员名单:陈灏珠任教材评审委主任委员;葛均波和祝墡珠分任《内科学》(第八版)和《全科医学概论》(第四版)主编;秦新裕任《外科学》(第八版)副主编;陈灏珠、吴肇汉和杨秉辉分任《内科学》(第八版)、《外科学》(第八版)和《全科医学概论》(第四版)主审。

6月13日　汤钊猷领衔的"肝癌早期诊断、早期治疗与转移的研究"项目在2012年度陈嘉庚科学奖及陈嘉庚青年科学奖颁奖仪式上获"陈嘉庚生命科学奖"。

6月15日　复旦大学在"临床医学硕士培养衔接住院医师规范化培训课程建设"启动会上宣布:中山医院在上海市乃至全国范围内,率先启动全科医学科临床医学硕士培养衔接住院医师规范化培训课程建设的项目,探索住院医师规范化培训与临床医学专业学位"四证合一"学员的课程建设。经过培养合格者将获得研究生毕业证书、硕士学位证书、执业医师资格证书及上海市住院医师规范化培训合格证书。

6月18日　内镜中心姚礼庆获意大利国际内镜大会主席雷皮奇(Repici)颁发的IMAGE国际内镜大会终身荣誉奖。

6月26日　内镜中心钟芸诗创新发明"金属夹联合尼龙绳间断缝合技术"用于缝合消化道缺损,该成果在国际顶级杂志 *Endoscopy* 上发表,并被欧洲的《消化道穿孔内镜治疗指南》所引用。

7月2日　护理部通过澳大利亚循证护理中心严格评审,成为"JBI循证卫生保健中心的证据应用基地",这是中国第一个循证护理实践的证据应用基地。

7月22日　医院感染管理科胡必杰牵头编写的中国首部《中国丙肝医院感染防控指南》发布。

8月29日　汤钊猷获2012年度"上海市教书育人楷模"称号。

是年　建立重症医学科,诸杜明任主任。

2013 年

1月18日　肝外科樊嘉领衔的"肝癌肝移植术后复发转移的防治新策略及关键机制"项目获2012年度国家科技进步奖二等奖。

1月28日　肝外科樊嘉入选2012年上海市劳模年度人物。

1月30日　神经内科汪昕在国家发改委、人力资源社会保障部等部委联合举行的"十一五"期间节能减排工作表彰大会上获全国节能先进个人称号。

2月21日　普外科许剑民团队完成国际首例肠癌肺转移微创同步切除手术,应用胸腔镜切除肺转移灶的同时,联合达芬奇机器人进行乙状结肠癌根治术。

3月10日　药剂科通过卫生部医政司2012年7月委托中国医院协会药事管理专委会在全国进行临床药师师资基地的遴选和评审,成为卫生部首批11家临床药师师资培训基地之一,是上海市地方医院中唯一既是卫生部临床药师基地又是临床药师师资培训基地的单位。

3月28日　心脏超声诊断室舒先红被中国超声医学工程学会授予2012年优秀超声医学专家奖。

4月21日　胸外科王群作为首批国家卫计委部级专家组成员赴四川雅安地震灾区开展工作。

5月31日—6月2日　中山医院和中华医学会心血管病分会牵头主办的第一届喀什噶尔心脏论坛,在中山医院援建的新疆维吾尔自治区喀什市第二人民医院举行。

6月8日　中共中央政治局委员、国务院副总理刘延东到院考察住院医师和全科医师规范化培养工作。

7月8日　国内医药及生命科学领域的社会化媒体平台"丁香园"公布中山医院获2012—2013年中国医疗机构最佳雇主。

9月5日　心内科葛均波成功完成中国首例由国人自主研发的完全可降解聚乳酸支架的植入。这是葛均波领衔的团队与山东华安生物科技公司合作研制的新一代国产化完全可降解支架。

9月17日　中山医院外籍专家劳伦丘·缪瑞斯·帕皮斯库获由上海市人民政府颁发的2013年度上海市"白玉兰纪念奖"奖章及荣誉证书。

9月18日　血管外科符伟国被授予2011—2012年卫生部有突出贡献中青年专家称号。

9月24日　肝外科樊嘉获2012年度全国十大"我最喜爱的健康卫士"奖。

9月26日　内镜中心团队在2013年度上海市五一劳动奖状(奖章)评选中获上海市五一劳动奖状。

9月30日　中山医院外籍专家斯考特·劳伦斯·弗里德曼获由上海市人民政府颁发的2013年度上海市"白玉兰纪念奖"奖章及荣誉证书。

10月20日　心内科"心血管介入治疗技术与器械工程研究中心"获教育部工程研究中心正式批准立项。

10月26日　肾内科参赛的"健肾圈"项目,在由清华大学主办、清华大学医院管理研究院和中国医院院长杂志社共同承办的首届全国医院品管圈大赛决赛中,获首届全国医院品管圈大赛一等奖。王玉琦获院长贡献奖。

12月2日　心内科葛均波在第九次全国归侨侨眷代表大会上获中国侨界杰出人物荣誉称号。

12月16日　樊嘉任院长。

是年　《复旦名师剪影(医学卷)》出版,收录中山医院吴绍青、沈克非、荣独山、黄家驷、林兆耆、崔之义、熊汝成、吴珏、陶寿淇和陈中伟10位已故"大师大医"的生平事迹。

2014 年

1月13日　内镜中心联合上海澳华公司自主研发的国产内镜正式投入临床使用。

1月20日　肿瘤科、器官移植科、神经内科、急诊医学科、医学影像科5个专科入选2013—2014年国家临床重点专科建设项目。

3月21日　上海市肝病研究所挂牌仪式举行,该研究所挂靠在中山医院内。所长樊嘉,常务副所长沈锡中,副所长周俭、华山医院张文宏。

5月9—10日　核医学科石洪成在第三届中国核医学医师年会上,获中国核医学医师奖。

8月12日　上海市肾病与透析研究所挂牌成立,该研究所挂靠在中山医院内。所长丁小强。

9月28—29日　中山医院协办的国家卫生计生委预算管理医院建设工作会在上海召开。国家卫生计生委副主任、国务院医改办主任孙志刚出席会议并讲话。全国44家委预算管理医院主要负责人、基建工作分管院长和处长参会。

9月　中山医院外籍专家、复旦大学顾问教授、美国纽约西奈山医院肝病科主任弗里德曼(S. L. Friedman)在中国政府友谊奖颁奖大会上,荣膺2014年中国政府友谊奖。

11月3日　医院急诊部顺利完成迁址至东院区的斜土路枫林路口东北角一侧并启用。

12月22日　上海市临床生物信息学研究所成立,挂靠中山医院。

是年　中山医院成立感染病科并开设门诊。

2015年

1月9日　肝外科樊嘉与周俭团队成功实施世界首例"利用切除的废弃肝脏行成人-儿童部分肝移植"手术。

是日　骨科董健领衔的《专家解答腰椎间盘突出症》项目,获2014年度国家科技进步奖二等奖(科普类)。

1月18日　血管外科符伟国领衔的"复杂主动脉夹层腔内治疗方案的优化"项目获中华医学科技奖二等奖,心研所邹云增领衔的"心肌重构的调控机制及其临床应用"项目获中华医学科技奖三等奖。

1月27日　由泌尿外科牵头、吴阶平医学基金会资助、全国共32家大型医院参与的中国前列腺癌数据库分中心在医院挂牌成立。

3月2日　中山医院东院区的肝肿瘤和心血管病医疗综合楼经过近6年的建设正式启用。

3月22日　普外科楼文晖牵头制定的《胰腺神经内分泌肿瘤治疗指南》(2014)发布。

4月　中山医院蝉联第四届全国文明单位。

7月25日　心研所孙爱军在第四届中国女医师协会五洲女子科技奖颁奖大会上,获"五洲女子科技奖"临床医学科研创新奖。

7月　中共上海市委任命汪昕为中山医院党委书记。

8月17日　感染病科正式开设独立的住院病房,首期床位30张。

是日　中山医院天马山分部二期项目动工开建。

8月　高鑫获中华内分泌学分会杰出贡献奖。

10月23—25日　汤钊猷和叶胜龙在中华医学会第十七次全国病毒性肝炎及肝病学术会议上,被授予终身贡献奖。

10月23—25日　心外科监护室"护心圈"的"降低动脉置管的护理成本"项目,在中国医院品管圈联盟等主办的第三届全国医院品管圈大赛上获护理类一等奖。

10月30日　中(中山医院)华(华大基因)精准医学中心在中山医院成立。

10月　中山医院通过国家卫生计生委评选成为国家住院医师规范化培训模范基地。

11月13日　中山医院在第九届中国医院院长年会暨2015年度"济民可信杯"中国最佳医院管理团队的评选中,获中国最佳医院管理团队奖。在各项管理分指标评比中,分获"医院形象与传播""医疗质量与安全""医院学科建设"及"医院财务管理"五星单项奖。

12月14日　陈灏珠和汤钊猷在中华医学会第二十五次全国会员代表大会暨成立100周年纪念活动上,获"中华医学会百年纪念荣誉状"。

是年　葛均波团队成功实施世界首例经皮导管肾交感神经深低温冷冻消融术。

2016 年

1月8日　普外科秦新裕领衔的"结直肠癌肝转移的多学科综合治疗"项目,获2015年度国家科学技术进步奖二等奖。

3月　成立生殖医学中心并开始试运行。2017年3月起正式运行。

6月19日　普外科秦新裕领衔制定的《结直肠癌肝转移诊断和综合治疗指南》(2016版)发布。

6月25日　中山医院获2015—2016年中国医疗机构最佳雇主。

6月26日　院长樊嘉获第十届中国医师奖。

是日　中山医院第一批对口帮扶西藏察雅县医疗队启程。

10月3日　内镜中心周平红作为全国各行各业最具代表性的24位楷模之一、医学界代表入选央视专题片《大国工匠》。

10月20日　樊嘉获何梁何利基金科学与技术进步奖(医学药学奖)。

是日　检验科潘柏申主编的《便携式血糖仪临床操作和质量管理规范中国专家共识》在全国颁布。

10月23日　中山医院在第四届全国医院品管圈大赛上获一等奖。

11月12日　呼吸科白春学在第二十一届亚太呼吸病协会年会上获"亚太呼吸学会勋章"。

11月26日　樊嘉获第九届谈家桢生命科学临床医学奖。

12月9日　泌尿外科王国民在达芬奇机器人入华10周年大会上获杰出贡献奖,并被授予"中国达芬奇机器人奠基人"称号。

12月13日　樊嘉获第十七届吴阶平-保罗·杨森医学药学奖。

12月　消化科王吉耀被任命为《中国大百科全书》(第三版)中"现代医学版"副主编。

2017 年

1月8日　中山医院东院区的肝肿瘤及心血管病综合楼工程项目获中国建筑工程"鲁班奖"。

1月14日　心脏超声诊断室舒先红团队完成的"多维超声参数评价心肌节段功能的临床和实验研究"获2016年中华医学科技奖二等奖,内镜中心周平红团队的"结直肠疾病内镜微创治疗新策略"项目获2016年中华医学科技奖三等奖。

1月21日　核医学科石洪成在美国核医学研究院(ACNM)年会上被授予ACNM荣誉院士(Fellow)称号。

1月22日　骨科董健获全国科普工作先进工作者称号。

3月21日　院长樊嘉获评2016中国十大医学新闻人物(管理与经营领域)。

4月5日　肿瘤内科27病区在9号楼5楼正式开张。

7月15日　中山医院连续五年蝉联"公立医院最佳雇主",并进入"2016年度公立医院新媒体影响力50强"。

7月　吴肇汉、秦新裕与复旦大学附属华山医院丁强主编的《实用外科学》(第四版)由人民卫生出版社出版。

8月9日　"中山医院朱剑华-陈松鹤医学人才培养基金"签约仪式举行。

是日　中山医院院名石揭幕,正面镌刻由书法家陈佩秋题写的"复旦大学附属中山医院",背面书有《筹设上海中山医院缘起》。

8月15日　心内科葛均波团队为云南来沪"心·肝宝贝"小琳丹成功实施心脏手术,陈灏珠院士人才基金"生命之花"的首个救助项目"心·肝宝贝"计划顺利启动。

8月20日　复旦中山厦门医院开业典礼在厦门医院门诊楼大厅举行。福建省副省长杨贤金、复旦大学党委书记焦扬、厦门市市长庄稼汉等领导出席典礼。复旦中山厦门医院院长樊嘉、厦门市副市长卢江、复旦大学党委书记焦扬先后致辞,厦门市政府秘书长廖华生主持开业典礼。复旦中山厦门医院于8月21日正式对外开放试运行。

8月　葛均波获全国卫生计生系统白求恩奖章。

9月9日　2017全国住院医生规范化培训高峰会议在北京举行,院长樊嘉获全国十佳住培基地负责人称号,党委书记汪昕获全国优秀专业基地主任称号,全科医学科潘志刚获全国住院医师心中好老师称号,胸外科孙奉浩获全国优秀住院医师称号。

9月14日　复旦大学附属中山医院庆祝建院80周年职工文艺会演在福庆厅举行。

9月14—16日　第六届中国医院临床专科建设与发展论坛暨复旦大学附属中山医院80周年学术论坛举行。该论坛由中山医院和健康界传媒共同主办,中国研究型医院学会为学术主办方。国家卫计委、市卫计委、复旦大学、上海申康以及全国兄弟医院领导和嘉宾,以及医院老领导、老教授、职工代表共1000多人参加会议。

9月22日　由人民日报社人民网、健康时报社主办,中华医学会心血管病学分会等22个学会、分会联合主办的"首届国家名医高峰论坛(2017年度)"在北京人民日报社举行。中国工程院院士、心内科陈灏珠,消化科王吉耀获得"国之大医·特别致敬"奖;中国科学院院士、中华医学会心血管病分会主任委员、心内科葛均波担任大会联合主席,并获得"国之大医·卓越建树"奖;内镜中心周平红、普外科吴国豪获得"国之名医·优秀风范"奖;血管外科王利新获得"国之名医·青年新锐"奖。陈灏珠受邀做大会演讲。

9月22—24日　第五届全国医院品管圈大赛在吉林省长春国际会议中心举行。中山医院获医院优秀组织奖,合力圈获课题研究型一等奖,同心圈获三级医院护理组三等奖,王玉琦获全国医院品管圈先进个人荣誉称号,医务处孙湛获全国医院品管圈百名优秀个人荣誉称号。

11月10日　上海结直肠肿瘤微创工程技术研究中心在中山医院挂牌成立。

11月28日　樊嘉当选为中国科学院院士。

12月3日　国家卫生计生委医管中心委托复旦大学循证医学中心(依托复旦大学附属中山医

院)制定的《中国 2017 版临床实践指南的评价体系》顺利通过验收。

12 月 6 日　中山医院获中国医师协会科普分会年会 2017 健康科普先进奖(单位),骨科董健获 2017 健康科普先进奖(个人)。

12 月 16 日　整形外科亓发芝、顾建英率领团队完成的"毛囊单位移植治疗复杂创面"项目获中国整形美容协会科学技术进步奖。

是年　肝癌研究所牵头制定的《原发性肝癌诊疗规范》(2017 年版)发布。

第一篇
组织机构

概　　述

　　1930 年,颜福庆倡议创建上海医事中心,包括创建一家规模宏大、设备齐全的国人医院,亦即中山医院的雏形。1931 年 1 月 17 日,医院发起人会议在上海银行公会召开,联合签署《筹设上海中山医院缘起》,推举成立以孔祥熙为主任,孙科、刘瑞恒为副主任,颜福庆为总干事的中山医院筹备会。1935 年,由医院发起人邀请各界领袖组织上海医事事业董事会,管理中山医院。1937 年 2 月,董事会聘请骨科专家牛惠生担任中山医院首任院长。4 月 1 日,举行中山医院开业典礼,实际开放病床 300 张。

　　抗日战争全面爆发后,中山医院大部分转移到西南大后方。1946 年 11 月,中山医院正式复业。1949 年 5 月,上海解放。7 月,中山医院由中国人民解放军上海市军事管制委员会指定卫生处派员接管。1950 年 4 月 1 日,根据上海市军管会和华东军政委员会的指示,中山医院归属华东军政委员会卫生部领导。医院管理体系为院长负责制,下设病人饮食委员会、医院行政委员会、病史委员会。行政职能部门包括总务处、会计室、病人饮食部、图书室、社会服务部、秘书室、病史室、护士部、药剂部等。1952 年 1 月,经中央卫生部及华东卫生部批准,将教学医院改为专科医院。4 月,中山医院改为"上海医学院外科学院",黄家驷担任院长,组建由医院正副院长、秘书主任、工会代表、科主任、护士代表等组成的医院院务委员会。院务委员会下设秘书室、医务室、教务室,分别管理医院行政、医疗、教学工作。此后,随着医学院的院系调整、更名和撤并,医院历经更名。医院行政体系也随着医院规模的扩大和管理的细化而历经调整,至 2017 年,医院行政部门包括院长办公室、医务处、医务二处、教育处、科研处、人事处、财务处、总务处、保卫处、设备材料处、门诊部、护理部、医疗保险办公室、审计科、资产和招投标管理办公室、人民武装部、医院感染管理科等。

　　医院党组织拥有悠久历史。中华人民共和国成立之前医院就建立党小组,并在隐蔽战线开展工作。1949 年 7 月党组织公开,并成立支部。1957 年成立党总支。1976 年 7 月建立中共上海第一医学院中山医院委员会。至 2017 年,中山医院党委下设党委办公室、宣传科。1988 年 11 月成立医院第一届纪律检查委员会,1995 年成立监察科,执行党内监督和行政监察。医院重视党员发展教育工作,尤其是在临床一线、业务骨干、优秀青年、关键岗位中的发展工作,至 2017 年底,医院党员人数 1 803 人。

　　医院于 1949 年成立工会。1971 年成立团总支,1979 年成立分团委。1985 年成立妇委会。1986 年成立退休人员管理委员会。这些群众团体是医院最广大员工积极参与医院管理和建设的组织,是医院组织架构中的重要组成部分。医院还拥有民革、民盟、民建、民进、农工党、致公党、九三学社、台盟等 8 个民主党派成员和无党派人士,他们也积极参与医院管理,为医院发展献计献策。

第一章　中国共产党中山医院组织

第一节　党委（党支部、党总支）

中山医院自 1937 年 4 月建院，经历了艰苦创业、逐步完善、改革开放和发展壮大的过程，党的组织由最初的党小组发展为党委，党员人数不断增加，为中山医院可持续发展奠定了基础。

1949 年，中山医院公开中共党组织，成立党支部，由袁耀萼任党支部书记。

1952 年，刘文英任中山医院秘书主任、党支部书记。

1953 年 10 月，刘文英调上海第一医学院办公室工作，张亮从部队转业到地方，任中山医院副院长和党支部书记。

1957 年 4 月，成立党总支，下设医务和职工两个党支部，张亮任党总支书记。

1963 年 3 月，张亮调上海第一医学院工作，由胡田成任党总支书记，丛兰滋、时文涛、裘麟任党总支副书记。

1966 年"文化大革命"开始。1968 年 3 月成立中山医院革命委员会，10 月 4 日工（军）宣队进驻医院。1969 年 10 月 30 日恢复党员组织生活，1970 年 8 月 29 日恢复成立中山医院党总支，方梦日任党总支书记，施余庆任副书记。1973 年党总支改选，方梦日任党总支书记，施余庆、裘麟、葛公俊、仇红宝任副书记。

1976 年 7 月，经中共上海第一医学院委员会批准，建立中共上海第一医学院中山医院委员会，由张培胜、施余庆、朱婵娟、方梦日、裘麟、彭玉德、袁美英、林贵、张元芳、仇红宝、许关荣、丁铁宝、范安国、周爱仙、项蓓芝、沈平等 16 人组成；张培胜任党委书记，施余庆、朱婵娟、方梦日、裘麟、彭玉德任副书记。

1978 年 8 月，裘麟任中山医院院长兼党委副书记，主持党委工作；王建同任副书记兼上海第一医学院医疗系党总支书记，周泽春任副书记。

1980 年，裘麟任党委书记，张惠由上海交通大学调入中山医院任党委副书记。

1984 年 11 月，朱新华任党委书记，沙启善任副书记。

1987 年 5 月，经卫生部党组批准，中山医院定为副局级单位。

1988 年 11 月，经中共上海医科大学委员会批准，中山医院第二届党委会由林贵、陈福真、朱新华、蒋振斌、沙启善、花俊生、徐从德共 7 人组成；朱新华继续担任院党委书记，沙启善任党委副书记。

1992 年 10 月，经中共上海医科大学党委批准，施荣范调入中山医院任党委副书记，主持党委工作，王佩敏任党委副书记。

1993 年 2 月，经中共上海医科大学党委第五次常委（扩大）会议研究，同意增补杨秉辉、施寿康为中山医院党委委员。

1993 年 4 月，经中共上海市委批准，施荣范任中山医院党委书记，施寿康兼任中山临床医学院党总支书记。

1999 年 2 月，王佩敏调任华山医院任党委副书记。

2001 年 4 月,增补瞿介明为党委副书记。

2003 年 9 月,经中共复旦大学委员会组织部批复,同意增补王玉琦、秦新裕、徐筱萍、张志勇、陈世耀、陈志强为中山医院党委委员。调整后的中山医院党委委员由以下 8 人组成(以姓氏笔画为序):王玉琦、张志勇、陈世耀、陈志强、施荣范、徐筱萍、秦新裕、瞿介明。

2004 年 6 月,经中共上海市委任命,王小林任中山医院党委书记。

2005 年 4 月,中共复旦大学委员会决定,牛伟新任党委副书记兼纪委书记。

2006 年,中共复旦大学委员会决定,瞿介明不再担任中山医院党委副书记。

2007 年 8 月,中共复旦大学附属中山医院第一次代表大会召开。经过大会正式代表民主投票,选举产生中共复旦大学附属中山医院新一届委员会委员和纪律检查委员会委员。中共复旦大学附属中山医院新一届委员会委员为王玉琦、牛伟新、汪昕、张志勇、陈世耀、秦新裕、徐筱萍、舒先红、樊嘉,新一届纪律检查委员会委员为王春生、牛伟新、沈辉、范仲珍、高作枫、章海航、曾蒙苏。会后召开中共复旦大学附属中山医院新一届委员会第一次全体会议和中共复旦大学附属中山医院新一届纪律检查委员会第一次全体会议,秦新裕当选为新一届党委书记,牛伟新当选为新一届党委副书记兼纪委书记。2008 年 6 月,中共复旦大学委员会决定,沈辉任中山医院党委副书记。

2015 年 7 月,中共上海市委任命汪昕为中山医院新一任党委书记,秦新裕因为年龄原因不再担任医院党委书记。

2017 年 4 月,中共复旦大学委员会决定,李耘任中山医院党委委员、副书记,免去沈辉中山医院党委副书记职务。

表 1 - 1 - 1　1949—2017 年医院党组织历任书记、副书记情况表

名　称	任 职 时 间	书 记	任 职 时 间	副书记
党支部	1949 年 9 月—1952 年 2 月	袁耀莘(负责人)		
	1952 年 2 月—1953 年 10 月	刘文英		
	1953 年 10 月—1957 年 4 月	张　亮		
党总支	1957 年 4 月—1963 年 3 月	张　亮	1963 年 3 月—1968 年 3 月	丛兰滋时文寿裘　麟
	1963 年 3 月—1968 年 3 月	胡田成	1970 年 8 月—1976 年 7 月	施余庆
	1970 年 8 月—1976 年 7 月	方梦日	1973—1976 年 7 月	裘　麟葛公俊仇红宝
党　委	1976 年 7 月—1978 年 8 月	张培胜	1976 年 7 月—1978 年 8 月	施余庆朱婵娟方梦日裘　麟彭玉德
	1978 年 8 月—1980 年	裘　麟(副书记,主持工作)	1978 年 8 月—1980 年	王建同

（续表）

名　称	任 职 时 间	书　记	任 职 时 间	副书记
党　委	1980 年—1984 年 11 月	裘　麟	1980 年—1984 年 11 月	张　惠
	1984 年 11 月—1992 年 10 月	朱新华	1984 年 11 月—1992 年 10 月	沙启善
	1992 年 10 月—1993 年 4 月	施荣范（副书记，主持工作）	1992 年 10 月—1999 年 2 月	王佩敏
	1993 年 4 月—2004 年 6 月	施荣范	2001 年 4 月—2006 年 10 月	瞿介明
	2004 年 6 月—2007 年 8 月	王小林	2005 年 4 月—	牛伟新
	2007 年 8 月—2015 年 7 月	秦新裕	2008 年 6 月—2017 年 4 月	沈　辉
	2015 年 7 月—	汪　昕	2017 年 4 月—	李　耘

第二节　党的纪律检查委员会

1957 年 4 月，中山医院纪检工作由分管组织的党委委员兼管，"文化大革命"期间取消。1988 年 11 月，经中山医院全体党员大会民主选举，上级党委批准，产生第一届中共中山医院纪律检查委员会。2003 年 9 月，中共复旦大学委员会对医院纪委委员进行增补。2007 年 8 月，第一届中共复旦大学附属中山医院党员代表大会召开，选举并成立新一届中山医院纪律检查委员会。2015 年 1 月，经中共复旦大学委员会批准，医院设立专职纪委副书记，并设立纪委下属监察科，配备专职纪检人员。

表 1 - 1 - 2　1988—2017 年医院纪委历任书记、副书记、委员情况表

成立时间	书　记	副书记	委　员	备　注
1988 年 11 月	沙启善		沙启善　方林英　李洁英 周泽春　陈世波	沙启善 1995 年 2 月退休，李洁英 1992 年 2 月退休，方林英 1992 年 7 月退休，周泽春调离上海
1995 年 5 月		陈志强	陈志强　牛伟新　樊　嘉 金亚萍　张惠琴　於亚辉	牛伟新、张惠琴、金亚萍、於亚辉、樊嘉均为 2003 年 9 月增补
2005 年 4 月	牛伟新		牛伟新　樊　嘉　金亚萍 张惠琴　於亚辉	
2007 年 8 月	牛伟新	郭　莺	牛伟新　沈　辉　王春生 曾蒙苏　范仲珍　章海航 高作枫	高作枫 2012 年 6 月退休，章海航 2014 年 5 月退休，郭莺 2015 年 1 月任命

1995 年,医院成立监察室,负责医院的行政监察工作。1998 年 7 月,医院将审计科和监察室合并,成立监察审计室。2015 年 4 月,根据上级有关文件精神,医院分别成立监察科、审计科,原监察审计室撤销。

表 1-1-3　1995—2017 年监察科历任主任、副主任情况表

任职时间	主任	任职时间	副主任
1995 年 7 月—1998 年 7 月	陈志强	1998 年 7 月—2002 年 10 月	练文俊
1998 年 7 月—2005 年 10 月	於亚辉	2002 年 10 月—2005 年 10 月	章冠群
2006 年 4 月—2012 年 6 月	高作枫	2005 年 10 月—2012 年 4 月	白 璐
2012 年 6 月—2015 年 4 月	俞梅蓉	2012 年 4 月—2015 年 4 月	钱国涌
2015 年 4 月—	郭 莺(科长)		

第三节　党务工作部门

一、党委办公室

党委办公室档案记载始于 1979 年,下设精神文明办公室,档案记载始于 1993 年。2014 年 9 月,志愿者工作移交党办,党办下设志愿者和社会工作部。

表 1-1-4　1979—2017 年党委办公室历任主任、副主任情况表

任职时间	主任	任职时间	副主任
1979 年 2 月—不详	牟晓明	1992 年 11 月—2005 年 12 月	孙 虹(1996 年 2 月—2005 年 12 月主持工作)
1984 年 11 月—1985 年 2 月	沙启善	1996 年 2 月—1998 年 7 月	於亚辉
1985 年 2 月—1991 年 3 月	花俊生	2003 年 8 月—2005 年 4 月	沈 辉
2011 年 11 月—2014 年 10 月	李 耘	2006 年 4 月	杜楚源(主持工作)
2014 年 10 月—	杜楚源	2006 年 4 月—2007 年 2 月	秦嗣萃
		2006 年 4 月—2008 年 7 月	崔彩梅(主持工作)
		2008 年 7 月—2012 年 7 月	杜楚源(2008 年 7 月—2011 年 11 月主持工作)

二、党委宣传科

1991 年,根据上海市卫生局规定,三级甲等医院必须设独立的宣传部门。同年 6 月 7 日,医院党委研究决定成立宣传科,由党委直接领导。

宣传科的主要职责是按照党的宣传工作的方针政策,发挥党政的喉舌作用和联系全院职工的纽带作用。全方位、多层次、多角度地报道全院党建、医疗、教学、科研、管理等多方面的工作动态及

成果,围绕医院中心工作和党的路线方针、政策贯彻执行,做好医院对内对外宣传。

宣传科成立初期承担医院思想政治和文化学习等职责,包括开展思想政治工作研究会(简称"思研会")和班组学习等工作,并负责每年向上级部门报送思研会的论文稿件。班组学习是医院两个文明建设的基本阵地,宣传科深入科室调研,制定《班组学习制度手册》,规范基层班组学习。

宣传科承担医院各类事件,包括大型国际会议、主题活动、医疗科研新闻的媒体采访与报道,相关影像资料片的策划、制作,以及部分医院橱窗的板面制作等职能。进入21世纪后,随着宣传媒介的变迁,宣传科不仅同主流媒体继续保持良好互动,并利用新媒体、自媒体等宣传载体开拓媒体平台,加强医院品牌文化建设。

表1-1-5 1991—2017年党委宣传科历任科长、副科长情况表

任职时间	科长	任职时间	副科长
1991年6月—1993年3月	吴小辉	1993年3月—2004年6月	秦嗣萃
1996年2月—1998年7月	於亚辉	2009年2月—2010年6月	陈惠芬
2004年6月—2010年6月	秦嗣萃		
2010年6月—2014年2月	陈惠芬		
2014年2月—	齐璐璐		

三、学生工作党总支

中共复旦大学附属中山医院学生工作党总支委员会(简称"学生工作党总支")于2005年5月成立。

表1-1-6 2005—2017年学生工作党总支历任书记、副书记情况表

任职时间	书记
2005年5月—2006年4月	邱双健
2006年4月	杜楚源(副书记,主持工作)
2006年4月—2008年10月	李耘(副书记,主持工作)
2008年10月—2011年11月	李耘
2012年7月—2015年1月	杜楚源
2015年1月—	刘嫣

第四节 基层党组织

1949年,中山医院公开中共党组织,成立党支部,袁耀尊任党支部书记。1952年,刘文英任党支部书记。1953年10月,张亮任党支部书记。

1957年4月,成立党总支,下设医务和职工两个党支部,张亮任党总支书记。有中共正式党员

51

34人,预备党员14人。

1963年3月,张亮调上海第一医学院工作,由胡田成任党总支书记,丛兰滋、时文寿、裴麟任党总支副书记。1963年底,有中共党员109名。

1968年3月成立中山医院革命委员会,10月4日工(军)宣队进驻医院。1969年10月30日,恢复党员组织生活。1970年8月29日恢复成立中山医院党总支,有中共党员85名。

1976年7月中山医院成立党委,张培胜任党委书记,同年10月工宣队撤离中山医院,有中共党员358人。

1987年5月,经卫生部党组批准,中山医院定为副局级单位。

1998年,因研究生党建工作需要,成立独立的研究生党支部。

2002年,医院共有30个党支部。同年上海市纺织第三医院并入中山医院,为中山医院分部,11月成立分部党总支。11月14日,立大公司转制,8名党员转入社区,立大公司党支部撤销。2002年底,有党员750人(包括正式党员和预备党员),其中总部党员613人,分部党员137人。

2003年,医院党委将原研究生党支部划分为研究生第一党支部和研究生第二党支部。设有党支部35个(包括分部6个支部);有中共党员764人,其中总部党员649人,分部党员115人。

2005年5月,成立中山医院学生工作党总支委员会,邱双健任总支书记。7月,研究生党支部由原先两个支部,划分为研究生内科支部、研究生心研所支部、研究生影像呼吸所支部、研究生肝研所支部、研究生外科一支部、研究生外科二支部共6个党支部;撤销五年制学生党支部,将五年制和七年制学生分为学生一支部和学生二支部两个党支部。全院设有2个党总支,41个党支部,有787名党员。

2012年11月,护理党支部拆分为护理一党支部、护理二党支部,内科党支部拆分为内科一党支部、内科二党支部,心研所党支部拆分为心研所一党支部、心研所二党支部和心研所三党支部。

2014年10月,研究生内科支部拆分为研究生内科一支部、研究生内科二支部。

2015年6月,呼吸科研究生党员转入研究生内科二支部,研究生影像呼吸所支部更名为研究生影像检验党支部。

2016年6月,医院党支部集体换届,院党委对规模较大的党支部进行了拆分,同时撤销分部6个党支部和分部党总支,分部党员并入中山医院总部;学生党总支建立2016级博士生党支部和2016级硕士生党支部。3月,成立护理三党支部、护理四党支部、重症医学科党支部;门诊党支部拆分成门诊一党支部、门诊二党支部、门诊三党支部共3个支部;影像党支部拆分成影像一党支部、影像二党支部、放疗科党支部。6月,成立内科三党支部、病理科党支部、财务保障党支部。

2017年3月,成立感染感控党支部;7月,成立肾内科党支部、2015级博士生党支部和2015级硕士生党支部;9月,成立2017级博士生党支部和2017级硕士生党支部,撤销研究生内科一支部、研究生内科二支部、研究生心研所支部、研究生影像检验党支部、研究生肝研所支部、研究生外科一支部、研究生外科二支部。

第二章　行政管理体制

第一节　行政机构沿革

一、医院初创

1930 年,公共卫生学家、医学教育家颜福庆倡议创建上海医事中心,计划的核心是创建一家规模宏大、设备齐全的国人医院,亦即中山医院的雏形。1931 年 1 月 17 日,中山医院发起人会议在上海银行公会召开。沪上政、学、商、医各界名流有孔祥熙、孙科(孙中山之子)、王一亭、张公权、陈庶青、宋汉章、刘月如、屈文六、刘吉生、刁信德、刘鸿生、叶扶霄、史量才、林康侯、闻兰亭、颜福庆、余日章、徐新六、王晓籁、赵晋卿、黄瑞生、赵运文、陆伯鸿、庄得之、黄涌之、杨敦甫、张杏村共 27 人与会,联合签署《筹设上海中山医院缘起》。推举成立以孔祥熙为主任,孙科、刘瑞恒为副主任,史量才、王晓籁、王一亭为常务委员,颜福庆为总干事的中山医院筹备会。

1934 年 4 月,应颜福庆之请,洛氏基金会把法租界天文台路 8.99 万平方米(135 亩)土地捐赠给上海医学院,用于上海医学院和中山医院建设。1935 年,颜福庆出售天文台路一部分土地,在华界枫林桥置换 6.66 万平方米(100 亩)土地,用以建造中山医院及上海医学院。同年,由中山医院发起人邀请各界领袖组织上海医事事业董事会,管理中山医院。该董事会推举孔祥熙为董事长,叶子衡为书记,钱新之为会计,孙科、刘鸿生、林康侯为常务委员,聘颜福庆为董事会总干事。根据《筹设上海中山医院计划概要》,中山医院按最新式医院设计,拟建病房楼一座、门诊处一所,分设特别门诊处及儿童门诊处等。计划医院分医务、事务、护理三个部分。医务部分设内科、外科、矫形外科、妇产科、儿科、保健科、皮肤科、泌尿科、眼科、耳鼻咽喉科、放射科、理疗科和精神病科等。事务部设院长、副院长、事务长、药剂室主任、各科主任及事务员若干。护理部设护士学校以及护理部主任、护士长、护士和护士生若干。设病床 500 张。

1936 年 12 月中山医院落成,附设护士学校一所。1937 年 2 月,董事会聘请骨科专家牛惠生担任中山医院首任院长。从中国红十字会第一医院(现华山医院)分出部分医务人员组建中山医院内科、外科、妇产科、儿科、泌尿科、眼科、耳鼻喉科等科室,医院开始收治患者。4 月 1 日,举行中山医院开业典礼。

医院开业不久,院长牛惠生病逝,由应元岳代理院长。1937 年"八一三"事变,日军进攻上海,医院先后改为"第六救护医院"和"国际第一医院",并且同中国红十字会第一医院组成国立上海医学院第一、第二两个救护队,赴无锡、南京救治伤员。同期,医院的一部分员工随国立上海医学院师生员工转移到西南大后方,一部分留在中国红十字会第一医院继续从事医疗、教学工作。

抗战胜利后,1946 年 10 月,中山医院修复,聘请沈克非担任院长,王霖生和刘成义担任副院长。11 月,中山医院正式复业。

二、中华人民共和国成立至"文化大革命"时期

1949 年 5 月,上海解放。7 月,医院由中国人民解放军上海市军事管制委员会指定卫生处派员

接管。1950年4月1日，根据上海市军管会和华东军政委员会的指示，医院归属华东军政委员会卫生部领导，原军代表及工作组随之撤销。

1949年，医院院长、副院长下设医院行政委员会、病史委员会和病人饮食委员会，以指导及监督各部门运行。拥有总务处、会计室、病人饮食部、图书室、社会服务部、秘书室、病史室、护士部、药剂部等职能部门。其中，总务处下设水电工程机械修理室、收发室、电话室、合作社、库房、询问处、庶务室、挂号处、收费处、入院处、出纳室、文书室；护士部下设洗衣室、成衣室、医具库房。

1952年1—4月，经中央卫生部及华东卫生部批准，将教学医院改为专科医院，中山医院改为"上海医学院外科学院"。按照校院务委员会常委会第一次会议的决定：外科学院停收小儿科和妇产科患者；儿科学院停收妇产科患者；妇产科学院除收治妇产科患者外，其他各科均停收；内科学院停收小儿科患者；由于眼耳鼻喉科学院尚未建成外科和内科，外科学院继续收治眼耳鼻喉科患者。4月，黄家驷担任外科学院院长，组建由医院正副院长、秘书主任、工会代表、科主任、护士代表等组成的医院院务委员会。在院务委员会下设秘书室（设主任、文书）、医务室（设主任、副主任、干事、文书）、教务室（设主任、副主任、办事员）负责医院运行保障和医教研工作。秘书室下设人事科、总务科、会计科；医务室管理各业务科室和业务行政部门；教务室下设教材组和各教学研究指导组。

1952年10月，上海医学院改组，更名为上海第一医学院，并进行院系调整。11月，中山医院更名为"上海第一医学院外科学院"，成立以黄家驷、崔之义、左景鉴、刘文英、石美鑫等为常委的外科学院院务委员会。1953年9月，外科学院院务委员会改组，新的院务委员会以黄家驷、崔之义、左景鉴、刘文英、石美鑫、邱敬华等为常委，共有委员21人。

1955年8月，根据卫生部关于医学院校专业设置的规定，各临床学院恢复医院名称，外科学院改为"上海第一医学院附属第二医院"，崔之义任院长。恢复综合性医院建制。1956年8月，上海第一医学院附属第二医院恢复中山医院命名，更名为"上海第一医学院中山医院"。

"文化大革命"开始后，医院各项工作受到冲击，正常的医疗秩序被打乱，合理的规章制度被取消。全院有些临床科室被合并，仅分外科、内科以及妇产科，研究室和实验室被关闭。

三、改革开放时期

1978年8月，经学校党委会批准，任命裘麟为中山医院院长兼党委副书记，主持党委工作，熊汝成、丁朴、方梦日担任副院长。10月，医院更名为"上海第一医学院附属中山医院"。

1984年10月，学校任命王承棓为中山医院院长，姜立本、杨秉辉担任副院长。1985年，因医学院更名，医院更名为上海医科大学附属中山医院。1988年8月2日，学校宣布林贵担任中山医院院长（副局级），杨秉辉、姜楞、张元芳、姜立本任中山医院副院长（正处级）职务。

1991年12月17日，中山医院成为上海市第一批第一家评审通过的三级甲等医院。12月28日，上海医科大学党委宣布：上海市人民政府任命杨秉辉为中山医院院长，姜立本、施寿康、陈世波、王玉琦担任中山医院副院长，组成新一届医院行政领导班子。

2000年，上海医科大学与复旦大学合并组建新的复旦大学。新的复旦大学成立医学院，医院随之更名为"复旦大学医学院附属中山医院"。2001年经学校研究决定，中山医院为学校直属附属医院，更名为"复旦大学附属中山医院"。2003年1月起，王玉琦任医院院长，王国民、秦新裕、张志勇、樊嘉、高鑫任副院长。2006年4月，增补汪昕为副院长。2008年6月，朱同玉、阎作勤任副院长。2013年12月，樊嘉任医院院长，张志勇、高鑫、朱同玉、阎作勤、汪昕任副院长。2014年增补秦

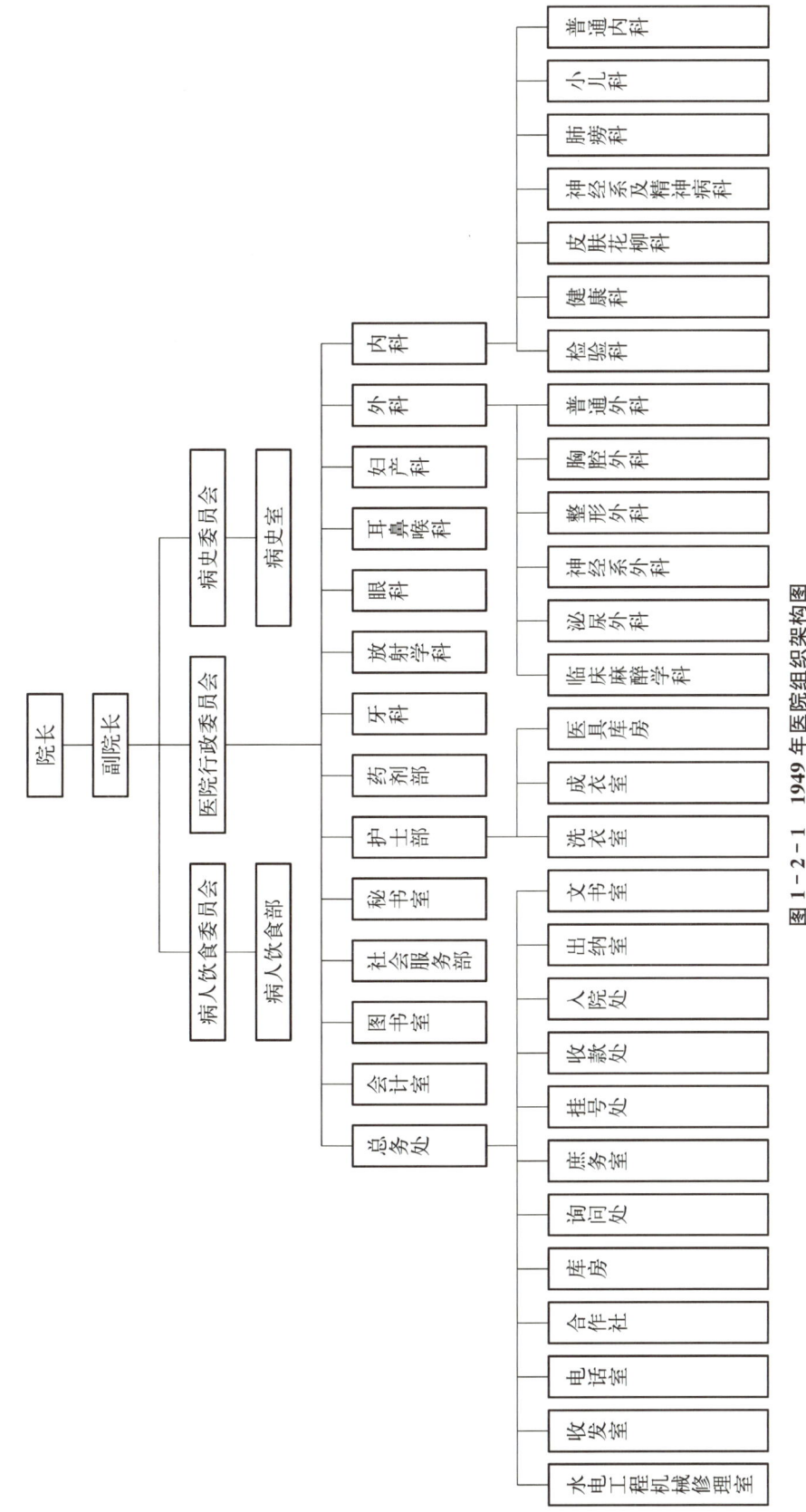

图 1 - 2 - 1　1949 年医院组织架构图

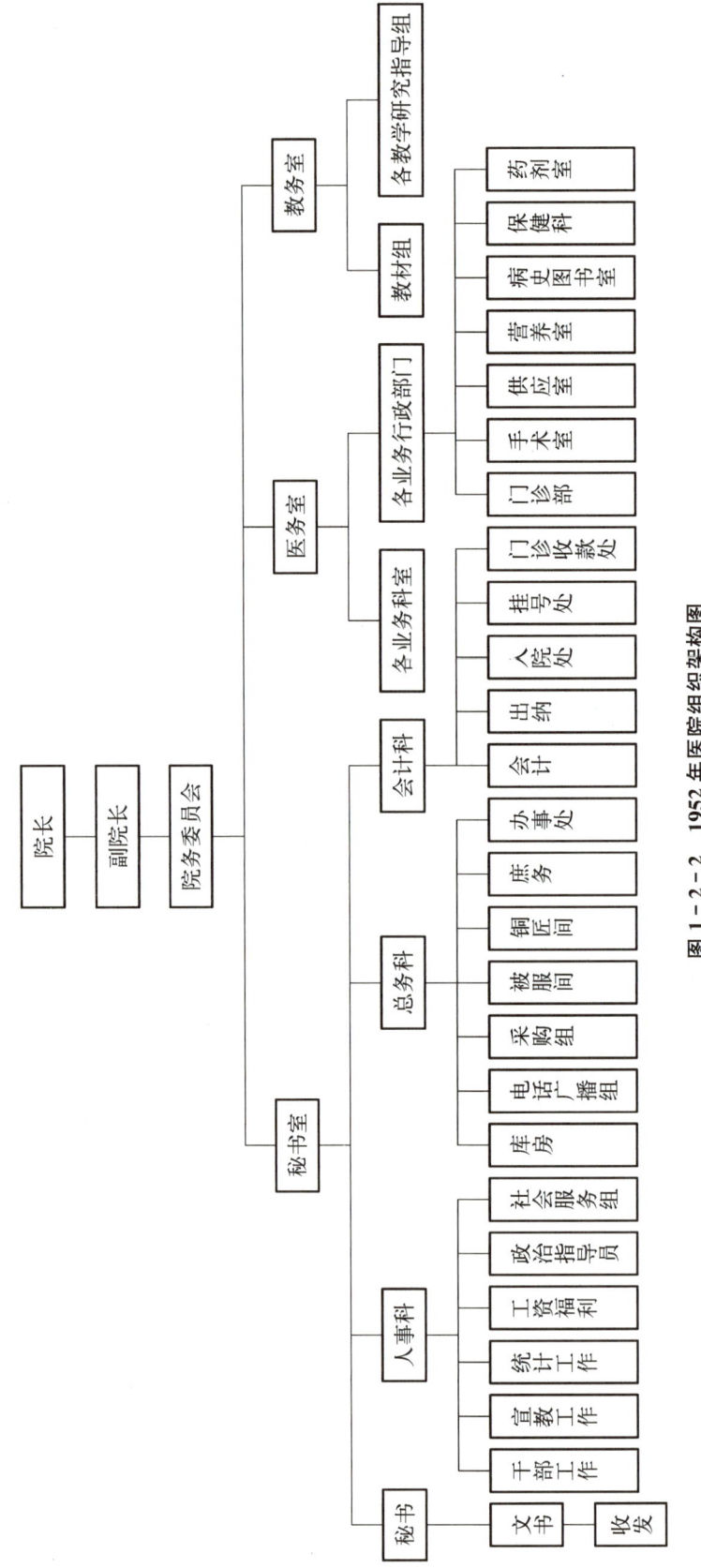

图 1-2-2 1952 年医院组织架构图

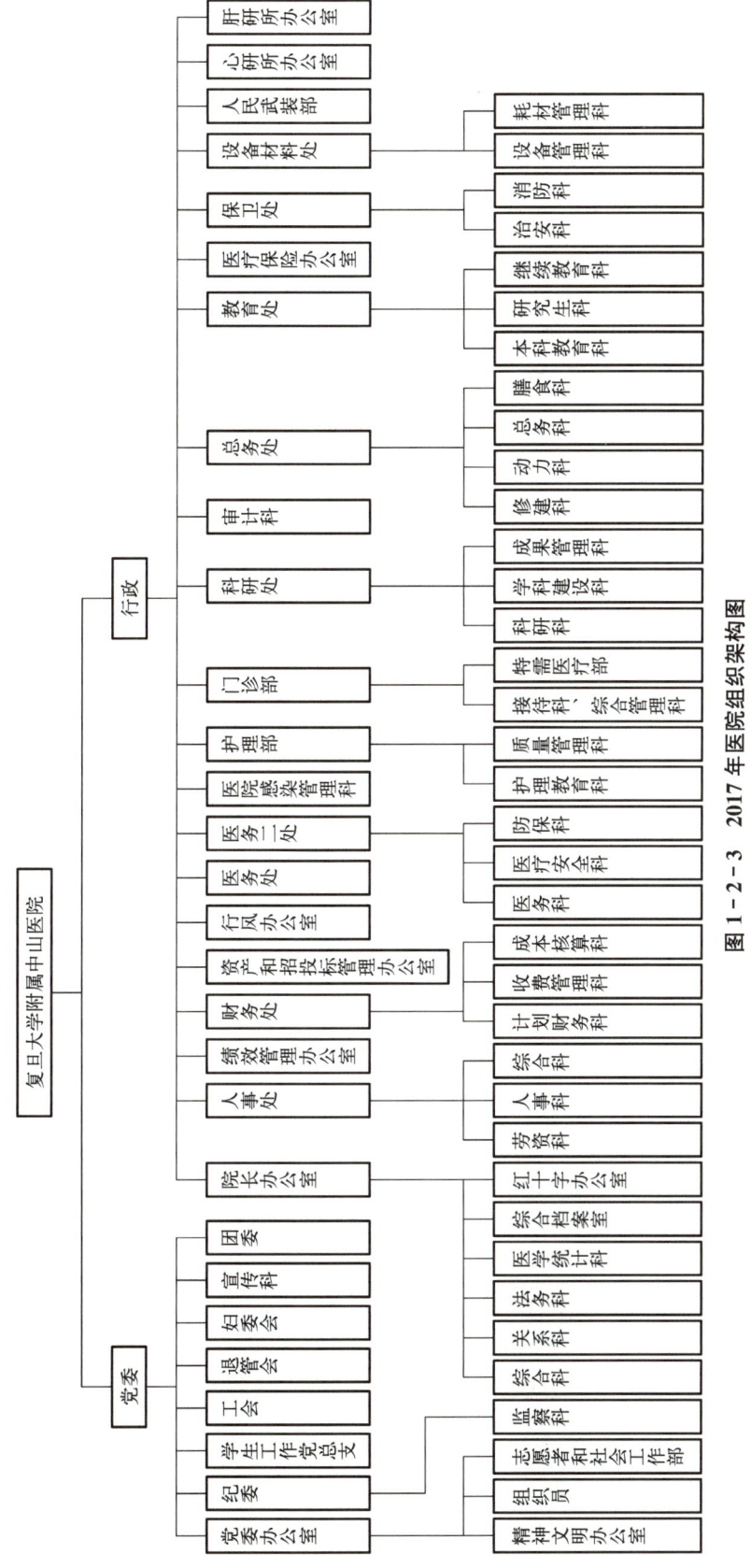

图 1 - 2 - 3　2017 年医院组织架构图

净、周俭、顾建英为副院长,2017年增补朱畴文、孙益红、钱菊英为副院长。

改革开放后,医院规模逐渐扩大,发展迅速,行政管理体系也随着现代医院管理制度和公立医院改革的要求逐渐调整变化。院务管理方面,2009年医院关系部归入院长办公室;2014年综合档案室和医学统计科归入院长办公室,并增设法务科,院长办公室的管理功能更加科学规范。医护管理方面,1978年恢复护理部;1979年成立医教科,1988年更名为医教处,1992年教学科研功能从医教处剥离,医教处更名为医务处;2008年,承担干部保健功能的医务二科从医务处分离,成立医务二处;2014年门诊部与急诊合并成立门急诊部,2016年两者分离,特需医疗部归入门诊部,恢复门诊部名称。财务方面,将原会计室、社会服务部等的功能整合成立财务科,1992年升格成为财务处;2015年,资产管理科从财务处分离,成立资产和招投标管理办公室。其他方面:人事科、总务科、保卫科、科教科、设备科等部门逐渐调整升级成为人事处、总务处、保卫处、教育处、科研处、设备材料处;1991年成立审计科,1996年成立医疗保险办公室,2007年成立医院感染管理科。

表1-2-1 1937—2017年医院历任院长、副院长情况表

任 职 时 间	院 长	任 职 时 间	副 院 长
1937年2—5月	牛惠生	1946年11月—1950年4月	刘成义
1937年8月—不详	应元岳	1946年11月—1950年4月	王霖生
1946年10月—1952年3月	沈克非	1950年4月—不详	张炳瑞
1952年4月—1955年4月	黄家驷	1952年3月—1955年4月	崔之义
1955年4月—1961年11月	崔之义	1952年3月—不详	左景鉴
1961年11月—1966年12月	林兆耆	1955年4月—不详	张 亮
1978年8月—1984年10月	裘 麟	1957年3月—1978年8月	裘 麟
1984年10月—1988年8月	王承棓	1958年8月—不详	耿 朴
1988年8月—1991年12月	林 贵	1959年8月—不详	王 彤
1991年12月—2003年1月	杨秉辉	1961年1月—不详	熊汝成
2003年1月—2013年12月	王玉琦	1965年12月—不详	王赞舜
2013年12月—	樊 嘉	1966年5月—不详	付维光
		1978年8月—不详	方梦日
		1978年8月—不详	丁 朴
		1978年8月—1984年10月	李 德
		1980年6月—1988年8月	林 贵
		1984年10月—1991年12月	杨秉辉
		1984年10月—1994年5月	姜立本
		1988年8月—1991年11月	张元芳
		1988年8月—1991年11月	姜 楞

（续表）

任 职 时 间	院　　长	任 职 时 间	副 院 长
		1991 年 11 月—1998 年 2 月	施寿康
		1991 年 11 月—1998 年 9 月	陈世波
		1991 年 11 月—2003 年 1 月	王玉琦
		1994 年 5 月—1998 年 12 月	王小林
		1998 年 2 月—2008 年 6 月	王国民
		1998 年 9 月—2007 年 10 月	秦新裕
		2000 年 3 月—2017 年 4 月	张志勇
		2003 年 2 月—2013 年 12 月	樊　嘉
		2003 年 2 月—2017 年 4 月	高　鑫
		2006 年 4 月—2017 年 4 月	汪　昕
		2008 年 6 月—	朱同玉
		2008 年 6 月—	阎作勤
		2014 年 2 月—	秦　净
		2014 年 10 月—	周　俭
		2014 年 10 月—	顾建英
		2017 年 4 月—	朱畴文
		2017 年 4 月—	孙益红
		2017 年 4 月—	钱菊英

第二节　行政职能部门

一、院长办公室

　　1949 年开始有中山医院院长办公室档案记载，院长、副院长下另设医院行政委员会、病史委员会和病人饮食委员会。医院行政委员会下设秘书室、总务处、会计室等部门。院长室有文员 1 人，秘书室有主任秘书和秘书，总务处下设文书室。1955 年 12 月 6 日，医务室与院长室合并成立院长办公室。1960 年 12 月 15 日，根据上海第一医学院有关文件精神，为加强对内对外联系，贯彻行政任务，各附属医院的院长办公室一律改称医院办公室。以后又恢复院长办公室名称。2009 年 4 月，医院关系部并入院长办公室，更名为院办关系科。2014 年 3 月，综合档案室纳入院办管理，医学统计科归入院办管理。2014 年 4 月，院办内增设法务科。2017 年，院办下设综合科、关系科、综合档案室、医学统计科和法务科。

表 1-2-2 1960—2017 年院长办公室历任主任、副主任情况表

任 职 时 间	主 任	任 职 时 间	副 主 任
1960 年 4—11 月	王建同	1960 年 4—11 月	陈良玉
1960 年 11 月—1962 年 10 月	陈良玉	1965 年 3 月—不详	赵 青
1962 年 12 月—1966 年 5 月	傅维光	1979 年 2 月—1984 年 11 月	王天福
1979 年 2 月—1984 年 11 月	欧天干	1984 年 11 月—1988 年 9 月	吴榕洲
1995 年 9 月—1998 年 3 月	任年芳	1988 年 9 月—1992 年 7 月	王小林
2000 年 2 月—2006 年 4 月	臧兰龄	1992 年 7 月—1995 年 9 月	任年芳
2006 年 4 月—2009 年 3 月	夏景林	1995 年 9 月—2000 年 2 月	臧兰龄
2009 年 3 月—2014 年 2 月	李 锋	2003 年 6 月—2009 年 3 月	李 锋
2014 年 2—10 月	顾建英	2006 年 11 月—2015 年 2 月	刘 嫣
2014 年 10 月—	李 耘	2016 年 4 月—	杨 震

二、医务处

医务处是医院主管医疗的职能部门,在院长、分管副院长的直接领导下,承担医疗行政、医疗质量、医疗安全等相关工作。医务室 1952 年设立,是医院重要医疗管理职能部门,其名称、人事和所辖范围随历史变迁。

1952 年 8 月 1 日,经上海医学院批准,中山医院取消护理部,正式成立医务室,全面掌握有关医务行政问题、医疗事务及医务人员思想领导等具体工作。医务室管辖范围包括各科系及各科病房、手术室、化验室、营养室、药库、血库、保健科、门诊部、医疗库房、病史室等共计 24 个部门,除日常开展督促检查和协助各科室外,对外医务问题如处理来信来访等统一由医务室负责处理。

1956 年,中山医院成立医务科。

1966—1976 年,"文化大革命"期间先后更名为医务科、医务组、医教组。

1979 年 3 月,更名为医教科。

1988 年 9 月,医教科更名为医教处,下设医务科、教育科、科研科和防保科。

1992 年 5 月,医教处更名为医务处,原下设的教育科和科研科分别从医务处分离。

1995 年 7 月,医院机构调整,医务处内增设医务科、医疗质量科和医疗服务科。

1999 年 11 月,医院成立特需服务部,隶属于医务处。

2000 年 3 月,医务处下设医疗服务科、医疗质量科、特需服务科、医务接待室和入院处等 5 个部门。

2001 年 12 月,医院更改医疗服务科为医务二科。

2002 年 5 月,医院调整医务处下属机构,医疗质量科更名为医务科,医务接待办更名为医疗服务质量监控科。

2003 年 12 月,医务二科更名为医务二处,被批准为副处级部门,从医务处剥离。

2009 年 9 月,医疗服务质量监控科更名为医疗安全科,隶属关系不变。

表 1 - 2 - 3　1956—2017 年医务处历任处长、副处长情况表

任 职 时 间	处　长	任 职 时 间	副 处 长
1956 年 4 月—1965 年 3 月	裘　麟	"文化大革命"期间	周菊生 郭晓燕
"文化大革命"期间	赵　青	1984 年 11 月—1988 年 9 月	张汝勇
1979 年 2—4 月	赵　青	1993 年 12 月—2001 年 8 月	郑烈伟
1979 年 4 月—1984 年 11 月	王天福	1995 年 7 月—1996 年 11 月	刘恩民
1984 年 11 月—1988 年 9 月	张元芳	1999 年 11 月—2003 年 6 月	朱畴文
1988 年 9 月—1995 年 9 月	张汝勇	1999 年 11 月—2006 年 4 月	荣翟军
1995 年 9 月—2000 年 1 月	徐元钊	2001 年 8 月—2003 年 8 月	夏景林
2000 年 1 月—2001 年 8 月	俞济舟	2003 年 7 月—2006 年 4 月	秦　净
2001 年 9 月—2006 年 4 月	金亚萍	2006 年 4 月—2008 年 3 月	顾建英
2006 年 4 月—2014 年 2 月	秦　净	2006 年 4 月—2010 年 12 月	罗文杰
2014 年 6 月—	孙　湛	2008 年 1 月—2014 年 6 月	孙　湛
		2012 年 1 月—2016 年 4 月	杨　震
		2015 年 3 月—	丁　昉
		2016 年 4 月—	谢晓凤

三、医务二处

医务二处成立于 2003 年 12 月,是主要负责干部保健的部门,其前身为医务处下属的医疗服务科。1995 年 7 月,医院医务管理框架调整,医务处下设医务科、医疗质量科和医疗服务科(主管干部保健)。2001 年 12 月,医疗服务科更名为医务二科;2003 年 12 月,医务二科更名为医务二处,被批准为副处级部门。

表 1 - 2 - 4　1995—2017 年医务二处历任处(科)长情况表

科室名称	任 职 时 间	处(科)长
医疗服务科	1995 年 7 月—2001 年 11 月	陈思瑜(副科长)
医务二科	2001 年 12 月—2003 年 11 月	陈思瑜
医务二处	2003 年 12 月—2007 年 12 月	陈思瑜(副处长,主持工作)
医务二处	2008 年 1 月—2013 年 12 月	顾建英
医务二处	2014 年 1 月—2015 年 2 月	丁　昉(副处长,主持工作)
医务二处	2015 年 3 月—	江孙芳(副处长,主持工作)

四、教育处

教育处是中山医院的教学管理部门,其工作内涵和科室设置随着学校机构的变迁几度发生变更。教育处现下设 3 个科,本科教育科、研究生科和继续教育科,共同承担着院校医学教育、毕业后医学教育和继续医学教育工作。

教育处前身为中山临床医学院教育处,1992 年 12 月,上海医科大学医学系建制撤销并成立中山临床医学院。中山临床医学院教育处为医院院校医学教育管理(医学本科教育管理)部门,直接接受中山临床医学院分管教学的副院长领导。教育处下设教务科和学生科,分别负责医学生的教务管理、日常管理及思想政治工作。教育处另设市一教学办公室,以协调市一临床医学院的本科教学工作,该办公室于 1997 年 5 月撤销。2000 年 4 月,上海医科大学和复旦大学两校合并。2001 年 7 月,学校成立上海医学院,中山临床医学院建制撤销。中山临床医学院教育处成为中山医院教育处,受中山医院分管教学的副院长直接领导,教育处下设科室的名称和职能继续保留。2002 年,科研处教育科并入教育处,更名为教育处继续教育科,教育处的职能开始涵盖毕业后教育的住院(含专科)医师规范化培训管理和继续医学教育管理。2008 年 7 月,科研处研究生科并入教育处,更名为教育处研究生科,至此教育处的职能覆盖了医学教育管理的全过程。2014 年 12 月,因医院本科教学管理行政职能归并,教务科和学生科合并,并更名为本科教育科,使医院的本科教学及学生工作管理由一个科协调管理,进一步提高医院本科教学的管理效率。

表 1-2-5　1992—2017 年教育处历任处长、副处长情况表

任 职 时 间	处 长	任 职 时 间	副 处 长
1992 年 12 月—2000 年 12 月	张希德	1992 年 12 月—1996 年 6 月	张丽珍
2001 年 10 月—2004 年 4 月	蔡映云	1992 年 12 月—2008 年 7 月	张林根
2006 年 4 月—2012 年 5 月	王葆青	1999 年 6 月—2001 年 12 月	王伟光
2012 年 10 月—	郑玉英	2004 年 6 月—2006 年 4 月	王葆青
		2006 年 4 月—2012 年 10 月	郑玉英
		2008 年 12 月—2010 年 9 月	李耘
		2014 年 11 月—	白浩鸣

说明:1992 年 12 月—2000 年 4 月为中山临床医学院教育处,2000 年 4 月至今为中山医院教育处。

五、科研处

科研处的前身为科教处。1988 年 9 月,医教处下设医务科、教育科、科研科和防保科。1992 年 5 月,医教处更名为医务处,原下设的教育科和科研科分别从医务处分离成立科教处。2002 年 3 月,科教处分为科研处与教育处。2008 年 11 月,科研处对工作进行细化,成立科研科、学科建设科和成果管理科。科研处同时分管中山临床医学研究院、图书馆和《中国临床医学》杂志编辑部。

表 1-2-6　2002—2017 年科研处历任处长、副处长情况表

任 职 时 间	处 长	任 职 时 间	副 处 长
2002 年 3 月—2005 年 4 月	刘康达	2003 年 6 月—2006 年 4 月	朱同玉（2005 年 4 月—2006 年 4 月主持工作）
2006 年 5 月—2008 年 6 月	朱同玉	2003 年 6 月—2010 年 4 月	黄锦培
2008 年 10 月—	姜　红	2008 年 11 月—2012 年 9 月	张博恒

科研科：负责各级各类科研项目申报工作的组织和管理，以及经费管理。

学科建设科：主要负责医院研究基地建设、学科建设项目管理、科研合同审核等工作，并配合人事处开展人才引进工作。

成果管理科：负责全院科研成果（论文、书籍等）的登记、核对，临床科室和个人科研积点的统计；协助人事处参与科研考核工作。组织完成科研项目的成果鉴定工作，各级各类科研奖项申报的组织和管理，全院职务发明专利的申报管理，组织、协调知识产权项目及时转化，以及完成上级交办的各种科研学术会议。

中山临床医学研究院：1996 年医院成立实验研究中心。2002 年增设实验动物中心。2015 年 8 月，实验研究中心搬迁至 19 号楼，与各重点实验室、工程中心、研究所组成复旦大学附属中山医院临床医学研究院。周俭任院长，王向东任执行院长，程韵枫、吴伟忠、邹云增任副院长。

图书馆：中山医院图书馆的前身为上海第一医学院附属中山医院病史图书室，成立于 1937 年。20 世纪 80 年代，图书馆和病史室分离。2005 年，开设电子阅览室供读者上网检索文献。2006 年，馆内购置清华同方 CHKD 期刊全文数据库。2014 年，图书馆和复旦大学签约，成为医学图书馆联盟馆成员。2016 年，图书馆搬迁至东院区 18 号楼，新馆是一所以医科类文献服务为主的专业图书馆。现建筑面积为 2 500 平方米，主要由读者服务区、办公区（包含非书资源馆藏、查收查引、科研课题查新预约以及读者培训预约登记等）和地下书刊库构成。设计藏书总量 10 万册，现有藏书 12 000 余册，中外文期刊 118 余种，期刊合订本 21 000 余册。除配置基本的图书馆自动化管理系统、电子阅览室管理系统等必需的工作软件外，还配备自助借还书机、触屏式图书馆导览系统等先进设备。图书馆还配有书刊传输系统，节省读者获取文献的等待时间。

《中国临床医学》杂志编辑部：《中国临床医学》杂志（ISSN 1008-6358/CN 31-1794/R）创刊于 1994 年。1998 年，经国家科学技术部、国家新闻出版总署批准面向国内外公开出版发行，是中华人民共和国教育部主管、复旦大学附属中山医院主办的临床医学综合类科技核心期刊，发表生物医学及相关领域的原创性研究论文。办刊宗旨是"交流临床经验，开展学术争鸣，服务临床医学，提升医疗水平"，办刊特色是"科学　严谨　创新　精品"。该刊创刊时为季刊，2001 年改为双月刊。2004 年入选《中文核心期刊要目总览》（2004 年版），为中国科技核心期刊，被中国期刊全文数据库（CJFD）、中国知网、万方医学网、重庆维普数据库等全文收录。杂志历任主编为杨秉辉（1994—2010 年）、王玉琦（2011—2013 年）、樊嘉（2014—　）。首任编辑部主任为陶祥元（1994—2015 年），2016 年 1 月贾泽军被任命为编辑部副主任（主持工作）。2015 年，编辑部从 1 号楼搬至东院区 18 号楼 5 楼，办公环境得到改善。《中国临床医学》杂志 2016 年首次获评教育部"中国高校优秀科技期刊"及"上海市高校特色科技期刊"，2017 年编辑部团队获评"中国高校科技期刊优秀团队"。贾泽军获 2017 年度"上海市出版新人奖"，2016 年当选为上海市高校科技期刊研究会常务理事，担任 2015、2017 年上海市新闻出版局科技期刊审读专家。

六、人事处

人事处是在医院党政领导下,贯彻执行国家、上级主管部门和医院颁布的有关人事等方面的法律、法规、方针政策和相关规定的行政职能部门。

1952年,医院在秘书室下开始设人事科,人事科作为一个独立的部门成立,主要负责干部工作、宣教工作、统计工作和工资福利,还有政治指导员和社会服务组。当时编制9人,实际只有4名科员,即2名人事科员、1名宣教科员和1名统计员。1979年4月,人事科与保卫科合并为人保科。1984年11月人事科再次独立成科。1988年9月,人事科变更为人事处,下设人事科。1990年12月,增设劳动工资科。2016年12月,增设综合科。

表1-2-7 1952—2017年人事处历任处(科)长、副处(科)长情况表

科室名称	任 职 时 间	处(科)长	任 职 时 间	副处(科)长
人事科	1954年1月—1960年4月	张树云	1952年12月—1954年1月	罗 忾 (主持工作)
	1962年1月—1963年12月	王道仁	1960年4月—不详	蒋蕴静
	1963年12月—1979年4月	葛公俊	1962年10月—1963年12月	葛公俊
			1963年12月—1971年2月	封汝莲
			1966年1月—1979年4月	隋锡珲
人保科	1979年4月—1980年4月	葛公俊	1979年4月—1983年8月	柳传吉
			1979年4月—1984年11月	隋锡珲
人事科	1984年11月—1988年9月	唐辰龙		
人事处	1988年9月—1992年5月	唐辰龙	2003年8月—2005年4月	夏景林
	1992年5月—2005年3月	张惠琴	2005年4月—2006年4月	沈 辉 (主持工作)
	2006年4月—2008年6月	沈 辉	2005年4月—2008年10月	魏 宁
	2008年10月—	魏 宁	2012年9月—	张博恒
			2017年7月—	高 虹

七、财务处

1937年建院伊始,医院设置财务收费人员岗位。1949年,会计室与总务处、社会服务部等科室共同隶属医院行政委员会之下。1992年7月,根据上海医科大学批示,财务科升格为财务处,下设财务科。1994年,医院组建财务处收费管理科。2002年,财务处财务科更名为财务处计划财务科,同年,医院组建财务处成本核算科。2012年7月,医院设置总会计师岗位,由王戈红担任中山医院总会计师,以国家《总会计师条例》为责任范围。2013年,医院组建财务处资产管理科。2015年,资产管理科从财务处分离,成立资产和招投标管理办公室。2017年12月,财务处下设计划财务科、收

费管理科、成本核算科。

财务处作为医院财务管理的职能部门,主要职责为医院财务管理、预算管理、会计核算、收费及物价管理、成本核算等管理工作。根据不相容岗位相互分离、相互制约原则,实行"统一领导,集中管理"体制。

结合医院特点设置财务管理岗位,以法定代表人授权为责任范围,岗位设置以财务处下属的三个科室为主,实行财务委派制度,对医院重点经济环节进行财务人员委派。设有复旦大学附属中山医院财务岗位责任制度以及财务处各级人员(包括处长、科长)岗位责任制度。2017 年 12 月,财务处有正式人员 84 人,派遣制职工 80 余人。

表 1 - 2 - 8　1954—2017 年财务处历任处(科)长、副处(科)长情况表

科室名称	任 职 时 间	处(科)长	任 职 时 间	副处(科)长
会计科			1954 年 9 月—1979 年 2 月	陈家珍
			1954 年 9 月—不详	吴金锟
			1960 年 11 月—不详	王沛新
财务科	1979 年 2 月—不详	陈家珍	1966 年 1 月—不详	张静如
	1988 年 8 月—1992 年 9 月	徐彩英	1980 年 2 月—不详	蒋伯衡
			1980 年 2 月—不详	姚沐华
			1984 年 11 月—1988 年 9 月	张明正
			1988 年 8 月—1992 年 7 月	施 涛
			1988 年 8 月—不详	沈耀良
			1992 年 5 月—1994 年 4 月	钱安琪王戈红
财务处	1994 年 3 月—1995 年 9 月	王小林	1995 年 7 月—2006 年 4 月	王戈红
	2006 年 4 月—2012 年 7 月	王戈红	2005 年 6 月—2006 年 4 月	高作枫
			2011 年 6 月—2012 年 6 月	俞梅蓉
			2011 年 6 月—	段静雯(2012 年 7 月起主持工作)
			2012 年 12 月—	章冠群

八、总务处

总务后勤部门始于 20 世纪 60 年代。1962 年,李新华、张中石出任总务科副科长。1976 年,总务、财务、设备独立成立各自的专职部门,总务科随之诞生。随着医院发展,1988 年,总务科变更为总务处,下设总务科、修建科、生活管理科,高德安、蔡金根担任总务处副处长。2001 年,张群仁担任总务处处长,姚俊勇担任总务处副处长。2004 年 3 月,医院成立后勤服务中心;4 月,划入复旦后勤服务中心管理,总务处职能调整为管理、监督、考核后勤保障运行的管理模式,总务处下属科室重

新整编,下设总务管理办公室和基本建设管理办公室。经过 21 世纪的"十五""十一五""十二五"3个五年计划的发展,医院对总务后勤原有制度、组织、资源、管理、技术等进行调整和改进。2014年,中山医院后勤服务中心撤销,总务处进行重组,建立了处、科"二级管理"的架构体系,下设总务科、修建科、膳食科。进入"十三五"后,2016 年经医院批准增设组建总务处动力科。

表 1 - 2 - 9   1988—2017 年总务处历任处长、副处长情况表

任 职 时 间	处 长	任 职 时 间	副 处 长
1992 年 5 月—1999 年 9 月	高德安	1988 年 9 月—1992 年 5 月	高德安 蔡金根
1999 年 9 月—2001 年 8 月	张志勇	1992 年 5—12 月	石健极
2001 年 8 月—	张群仁	1992 年 5 月—1997 年 3 月	朱美安
		2001 年 8 月—2002 年 9 月	姚俊勇
		2009 年 5 月—2011 年 11 月	徐焕林

九、保卫处

保卫处的前身为保卫科,20 世纪 70 年代保卫科与人事科合并为人保科。1984 年,保卫科从人保科分离出来,成为独立部门。1993 年 10 月,医院成立保卫处。2006 年 7 月,成立"平安医院"活动办公室,2009 年 11 月转由保卫处管理。2014 年 2 月,保卫处设置治安科。2015 年 3 月,保卫处设置消防科。

表 1 - 2 - 10   1984—2017 年保卫处历任处(科)长、副处(科)长情况表

科室名称	任 职 时 间	处(科)长	任 职 时 间	副处(科)长
保卫科	1985 年 10 月—1988 年 6 月	曹树林	1984 年 1 月—1992 年 1 月	徐伟华 (1984 年 1 月— 1985 年 10 月 主持工作)
	1988 年 6 月—1993 年 10 月	汪荣富		
保卫处	1993 年 10 月—1996 年 7 月	汪荣富	1996 年 8 月—1999 年 12 月	章海航
	1996 年 7 月—1999 年 12 月	董华庆	1999 年 12 月—2014 年 6 月	张旗明
	1999 年 12 月—2014 年 6 月	章海航	2014 年 6 月—2015 年 6 月	邱网妹 (主持工作)
	2015 年 6 月—	邱网妹		

十、设备材料处

设备材料处的前身是设备科,负责全院设备的采购(含设备采购计划、可行性论证、招标、合同签审、科教设备免税、收货、仓储、安装、验收、记账、归档、调拨、处置等)和保障(含设备强检、计量、

预防性维护、维修等)工作,业务范围包括医疗设备、日用办公设备、机电设备、交通设备、木器家具等固定资产和低值设备等。

建院初期,设备科为总务科下设的器材供应组;1954 年设独立库房,1962 年成立材料科。随着现代医疗科技的发展,医疗新技术极大地推动医疗设备的发展,医疗设备、医用耗材对疾病诊治发挥越来越重要的作用。在这样的大形势下,1979 年材料设备科正式成立;1988 年更名为设备科;2004 年耗材业务独立分科,成立物流中心;2015 年设备科与物流中心再次合并,成为设备材料科。2017 年,设备材料科应需升级为设备材料处,下设设备管理科和耗材管理科。

截至 2017 年,设备材料处共有成员 16 人,其中,副处长 1 人,科长 2 人,管理人员 13 人;中级职称人员 9 人,初级职称人员 7 人。

表 1 - 2 - 11　1979—2017 年设备材料处历任副处长、科长、副科长情况表

任职时间	副 处 长	任职时间	科　　长	任职时间	副 科 长
2017—	陈　刚	1979—1988 年	张中石	1992—2000 年	张培云
		1988—1992 年	蔡金根	1999—2006 年	吴　翔
		1992—1995 年	戎惠江	1999—2010 年	史留生
		1995—1998 年	苏子敏	2004—2009 年	吴林初
		1998—2006 年	牛伟新	2014—2016 年	陈　刚
		2009—2013 年	吴林初	2015—2017 年	王　灏
		2016—2017 年	陈　刚	2016—2017 年	王一栋
		2017—	王　灏　王一栋		

十一、门诊部

门诊部始建于 1937 年,是医院门诊工作的主要行政管理职能部门。20 世纪末,中山医院门诊部设施简陋,空间狭小。为解决社会日益增长的医疗服务需求与医院硬件建设不足的矛盾,医院于 1998 年启动门急诊综合楼的准备工作。历经筹建、门诊部过渡性搬迁,2004 年 9 月,位于医学院路 111 号的门急诊综合楼正式使用,改善了患者的就医条件。2013 年,为加强对内外联系,门诊部下设接待科。2014 年,门诊部与急诊科合并设立门急诊部,负责门诊、急诊、特需服务及体检服务。为进一步提升中山医院门诊的服务能力,2015 年 3 月,位于斜土路 1609 号的东院门诊正式建成启用,心内科、心外科、肝肿瘤内科和肝肿瘤外科 4 个科室的门诊搬迁至此处。2016 年,门诊部与急诊科分开,恢复门诊部名称,门诊部下增设特需医疗部。2016 年 4 月,位于小木桥路 260 号的特需门诊楼正式启用,至此中山医院门诊空间进一步增加,规模进一步扩大。2017 年,接待科更名为综合管理科。

表 1 - 2 - 12　1960—2017 年门诊部历任主任、副主任情况表

任 职 时 间	主　任	任 职 时 间	副 主 任
1960 年 11 月—不详	蒋蕴华	1978 年 3 月—不详	王德金
1984 年 11 月—1988 年 9 月	符明琇	1978 年 7 月—不详	黄健辉

（续表）

任 职 时 间	主 任	任 职 时 间	副 主 任
1988年9月—1993年12月	张明正	1984年11月—1993年12月	刘思民
1993年12月—2001年8月	金亚萍	1988年9月—1993年12月	金亚萍
2001年8月—2005年3月	俞济舟	1993年12月—1999年5月	孙南玲
2007年9月—2014年2月	范仲珍	2000年8月—2007年9月	范仲珍（2006年4月—2007年9月主持工作）
2014年2月—2016年7月	李 锋（兼）	2002年8月—2013年2月	王来瑞
2016年7月—	崔彩梅	2005年4月—2006年4月	夏景林（主持工作）
		2006年11月—2014年2月	丁 昉
		2014年2月—	陈惠芬
		2016年3月—	沈 松

十二、护理部

1937年2月，中山医院开始收治患者，4月1日正式开业，设护病部，负责患者的治疗和看护，有护士长、护士、护生若干人。

1937年"八一三"事变，日军进攻上海，战争爆发，中山医院业务重心移至中国红十字会第一医院。

1946年3月，国立上海医学院附属医院医师、护士等一行29人，奉调回沪支援中山医院复院。时值沪上时疫蔓延，成立上海中山医院临时时疫医院，陈良玉任护理部主任。至6月底工作人员陆续抵沪，其中护士约30人，随即投入防疫工作，9月初防疫工作结束。之后即开始中山医院战后重建恢复工作。设护士部，程乐德任代理主任，1947年1月陈从贞任代理主任。护士部下设成衣室、医具库及洗衣室。

护理部直属院长领导，掌管院内一切护理事宜。护理部所属各护理单位有手术室、门诊部、中心供应室、缝纫室、洗衣房及各病室。1947年8月，护士部主任陈良玉、副主任陈从贞，设督导员5人，护士长14人，护士73人，助产士5人，文牍（文秘）1人。1948—1949年，主任陈良玉、副主任陈从贞，有督导员5人，护士长14人，护士67人，技佐（技术员）1人，护工15人，工友48人。

1952年7月，院系调整，取消护理部与督导一级，成立医务室，护理管理工作划归医务室负责。其间改进不合理事务性制度，建立病房固定人员负责制。

1955年12月，医务室改为院长办公室，陈良玉任护理秘书。

1962年10月，恢复护理部。陈良玉任主任，副主任陈从贞、黄健辉。

1970年4月，护理管理工作再次划归医务科管理。

1978年，再次恢复护理部，主任郑俭璧，副主任蔡文卿、朱宏美。之后护理部建制一直延续至今。

2009年8月，护理部下设护理质量管理科，首任科长秦薇，主要负责拟订质量管理计划，实施质量控制,分析质量过程问题及持续整改工作。

2015 年 9 月,护理部下设护理教育科,科长吴燕,主要负责院内护士在职培训计划的制订和实施、各层次护生实习计划落实、院校联络、床旁教学改革等工作。

表 1 - 2 - 13　1946—2017 年护理部历任主任、副主任情况表

任 职 时 间	主　　任	任 职 时 间	副 主 任
1946 年 3—7 月	陈良玉*	1947 年 8 月—1952 年 6 月	陈从贞
1946 年 8 月—1947 年 1 月	程乐德(代理)	1962 年 10 月—1973 年 2 月	陈从贞
1947 年 1—7 月	陈从贞(代理)	1962 年 10 月—1978 年 7 月	黄健辉
1947 年 8 月—1952 年 6 月	陈良玉	1979 年 2 月—1984 年 11 月	蔡文卿
1962 年 10 月—1970 年 3 月	陈良玉	1979 年 2 月—1993 年 12 月	朱宏美
1979 年 2 月—1984 年 11 月	郑俭璧	1982 年 1 月—1984 年 11 月	徐　和
1984 年 11 月—1993 年 12 月	徐　和	1984 年 11 月—1993 年 12 月	何秀珠
1993 年 12 月—2012 年 7 月	徐筱萍	1988 年 9 月—1991 年 12 月	徐　萍
2012 年 7 月—	徐建鸣	1992 年 5 月—1993 年 12 月	徐筱萍
		1993 年 12 月—2003 年 12 月	尹蓉娟
		1993 年 12 月—2012 年 7 月	徐建鸣
		2001 年 12 月—2011 年 6 月	颜美琼
		2003 年 12 月—	高丽萍　赵慧华
		2012 年 1 月—	秦　薇
		2015 年 5 月—	王春灵
		2017 年 6 月—	张玉侠(常务)

说明: * 为临时时疫医院护理部主任。

十三、医疗保险办公室

1996 年 5 月 1 日起,上海市正式实施《上海市城镇企业职工住院医疗保险暂行办法》。为配合医疗保险制度的出台,医院于同年 4 月 24 日成立医疗保险领导小组,5 月 13 日建立医疗保险办公室。

表 1 - 2 - 14　1996—2017 年医疗保险办公室历任主任、副主任情况表

任 职 时 间	主　　任	任 职 时 间	副 主 任
1996 年 4 月—2005 年 6 月	孔南玲	2005 年 5 月—2007 年 8 月	郭　莺
2007 年 8 月—2015 年 2 月	郭　莺		
2015 年 3 月—	何　萍		

十四、审计科

审计科最初成立于 1991 年,先后由吕岩任副科长、科长,负责医院内部审计工作。监察室成立于 1995 年,负责之前由纪委承担的监察工作,陈志强任监察室主任(兼)。1998 年 7 月,医院合并审计科和监察室,更名为监察审计室,於亚辉任监察审计室主任,练文俊为副主任。2002 年 10 月章冠群任监察审计室副主任,2005 年 10 月白璐任监察审计室副主任,2006 年 4 月高作枫任监察审计室主任,2012 年 4 月钱国涌任监察审计室副主任,2012 年 7 月俞梅蓉任监察审计室主任。2015 年 5 月,医院根据管理要求将监察审计室拆分为审计科和监察科,俞梅蓉任审计科科长,钱国涌担任审计科副科长。

表 1－2－15 1991—2017 年审计科历任负责人情况表

科 室 名 称	任 职 时 间	负 责 人
审计科	1991 年 2 月—1993 年 3 月	吕　岩(副科长,主持工作)
	1993 年 3 月—1998 年 7 月	吕　岩(科长)
监察审计室	1998 年 7 月—2006 年 4 月	於亚辉(主任)
	2006 年 4 月—2012 年 6 月	高作枫(主任)
	2012 年 7 月—2015 年 4 月	俞梅蓉(主任)
审计科	2015 年 5 月—	俞梅蓉(科长)

十五、资产和招投标管理办公室

资产和招投标管理办公室成立于 2015 年 12 月,是医院负责开展国有资产综合管理和招投标采购管理的职能部门。

表 1－2－16 2015—2017 年资产和招投标管理办公室主任、副主任情况表

任 职 时 间	主 任	任 职 时 间	副 主 任
2015 年 12 月—	白　璐	2015 年 12 月—	缪　瑾

十六、人民武装部

1988 年,医院任命武装干事参与上海第一医学院武装部工作。2003 年 6 月,医院成立人民武装部。人民武装部是中山医院的军事领导指挥机构,接受同级党委及区武装部的领导,负责单位内的民兵、兵役和动员工作。

表 1－2－17　1984—2017 年人民武装部历任部长、副部长、武装干事情况表

任职时间	部　长	任职时间	副部长	任职时间	武装干事
2003 年 8 月—2014 年 6 月	章海航	1988 年 9 月—1991 年 8 月	徐伟华	1984 年 1 月—1988 年 9 月	徐伟华
		2003 年 8 月—2014 年 6 月	张旗明	1991 年 8 月—2003 年 8 月	张旗明
		2006 年 12 月—	邱网妹		

十七、医院感染管理科

1986 年,医院开始有专职人员进行医院感染监测及管理的相关工作,隶属于呼吸科,成立了临床微生物与医院感染监测中心;2007 年正式成立了医院感染管理科。根据《医院感染管理办法》规定,医院设立了医院感染管理委员会,由医疗机构负责人或者医疗业务主管负责人任主任委员,医院感染管理部门负责人任副主任委员,委员由医院感染管理部门、医务部门、护理部门、临床相关部门、微生物检验部门、药事管理部门、设备管理部门、后勤管理部门及其他有关部门的主要负责人组成。设置独立的医院感染管理部门,人员按每 250 张实际床位配备 1 名管理人员的原则配备 8 名专职主任,其中包括 1 名感染病学专业人员和 1 名微生物学专业人员。医疗机构的临床科室建立了医院感染管理小组,负责本科室有关医院感染管理的各项具体工作。

表 1－2－18　1986—2017 年医院感染管理科历任负责人情况表

部　门　名　称	任　职　时　间	负　责　人
医院感染管理科	1986 年 12 月—2007 年 11 月	何礼贤
	2007 年 11 月—	胡必杰
上海市院内感染质控中心	1999 年 11 月—2011 年 11 月	何礼贤
	2011 年 11 月—	胡必杰

第三节　分支机构

一、逸仙医院

上海逸仙医院的全称是上海逸仙医院有限公司(简称"逸仙医院"),成立于 1994 年 7 月 31 日,是上海医科大学附属中山医院为适应上海国际大都市经济、文化、金融贸易等发展的需要,以及境内外人士的高层次医疗保健需求,与香港保健中心有限公司合作建立的一所综合性现代化精品医院。为纪念伟大的中国革命先行者孙逸仙(中山)先生而命名为上海逸仙医院。

逸仙医院设有门诊和住院部,拥有心血管内外科、肝肿瘤内外科、普外科、骨科、泌尿科、神经内外科、呼吸科、消化科、妇产科、中医科、皮肤科、眼科、耳鼻喉科、康复科和整形科等众多临床科室。逸仙医院借助名医荟萃的中山医院雄厚的技术力量和高超的医疗水平,并与中山医院共享其先进的医疗设备。建院以来,逸仙医院传承中山医院一贯严谨、求实的医疗作风,温馨、体贴的人文服

务,竭诚为海内外人士提供一流的医疗、保健和咨询服务,在上海迅速形成了良好的口碑和良好的社会影响力,先后被评优秀涉外医疗服务窗口、上海市文明班组、APEC 指定医疗服务单位、上海合作组织峰会指定医疗服务机构等。

2007 年开始,逸仙医院进行资产重组。至 2015 年,逸仙医院完成从沪港合作单位向内资企业的转换,成为中山医院的全资子公司单位并成立新的董事会(第四届)。在新一届董事会的要求下,逸仙医院进行全面战略调整。逸仙医院成为中山医院常规医疗服务以外的重要补充,在涉外医疗及商业医疗保险服务方面探索新型的医疗服务模式,采用全预约制模式,由中山医院全科医学科负责日常门诊及病房的医疗工作,并与中山医院其他专科协作,构建综合性医疗团队,提供持续性、个体化、人性化的"一站式"医疗照顾服务。逸仙医院新一届管理团队积极开展对外合作,开拓新的商业医疗保险市场,先后与国内外 23 家保险及医疗保险第三方管理(TPA)公司、14 家健康管理公司及医疗机构签订合作关系,以创新理念共同开发新型医疗服务产品,在良好医疗服务的基础上积极开展线上医疗服务和健康管理服务。

逸仙医院"以人为本,以医疗技术为先导,以医疗服务为传道",秉持和传承中山医院的使命与宗旨,面向高端医疗服务不断开拓进取、创新发展,使每个就诊客户在最大限度享有中山医院权威医学诊治的同时享有逸仙医院最佳的医疗、人文和健康管理等多方面的服务。

表 1－2－19　1994—2017 年逸仙医院历届董事长、总经理情况表

董事会届次	董 事 长	总 经 理
第一届	杨秉辉	王玉琦
第二届	李松兴(中国香港) 凌大卫(中国香港)	王玉琦
第三届	王玉琦	汪 昕
第四届	樊 嘉	陶 力

二、原中山医院北院区(原分部、原纺三医院)

【沿革】

上海市纺织局第三医院(简称"纺三医院")创建于 1927 年,前身为世界红十字会上海医院,中华人民共和国成立后为上海纺织工业局第三职工医院。医院地处长宁区延安西路 1474 号,占地面积 10 421 平方米,建筑面积 19 740 平方米,核定床位 405 张,是上海纺织工业局下属事业单位编制的职工医院。1994 年 3 月 1 日,经上海市卫生局批准成为二级甲等综合性医院。

为进一步优化卫生资源配置,实现资源共享、优势互补,按照上海市人民政府体改办和市卫生局联合下发的《关于对本市企业医疗资源实行优化配置的指导意见》文件精神,经上海市人民政府同意,纺三医院整建制并入复旦大学附属中山医院,正式更名为复旦大学附属中山医院分部(简称"分部")。

2002 年 8 月 8 日上午,在纺三医院会议室举行了复旦大学附属中山医院分部暨中山医院肿瘤中心成立仪式,上海市副市长杨晓渡等相关领导应邀出席成立仪式并致辞。2002 年 8 月 8 日,成立了中山分部管理委员会,中山医院院长杨秉辉兼任管委会主任,施荣范、赵关林、陈志强、陈积惠、高道利、吴铮和严伟盈担任管委会副主任。

2002 年 11 月 12 日,分部成立党总支,陈志强任总支书记,严伟盈任总支副书记。为确保分部各项工作的顺利开展,医院对分部原管理机构做出调整,包括:保留分部办公室、党总支办公室、医务科、护理部、财务科、设备科和总务科 7 个科室;撤销监审室;防保科、门诊办公室、体检中心并入分部医务科;档案室、信息科、人事保卫科并入分部办公室;计量室并入设备科;膳食科并入总务科。

2003 年 8 月,医院任命陈志强为分部总支书记兼分部主任;吴铮、史留生、秦贤举和张新为分部副主任,严伟盈为总支副书记。

2005 年 6 月 29 日,医院任命阎作勤为分部主任,陈志强为分部总支书记,张新不再担任分部副主任职务。

2006 年 3 月,秦贤举调任第八人民医院副院长,不再担任分部副主任职务。

2008 年 7 月,阎作勤不再担任分部主任职务;陈志强担任分部主任,不再担任总支书记职务;崔彩梅任分部总支书记。

2012 年 7 月,医院任命王葆青为分部主任;陈志强为分部顾问,不再担任分部主任职务。2015 年,为彻底解决分部面临的困境,推动医院发展,借长宁区对该地块有收储意向的契机,经上海市人民政府、上海市卫计委及复旦大学批准,同意对中山分部进行整体调整。

2015 年 6 月 30 日,副院长阎作勤在分部召开干部扩大会议,通报分部整体调整的新思路,并广泛征求意见。12 月 17 日,中山医院召开第八届职工代表大会第九次会议(分部调整专题职代会),对《复旦大学附属中山医院分部调整方案》《复旦大学附属中山医院分部调整及人员安排方案》和《复旦大学附属中山医院分部(原纺三医院)事业编制在职及离退休职工安置补贴暂行方案》进行审议及表决,并顺利通过。

2016 年 1 月 25 日,中山分部门诊停诊。1 月 29 日,病区医疗工作结束。原中山分部在职职工 307 人(在编 240 人、非在编 26 人、派遣制 41 人)全部分批安置到总部相应科室工作,原分部退休职工 503 人(含纺三医院退休职工)全部转入中山医院退管会管理。

【医疗特色】

两院合并后,分部实行三级医院的医疗服务、二级医院的收费标准,给区域患者带来真正的实惠,体现中山医院"一切为了病人"的办院宗旨。为更多更好地服务医院周边患者,医院安排总部知名专家、教授在分部增设专家门诊,先后增设肾内科、肝肿瘤和整形外科专科门诊。分部住院患者数、手术人次数、床位周转率和床位使用率均大幅提高。手术范围扩大,难度增加,开展后腹膜巨大肿瘤切除术、90 岁高龄患者全髋关节置换术、嗜铬细胞瘤切除术和肝叶切除术等高难度手术。

经过多年发展,形成中山分部肿瘤综合治疗的特色。

肿瘤放射治疗科:分部放疗科有近 30 年的历史,两院合并后,更进一步壮大放疗科的实力。科室设有门诊及 2 个放疗病区,74 张床位,拥有进口直线加速器 2 台、模拟定位机及大孔径模拟定位机各 1 台、放射治疗计划系统 1 套以及放疗呼吸控制系统等先进装备。每年门诊患者近 15 000 人次,住院患者约 800 人次。

分部放疗科依托综合性医院的优势,走肿瘤综合治疗之路,并且与临床各科室密切配合:与肺科、胸外科联合,成立肺部肿瘤综合诊疗病房,优化肺部肿瘤患者的综合治疗;与乳腺外科、肿瘤内科密切配合,专设乳腺放疗病房,积极开展乳腺癌的保乳治疗,完善乳腺癌患者的术后综合治疗,在乳腺癌保乳治疗、适形放疗等技术的应用方面形成特色;与总部腹部外科、泌尿外科密切配合,成立专病组,对直肠癌、胃癌、胰腺癌、膀胱癌、前列腺癌开展综合治疗。放疗科获得 2011 年度长宁区临床优势专科(专病)扶持项目"长宁区临床肿瘤放射治疗中心"称号。

肿瘤内科:中山医院肿瘤内科设在分部 11 病区,42 张床位。2012 年,增设肿瘤内科日间病房,有 15 张床位。科室积极开展肿瘤的规范化、个体化治疗,取得显著成效。

肺部肿瘤综合诊疗病房:设在分部的中山医院肺部肿瘤综合诊疗病房,由呼吸科、胸外科和放疗科 3 个科室共同组成,76 张床位。肺部肿瘤综合诊疗病房整合本部医疗技术优势,凭借中山医院的现代化诊断设备及直线加速器、热疗仪等现代化治疗设施,对肺部肿瘤患者联合应用手术治疗、放射治疗、放射介入治疗、同步放化疗、靶向治疗、CIK 细胞治疗、基因治疗及生物治疗等方法进行综合治疗,对肺部肿瘤进行规范化的早期诊断,为肺部肿瘤患者制订个体化的治疗方案。

乳腺病专病治疗与科研:20 世纪 80 年代末至 90 年代初,纺三医院先后与美国和英国合作开展有关乳腺癌课题研究,其中一项研究成果被世界卫生组织(WHO)采用,纳入 WHO 出版的《癌症预防·乳腺癌筛查手册》。2006 年,"乳房自我检查对降低女性乳腺癌死亡率的评估"的课题获得上海医学科技奖二等奖。2007 年,前后历时 14 年的"降低女性乳腺癌死亡率的诊断检测方法与应用"获得上海市科技进步奖二等奖。

腹膜后肿瘤的外科诊治:分部普外科有床位 74 张。从 2007 年开始,团队致力攻克腹膜后肿瘤这个普外科领域公认的"硬骨头",为多名此类肿瘤患者成功施行手术并取得满意的结果。2009年,在国内率先成立中山医院"腹部软组织肿瘤多学科诊疗专家组"。

三、中山医院青浦分院

【沿革】

复旦大学附属中山医院青浦分院(简称"青浦分院")始创于 1948 年,前身为中国红十字会青浦分会医院,经过半个多世纪的艰苦创业,如今已成为青浦区集医疗、教学、科研、预防于一体的综合性医院。1994 年,通过卫生部二级甲等医院评审。1995 年,被世界卫生组织认定为爱婴医院。1998 年起,连续 8 届被评为上海市文明单位。2002 年 1 月 5 日,青浦区卫生局与复旦大学附属中山医院签署协议共同组建青浦分院。2002 年 1 月 14 日—2012 年 4 月 6 日,王玉琦任院长,高德安任常务副院长。2012 年 4 月 6 日—2016 年 4 月 25 日,朱同玉任院长。2016 年 4 月 25 日起,樊嘉任院长,李锋任执行院长。

2003 年,青浦分院被青浦区政府指定为青浦区台胞台商定点医院。2009 年,成为上海市区域卫生规划"5+3+1"三级综合医院建设单位之一。2012 年 11 月,通过国家药物临床试验机构(GCP)评审认证。2012 年 12 月,顺利通过上海市三级综合医院评审验收。2014 年 1 月,成为复旦大学附属青浦区中心医院(筹)。2015 年 4 月,正式授牌三级乙等医院。

2016 年,医院门急诊总量 190.07 万人次,出院患者 3.45 万人次;医院资产总计 4.57 亿元(不包括房屋与建筑物),其中固定资产净值 1.52 亿元。医院现有占地面积 9.4 万平方米,建筑面积 11.6 万平方米,核定床位 830 张(二期改扩建工程后达 1 030 张),实际开放床位 906 张。医院现有在编人员 1 443 人,其中,卫技人员 1 315 人(含医师 413 人);卫技高级职称 118 人(其中正高 32 人、副高 86 人),医师中级职称 248 人;博士 18 名,硕士 127 名。医院设有 31 个临床科室,11 个医技科室,其中,急诊医学科和骨科为市级重点专科,呼吸内科、血管外科、病理科、放射科为青浦区重点学科。

【医疗特色】

医院拥有先进的医疗设备,包括磁共振成像系统、数字减影血管造影(DSA)、64 排全身 X 射线计算机断层扫描系统、X 射线计算机断层摄影设备、医用诊断 X 射线系统、数字化 X 射线摄影系统(DR)、移动式 G 形臂 X 射线系统、X 射线骨密度检测仪、眼电生理仪、超高清腹腔镜系统、血液净化装置等 50 万元以上的医疗仪器设备 122 台(套)。2012—2016 年,医院在科教研建设上进步显著,科研水平大幅提升,其中,在研市科委课题 5 项,市卫生局课题 41 项;授权实用新型专利 55 项;发表专业论文 1 468 篇,其中 SCI 收录论文 44 篇。近两年,主办国家级医学继续教育项目 16 项、上海市医学继续教育项目 5 项。2004 年 8 月,医院正式成为复旦大学医学院五年制临床专业的实习基地。

2004 年 9 月,医院成为青浦区全科医师临床技能培训实习基地。医院是上海市住院医师规范化培训全科基地,蚌埠医学院和南通大学医学院的教学医院,上海市急诊专业护士实训基地,上海市助理住院医师规范化培训全科基地医院,并与复旦大学共建临床医学研究生实践基地。

在中山医院的优质资源帮扶下,青浦分院在人才建设、科教研建设、信息化建设、医教研专科建设等方面取得较快发展。两院间共任命 16 位结对主任、15 位学科带头人,同时中山医院 30 余名正、副教授定期到青浦分院坐诊和临床指导,总院的优势项目,如心血管科、呼吸科、肝癌研究诊疗中心等,成为青浦分院未来医疗技术发展的坚强后盾。

四、中山医院南院(上海市公共卫生临床中心)

【沿革】

上海市公共卫生临床中心(简称"公卫中心")前身为上海市传染病医院,最初为 1914 年由公共租界工部局创办的华人隔离医院。1945 年 10 月,医院更名为上海市立第一传染病医院。1955 年 11 月,更名为上海市传染病医院。2004 年 8 月,更名为上海市公共卫生中心,直属上海申康医院发展中心管理,托管于复旦大学,并于同年增加第二冠名——复旦大学附属公共卫生中心。2004 年 11 月,医院总部迁往上海市金山区漕廊公路 2901 号,同时保留虹口区同心路 921 号(即水电路 56 号)院址为医院市区分部。2006 年 12 月,公卫中心增加第三冠名——上海市红十字公共卫生临床医疗中心。2007 年 1 月,第一、第二冠名分别更名为"上海市公共卫生临床中心"和"复旦大学附属公共卫生临床中心"。2013 年 12 月,经复旦大学《关于同意上海市公共卫生临床中心成为复旦大学附属中山医院南院的批复》和上海申康医院发展中心《关于同意上海市公共卫生临床中心成为复旦大学附属中山医院南院的批复》批准,公卫中心增加冠名——复旦大学附属中山医院南院(并列第三冠名)。2014 年 11 月 16 日,公卫中心举行百年庆祝大会暨复旦大学附属中山医院南院揭牌仪式,正式成为中山医院的一员。

至 2017 年,公卫中心占地面积 365 333.33 平方米(金山院区 335 333.33 平方米、虹口院区 30 000 平方米),建筑面积 127 415.22 平方米(金山院区 101 389.22 平方米,虹口院区 26 026 平方米),核定床位 660 张,在职员工 900 余人(其中专业技术人员 775 人,高级职称人员 70 余人,研究生学历 160 余人)。先后历经多次重大传染病疫情防控"战役",尤其在 1988 年抗击甲型肝炎大流行、1994 年抗击急性肠道传染病、2003 年抗击"非典"、2009 年抗击甲型 H1N1 流感、2013 年抗击 H7N9 流感、2014 年抗击埃博拉和 2015 年抗击中东呼吸综合征等"战役"中,医护人员始终恪尽职守,展现良好的天使风采与社会责任感,获得社会民众的广泛赞誉。

【医疗特色】

在复旦大学和中山医院的优质资源帮扶下,公卫中心在医疗、教育、科研、应急、人才等方面取得了快速发展和长足进步,现已拥有一支高水平临床和科研队伍,包括国家百千万人才、有突出贡献中青年专家、上海市领军人才、上海市优秀学科带头人、上海市浦江人才、上海市科技启明星计划、上海市中医领军人才等。已开设各类业务科室 35 个,包括呼吸科、消化科、肿瘤科、感染科、肝病科、外科、骨科、妇产科、儿科、中医科、结核科、介入科等临床科室,以及病理科、放射科、检验科、药剂科等医技科室。疾病诊疗范围涵盖艾滋病、病毒性肝炎、麻疹、流行性出血热、狂犬病、乙型脑炎、肺结核、肠道传染病、破伤风、非典型性肺炎等各类法定传染病和外科、妇产科、儿科等多种疾病,集合肝病内科、肝胆外科、重症医学、介入、内镜、血液净化等多学科协作医疗为一体的专家团队,在重症肝炎、妊娠肝炎、中枢神经系统感染、艾滋病治疗、结核外科和儿童结核诊治等方面具有特色。先期依托中山医院雄厚的技术力量,引进中山医院普外科团队,业务范围进一步扩大至腹部软组织肿瘤、乳腺疾病、甲状腺、消化系统肿瘤、腹壁疝等疾病的综合治疗,其中腹部软组织肿瘤多学科合作手术居国内领先地位;妇产科为复旦大学妇产科学国家教育部重点学科、上海市危重孕产妇会诊抢救中心、上海市产科肝病监护中心;感染科为上海市艾滋病诊疗中心;中医科为国家中医药管理局中医药防治传染病重点研究室(临床基地),已拥有压差病房、数字减影血管造影(DSA)、3.0T 磁共振(MRI)、集成智能靶向定位机器人系统(ROBIO EX)、医院信息系统(HIS)、影像存储与传输系统(PACS)、数字化手术室、传染病诊治网络指挥中心、体外膜氧合器(ECMO,人工肺)、分子吸附再循环系统(MARS,人工肝)等先进的医疗技术设备。

五、中山医院徐汇分院

【沿革】

上海市徐汇区中心医院(简称"徐汇分院")的前身虹桥疗养院创建于 1934 年,由医学前辈丁惠康创建。1958 年,与医学前辈朱克闻在 1938 年创建的怡和医院合并,命名为上海市淮海医院。1961 年,正式改名为上海市徐汇区中心医院。2013 年,在中国科学院和各级政府的支持下创立中国科学院上海临床研究中心。

2016 年 4 月,为进一步深化公立医院改革,徐汇区-中山医院医疗联合体正式签约成立,"复旦大学附属中山医院徐汇医院"挂牌,由此开启区域内各级医疗机构全方位医疗联合,逐步实现分级诊疗,医院迎来了发展新的机遇。

徐汇分院是第四届全国文明单位、国家药物临床试验机构,设立国际化药物临床 I 期病房。徐汇分院开放病床 1 036 张,临床专业 34 个,年门急诊百万余人次,住院 3 万余人次,手术 1.5 万余例。有 6 位专家享受国务院政府特殊津贴。至 2017 年,拥有高级职称专家 151 人,硕士、博士 200 余人,博士研究生导师 9 人、硕士研究生导师 12 人。徐汇分院是上海大学和新疆医科大学硕博研究生教学基地,新疆医科大学、上海中医药大学、江苏大学和南通大学的教学医院。内科、康复科、全科和影像科是上海市住院医师规范化培训基地。心内科、康复科、中医科、急诊科是上海市医学重点专科,中医科为"十一五"和"十二五"重点专科。

徐汇分院获国家自然科学基金 5 项,卫生部科研课题 1 项,国家科技重大专项"十二五"项目 2 项,国家中医药管理局"十二五"重点专科建设项目 1 项。获上海市科委资助课题 15 项,上海市卫生局课题资助 26 项。先后获上海医学科技奖 4 项;发表科研论文近千篇,其中 SCI 收录文章 118

篇;主编或参编著作 23 部。徐汇分院拥有 PET - CT、SPECT、3D 腹腔镜、海扶刀、1.5T 及 3.0T 核磁共振、16 排及 64 排螺旋 CT、高档 DRF、DSA、3500 - 5500 型串联质谱仪等先进的现代化临床诊疗设施。

【医疗特色】

心内科是葛均波院士工作站基地、上海市卫生系统首轮重点专科(心律失常专科)、国家药物临床试验机构专业基地。全面开展经皮冠状动脉支架植入、血管内超声指导下冠脉介入治疗,起搏、心脏再同步化治疗、埋藏式心脏自动除颤器等各种起搏器安置术,心脏瓣膜球囊形成术治疗及室间隔缺损、房间隔缺损、动脉导管未闭等先天性心脏病介入治疗。科室获市文明班组、市卫生系统先进集体等荣誉称号,郑宏超被评为"上海市区域名医"。

康复医学科是市卫计委的心脑血管病康复重点专科、市残联的神经康复重点学科建设单位,获上海市卫生计生工作先进集体。联合神经内科组建神经康复中心,由中山医院汪昕担任学科带头人。有近 4 000 平方米的医疗用房,设康复门诊、康复病房(100 张床位)与康复治疗部(下设功能测评室,物理治疗区,作业、言语训练室及高压氧舱)。学科规模和业务量位居上海市综合医院康复医学科的榜首,科室业务开展广泛,包括脑卒中、脑损伤康复,肌骨关节病与疼痛康复,冠心病康复及中西医结合康复等。杨坚曾获上海市第二届仁心医师奖、上海市五一劳动奖章。

中医科是国家"十一五"和"十二五"重点专科,并获全国综合医院中医药工作示范单位、上海市综合性示范中医科称号,中医脑病及针灸以"偏头痛、针推治疗颈腰椎病及骨关节病"为特色,在国内处于领先水平。

普外科已有 80 多年的历史,由周俭领衔,建立一支由老中青年外科专家、医师组成的成熟梯队。手术难度和手术例数在同类医院中达领先水平,成为集医、教、研为一体,临床技术精湛、特色鲜明的重点科室。开展肝脏肿瘤、胆道胰腺疾病、消化道肿瘤等各种手术,在腹腔镜和内镜等微创诊疗技术等方面也取得重大进展,治疗效果显著。

内镜中心以姚礼庆领衔,是同级医院中规模最大的集内镜下诊断、治疗、科研、教学为一体的诊疗中心,设有"大国工匠"周平红内镜工作站,开展了多例国内同级医院首创、领先的微创治疗。

此外,徐汇分院有来自中山医院总部的 40 多位国际、国内著名专家担任学科带头人,全面负责科室工作,有效推动医院的学科发展。

"徐汇云医院"是徐汇分院推出的上海首家智慧医疗平台,自 2015 年 12 月 16 日落地并正式运行以来,已签约 700 余家机构,就诊人次达到 80 万。将医疗服务从上海辐射至江苏、云南、江西、甘肃,足迹从街道、居委延伸至百姓家中。通过"视频看医生"为患者百姓提供便捷、经济、规范、安全的医疗健康服务。

六、复旦中山厦门医院

【建院历程】

2014 年 8 月 8 日,复旦大学和厦门市人民政府在复旦大学签署《合作建设运营"复旦大学附属中山医院厦门医院"协议书》,共建复旦大学附属中山医院厦门医院(简称"复旦中山厦门医院")。

2015 年 9 月 18 日,复旦中山厦门医院项目开工建设。2016 年 4 月 24 日,复旦中山厦门医院工程结构封顶。2017 年 1 月 16 日,复旦大学与厦门市政府在厦门共同签署了《关于合作共建复旦中山厦门医院的补充协议》,在同质化管理、科研投入、人才教育和培训等方面进一步明确了合作的框架和细则。

2017年8月12日,在医院门诊大厅举办"牵手浦江,情系厦门"大型义诊活动。2017年8月20日,复旦中山厦门医院举办了以"一脉相承,大爱起航"为主题的开业活动,标志着医院投入试运营。

【医院概况】

复旦中山厦门医院是复旦大学和厦门市政府合作建设的一项重大民生工程项目。医院位于福建省厦门市湖里区金湖路668号,占地面积6.22万平方米,总建筑面积约17.5万平方米,编制床位800张,是一所由复旦大学附属中山医院全面运营管理的现代化综合性三级医院。

复旦中山厦门医院秉承中山医院"以病人为中心"的精神,倡导"严谨、求实、团结、奉献"的院训,延续其严谨的医疗作风、精湛的医疗技术和严格的科学管理等优良传统。建设目标为努力把复旦中山厦门医院建设成为一所集医疗、教学、科研和预防保健为一体的疑难重症诊疗中心、厦门市多点执业示范基地、干部保健中心、对台医学交流与合作基地、复旦大学厦门医学科学研究院和医学人才培训中心、高等医学院校学生实习与教学基地。

【医疗特色】

复旦中山厦门医院突出中山医院的重点优势专科,如心内科、呼吸科、普外科、肾内科等。以大专科、小综合为特色,搭建临床诊疗平台,首期试运行十余个临床专科:心脏内科、肝肿瘤内科、呼吸科、神经内科、肾脏病科、普通外科、骨科、泌尿外科、神经外科、老年病科、全科医学科、重症医学科等,同步开放门诊和病房(100张床)。

至2017年,复旦中山厦门医院共招录约530人。开业时,中山医院首批派驻约200名职工赴厦门工作。在首批工作人员中,科主任和医疗骨干都是由中山医院总部派驻,以确保医疗安全和质量。复旦中山厦门医院与中山医院实行同质化管理,临床及医技辅助等业务科室负责人均为中山医院各学科资深专家,医疗水平高,技术力量雄厚。上海总部的行政职能部门负责人则是厦门医院相应职能部门的第一负责人,确保实现医院管理水平的同质化标准。同时,两院之间采用相同的信息化管理系统,开通远程查房、远程会诊平台和疑难重症患者转诊的绿色通道,以期实现两地医疗诊治的无缝对接。

复旦中山厦门医院拥有一批业界最先进的医疗仪器设备,其中乙类大型医疗设备有:320排动态容积CT 1台,可实现在任何心律下的心脏冠脉CT成像;3.0T医用磁共振1台,在保证成像精度的同时又提高了患者舒适度;大平板DSA 1台,其具有低剂量、高清成像技术,能有效降低诊治过程中X射线对患者的辐射损伤,同时满足心脏、肝脏、血管等疾病的诊治。另外,医院还拥有四维彩超、全自动生化免疫流水线、基因测序仪、流式细胞仪、实时荧光PCR仪、电子内窥镜系统、麻醉工作站、呼吸机、中央监护系统、智能化物流运输保障系统等。

七、天马山院区

位于上海市松江区刘家山村456号。1988年3月,由上海天马山神农康复院转让给中山医院作为康复病区。2002年,由上海中山科技发展公司参与重新规划和改建,成立复旦大学附属中山医院天马山分部。改建后,天马山院区的主要任务是健康体检。天马山院区三面被天马山环绕,环境宁静幽雅，极富山林气息，建筑舒适，设施一流，加上充分发挥中山医院的医疗资源优势，促进医疗保健事业的多元化发展，优化医疗服务质量，满足人民群众多层次的医疗保健服务需求，打造上海市新型医疗保健体验的新亮点，也进一步丰富松江区医疗保健资源的配置。在服务工作上，始终秉承中山医院"以病人为中心"的精神，倡导"严谨、求实、团结、奉献"的院训，以严谨的医疗作风、精湛的医疗技术和严格的科学管理，努力为国内外患者提供更多、更好的医疗服务。

至 2017 年，天马山院区二期项目已在建设中，毗邻现有中山医院天马山院区，占地为 56 368 平方米、建筑面积为 34 437 平方米，占地面积约为现中山医院天马山院区的 5 倍多。

八、上海中山医疗科技发展公司

【沿革】

上海中山医疗科技发展公司(简称"公司")是复旦大学附属中山医院全额投资的全民所有制企业，其前身中山医院科技服务部成立于 1990 年 4 月。1992 年正式更名为上海中山医疗科技发展公司，由蔡金根担任公司第一任总经理。2000—2015 年，由林志品担任总经理。2015 年起，由阴忆青任总经理。公司下辖 3 家分公司，全资控股 6 家子公司，投资参股 8 家公司。

公司成立初，工作人员不足 40 人，主要来自中山医院。随着公司业务的不断发展，公司招聘了众多院外的人才。2017 年，员工已将近 230 人。公司于 2003 年控股设立上海中山医用器材有限公司，并在上海市松江区佘山镇工业园区购置一块工业用地，致力于发展医疗产品的研发和生产。生产基地占地 26 666.67 平方米，分二期开发。一期于 2006 年完成竣工，建设面积 7 200 平方米，上海中山医疗科技发展公司松江分公司、上海中山麦达欣实业公司印刷厂等公司下属企业入驻园区，拥有 2 个洁净车间、1 个印刷车间，配备水处理中心、中心实验室和仓储物流，主要生产拥有自主知识产权的医疗器械、卫生用品和服务于医院的纺织用品、印刷品等产品。二期项目于 2012 年竣工，建筑面积 4 600 平方米，中山医院药剂科制剂室从医院本部搬迁入驻。

上海中山医疗科技发展公司主要从事医疗技术与产品的合作与研发、健康领域的咨询与服务。严格按照国家的政策和法规，进行医疗器械、卫生用品生产和经营，获得上海市食品药品监督管理局颁发的医疗器械生产及经营企业许可证，先后获得多项专利和注册商标的授权，取得良好的社会效益和经济效益，是上海市高新技术企业和上海市科技创业型企业。

【成果特色】

服务医院临床医学工作　作为中山医院医疗器械供应的一个补充，上海中山医疗科技发展公司在过去的很长一段时间内为医院临床提供所需的医疗器械，其中大部分是植入性医疗器械，属国家重点监管的第三类医疗器械，与患者的生命和健康息息相关。因此，建立符合植入性医疗器械特点并能有效运行的质量管理体系就成了必然要求。公司在此处下足功夫，规范采购操作程序，从源头上保证植入性医疗器械进货渠道的正规合法与货源的真实、安全、有效。在管理经营过程中，制定一套完善的规章制度，从仓储、验收、档案管理、产品质量跟踪、投诉处理及不良事件报告等方面严格管理，保证经营过程中的质量控制。另外，建立设计植入性医疗器械数据库，应用计算机数据库工具，事半功倍地把控好质量关，方便向患者与医务工作人员提供详细的产品信息并形成诚信体系。这样不仅利于维护患者权益，还保证了日常医疗工作的安全与中山医院的声誉。

公司所建立的植入性医疗器械治疗管理体系运行卓有成效，得到药监局和有关上级领导的认可。通过现场检查,公司的医疗器械经营被评为 A 级诚信单位。公司投资成立上海迈特新医疗器械有限公司,全权负责销售中山医疗科技发展公司的产品及代理强生(中国)医疗器材有限公司的各类手术缝线及吻(缝)合器、腔镜等产品。随着产业结构调整与主管部门政策变化,公司正在逐步调整经营方向,对中山医院临床工作的支持从实体产品的采供转向配送和物流服务。

2015 年,公司投资成立欧蕾特医疗器械(上海)有限公司,开始承接中山医院设备材料科耗材部的仓储服务。自承接仓储服务业务以来,欧蕾特公司驻中山医院设备材料科耗材部的工作内容包括负责医院所有耗材送货、配货、耗材出入库、记账、库存管理、财务等相关工作,其中包括近 10 个二级库房的高值耗材送货、配货、耗材出入库、记账、库存管理、财务等相关工作。

2015 年下半年起,欧蕾特公司驻中山医院设备材料科耗材部根据中山医院要求及医院设备材料科的发展要求,建立健全了各项部门管理制度、管理模式、管理方法、管理手段和管理机制,规范设备材料科耗材部的各项管理制度,包括《采购验收登记制度》《医疗器械产品仓储保管制度》《不良事件管理制度》等十余项规章制度,同时还重新修订了《设备材料科耗材部耗材采购管理制度》《高额耗材采购流程》《医用耗材监管说明》等制度。鉴于供应商资质管理及耗材信息管理的重要性,欧蕾特公司所承接的仓储服务中也包含供应商管理与耗材资质信息管理的职能。在中山医院设备材料科的监督与指导下,欧蕾特公司驻中山医院设备材料科耗材部协助中山医院医保办、收费管理科,开展医保编码及收费价格的日常维护工作。至 2017 年,已经实行二级库房备货的有心内科导管室、肝肿瘤外科手术室、内镜中心、门诊手术室和介入手术室,并且在医院 10 号楼手术室实行手术室二级库房备货,派驻专门的服务人员,以满足 24 间手术室日常的手术需求。

2017 年,应中山医院开展医用耗材物流平台商项目的要求,欧蕾特公司驻中山医院设备材料科耗材部与 5 家物流集中采购配送商进行战略合作,开始共同为中山医院的医用耗材物流平台商项目开展工作,以"保证临床供应"的宗旨为前提,稳步推进项目。

支持医院科室开展临床科研　上海中山医疗科技发展公司经过多年的努力,探索出一条将科研成果产业化的道路,并在此基础上自主研发适合临床的具有自主知识产权的产品。

2000 年,复旦大学附属中山医院肺科钮善福承担的科技部攻关项目"硅胶面膜通气面罩",通过努力取得了成果,并申请了专利。通过制订产品标准,克服工艺上的各种难题,取得"硅胶面膜通气面罩"医疗器械注册证,具备了进入临床使用的条件,实现了产品的批量生产。该项成果先后被认定为 A 级上海市高新技术成果转化项目、上海市抗"非典"新产品和上海医疗器械名优产品,还获得"中国产学研合作创新成果奖"。

协助医院管理　公司接受中山医院委托管理天马山院区、高压氧治疗室、专项服务中心,并协助医院物流中心和体检中心管理工作。公司管理下的上医新特药商店也因为规范的管理,先后获得了上海市第一张国家级"药品经营质量管理规范认证证书"、上海市第一批"上海市规范药房"等荣誉,是上海医药商业协会的理事单位。

服务于医务人员与患者　作为后勤服务的一部分,公司管理着中山医院食品综合服务部、中山医院招待所和中山花苑店,为广大医务人员和患者提供良好的服务。

九、上海中山立大实业总公司、立大房地产开发公司

上海中山立大实业总公司作为中山医院投资创办的院办企业,于 1993 年 3 月成立。上海立大房地产开发公司(简称"中山立大公司")于 1993 年 8 月成立。杨秉辉兼任中山立大公司董事长,石

建极担任总经理,吴建国、许文琴任副总经理。以后勤人员为主的 22 名中山医院在编人员先后参与了中山立大公司的经营和管理。

中山立大公司主要经营业务为房地产业,先后投资开发位于徐汇区的梦蝶苑和锦蝶苑商品房住宅。其中,立大公司开发的梦蝶苑楼盘获得"住宅消费特色服务奖",中山立大公司为复旦大学枫林校区办理红旗教师公寓经济适用房转为商品房的手续,完成红旗教师公寓代理开发和代理销售工作。为满足社会对健康医疗保健需求,中山立大公司于 1994 年 6 月组建以"生命绿卡"命名的中山立大医疗咨询服务分公司,向社会各企事业单位职工提供医疗体检服务,包括建立个人健康档案、实施医疗健康追踪服务等。1995 年,组建立大物业管理分公司,除管理中山立大公司自行开发的楼盘外,还先后管理近 17 万平方米社会物业楼盘。

2001 年 6 月,国家卫生部签发《卫生部关于对上海中山立大实业总公司和上海立大房地产开发公司改制为有限责任公司》的批复,同意中山医院所属上海中山立大实业总公司和上海立大房地产开发公司按照有关规定改制为有限责任公司,与中山医院脱离隶属关系。

2002 年 12 月底,在上海中山立大实业总公司和上海立大房地产开发公司中原中山医院编制职工,已全部办理完辞职手续离开中山医院。

第三章　院级委员会

第一节　医院学术委员会

中山医院学术委员会成立于 1985 年,由医院具有高级职称的党政领导、部分学科带头人、知名教授组成,是全院最高学术评议机构。学术委员会研究、决定医院有关学术发展和学科建设的重大问题。在医院的岗位设置、职务晋升、人员聘任、新职工招聘、人才引进、出国进修等方面,进行讨论和民主评议。

表 1-3-1　1985—2014 年医院历届学术委员会主任委员、副主任委员情况表

届　次	成立时间	主任委员	副主任委员
第一届	1985 年 2 月	王承焙	陈灏珠　林　贵
第二届	1988 年 10 月	林　贵	王承焙
第三届	1992 年 4 月	杨秉辉	诸骏仁
第四届	2004 年 6 月	王玉琦	吴肇汉
第五届	2008 年 2 月	王玉琦	秦新裕
第六届	2009 年 6 月	王玉琦	秦新裕
第七届	2013 年 3 月	王玉琦	秦新裕
第八届	2014 年 2 月	樊　嘉	秦新裕

第二节　其他院级委员会

在不同时期,医院通过成立各种院级委员会(领导小组),组织各部门相关人员完成专项工作。

表 1-3-2　2017 年医院其他院级委员会(领导小组)情况表

委员会(领导小组)名称	主管部门、责任人
质量持续改进活动领导小组、工作小组	人事处
医师定期考核委员会	人事处
卫生事业编制工勤技能岗位考核聘任领导小组	人事处
社会化管理的运行保障类服务项目管理领导小组	人事处
实验动物管理委员会	科研处
实验动物伦理委员会	科研处
人体器官移植技术临床应用伦理委员会	科研处
生物医学研究伦理委员会	科研处

委员会(领导小组)名称	主管部门、责任人
临床试验伦理委员会	科研处
药品、试剂和实验室生物安全管理委员会	科研处
实验室管理委员会	科研处
绩效考评管理委员会	总会计师
预算管理委员会	总会计师
经济责任审计整改工作领导小组	总会计师
经济管理委员会	总会计师
国有资产管理委员会	总会计师
内控机制建设领导小组	总会计师
审计督查及持续改进领导小组	总会计师
医疗收费价格管理委员会、工作小组	总会计师
院务公开领导小组、工作小组、监督小组	工 会
预约诊疗领导小组、工作小组	门诊部
医院空间管理委员会	院 办
安全与应急委员会、工作小组	院 办
医院规划发展领导小组	院 办
《中山医院志》编纂委员会	院 办
创建国家优质医院领导小组、工作小组	医务处
医疗质量委员会	医务处
病案质量委员会	医务处
医疗安全委员会	医务处
抗菌药物管理工作组	医务处
抗菌药物临床应用管理领导小组、工作小组	医务处
临床路径管理工作领导小组	医务处
计划生育领导小组	医务处
控烟工作领导小组	医务处
产科安全办公室	医务处
爱卫会	医务处
放射防护委员会、事故小组、技术小组、防护小组	医务处
爱婴医院领导小组	医务处
医院临床新技术项目申报和收费管理工作小组	医务处
人体器官获取组织(OPO)领导小组、办公室	医务处

（续表）

委员会(领导小组)名称	主管部门、责任人
中医药工作领导小组	医务处
制剂质量管理组织	医务处、药剂科
药事管理与药物治疗学委员会	医务处、药剂科
合理用药领导小组	医务处、药剂科
药品不良反应监测委员会	医务处、药剂科
麻醉药品管理领导小组	医务处、药剂科
落实《处方管理办法》领导和工作小组	医务处、药剂科
处方点评管理小组	医务处、药剂科
临床药师培养领导小组	医务处、药剂科
药品质量管理小组	医务处、药剂科
临床输血管理委员会	医务处、输血科
护理质量管理委员会	护理部
护士岗位管理试点工作领导小组	护理部
优质护理服务示范工程领导小组	护理部
医疗器械管理委员会	设备材料处
医疗器械临床使用安全管理委员会	设备材料处
医学装备委员会	设备材料处
医用耗材管理领导小组	设备材料处
毕业后医学教育委员会	教育处
干部保健领导小组	医务二处
防汛抗台领导小组	总务处
医院感染管理委员会	医院感染管理科
医疗废物管理领导小组	医院感染管理科
精神文明管理委员会	党办
院风院容院貌工作小组	党办
治安保卫委员会	保卫处
反恐领导小组	保卫处
信息管理专业委员会	网络中心
信息领导小组	网络中心
临床研究管理委员会	临床试验机构
网络安全管理工作领导小组	网络中心
异地跨省就医联网结报工作小组	医保办

第四章 群 众 团 体

第一节 工 会

1949 年 6 月,在中国共产党地下党员的参与和引导下,成立上海市医务工会筹备会,同年 10 月中山医院选举产生第一届工会委员会。至 1979 年 2 月,沈永和(中国共产党地下党员)、李宗明、刘湘云、石美鑫、裘麟、熊汝成、朱无难分别任第一届至第七届工会委员会主席。

工会成立后,根据党中央关于"以生产为中心,生产、生活、教育三位一体"的工会工作方针,在党的领导下积极主动地开展工作,发挥党的助手的作用。"文化大革命"期间,医院工会停止活动。1979 年 3 月,医院召开第八届工会会员代表大会,医院工会按照《工会法》和《中国工会章程》的规定,选举产生第八届工会委员会,工会主席王承棓,工会副主席沈吟莲、黄富成、董华庆。1996 年 12 月 23 日,由职工代表选举产生中山医院第十三届工会委员会,同时选举产生第一届工会经费审查委员会,负责审查监督工会经费收支和财产管理情况等。经费审查委员会主任顾伟光,委员施涛、高作枫。

至 2017 年 12 月,医院共选举产生十七届工会委员会,阎作勤任第十七届工会委员会主席,秦嗣萃任工会常务副主席,孙湛、姜林娣、周晓岗任工会副主席;有工会会员 4 752 人,设有部门工会 9个,工会小组 69 个,专职工会人员 9 人;形成医院工会委员会、部门工会委员会、工会小组三级组织形式。

表 1－4－1　1949—2016 年医院工会委员会历届主席、副主席、工会委员、经审委员情况表

届 次	成立时间	工会主席	工会副主席	工 会 委 员			经审委员	备 注
第一届	1949 年 10 月	沈永和						
第二届		李宗明						
第三届		刘湘云						
第四届		石美鑫						
第五届		裘 麟						
第六届		熊汝成						
第七届		朱无难	萨藤三					
第八届	1979 年 3 月	王承棓	沈吟莲　黄富成 董华庆					
第九届	1984 年	杨秉辉	董华庆　吴同法					
第十届	1987 年 12 月	杨秉辉	董华庆　吴同法 朱宏美	郑荣贵　曹金枢　王敏生 傅铭心　孙景云　施锦贤 董鹤嘉　顾伟光　应宝珍				

（续表）

届　次	成立时间	工会主席	工会副主席	工 会 委 员			经审委员	备　注
第十一届	1990年12月	杨秉辉	王敏生　吴同法　董华庆	马建中 汪慧珍 顾伟光 傅铭心	朱宏美 孟洪生 董华庆 应宝珍	张明正 荣翟军 董鹤嘉 蒋金根		
第十二届	1993年12月	沙启善	王敏生　董华庆	马建中 应宝珍 夏逸 董鹤嘉 张明正	朱宏美 汪慧珍 荣翟军 傅铭心	张明正 孟洪生 顾伟光 蒋金根		张明正1994年1月增补
第十三届	1996年12月	王小林	朱美安　戎卫海 徐建鸣	马建中 任年芳 李荣花	方国汀 戎卫海 应赛亚	孔南玲 刘雪梅 张群仁	顾伟光（主任） 施涛　高作枫	
	1999年11月	王国民	朱美安　戎卫海 徐建鸣　孔南玲		荣翟军			
第十四届	2001年12月	瞿介明	孔南玲　石凤英 朱美安　徐建鸣 任年芳　沈辉 张志勇　秦贤举	卜丽萍 李荣花 沈辉	王佩芬 何凡 张延伟	任向平 应赛亚 荣翟军	高作枫（主任） 方国汀　沈辉	任年芳、沈辉、张志勇、秦贤举2002年11月增补
第十五届	2006年12月	汪昕	秦嗣萃（专职常务）卜丽萍　徐建鸣　阎作勤	牛伟新 刘雪梅 何凡 徐希平	方国汀 李耘 严伟盈	范仲珍 高作枫 周晓岗	高作枫（主任） 方国汀　沈辉	
	2010年2月	沈辉						
第十六届	2011年12月	沈辉	秦嗣萃（常务副主席）徐建鸣 孙湛　姜林娣 周晓岗	汪昕 卜丽萍 郭玮 郑玉英	王戈红 范仲珍 徐希平	魏宁 顾奕 姚晨玲 徐治国	钱国涌（主任） 白璐　芦琦	
第十七届	2016年12月	阎作勤	秦嗣萃（常务副主席）孙湛 姜林娣　周晓岗	杨震 栾骁 郭玮 隗祎	魏宁 赵慧华 阴忆青 姚晨玲	郭莺 沈继平 董曦 郑峥	俞梅蓉（主任） 芦琦　徐治国	

第二节　共青团组织

　　1971年5月，经上级党组织同意，进行组织整顿并选举产生中山医院团总支。1979年4月，按照上级部署，中山医院成立分团委，并于1981年8月召开中山医院第一次团员代表大会，后每三至五年召开一次团员代表大会。

　　团支部设置以科室为单位进行划分。1998年，根据团支部实际情况，原外科医生第一团支部与骨科和泌尿外科团支部进行合并，将原机关后勤团支部分解为机关团支部和后勤团支部。2000年，将全科团员从内科团支部中独立出来，成立全科医生团支部。2001年，成立研究生团支部。

2002年,完成分部团总支的建设工作。2005年,老年病科从内科三支部独立出来,成立内科四支部。2012—2013年,进行全院团支部的重建,将团支部与党支部挂钩,并完成护理团总支及下设团支部的设立。

表1-4-2　1971—2012年医院共青团组织历届书记、副书记、委员情况表

届　次	成立时间	书　记	副　书　记	委　员	备　注
团总支	1971年5月	王国民		唐根龙　倪杏芳　姜　楞　宋慧君	
分团委	1979年4月	朱婵娟	贺林娜　许赛英		
第一届团委	1981年8月	贺林娜	傅铭心　王福生	邵小荣　王　群　孙　虹　朱婵娟　卢浩熙　许赛英　郭美央　张延伟	
第二届团委	1984年7月	蔡枫	孙　虹　孙伟鸣	李一平　汤丽蕊　秦嗣萃　杜荣昌　张天明　刘雪梅　刘毅(增补)　李巧玲(增补)　吴国平(增补)　韩向勇(增补)	
	1987年6月	赵小明	孙　虹　张天明	严　皓　王祖悦　郁以红　刘雪梅　卢　民　岳群英　许乐萍　夏汪颖	
第三届团委	1989年11月	童一砂	秦嗣萃	林文登　曹　萍　邱小燕　卢　民　刘雪梅　宣洁伟　周建平	因童一砂出国,由秦嗣萃主持团委工作
第四届团委	1992年7月	刘雪梅	朱　隽　仓　静　艾志龙　瞿介明	李　锋　王　宇　赵旭辉　夏　洁　沈俊杰　宋　凯　瞿介明(增补)　周晓岚(增补)	艾志龙1994年6月增补;瞿介明1995年11月增补
第五届团委	1996年4月	瞿介明	仓　静　叶　茂　李　锋	李华茵　陈卫文　张　波　张海燕　周晓岗	
第六届团委	1999年4月	郑　宁	余志强　王　颖　程蕾蕾　丁　昉	丁　昉　胡　洁　郑　宁　徐　江　徐奕方　小刚(增补)　宋康(增补)　沈江颐(增补)	丁昉2000年10月增补
第七届团委	2001年9月	丁　昉　杜楚源(2006年5月任命)	黄加良　许妍艳　黄力文　陈惠芬　高晓东	王思琼　黄力文　王轶青　奚百顺　高　虹　宋　康　黄慧群　陈　华	陈惠芬、高晓东2003年8月增补
第八届团委	2007年1月	杜楚源　沈继平(2012年8月任命)	高晓东　王轶青　沈继平　齐璐璐	朱　玮　杜世锁　陈　朴　金　波　徐治国　袁　俊　傅士杰　彭　娟　樊　帆	齐璐璐2011年10月增补
第九届团委	2012年11月	沈继平	齐璐璐　朱延军　杜芸芸	高　强　陈　朴　李　锋　励　莲　彭　娟　金　波　任利民　陶嘉乐　刘　茗	

第三节　妇　委　会

1985 年之前,医院妇女工作主要由院工会女职工委员会负责。1985 年,在医院党委的领导下,中山医院妇委会成立。妇委会围绕医院中心工作,依法做好妇女维权保障工作,积极维护女职工合法权益,团结动员并发挥广大女职工的作用,积极为女职工搭建平台,展现中山巾帼风采,积极投入医院建设与发展。

截至 2017 年底,医院女职工人数为 3 261 人,占职工总人数的 68.6%。

表 1 - 4 - 3　1985—2017 年医院妇委会历任主任、副主任情况表

任职时间	主　任	任职时间	副主任
1985—1992 年	唐辰龙	1985—1992 年	朱宏美　付铭心
1992—1999 年	王佩敏	1992—2005 年	李荣花
1999—2005 年	张惠琴		
2005—2010 年	卜丽萍		
2010—2017 年	秦嗣萃		

第四节　退休人员管理委员会

医院退休人员管理委员会(简称"退管会")成立于 1986 年 4 月 10 日。历届分管院领导分别是姜立本、王小林、王国民、瞿介明等。截至 2017 年 12 月,中山医院有退休职工 1 553 人,设有 21 个块组,21 位块组长。

退管会始终坚持"以退休职工为本,为退休职工服务,解退休职工之忧,让退休职工满意"的工作宗旨,紧紧围绕中心、服务大局,在为老服务上办实事、在难点突破上求实效,持续开展各项为老服务的管理工作,得到上级和医院职工的肯定,先后多次获得上海市、上海市卫生系统先进集体或先进个人荣誉称号。

表 1 - 4 - 4　2006—2017 年医院退管会历任主任、副主任情况表

任职时间	主　任	任职时间	副主任
2006 年 12 月—2010 年 3 月	汪昕	2006 年 12 月—2017 年 12 月	秦嗣萃
2010 年 3 月—2016 年 12 月	沈辉		
2016 年 12 月—2017 年 12 月	阎作勤		

第五章　民主党派与统战团体

中山医院有民革、民盟、民建、民进、农工党、致公党、九三学社、台盟等8个党派的成员,其中农工党、九三学社、民盟、民进、民建都有支部(社)组织。至2017年底共有民主党派成员182人(在职)。

医院民主党派的特点是党派齐、人数多、层次高。其中不乏知名人士,如中国工程院院士陈灏珠、外科学专家吴肇光、中国科学院院士葛均波等。

第一节　民　主　党　派

一、中国国民党革命委员会

中山医院中国国民党革命委员会(简称"民革")成员隶属于民革复旦大学委员会枫林支部(前身为民革上海医科大学支部)。自1996年成立以来,从1名成员发展到2017年的12人,其中1人退休。

【担任民革各级委员会名单】

复旦大学与上海医科大学合并后,2001年新的民革复旦大学委员会成立,沈渭娟担任第一届(2001—2006年)与第二届(2006—2011年)委员会的副主委。谢晓凤当选为第三届(2011—2016年)委员会委员和第四届(2016年—　)委员会的副主委。

2007、2011和2016年民革复旦大学委员会枫林支部换届改选,沈渭娟、陈利明、李文娟等曾先后担任枫林支部的主委、副主委。2016年,张利军、沈旻倩当选为枫林支部委员会委员。

【培训情况】

李文娟、陈利明、谢晓凤等分别于2004、2007、2008年参加上海市社会主义学院民革市委中青年骨干学习班。谢晓凤2014年参加第六期上海市教卫党委系统党外中青年干部培训班。张利军2014年参加民革市委第二期参政议政骨干研修班。陈利明2017年参加中共复旦大学委员会党校民主党派组织负责人培训班。

【获奖情况】

李文娟,2005年被评为2003—2004年民革上海市委三八红旗手。

沈渭娟,2009年被评为复旦大学统一战线先进个人。

谢晓凤,2009年被评为2007—2008年民革上海市委三八红旗手,2014年被评为民革上海市委坚持和发展中国特色社会主义学习实践活动优秀党员,2015年被评为复旦大学统一战线先进个人。

二、中国民主同盟

中国民主同盟(简称"民盟")中山医院支部成立于1988年。至2017年底有盟员60人,其中19

人退休。

【支部委员会成员】

1988年第一届中山医院支部，主委曹金枢。

1991年第二届中山医院支部，主委曹金枢；副主委蔡迺绳；委员韩莘野、林美华、吴芬。

1994年第三届中山医院支部，主委曹金枢；副主委蔡迺绳；委员吴芬、周康、周敏、朱同玉。

1997年第四届中山医院支部，主委蔡迺绳；副主委吴芬；委员周康、朱同玉、方国汀。

2000年第五届中山医院支部，主委蔡迺绳；副主委吴芬；委员朱同玉。

2005年第六届中山医院支部，主委朱同玉；副主委吴芬；委员施德源、亓发芝、方国汀。

2010年9月，成立民盟中山医院总支，朱同玉任总支主委，吴芬、亓发芝、施德源、方国汀担任委员，华依勋担任秘书。下设三个支部，一支部（大外科、门诊、医技支部）主委余优成；二支部（大内科、实验室支部）主委张顺财；三支部（分部支部）主委朱隽。

2011年5月，复旦大学枫林分委会换届，朱同玉担任副主委，亓发芝、余优成、施德源任委员。

2011年7月，复旦大学委员会换届，朱同玉担任常务副主委，亓发芝任委员。

2012年4月，朱同玉辞去中山总支主委，亓发芝任总支主委，增补张顺财为总支委员、邹建洲为二支部委员。

2015年3月，中山医院总支换届，亓发芝担任总支主委，华依勋担任副主委，吴芬、余优成、方国汀、施德源担任委员。一支部主委余优成；二支部主委朱蕾；三支部主委朱隽。

2015年12月，枫林分委会换届，亓发芝任副主委，邹建洲任委员，华依勋任秘书。

【担任民盟各级委员会名单】

高育瑶，1987年任民盟上海医科大学总支副主委。

曹金枢，1987年任民盟上海医科大学总支委员，1990年任民盟上海医科大学第一届委员会副主委，1993年任民盟上海医科大学第二届委员会委员。

蔡迺绳，1990年任民盟上海医科大学第一届委员会委员，1996年任民盟上海医科大学第三届委员会副主委，2000年任民盟上海医科大学第四届委员会副主委，2001年任民盟复旦大学第四届委员会委员。

吴芬，1996年任民盟上海医科大学第三届委员会委员，2000年任民盟上海医科大学第四届委员会委员，2001年任民盟复旦大学第四届委员会秘书，2006年任民盟枫林校区分委会委员。

朱同玉，1996年任民盟上海医科大学第三届委员会委员，2000年任民盟上海医科大学第四届委员会委员，2006年任民盟复旦大学第五届委员会副主委、民盟枫林校区分委会副主委。

亓发芝，2006年任民盟复旦大学第五届委员会委员。

施德源，2006年任民盟枫林校区分委会委员。

邹建洲，2016年任民盟复旦大学第七届委员会委员。

华依勋，2016年任民盟枫林校区分委会秘书。

【获奖情况】

民盟中山支部获1999、2004年度上海市民盟盟务工作先进集体，2016年度民盟复旦大学委员会盟务工作先进集体。

韩莘野、曹金枢获 1988 年度民盟上海市社会主义建设积极分子称号；吴芬获 1994、1999、2004 年度民盟上海市委盟务工作积极分子；华依勋获 2016 年度民盟上海市委盟务工作先进个人。

三、中国民主建国会

中国民主建国会（简称"民建"）中山医院支部截至 2017 年共有会员 7 人，其中 1 人退休。

在民建复旦大学委员会的领导与支持下，于 2013 年 12 月成立支部，由张晖任支部负责人，丁红任组织委员，戎叶飞任宣传委员。

民建枫林总支部委员会于 2015 年 11 月换届，张晖任总支委员。

张晖先后于 2015 年 6 月、11 月参加上海市社会主义学院组织的民建上海市委第五十二期中青年骨干会员（基层支部负责人）培训班和复旦大学党校举办的民主党派基层支部负责人培训班的学习。

四、中国民主促进会

中国民主促进会（简称"民进"）中山医院支部成立于 1994 年。至 2017 年底有成员 34 人，其中 14 人退休。

【支部委员会成员】

1994 年第一届中山医院支部，主委郑如恒；委员王建中、潘丽萍。

1997 年第二届中山医院支部，主委郑如恒；委员王建中、潘丽萍。

2000 年第三届中山医院支部，主委郑如恒；委员王建中、王文平、屠蕊沁。

2005 年第四届中山医院支部，主委王文平；副主委屠蕊沁；委员姚振均、余耀。

2010 年第五届中山医院支部，主委姚振均；副主委屠蕊沁；委员余耀、周平红。

2015 年第六届中山医院支部，主委姚振均；副主委屠蕊沁；委员陈斌、余静娴。

【担任民进各级委员会名单】

郑如恒，1991 年任民进上海医科大学第二届支部委员会委员，1993 年任民进上海医科大学第一届总支委员会委员，1996 年任民进上海医科大学第一届委员会副主委，2001 年任民进复旦大学委员会枫林校区总支委员会副主委，2002 年任民进复旦大学第一届委员会副主委，2006 年任民进复旦大学第二届委员会副主委。

季建林，2002 年任民进第十三届上海市委委员，2003 年任第十一届徐汇区政协常委。

王文平，2002 年任民进复旦大学第一届委员会委员；2006 年任民进复旦大学第二届委员会委员、民进复旦大学委员会枫林校区总支委员会主委、民进复旦大学第二届委员会副主委，上海市第十四、十五届人大代表。

姚振均，民进复旦大学委员会委员，枫林校区分委会委员。

【获奖情况】

郑如恒获 1994 年度民进上海市委会务先进个人。

潘丽萍获 1998 年度民进上海市委会务先进个人。

五、中国农工民主党

中国农工民主党(简称"农工党")中山医院支部成立于1991年1月。至2017年底有成员118人,其中54人退休。

2017年,总支委员会,主委范薇;委员刘厚宝、潘志刚、张华、寿娟、秦薇、娅娜、刘剑英。

2017年,支部委员会,第一支部,主委潘志刚,委员秦薇、王齐兵;第二支部,主委刘厚宝,委员寿娟、季正标、费琴明;第三支部,主委张华,委员娅娜、郑雅蓉。

【担任全国政协、上海市政协委员名单】

陈灏珠,任第七至九届全国政协常委,第五届上海市政协委员,第六届上海市政协常委,第七届上海市政协常委后增补为副主席,第八至九届上海市政协副主席。

祝墡珠,任第九届上海市政协委员、第十届上海市政协常委。

许剑民,任上海市第十二至十三届政协委员。

【担任农工党各级委员会名单】

陈灏珠,任农工党中央第十至十二届副主席,农工党上海市委第七至九届主任委员。

祝墡珠,任农工党中央第十三届委员会委员,农工党上海市委第九届委员(兼副秘书长)、第十届副主委,农工党上海医科大学总支委员会委员,农工党上海医科大学第一至二届委员、第三届副主委,农工党复旦大学第一届委员会主委。

蒋豪,任农工党上海医科大学第二届副主委。

高鑫,任农工党上海市第十二届委员会妇女儿童专门工作委员会副主任,农工党上海医科大学第三届工作委员会委员,复旦大学第一、二届委员会委员。

许剑民,任农工党上海市委常委、徐汇区政协副主席、农工党徐汇区委主委。

张宏伟,任农工党上海市委委员,农工党复旦大学副主委、枫林校区分委主委。

刘厚宝,任农工党复旦大学枫林校区分委委员。

范薇,任农工党上海市第十二届委员会妇女儿童专门工作委员会委员,农工党复旦大学委员、枫林校区分委委员。

潘志刚,任农工党复旦大学枫林分委委员。

张华,任农工党复旦大学委员、枫林校区分委委员。

【获奖情况】

农工党中山医院支部获1997年度农工党上海市先进集体称号。

农工党中山医院第二支部获2001—2003年农工党上海市先进集体称号。

王向群获1999年度农工党上海市先进个人称号。

许剑民获2001—2003年农工党优秀党务工作者称号。

潘志刚、阮美娟、张敦华与郑雅蓉获2003年度农工党中央抗击"非典"先进个人称号。

许剑民、张宏伟获2003—2005年农工党上海市委为全国建设小康社会做贡献先进个人称号。

六、中国致公党

中国致公党（简称"致公党"）在中山医院因党员人数不多而未建立基层组织，党员隶属于致公党复旦大学委员会枫林校区总支委员会。截至 2017 年，成员人数为 8 人，其中 5 人退休。

【担任全国人大代表、上海市人大领导名单】

吴肇光，任第六至九届全国人大代表，第十届上海市人大常委会副主任。

【担任致公党各级委员会名单】

黎勉勤，1984 年任第一届致公党上海医科大学支部委员会主委。

吴肇汉，1990 年任第三届、1993 年任第四届、1997 年任第五届致公党上海医科大学支部委员会副主委。

吴肇光，任第七至十届致公党中央委员会委员，第一届致公党上海市委副主委，第二至三届致公党上海市委主委，第四届致公党上海市委名誉主委。

李小英，任致公党复旦大学委员会副主委、枫林校区分委会支委。

七、九三学社

九三学社中山医院支社正式成立于 1990 年 9 月，至 2017 年底有社员 67 人，其中退休 31 人。

【支部委员会成员】

1990 年 9 月，徐智章任首届主委。

1995 年 12 月，换届选举，杨英珍任第二届主委。

2001 年 11 月、2004 年 9 月，换届选举，叶胜龙连任第三、四届主委。

2007 年 12 月，第五届支社委员会换届选举，主委叶胜龙，副主委王健琊，委员钱菊英、唐红敏、史剑慧。

2010 年 5 月，第六届支社委员会换届选举，主委叶胜龙，副主委钱菊英，委员王健琊、卜丽萍、唐红敏。

2015 年 10 月，第七届支社委员会换届选举，主委钱菊英，副主委钟春玖，委员卜丽萍、潘珏、唐红敏、孙立安。

【担任九三学社各级委员会以及人大、政协名单】

葛均波，任九三学社中央委员会常委，全国政协委员，九三学社上海市委员会副主委、复旦大学委员会主委。

钱菊英，任上海市人大代表，九三学社复旦大学委员会委员、枫林校区分委会副主委。

钟春玖、卜丽萍，任九三学社枫林分委会委员。

倪旭东，任九三学社上海市长宁区委员会副主委，长宁区第十四届政协委员。

叶胜龙，任第十届上海市政协委员，九三学社上海市委委员、医卫委员会主委，九三学社复旦大学委员会常务副主委、枫林校区分委会主委。

王健瑚,任第十至十二届徐汇区政协委员,九三学社复旦大学枫林校区委员会副主委。

八、台湾民主自治同盟

截至 2017 年,医院台湾民主自治同盟(简称"台盟")成员 1 人。因会员人数少而未建立基层组织,成员隶属于台盟徐汇区委员会。

盟员金赟杰于 2007 年 12 月加入台盟,任台盟上海市委青年委员会委员,台盟上海市委参政议政委员会委员,徐汇区政协委员,徐汇区卫计委特邀监督员。2013 年 6 月,参加徐汇区第十二届党外中青年干部培训班。

盟员陈旭(已辞职)担任上海市第十二届政协委员、台盟第九届中央委员会青年工作委员会委员、台盟上海市委青年委员会委员、台盟徐汇区区委委员、上海市台湾同胞联谊会理事、台盟上海市第十一届委员会委员、复旦大学台胞台属联谊会副会长。

第二节　统　战　团　体

中山医院未建立统战团体院级组织。在复旦大学和上海医科大学合并前,医院统战团体会员分别参加上海医科大学侨联、少数民族联谊会、台胞台属联谊组;两校合并后,参加复旦大学侨联枫林校区分会、少数民族联合会枫林分会、台胞台属联谊会,上海市欧美同学会复旦大学分会和复旦大学中青年知识分子联谊会。

医院有 3 名无党派人士。其中邹云增任上海市第十三届政协常委,朱畴文任欧美同学会复旦分会副会长兼副秘书长。

院党委团结归侨侨眷、少数民族、台胞、无党派人士、知识分子等统战对象,巩固和发展最广泛的统一战线,引导他们更好地为医院发展服务。

第二篇

专业科室

概　　述

民国二十六年(1937)4月,在创始人颜福庆的不懈努力下,中山医院正式开业。建院伊始,董事会聘任骨科专家牛惠生担任首任院长,从中国红十字会第一医院招募医务人员组建内科、外科、妇产科、儿科、泌尿科、眼科、耳鼻喉科等业务科室,开始收治患者。初建的中山医院实际开放病床300张,手术室等各种设施设备齐全精良,是远东地区最先进的综合性医院之一。

抗日战争期间,中山医院与民族共命运,全员参与反法西斯战争,积极组建医疗救护队救治伤员。抗日战争胜利后,1946年10月中山医院整修复院,当时有医师70余人,护士100余人,开设病床347张。随着黄家驷、熊汝成、陶寿淇等陆续加入,医院相继成立胸外科、泌尿外科、心内科等,并同期设立了护士学校,随后又增设了口腔科、皮肤科。至1949年上海解放,中山医院已成为上海临床业务科室较全面的医院之一,且部分临床专科特色已初具雏形。

中华人民共和国成立后,为顺应时代发展的需求,中山医院历经多次名称变革及科室、人员变迁。1955年8月,中山医院已恢复综合性医院建制,设内、外、妇产、肺、中医5个主要临床科室。1956年8月恢复"中山医院"命名,并成立了内、外科教研室。虽然医疗条件有限,中山医院员工仍取得了一系列的首创成就。沈克非全国首创直肠折叠术治疗直肠脱垂。沈克非、史玉泉成功开展全国首例右侧额叶胶质瘤开颅切除手术。黄家驷、石美鑫等开创了一系列胸心外科新术式,成功研制人工生物瓣并应用于临床;成功研制中国第一台静立垂屏式人工心肺机,成功救治大量濒危患者。崔之义首创真丝人造血管置换治疗大腿动脉瘤,并开创了全国最早的血管外科。陶寿淇、陈灏珠建立心导管室,在国内率先开展左心导管检查。

1966—1976年,中山医院临床医疗工作受到影响,但大多数医务人员仍坚守岗位,坚持医疗工作,先后72批819人参加医疗队,分赴安徽、江西、贵州、上海市郊等缺医少药地区,为群众防病治病、送医送药。其间,由汤钊猷、杨秉辉等组成的中山医院肝肿瘤小组进行肝癌防治研究,为未来医院肝脏肿瘤研究特色奠定了基础;王承棓、吴光汉等进行的消化内镜下临床诊治创新为医院内镜技术的腾飞奠定了基础。

1978年改革开放后,在党和政府的关心下,中山医院进入了新的高速发展时期,医教研齐头并进,迅猛发展。1991年12月首批通过三级甲等医院评审;汤钊猷团队的肝癌研究成果1985、2006年两次获国家科技进步奖一等奖。樊嘉、葛均波等优秀学科带头人不断涌现,推动了医院临床业务的不断创新发展。

至2017年,中山医院核定床位2005张,形成了心脏、肝脏、肾脏和肺部疾病诊治的医疗特色,拥有中国科学院院士2人,中国工程院院士2人,国家临床医学研究中心1个,国家临床重点专科建设项目18个,国家重大疾病多学科合作诊疗能力建设项目2个;拥有住院医师规范化培训基地19个,专科医师规范化培训基地30个,是首批国家临床教学培训示范中心、首批国家住院医师规范化培训示范基地,充分体现中山医院医疗作风严谨、医疗技术精湛和医疗管理严格的雄厚实力。

第一章 外科系统

第一节 普外科

一、发展沿革

中山医院普外科是国家级重点学科,其前身为 1937 年中山医院建院时组建的外科。建院伊始,任廷桂担任外科主任,开展了疝修补、外伤处理等手术及疾病治疗。抗日战争胜利后,1946 年10 月中山医院整修复院,正式成立普外科,沈克非任医院院长兼普外科首任主任。普外科由此开始长足发展,涌现出一大批中国外科领域的专家学者,如沈克非、崔之义、冯友贤、吴肇光、孟承伟、王承棓、何亮家、吴光汉、吴肇汉、秦新裕等。普外科在国内率先开展一系列经典外科手术,如规则性肝叶切除术、真丝人造血管移植术、肠系膜上静脉下腔静脉吻合术等,在医疗、教学和科研各方面开展大量卓有成效的工作,并以一流的医疗技术、严谨的工作作风和优良的医德医风享誉全国。

中华人民共和国成立初期,中山医院普外科拥有核定床位 60 张,各级医师 16 人,年门诊量约 2万人次,年手术量约 1 300 例。1950 年,沈克非全国首创直肠折叠术治疗直肠脱垂,设计大网膜腹膜后固定术治疗门静脉高压症。1957 年 11 月,崔之义任普外科主任,冯友贤任副主任,开展烧伤植皮、大隐静脉剥脱术、股动脉血栓取出术等手术。为解决大血管创伤的治疗问题,崔之义大胆设想用国产丝绸试制人造血管,以代替进口人造纤维血管。1957 年,崔之义、冯友贤首次为右侧大腿动脉瘤患者置换一根长达 11 厘米的真丝人造血管获得成功,首次将真丝人造血管用于临床。1959年,崔之义制成中国独创的无缝具环状皱褶真丝人造血管,引起国际外科学界的浓厚兴趣和高度赞赏。20 世纪 50 年代后期,中山医院在全国率先建立了隶属普外科的血管外科组,成员包括崔之义、冯友贤、汤钊猷、余业勤、李建明等。1958 年,吴肇光在全国率先开展全胃肠道外营养、重症监护和休克机制的研究。1959 年,吴肇光率先在国内实施了规则性肝切除手术,并在国内较早地开展胰十二指肠切除术等手术。1961 年,吴肇光为一例肝癌患者行肝癌切除手术,患者术后存活 43 年,该患者创造当时国内肝癌患者术后生存期最长的纪录。

1964 年 2 月,冯友贤任普外科主任;6 月,吴肇光任普外科副主任。1972 年,中山医院外科内镜开始发展,王承棓完成了中山医院第一例全结肠镜检查,带动了中国结肠镜的发展。1976 年,王承棓和吴光汉率先在国内开展内镜逆行胰胆管造影(ERCP)技术治疗胆道疾病。王承棓、林守诚等先后开展纤维结肠镜检查及肠息肉电灼术、十二指肠镜检查、逆行胰胆管造影、胆道镜检查等内镜诊疗新技术,为中山医院内镜技术的腾飞奠定基础。

1978 年 3 月,吴肇光任普外科主任,先后主持开展了肝移植术、肠系膜静脉下腔静脉吻合术、结肠代食管术等一系列复杂手术。1978 年,在免疫抑制剂缺乏的情况下,吴肇光为肝癌患者成功施行了中山医院首例肝移植手术,患者存活了 30 余天。因学科发展需要,肝肿瘤外科和血管外科分别于 1978 年和 1988 年从普外科分离,成立中山医院肝癌研究室和中山医院血管外科。普外科一直注重外科临床营养支持治疗的研究及推广应用,成功救治大量危重症患者。1986 年,吴肇光、吴肇汉和麻醉科蒋豪等采用静脉营养治疗成功救治一例患有小肠扭转致全小肠切除的女性患者,此患者依靠静脉营养生存30余年并成功妊娠分娩健康女婴,属世界首例。1989年,普外科设有2.5个普通病区和1个重症监护室,核定床位140张,年住院3 003人次,年住院手术2 635例,年门诊手术3 652例。

1992年,吴肇汉任普外科主任,进一步扩大科室规模,提升学科影响。同年,中山医院新外科大楼启用,普外科设4个病区(9至12病区)和1个重症监护室,核定床位194张。1992年11月,吴肇汉主持引进德国全套腹腔镜设备,经过动物实验后应用于临床,在国内较早开展外科腹腔镜手术。1992年,内镜中心从普外科分出,成为独立专科。1994年,普外科共有各级医师51人。1996年,外科重症监护室交由麻醉科管理,并从普外科分离,普外科床位数缩减至184张。

1998年7月,秦新裕任普外科主任,大胆培养启用有潜质的年轻医师,在国内率先组建普外科各亚专业组,并开展多学科诊疗模式,得到同行的赞誉及认可。2007年,普外科有各级医师59人,其中正高职称16人、副高职称22人;年门诊量9万多人次,年出入院近8 000人次。2008年,医院将特需51病区划归普外科管理。2009年,普外科增设外科日间病区。2013年4月,孙益红任普外科主任,进一步完善学科设置,促进各亚专科全面良性发展,医疗业务能力逐年递增。2015年,医院东院区启用,普外科增设急诊外科病区,至此初步完成亚专科病区的设置:9病区胰腺外科、10病区胃肠外科、11病区结直肠外科、12病区胆道外科、13病区综合外科、33病区急诊外科。2016年,门诊量19.5万人次,急诊量2.5万人次,住院手术1.13万例。

截至2017年,普外科由8个临床病区组成,核定床位312张,共有医师86人,年门诊量207 663人次,住院手术11 938例,医疗业务量约占全院10%。86名医师中获得博士或硕士学位者79人,正高职称20人、副高职称26人。普外科是上海市普通外科质量控制中心和上海市结直肠肿瘤微创工程技术研究中心挂靠单位,也是复旦大学普通外科研究所、上海市临床营养研究中心与上海市临床药理基地挂靠单位。科室内还设有中山医院乳腺疾病研究中心、中山医院胃癌中心、中山医院结直肠癌中心和中山医院胆道疾病中心等。

普外科是全国首批外科学博士学位授权点。1997年,被列为"211"工程发展规划重点学科。2001年,被国家教委批准为国家级重点学科。2002年和2008年分别被列为"211"工程第二期和第三期重点建设学科。2012年入选上海市"重中之重"临床医学重点学科,并被评为国家临床重点专科。2017年再度入选上海市"重中之重"临床医学重点学科。在复旦大学医院管理研究所每年发布的"中国医院最佳专科声誉排行榜"中,中山医院普外科连续7年位居全国第二名。

表2-1-1 1946—2017年普外科历任主任情况表

任 职 时 间	主 任
1946年3月—1957年10月	沈克非
1957年11月—1964年1月	崔之义
1964年2月—1978年2月	冯友贤
1978年3月—1988年9月	吴肇光
1988年10月—1992年3月	吴光汉
1992年4月—1998年6月	吴肇汉

（续表）

任 职 时 间	主 任
1998 年 7 月—2013 年 3 月	秦新裕
2013 年 4 月—	孙益红

说明：吴光汉担任普外科主任期间一直在美国工作，普外科日常管理工作实际由当时的副主任吴肇汉代理。

二、医疗特色

【胃肠外科亚专科】

胃肠外科亚专科是中山医院普外科的传统特色专科。长期以来，在胃肠道肿瘤、溃疡病、肠瘘、复杂性肠梗阻及术后胃肠动力障碍等疑难病症的诊断和治疗方面积累丰富的经验，享誉国内外。

1978 年，王承棓和蔡成机在国内最早进行消化道吻合器的研制和应用研究，与相关厂家协作完成 GF、XF、CF 系列吻合器的研发，并在全国推广使用。其中，GF-Ⅰ型管状吻合器在 1982 年获得上海市重大科技成果奖三等奖，1983 年获得国家发明奖四等奖。20 世纪 80 年代初，秦新裕团队在国内率先开展胃肠动力研究。1996 年，"胃肠动力的实验和临床研究"项目获上海市科技进步奖三等奖。

1998 年起，普外科在国内较早开展规范化胃癌根治术和包括腹主动脉旁淋巴结清扫的胃癌扩大根治术。2003 年秦新裕指派孙益红牵头成立胃肠外科专业组，主攻胃癌外科规范化诊疗和研究，并于 2016 年成立胃肠外科亚专科。2003 年起，先后开展胃癌保留脾脏的脾门淋巴结清扫术、切脾保胰清扫术和经腹食管裂孔径路食管胃结合部腺癌根治术。2005 年，在国际国内均对食管胃结合部腺癌外科治疗尚无统一认识的情况下，团队率先提出："对于Ⅱ、Ⅲ型食管胃结合部腺癌应按胃癌诊疗规范进行治疗，首选经腹手术"，并多次在中、日、韩胃癌论坛等国际会议上进行经腹食管裂孔径路手术现场演示。该技术的应用将围手术期死亡率由原来的 4.2％下降至 0.5％，5 年总生存率由原来的 38.1％提高至 51.6％，显著提高食管胃结合部腺癌患者的手术安全性和疗效。

2007 年，普外科作为核心单位之一，发起并参与胃癌规范化手术全国巡讲，在全国范围内推广胃癌规范化手术和以手术为主的综合治疗方案。历时 4 年，在全国 25 个省市开展 30 场宣讲活动，受训学员逾 3 000 人，为中国胃癌根治性手术规范化的推广与普及做出突出贡献。2008 年，普外科牵头成立中山医院胃癌多学科诊疗团队（GC-MDT），开展疑难病例 MDT 讨论会，并开设胃癌 MDT 门诊，大力推进医院胃癌外科规范化综合诊疗工作。此外，团队还定期主办胃癌 MDT 学习班，培训学员来自全国 60 余家三甲医院，切实推动胃癌 MDT 在国内的发展。

2009 年起，在科主任秦新裕推动下，基于前期胃癌外科规范化治疗的坚实工作基础，胃肠外科开始大力发展胃癌的腹腔镜微创外科治疗，短期内手术质量和数量均迅速达到国内领先水平。2010 年，在国内率先开展机器人胃癌手术，并报告手术经验。2012 年，以创始成员单位的身份建立中国腹腔镜胃肠外科研究组（CLASS）；作为副组长单位，联合国内多个知名胃癌中心，开展国内首个胃癌腹腔镜治疗多中心随机对照试验（RCT）研究（CLASS-01，NCT01609309，入组病例贡献数名列第二），并在国际上（*J Clin Oncol*）率先报告腹腔镜治疗进展期远端胃癌的安全性，进而在国际顶级杂志 *JAMA* 上报告腹腔镜治疗进展期远端胃癌的疗效，成为国际胃癌诊疗规范制定的重要临床证据。2016年,作为首席研究员(PI)单位牵头发起针对腹腔镜全胃切除术的安全性研究(CLASS-02,NCT03007550),继续致力于胃癌腹腔镜外科治疗的规范化。

胃肠外科常规开展早期胃癌内镜切除术、腹腔镜胃癌根治术和传统开放胃癌根治术,已成为全国最大、国际知名的胃癌诊疗中心之一。2002—2017年胃癌手术量连续15年稳居上海市各大医院之首,是国内胃癌单病种手术数量最多的医疗中心;2003—2017年中心汇总数据显示,接受胃癌根治性手术的胃癌患者5年生存率高达60.4%,围手术死亡率仅0.17%,居国际领先水平。

胃肠道间质瘤(GIST)的外科综合治疗是专业组的另一特色,以微创手术、特殊部位GIST、局部进展GIST、复杂晚期GIST的手术为医疗特色。常规开展各种高难度的胃肠道间质瘤切除手术(包括联合脏器切除术及减瘤手术)。2007—2017年累计完成GIST手术1 500余例,是国内收治GIST病例最多的单位之一,晚期GIST患者中位生存期达到88个月,5年生存率达73.3%,处于国内领先水平。

【结直肠外科亚专科】

结直肠外科亚专科专注于结直肠癌的规范化诊疗,并以结直肠癌肝转移的多学科规范化综合治疗和结直肠癌微创手术享誉国内外。

20世纪90年代初,蔡成机在结直肠癌的化学预防和肝转移动物模型方面进行早期系列研究。20世纪90年代后期,在全科推行低位直肠癌的全直肠系膜切除术(TME)和保肛手术,是国内最早开展此项手术的单位之一。由蔡成机主编的《胃肠道外科》(湖南科学技术出版社,1998年)也广受好评。2002年,科主任秦新裕指派许剑民牵头成立结直肠外科专业组,并于2016年成立亚专科。2002年成立复旦大学附属中山医院结直肠癌中心,专门从事结直肠癌及肝转移的预防、早期诊断、手术及多学科综合治疗。

2005年,在秦新裕倡议下,在国内率先建立结直肠癌MDT团队,为患者制订先进的多学科规范化诊疗流程,实施个体化精准医疗。截至2017年底,已为3 500余例复杂或转移性结直肠癌患者提供个体化诊疗方案,明显提高结直肠癌患者的疗效。2002年,许剑民团队在国际上首创术前肿瘤区域动脉和肝动脉介入化疗预防结直肠癌根治术后肝转移,使肝转移发生率明显降低,生存率明显提高,研究成果发表于外科学知名期刊 Annals of Surgery。2008年,牵头起草并制定中国首部《结直肠癌肝转移诊断和综合治疗指南(草案)》(行业指南),以后每两到三年定期更新,相关内容被纳入卫生部《结直肠癌诊疗规范》(2010版),英文版也在国际期刊发表。举办每月一期的结直肠癌肝转移全国继续教育学习班,向全国推广MDT模式(已完成96期MDT培训班,累计学员超过2 500人次),已成为亚太地区结直肠癌MDT示范基地。

团队先后编写出版《结直肠癌肝转移的早期诊断和综合治疗》(人民卫生出版社,2010年;英文版,2013年)、《肿瘤多学科诊疗模式》(人民卫生出版社,2014年)、Multidisciplinary Management of Liver Metastases in Colorectal Cancer(斯普林格出版社,2017年)。专科先后在"结直肠癌肝转移决策树模型""肝转移手术扩大适应证""转移性结直肠癌原发灶和转移灶同期切除"等多方面取得成果。"结直肠癌肝转移的外科和综合治疗"系列研究先后获得2010年上海医学科技奖一等奖,2011年国家教育部科技进步奖一等奖,2012年上海市科技进步奖一等奖和2015年国家科技进步奖二等奖。

肝转移术后5年生存率达国际领先水平,并在不可切除结直肠癌肝转移的转化性治疗方面的研究取得突破性进展。开展的单中心随机对照临床试验发现,化疗+西妥昔单抗明显提高 K-

RAS 野生型患者肝转移灶 R0 转化切除率和长期生存率，是全球首个化疗联合西妥昔单抗用于不可切除结直肠癌肝转移转化治疗的随机对照临床试验。2013 年，该研究成果发表在全球权威临床肿瘤学杂志 *Journal of Clinical Oncology*，杂志同期配发社论，称该研究标志着转移性结肠癌治疗新时代的到来，并成为修订美国国立综合癌症网络（NCCN）结直肠癌诊疗指南重要循证医学证据，也是该杂志当年全球高被引论文之一。国际上首创术中门静脉化疗联合术后标准辅助化疗预防结直肠癌根治术后远处转移，明显提高患者无疾病生存率，该研究成果发表于 2016 年的国际外科学权威期刊 *Annals of Surgery*。

微创治疗是结直肠外科的另一大特色。2010 年，团队在国内率先开展达芬奇机器人辅助结直肠癌手术，并创新一系列术式，包括机器人经自然腔道取标本手术（NOSES 手术）、机器人经腹会阴联合切除术（APR 手术）、机器人肠肝同期切除术等，并获国际认可。至 2017 年底，已完成各类机器人手术超 1 500 例，居国内外第一。开展 3D 腹腔镜辅助下结直肠癌手术，每年完成腹腔镜结直肠手术 700 余例，专科结直肠癌手术微创率近年来超 90%。科室被确定为中国大陆唯一一家机器人结直肠外科临床手术教学示范中心。联合肝外科和胸外科完成世界首例全达芬奇机器人直肠癌伴肝肺转移同期切除术。牵头制定国内首部《机器人结直肠癌手术专家共识》（2015 版）以及国家卫计委《机器人结直肠手术操作指南》。开展的单中心随机对照临床试验，对比机器人、腹腔镜和开腹 APR 手术的安全性和有效性，结果显示机器人手术能显著降低并发症发生率，并能显著减少手术创伤，加快术后康复，成果于 2017 年欧洲肿瘤内科学会（ESMO）年会报道并交流，获得 2016 年临床机器人外科协会世界大会"国际优胜者奖"。

2006 年，在国内率先开展早期术后康复外科（ERAS）在结直肠癌术后的应用研究和实施工作，为患者加速术后康复提供一整套科学有效的方法，显著减少围手术期并发症、缩短术后住院天数。其成果先后发表在《中华胃肠外科杂志》、*World Journal of Surgery* 和 *Quality of Life Research*，为国内最早关于 ERAS 在结直肠外科的随机对照研究报道。

【胆道外科亚专科】

胆道外科亚专科是普外科最早成立的特色专科之一。以胆道恶性肿瘤（胆囊癌、胆管癌和壶腹癌）的精准化诊疗、胆道结石和先天性胆管扩张症的微创治疗、复杂性胆石症和胆管损伤等胆道疑难杂症的诊断和规范化外科治疗为特色。1969 年，林守诚在国内率先开展中西医结合治疗胆道感染；1976 年，王承棓在国内率先开展内镜逆行胰胆管造影术（ERCP）诊断复杂性胆管结石和胆道胰腺肿瘤；1977 年，林守诚在国内率先开展胆道镜检查，显著降低胆道结石术后结石残留率，并为 2 次或者多次取石提供高效廉价的方法；1987 年，孟承伟和王炳生领衔的"胆道结石的碎石和溶石"系列临床和基础研究获 1992 年上海市科技进步奖二等奖和卫生部科技进步奖三等奖。

1990 年，王炳生团队开展肝门部胆管癌的早期诊断和手术治疗研究。1995 年，在国内首次开展胆管癌胆汁糖蛋白组学研究，采用胆汁曼陀罗凝集素点印迹法和结合活力测定诊断胆管癌，通过检测胆汁 *K-RAS* 和 *p53* 基因突变分别诊断胆管癌和胆囊癌。与上海市肿瘤研究所一起同美国国立癌症研究所合作，组织全市 40 家区中心医院以上级别医院进行上海市胆道癌临床流行病学调查，填补国内胆道癌流行病学资料的空白。2012 年起，刘厚宝担任学科带头人，主持成立胆道疾病多学科诊治团队，成员包括 13 个相关科室的数十位专家，为许多复杂胆道疾病包括胆道肿瘤患者提供个体化治疗方案。在肝门部胆管癌的术前可切除性评估、术前合理的胆道引流和规范化手术等方面积累丰富的经验。迄今已完成肝门部胆管癌手术超过 2 000 例，包括围肝门切除，扩大左、右半肝联合全尾叶切除及血管切除重建术等,术后 5 年生存率达 35%,是国内较早开展此项手术、累计病例数最多的单位之一。

胆道疾病的微创治疗是胆道外科的另一特色,胆道良性疾病的微创手术率达 60% 以上,尤其擅长复杂胆道疾病和多次腹部手术后的胆道疾病的微创手术治疗。常规开展全腔镜胆总管囊肿切除手术、双镜或三镜联合治疗复杂胆石症和重症胆道感染。此外,刘厚宝团队对复杂胆道损伤、高位胆管狭窄的修复和重建、复杂肝内胆管结石的手术治疗、免疫相关性胆管炎的诊断和治疗等胆道疑难杂症的处理也积累丰富的经验,综合诊疗水平国内领先。

【胰腺外科亚专科】

胰腺外科亚专科侧重于胰腺癌、胰腺神经内分泌肿瘤以及胰腺囊性肿瘤的临床诊治。1955 年,吴肇光开展第一例胰十二指肠切除术,是国内较早开展此类复杂手术的单位之一。2002 年,成立胰腺外科专业组以来,在靳大勇带领下,完善胰腺肿瘤的诊治规范,手术量稳步增加,每年完成胰十二指肠切除手术 200 例以上,手术死亡率在 1% 以下。除常规的胰十二指肠切除术和胰体尾切除术外,团队还开展根治性胰十二指肠切除术、合并门静脉切除的胰十二指肠切除、全胰切除、节段胰腺切除、保留脾脏的胰体尾切除术等手术,显著提高胰腺癌的临床诊治效率,改善患者预后。至 2017 年,胰腺癌的 1 年生存率超过 60%,3 年生存率为 30%,5 年生存率达到 10%。此外,对不能切除的晚期胰腺癌患者采用 ^{125}I 粒子植入治疗或联合放疗和化疗,以改善患者生活质量,延长患者生存期。

2013 年起,楼文晖担任胰腺外科学科带头人。2015 年成立胰腺外科亚专科,进一步完善胰腺肿瘤的诊治规范,明确胰腺癌、胰腺神经内分泌肿瘤、胰腺囊性肿瘤、胰腺微创手术等 4 个专业方向。同年专业组牵头成立中山医院胰腺肿瘤 MDT,并开设 MDT 门诊,整合放射科、肿瘤内科、病理科、放疗科、核医学科、肝肿瘤外科、介入科、内镜中心等科室的优势医疗资源,借鉴约翰斯·霍普金斯医院多学科团队的先进经验,针对国内患者的实际情况,进行精准、个体化综合诊疗。常规开展各类开放和腹腔镜胰腺手术,2002 年起,累计完成各类胰腺切除手术 4 000 余例,围手术期死亡率低于 0.5%。随着新辅助治疗、联合辅助放化疗等综合治疗措施的应用,胰腺导管腺癌的疗效得到显著改善,局部晚期胰腺癌的 2 年生存率是 24%,中位生存时间 18 个月,胰腺癌切除术后接受规范辅助治疗的患者中位生存时间达 36 个月,具有高危复发因素患者的中位生存时间达 27 个月。

胰腺外科亚专科也是国内最早开展胰腺神经内分泌肿瘤临床和基础研究的单位之一,2014 年牵头撰写并发表《胰腺神经内分泌肿瘤治疗指南》,胰腺神经内分泌肿瘤的临床诊疗也极具特色。

【临床营养支持治疗亚专科】

普外科是国内最早开展临床营养支持治疗研究的单位之一。1961 年,采用深静脉置管,利用水解蛋白挽救一例全胃切除患者生命,这是中国开展临床营养应用的雏形,早于国际公认临床营养救治病例(1968 年)。1965 年,医院建立国内最早的外科重症监护室,系统研究休克、代谢改变及营养支持工作。历经吴肇光、吴肇汉和吴国豪三代学科带头人的传承和发展,开展一系列临床营养研究工作,在如何安全、合理、有效地开展临床营养支持治疗方面进行深入研究,并积累丰富的经验。20 世纪 70—80 年代,已采用营养支持治疗数万例各类患者,取得满意效果,挽救大量危重患者的生命,尤其在长期肠外营养和家庭肠外营养治疗短肠综合征方面成绩卓著。其中一例典型"无肠女"病例,因小肠扭转行全小肠及右半结肠切除,在中山医院临床营养专业团队的精心治疗下,完全依赖全肠外营养,健康存活 30 年,其间顺利分娩一健康女婴,属世界首例报道。自 1986 年 2 月 14 日手术至 2016 年 6 月 3 日去世,该患者术后共存活 30 年。同时,营养支持治疗的开展使急性坏死型胰腺炎病死率降至 10% 左右;消化道瘘的治愈率提高至 77.8%,病死率降至 5% 以下。此外,研制成功氨基酸溶液、复方微量元素制剂及 3 升静脉营养输液袋造福广大病患。

临床营养专业组在全国首创多项临床营养治疗技术:1979 年,在国内最早系统研究深静脉置管对于长期肠外营养的静脉通路的建立、维护及并发症的防治;1984 年,开始研究 TPN 能源物质选择问题,于 1988 年在国内最早提出肠外营养双能源系统供能;在国内最早建立静脉配置中心,统一规范肠外营养液的配置和管理;1985 年起,在国内开展全肠外营养混合液的临床应用,并推动该技术在国内的广泛应用,于 1989 年首次报道;与相关企业合作研制生产出唯一国产的 3 升营养输液袋,多年来大量生产供应全国广泛使用,简化肠外营养的实施,提高其临床应用安全性和有效性,促进肠外营养治疗的普及和推广应用;在国内最早系统开展慢性肾病及肾功能衰竭患者如何实施合理营养支持的研究和临床应用,研制肾病专用型氨基酸制剂,是国际肾病营养学会会员单位,相关成果总结于 2001 年出版的《实用临床营养治疗》(吴肇汉,2001);在国内最早建立临床营养支持小组,负责全院临床营养管理和质量监控,1986 年建立家庭肠外营养指导体系,该技术在国内许多单位推广应用;2001 年前后,在国内最早采用双能源 X 线吸收法和生物电阻抗法测定机体组成,检测营养不良时机体组成的变化,监测营养支持对机体组成的影响,评价不同方式的营养支持对机体组成改变的影响。成功举办 100 余期全国临床营养学习班,累计完成上海市临床营养会诊 120 余次,在普及临床营养知识和规范临床营养应用等方面做出大量卓有成效的工作。2003 年,有关"短肠综合征残余肠道代偿实验及临床研究"的科研成果获上海市科技进步奖一等奖。

在专业组负责人吴国豪的带领下,团队在继续致力于危重症和慢性疾病营养治疗的同时,顺应疾病谱的变化,聚焦学科前沿和临床营养治疗的难点,深入开展肿瘤疾病等营养治疗的理论研究和实践工作。2005 年起在国内率先开展消化道恶性肿瘤患者、肿瘤恶病质患者围手术期营养评价、营养风险筛查和规范的围手术期营养支持以及肿瘤恶病质患者的合理营养支持工作,系统开展肿瘤代谢和疾病防治、肿瘤患者营养支持工作,形成鲜明特色。

【腹膜后与软组织肿瘤外科亚专科】

腹部及腹膜后软组织肿瘤亚专科成立于 2009 年,依托普外科雄厚的基础支撑和医院强大的综合实力,在国内较早开展此类疾病系统化、规范化、个体化的诊疗。该亚专科严格遵循软组织肿瘤的手术规范,联合相关外科团队,在治疗高难度腹、盆腔及腹膜后软组织肿瘤方面,水平居于国内领先地位。每年集中收治腹部及腹膜后软组织肿瘤患者 300 余例,肿瘤完整切除率高达 78%,围手术期手术相关死亡率仅为 2.6%,达到国际先进水平。同期成立以腹部及腹膜后软组织肿瘤外科为核心的多学科协作团队(A/RPSTS-MDT),汇聚肿瘤内科、放射科、放疗科、病理科等十余个相关科室的专家力量,是国内首家针对这一少见肿瘤进行多学科讨论诊治的专业团队。团队翻译出版多部国外软组织肿瘤专著,主办承办多次国际会议,在国内外具有较高的学术影响力。

【头颈外科亚专科】

头颈外科专业组成立于 2012 年,专注于甲状腺癌的规范化诊治。2017 年,甲状腺癌手术数量超过 1 500 例,其中甲状腺癌扩大根治术超过 300 例。擅长经颈部切除巨大胸骨后甲状腺肿块,使得很多患者免受开胸之苦。对颈部肿块伴有急性气道压迫梗阻者的急诊抢救手术也极具特色。另外,头颈外科还与肾内科协作,针对慢性肾衰竭行透析的继发性甲状旁腺功能亢进患者,进行部分甲状旁腺切除、甲状旁腺全切联合移植术,每年约 50 例,大大改善此类患者的生活质量。

【乳腺外科亚专科】

以乳腺癌的规范化综合治疗、保乳手术、改良根治术联合一期乳房再造及乳腺癌的微创手术为特色。在国内较早开展乳腺癌前哨淋巴结活检手术,使部分早期乳腺癌患者避免不必要的腋窝淋巴结清扫,减少手术创伤,加快患者术后康复。1999 年,陈君雪与整形外科亓发芝合作,在国内率先开展乳腺癌改良根治手术联合一期乳房再造术(自体组织),迄今已完成 600 例。自 2000 年起,开展保乳手术,已完成 1 400 例,保乳率超过 30％,居国内领先水平。2001 年,成立中山医院乳腺疾病研究中心,陈君雪任首任主任,第二任主任为张宏伟。亚专科常规开展保留皮肤的乳腺切除术、保留乳头乳晕的乳腺切除术、乳房微创旋切活检术、非溶脂腔镜前哨淋巴结活检、非溶脂腔镜腋窝淋巴结清扫及非溶脂腔镜皮下乳腺腺体切除联合一期假体重建等微创手术,取得较好的临床疗效。成立于 2009 年的中山医院乳腺癌 MDT 团队,为乳腺癌患者制订个体化的综合治疗方案,对合并糖尿病、心脏病、慢性支气管炎、肺气肿、肝肾功能不全、脑血管病等疾病的乳腺癌患者的外科综合治疗极具特色,整体疗效达到国际先进水平。

2017 年,全年的乳腺癌手术超过 600 例,其中保乳手术率超过 30％,居国内领先水平。在亚专科负责人张宏伟带领下,乳腺外科团队陆续开展乳腺癌保乳整形术、乳腺微创旋切术、非溶脂腔镜前哨淋巴结活检、非溶脂腔镜腋窝淋巴结清扫等微创手术,取得较好的临床疗效。

【急诊外科亚专科】

擅长普通外科急腹症、严重创伤、外科感染、手术后严重外科并发症以及外科休克和多器官系统功能衰竭的规范化诊疗。自 2015 年专业组成立以来,急诊外科住院患者数和手术量每年递增约 10％,其中高龄患者(超过 80 岁)达 10％以上,超高龄患者(超过 90 岁)达 2％以上,危重症患者达 25％。专业组建立危重症患者科内讨论和全院多学科讨论(MDT)机制,不断优化急诊外科疾病的诊疗流程,强化围手术期管理,推广微创外科和损伤控制外科理念和技术,常规开展各类微创外科急诊手术。2017 年外科危急重症的诊疗水平居国内领先地位。

【疝与腹壁外科亚专科】

2014 年成立专业组,主攻腹股沟疝、切口疝、造口旁疝、各类复发复杂疝的规范化外科诊疗和肿瘤切除术后腹壁缺损的修复。亚专科成立以来,大力推广疝和腹壁外科的规范化诊疗流程及手术操作规范,同时重视个体化的疝手术,常规开展腹壁组织大块缺损修复术、造口旁疝修补术以及腔镜疝修补术等各类手术。各类疝修补术后总体复发率低于 1％,居于国内领先水平。

【减重与代谢外科亚专科】

2013 年成立专业组,由楼文晖主要负责。专业组联合内分泌科、外科重症监护室、麻醉科、营养科等科室组成中山医院减重及代谢外科 MDT 团队。常规开展各种减重及代谢手术,累计手术量已超过 400 例。专业组充分利用医院的综合优势,对超级肥胖者(BMI＞45)、合并严重心肺功能障碍者、合并恶性肿瘤者以及合并精神疾患的肥胖患者进行减重及代谢手术,取得满意的效果。

三、医学教育

普外科一直重视医学教育教学工作,为国家培养输送大量优秀的医学人才。1956 年 12 月,中山医院成立外科教研室;1988 年普外科成立外科教研组,吴肇光任外科教研组主任,吴肇汉任教研组副主任,承担外科学教学工作。普外科是中国第一批博士学位授权点和博士后流动站,现有博士生导师 8 人、硕士生导师 12 人。自 1978 年恢复招收研究生以来,截至 2017 年 7 月,共培养博士研究生 121 人、硕士研究生 124 人。这些研究生毕业后大部分都进入国内著名的医学中心,从事外科医教研工作,成为所在单位的中坚或骨干力量。

普外科注重本科生教学工作,从 1992 年底中山临床医学院成立以来,截至 2017 年底,共有3 130 名医学生在普外科完成临床实习。

普外科自 2010 年起启动上海市住院医师规范化培训工作,2013 年成为上海市首批普外科专科医师培训基地,2017 年末通过上海市及国家卫计委住院医师规范化培训基地医院督查。2011 至2017 年,共培养并通过住培医师结业考核 377 人,多人次获得国家级、上海市和复旦大学优秀住院医师荣誉。2013 年开始专科医师培训以来,共培养专科医师 67 人。为不断开拓年轻医生的国际视野,普外科每年都会派遣 1～2 名医生赴国际著名临床中心或研究中心进行为期 1～2 年的进修学习,并鼓励各级医生积极参加优质的国际培训项目。全科超过 1/3 的主治以上职称医生都有出国进修学习的经历;2013—2017 年,11 名医生赴哈佛大学、约翰斯·霍普金斯大学、MD 安德森癌症中心、日本国立癌症研究中心等著名机构访学或开展博士后研究,10 余名医生参加美国消化内镜外科医师协会(SAGES)、法国斯特拉斯堡 IRCAD 中心、亚太内镜腹腔镜外科组(APELS)等国际著名微创外科培训机构的高阶培训项目。

此外,普外科还承担着大量的继续教育工作。从 1978 年起,每年接收约 50 名来自全国各地的进修医师来科学习。自 1990 年以来,中山医院普外科先后举办 21 期国家级继续教育学习班,培训学员 1 000 余人;各个专业组依据学科优势分别建立国家级继续医学教育项目和 MDT 全国学习班,已完成 5 届中山外科论坛,13 届上海国际大肠癌高峰论坛,8 届上海市临床营养高峰论坛,4 届中山胰腺外科论坛,3 届乳腺癌诊疗创新论坛,3 届腹部软组织肿瘤中山论坛,92 期结直肠癌 MDT全国学习班,28 期胃癌 MDT 全国学习班,总参会医师超过 20 000 人次,遍布全国 32 个省市。

自创立以来,普外科先后主编或共同主编教材和专著 20 余部,参编教材、译著和专著 60 余部。卫生部规划教材《外科学》共出版 8 版,有 5 版由中山医院普外科的教授担任共同主编或副主编。其中第二版和第六版《外科学》教材分别获得 1978 年全国科学大会重大成果奖和 2005 年全国优秀教材一等奖。近 3 年来,针对学科的重要临床问题,普外科牵头、执笔和发表 11 个国内专家指南和共识,彰显普外科在国内相关领域的领军地位。

四、科学研究

普外科一直坚持科学研究密切结合临床、服务临床的宗旨,完成一系列富有特色的科研创新工作,尤其是在外科营养、重症监护、休克机制、人工器官、胃肠外科、胆道外科、胰腺外科以及胃肠动力等领域的研究最具特色,且硕果累累。

1977 年以来,普外科共获得国家级科研奖项 8 例,省部级科研成果奖 12 项。1978 年起,王承榕、蔡成机等与手术器械六厂合作研制系列消化道吻合器。1983年,完成GF、XF、CF系列吻(缝)合器的研究,并在临床应用中取得满意效果,填补相关领域国内空白。GF-Ⅰ型管状吻合器先后获得1982年上海市重大科技成果奖三等奖和1983年国家发明奖四等奖。1981年,普外科成功研制国内第一代血液灌流器人工肝肾解毒器Ⅰ型,获国家医药局成果奖三等奖。1983年,"感染性休克血流动力学、呼吸功能和代谢变化的自然经过"的研究获卫生部乙级科技成果奖。1983年,普外科在国内率先开展胃肠动力学研究,使中山医院成为国内最早开展胃肠动力学研究的单位之一。1984年,成功开展国内首例微囊化同种异体胎儿胰岛移植。1990年,"人工肝肾解毒器的基础研究和临床应用研究"获上海市科技进步奖三等奖。吴肇光、吴肇汉领衔的静脉营养研究相关课题获1994年上海市科技进步奖二等奖和1996年卫生部科技进步奖二等奖,并被鉴定为"八五"期间重大科技成果,填补国内该领域空白。1997年,普外科胆道组参与完成的上海市胆道癌临床流行病学调查,填补国内胆道癌流行病学资料的空白。1997年,普外科被列为"211"工程发展规划重点学科。2010年2月,秦新裕牵头起草中国首部结直肠癌肝转移诊治指南——《结直肠癌肝转移诊断和综合治疗指南》(2010版),被卫生部《结直肠癌诊疗规范》(2010版)采纳,该项目获2011年教育部科技进步奖一等奖、2012年上海市科技进步奖一等奖以及2015年国家科技进步奖二等奖。

1985年以来,普外科共承担各类科研项目320项,其中省部级以上项目174项。近五年完成及在研的课题包括国家级攻关课题3项、国家自然科学基金资助项目31项、上海市科委及卫计委资助课题37项。普外科依托自身的学科优势,还积极开展高质量的临床研究,近五年来,作为首席研究员(PI)单位发起多中心临床研究6项,其中4项为RCT研究,另外还参与5项多中心临床研究。2013—2017年,普外科入选上海市优秀学科带头人和领军人才各1人、上海市优秀学术带头人2人、上海市浦江人才计划2人和扬帆人才计划1人;近五年普外科发表大量学术论文,一些优秀的成果发表于 *Journal of Clinical Oncology*、*Gastroenterology*、*Gut*、*Annals of Surgery* 等国际著名学术期刊。

表2-1-2 2013—2017年普外科科研课题情况表
单位:项

年 份	国家级课题	国家自然科学基金	省部级课题	课题总数*
2013	2	5	7	18
2014	4	7	7	20
2015	3		4	14
2016	10	10	10	44
2017	1	9	9	35
总 计	3	31	37	131

说明:*课题总数包括但不限于国家级课题、国家自然科学基金、省部级课题的数量。

表2-1-3 2013—2017年普外科发表论文情况表

年 份	国内核心期刊论文数	SCI论文数	论文总数*	影响因子
2013	51	42	106	179.82
2014	47	44	107	131.28
2015	36	59	107	187.37

（续表）

年　份	国内核心期刊论文数	SCI 论文数	论文总数*	影响因子
2016	24	67	103	257.873
2017	40	50	103	179.034
总　计	198	262	526	935.377

说明：＊论文总数包括但不限于国内核心期刊论文数、SCI 论文数。

五、社会服务

普外科支持和做好医疗援助工作。从 20 世纪 50 年代起，普外科积极参与各项医疗任务。1951 年沈克非担任上海市抗美援朝志愿医疗手术队技术顾问团团长，赴沈阳为抗美援朝志愿医疗手术队指导工作。20 世纪 50 年代，上海医学院大批专家被派往全国各地建设重点医院，如 1951 年 5 月，普外科李兆亭被派往山东支持当地医院建设等。1958 年，上海市开展血吸虫病防治工作，吴肇光、孟承伟赴上海青浦地区抗击血吸虫病。1976 年 2 月至 1978 年 4 月，王炳生参加国家援外医疗队赴多哥医疗援助。沈润来于 1991 年上半年至 1993 年下半年参加援摩洛哥医疗队。徐俊华于 1998 年 12 月至 2000 年 1 月参加中国第十五次南极科学考察队担任医疗队长。杨子昂于 2006 年 12 月至 2008 年 11 月赴摩洛哥援外医疗并担任医疗队队长。2005 年 10 月至 2006 年 8 月，戈少云、许剑民、周平红、楼文晖、潘洪涛、宋陆军、郑烈伟、张延伟、何连齐依次驻扎浙江苍南医院，帮助提高当地医疗水平。2008 年 5 月 12 日，四川汶川发生 8.0 级大地震，牛伟新和韦烨赴汶川参与救治伤员。2014 年，云南昭通鲁甸发生地震，沈振斌和张波参与医疗救援。

自 2010 年起，普外科先后派出 12 名专家参加 11 批次的国家医疗队。连续 9 批次 10 名医生赴云南富源县人民医院进行援建。普外科派出多名医师赴新疆、西藏、湖北等地参加巡回医疗和对口援建。此外，普外科也积极参加上海市内应急医疗救援，如 2016 年 11 月上海市浦东新区申嘉湖高速公路严重车祸发生后，普外科靳大勇及时赶赴现场参与抢救，受到上级表扬。

第二节　肝肿瘤外科

一、发展沿革

中山医院肝肿瘤外科是国家重点学科。其前身是中山医院于 1968 年成立的肿瘤小组，1969 年更名为中山医院肝肿瘤小组，采用内外科结合模式，设有肝肿瘤病房（包括肝肿瘤外科及内科床位）。1978 年，肝肿瘤小组更名为肝癌研究室，包括病房（内科、外科）和实验室两部分，其中外科人员从普外科分出。1992 年，正式设立肝肿瘤外科和肝肿瘤内科的建制。2001 年，成立复旦大学肝癌研究所。

肝肿瘤外科由中国工程院院士汤钊猷，肝外科专家余业勤、周信达、马曾辰等老一辈专家创立。在新一代学科带头人——中国科学院院士、中山医院院长樊嘉和国家杰出青年基金获得者、长江学者周俭带领下，肝肿瘤外科持续发展，历经不懈的辛勤耕耘，已成为中国重要的肝肿瘤外科临床、科研与人才培养的基地之一,总体医疗和科研水平国内领先、国际先进。

科室先后成为全国肿瘤学重点学科、中国抗癌协会肝癌专业委员会依托单位、癌变与侵袭原理教育部重点实验室、卫生部临床重点学科、上海市肝肿瘤临床医学中心(重中之重)、上海市医学领先学科肝脏肿瘤学重点学科、复旦大学"211"工程重点学科、复旦大学"985"工程肿瘤学"重中之重"肿瘤项目依托单位,亚太地区肝脏外科医生高级培训基地,是中国两个最主要的肝癌研究基地之一。

2017 年,肝肿瘤外科主任周俭;副主任邱双健、孙惠川、黄晓武、叶青海。科室医生 44 人,其中教授(主任医师)10 人,副教授(副主任医师)14 人,主治医师 14 人,住院医师 6 人;拥有硕士、博士学位者 43 人。科室拥有正式床位 231 张,包括 4 个普通病区(病床 176 张)、1 个监护病房(病床 25 张)、1 个特需病区(病床 30 张)。

表 2-1-4 1992—2017 年肝肿瘤外科历任主任情况表

任 职 时 间	主 任
1992 年 4 月—2002 年 5 月	马曾辰
2002 年 6 月—2014 年 2 月	樊 嘉
2014 年 2 月—	周 俭

二、医疗特色

科室作为国内最大的肝肿瘤疾病诊治中心之一,每天均设有特需门诊、专家门诊、普通门诊和专病门诊。主要的特色诊疗项目:各种肝肿瘤的手术切除治疗,肝肿瘤微创治疗,肝癌复发转移的综合防治,肝脏移植及多脏器联合移植。2017 年,门诊量 7.6 万人次,住院 6 646 人次,住院手术数 4 454;普通病床使用率约 113.36%,普通病床周转率约 36.2%。

科室还积极开展临床新技术和新方法的推广应用,如干扰素联合希罗达预防肿瘤复发、门静脉泵持续化疗治疗门静脉癌栓、劈离式肝移植等均已广泛应用于临床。科室还开展数项多中心药物临床试验,为新药的开发和使用做出积极贡献。

【肝脏肿瘤的诊断和治疗】

在长期的肝脏肿瘤诊治工作中,科室已累积 2 万余例肝癌病例手术治疗的丰富经验,相继开展微创肝肿瘤治疗,包括腹腔镜肝肿瘤切除、术中射频、氩氦刀、微波治疗等特色项目,取得较好疗效。每年肝癌手术切除超过 3 000 例,手术后健康生存超过 5 年的已有 5 200 余人,其中 1 500 余人已健康生存 10 年以上(最长 53 年)。自 1995 年开展以"肝癌术后复发转移的防治研究"为重点的临床综合治疗研究,探索肝癌术后复发的综合防治方案,进一步延长肝癌患者的生存期,显著改善预后。在国内最早开展小肝癌诊治、复发后再切除和不能切除肝癌的缩小后切除,并且在肝脏巨大肿瘤切除及肝门区肝癌的外科诊疗方面具有显著特色。2013 年,成功实施联合肝脏离断和门静脉结扎的二步肝切除术(ALPPS)治疗传统方法不能切除的巨大肝癌,这一手术被誉为肝脏外科革命性的手术。这是亚洲首例报告的 ALPPS 手术,表明肝肿瘤外科的肝癌手术水平位居国际前列。

【门静脉癌栓的综合治疗】

在国内外率先开展针对影响肝癌患者生存的重要因素——门静脉癌栓的综合治疗。肝癌门静脉癌栓是世界性难题，患者平均生存期仅 3～4 个月。科室在国内外首创"肝癌切除、门静脉取栓、化疗泵植入＋术后门静脉肝素冲洗、持续灌注化疗＋经肝动脉化疗栓塞"等外科综合治疗技术。针对手术切除率低、取栓复杂的问题，设计新的肝癌切除及门静脉取栓技术，使肝功能代偿期的肝癌合并门静脉癌栓患者手术切除率明显增加，5 年生存率提高了 10.2％，达到 26.8％，经同行鉴定达国际领先水平。该技术被国家卫生主管部门制定的《原发性肝癌诊疗规范指南》采纳，并纳入《NCCN 肿瘤临床实践指南》的门静脉癌栓标准治疗模式。

【肝脏移植手术和术后并发症的治疗】

肝肿瘤外科是国内最早开展肝移植的科室之一。肝脏移植工作始于 1978 年，在免疫抑制剂尚未应用于临床的情况下，为一例肝肿瘤患者施行肝脏移植手术，存活 35 天，取得肝移植手术的成功。自 2001 年起，肝肿瘤外科肝移植手术走上快速发展的时期。开展的肝移植术在治疗原发性肝癌、终末期肝硬化、肝脏先天性代谢障碍性疾病及胆汁淤积性肝病等方面取得较好的效果。尤其是在肝移植治疗肝硬化伴肝癌患者方面具有丰富的经验。2002 年成功完成上海市第一例成人对成人和第一例成人对儿童的活体肝移植，同年完成亚洲第一例心肝联合移植；2003 年完成国际首例母女同为受体的经典劈离式肝移植；2015 年完成世界首例"废弃肝"供肝成人-儿童活体肝移植。肝移植患者最小年龄仅 3 个月、最大年龄为 92 岁。科室开展的肝脏移植具有类型多、创新多、手术时间短（平均 4～6 小时）、出血少和并发症少等优点，患者最短 9 天即可出院。依据近些年对疑难肝癌患者肝脏移植术的研究，实现了半数以上肝脏移植手术不输血，术中无肝期仅 30～50 分钟，肝脏移植术后 1 年存活率达 90％，达到了国际先进水平。肝移植受者的选择范围也涵盖肝癌、肝炎、先天性肝病等各种终末期肝病及肝肿瘤患者。2006 年，率先在国内提出肝癌肝移植适应证中国标准——上海复旦标准。其适用范围：单发肿瘤直径≤9 cm，或多发肿瘤≤3 个，且最大肿瘤直径≤5 cm，全部肿瘤直径总和≤9 cm，无大血管侵犯、淋巴结转移及肝外转移。相较普遍采用的"意大利米兰标准"和"美国 UCSF 标准"，"上海复旦标准"使肝移植手术适用范围显著扩大，但患者术后生存率仍保持不变，更适合中国国情。符合"上海复旦标准"的肝癌肝移植患者术后 5 年生存率超过65％，取得满意疗效。截至 2017 年 12 月，已累计完成肝脏移植手术 1 839 例，每年可开展肝移植手术 200 余例。

三、医学教育

肝肿瘤外科承担并完成复旦大学研究生、本科生的授课和临床教学工作，是复旦大学博士学位及硕士学位授权点，设有博士后流动站（临床医学）。现有博士生导师 8 人，硕士生导师 5 人，已培养博士后 7 人、博士 113 人、硕士 110 余人；2017 年在读博士生 28 人，硕士生 15 人。2000 至 2016年，共有 5 篇论文被评为全国优秀博士学位论文，3 篇获提名奖，另有数十篇获上海市或复旦大学优秀博士学位论文。科室每年还承担数十人的上海市肿瘤外科专科医师培训和国内外进修生的教学任务，同时承担国家级继续教育项目，至 2017 年共培养学员 1 000 余人。科内导师先后获得上海市教书育人楷模、第一三共制药奖教金、普康奖教金等多项教学荣誉。

科室重视学术交流，定期召开国际、国内学术会议。自 20 世纪 80 年代以来，已成功举办 15 届全国肝癌学术会议,7届上海国际肝癌肝炎会议(包括沪港国际肝病会议)。近年来相继举办全国肝癌中青年专家论坛、全国中青年肿瘤学术会议、中国医师协会肝脏外科医师分会、中华医学会肿瘤学分会年会、东方外科大会等一系列重大会议,定期展示中国与世界肝癌研究的最新进展,同时也是促进同行和跨行业交流的平台。

在提高疾病诊疗规范化水平、保障医疗质量与安全方面,科室也积极贡献着自己的力量。科室专家联合其他医院专家学者共同制定国家卫计委印发的《原发性肝癌诊疗规范》(2017年版),对进一步提高中国原发性肝癌的诊疗水平具有十分重要的意义。

四、科学研究

肝肿瘤外科在完成大量的医疗和教学工作的同时,积极开展科学研究方面的工作,形成了肝癌早期诊断新型标记物、肿瘤与微环境、肝癌肿瘤干细胞和循环肿瘤细胞、肝癌肝移植相关基础及临床研究、肝癌复发转移分子标记等多方面发展的科研特色。肝肿瘤外科连续承担"六五"至"十二五"国家科技攻关项目、美国中华医学基金会基金项目、世界卫生组织项目、国家卫计委重点学科基金项目、国家重点基础研究发展计划("973"计划)项目、上海市医学领先专业重大项目、上海市医学发展基金重点项目,以及国家自然科学基金、卫生部基金等项目,并参与国家高技术研究发展计划("863"计划)等重大项目的研究。2001—2017年共获国家级课题108项,总科研基金4053万元;省部局级课题数量148项,总科研基金5209万元。

在研究工作中,科室取得了优异的成绩,课题的研究成果对肝癌的诊断和治疗提供了新方向,具有非常重要的临床指导意义,得到了国内外专家的一致肯定,先后获得国家级科研奖项6项:"小肝癌的诊断与治疗"获1985年国家科技进步奖一等奖;"手术证实不能切除肝癌的缩小后切除"获1991年国家科技进步奖三等奖;"转移性人肝癌模型系统的建立及其在肝癌转移研究中的应用"获2006年国家科技进步奖一等奖;"肝癌门静脉癌栓形成机制及多模式综合治疗技术"获2008年国家科技进步奖二等奖;"肝癌转移机制的新发现及其意义"获2010年国家自然科学奖二等奖;"肝癌肝移植术后复发转移的防治新策略及关键机制"获2012年国家科技进步奖二等奖。2001—2016年获省部级奖项多项:"肝癌诱导肿瘤血管形成的研究及干预治疗"于2001年获上海市科技进步奖二等奖和中华医学科技奖二等奖;"高转移人肝癌裸鼠模型和细胞系的建立、研究与应用"于获2002年上海市科技进步奖一等奖和中华医学科技奖一等奖;"原发性肝癌免疫与基因治疗的实验及应用研究"获2003年上海市科技进步奖二等奖和上海医学科技奖三等奖;"肝癌门静脉癌栓形成机制及防治研究"获2005年上海市科技进步奖一等奖、中华医学科技奖二等奖、教育部提名国家科技进步奖二等奖和上海医学科技奖二等奖;"肝癌转移机制的新发现及其意义"获2007年教育部自然科学奖一等奖;"肝癌转移的分子基础与分子预测"获2009年上海市自然科学奖一等奖;"肝癌肝移植适应证优化及复发防治策略"获2011年上海市科技进步奖一等奖;"血浆MicroRNA组合成的早期肝癌诊断试剂盒"获2014年上海市优秀发明选拔赛金奖;"肿瘤微环境调控肝癌转移复发的机制研究"获2015年教育部自然科学奖一等奖。此外,还获得美国纽约癌症研究所"早治早愈"金牌、光华科技基金奖、何梁何利基金科学与技术进步奖、谈家桢生命科学奖、自然科学牡丹奖、中国医学科学奖、吴阶平-保罗·杨森医学药学奖、树兰医学青年奖、上海市卫生系统"银蛇奖"等数十项医疗及科研嘉奖。

科室每年发表科研论文数十篇,且有多篇论文在 *New England Journal of Medicine*、*Cancer*

Cell、*Nature Medicine*、*Journal of Clinical Oncology*、*Gastroenterology*、*Hepatology* 等国际著名期刊发表。2000—2017 年肝肿瘤外科共发表学术论文 1 739 篇,其中 SCI 收录论文总数 550 篇,总影响因子 2 672 分;核心期刊论文总数 1 061 篇。

五、社会服务

肝肿瘤外科人员积极响应党和国家以及人民的号召,利用自己的专业知识和技能,在各类医疗支援和应急救援中贡献自己的力量。在卫生部、中组部等各级领导机构组织的各类西部医疗支援活动中,都有肝肿瘤外科人员的身影。近十年,肝肿瘤外科人员支援过新疆、云南、贵州等地的多个医疗单位,很好地促进了当地医疗事业的发展。肝肿瘤外科人员也多次参加上海市乃至全国的各类大型义诊活动,积极服务各地区患者。参与各类国际大型会议医疗保障及突发医疗事件救援。科室人员长期开展各类科普讲座,向大众普及各类医学常识及肝脏相关疾病的诊疗知识。

第三节　骨　　科

一、发展沿革

中山医院骨科是医教研并重的科室,为硕士和博士学位授权点及博士后流动站。经过 80 年的发展,医疗诊治技术在国内始终保持领先水平,对现代骨科事业的发展做出了贡献,在中国骨科界有一定的影响。

1937 年,中山医院开业伊始就成立了骨科。当时临床主要以治疗创伤为主,骨折处理多采用手法复位、石膏外固定。石膏绷带须自行制作,为后来国产石膏的研制和批量生产积累了经验。骨科在临床工作经验中,订立了很多诊疗常规,培养的以吴祖尧为首的学科人才梯队,在 20 世纪 40 年代后期与欧美国家同步开展骨折切开复位内固定的尝试,为以后中山医院骨科事业的蓬勃发展打下坚实基础。

1953 年,第一次院系调整,中山医院成为外科学院,吴祖尧进行了很多开创性的工作。骨科率先在国内腰椎间盘突出症患者中开展椎间盘造影并作为常规检查,被学界同行广泛接受,使腰痛的诊治效果明显提高。吴祖尧率先在国内采用骨折切开复位内固定手术,作为长骨骨折的常规治疗方法;同时在上海首先使用三刃钉治疗股骨颈囊内骨折,并设计国产钮氏钉固定股骨转子间骨折,采用 V 形髓内钉固定长骨干骨折等。乔若愚进行了第一例膝关节半月板手术,开创了关节外科的新天地。

1956 年,第二次院系调整,中山医院改为上海第一医学院附属第二医院,临床以内科为主。骨科主要技术力量迁往华山医院,剩余医师成立骨科组处理临床事务,不设骨科主任。

1962 年,石一飞开创并成功施行脊柱截骨术矫正脊柱侧弯畸形,在脊柱结核的治疗中开展颈椎结核的前路病灶清除减压手术。1963 年,石一飞、冯友贤、崔之义等成功地进行了上臂断臂再植手术。1966 年,又与华山医院协作,由石一飞、李建明、杨东岳等在中山医院成功地进行了 5 例第二足趾一期移植再造拇指。1970 年,石一飞完成上海第一例肱骨全长内生软骨瘤患者的全金属肱骨置换手术,同年,黄富成成功设计上海 II 型人工股骨头假体,成为国内市场上的主流产品。1972 年,骨科恢复建制。同年,石一飞、黄富成成功施行上海第一例国产金属对金属全髋关节置换术。

1974年,张光健和马慎谨施行上海第一例胫骨上端骨巨细胞瘤患者同种异体胫骨上端半关节移植重建膝关节手术,该患者长期存活未复发,膝关节功能良好。

1975年,张光健和刘成安率先在上海开展急诊吻合血管游离皮瓣移植手术并最早报道。1976年,马慎谨率先开展膝关节镜检查,为整个上海地区关节镜外科的发展积累了经验。他还开展了软组织外科的研究工作,探索腰背痛的治疗方法。裘麟及陆健民等对骨质疏松的X线诊断标准进行了基础性研究工作,并在十余年中积累了千例以上软组织劳损病例的局部注射临床经验。1978年,显微外科实验室开始进行外径小于1 mm动脉吻合后通畅率的实验研究,林增禄和张光健等报告其近期通畅率为100%,远期通畅率为82%(应用9-0尼龙线)及100%(应用11-0尼龙线)。1980年,黄富成和张光健与光华医院合作,对类风湿性关节炎病例施行滑膜切除术或人工关节置换术,获卫生部乙级科技成果奖。1982年陈中伟调入中山医院,同年成立了显微外科中心实验室,并每年举办全国性的显微外科学习班与研讨会。

1988年起,张光健在上海地区最早开始推广骨愈工作组(Arbeitsgemeinschaft für Osteosynthese,AO)技术,并于1993年首次在上海举办全国AO技术学习班。1995年,中山医院骨科再次主办全国AO学习班。AO概念及技术已成为全世界骨科内固定技术的标准模式。

2005年4月,骨科病房由原有的一个半病区扩展为2个病区,总核定床位数由64张增加到92张。2007年,董健获上海市优秀学科带头人称号。2010年,董健获上海市医学领军人才称号。2011年,董健入选上海领军人才培养计划。2014年12月,骨科将专业进行了细分,成立7个亚专科,分别是脊柱外科、关节外科、创伤外科、骨与软组织肿瘤外科、运动医学外科、足踝外科和显微与手外科。

2016年2月骨科开设日间病房,总床位数增加到102张。至2017年,骨科共有医师44人,其中,正高职称11人,副高职称16人,主治医师11人,住院医师6人;博士生导师6人,博士后导师1人,硕士生导师7人。2017年,接诊国内外的门诊患者10万余人次,开展住院手术4 000余例。2017年,住院患者手术率89.31%,平均住院天数6.78天。

表2-1-5　1964—2017年骨科历任主任情况表

任　职　时　间	主　　　任
1964年2月—1972年2月	裘　麟
1972年2月—1975年2月	仇红宝
1975年2月—1978年3月	王文华
1978年3月—1984年12月	裘　麟
1984年12月—1992年4月	陈中伟
1992年4月—2000年5月	张光健
2000年5月—2002年6月	陈峥嵘(副主任,主持工作)
2002年6月—2005年6月	陈峥嵘(主持工作)　陈统一
2005年6月—2009年4月	陈统一
2009年4月—2011年3月	姚振均(副主任,主持工作)
2011年3月—2014年6月	张　峰
2014年6月—	董　健

二、医疗特色

中山医院骨科在临床上主要收治各类骨科病患,尤其是脊柱肿瘤的整块全切除、股骨头缺血性坏死的早期干预、关节置换感染 II 期翻修、髋臼发育不良旋转截骨术、各种复杂骨折的治疗、严重多发伤的救治、周围神经损伤修复、关节疾病的关节镜下诊断与治疗。

【脊柱亚专科】

20 世纪 50 年代初期,中山医院骨科即已开展脊柱外科工作,在国内首先进行椎间盘造影。1962 年,石一飞成功施行脊柱截骨术矫正脊柱侧弯畸形。80 年代后期,脊柱外科进入成熟期,骨科已先后成功开展颈椎前路及后路手术。90 年代初期,张光健在国内率先成功施行齿状突骨折的前路螺丝钉内固定手术,并在国内较早开展枕颈部融合术、胸腰段骨折侧前方减压内固定手术等。1992 年,陈峥嵘在全国第一个开展椎间盘关节镜下髓核摘除术(Arthroscopic Microdiscectomy,AMD)手术,引领脊柱微创技术的先河。1993 年起,陈统一开展颈椎后路双开门椎管成形术(Kurokawa 法)、在国内较早行胸腰段骨折侧前方减压 Kaneda 内固定术。2000 年,姜晓幸在国内最早开展腹腔镜辅助下前路腰椎体间融合手术,并在《中华骨科杂志》发表。2002 年,姜晓幸在国内最早开展腹腔镜辅助下腰椎 360°固定。2003 年,董健在国内率先开展经单侧椎间孔腰椎体间融合术(TLIF),并使之成为常规脊柱融合技术。

2004 年 3 月,姜晓幸实施上海市首例胸腔镜下胸椎骨折侧前方减压内固定手术。2004 年,董健在全国率先开展小切口胸腔镜辅助下胸腰椎骨折、肿瘤和结核的治疗,成果在《脊柱外科杂志》发表。

2005 年,姜晓幸在国内最早实施颈椎 360°固定中采用小关节突螺钉行后路内固定;同年,还实施国内首例脊柱后路微创双切口侧后方椎体间融合术。阎作勤首先在国内引进 T-saw 技术,率先开展椎管内肿瘤切除椎板回植技术。

2006 年,董健开展小切口显微外科腰椎间盘摘除微创手术,在《中华骨科杂志》发表。

2007 年,阎作勤在上海率先利用 T-saw 行一期后路椎体肿瘤整块切除手术,并在全国骨肿瘤会议报道,获得中山医院临床新技术应用二等奖。2007 年起,姜晓幸开展单侧椎弓根螺钉固定合并 TLIF 术治疗腰椎退行性疾病,获得 2014 年中山医院临床新技术认证。

2008 年,董健带领的团队在国内率先运用经单一后路全脊椎整块切除技术治疗脊柱肿瘤患者。2009 年,董健在上海骨科年会和全国骨科年会报道了一组 21 例全脊椎以及整块切除脊柱肿瘤病例,该技术已成为中山医院脊柱外科特色,其治疗经验在国际著名杂志 *Spine* 和 *Journal of Nuerosurgery：Spine* 上发表。

2011 年 11 月,董健作为第一完成人的项目“骨缺损坏死修复的关键基础技术及临床应用”获得上海市科技进步奖一等奖。2011 年,董健带领的团队在国际上率先使用不用钢板零切迹自锁式椎间融合器治疗单节段和多节段颈椎病,应邀在欧洲神经脊柱外科年会发言,在国际期刊上第一个报道了该方法良好的治疗效果。

2012 年 12 月,董健带领的团队运用经单一后路全脊椎整块切除技术,完成国际首例复发性累及三椎节胸腰段脊柱的巨大造釉细胞瘤切除手术,被中央电视台《突破禁区》栏目专访报道。2012 年起,董健带领的团队运用非融合技术治疗多节段腰椎退行性疾病,获得 2015 年中山医院临床新技术认证。

2014年，顾宇彤在国际上率先开展胸椎椎管内外哑铃形肿瘤微创切除＋单边椎体间融合术，论文发表于 *European Spine Journal*。2014年，董健带领的团队运用经单一后路全脊椎整块切除技术治疗多节段胸腰椎肿瘤获得了中山医院临床新技术奖三等奖。2015年，姜晓幸带领团队，采用腰椎椎间融合器置入寰枢椎侧块间隙，解除脊髓压迫。

2016年，董健治疗复发性多节段脊柱肿瘤经验的论文在国际著名期刊 *European Spine Journal* 上发表。2016年，董健开展脊柱肿瘤精细化阶梯治疗模式，提升科室知名度，造福更多的脊柱肿瘤患者，获得中山医院临床新技术认证。

2017年，董健对多位患有各种内科疾患和颈椎及腰椎疾病的80岁以上超高龄患者施行手术，效果良好。其中一例90岁高龄的多节段颈椎病女性患者术前瘫痪在床，术后即可下床行走，2017年3月16日被上海电视台新闻节目和文汇报等报道。经查阅文献及各种学术会议资料，如此复杂的病例鲜见报道。

【关节亚专科】

在关节外科方面骨科同样积累了丰富的治疗经验。早在1970年，骨科已成功完成上海第一例金属全肱骨置换手术，为后续广泛开展人工假体置换手术奠定了基础。同年，设计成功上海Ⅱ型人工股骨头，逐渐替代Ⅰ型人工股骨头。1972年，成功施行上海第一例人工全髋关节置换术。1980年，黄富成和张光健对类风湿性关节炎病例施行滑膜切除术或人工关节置换术。1993年，中山医院最早引进国外先进人工关节置换的理念和假体，开展人工关节的规范化训练。1994年，陈统一引进Takawa旋转截骨技术治疗成人髋臼发育不良。2003年，姚振均开展上海第一例微创膝关节单髁置换术，2003年5月在国内最先开展S-ROM人工关节置换及人工肘关节置换。2004年，在上海地区率先开展人工关节术后感染的一期翻修手术。2004年起，陈峥嵘和阎作勤开展小切口和双切口微创人工关节置换手术；同年，阎作勤开展自体干细胞移植治疗股骨头缺血性坏死。2016年，阎作勤、郭常安在国内采用3D打印技术改良髋臼周围截骨。2016年底，姚振均给102岁的高龄女性患者成功进行髋关节置换手术。2017年8月，夏庆和邵云潮给95岁的高龄男性患者进行同期双髋置换手术，是国内见诸报章的最高龄纪录。截至2017年，中山医院骨科的关节外科已多次为期颐老人成功施行髋关节置换手术。

在关节肿瘤治疗方面，经过多年的临床治疗工作的积累，先后成功进行一系列复杂的肿瘤保肢手术，包括半骨盆置换、全肱骨置换术等及配合改良肿瘤新化疗方案，取得良好的生存率，已形成诊疗常规。

【创伤亚专科】

中山医院骨科作为AO概念和技术在中国南方最早的推广和使用者，在创伤骨科领域，以技术全面、操作规范而享有盛名。多年来，张光健、董健、姜晓幸、周建平、林建平和邵云潮先后成为AO国际组织成员。

除常见创伤外，骨科在许多复杂、高难度骨折的治疗方面积累有丰富的临床经验，如脊柱骨折、骨盆骨折、多发骨折的切开复位内固定手术，以及骨折内固定失败及多次失败后的再手术等。至2017年，对老年高龄脊柱及关节骨质疏松性骨折患者的手术治疗已形成中山特色，有效地挽救了许多高龄患者的生命。

【骨与软组织肿瘤亚专科】

1974 年,张光健和马慎谨率先完成全国首例同种异体胸骨柄移植重建手术,同年又施行上海第一例同种异体胫骨上端半关节移植重建膝关节手术。骨科在骶骨巨大肿瘤治疗方面,在国内较早采用前后路联合入路,使术中出血量明显减少。2005 年,董健在上海率先开展腹主动脉气囊血流阻断法治疗骶骨巨大肿瘤,明显减少术中出血,并使其他器官缺血坏死的可能性降到最低,被《健康报》报道。多年临床经验的累积,使骨科在各类骨肿瘤的诊断和治疗方面,特别擅长各类骨肿瘤的综合治疗和保肢手术,以及盆腔、骶尾骨巨大肿瘤等疑难复杂病例的综合和手术治疗,取得良好疗效。

【运动医学亚专科】

自 1976 年起,骨科在上海率先开展膝关节镜检查,使关节镜由单纯诊断应用转入治疗性操作成为可能。2002 年以来,膝关节镜检查,镜下半月板切除、修补以及交叉韧带重建等手术已成为常规,肩关节镜技术亦已日趋成熟,治疗水平处于国内领先地位。

【足踝外科亚专科】

在整个上海市范围内,中山骨科是开展成建制的足踝外科亚专业的 5 家医院之一,擅长足踝常规和疑难疾病的诊断与治疗,如足踇趾外翻畸形的矫形手术、复杂及陈旧性跟骨骨折的治疗、创伤性踝关节炎的关节镜治疗。

【显微与手外科亚专科】

20 世纪 60 年代早期,骨科就已做了很多显微外科技术开创性工作。1982 年,陈中伟调来中山医院工作,成立显微外科实验室,加强与国外显微外科的联系,国外学者不断来访,使中山骨科与国外学术交流日益密切。显微外科中心实验室在 1983 年完成小血管套接缝合法的动物实验与临床应用。陈中伟还设计了带旋髂深血管蒂髂骨翻转移植治疗儿童与成人股骨头无菌性坏死。显微外科中心实验室的张玲于 1984 年最先做运动神经终板再生的动物实验,并应用于临床;此后还完成了激光焊接小血管动物实验的课题研究。2002 年,陈中伟与上海交通大学合作研制的残端控制多自由度电子假手,首次应用于一例湖南女性患者,获得成功,被媒体广泛报道。2005 年 11 月,陈统一给一例罕见的成年多肢畸形患者成功进行了手术,并接受了中央电视台、上海电视台以及美国探索(Discovery)频道的采访。

三、医学教育

【本科、研究生教学】

骨科每年承担大量的教学工作,1988 至 2017 年底,已培养毕业博士后 1 人,博士生 84 人,硕士生 88 人。截至 2017 年,科内共有博士生导师 6 人,博士后导师 1 人,硕士生导师 7 人,每年均招收硕士、博士生及博士后。

【职后教育】

科室重视医师的师资培养,明确导师带教年轻医师的任务,要求由正高职称的医师带教等,制订详细的师资培养计划,要求住院医师接受专人培养。

2007 年建立了科室住院医师轮训制度和导师制,对住院医师强调五年培养计划并落实,对主治医师培养注重在医教研各方面能独当一面,对副主任医师培养着眼业务水平的提高。

【继续医学教育】

2010 年 5 月,开始举办国家级继续教育项目——全国脊柱肿瘤切除学习班及全国人工关节置换规范学习班,至 2017 年 12 月已完成 8 届。2015 年,举办中山第一届骨科学术周暨大师讲坛,将脊柱、关节、创伤、关节镜四大主题学习班和五个论坛安排在一周时间内,提高效率扩大影响,国内各家医院纷纷效仿。2016 年,主办国际高峰论坛,第二届"上海中山骨科国际学术周"同时拉开序幕,来自国内各大医院的近千名骨科医生代表参加了会议。

【出版书籍】

1996—2017 年,中山医院骨科共主编、主译著作 24 部。

表 2-1-6　1996—2016 年骨科出版著作情况表

出版年份	著作名称	出版社	主编	副主编
1996	运动医学	上海科技教育出版社	陈中伟	陈统一
1998	名医谈百病——颈椎病	上海科学技术出版社	陈统一	
2000	周围神经损伤的基础与临床研究	山东科学技术出版社	陈中伟	
2001	骨科常见病分类诊断手册	上海科学技术出版社	陈统一	
2001	临床骨科手册	上海科技教育出版社	陈中伟	陈统一
2001	O'Connor 关节镜外科学	复旦大学出版社	陈峥嵘(主译)	
2003	常见病的防治与家庭康复·骨折	上海科技教育出版社	陈统一	邵云潮
2004	常见病的防治与家庭康复·肩周炎	上海科技教育出版社	张健	
2005	中华医学百科大辞海·外科学(第一卷)	沈阳出版社	陈中伟("显微外科学篇")	陈统一("显微外科学篇")
2005	专家解答腰椎间盘突出症	上海科学技术文献出版社	董健	
2006	脊柱外科学手术图谱	复旦大学出版社	阎作勤(主译)董健(主译)姚振均(主译)	
2006	当代脊柱外科内固定技术	上海科技教育出版社	徐荣明　贾连顺 陈统一	
2007	现代周围神经外科学	上海科学技术出版社	朱家恺　罗永湘 陈统一	
2010	现代骨科学	复旦大学出版社	陈峥嵘	
2011	细说腰椎退变性疾病	上海科学技术文献出版社	董健	
2011	专家诊治骨质疏松症	上海科学技术文献出版社	董健	

（续表）

出版年份	著 作 名 称	出 版 社	主 编	副 主 编
2011	骨与软组织肿瘤诊断治疗学	人民军医出版社	陈峥嵘 姚振均	
2012	专家诊治腰椎间盘突出症	上海科学技术文献出版社	董 健	
2012	临床创伤放射学	第二军医大学出版社	袁明远 肖 剑	
2014	骨科术前术后管理（第二版）	辽宁科学技术出版社	陈统一（主译）	
2015	肌骨骼检查法（第三版）	辽宁科学技术出版社	陈统一（主译）	
2015	膝关节置换术策略与技巧	上海科学技术出版社	钱齐荣 姚振均 柴 伟	
2015	软组织肉瘤诊疗学	天津科技翻译出版公司	陆维祺（主译）	王毅超（副主译）
2016	骨组织肉瘤诊疗学	天津科技翻译出版公司	周宇红（主译） 王毅超（主译） 陆维祺（主译）	

【国外学习交流】

2006—2017 年，共有 17 人次赴美国、日本、德国、法国、意大利、韩国进行访问和学习交流。邀请国外专家 53 人次来中山医院访问交流。

【教学成果、教学获奖】

重视教学工作，认真完成常年承担的研究生、本科生、进修生、留学生的教学和培训任务。重视教书育人工作，并获得各类荣誉：骨科获得 2013 年度中山医院教学优秀集体称号；董健被评为复旦大学 2008 年度优秀研究生导师；车武获得 2012—2014 年中山医院优秀教学秘书称号；姜晓幸被评为复旦大学 2016 年度"我心目中的好老师"。

四、科学研究

至 2017 年共承担课题 152 项，其中国家级课题 35 项，省部级课题 46 项，厅局级课题 16 项，其他课题 55 项，经费总额超过 3 000 万元。其中 2007 年，董健申请到科技部"863"计划项目"新型复合抗生素缓释纳米级人工骨材料的开发与应用研究"。

2007—2017 年共发表论文近 300 篇，获得专利 23 项。

表 2－1－7 2008—2017 年骨科获国家自然科学基金资助项目情况表

获批年份	项 目 名 称	项目类型	负责人
2008	单抗 CD151－Biotin－Avidin 系统构建组织工程软骨	面上项目	陈峥嵘
2009	纳米复合材料制备的生物活性全降解分层自锁定颈椎融合器的研制及其成骨性能研究	面上项目	董 健
2010	功能化组织工程关节软骨的系统构建及其力学生物学调控	面上项目	郭常安
2011	组织工程软骨体外塑形与效率评估	青年科学基金	戴文达

（续表）

获批年份	项　目　名　称	项目类型	负责人
2011	多肽修饰温敏型水凝胶复合携 TGF-β1 的脂肪间充质干细胞修复兔椎间盘软骨终板退变	面上项目	董　健
2011	调节骨内 P-gp 活性对激素性股骨头坏死的影响及其分子机制	面上项目	阎作勤
2013	Neuroserpin 在创伤性脊髓损伤中自噬—凋亡的调控作用及机制研究	青年科学基金	陈子贤
2013	β磷酸三钙-明胶复合人工骨材料缓释抗生素治疗复杂感染性骨缺损的实验研究	青年科学基金	周　健
2013	神经寄养修复周围神经损伤对 TWEAK-Fn14 信号通路的调控及其疗效研究	面上项目	张　键
2013	miRNA-210 调控 VEGF、Notch 信号通路对激素性骨坏死中血管新生的作用机制	面上项目	阎作勤
2013	质子感知受体 OGR1 介导胞内 Ca^{2+} 水平调控椎间盘终板软骨细胞退变及其作用机制	面上项目	董　健
2015	椎体红骨髓分泌的 CX3CL1 调控 Src/FAK 通路对脊柱转移性肿瘤的促进作用及分子机制	面上项目	董　健
2016	双向精准募集程序性诱导 B-MSC 和 S-MSC 内源性再生修复全层关节软骨的实验研究	面上项目	郭常安
2016	硬骨素抑制 Wnt/β-catenin 信号通路在激素性股骨头坏死中的作用机制	面上项目	阎作勤
2017	酸负荷下质子感知受体 OGR1 调控的细胞自噬对软骨终板钙化影响及机制研究	青年科学基金	王会仁
2017	生物钟基因 CLOCK/BMAL1 调控髓核细胞自噬节律性在椎间盘退变中的作用及机制研究	青年科学基金	江立波
2017	自噬调控外泌体/miR-27a 分泌促进不同髓核细胞之间"对话"在抑制基质降解中的作用机制	面上项目	李熙雷
2017	长链非编码 RNANR_026829 调控 S100A9 介导肺腺癌脊柱转移的作用及机制研究	面上项目	董　健

五、社会服务

【医疗援建】

中山医院骨科积极响应号召,1998—2016 年共 14 人次参加各种援外、援边、救灾等医疗队工作。骨科支部于 2013 年在云南省国家级贫困县——十南县创建了"上海中山-陈中伟院士希望奖学金",2013—2017 年共资助 255 人。骨科支部还定期组织党员下乡义诊,足迹遍及江浙沪,多次被当地媒体报道。

【科普工作】

2013 年 12 月,董健作为第一完成人的项目"腰椎间盘突出症系列科普书"获上海市科技进步奖二等奖。

2014年12月,董健作为第一完成人的"专家解答腰椎间盘突出症"项目获2014年国家科技进步奖二等奖。

2017年7月,张光健、陈统一、陈峥嵘获上海市医学会骨科分会颁发的特殊贡献奖。

2017年12月,董健获上海市医学会颁发的"上海医学发展百年杰出贡献奖"。

骨科重视科普宣传,1992年起就依托中山医院设立的纳凉晚会举办科普讲座。2004年,纳凉晚会搬到门诊大厅,正式更名为"中山健康促进大讲堂",骨科开始举行"科普季"活动,在每年的第二季度举办连续15周的科普讲座,同时借助电视台、广播电台、报纸杂志等平台普及骨科疾病诊疗知识,扩大骨科影响。

第四节 心脏外科

一、发展沿革

中山医院心脏外科是国家重点学科,始建于1947年,由医学家黄家驷创立,石美鑫、任长裕、蒋振斌等教授为历任科室负责人。在老一辈专家多年积累以及主任王春生的带领下,中山医院心脏外科已发展为国内排名前三、华东排名第一的中国顶尖心脏外科中心,已成为全国重要的心脏外科临床、科研与人才培养的基地,总体医疗和科研水平在国内处于领先地位,在国际上拥有一定的知名度。心脏外科现为国家重点学科、国家临床重点专科、国家专科医师(住院医师)培训基地、上海市重点学科、上海市胸心脏外科临床质量控制中心、上海市心血管病临床医学中心、上海市"重中之重"临床医学中心、上海市心脏瓣膜研究中心、教育部"211"工程和"985"工程重点建设学科、卫生部心血管外科微创技术培训基地、中华医学会胸心血管外科学分会心脏外科医师培训基地。

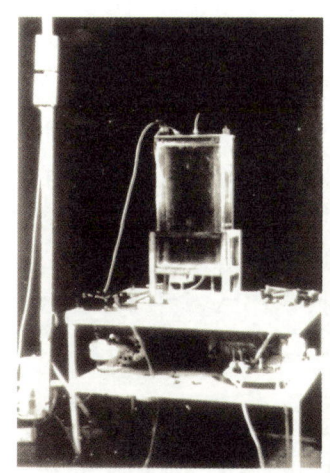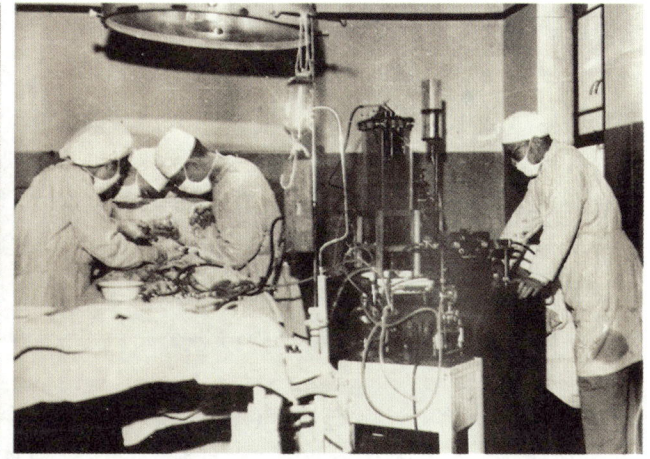

图2-1-1 1957年起,石美鑫领衔研制国产第一台静立垂屏式人工心肺机,经大量动物实验后于1959年9月应用于临床

1953年,石美鑫完成国内首例锁骨下动脉-肺动脉端侧吻合术治疗法洛四联症。1954年,石美鑫完成国内首例动脉导管未闭缝合切断术。1957年,石美鑫完成中国首例右径二尖瓣狭窄扩张分离术。1957年,石美鑫领导中山医院医疗和技术人员成功研制中国第一台静立垂屏式人工心肺机

图 2-1-2 2008 年，三代心外科带头人合影（左起：王敏生、石美鑫、王春生）

和小型转碟式氧合器，并投入临床使用。1958 年，石美鑫率先在国内开展低温下房间隔缺损修补术。1959 年，石美鑫率先在国内开展低温下主动脉弓全弓切除同种异体主动脉弓移植术治疗梅毒性主动脉弓动脉瘤，取得满意疗效。1959 年，石美鑫率先在国内开展法洛四联症根治术。1960 年，石美鑫完成全国首例主动脉窦瘤破裂缝补术。1962 年，石美鑫率先在国内开展左心室室壁瘤切除术。1964 年，石美鑫完成国内首例二尖瓣狭窄合并关闭不全直视矫治术。1977 年，石美鑫完成国内首例硬脑膜生物瓣替换术。

1990 年，王敏生完成华东地区首例本托尔手术（Bentall 术）。1998 年，王春生在国内率先开展局麻下经导管 Amplatzer 闭合器治疗继发孔型房间隔缺损。2000 年，王春生完成国内首例儿童心脏移植（12 岁）。2001 年，王春生完成国内首例无支架主动脉瓣植入术。2003 年，王春生完成华东地区首例心肺联合移植。2004 年，王春生完成国内首例右位心心脏移植。2004 年，王春生完成亚洲首例心肝联合移植。2007 年，王春生完成亚洲首例心肝肾联合移植。2009 年，王春生在华东地区率先开展达芬奇机器人辅助心脏手术。2013 年，王春生在国内率先开展急性 Stanford A 型主动脉夹层行 David 手术。2013 年，在国内率先报道洛伊-迪茨（Loeys-Dietz）综合征并进行手术。2014 年，王春生开展国内第二例经心尖主动脉瓣置换术（TAVI 手术）。2014 年，魏来完成亚洲首例全机器人缝线连续吻合冠脉搭桥术。2015 年，魏来完成国内首例经心尖"瓣中瓣" TAVI 手术。

2017 年，心脏外科拥有 3 个普通病区（总病床数 132 张），1 个监护病房（病床数 39 张），1 个心脏特需病区（病床数 18 张）。科室在职医师、技师 53 人，正高级职称 4 人，副高级职称 17 人，主治医师 24 人，住院医师 3 人及医技人员 5 人；其中有硕士、博士学位 48 人。2017 年门诊患者 4.5 万人次，住院手术患者达 4 400 人次，治愈、好转率 99.39%，物理病床使用率 123%。

2014 年，在王春生带领下，心脏外科根据最具优势的临床方向设立五个亚专科，即心脏瓣膜外科、冠脉外科、晚期心脏病外科、大血管外科及微创心血管外科，形成中山心脏外科的技术优势和医疗特色。

2015 年,心脏外科搬迁入东院区新址,就医环境明显改善,硬件设施飞速提升,已成为国内综合性医疗机构规模最大的心脏中心之一。

表 2 - 1 - 8 1954—2017 年心脏外科历任主任情况表

任 职 时 间	主 任
1954 年 10 月—1964 年 2 月	石美鑫(副主任,主持工作)
1964 年 2 月—1979 年 1 月	石美鑫
1979 年 1 月—1988 年 10 月	任长裕(副主任,主持工作)
1988 年 10 月—1998 年 2 月	蒋振斌
1998 年 2 月—2005 年 6 月	王春生(副主任,主持工作)
2005 年 6 月—	王春生

二、医疗特色

【心脏瓣膜亚专科】

心脏外科在全国处于领先地位。在国内最早研究、制造并使用人造生物瓣膜。1977 年开始由石美鑫牵头研发牛心包瓣、猪主动脉瓣和硬脑膜瓣等人造瓣膜并成功应用于临床,累计生产近 1 400 枚生物瓣膜供医院和兄弟单位使用,并培养了一批生物瓣研究人员。在国际上首先提出二尖瓣环在心动周期中的非平面特性,据此研制出新型软质人工二尖瓣环并应用于临床,取得了良好的近期和远期临床效果,使二尖瓣修复手术得到进一步发展,获卫生部科技进步奖二等奖。心脏外科在瓣膜外科诊治技术上全国一流、实力雄厚。中山医院是上海市心脏瓣膜研究中心,科室具备完善的瓣膜病术前、术中检查技术,拥有一流的手术室和一流的监护病房及配套设施。每年完成瓣膜手术 2 000 余例。在复杂二尖瓣修复、保留主动脉瓣的 David 手术等方面具有丰富的经验。对心功能Ⅳ级的重症瓣膜病患者,通过术前改善心功能、术中全面心功能监测、术后完善处理,手术死亡率大大降低,取得良好效果。对于小主动脉瓣环的手术治疗也有较深入的研究。

【冠脉亚专科】

心脏外科是全国最早(1998 年)开展不停跳冠脉搭桥手术的单位之一,并使不停跳搭桥手术成为科室非常成熟的手术技术,80％以上的冠脉搭桥手术均通过该技术完成。在国内较早开始"全动脉化"冠脉搭桥手术,也是最早开始常规应用双侧乳内动脉作为桥血管的心脏中心。科室还是国内最早开展心梗后心衰患者搭桥术中联合应用骨髓干细胞移植研究的单位之一,相关研究获中华医学科技奖二等奖。心脏外科能开展所有类型的冠心病手术,包括体外循环冠脉搭桥术、非体外循环冠脉搭桥术、冠状动脉畸形纠治术、冠状动脉瘘缝闭术、缺血性二尖瓣反流成形术、心梗并发室间隔穿孔修补术、室壁瘤切除术、左室成形术,以及国际上最先进的达芬奇机器人辅助搭桥手术等。已积累冠脉手术经验超万例,年冠脉手术量 700 余例,其中 80％以上是各种复杂高危冠心病患者,围手术期死亡率控制在 1％以内,在国内综合性医院中名列前茅。

121

【晚期心脏病亚专科】

心脏外科自 2000 年 5 月至 2017 年 12 月已完成心脏、心肺移植术近 400 例,移植总量居全国前三位,达到国际大型心脏移植中心规模,为国家卫计委首批心脏移植准入单位及国家心脏移植培训基地,牵头完成中国心脏移植技术规范和准入制度的制定。开创性完成上海市首例心肺联合移植术、国内首例儿童心脏移植(12 岁)、年龄最大心脏移植(77 岁)、首例心脏再移植、亚洲首例心肝联合移植、心肝肾联合移植、首例右位心心脏移植等。创新心脏保存技术,使供体心脏安全保存时限延长至 8 小时,突破了传统技术仅能安全保存 4 小时的限制,并创造安全保存 10 小时的纪录。对传统"解剖顺序"吻合技术进行改良,提出"生理顺序"吻合技术,使心脏吻合时间缩短 20%,显著改善患者预后。研究成果获中华医学科技奖二等奖、上海医学科技奖一等奖、上海市科技进步奖二等奖。常规开展体外膜氧合(ECMO)、主动脉内球囊反搏等心室辅助技术,救治急性心肺功能衰竭患者。已派遣技术骨干赴美国完成人工心脏临床应用技术培训,为开展相关工作奠定基础。

【大血管亚专科】

心脏外科是国内最具影响力的大血管疾病诊疗中心之一,牵头制定国内首个主动脉疾病规范化诊疗指南。常规开展各类胸主动脉瘤(夹层)手术,包括 Bentall 术、David 术、全主动脉弓人工血管替换术、胸降主动脉支架象鼻术、全胸腹主动脉(一期、分期)替换术以及主动脉杂交手术等。每年完成急性主动脉夹层手术近 200 例,其他主动脉瘤手术 300 余例。2004 年,建立了华东地区首个急性主动脉夹层绿色通道,急诊主动脉夹层手术已成为常规。主动脉术后住院死亡率控制在 5% 以内,其中急性主动脉夹层手术住院死亡率约 10%,达国际先进水平。2012 年,在国内首次发现并报道遗传学主动脉疾病洛伊-迪茨综合征的致病基因及临床诊治要点。至 2017 年,科室是国内唯一有能力常规实施 David-I 术式进行急性主动脉夹层根部重建的大血管中心。该技术通过保留患者自体主动脉瓣,降低手术并发症、避免长期抗凝并发症,提高术后生存质量和远期生存率。应用 David-I 技术重建的急性夹层患者住院死亡率约 8%,远低于国外报道(约 20%),处于国际领先地位。该技术的成功应用获中山医院临床新技术应用推广奖三等奖。

【微创心血管亚专科】

心脏外科是国内水平最高的微创心脏外科中心之一,尤其在微创心脏瓣膜手术的数量、质量、难度等方面均居国内领先水平。常规开展高龄高危患者经导管主动脉瓣置换术(TAVI)、胸腔镜辅助心脏瓣膜手术、达芬奇机器人辅助二尖瓣手术,并开展微创多瓣膜手术、微创再次瓣膜手术等高难度术式。科室是国内开展经心尖微创主动脉瓣置换术患者最多、年龄最大、病情最重的单位之一。在微创冠脉手术方面,2000 年,在中国最早开展经左胸小切口微创冠脉搭桥手术(MIDCAB)以及内外科杂交手术。同年,率先在中国开展第一例伊索(AESOP)机器人辅助微创冠脉搭桥术。2009 年,中山医院成为中国第二家开展达芬奇机器人辅助微创冠脉搭桥术的医院。2014 年,科室成功开展亚洲及大洋洲地区第一例全机器人心脏不停跳缝线吻合冠脉搭桥术。此外,2005 年,科室在中国最早开展胸腔镜微创房颤射频消融+左心耳切除术。2014 年,科室在中国首次创新应用 3D 打印技术导航微创心脏手术,进一步提升手术安全性,被中央电视台详细报道。科室主办的"上海国际微创心血管外科论坛(SISMICS)"已成为国内规模最大、水平最高的微创心血管外科年度盛会,并被国际最权威的微创心胸外科学会(ISMICS)接纳为亚洲官方合作培训机构。2017 年,成为国家微创心血管外科专业委员会主任委员单位。微创手术相关成果获上海市科技进步奖二等奖、上海市临床医疗成果奖二等奖、中山医院临床新技术应用推广奖二等奖等奖项。

三、医学教育

心脏外科承担对复旦大学上海医学院研究生、七年制学生、五年制学生、外国留学生以及全国各地进修医师的培养和训练。在科室数十年发展历程中，桃李满天下，已先后培养百余名博士生和硕士生以及进修医生。

中山医院心脏外科在注重自身微创心脏技术开展的同时，非常注重技术推广，还积极协助带动兄弟单位开展微创技术。王春生曾先后数十次在国内主要学术会议上发言介绍中山医院微创瓣膜手术经验，展示手术录像。每年举办多次全国性微创瓣膜手术学习班和研讨会，先后培训国内心脏外科医生数千人次。由中山医院心脏外科创办的"上海国际微创心血管外科论坛"已成为国内外具有一定影响力的微创学术盛宴。

科室的医师们及时总结医疗科研成果，勤于著述，使更多的后辈学者从中获益。石美鑫主编《乡村医生手册》(1989 年)、《实用外科学》(1992、2002 年)、《胸心脏外科手术图解》(1995 年)、《血管外科手术图谱》(1997 年)、《现代外科学》(2002 年)；石美鑫副主编《辞海》(1979、1989、1999 年)、《中国医学百科全书》(1991 年)、《胸部外科学》(1991 年)、《大辞海》(2003 年)。王春生主编《心房颤动的现代治疗》《心胸外科手术图解》，以及《外科学》(中英文双语教材)胸心脏外科部分；王春生、孙晓宁主译《心脏外科手术技巧》。此外，石美鑫、任长裕、王敏生、王春生等还参编五年制和七年制教材《外科学》、《黄家驷外科学》、《外科学》(沈克非主编)、《胸心脏外科手术学》、《临床外科学》、《冠心病外科治疗学》等多部专著。

四、科学研究

中山医院心脏外科是中国综合性医疗机构中最具学术影响力的心脏外科。历史上中山医院心脏外科曾取得了令人瞩目的辉煌成绩：20 世纪 50 年代，研制国内第一台静立垂屏式和小型转碟式人工心肺机；20 世纪 60 年代，国内领先开展多项体外循环辅助下心内直视手术的实验和临床研究；20 世纪 70 年代，国内领先开展人工生物瓣膜的研制和临床应用等。2007 年来，心脏外科在科研方面也不断取得突破，研究方向包括：心脏(心肺)移植的基础与临床研究；冠状动脉粥样硬化性心脏病的基础与临床研究；大血管疾病的基础与临床研究；微创心血管外科的基础与临床研究；组织工程材料的研究等方面。2007 至 2017 年已申请国家自然科学基金，教育部、科技部、国家卫计委及上海市科委等各类各级科研基金 20 余项。2010 至 2017 年，科室发表论文 200 余篇，其中近 50% 为 SCI 收录论文。获得授权发明及实用新型专利十余项。

【心脏(心肺)移植】

"多器官移植的临床应用"2002 年获上海市科委重大项目资助；"心肺联合移植研究"2003 年获上海市教委曙光计划资助；"低强度电场转基因技术治疗心脏移植排斥反应"2008 年获教育部博士点基金资助；"心肺移植关键技术研究"获国家"十一五"支撑计划资助；"心室辅助联合器官移植治疗终末期心、肺衰竭的研究与技术规范的优化"获得上海市级基金资助；"一种新型介孔二氧化硅-硫化氢控释纳米微球的构建及在心脏移植保存液中的应用研究"2013 年获得国家自然科学基金面上项目资助;"持续低温灌注保存技术对心脏移植边缘供心器官功能保存的研究"2014年获上海市科委基金资助;"一种新型冷触发硫化氢控释纳米微粒对心脏移植保存液中缺血心脏的保护及作用机制研究"2017年获得国家自然科学基金面上项目资助。此外,还开展同种移植心脏血管动脉粥样硬化的机制及防治策略方面的研究;"内皮祖细胞的免疫调节功能在移植物血管病变中的作用及机制研究"获2013年国家自然科学基金青年基金项目资助;建立心脏移植受体网络管理体系及移植病例随访体系的研究等,总经费300余万元。

【冠心病的外科治疗】

"骨髓源性心肌细胞移植改善心肌梗死后心功能不全"2000年获卫生部默沙东基金资助;"重症冠心病治疗的优化方案(外科部分)"2000年获上海市科委重大项目资助。"杂交技术在心血管疾病中的应用"获国家"十五"科技攻关项目资助(分课题负责人);"自体骨髓干细胞移植防治心肌梗死后心衰的实验及临床研究"获国家"十五"科技攻关项目资助(分课题负责人)。围绕干细胞在治疗缺血性心脏病中的应用,2010年,"骨骼肌干细胞-新型聚酰胺纳米微粒转基因平台的构建及在缺血性心脏病中的应用"与"一种新型温敏胶原蛋白胶协同骨髓间充质干细胞移植治疗缺血性心脏病的基础研究"先后获得上海市自然科学基金及国家自然科学基金资助。近年来,冠心病的基础研究先后获得多项国家自然科学基金资助,包括"一种新型介孔硅纳米颗粒介导的 HGF 基因修饰化骨髓间充质干细胞的构建及其在缺血性心脏病的应用研究"(2013年),"新型超声控释纳米靶向递送系统介导的心肌梗死区成纤维细胞直接重编程研究"(2015年),"晚期糖基化终产物加重静脉桥血管重构的作用和机制研究"(2016年)。2017年,心脏外科有3项关于冠心病基础研究获得国家自然科学基金立项,"长链非编码 RNA Sirt1 - AS 和 RP11 - 618G20.1 在抑制静脉桥血管内膜过度增生中的作用和机制研究""功能化介孔有机硅纳米颗粒介导梗死心肌 miRNA 调控及再生修复的研究"及"环状 RNA 调控角蛋白 Keratin 14/17 影响冠状动脉搭桥术后静脉桥血管再狭窄机制的研究",充分显示了中山医院心脏外科在冠心病研究方面的雄厚实力。

【大血管外科】

"主动脉夹层腔内治疗适应证拓展和优化方案研究"2007年获卫生部部属(管)医院临床学科重点项目;2014年上海市卫生系统重要疾病联合攻关项目"主动脉夹层的预警、救治技术与诊疗规范研究"获得上海市卫计委资助,"主动脉弓部夹层动脉瘤的优化治疗方案研究"获得上海市人社局资助;2015年"FONTUS 术中血管重建系统临床对照研究"项目获得上海市科委资助;"利用 iPSCs 模型对 TGFBR2 基因突变 c. 577C>T 导致 Loeys - Dietz 综合征的机制研究"获2015年国家自然科学基金面上项目资助;2017年"载药单核细胞靶向胸主动脉瘤病变及其干预治疗研究"获得上海市卫计委资助。

【微创心血管外科】

2007年"导航技术在机器人辅助心脏手术的应用"获国家"863"计划资助;2009年"胸腔镜技术和复合技术在心血管疾病中的应用研究"获卫生部科研专项资助;2011年"经右胸前外侧微创切口与胸骨正中切口行二尖瓣手术的前瞻性随机对照研究"获上海市科委计划资助;2012年"机器人辅助心脏手术"获上海市临床医学中心经费资助;2014年"具有自主知识产权的经心尖微创主动脉瓣植入系统的开发研制与临床评价"和"经心尖微创主动脉瓣植入手术动物模型的构建与临床评价"

获得上海市科委资助;2015 年"经胸介入人工心脏瓣膜系统路径临床研究"获得上海市科委项目资助;2016 年"新型心脏微创二尖瓣置换系统研发及成果转化"获上海市科委项目资助。

【组织工程材料研究】

2003 年"组织工程人工心脏生物瓣膜的研制"获上海市科委项目资助;2004 年"复合天然交联剂对动物心脏瓣膜交联作用的研究"获国家自然科学基金资助。在人工血管研究方面:"层层自组装胶原/肝素复合涂层接枝 CD133 抗体捕获内皮祖细胞促进小口径 ePTFE 人工血管内皮化的实验研究"与"一种新型介孔 miRNA21 控释纳米微球/肝素复合修饰小口径聚氨酯人工血管的实验研究"先后获得 2010 年和 2015 年国家自然科学基金资助。

表 2-1-9　2010—2017 年心脏外科获国家自然科学基金资助项目情况表

获批年份	项　目　名　称	项目类型	负责人
2010	一种新型温敏胶原蛋白胶协同骨髓间充质干细胞移植治疗缺血性心脏病的基础研究	青年科学基金	过常发
2010	层层自组装胶原/肝素复合涂层接枝 CD133 抗体捕获内皮祖细胞促进小口径 ePTFE 人工血管内皮化的实验研究	青年科学基金	孙晓宁
2012	一种新型介孔二氧化硅-硫化氢控释纳米微球的构建及在心脏移植保存液中的应用研究	面上项目	王春生
2013	内皮祖细胞的免疫调节功能在移植物血管病变中的作用及机制研究	青年科学基金	杨兆华
2013	一种新型介孔硅纳米颗粒介导的 HGF 基因修饰化骨髓间充质干细胞的构建及其在缺血性心脏病的应用研究	青年科学基金	朱　铠
2015	新型超声控释纳米靶向递送系统介导的心肌梗死区成纤维细胞直接重编程研究	青年科学基金	李　军
2015	一种新型介孔 miRNA21 控释纳米微球/肝素复合修饰小口径聚氨酯人工血管的实验研究	青年科学基金	陆树洋
2015	利用 iPSCs 模型对 $TGFBR2$ 基因突变 c. 577C>T 导致 Loeys-Dietz 综合征的机制研究	面上项目	王春生
2016	晚期糖基化终产物加重静脉桥血管重构的作用和机制研究	面上项目	孙勇新
2017	环状 RNA 调控角蛋白 Keratin14/17 影响冠状动脉搭桥术后静脉桥血管再狭窄机制的研究	青年科学基金	康　乐
2017	长链非编码 RNA Sirt1-AS 和 RP11-618G20.1 在抑制静脉桥血管内膜过度增生中的作用和机制研究	面上项目	季　强
2017	一种新型冷触发硫化氢控释纳米微粒对心脏移植保存液中缺血心脏的保护及作用机制研究	面上项目	过常发
2017	功能化介孔有机硅纳米颗粒介导梗死心肌 miRNA 调控及再生修复的研究	面上项目	朱　铠

五、社会服务

中山医院心脏外科始终积极支持配合医院开展医疗援助工作。2011 年,心脏外科孙晓宁作为国家医疗队副队长赴重庆长寿区人民医院开展医疗援建工作，受到了当地医疗单位及广大群众的热烈欢迎。自 2012 年 7 月至 2017 年 12 月，心脏外科先后派出赖颢、孙勇新、刘琛、宋凯等对新疆喀什地区第二人民医院心胸外科进行对口援助。心脏外科是一个风险高、团队协作依赖性高的学科，援疆专家在面临软、硬件实力较为落后的喀什二院，克服重重困难，从教学查房、规范完善科室制度、传播最新的学术理念，到临床开展心脏外科先心纠治、瓣膜置换与修复及冠脉搭桥等手术，结下了累累硕果。至心脏外科宋凯为期一年半的援疆工作结束，喀什二院已完全具备开展心血管外科绝大部分手术的能力，提高了喀什二院在当地的知名度。

第五节　胸 外 科

一、发展沿革

中山医院胸外科创立于 1947 年，由中国胸外科学奠基人之一、胸外科专家黄家驷担任主任。设立之初有病床 20 张，在当时极其困难的条件下开展了肺结核、支气管扩张、肺囊肿以及肺癌的手术治疗，使中山医院在胸外科领域处于国内领先地位。1958 年，黄家驷调任中国医学科学院院长后，由心胸外科专家石美鑫担任主任。石美鑫在 20 世纪 50 年代的艰难条件下，开拓了胸心外科工作，并成立上海市心血管病研究所，为中国胸心外科的创建和发展做了大量工作。随着患者的增加以及学科发展的需要，1992 年，胸外科分为胸外科和心外科两个独立科室。60余年来，中山医院胸外科与时俱进，不断探索，已经发展成为国内领先的集医、教、研一体的胸外科疾病综合诊疗中心，2011 年被评为卫生部临床重点学科。胸外科同时还是上海市重点学科、上海市胸心外科临床质量控制中心、全国胸外科临床药理基地和胸外科专科医师培训基地。

2015—2017 年，中山医院胸外科综合实力位居全国第五位。2017 年科室有医生 29 人，其中主任医师 3 人，副主任医师 13 人，主治医师 9 人，住院医师 4 人；博士生导师 3 人，硕士生导师 5 人；核定床位 116 张。成立了肺癌和食管癌亚专科。

表 2-1-10　1954—2017 年胸外科历任主任情况表

任 职 时 间	主　任
1954 年 10 月—1964 年 2 月	石美鑫（副主任，主持工作）
1964 年 2 月—1979 年 1 月	石美鑫
1979 年 1 月—1988 年 10 月	任长裕（副主任，主持工作）
1988 年 10 月—1992 年 7 月	蒋振斌
1992 年 7 月—1997 年 12 月	仇德惠（副主任，主持工作）
1997 年 12 月—1999 年 9 月	仇德惠
1999 年 9 月—2005 年 7 月	郑如恒（副主任，主持工作）
2005 年 7 月—2010 年 11 月	王　群（副主任，主持工作）
2010 年 11 月—	王　群

二、医疗特色

2017 年，胸外科年门诊量增长至 42 000 余人次，手术量 4 200 余例，比 10 年前分别增长约 4 倍和 2.5 倍。三、四级手术占比达 96%，手术量在全国综合性医院中名列前茅。科室能开展各类胸外科手术，包括肺癌隆突成形、肺上沟瘤切除、双袖式肺叶切除、结肠代食管、上腔静脉置换、气管肿瘤切除等高难度手术。胸腔镜微创手术在全国处于领先地位，包括胸腔镜肺叶肺段切除、全腔镜食管癌根治术、机器人辅助全腔镜食管癌根治术等。

【肺癌亚专科】

胸外科能开展各类肺癌切除手术，年手术量超过 2 100 例，在国内综合性医院中名列前茅。随着科学技术的不断发展和人们对手术后生活质量的不断追求，微创手术已成为当今外科发展的主流。中山医院胸外科是全国最早开展胸腔镜肺癌切除手术的单位之一。科室 90% 的肺癌切除手术通过胸腔镜完成。胸腔镜手术方式呈现多元化（包括三孔、双孔、单孔及 3D 胸腔镜）。此外，科室还开展了 EBUS、纵隔镜手术及胸腔镜下射频消融治疗。科室依托中山医院强大的综合医疗实力，肺癌术后总体重大并发症发生率约为 0.8%，围手术期死亡率小于 0.1%，均为国内领先。在治疗肺癌术后支气管胸膜瘘领域，水平居全国领先地位。科室利用纤维支气管镜，在瘘口周围黏膜下注射硬化剂治疗支气管胸膜瘘，治愈率达 66%。在此基础上，进一步开展了难治性支气管胸膜瘘合并顽固脓胸患者二期手术，采用带蒂及游离肌瓣加局部胸廓成形术，治愈率达 90% 以上，取得良好的社会效益。尝试内镜下"三明治"疗法治疗支气管胸膜瘘，取得初步成效。该项目获得 2014 年中山医院临床新技术认证。

以 3 科门诊（呼吸、胸外、放射）和 3 科会诊（胸外、化疗、放疗）为代表的肺癌多学科诊治（MDT）模式在中山医院已经开展多年，积累了丰富的经验。从 2013 年 3 月开始，由胸外科牵头，建立了包括胸外科、呼吸内科、化疗科、放疗科、病理科、放射科、核医学科等科室在内的 MDT 团队，真正做到了对疾病的全面个体化精准诊治。这种诊疗模式得到认可，且在全上海范围内进行推广。

【食管癌亚专科】

1994 年，胸外科在国内率先开展电视纵隔镜辅助下经纵隔食管癌切除术。2008 年起，谭黎杰带领团队在国内较早开展胸腹腔镜微创食管癌根治术，将国外微创手术的新技术加以创新和优化，探索出适合中国人群的成熟的技术方法和操作规范，并加以推广应用。至 2017 年底科室已完成 1 500 多例胸腹腔镜微创食管癌根治术（国内最多，国际第二位），临床效果显示生存率和术后并发症控制情况明显优于传统开胸手术。2013 年，该技术方法已被《中国微创食管外科共识》收录，被中国抗癌协会食管癌专业委员会列为重点新技术在国内推广，至 2017 年底，全国各地区、各级别的 100 多家医院已应用了此项新技术，普遍反映临床效果良好，患者满意度高，社会效益显著。中山医院食管癌亚专科每年收治手术患者 600 余人次，是国内收治此类病例最多的单位之一，也是国内食管癌微创技术的主要创新和培训中心之一。在追求手术技术提升的同时，胸外科着眼于控制围手术期并发症。胸外科在国内较早成立了食管癌多学科诊治（MDT）模式，探讨食管癌的最佳诊疗模式，以更好地造福患者。

三、医学教育

胸外科在承担临床和科研工作的同时,还全面开展不同层次的医学教育工作。2017年12月,胸外科拥有博士生导师3人,硕士生导师5人,在读博士及硕士研究生21人。同时,还承担了大量的继续教育工作,每年约有20名来自全国各县、市级以上医院的医生来胸外科进修学习。胸外科每年定期举办多次腔镜手术学习班,吸引了大批国内胸外科专科医生前来参观学习。

胸外科在国内知名度较高,进修医生来源由以往的华东六省一市为主进一步向华北、西北、西南扩展,河北、河南、宁夏、贵州、四川和云南等地的医院也与胸外科建立了进修关系。在胸外科进修后,部分学员成为业务骨干,并在当地开展胸腔镜技术,显著提升所在医院胸外科水平。通过胸外科对腔镜新技术的培训及推广工作,国内近百家医疗单位相继开展了胸腔镜肺叶切除及胸腔镜肺段切除术等新技术。至2017年底,胸腹腔镜微创食管癌根治术已举办国家级继续教育学习班8次,手术转播50余次,培养技术骨干700多人。同时,胸外科每年承办"中山胸部微创论坛暨腔镜高级研讨班"(已举办7届)及"中山医院肺癌论坛"(已举办2届),学员来自全国各地。

胸外科逐渐扩大对外交流,多人在美国和日本著名医学中心长期进修学习,还接待过来自韩国、日本、俄罗斯、美国等多个国家和中国香港、台湾等地区的胸外科同行。此外,科室临床研究创新成果曾多次在国际胸外科顶级学术会议,如美国胸外科学会(AATS)、美国胸外科医师学会(STS)、欧洲胸外科医师学会(ESTS)、欧洲胸心外科协会(EACTS)、国际胸腺肿瘤协会(ITMIG)主办的全球学术会议以及一年一度的世界肺癌大会(WCLC)上发布,并受邀进行发言。

科室成员主编《实用外科学》《现代外科学》《胸心外科手术学图解》《血管外科手术图谱》,副主编《大辞海》《中国医学百科全书》《胸部外科学》,主译《胸部外科学及有关病理学》《肺癌解剖性肺段切除图谱》等多部学术专著,参编全国高等医学院校教材《外科学》、《外科学》(沈克非主编)、《黄家驷外科学》、《胸心外科手术学》、《血管外科学》、《现代肿瘤学》、《实用胸膜疾病学》、《内镜外科学》、《临床外科学》、《临床肿瘤手册》、《外科诊疗常规》、《外科手术并发症的预防和处理》等。参加编写的《辞海》获1989年第一届国家图书荣誉奖、上海市优秀图书特等奖,1993年上海市社会科学优秀成果奖一等奖和1999年上海市社会科学优秀成果奖特等奖。

四、科学研究

胸外科获得多项重大研究成果和国家专利。石美鑫等主持的人工心肺机、体外循环和人工心脏瓣膜的研究成果分别获1978年全国科学大会重大成果奖、1999年卫生部科技进步奖、2001年何梁何利基金科学与技术进步奖;仇德惠主持的"用食管手术导管施行食管胃、肠吻合术"获1995年上海医科大学科研成果奖,"上颈段食管癌、全喉切除,右半结肠咽底部吻合术""气管肿瘤切除、隆突成形术"获1996年培林医学进步奖,"中断肋骨和腋下中断肋骨剖胸新方法"获1998年上海医科大学科研成果奖;曾亮等主持的国家"八五"攻关课题"^{99m}Tc标记抗人肺癌单抗LC-1 IgM片段在肺癌放射免疫显像的临床研究"通过1997年上海市卫生局科研成果鉴定,获上海医科大学科研成果奖和上海市优秀发明选拔赛一等奖。仇德惠研制的食管手术导管获1995年国家专利,无损伤管腔吻合钳获1996年国家专利,无水胸腔闭式引流装置获1998年国家专利及1999年上海市职工技术协会一等奖。谭黎杰主持的食管癌微创治疗获得2014年上海医学科技奖三等奖。葛棣主持的

"纤维支气管镜下'三明治'法治疗肺术后支气管胸膜瘘"及谭黎杰主持的"单孔胸腔镜肺叶切除"获2014年中山医院临床新技术认证。谭黎杰团队因食管癌微创治疗技术获得了2016年上海市科技进步奖二等奖。

在王群主持下,胸外科在肺癌微创治疗的规范化研究方面做了大量细致的临床工作,将其细分为切口微创化、肺组织切除范围微创化以及淋巴结清扫范围微创化三部分,实现了真正意义上的肺癌根治性个体化微创治疗,且最大限度减轻非小细胞肺癌患者的痛苦,推动了科室及周边地区微创手术的发展,使更多的患者获益。

胸外科先后在国内权威杂志和国外 SCI 杂志上发表各类论文 200 余篇。2017 年,共承担 4 项肺癌相关的国家自然科学基金和多项省部级课题,发表 SCI 论文 30 余篇。相关成果发表在 *Cancer*、*British Journal of Cancer*、*Lung Cancer* 等知名 SCI 期刊,并在世界肺癌大会(WCLC)等国际会议上发言及做壁报交流。

食管癌亚专科承担 4 项食管癌相关的国家自然科学基金和多项省部级课题,已发表相关论文 22 篇(SCI 收录 13 篇,影响因子总计 42.8,他引 118 次),获国家专利 2 项,受邀在美国胸外科学会(AATS)年会、美国胸外科医师学会(STS)年会、欧洲胸外科医师学会(ESTS)年会、欧洲胸心外科协会(EACTS)年会、国际食管疾病大会(ISDE)等国际顶级学术会议上做报告 12 次。

表 2-1-11 2012—2016 年胸外科获国家自然科学基金资助项目情况表

获批年份	项 目 名 称	项目类型	负责人
2012	14-3-3ζ-Hsp27 复合物促进非小细胞肺癌上皮间皮转化及机制的研究	青年科学基金	丁建勇
2013	钙蛋白酶 CAPN4 对 C5a/C5aR 补体系统介导的非小细胞肺癌侵袭及转移的调控研究	面上项目	葛 棣
2013	食管鳞形细胞癌转移新机制:肿瘤干细胞靶向转移和 CXCR4 分子的关键作用	青年科学基金	卢春来
2013	基于灰色神经理论的人工气胸新技术在微创食管手术中应用的安全性分析	面上项目	冯明祥
2014	特络细胞在食管癌中的作用和分子机制研究	面上项目	王 群
2014	经颈单孔微创食管切除术的外科解剖学研究	青年科学基金	沈亚星
2014	非小细胞肺癌中 C/EBPβ 对 ATM/ATR 和放疗敏感性的作用研究	青年科学基金	詹 成
2014	去泛素化酶 HAUSP 调控 UBE3C 促进非小细胞肺癌上皮间质转化及其机制研究	青年科学基金	古 杰
2015	新型基质蛋白 Frem2 对 IL-1/IL-1RI 介导的食管癌侵袭转移的调控作用研究	面上项目	林宗武
2016	肺腺癌中 Timp-1 促癌机制的研究及其阻断抗体的运用	面上项目	夏怡丰

五、社会服务

【医疗援助】

自 2008 年起,胸外科先后派出 5 位专家参加了 6 批次的国家医疗队,其中 1 人担任医疗队队长；此外，1人参加国家卫计委指派的云南省富源县人民医院对口援建，1人参加云南省曲靖市第二人民医院对口援建。科室多名主治医师连年参加上海市基层医院的医疗援助。

在2008年汶川特大地震中，胸外科范虹、蒋伟奔赴灾区，执行救援任务，获得"抗震英雄"称号。2013年雅安地震中，王群作为国家卫计委抽调的3位上海专家之一，紧急赶赴灾区执行救援任务。2014年昭通地震，王群再次临危受命，挽救了大量宝贵生命。随着国际地位的上升，在诸如亚太经合组织（APEC）会议、G20峰会等许多在中国举办的大型重要国际会议中，胸外科也选派了多位专家担任医疗保障的重要工作。

【科普工作】

胸外科历来重视科普工作，多次选派专家参与和上海本地媒体合作的科普讲座和义诊，并在《大众医学》《新民晚报》等平面媒体刊发多篇关于胸外科常见病及疑难病例的科普文章。进入互联网时代以来，各位专家积极开设个人网页，并在诸如"好大夫"等网站撰写科普文章，与患者进行深入交流，取得良好的社会效应。

第六节 泌 尿 外 科

一、发展沿革

1945年，中山医院就设有泌尿外科组，归属于大外科，由中国泌尿外科的奠基人之一熊汝成主持。1952年，医院正式建制泌尿外科，设专科门诊、急诊和病房，拥有60张病床及头等病房、儿科病房。熊汝成为首任负责人，科室成员另有陈家骝（后去重庆医学院）、樊苏培（后去新疆医学院）、沈家立（后去华山医院）和章仁安等。这是中国最早成立并拥有独立病房的泌尿外科专业科室之一，在国内外享有很高的声誉。1953年后，陆续又有缪廷杰、何梓铭、缪中良、董惠群、张元芳（后去华山医院）、张永康、王国民等相继加入泌尿外科团队工作。

2017年，科室实际开放床位100余张，全年门诊量15.5万人次，全年出院患者5 186人次，手术量5 163例，其中大手术占70%～80%。科室主任郭剑明，副主任孙立安和张立。拥有29名医师，其中教授、主任医师7人，副教授、副主任医师6人，另有主管技师2人，主管护师和护师各2人。设有泌尿外科实验室、震波碎石室、尿动力学室、泌尿内镜室和高强度聚焦超声治疗室等。拥有西门子震波碎石机、尿动力学仪、高强度聚焦超声肿瘤治疗机、第四代超声弹道碎石清石系统（EMS）、数字平板泌尿外科影像系统、B超、经皮肾镜、输尿管镜、输尿管软镜、电子膀胱硬镜、电子膀胱软镜、前列腺汽化、等离子电切镜、电子腹腔镜、钬激光、半导体激光等专科设备。

表 2-1-12 1957—2017年泌尿外科历任主任情况表

任 职 时 间	主 任
1957年11月—1978年3月	熊汝成
1984年12月—1992年4月	章仁安
1992年4月—1993年12月	张元芳

（续表）

任 职 时 间	主 任
1993 年 12 月—1994 年 9 月	张永康（代）
1994 年 9 月—1995 年 8 月	张元芳
1995 年 8 月—2004 年 5 月	张永康
2004 年 5 月—2010 年 11 月	王国民
2010 年 11 月—2013 年 2 月	郭剑明（副主任，主持工作）
2013 年 2 月—	郭剑明

二、医疗特色

由于疾病谱的变化，泌尿外科的医疗特色有一个变化的过程。从建科伊始到 20 世纪 80 年代，泌尿外科以肾动脉狭窄、人工肾、肾移植、尿石症、男性计划生育等为主要特色，并做出很多开创性工作，如自体肾移植、同种异体肾移植、震波碎石、全膀胱切除及回肠代膀胱术、腹膜后淋巴结清扫、髂腹股沟淋巴结清扫、经腹切口根治性肾切除、血卟啉辅助激光切除膀胱肿瘤等。20 世纪 90 年代后，随着肿瘤发病率的提高以及泌尿腔镜技术的大发展，泌尿系统肿瘤、以腔镜和机器人辅助外科手术技术为代表的微创治疗等成为新的医疗特色，但是肾移植、尿石症的治疗依然保持传统优势并得到新的发展。

【肾血管性高血压】

20 世纪 50 年代，开始使用腹主动脉造影检查诊断由肾动脉狭窄引起的高血压。1961 年起，在国内首创应用真丝人造血管做肾-腹主动脉旁路手术治疗肾动脉狭窄获得成功，主要研究者为熊汝成、缪廷杰等。由缪廷杰（泌尿外科）和李建明（血管外科）共同完成肾动脉-主动脉搭桥手术（by-pass operation）。首先提出国人肾动脉狭窄的主要病因是大动脉炎，自体肾移植术是其首选治疗。1973 年，成功进行首例左肾自体肾移植治疗左肾动脉狭窄引起的高血压，由董惠群（泌尿外科）、吴光汉（普外科）共同完成。相关论文由熊汝成在国际学术会议上交流，得到高度评价。

【人工肾的研制和临床应用】

20 世纪 50 年代，开始人工肾的研究，于 1959 年试制成功套筒式人工肾，由章仁安按法国 Kolf 大滚筒型人工肾改制为多层小滚筒式人工肾。1972 年 9 月，研制成功平板型（Kill 型）人工肾，主要研究者为缪中良，上海市内约 20 家科研单位和工厂单位参与研制。人工肾的研制成功填补国内空白，为晚期肾衰竭患者的治疗提供条件，为国内开展血液透析和肾移植做技术上的准备。缪中良、董惠群、章仁安等用首台人工肾成功抢救急性挤压伤伴肾小管坏死肾衰竭病例。1973 年 10 月 5 日，又用医院研制的平板型人工肾抢救青鱼胆中毒所致的急性肾功能衰竭病例获得成功。后来该设备由天津第三医疗器械厂批量生产。1974 年，人工肾研制获上海市重大科技成果奖。与肾内科合作率先在国内开展血液透析和腹膜透析治疗尿毒症患者。王国民等研究血液通路的建立和腹膜透析管的置放，并向上海市及全国各地推广。

【肾脏移植】

20 世纪 50 年代,开始进行多次肾移植动物实验。1970 年 1 月,进行首例尸体肾移植,患者存活 45 天,是国内最早开展同种异体肾移植的单位之一。1975 年 7 月 14 日,对一例慢性肾小球肾炎尿毒症患者进行尸体肾移植术,历经多次排异和并发症,获得成功,患者存活 9 年以上,是当时中国存活时间最长的肾移植病例。此项工作指导者为熊汝成,参加手术的医师有泌尿外科缪廷杰、章仁安、董惠群、王国民、缪中良,普外科吴光汉,血管外科李建明等;肾内科廖履坦、赵仲华,中医科邹杨华也共同参与。1977 年肾移植研究获上海市重大科技成果奖,1978 年肾移植团队获全国医药卫生科技大会颁发的全国医药卫生先进集体称号。此项研究的论文于 1979 年先后在《中华医学杂志》和《中华外科杂志》上发表。1979 年,博士生陈惠方研究用氟碳化合物人造血保存离体肾,成功地保存动物离体肾 96 小时,并将此灌注液试用于临床。1983 年 8 月,由熊汝成主编、缪廷杰副主编的专著《肾脏移植》由人民卫生出版社出版。1991 年完成全国第一例年龄仅 8 岁的儿童肾移植。此后,肾脏移植逐渐转为科室的常规工作。2004 年 4 月 28 日,首次采用手辅助腹腔镜进行亲属活体供肾切取并行肾移植,获得成功。采用此方法完成亲属肾移植,可以减少对供体的创伤,促进亲属肾移植数量增加,2005 年获上海市临床医疗成果奖三等奖。肾脏移植形成专门的人才队伍,有规范的制度及后勤保障等体系,手术成功率、人/肾长期存活率达国内先进水平。此外,还开展脑死亡供肾肾移植、上海首例供肾小肾癌切除后活体亲属供肾肾移植、上海首例 ABO 血型不相容的活体亲属供肾肾移植等新技术的探索。

【泌尿系结石】

1976 年,缪廷杰与上海市计量局及武汉同济医学院附属同济医院章咏裳等研究水通过磁场可使 H_2O 的氢键断裂的机制,并经紫外光谱得到证明。动物实验的结果提示:磁化水组肾内钙明显降低。1980 年,"磁化水防治泌尿系结石研究"获上海市重大科技成果奖。1984 年 10 月,与上海交通大学合作研制利用液电效应的肾结石体外粉碎装置,1985 年上半年进行动物实验,1985 年 12 月 27 日进入临床试验。至 1986 年 5 月底,临床试验 62 例,总共 66 次,肾结石粉碎成功率达 98.41%。1987 年 7 月,"液电冲击波体外破碎肾结石技术"获国家科技进步奖一等奖(与上海交通大学共同申报)。中山医院参加该实验与临床研究者有章仁安、张元芳、缪中良、王国民、张永康等。1990 年初,在上海召开首次全国体外震波碎石会议,吴阶平等许多来自全国各地的专家参加会议,交流经验,推动体外震波碎石的开展和普及。2005 年 12 月,正式开展经皮肾镜碎石清石术。2007 年,开展小儿经皮肾取石术(PCNL)术。2007 年"三聚氰胺奶粉事件"发生后,郭剑明作为卫生部指定专家赴河北开展小儿结石微创手术治疗。同年 11 月,王国民、郭剑明的"三聚氰胺致婴幼儿尿路结石的内镜外科治疗临床研究"在第十八届中国内镜医师大会上获第五届恩德思医学科学技术奖二等奖。2014 年起,开展物理震荡排石技术,并在国际上率先在泌尿外科顶级杂志 *J Urology* 上发表。开展超声+GPS 精准穿刺微创经皮肾镜碎石取石术,获 2015 年中山医院临床新技术认证。2017 年,开展超微经皮肾镜碎石术。

【男科】

早年为响应计划生育基本国策,开展男性避孕相关研究。20 世纪 60 年代,缪廷杰发现食用生棉籽油可引起男性不育症。经过精液检查、睾丸活检和药物分析,证实和肯定这是由粗制棉籽油中的棉酚所致,棉酚对男子有抑制生育作用。1978 年,男用口服避孕药棉酚的临床研究在全国科学大会上获重大科技成果奖。1986年,"棉酚致低血钾及低血钾肌无力症发病原因的研究"获"六五"国家科技攻关成果奖三等奖,参加此项临床研究的医师有章仁安、张永康、王国民等。1956年,科室编著的《输精管结扎术》由人民出版社出版,后又与上海医疗设备厂共同研制输精管结扎手术的专门器械。1990年,张永康、王国民编著《男子的生育、不育和避孕》由上海科学技术文献出版社出版。2011年起,王国民担任上海中西医结合学会泌尿男科专业委员会主任委员,杨念钦任委员兼秘书。科室定期主持开展中西医结合男科和泌尿外科学术活动,交流学术成果。同期开始开展显微外科精索静脉曲张手术、输精管再通等手术,并与生殖医学中心合作开展显微取精手术。

【泌尿和男性生殖系肿瘤】

1953年,缪廷杰、熊汝成等已开始研究睾丸肿瘤的病理分类、发病因素和手术方法,其中腹膜后淋巴结清扫术范围、手术指征和技术改进均为国内首先发表。1956年7月,开始施行髂腹股沟淋巴结清扫术在阴茎癌髂血管旁淋巴结转移的病例中的应用,取得良好效果。该研究论文发表于《中华外科杂志》(1959年),主要研究者沈家立、缪廷杰、陈家骅(后去重庆)、熊汝成。1983年,缪廷杰、王国民等开展尿脱落细胞吖啶橙染色法荧光显微镜检查诊断膀胱癌。王国民的论文《尿脱落细胞吖啶橙染色法诊断膀胱肿瘤》在1984年第二届上海市泌尿外科青年医师优秀论文比赛中获得第一名。1984年,缪廷杰、张元芳等应用卟啉衍生物开展光敏技术诊断膀胱肿瘤。1986年,缪廷杰、王泽等开展流式细胞计数(FCM)技术诊断膀胱肿瘤,相关研究论文发表于 *European Urology*。1991年6月,"流式细胞分析术和影像细胞分析术在膀胱肿瘤诊断和预后的应用"获卫生部科技进步奖三等奖。20世纪90年代起,张永康、王国民等开展经腹部切口根治性肾切除术,特别是对大肾癌、腹膜后淋巴结转移、腔静脉癌栓的发现率及清除率得到提高。

进入21世纪后,随着泌尿系肿瘤发病率的增加,泌尿系肿瘤成为科室主要临床和基础研究对象,并逐渐形成亚专科发展的局面。

前列腺癌 孙立安、陈伟为亚专科负责人。拥有几乎所有的前列腺癌治疗方法。针对局限性前列腺癌,开展腹腔镜和达芬奇机器人辅助腹腔镜前列腺癌根治术、^{125}I放射性粒子植入治疗(王国民、徐志兵、朱延军等,2001年起)和根治性外放射治疗;针对晚期前列腺癌开展内分泌治疗、高强度聚焦超声治疗;针对去势抵抗性前列腺癌开展新型内分泌治疗和化疗等。开展前列腺穿刺活检600余例/年。2017年5月起,开展磁共振和超声图像融合前列腺穿刺技术。2014—2016年,参与国际多中心临床研究"氯化镭在伴有骨转移的去势抵抗性前列腺癌患者中的辐射计量学及药代动力学研究",全国入组病例数第一。2016年起,探索性地开展寡转移灶前列腺癌的前列腺根治术和放疗后挽救性前列腺癌根治术。

肾癌 郭剑明、王杭为亚专科负责人。开展腹腔镜和机器人辅助腹腔镜保留肾单位肾癌切除术、小切口保留肾单位肾癌切除术、高RENAL评分的保留肾单位手术等。2014年,王杭等提出首个国人肾肿瘤评分系统,成果发表在 *Medicine* 杂志上,并获2016年第二十八届上海市优秀发明选拔赛优秀发明铜奖。开展多种晚期肾癌的靶向治疗。郭剑明团队开展肾癌预后模型及靶向治疗预测模型的基础研究。2016年泌尿外科领域著名期刊 *BJU International*(最新影响因子4.387)推出特刊(*Virtual Issues*),正式发布近2年的6篇中国最佳研究论文,其中第一篇是郭剑明、刘立及其团队发表的肾癌相关论文。

膀胱癌 郭剑明、姜帅为亚专科负责人。开展钬激光或半导体激光膀胱肿瘤经尿道整块切除(BT-ESD)、腹腔镜和机器人全膀胱切除及原位新膀胱术等新技术。开设膀胱肿瘤专病门诊,开展膀胱软镜检查、卡介苗膀胱灌注治疗高危非肌层浸润性膀胱肿瘤。参加多项 PD-1 和 PD-L1 抗体用于晚期膀胱癌免疫治疗的国际多中心临床研究。

【腹腔镜手术、达芬奇机器人外科手术系统在泌尿外科的临床应用】

1993 年 12 月,王国民等开始应用腹腔镜手术治疗精索内静脉曲张,科室成为国内最早开展腹腔镜泌尿外科手术的单位之一。之后采用经后腹腔途径行腹腔镜下肾囊肿切除、输尿管切开取石、肾上腺良性肿瘤切除和肾切除等。1994 年夏,泌尿外科与台北市阳明大学在中山医院共同举办海峡两岸泌尿系统腹腔镜手术研讨会。1995 年春,王国民、张永康与国内同道共 7 人受邀赴阳明大学参加海峡两岸泌尿系统腹腔镜手术学术会议,成为大陆最早赴台交流的泌尿界专家。现采用经腹或经后腹腔途径施行的手术有精索内静脉高位结扎、肾囊肿切除、输尿管切开取石、肾上腺肿瘤(原发性醛固酮增多症、皮质腺瘤、嗜铬细胞瘤)切除、皮质醇症(库欣综合征)肾上腺切除、肾癌根治、亲属供肾切取、肾部分切除、前列腺癌根治术、全膀胱切除术等,腹腔镜手术 1 500 余例/年。

2009 年 6 月 15 日,达芬奇机器人外科手术系统落户中山医院,医院成为国内最早拥有这一世界先进装备的单位之一。7 月 8 日,泌尿外科在国内率先开展了达芬奇机器人辅助腹腔镜肾盂成形术。此后,泌尿外科机器人团队在王国民、郭剑明、朱同玉、孙立安等的推动和指导下,提高手术水平,扩展适应证,完成大量前列腺癌根治术、保留肾单位肾肿瘤切除术、根治性全膀胱切除术、活体供肾切取术等高难度复杂泌尿外科机器人手术。至 2016 年 6 月,泌尿外科顺利完成 1 000 例达芬奇机器人手术。2016 年 7 月 8 日,"达芬奇机器人中国泌尿外科手术临床教学示范中心"在中山医院正式挂牌,院长樊嘉为中心揭牌。2011—2017 年,泌尿外科已连续举办 5 届机器人泌尿外科手术论坛,邀请来自美国、韩国等国际机器人泌尿外科手术大师前来讲学和手术演示,吸引来自上海和周边地区的诸多泌尿外科医师参加。同时,中山医院机器人手术团队的力量也在不断壮大,有更多的医师出国参加机器人手术注册培训,许多年轻医师作为助手参与机器人手术,成为这支队伍的后备力量。

【其他微创技术】

进入 21 世纪,各种微创技术在泌尿外科蓬勃发展。如经尿道前列腺等离子电切(TURis)、经阴道无张力吊带(TVT、TVT-O)、Memokath 热成形螺旋形前列腺支架植入治疗前列腺部梗阻、钬激光前列腺剜除术、半导体激光前列腺消融术、腹腔镜半导体激光零缺血肾部分切除术等。以上新技术、方法及仪器设备,许多是首次在上海或全国被中山医院采用。

三、医学教育

泌尿外科是教育部国家重点学科,首批硕士、博士学位授权点。1978 年,泌尿外科成为硕士学位授予点,熊汝成为硕士生导师,陈惠方从 32 名考生中被录取为硕士研究生。1982 年,外科学成为上海医学院 8 个博士学位授权点之一,熊汝成任博士生导师,陈惠方顺利转博,成为医院第一位泌尿外科研究方向的博士生。1985 年,陈惠方通过博士论文答辩,当时吴阶平为博士答辩委员会主席。此后熊汝成又培养硕士研究生 6 人,博士研究生 3 人。2017 年,科室拥有博士研究生导师 4 人,硕士研究生导师 3 人。

2005 年，王国民获复旦大学优秀研究生导师。王国民和郭剑明均曾获复旦大学"我心目中的好老师"称号。

科室多名成员参与编写《实用外科学》（人民卫生出版社），熊汝成为该书第一版主编（1992年），王国民为第三版副主编（2012 年），郭剑明为第四版"泌尿外科分编"主编（2017 年）。王国民担任全国高等医学院校统编教材《外科学》第六至八版的"泌尿外科分编"负责人。郭剑明参编国家卫计委住院医师规培教材《外科学·泌尿外科分册》。2009 年，王国民作为第二完成人参与的教学课题"构建现代医学生科研素质培养体系"获上海市教学成果奖一等奖和国家教育部教学成果奖二等奖。

自 1953 年起，开始承担进修医生带教任务，起初为每年 2～4 人，以后逐年增加，现在每年有 10人左右。1976 年起，上海开始举办全国泌尿外科进修学习班，科室多名专家均参与授课。科室举办国家级继续教育项目"泌尿系肿瘤诊治"、"腹腔镜在泌尿外科的临床应用"（2001 年起）、"经皮肾镜和输尿管软镜"（2008 年起）等。自 2001 年起，每年召开泌尿系统腹腔镜手术研讨会、内镜-腹腔镜泌尿外科中山论坛等。2011—2017 年连续举办 5 届机器人泌尿外科手术论坛，邀请国内外专家参加，并做学术报告和手术演示。2015—2017 年，先后选派 9 名医师或研究生赴国外进行为期 1 年及以上留学，40 多人次参加国际学术交流和访问。

四、科学研究

从 20 世纪 50 年代泌尿外科成立开始，在熊汝成、缪廷杰等先驱的带领下，科室就开展各种以临床技术创新为主的科学研究。例如肾血管性高血压发病机制和病理基础的研究、人工肾研制、肾脏移植相关研究（抗排异、器官保存等）、体外震波碎石、泌尿系肿瘤流行病学、流式细胞诊断等。1974 年，"平板型人工肾研制"获上海市重大科技成果奖。1977 年，"同种尸体肾移植"获上海市重大成果奖。1978 年，肾移植团队获全国医药卫生先进集体，"男用节育药——棉酚"获全国科学大会重大科技成果奖。1986 年，"棉酚致低血钾机制研究"获"六五"国家科技攻关成果三等奖。1987年，"体外震波碎石机的研制及临床应用"获国家科技进步奖一等奖，"全氟碳代血液"获中国人民解放军总后勤部科技进步奖三等奖。

进入 21 世纪，科室一方面仍坚持临床新技术的开展和研究。2005 年，"手辅助腹腔镜活体供肾切取在亲属肾移植中的应用"获上海市临床医疗成果奖三等奖。2006 年，"高能聚焦超声治疗肿瘤的效应基础研究和临床应用"获上海医学科技奖三等奖。2008 年，"三聚氰胺致婴幼儿尿路结石的内镜外科治疗临床研究"获第五届"恩德思"医学科学技术奖二等奖。2015 年，"小切口保留肾单位手术治疗 RENAL 评分≥8 分复杂性肾肿瘤"获第二十七届上海市优秀发明选拔赛优秀发明铜奖。2016 年，"中山评分——首个国人肾肿瘤评分系统的建立和应用"获第二十八届上海市优秀发明选拔赛优秀发明铜奖。另一方面，随着生物医学基础研究逐渐进入基因和分子时代，泌尿外科科学研究更加集中于泌尿男生殖系统肿瘤发病机制和诊断治疗的分子生物学研究、肾脏移植免疫耐受诱导等基础领域，获得多项国家级课题资助。2008—2011 年参加"211"工程三期重点学科建设项目"手、脑与重要器官病损的功能重建的应用基础与临床研究"；2010—2013 年参加"985"工程三期肿瘤学科建设项目"癌转移研究及其临床转化"。2007—2017 年，泌尿外科获国家自然科学基金25 项。

表 2 - 1 - 13　2007—2017 年泌尿外科获国家自然科学基金资助项目情况表

获批年份	项　目　名　称	项目类型	负责人
2007	逼尿肌细胞张力负荷下肌球蛋白表达变化信号传导通路的研究	青年科学基金	王　杭
2009	诱导肿瘤干细胞分化使激素非依赖性前列腺癌转型的实验研究	青年科学基金	陈　伟
2010	调节 T 细胞及亚群在肾移植联合供者造血干细胞移植诱导免疫耐受中作用的研究	面上项目	朱同玉
2011	以 EZH2 为靶标的移植肾急性排斥反应发病机制及防治策略的研究	青年科学基金	王继纳
2012	多肽 HBSP 保护猪移植肾的信号通路的动态网络研究	面上项目	戎瑞明
2012	封闭 CD25 对调节性 T 细胞功能演变及下游信号通路影响的研究	面上项目	朱同玉
2013	内皮素受体下调介导的配体调控机制在移植肾损伤保护中的作用	青年科学基金	贾亦臣
2013	CpG ODN - MF59 辅佐肿瘤-睾丸抗原诱导抗小鼠前列腺癌的作用及其机制研究	青年科学基金	谢　冲
2013	调节性 T 细胞效应分子 sFGL2 在移植肾急性排斥反应中的作用及其机制研究	面上项目	许　明
2013	Jagged1/Notch1 信号活化介导的肾癌干细胞样表型促进舒尼替尼耐药的分子机制及克服策略研究	面上项目	林宗明
2014	表观抑制因子 EZH2 通过维持肾癌干细胞样特性参与舒尼替尼抵抗的机制研究	面上项目	郭剑明
2014	间充质干细胞通过干预 NLRP3 炎症小体介导的树突状细胞分化治疗肾脏缺血再灌注损伤的机制研究	青年科学基金	张　易
2014	肾癌微环境中 M2 型巨噬细胞活化促进舒尼替尼治疗抵抗的分子机制及逆转策略研究	青年科学基金	许　乐
2014	环肽 CHBP 抑制树突状细胞成熟在防治移植肾急性排斥反应中的机制	青年科学基金	杨　橙
2015	特络细胞调控 EMT 减轻移植肾间质纤维化的作用和机制研究	青年科学基金	林　森
2015	HLA - E 单抗抑制 B 细胞激活减轻肾移植抗体介导排斥反应的机制	青年科学基金	朱　冬
2015	特络细胞与肾小管生发前体细胞间对话在急性肾损伤修复中的作用和机制	青年科学基金	戚贵生
2015	新型小分子肽 CHBP 抑制 DC 自噬减轻移植肾排斥反应的机制	面上项目	朱同玉
2017	成纤维细胞生长因子 9（FGF9）通过调节前列腺间质重塑促进良性前列腺增生的分子机制研究	青年科学基金	徐向来
2017	N-乙酰基半乳糖胺转移酶 10 调控黏蛋白 18 的 O-糖基化参与肾癌舒尼替尼治疗抵抗的机制研究	青年科学基金	刘　立
2017	肾癌细胞膜表面 Podoplanin 激活血小板促进肾癌转移复发的机制研究	青年科学基金	白　奇

（续表）

获批年份	项 目 名 称	项目类型	负责人
2017	糖蛋白 Podoplanin 通过活化 Clec－2$^+$DCs 抑制 CD8$^+$T 细胞功能促进肾癌发生发展的机制研究	青年科学基金	夏　雨
2017	S1P/EPO 介导的肾小管上皮细胞吞噬在肾脏缺血再灌注损伤及恢复中的作用和机制	面上项目	杨　橙
2017	CHBP 诱导的 MDSC 极化在器官移植免疫耐受中的作用及机制	面上项目	戎瑞明
2017	SETD2 表达缺失通过促进补体 C5a 分泌和中性粒细胞活化介导肾癌耐药的分子机制和临床意义研究	面上项目	郭剑明

五、社会服务

【医联体建设】

自 2008 年起，承担青浦分院泌尿外科学科建设工作，郭剑明任青浦分院泌尿外科学术带头人。2016 年 4 月，徐汇区－中山医院医疗联合体成立，徐汇区中心医院挂牌中山医院徐汇医院。同年 6 月 8 日，郭剑明被任命为徐汇医院泌尿外科学科带头人。至 2017 年，徐汇医院泌尿外科手术量翻倍，三、四级手术比例显著提高，开展多个新项目、新技术。2017 年，张立作为首批赴厦门分院开展工作人员，受聘为外科病区主任兼泌尿外科执行主任。

【对口援建和医疗救援】

1951 年 7 月，熊汝成担任抗美援朝志愿医疗队第七大队大队长。1973 年 11 月—1974 年 10 月，王国民参加中山医院医疗队赴青浦开展血吸虫病防治工作，并担任队长。1987 年 3—8 月，王国民参加由上海医科大学组建的国家卫生部医疗队赴云南省德宏傣族景颇族自治州援建。1991 年 3 月—1994 年 4 月，王国民参加国家卫生部派遣援非医疗队赴摩洛哥（第六批塔扎点），并任队长。该医疗队 2005 年获全国先进集体。1993 年 3 月—1995 年 4 月，董惠群赴摩洛哥援建（第七批塔扎点）。2011—2014 年，王杭、刘宇军、张建平、许明、胡骁轶先后赴云南富源县人民医院对口支援 3 至 6 个月。2011 年，张建平在富源成功抢救罕见急危重腹膜炎患者并指导当地医生发表该院首篇核心期刊论文；同年，卫生部领导在富源考察医院对口支援工作，郭剑明做现场手术演示。2015—2016 年，朱延军赴云南省曲靖市第二人民医院对口援建 6 个月，并担任医疗队队长。2016 年 4 月 9 日，在云南省曲靖市第二人民医院成功举办"中山-曲靖泌尿结石微创治疗学术论坛"，郭剑明、王国民、徐志兵、崔蓉和病理科侯君等参加论坛授课和手术演示。2011 年，郭剑明、戎瑞明、朱延军分别参加国家医疗队赴重庆、安徽、新疆开展巡回医疗。2012 年，陈伟参加国家医疗队赴新疆开展医疗支援工作。2008 年，徐志兵参加医疗队赴四川汶川地震灾区，开展医疗救援工作。

【科普工作】

泌尿外科历来重视科普。20 世纪 70 年代，熊汝成、缪廷杰等深入农村开展计划生育科普宣传。

进入 21 世纪,科室医师编写出版科普专著,并在《大众医学》等杂志和网络平台上发表科普文章。王国民主编的《泌尿及生殖系统常见恶性肿瘤防治:120 问与答》深受好评。郭剑明在《大众医学》《新民晚报》《健康报》《大众卫生报》,北京卫视、东方卫视、上海电台,以及丁香园、肿瘤瞭望等网络平台发表科普文章,制作专题科普节目。科室在每年 10 月 28 日男性健康日举行科普讲座和义诊活动。此外,还针对肾癌、前列腺癌等常见肿瘤每年不定期开展患者宣教活动。组织肾脏移植患者联谊活动("肾友会"),开展器官移植术后康复的科普宣教。

第七节 血管外科

一、发展沿革

20 世纪 50 年代后期,中山医院在国内首先建立隶属普外科的血管外科组,形成院长崔之义领导下的专业队伍,成员包括冯友贤、汤钊猷、余业勤、李建明等。1957 年,由崔之义、冯友贤与上海丝绸研究所合作,在国内率先创制成功真丝人造血管。20 世纪 60 至 80 年代中期,血管外科不断发展,形成了一支专业队伍。在冯友贤带领下,李建明、郑佳瑾、施群、范梅影等近十名医师,采用真丝人造血管治疗动脉瘤、动脉硬化性闭塞症、多发性大动脉炎、动脉损伤、动静脉瘘和门静脉高压症等 600 余例患者,取得了良好的效果,并于 1977 年获得上海市重大科技成果奖。同时,在多发性大动脉炎的临床分型和外科治疗、颈动脉体瘤的诊断和治疗、深静脉血栓形成和血栓闭塞性脉管炎等疾病的研究方面,取得较好成绩。尤其在血管无创伤检查的研究和临床应用方面做出开拓性的工作,成为国内血管无损伤检查实验室中规范性的实验室。血管外科组成员的开拓精神和取得的成果得到上级部门肯定,1979 年经卫生部批准在中山医院成立了全国第一个血管外科研究室。冯友贤、吴肇光和王玉琦先后担任研究室主任,李建明和王玉琦先后担任副主任。

20 世纪 80 年代中后期,冯友贤、李建明、郑佳瑾、施群、范梅影等相继出国,在王承棓和吴肇光的统筹关心下,又形成了以王玉琦、陈福真、叶建荣、童一砂和符伟国等为代表的一批血管外科专业医师队伍。1988 年血管外科正式成立,成为全国最早独立的血管专科。陈福真、符伟国和郭大乔先后担任主任和副主任。1989 年王玉琦从澳大利亚学成回国,开展了腹主动脉瘤、下肢动脉硬化闭塞症、颅外颈动脉狭窄和下肢静脉曲张等血管外科疾病的经典外科治疗,使血管外科得到了迅速发展壮大的机会。

1999 年经批准,上海医科大学血管外科研究所正式成立,成为国内第一个专业血管外科研究所,首任所长王玉琦,副所长符伟国。2001 年血管外科入选复旦大学"985"工程"重中之重"学科项目。2002 年起作为普外科的一部分连续被评为国家教育部重点学科。

2005 年 4 月,血管外科病房由原有的 24 张床扩展为 1 个病区,总核定床位数增加为 40 张,加床 5 张。2015 年,血管科将专业进行了细分,成立 4 个亚专科,分别是主动脉外科、颈动脉外科、下肢动脉外科和干细胞专业。

至 2017 年血管外科共有医师 15 人,其中正高职称 6 人,副高职称 5 人,主治医师 4 人;博士生导师 2 人,博士后导师 1 人,硕士生导师 6 人。2017 年,接诊国内外的门诊患者 4.5 万余人次,开展住院手术 2 200 余例。2017 年,住院患者手术率 93.1%,平均住院天数 7.46 天。

表 2 - 1 - 14　1988—2017 年血管外科历任主任情况表

任　职　时　间	主　任
1988 年 2 月—1998 年 10 月	陈福真
1998 年 10 月—	符伟国

二、医疗特色

中山医院血管外科作为国内最大的血管疾病诊治中心之一，收治各类血管疾病，也是国内最大的血管疑难重症的会诊转诊中心之一。经过多年的发展，逐渐形成了主动脉外科、颈动脉外科和下肢动脉外科等亚专科医疗特色。

【主动脉外科亚专科】

1959 年，由崔之义、冯友贤与上海丝绸研究所合作，在国内率先创制成功真丝人造血管。从 20 世纪 60 至 80 年代中期，在冯友贤带领下，在国内率先采用真丝人造血管，开展腹主动脉瘤切除人造血管移植取得了良好的效果，相关成果发表在中华系列杂志上。

1989 年，王玉琦从澳大利亚学成回国，带回了当时国际上腹主动脉瘤切除、降落伞式人造血管移植的经典外科治疗方法，进一步推动了科室以及国内腹主动脉瘤的外科治疗。20 世纪 90 年代末期，在陈福真带领下，全科累计开展腹主动脉瘤切除人造血管移植术逾 400 例，死亡率降低至 6%，处于国内领先地位。

90 年代中后期开始，在麻醉、体外循环、重症监护的大力支持下，血管外科在国内首先开展了降主动脉瘤、胸腹主动脉瘤切除人造血管移植及内脏动脉重建手术，并积累了丰富经验。

90 年代后期，腔内血管外科逐渐兴起。主动脉腔内修复技术因其创伤小、并发症少、恢复快、死亡率低等优点，逐渐成为主动脉扩张性疾病外科治疗的主要趋势。血管外科是国内最早开展主动脉动脉瘤瘤内治疗的科室之一：1998 年开展首例腹主动脉瘤腔内修复术；2000 年开展首例主动脉夹层修复术，并于同年建立了国内首个腔内血管外科手术中心，陆续开展主动脉弓分支旁路结合腔内修复治疗主动脉弓动脉瘤、破裂腹主动脉瘤的腔内修复、内脏动脉旁路结合腔内修复治疗胸腹主动脉瘤等多项技术；同时通过改进技术和器具来解决动脉瘤腔内治疗后内漏、移植物移位等问题。符伟国团队于 2006、2009 年分别获得上海市科技进步奖二等奖和教育部科技进步奖二等奖。

至 2017 年 12 月，血管外科已成为国内最大的主动脉瘤腔内治疗中心，主要工作包括以下几方面：首先进一步完善腔内血管手术室的配置，以此为基础进一步扩大腔内治疗的范围和规模，包括运用预开窗、原位开窗技术、脑保护、平行支架/分支支架来保存主动脉弓部动脉瘤腔内修复中弓上分支的血运；运用预开窗技术、平行支架/分支支架来重建胸腹主动脉瘤或近肾腹主动脉瘤腔内修复中的内脏动脉；完善自主研发的原位开窗针的技术细节，开展前瞻性对照和随访研究，争取取得准入，商业化量产，向全国推广，从而给主动脉弓乃至升主动脉病变腔内治疗中弓上分支的保护带来突破。通过不断努力，符伟国领衔团队开展的"复杂主动脉夹层腔内治疗方案的优化"2014—2016 年先后获得华夏医学科技奖一等奖、中华医学科技奖二等奖、上海市科技进步奖二等奖和上海医学科技奖一等奖。

【颈动脉外科亚专科】

颈动脉闭塞性疾病主要包括颅外颈动脉的硬化性狭窄闭塞以及头臂干型的大动脉炎，其最常见也是最重要的并发症是远端脑缺血或脑梗死，约占各类脑血管意外的40%。1989年，王玉琦率先开展颅外颈动脉狭窄的影像学筛查和诊断工作，并在此基础上将国外经典的颈动脉内膜剥脱术应用于颅外颈动脉狭窄病变来预防缺血性脑卒中，相关论文发表于《中华超声影像学杂志》（1993年）、《临床医学》（1996年）、《中华老年医学杂志》（1998年）、《中华医学杂志》（2000年）、《中国临床医学》（2000年）、《现代临床普通外科》（2000年）、《中华外科杂志》（2001年）等一系列国内权威学术期刊。王玉琦及其团队因此获得2003年上海市科技进步奖二等奖。

2003年以后，血管外科紧跟世界潮流，逐步开展脑保护下颈动脉支架植入技术，进一步完善颅外颈动脉狭窄的外科治疗手段。郭大乔团队与神经内外科、影像科密切协作，逐步开展了多项颈动脉术前的影像学形态和功能评估，尤其对无症状患者开展高血栓栓塞风险的易损斑块评估，包括彩超、MRI、核素显像及腔内超声等，从而来指导外科治疗。这一研究获2009年上海市科委重点项目资助。

2015年以来，针对国际上诸多学科共同研究和治疗颈动脉狭窄性疾病的现状，在亚专科主任郭大乔带领下，依托中山医院作为卫计委脑卒中防治基地的优势，建立由血管外科牵头，联合神经内科、神经外科、介入科、心脏内科、超声影像科、放射影像科、老年病科等学科，组建颅外颈动脉狭窄性疾病的多学科研究团队，进行临床和学术研究的合作。2017年，开展颈动脉内膜剥脱和颈动脉支架术超过400例，并先后获得国家自然科学基金、上海市科委和卫计委的科研基金资助，并发表多篇SCI论文。

【下肢动脉外科亚专科】

20世纪60至80年代中期，在冯友贤带领下，血管外科在国内率先采用真丝人造血管，开展下肢动脉硬化闭塞的人造血管旁路手术，以及腰交感神经节切除治疗下肢血栓闭塞性脉管炎，取得良好疗效。

1989年，王玉琦首先开展了原位大隐静脉旁路移植治疗下肢动脉硬化闭塞症，将血管外科对于下肢动脉硬化闭塞的治疗水平推到国内领先地位。王玉琦和符伟国先后获上海市科技进步奖三等奖、香港紫荆花医学科研奖。

2000年以后，下肢动脉硬化闭塞症的腔内治疗逐渐兴起，血管外科也是国内最早开展下肢动脉硬化闭塞症腔内治疗的科室之一。先后开展了下肢动脉的球囊扩张和支架植入技术。2009年，徐欣从德国莱比锡大学学习归来，带回了当时国际上最新的下肢动脉逆穿技术。此后，随着腔内技术和器具的不断发展，下肢动脉的腔内血管外科蓬勃发展，先后开展了下肢动脉斑块旋切、血栓减容、覆膜支架植入、药涂球囊扩张和药涂支架植入等多项技术。截至2017年底，血管外科开展各类下肢动脉硬化闭塞症手术超过600例/年，居于国内领先地位。

2010年以后，董智慧团队对于下肢血栓闭塞性脉管炎开展了自体纯化CD34$^+$细胞与外周血单个核细胞的干细胞移植治疗，取得了良好疗效，发表多篇SCI收录论文并申请到国家自然科学基金。

三、医学教育

【本科、研究生教学】

血管外科每年承担大量的教学工作，1988 至 2017 年底，已培养毕业博士后 2 人，博士生 24 人，硕士生 38 人。截至 2017 年 12 月，科内共有博士生导师 2 人，博士后导师 1 人，硕士生导师 6 人，每年均招收硕士、博士研究生。

【职后教育】

科室重视医生的师资培养，鼓励青年医师在完成各项继续教育学习的同时，多撰写论文，多申请科研项目，并积极推动中青年医师赴欧美顶尖的血管外科中心培训、进修，在国内外大型学术会议上参会、发言。同时加强对主治医师的培养，要求各自分管医教研等方面的工作，锻炼其组织管理能力。

【继续医学教育】

血管外科承担来自全国各地的进修医师的学习任务，迄今已培训来自全国各地的进修医师逾250 人，国内近半数的血管外科骨干都曾在中山医院血管外科学习，中山医院血管外科也因此被视作"中国血管外科医生的摇篮"。从 2008 年起，每年联合主办中国血管论坛（CEC）暨国家级继续教育项目"血管外科疾病的治疗进展"，符伟国是共同主席，在国内血管外科界首创卫星直播、录播和授课相结合的模式，已成为国内最具规模和影响力的血管外科专业会议。

【出版书籍】

1992—2017 年，血管外科共主编、主译著作 6 部。

表 2 - 1 - 15　1992—2012 年血管外科出版著作情况表

出版年份	著 作 名 称	出 版 社	主 编
1992	血管外科学(第二版)	上海科学技术出版社	冯友贤
1997	血管外科手术图谱	山东科学技术出版社	陈福真等
2003	血管外科治疗学	上海科学技术出版社	王玉琦等
2005	临床血管介入治疗学	协和医科大学出版社	符伟国等
2010	血管和腔内血管外科精要	天津科技翻译出版公司	符伟国等
2012	血管疾病腔内治疗病例解析	上海科学技术出版社	符伟国等

【教学获奖】

血管外科重视教书育人工作，认真完成常年承担的研究生、医学生、进修生、留学生的教学和培训任务。2016 年，史振宇获得"理论课优秀授课教师"称号。

四、科学研究

1979 年，卫生部批准在中山医院成立全国第一个血管外科研究室。冯友贤、吴肇光和王玉琦先后担任研究室主任,李建明、王玉琦先后担任副主任。此后,血管外科研究室先后建立了档案资料室、血管无损伤实验室和免疫实验室,在国内最早开展和建立多种血管无损伤检测方法。1999年,经卫生部批准,上海医科大学血管外科研究所正式成立,是国内第一个专业血管外科研究所。血管外科研究所下辖3个实验室:血管无损伤检查实验室、人工血管内支架研发实验室、血管组织工程实验室。血管外科研究所首任所长王玉琦,副所长符伟国,实验室副主任郭大乔。2017年,血管外科研究所所长符伟国,副所长郭大乔,顾问王玉琦。

【科研项目】

至2017年,共承担课题逾60项,其中国家级课题22项,省部级课题26项,厅局级课题7项,经费总额近2 000万元。2010年,符伟国的"生物可降解材料静电纺构建小口径动脉支架"获国家科技部"863"计划项目资助。

表2-1-16 2006—2017年血管外科获国家自然科学基金资助项目情况表

获批年份	项 目 名 称	负 责 人
2006	HIV-Tat蛋白转导域超常磁纳米颗粒标记系统体内示踪移植干细胞的实验研究	符伟国
2007	同步辐射技术活体追踪干细胞移植后新生血管生成的实验研究	董智慧
2008	一种新型可降解纳米材料血管外支架制备及抗内膜增生的研究	符伟国
2009	计算机辅助构建组织工程肝脏仿生三维血管网络的研究	史振宇
2011	多囊蛋白(PC1)对主动脉夹层血管平滑肌细胞表型转化的影响及其机制研究	王利新
2012	转angiopoietin基因骨髓间充质干细胞修复大鼠腹主动脉瘤的研究	符伟国
2013	FOSL1基因修饰骨髓间充质干细胞优化组织工程肝脏仿生血管网络的构建	史振宇
2013	自膨式人工血管内支架对胸主动脉损伤的生物力学建模与数值仿真	董智慧
2014	基于4D-PCMR的主动脉夹层流固耦合分析	符伟国
2014	巨噬细胞来源的miR-126调控外膜FB修复损伤动脉的研究	徐 欣
2015	PC1调控血管平滑肌细胞表型转化在促进主动脉夹层形成中的作用及其机制研究	王利新
2016	4D PC-MRI血流动力学参数与主动脉夹层假腔血栓化的关系及模拟预测研究	符伟国
2016	生物钟基因Bmal1调控颈动脉斑块形成及其稳定性转变的机制研究	郭大乔
2016	TEVAR术后假腔重塑血液两相流动调控的大涡模拟研究	竺 挺
2016	生物钟基因CLOCK调控血管内皮细胞自噬参与斑块稳定性转变的机制研究	唐 骁
2017	基于4D-PC-MRI的主动脉夹层TEVAR术后血流—支架—主动脉间耦合作用的仿真研究	董智慧

【论文、专利】

2007—2017年,发表各类学术论文逾200篇(第一作者),发表在国内权威及核心杂志上的论文逾160篇,其中SCI收录的第一作者或者通讯作者论著有38篇。

2006—2016年,获得专利10项,其中发明专利5项。

五、社会服务

2014年7—8月,王利新前往新疆伊犁参加医疗援建工作,积极帮助当地开展血管外科常见疾病的诊治工作。

第八节 神经外科

一、发展沿革

中山医院神经外科起源于1950年底。1950年12月20日,由中山医院院长沈克非主刀、史玉泉担任助手,成功完成中华人民共和国成立后首例右侧额叶胶质瘤切除手术,并于12月21日被上海《新闻报》做头版报道。随着神经外科的发展,史玉泉开始开展脑血管造影和脑室造影等诊断性工作。当时医院没有脑血管造影专用设备,造影时X线的换片由放射科荣独山及陈又新设法解决。正位片与侧位片都只拍2张,分别代表动脉期与静脉期片。在造影医师与摄片员认真配合下,造影质量良好,只比血管造影专用机造影少一张侧位的毛细血管期片子,基本满足诊断需求。1951年上半年,沈克非又在中山医院进行过多例脑部手术,包括矢状窦旁脑膜瘤、脑脓肿、脑囊虫病等。为控制颅脑手术术中及术后出血,沈克非、史玉泉成功自制淀粉海绵并在临床推广,并于1951年在《中华医学杂志》发表了《一种新的适合国情的止血剂——淀粉海绵》的学术论文,1952年在全国第一届外科学术交流大会上进行交流,引起广泛关注。1953年,后续研究结果《淀粉海绵止血剂制造与消毒进一步的研究》发表于《中华外科杂志》。朝鲜战争爆发后,沈克非作为第二批医疗技术顾问团团长带队参加抗美援朝,完成任务后调任解放军医学科学院副院长,其间中山医院神经外科仅史玉泉一人。1953年,史玉泉在华山医院神经外科和中山医院普外科轮流工作,中山神经外科发展缓慢。1958年,史玉泉正式调任华山医院。其后,直到1992年,中山医院一直没有神经外科。

1992年12月,中山医院重新组建神经外科,由留日博士崔尧元担任副主任主持工作(1997年12月担任科主任),史玉泉担任顾问。初创时期(1992—1995年)有医师9人,技术员1人。当时病房安排在1号楼3病区,和介入科共用一个病区,其中神经外科床位20张。2001年8月,引进张晓彪。2002年5月,张晓彪担任科室副主任负责日常临床工作。2005年6月,张晓彪担任副主任全面主持工作,2010年11月起担任科主任。

2006年,科室购置先进的蔡司显微镜、诺道夫标清神经内镜系统、瑞士产全透与光碳素神经外科专用手术床、超声乳化吸引仪(CUSA)。2008年,购置神经导航设备,将神经内镜与导航技术融合,积极开展神经内镜导航微创神经外科手术。2012年,购置最新上市的史托斯高清内镜系统,成为上海市第一家拥有高清神经内镜的神经外科中心。同年建立了神经内镜导航微创技术研究和训练中心,开始招收神经内镜专项培训进修生。

2017年12月,总部神经外科拥有专业技术人员19人,其中主任医师2人、副主任医师8人、主治医师3人、住院医师4人、技师2人;博士生导师1人、硕士生导师2人。总部普通床位46张,另有 ICU 和特需床位不定,年手术量 1 500 余例。总部拥有手术室专用显微镜 1 台、高清神经内镜系统 1 台、进口气电钻 4 台、CUSA 1 台、导航系统 1 台、神经电生理监测仪 1 台、进口专用神经外科手术床 2 套(其中全透光碳素手术床 1 套)、普通梅菲尔德头架 3 套和透光碳素头架 1 套。神经内镜导航微创技术研究和培训中心拥有显微镜 2 台、神经内镜 2 台、电钻 2 台、CUSA 1 台、冰箱 2 台,手术室-实验室直播与转播系统 1 套,图像处理系统工作站 1 台。另外,有厦门、闵行、青浦、金山、徐汇和南院共六家分院神经外科。

总部设有内镜导航微创神经外科、脑脊髓血管病微创神经外科、脊髓脊柱微创神经外科和功能神经外科 4 个亚专科。科室是国家重点学科、博士学位授权点、卫生部专科医师培训试点基地。

表 2 - 1 - 17　1992—2017 年神经外科历任主任情况表

任　职　时　间	主　　任
1992 年 12 月—1997 年 12 月	崔尧元(副主任,主持工作)
1997 年 12 月—2005 年 6 月	崔尧元
2005 年 6 月—2010 年 11 月	张晓彪(副主任,主持工作)
2010 年 11 月—	张晓彪

二、医疗特色

【内镜微创神经外科亚专科】

2006 年 11 月,由张晓彪带领团队开始开展神经内镜工作,从初期的脑室镜和经鼻内镜手术,直到后来脊柱脊髓和经颅内镜手术,是上海地区第一家成立神经内镜导航微创技术研究和培训中心的单位。科室成为国内第一家全内镜神经外科微创技术示范中心和主要的神经内镜导航微创技术研发与培训基地之一。张晓彪,2011 年起担任中国医师协会神经外科医师分会神经内镜专业委员会副主任委员;2016 年起担任中国医师协会内镜医师分会神经内镜专业委员会常委、副总干事和副主任委员;2010 年,在国际上首先报道三脑室和侧脑室内 Burkitt 淋巴瘤病例(*J Neurooncol*);2011 年,在国际上首先报道运用 MRI 的 3D - FIESTA 序列进行鞍区病变的术前评估(*Acta Neurochir*);2013、2015 年分别在国际上首先报道后纵裂经大脑镰入路切除对侧侧脑室三角区脑膜瘤(*World Neurosurgery*)、内镜经鼻经视交叉上终板入路切除三脑室颅咽管瘤(*J Neurosurgery*)。张晓彪在国内首先报道内镜经鼻切除鞍上三脑室颅咽管瘤(《中国临床医学》,2010 年)、内镜经鼻上颌窦翼突入路切除 Meckel 囊肿瘤(《中华神经外科杂志》,2014 年)、联合 Gasket - seal 和带血管蒂鼻中隔黏膜瓣多层重建处理高流量脑脊液漏(《中华神经外科杂志》,2014)和内镜经幕下小脑上入路松果体区肿瘤切除术[*Acta Neurochir(Wien)*,2016 年]。2013 年起,神经外科在国内积极开展内镜经鼻入路垂体腺瘤假包膜外分离技术的研究和推广工作,使得生长激素腺瘤(GH 腺瘤)的内分泌治愈率得到了极大的提高,成为国际上报道 GH 腺瘤切除术后内分泌治愈率最高的单位(*World Neurosurgery*,2016 年),得到了内分泌科、放射科和病理科同仁的大力支持。2013 年 9 月,张晓彪在第十五届世界神经外科大会发言做"后纵裂经大脑镰入路切除对侧侧脑室三角区肿瘤"的报告。2017 年 10 月,张晓彪作为中国大陆 3 位大会特邀嘉宾之一,在第八届世界神经内镜大会发言做"内镜幕下小脑上入路切除松果体区肿瘤"的报告（世界最大宗病例数）。

【脊髓脊柱微创神经外科亚专科】

神经外科从建科起即常规开展脊髓脊柱手术，当时主要开展椎管内肿瘤手术，包括高颈髓髓内肿瘤切除手术。2008年11月，开展导航引导下显微镜经口齿状突切除术（《中华显微外科杂志》，2009年）。2009年，开展内镜扩大经鼻入路齿状突切除术，并在国内率先报道（《中国临床医学》，2011年）。2011年，开始进行半椎板和半半椎板开窗脊髓肿瘤切除术的微创手术。2013年，在国际上首先报道联合运用经鼻内镜切除齿状突和后路减压复位治疗颅底凹陷症（*J Neurosurg：Spine*，2013年）。神经外科脊髓脊柱工作的顺利开展得到了骨科姜晓幸团队的大力支持和帮助，骨科和神经外科脊髓脊柱团队相互支持。

【脑脊髓血管病微创神经外科亚专科】

神经外科从创科开始即开展脑血管病的显微手术治疗。1995年，开始常规开展脑血管造影术；1996年，开展第一例颅内动脉瘤栓塞治疗。2005年，科室成立神经介入诊疗组，由李秋平负责，常规开展脑脊髓血管病的各项介入手术工作。2017年，医院分别引进和调入长海医院神经外科赵文元（同年3月调离中山医院）和杨志刚，使得介入团队技术得到加强，工作量大增。手术方面，2002年6月，开展第一例颅内动脉瘤破裂急诊动脉瘤夹闭术，此后，科室常规开展此项手术。2016年11月，在长三角地区上海内镜导航高级学习班首先报道开展内镜经鼻颅内动脉瘤夹闭术。

【功能神经外科亚专科】

2004年，由张晓彪和胡凡首先开展显微镜下微血管减压治疗面肌痉挛成功后，科室常规开展微血管减压治疗颅神经疾病。此后，朱卫和张煜加入亚专科团队，病例不断增加，成为科室又一特色。随着科室内镜技术的普及运用，微血管减压术由早期的显微镜下手术，到内镜辅助显微镜手术，再到完全内镜手术，手术效果显著增加而并发症显著减少。2013年，张煜在上海地区首先开展导航下经皮三叉神经半月节球囊压迫术治疗三叉神经痛。2013年9月，选派胡凡赴北京宣武医院功能神经外科专修癫痫外科半年，学成后与神经内科合作常规开展癫痫外科手术。2015年，胡凡和神经内科合作开展正常颅压性脑积水的规范化评估和手术。2016年，购置神经电生理监测仪，由孙崇璟兼职开展电生理监测工作。

三、医学教育

【学历教育】

神经外科为国家重点学科和博士点学科，拥有博士生导师2人（退休1人），硕士生导师2人；科室长期承担学校本科和研究生的神经外科教学工作。已经培养硕士研究生20人，博士研究生7人，在读硕士研究生1人、博士研究生2人。

【职后教育】

神经外科为上海市第一家高清神经内镜引进单位，也是上海市第一家神经内镜导航微创技术研究和培训中心,同时是国内第一家全内镜神经外科微创技术示范中心、首批中国医师协会神经内镜医师培训基地、首批中华医学会神经外科学分会脊柱脊髓外科培训基地、长三角神经内镜创新联盟理事长单位、上海市重点实验室数字医学研究中心临床实验和培训基地、德国卡尔·史托斯神经内镜培训基地,为中国神经内镜和脊柱脊髓事业的发展做出了巨大的贡献。2011—2017年,连续举办 7 届国家级继续教育学习班(上海神经内镜导航高级学习班)和 30 期神经内镜技术专项进修班,共培养学员 600 余人。科室积极开展国际合作,并选派年轻医师赴国外进修、学习、交流。

【教学成果】

张晓彪作为《实用外科学》(第四至五版)神经外科分主编,和胡凡参与了该书的编写工作。张晓彪和李文生主编的《内镜导航微创神经外科手术学》,是国内第一部全内镜神经外科手术专著。张晓彪受邀参与美国神经外科教授沃尔特·C. 琼(Walter C. Jean)主编的 *Skull Base Surgery：Strategies* 的编写工作。另外,张晓彪作为《内镜神经外科学》副主编和《内镜颅底外科手术入路》副主译参与相关工作。

四、科学研究

参与科技部 2016 年国家级重点研发计划"数字诊疗装备研发"重点专项,并承担重点专项的子课题 1 项,省部级课题 6 项。发表论文 100 余篇,其中神经内镜相关 SCI 论文 30 余篇。获得国家和上海市发明奖各 1 项,2000 年上海市科技进步奖三等奖 1 项,2003 年上海市医学科技奖一等奖 1 项;专利 4 项。在神经内镜手术技术的研究、开发和推广应用方面做出了较大贡献。其中,在国内研究、开发、推广应用经鼻内镜鞍上颅咽管瘤切除技术、垂体腺瘤假包膜外分离技术、经鼻齿状突切除技术、幕下小脑上入路松果体区肿瘤切除技术、远外侧幕下小脑上入路岩斜区肿瘤切除技术和后纵裂经大脑镰入路切除对侧侧脑室三角区肿瘤技术等方面成绩显著。参与神经导航的临床运用研究和导航内镜的技术融合研究,主编撰写了相关的专著。通过一系列的临床实用研究,建立了国内第一家全内镜神经外科微创技术示范中心,成为国内主要的神经内镜导航微创技术研发和培训基地之一。

五、社会服务

1951 年下半年,沈克非作为志愿军医疗技术顾问团团长,带领第二批医疗队参与抗美援朝,积极救治伤员。1952 年上半年,史玉泉带领医疗队赴安徽省蚌埠市新成立的荣军学校,参与救治在抗美援朝战争中负伤的战士。

2006 年,余勇参加卫生部支援西部卫生医疗团,赴甘肃省铁路中心医院工作。2008 年,周浩受医院委派参加汶川特大地震抗震救灾工作。2016 年,周浩受上海市委组织部委派参加援疆医疗队,在喀什地区第二人民医院工作一年半。张晓彪分别于 2016、2017 年在遵义医科大学附属医院举办黔西北神经内镜学习班。遵义医科大学附属医院现已成为云贵川地区第一家中国医师协会神经内镜医师培训基地和西南地区第一家全内镜神经外科微创技术示范中心。

第九节　整　形　外　科

一、发展沿革

中山医院是中国整形外科的摇篮。1948 年 9 至 12 月，中华民国教育部和美国医药助华局联合资助哥伦比亚大学教授约翰·韦伯斯特（John Webster）来中山医院举办中国医学史上首个整形外科学习班，传授现代整形外科理念与技术。学习班成员包括：宋儒耀（后创立中国医学科学院整形外科医院），汪良能（后创立西京医院整形烧伤科），朱洪荫（后创立北京大学第三医院成形外科），张涤生（后创立上海市第九人民医院整复外科）。他们是中国整形外科事业的创始人和开拓者。1948 年，中山医院设立烧伤整形科，以烧伤和先天、后天畸形治疗为主要业务范畴。

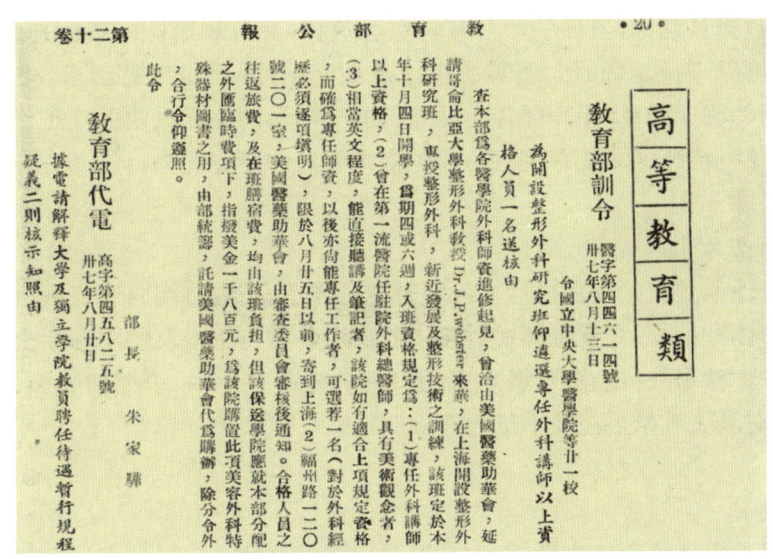

图 2-1-3　1948 年中华民国教育部关于首个整形外科学习班的训令

1981 年，中山医院整形外科正式成立，孙以鲁任整形外科主任。中山医院是国内较早成立整形外科的单位，中山医院整形外科是中国首批博士与硕士学位授权点。

2000 年，整形外科抓住国家经济高速发展的机遇，成立中山医院专项美容中心，扩大美容项目，促进科室形成以皮肤软组织肿瘤、创面修复和医疗美容为三大主要特色的格局，科室迅速发展壮大。

2017 年，整形美容中心搬迁至中山医院 20 号楼 14 楼，并正式运营，整形外科步入新的发展阶段，是全国专科排名前十位的整形外科专科。至 2017 年底，整形外科拥有核定床位 30 张，拥有整形美容专项手术室 7 间，是上海市三个整形外科专科培训基地之一。整形外科拥有国家"千人计划"人才 1 名，并设立中山医院显微外科研究所。

表 2-1-18　1981—2017 年整形外科历任主任情况表

任 职 时 间	主 任
1981 年 10 月—1989 年 12 月	孙以鲁
1989 年 12 月—1993 年 10 月	亓发芝（副主任，主持工作）

（续表）

任 职 时 间	主 任
1993 年 10 月—1999 年 4 月	吴坤南
1999 年 4 月—	亓发芝

二、医疗特色

中山医院整形外科业务范畴广泛，病源量大，设有专家门诊、普通门诊和专病门诊，主要特色项目有各种皮肤软组织肿瘤的手术治疗、创伤和创面的整复治疗与医疗美容项目。整形外科门诊量、手术量逐年递增，收治大量外院转诊的疑难病例，总体业务能力水平处于国内领先地位。

整形外科实现"当日就诊，当日手术"，减轻患者负担，充分利用医疗资源。整形外科拥有整形美容专项手术室，可以进行复杂的大型美容手术及激光治疗，满足患者需求，带来良好社会效益。整形外科具有鲜明的临床特色，除开展各类肿瘤、创伤、畸形的整复重建医疗工作外，还开展各类医疗美容、激光以及免疫治疗、生物治疗项目，保持多个领域的专业优势。

【乳房整形再造术】

整形外科开展保留皮肤的改良根治术后即时乳房再造、扩大背阔肌肌皮瓣乳房再造术，为广大乳腺癌患者重塑形体和信心。"下腹部横行腹直肌皮瓣乳房再造术"获 2000 年上海市科技进步奖，达到国内领先水平。整形外科能够开展垂直切口巨乳缩小整形术、单纯抽吸法巨乳缩小术等一些乳房整形技术，并对乳头乳晕再造技术进行有效改进。

【整形美容术】

整形外科开展毛发移植治疗项目，率先开展单一毛发移植治疗唇裂术后上唇瘢痕；每年开展大量的面部整形美容手术，尤其在除皱、颌面骨矫形等方面具有优势。开展微创手术、注射治疗和无创治疗等特殊项目。开展整形美容术后并发症治疗，在自体脂肪隆乳填充术后非脂肪栓塞、抽脂术后下肢深静脉血栓以及自体脂肪填充术后感染等疑难并发症的诊疗方面具有特色。

【血管瘤治疗术】

整形外科在难治性血管瘤方面采取综合方法，取得良好的治疗效果，积累了大量经验。开展综合介入、放疗、化疗、手术和生物治疗的多学科诊疗方案，提高治疗成功率。

【淋巴水肿治疗术】

整形外科开展淋巴抽吸治疗淋巴水肿病，开展复合淋巴组织移植等先进技术并取得成功。开展淋巴抽吸结合淋巴结-淋巴管移植的综合治疗，大大提高此类患者的生活质量。

【胸壁整复重建】

整形外科开展了大量胸部肿瘤、畸形、感染等整复重建手术，手术量和技术水平处于国内领先地位。在胸骨正中切口慢性感染的诊疗中,使用 PET/CT 技术进行诊断和手术引导。在支气管胸膜瘘等导致的慢性脓胸治疗中,与胸外科合作成立了序贯治疗小组。

【会阴部整形术】

整形外科采用双侧阴股沟皮瓣行全尿道再造合并阴道再造。开展外伤性尿道重建、尿道下裂修复、肛门括约肌重建、直肠阴道瘘修补等复杂会阴部整形等手术。

【创伤整复术】

整形外科针对颌面外伤及其他创伤的难治性创面,急诊行一期手术整复重建,避免创伤后畸形和瘢痕,成为医院创伤急救的特色。对创伤遗留的外观及功能障碍,进行脂肪细胞、细胞因子等治疗。

【慢性溃疡治疗术】

整形外科在糖尿病足、下肢静脉性溃疡、创伤性溃疡等慢性溃疡治疗方面经验丰富。使用毛囊单位移植、自体富血小板血浆、自体干细胞等技术治疗体表慢性创面及溃疡并取得成功。"水动力清创结合 NPWT 技术和 PRP 辅助联合治疗难治性下肢溃疡"获 2015 年中山医院临床新技术认证。

三、医学教育

整形外科重视教学工作,在承担临床及科研工作的同时,全面开展医学教育工作。整形外科制定严格、规范的科室教学制度,主任每周主持专门教学查房,每天下午带教查房。安排有经验的医师指导进行门、急诊手术的锻炼。针对研究生专门开设创伤急救和整复、外科包扎技能等特色小讲课。设置有复旦大学选修课程"整形美容外科学",开设国家级远程医疗课程"整形外科学实用技能"。整形外科获 2005 年上海市优秀教学成果奖一等奖,培养来自瑞典、美国、德国、韩国等国家和中国香港、台湾等地区的学生。2017 年底,整形外科共有博士生导师 1 人,硕士生导师 1 人,在读研究生 12 人。整形外科每年还承担 20 人左右的国内外进修生的教学任务。

四、科学研究

整形外科进行大量科研和基础科研工作。开展放射线损伤对血管内皮细胞的影响、血管内皮舒张因子对皮瓣微循环影响的研究、初始间隙对下颌骨牵拉延长的影响、新辅助化疗与乳房再造等科研项目;参与了 Lipo-PGE1 对皮瓣微循环的影响、CAMP 在烧伤创面愈合中的作用、内镜下显微血管吻合等实验研究,以及腹直肌肌皮瓣带肋骨移植的解剖学研究等多项课题,取得显著成绩。

至 2017 年底,整形外科承担国家自然科学基金等省部级以上课题,并参加上海市科委、教委、卫计委的课题。

五、社会服务

整形外科致力于医学科学的科普工作,在《大众医学》《新民晚报》等具有广泛影响的社会报刊上登载文章。2015年,整形外科深入社区,向社区居民介绍医学科学的前沿知识,该活动被 *Science* 报道。2017年5月,整形外科微信公众号上线,设有网上挂号、科普介绍等功能,推广整形外科医学知识,方便患者就医。

第十节 妇 产 科

一、发展沿革

妇产科教育家司徒亮、苏应宽曾分别作为教授和主治医师,于1952年1月参与组建上海第一医学院(现复旦大学上海医学院)妇产科学院。1959年6月,由上海第一医学院委任周毓荼、陈俊康、蔡涵蓉、许杏林等来中山医院建立妇产科,1960年11月,任命周毓荼为妇产科主任。至1965年,妇产科拥有病床数56张,医疗工作包括了妇科、产科、婴儿室、产房、门诊,并在枫林和木龙港街道建成完整的妇幼保健网络。

1974年,开始与世界卫生组织合作从事前列腺素生育调节科研工作,同年建立了妇产科实验室,开展阴道内分泌细胞涂片、尿FSH测定、羊红细胞凝集试验测尿HCG、尿雌三醇、血放免测定HCG、雌二醇、孕酮等研究和临床工作。妇产科负责人周毓荼多次前往日内瓦等地参加国际会议,在"日内瓦世界卫生组织人类生殖研究"担任世界卫生组织发展和研究培训特别规划署前列腺素生育调节指导委员会委员、排卵后生育调节方法指导委员会委员,直接负责和参加国家计生委"六五""七五""八五"国家科技攻关课题及上海市级课题的研究工作。1980年,妇产科拥有各级医师20余人。1994年1月,妇产科实验室主任程利南将性激素测定由放免法改为酶标法,增加CA125、HCG半定量、血β-HCG测定、产前孕妇血TORCH检测等工作。1994年,全面实施母乳喂养母婴同室,获得上海市爱婴医院称号。

2014年9月,恢复妇产科学学科建设;2017年1月,恢复产科建制。2015年初,国际妇科肿瘤协作组(GCIG)执行委员、上海妇科肿瘤协作组创始人兼组长臧荣余在妇产科成立妇科肿瘤亚专科。

2017年,科室拥有设施齐全的妇科、产科、妇科肿瘤专科、计划生育门诊和病房,共有开放床位82张,包括妇科46张、产科36张,其中特设临床研究病房1间(4张床位);另设有日间病房,一般每日2～5张床,平均每日3张床。设立妇科肿瘤和高危产科两个多学科诊疗团队,并开设妇科肿瘤专病、妇科肿瘤随访、妇科肿瘤遗传咨询、宫颈病变专病、阴道镜、宫腔镜专病、妇科内分泌、早孕及高危产科等多个专病门诊,同时担负徐汇区高危孕产妇诊治的部分工作。

2017年,科室有医师27人,护士26人,助产士10人;其中正高级职称3人,副高级职称5人;博士3人,硕士18人。2017年门急诊94724人次,出院2606人次;手术2379例,其中妇科肿瘤根治术达536例(包括卵巢肿瘤细胞减灭术253例),各级腔镜手术1407例;平均住院6.28天,床位使用率92%。

表2-1-19 1960—2017年妇产科历任主任情况表

任 职 时 间	主 任
1960年11月—1984年12月	周毓荼
1984年12月—1996年7月	盛丹菁

（续表）

任 职 时 间	主 任
1996 年 7 月—1999 年 3 月	李　红
1999 年 3 月—2002 年 6 月	杨来春
2002 年 6 月—2005 年 6 月	杨　丹（副主任，主持工作）
2005 年 6 月—2014 年 9 月	屠蕊沁（副主任，主持工作）
2014 年 9 月—	臧荣余
2017 年 1 月—	舒　群（副主任，兼产科主任）

二、医疗特色

妇产科科室发展以妇科肿瘤为特色，建立普通妇科、产科为基础的全方位优质医疗服务和科教研一体的综合平台，在学科带头人臧荣余带领下，在妇科肿瘤，尤其是卵巢癌相关的医学领域做了大量基础和临床研究工作，并牵头开展了多项国际、国内多中心临床研究，取得多项原创性成果，在国际上具有一定影响力。2017 年，正式恢复产科建制，开展产科普通诊疗和特需诊疗，提升中山产科竞争力。

【妇科肿瘤】

2014 年 9 月，引进妇科肿瘤团队，在妇科肿瘤的诊治方面沿袭复旦肿瘤外科的传统。同年新增妇科肿瘤专病门诊、妇科肿瘤随访门诊、卵巢癌遗传咨询门诊、宫颈病变专病门诊及宫腔镜专病门诊。同年，科室增设妇科肿瘤亚专科，并组建了妇科肿瘤多学科诊治团队。在此基础上，妇科肿瘤根治术年手术量均在 500 例以上，年增长比例为 28%～31%。

【妇科微创】

21 世纪初，科室拥有腹腔镜、宫腔镜、阴道镜等设备，开展各项高难度妇科微创手术。2010 年起，开展各项达芬奇机器人手术。

【产科诊疗】

长期开展正规产前检查，提供准妈妈们整个孕期保健及产后喂养护理指导，承担基层医院乃至周边省市的孕产妇医疗保健服务。2017 年，产科特设三类专病门诊，其中孕前保健及早孕门诊专门为准妈妈们提供孕前和孕早期的保健、饮食用药等咨询指导，做到从早孕阶段起就对宝宝的生长发育进行关注，及时发现异常，进行科学干预；中孕建卡后，产科门诊提供整个孕期的规范产检；对于孕期发生的各种妊娠合并症及并发症，适时转诊高危产科门诊，由经验丰富的高年资主任医师定期对孕情进行评估。自 2017 年起，成功开展无痛分娩、陪伴分娩、水中分娩、家庭一体化分娩及一对一导乐等多种服务项目，配备母胎中央监护系统、三维超声、胎儿脐血流检查、生物反馈分娩镇痛仪及高危新生儿抢救及监护系统等先进设备。通过与麻醉科协作，能够提供产程中潜伏期及分娩时镇痛，为孕产妇创造更好的分娩体验。对于妊娠合并心脏病、糖尿病等高危妊娠、严重妊娠合并症有丰富的救治经验,依托中山医院综合优势,成功完成多例危重孕产妇及新生儿的抢救及诊疗工作。

三、医学教育

妇产科自 1960 年起就承担上海医科大学医学系课堂和临床实习生教学任务。1961 年,开始接受来自各省市的进修医生,近 10 年共培养进修医生 32 人。2010 年,成为妇产科住院医师规范化培训基地,培训的多名基地医师被评为市级、院级优秀住院医师。2017 年初,成为妇产科专科医师培训基地,招收专科医师培训学员 3 人。

2017 年,妇产科有博士生导师 1 人;在读博士研究生 2 人,硕士研究生 2 人。

2016 年 5 月、2017 年 5 月,成功举办第一、二届卵巢癌多学科诊治及进展国家级学习班。2016 年 12 月、2017 年 3 月,分别举办第一、二期卵巢癌手术高级进修班。

四、科学研究

20 世纪 80 年代初期,妇产科开展以生殖调节、计划生育为中心的科研工作;90 年代后期,开展性激素测定优生优育的科研项目。近 5 年来,牵头国际国内多项卵巢癌临床研究,包括初治卵巢癌的新辅助化疗 SUNNY 研究、腹腔化疗 AICE 研究以及复发卵巢癌二次肿瘤细胞减灭术 SOC1 研究等。2017 年,获得药物临床试验机构妇科专业资格认定。

2009 至 2017 年,科室共发表 SCI 论文 24 篇,总影响因子达 112.799。中文核心期刊发表论文共 39 篇。2014、2015、2017 年共获 3 项国家自然科学基金青年科学基金项目。

承办学术会议:2016、2017 年的 APOLLO 卵巢癌专题学术会议;2014 年东方妇产科论坛;第三、五届 SGOG - KGOG 中韩联合会议;第九、十次上海妇科肿瘤协作组研究者会议。

参与学术会议:① 大会报告:2016 年第九届世界癌症大会(上海)、2017 年韩国妇科肿瘤协作组会议(韩国首尔)、2017 年亚洲妇科肿瘤学会(ASGO)会议、2017 年国际妇科肿瘤协作组(GCIG)会议;② 会议讨论与汇报:2016 年国际妇科肿瘤协作组(GCIG)会议(葡萄牙里斯本);③ 海报交流:2017 年美国临床肿瘤学会(ASCO)会议。

表 2 - 1 - 20　2014—2017 年妇产科获国家自然科学基金资助项目情况表

获批年份	项 目 名 称	项目类型	负责人
2014	TNF - α/TNFR1 凋亡信号复合物的遗传变异与宫颈癌易感性的关系及其分子机制研究	青年科学基金	史庭燕
2015	Aurora - A 通过抑制细胞衰老介导卵巢癌化疗抵抗的机制研究	青年科学基金	孙会贞
2017	LIN28B 转录后调控 PPM1D 促进卵巢癌转移的机制研究	青年科学基金	尹　胜

五、社会服务

【医疗援建】

屠蕊沁作为首批赴厦门分院开展工作人员,受聘为妇科执行主任。2011 年起,唐文斌、黄卫红、马莉、许华分别参加国家医疗队赴云南、新疆开展巡回医疗。2011—2013年,任爱民参加援摩医疗队在摩洛哥工作两年。

【科普工作】

科室积极加强科普和媒体宣传工作,提升社会影响力,建立科室微信平台,发表"卵巢癌精准治疗"等科普宣传内容。自2015年起,每年的5月8日举办"国际卵巢癌日"科普公益义诊活动,为广大患者提供早期防治、遗传咨询等科普知识,反响热烈。2017年6月30日,举办"黄丝带在行动"子宫内膜异位症公众知识普及活动。2017年9月4日,臧荣余受邀上海新闻广播《活到100岁》栏目作"女性腹围增大当心卵巢癌"的科普访谈。2017年11月25日,张玉勤参加如皋市人民医院联合义诊活动。

第十一节　生殖医学中心

一、发展沿革

2014年12月,中山医院根据人民群众的需求,由院务会议研究决定,计划建立辅助生殖中心。2015年3月,中山医院向上海市卫生计生委提交申请筹建生殖医学中心,当月上海市卫生计生委组织辅助生殖专家组到中山医院进行了现场预评估。

2015年4月,上海市卫生计生委下发《关于同意将复旦大学附属中山医院生殖医学中心筹建纳入本市人类辅助生殖技术机构设置规划的批复》。医院成立了由董曦等7人组建的生殖医学科(中心)筹建小组,完成了生殖中心基建的平面设计,开展项目筹建的准备工作。

2016年2月,中山医院向上海市卫生计生委提交试运行申请报告,上海市卫生计生委组织专家组来中山医院进行了生殖医学中心试运行现场评审。2016年3月,上海市卫生计生委批复同意中山医院生殖医学中心开展人类辅助生殖技术(AIH、IVF-ET、ICSI-ET、借精IVF-ET),试运行1年。2016年4月18日,生殖医学科正式开诊于东院区15号楼4楼。

2017年2月,中山医院向上海市卫生计生委提交正式运行申请报告,上海市卫生计生委组织专家组再次来中山医院进行生殖医学中心正式运行现场评审。3月,上海市卫生计生委批复同意中山医院生殖医学中心开展人类辅助生殖技术(AIH、IVF-ET、ICSI-ET、借精IVF-ET),正式运行期为10年。

生殖医学中心充分应用中山医院内分泌科、泌尿外科、血液科、中心实验室等基础和临床研究的综合优势资源,对各种生殖障碍疾病、生殖技术进行深入研究,为临床提供坚实的理论依据和创新技术手段。作为一个涉及多学科的综合体,被医院列为8个临床诊疗中心之一。

生殖医学中心总占地面积3 400平方米,拥有高标准胚胎培养体系和高精尖仪器的胚胎实验室以及手术室。生殖医学中心拥有一批高专业水平队伍,建科时,科主任董曦以及刘素英、徐军、曹翔、潘华等均具有20年辅助生殖的临床、实验室或护理工作经验。首任科室主任董曦,科室成员20人,其中医生9人、护士6人、技术人员5人。生殖医学科设置了女性科、男性科、IVF胚胎实验室、B超室,并有专业的护理团队,全部医技护人员均在上海市卫生计生委指定的辅助生殖培训机构完成专项培训后执证上岗。自2016年开诊试运行至2017年底,共完成门诊量35 028人次,取卵手术1 351例,移植手术1 464例,宫腔镜手术176例。

二、医疗特色

【常规门诊项目】

门诊工作是本中心的主要诊疗业务,周一至周六均开设专科门诊和专家门诊。诊治内容包括各种不孕不育症的诊治、生殖内分泌、多囊卵巢综合征、内膜异位症、排卵障碍、卵巢早衰、月经失调、习惯性流产等疾病。生殖男科专病门诊,周一至周六开设,诊治内容包括由性腺功能低下、性功能障碍、精索静脉曲张、免疫异常等各种因素引起的男性不育症,以及特发性少、弱精子症,梗阻性/非梗阻性无精子症等疾病。

【常规开展多项辅助生殖技术的临床应用】

体外受精胚胎移植(in vitro fertilization,IVF)、卵泡浆内单精子注射(intra-cytoplasmic sperm injection,ICSI)、胚胎玻璃化冷冻、胚胎囊胚培养及冷冻、辅助孵化、卵母细胞体外成熟、夫精人工授精、经皮睾丸/附睾精子抽吸术等多项辅助生殖技术。另外,科室还开展与不孕不育相关的各类宫腔镜手术治疗。

【新技术的临床应用】

生殖医学中心开展了内膜刺激胚胎移植法(SEET)的临床研究,于 2017 年成功申请临床新技术项目,并获得证书,显著提高了胚胎的着床率和移植成功率。该项技术已成为生殖中心的常规临床操作。针对胚胎培养上清液量少的病例,生殖中心在 SEET 法的基础上进行改良,将宫腔内注射培养上清液改为宫腔内注射 HCG。

在中国较早地开展了以分阶段移植为特点的二阶段胚胎移植法,为多次移植失败的患者提供了妊娠的可能,以提高"老、大、难"患者的妊娠率。

为实现卵巢早衰患者的妊娠愿望,开展国际前沿的原始卵泡体外激活(IVA)技术,中心联合妇产科与斯坦福大学医学院、日本圣玛丽安娜医科大学于 2017 年 9 月为 6 名患者提供了卵巢组织体外活化手术。

三、医学教育

生殖医学中心重视医学教育,制定严格的科室教学制度,合理安排教学活动,提供观察操作机会和学术交流平台。承担进修医师、住院医师的培训任务,提高受训医师的临床技能。同时,定期进行基础知识讲授及科普讲座。

四、科学研究

生殖医学中心已建立起一整套完善的胚胎培养体系和胚胎冷冻复苏体系,在临床实践的同时开展前沿科学研究。2016—2017 年,成功申请到国家自然科学基金 1 项,发表学术论文 3 篇(SCI收录 1 篇,中文核心 2 篇)。

常规 IVF 正常受精率达 75％以上,ICSI 受精率达 84％,优质胚胎率达 50％,冷冻胚胎复苏率达98％以上,从而使临床妊娠率达50％。

五、社会服务

生殖医学中心积极开展科普宣传与教学,与"平安好医生"等平台合作,以"互联网＋"的模式,在线为患者普及医学知识。

第十二节 眼 科

一、发展沿革

眼科成立于1945年,由陈道瑜、谢春泉和王汉英等创建,何章岑兼眼科主任。

1949年8月,郭秉宽来中山医院担任眼科主任兼上海第一医学院眼科教研室主任。1950年,郭秉宽主编的《眼科学》出版;陈道瑜参加第一批抗美援朝医疗队。1951年,胡茂生参加第二批抗美援朝医疗队。1952年,学校院系调整,中山医院眼科与华山医院眼科合并成立上海医学院眼耳鼻喉科学院(现复旦大学附属眼耳鼻喉科医院)眼科。1976年,中山医院重建眼科,陆国生到中山医院眼科短期指导工作。随后,黎勉勤从上海医学院眼耳鼻喉科学院到中山医院,1978年担任眼科主任。1986年,朱志忠、周道伐和黎勉勤主编的国内第一部《角膜病学》出版。1992年,朱志忠到中山医院任眼科主任兼上海医科大学中山临床医学院眼科教研室副主任,主持开展各种角膜疾病的诊治和角膜屈光手术。

1996年,袁非留学归国后,眼科建立眼科诊疗中心,开展一系列先进的眼科临床项目,跻身上海眼科界先进行列。1998年,袁非在上海地区率先开展角膜矫形镜治疗近视;开展角膜缘干细胞移植和羊膜移植,伴有局部和全身复杂情况的白内障手术等。1998年8月,杨志坤赴湖南澧县参加上海市卫生局组织的抗洪救灾医疗队。1999年,开展3.0毫米透明角膜自闭式切口白内障超声乳化及折叠式人工晶状体植入术、术后散光的控制等;按照国际狮子会(Lions Clubs International)和中国政府组织的白内障复明计划,即"视觉第一,中国行动",科室派出医疗队到基层施行白内障复明手术。

2001年,眼科在国内率先开展Array多焦点人工晶状体植入手术。2003年,在国内率先开展1CU可调节人工晶状体植入手术。2005年,在上海首先开展眼底黄斑病变的PDT治疗;科室作为国家"十五"攻关课题的分中心之一,在上海地区率先开展虹膜夹持型人工晶状体治疗高度近视眼的临床安全性研究。2005年,采用AMO公司Sovereign超声乳化仪开展冷超乳,使白内障超声乳化手术在上海保持领先;9月,在上海首先开展ReSTOR多焦点人工晶状体植入术。2006年,完成首例微切口双手法超乳术,并植入1.4毫米长切口人工晶状体;完成首例多焦点非球面人工晶状体植入术;英国眼科专家克莱夫·佩卡尔(Clive Peckar)前来参加疑难病例讨论会。2007年,眼科通过国家食品药品监督管理局(SFDA)评审,成为上海眼科新药临床试验基地之一;同年,眼科顺利开展复杂性视网膜脱离和后段玻璃体切除手术。

2009年,在上海较早开展频域OCT检查,同时开展眼内抗新生血管治疗;袁源智获荷兰伊拉斯姆斯大学的科学硕士学位。2010年,与大阪大学医学院眼科开展合作,举办联合学术报告会,并结为姐妹科室。

2012年,眼科成为美国强生眼科全球研究点之一,与海内外多个单位合作完成2个临床试验。

2014年,眼科正式建立眼表及眼整形和视网膜内科两个亚专科。2015年,开设葡萄膜炎专病门诊。2016年,完成飞秒辅助的白内障超声乳化手术。

2017年,眼科门诊包括专家门诊、普通门诊和专病门诊,年门诊量近7万人次。病房包括普通病房、干保病房、特需病房和日间病房,收治各种伴有严重全身系统疾病而需要住院的眼病患者。同时进行全院普通病房、急诊、干部病房、外宾病房等的会诊工作和远程会诊工作,配合医院体检中心和逸仙医院完成体检工作。

表 2 - 1 - 21　1978—2017 年眼科历任主任情况表

任 职 时 间	主 任
1978 年 3 月—1988 年 10 月	黎勉勤
1988 年 10 月—1992 年 12 月	刘家珍(副主任,主持工作)
1992 年 12 月—1998 年 2 月	朱志忠
1998 年 2 月—2009 年 6 月	袁 非(副主任,主持工作)
2009 年 6 月—	袁 非

二、医疗特色

【角膜病和屈光不正诊治】

开展角膜化学伤治疗,感染和非感染性角膜炎诊治,角膜缘干细胞移植手术、羊膜移植手术等。1997年,在国内较早开展远视和老视的机制研究和手术治疗。1998、2015年,分别在上海率先开展近视眼的角膜矫形镜治疗和有晶状体眼的眼内镜片植入术。开展小儿和青少年近视或远视的验光配镜,复杂患者的验光和圆锥角膜的屈光矫治。

【白内障诊治】

20世纪90年代以来,高质量和复杂性超声乳化白内障摘除和特殊人工晶状体植入术是科室的一大优势;开展白内障摘除各种人工晶状体眼视觉质量、手术散光控制、调节力重建、对比敏感度等方面工作。2001年起率先开展多种功能性、高端人工晶状体植入和飞秒辅助的白内障超声乳化手术。开展高危复杂条件下的小切口超声乳化及折叠式人工晶状体植入术。

【眼底病诊治】

开设4个专病门诊,包括老年性黄斑变性、糖尿病性视网膜病变、葡萄膜炎,以及眼底病和眼底激光专病门诊。开展糖尿病视网膜病变早期筛查、转诊和治疗;开展疑难、复杂眼底病诊治及通过多学科合作开展全身系统性疾病相关眼底疾病诊疗。较早对老年性黄斑变性等眼底疾病进行系统治疗,诊治人次和工作量在同类医院中处于领先地位,相关工作获得上海市科委医学类重点项目、国家科技部"精准医学"重大专项等支持。同时还开展玻璃体视网膜手术和前后段联合手术。

【青光眼诊治】

开展青光眼早期诊断、治疗和随访。眼科开展青光眼术后抗瘢痕化的处理和研究,具有一定的国际国内影响。眼科还开展青光眼的视神经保护治疗及研究,获上海市科委项目资助。

【眼表及眼整形】

开展眼干燥症、睑板腺功能异常、翼状胬肉、眼部肿瘤、甲亢性突眼等疾病的诊治;开展眼眶整形、眼睑重建、小睑裂综合征、上睑下垂、眼睑松弛症、斜视等疾病的整形;开展泪道手术及眼部除皱、眼袋和双重睑等眼部美容手术。

三、医学教育

眼科是复旦大学眼科学博士及硕士学位授权点,至 2017 年已培养博士和硕士研究生共 19 人。2017 年,科室有教授(主任医师)2 人,副教授(副主任医师)3 人,主治医师 7 人,住院医生 2 人,护士 4 人,技术员 2 人。

承担部分眼科学授课及见习和实习带教,以及成人教育学院、国家级继续医学教育学习班和上海市市级继续医学教育学习班教学。2012 年,眼科成为上海市眼科住院医师规范化培训基地。2013 年,举办"眼科新技术研讨会"。2017 年起,负责国家级继续教育项目"循证眼科实践临床研究"学习班。

承担国际交流任务,已经接收多名海外医学交流生的学习。2006 年,中国台北长庚医院陈贤立到中山医院眼科访问交流。2008 年,七年制毕业生尤宇一被推荐到比利时鲁汶大学攻读青光眼研究博士学位。

参与复旦大学临床流行病学和循证医学的授课及教材编著。出版教材及专著十余部。其中,1986 年朱志忠、周道伐和黎勉勤出版国内第一部《角膜病学》。

四、科学研究

眼科完成了多项单中心和(或)国际多中心的临床研究。开展眼部新生血管及糖尿病视网膜病变、眼干燥症和眼表疾病的系列基础研究。获得国家自然科学基金委、科技部、上海市科委、上海市卫计委、复旦大学及中山医院等各类级别的项目资助,近 5 年获各种基金资助共 24 项;获得专利 18 项。开展眼部新生血管研究十余年,从基础到临床,涉及眼部新生血管发生机制、调控及干预,在国内外杂志上发表相关论文 48 篇,国际、国内会议多次进行报道。

在白内障及屈光领域,在国内率先开展屈光性白内障手术和术后视觉质量差、干眼、屈光状态变化等研究,培养研究生,发表论文并获得多项专利。2016 年,相关项目被中华医学会评为"优秀白内障手术技能培训项目"。在青光眼领域,开展视神经保护、手术及药物眼压控制的多项基础和临床研究。在干眼及眼表领域,开展干眼和眼表疾病的机制与防治研究。

在眼科临床研究、循证医学及临床流行病学方面,开展及参与国际、国内合作的临床研究共 18 项。2005 年,临床研究在国际临床试验权威注册网站 Clinicaltrials. gov 上进行注册。

五、社会服务

1998 年,杨志坤参加湖南澧县抗洪抢险医疗队,支援当地抢险工作。2001 年 4 月,袁非参加中共上海市委宣传部联合上海东方电视台组织的中国革命万里行,赴四川广安人民医院行白内障复明手术。2003年,陈卫玲参加为期3年的上海市卫生局援外医疗队,赴摩洛哥开展援助服务。2011年8月,袁非参加上海市计委、中共上海市委宣传部组织的援助活动,赴宁夏同心县行白内障复明手术及义诊。2011年11月,袁非参加国家卫计委组织的援助活动,赴云南曲靖市富源县人民医院开展支边手术。2011年,袁非作为首支国家医疗队的队长,带队中山和儿科医院所组成的医疗队赴云南怒江地区开展巡回医疗。2012年,马晓萍参加赴新疆国家医疗队。

2016年袁源智两次赴云南为乡村医师进行培训。2016年起每年举办"爱眼日"大型科普活动,受到媒体关注和报道。编写和参与编写大量科普文章、书籍,接受电台、电视、平面媒体和新媒体采访,创立包括"干眼茶馆""小沈医生的'睛彩'世界"及"近视防控冯医生"等具有相当影响力的微信公众号,利用新媒体传播信息,收到良好的社会效益。

第十三节　耳鼻咽喉科

一、发展沿革

耳鼻咽喉科创建于1945年,中山医院是国内最早设立耳鼻咽喉专科的医院之一,耳鼻咽喉科专家王鹏万、黄鹤年曾在科室工作。1952年,国家进行院系调整,耳鼻喉科和眼科从中山医院和华山医院撤出,合并成立了上海医学院眼耳鼻喉科学院(现复旦大学附属眼耳鼻喉科医院)。1976年,中山医院重新设置耳鼻咽喉科。

通过几代人的共同努力,中山医院耳鼻咽喉科从诊治手段较单一的科室,逐渐转变为以头颈肿瘤综合治疗为特色的全面发展的科室,学科的医疗、教学和科研工作得到全面发展。2017年,耳鼻咽喉科为复旦大学耳鼻咽喉科学博士点和硕士点授予单位,是上海市住院医师规范化培训基地。

耳鼻咽喉科开设门诊、急诊,普通、日间和特需病房,诊治耳鼻咽喉科的各类常见病和疑难杂症。2017年,科室包括在职医师15人,其中博士5人、硕士8人;正高级职称1人、副高级职称7人,专业听力师2人。2017年,门急诊量69 533人次,出院1 962人次,手术1 377人次。

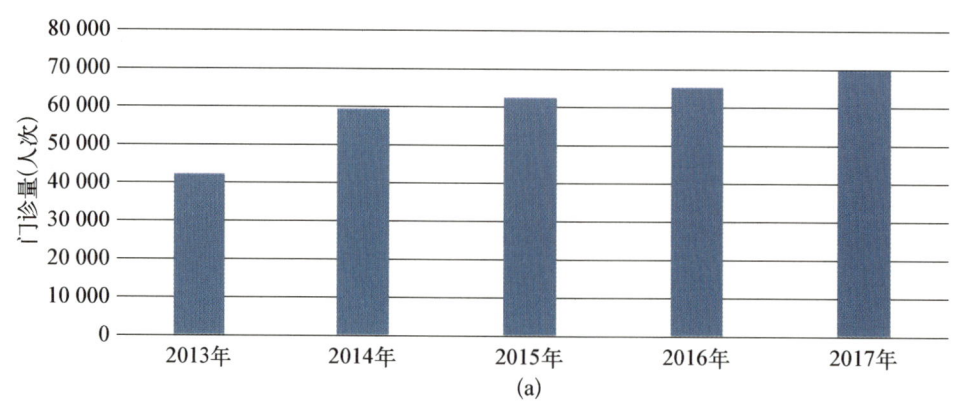

(a)

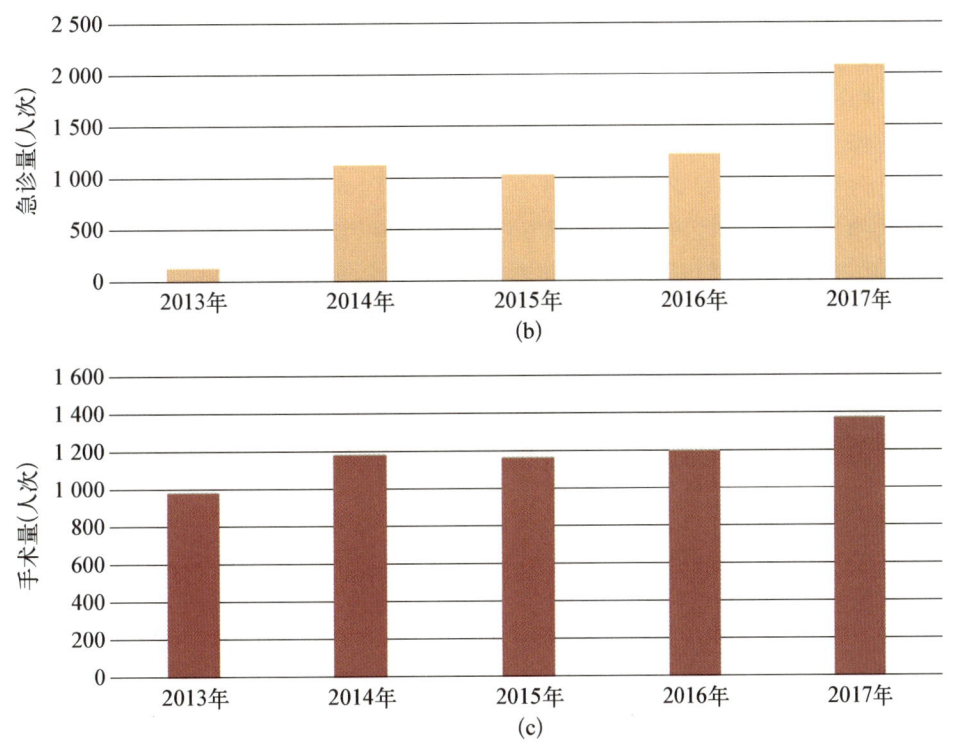

图 2 - 1 - 4 2013—2017 年耳鼻咽喉科门急诊量及手术量汇总图

表 2 - 1 - 22 1945—2017 年耳鼻咽喉科历任主任情况表

任 职 时 间	主 任
1945—1952 年	王鹏万
1976 年 3 月—1988 年 10 月	万廷钰(副主任,主持工作)
1988 年 10 月—1992 年 4 月	范显模(副主任,主持工作)
1992 年 4 月—1999 年 5 月	常荣先
1999 年 5 月—2013 年 9 月	王建中(副主任,主持工作)
2013 年 9 月—2014 年 2 月	谢晓凤(副主任,主持工作)
2014 年 2 月—	黄新生

二、医疗特色

科室开设了耳鼻咽喉-头颈肿瘤、过敏性鼻炎、中耳炎及眩晕和鼾症等特色专病门诊;设立 4 个亚专科,包括头颈肿瘤亚专科、鼻亚专科、咽喉亚专科和耳亚专科,并围绕以上亚专科培养专业技术人才,逐步形成科室的临床诊治特色。

【头颈肿瘤亚专科】

头颈肿瘤亚专科是科室的特色专科,据上海市申康医院发展中心统计,喉恶性肿瘤手术量 2017

年位居上海市前四位,主要诊治耳、鼻腔鼻窦、咽、喉、咽旁、腮腺与颌下腺等头颈部良恶性肿瘤。20世纪90年代,常荣先与医院外科合作,在国内较早开展游离结肠代食管手术,成功治疗晚期喉咽癌患者。2000年,科室与介入放射科合作,对鼻咽纤维血管瘤患者进行术前选择性血管栓塞治疗,使术中出血量大大减少,避免输血,取得了良好的临床效果。随着医疗设备的改进和医疗技术的提高,科室头颈肿瘤的诊治水平显著提高,不断开展新技术和高难度手术。例如,对喉咽癌患者开展保留喉功能的肿瘤根治术;对晚期喉部肿瘤患者,在切除肿瘤的同时,利用胸大肌皮瓣等修复局部组织缺损;对中耳、外耳癌累及腮腺并有颈部淋巴结转移者,可一期行中耳、外耳癌根治及全腮腺切除和颈淋巴结清扫,并尽可能保留或重建面神经功能;对经综合治疗后颈部复发转移的鼻咽癌患者,进行颈淋巴结清扫挽救性手术;对一些不明原因的颈部淋巴结转移癌患者,采取颈淋巴结清扫术及术后综合治疗,取得了较好的效果;开展改良喉次全切除及环状软骨—会厌—舌骨固定术和喉显微镜下 CO_2 激光手术等新技术。为喉部肿瘤患者保存喉功能治疗提供了新的手段。

【鼻亚专科】

主要诊治各种鼻炎、鼻窦炎、鼻息肉、鼻腔鼻窦良性或恶性肿瘤等。2001年,科室开始开展鼻内镜手术,经过近20年的发展,鼻内镜技术已日趋成熟。2004年,黄新生等在院内首次成功开展了鼻内镜下经鼻脑脊液鼻漏修补术;与神经外科合作,开展 LeFort I 型上颌入路斜坡肿瘤切除等手术。鼻亚专科除常规开展慢性鼻窦炎和鼻息肉等手术外,还开展了经鼻内镜下鼻腔鼻窦良、恶性肿瘤的相对微创手术,使患者避免了面部切口所带来的创伤。2016年,科室引进全新的史托斯高清内镜系统,为鼻内镜手术提供了更加清晰的影像设备。科室开设了过敏性鼻炎特色门诊,开展过敏原检测,并针对尘螨过敏患者开展脱敏治疗。

【咽喉亚专科】

主要诊治鼾症、扁桃体疾病、声带息肉、声带小结、声带白斑和食管异物等。开展喉显微手术、

图 2-1-5　2016 年,耳鼻咽喉科国家级继续教育学习班成员合影

电视喉内镜手术和喉显微 CO_2 激光手术等,使声带小结和声带白斑等良性病变经此手术治疗后,取得良好效果。2001 年起,开设鼾症专科门诊,开展了多导睡眠呼吸监测,综合治疗睡眠呼吸暂停低通气综合征(OSAHS);此外,在传统手术治疗的基础上,努力创新,开展了低温等离子射频消融和生物钉(pillar)技术治疗 OSAHS 等。

【耳亚专科】

主要诊治耳聋、耳鸣、眩晕、面瘫、中耳炎和耳部良恶性肿瘤等外中耳疾病,开展鼓室成形、面神经减压以及外、中耳癌根治等手术。拥有 ORBITER 922 型临床纯音测听仪、GSI TympStar 中耳分析仪、Medelec Synergy 听觉脑干诱发仪以及前庭功能检查仪等。针对内耳相关的眩晕、耳鸣及突发性耳聋患病率逐渐增加的情况,开设中耳炎、眩晕专病门诊。

三、医学教育

科室分别在 1995 年和 2014 年成为复旦大学耳鼻咽喉科学硕士点和博士点,导师分别为常荣先、王建中、黄新生和沈纳。截至 2017 年,培养硕士研究生 14 人、博士研究生 3 人。承担复旦大学上海医学院耳鼻咽喉头颈外科学的教学任务,是上海市住院医师规范化培训基地,招收来自全国各地的进修医生,并承担规范化培养住院医师的教学任务。

2016 年开始,科室主办国家级继续医学教育项目“耳鼻咽喉头颈肿瘤临床与解剖学习班”,来自全国各地数十家医院的各级医师报名参加了学习班。临床与解剖相结合的特色授课内容得到学员们的一致好评,不断提升耳鼻咽喉科的影响力。

四、科学研究

科室主任黄新生团队致力于中耳听力重建的有限元研究,截至 2017 年,获得或完成国家自然科学基金、上海市科委基础研究重点项目和医学引导类项目共 6 项,科室还获得上海市卫计委和复旦大学青年基金 9 项。2012—2017 年,科室发表学术论文 40 余篇,其中 SCI 收录论文 17 篇;参编专著 5 部。

表 2-1-23　2011—2012 年耳鼻咽喉科获国家自然科学基金资助项目情况表

获批年份	项　目　名　称	项目类型	负责人
2011	超小型超顺磁性氧化铁对梨状窝癌颈淋巴结隐匿性转移诊治的实验研究	青年科学基金	沈　纳
2012	中耳听力重建-中耳声音传导动力学特性有限元研究	面上项目	黄新生

五、社会服务

科室积极支持并做好医疗援助工作。科室黄新生、谢晓凤和王鹏参加国家医疗队,分赴云南和新疆巡回医疗;刘丹政作为第十批上海赴滇青年志愿者,在迪庆香格里拉人民医院工作,获上海市及云南省优秀志愿者荣誉称号。

第十四节　口　腔　科

一、发展沿革

口腔科始建于 20 世纪 50 年代初,首任主任为李学祥。上海医学院院系调整后,中山医院口腔科被撤销。1976 年,为综合性医院发展的需要,重建口腔科,开展口腔门诊常规诊疗业务。口腔科的规模、业务范围和工作量逐步发展,工作量以每年约 10％的幅度增长。2017 年门诊诊治患者 13 万人次。

2017 年,口腔科共有医生 19 人,其中主任医师 1 人、副主任医师 8 人、主治医师 8 人、住院医师 2 人。科室拥有牙科综合治疗仪 23 台,齿科 CBCT 机 1 台,X 线全景摄片机 1 台,数字化牙片机 2 台,牙种植器械 6 套,带除颤功能的心电监护仪 1 台以及 CT 牙科数字化软件等先进设备。在原有的基础上,把牙种植治疗特色进一步做大、做强,使之成为科室医疗和科研的支柱项目。同时根据心血管疾病的发生率逐年上升的趋势,将不断开拓新技术,为心血管疾病患者在监护下拔牙提供更好的治疗方法。在此基础上,带动牙体牙髓、牙周、口腔正畸、口腔修复、儿童口腔等亚专科的发展,使得口腔科的医疗服务更优质全面,成为综合医院口腔科的领先者。

表 2 - 1 - 24　1976—2017 年口腔科历任主任情况表

任 职 时 间	主 任
1976 年 10 月—1982 年 7 月	李学祥(副主任,主持工作)
1982 年 7 月—1987 年 4 月	李学祥
1987 年 4 月—1992 年 9 月	滕铭贤(副主任,主持工作)
1992 年 9 月—1998 年 3 月	陆金泉
1998 年 4 月—1999 年 1 月	于晓萍(负责人)
1999 年 2 月—2010 年 10 月	顾章愉(副主任,主持工作)
2010 年 11 月—2012 年 8 月	余优成(副主任,主持工作)
2012 年 9 月—	余优成

二、医疗特色

口腔科重视给患者提供更多更好的医疗服务,在长期临床医疗工作中不断积累经验,逐步形成中山口腔科的诊疗特色。

【心电监护拔牙】

20 世纪 90 年代初,在心内科戎卫海的协助下,口腔科率先在上海开展心血管疾病患者的监护拔牙。对高血压、心脏病患者,术前全面了解病史,严格掌握适应证,完善术前准备;术中保持良好的麻醉和镇痛效果,操作轻巧快速,尽量减少不良刺激和创伤,并严密观察,及时采取急救措施。至2017年,已为6万多名心血管疾病患者安全地拔除了患牙。

【牙齿缺失的种植】

口腔科于1997年采用"走出去"和"请进来"相结合的方式,引进牙种植技术,为数千名牙齿缺失患者成功进行种植牙治疗,获得了令人满意的疗效。牙种植的工作量逐年增长,2017年,完成种植手术1 050例,在上海市名列前茅,并且成功完成了全口种植和颌骨肿瘤切除后腓骨移植结合种植修复等高难度手术。全口即刻种植即刻修复技术为口腔科的种植专长,使患者可以当天拔牙、当天种植、当天戴牙,满足了一部分患者"零缺牙"的特殊需求,提高了生活品质。2004年,成功举办了ITI牙种植全国学习班,从2012年起,每年举办种植相关的国家级继续教育学习班,以种植手术转播及病例分析为特色,吸引全国各地数千位同人参加,提升科室地位和扩大影响。

【美容牙科】

1999年起,口腔科全面开展各项牙科美容的工作。对牙列不齐的病例,通过使用矫正施加柔和的力量于牙齿,使牙齿移动,逐渐排列整齐,达到美观的要求。在此基础上,进行牙、颌、颅面不调而致畸形的矫正治疗,获得了满意效果。此外,开展四环素牙的冷光漂白、烤瓷和全瓷牙冠修复个别畸形牙及严重牙釉质发育不全的牙齿、牙龈手术恢复美观的前牙牙龈形态等,以满足美观需求。紧跟国际齿科的发展新趋势,2015年,科室引进隐形矫治技术,为有美观需求的成人正畸开拓了新领域。

【常规门诊项目】

口腔科门诊工作是口腔科的主要诊疗业务,每周一到周六均设有专科门诊和专家门诊。主要诊治病种:各种牙病及口腔颌面部疾病(如口腔癌、三叉神经痛、颞颌关节病等),包括龋齿,牙髓炎、根尖周炎,口腔溃疡、黏膜白斑、扁平苔藓等黏膜病的诊治;缺失牙的各种活动托牙及常规固定和种植修复;颌畸形和牙列不齐的矫正治疗;牙槽骨及简单下颌骨骨折的颌间牵引、固定;牙槽外科治疗、黏膜囊肿等口腔肿瘤及类肿瘤疾病的门诊手术。

【住院诊疗】

1999年起,口腔科有核定床位4张,进行口腔颌面部肿瘤、损伤等疾病的手术治疗,并且保持逐年递增的势头。2010年已达到每年进行口腔颌面部疾病住院手术60~70例,口腔癌手术后3年生存率为50%以上,最长生存期超过6年。2000年,在全国率先将自体采血、回输技术应用于舌癌切除后胸大肌皮瓣修复的病例。运用较先进的技术进行口腔颌面部肿瘤切除后的修复技术,如胸大肌皮瓣或前臂皮瓣修复软组织缺损、髂骨和腓骨肌瓣修复颌骨缺损等,使患者术后恢复正常的功能和外形,提高生存质量。同时开展同期双侧根治性颈淋巴结清扫术和游离腓骨肌瓣修复下颌骨缺损等较大的口腔颌面外科手术。

充分发挥中山医院综合实力强的特点,加强科室间的合作:与介入科合作,进行舌癌的介入化疗;与神经外科合作,进行上颌骨切开蝶鞍肿瘤的切除手术;与耳鼻喉科合作,进行晚期中耳癌的扩大根治手术;与血管外科合作,改良颈动脉体瘤的手术入路;与神经外科、耳鼻咽喉科、整形外科合作,成功进行婴儿颅底、咽旁巨大肿瘤的切除手术等。此外,口腔科还担负院内会诊,包括中山医院高干病区会诊、特需病区会诊和远程网络会诊任务。科室还建有完整的各级医生岗位职责及各项规章制度。有完整的业务学习、疑难病例讨论及病例讨论记录和三级查房制度等。

三、医学教育

口腔科同时承担大量教学任务,包括研究生、本科生、进修生和留学生教育和住院医师、专科医师的培训任务。2017年,科室有博士研究生导师1人,硕士研究生导师2人,授课教师6人。2000年,科室成为同济大学和湖州师范大学医学院的教学基地;2010年,成为上海市口腔住院医师规范化培训基地,陆续完成数十名住院医师的培训;2013年,获得上海市种植专科培训基地认证,为培养更为专业的种植专科医师奠定基础;2015年,成为温州医科大学本科教学基地,承担临床实习生的带教任务。2015年,科室获批复旦大学教学课题,课题名称为"口腔医学MOOC教学"。

四、科学研究

2016年,科室承担国家自然科学基金面上项目"GARP-TGFβ1蛋白复合体在骨髓间充质干细胞抑制炎性牙槽骨吸收中的作用研究"。2013年,承担国家自然科学基金青年基金项目"SENP5在口腔鳞状细胞癌细胞分化相关线粒体改变中的作用";上海市科委政府间国际合作项目"激光制备纳米氧化锆牙种植体表面密纹结构对成骨细胞生物学效应的研究""TGF-β1诱导的调节T细胞联合骨髓间充质干细胞抑制炎性牙槽骨吸收的研究"等2项;上海市科委基础研究重点项目"3D打印可控多孔牙种植体表面纳米化对成骨细胞生物学效应的研究"等5项;上海市科委白玉兰计划1项。"牙周膜和牙槽骨的组织模型建立及其在正畸力作用下的破骨诱导研究"为中山医院人才培养计划之优秀骨干计划;"平阳霉素颈动脉灌注与静脉注射药物浓度比较的实验研究"为中山医院中青年科学研究基金课题,"成人牙周病的综合治疗""CP-ACP对牙釉质黏结剂剪切强度的影响"为复旦大学青年基金课题。参编著作4部,每年发表SCI论文数篇。

表2-1-25 2010—2016年口腔科获国家自然科学基金资助项目情况表

获批年份	项　目　名　称	项目类型	负责人
2010	SENP5在口腔鳞状细胞癌细胞分化相关线粒体改变中的作用	青年科学基金	丁小军
2016	GARP-TGFβ1蛋白复合体在骨髓间充质干细胞抑制炎性牙槽骨吸收中的作用研究	面上项目	余优成

五、社会服务

口腔科也承担了重要的社会责任。科室多名医师先后至中山医院青浦分院提供医疗支持。于晓萍参与为期3个月的云南省医疗支援。余优成、孙健、王庆通过《早安,上海》《名医话养生》《X诊室》等电视、电台节目就口腔常见问题进行科普宣传。2015年,柯国峰参加上海教育电视台《健康演说家》节目,同时获得"第二届上海市青年医学科普能力大赛"二等奖。

第十五节　内 镜 中 心

一、发展沿革

中山医院的内镜诊治始于 20 世纪 50 年代。1956 年 8 月,李宗明用德国产半曲式胃镜进行了国内较早的胃镜检查。1968 年,朱无难和刘厚钰开展胃镜诊疗工作,为后续发展奠定了基础。1972 年,外科主任王承棓完成了全结肠镜检查(中山医院第一例),带动了中国结肠镜的发展。1975 年,内镜中心率先开展食管静脉曲张内镜下硬化剂注射和套扎技术。1976 年,王承棓和吴光汉率先在国内开展内镜逆行胰胆管造影(ERCP)技术治疗胆道疾病。

1992 年,在姚礼庆的努力下内镜中心正式成立,姚礼庆成为内镜中心第一任主任,王萍任护士长,从此中山医院的内镜工作全面展开并迅猛发展。2015 年 3 月,周平红任内镜中心主任。

截至 2017 年,内镜中心共有胃肠镜诊疗室 20 间(25 台),是中国同类机构中硬件设施较为齐全的单位之一。有主任医师 4 人,副主任医师 3 人。设内镜治疗专科门诊、普通专家门诊、特需专家门诊。

表 2-1-26　1992—2017 年内镜中心历任主任情况表

任 职 时 间	主 任
1992 年 1 月—2015 年 3 月	姚礼庆
2015 年 3 月—	周平红

二、医疗特色

1997 年,内镜中心率先开展内镜下胃和小肠造瘘技术,解决不能进食患者的肠内营养问题。截至 1998 年 1 月 6 日,张善身创造了个人检查胃镜的吉尼斯世界纪录(46 316 例次)。1999 年,内镜中心率先开展急性结直肠梗阻的内镜下引流术,同时创新性开展结肠癌急性肠梗阻患者应用金属支架引流＋腹腔镜二期切除治疗,即"双镜治疗"。同年,内镜中心率先在上海建立内镜抢救 24 小时绿色通道制度,截至 2017 年,中山医院是全市唯一一家实行此制度的医院,对消化道出血、急性化脓性胆管炎、食管异物和肠梗阻患者,抢救不分昼夜和节假日。

2006 年,内镜中心周平红开展内镜黏膜下剥离术(ESD),使内镜中心成为国内较早开展 ESD 的单位之一。2007 年,周平红在国际上率先将 ESD 技术应用于治疗消化道黏膜下肿瘤,并命名为"内镜黏膜下挖除术(ESE)"。同年,周平红率先在国际上创新开展无腹腔镜辅助的内镜全层切除术(endoscopic full-thickness resection, EFTR)治疗固有肌深层黏膜下肿瘤。2008 年,外科日间病房开张,内镜中心有固定病房床位 17 张。2010 年 8 月,周平红国际同期、国内最早开展经口内镜下肌切开术(POEM),使中山内镜成为世界首批开展 POEM 治疗的单位,从手术方式创新、适应证扩展和并发症系统评价等方面制定 POEM 治疗新策略,并被欧美和日本等地区广泛使用。2011 年,徐美东在 POEM 和 ESD 手术的基础上国际首创黏膜下隧道内镜肿瘤切除术(STER)。该手术获国际认可,并成为食管固有肌层肿瘤治疗首选。POEM 和 STER 的开展开创了内镜技术的新纪元,即"隧道内镜治疗学"。

2012 年,钟芸诗开展"金属夹联合尼龙绳间断缝合技术"用于缝合消化道缺损,该成果被欧洲的《消化道穿孔内镜治疗指南》所引用。

2013 年 3 月,周平红在国内率先引进 over-the-scope-clip(OTSC)金属夹系统,并用于消化道缺损的缝合。同年,周平红开展内镜下放射状切开(ERI)治疗食管术后的吻合口狭窄。2013 年,内镜中心引入日本的牙线牵引技术,钟芸诗将该技术应用到"牙线辅助牵引治疗黏膜下肿瘤",使 ESE/EFTR 治疗黏膜下肿瘤切除更彻底、更简单。

2014 年,内镜中心成立亚专科,周平红任上消化道亚专科主任,陈世耀任消化道出血亚专科主任,徐美东任胆胰内镜亚专科主任,钟芸诗任肠道疾病亚专科主任,张轶群任超声内镜亚专科主任。同年,周平红在国内率先开展 OverStitch 缝合,并开展消化道较大缺损的内镜下缝合。张轶群开展经超声穿刺的射频冷冻治疗胰腺肿瘤,取得较好的临床治疗效果。由内镜中心和消化科牵头,消化、内镜、普外、介入、放射等科室参加,成立静脉曲张多学科团队。

2015 年,周平红完成并报道了世界首例经隧道内镜切除纵隔肿瘤病例。周平红在国内率先引进冷冻技术治疗食管早期癌症和 CO_2 激光技术行非接触式的 ESD 治疗等。2015 年,内镜中心的内镜诊疗量为 101 856 例,首次突破 10 万例,获"大世界吉尼斯之最"。

2016 年,经医院党委决定,成立内镜党支部,钟芸诗任支部书记。2016 年 1 月,徐美东和张轶群完成超声内镜联合 ERCP 胆道引流术;3 月,徐美东在国际上率先应用隧道肌切开技术治疗食管 Zenker 憩室,首创经黏膜下隧道内镜憩室中隔离断术(STESD)。同年,周平红开展内镜下减重治疗,即水囊置放、OverStitch 袖状胃减容手术和 MUSE 系统治疗胃食管反流的动物试验。2016 年 11 月,由内镜中心牵头,内镜中心、消化科、普外科、放疗科、病理科、肿瘤科等科室参加,成立消化道早期癌症治疗多学科团队(MDT)。2016 年起,首次成立内镜日间病房,拥有固定床位 37 张。

2017 年,周平红在国内率先开展抗反流黏膜切除术(ARMS)治疗胃食管反流性疾病。周平红开展消化内镜经胃保胆取石手术,并在当年完成 30 例。3 月,徐美东和张轶群完成国内首例超声胃镜引导下胃空肠吻合术。同年,周平红开展光学相关断层成像术(OCT)诊断食管癌的临床研究,开展 EUS 引导下置入弹簧圈治疗胃底静脉曲张,超声内镜弹性成像加超声造影诊断胃肠道黏膜下肿瘤。2017 年,共完成内镜诊疗 11.7 万例,其中胃镜 6.5 万例、肠镜 4.7 万例,胃肠 ESD 总量首次超过 2 500 例,隧道内镜治疗首次超过 500 例,出院 4 800 人次,三、四级手术占比 97.3%,平均住院 2.36 天。

2008—2017 年,以中山医院内镜中心为主导,先后成立了复旦大学内镜诊疗研究所、卫生部消化内镜上海培训基地、上海市消化内镜诊疗工程技术研究中心、亚太地区内镜培训中心以及美国消化内镜协会国际培训中心。复旦大学内镜诊疗研究所成立于 2008 年 4 月,所长姚礼庆,副所长钟良、沈俊、项平,秘书周平红。复旦大学内镜诊疗研究所的前身是成立于 2002 年的复旦大学内镜诊疗研究中心,集合了复旦大学附属中山医院、华山医院、华东医院、儿科医院、肿瘤医院、眼耳鼻喉科医院、第五人民医院、金山医院、上海市公共卫生中心等医院,主任单位挂靠中山医院内镜中心。

截至 2017 年,内镜中心以内镜微创治疗为特色,以诊疗消化道早期癌症、消化道黏膜下肿瘤、贲门失弛缓症和急性肠梗阻为专长。常规开展的内镜治疗项目主要有:无痛胃肠镜检查,小肠镜检查,胶囊内镜检查,磁控胶囊,十二指肠镜检查,鼻胃镜检查,放大染色内镜早期癌症精查,内镜下胃、小肠造口术,消化道超声内镜检查,超声内镜下细针穿刺,胃镜下止血和异物取出术,食管静脉曲张破裂出血的结扎和硬化剂治疗,十二指肠镜乳头括约肌切开治疗胆总管结石,胆道镜取石,急性梗阻性化脓性胆管炎的引流治疗,急性肠梗阻引流治疗,消化道狭窄的扩张或内支架治疗,贲门失弛缓症气囊扩张治疗或 POEM 手术,胃和肠息肉摘除术,ESD,EFTR,ESE,STER,POEM,STESD,ERI,消化内镜经胃保胆取石手术,ARMS,双镜治疗等。

三、医学教育

内镜中心承担复旦大学上海医学院本科生、研究生和成人职业教育教学,累计已完成 50 余套多媒体讲课教材的编写。内镜中心作为亚太消化内镜学会的培训基地之一,每年承担 3～4 名亚洲欠发达国家的内镜医师的培训工作。

1997 年,举办第一次大型国际内镜会议(600 人参加)。2007 年,主办首届中日内镜黏膜下剥离术(ESD)高峰论坛。通过本次会议,周平红将 ESD 治疗早期消化道肿瘤的理念推向全国。以后,周平红领衔的中山内镜治疗团队每年主办一次中日 ESD 高峰论坛,每次会议均为内镜界医务人员带来本年度内镜诊疗的最新理念、最新技术和最新器械,有些手术方式改变了疾病的传统诊治方式。至 2017 年该论坛已经举办 10 届。另外,内镜中心还每年 7 月举办上海市静脉曲张学术会议,已经举办 8 届;每年 11 月,举办国家级学习班(2015 年起同时举办"中山内镜论坛"),已经举办 15 届。以上会议参加人数累计 11 000 人次。内镜中心每年举办 4 期医生、护士 ESD 海博刀手术培训班,已经举办了 38 期,其中英文学习班 5 期,学员分别来自荷兰、西班牙、蒙古、奥地利、瑞典等国家及中国香港、台湾等地区。以上培训班参加人员数累计 2 600 余人次。

内镜中心培训全国各地的进修学习人员 1 243 人次。内镜中心多项内镜新技术为国际首创,不仅吸引了越来越多的国内进修医生,也吸引了包括美国梅奥诊所等机构在内的多名欧美知名专家至中山医院参观学习。已经接待 100 多名国外医生到内镜中心进修,开创了国外医生排队来中国学习内镜技术的先河。

2001 年,中山医院内镜中心主任姚礼庆主编的《现代内镜学》是中国最早的关于内镜诊疗技术的权威专著之一。2009 年,姚礼庆和周平红联合主编的《内镜黏膜下剥离术》是国内第一部系统介绍 ESD 临床应用的学术专著。2014 年,周平红主编的 *Atlas of Digestive Endoscopic Resection* 是中国第一部关于内镜下切除技术的英文专著,由斯普林格出版社出版,并获得美国《胃肠病学杂志》推荐。截至 2017 年底,内镜中心主编出版医学论著 19 部,视听教材 5 部。此外,内镜中心还牵头制定了中国第一部《消化道黏膜病变内镜黏膜下剥离术治疗专家共识》和国内第一部《经口内镜下肌切开术(POEM)治疗贲门失弛缓症专家共识》。

内镜中心坚持对外友好交流。"请进来、走出去",每年邀请国外的专家来院进行学术交流,选派数位科室骨干到国外学习,对于促进科室的学术进步起到了积极的作用。姚礼庆从 20 世纪 90年代起每年去中国香港参加"亚太内镜操作演示会"(由亚太消化内镜学会和香港消化内镜学会主办)。2012 年,周平红作为中国代表,受邀参加在德国举行的第十四届世界消化内镜大会,展示了中国医生在内镜手术方面的发展速度、质量和技法,体现了中国在世界消化内镜微创切除领域的领先地位。从此,中山医院内镜团队开始出现在世界舞台,参加包括亚太消化疾病周(APDW)、美国消化疾病周(DDW)、欧洲消化疾病周(UEGW)、欧洲内镜外科协会(EAES)等国际会议 90 余次,并在上述国际大会上做精彩的演讲和手术演示 200 余次,足迹遍布美国、德国、意大利、希腊、奥地利、西班牙、澳大利亚、韩国、印度以及中国香港、台湾地区,甚至南美和非洲地区。2013 年,周平红参加美国消化疾病周(DDW)中的"内镜世界杯",并取得好成绩;2014 年,周平红在上海中山医院直播内镜手术至日本福冈第八十七届日本消化内镜学会(JGES)大会。2016 年,在 DDW 上,周平红第一次作为"内镜世界杯"决赛裁判给选手打分。同年 10 月,周平红应邀担任在维也纳召开的欧洲消化疾病周(UEGW)胃肠道外科手术并发症的内镜处理环节的主持,这在中国医生中尚属首次。2016 年12 月,周平红带领中山医院内镜团队 8 名医生集体参加亚太消化疾病周(APDW),并均在大会上做主持、主题报告、壁报展示等,其中大多是青年医生。从听众到讲者,从讲者到手术操作者,从手术操作者到评委和主持,从个人到团队,中国内镜医生逐渐走上了国际舞台并参与其中。

四、科学研究

截至 2017 年,内镜中心人员共主持国家自然科学基金 12 项(其中面上项目 6 项),省部级课题 24 项,另有其他课题 54 项,累计科研经费达到 2 200 万元人民币。优秀人才和团队支持计划相关课题 9 项,其中包括周平红的上海市卫生系统优秀学科带头人培养计划,钟芸诗的启明星计划,李全林的晨光计划等。共发表学术论文 300 篇,其中在 *GIE*、*Endoscopy*、*Surgical Endoscopy*、*Disease of Colon and Rectum* 等杂志发表 SCI 收录论文 81 篇,累计影响因子 188。申请专利 14 项(其中发明专利 1 项)。获各类奖励数十项,其中获上海科技进步奖等省市级奖励 9 项;获得各类集体、个人奖项十余次,其中包括 2016 年周平红入选"大国工匠",2015 年内镜中心获上海市"创新团队"称号,2015 年姚礼庆获上海市先进工作者称号等。

五、社会服务

内镜中心积极参与国家医疗队的地区扶贫建设活动,在西藏、新疆、云南等地共建立了 12 家内镜合作基地。先后多次在中央电视台、上海电视台及上海人民广播电台做科普讲座,受到观众和听众的好评。

第十六节 麻 醉 科

一、发展沿革

麻醉科由中国现代麻醉学奠基人、临床药理学家和临床麻醉学家吴珏于 1951 年创建,是中国麻醉学科的发源地之一。经过多年的发展,麻醉学范畴不断扩展,中山医院麻醉科队伍不断壮大,形成了以临床麻醉、围手术期管理和疼痛治疗为特色的临床二级学科,在中国麻醉界享有较高的声誉。

1950 年 10 月,吴珏携带一批麻醉器材,自美国返回祖国,在上海医学院附属中山医院建立了中国第一个独立的麻醉科并担任麻醉科主任。1952 年,在吴珏的倡导下,确立了麻醉由专业医师主持的体制,并开始有计划地培养麻醉专业人员。1954 年,吴珏编著了中国第一本中文麻醉学专著《临床麻醉学》,并正式成立了上海第一医学院麻醉学教研室,任教研室主任。1958 年,吴珏成为中国第一位麻醉学教授。

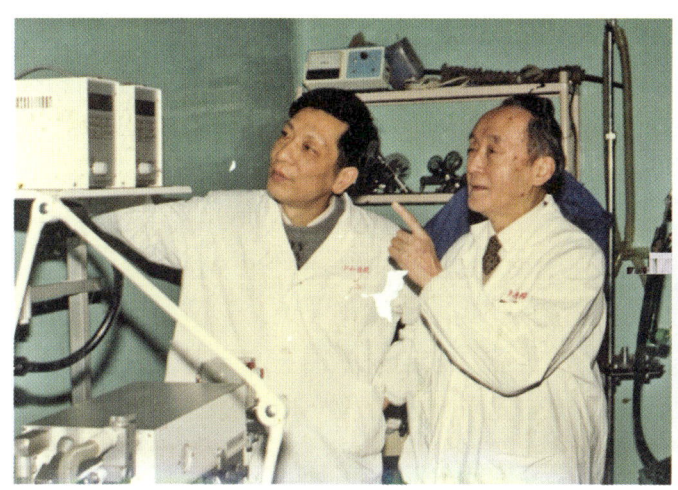

图 2-1-6　麻醉科吴珏(右一)与蒋豪工作照

图 2-1-7　1954 年吴珏主编的《临床麻醉学》(第一版)

随着外科技术不断完善,麻醉科围手术期管理水平也不断提高。20 世纪 50 年代,麻醉科在国内首创静吸复合全麻、支气管内麻醉、硬膜外阻滞和连续硬膜外阻滞等技术,广泛开展静脉穿刺,完善中心静脉穿刺技术。1951 年的麻醉量约 990 次。20 世纪 50 年代末 60 年代初,麻醉科开展了体外循环和低温麻醉,进一步探索术中重要脏器的保护问题。1970 年,麻醉科常规采用自制的套管针进行动、静脉穿刺,监测有创动脉压和中心静脉压,并进一步开展肺动脉压、肺毛细血管楔压、心输出量和呼吸功能监测。20 世纪 80 年代起,蒋豪率先在科室开展控制性降压、静脉营养导管的放置和维护及硬膜外阻滞复合全身麻醉等研究。1986 年,麻醉科为一例全小肠切除术的女性患者放置静脉营养导管并长期留置。该患者术后存活 30 年,并生育了一个健康的女婴,这在全国绝无仅有。20 世纪 90 年代开始,麻醉科对节约用血技术进行大胆尝试,开展深入的临床和实验研究,提出急性非等容血液稀释的概念,既降低术中用血量,又减少围手术期并发症。1992 年,麻醉科开设疼痛门诊,治疗各种疾病引起的急、慢性疼痛,并广泛开展术后镇痛。1996 年,麻醉科开始主管外科监护室工作,并建立麻醉后恢复室,提升患者围手术期安全。2000 年起,麻醉科将老年患者围手术期心肺脑功能的维护作为研究重点,摸索出一整套术前评估和围手术期管理方法,使部分患有严重心肺疾病的老年人重获手术机会。2010 年后,麻醉科牢牢贯彻"以人为本"的理念,将"提高手术患者术后康复质量"作为重中之重,通过多学科合作,采用一系列有循证医学证据的围手术期处理优化措施,减少手术患者生理和心理的创伤应激,达到了加快患者的术后康复、减少并发症、缩短住院时间、降低医疗费用的效果。加速康复外科理论已惠及普通外科、骨科、妇产科、肝外科、心胸外科等各个手术科室的患者。

2014 年,麻醉科成立了心脏外科、普胸外科、普外科、神经外科和矫形外科共 5 个麻醉亚专科。亚专科的成立进一步促进了麻醉学科的高质量发展,加速了手术患者的术后康复。

1963 年,麻醉科有各类人员 13 人,其中医师 8 人、助理住院医师 4 人、技术员 1 人;1982 年,麻醉科有各类人员 18 人,其中教授 1 人,副教授 1 人,讲师 5 人,主治医师 1 人,住院医师 3 人,技师 2 人,医士 2 人,护士 1 人,工人 1 人,秘书 1 人。截至 2017 年底,麻醉科有各类人员 82 人,其中教授、主任医师 4 人,研究员 1 人,副教授、副主任医师 13 人,主治医师 29 人,住院医师 12 人,主管技师 1 人,主管护师 2 人,护师 6 人,护士 14 人。

表 2 - 1 - 27　1951—2017 年麻醉科历任主任情况表

任 职 时 间	主 任
1951 年—1988 年 10 月	吴 珏
1988 年 10 月—1992 年 4 月	肖常思
1992 年 4 月—2000 年 5 月	蒋 豪
2000 年 5 月—2001 年 12 月	薛张纲（副主任，主持工作）
2001 年 12 月—2017 年 6 月	薛张纲
2017 年 6 月—	仓 静

二、医疗特色

【住院手术麻醉】

住院手术麻醉是中山医院麻醉科最基本的临床工作。建科之初，麻醉科首创静吸复合全麻和连续硬膜外阻滞等技术，并在住院手术患者中广泛使用。此后，伴随着外科的发展，中山医院手术室不断扩充，中山医院麻醉科协助普通外科、骨科、胸外科、血管外科、肝外科、泌尿外科、妇产科、神经外科、心外科及内镜中心等多个手术科室，完成了大量疑难复杂的住院手术麻醉。

在各种住院手术中，器官移植手术患者病情重、情况复杂、技术要求高。1970 年 1 月，中山医院进行了首例尸肾供体移植。1978 年，中山医院进行了医院首例、全国第二例肝移植手术。当时的外科和麻醉科条件都非常艰苦，在吴珏与方兆麟的带领下，不仅对患者进行了中心静脉穿刺置管、连续动脉压、中心静脉压和体温等监测，还使用当时最简单的国产 103 麻醉机，靠手捏呼吸囊完成机械通气。该例患者存活 29 天。此次肝移植的实践，是肝外科与麻醉科对移植手术管理的探索。1993 年，为加快移植学科发展，发挥各学科优势，加强横向联系，医院成立器官移植研究发展中心，下设心肺移植小组、肝脏移植小组、肾移植小组和小肠移植小组，麻醉科也相应地成立了各移植麻醉小组，以便配合器官移植手术的开展。除先后派遣医师赴美国及澳大利亚学习移植手术的麻醉和术后管理外，在参考大量文献、完成动物实验的基础上，结合自身实践，总结出各种移植手术围手术期管理策略，协助兄弟科室成功完成心脏移植、肝脏移植、心肺联合移植及肺移植等多种移植手术。2000 年完成首例心脏移植术；2001 年 4 月 21 日完成真正意义上的首例肝移植术；2002 年完成上海市首例成人—儿童亲属活体供肝肝移植、首例成人—成人活体供肝肝移植和亚洲首例心肝联合移植术；2003 年 12 月完成上海市首例同种异体心肺联合移植术；2004 年完成亚洲最高年龄肺移植术；2005 年完成首例双肺移植术；2007 年完成亚洲首例心肝肾联合移植术。自此，移植手术数量逐年递增，围手术期管理水平逐年提高。

表 2 - 1 - 28　1951—2017 年若干年份麻醉科手术室数量情况表　　　　　　　　　　单位：间

时 间	3 号楼	9 号楼	1 号楼	21 号楼	10 号楼	16 号楼	20 号楼
1951 年	10						
1977 年	10	2					
1992 年		2	15				

（续表）

时　　间	3号楼	9号楼	1号楼	21号楼	10号楼	16号楼	20号楼
1997年		4	15				
2005年9月		4		6			
2009年4月		4		6	24		
2009年11月			4	6	24		
2015年2月			4	5	24	19	
2016年12月			4	5	24	19	4
2017年10月			4	6	24	19	4

表2-1-29　1963—2017年若干年份麻醉科麻醉量统计表　　　　单位：次

年　份	全身麻醉	椎管内阻滞麻醉	神经阻滞麻醉	全麻复合椎管内阻滞	全麻复合神经阻滞	其　他	总　计
1963	730	1 437	109				2 276
1981	719	3 045	449			445	4 658
2015	17 217	1 597	122	9 415	1 858	3 246	33 455
2016	21 648	1 406	175	9 756	2 054	4 118	39 157
2017	26 244	1 386	255	8 187	1 304	4 829	42 205

表2-1-30　2015—2017年心脏、胸外、肝脏、肝移植、无痛胃肠镜手术量情况表　　　　单位：次

年　份	心脏手术	胸外科手术	肝脏手术	肝移植手术	无痛胃肠镜手术
2015	2 851	3 063	3 408	37	56 439
2016	3 583	4 186	3 675	65	66 273
2017	3 933	4 861	4 085	129	80 287

【日间手术麻醉】

日间手术麻醉是临床麻醉工作的又一重点。1993年3月，随着内窥镜中心的成立，无痛胃肠镜与各种内镜下治疗手术量不断增加，手术难度不断提高，对麻醉管理的挑战不断加强。2017年，内窥镜中心共有胃肠镜诊疗室20间（25台），无痛胃肠镜操作增至80 287例。麻醉科为疾病的早发现、早诊断、早治疗和促进患者快速康复策略的实施保驾护航，使患者从中获益。

【疼痛诊治】

疼痛治疗是麻醉领域的重要分支。1989年，麻醉科开始开展术后镇痛业务，不仅减轻患者的手术顾虑、增强手术信心，也减少因术后疼痛应激引起的诸多并发症，利于患者术后康复。患者逐渐改变了"手术后必痛"的传统观念，得到患者的普遍欢迎。1989年，麻醉科开设疼痛门诊，每周坐

诊半天,共诊治患者 259 人次。1992 年,加入上海医科大学组织的临床疼痛研究中心。1996 年门诊量达 620 人次。2001 年,麻醉科克服人员紧张问题,开设了日常普通门诊和专家门诊,并由专人负责诊疗工作,受到患者和家属的欢迎。

针对医院以肿瘤外科治疗为主的特色,2003 年起,麻醉科开始进行肿瘤化疗患者静脉通道的植入手术,至 2017 年共完成手术约 5 000 例。2017 年,完成住院患者 PORT 植入术 620 例,门诊植入术 448 例,门诊 PORT 取出术 320 例。

为进一步提高手术患者术后康复质量,2016 年 2 月,中山医院麻醉科成立急性疼痛管理团队(acute pain service,APS),使围手术期疼痛管理又上了一个新台阶。

【重症监护】

1978 年,吴肇光成立了外科监护室(重症医学科前身)。1992 年,麻醉科开始参与外科监护室工作。1996 年,麻醉科开始主管外科监护室工作,成立了收治各类急危重疾病患者的综合性重症病房。经过近 20 年的学习和探索,外科监护室在规模、人员、监测和治疗等方面都有极大进步。2014 年,为使重症医学有更好的发展,更好地服务重症患者,重症医学从麻醉科中分离出来,成为独立的科室。

三、医学教育

【学历教育】

重视青年麻醉医师的培养是中山医院麻醉科的优良传统和一大特色。吴珏曾经说过:"合格的麻醉医生是半个外科医生加半个内科医生,在基础知识和理论方面比哪一科医生都强的医生。"这样优良的教学传统由吴珏、肖常思、蒋豪、薛张纲,一直传承到仓静。

图 2-1-8 1980 年,中山医院第一期麻醉医师进修班结业合影

从建科之初，麻醉科每年参加医学院本科、留学生教学以及选科实习、见习带教工作。1958年，吴珏晋升为麻醉学教授。1962年，吴珏开始在全国招收麻醉学研究生，先后共培养了10名麻醉学研究生，包括庄心良、蒋豪，他们也成为中国最早的麻醉学研究生。1978年后，兰凤英、姜桢、蒋豪、肖常思相继晋升为硕士研究生导师。1994年，中山医院麻醉科获批成为麻醉学博士授权点，蒋豪成为麻醉科第一位博士生导师。

中山医院麻醉科是国家博士、硕士研究生培养点，至2017年底，麻醉科共有博士研究生导师5人，硕士研究生导师1人。截至2017年12月，共培养研究生214人，其中博士研究生50人，硕士研究生66人；同等学力博士研究生4人，同等学力硕士研究生32人；八年制博士研究生17人，七年制硕士研究生45人。

【职后教育】

住院医师与专科医师的规范化培训是科室教学工作重点之一。薛张纲参照美国的住院医生培训制度，创建并完善了中山医院麻醉科住院医师培养体系，包括规范化授课、建立培养标准及考核制度，并逐步将此培养制度延伸至整个麻醉学系。因此，中山医院麻醉科培养的住院医师有着坚实的理论和操作基础，不仅在各种比赛中获奖，更得到各大医院的一致认可。

1997年，麻醉科被认定为国家级成人教育基地；2004年，被确定为中国医师协会和中华医学会麻醉学住院医师规范化培训试点科室；2008年，成为卫生部第一批住院医师培训基地；2010年，成为上海市住院医师规范化培训基地；2013年，成为上海市专科医师规范化培训基地。2016年7月，科室举办了全国住院医师规范化培训师资培训班，将科室的教学管理理念与全国的同行分享。

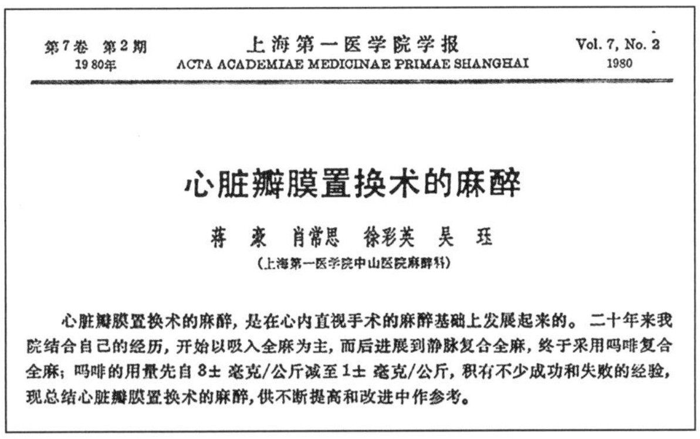

第7卷　第2期　19 80年　上海第一医学院学报　ACTA ACADEMIAE MEDICINAE PRIMAE SHANGHAI　Vol. 7, No. 2　1980

心脏瓣膜置换术的麻醉

蒋　豪　肖常思　徐彩英　吴　珏

（上海第一医学院中山医院麻醉科）

心脏瓣膜置换术的麻醉，是在心内直视手术的麻醉基础上发展起来的。二十年来我院结合自己的经历，开始以吸入全麻为主，而后进展到静脉复合全麻，终于采用吗啡复合全麻；吗啡的用量先自8± 毫克/公斤减至1± 毫克/公斤，积有不少成功和失败的经验，现总结心脏瓣膜置换术的麻醉，供不断提高和改进中作参考。

图2-1-9　蒋豪等人于1980年发表的学术论文（部分）

截至2017年12月，通过规范化培训，科室共培养并已完成学业的住院医师57人、专科医师6人，在培住院医师39人、专科医师18人。

除了住院医师培养之外，中山医院麻醉科从吴珏开始，都对培养麻醉进修医师充满了热情。吴珏当年自美归来的动机之一就是“多教导和培养国内有志青年，把临床麻醉赶上时代的国际水平”。因此，中山医院麻醉科成立之初，就开始大量招收进修生，当时在同一期内一般有5～6人。自此，科室培养了一批又一批麻醉进修医师，为全国各地输送了大量的临床麻醉工作者，许多麻醉进修医师后来成长为全国各大省市主要医院的麻醉骨干。

1977年起，受卫生部委托，中山医院麻醉科开始开设全国麻醉进修班。1997年，麻醉科被认定为国家级成人教育基地。进入21世纪，科室每年培养进修医师约40人，每年举办国家级继续教育学习班3次，其他各类学习班五、六次，年累计学员约180人次，年累计授课160余课时。

麻醉科先后选派多名中青年医师到美国哈佛大学医学院附属麻省总院、华盛顿大学医学院附属巴恩斯-犹太（Barnes－Jewish）医院等进修学习。

【教学成果】

1954年,吴珏编著出版中国第一部中文麻醉学专著《临床麻醉学》,并正式成立上海第一医学院麻醉教研室。1959年,《临床麻醉学》再版。1978年,吴珏主编《实用麻醉学》。此后,麻醉科还参编了《当代麻醉学》《现代麻醉学》《临床麻醉与复苏》《实用临床麻醉学》《外科学》《米勒麻醉学》等多部专著、译著和教材。

2016年,麻醉科被评为中山医院教学先进集体,仓静被评为中山医院教学管理先进个人,张晓光被评为中山医院优秀教学秘书。

四、科学研究

麻醉科的科学研究历史可追溯到建科之初。1952年,吴珏就已在《外科学报》上发表论文《上胸部硬脊膜外阻滞》。至1983年,麻醉科发表的医学论文已近百篇,文摘和综述已超过500篇。1989年,肖常思负责的课题"氧自由基拮抗剂抗低氧性肺动脉高压症的应用基础研究"获得国家自然科学基金资助。2008—2017年,麻醉科共获得省部级以上课题26项,在国际、国内权威性杂志上发表各类论文288篇,其中SCI收录论文108篇。

1991年,"控制性降压的临床和实验研究"课题申报卫生部科技成果奖;1995年,麻醉科入选上海市医学领先学科建设计划名单;2001年,麻醉科被批准为国家级药物临床研究基地;2010年麻醉科成功申报国家临床重点专科建设项目;2011年麻醉科与上海中山医疗科技发展公司合作的"麻醉气体吸附器"和"一次性使用自控式输注泵(镇痛泵)"实现产业化。

表2-1-31 2008—2017年麻醉科获国家自然科学基金资助项目情况表

获批年份	项 目 名 称	项目类型	负责人
2008	异丙酚抗凋亡作用与内质网应激的关系研究	面上项目	薛张纲
2008	TLR4基因多态性与脓毒血症易感性相关性的研究	面上项目	缪长虹
2009	地氟醚预处理对内皮细胞缺氧复氧损伤影响分子网络调控机制	面上项目	朱 彪
2011	突触外NMDA受体与七氟醚促发育期脑神经元凋亡作用的关系	青年科学基金	张晓光
2011	MFHAS1在脓毒症及TLR4信号转导通路中作用机制的研究	面上项目	缪长虹
2011	严重创伤致MODS患者的NMR代谢组学研究	青年科学基金	冒海蕾
2012	联合氧化苦参碱与小剂量干扰素抑制肝癌术后复发的机制研究	青年科学基金	居旻杰
2013	5-甲基胞嘧啶氧化酶TET2在氧化应激损伤中的作用及分子机制研究	青年科学基金	王 浩
2014	PAX6在七氟醚抑制神经前体细胞增殖中的功能及机制研究	青年科学基金	方 芳
2014	丙泊酚通过抑制突触tPA释放致发育期小鼠海马神经元毒性损伤的机制研究	青年科学基金	梁 超
2017	miRNA153介导NF1A表达的改变在七氟醚干预神经干细胞顺序分化中的作用	面上项目	仓 静

五、社会服务

【医疗援建】

麻醉科积极参加各种医疗援建与救援工作。

丁明与马琦分别参与首批（2010 年）与第八批（2013 年）富源县人民医院对口支援医疗队。孙敏莉与李虹分别参与第十一批（2015 年）与第十二批（2016 年）云南省曲靖市第二人民医院对口支援医疗队。2014 年，李懿赴三○一医院海南分院进行医疗支援。2016 年，黄剑赴西藏察雅县卫生服务中心，成为西藏对口支援医疗队第一批队员。

麻醉科参与援外医疗传统由来已久。1972 年，朱银南参加了阿尔及利亚（盖尔马和赞那迪点）援外医疗队。1977 年，兰凤英赴柬埔寨（四·一七医院点），开展了为期 2 年的援外医疗工作。1991 年吴民慧、1993 年兰凤英先后参加了摩洛哥（塔扎点）援外医疗队。2011 年 10 月，廖庆武赴摩洛哥塞塔特哈桑二世医院，开展援外医疗工作。

2008 年 5 月，麻醉科费敏、方芳和钟鸣（现重症医学科）作为中山医院赴四川抗震救灾医疗队队员加入上海首批、首支组建的医疗队，冒着余震的危险奔赴四川开展抗震救灾工作。2013 年 4 月，人感染 H7N9 禽流感疫情袭来，麻醉科朱彪（现重症医学科）加入上海市首批医疗队，进驻上海市公共卫生临床中心，与该中心的一线医护人员共同开展人感染 H7N9 禽流感危重患者的救治工作。2013 年 5 月，四川雅安发生 7 级地震，中山医院紧急组建一支由 11 名医疗队员组成的抗震救灾医疗队，麻醉科仓静加入其中。此外，科室还多次派遣麻醉医师到上海市医疗急救中心进行医疗援助，并参加世界一级方程式赛车（F1）上海站比赛的医疗保障工作。

【科普工作】

中山医院麻醉科重视科普工作，除在科普性报刊上发表文章外，2016 年 1 月，开启"山中麻署"公众号，面向更多民众普及麻醉与疼痛治疗相关知识。

第十七节　重症医学科

一、发展沿革

1978 年，吴肇光作为中国外科学开拓者之一成立了外科监护室，即重症医学科的前身，成为国内最早的重症监护室之一。1997 年，在中国麻醉学奠基人吴珏和麻醉学专家蒋豪、薛张纲带领下，成立收治各类急危重疾病的综合性重症病房。

2012 年，重症医学科正式成立，成为独立的二级学科，总床位 38 张，首任主任为诸杜明。

2015 年，复旦大学附属中山医院整合 4 个重症监护病区，重症医学科成为区域性大科室。重症医学科在亚专科和专业治疗组的建设上卓有成效，包括重症超声专业组、呼吸治疗小组、心脏大血管重症治疗小组及正在筹建的体外生命和器官支持亚专科。2013 年起，重症医学科在国内较早开展体外膜氧合（ECMO）治疗，多次通过迅速、成熟的 ECMO 心肺替代治疗，及时挽救了包括大面积肺动脉栓塞及顽固性心功能不全患者的生命并最终顺利出院，临床诊治在全国处于领先水平。

2017 年 12 月,科室有临床医师 37 人,其中正高级职称 1 人,副高级职称 6 人,硕士研究生导师 4 人。重症医学科包括 4 个相对独立的监护室,分别为外科重症监护室(SICU)、特需医疗重症监护室(SICUA)、心外科重症监护室(CSICU)及肝外科重症监护室(LSICU),总床位数 108 张。

表 2－1－32　2011—2017 年重症医学科历任主任情况表

科　　室	任　职　时　间	主　　任
重症医学监护室(ICU)	2011 年 3 月—2012 年 9 月	仓　静
重症医学科	2012 年 9 月—2013 年 2 月	诸杜明(副主任,主持工作)
	2013 年 2 月—	诸杜明

二、医疗特色

中山医院重症医学科是国家临床重点专科,在心脏、胸外、大血管围手术期器官保护,复杂危重症,多器官衰竭的体外生命支持及器官移植的围手术期处理方面具有鲜明特色,在上海市卫生系统中处于领先水平。

【外科重症监护(SICU)】

SICU 主要收治来自神经外科、胸外科、普通外科、骨科、血管外科、泌尿外科、五官科、妇产科等科室的围手术期危重患者,总床位数 28 张。科室配备有全配套式监护系统、转运呼吸机、血气分析仪、纤维支气管镜、超声诊断仪、床旁血液净化系统、体外生命支持系统、容量监测仪、呼吸湿化治疗仪、营养代谢监测仪、床旁肺功能系统、血栓弹力描计仪等先进的仪器设备,可同时进行有创或无创的血流动力学监测、体外生命支持、呼吸及肾脏替代治疗,在心肺脑复苏、各种类型休克、急性呼吸窘迫综合征(ARDS)及脓毒症等危重病的诊疗方面积累了丰富的经验。

SICU 的主要医疗特色为治疗各种病因导致的脓毒症,并成立了脓毒症亚专科。2017 年,SICU 总收治人数达 2 273 人,其中包括 72 例肾移植患者,抢救危重患者 475 人,抢救成功率 85%。

【特需医疗重症监护(SICUA)】

SICUA 主要收治各类围手术期危重患者、高龄危重患者、免疫抑制的 ARDS 患者以及各类病因导致的脓毒症患者等,开放床位 10 张。SICUA 是中山医院特需医疗危重患者的主要救治单位,以高龄危重患者、体外支持技术依赖患者的救治为特色。科室拥有器官功能监测、支持及治疗设备,优秀的临床、科研、教学团队。SICUA 在重症医学理念和技术的基础上,逐渐形成了自己的特色与流程,尤其是在移植患者 ARDS 治疗、高龄 ARDS 与败血症救治、血流动力学监测、呼吸力学监测等领域开展了大量的临床实践和研究。

中山医院作为华东地区的危重患者救治中心之一,接收各类危重患者日益增多。2017 年,SICUA 共收治危重患者 846 例。2015—2017 年,共收治 75 岁以上老龄危重患者 1 013 人次,其中 90 岁以上高龄患者 80 人次;免疫缺陷重症 ARDS 患者 81 例;各类呼吸机依赖、脱机困难患者 40 例。能独立开展各类血流动力学监测技术(PiCCO、FloTrac/Vigileo)、连续性肾脏替代治疗

（CRRT）、血浆置换、ECMO、重症超声、食道压测定等相关诊疗技术。

【心外科重症监护（CSICU）】

CSICU 原先由心外科医师管理，从 2015 年 8 月起由重症医学科全面接管，成为重症医学科心脏大血管重症亚专科，主要收治心脏外科围手术期危重患者。CSICU 拥有床位 40 张，实际开放床位 39 张。CSICU 针对心脏外科 ICU 的专科特点，大力开展重症医学的先进技术并推广具有循证证据的重症理念。随着中山医院心脏外科的发展和壮大，冠脉搭桥、瓣膜、微创、大血管、心脏移植、成人先天性心脏病等外科手术及其他高难度复杂手术技巧与经验的不断积累，CSICU 在重症医学理念和技术的基础上，逐步形成中山医院心脏大血管危重症患者救治的完整流程，尤其是在心脏大血管外科围手术期综合管理、血流动力学监测、心源性休克救治、体外生命支持技术应用等领域开展了大量的临床实践和研究，针对心脏大血管外科患者围手术期的特点，建立了危重肾脏病多学科协作（MDT）、大血管重症 MDT、围手术期脑卒中 MDT 等多学科诊疗模式。能独立开展各类血流动力学监测技术（PAC、PiCCO、FloTrac/Vigileo）、CRRT、血浆置换、主动脉内球囊反搏（IABP）、ECMO、重症超声等相关诊疗技术。

CSICU 在国内心脏重症领域具有较高的知名度，牵头开展了十余项高质量的临床研究，承担国家自然科学基金，上海市科委、上海市卫健委、中山医院等多项课题，每年主办 1～2 次学习班。2015—2016 年获得中山医院临床新技术应用推广奖 4 项。

CSICU 已成为华东地区规模最大、年收治患者最多的成人心脏外科 ICU。2015 年，收治成人心脏大血管手术患者 2 972 例，总收治患者 3 134 例；2016 年，收治手术患者 3 839 例，总收治患者 4 069 例；2017 年，收治手术患者 4 087 例，总收治患者 4 337 例。科室拥有先进的器官功能监测、支持及治疗设备，完善的临床、科研、教学设备，优秀的医疗、护理、呼吸治疗团队及各类临床治疗小组。

【肝外科重症监护（LSICU）】

LSICU 是重症医学科肝脏专科监护室，主要收治肝脏内、外科围手术期危重患者，总床位数 30 张，实际开放床位 28 张。随着中山医院肝脏外科的发展和壮大，肝脏移植技术和经验的不断积累，肝脏专科监护室在重症医学理念和技术的基础上，逐步形成中山医院肝脏疾病危重症患者救治的完整流程，尤其是肝癌和肝移植者围手术期综合治疗和管理、药物治疗、人工肝脏［血浆置换、分子吸附再循环系统（MARS）、CRRT］和肝移植等方面都取得了巨大的进步。

2017 年 LSICU 共收治肝脏外科、内科危重患者 2 017 例，其中包括 252 例肝移植术后患者，51 例重症肝衰竭患者。LSICU 收治肝脏重症患者病种全面，临床经验丰富，在肝移植患者围手术期综合治疗、肝外科术后肝功能不全、重症肝衰竭等领域开展了大量的临床实践和研究。科室设备齐全，除常规重症相关操作技术外，能独立开展非生物型人工肝治疗、肝脏血管床旁超声造影、门脉高压上消化道出血急诊内镜止血治疗等重症肝脏相关技术。LSICU 在国内肝脏重症专科影响力逐年上升，2017 年，由上海市及外省医院转诊肝脏重症患者数共达 55 人次。

三、医学教育

【学历教育】

重症医学科全面开展不同层次的医学教育工作，为国家培养优秀医学人才。作为外科及麻醉科专业必修科,重症医学科积极参与各个外科、麻醉科实习以及轮转医生的临床教学和带教工作,严格执行三级查房制度,手把手给予各类操作指导,让轮转医生能在监护室轮转期间获得应有的专科常识。

研究生教育方面,重症医学科现有硕士生导师4人,自2012年建科至2017年底,共完成硕士研究生培养3人。截至2017年底在读硕士研究生3人,主要在脓毒症基础研究等领域开展相关工作。

【职后教育】

2016年12月,重症医学科首次主办了"复旦大学重症超声学习班",吸引了来自全国的重症医学专业的医师学员报名参加并取得圆满成功。

2017年10月,上海市医学会危重病专科分会暨首届中山重症论坛在中山医院举办,会议主题为"重症心脏 & 心脏重症"。

2012—2017年,共带教进修医师(含参观)56人,定期授课并给予临床操作指导,获得进修医生的一致好评。

【出国进修】

2016—2017年,钟鸣出访美国伊利诺伊大学芝加哥分校 Dr. Malik 实验室,作为访问学者从事肺损伤研究,研究方向是"压力和应力通过 Piezo1 介导的肺血管通透性改变导致肺损伤"。

四、科学研究

诸杜明担任上海市医师协会重症医学医师分会会长、中国医师协会重症医学医师分会副会长、上海市医学会危重病专科分会副主委。诸杜明参与撰写了《实用外科学》《实用内科学》《机械通气》等7部专著,并担任《重症监护》《机械通气手册》副主编,《中华危重医学杂志》电子版编委、《中华危重病急救杂志》编委。

2012—2017年,科室共获得国家级课题5项、省部级课题4项、市局级课题2项以及院级课题12项;共参与发表论文70篇,其中SCI收录论文40篇,一些优秀的成果发表在 *Intensive Care Medicine*、*Critical Care* 等著名重症医学领域学术期刊上;共获得国家实用新型专利授权4项。

表 2-1-33 2012—2017 年重症医学科获国家自然科学基金资助项目情况表

获批年份	项 目 名 称	项目类型	负责人
2012	联合氧化苦参碱与小剂量干扰素抑制肝癌术后复发的机制研究	青年科学基金	居旻杰
2013	漫画肝癌	科普专项	何义舟
2015	基于 MAP3K1 突变的肝内胆管癌分子分型及其机制研究	青年科学基金	杨柳晓
2016	HMGB1 通过 PARP-1 信号通路激活巨噬细胞介导呼吸机相关性肺损伤的机制研究	青年科学基金	屠国伟
2017	MSC 释放的微粒改善 ARDS 肺微血管通透性的新机制——非 S1P 受体依赖的 S1P-Rac1 途径	青年科学基金	胡淑玲

五、社会服务

【医疗援建】

2008年5月，汶川特大地震，诸杜明作为国家医疗队专家组成员奔赴四川大学华西医院指导救援工作，钟鸣也加入当时的医疗救援队，赶赴一线参与医疗救援；2013年4月，人感染H7N9禽流感疫情袭来，重症医学科朱彪加入上海市首批医疗队，进驻上海市公共卫生临床中心，与该中心的一线医护人员共同开展人感染H7N9禽流感危重患者的救治工作；2014年8月，云南省昭通市鲁甸县发生6.5级地震，何义舟、吴威主动请缨，深入灾区投入医疗救援工作并取得很好的成效。2015年8月，天津滨海新区爆炸，诸杜明作为国家医疗队专家组组长参与救援。

【科普工作】

重症医学科团队秉承"一切为了病人"的宗旨，创立"复旦大学附属中山医院重症医学科"微信公众号，针对不同人群，把复杂难懂的医学知识深入浅出、简单明了地展现给老百姓以及不同专业的医生群体，在医疗圈及整个社会引起广泛关注，单篇最大阅读量超10万人次，平均每篇阅读量1000人次，是深受群众喜爱的医学科普品牌。

第十八节　外科日间病部

一、发展沿革

2009年11月，外科日间病部正式成立并开始运作，首任主任是郑烈伟。外科日间病部位于中山医院住院部1号楼15楼，由以前的手术室改建而成，分为两部分：患者住院区域及日间手术室区域。有50张普通床位、4张A类床位共54张床：普外科28张、泌尿外科10张、骨科10张、机动床位6张，供胸外科、耳鼻咽喉科、妇产科、整形外科等科室使用。另外有4间手术间归日间病部使用。人员设置方面，日间病房设主任1名，由具有医务管理经验的普外科专家担任。有专门的护理组，统一进行病房护理工作。有固定床位的科室每月安排固定的医师参与日间病房的工作和值班。按每5张床派1名医师的比例安排，即普外科6名医师，泌尿外科2名医师，骨科2名医师。

外科日间病部的运转机制：日间病部主任负责病房日常事务的管理和医疗资源的调配；各临床科室制订内部规则，对所属床位进行调配，对各自人员进行协同管理，对医疗安全和医疗质量负责；护理统一对所有床位开展护理工作；医务处垂直管理，初期全面协调，长期监管，并与信息网络部门协作，建立对外科日间病部的信息管理监控平台，实时整理病区运营数据，定期通过出具各类业务数据报表，对不同专业的工作效益给予评价，并进行指导。

患者收治方面：首先收治的必须是需要进行有创治疗的患者。患者的生理状况必须适合日间手术，无明显心、肺疾病等严重并发症；年龄一般应在75岁以下，估计术后不会发生大出血、呼吸道梗阻且术后疼痛不剧烈等；手术级别在二至三级，部分四级。患者入院前诊断明确，基本完成各项辅助检查，手术24小时后出院；病情特殊、住院超过3天的，必须转出外科日间病部到相应的专科病房；完善术前告知和术后随访制度。

得益于中山医院强大的整体实力,外科日间病部运转效率高,收治患者从 2010 年的 4 600 多人次到 2016 年 6 800 多人次,平均住院时间在 2.3 天。

表 2-1-34　2009—2017 年外科日间病部历任主任情况表

任 职 时 间	主 任
2009 年 11 月—2014 年 1 月	郑烈伟
2014 年 1 月—	艾志龙

二、医疗特色

在外科日间病部,普外科主要收治各类甲状腺疾病、甲状旁腺疾病、乳腺疾病、胆囊结石、腹股沟疝等患者;泌尿科主要收治各种尿路结石患者,进行膀胱镜下各种诊断与治疗;骨科主要收治椎间孔镜治疗的脊柱疾病患者。其中,普外科甲状腺专业组在日间病房得到很大发展,甲状腺癌治疗例数在上海申康医院发展中心统计数据中名列上海第三位,同时拥有最短的术前等待时间及住院时间。另外,由于甲状腺手术均为三、四级手术,使得日间普外科手术中三、四级甲状腺手术占比达80%,在全上海日间普外科手术中比例最高。

外科日间病部部分解决了"住院难""手术难"的问题,对医院住院人数、手术人数、调整病种类型、缩短平均住院天数等均有积极影响,并进一步增强了医院在医疗市场的竞争力。增多了床位,有助于各专科调整在原病房的病种结构,更有利于学科发展;支持部分新学科的发展,如内镜中心;有利于年轻医师增加手术实践机会,能早日独立进行一些难度相对较低的手术;常见病、多发病的教学资源集中,有利于住院医师、专科医师培养。外科日间病部的手术级别较为统一,便于手术、麻醉管理;护理级别相同,提供均质化服务,护士工作压力减轻;便于开展临床路径管理。外科日间病部的良好运行打破了专业管理隔阂,有利于探索"混合专业病区"的运行模式和管理经验。

第二章 内科系统

第一节 心脏内科

一、发展沿革

心脏内科（简称"心内科"）是中国综合性医疗机构中最具学术影响力的心内科，是教育部重点学科、国家临床重点专科、上海市医学领先专业，上海市"重中之重"临床医学中心、上海市心血管病临床质量控制中心。截至2017年，心内科拥有中国科学院院士1人，中国工程院院士1人，国家千人计划人才1人，长江学者特聘教授2人，国家杰出青年基金获得者3人，教授、副教授40余人；已成为中国最具影响力的心血管临床医学中心之一。

心内科前身为中山医院内科心脏病组，由中国心血管病专家陶寿淇开创，由中国工程院院士陈灏珠以及诸骏仁、浦寿月、林佑善、蔡廼绳等传承。1948年，陶寿淇留美归来，携带一台便携式心电图机在中山医院建立了心电室，成为中国最早研究心电学的单位之一。1952年，中山医院与中国红十字会第一医院（现华山医院）内科合并为上海医学院内科学院，从内科主治医师中培养心脏病专科医师，逐渐建立起心脏病专科。1955年，恢复中山医院建制，陶寿淇担任内科主任，继续主导开展心脏病的临床与研究工作。1957年，陈灏珠在中国医学科学院进修学习返院后，开展心血管病介入诊治研究，建立心导管室，医院成为中国最早开展心血管病介入诊断和治疗的单位之一。1958年，上海市卫生局批准在中山医院建立上海市胸病研究所（后改称为心血管病研究所），临床开设心内科与心外科，陶寿淇继续主持心内科工作。1966年开始，心内科临床与研究工作陷于停顿。1972年，陶寿淇调往北京工作。同年，按上海市卫生局三级医院内科分设专科要求，医院正式成立心内科，下设病室和门诊，陈灏珠担任心内科主任。1973年，陈灏珠成功实施中国第一例选择性冠状动脉造影。1979年，杨英珍从美国学习进修返院后，开展心脏病毒感染研究，建立病毒性心脏病实验室，医院成为中国最早研究心脏病毒感染的单位。1982年，姜楞从美国进修学习返院后，开展心脏超声诊治研究，建立超声心动图室，医院成为中国最早开展心脏超声诊治的单位之一。1988年，心内科被国家教委批准为重点学科。1994年，心内科被上海市卫生局批准为上海市医学领先专业重点学科；同年，成为全国首批心血管病临床药理研究中心；被卫生部批准成立病毒性心脏病重点实验室（2014年更名为心肌疾病重点实验室）。1997年，被国家教委列为"211"工程发展规划重点学科。1998年，再次蝉联上海市医学领先专业重点学科。2001年，被上海

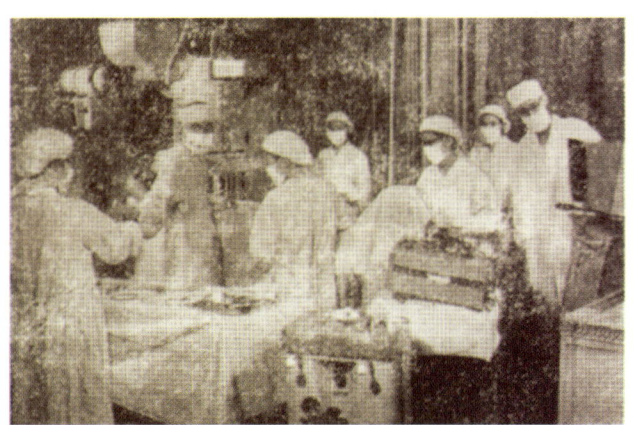

图2-2-1　1973年4月23日，陈灏珠（左二）在心导管室成功施行中国第一例选择性冠状动脉造影术

181

市卫生局批准为上海市心血管病临床医学中心。2001年,被国家教委批准为国家级重点学科和复旦大学"985"工程"重中之重"的建设学科。

2002年,葛均波任心内科主任,科室蓬勃发展,是中国最重要的心血管疾病诊疗临床和科研基地之一。科室聚集了多名心血管病学高端人才,研发出一批国家医学发展需求的重大科技成果,如炎症性心肌病研究、血管内超声技术、新型冠脉药物支架,获得国家科技进步奖2项、国家技术发明奖1项。科室开创多个国内先河:华东地区首个急性心肌梗死抢救"绿色通道";首例冠脉斑块旋磨技术;首例经皮主动脉瓣置换术;中国首例国产完全可降解支架的应用;世界首例深低温冷冻消融去肾动脉交感神经术等。2012年,被上海市卫生局评为上海市心血管病"重中之重"临床医学中心。2013年,被教育部批准为教育部心血管介入治疗技术与器械工程研究中心。2015年,心内科搬迁入东院区新址,就医环境优化,硬件设施改善,成为国内综合性医疗机构规模最大的心脏中心之一。

表2-2-1 1972—2017年心脏内科历任主任情况表

任 职 时 间	主 任
1972—1988年	陈灏珠
1988—1995年	林佑善
1995—2002年	蔡廼绳
2002年—	葛均波

二、医疗特色

作为华东地区规模最大的心血管病诊疗中心,心内科出入院人数、介入手术量均居上海市本专业之首及全国前列,尤其是新建的心血管病大楼投入使用后,门诊、出入院及介入手术量均创历史新高。2017年,心内科拥有核定床位数389张,包括7个普通病区(总病床数310张)、1个监护病房(病床数26张)、1个周转部病区(病床数25张)、1个干部病区(病床数28张),以及1个特需病区(与心外科共有病床15张)。开设8间心导管手术室。全科有在职医师100人,介入专职护技人员24人,教授、主任医师16人,副教授、副主任医师27人,主治医师45人,其中具有博士学位者75人。2017年,门诊量52万余人次,出院2.2万余人次,介入手术2.1万余例。

几代中山心内科人,用辛勤汗水和心血书写了心血管疾病诊断和治疗的发展进步,展示了一个又一个值得永远铭记的"第一次"。

1954年,陈灏珠和陶寿淇首次报道用单极胸导联心电图诊断心肌梗死。

1962年,陈灏珠和心外科凌宏琛率先开展左心导管检查。

1963年,陈灏珠等首先报道用染料稀释曲线测定诊断先天性心脏病。

1965年,陈灏珠和徐智章开展心腔内心音图检查。

1968年,陈灏珠与心外科石美鑫合作安置国内第一台埋藏式人工心脏起搏器。

1973年4月,陈灏珠与上海市第六人民医院王恒润合作,首次在国内成功开展选择性冠状动脉造影术。

1989年,蔡廼绳在国内率先开展导管消融治疗室性心动过速并获得成功。

1989 年,杨英珍在国内最早设立心肌炎专科门诊,并首次提出病毒性心肌炎临床分型。

1994 年,童步高和何梅先在国内首次经静脉安置埋藏式自动起搏复律除颤器,防治心源性猝死。

1995 年,葛均波完成国内第一例冠脉内旋磨术。

1999 年,葛均波等在华东地区率先开通急性心肌梗死介入治疗的"绿色通道"。

2005 年,葛均波等成功创制国内首枚可降解涂层新型冠脉药物洗脱支架。

2009 年,葛均波和周达新率先在国内开展瓣周漏介入治疗。

2010 年,葛均波完成中国首例经皮人工主动脉瓣植入术。

2012 年,葛均波完成中国首例经皮二尖瓣修复术。

2013 年,葛均波应用中国自主研发 VENUS－P 自膨胀瓣膜系统,成功实施国内首例经皮肺动脉瓣植入术。

2013 年,葛均波完成国内第一例国产可吸收支架(Xinsorb 支架)植入术。

2014 年,葛均波等完成华东地区首例左心耳封堵术。

2014 年,葛均波等开展华东地区首例经皮心室重建术(PVR)。

2015 年,葛均波完成世界首例深低温冷冻消融去肾动脉交感神经术。

心内科以冠心病、心律失常、先天性心脏病、结构性心脏病的介入治疗和心肌炎、心肌病的治疗为特色。除开设心内科专家门诊、普通门诊以外,还开设专病特色门诊:冠心病介入门诊、心力衰竭门诊、起搏器门诊、房颤与中风门诊、难治高血压门诊、高血脂动脉硬化门诊、心律失常射频门诊、先心病介入和肺动脉高压门诊、遗传高危心脏病门诊、心脏康复专病门诊。

【冠心病诊治】

开展冠心病、心绞痛、心肌梗死的介入治疗和药物治疗,介入治疗后随访和治疗指导。1973 年,陈灏珠在国内首先成功开展冠状动脉造影,为冠心病介入治疗的发展奠定了良好的基础。科室在葛均波院士的带领下,开展冠心病介入诊断和治疗,无论是数量还是质量,在国内均处于领先地位。1999 年,在华东地区首先建立急性心肌梗死行急诊介入治疗抢救的"绿色通道",每年完成急诊心肌梗死介入治疗 200 余例,挽救大量急性心肌梗死患者的生命。开展冠状动脉慢性完全闭塞病变介入治疗、严重钙化冠脉病变介入治疗、冠脉斑块的旋磨及定向旋切术、血管内超声检查、经冠脉骨髓干细胞移植治疗急性心肌梗死及终末期心肌病等高难度的特色介入手术。2017 年,完成冠脉介入手术 16 186 例,在华东地区居首位,成功率超过 99%,病例的复杂程度和治疗效果得到了国内外同行的认可。

冠脉慢性完全闭塞病变(CTO)是冠脉介入治疗中最大的难点和挑战之一,被称为冠心病介入治疗的"最后堡垒"。在过去 20 多年,CTO 介入治疗成功率的提高极为缓慢,国际上大多数报道在 60%~80%。2005 年 10 月,在美国召开的经导管心血管治疗学术会议(TCT)大会现场直播手术中,葛均

图 2－2－2 2011 年,葛均波"新型可降解涂层冠脉药物洗脱支架的研制"获国家技术发明奖二等奖

波演示"逆行对吻导引钢丝技术开通慢性完全闭塞性左主干病变"和当时在美国尚未开展的"经导管室间隔缺损封堵术",取得一致好评,开启了逆向导丝技术时代,极大提高了CTO手术成功率。2016年10月,TCT大会更是在首日主会场直播了葛均波担任主要术者的CTO手术。2016年以来,心脏介入中心每年完成CTO病变介入治疗600~700例,成功率稳定在95%以上,显著高于国际平均水平(约80%)。葛均波多次应邀在国际会议包括美国TCT、欧洲联合介入会议、亚太介入心脏病会议、日本复杂心血管治疗学大会进行手术演示,向学界有力地证明,在疑难复杂冠心病介入治疗的策略选择与操作技巧方面,中山医院心内科已经世界领先。

冠脉介入治疗后的再狭窄和内皮修复延迟造成支架内血栓依然是其疗效的瓶颈。葛均波主持研制中国首个可降解涂层新型冠脉支架,使致死性支架内血栓形成发生率由原来的1.2%~1.9%降至0.34%。2013年8月,葛均波率先完成首例国产完全可降解支架Xinsorb支架植入术,标志着中国冠心病介入治疗的"第四次革命"。

葛均波运用血管内超声于国际最早发现具高度敏感性和特异性的"半月现象",使厚度在150μm以上心肌桥的检出率接近100%。他首先提出血管内超声判断冠脉易损斑块的定量指标,这一指标成为识别易损斑块的定量标准,对冠心病的诊治具有指导意义。科室开展血管内超声辅助冠脉介入诊治,并向国内多家医院进行推广,提高复杂冠脉病变综合诊疗水平。

2010年起,心内科对常规治疗效果不佳的复杂冠心病患者开展体外震波治疗,明显改善患者心脏功能并减少心绞痛发作频次。

【心律失常诊治(心电生理射频消融和起搏器)】

开展房颤、室早、室速、室上速等心律失常疾病的介入诊疗和药物治疗。心内科心电生理射频消融开展不仅起步早,更有着多项"全国首次"纪录,在诊治数量和水平上居于国内前列。1989年,蔡廼绳在国内率先开展导管消融治疗室性心动过速并获得成功。采用Carto三维标测系统、Pruka700电生理多导记录仪等先进设备,治疗后合并症少,成功率高。在Carto Merge技术指导下进行心房颤动射频消融时,CT或MRI图像能够完整直观地显示左房和肺静脉的结构,避免为确认消融的位置而进行长时间反复X线透视所带来的放射线损伤,增加了消融位点的精确性。2006年,在亚洲率先应用Carto Merge技术,手术数量和成功率在国内名列前茅,并向国内多家医院进行技术推广。2017年,电生理和射频消融手术量达2 694例,在华东地区居首位。其中,2017年完成房颤射频消融术538例,术后随访1年复发率低于20%,与国际先进水平相当,成为开展房颤射频消融手术的全国四大中心之一。

开展病窦综合征、房室传导阻滞等心脏传导系统疾病的起搏器治疗、咨询和随访。同时积极开展自动心脏复律除颤器(ICD)、双心室同步起搏治疗心力衰竭(CRT)、双房同步起搏预防阵发性房性快速心律失常、不同部位心脏起搏、心脏起搏治疗肥厚型梗阻性心肌病、血管迷走性晕厥等诊断与治疗工作,水平均处于国内领先地位。作为20世纪60年代末在全国最早开展人工心脏起搏器植入手术的单位,手术数量和水平均处于全国领先。2017年,植入人工心脏起搏器数1 171例,生理性心脏起搏超过40%;植入ICD/CRTD 218例,术后采用专人负责患者随访及术后超声优化,随访CRT有效率在80%以上。

【结构性心脏病(先天性心脏病、瓣膜病)诊治】

开展房间隔缺损、室间隔缺损、动脉导管未闭经导管封堵治疗,成人复杂先天性心脏病、瓣膜病的介入、室间隔化学消融等治疗。打破先天性心脏病传统开胸手术创伤大的治疗方法,微创手术创伤小、恢复快、疗效好,减少患者尤其是少年儿童患者的痛苦,深受患者欢迎。手术数量位居全国前列,技术水平全国领先,2017年结构性心脏病年介入手术1 091例。

外科心脏瓣膜置换术一直是症状性瓣膜疾病的主要治疗方式。但是,由于传统的外科手术创伤大、需要体外循环、手术风险高,大量患者因高龄、左心室功能差、存在严重的合并症、恐惧外科手术而放弃外科治疗。2009年,率先在国内开展瓣周漏介入治疗;2010年10月,完成国内首例经导管主动脉瓣置入术,开创了中国经导管主动脉瓣置入术的先河;2012年5月,应用MitraClip完成国内首例经皮二尖瓣成形术(TMVR),自主研制的瓣膜夹合器获得国家发明专利授权并成功转化;2013年,采用中国自主研发的VENUS-P自膨胀瓣膜系统,成功实施国内首例经皮肺动脉瓣植入术,经导管瓣膜置换术临床随访结果良好。

【慢性心力衰竭和心肌炎、心肌病诊治】

开展病毒性心肌炎、扩张型心肌病(DCM)、慢性心力衰竭的诊断,个性化治疗决策、指导及随访。每年诊治心肌炎/心肌病和慢性心力衰竭病例数千例。心肌炎/心肌病研究成果获2004年国家科技进步奖二等奖。心脏同步化治疗及干细胞移植治疗是慢性心力衰竭的全新治疗策略,也是心内科的特色医疗之一。这两项技术在实施数量和临床疗效上均居全国前列。

在病毒性心肌炎、扩张型心肌病的诊断和治疗方面:诊断肠道病毒VP1检测居国际领先地位(已获专利)。用合成多肽替代病毒检测柯萨奇病毒IgM及用PCR方法进行心肌多病毒检测技术均属国内领先。最早采用黄芪、牛磺酸等中西医结合治疗急性病毒性心肌炎及扩张型心肌病,已在全国数十家医院推广应用。2011年9月,开设国内首个高危遗传心脏病专病门诊,主要针对遗传性心脏病高危人群进行基因检测,在患者尚未发生器质性病变前做出早期诊断和早期干预,避免恶性心律失常和心源性猝死,减少或延缓严重心力衰竭的发生。

【肺动脉高压诊治】

开展肺动脉高压的右心导管检查、靶向药物治疗以及血栓相关疾病的规范化诊疗。

【高血脂诊治】

开展血脂异常的早期检出、治疗指导和监测。

【难治性高血压诊治】

各种难治性高血压的诊断和治疗、随访。2015年11月,葛均波完成世界首例深低温冷冻消融去肾动脉交感神经术,标志着国内心血管器械创新的又一进步,为众多难治性高血压患者带来新的希望。科室研发的肾交感神经冷冻消融系统以液氮为冷冻介质,可同步实现肾动脉360°消融,是世界上第一款用于临床的冷冻球囊肾动脉消融装置。

【慢性心血管疾病管理】

为有糖尿病、高血压、吸烟史等心血管危险因素患者和慢性心血管病患者制订规范的个性化治疗方案,提供健康教育和医疗咨询。

三、医学教育

心内科是中国最早实行研究生培养的单位之一，也是中国自 1978 年恢复研究生教育以后首批被国家教委批准培养硕士、博士研究生的学科点之一。作为世界卫生组织心血管病培训合作中心、美国心脏病学院（ACC）教育基地，心内科是中国最重要的心血管病学教育培训基地之一，是上海市唯一被国家卫计委批准为冠心病介入诊疗、先天性心脏病介入诊疗和心律失常介入诊疗（导管消融和植入器械）3 个培训基地的心血管专科，也是住院医师规范化培训基地。

【本科生、研究生教育】

心内科肩负着对复旦大学上海医学院八年制、七年制研究生，五年制本科生，外国留学生的培养和训练。心内科承担了本科生"内科学"、"诊断学"，研究生"心血管疾病进展"、"临床内科学"（八年制）、"内科学"等理论授课教学任务，还承担示教、床旁带教、见习带教、实习带教工作。科室成员对待教学工作极其认真，倾注大量心血，将毕生所学毫无保留地教授给渴求知识的年轻医生们。

科室成员出色完成教学任务，无一例教学事故发生。"内科学"课程被评为复旦大学精品课程；心内科被评为医院教学工作先进集体；葛均波被评为复旦大学"我心目中的好老师"；钱菊英被评为医院理论课授课优秀教师；李清被评为医院优秀教学秘书；朱文青被评为医院教学管理先进个人。

2017 年，心内科拥有博士生导师 10 人，在读博士后、博士生、硕士生和八年制研究生 70 余人。葛均波指导的两篇博士论文分别获得 2010、2013 年复旦大学和上海市优秀博士论文。

【职后教育、学习班、国内外进修和交流】

心内科承担成人继续教育工作，如住院医师规范化培养、毕业后继续教育和中级职称以上的继续医学教育。建立由葛均波分管的培养考核小组，建立轮转考核、年度考核、阶段考试、医德考核、病史考核、教育质量考核、临床技能考核、理论学习考核、论文考核等培养考核方法。2006—2012年，均有科室成员指导的住院医师入围上海市卫生系统住院医师规范化培训（内科学技能）考试前三名。

科室举办每年一期的全国心血管内科进修培训班，至 2017 年已举办 38 期，学员遍布国内外，成为当地所在医院和研究中心的中坚力量。该教育成果获上海市教育成果奖一等奖、国家教委教育成果奖。科室作为国内两大世界卫生组织心血管病研究和培训合作中心之一，圆满完成中心任务；作为国家卫计委心血管介入诊疗培训基地（冠心病介入、心电生理和起搏、先天性心脏病介入），2014—2016 年共培训学员 50 多人，其他进修人员近百人。针对进修生、研究生及住院医师，开展每周一次的中英文双语查房，由陈灏珠亲自指导，该教学形式已坚持 20 余年。由科室牵头举办的东方心脏病学会议、中国复杂心律失常论坛、中国冠状动脉慢性闭塞病变俱乐部，以及 2015 年挂靠中山医院成立的中国心力衰竭学院，在继续教育和专业知识、专业技能培训方面发挥了重要作用。

【出版著作】

由陈灏珠主编的《内科学》（第三、四版）作为卫生部统一规划教材，是医学生获得知识必经的坚实阶梯，是令全国医学生终身获益的经典著作。《内科学》（第三版）1996 年获第三届全国高等学校优秀教材二等奖,《内科学》(第四版)1998 年获卫生部科技进步奖三等奖。2013 年,葛均波担任国家卫计委规划教材《内科学》(第八版)主编;2017 年,葛均波再次担任国家卫计委规划教材《内科学》(第九版)主编。

由陶寿淇主编的《实用内科学》1952 年出版后多次修订,成为全国广大临床医师的良师益友,后由陈灏珠担任主编。《实用内科学》1996 年获卫生部科技进步奖一等奖,1998 年获国家科技进步奖二等奖。2016 年,葛均波再次接过接力棒,担任《实用内科学》(第十五版)主编,科室骨干成员参编,由人民卫生出版社正式出版。

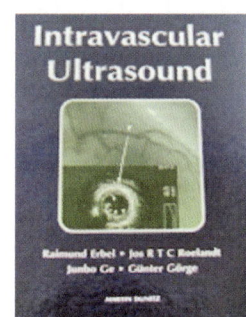

图 2 - 2 - 3 1997—2018 年心内科主编出版的部分代表性专著

由陈灏珠主编的《实用心脏病学》已修订至第五版。科室成员还积极主编或参编《血管内超声波多普勒学》《冠状动脉慢性完全闭塞病变介入治疗》《中国心力衰竭防控现状蓝皮书 2015》《中国医学百科全书·心脏病学》《心血管病鉴别诊断学》《病毒性心肌炎》《心血管病诊断治疗学》《高血压与相关疾病》《临床超声心动图新技术》《临床心力衰竭学》等国内重要学术专著;积极参与翻译国外《介入心脏病学手册》《心血管内科手册》《心脏病学》《西氏内科精要》等优秀专著,受到国内同行的欢迎,为提高心血管病学界的学术水平做出了贡献。

科室主编的 *Intravascular Ultrasound* 于 1997 年 8 月 20 日出版;《内科学》(第九版)于 2018年 7 月 26 日出版;《实用心脏病学》(第四版)于 2007 年 9 月出版;《冠状动脉慢性闭塞病变介入治疗 2017》于 2018 年 5 月 2 日出版;《实用内科学》(第十五版)于 2017 年 10 月 31 日出版。

四、科学研究

心内科 20 世纪 50—60 年代起,开展左心导管检查、心腔内心音图和心电图检查、染料稀释曲线测定、氢和维生素 C 稀释曲线测定、运动心电图检查、经食管心电图检查、深低温麻醉过程的心电图变化和 M 型超声心动图检查等研究工作,显著提高心脏病的诊断和治疗水平。进行黄花夹竹桃素治疗心力衰竭、洋地黄的毒性反应、心肌炎、锑剂和电解质失调引起的心律失常、中医中药治疗高血压病、中西医结合治疗冠心病等的临床和实验性研究。开展血脂生化测定和心血管病流行病学调查等一系列的开拓性研究工作,提出中国健康人血脂正常值、预测并指出中国心脏病病种变迁趋势和防治对策,为中国心血管病的防治提出了方向。这些在当时国内处于首创或领先地位。

20 世纪 80 年代开始,心内科主持或参与完成多项省部级以上及国际合作的心血管病药物临床药理研究。浦寿月与复旦大学合作,在国内最早研究开发信号平均心电图系统并应用于临床冠心病猝死高危患者的识别。林佑善开展心内膜心肌活检诊断心肌疾病。心血管病防治室是国内最早开展心血管病社区人群防治及流行病学研究工作的单位之一。杨英珍负责的病毒性心肌炎实验室在国内最早设立心肌炎专病门诊,并在国内首次提出病毒性心肌炎临床分型;在国内最早应用分子生物学诊断技术及中西医结合方法进行诊断和治疗,如采用 PCR 方法对患者的血液或心肌标本检测肠道病毒 RNA、巨细胞病毒 DNA 等;在国内首先建立用合成多肽检测柯萨奇 B 组病毒 IgM 的间接 ELISA 法,并获得国家发明专利;应用常规治疗结合黄芪治疗病毒性心肌炎也为国内首创。

2009—2017 年,心内科主持或参与国际、国内多中心临床研究 30 余项,承担课题 100 余项,包括"十五"攻关 2 项,国家"十一五"支撑计划 1 项,"十二五"科技支撑计划 1 项,"十三五"国家重点研发计划 1 项,国家自然科学基金创新研究群体项目 1 项,国家重大科学研究计划课题 6 项,国家自然科学基金重点项目 2 项,国家杰出青年基金项目 3 项,教育部创新团队项目 1 项,"973"子课题 3 项,国家"863"课题 2 项,"211"工程课题 1 项,卫生部临床重点课题 2 项等。

心内科孜孜不倦钻研与临床紧密相关的课题,不断取得新的突破,并取得辉煌成绩。2014—2016 年,共发表学术论文 169 篇,SCI 收录论文 122 篇;学科获多项国家级、省部级科研基金资助。2013 年 10 月,"缺血性心脏病研究团队"入选教育部"创新团队";2015 年 7 月,入选国家自然科学基金委创新群体项目,资助金额 1 200 万元;2016 年 10 月,"急性心肌梗死全程心肌保护"项目获得"十三五"国家重点研发计划资助,资助金额 1 050 万元;2017 年,获国家自然科学基金资助项目 11 项。共获国家级科研奖项 15 项,省部级科研奖项 16 项。

科室成员围绕心血管病事件链,对心血管疾病的发生、发展和干预进行基础研究、转化医学研究和临床研究。

【新型冠脉支架的研制及科技转化】

传统冠脉药物支架存在涂层材料不可降解等设计缺陷,由此导致血管持续性炎症反应和内皮化延迟,具有诱发支架内再狭窄和晚期血栓形成的风险。科室介入器械开发团队成功研制国际首例可降解涂层冠脉药物支架。自 2005 年上市以来,产品出口至俄罗斯、印度、新加坡等十余个国家和地区,已在全国超过 900 家医疗机构获得临床应用,经济社会效益巨大。该成果是中国医学科技领域科研成果转化的成功范例,获 2011 年国家技术发明奖二等奖。

团队与相关企业合作研制出新一代生物完全可降解冠脉药物支架"Xinsorb"。该支架由高分子聚乳酸构建药物释放平台,植入体内 2~3 年内可降解吸收。2013 年在法国巴黎 Euro - PCR 会议"创新型支架及平台"分会场做题为"新一代完全可降解支架平台——Xinsorb 支架"的特邀报告,这是中国自主研发的完全可降解支架首次在国际会议上公布研究成果。

【动脉粥样硬化发生机制的研究】

葛均波首创自体动脉移植到静脉系统的动物实验模型,研究血流动力学和血脂因素在动脉粥样硬化发生中的作用。

【冠脉支架内再狭窄的干预研究】

针对血管平滑肌细胞增殖这一再狭窄发生的中心环节,从再狭窄的预测、预防和治疗等 3 个层面系统提出冠脉支架内再狭窄综合防治策略。

【骨髓干细胞治疗缺血性心脏病的研究】

在国际上率先进行急性心梗后早期经冠脉移植骨髓干细胞的随机对照临床研究,发现早期进行骨髓干细胞移植能提高急性心梗患者的心脏功能。首次提出"梗死心肌硬度决定移植细胞分化"的科学假说,并证实心肌梗死后一周较其他时段梗死心肌硬度更利于骨髓源细胞向益于心脏修复的细胞类型分化;自主研发"空间定位聚集磁性颗粒的装置",首次将磁导向靶向治疗概念引入心肌梗死细胞治疗领域;首次提出乙醛脱氢酶(ALDH2)突变失活人群特异的干细胞治疗策略,并阐明干细胞低氧生物学代谢新机制,为提高归巢效率、优化移植疗效提供全新理念。

【病毒性心肌炎及扩张型心肌病发病机制及治疗研究】

围绕发病机制进行深入研究,建立心肌病毒检测新技术,获得一种检测柯萨奇B组病毒抗体的合成肽试剂(专利号:96116251.1),证实病毒持续感染是病毒性心脏病进展机制之一;提出 cTnI 不仅是急性病毒性心肌炎的诊断指标,还是判断其预后的依据之一,并揭示中药牛磺酸、黄芪对病毒性心脏病的治疗作用及机制,已在临床广泛应用,写入心血管病领域多本教科书,产生了较好的社会和经济效益。

拓展原发性扩张型心肌病发病的传统观点,发现 4 个中国汉族人群扩张型心肌病易发的高危基因,获国家发明专利授权,并成功转让。基于此专利的高通量检测平台,将扩张型心肌病基因检出率较前提高 5.45%,相关成果被录入美国心脏病专著 *Sudden Death*。

【慢性心力衰竭的临床与流行病学研究】

在上海市金山区建立大型自然人群队列,初步创建完整的人群健康信息数据库及生物标本库。初步摸清上海社区老年人慢性心血管疾病的流行概况,率先揭示左心室舒张功能不全及射血分数保留心力衰竭的流行特点,弥补国内空缺。

五、社会服务

心内科积极参加政府指令性援建任务,至 2017 年派出副主任医师 2 人赴新疆喀什地区第二人民医院进行援建工作,帮扶喀什地区第二人民医院开展心血管疾病诊疗工作,实现多项南疆"零的突破"(首篇发表 SCI 收录论文,首次参加国际学术会议发言)。派出多名高年资主治医师参加对口支援云南富源县人民医院心内科工作,协助开展急性心肌梗死溶栓治疗等工作。派出多名副主任医师、主治医师参加卫生部组织的国家医疗队,赴云南、新疆、四川等地参加巡回医疗任务,推广科室经验和技术,圆满完成巡回医疗工作。

心内科承担华东地区疑难危重心血管疾病的诊治工作,获得诸多荣誉。急性心梗救治"绿色通道"被评为上海市徐汇区文明班组、上海市医务系统文明班组、上海市文明班组、上海市工人先锋号,2012 年获全国卫生系统先进集体称号。陈灏珠获中华医学会中国介入心脏病学终身成就奖、心电学终身成就奖、上海市医学荣誉奖、上海市科技功臣奖等荣誉称号。葛均波获全国白求恩奖章、五一劳动奖章、九三楷模、中国侨界杰出人物、上海市十大劳模年度人物、上海市十大杰出青年、卫生系统学习标兵等荣誉称号。钱菊英获上海市五一劳动奖章、上海市新长征突击手、上海市优秀医苑新星、上海市青年科技启明星、上海市青年科技英才、上海市十佳医生等荣誉称号。

第二节　肝肿瘤内科

一、发展沿革

肝肿瘤内科是复旦大学肝癌研究所的重要组成部分,始建于1968年成立的上海第一医学院中山医院肿瘤小组。1969年,内、外科结合的中山医院肝肿瘤小组正式成立,并设病房。1978年,更名为中山医院肝癌研究室。在汤钊猷、余业勤、林芷英、杨秉辉、周信达、陆继珍等专家学者的领导下,肝癌研究室在肝癌的流行病学、甲胎蛋白用于肝癌的诊断以及小肝癌研究等方面取得突破,1985年获国家科技进步奖一等奖,1987年获上海市科技进步奖二等奖。1988年,经卫生部批准成立上海医科大学肝癌研究所,隶属上海医科大学,下设肝肿瘤外科、肝肿瘤内科和实验室。1991年,因原发性肝癌系列研究获卫生部科技进步奖一等奖。1991年,杨秉辉作为主要研究者承担的国家"八五"攻关课题"肝癌高危人群筛查方案的前瞻性队列研究",确定了肝癌早期发现的方案;同年杨秉辉受卫生部委派编写《肝癌筛查规范》,迄今仍然为国内外所采用。复旦大学与上海医科大学两校合并后,2001年更名为复旦大学肝癌研究所。

1983年,林芷英等在《中华肿瘤杂志》发表《原发性肝癌栓塞治疗》,总结了1978年3月—1982年3月肝动脉栓塞治疗肝癌的经验及疗效。1986年,杨秉辉在《中华肿瘤杂志》发表了《顺氯氨铂治疗原发性肝癌的随机对照研究》,这是国内第一个肝癌化疗的随机对照研究。1989年,杨秉辉、林芷英、陆继珍、叶胜龙等参与制定卫生部医政司首个《原发性肝癌诊治规范》。1993年,开展肝癌过继性免疫治疗(LAK细胞治疗),这是国内较早开展肝癌生物治疗的中心之一。自2000年开始进行肝癌的射频及微波消融治疗。2009年,叶胜龙组织中国抗癌协会肝癌专业委员会、中华医学会肝病学会肝癌学组、中国临床肿瘤学会制定国内首个《原发性肝癌诊疗专家共识》。2011、2017年,叶胜龙、任正刚作为主要成员参与制定卫生部医政司和卫计委医政医管局《原发性肝癌诊疗规范》2011年版及2017年版。作为复旦大学肝癌研究所的重要组成部分,肝肿瘤内科是国家级肿瘤学重点学科、"985"和"211"建设项目肿瘤学重点专科(第一至三期)、卫生部肿瘤学重点建设专科和消化病学重点建设专科、复旦大学"重中之重"建设学科,以及上海市肝脏肿瘤临床医学中心、上海市医学领先学科、中国抗癌协会肝癌专业委员会依托单位、国家药品监督管理局中山医院临床药理基地单位、教育部癌变与侵袭重点实验室的重要组成部分。

2015年3月,肝肿瘤内科迁入中山医院东院区的肝脏肿瘤临床医学中心大楼后,设有普通病房2间,核定床位88张,与肝外科共用的特需病房1间,以及独立的介入及局部治疗手术室4间。肝肿瘤内科已积累了数万例肝癌患者临床诊治经验,临床业务量逐年提高。2016年,门诊量42 394人次,全年出院5 839人次;行肝动脉化疗栓塞术4 320例,超声引导下经皮肝癌消融术(射频、微波、激光治疗)1 025例,瘤内无水酒精注射1 218例。

经过近50年的发展和积累,肝肿瘤内科形成老中青结合、技术全面、团结稳定的人才队伍。肝肿瘤内科现有在职医生33人,其中教授、主任医师7人,副教授、副主任医师7人,主治医师、住院医师19人;拥有博士学位者占80%。科内有博士生导师4人、硕士生导师4人,复旦大学上海医学院授课教授5人。多位教授在国际性、全国性重要学术机构中任职,包括国际肝癌协会(ILCA),亚太原发性肝癌专家协会(APPLE),中华医学会肿瘤学分会,中华医学会肝病学分会,中国抗癌协会,中国抗癌协会肝癌专业委员会,中国抗癌协会肿瘤生物治疗专业委员会,中国临床肿瘤学会指导委员会,中国医药生物技术协会,中国医药生物技术协会医药生物技术临床应用专业委员会、精准医疗分会、基因治疗分会,中国免疫学会肿瘤免疫与基因治疗分会,上海市医学会肿瘤专科分会、肝病专科分会,上海市免疫学会等。多位教授在国内外重要学术期刊中担任编委。

表 2-2-2　1988—2017 年肝肿瘤内科历任主任情况表

任 职 时 间	主 任
1988 年 10 月—1998 年 3 月	林芷英
1998 年 3 月—2010 年 11 月	叶胜龙
2010 年 11 月—	任正刚

二、医疗特色

【肝癌综合治疗】

肝肿瘤内科以原发性肝癌综合治疗为主攻方向,包括不宜手术的肝癌经肝动脉化疗栓塞治疗;小肝癌的局部治疗,包括瘤内无水酒精注射,射频、微波、激光消融治疗;超米兰标准的不能切除肝癌介入联合消融治疗;晚期肝癌系统治疗(分子靶向治疗、免疫治疗、全身化疗)等。此外,科室还开展生物免疫治疗,如免疫活性细胞的过继治疗(LAK 细胞、CIK 细胞)。1986 年,杨秉辉在国内首先开设"防癌门诊"。2015 年,开设肝癌分子靶向门诊。

【小肝癌射频消融治疗】

肝肿瘤内科自 2000 年开始开展肝癌的射频及微波消融治疗。小肝癌患者经过射频消融治疗后,5 年生存率 60.9%,达到国内领先、国际先进水平。

【肝癌新药临床研究】

作为国内肝癌主要研究单位,肝肿瘤内科自 2000 年起承担并参与 30 余项国际、国内多中心临床研究,几乎涵盖了所有的肝癌新药临床试验,如索拉非尼、瑞戈非尼、仑伐替尼、阿帕替尼、PD-1 单抗等,使国内肝癌患者最先受益于最前沿的医疗方法。

三、医学教育

肝肿瘤内科 2012 至 2016 年连续 5 年举办国家级继续教育项目"全国肝癌局部治疗新技术学习班",推广肝癌局部治疗技术。该项目每年吸引全国各地专科医生 200 余人次参加。科室每年承担内科住院医师、专科医师、研究生、进修医师的临床教学工作,并参与举办每两年一次的全国肝癌学术会议。肝肿瘤内科主编或参编《现代肿瘤学》《原发性肝癌》《肝癌转移复发基础与临床》《实用内科学》等重要学术著作。至 2017 年,科室已培养研究生近 80 人。

四、科学研究

作为复旦大学肝癌研究所重要组成部分,肝肿瘤内科先后承担或参与国家科技重大专项、国家

"973"重大基础研究项目、国家"863"计划项目、国家自然科学基金、"六五"至"十一五"国家科技攻关、卫生部重点学科基金、美国中华医学基金等重要课题的研究;先后获国家科技进步奖一等奖(1985、2006年)、国家科技进步奖二等奖(2008、2014年)、卫生部科技进步奖一等奖(1991年)、上海市科技进步奖一等奖(2002年)、上海市科技进步奖二等奖(1987、2000、2001、2003年)、中华医学科技奖一等奖(2002年)、中华医学科技奖二等奖(2001年)、教育部科技进步奖一等奖(2006年)。肝肿瘤内科紧紧围绕"基础与临床相结合、注重临床转化、服务患者"目标,以课题促进科研平台建设、学术梯队的培育。2005年起,科室在肝癌缺氧、干细胞、上皮间质转化、化疗耐药、肿瘤间质微环境等方向形成科研特色,至2017年已获得20余项国家自然科学基金支持。科研成果已发表在包括 *Journal of Clinical Oncology*、*Nature Communication*、*Hepatology*、*Clinical Cancer Research* 等重要国际期刊上。

表 2 - 2 - 3　2002—2017 年肝肿瘤内科获国家自然科学基金资助项目情况表

获批年份	项 目 名 称	项目类型	负责人
2002	人肝癌转移抑制基因的染色体功能定位	面上项目	叶胜龙
2006	高转移潜能肝癌细胞诱导失巢凋亡后酪氨酸磷酸化蛋白谱变化及其意义	面上项目	任正刚
2010	肿瘤激活的肝星状细胞诱导 NK 细胞失功能致肝癌免疫逃逸的研究	青年科学基金	陈荣新
2011	高尔基相关蛋白 GOLPH2/GP73 调节 CD44V6 内吞促进肝癌转移	面上项目	任正刚
2011	"松友饮"对肝动脉化疗栓塞治疗后残癌细胞上皮间质转化的影响及其分子机制	面上项目	张博恒
2011	Caveolin‐1 调节人高转移肝癌细胞 IGF‐I 受体生长通路介导抵抗失巢凋亡的研究	青年科学基金	葛宁灵
2012	中药小复方"松友饮"通过调节分化抑制因子 Id 而抑制化疗后肝癌干细胞特性的改变	面上项目	任正刚
2012	CXCL5/CXCR2 对肝癌生长转移的作用、机制及临床病理意义	面上项目	夏景林
2012	癌旁激活的肝星状细胞促进肝癌介入后残癌存活的分子机制及其靶向干预	面上项目	陈荣新
2012	干细胞转录因子 Oct4/Nanog 激活 Stat3 信号促进肝癌侵袭转移的分子机制	青年科学基金	殷 欣
2013	高尔基体相关蛋白 GP73 增强脯氨酸羟化酶 PHD3 泛素化降解稳定 HIF‐1α 促肝癌生长转移机制和干预研究	面上项目	张巨波
2014	癌周热激活的肝星状细胞促进肝癌热消融后残癌生长、侵袭转移分子机制及其靶向干预	面上项目	陈荣新
2014	HDAC6‐Hsp90‐GR 轴调控胰岛 β 细胞功能的机制研究	青年科学基金	张 娟
2015	接头蛋白 DAP12 抑制肝癌发生发展的作用及机制研究	面上项目	夏景林
2015	PGK‐1 通过 Hsp90 引起 Akt/GSK‐3β/β‐catenin 通路活化促进肝癌转移分子机制研究	青年科学基金	张 岚

（续表）

获批年份	项 目 名 称	项目类型	负责人
2015	TGM2 在活化肝星状细胞诱导肝癌细胞糖代谢重构中的作用及机制研究	青年科学基金	马　慧
2016	GOLPH2 调节 CD44 泛素化修饰促进内吞再循环的分子机制及其对肝癌转移潜能的影响	青年科学基金	王英聪
2016	lncRNA00601 在奥沙利铂诱导的肝癌干细胞重编程过程中的表观遗传学调控机制	面上项目	殷　欣
2016	IDO/AhR 轴调节中性粒细胞促进肝癌进展的机制研究	青年科学基金	王　妍
2017	接头蛋白 DAP12 通过调控糖酵解途径抑制肝癌发生发展的作用及机制研究	面上项目	夏景林
2017	Kupffer 细胞 TREM2 受体抑制肝癌发生发展的作用及机制研究	青年科学基金	唐文清
2017	NEAT1‑Gli1 正反馈回路促进肝癌侵袭转移的作用机制研究	青年科学基金	邹继雪

五、社会服务

科室每年参加"全国肿瘤防治宣传周"活动,通过义诊、报纸、健康大讲坛、科普宣传册等形式向广大市民宣讲肝癌防治知识;多位专家参加广播、电视(《名医大会诊》等节目),宣传肝癌防治知识。随着肝癌筛查普及,局部微创治疗、分子靶向治疗、免疫治疗等新的肝癌治疗方法不断出现,肝癌患者生存期有望得到明显提高。肝肿瘤内科将一如既往地坚持做好肝癌早期诊断、肝癌术后复发防治工作,以及提高中晚期肝癌患者生存率工作。

第三节　消 化 科

一、发展沿革

消化科的前身是中国内科学奠基人之一、内科学家林兆耆于 1953 年创立的内科消化组。1966年"文化大革命"开始,因全院临床科室仅分外科、内科以及妇产科而中止。1972 年,恢复消化内科专科。1978 年正式建科。

消化科 2010 年获卫生部首批临床重点专科建设项目。2014 年,中山医院组建上海市肝病研究所,消化科是其中的中坚力量,沈锡中任上海市肝病研究所常务副所长。2017 年 8 月,复旦大学附属中山医院厦门医院建成开业,沈锡中兼任消化科主任。

在 60 多年的发展过程中,消化科创造了众多的国内第一:1940 年,林兆耆首创骨髓培养法诊断伤寒、副伤寒、葡萄球菌败血症及其他全身性细菌感染,并对伤寒、副伤寒中的胆汁、骨髓、血液、粪、尿等培养结果及肥达反应进行比较研究。1956 至 1958 年,先后开展了硬式胃镜和腹腔镜检查。1958 年,朱无难与上海第一针厂合作研制成功一秒钟肝穿刺针,并广泛用于临床。1959 年,林兆耆在国际上首次发表了"原发性肝癌 207 例临床与病理对照研究",最早提出了肝癌的临床分型。成立由中山医院、肿瘤研究所、中国科学院药物所和生化所等单位联合起来的肝癌协作组,开展肝癌诊治的研究工作,为小肝癌的研究奠定基础。1974年2月,内科消化组与普外科合作,在国内率先开展腹水浓缩回输治疗肝硬化腹水的研究。1999年,与介入放射科合作实施国内首例经颈内静脉行肝组织活检术和门脉压力测定获成功。

图 2-2-4　1986 年 6 月 4 日,朱无难(前排右一)、
林兆耆(前排右二)参加消化科聚会

经过数十年的发展和积累,消化科的技术力量雄厚,至2017年共有医师33人(不包括在大内科进行规范化培训的住院医师),其中教授(主任医师)7人、副教授(副主任医师)10人、主治医师12人,完成规范化培训的住院医师4人;获博士学位24人,硕士学位9人。在慢性肝病诊治、肝纤维化机制、内镜治疗等领域的研究水平在全国名列前茅,年均内镜检查及各类内镜下治疗8万余人次。此外,消化科近十年来开展了多项新技术:2008年起,开展24小时食管pH和阻抗测定,共计300余人次;2010年起,开展碳13呼气试验幽门螺杆菌检测,月平均检测800~900人次;2012年起,开展食管高分辨率测压,已检测1000余人次;2013年起,开展Fibroscan肝脏弹性测量技术(VCTE)和肝脏脂肪变性定量诊断技术(CAP)定量检测肝脏硬度及脂肪变,已检测4000余人次。

表 2-2-4　1978—2017 年消化科历任主任情况表

任　职　时　间	主　　任
1978 年 8 月—1984 年	朱无难
1984 年 12 月—1988 年 10 月	刘厚钰(副主任,主持工作)
1988 年 10 月—1999 年 3 月	刘厚钰
1999 年 3 月—2000 年 5 月	王吉耀(兼)
2000 年 5 月—2009 年 4 月	王吉耀
2009 年 4 月—	沈锡中

二、医疗特色

消化科设有两个独立的病区,共有核定床位 106 张,急诊周转部床位 19 张,2016 年出院人数逾 5 000 人次。专科门诊每周 6 天,由副教授和主治医师轮流坐诊;每周 6 天均开设专家门诊。同时设有慢性肝病、内镜治疗、肠道疾病、胃食管反流等专病及特色门诊。2016 年,门诊人数逾 26 万人次,其中专家门诊逾 10 万。消化科经数十年的积累,已形成了有别于国内其他兄弟单位独特的优势和明确的发展方向。

【慢性肝病和肝硬化并发症的诊治】

开展以肝穿刺病理活检为特色的肝病诊治　肝穿刺病理活检是诊断肝病的金标准。消化科自从 20 世纪 60 年代在华东地区开展首例肝穿刺病例以来,进行肝穿刺近 4 000 例,技术精湛。消化科结合了复旦大学上海医学院病理教研室的优势,开展每月一次病例讨论会,结合病理切片特征,特邀复旦大学上海医学院病理教研室资深教授定期读片,密切基础和临床的关系,解决了多种疑难病例的诊断问题,同时促进了学科共同发展和解决疑难问题的整体实力。新开展的慢性肝病诊断项目有血清肝纤维化指标、肝纤维化无创检查方法探索,此外慢性乙型肝炎抗病毒治疗个体化选择多以肝穿刺活检为参照实施。

肝病和肝硬化并发症的诊治　消化科 2016 年门诊已逾 26 万人次,其中肝病相关患者约占 40％。为了更好地发挥肝病诊疗特色,消化科特设了慢性肝病等各个专病门诊,并开展了各类患者的随访工作和标准化生物样本采集保存工作。消化科年收住肝硬化及其并发症患者 400 多例,其中 80％以上是因肝性脑病、食管胃底曲张静脉破裂出血、原发性细菌性腹膜炎、顽固性腹水等肝硬化严重并发症入院。在肝硬化及其并发症处理领域,是国内收治患者最多、技术最全面最先进的医疗单位之一。在慢性肝病和肝硬化并发症的治疗上,中山医院能开展国内外所有的相关技术,包括经颈静脉肝内门体分流、经肝门静脉胃冠状静脉栓塞等技术等。根据不同患者的具体病情设计严格的药物治疗、内镜下治疗(套扎术、硬化剂注射术、组织黏合剂注射术)和放射介入下治疗等综合治疗措施。2014 年起,开展肝硬化门脉高压症食管、胃底静脉曲张破裂出血多学科协作诊治(MDT),体现案例循证处理与个体化处理相结合优势。

肝癌的早期诊断和非手术综合治疗　消化科积极探索肝癌的早期诊断,沈锡中负责完成的"磁性纳米微球在肝癌早期诊断标志物筛选中的应用"研究获 2015 年上海市科技进步奖二等奖。在循证医学理论指导下,科室和外科合作,积极开展肝癌患者术前综合评估、分期和术后随访;规范新辅助化疗、术后化疗方案;对不能手术切除和术后复发的患者,与其他科室一起积极开展综合治疗,包括放疗、热疗、介入治疗和生物治疗等,全面开展国内外肝癌临床综合治疗的所有相关新技术。

【胰腺及肠道疾病的诊疗】

消化科采用中西医方法联合治疗模式治疗急性胰腺炎重症患者,大大提高了抢救的成功率。同时科室拥有国内领先的内镜下诊断治疗胆胰疾病的能力,并与外科胰腺学组合作,共同制定药物、手术、内镜治疗胰腺癌的联合方案,提高胰腺癌患者的总生存率及生活质量。

炎症性肠病方面,消化科开设肠病专病门诊,并成立了炎症性肠病多学科协作诊治(MDT)小组,综合内镜、外科、放射科、病理科等多学科力量,紧跟国际前沿,规范化、个体化治疗各疾病期的溃疡性结肠炎、克罗恩病患者。

【内窥镜诊治】

消化科是国内最早开展内镜诊断的医疗单位之一。20 世纪 60 年代,消化科李宗明和朱无难开展国内第一例半曲式胃镜检查;70 年代引进纤维胃镜、80 年代引进电子胃镜后,中山医院内镜中心获得了飞速发展。内镜中心规模齐全,设施先进,年各类内镜检查逾 10 万人次。除积极开展常规内镜诊疗技术外,消化科还开展超声内镜、染色内镜、窄波内镜、小肠镜,食管静脉曲张套扎术和硬化剂治疗,胃底静脉曲张的组织黏合剂注射治疗,消化道狭窄的扩张和内支架治疗,消化道出血的金属夹止血治疗,内镜下经皮胃/小肠造瘘术,内镜下结肠息肉摘除术,结肠息肉尼龙圈套扎治疗,结肠早期肿瘤的 EMR 和 ESD 术,ERCP 下的各种治疗(内镜下鼻胆管引流术、胆总管狭窄的塑料内支架治疗、胰腺癌和胆管癌的 ERCP 金属支架治疗、肝移植术后胆道并发症治疗),食管、胃内异物取出术,贲门失弛缓症气囊扩张治疗术和 POEM 术,微型腹腔镜等。

三、医学教育

消化科是卫生部专科医师培训基地、国家药品监督管理局中山医院临床药理基地单位。1983、1986 年消化科分别成为硕士和博士学位授权点,1996 年成为全国首批临床医学博士后流动站。科室承担不同层次及各种形式的教学任务,包括本科生(八年制、七年制、五年制、四证合一、MBBS)、进修医生、硕士生、博士生、博士后培养以及毕业后继续教育。已培养硕士研究生 70 余人、博士研究生 60 余人、博士后 4 人。1998—2017 年,每年举办国家级继续教育学习班 2 个,即"现代肝病诊断和治疗进展"和"循证医学与临床实践"学习班。

消化科主编、参编、主译、参译各类著作 30 余部。1952 年 9 月,林兆耆参编的中国最早的内科学专著《实用内科学》(第一版)由华东医务生活社出版发行。1964 年,林兆耆主编的中国第一本高等医学院校内科系教科书《内科学》出版。王吉耀主编全国"十五"规划教材七年制《内科学》、全国八年制《内科学》,其中七年制《内科学》获上海市优秀教材一等奖(2003 年)、上海市教学成果奖二等奖(2005 年)、全国优秀教材一等奖(2005 年)。2005 年,王吉耀负责的"内科学"课程获国家精品教程。2009 年 5 月,王吉耀主编的中国第一部完全由中国人自己编写的、具有自主知识产权的全英文教材《内科学概要》出版。2013 年和 2017 年先后出版了由王吉耀参与主编的《实用内科学》(第十四版)、《实用内科学》(第十五版)。此外,消化科刘厚钰、王吉耀、陈世耀、张顺财等还主编了《现代内镜学》、《消化内镜》、《临床内科学新技术、新理论与新进展》(上、下)、《现代消化科手册》、《内科学试题与题解》、《内科临床病例分析——双语教学》、《循证医学与临床实践》(第一至四版)、《现代肝病治疗——理论与进展》、《医学科研方法》、《内科临床思维》、《现代临床流行病学》(第三版)、《内毒素基础与临床》、《消化系统疾病诊断与鉴别诊断学》、《慢性肝病》等专著。主译《柳叶刀临床研究基本概念》《内科急诊手册》等。

消化科鼓励年轻医护人员出国进修或在职攻读学位。科室青年主治医师大都曾出国进修,赴美国、荷兰、德国、瑞典、法国、日本以及中国香港等地学习肝病、内镜治疗、腹腔镜等科研和临床技能,学成回国后均能独立开展相应的科研和临床新技术应用工作。

四、科学研究

消化科在病毒性肝炎、肝硬化、脂肪肝等慢性肝病诊治、肝纤维化机制、炎症性肠病、内镜治疗等领域的科研水平在全国名列前茅,先后承担国家自然科学基金研究课题 28 项,国家重大专项子课题 2 项,国家"863"计划 3 项,卫计委、教育部、上海市科委、上海市教育局、上海市卫计委等课题 50 余项。近 5 年共发表论文 288 篇,其中 SCI 收录 138 篇,总影响因子(IF)426.923。获得专利 5 项,省部级奖项 7 项。

消化科是国内最早开展临床流行病学研究的单位之一。20 世纪 90 年代,王吉耀首先将循证医学的概念引入中国,同时带领消化科开展了多项临床研究。1999 年,王吉耀组织完成了国内第一项溃疡病治疗的经济学评价。消化科共有 4 名医师分别在加拿大、泰国、荷兰获得临床流行病学硕士学位,建成了一支理论知识扎实的临床研究团队。消化科先后和中国香港大学、瑞典隆德大学、德国埃森大学、美国罗切斯特大学、美国纽约西奈山医学中心、荷兰伊拉斯姆斯大学医学中心、加拿大多伦多大学等建立密切的国际协作。还聘请国际肝病专家、美国纽约西奈山医院肝病科斯科特·劳伦斯·弗里德曼(Scott Laurence Friedman)为消化科顾问教授。2013 年,弗里德曼获上海市政府颁发的"白玉兰纪念奖"奖章及荣誉证书。2014 年,弗里德曼获中国政府友谊奖。消化科近年来除作为临床药理基地参加临床药物试验外,还组织或参加了十余项研究者发起的国际或国内多中心临床研究。至 2017 年,消化科作为发起人,有在研的国内多中心临床研究 2 项、国际合作临床研究 1 项。2017 年 12 月 3 日,国家卫生计生委医管中心委托复旦大学循证医学中心(依托复旦大学附属中山医院),由王吉耀领衔组织制定的《中国临床实践指南的评价体系》(2017 版)顺利通过验收。

五、社会服务

消化科每年参与各类义诊、讲座、科普活动,宣传消化系统常见疾病防治知识。沈锡中、张顺财、陈世耀、刘韬韬等主编出版科普图书 3 部。科室在第二届全国医院品管圈大赛决赛获三等奖。消化科 24 病区被先后授予全国共青团号、上海市共青团号称号。科室积极参与支援边疆(云南、新疆、青海)、抗震救灾、世博医疗保障和国家医疗队工作,组织为受灾地区和儿童捐款。消化科党支部与青浦老红军结对子,提供医疗服务。

第四节 呼 吸 科

一、发展沿革

呼吸科的前身是上海市红十字会医院(现华山医院)肺科。1937 年,吴绍青加入国立上海医学院,因日军入侵,随即参与主持上海医学院的内迁工作,最后落址重庆。吴绍青任重庆中央医院院长,并与宽仁结核病疗养院合作(吴绍青兼任该院院长),开展肺科业务。抗战胜利后,学校返迁回沪,肺科便与上海市红十字会医院肺科融合。吴绍青于 1946 年第二次赴美深造,考察防痨工作后回国,以上海为基地,在国内积极推动中国防痨事业;除防痨协会工作外,还在红十字会医院建立上海市肺病中心诊所,同时兼任上海医学院附属澄衷结核病疗养院院长。1949年上海解放后,党和政府重视结核病防治工作,防痨工作纳入政府主管,将澄衷疗养院划归上海市卫生局领导,更名为上海市第一肺科医院,吴绍青任卫生局结核病指导委员会副主任。同时随院系调整,红十字会医院肺科于1955年迁入中山医院,1956年成立国内第一个独立建制的教研室——上海第一医学院肺病学教研室,主要工作转向医学院和医院的医、教、研方面。1955年,肺科抽调骨干力量,支援建设重庆医学院(现重庆医科大学)。该校设立了国内第二个肺病教研室,在重庆和西南地区开展肺科事业。此外,新疆医学院、湛江医学院肺科也都由中山医院肺科骨干组建而成。由肺科分流、培养和输送(不包括进修)至全国各地的专业人员有数十人,其中包括许多知名肺病或结核病专家。"文化大革命"期间肺科并入内科,1977年恢复肺科独立建制。1992年,中山医院和华山医院分别成立临床医学院,肺病学教研室归入中山临床医学院。1997年,中山医院胸外科、华山医院呼吸科、儿科医院呼吸科、肿瘤医院肺癌组和上海市第一肺科医院联合成立上海医科大学呼吸病研究所。2004、2007年呼吸科先后入选上海市医学重点学科、上海市重点学科。2012年,呼吸科被评为上海市"重中之重"临床重点学科(2016年通过验收),同年获批首批国家卫生和计划生育委员会临床重点专科建设项目(2016年通过验收),并联袂华东医院、瑞金医院等建立上海市呼吸病研究所,为提高上海市呼吸病研究、推动科技成果转化、培养优秀呼吸科人才提供重要平台。2015年,呼吸科获批上海市公共卫生重点学科建设项目(在建)。2017年,呼吸科再次被评为上海市"重中之重"临床重点学科。作为上海市呼吸内科临床质量控制中心、上海市院内感染质量控制中心前挂靠单位,中山医院呼吸科推动全市呼吸科相关规范化诊断和治疗工作的开展。

2009—2015年,在复旦大学医院管理研究所连续七年发布的"中国最佳医院专科汇总排行榜"中,中山医院呼吸科一直位列全国三甲、华东地区榜首。2016年10月,9号楼的呼吸科新病房正式启用,拥有核定床位200张,包括3个普通病区(总病床114张),1个监护病房(病床15张),1个急诊留观病区(病床35张),1个老年病区(病床30张),1个睡眠监测病区(病床6张)。2017年,出院13 000余人次,手术2 022例,平均住院日3.42天,床位使用率107.97%。除普通及专家、特需门诊外,呼吸科还开设了14项专病门诊:慢阻肺,哮喘,淋巴管平滑肌瘤病(LAM),肺部感染,肺部真菌和疑难肺病,睡眠呼吸障碍,慢性咳嗽,肺癌靶向,吸烟、雾霾及相关疾病,支气管扩张,气管镜及介入呼吸病诊疗,肺结节,肺部肿瘤,呼吸过敏性疾病免疫治疗。2017年,门急诊22.89万人次。截至2017年,呼吸科有医师47人,研究人员2人,技术人员19人,护士87人。其中,正高级职称14人,副高级职称10人;博士31人,硕士11人。

表2-2-5 1956—2017年呼吸科历任主任情况表

科 室 名 称	任 职 时 间	主 任
肺病学教研组	1956年9月—1978年3月	吴绍青
	1978年3月—1988年10月	孙忠亮
	1988年10月—1992年4月	贾友明
肺 科	1984年12月—1992年4月	李华德
	1992年4月—2000年5月	钮善福
肺病学研究室	1988年10月—1992年4月	李锡莹
肺病学教研室	1992年4月—2000年5月	钮善福

（续表）

科室名称	任职时间	主任
呼吸科	2000 年 5 月—2002 年 6 月	何礼贤
	2002 年 6 月—2014 年 4 月	白春学
	2014 年 4 月—2017 年 12 月	朱　蕾
	2017 年 12 月—	张　新（副主任，主持工作）

二、医疗特色

呼吸科作为国内领先、国际知名的呼吸病诊疗单位，最早在国内开展临床肺功能检查和呼吸衰竭的机械通气治疗，并已开展呼吸介入治疗、肺部肿瘤综合诊疗、肺部感染诊断和鉴别诊断、呼吸衰竭综合治疗等新技术，逐渐形成以呼吸危重症、慢性气道疾病、肺部肿瘤与介入治疗、肺部感染为特色的四大重点临床方向。

【呼吸危重症】

20 世纪 50 年代末，中山医院呼吸科在国内最早开展呼吸衰竭诊治，李华德联合医疗器械厂研制国内第一台有创呼吸机，最早应用呼吸机成功抢救呼吸衰竭患者，并建立国内第一个监护室。呼吸危重症监护室拥有现代化设备，开展体外膜氧合（ECMO，2017 年）、血液净化等技术，在无创正压通气、保护性机械通气、呼吸系统引流、心肺功能监测、肺泡液体转运与肺水肿治疗、呼吸机相关肺炎的预防与控制、复杂体液紊乱的治疗等方面取得显著成绩。总结多年临床实战经验，1979 年出版机械通气专著《机械呼吸器的临床应用》，2001 年出版的《机械通气》（截至 2017 年已出版第四版）、2008 年出版的《临床呼吸生理学》是呼吸危重症领域的经典著作。

20 世纪 80 年代起，先后牵头承担国家"七五"攻关课题"慢性阻塞性肺病、肺心病急性期重症呼吸衰竭的临床抢救和心肺功能监测"，"八五"攻关课题"发展无创性机械通气预防和治疗肺心病呼吸衰竭技术"，"九五"卫生部重点课题"呼吸衰竭治疗新技术"。1999 年，钮善福团队的"无创性经面罩机械通气治疗呼吸衰竭技术"获第九批卫生部面向农村和基层推广医药卫生适宜技术"十年百项计划"。率先开展围手术期和呼吸机相关肺炎患者呼吸系统管理研究，首次提出肺泡引流和呼吸系统全程引流的概念和实施措施；率先开展心功能不全患者呼吸生理学变化的实验和临床研究，首次提出中心静脉跨壁压的概念，克服中心静脉压反映血容量的缺陷，证实机械通气的正性肌力作用。"机械通气治疗重症心功能不全的实验和临床研究"于 2005 年 11 月通过上海市成果鉴定。还开展"利用抗体芯片和蛋白组学技术开发 ARDS 的早期诊断生物标志物""结合生物医学工程技术研发实时动态荧光血气分析仪"等新技术研究及新药研究，如角质细胞生长因子-2 改型、中药姜黄素改型、血必净等。

【慢性气道疾病】

肺功能室与呼吸监护室同步发展，在全国最早开展临床肺功能检查，至今在全国仍处于领先地位。1956 年，自行研制国内首台肺功能仪，自行研制第一台血气分析仪。1958 年，举办全国第一届肺功能学习班。1961 年，编写出版中国第一部肺功能专著《肺功能测验在临床上的应用》。20 世纪 70 年代，受卫生部委托，面向全国每年定期开展肺功能学习班。1988 年，通过对 300 余例健康人的肺功能进行研究,制定了华东地区肺功能正常值预计值公式,创立了一系列"中山标准",首次提出并推广"一秒率"的正常值标准。2015 年,主持制定《肺功能测定程序标准化和质量控制规范》《肺功能诊断规范》,同时结合临床实际需求,完成全国唯一符合现代要求的肺功能操作录像,指导技师操作并用于患者检查前宣教,对提高患者配合度、缩短检查时间、简化操作流程、提高工作效率均发挥了积极作用,已在全国广泛推广。肺功能室完成检查量逐年增长,2016 年起,每年完成各类肺功能检查突破 5 万例。2003 年开设慢性阻塞性肺疾病(简称"慢阻肺")门诊后,截至 2017 年,呼吸科在气道疾病方面已增设呼吸过敏性疾病免疫治疗、咳嗽等专病门诊,同时在原有多导睡眠监测、肺道气和弥散功能测定、脉冲振荡技术、体容积描记仪、气道激发试验基础上,逐步于 2012 年开展呼出气一氧化氮(FeNO)测定、血清特异性过敏原检测等技术。继 1994 年设立第一个专病门诊——支气管哮喘(简称"哮喘")门诊,1998 年设立睡眠障碍门诊,普及慢阻肺、哮喘、鼾症的规范化和个体化诊治。2008 年起,每年定期开展患者健康和自我管理教育,普及康复治疗方法。参与多项国际、国内指南的制定与编写,2012 年牵头起草《慢阻肺急性加重期诊治的国内专家共识》,2014 年发表于《国际慢阻肺杂志》,是呼吸领域中国专家在国外杂志发表的第一个专家共识。承担多项国家自然科学基金、市科委课题项目,在慢性气道发病机制,细菌定植,高危人群肺功能筛查、早期诊断新技术等方面进行了研究探索。2000 年,蔡映云等的"慢阻肺缓解期患者康复治疗的研究"获上海市科技进步奖三等奖。2009 年,白春学率先在世界上提出应用"基于手机的云加端物联网医学"进行慢性气道疾病管理,研发的基于手机的无线传感肺功能仪获美国胸科学会新闻(ATS News)"名人录"报道;2014 年研发的便携式睡眠呼吸初筛仪获得专利。

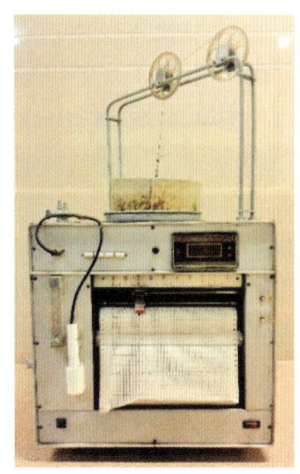

图 2-2-5 现存于呼吸科的单筒肺量计

图 2-2-6 《机械呼吸器的临床应用》(上海科学技术出版社,1979 年)

图 2-2-7 中国首部肺功能著作《肺功能测验在临床上的应用》(上海科学技术出版社,1961 年)

【肺部肿瘤与介入治疗】

呼吸科在肺癌筛查与早期诊断、综合治疗,气管镜和胸腔镜介入诊疗等方面进行了一系列开拓性工作,并率领上海市呼吸内科临床质量控制中心推动综合医院和专科医院肺癌的规范化诊断和治疗。张敦华等的"胸腔镜检查在胸膜肺疾病诊断和治疗上的应用价值及其安全性研究""胸腔镜检术在诊断胸膜疾病和治疗顽固性气胸或慢性胸腔积液应用价值研究"和"实用胸膜疾病学",分别于 1992、1997、1999 年获卫生部科技进步奖三等奖。1993 年,中山医院呼吸科最早开展联合呼吸科、胸外科、放射科三个科室专家共同坐诊的"三科门诊"。作为最早的多学科讨论模式,旨在综合各专业专家实力,高效地为患者提供个体化的诊疗建议,使很多疑难病、少见病得到迅速诊断并确定治疗方案。于 2002 年 1 月 28 日建立全国首个肺部肿瘤综合诊疗中心,融合呼吸科、胸外科、放疗科、放射科、病理科和中医科等科室的专家力量,利用现代化诊疗设备进行多学科综合诊治,率先开展同步放化疗和射频消融治疗。2007 年,建立肺癌靶向治疗门诊,积累了丰富的综合诊疗经验;同时,将肺癌的早期诊断与防治转移复发作为重要研究方向,推广低剂量 CT 进行早期筛查。2008 年起,最早开展物联网肺结节诊断研究,将物联网及人工智能技术应用于肺结节早期诊断,旨在推广同质性早诊断技术。2012 年 4 月 27—29 日在上海市医学会肺科学会承办的"中国肺癌防治联盟-美国胸科医师学院(ACCP)-上海肺科学会联合会议"开幕式上,"中国肺癌防治联盟"宣布成立,进一步推动了肺癌的早期诊断、综合治疗和现代管理。2015 年牵头制定《肺部结节诊治中国专家共识》;2016 年牵头制定《亚太地区肺结节评估指南》;2017 年牵头制定《物联网辅助肺结节诊治中国专家共识》。2017 年成功研发 BaiDX 物联网肺结节诊断系统,通过基于大数据的同质化肺结节诊断的影像组学研究、大数据驱动的同质化肺结节早诊技术管理与决策,运用人工智能技术的肺癌检测和分级模型,实现微小肺结节的自动精准识别和风险研判,搭建收集、存储和分析一体化的云服务平台;在全国建立包括北京协和医院在内的 750 家肺结节诊治分中心。

2010 年,参与"985"三期建设项目"癌转移研究及其临床转化";2012 年,参与"973"项目"基于纳米技术的肺癌早期检测研究"子课题的研究,利用最新的分子生物学技术以及纳米技术寻找早期肿瘤生物标志物。在呼吸内镜与介入治疗方面,2014 年,通过审核成为国家卫计委气管镜四级技术临床培训基地,参与卫生部行业科研专项"介入性肺脏病学技术诊疗规范、标准及评价研究"。至 2017 年,已开展包括经支气管镜超声引导针吸活检(EBUS‐TBNA)、支气管镜下经引导鞘管-径向超声肺活检术(EBUS‐GS)、磁导航引导下支气管镜肺活检术、良恶性气道狭窄治疗、经纤支镜活瓣肺减容术、支气管热成形术、硬质支气管镜下介入治疗、"无痛"气管镜等多种诊疗技术,以及快速现场评价(ROSE)、支气管肺泡灌洗液检测 EGFR 基因突变等新技术。2017 年,完成各类支气管镜 4 000 余例,EBUS‐TBNA 600 余例,EBUS‐GS 1 000 余例,良、恶性气道狭窄治疗 300 余例。

【肺部感染】

20 世纪 40 年代,呼吸科在吴绍青的带领下,积极推动结核病流行病学调查、开展防痨宣传、推广卡介苗接种,提出"有病必查、查出必治、治必彻底"的原则。1950 年,联合华东人民制药公司和巴斯德研究院在上海对儿童进行接种卡介苗的试验和推广工作。1952 年,针对美国禁运,联合中国人民解放军军事医学科学院开展国产"异烟肼"的临床研究,并迅速投入临床应用,使异烟肼成为中国最早合成的抗结核化学治疗药物。

呼吸科曾经是上海市院内感染质量控制中心挂靠单位,是全国最早的肺部感染国家继续教育培训基地,拥有较大规模的微生物实验室,承担了全院的临床微生物检查工作,并监控整个上海地区的社区呼吸道感染病原菌的流行分布和院内感染病原菌的流行情况及耐药菌检测,负责呼吸机相关肺炎的临床处理、预防控制等指导文件的制订,并牵头建立国家老年医学研究中心老年肺部感染与呼吸衰竭防治联盟。曾多次参与中华医学会呼吸分会制定社区获得性和院内获得性肺炎诊治指南、呼吸机相关肺炎临床处理和预防控制的初步建议等,在国内最早系统开展免疫功能低下患者肺部感染病原学早期诊治工作。1997 年"器官移植和其他原因所致的免疫抑制患者肺部感染的临床和实验研究"获上海市科技进步奖三等奖;1999 年"卡氏肺孢子虫肺炎的试验和临床研究"获上海市科技进步奖三等奖;"医院获得性肺炎流行病学和预防控制技术的研究"2002 年获中华医学科技奖三等奖、2003 年获上海市科技进步奖三等奖;2004 年,瞿介明、何礼贤、胡必杰共同主编的专著《免疫低下与感染》,为国内该领域的首部专著,获第十八届华东地区科技出版社优秀科技图书一等奖;2006 年,"免疫功能低下宿主肺部感染的临床和炎症反应及相关研究"获得教育部科技进步奖二等奖。2017 年,宋元林当选为亚太呼吸病学会感染学组组长。自 2001 年起,呼吸科先后承担"十五"攻关项目、国家自然科学基金、卫生部课题、上海市科委课题,在特殊采样技术与器械研制、微生物检测及药敏技术的改进与应用、细菌耐药与抗生素合理应用等方面有重要成果。近十年重点研究肺真菌和病毒性肺炎的快速诊断和治疗,以及肺部感染的综合治疗,同时深入探索细菌、真菌和病毒感染的致病机制,呼吸道和肺损伤与病原菌基因变异和表型变异的关系,病原菌定植感染与呼吸道内在免疫的关系。

呼吸科在肺血管疾病、间质性肺病、胸膜疾病、少见病(如 LAM)及戒烟等方面也具有丰富的诊治经验和良好声誉。2012 年,呼吸科获中国医师协会控烟先锋团队奖;白春学获中国医师协会控烟领导力奖。

三、医学教育

呼吸科具有优良的教学传统,积极承担复旦大学上海医学院内科学系的理论、临床教学任务。呼吸科是国内首批博士学位授权点、博士后流动站之一。截至 2017 年,有博士生导师 4 人,硕士生导师 9 人。2008 至 2017 年,共计培养硕士研究生 31 人、博士研究生 36 人,2017 年在读硕士研究生 16 人、在读博士研究生 18 人。1994 至 2017 年,共培养七年制硕士研究生 39 人、八年制博士研究生 17 人;2017 年在读八年制博士研究生 5 人。所培养的研究生和青年医师多次在国际学术会议上做报告并获奖。

2010 年起,呼吸科承担住院医师规范化培训基地医师的呼吸科临床培训任务。2013 年,成为上海市首批呼吸内科专科医师规范化培训基地;2017 年,成为呼吸与危重症医学(PCCM)国家专科医师规范化培训试点基地。截至 2017 年,已有 10 名呼吸科专科医师接受培训,4 人已结业。近 7 年平均每年培养进修医师近 50 人,2017 年培养进修医师 62 人。

2013—2017 年,每年开展机械通气、肺功能、肺部感染、肺癌和介入技术、睡眠呼吸疾病学习班和会议,吸引国内外医师数千人次参会,显著提升科室国内、国际影响。2003 年起,举办上海国际呼吸病研讨会,至 2017 年共举办 14 届。2011 年,作为东道主举办第十六届亚太呼吸病学学会会议,吸引来自全球 21 个国家和地区的 3 000 多名专家学者参会。

2008 至 2017 年,主编、副主编专著近 40 部。其中,《机械通气》自 2001 年出版第一版,至 2017 年已修订 3 次,重印 10 余次,是中国机械通气和危重症领域的经典作品,2017 年已出版第四版。《临床呼吸生理学》(2008 年)、《临床肺功能》(2014 年第二版)、《机械通气》(2012 年第三版)入选医学界呼吸频道"呼吸科必备 17 本专业书籍"。还牵头了多部呼吸系统疾病的指南、共识、标准的制定。其中,2013 年牵头制定《人感染 H7N9 禽流感医院感染预防与控制技术指南》《物联网在睡眠呼吸疾病诊治中的应用专家共识》;2015 年独立制定《肺功能测定程序标准化和质量控制规范》《肺部结节诊治中国专家共识》;2016 年牵头制定首个国际指南 *Evaluation of pulmonary nodules: clinical practice consensus guidelines for Asia* 发表于 *Chest* 杂志。2014 年,*Expert consensus on acute exacerbation of chronic obstructive pulmonary disease in the People's Republic of China* 发

表于 *International Journal of Chronic Obstructive Pulmonary Disease*；2015 年，*Chinese consensus on early diagnosis of primary lung cancer*（*2014 version*）发表于 *Cancer* 杂志。

呼吸科多次获得教学工作先进集体及临床教学创优基地称号。因培养优秀青年教师工作成绩显著，1993 年 9 月，李锡莹获上海市高等教育局奖励；1995 年，李华茵获上海医科大学优秀教育工作者；1998 年，朱蕾获上海医科大学"我心目中的好老师"和 1999 年上海市优秀青年教师荣誉称号。

四、科学研究

自 2012 年上海呼吸病研究所成立后，呼吸科已建立临床微生物、呼吸生理、细胞分子生物学、生物物理、物联网医学等五大实验室。与美国加州大学旧金山分校、美国国立犹太医学中心、梅奥医学中心、范德堡大学，瑞典隆德大学和新西兰奥克兰大学等有密切合作，多名医师曾赴海外进修、从事访问学者及科研工作。

呼吸科承担多项国家自然科学基金（包括重大、重点项目数项），国家攻关课题，卫生部基金，科技部"985""973"子课题、重大专项子课题，教育部基金，上海市科委基金项目重大项目，上海市自然科学基金，各类人才基金等，以及美国国立卫生研究院（NIH）的 RO1 项目，并与国内外学术机构有多项合作项目。呼吸衰竭和肺癌领域获得"211"工程重点学科三期建设和"985"三期建设项目，上海市"重中之重"临床重点学科呼吸内科项目和国家卫计委重点专科项目资助。2007 至 2017 年获得省部级及以上课题和人才项目共计 111 项，经费共计 6 165 万元。2017 年获科技部国家重点研发计划子课题 3 项，获国家自然科学基金 3 项，共计科研经费 489 万元。

1991 年，钮善福团队的"慢性阻塞性肺病、肺心病急性期严重呼吸衰竭临床抢救和心肺功能检测"获卫生部科技进步奖三等奖。1992 年，张敦华团队的"胸腔镜检查在胸膜肺疾病诊断和治疗上的应用价值及其安全性研究"获卫生部科技进步奖三等奖。1997 年，张敦华团队的"胸腔镜检术在诊断胸膜疾病和治疗顽固性气胸或慢性胸腔积液应用价值研究"获卫生部科技进步奖三等奖、上海市科技进步奖三等奖；何礼贤团队的"器官移植和其他原因所致免疫抑制患者肺部感染的临床和实验研究"获上海市科技进步奖三等奖。1999 年，张敦华团队的"实用胸膜疾病学"项目获卫生部科技进步奖三等奖；钮善福团队的"无创性面罩机械通气治疗呼吸衰竭"项目获卫生部科技进步奖三等奖；瞿介明团队的"卡氏肺孢子虫肺炎的试验和临床研究"获上海市科技进步奖三等奖。2000 年，蔡映云团队的"慢阻肺缓解期患者康复治疗的研究"获上海市科技进步奖三等奖。何礼贤团队的"医院获得性肺炎流行病学和预防控制技术的研究"2002 年获中华医学科技奖三等奖、2003 年获上海市科技进步奖三等奖。2006 年，瞿介明团队的"免疫功能低下宿主肺部感染的临床和炎症反应及其相关研究"获教育部科技进步奖二等奖、上海市科技进步奖二等奖、上海医学科技奖三等奖；白春学团队"急性肺损伤发病机制、诊治新技术研究和临床应用"2011 年获上海医学科技奖二等奖，2013 年获上海市科技进步奖二等奖。

呼吸科获发明专利、实用新型专利数十项，部分完成成果转化。2000 年，钮善福承担的科技部攻关项目"硅胶面膜通气面罩"成功实现科研成果和专利转化，取得医疗器械注册证，被认定为 A 级上海市高新技术成果转化项目和上海市医疗器械名优产品，新型通气面罩的开发和救治技术扩大了无创机械通气的适应证。2005 年，"一种双链 RNA 及其用途"获上海市优秀发明选拔赛一等奖，"光纤感受器及实时荧光检测系统"获上海市优秀发明选拔赛优秀发明金奖，"一种可调式吸氧面罩"和"血管内实时荧光血气分析仪"获银奖，"远程呼吸监护医疗系统"获铜奖。在国际上最早提出"基于手机的云加端物联网医学",建立首个"云加端物联网医学睡眠实验室""肺结节物联网医学诊治平台",并创新提出"五步法"管理模式和"肺结节三加二式诊断法"。朱蕾授权专利"一种可调式吸氧装置"2012年成功实现转化;白春学团队专利"角质细胞生长因子-2在制备防治肺损伤的药物中的应用"和宋元林团队"重组人角质细胞生长因子-2喷雾制剂及其制备方法"2015年成功实现转化。

2000至2017年以第一作者或通讯作者共发表论文1 288篇,SCI收录论文328篇,其中不乏高影响因子(IF)文章,发表于包括 *Lancet*、*Nature Genetics*、*American Journal of Respiratory and Critical Care Medicine*、*Chest*、*Critical Care Medicine*、*European Respiratory Journal* 等知名刊物,多篇论著受到关注。其中,2017年以第一作者或通讯作者发表论文共68篇,SCI收录37篇,总IF126.46,其中IF 5分以上6篇;发表于国内权威期刊文章27篇。

五、社会服务

中山医院呼吸科曾多次积极投身"非典"(SARS)、H1N1、H7N9等公共卫生事件的救治工作。2003年春,"非典"疫情突袭全国,呼吸科钮善福、朱蕾、何礼贤、蔡映云、白春学、胡必杰等作为抗击"非典"专家先后参与了教育部、卫生部、世界卫生组织联合防治工作组工作,同时承担市内多家单位及院内的大量培训任务。呼吸科李善群、洪群英、顾宇彤、陈雪华、王葆青等及呼吸监护室护士郑峥、李倩等作为中山医疗队主要成员奔赴有"上海小汤山"之称的上海市传染病医院参与一线救治工作。2003年,呼吸科被评为上海市卫生系统抗击"非典"先进集体,钮善福被评为全国卫生系统抗击"非典"先进个人。2009年9月,呼吸科顾宇彤再次受上海市卫生局委派,作为甲流治疗小组成员,赴上海市第一人民医院南院支援甲流重症患者的一线抢救工作。2013年,呼吸科何礼贤、白春学、胡必杰等作为人感染H7N9禽流感市级专家组成员参加市内会诊;呼吸科宋元林、李倩作为上海市首批医疗队进驻上海市公共卫生临床中心参与开展一线救治工作。

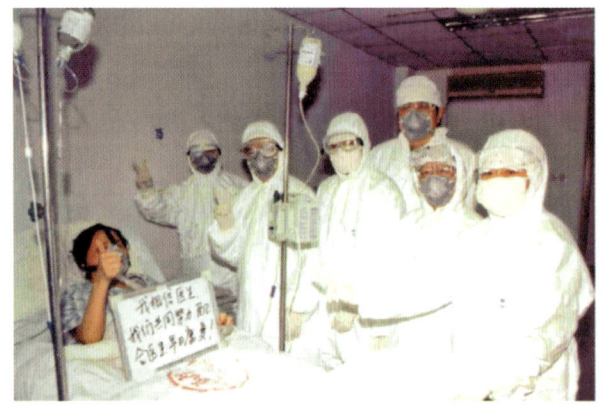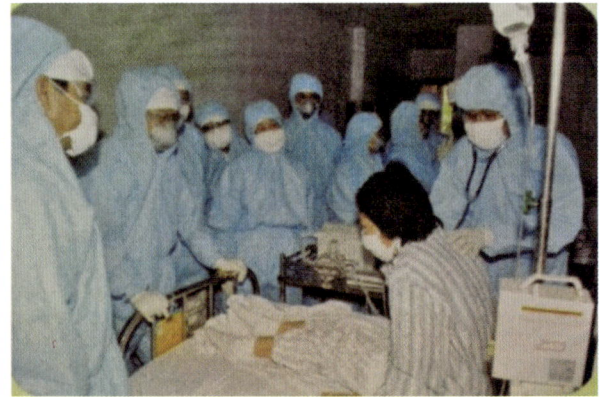

图2-2-8　2003年,呼吸科医护人员参与抗击"非典"一线救治工作

呼吸科医师还积极响应包括西藏、云南、甘肃、贵州、重庆、西藏等地医疗支援工作,为各地医疗院所提供了软件、硬件等多种支持。2010年,呼吸科向云南省富源县人民医院捐赠书籍,成立"呼吸图书馆"。每年定期举办包括哮喘、慢阻肺、睡眠呼吸暂停低通气综合征等呼吸系统慢性病的科普讲座、患者俱乐部活动。呼吸科编写了科普著作《慢性阻塞性肺疾病自我管理手册》《高原旅游和

飞机旅行保健百问》《牵手健康去旅行》等，并借助多媒体形式进行呼吸系统疾病的宣传与科普工作。

<h1 style="text-align:center">第五节　肾 病 科</h1>

一、发展沿革

肾病科医教研并重，是硕士、博士学位授权点及博士后流动站，下设临床、病理、血液透析室和肾病实验室等 4 个部门，是国内成立最早、配置最完善的肾脏专科之一。经过 40 多年的发展，医疗诊治技术在国内始终保持领先水平，对中国肾病事业的发展特别是血液透析技术的发展做出了一定的贡献。

1973 年，中山医院建立血液透析室，位于医院 8 号楼 2 楼，拥有血透透析机 2 台。1975 年筹备肾病组，当时肾病组与心脏内科组合用一个心肾病房，位于 8 号楼 2 楼，核定床位 38 张。1977 年成立肾病组，廖履坦任组长。1982 年正式成立肾病科，病房搬迁至 8 号楼 2 楼东侧。1993 年建立肾病实验室，位于 4 号楼 5 楼。2009 年肾病科装修扩建，位于 3 号楼 1 楼和 2 楼，其中 1 楼与消化科合用病房（19 病区），床位 12 张；2 楼为独立病房（20 病区），床位 59 张。2009 年血液透析室扩建，位于 3 号楼 2 楼，拥有血液透析机 96 台。2017 年，科室共有医生 45 人，均具有博士或硕士学历，其中主任医师 4 人，副主任医师 10 人；专职研究人员 2 人；护士 62 人，其中血液透析专职护士 42 人；血液透析工程师 4 人。

表 2－2－6　1984—2017 年肾病科历任主任情况表

任 职 时 间	主 任
1984 年 12 月—1996 年 7 月	廖履坦
1996 年 7 月—1999 年 3 月	吴兆龙
1999 年 3 月—2000 年 5 月	丁小强（副主任，主持工作）
2000 年 5 月—	丁小强

二、医疗特色

肾病科是中国血液净化技术（透析）的主要创建单位和学术带头单位之一，为中国肾脏病专科的开创、发展和推广做出了贡献。1956 年，开展中国第一例血液透析治疗急性肾衰竭。1959 年，开展腹膜透析治疗尿毒症。1973 年，成功研制中国第一台标准平板型血液透析机，开展中国第一例血液透析治疗慢性肾衰竭尿毒症；同年，组建中国第一个现代化血液透析室。此后，在国内率先开展一系列临床创新实践，尤其是血液净化新技术的应用、慢性肾衰竭心血管并发症（心力衰竭、心律失常和高血压等）防治、急性肾衰竭防治、水及电解质酸碱失衡诊治等。1975 年，配合泌尿外科开展肾移植，完成国内第一例获长期存活的尸体肾移植手术，同年廖履坦在国内首次应用血液透析、血液灌流疗法成功救治急性肾衰竭及急性药物、毒物中毒患者。1978 年，开展单纯超滤和序贯透析并实现空心纤维透析器的重复使用。1979 年，应用血液灌流技术抢救中毒患者，同年开展连续

205

非卧床腹膜透析和肾脏穿刺活组织检查。1980年,在国内首次提出了有关急性肾衰竭的早期、充分、预防性透析的具体指征,对临床上救治高分解代谢型急性肾衰竭具有较大的指导意义。1982年,开展血液滤过和血液透析滤过技术。1984年,提出"非少尿型急性肾衰竭"的新概念,引起临床医师的重视。1985年,肾病科在国内首次开展连续性动静脉血液滤过疗法。1986年,在国内率先应用环孢素治疗难治性肾病综合征和肾小球疾病。1987年起,开展连续动、静脉血液滤过透析,治疗危重肾功能不全、急性呼吸窘迫综合征、重症胰腺炎、感染性休克、弥散性血管内凝血(disseminate intravascular coagulation,DIC)、多脏器功能衰竭等。1987年,开展无主机血液透析。1991年,开展简易血液透析滤过。1995年,在国内率先应用局部枸橼酸抗凝对具有高危出血倾向的患者进行血液透析。2002年,开展二重血浆滤过技术,治疗顽固性高脂血症、重症肌无力、格林巴利综合征等。2003年,开展分子吸附再循环人工肝,治疗重症肝炎、肝硬化,以及用于肝移植术前准备等。2004年,开展以蛋白A为载体的免疫吸附疗法,治疗重症狼疮性肾炎、新月体肾炎等。2008年,开展体外膜氧合(extracorporeal membrane oxygenation,ECMO)联合连续性肾脏替代治疗(continuous renal replacement therapy,CRRT)的组合式血液净化疗法。2013年,开展目标导向肾脏替代治疗(goal directed renal replacement therapy,GDRRT)。以上一系列技术的开展,使中山医院肾病科在肾脏疾病防治和血液净化治疗方面始终处于国内领先水平。

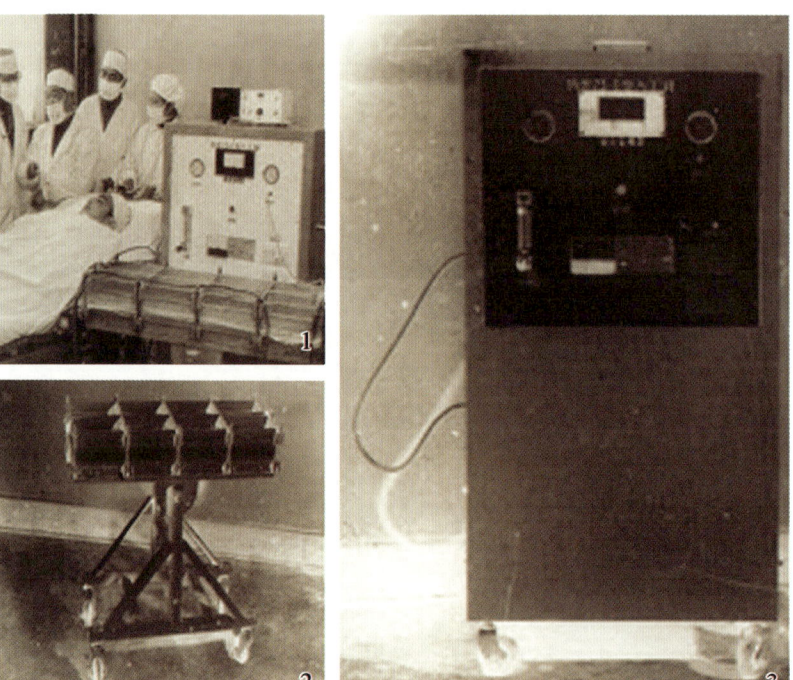

1—中山医院自行研制的中国首台平板透析机用于临床;2—中国首台平板透析器;
3—中国首台透析机

图2-2-9 中山医院肾病科部分早期重要成果展示

肾病科也是中国肾脏病学专业医教研和人才培养的重要基地:2002年获批教育部国家重点学科;2006年获批国家"211"工程和"985"工程重点建设学科;2012年获批国家卫计委国家重点临床专科(项目);2012年获批科技部肾病重大新药创制示范性药物评价技术平台;2014年获上海市科委批准成立上海市肾脏疾病与血液净化重点实验室(试运行)。2015年,上海市血液透析质量控制中心挂牌挂靠中山医院。2016年,上海市肾脏疾病与血液净化重点实验室通过验收正式运行;同年,获批科技部老年医学研究中心(肾病)。2017年,获批教育部双一流学科,同年经上海市卫计委批准成立上海市肾脏疾病临床医学中心。肾病科也是卫生部腹膜透析培训示范中心(2011年)、国家肾脏病新药临床试验机构(2012年)、国家卫计委肾脏专科医师培训基地(2013年)、上海市护理学会血液净化护士实训基地(2017年)。

截至2017年底,肾病科年门诊量241 464人次,拥有固定床位79张,年出院患者2 986人次;各类血液净化设备101台,常规血液透析患者525人次,年治疗78 880人次;床旁危重急性肾损伤连续性肾脏替代治疗6 501人次;腹膜透析患者338人。

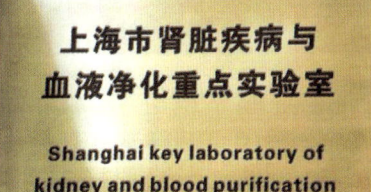

图2-2-10　截至2017年,肾病科获批成立的研究所、重点实验室和培训基地等铭牌

在长期的医疗工作中肾病科积累了丰富的临床经验,尤其是在疑难危重病的抢救、尿毒症长期透析治疗、血液净化疗法治疗非肾脏病等方面具有特色,综合诊治水平在国内处于领先。特色医疗诊疗:急性肾衰竭尤其是危重患者的抢救;慢性肾衰竭尿毒症治疗,包括心血管并发症、贫血、甲状旁腺功能亢进、病毒性肝炎等并发症的防治;血液净化治疗各种难治病、危重病,如血浆置换、二重血浆滤过、免疫吸附等治疗自身免疫性疾病,以及神经系统疾病、血液病、高脂血症等;肾小球疾病的治疗,如IgA肾病、难治性肾病综合征、糖尿病肾病、高血压肾病、高尿酸血症和尿酸性肾病;重症系统性红斑狼疮和狼疮性肾炎;难治性尿路感染;肾性高血压,包括肾血管性高血压;慢性疾病的肾功能防护;其他疑难肾脏病等。

肾病科开设每周6天全天肾脏病门诊,截至2017年底共设有15个专病门诊,包括糖尿病肾病门诊、高血压肾病门诊、孤立肾的肾保护、尿路感染门诊、尿毒症腹透门诊、肾穿刺随访门诊、水肿门诊、门诊血透、红斑狼疮肾炎门诊、肾脏病饮食指导、尿毒症-肾功能不全门诊、痛风和高尿酸肾病门诊、IgA肾病门诊、慢性肾病门诊和急性肾损伤门诊等。

三、医学教育

肾病科1982年开始培养硕士生;1990年成为首批临床博士学位授权点;2002年获批为博士后

培养站。2017 年有博士生导师 1 人,硕士生导师 6 人,在读研究生 26 人,毕业研究生 6 人。至 2017 年底已培养硕士研究生 70 余人,博士研究生 40 余人,博士后 3 人。承担着对复旦大学上海 医学院七年制医学生、外国留学生、上海市全科医师及全国各地进修医师的培养和训练工作。截 至 2017 年底先后举办国家级学习班共 16 期,进修医生总人数约 200 人,遍布全国 30 个省市。 主编或副主编 12 部教材或专著,并参与《内科学》(五年制、七年制、八年制全国规划教材)等十余 部教材的编写。

表 2 - 2 - 7 1983—2017 年肾病科出版著作情况表

年 份	著 作 名 称	出 版 社	主 编	副主编
1983	内科学及护理(第一版)	河北人民出版社	廖履坦(主审)	
2001	实用内科学(第十一版)	人民卫生出版社	陈灏珠	廖履坦等
2005	实用内科学(第十二版)	人民卫生出版社	陈灏珠	廖履坦等
2009	实用内科学(第十三版)	人民卫生出版社	陈灏珠 林果为	廖履坦等
2009	内科急诊手册(第四版)	人民卫生出版社	丁小强(主译) 王吉耀(主译)	
2010	血液净化标准操作规程	人民军医出版社	陈香美	丁小强
2013	实用内科学(第十四版)	人民卫生出版社	陈灏珠 王吉耀 林果为	丁小强等
2016	连续性肾脏替代治疗临床规范	人民卫生出版社	丁小强	
2017	实用内科学(第十五版)	人民卫生出版社	林果为 王吉耀 葛均波	丁小强等
2017	血液透析血管通路临床规范	人民卫生出版社	丁小强 滕 杰	
2017	临床血透工程技术	人民卫生出版社	丁小强	

肾病科注重学术交流与推广。从建科至 2017 年底,主持急性肾损伤、血液透析、慢性肾脏病等 领域全国性学术会议、继续教育项目 34 次,主办国际会议 5 次,包括 2014 年第八届国际血液透析 大会,参会人员 2 万余人,使中国上海成为急性肾损伤和血液透析领域与美国、欧洲并列的三大国 际学术交流平台之一。2014 年创建上海市肾病与透析病例讨论会,定期组织全市肾脏疾病病例讨 论和学术交流。起草或参与中国 12 项与肾脏疾病相关的指南和规范的制定,包括卫生部委托制定 《血液净化标准操作规范(2010)》(副主编)、《急性肾损伤临床路径》的起草,国家卫计委委托《中国 血透用血管通路临床指南》的起草,上海市卫计委委托制定《床旁连续性肾脏替代治疗技术管理规 范(2014)》,主持修订《上海市透析质量控制手册》等;多次为国家和上海市卫生管理部门的重要决 策提供专业咨询;参与制定国际权威的急性透析质量倡议(ADQI)《2016 连续性肾脏替代治疗精准 液体治疗指南》和《2017 心血管术后 AKI 治疗指南》。

四、科学研究

长期以来,肾病科主要围绕"急性肾损伤的发病机制与防治"开展了系统全面的科学和临床 研究。

【承担科研项目】

肾病科作为课题负责人承担卫生部科研基金 10 项。2010—2017 年共获得国家级课题 27 项，省部级课题 27 项，包括科技部重大研究专项、国家自然科学基金重点项目等。

表 2 - 2 - 8 2010—2017 年肾病科获国家级基金资助项目情况表

获批年份	项 目 名 称	项目类型	负责人
2010	缺氧预处理调节骨髓源性间充质干细胞归巢能力对兔急性缺血性肾损伤修复的影响	国家自然科学基金青年基金	俞小芳
2011	IgA 肾病病情评估与优化治疗方案的研究	科技部支撑计划	丁小强
2011	增高 HIF 表达延缓大鼠慢性肾病进展的机制	国家自然科学基金青年基金	刘春凤
2012	心脑血管和肾脏病新药临床评价研究技术平台建设	科技部重大专项(民口)	李雪宁 丁小强
2012	miR21 - HIF 相互调控在肾脏缺血/缺氧耐受中作用机制的研究	国家自然科学基金面上项目	丁小强
2012	miR - 382 调节 EMT - MET 对肾小管间质纤维化分子病理机制的意义	国家自然科学基金青年基金	方 艺
2012	Notch 信号调控小管上皮细胞去分化在肾脏缺血耐受中的作用	国家自然科学基金青年基金	蒋素华
2013	硫酸吲哚酚与小分子气体硫化氢在血管内皮细胞功能中的相互作用及分子机制——透析者心血管疾病的潜在治疗靶点	国家自然科学基金青年基金	陈月梅
2013	miR - 21 在缺血/缺氧耐受诱导的肾脏微循环中作用的研究	国家自然科学基金青年基金	徐夏莲
2014	HIF - miR21 在急性缺血性肾损伤发病中的作用及防治新靶点的研究	国家自然科学基金重点项目	丁小强
2014	氙气预适应通过 miR - 21 调控机制预防脓毒症急性肾损伤的实验研究	国家自然科学基金面上项目	贾 平
2014	慢性肾脏病前列腺素 E2 通过激活 β - catenin 信号通路介导心肌肥厚的分子机制和干预研究	国家自然科学基金青年基金	王雅琼
2015	Wnt 信号通路在骨髓间充质干细胞修复急性肾损伤中的作用机制和靶向治疗研究	国家自然科学基金面上项目	俞小芳
2015	海昆肾喜胶囊对慢性肾脏病大鼠肠源性尿毒症毒素清除作用的研究	国家中医药管理局中医药科学技术研究专项	刘 红
2015	血液透析技术和管理国际培训班	科技部发展中国家技术培训班项目	丁小强
2015	Mac - 1 在狼疮性肾炎中对 B 细胞的调控机制研究	国家自然科学基金青年基金	石一沁
2015	迷走-神经上皮小体系统调控肺纤维化的作用机制	国家自然科学基金青年基金	宋娜娜
2015	Fractalkine/CX3CR1 增加老年急性缺血性肾损伤易感性的机制研究	国家自然科学基金青年基金	宁一纯

（续表）

获批年份	项 目 名 称	项目类型	负责人
2016	2型糖尿病肾病发生发展危险因素及机制与防治研究	国家重点研发计划	丁小强
2016	肢体缺血预适应调控 miR21/PDCD4 通路对脓毒症急性肾损伤的作用及机制研究	国家自然科学基金面上项目	丁小强
2016	miR-21 促进骨髓间充质干细胞向肾小管靶向迁移在急性肾损伤中的作用及机制研究	国家自然科学基金青年基金	蔡洁茹
2016	Klotho 在硫酸吲哚酚诱导的血管平滑肌细胞成骨转化中的作用及机制研究	国家自然科学基金青年基金	陈 静
2016	饮食对肾衰竭患者肠道生物群和硫酸吲哚酚等毒素的影响	国家自然科学基金国际合作	丁小强
2017	重大心脑血管和肾病示范性新药临床评价技术平台建设	科技部重大新药专项	李雪宁 丁小强
2017	miR-21/lncRNA-GAS5 介导抗凋亡在肾脏缺血/缺氧耐受中的作用机制研究	国家自然科学基金面上项目	徐夏莲
2017	p53/miR-34a/SIRT1 信号通路介导足细胞损伤参与糖尿病肾病发病的机制研究	国家自然科学基金青年基金	戴 艳
2017	硫化氢通过 TET 介导的 DNA 羟甲基化在肾脏纤维化中的作用及机制研究	国家自然科学基金青年基金	章晓燕

【获奖情况】

1978 至 2017 年,肾病科在急性肾损伤、血液净化和肾小球疾病等方面的研究工作共获卫生部科技进步奖二等奖(1989、1994 年)、上海市科技进步奖一等奖(2015 年)等省部级以上科研奖励 9 项。丁小强 2011 年入选上海市优秀学科带头人,2012 年入选上海市领军人才。

【论文发表】

至 2017 年底,在国内外权威杂志先后发表论文 600 余篇,其中 SCI 收录论文 150 余篇,包括在专科权威杂志 *Kidney International*、*Crit Care Med* 等发表论文。

【国际交流和人才引进】

科室重视对外国际友好交流,认真做好每次外宾来访参观和讲学等接待工作。截至 2017 年底先后派出 11 人赴加拿大、美国、意大利、日本等国进修;自 2010 年以来每年派遣 20 余人次出国参加国际学术会议。聘请美国威斯康星医学院系统分子医学中心主任梁明瑜,美国密苏里大学肾病科主任马杜卡·米斯拉(Madhukar Misra),英国伦敦大学学院(UCL)肾科中心主任安德鲁·达文波特(Andrew Davenport),美国贝勒医学院肾科教授沃尔夫冈·C. 温克尔迈(Wolfgang C. Winkelmayer),美国西北肾脏中心执行主席、西雅图华盛顿大学肾科教授克里斯托弗·R. 布拉格(Christopher R. Blagg),担任上海市肾脏疾病与血液净化重点实验室学术委员会顾问。2015 年,引进美国埃默里大学生理系副教授陈广平为上海东方学者讲座教授;聘请意大利维琴察国际肾脏病研究所所长克劳迪奥·朗科(Claudio Ronco)、美国西奈山医院肾病科主任何慈江、美国梅奥医学院肾病科钱琪为中山医院客座教授。

【学术任职】

自肾病科建科至今,先后有廖履坦、丁小强、滕杰、方艺、邹建洲、章晓燕、俞小芳等7名医生在国际和国内医学学会担任职务。

五、社会服务

科室承担了大量的院内外医疗会诊工作,积极参与重要的医疗抢救工作。例如,1991年,某日本旅游团在中国旅游期间遭遇车祸,多人因挤压伤发生急性肾衰竭,医院肾病科派医生、护士参加抢救,开展简易血液透析、连续静脉-静脉血液滤过,使伤员转危为安。2001年,复旦大学附属妇产科医院一名高龄高危产妇发生产后大出血、DIC、急性肾衰竭、心搏骤停,生命危在旦夕,在科主任丁小强现场指导下,派出滕杰与多名血透室护士,经过1个月日夜奋战,终于将产妇从死亡线上拉了回来,而且肾功能恢复正常,患者及家属万分感激,被多家媒体报道和转载。2006年1月,接诊"背着母亲上大学"的大学生刘霆的母亲,并在肾移植之后对其进行血液透析治疗,使其顺利度过术后恢复期。此事曾经被上海电视台"蓝天下的挚爱——2006年爱心大放送"节目报道。2008年,丁小强担任汶川特大地震上海专家会诊肾病组组长,参与地震伤员的救治工作。2008年5月19日至6月5日,血透室张咏梅参加汶川特大地震救灾工作。2014年,科室成功救治急性妊娠脂肪肝所致多器官功能衰竭产妇,并被《新民晚报》报道。

肾病科长期重视科普教育工作,科主任丁小强于2014年初起草《上海市肾脏病防治倡议》,提出上海市肾脏病防治口号"健康肾脏,美好生活",得到上海市医学会支持;同年创立"上海肾脏周",定期在报刊上发表急性肾损伤防治等科普文章。2009年,出版科普书籍《尿毒症》(主编丁小强、邹建洲)和《肾炎》(主编丁小强、吉俊)。

1992年10月1日,廖履坦开始享受国务院政府特殊津贴。2001年9月1日,廖履坦获复旦大学附属中山医院终身荣誉教授。

第六节　神经内科

一、发展沿革

神经病学学科是临床医学中重要的二级学科,历史发展悠久。初创于1950年的上海医学院神经病学学科是国内首批成立的医学学科之一。创始人张沅昌从英国研修神经病学回国后在复旦大学附属华山医院和复旦大学附属中山医院分别设立神经内科病房。1952年因院系调整,中山医院神经内科并入华山医院。1992年9月重新建科,由朱文炳担任首任主任,并组建科室队伍,为科室临床、教学和科研发展奠定扎实基础。自2000年起在第二任主任汪昕的带领下,科室的规模和学术水平有了质的提高。在医院领导、兄弟科室支持下,在全科室同人的共同努力下,中山医院神经内科成为继华山医院、瑞金医院神经内科后上海市第三家获得国家临床重点专科建设项目的单位。2007年,神经内科获批为国家药理临床试验基地、神经病学博士学位授权点、复旦大学癫痫诊治中心之一;为2007年第一批卫生部专科医师培训基地、2009年上海市首批神经内科住院医师规范化培训基地及 2015 年国家住院医师规范化培训神经内科医师培训基地。

2017 年，神经内科配备医师 36 人，技师 4 人，其中教授、主任医师 4 人，副教授、副主任医师 11 人。具备良好的病房环境和一流的神经内科监护单元，设置有脑血管病、癫痫及睡眠障碍、神经退行性疾病、神经-肌肉疾病 4 个临床亚专科。神经内科疑难病例诊治能力及开展临床新技术能力稳步提升，在全国具有一定的学术影响力。

神经内科已成为国家卫计委脑卒中筛查与防治基地、上海市脑卒中临床救治中心，并与美国西雅图大学合作进行 NIH 项目"内毒素暴露与帕金森综合征的危险性"等课题，开展了多项国际、国内多中心药物Ⅱ、Ⅲ期临床试验。

截至 2017 年，神经内科有普通病房、特需病房、脑电生理检测病房、神经内科监护室、神经内科留观室等床位近 100 张，收治各种疑难杂症和神经急危重症患者。2000 年 9 月起成立神经内科监护室，现共有神经内科监护室床位 12 张，配备有血管内热交换检测仪 1 台。神经内科年出院病例近 1 400 人次，床位利用率达 140%。2014 年起，神经内科设立独立急诊，年均急诊量近 3 万人次，年均急诊留观近 500 人次。神经内科门诊工作时间为周一至周六全天，开设特需门诊和专家门诊，同时开设癫痫、脑血管病、帕金森病、睡眠障碍、痴呆、神经肌肉病变及周围神经病等多个专病门诊。2017 年神经内科门诊量达 15.5 万人次。

表 2-2-9 1992—2017 年神经内科历任主任情况表

任 职 时 间	主 任
1992 年 9 月—1998 年 6 月	朱文炳
1998 年 7 月—2000 年 6 月	汪 昕（副主任，主持工作）
2000 年 7 月—	汪 昕

二、医疗特色

【脑血管病亚专科】

1995 年，设立脑血管病专科门诊，现提供每周 1 天专科门诊，已建立以神经内科为主的卒中预防救治多学科合作团队。进一步优化卒中急诊救治流程，提高静脉溶栓率的同时推进急诊动脉取栓工作，年均急诊静脉溶栓数近 40 例。2015 年建立卒中单元，联合检验科、影像科、血管介入组、康复科共同参与脑卒中的急救和长期随访工作。已建立卒中早期预警网络平台，联合一级、二级医院，从医生培训到患者筛查、转诊，全方位覆盖脑卒中预防治疗工作的各个环节，已与青浦、徐汇多家医院和社区卫生服务中心签约；积极开展远程医疗工作和网络平台患者咨询工作；在门诊、病房定期开展患者卒中相关知识普及教育工作。

2009 年，脑血管病组在中国首先引进血管内热交换仪，率先开展临床亚低温治疗的探索，并结合临床开展亚低温治疗急性脑血管病机制的系列研究，获批发明专利 1 项。医院是上海市脑卒中临床救治中心、国家卫计委脑卒中筛查与防治基地、中国卒中学会卒中中心。

【癫痫及睡眠障碍亚专科】

1998 年，设立癫痫专病门诊，是中国较早建立癫痫专病门诊的科室之一，现提供每周二个半天门诊。癫痫亚专科在国家自然科学基金、上海市科委重大课题的支持下,开展癫痫脑网络异常与发作定位、共患病严重程度的深入研究,并探讨调控癫痫网络的新技术。"新型炎症因子对癫痫的作用"发表在癫痫专科著名杂志 *Epilepsia* 上;组织多中心临床研究,国际上首先验证中药乌灵对癫痫共患病的治疗作用。依托专科建设项目的支持开展日间脑电图监测及重症患者可移动脑电图监测,并提供院外会诊服务,指导疑难疾病及急危重症治疗,提高多种发作性疾病的诊断正确率。建立并主持神经内外科、放射科多学科 MDT 团队讨论,对癫痫患者诊治及疑难病例进行会诊。作为复旦大学癫痫中心之一,组织上海市医学会神经内科专科分会癫痫与脑电图学组活动并讨论癫痫病例。

亚专科成员担任中国抗癫痫协会常务理事、中国医师协会神经内科医师分会癫痫学组副主任委员、上海市医学会神经内科专科分会癫痫与脑电图学组组长等多个专业学组委员,并担任 *Seizure* 等杂志审稿专家。多名医师在国际、国内大会上进行发言等会议交流,多篇论文获得世界癫痫年会、欧洲癫痫年会、东方神经病学论坛优秀论文奖。2016 年,组织召开国际癫痫前沿论坛,邀请美国、澳大利亚、巴西等国多名教授来华授课,300 余名相关人员与会。

睡眠障碍亚专科拥有多导睡眠仪,实施睡眠呼吸监护及相关技术治疗,积极协调、组织致力于上海地区各级医院的睡眠呼吸技术的提高和普及。主要诊治疾病包括发作性睡病、阻塞性睡眠呼吸暂停低通气综合征、失眠、白天睡眠过多、异常睡眠、睡眠相关运动障碍和睡眠相关行为异常等。

【神经退行性疾病亚专科】

2005 年,设立帕金森病专病门诊和记忆力障碍门诊。经过全团队 20 余年临床结合基础的潜心研究,多项原创性研究成果发表在国际知名学术杂志并在国内外产生广泛影响,有关项目先后获得多项科技部、国家自然科学基金委重大研究计划等资助,获多项国家、国际发明专利授权。创新提出"膜衰老和脑能量代谢障碍诱发多级联病理生理反应从而导致阿尔茨海默病发生"的假说。在该假说指导下,在国际上首先发现血硫胺素代谢异常是阿尔茨海默病(AD)理想的诊断标记物,苯磷硫胺具有治疗早中期阿尔茨海默病的作用。该项目已获 CFDA 国家一类(化学类)新药临床批文并已于 2016 年在美国开始Ⅱa 期临床研究。首先发现低铜蓝蛋白血症是帕金森病患者中脑黑质铁沉积的危险因素,2009 年提出"低铜蓝蛋白血症相关性运动障碍"新的疾病命名。

老年性痴呆专病:在前期大规模社区老年人群硫胺素及 MMSE 量表评估的基础上,开展社区AD 队列研究,进行全血硫胺素检测,开展 AD 新药临床试验前准备。

帕金森病:神经内科在 2005 年开设帕金森病专病门诊,接收来自全国各地的帕金森病及其他运动障碍患者,包括肌张力障碍、舞蹈症、特发性震颤等。在帕金森病的诊治技术上主要致力于早期诊断,初步建立 microRNA 网络与功能影像相结合的诊断方法,有助于提高帕金森病早期诊断的准确率。2016 年通过医院伦理委员会批准,建立帕金森病及前驱期患者临床样本和生物信息数据库,对帕金森病患者进行慢病管理。研究结果在国际、国内会议上交流,并获得优秀论文奖。

亚专科成员担任中国神经科学学会和阿尔茨海默病防治协会常务理事,担任 *Neuroscience Bulletin* 副主编,上海市医学会神经内科专科分会委员及运动障碍专业组组员。

【神经-肌肉疾病亚专科】

2000 年开设神经-肌肉专病门诊,收治各种周围神经病、重症肌无力和各种肌病及肌营养不良;在患者知情同意的情况下进行腓肠神经或肌肉活检。其中两名神经肌电图技师都师从电生理专家黄绥仁多年,具有 20 年左右的一线工作经验,熟练开展神经传导检测、针电极肌电图检测和常见诱发电位检查。2007—2017 年,亚专科充分利用医院的综合性优势,跨学科地以糖尿病性周围神经病和中毒性周围神经病(化疗药物相关性周围神经病)为主要研究方向。2012 年神经电生理室开展长时程运动诱发试验;2013 年开展额肌电刺激下同心圆针电极记录的单纤维肌电图技术、周围神经小纤维功能检查方法、床旁移动肌电图等新的检测技术,其中,"额肌电刺激下同心圆针电极记录的单纤维肌电图技术"获 2015 年度中山医院临床新技术应用推广奖。2010 年加入血液科多发性骨髓瘤 MDT 组,床旁移动肌电图已作为活检手术前的桥接检测。亚专科成员担任上海市医学会神经内科专科分会神经肌病组副组长及《中国临床神经科学》杂志编委。

三、医学教育

【学历教育】

1992 年成立中山医院神经病学教研组,朱文炳任主任。2002 年,复旦大学上海医学院整合校内资源组建神经病学系,汪昕任系副主任。中山医院神经内科现有教授、主任医师 4 人,副教授、副主任医师 11 人,其中博士生导师 2 人、硕士生导师 3 人。所有高级和中级职称的教师均获得神经病学硕士或博士学位,其中 6 人具有国外进修背景。

1994 年中山医院神经内科和神经外科组成的神经病学教研室首次承担 1990 级临床医学五年制 1 班神经病学授课和示教,以后每年承担临床医学五年制 1 个班级的神经病学教学。1997 年起,增加七年制医学生的神经病学教学任务。2005 年后,进一步增加了留学生班和法医班学生的神经病学授课。2012 年起,开设临床医学 MBBS 神经病学英语教学。2004 年起,承担诊断学中"神经系统常见症状和体格检查"授课。授课过程中重视英语教学,在增加了七年制医学生并在最近 3 年增加八年制医学生后,神经病学系要求授课教授和副教授必须双语教学,PPT 中均有一定比例的英语内容,考试中增加 30%的英语试题,旨在提高医学生的专业英语能力。2010 年,科室还组织主治医师全英语授课比赛和住院医师英语演讲比赛,提高了教学质量和授课教师英语教学的水平。科室根据各教师的专业特长,选择对授课内容有深入研究、热爱教学事业、具有良好表达能力的教师授课。通过来自学生和院系督导小组的反馈意见,进一步优化教师队伍,以竞争激励机制提高师资质量和教学质量。

主治医师每周小讲课一次,教授、副教授每两周教学查房一次。作为医院的督导小组成员,朱文炳也带教实习医生和低年资住院医师。七年制和八年制学生均被要求在科期间随导师坐诊门诊观摩学习。定期召开研究生座谈会。每周设置疑难病例查房、教学查房及主治医师查房各一次;每两周举办一次住院医师及研究生小讲课,组织住院医师及研究生共同学习文献,巩固和提高对各类疾病的认识。建立每两周一次的神经内科青年医师报告会及科室"三基"培训。

【继续医学教育】

神经内科作为上海市首批神经内科住院医师规范化培训基地,每年接收基地医师 4～5 人,基地轮转医师 100 余人。科室每年接收来自全国各地的进修医师十余人。科室安排专人一对一带教、每周进行疑难病例讨论暨专题演讲、每三周进行一次神经病学基础知识讲座及"三基"培训讲座,提高医师业务能力。

【编写教材、指南、专家共识】

1991 年,刘道宽和汪无级主编《神经病学》(第一版)。2000 年,秦震主编《神经病学》(第二版),参编《神经病学》、《实用神经病学》(第二至四版)等专著。《神经病学》2003 年被评为国家"十一五"规划教材。《实用神经病学》是国内神经病学专业医师培训的必读教材。

【教学成果】

神经内科获得 2007—2008、2011—2012、2013—2014 年中山医院教学先进集体,神经病学课程获得 2010 年度上海市精品课程。汪昕、钟春玖、范薇和陈婕等分别多次获中山医院理论课教学先进个人、上海医科大学优秀教师、中山医院优秀授课教师等荣誉称号。基地医师在住院医师技能大赛中获得非手术组三等奖。

四、科学研究

1993 年,朱文炳和钟春玖分别获得中山医院基金及卫生部青年基金,基金总额 1.4 万元,由此奠定了神经内科科研的基石。截至 2003 年,共获得了各项科研基金 13 项,资金累计约 100 万元,较建科初期有了长足的进步。截至 2011 年,又获得 56 项科研项目(包括国家级项目 11 项,上海市及省部级项目 32 项),资金超过 1 300 万。2009 年,与美国 NIH 合作研究"内毒素暴露与帕金森综合征的危险性",获得经费 65 万美元。2012—2017 年获得多项重大科研经费:科技部国家重点研发计划 1 项(567 万元);重大新药创制专项基金 3 项(1 000 余万元);"973"子课题 1 项(150 万元);国家自然科学基金重大研究计划重点项目 1 项(300 万元);国家自然科学基金面上项目 1 项、青年基金 4 项(174 万元);上海市科委重大项目 1 项(400 万元)。科研总经费超过 2 500 余万元。

1998 年,神经内科参与了第一个药物临床试验——来自卫生部的降纤酶治疗急性脑梗死随机双盲多中心研究。2004—2006 年,参与了随机、双盲、平行组比较托吡酯与安慰剂预防性治疗偏头痛的疗效与安全性临床研究(Ⅲ期临床研究)。2007 年通过了药物临床试验专业资格的审核,正式成为药物临床试验基地,参加了多项国际、国内多中心临床试验。总共发表与药物临床研究有关的文章 9 篇。建科以来,共获批专利 5 项;2009 年获上海市科学技术成果奖 1 项。

在临床工作中通过规范性模式培养并优化人才结构。汪昕入选上海市领军人才。近年来神经内科逐渐形成了一支以中青年医师为骨干的人才梯队。多名医师赴美国、英国、澳大利亚进修;多名年轻工作人员和研究生参加大型国际、国内学术会议并发言,做壁报交流;选留优秀毕业研究生进入住院医师专科培养、专科医师培养。充实学科梯队,通过学术梯队的建立,凸显出一批年轻有为的青年学术人才,为未来学科发展奠定基础。

1993 年,汪昕发表第一篇单位署名为中山医院神经内科的文章——《癫痫患者血清、血清超滤液、唾液和脑脊液中苯巴比妥浓度的相关性和动力学研究》,自此拉开了中山医院神经内科科研工作的序幕。2003 年,科室平均每年在国内的核心期刊上发表文章十余篇。第一篇 SCI 收录论文发表于 2005 年,钟春玖以通讯作者和第一作者刊登于 *American Journal of Neuroradiology*、题为"MR imaging of nonalcoholic Wernicke encephalopathy:A follow-up study"的文章,标志着神经内科学术论文质量有了质的飞跃。2014—2017 年,神经内科共发表 SCI 收录论文 20 余篇。

表 2 - 2 - 10　2004—2017 年神经内科获国家自然科学基金资助项目情况表

获批年份	项 目 名 称	项目类型	负责人
2004	神经干细胞特异性标识分子及调控机制研究	面上项目	汪　昕
2008	转酮醇酶及磷酸戊糖旁路参与韦尼克脑病中线脑区选择性损害的病理机制	面上项目	钟春玖
2010	苯磷硫胺和吡咯喹啉醌锂改善 APP/PS1 转基因小鼠认知功能和减少脑内病理损害及其机制研究	面上项目	钟春玖
2012	白介素 17A 在癫痫发生中的作用及其机制研究	青年科学基金	丁　晶
2012	肌动蛋白 - Cofilin 异常在癫痫后记忆损伤中的作用及机制研究	面上项目	汪　昕
2012	铜蓝蛋白在选择性损伤中脑多巴胺能神经元中的作用和机制研究	青年科学基金	金莉蓉
2013	阿尔茨海默病硫胺素代谢障碍损害认知功能相关的神经环路机制	重大研究项目	钟春玖
2013	雌激素及其核受体亚型 ERα 和 ERβ 在癫痫调控中的作用及机制研究	青年科学基金	刘　旭
2015	突触外 N-甲基 D-天门冬氨酸受体可塑性及 Jacob 信号通路在癫痫与抑郁症共病中的作用机制研究	青年科学基金	彭伟锋
2016	苯磷硫胺通过调控 RAGE 介导小胶质细胞活化干预阿尔茨海默病的作用研究	青年科学基金	潘晓黎
2017	Src 激酶活化参与癫痫脑水肿的分子机制研究	面上项目	丁　晶
2017	嗅鞘细胞吞噬功能在结核分枝杆菌感染中枢神经系统中作用的研究	面上项目	冯国栋
2017	组蛋白去乙酰化酶升高参与癫痫脑白质网络损害的分子机制研究	面上项目	汪　昕

五、社会服务

【医疗援建】

2002 年,复旦大学附属中山医院与青浦区卫生局共同组建复旦大学附属中山医院青浦分院、上海市青浦区中心医院。汪昕兼任青浦分院的神经内科主任。神经内科也由此积极参与到青浦区中心医院神经内科的建设中。神经内科专家定期在青浦分院开设专家门诊,并组织参加病例讨论、教学查房、危重病抢救及开展医疗讲座。每名主治医师在晋升副高职称之前必须在基层工作半年。

中山医院援建云南省曲靖市富源县人民医院。神经内科先后派出马昱和费国强两名医疗骨干参加为期半年的对口医疗帮扶工作。通过他们的努力,富源县人民医院神经内科已经初具雏形,能够诊治神经系统常见疾病,造福当地人民群众。神经内科同时接收当地医院医疗人员至中山医院神经内科进修、培训,做到"授人以鱼,不如授人以渔",为富源县人民医院神经内科的发展奠定基础。

2011 年卫生部首次启动国家医疗队巡回医疗项目,选派 3 家全国部属部管医院——复旦大学附属中山医院、北京协和医院、中山大学附属第一医院,组建国家医疗队,深入"老、少、边、穷"地区开展医疗援助。中山医院神经内科积极响应国家号召,服从医院安排,先后派遣林豪杰、张宇浩、杜鹏等多名科室成员参加国家医疗队,到青海格尔木、重庆山区和安徽国家级贫困县参加医疗帮扶工作。

【科普工作】

神经内科在《东方早报》、上海交通广播电台等多种媒体上进行各类科普宣传。采用患教会、宣教手册、宣教视频、微信网络平台等多种形式开展多元化的脑血管病健康教育,提高患者对疾病护理、饮食、预防、康复等方面知识的知晓和掌握程度。在青浦西岑、金泽等乡镇开展市科委重点项目脑血管病流行病调查工作,进行脑血病预防宣教工作,免费发放包括肠溶阿司匹林在内的预防药物。对来院癫痫患者,科室发放癫痫健康宣教手册、癫痫日记帮助患者更好地管理疾病;每年6月28日癫痫关爱日,在中山医院召开义诊及讲座活动,向癫痫患者及家属、社会工作者宣教疾病防护知识,每年参加人员均有近百人,造福大众,增加科室辐射力和影响力。推动神经退行性病亚专业组和中国阿尔茨海默病防治协会开展合作,在上海市科委科技创新计划项目支持下,在徐家汇街道社区和斜土街道社区开展形式多样的阿尔茨海默病科普活动,包括社区科普讲座、义诊活动、赠送阿尔茨海默病相关科普书籍、放映阿尔茨海默病相关人文电影和纪录片等。2015年9月21日世界阿尔茨海默病日,相关科普活动获得中国阿尔茨海默病防治协会"全国科普日突出贡献奖"。

第七节　内　分　泌　科

一、发展沿革

内分泌科成立于1989年,建科伊始全科有教授1人,主治医师2人,内科教研室轮转住院医师数人,实验室技术员1人。至1995年新增糖尿病教育专职护士1人。1989年,内分泌科病房床位22张,平均住院天数30天。建科之初仅开设周二全天普通门诊,随着患者数量增多,门诊工作逐年扩充。自1997年7月1日起,每周一至周六全天开设普通门诊,每周三个半天专家门诊;每月门诊量达2 000人次。至1997年底,病房实际开放床位30张,平均住院天数24.5天。主要收治内分泌科常见病,包括糖尿病、甲亢、甲减、甲状腺炎、甲状腺结节、甲状旁腺功能亢进、垂体瘤、原发性醛固酮增多症、皮质醇增多症等,也有一些罕见病,如异位ACTH综合征等。在中华医学会组织下参与共同制定各种常见内分泌代谢疾病的诊疗规范。

图2-2-11　1991年秋,内分泌科医师合影

图2-2-12　2004年4月,内分泌科病房搬迁
至8号楼28病区合影

经过 28 年的发展,至 2017 年,分泌科实际开放床位 61 张,全年门诊量 154 517 人次,出院 3 381 人次,平均住院天数 5.65 天。2017 年,内分泌科有教授、主任医师 7 人,副教授、副主任医师、副研究员 7 人,主治医师 7 人,住院医师 3 人;拥有博士学位 18 人,硕士学位 4 人,学士学位 1 人,在读博士生 1 人;专职糖尿病教育护士 1 人,实验室技术员 1 人。

内分泌科 1998 年成为国家食品药品监督管理局临床药理基地。2011 年,内分泌科入选国家临床重点专科建设项目,并于 2015 年以优异成绩顺利通过验收,成为国家临床重点专科。2011 年成为中国医师协会脂肪肝诊治中心。2012 年成为中华医学会内分泌学分会肝病与代谢学组组长单位。为整合与促进学科的发展,2015 年成立复旦大学代谢病研究所,中山医院内分泌科为其依托单位,高鑫为研究所首任所长。

表 2 - 2 - 11 1989—2017 年内分泌科历任主任情况表

任 职 时 间	主 任
1989 年 3 月—1993 年 12 月	杨永年(副主任,主持工作)
1993 年 12 月—1998 年 2 月	杨永年
1998 年 2 月—2000 年 5 月	高 鑫(副主任,主持工作)
2000 年 5 月—2017 年 3 月	高 鑫
2017 年 3 月—	李小英

二、医疗特色

内分泌科成立至今,逐步积累和丰富了内分泌代谢系统各种疾病的诊治经验,不断取得进步。1998 年 8 月,内分泌科开设激素替代门诊、女性激素替代治疗门诊、肥胖专科门诊。2004 年,科室常规开设 6 个专病门诊:围绝经期综合征门诊、甲状腺结节门诊、内分泌高血压门诊、骨质疏松门诊、肥胖-代谢综合征门诊、糖尿病肾病门诊。2005 年 10 月,新增脂肪肝-代谢综合征门诊。至 2017 年,已形成肥胖-脂肪肝、高血脂-高尿酸血症、糖尿病教育指导、胰岛素泵、内分泌高血压、垂体瘤-肾上腺内分泌肿瘤、甲状腺结节、甲亢-甲减-甲状腺术后、内分泌骨质疏松症、性腺疾病-多囊卵巢综合征 10 个特色专病门诊,满足内分泌疾病临床诊治的需要。2015 年,科室成立两个亚专科:肥胖-脂肪肝代谢疾病亚专科和内分泌肿瘤亚专科。通过亚专科建设,在内分泌代谢病诊治上形成特色,提升对内分泌系统少见病及罕见病诊疗能力。2008 年,建立上海长风社区多种内分泌代谢相关疾病的队列研究。2010 年起,内分泌科参与多项行业标准及国家指南的制定,学科在国内外的知名度逐步提高,诊治水平在全国综合性医院内分泌科中处于领先地位,多项诊疗技术全国领先,形成以下医疗特色。

【非酒精性脂肪性肝病综合诊疗】

内分泌科具备完善的肝病和内分泌代谢紊乱标准化诊疗体系,在非酒精性脂肪性肝病(nonalcoholic fatty liver disease,NAFLD)与代谢相关疾病诊治方面处于国内领先水平。高鑫于 2005 年开设非酒精性脂肪肝与代谢病专病门诊,同年首次在国内建立磁共振波谱法测定肝脂肪含量方法。2011 年,在国内首创超声定量测定肝脏脂肪含量技术,该无创肝脏超声定量技术 2011 至

2017 年已推广至全国 43 家医院,得到广泛应用。该方法简便易行、稳定性高,克服以往超声检查只能定性不能定量的缺点,便于早期发现 NAFLD 及疗效观察。超声定量脂肪肝技术的推广,加强了各级医院医生对 NAFLD 所致代谢异常疾病的重视,在全国范围内形成了 NAFLD 及相关代谢疾病的慢病防治网络。2009 年,高鑫牵头筹备中华医学会内分泌学分会肝病与代谢学组。2011 年,内分泌科成为中国医师协会脂肪肝诊治中心;2012 年,正式获批为中华医学会内分泌学分会肝病与代谢学组组长单位,高鑫任首任学组组长。2012 年,中山医院内分泌科利用肝脏超声定量技术开展肝脏脂肪含量与代谢紊乱间的量效关系研究。全球首次采用随机对照临床试验证实盐酸小檗碱治疗伴糖代谢异常的 NAFLD 患者的疗效,拓宽了传统中药的作用,为 NAFLD 的治疗提供了安全有效的手段,且价格低廉、性价比高,并扩大了国际影响力。2015 年,肝脏超声定量技术获国家发明专利授权。作为中华医学会内分泌学分会肝病与代谢学组组长单位,高鑫牵头制定《非酒精性脂肪性肝病与相关代谢紊乱诊疗共识》,于 2010 年 7 月发表在《中华内分泌代谢杂志》。2013 年该共识以英文形式,题为"Diagnosis and management of non-alcoholic fatty liver disease and related metabolic disorders: Consensus statement from the Study Group of Liver and Metabolism, Chinese Society of Endocrinology"发表于 *Journal of Diabetes*。同时,起草技术标准 1 项;制定 NAFLD 临床路径;建立 NAFLD 相关数据库 1 个、NAFLD 患者生物样本库 1 个;开发计算机软件 1 项。

【肥胖及其相关多代谢病诊治】

2008 年以来,在国家"十一五"课题、上海市科委重大课题、上海市卫生局"三年行动计划"的资助下,中山医院内分泌科率先在上海长风社区建立一项以荷兰鹿特丹研究(Rotterdam Study)为基本模式的长期、前瞻性社区人群队列研究(Shanghai Changfeng Study,上海长风研究)。该研究在上海市普陀区长风社区建立一个 45 岁以上大型队列,对常见的重大慢性代谢性疾病包括肥胖、2 型糖尿病及相关并发症、高血压、高血脂、心血管疾病、骨质疏松、脂肪肝等进行长期研究。2009 年 6 月至 2012 年 12 月已完成基线研究(6 594 例),2017 年已完成第 5.4 年随访。建立精确临床表型数据库及标本库(包括血清、尿液和 DNA),数据库参数近 1 000 万,存储生物标本数超过 10 万份,完成部分相关生物学标志物的检测,并提出上海中老年多种代谢疾病患病率。通过人群研究,带动社区卫生中心的诊疗水平,初步形成社区慢病调查和管理规范,使更多患者获益。长风研究的最终目的是明确中国中老年人群多种慢病的发生和发展规律、发现其遗传特征和环境影响因素,提出预测这些疾病的分子标志物,建立针对中国人群多种慢性疾病的早期诊断和防治模式,提高中国人群的健康水平。

自 2013 年 9 月起,内分泌科针对重度肥胖及肥胖糖尿病患者提供多学科合作的代谢手术治疗。内分泌科、普通外科、麻醉科、ICU、营养科、内镜中心及护理部多科室合作管理代谢手术的创新模式,开展腹腔镜下袖状胃手术及胃旁路手术治疗肥胖伴 2 型糖尿病患者,获得良好疗效。因多学科团队有效的合作及发挥医院整体优势,所有患者的手术均成功实施,术后患者的体重明显下降,血糖控制水平明显改善,降糖药物用量显著减少甚至停用,高血脂、高血压及脂肪肝等均有明显好转。手术患者中包括特殊和伴随其他疾病的危重肥胖患者,如肝硬化门脉曲张、心功能不全、肾功能不全患者,术后使得肝肾功能和心脏功能均得到明显改善,积累了处理肥胖危重患者的经验。至 2017 年 12 月已完成代谢手术 198 例。

【糖尿病/糖尿病并发症的筛查与管理】

中山医院内分泌科的糖尿病防治水平在国内居领先地位。自科室成立以来,糖尿病的规范化诊治和慢性并发症的防治一直是科室临床工作的重点。1996 年,由杨永年领衔的课题组承担国家重点科技项目"九五"攻关计划"2 型糖尿病肾脏病变早期发现及防治研究"。同年,杨永年参与创建上海医科大学糖尿病防治研究中心并担任副主任,此中心以华山医院内分泌科为主体,朱禧星任中心主任,联合华山医院糖尿病研究室、运动医学康复科以及中山医院内分泌科,眼耳鼻喉科医院、儿科医院相关部门,共同对糖尿病慢性并发症之一的肾脏病变进行深入研究,开展肾穿刺诊断以及黄芩、银杏叶等中药对糖尿病肾病的疗效研究,证实血糖控制对防治糖尿病肾病进展的意义。1997 年,杨永年受邀成为比利时列日大学医学院访问教授,1998 年 8 月于列日大学生物化学与内分泌研讨会上介绍"Trends in diabetes in China"。1998 年以来,高鑫先后领衔和参加多项科研项目,包括上海市科委重点课题、重大课题,市卫生局重点课题,教育部博士点基金,国家"十五""十一五"课题,国家"973"子课题,在糖尿病慢性并发症的筛查、发病机制和早期防治方面成效显著。研究内容涵盖"2 型糖尿病及其并发症预警、干预的研究""2 型糖尿病胰岛素抵抗发病机制与慢性并发症早期诊断新方法、新技术研究""中药清活 1 号方治疗糖尿病并发症的研究""糖尿病并发症筛查与防治研究"等。2016 年,中山医院内分泌科在上海首推院内血糖信息化管理,同年 11 月,举办"2016 血糖监测暨血糖信息化管理高峰论坛",就血糖监测及信息化管理经验、研究成果进行学术交流。2017 年,由中山医院医务处牵头,内分泌科发起,联合院内多个科室参与,并扩展到徐汇区中心医院、青浦分院、大华医院及多家联合体医院和社区,开展的以"医院-社区联动血糖管理模式的构建"为主题的合力圈在全国品管圈大赛上获得课题研究型一等奖。2016 年,高鑫参与制定《中国成人 2 型糖尿病患者动脉粥样硬化性脑心血管疾病分级预防指南》;2016—2017 年,李小英参与制定《中国 1 型糖尿病胰岛素治疗指南》《中国持续葡萄糖监测临床应用指南》(2017 年版)、《成人 2 型糖尿病基础胰岛素临床应用中国专家指导建议》。李小英长期致力于糖尿病发病机制和糖脂代谢的基础研究领域。2016、2017 年分别承担国家自然科学基金委重点项目"YY1 介导营养感应调节机体糖脂代谢稳态的机制研究"和国家重大慢性非传染性疾病防控研究课题"表观遗传在 2 型糖尿病发生发展中的作用研究"。2017 年 7—8 月,李小英先后受邀参加斯里兰卡医学会第一百三十届国际医学大会和澳大利亚糖尿病学会年度科学会议,并分别做了题为"The trend and risk factors of diabetes in China"和"Epigenetics and diabetes"的报告,扩大中山医院内分泌科的国际影响力。

长期以来内分泌科非常重视糖尿病患者的健康教育和管理。在科内病房设立患者教室,每周四下午固定开设患教讲座,由医生与护士共同为糖尿病患者提供详细的饮食运动、血糖监测及胰岛素注射方面的指导,以提高糖尿病患者教育程度,促进血糖控制的达标,进一步预防和减少糖尿病急性和慢性并发症的发生。随着糖尿病患者群的不断增加,内分泌科不断开辟糖尿病防治新途径,2006 年在上海长风社区建立社区糖尿病防治基地,向社区普及糖尿病及其高危人群的早防早治策略,获得良好的社会声誉。

【内分泌高血压及内分泌肿瘤】

2004 年,开设内分泌高血压专病门诊,通过标准化筛查策略,使原发性醛固酮增多症等内分泌高血压患者得到规范治疗,降低此类患者的心血管事件风险,预后得到改善。内分泌科 2004 年参加国家"十五"攻关课题"继发性高血压的早期诊断、干预和治疗研究",通过对内分泌高血压发病机制的深入研究,进一步提高科室在该领域的诊治水平。2007 年,开展以肾上腺 CT 影像检查优先的肾上腺相关内分泌高血压特色筛查和诊治策略。2013年,在国内首次利用中山医院检验科建立的液相色谱-串联质谱技术检测血浆甲氧基肾上腺素和甲氧基去甲肾上腺素,使嗜铬细胞瘤和副神经节瘤诊断效率大大提高。2013年,经多学科协作,复旦大学神经内分泌肿瘤研究中心成立,中山医院内分泌科为副主任单位,与普通外科、神经外科、泌尿外科、放射科、病理科合作开展内分泌肿瘤的诊治工作。2014年,开始建设常见及罕见内分泌肿瘤及家系数据库和标本库;开展嗜铬细胞瘤和副神经节瘤突变基因检测和二代测序,实现对功能性神经内分泌肿瘤的分子诊断。为进一步提高原发性醛固酮增多症的诊断效率,2016年在国内首次开展液相色谱-串联质谱技术检测血浆醛固酮,2017年对建立其正常值参考范围展开研究。

【甲状腺疾病】

内分泌科建科以来,在甲状腺疾病,尤其是甲状腺结节的诊治方面进行研究。1990年,杨永年获国家自然科学基金资助,对"甲状腺自主功能腺瘤高功能性的生物学机制"进行探讨。1998年8月,杨永年受邀至比利时列日大学生物化学与内分泌研讨会,交流"Subclinical thyroid disease"。内分泌科长期以来在甲状腺功能亢进,甲状腺功能减退,各种甲状腺结节和肿瘤的筛查、诊断、鉴别诊断和规范治疗方面不断形成自身特色;开设甲状腺疾病门诊,采用生化、彩色B超、核医学、CT、甲状腺细针穿刺等综合手段,对各种甲状腺疾病进行规范诊断和个体化治疗。2012年开展甲状腺结节细针穿刺检测 BRAF 基因突变。2017年,高鑫参与制定《成人甲状腺功能减退症诊治指南》。

【性腺疾病】

李小英在性腺疾病的诊治方面经验丰富,包括低促性腺激素性性腺功能减退、先天性肾上腺增生症(21-羟化酶缺陷症,17-羟化酶缺乏症,11β-羟化酶缺陷症)、特纳(Turner)综合征、克兰费尔特(Klinefelter)综合征、多囊卵巢综合征等,病例累计近万例。在性激素替代治疗方面有丰富的临床经验和研究成果,通过多中心随机对照研究,比较序贯治疗与传统 HCG/FSH 治疗低促性腺激素性性腺功能减退的有效性与安全性,提出序贯治疗为低促性腺激素性性腺功能减退患者提供更经济有效的治疗方案。同时,对性腺分化与发育障碍疾病的发病机制及分子遗传学进行探究。

【罕见病】

通过建立内分泌罕见疑难病规范化诊疗流程,同时依赖于配置齐全的内分泌学功能实验室及先进的染色体分型、基因突变检测手段,内分泌科对罕见病积累了较多的诊治经验。下丘脑-垂体疾病:卡尔曼(Kallmann)综合征,垂体炎,生长激素缺乏;垂体瘤:垂体 ACTH 腺瘤,泌乳素瘤;TSH 瘤,生殖细胞瘤;甲状腺、甲状旁腺疾病:遗传性甲亢,甲旁亢,甲状腺激素抵抗综合征,假性甲旁减,假假性甲旁减;肾上腺疾病:嗜铬细胞瘤,VHL 病,非 ACTH 依赖的双侧肾上腺大结节样增生,异位 ACTH 综合征;遗传性失盐性肾病:巴特(Bartter)综合征,吉泰尔曼(Gitleman)综合征,利德尔(Liddle)综合征;性腺疾病:特纳(Turner)综合征,先天性肾上腺增生症(21-羟化酶缺陷症、17-羟化酶缺乏症),肯尼迪病,低促性腺激素性性腺功能减退;内分泌肿瘤:胰岛素瘤,胰高糖素瘤,血管活性肠肽瘤(VIP 瘤),多发性内分泌肿瘤 1 型(MEN1),多发性内分泌肿瘤 2 型(MEN2);糖代谢疾病:线粒体糖尿病,沃尔弗拉姆(Wolfram)综合征,普拉德-威利(Prader-Willi)综合征,矮妖综合征;脂代谢疾病:遗传性高脂血症;其他:阿尔斯特雷姆(Alstrom)综合征,低磷性骨软化。

三、医学教育

【学历教育】

内分泌科十分注重医学生的教学工作。1989年有硕士生导师1人，在读硕士生1人；1995年有博士生导师1人，硕士生导师1人，在读博士1人，在读硕士生3人。经过多年的发展，2017年内分泌科在职医生中有博士生导师3人，硕士生导师6人。1989至2017年已培养博士后1人，博士研究生33人，硕士研究生36人，2017年在培博士研究生12人，硕士研究生14人。内分泌科对本科生、研究生的教育十分重视，每年承担复旦大学上海医学院本科生及MBBS班理论授课任务，包括"内科学"中糖尿病、甲状腺疾病、肾上腺疾病等章节，以及"诊断学"中糖代谢和甲状腺激素检测等章节。2017年全年完成本科生理论课授课36学时、示教带教36学时、实习带教206周、八年制床旁教学138人·日。

【职后教育】

内分泌科自建科以来每年承担各级医生的继续教育工作。2006年通过国家卫生部专科医师培训基地的评审。截至2017年，已完成内分泌专科医师培训7人，在培专科医师2人。自中山医院内科开始进行住院医师的规范化培训起，每年在内分泌科轮转的住院医师近200人，2017年全年完成住培医师轮转带教114人·月。1995至2017年，内分泌科每年承担全国各地医师来院进修工作，已培养进修医生110余人。1997年10月，内分泌科开始举办全国医学继续教育学习班"糖尿病远期并发症的防治"，第一批参加人数43人。自1997年开始，内分泌科每年举办全国继续教育项目，截至2017年已有"非酒精性脂肪肝与代谢紊乱诊疗规范""甲状腺疾病的诊治""肾上腺疾病的诊治""糖尿病远期并发症防治新进展"4个学习班，学员来自全国各地；2017年学习班辐射人次已达到950人次。2007年开始，高鑫举办复旦大学脂肪肝与代谢论坛；2009年，筹备成立中华医学会内分泌学分会肝病与代谢学组，并在博鳌召开中华医学会内分泌学分会首届肝病与代谢论坛。此后每年举办一场，每届参会人数300～500人，学员来自全国除西藏及青海外所有省、自治区和直辖市（包括港澳地区），还有澳大利亚的学员慕名前来参加。2016至2017年，举办国家卫计委"星火计划"——中国基层医师短期进修项目，共6期，每期为时1周，每期培训学员15～25人。历年来，内分泌科除举办多个继续教育学习班外，还积极促进国内外学术交流。2016年开始主办复旦大学代谢病名师讲坛，邀请国内外内分泌代谢领域专家进行学术交流，截至2017年12月已举办4届。2017年4月9日，在中山医院中山大讲堂举办中美代谢与疾病学术交流会，邀请美国得克萨斯大学西南医学中心教授进行非酒精性脂肪性肝病的专题报告。2017年10月，李小英作为中华医学会糖尿病学分会糖尿病基础研究与转化医学学组组长，负责筹办第四届代谢性疾病转化医学论坛。

内分泌科重视人才培养和人才引进工作及梯队建设。1989年，杨永年在美国马萨诸塞大学医学中心完成3年进修工作归国后组建内分泌科，建科以来先后派遣年轻医生赴澳大利亚墨尔本大学、荷兰伊拉斯姆斯大学、澳大利亚西澳大学、中国香港大学、芬兰赫尔辛基大学和美国加州大学进修学习，开展科研合作项目。2012年从悉尼大学引进夏朴为复旦大学特聘教授；2016年引进瑞金医院李小英担任科室执行主任，李小英2017年担任科主任；2016年引进瑞金医院陆炎为复旦大学青年研究员。

【教学成果】

1989至2017年，内分泌科主编、参编和翻译内科及内分泌专科领域专著十余部。2015至2017

年在国内期刊发表教学论文2篇。2015年凌雁被评为上海市住院医师规范化培训优秀带教老师。

四、科学研究

内分泌科在完成大量的医疗、教学工作同时，认真做好科研工作。杨永年1996年承担国家重点科技项目"九五"攻关计划"2型糖尿病肾脏病变早期发现及防治研究"课题。2001年和2004年高鑫分别参加国家"十五"科研攻关课题2项："2型糖尿病慢性并发症预警和干预研究"和"中国继发性高血压的早期诊断、干预和治疗研究"。2006年，内分泌科与荷兰伊拉斯姆斯大学合作，并获得了欧盟"2006 Asia Facility for China"项目资助，合作经费40万欧元。2007年4月，复旦大学批准"复旦-伊拉斯姆斯医学研究中心（FERIM）"正式成立，高鑫被任命为该中心中方负责人。在该项目资助下，确立内分泌科在上海长风社区建立以鹿特丹研究为基本模式的多代谢疾病的人群研究方案，并派出相关研究人员到伊拉斯姆斯大学交流学习，为建立人群研究奠定扎实基础。在国家"十一五"课题支持下，2009年1月15日"上海长风研究"正式启动，并开通网站（http：//www. shcfs. org），于2009年6月4日正式接受第一例受试者。总受试人群6 000余例，截至2017年已经完成5.4年随访，建立了精细表型数据库和标本库。截至2017年，发表长风研究相关论文34篇，其中SCI收录论文24篇，总影响因子达101.21分，依托长风研究的课题已达18项。同时长风研究先后获得上海卫计委3次"三年行动计划"资助，使该研究成为多代谢疾病的前瞻性研究队列。2007年4月，内分泌科获得复旦大学"985"工程二期一流医学学科建设项目支持，使内分泌学科发展更上一层楼。2007年，高鑫参加"十一五"国家科技支撑计划"代谢综合征的发病趋势及综合控制研究"。2008年，高鑫承担科技部重大新药创制课题"冻干重组人胰岛素原C肽对糖尿病微血管病变疗效及安全性的多中心随机对照的临床研究"和"十一五"国家科技支撑计划子课题"肥胖、非酒精性脂肪肝、糖尿病等多种代谢性疾病前瞻性研究及预警指标模型的开发"。2012年，高鑫承担科技部"973"计划子课题"脂肪肝和高脂血症的早期干预及其原理验证研究"。2015年，夏朴获得国家自然科学基金委重大国际合作项目——中澳2型糖尿病合作研究项目"鞘磷脂信号分子在预测2型糖尿病和糖尿病前期中的应用及其机制研究"。2016年，李小英获得国家高技术研究发展计划（"863"计划）——重大慢性非传染性疾病防控研究课题"表观遗传在2型糖尿病发生发展中的作用研究"。基于内分泌科在代谢疾病临床、基础、人群研究方面的积累，2015年，复旦大学批准成立复旦大学代谢疾病研究所，高鑫担任所长，李小英、夏朴担任副所长。为进一步加强基础和临床结合，推动代谢疾病的基础研究与临床转化，2017年复旦大学基础医学院与中山医院共建"代谢分子医学教育部重点实验室"，聘请中山医院李小英、高鑫、夏朴、陆炎等专家为实验室固定课题组长，其中李小英为重点实验室副主任。

1990至2017年，内分泌科共获得国家自然科学基金课题资助、上海市高教局和市科委重大课题及重点课题资助、上海市卫生局重点项目资助等50余项省部级科研课题。国家自然科学基金共20项，其中重点项目1项，国际合作项目1项，面上项目11项，青年科学基金6项，优秀青年科学基金项目1项；入选上海启明星计划1人，上海浦江人才计划1人。1992至2017年，内分泌科发表论文398篇，其中SCI收录109篇，国内核心期刊200余篇。2001至2017年，内分泌科获教育部科技进步奖、上海市科技进步奖、上海医学科技奖、上海中西医结合科学技术奖、上海市优秀发明奖等奖项9项，国家发明专利4项。

表 2－2－12 1990—2017 年内分泌科获国家自然科学基金资助项目情况表

获批年份	项 目 名 称	项目类型	负责人
1990	自主性功能性甲状腺结节碘代谢的生物学机制	面上项目	杨永年
2008	西红花苷改善内皮细胞氧化应激与线粒体功能及 sirt1－PGC1α 通路的关系	面上项目	高 鑫
2009	盐酸小檗碱调节 MTP 启动子甲基化与肝脏脂肪含量的关系	青年科学基金	刘 蒙
2009	载脂蛋白 A5 修饰高密度脂蛋白减轻动脉粥样硬化的作用及机制研究	面上项目	曲 伸
2011	盐酸小檗碱调节 CPT－1α 组蛋白乙酰化修饰与其降低肝脏脂肪量的机制研究	青年科学基金	常薪霞
2012	长链非编码 RNA 介导盐酸小檗碱降低肝脏脂肪沉积的机制研究	面上项目	高 鑫
2012	小檗碱通过调控成纤维细胞生长因子 21 的表达改善脂肪肝的机制研究	青年科学基金	颜红梅
2013	盐酸小檗碱促进棕色脂肪产热耗能机制与视黄酸通路的关联研究	青年科学基金	夏明锋
2013	鞘氨醇激酶在保护 β 细胞和预防 2 型糖尿病中作用的研究	面上项目	夏 朴
2014	甲状腺激素通过上调 Fetuin A 促进胰岛素抵抗的作用及机制研究	面上项目	蒋晶晶
2014	盐酸小檗碱调控 SCD1 表达改善肝脏脂肪沉积的机制研究	面上项目	卞 华
2014	长链非编码 RNA uc002juh 对甲状腺乳头状癌细胞分化和摄碘功能的影响及其机制研究	青年科学基金	凌 雁
2015	MDM2－p53 信号通路调控胰岛 β 细胞胰岛素分泌功能的机制研究	青年科学基金	李晓牧
2015	凝血酶敏感蛋白－1(TSP－1)对肝脏胰岛素抵抗的调控及作用机制研究	面上项目	高 鑫
2015	鞘磷脂信号分子在预测 2 型糖尿病和糖尿病前期中的应用及其机制研究	中澳合作项目	夏 朴
2015	YY1 介导营养感应调节机体糖脂代谢稳态的机制研究	重点项目	李小英
2016	长链非编码 RNA uc003zpr.2 通过 PCP4 途径调节醛固酮分泌的机制研究	面上项目	陆志强
2017	肝脏糖脂代谢紊乱的分子机制	优秀青年科学基金	陆 炎
2017	新型 RNA 结合蛋白丙酮酸羧化酶调控胰岛 β 细胞增殖的作用及机制研究	面上项目	李晓牧
2017	甲状腺激素受体小类泛素化修饰在脂肪组织功能调控中的作用及其机制探讨	面上项目	高 鑫

五、社会服务

内分泌科重视患者的健康教育,1989年建科同时,即在病房里设立独立的患者教育教室,固定开设每周一次糖尿病患教讲座,宣讲内容包括营养、血糖监测、胰岛素注射等。1995年,新增负责糖尿病教育的专职护士1人。还通过每月1~2次健康讲座及咨询活动,以及报纸、广播、电视、微信等宣传途径,发表科普文章,普及医学常识,提高民众的健康意识,内容覆盖糖尿病、肥胖、肾上腺疾病、甲状腺疾病、骨质疏松、高尿酸血症等常见内分泌代谢疾病。1990年,杨永年和王鸿华任编剧,完成科普文学剧本《糖尿病》,并与上海科普纪实教育电影制片厂合作,制作成科普电影作品。这部科普影片获得意大利糖尿病联盟国际 VIDEO DIAB 1990 大会"糖尿病科教电影特别奖"。2011至2017年,派遣业务骨干参加国家医疗队、对口支援医疗队及义诊共7人次,对口援助云南、新疆、江西等地。

第八节　血　液　科

一、发展沿革

血液科创立于1955年,前身为内科血液病专业组,创立人是中国临床血液学开拓者之一、血液病专家陈悦书。卢家祥、张国桢等均参与了血液科的组建工作。成立之初,血液科设有床位34张,医师18人,其中十余名医师均为教授职称。

1956年,陈悦书在中山医院创立血液学研究室,在国内首次提出了骨髓涂片和印片对诊断血液病和肿瘤的价值,此法随后在国内外得到广泛推广。同年,开展血液病的临床化验检查及骨髓细胞检查,参与主持全国及上海市部分血液疾病的防治工作。

1958年,陈悦书为支持兄弟医学院建设与发展,调任苏州医学院工作,唐静仪接手主持血液科工作。唐静仪建立了完善的实验室诊断体系,丰富发展细胞化学染色检查,开展血红蛋白电泳、出血凝血时间及血液病相关血液生化检查等。在临床诊疗上,率先开展胎肝细胞悬液移植治疗再生障碍性贫血等疾病;联合中国医学科学院血液病研究所、北京协和医院血液科等单位举办了第一届全国血液病学习班,并保持每年举办全国性学习班的传统。在唐静仪的带领下,发展初期的中山医院血液科临床和科研工作均走在中国血液学的前沿,奠定了中山医院血液科的全国领先地位。

1966—1971年,血液科重新并入内科组,发展陷入停滞阶段。直至1972年,中山医院开始恢复科室建制后,血液科才得以继续发展。

1978年,张国桢开展细胞免疫荧光标记、染色体检测及多项出血凝血相关检查,进一步完善血液疾病相关实验室检查。他创建的脑脊液自然沉降法找幼稚细胞、改良的螺旋切刀式骨髓穿刺活检针、研究开发的凝血酶时间自动测定仪"BFS-1型自动化纤维仪"等,提高了当时血液疾病的诊疗水平。此外,他主持建立骨髓移植层流室,积极开展骨髓移植工作以治疗血液系统恶性肿瘤。

1992年,袁弥满回国后建立细胞培养室,为进行基础研究打下坚实基础。

1999年,徐建民和王宝珍指导血液科移植团队在自体骨髓移植的基础上,开展外周血干细胞移植、纯化的 CD34$^+$ 细胞移植技术,治疗复发及难治恶性血液疾病,半年内成功完成6例,获得理想疗效。同期开展血液成分单采治疗术,如血浆置换、血小板单采、白细胞单采,在抢救治疗血栓性血小板减少症、紧急去除过高的血小板及白细胞方面发挥重要的作用。血液科的骨髓移植工作处于上海市前列。2001 年在中山医院首次进行了脐血干细胞移植，并获得成功。

20 世纪末期，中山医院血液科细化临床工作，分为移植室、细胞室、血栓室、形态室、临床研究 5 个组别，分设负责医师。科室诊断水平、治疗效果在国内处于领先水平，尤其是对急性白血病的治疗完全缓解率达到 80%。

2005 年 8 月，邹善华带领科室人员在增加医疗工作量、提高医疗服务质量、缩短平均住院时间、降低平均住院费用方面做了很多努力，取得良好工作成效。

2014 年 9 月，刘澎作为复旦大学校聘关键岗位引进人才，被引进到复旦大学附属中山医院，作为学科带头人带领血液科同人进入新的发展时期。率先在国内综合性医院建立淋巴瘤和多发性骨髓瘤亚专科；在发展优势亚专科的同时，利用中山医院的多学科协作优势，建立淋巴瘤和多发性骨髓瘤 MDT 团队，为患者提供最佳治疗方案，得到了国内外专家的高度评价。刘澎主持开设血液科 MDT 特需门诊、日间病房、专病门诊，重建血液实验室，进一步提高了血液科的科研实力，为血液科的长远发展奠定了坚实的基础。

2017 年，血液科拥有普通病床 59 张，日间化疗病床 12 张，急诊周转部病床 7 张，层流室 4 间，院本部共开放床位 78 张，并在徐汇区中心医院和青浦区中心医院设有两个分部；出院患者 7 036 人次，门诊患者 29 835 人次；平均住院日 3.87 天，床位使用率 107.56%。科室拥有医师 20 人，专职技术人员 1 人。科室人员构成以中青年骨干为主，共有高级职称 8 人（教授、主任医师 5 人，副主任医师 3 人），中级职称 11 人，初级职称 1 人；科室中具有研究生学历者超过 90%，拥有博士学位者近50%。

表 2 - 2 - 13　1955—2017 年血液科历任主任情况表

任 职 时 间	主 任
1955—1958 年	陈悦书
1958—1966 年	唐静怡
1972 年—1984 年 12 月	卢家祥
1984 年 12 月—1992 年 4 月	张国桢
1992 年 4 月—1999 年 1 月	袁弥满
1999 年 1 月—2000 年 5 月	徐建民（副主任，主持工作）
2000 年 5 月—2008 年 8 月	徐建民
2008 年 8 月—2011 年 3 月	邹善华（副主任，主持工作）
2011 年 3 月—2014 年 9 月	陈世耀
2014 年 9 月—	刘　澎

二、医疗特色

血液科接诊各类血液系统疾病，包括淋巴瘤、多发性骨髓瘤等浆细胞疾病、急性和慢性白血病、骨髓增生异常综合征、再生障碍性贫血、各类贫血和血小板减少性紫癜等疾病。其中，多发性骨髓瘤、淋巴瘤的诊断和治疗在国内处于领先地位,应用造血干细胞移植治疗血液系统疾病有丰富经验。

【造血干细胞移植】

1985 年创建无菌层流室,率先开展造血干细胞移植。血液科具有百级层流仓 4 间,广泛开展自体造血干细胞移植治疗恶性肿瘤,如淋巴瘤、多发性骨髓瘤,取得了良好效果。

【淋巴瘤】

2004 年即在上海率先设立淋巴瘤专病门诊;2010 年起在上海较早建立了淋巴瘤 MDT 讨论制度,多学科共同参与淋巴瘤诊治协作;2012 年起定期活动;2015 年在全国综合性医院血液科中率先设立淋巴瘤亚专科,开设淋巴瘤 MDT 门诊。

【多发性骨髓瘤】

2015 年,科室率先在国内开展“单克隆丙种球蛋白血症筛查浆细胞肿瘤”及“多发性骨髓瘤 MDT”项目,为多发性骨髓瘤等浆细胞肿瘤的早期诊断提供有效路径,显著延长患者生存期,并设立骨髓瘤 MDT 特需门诊,联合兄弟科室专家共同为疑难患者提供最优诊疗方案。2016 年 1 月 18 日,依托 MDT 团队,血液科日间化疗病房正式启动,主要收治多发性骨髓瘤和淋巴瘤等血液肿瘤患者。在医疗资源紧缺的情况下,由构架完整的亚专科团队负责,保障患者及时进行严格的周期治疗。

三、医学教育

血液科同时承担和完成复旦大学上海医学院研究生、五至八年制学生、专升本学生、外国留学生的教学任务,以及实习生、临床基地轮转医生和住院医生的临床带教工作,每年还培养来自全国各地的进修医生和研究生。1985 年至今,已培养研究生 50 余人。2017 年,拥有博士生导师 2 人,硕士生导师 1 人。截至 2017 年,在读研究生及毕业研究生共 16 人。血液科注重血液学诊断技术及理论的传播,制作了《临床血液细胞学》和《染色体》两部教学幻灯片,受到了血液病学同行的一致好评和广泛使用。血液科多次担任经典教科书《实用内科学》“血液病”章节的编写工作。2016—2017 年,连续两年举办国家级继续教育学习班“多学科视野下淋巴肿瘤诊疗高峰论坛”暨“多学科视野下淋巴肿瘤诊疗进展”。2016 年,科室参编国家级临床指南及共识共 4 部。

四、科学研究

血液科自成立起,老一辈专家就十分重视科研工作。张国桢指导下开展的关于蚯蚓中纤溶酶的提取纯化、血小板高聚集性临床研究、胎肝细胞悬液的临床研究、血小板脂蛋白功能等成果多次获得卫生部、国家科委、上海市卫生局的奖励。1985 年至今,承担各类课题 50 余项。2001 年以来,发表论文 140 余篇。近 5 年,血液科承担国家及省部级课题 9 项,发表 SCI 收录论文 30 篇,参与国内国际临床试验共 7 项。2015 年以来,致力于推动中国多发性骨髓瘤及淋巴瘤亚专科建设、“单克隆丙种球蛋白血症筛查浆细胞肿瘤"以及"淋巴细胞增多筛查血液淋巴系统肿瘤"项目,在全国范围内巡回演讲近百场,使百余家医院受益。2017年6月,在国际上首先启动了"基于M蛋白血症的骨髓瘤筛查真实世界研究",为多发性骨髓瘤等浆细胞肿瘤的早期诊断提供了有效路径,包括重庆新桥医院、山东省立医院、天津医科大学总医院、浙江大学附属第一医院等在内的16家高水平医院参与该项目。

五、社会服务

血液科同时支持和做好医疗援助工作。每年派1名主治医师定期赴上海基层医院协助工作,如奉贤区中心医院、中山医院青浦分院等;主任医师每周到中山医院徐汇分院(徐汇区中心医院)血液科查房,指导基层医院完善科室建设,帮助基层医生成长。

2015年3月起,血液科开设"复旦大学附属中山医院血液科"微信公众号,向广大群众和患者提供基础的医护知识、出院康复指南等信息,并有随访团队定期电话随访患者,指导患者后续康复。血液科主任刘澎多次在电视、报纸、微信公众号等平台针对老百姓所关心的血液病相关问题如贫血等,为大家答疑解惑。另外,科室还派研究生作为中华骨髓库志愿者,参与中华骨髓库公益活动,宣传捐献骨髓相关知识。

第九节　老　年　病　科

一、发展沿革

1987年由诸骏仁领衔成立上海医科大学老年病学研究中心,为老年病科的建立奠定基础。1989年6月,中山医院老年病科正式成立。

2004年,老年病科搬入21号楼,负责的病房逐渐增加,至2017年床位数已由64张增加至208张,逐步形成老年心血管及代谢亚专科、老年胃肠疾病及肠内营养亚专科。至2017年,科室成员共有39人,其中教授、主任医师2人,副主任医师8人,主治医师21人,住院医师8人;博士生导师1人,硕士生导师2人。

表 2 - 2 - 14　1989—2017 年老年病科历任主任情况表

任　职　时　间	主　　任
1989 年 6 月—1992 年 5 月	杨蕊敏(副主任,主持工作)
1992 年 5 月—1998 年 2 月	杨蕊敏
1998 年 2—3 月	应赛亚(副主任,主持工作)
1998 年 3 月—2000 年 5 月	蔡则骧
2000 年 5 月—2005 年 7 月	谢瑞满
2005 年 7 月—2011 年 3 月	蔡映云
2011 年 3 月—	胡　予

二、医疗特色

老年病科以老年医学为定位,以整体医学模式作为科室发展的重要特色,科室主要承担上海市和全国各地的高级干部医疗保健工作,收治内科和老年性疾病患者。门诊设有干部医疗门诊,普通老年科门诊,老年内分泌、老年消化、中老年骨质疏松、老年记忆障碍等特色门诊,涉及老年呼吸、老年神经、老年内分泌、老年消化等多种病种。2017 年,门诊 11 万人次,出院 900 人次。

【规范化的综合内科诊疗】
在长期临床医疗工作中,老年病科积累了丰富的临床经验,形成自己的特色,对老年心脑血管、内分泌、消化系统疾病及肿瘤等老年性疾病的预防、诊治和研究具有较高水平,对老年及高龄患者疑难危重病例具有很强的综合诊治实力。老年病科还负责干部体检、省部级干部保健,参加高级会诊中心、院外会诊和远程会诊中心的医疗会诊等。2014 年,老年病科负责省部级干部入院治疗 28 人次,门诊治疗 284 人次;2015 年,负责省部级干部入院治疗 25 人次,门诊治疗 252 人次。老年病科参加 2010 年世博会、2015 年上海纪念抗日战争胜利 70 周年活动的医疗保健工作。

【严格的医疗质量管理】
为了规范科室成员的医疗行为,老年病科遵照医院相关医疗制度,修订了《老年病科有关干部工作的管理制度》,强化科室管理制度。为了加强病房医疗质量,老年病科除本科室教授查房外,还设有相关专科教授定期查房,并且夜间安排病房值班医师、总值班医师、二线医师和咨询医师。为了建设一支结构合理、业务素质高的专业技术队伍,科室每月由科室领导、病房大组长及带组主治医师对科室的临床工作开展自查。采取小讲座、典型病例讨论、文献报告会等形式,组织全科进行每周一次的学习培训,使科室成员对老年脑血管病、老年糖尿病、老年骨质疏松症、老年消化病、老年肿瘤及老年心血管病等老年病的诊治和研究有深层次的理解与应用。在全体成员努力下,科室每年均能完成医院对科室的医疗考核指标,医保考核、医疗服务质量、服务效率及精神文明考核项目完成情况优秀。2016 年在上海合理用药高峰论坛获先进集体称号(医疗机构)。

三、医学教育

老年病科继续贯彻"以医疗保障教学、以科研促进教学"的指导思想,主要承担以下教学工作。

【本科、研究生教学】
科室承担复旦大学上海医学院内科学、临床流行病学、循证医学的本科生和研究生教学计划,承担了部分理论课授课任务。科室也出色完成医学院的临床带教考核工作,且完成科室临床诊断学的带教、PBL 带教,参与标准化病人的培训与考核。多名医师参与国家医师资格考试的操作考核工作。科室进一步规范了临床轮转医生及轮岗转岗医生的岗前培训制度,完善老年病科操作考核评分等各项制度,进一步提高教学查房的质量。老年病科做好规范化培训基地轮转医生的临床带教工作,包括带教老师设置、临床带教工作、出科考核等项目,尤其强调带教质量,得到学员好评。每年完成基地轮转医生的临床带教工作 30 余人次。老年病科继续加强研究生教育,加强老年病科研究生的招生和培养工作。科室现有博士生导师1人、硕士生导师2人。至2017年，科室已培养毕业博士研究生3人、硕士研究生27人，在读博士研究生1人、硕士研究生10人。

【继续医学教育】

2015—2017年，科室主办国家级继续教育项目3项，积极参与院内继续医学教育项目，如老年医学学习班、呼吸病临床思维学习班、临床药学进展学习班等，完成医院内科学系列讲座。

【教学成果】

科室成员主编《临床药物治疗学·呼吸系统疾病》（人民卫生出版社，2016年）等教材4部。至2017年，有4名医师参加为期6个月及以上的国外学习及交流。发表教学论文20余篇，编写教材4部。1人获评医院优秀教学秘书，科室获评医院优秀教学集体。

四、科学研究

老年病科科学研究主要集中于老年人代谢综合征与肠道微生态、肠道屏障功能、老年骨质疏松、老年消化肿瘤个体化综合治疗等方面，并与上海市神经病学研究所、上海市心血管研究所及复旦大学呼吸病研究所等科研机构协作，进行衰老和老年病的基础和临床研究。参与国家"九五""十五"攻关脑血管病早期和持续神经康复等多项课题，承担和完成了多项国家自然科学基金及上海市卫计委科研基金等，如承担了"胰高血糖素样肽-2调控肠道屏障及破骨细胞功能在老年性骨质疏松症中的作用及机制研究"（2015年）等4项国家自然科学基金，"脑卒中的三级康复研究"等国家"十五"攻关研究合作课题，"原发性骨质疏松防治药物研究"等5项上海市干部保健局课题，1项上海市卫生局课题，1项上海市科委课题，1项复旦大学教学科研课题；3项复旦大学青年基金课题，以及黎介寿肠道屏障基金和复旦大学附属中山医院青年基金项目等。

老年病科在不断发展过程中，逐渐形成临床与科研相结合的亚专科团队，包括老年心血管及代谢亚专科、老年胃肠疾病及肠内营养亚专科。在亚专科基础上，科室建立了老中青相结合的技术团队。通过从学科带头人，在第二梯队、第三梯队建设上广泛培养相关人才，科室内技术团队整体实力日渐雄厚，各亚专科人员希望能做到"以科研带动临床，以临床促进科研"，提高疾病诊治能力，努力为患者提供最优质的诊疗服务。亚专科主要研究方向包括老年人代谢综合征与肠道微生态、肠道屏障功能的研究，主要研究代谢紊乱综合征及糖尿病等疾病与肠道微生态、肠道屏障功能的关系及益生菌对其影响；中老年人骨质疏松发病特点及相关机制研究，主要研究中老年人性激素分泌减少与骨质疏松发生的关系；老年人呼吸衰竭相关防治策略的研究，主要进行老年呼吸衰竭患者的营养评估，探讨老年人呼吸中枢功能衰退和炎症调控异常在急慢性呼吸衰竭中的作用及其相关作用机制；关于老年人消化系统肿瘤个体化综合治疗的基础研究，主要观察miR-124对结肠癌进展及糖代谢的作用，建立以miR-124为核心的糖代谢重编程调节模式，为老年结肠癌患者个体化治疗提供新方向。

2014—2016年，科室以第一作者和（或）通讯作者共发表各类期刊论文80余篇，其中SCI收录论文30篇，总影响因子84.72；中文核心期刊论文50余篇。科室成员主编、参编专著和科普著作十多部,约100多万字。先后主编《实用神经眼科学》(上海科学技术文献出版社,2004年)、《哮喘病学》(人民卫生出版社,2005年)、《呼吸重症监护和治疗》(上海科学技术文献出版社,2006年)、《实用老年痴呆学》(上海科学技术文献出版社,2010年)、《实用老年中风康复学》(上海科学技术文献出版社,2015年)、《临床药物治疗学·呼吸系统疾病》(人民卫生出版社,2016年)。许多科室成员在各学组、杂志等担任重要学术职务。

表 2－2－15　2012—2016 年老年病科获国家自然科学基金资助项目情况表

获批年份	项　目　名　称	项目类型	负责人
2012	miR－124 对丙酮酸激酶选择性表达的精密调节机制在结肠癌中的作用	青年科学基金	孙　燕
2013	NLRP3 炎症小体活化加重 TLR4 介导的急性肺损伤及其机制	青年科学基金	任卫英
2015	胰高血糖素样肽－2 调控肠道屏障及破骨细胞功能在老年性骨质疏松症中的作用及机制研究	面上项目	胡　予
2016	Transgelin 2 介导 KRAS 和 SREBP1 交互调控促进脂代谢重编程在胰腺癌中的作用和机制	面上项目	孙　燕

五、社会服务

老年病科派出 3 名专家参加了 4 批次的国家医疗队,赴新疆、云南等地参加巡回医疗和对口援建工作。另外,多名主任医师、副主任医师及主治医师参加各电视、广播电台的医疗科普活动,参加中华医学会、上海骨质疏松协会等举办的义诊活动,发表科普文章。

定期举办各种形式具有思想指导主题的科室文化活动,积极参与市级干保文化建设,派有文艺特长的医护人员参加干保局的诗歌比赛、书法比赛、集邮协会活动等。

第十节　全科医学科

一、发展沿革

1993 年 11 月,中华医学会全科医学分会成立,上海医科大学附属中山医院院长杨秉辉当选为全科医学分会副主任委员。1994 年,在杨秉辉的积极倡导下,中山医院全科医学科成立,杨秉辉担任主任,刘泽玲任副主任并主持工作。同年,中山医院 16 病区正式开设,床位 24 张,由全科医学科全面负责,开创中国大学附属三级甲等教学医院建立全科医学科之先河。2000 年,祝墡珠担任全科医学科主任。2004 年,中山医院门急诊综合楼正式启用后,特需病房 52、53、55 病区,逸仙医院 50 病区及逸仙医院门诊划归全科医学科管理。2013 年起,潘志刚任全科医学科主任。2017 年,全科医学科包括 4 个病区,核定床位 112 张;共有医生 32 人,其中正高职称 4 人,副高职称 7 人,中级及以下职称 21 人;博士研究生 7 人,硕士研究生 12 人;博士生导师 1 人,硕士生导师 2 人。

表 2-2-16　1994—2017 年全科医学科历任主任情况表

任 职 时 间	主 任
1994 年 9 月—2000 年 7 月	杨秉辉　刘泽玲（副主任，主持工作）
2000 年 7 月—2013 年 9 月	祝墡珠
2013 年 9 月—	潘志刚

二、医疗特色

全科医学科注重以人为中心，持续性、一体化的健康照顾理念，为就诊患者提供全面的医疗保健服务。2017 年，全科医学科负责特需病房 52、53 病区，特需体检 55 病区，逸仙医院 50 病区，以及全科普通及专家门诊、逸仙医院门诊的临床诊疗工作。2017 年，全科出院超过 4 800 人次，年门诊量达 35 000 人次。全科门诊及特需 52、53 病区收治内科、外科、妇科、耳鼻喉科、眼科、皮肤科等多个科室的患者。

全科 55 病区为特需体检病房，为有体检需求者提供一体化的全身体检服务，同时全科医生还可根据体检结果定制个性化干预措施及持续性管理方案。2017 年住院体检超过 3 500 人次。

2010 年起，先后有 12 名医疗、教学骨干下沉上海社区卫生服务中心开设全科教学门诊，并开设有"社区-中山双向转诊门诊"，探索双向转诊模式并总结存在的问题，为制定有关政策提供科学依据，同时也使社区卫生服务中心拥有了转诊至综合性医院的"绿色通道"。

三、医学教育

全科医学在中国是一门新兴学科，人才短缺问题严重，为解决这一问题，中山医院全科医学科将全科医生培养作为主要战略规划。

2003 年经复旦大学批准，中山医院全科医学科成为全国首个全科医学硕士学位授权点。2013 年成为全国首个挂靠于临床医学自设的博士点。2017 年，在读全科博士研究生 5 人，在读硕士研究生 3 人。1999 年 6 月，美国中华医学基金（China Medical Board，CMB）来华招标，经过严格评审，由祝墡珠主持撰写的"全科医学在中国的发展"标书获得批准，项目总经费 51 万美金。2009 年，项目结题，共招收了 212 名具有临床医学本科学历的医生进行了为期 4 年（2006 年后改为 3 年）的全科医学规范化培训，这为以后的全科医生规范化培训奠定了基础。2004 年 9 月，上海市卫生局开始实施"社区全科医师培养 3 年行动计划"，委托全科医学科进行规范化培养。2006 年全科医学科通过了卫生部全科医师培训基地的验收，2010 年起全科医师规范化培训正式纳入上海市住院医师规范化培训体系。在培训模式改进方面，全科医学科积极探索社区教学基地标准化，以保证学员在社区轮转期间能够完成社区的教学目标。在社区轮转时间上率先落实"早临床、多临床、反复临床"的理念，并根据世界家庭医师组织（WONCA）认证标准，将全科规培学员社区轮转时间由 7 个月延长至 12 个月，与社区基地师资共同设定了学员在不同社区的轮转目标，使接受培训的学员能够更好地胜任社区工作。

图 2-2-13 2013 年，全科医学科成为首个国家级全科医学师资培训示范基地

在教学过程中，全科医学科采用标准化病人、PBL、案例分析、门诊教学等多元化的教学方式，采用迷你临床演练评估(Mini - CEX)和操作技能直接观察法(DOPS)作为能力评估方法，以及笔试、客观结构化临床考试(OSCE)和论文答辩相结合的综合考试方案，对培训进行全面总结和评价。其中 OSCE 作为结业考核的主要形式已被上海市住院医师规范化培训事务中心所采纳。上海市全科规培结业考试及考官培训均由全科医学科负责。自 2010 年起，全科医学科共招录 105 名学员，并在各项考核中获得优异成绩。2016 年上海市全科医师"基层服务卓越奖"获奖者中，中山医院培养的全科医师人数超过 50%。

2007 年，经上海市卫生局批准，在复旦大学上海医学院和中山医院成立上海市全科医师师资培训中心。2013 年 12 月，国家卫计委批复将复旦大学上海医学院(中山医院)作为首个国家级全科医学师资培训示范基地。至 2016 年 12 月，全科医学科已举办各类师资培训班 37 期，包括中国全科骨干师资培训班、中国-加拿大全科师资培训班、社区全科师资培训班等，参加人数约 4 200 人次。

图 2-2-14 2016 年，祝墙珠当选为 WONCA 亚太区常委

截至 2017 年，全科医学科共发表教学论文 65 篇，另主编 30 部规范化培训实用教材和书籍；获得省部级教学项目 9 项，国际合作项目 1 项。2007—2017 年，屡次获得上海市卫计委重点学科项目。2002 年，杨秉辉受卫生部教材办委托，主编高等医学院校本科五年制、七年制通用教材《全科医学概论》(第一版)。2003 年，复旦大学上海医学院将《全科医学概论》列为本科生选修课之一，由全科医学系负责具体教学。2005 年，杨秉辉主编的《全科医学概论》(第二版)获得 2005 年全国高等学校医药优秀教材二等奖。在祝墙珠带领下，全科医学科分别负责编写了《全科医学概论》(第四版)、《全科医学概论》电子版教材、《全科医学临床实践》、《全科医学导论》、《医患关系与

医患沟通技巧》等30部教材,实现了全科本科教育、全科规范化培训教材零的突破。

2013年,英国皇家全科医师协会(RCGP)评审专家组应邀对全科住院医师规范化培训项目进行评审,并给予高度评价。2014年3月,中山医院全科医生规范化培训项目接受世界家庭医师组织(WONCA)为期2天的认证检查,成为全球首个通过其认证的全科医师培训机构。2016年,祝墡珠获得宝钢特级教师奖。2017年,中山医院全科规培基地被中国医师协会评为"十佳全科专业基地",潘志刚被评为"住院医师心中好老师",全科医学科"理论与实践相结合的全科医学概论教学模式"获得复旦大学教学成果奖二等奖。

四、科学研究

截至2017年,全科医学科共获得科研项目47项,其中教学项目35项。2012—2017年,共发表论文107篇,其中SCI收录论文15篇,总影响因子33.16分;教学论文42篇。2011年,"全科医学住院医师规范化培训的研究与应用"项目获上海医学科技奖三等奖;2012年,"由疾病保健转向疾病预防的医学科普"项目获上海市科技进步奖一等奖;2013年,"全科医学教学体系和人才培养模式的探索和创新"项目获上海市级教学成果奖特等奖;2014年,"中国特色全科医学人才培养体系的探索和创新"获国家级教学成果奖二等奖。

经过20余年的发展,全科医学科逐步发展壮大,国内外影响力也与日俱增。杨秉辉、祝墡珠先后担任中华医学会全科医学分会主任委员。祝墡珠、潘志刚分别任海峡两岸医药交流协会全科专业委员会主任委员及副主任委员。江孙芳先后担任上海市医学会全科分会主任委员、中华医学会全科分会副主任委员。全科医学科先后成为上海市全科住院医师规范化培训专家组组长单位、国家卫计委住院医师规范化培训考试全科专委会主任委员单位,并主持编写《上海市住院医师规范化培训细则》(全科部分)。

五、社会服务

全科医学科立足于基层医疗服务,长期以来积极参加社区医疗科普工作及医疗援建。科室成员多次参加社会义诊、科普讲座、科普电视及广播节目的录制工作,为社区群众提供医疗服务。杨秉辉常年致力于"以预防为先导"的科学普及工作,撰写了近千篇医学科普教育文章,举办超过600场健康讲座,编写《健康的生活方式》《家庭保健百科》《战胜癌症》等多部科普著作,其中科普著作《健康的生活方式》获2005年国家科技进步奖二等奖。多名科室成员参与编写的科普书籍《家庭医学全书》(第四版)获2014年度上海市科普教育创新奖科普成果奖。

周敬于2016年下半年参加中山医院援藏医疗队,并担任副队长的职务。王健于2017年4月19至23日参加云南姚安县、大姚县大型扶贫义诊活动。同时因科普工作方面的成绩,王健获上海市科普教育创新奖个人贡献奖二等奖。全科医学科还积极帮助全国其他地区发展全科医学,2015年,"祝墡珠工作室"获得深圳市"三名工程"项目引进,支持深圳龙华区中心医院全科发展。2016年,为云南4 000余名乡村医生开展能力提升培训,取得良好效果,上海东方电视台予以报道宣传。

在学术交流方面,2016年在巴西举行的世界家庭医师组织(WONCA)第二十一届全球会议中,祝墡珠发表"中国全科医学发展的挑战与机遇"的演讲,第一次在世界大会上全面介绍中国全科医学发展所取得的巨大成就,标志着中国的全科医学走上世界舞台。同时,祝墡珠当选为WONCA亚太地区独立常委,开创中国全科医学专业人士在国际学术组织任职的先河。

2013 年 6 月,国务院副总理刘延东视察中山医院全科医师规范化培训工作,肯定全科医学科在全科医生培养方面的工作和为国家医疗事业做出的贡献。2015 年 10 月,世界卫生组织总干事陈冯富珍考察中山医院全科规范化培训、分级诊疗的工作。她表示对全科医学科在分级诊疗方面开展的工作留下了深刻的印象,并对全科医学科能够成为全球首个通过 WONCA 认证的全科医生培训机构表示由衷的高兴。

第十一节 肿 瘤 内 科

一、发展沿革

肿瘤内科成立于 2004 年,前身为上海纺织第三医院化疗科,2010 年正式更名为肿瘤内科,核定床位 42 张,并率先开设有门诊化疗床位 15 张。2016 年 1 月,根据医院整体规划整编,肿瘤内科病房搬迁至枫林路中山医院西院区,开放床位数调整为 57 张,开设肿瘤内科常规门诊、消化道专病以及骨软组织专病门诊。2017 年 4 月起,肿瘤内科增加至 2 个病区(27、68 病区),总床位数 73 张。2017 年,出院近 8 000 人次,门诊量超过 4 万人次,较 2016 年分别增加 80% 及 54%。2004 年,刘天舒任科室副主任主持工作,2009 年任主任。2017 年,科室正式员工共 18 人,其中主任医师 2 人,副主任医师 3 人,主治医师 10 人,住院医师 3 人;博士生导师 1 人。90% 的科室成员为硕士及以上学历。

表 2－2－17 2004—2017 年肿瘤内科历任主任情况表

任 职 时 间	主 任
2004 年 6 月—2009 年 12 月	刘天舒(副主任,主持工作)
2009 年 12 月—	刘天舒

二、医疗特色

肿瘤内科贯彻精准医学的理念,以提高药物疗效、降低毒副反应、减轻患者经济负担为目的,摸索出一套肿瘤个体化治疗的策略,2017 年被授予上海市合理用药集体称号。肿瘤内科收治各类恶性肿瘤患者,包括胃肠道、乳腺、肺部、淋巴瘤、骨肉瘤等常见肿瘤,胆道系统肿瘤,泌尿生殖系统肿瘤,软组织肉瘤以及原发灶不明等少见肿瘤。开展各种实体肿瘤的化疗、靶向治疗以及生物治疗等综合治疗,同时积极推动恶性肿瘤的规范化诊治。除常规治疗以外,肿瘤内科长期以来以临床研究推动肿瘤治疗,并在治疗中关注患者的生活质量,最大限度延长患者生命,逐渐形成了科室的诊疗特色。其中以胃肠道肿瘤为主的消化道恶性肿瘤、骨与软组织肿瘤诊治尤具特色。

【药物临床研究基地】

复旦大学附属中山医院肿瘤专业组于 2010 年通过国家食品药品监督管理局的药物临床试验机构资格认定,成为药物临床研究基地。肿瘤内科作为专业组中心之一,承担 20 余项国际、国内多中心的新药临床研究(如帕妥珠单抗、瑞戈非尼、呋喹替尼等),给肿瘤患者带来更多的治疗选择。尤其对晚期难治性肿瘤患者而言,在治疗陷入困境时可以有新的药物选择,并通过规范全面的监测保障患者用药的安全。此外,新药的临床研究也提供与国际肿瘤治疗前沿接轨的平台,相应的研究结果为推动肿瘤治疗提供了循证医学依据。

【癌痛规范化治疗】

肿瘤内科同样关注晚期患者的姑息减症治疗。2014 年,通过癌痛规范化治疗(GPM)示范病房创建,被授予上海市第一批"癌痛规范化治疗示范病房"。2017 年 12 月,肿瘤内科以长期规范化的治疗通过上海市卫生计生委关于开展癌痛规范化治疗示范病房"回头看"的审查,再次成为上海市的癌痛示范病房,向全院乃至全国推广癌痛的规范化治疗。

【胃肠道肿瘤亚专科】

以胃肠道肿瘤为主的消化道肿瘤诊治是肿瘤内科的传统特色,年接诊超过 2 万人次,是中山医院胃癌多学科诊疗小组以及肠癌多学科诊疗小组的主要成员之一。诊疗特色不但体现在基于循证医学的规范化诊疗以及多学科讨论模式,更表现于个体化精准医疗。根据肿瘤及患者个体的生物学信息检测,全面开展分子靶向治疗以及生物免疫治疗。此外,对于患者最担心的药物不良反应也有独到经验,通过评估药物毒副反应的基因多态性进行个体化的药物选择和剂量调整,并参照严谨设计的临床研究要求,适时评估患者治疗耐受性或给予相应的预防及治疗措施。因此,肿瘤内科的胃肠道肿瘤诊治水平在业界获得了广泛认可。此外,肿瘤内科从临床实践的难点或盲区出发,牵头发起多中心研究推动胃肠道肿瘤的规范化治疗,如探讨新辅助治疗方案优化的 Neo‐Classic 研究以及关注晚期胃癌患者的 Neo‐REGATTA 和 AHEAD‐G301 研究,部分成果已发表于国际肿瘤学权威杂志。

【骨与软组织肿瘤亚专科】

肿瘤内科骨与软组织亚专科正式成立于 2014 年。从 2009 年起,该科室联合相关科室组建了上海市第一家软组织肿瘤多学科团队,建立了长效会诊机制,对每一例复杂的骨与软组织肉瘤患者提供专业、规范的诊治流程,也成为这类少见类型肿瘤的高通量治疗中心。本亚专科每年讨论的病例 400 余例,涉及 50 余种亚型,其中不乏疑难杂症和重症患者,常见的肿瘤包括胃肠道间质瘤(GIST)、滑膜肉瘤、脂肪肉瘤、平滑肌肉瘤、多形性未分化肉瘤、横纹肌肉瘤、尤因肉瘤/原始神经外胚叶肿瘤、促结缔组织增生小圆细胞肿瘤、血管肉瘤、腺泡状软组织肉瘤等。尤其擅长软组织肉瘤的分子诊断和个体化靶标检测以及个体化治疗,对于伊马替尼治疗 GIST 耐药以及常规治疗失败后肉瘤患者的治疗有独到经验。

三、医学教育

【学历教育】

肿瘤内科承担了复旦大学循证医学课程本科生教学任务。截至 2017 年,肿瘤内科有研究生导师 1 人,共培养博士研究生 1 人,在职博士研究生 3 人,八年制医学博士研究生 5 人,硕士研究生 7 人;至 2017 年已有 8 名研究生顺利毕业。

【职后教育】

肿瘤发病率持续升高,相关知识及进展更新迅速。肿瘤内科轮转成为内科住院医师规范化培训中重要的一环。肿瘤内科承担中山医院内科规范化培训的住院医师肿瘤学专业方面培训,通过在临床方面的带教,培养内科医生的肿瘤学基本概念。

2013年医院成立肿瘤学教研室,同年成为上海市肿瘤专培基地,负责肿瘤学专科医师培养以及肿瘤临床药师协助培养。至2017年,肿瘤内科已有6名年轻医生进入基地,5名已顺利通过考核取得肿瘤内科专科医师毕业证书。肿瘤内科截至2017年已接纳8名进修医生学习。对于主治医师及以上职称医生,科室支持并给予其至国外交流及学习的机会。现已有3名科室成员至比利时朱尔斯·博尔德(Jules Bordet)肿瘤中心、美国M. D. 安德森肿瘤中心、美国耶鲁大学等顶尖肿瘤中心进修,并获得高级职称。

【教学成果】

肿瘤内科获得复旦大学医学院、中华医学会教学课题各1项,并有2名医生获得院及校级优秀教学个人称号。

肿瘤内科还积极参加各种专著和教材的翻译及编写。至2017年共参与3部中文教材的编写,1部英文肿瘤学教材的编写,主译3部英文专著。

从2012年起,科室每年主办1～2项国家级医学继续教育学习班以及中山肿瘤论坛,内容包括循证医学、生物标志物与肿瘤临床研究设计、多学科诊疗模式等。每年有来自全国各地近500名肿瘤研究工作者参加相关培训和论坛,推进了学术的交流和合作。

四、科学研究

科室一直注重临床科研与基础科研并重,优化已有临床科研基础,强化薄弱的基础科研。从刚建科起每年1～2篇的国内核心期刊论文做起,经过积累和沉淀,肿瘤内科2015到2017年发表30余篇学术论文,其中包括23篇SCI收录论文。2015至2017年获得国家重点研发计划子课题2项,国家自然科学基金青年基金项目2项,上海市科委课题6项;专利1项;相关论著60余篇,其中半数以上发表于SCI收录期刊,如 *Journal of Clinical Oncology*、*Cell Physiol Biochem* 等,累计影响因子超过150分。

表2-2-18　2016—2017年肿瘤内科获国家级基金资助项目情况表

获批年份	项 目 名 称	项目类型	负责人
2016	IL-27和EGF共调控CXCL5对肝癌微环境中抑制性免疫细胞的影响	国家自然科学基金青年基金	徐晓晶
2017	肝癌/肝病大型队列研究数据信息平台的建立	国家重点研发计划	刘天舒
2017	靶向药物治疗胃癌的早期临床研究及多中心大样本临床研究	国家重点研发计划	刘天舒
2017	SP1-Foxo3a共调控转移性结直肠癌中EGFR单克隆抗体耐药	国家自然科学基金青年基金	余一祎

五、社会服务

至2017年,肿瘤内科共有3名医生分别至新疆、甘肃、西藏等地区开展医疗工作,并帮助当地医院制定诊疗规范。

肿瘤内科自 2014 年起即开始开展患者教育活动,以宣传画、视频、医患交流、微信推送等方式传播肿瘤诊治的科普知识。

第十二节 风 湿 免 疫 科

一、发展沿革

1989 年,中山医院内科医生自发组织胶原性疾病(结缔组织病)兴趣小组,在 8 号楼 4 楼 28 病区半个病区收治疑难杂症案例,其中不乏风湿性疾病。1993 年,在内科教研室主任诸骏仁支持下,在 3 号楼 3 楼 23 病区心内科辟出 2 间房间共 10 张床,正式有了风湿病学科独立的病区。於强担任病区主治医师,并开设每周四下午半天专科门诊。1993—2000 年,内科教研室安排梅振武、罗宗芬、蔡则骥、夏德全(与内科监护室联合查房)、卢华美做三级查房。1994 年和 1999 年 7 月,姜林娣和陈慧勇在 5 年内科轮转学习后先后进入风湿免疫病小组,并全天开设门诊。2000 年,风湿免疫病房在病区调整短暂关闭 3 个月后在 3 号楼 3 楼 21 病区重新开张,与内分泌科在一个医疗单元,床位 10 张(加床 1 张),开设工作日全天门诊,於强晋升为副教授并主持科室医疗工作。2011 年 8 月,在院长樊嘉支持下,正式成立风湿免疫科,姜林娣作为首任科室副主任主持工作,次年被任命为科室主任。科室病房搬迁至 8 号楼 2 楼,床位 17 张。2015 年,科室病房搬迁至 21 病区,床位 30 张(加床 7 张)。2014 年,增设每周六门诊。至 2017 年 12 月 31 日,科室人员 13 人,其中高级职称 3 人,主治医师 7 人,高年资住院医师 3 人;博士生 5 人。於强在美国进修半年,姜林娣在加拿大渥太华大学健康中心深造半年,马莉莉在荷兰鹿特丹大学学习临床流行病 1 年。科室成为国家风湿病专科培训基地、国家临床药理基地,开展十余项国际多中心临床试验,多次接受国家督查并合格。2003 年姜林娣成为风湿免疫科首位博士生,2013 年成为博士生导师,建立博士培训点。

科室在上海市乃至全国三甲医院中较早开设风湿病专科病区,全面承担医教研以及危急重患者的诊治,接受诊治周边华东地区疑难重症患者。2017 年,年门诊量超 5 万人次,年住院 1 900 人次。建立风湿病常见疾病(系统性红斑狼疮、抗中性粒细胞胞质抗体相关性血管炎、皮肌炎/肌炎、类风湿关节炎、大血管炎、痛风等)诊疗规范。

表 2-2-19 2011—2017 年风湿免疫科历任主任情况表

任 职 时 间	主 任
2011 年 8 月—2012 年 7 月	姜林娣(副主任,主持工作)
2012 年 7 月—	姜林娣

二、医疗特色

【血管炎多学科合作】

血管炎是内科疾病诊治中最疑难的病种之一。2011 年起,风湿免疫科确立大动脉炎研究方向，建立多学科诊治平台，积极开展诊治新技术，如超声微气泡颈动脉造影，通过 MRI 黑血技术进行血管重建评价血管病变（该技术 2017 年获第二十九届上海市优秀发明选拔赛优秀发明铜奖）以及 PET-CT 评价血管炎症等新技术；与血管外科和心外科建立治疗团队，成功诊治疑难、危重的大动脉炎和贝赫切特综合征（白塞病）；开设专病门诊和血管炎诊治的 MDT，在大血管炎肾动脉狭窄方面扎实临床研究和积累经验，建立国内首个多学科诊治共识。

【痛风】

2011 年起，风湿免疫科创建"中山痛风之友"平台，每季度举办一次病友会，建立痛风病友群，通过"4·20 多学科义诊"和媒体宣传等途径促进医患沟通，改善慢病管理，扩大学科影响力，惠及患者。风湿免疫科与放射诊断科合作在国内率先应用双源 CT 开展痛风性关节炎的诊断和治疗随访，2016 年该方法被列入国际诊断手段。风湿免疫科培养 3 名风湿病关节超声检查医生，并获得医学超声技师证书，为关节炎患者提供新的检查方法。

【IgG4 相关性疾病】

2010 年，风湿免疫科在中国报告第一例 IgG4 相关的自身免疫性疾病，随后报告了系列病例。风湿免疫科与检验科、病理科合作，率先在国内开展血清及组织病理检测 IgG4 技术，提高患者诊断效率，积极开展 IgG4 相关性疾病的临床与基础研究。

【风湿病综合诊治】

立足于医院雄厚的医疗资源，整合肺科、影像科、血管外科等多科室技术力量，综合治疗肺间质病变、肺动脉高压等风湿病疑难杂症。2000 年起，风湿免疫专科成功抢救或救治了大量疑难危重病例。

图 2-2-15　风湿免疫科梅振武（中）、於强（右二）、姜林娣（右一）
参加 1990 年上海市第一届风湿病学术会议合影

图 2 - 2 - 16　2016 年 12 月 16 日,上海市医学会风湿病学分会血管炎学组
成立大会在中山医院召开(前排右五为组长姜林娣)

三、医学教育

【本科、研究生教学】

风湿免疫科承担复旦大学上海医学院七年制、八年制临床医学专业内科学教学;五年制临床医学专业基础医学教学,重庆班及法医班内科学、循证医学教学,MBBS Internal Medicine 教学;研究生班风湿免疫进展、科研设计与论文撰写教学;全科医学及预防医学、妇幼卫生专业的风湿病教学;住院医师、专科医师的培养和带教,进修医生的带教工作。安排科内床旁八年制、重庆班、法医班带教、MBBS 教学和见习工作,无教学事故发生。

2013 年,风湿免疫科成为上海市卫计委风湿病专科医师培训基地。2016—2017 年,4 名专科医师通过考核顺利结业,在培人员 3 人。2013 年开始设置博士培训点,导师姜林娣。至 2017 年,科室有博士生导师 1 人,已培养硕士研究生 6 人、博士研究生 1 人,在读博士研究生 8 人,进修医生 8 人。

【继续医学教育】

2012 年 5 月及 2013 年 4 月,举办风湿免疫科临床路径意见征集暨《指南》全国培训班。2014 年开始举办"系统性血管炎的临床诊治规范及基础研究进展"学习班,至 2017 年 12 月,已完成 4 届国家级继续教育项目,来自华东地区的风湿免疫专科医师及基层全科医生 200 多人参加学习。

【教学成果】

姜林娣获全国百名优秀教师、医院级教学管理奖;於强多次获医院级最佳理论授课老师;陈慧勇获国家"住院医生心中的好老师";张卓君、纪宗斐、马玲瑛获医院级最佳带教老师;戴晓敏获医院级优秀教学秘书等荣誉。姜林娣、於强、陈慧勇担任上海市住院医师规范化培训结业综合考核考官。

【出版书籍】

2017年,主编《系统性血管炎》专著1部。

四、科学研究

2013—2017年,风湿免疫科成员主持院内青年基金6项、上海市科委课题3项、上海市卫计委课题1项,参与国内多项课题。2015—2017年,分别获得2项国家自然科学基金面上项目及1项青年基金项目。2011年起,发表在SCI收录杂志和国家核心杂志上的论文100余篇,其中SCI收录论文18篇,总影响因子49分。

2015年起,风湿免疫科主持开展"随机对照双盲临床试验比较来氟米特和安慰剂治疗活动性大动脉炎受试者的有效性和安全性(TACTIC研究)""革解分清丸治疗痛风的有效性及安全性研究"临床研究项目。

2011年起,科室在与检验科、放射科等相关科室的合作下,开展先进的风湿病诊疗技术,包括外周血IgG4定量、HLA-B5801、组织病理学检测IgG4阳性浆细胞(至2017年全国仅中山医院开展)、磁共振检查(关节MRI、全身动脉MRA成像)、双源CT(至2017年上海市仅中山医院开展)。

2015年,风湿免疫科获上海市巾帼文明岗及上海市卫生计生系统三八红旗集体称号。2015、2016年连续获医院临床新技术奖。2017年,获第二十九届上海市优秀发明选拔赛优秀发明铜奖。

五、社会服务

2013年起,陆续开展上海风湿病学会浦江风湿讲堂、风湿病宣传月活动(2013年4月),中华风湿病学会和全科学会联合开展痛风规范化诊治学习班(2013年12月)。2014年11月起,陆续开展痛风学习班活动。2015年9月—2016年2月,每月一次举办郊县巡回义诊活动(金山、青浦、奉贤、松江等),普及风湿病常识。2016年2月,协办第三届海峡两岸医药卫生交流协会风湿免疫病学专委会学术年会暨复旦大学第十一届风湿免疫论坛。2016年9月,成立以姜林娣为组长的上海市医学会风湿病学分会血管炎学组,并定期举办学组活动,解读血管炎最新进展。2016年12月,成立华东地区大血管炎协作组。2015—2017年,建立"风湿免疫科""痛风联盟""血管炎诊治协作联盟"微信公众号,作为学术及科普交流平台。

第十三节　急　诊　科

一、发展沿革

急诊科成立于1986年底,是国内较早建立的急诊科之一。由李洁英任主任,初期仅2名专职医师,大量的医疗急救工作由各科室派员承担。由抢救组、急诊组、周转部、急诊监护病房和门急诊补液室等共同组成的集医疗、教学、科研、管理为一体的二级学科,与全院相关科室一起完成每年约25万人次的急诊、急救任务,并以心脑血管、呼吸、消化等内科急危重病以及外科和创伤急救为主要特色。

截至2017年,急诊科共有急诊专科医师42人。其中,主任医师3人,副主任医师12人;博士生导师 1 人,硕士生导师 2 人;具有博士学位 5 人,硕士学位 31 人。2017 年,在职攻读博士学位者 3 人,在职攻读硕士学位者 2 人。

2011 年科室被列入中山医院发展和扶持科室之一,2014 年被评为国家临床重点专科建设项目,2017 年被列入上海卫生计生系统重要薄弱学科建设。2008 年以来,结合科室研究特色及个人研究方向,下设包括严重脓毒症、脓毒症休克、MODS 的发病机制,急性呼吸窘迫综合征的发病机制和临床诊治,危重胸痛的早期诊断与发病机制研究等在内的亚专科。

表 2－2－20　1986—2017 年急诊科历任主任情况表

任 职 时 间	主 任
1986 年 12 月—1992 年 4 月	李洁英
1992 年 4 月—2002 年 5 月	黄德铭
2002 年 5 月—2006 年 4 月	黄培志
2006 年 4 月—2010 年 11 月	童朝阳(副主任,主持工作)
2010 年 11 月—	童朝阳

二、医疗特色

至 2017 年,急诊科已建立"院内急诊/急救—急诊留观—急诊 ICU"一体化的救治体系,2017 年急诊量突破 28 万人次,年抢救危重病患者 4 万余人次,其中包括心脏骤停、急性呼吸衰竭、气胸等呼吸急诊,急性心肌梗死、急性心衰或严重心律失常等心内科急诊,外科急诊,妇产科急诊,五官科急诊,皮肤科急诊,口腔科急诊,各类休克、严重感染、中毒、脑卒中以及各种创伤和多发伤等,抢救成功率从以往的 88％左右,上升到近年的 95％～97％。

1992 年起,急诊科开设急诊监护室(EICU),设立监护床位 8 张;2001 年 7 月起,改建为急诊监护病房,设有监护床位 12 张;2014 年 11 月起,监护床位增至 24 张。新 EICU 严格按照"两线三区"的理念进行空间设计,具有独立的家属探视外走廊,配备有中央监护装置的床旁监护仪、呼吸机、血液净化仪、血液灌流仪、血流动力学监测仪、无创心功能监测仪(NICOM)、肺功能仪、B 超、心超仪、血气分析仪、电子胃镜、纤维支气管镜、除颤仪、经皮体外心脏起搏器等先进的仪器和设备,能够常规开展有创和无创血流动力学监测、机械通气、血液净化、无创心功能和肺功能监测、床旁 B 超和心脏超声、床旁支气管镜和即时检验(POCT)等危重病患者需要的监测和治疗技术。ICU 每年收治各类急诊危重患者约 500 人次,在心肺脑复苏、休克、急性呼吸衰竭、急性心力衰竭,以及严重脓毒症和 MODS 等危重病急救方面积累了丰富的经验;同时,也是国内较早开展在心肺复苏期间采用治疗性低温进行脑保护的实验和临床研究的医院之一。2015 年建立胸痛中心,实现胸痛的快速诊治。2017 年 3 月 17 日加入中国急诊质量控制联盟,成为成员单位。2017 年起率先在急诊 ICU 开展 ECMO 技术,成功抢救 1 例严重上气道梗阻、急性呼吸衰竭患者,1 例严重急性呼吸窘迫综合征(ARDS)患者。

2004 年 9 月,急诊科搬迁至新门急诊大楼(现 20 号楼)1 楼,急诊室在全国首创分门急诊。2014 年 11 月,急诊科整体搬迁至东院区新急诊大楼。新急诊大楼严格按照国家卫计委对三级甲等医院急诊科的建设和空间布局要求进行设计,急诊、急救和应急(特殊)通道各自独立,空间布局和流程设计合理,并设有直升机停机坪,可供急危重症患者的空中快速转运和救治。2017年,急诊科建筑面积约10 000平方米,设普通急诊诊疗室10间,特殊治疗室1间,具有设备先进、功能齐全的危重病患者抢救室4间,扩创室和石膏间各1间,急诊手术室2间,能够满足急诊和危重病患者高级心肺脑复苏、多器官功能衰竭患者的抢救和治疗,满足特殊患者和危重病孕产妇患者的诊治以及突发事件和重大活动的医疗保障。急诊科具有独立的急诊收费处、检验科、药房、急诊彩超、心电图和放射科。在急诊和急救区域内可以便捷地完成急诊和危重病患者的常规实验室检查和辅助检查。急诊科设2间急诊留观室,总床位190张,可以收治各类急诊和危重病患者。

三、医学教育

【教研室的成立和发展】

原有本科及研究生教育隶属于内科教研室管理,自2012年起,急诊科成立急诊医学教研室,由童朝阳担任教研室主任,姚晨玲和施东伟担任副主任。急诊教研室统筹安排教学工作,下设专人分别负责本科及八年制实习生、基地住院医师、专科基地医师和进修医师的日常管理工作。

急诊科是上海市首批急诊医学住院医师、专科医师规范化培训基地。自2010年起,每年招录住院医师基地规培生7～16人;2014年起,每年招录专科医师基地规培生2～4人。急诊教研室非常重视基地学员的"三基"培训,为社会输送了一批一流的急诊医学专业人才。

【本科、研究生及基地住院医师教育】

截至2017年,急诊教研室在复旦大学上海医学院开设了"危重病的诊治""急救医学——理论与实践""基本生命支持技能培训"等本科及研究生选修课程,并主编教材《危重病和急诊医学》《危重病的诊治》《急救医学——理论与实践》等,同时参加内科学、传染病学和全科医学的教学和临床带教。急诊科先后主编和参编了《急诊医学》《急诊规范与程序》《农村急诊急救手册》《休克的基础与临床》《临床急诊诊断思路与治疗》《临床内科学——新进展、新技术、新理论》《内科学试题与题解》《内科临床病例分析——双语学习》《罗森急诊医学》等专著。

截至2017年,急诊教研室负责院内兄弟科室及新职工心肺复苏(CPR)培训工作,并制作了中山CPR视频。2015年急诊教研室成立了上海市急诊、ICU质量控制中心认证的上海市心肺复苏技术培训中心,并负责中山医院美国心脏协会(AHA)中心的管理和日常培训工作。

2016年,建立急诊博士点,招收急诊专业博士研究生。2017年在读博士研究生4人。

2010年,急诊科通过国家卫生部专科医师培训基地评估,作为国家卫生部和上海市住院医师培训基地开始承担住院医生和专科医生的培训工作。

【继续医学教育、国内外进修与交流】

急诊科自1986年成立以来,坚持科内业务学习,完成基础理论知识的夯实并跟踪医学前沿的新进展,包括指南学习、病例分析等。

自2002年起,急诊科每年主办"危重病和急诊医学"国家级继续教育学习班及远程教育项目。自2013年起连续多年举办"脓毒症诊治新进展""急危重症诊治新进展"国家级继续教育学习班,接待来自全国各地的临床医生,推进了学术的交流和合作。2015年10月召开首届上海中山急救高峰论坛。

2001 年选派施东伟赴美国学习；2009 年选派徐云洁赴瑞士学习监护室管理；2011 年急诊科选派宋振举和邵勉赴英国皇家医学会参观学习急诊医学的技能培训和管理；2013 年选派邓至赴美国学习急诊超声技术；2016 年选派尹俊赴美国进行急性呼吸窘迫综合征（ARDS）基础研究；2017 年选派沈洪赴美国进行主动脉夹层基础研究。

四、科学研究

一直以来急诊科立足于中山医院的学科优势和平台，积极培育学科发展方向和临床诊疗特色，先后建成以严重脓毒症/脓毒性休克、多器官功能衰竭、重症急性胰腺炎、急性中毒，以及心脏、大血管疾病，高危胸痛早期诊断和治疗等疾病诊治为临床特色的科室。截至 2017 年，先后获得国家自然科学基金课题 6 项、上海市科委课题 3 项、上海公共卫生优秀青年人才课题 1 项、上海市中医药发展课题 2 项、上海市中西医结合平台建设培育项目 1 项和上海市卫计委课题 7 项，科研经费达 500 余万元。近10 年来共发表 SCI 论文 15 篇，核心期刊论著 50 余篇；已经获得 5 项中国发明专利授权。

五、社会服务

【医疗援建】
2011—2012 年，连续两年各派出 1 名医生对口支援云南省富源县人民医院。

【医疗保障】
一直以来积极承担重大会议及赛事的医疗保障服务，包括 2007 年世界夏季特奥会、2008 年北京奥运会（上海地区赛事）、2010 年上海世博会、2011 年世界游泳锦标赛、2014 年亚信峰会、2015 年国际田联钻石联赛、2017 年上海国际马拉松赛、2017 年上海医学院 90 周年校庆等重大活动的保障任务，并出色地完成各项任务。

建科以来，急诊科坚持以不断提高急救医疗水平和加强服务为宗旨，对急诊急救的流程和医疗管理进行了调整和改进，确保危重患者的急诊抢救绿色通道全年 365 天，天天通畅；每天 24 小时，时时无阻。

第十四节　中医/中西医结合科

一、发展沿革

中医/中西医结合科创建于 1957 年，当时仅 4～5 名工作人员，在首任科主任李文杰带领下主要从事中医内科、外科、针灸等专业。20 世纪 60 年代，中医/中西医结合科开设病床 20 余张，主要收治肝硬化与慢性胃炎患者。其间，中医病房曾改为以收治疗、疮、疖、痈患者为主的中医外科病房，后又改为以收治内科病种为主的中医内科病房。20 世纪 70 年代，姜春华力主中医科学化、中医现代化，主编《肾本质研究》《活血化瘀研究》。20 世纪 80 年代，中医/中西医结合科开设胃炎、哮喘、糖尿病、心肌炎后遗症、慢性腹泻、尿路结石、哮喘敷贴、耳穴敷贴、慢性肝炎、肝癌、离子透入治疗哮喘等专病门诊。陈泽霖支持开展中医"舌诊"客观化研究，主编《舌诊研究》，临床上擅长"望舌诊病"

及中西医结合治疗胃病和肾病。20世纪90年代,在唐辰龙带领下中医/中西医结合科下设中医内科、中医针灸科、中医妇科、中医血管外科、中医肿瘤科,另设一个中西医结合研究室和12张床位的病区。唐辰龙参与"小肝癌的诊断与治疗"研究工作,获国家科技进步奖一等奖。唐辰龙主编教材《中医学》,参编《原发性肝癌》,发表论文20余篇。2002年,蔡定芳调入中山医院,中医/中西医结合科确立以中西医结合脑病和中西医结合肿瘤为核心的发展方向。中医/中西医结合科病房床位数由12张增加到51张,其中包括中西医结合脑病科病房23张,中西医结合肿瘤科病房28张。经过12年的建设,门诊患者数从2003年3.55万人次增长到2017年的15.87万人次,出院患者数从2003年的230人次增长到2017年的8280人次,住院天数由平均19天下降到2.7天左右。病房中医、中药使用率达100%。2017年,中医/中西医结合科在职人员共14人,其中教授1人,主任医师2人,副主任医师3人,主治医师7人,住院医师1人;博士研究生导师2人,硕士研究生导师1人;具有博士学位3人,硕士学位11人。

中医/中西医结合科设有中医内科、中医脑病、中医肿瘤、中医急诊、针灸等多项中医亚专科。2017年门诊人次居上海同类专业首位,全年出院人次、病房使用率、周转率、住院天数在中山医院名列前茅。中医/中西医结合科是国家重点学科(中西医结合临床),国家中医药管理局重点学科(中西医结合临床),国家临床重点专科(中西医结合脑病科),国家中医药管理局重点专科(脑病科、肿瘤科),上海市综合性医院示范中医科,上海市优势专科(脑病、肿瘤),国家药物临床试验机构(中医神经、中医肿瘤),国家中医药管理局神经生理病理实验室(三级),上海市综合性医院中医发展研究会主任单位,复旦大学"211"工程和"985"工程的重点建设项目,复旦大学中西医结合系中山医院教研室,复旦大学中西医结合研究院神经病学研究所挂靠单位,全国综合医院中医药工作示范单位挂靠单位,上海市综合医院中医药工作质量控制组挂靠单位,教育部中西医结合临床硕士、博士学位授权点和博士后流动站。

表 2 - 2 - 21　1957—2017 年中医/中西医结合科历任主任情况表

任 职 时 间	主 任
1957 年 11 月—不详	李文杰
1978 年 2 月—1984 年	姜春华
1984 年—1992 年 5 月	陈泽霖
1992 年 5 月—2000 年 5 月	唐辰龙
2000 年 5 月—2002 年 7 月	吴榕洲(副主任,主持工作)
2002 年 7 月—	蔡定芳

二、医疗特色

中医/中西医结合科以中西医结合脑病及中西医结合肿瘤为科室发展方向。

中医/中西医结合神经内科疾病诊治:该亚专科是国家临床重点专科(中西医结合脑病科),国家中医药管理局重点专科(脑病科),上海市优势专科(脑病),国家药物临床试验机构(中医神经)。拥有多床脑电视频监测和报警系统、血流动力学监测仪、亚低温治疗仪、经颅磁刺激仪、神经肌电图系统、脑循环系统治疗仪、辅助排痰设备、空气波压力治疗设备等高端诊疗设备。神经内科疾病诊疗特色包括：首创中西医结合脑病急诊绿色通道，同时有机融合中西医结合康复和心理治疗，在综合医院中创造性地开创了覆盖急诊—病房—康复—心理干预的中西医结合全程序贯医疗模式；补肾养肝方药联合针灸治疗帕金森病；中药联合经颅磁刺激治疗睡眠障碍及相关抑郁。

中医/中西医结合肿瘤疾病诊治：该亚专科为国家中医药管理局重点专科（肿瘤科），上海市优势专科（中医肿瘤），国家药物临床试验机构（中医肿瘤）。专科特色包括：中医药综合方案预防肝癌术后复发；中药复方全程序贯治疗胰腺癌；中药联合化疗减毒增效治疗大肠癌。

周围血管病专科以中西药内服、外用，治疗血栓闭塞性脉管炎、糖尿病足、下肢慢性溃疡见长。风湿病专科用中药治疗类风湿关节炎、红斑狼疮、免疫性血管炎等疾病，减少激素及免疫抑制剂的用量及使用周期为目标。胃炎专科以治疗胃幽门螺杆菌、肠上皮化生见长。肾病专科以慢性肾炎、尿路感染、慢性肾功能不全为治疗对象。妇科以子宫肌瘤、月经不调、不孕症的中药调理为主。高血压专科以改善症状、降低血压、减少心血管并发症为治疗目的。2005年，为适应现代医学发展需求，在上海市首先开设了神经内分泌网络调节、移植后中医调理门诊等。

中医/中西医结合科病房收治主要病种包括脑血管意外、帕金森病、胃癌、肠癌、肺癌、肝癌等。病房形成了脑血管疾病及肿瘤的中西医结合治疗的特色。病房工作有三大特点：病种多、疾病重、中医药治疗率高。病房医护人员均能熟练、合理运用中医、中西医结合方法进行诊断与治疗。积极参加院内质量持续改进活动，设计品管圈，2014年获院内品管圈活动优胜奖。

三、医学教育

中医/中西医结合科自20世纪60年代开始承担上海医学院医疗系、卫生学院、药学院、卫生干部进修班、护校学生的中医理论教学、临床示教、见习任务。20世纪80年代，姜春华、陈泽霖参与编写上海医科大学中医教材《中医学》《中医临床参考手册》《卫生干部进修班讲义》，以及全国统编教材《中医学》《新医药学》。1994年，中山临床医学院成立，中山医院中医教研室组织肿瘤、儿科、妇产科及上海市第一人民医院的有关人员共同编写《中医学》《中西医结合学》《针灸学》3部教材。截至2017年，中医/中西医结合科承担复旦大学上海医学院医学系、预防卫生系、妇幼专业、护理系本科、卫生管理专业的中医药学、中西医结合临床的理论课、临床带教及留学生MBBS（Bachelor of Medicine and Bachelor of Surgery）班中医学的全英文教学任务，每学年完成理论及示教等教学任务200多学时。还承担上海中医药大学医学系本科生的实习任务，以及国外留学生针灸实习任务。

中医/中西医结合科具有中西医结合临床专业博士学位授权点、硕士学位授权点。20世纪70年代，学科带头人姜春华、陈泽霖指导硕士研究生2人。1978届硕士研究生戴豪良的研究生论文《舌苔的电子显微镜研究》曾获卫生部乙级科研成果奖。1979届硕士研究生胡庆福的研究生论文《青紫舌综合研究》获卫生部乙级科研成果奖。2003—2017年，培养硕士研究生14人，博士研究生13人。

2009—2017年，中医/中西医结合科主办继续教育培训班7次，受训人数180人次。

2011年，中医/中西医结合科获批成为上海市中医内科住院医师规范化培训基地；2013—2017年，共招收学员24人，结业考核合格率100%。

2011年，中医/中西医结合科成立蔡定芳名中医学术继承工作室，签订师带徒协议，学员跟师抄方、查房、完成读书笔记、整理医案等。作为上海中西医结合流派恽氏学派的传承人，蔡定芳致力于传承和发扬上海中西医结合流派及建设上海中西医结合临床教学科研基地的工作。2014年，中医/中西医结合科获批上海市卫计委新三年行动计划中医流派传承规律和模式研究项目"上海中西医结合流派的传承与发展研究"。

表 2-2-22 2009—2017 年中医/中西医结合科主办继续教育项目情况表

项目编号	举办时间	项目名称	负责人	学分	学时	总人数
0309525112002（沪）	2009 年 12 月 17—21 日	中西医结合神经内科治疗进展	蔡定芳	10	30	20
120202065（国）	2010 年 10 月 22—26 日	中西医结合神经内科治疗进展学习班	蔡定芳	10	30	25
120302054	2011 年 11 月 5—9 日	中西医结合神经内科治疗进展学习班	蔡定芳	10	30	34
2014120302086	2014 年 12 月 5—9 日	中西医结合神经内科疾病治疗新进展	蔡定芳	10	30	27
2015-03-07-086（国）	2015 年 10 月 22—26 日	中西医结合神经内科疾病治疗新进展	蔡定芳	10	30	28
2016-03-07-391（国）	2016 年 11 月 5—9 日	中西医结合神经内科疾病治疗新进展	蔡定芳	10	30	23
2017-03-07-476（国）	2017 年 11 月 22—26 日	中西医结合神经内科疾病临床与基础进展	李文伟	10	30	17

四、科学研究

20 世纪 70—80 年代，姜春华、陈泽霖主持开展活血化瘀研究、肾本质研究、舌诊研究，出版《活血化瘀研究》《肾本质研究》《舌诊研究》，获得各类科技奖项 10 项。《舌诊研究》获得 1978 年国家级科技成果奖，1981 年卫生部乙级科技成果奖，1981 年上海市、局级科技成果奖二等奖；"中药治疗恶性组织细胞"获得 1979 年上海市、局级科技成果奖三等奖；"肾与命门"获得 1981 年上海市、局级科技成果奖一等奖；"舌象的电子显微镜研究"获得 1982 年卫生部乙级科技成果奖；"青紫舌的综合研究"获 1983 年卫生部乙级科技成果奖；"病理舌象的研究"获得 1985 年上海市、局级科技成果奖二等奖。20 世纪 90 年代，唐辰龙参与"小肝癌的诊断与治疗"研究，参编《原发性肝癌》，发表论文 20 余篇，作为主要完成人获国家科技进步奖一等奖。2002 年后在蔡定芳带领下，主要开展中西医结合神经病学的临床和基础研究。截至 2017 年获得国家级研究项目 6 项，省部级、局级课题 24 项，总经费近 1 500 万；发表论文共 34 篇，其中 SCI 收录 23 篇，中文核心期刊 11 篇。主编《中医与科学》《脑卒中防治》，共同主编《肾虚与科学》《中医神志病学》，主译《偏头痛不是简单的头痛》，主编杂志 *International Integrative Medicine*。获得国家级科技进步奖二等奖 1 项，省部级科技进步奖二等奖 1 项；获得专利 1 项。

中医/中西医结合科研究室历经演变：中西医结合研究室成立于 1983 年，陈泽霖任主任，主要研究方向为中西医结合舌诊研究；复旦大学中西医结合研究所神经病学研究室成立于 2002 年，蔡定芳任主任；上海市卫生局中西医结合神经内科疾病研究室成立于 2002 年，蔡定芳任主任；国家中医药管理局神经生理病理实验室（三级）成立于 2009 年，蔡定芳任主任；复旦大学中西医结合研究院神经病学研究所成立于 2016 年。

五、社会服务

1997年,戴豪良作为医疗组组长,参加卫生部组织的扶贫工作队赴四川阿坝藏族自治州开展工作。2017年,中医/中西医结合科先后派出刘军、王国骅2名专家参加国家医疗队,支持新疆地区基层医院的临床建设。2004年,获上海市综合性医院示范中医科建设优秀单位;2015年,获全国综合性医院示范中医科。

第十五节　康复医学科

一、发展沿革

康复医学科于1986年由姜立本创建(1986年申请,1987年2月20日批复同意,1988年正式成立)。中山医院是中国最早成立康复医学科的医院之一。

1991年10月,接上海市卫生局关于在上海四所市级综合医院进行设立康复医学科试点工作的通知后,在医院领导的支持下制定了实施方案,从而建立了康复医疗研究中心。康复医疗研究中心设三个部分:功能检查室、门诊与病房(1993年开设病房)、综合治疗部。

1992年10月13日,开设上海市第一家康复医学科门诊。1992年,派遣固定医生负责诊治天马山分院康复医学科患者,科主任每周查房一次并提供治疗指导。

1993年3月1日,在中山医院康复医疗研究中心的基础上合并理疗科、推拿科发展成立上海市中西医结合康复医学研究所(1994年4月15日正式揭牌);1993年11月,成立中山临床医学院康复医学教研室。

上海市中西医结合康复医学研究所(简称"康复研究所")以创伤康复为重点,以神经与运动系统疾病康复为中心,是以医学康复为主的国内首家技术型康复医疗研究机构。设有康复医学科、运动与物理治疗科、功能评定与康复工程研究室、实验研究室,并开设了颈椎病康复门诊、腰腿痛及骨关节创伤康复门诊、老年骨关节病康复门诊。院本部有设施齐全的康复病房,主要收治急慢性外科创伤、四肢关节功能障碍、脊柱脊髓损伤及中风后偏瘫患者,并开展手术与非手术治疗。

1994年3月10日,康复研究所被命名为上海市红十字康复医学研究所;1994年4月22日,康复研究所申请获批成为全国神经与运动系统中西医结合康复医疗学术中心。

1995年5月5日,康复研究所被国家中医药管理局确认为全国中西医结合康复治疗中心。

2001年,康复医学实验室建立(上海市第一批中医药科研一级实验室)。

2003年1月2日,与东海老年护理院建立医疗合作关系,成立中山-东海康复治疗中心。

2004年3月20日,康复医学科适应医院发展需求,将工作重点由住院治疗转向门诊治疗。

2005年3月,在中山医院门诊部的安排下成立简易门诊。康复医学科门诊量有了质的突破,特别是专科门诊在原来的基础上得到大发展,形成包括骨质疏松症专病门诊、脊髓损伤康复心理社工、脊髓损伤体疗作业治疗、失语症治疗言语治疗专病门诊、卒中后遗症功能预测与康复专病门诊、颈肩腰腿痛脊椎病门诊、慢性疼痛康复门诊、关节功能康复门诊、肌电图门诊等一系列专科特色门诊。在临床工作中强调康复治疗小组的团队作用,形成包括运动治疗、作业治疗、言语治疗、理疗在内的较为完整的康复治疗体系。

图2-2-17 1994年4月15日,上海市中西医结合康复医学研究所成立暨揭牌仪式

2011年1月25日,康复研究所进行了重组,在原有中山医院的基础上与徐汇分院康复医学科、沪东医院康复医学科、上海市东海老年护理院展开全面合作,成立3个康复治疗分中心,健全三级康复医疗体系,即本部进行急性期康复,徐汇分院康复医学科和沪东医院康复医学科进行亚急性期康复,东海老年护理院进行恢复期康复。

2015年,中山医院康复医学科与徐汇区枫林街道社区卫生服务中心建立医疗合作关系,由1名高级职称医师开设专家门诊及查房半天。

2015年,刘邦忠兼任朱家角人民医院康复医学科特聘主任,开设专家门诊及查房,并派遣本部1名中级治疗师进行康复治疗指导。

2017年4月25日,医院研究决定康复医学科恢复病房设置,高压氧治疗室整体并入。2017年12月,康复医学科门诊开始进行改造,由原来的600平方米扩建至900平方米,大大优化诊疗环境。2018年1月8日由高压氧治疗室改造的康复医学科病房正式运行。

2017年,康复研究所设有所长1人,名誉所长1人,副所长4人,秘书1人。中山医院康复医学科包括职员30人(医生14人,治疗师16人),实习生11人;其中正高职称1人,副高职称5人,中级职称8人。复旦大学附属中山医院厦门分院在本部工作人员6人(医生2人,治疗师4人)。

表2-2-23 1988—2017年康复医学科历任主任情况表

任 职 时 间	主 任
1988年10月—1994年4月	姜立本
1994年4月—2000年5月	李泽兵
2000年5月—2004年8月	石凤英
2004年8月—2014年10月	刘邦忠(副主任,主持工作)
2011年3月—2014年10月	范 薇
2014年10月—	张 键

表 2-2-24　1994—2017 年上海市中西医结合康复医学研究所历任名誉所长、所长情况表

任 职 时 间	名 誉 所 长	任 职 时 间	所　　长
1994 年 4 月—1998 年 3 月	陈中伟　施　杞	1994 年 4 月—1998 年 3 月	姜立本
1998 年 3 月—	姜立本	1998 年 3 月—2000 年 5 月	李泽兵(副所长,主持工作)
		2000 年 5 月—2004 年 8 月	石凤英
		2004 年 8 月—2010 年 4 月	李泽兵(副所长,主持工作)
		2011 年 1 月—	汪　昕

表 2-2-25　1992—2017 年康复医学科收治患者情况表

年份	床位数	科室人数	门诊人次	住院人次	康复治疗(理、体疗)人次
1992	0	—	15~20 (首次门诊)	0	—
1993	12	30	30~40*	15~25 (天马山分院)	10~20**
1995	30	26	1 624	6 829	43 019
2003	28	28	11 901	9 116	51 091
2004	0	29	17 725	0	41 616
2005	0	20	41 212	0	69 243
2017	50	30	50 000 余	0	333 472

说明:康复医学科 2017 年有 50 张床位,但病房正式运行始于 2018 年 1 月。* 为单次的门诊量。** 为每天的康复治疗人次。

二、医疗特色

康复医学科以骨科康复、疼痛康复为重点,以中西医结合和现代康复治疗技术为特色,服务于全国各地患者。主要开展颈肩腰腿痛、脑血管意外、心肺等疾病的运动治疗、作业治疗、言语治疗及局部封闭和关节腔注射治疗。

设有普通门诊(康复、理疗、推拿)、运动损伤康复门诊、慢性疼痛康复门诊、颈肩腰腿痛与脊柱专病门诊、关节功能病损康复门诊、卒中后遗症功能预测与康复专病门诊、骨质疏松症门诊、脊柱脊髓损伤康复门诊、失语症治疗专病门诊、心肺功能康复门诊、保健康复门诊、淋巴水肿康复专病门诊、骨伤骨病康复门诊等多个专病门诊。

设有体疗室、理疗室、推拿牵引室、高压静电室、特色治疗室等,进行理疗、推拿、作业治疗、运动疗法、心理及药物治疗等多种康复治疗,并积极创造条件开展功能重建康复外科手术治疗。

病房主要进行脑血管意外、脊髓损伤、骨折、关节置换、脊柱疾病、骨质疏松及内科疾病的康复治疗。同时与医院骨科、神经内科、神经外科、老年病科、呼吸科、心内科、心外科、肝外科等多科室紧密合作,开展床旁及门诊的康复治疗。

康复医学科病房、门诊及全院会诊形成多个亚专科。

【骨科康复】

与骨科紧密合作,开展四肢骨折及术后关节功能障碍、脊柱脊髓损伤围手术期康复。在进行膝关节置换术后、髋关节置换术后临床路径的基础上,优化康复治疗流程,积累丰富经验;进行颈椎病、腰椎间盘突出症术后的康复治疗临床路径研究,形成颈肩腰腿痛综合治疗方案,建立康复治疗规范;并编写全膝、全髋置换术后康复指南及胫骨平台骨折术后康复手册。

【神经康复】

与神经内、外科紧密合作,开展脑卒中康复、颅脑损伤康复、周围神经病损伤康复等各种相关神经康复。优化脑血管意外康复流程,并制订脑卒中康复指导手册。

【内科疾病康复】

进行冠心病、慢性阻塞性肺病、糖尿病、慢性肾病等内科疾病的康复治疗,优化康复治疗流程及评定方法。

【疼痛康复】

对颈肩腰腿痛等疼痛患者进行综合诊治,除常规康复治疗外,还进行冲击波、神经阻滞、局部封闭等治疗,并对患者进行针对性的功能锻炼指导。

2015年新增设淋巴水肿康复专病门诊,并专门派遣1名治疗师外出培训,自开诊以来患者反响良好。2016年招收复旦大学附属中山医院厦门分院治疗师1人;2017年招收医师2人、治疗师3人,为复旦大学附属中山医院厦门分院康复医学科储备人才。

三、医学教育

【学历教育】

康复医学科承担着复旦大学上海医学院临床医学系七年制及本科"康复医学"选修课程、复旦大学护理学院护理专业研究生及专升本班课程"康复护理学"、复旦大学本科选修课程"康复护理学"等。

2017年,科室有博士研究生导师1人,硕士研究生导师1人。自1986年招收研究生起,截至2017年底,已培养硕士研究生27人,博士研究生2人;在读硕士研究生3人,在读博士研究生3人。

【职后教育】

进修、实习　担任实习生带教工作(上海中医药大学、济宁医学院、赣南医学院、上海健康医学院等理体疗实习);承担全科医学培训的康复轮转带教工作,社区康复培训,康复医学的远程教育工作,临床康复医师、治疗师进修培训工作等。

学习班　自1997年起举办康复医学继续教育学习班,截至2017年底,已成功举办17期,旨在传播最新康复理念及技术,探讨康复前景,促进学术交流,发掘康复人才并提供培养平台。

2001年,开办"康复学校",每月2次定期为患者进行健康教育。2012—2017年,除每年的继续教育班外,累计举办30余次对外学术会议,如脑卒中早期康复中澳论坛、中西医结合神经康复专业学术交流会、中美老年康复论坛、康复学术沙龙专场、Re‐Step动态平衡治疗学术研讨会、康复医疗咨询活动、陈中伟纪念讲座等,邀请国内外多个领域的专家教授讲座,相互探讨、相互切磋。

自建科以来,每周固定时间开展一次科内小讲座;不定期与合作科室开展业务学习,如骨科、神经内科、老年病科、心内科、肝外科等;2016年起每季度与徐汇分院、闵行区中心医院、沪东医院、东海老年护理院、徐汇区枫林街道社区卫生服务中心等兄弟单位开展一次医联体业务学习。

注重国际交流,与美国、澳大利亚、瑞典等多个国家的康复医学中心建立交流合作关系。1998年,康复医学科成功申请到CMB项目"发展中国的康复医学",并先后派遣多名医生前往美国、欧洲、日本、澳大利亚等国家以及中国香港、台湾地区学习交流或邀请境外专家来院指导,为康复医学科的学科建设和人才培养起到积极的作用。

四、科学研究

自康复医学科成立以来,先后完成上海市科委、上海市卫生局、上海医科大学基金、CMB基金、中山青年基金、上海市残疾人联合会、上海市老干部局等资助的课题40余项;累计发表论文200余篇;编写和参与编写专著近30部;发明专利50余项。

1996年,"家庭型悬臂式颈椎牵引"获上海优秀发明十年成就展览会金奖。1996年,"膝关节强直功能矫治中西医综合治疗"获中山医院培林医疗进步奖三等奖;2017年,参与的"策略性靶向康复训练技术预防跌倒的实践推广"获中国康复医学会科学技术奖一等奖。

科室多名医师、治疗师在国家级及上海市级各级学会有学术任职,如中国脊髓损伤康复研究会副会长,中国神经伤残康复研究会副理事长,上海康复医学工程研究会副理事长兼秘书长,中国医师协会康复医师分会常务理事,中国康复医学会全国老年病专业委员会副主任委员,上海康复医学工程研究会副会长,中国残疾人康复协会神经伤残专业委员会秘书长,上海市医学会显微外科专科分会副主任委员,上海市康复医学会神经康复专业委员会主任委员,上海市康复医学会骨科康复、疼痛康复专业委员会副主任委员等。

表2-2-26 2014年康复医学科获国家自然科学基金资助项目情况表

项 目 名 称	项目类型	负责人
神经寄养修复周围神经损伤对TWEAK-Fn14信号通路的调控及其疗效研究	面上项目	张　键
骨修复生物活性材料与宿主微环境的相互作用	重点项目子课题	张　键

五、社会服务

【医疗援建】

截至2017年12月,康复医学科赴摩洛哥、新疆援建3人次。

【科普工作】

积极参加义诊活动。自"中山大讲堂"开讲以来,科员轮流参加讲课或深入社区进行科普讲座;多位专家响应医院号召,通过电台、电视、报纸等媒体渠道进行康复相关科普宣教,并参加相关义诊活动。

截至 2017 年底,已制作患者康复指导手册 5 种,康复宣教视频 2 个。

【荣誉奖励】

康复医学科获 2013 年度推动上海康复医学发展优秀集体;刘邦忠获 2012 年度上海市引领专科学科建设发展奖、2013 年度引领专科康复发展优秀工作者、2016 年上海康复优质服务先进个人等荣誉。

第十六节　心理医学科

一、发展沿革

1987 年 1 月,徐俊冕在中山医院创建上海市第一家综合性医院的心理咨询门诊,并建立医学心理学的实践基地。自 1987 年 6 月起,每年为上海市和外省市培训医学心理学专业人才。1989 年,上海医科大学医学心理学教研室正式成立,徐俊冕成为教研室首任主任。1993 年,上海医科大学院系调整,医学心理学教研室划入中山临床医学院;同年,在中山医院成立医学心理科,徐俊冕担任科室主任。期间科室的名称并不统一,一般被称为"医学心理科",有时也被称为"心理医学科"。2017 年,科室名称定为"心理医学科"。

1998 年起,季建林兼任上海医科大学医学心理学教研室主任和上海市心理咨询中心主任医师,2002 年起兼任复旦大学上海医学院精神卫生学系主任。2015—2017 年,季建林兼任复旦大学附属精神卫生中心(筹)、闵行区精神卫生中心院长,科室的 2 名副高职称医师也参与该院的医、教、研等各项工作。

至 2017 年底,心理医学科现有教授 1 人,副主任医师 3 人,主治医师 3 人,住院医师 1 人。

表 2 - 2 - 27　1993—2017 年心理医学科历任主任情况表

科 室 名 称	任 职 时 间	主　　任
医学心理科	1993—1997 年	徐俊冕
	1997—2016 年	季建林
心理医学科	2017 年—	季建林

二、医疗特色

科室承担中山医院医学心理咨询门诊,2013—2017 年,每年的门诊量由建科初期的 2 000 人次增加到 4 万余人次,且还在不断增加中。开设了普通门诊、专家门诊和特需门诊,2017 年 3 月还增加了强迫症专病门诊。科室还承担了住院患者联络会诊精神医学的工作,院内的普通会诊和紧急会诊处理在建科早期每年 200 人次,自 2013 年以后,每年 1 000 余人次。

科室主要研究方向:综合医院焦虑、抑郁患者的医学心理咨询;心理治疗,包括认知行为治疗、人本治疗、人际心理治疗的研究;危机干预的理论和实践;行为医学和心身医学;综合医院联络会诊精神医学;器官移植中的心理问题和精神障碍;社区与初级保健中抑郁症的识别和干预;多学科合作,双心门诊和 MDT 门诊。

科室在长期的综合医院工作中逐步形成了自己的医疗特色。开展了多种心理治疗技术并在临床应用,使心理咨询不仅提供心理帮助和指导,而且综合应用药物、行为、认知等干预技术处理疾病。主要诊疗项目:抑郁障碍、焦虑障碍、睡眠障碍、心身疾病、进食障碍、强迫、恐怖、性心理障碍、适应障碍、学习障碍、早期精神障碍、自杀预防和危机干预等。开展临床心理评估,测验、评估和检查包括焦虑、抑郁等症状的量表评定,人格、个性的心理测验及智力状态的测验等,如《焦虑自评量表》(SAS)、《抑郁自评量表》(SDS)、《汉密尔顿抑郁量表》(HAMD)、《汉密尔顿焦虑量表》(HAMA)、《医院焦虑抑郁量表》(HAD)、《艾森克人格测验》(EPQ)、《明尼苏达多相人格测验》(MMPI)、《科特尔 16 种人格因素问卷》(16 - PF)等,是最早在国内开展电脑心理测评的科室。另外,心理医学科还参与上海心理健康热线(电话咨询)工作。

三、医学教育

1984 年,上海第一医学院成立精神医学教研室,徐俊冕担任副主任。1989 年,上海医科大学医学心理学教研室正式成立,徐俊冕成为教研室首任主任。1993 年,上海医科大学院系调整,医学心理学教研室划入中山临床医学院。科室在人手少、病患人数多的情况下,克服师资不足等困难,每年承担医学院本科生的"医学心理学"和"精神医学"必修课程的教学和临床实习,承担研究生"医学心理咨询方法和心身医学进展"选修课程的教学及中山医院和上海市精神卫生中心进修医生的讲课与带教。同时,还参与上海市精神卫生中心精神医学教学查房和医学生精神科临床实习带教,每年完成医学院精神医学的见习示教和临床实习带教工作(精神科实习 2 周/人)。科室自建科至 2017 年底共培养硕士研究生 27 人,联合培养博士生 3 人,遍布世界各地。科室从 2003 年开始每年举办全国或上海的继续教育学习班以及远程教学。自 1987 年 6 月起,作为进修医生培训基地,每年为上海市和外省市培训医学心理学专业人才。1993 年以来,科室共有 4 名医生分别到美国哈佛大学、美国康奈尔大学、香港理工大学、香港中文大学进修学习。科室经常接待来自美国以及中国香港、台湾地区的学者参观与讲学。

医学心理学课题获卫生部优秀教学成果奖。科室主编、主译或副主编的专著共 11 部。徐俊冕主编的《医学心理学》(第一版),获卫生部优秀教材一等奖、上海市优秀教学成果奖二等奖、上海医科大学教学成果奖特等奖;《医学心理学》(第二版)获上海医科大学优秀教材奖二等奖;徐俊冕和季建林主编的《认知心理治疗》获粟宗华精神卫生奖二等奖;季建林主编《医学心理学》(第三版)获 2003 年度上海市教委优秀教材三等奖和复旦大学教学成果奖三等奖。

四、科学研究

科室在徐俊冕和季建林带领下,对于综合医院住院患者的抑郁和焦虑障碍开展了研究调查,并对研究结果开展了会诊联络精神医学在综合医院的实践工作,如开展心理咨询、心理行为干预、心理治疗等工作;对风湿性疾病和器官移植患者开展有关生命质量和心理状况的调查研究,对上海心理健康热线电话心理咨询应用评估及热线电话对自杀企图者的危机干预调查研究,并拓展了社区医务工作者对抑郁障碍的识别和干预的研究。全科室成员先后发表各类论文 160 余篇,其中 SCI

收录 10 余篇。

徐俊冕 1993 年起享受国务院政府特殊津贴,2015 年获得中华医学会行为医学分会的中华行为医学特别贡献奖。季建林获得上海市卫生系统第六届"银蛇奖"二等奖。

五、社会服务

科室成员积极参加国家医疗队支援边区建设和各类科普活动。

第十七节 皮 肤 科

一、发展沿革

中山医院建院早期,皮肤病及性病患者均请外院会诊或转诊到外院,后由于门诊量增加,于 1947 年 1 月 1 日正式成立了皮肤花柳科,先后聘请杨国亮、蒋以楷、秦启贤、钱戍春、张耀英、童贯等医师在该科工作。1952 年 1 月,由于建立外科医院的需要,中山医院皮肤花柳科被撤销,人员并入华山医院。1976 年 9 月,中山医院又根据实际需要,再次成立皮肤科,并正式对外开放门诊。1981 年 4 月,为加强皮肤科力量,从华山医院皮肤科调秦万章来皮肤科担任主任,皮肤科在医、教、研各方面有了很大的发展,并形成以中西医结合治疗红斑狼疮、皮肌炎、硬皮病等结缔组织病和各种疑难、顽固性皮肤病为学科特色,在国内皮肤科领域享有较高声誉。1994 年,开设皮肤科病房,开放床位 12 张;至 2017 年,开放床位达 20 张,可收治各类严重和顽固的皮肤病患者。

进入 21 世纪,在保留和发扬科室原有特色的基础上,注重科室综合实力和实际内涵的提高,引进优秀人才,派骨干医师到国内外进修,为科室的进一步发展积蓄实力。

2004 年 10 月,中山医院新门诊楼投入使用,皮肤科新开设皮肤病理室、皮肤真菌室、光疗室、手术室及皮肤健疗室。皮肤病理室可以出具病理报告,并独立诊断疑难皮肤病病例。皮肤真菌室能进行皮肤真菌培养和菌种鉴定,使皮肤科诊断水平大大提高。新门诊大楼诊室南向,采光好,对皮肤病诊疗大有裨益。性病门诊也得到扩充,整个门诊空间焕然一新。2004 年,科室开始招收博士研究生,人才培养进入良性循环。由于门诊量的逐年提升,皮肤病种类逐渐增多,皮肤病各基础学科的建设趋于完备,人员实力明显增强,科室综合实力有很大提高。2014 年底,根据发展需要成立结缔组织病和中西医结合治疗难治性皮肤病两个亚专科,大大促进了学科整体发展和人才培养。中山医院皮肤科不仅是上海市首批住院医师规范化培训基地之一,而且在 2006 年 10 月达到国家卫生部皮肤科住院医师培训基地的要求,顺利地通过卫生部专家组的核查,成为国内为数不多的首批皮肤科住院医师培训基地。2014 年,通过上海市皮肤科专科医师培训基地的审查,成为上海市首批皮肤科专科医师培训基地之一。至 2017 年,已累计出站住院医师 10 人,出站专科医师 2 人;2017 年在培住院医师 11 人,在培专科医师 1 人。

2017 年科室有终身荣誉教授 1 人,教授 1 人,副教授和副主任医师 8 人,主治医师 4 人,住院医师 1 人,门诊护士及技师 3 人。

秦万章 1982—2006 年担任上海市中西医结合学会皮肤科分会主任委员;2000—2006 年担任中国中西医结合学会皮肤科分会主任委员,2006 年后担任中国中西医结合学会皮肤科分会名誉主任委员。李明 2006—2012 年担任中国医师协会皮肤科医师分会执委,2012—2017 年任常委;2006 年至今担任上海市中西医结合学会皮肤科分会副主任委员;2007年至今担任中国中西医结合学会皮肤科分会常委及免疫性皮肤病学组组长等职。

表 2-2-28 1981—2017 年皮肤科历任主任情况表

任 职 时 间	主 任
1981—1996 年	秦万章
1996—2000 年	金 岚
2000 年—	李 明

二、医疗特色

皮肤科承担和完成了大量的临床医疗工作。至 2017 年底,拥有皮肤科门诊诊室 13 间、开放病床 20 张,年门诊量 116 277 人次,年出院 713 人次。科室总体实力居国内皮肤科领先。

皮肤科除治疗各种常见过敏性、感染性(包括各种病毒、细菌、真菌感染等)皮肤病外,还开设了结缔组织病、银屑病、脱发、真菌病、痤疮、皮炎湿疹、白癜风、性传播疾病等专科门诊;拥有院内自制中西药制剂 20 余种;开展激光、冷冻、光疗、美容保健治疗、物理治疗、皮肤外科小手术等治疗项目。皮肤科病房依托中山医院综合实力,可收治各类疑难、重危皮肤病患者,如红斑狼疮、皮肌炎、硬皮病等各种结缔组织病,以及大疱性皮肤病、重症药疹、重症银屑病、皮肤血管炎等患者。

科室成立以来,形成了以中西医结合治疗红斑狼疮、皮肌炎、硬皮病等结缔组织病和各种疑难、顽固性皮肤病的学科特色,在该领域的诊疗水平居国内皮肤科领先地位。1993 年 9 月,科室成为上海市中西医结合红斑狼疮医疗协作中心依托单位。皮肤科以中西医结合治疗为特色,研制出多种中药制剂,如活血合剂、乌灵糖浆、脱脂合剂、益肾三子饮、强肾饮、红斑 1 至 3 号、生发合剂等,重点开展中药治疗结缔组织病的免疫药理研究,尤其是雷公藤治疗结缔组织病及某些皮肤病的研究,研制成雷公藤系列制剂(口服液、片剂、袋泡茶、外用剂等);根据结缔组织病中医辨证分型,制成系列中成药制剂,获得多项医疗成果奖。研制出丙咪氯苯乳膏(复方消炎霜)、氯地松乳膏、尿素乳膏、复方丙酸氯倍他索搽剂(复方达美肤溶液)、苯丙林搽剂(皮炎灵搽剂)、复方苯甲酸搽剂等外用院内制剂,深受广大皮肤病患者欢迎。经过多年工作经验的积累,科室已形成一套完整的结缔组织病诊疗规范和特色治疗方案,具有鲜明的技术特色;自主研发的中药制剂,如三藤合剂、活血合剂和乌灵糖浆使得数以万计的结缔组织病患者获益。

三、医学教育

皮肤科承担复旦大学临床医学专业本科生、八年制、研究生、护师班、高级护师班的皮肤科教学工作。承担教师培训班、成人继续教育、皮肤病专训班、全科医师研修班的皮肤科教学任务,以及住院医师规培、专科医师规培、进修生等教学及带教任务。至 2017 年,科室先后选派 6 名骨干出国进修。

【教学成果】

皮肤科是国家教委批准的硕士点和博士点之一。1987 年,秦万章招收首名硕士研究生;2004

年,李明被批准为博士生导师,科室开始招收博士研究生。至 2017 年,科室有博士研究生导师 1 人、硕士研究生导师 3 人,已培养 30 余名硕士研究生、13 名博士研究生。科室现有 14 名医师中,9 名具有博士研究生学位,其余均具有硕士研究生学位。

皮肤科在 2004—2005 年本科生教学工作中成绩突出,获中山医院教学工作先进集体称号;数名教师获得厉树雄教育奖,多人获得中山医院理论授课优秀教师及临床带教优秀教师称号。2004 年,李明参编的《皮肤性病学》获高校教材及多媒体课件二等奖。2009 年,朱鹭冰的"系统性硬皮病成纤维细胞单克隆Ⅰ型前胶原基因转录特性的研究"获全国博士生学术会议优秀论文二等奖。杨骥 2011 年获复旦大学优秀博士学位论文,2014 年入选上海市青年医师培养计划。2014 年,朱鹭冰的"莫名痛,疱揭秘"获上海医学院第一届 PBL 案例撰写大赛三等奖。

四、科学研究

在科研方面,中山医院建有皮肤科实验室,配置了荧光显微镜、倒置显微镜、细胞培养箱、低温超速离心机、高效液相分析仪、低温冰箱、生物安全柜、数码图像分析仪等多种实验设备,为开展科研工作创造了条件。皮肤科数十年来在结缔组织病和自身免疫性皮肤病基础研究与诊疗方面有较深厚的基础,至 2017 年已经获得 5 项关于系统性硬皮病的国家自然科学基金课题,3 项关于系统性红斑狼疮的国家自然科学基金课题,1 项关于白癜风的国家自然科学基金课题,以及多项上海市科委和上海市卫计委科研课题。在系统性硬皮病高胶原合成克隆发生机制及调控,Th17/Treg 细胞在系统性红斑狼疮和系统性硬皮病发病机制中的作用等方面的研究独具特色,并构建了以 Th17/Treg 为靶细胞的药物筛选模型,发掘出黄芩苷具有治疗系统性红斑狼疮的潜力,也揭示了免疫细胞与白癜风发病密切相关,并证实院内制剂活血合剂在治疗白癜风中的有效作用。至 2017 年,科室在国际著名期刊 *Arthritis & Rheumatism*、*Rheumatology*、*Arthritis Research & Therapy* 等发表 SCI 论文 40 余篇,总他引 600 余次,单篇他引最高 300 余次(*Arthritis & Rheumatism*,2009)。2009 年,李明主编的《结缔组织病皮肤表现图鉴与诊疗精要》出版,在业内有较好的影响。2017 年,李明主编的《皮肤科结缔组织病诊治》出版,这是国内外第一部突出皮肤科诊治结缔组织病特色的图文并茂的专著。

1987 年"清热调血糖浆治疗 302 例各型 SLE"获上海市卫生局科技进步奖三等奖;1991 年"凉血活血养血法治疗胶原病"获上海市科技成果奖三等奖;2005 年"雷公藤治疗红斑狼疮及银屑病的系列研究"获中国中西医结合学会科学技术奖三等奖。

至 2017 年,科室申请到 3 项发明专利、2 项授权专利。2 项授权专利为"调控调节性 T 细胞和Th17 细胞相互转化的药物筛选方法"和"黄芩苷在制药中的应用",分别获得第二十四届上海市优秀发明选拔赛优秀发明二等奖和第二十五届上海市优秀发明选拔赛优秀发明奖三等奖。2015 年,杨骥获中国皮肤科优秀中青年医师称号。

1998 年 2 月,皮肤科被批准为国家药品临床研究基地,成为国内最早设立的皮肤科专业国家药品临床研究基地之一,至 2017 年完成国家食品药物监督管理局下达的各期新药临床试验 50 余项。

五、社会服务

皮肤科积极响应各级党政机关号召,为灾区和边疆地区送医送药。例如,2008 年 5 月 18 日发生四川汶川特大地震,5月21日隗祎即随上海医疗队赶赴四川地震灾区开展抗震救灾;杨骥于2015年8月至新疆新源县开展巡回医疗活动;朱鹭冰于2016年7月7—14日,担任复旦大学博士生医疗服务团赴甘肃酒泉市瓜州县人民医院社会实践的指导老师,为全院医师开展皮肤科防治专题讲座,并接诊了百余名当地和附近村镇的皮肤病患者;李明于2016年9月3—10日,参加国家医疗队赴甘肃华池县和环县人民医院为老区人民义诊并指导当地皮肤科医师,接诊当地皮肤病患者500余人。

第十八节 感 染 病 科

一、发展沿革

2015年8月起,医院开设感染病科,设立住院病房,胡必杰任科主任,全面承担起全院感染病的临床诊治和抗菌药物应用会诊任务。首期开放床位30张,2016年10月,原设于8号楼的病房搬迁至大修后的9号楼,床位数增加至33张,其中包括2间负压病房。科室最初由7名医师组成,至2017年共有医师12人,其中博士6人、硕士6人,高级职称2人。

2015年8月起,与病房同期开设有感染病科特需门诊、专家门诊。同时开设工作日每天上午的普通门诊,2016年8月起改为工作日全天门诊。2017年5月起开设肺外结核专病门诊。

二、医疗特色

科室创立之初,借鉴国际上的通行模式,把感染病科与传统的传染病科相区分,主要收治细菌和真菌引起的各类感染、疑似感染和发热待查患者,并根据自身的特色和优势成为不收治病毒性肝炎的"无肝感染病科"。在医院领导与各方的支持下,病房开设以来的各项工作运行顺畅,吸引了大量慕名而来或其他同行医生介绍的全国各地患者,感染病科也成了中山医院的特色科室。2017年,门诊12 384人次,出院1 224人次,床位使用率100.0%,平均住院9.67天,周转率、院内外会诊量等其他各项运营指标也均较病房成立之初有显著增长。

住院部收治的患者病种主要包括各种肺部感染、血流感染和心内膜炎、骨关节感染、复杂皮肤软组织感染、复杂性尿路感染、不明原因发热、手术部位感染、植入物相关感染、腹膜炎与复杂性腹腔感染、各种真菌(隐球菌、曲霉菌、念珠菌)感染、结核病与非结核分枝杆菌病、耐药菌感染、寄生虫病及免疫抑制患者感染等,解决了许多患者反复往来于多家医院的各个科室之间就诊却得不到诊断治疗的烦恼。同时,科室承担了全院大量的感染病的会诊任务,包括复杂性腹腔感染、各种留置导管相关感染、多重耐药菌感染、其他复杂难治的医院感染与疑似感染病的鉴别,受到广大医疗同行与患者的认可与好评,被业界评为"中山模式"。

2016年7月,经过欧洲临床微生物与感染病学会的审核批准,复旦大学附属中山医院的感染病科与医院感染管理科正式成为其在中国的第八家协作中心。2017年8月,感染病科又获得批准,成为全国8家国家细菌真菌感染诊治培训实践基地之一。

三、医学教育

自科室成立以来,感染病科在临床工作之余,积极持续地全面开展了不同层次的医学教育工作。2016 年科室胡必杰与潘珏共同培养硕士研究生 5 人,并积极承担本科生与研究生的课堂理论授课任务,包括内科学、诊断学、实验室生物安全教学等;同时承担了临床医学专业与国际班学生的临床实践带教任务,授课内容丰富、贴近临床,受到学生广泛好评。

感染病科病房作为上海市住院医师规范化培训与国家临床药师基地的轮转科室,2016 年共承担 52 名内科医师、14 名药学进修医师的临床带教与业务学习任务。在日常工作与业务学习会议中,科室高度重视专科医师的基础知识及临床能力的培养和训练,同时为年轻一代争取各类国内外的交流与培训机会。科室同时承担了大量继续教育与学术交流工作,在科室主任胡必杰作为总负责人的领导下举办组织了"医院感染的流行病学培训班""上海市院内感染质控中心岗位培训班""上海市感控医生研修项目(SHIP)""泛长三角感控医师研修项目"等在国内具有影响力的会议,受到国内同行的赞誉。其中,由中华预防医学会主办、上海市院内感染质控中心与中山医院承办的"全国医院感染学术年会暨上海国际医院感染控制论坛(SIFIC)联合会议"每年吸引数千名专家学者积极参加。感染病科专家教授及科室成员先后主编或共同主编教材和专著近 20 部,参编教材、专著和翻译著作 40 余部。近年来,针对多重耐药菌与感染防控等重要的国际热点问题,胡必杰参与起草包括《抗菌药物临床应用指导原则》《碳青霉烯类耐药肠杆菌科感染控制指南》等 5 项国内与国际专家指南和共识,并多次受邀赴国内外参加国际会议做报告,包括欧洲感染性疾病与临床微生物学学会年会(ECCMID)、瑞士日内瓦世界卫生组织总部的世界卫生组织多重耐药菌指南编写会议等。

四、科学研究

感染病科在临床医疗与教学之余,为了更好地服务临床患者,坚持探索科学研究,尤其是在多重耐药菌的防控与治疗、分枝杆菌感染的诊断与治疗等方面取得较好成果。科室高级职称医师主持或共同主持并参与了包括卫生部行业基金项目任务单元"临床 MDRO 医院感染预防及控制研究"、国家科技重大专项"超耐药菌流行病学和防治技术研究"、国家自然科学基金课题等在内的 20 余项课题,并以第一作者或通讯作者,在英文杂志和中文核心期刊发表学术论文 100 余篇。

五、社会服务

科室多名成员积极利用上海电视台、《健康报》、中山医院健康大讲堂及微信公众号等各种媒体平台进行科普宣传,消除百姓对疾病的恐慌与错误认识,引导并提高公众对感染性疾病与抗生素应用的正确认识,获得广泛认可。

第三章 平台科室

第一节 病理科

一、发展沿革

病理科正式成立于 1992 年，前身为上海医科大学病理学教研室和中山医院的外科病理室。1957 年，医院选派陈长春参与病理学教研室的外科病理诊断工作并兼任副主任。1973 年，医院增派潘文生参与病理学教研室病理诊断工作。1989 年，医院为了科研工作的需要，成立了病理实验室，陈长春任主任。1992 年 11 月，因医疗工作需要正式成立病理科，潘文生任副主任并主持工作。1995 年，病理科成为硕士培养点。2000 年 7 月，中山医院肝癌研究所病理室和上海市心血管病研究所病理室并入医院病理科。2001 年 2 月，医院脱落细胞诊断室由检验科划归病理科。2002 年 11 月，上海市纺织局第三医院分部病理科归入医院病理科。2004 年 1 月，病理科在专业学术方面归属复旦大学病理学系即复旦大学上海医学院病理学系的学术框架内。2004 年 9 月，谭云山兼任复旦大学医学院病理学系副主任，主管病理专科医生培训等工作。2007 年，病理科与复旦大学病理学系第一批通过国家重点学科评估，被国家教育部批准为重点学科。2010 年 1 月 5 日，成为病理住院医师规范化培训国家基地。2013 年，成为博士培养点。2014 年 4 月 16 日，在上海市综合性医院病理科中率先获得临床基因扩增检验实验室认证，同时申报高通量基因测序技术——肿瘤诊断与治疗项目。在上海市卫计委组织的首次临床病理专科申报中，成功申请普通病理专科、肺部疾病病理专科、消化系统病理专科及淋巴造血系统病理专科基地，成为上海市获得临床病理专科基地最多的病理科。2015 年 11 月，国家卫计委病理质量控制评价中心授予病理科临床基因扩增检验实验室为PQCC 示范实验室。同年，建立胸科病理亚专科、肝胆胰疾病病理亚专科和分子病理亚专科。2016 年 6 月，在《复旦大学基础医学院与复旦大学附属中山医院学科建设合作框架协议》下，成立现代病理中心，侯英勇任现代病理中心副主任。2017 年 9 月，科室入选全国住培临床病理骨干师资培训基地。

图 2-3-1　1989 年，外科病理实验室成员合影

图 2-3-2　1995 年，病理科初具雏形

图 2 - 3 - 3　2002 年 5 月,病理科接待美国肯塔基大学 V. M. Rangnekar(国外学者首次访问病理科)

图 2 - 3 - 4　2016 年,病理科合影

2017 年,病理科实际工作面积约 1 500 平方米,包括组织病理、免疫病理、分子病理、细胞病理四大部分。拥有医生 27 人、技术人员 31 人,其中获得博士学位和硕士学位者 35 人;教授、主任医师 6 人,副主任医师 2 人,副主任技师 1 人;博士生导师 2 人,硕士生导师 2 人;正在病理科接受病理住院医师规范化培训基地培训的医师共 24 人。

病理科是复旦大学所有附属医院中综合规模最大、病种齐全及病例数最多且完全依靠医院本身的力量开展临床病理诊断工作的科室。同时,病理科还承担病理专科人才培养等教学及科研任务。

表 2 - 3 - 1　1992—2017 年病理科历任主任情况表

任 职 时 间	主 任
1992 年 4 月—1999 年 1 月	潘文生(副主任,主持工作)
1999 年 1 月—2002 年 5 月	谭云山(副主任,主持工作)
2002 年 5 月—2013 年 9 月	谭云山
2013 年 9 月—	侯英勇

二、医疗特色

【常规病理诊断】

病理科除外科各分支学科手术标本外,还有各种内镜及各种穿刺活检标本,病理诊断的疾病种类覆盖了绝大多数常见疾病类型。2017 年,年病理检查量增长至 137 124 例,位居全国前列。完成术中冰冻 13 517 例,急诊病理 1 万余例,会诊病例 7 923 例,免疫组织化学检测 31 763 例,分子病理检测 8 225 例。至 2017 年 12 月,科室开展 350 项免疫组化检测指标,涵盖各系统疾病的鉴别诊断、预后以及分子靶向治疗等。细胞病理学项目包括穿刺 2 605 例,脱落细胞学 5 350 例,液基细胞学 15 062 例,妇科体检 28 300 例,HPV 检测 6 091 例。

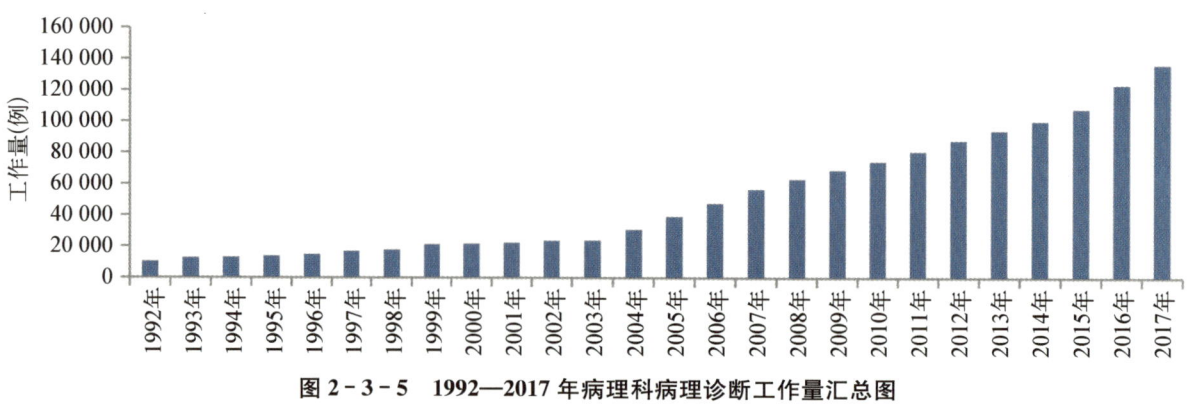

图 2 - 3 - 5　1992—2017 年病理科病理诊断工作量汇总图

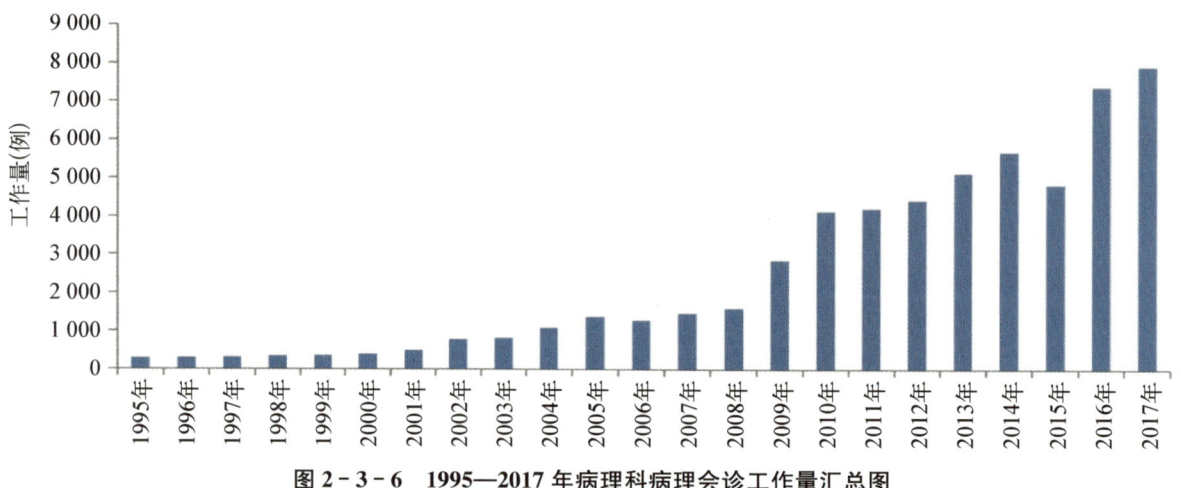

图 2 - 3 - 6　1995—2017 年病理科病理会诊工作量汇总图

【MDT 团队】

至 2017 年,中山医院共登记有 43 个多学科诊治团队(MDT),其中 30 个有病理科参与。胃肠间质瘤 MDT 首次由病理科组织,病理工作者在肿瘤相关 MDT 中发挥着疾病精细化解读重任。病理科牵头开展了多项单中心和多中心临床试验,逐渐形成了数个科研主攻方向,在多个专病的诊断和辅助临床诊疗上走在国内前列。

【胸科病理亚专科】

具有多名教授及技术骨干,技术力量全面,积累了丰富的经验,为肺癌、食管癌等患者提供精确的病理诊断。而多学科诊疗模式也为广大患者带来福音。2016 年 12 月 26 日,开展气管镜活检的床旁细胞学快速评估工作、超声内镜引导下细针穿刺的快速评估,每年为更多患者提供更快、更好的医疗服务。

【肝胆胰病理亚专科】

肝胆胰疾病病理亚专科结合临床科室每年庞大的标本量,针对肝癌早期病变,完善对"肝硬化—异型增生结节—早期肝癌"的分子遗传机制分析,发表了多篇高影响力论文。亚专科团队优化病理诊断报告模板,并被国家卫计委《肝癌病理诊断规范》引用。对神经内分泌肿瘤筛选肿瘤侵袭和转移相关基因,针对胰腺癌早期病变,完善对 IPMN 癌变的分子遗传机制研究,摸索出微量样本的收集和制片方法,获批专利并应用于胰腺细针穿刺,获得临床好评。

【分子病理亚专科】

分子病理亚专科于 2014 年 4 月 16 日获得上海市临床检验中心颁发的"临床基因检验扩增实验室"资质。开展原位杂交、荧光原位杂交、核型分析、PCR 相关技术等,严格执行临床基因扩增实验室工作和管理规范,保证临床基因扩增检验质量,使临床诊断和治疗更为规范。开展 60 项分子检测指标,涵盖多种疾病的诊断和鉴别诊断、病原体检测,以及应用于病理诊断和靶向治疗相关的分子病理检测等,病理科在既往参与分子检测的国内外各项室间质量控制项目均合格。2014 年 3 月申报"肿瘤诊断与治疗"项目的国家高通量测序试点单位,2015 年 4 月医院正式成为国家卫计委批准的首批"肿瘤诊断与治疗"高通量测序试点单位。参与医院生物样本库的建设,与医院部分医疗协作体分院建成网络病理平台,加入全国远程病理会诊系统的建设、医疗协作体远程医疗,以及与国外数个医院远程交流的平台。2015、2017 年均被国家卫计委病理质量控制评价中心授予病理科临床基因扩增检验实验室 PQCC 示范实验室。

三、医学教育

【学历教育】

病理科在完成临床任务和科研工作的同时,还承担大量教学任务,培养病理住院医师 5～10 人/年、轮转医师 90～100 人/年、研究生 5～6 人/年。2017 年,医生组实习生 40 人、技术组实习生 30 人。2017 年,病理科有博士研究生导师 2 人,硕士研究生导师 2 人。截至 2017 年底,共培养博士研究生 4 人,硕士研究生 43 人;在读博士研究生 2 人,硕士研究生 5 人。已毕业研究生大部分进入国内知名医院,成为所在单位的骨干及中坚力量。

【职后教育】

科室重视医生的师资培养,鼓励青年医师在完成各项继续教育学习、学分的同时,多撰写论文,多申请科研项目。2010 年成为上海市病理住院医师规范化培训基地后,在国家病理住院医师规范化培训标准指导下,打造符合医院和科室自身特点的住院医师病理诊断教学模式。至 2017 年,已招录 8 批病理住院医师规范化培训医生共 54 人,其中 26 人顺利结业。毕业生取材速度和水准较高,能够完成常见病组织和细胞病理诊断,能够与患者和临床医生良好沟通,获得用人单位好评。积极推动中青年医师赴国外培训、进修。2017 年,共有 7 名主治医师以上职称医生有出国进修学习的经历。

【继续医学教育】

病理科还承担了大量的继续教育工作。2008 至 2017 年,共接收进修医师 56 人。2005 至 2017 年,共接收进修技术员 24 人。2002—2017 年连续举办国家级继续教育学习班 21 期,注册培训学员 1 089 人;系统介绍细针穿刺、术中冰冻及病理科在疾病 MDT 中的作用等,在 GIST、NET、胃癌、肺癌、胸腺瘤等相关领域进行全国巡讲。

【出版书籍、指南、共识】

自 1992 年建科以来,病理科及时总结诊断与科研成果,参与多种疾病指南的制订,包括《病理学》《胃肠道间质瘤》《肝胆胰肿瘤——病理、影像与临床》,其中《肝胆胰肿瘤——病理、影像与临床》获华东地区优秀科技图书一等奖;参编《纵隔淋巴瘤》《胸膜间皮瘤病理学》《肺肿瘤》《骨与软组织肿瘤诊断治疗学》《肝胆肿瘤外科病理学》《内镜黏膜下剥离术》《腹盆部肿瘤放射治疗学》《实用内科学》等;主译的《癌症分子检测》获 2017 年度国家出版基金资助;参译《软组织肉瘤诊疗学》《骨组织肉瘤诊疗学》等专著。

参与制定 WHO 肺癌和胸腺肿瘤病理学分类、尘肺病理诊断国家标准,制定《中国胃肠道间质瘤诊断治疗共识》《中国非小细胞肺癌病人表皮生长因子受体基因突变检测专家共识》《国家卫计委原发性肝癌病理诊断规范》《国家卫计委原发性肝癌诊治规范》等。

四、科学研究

病理科在进行人才梯队建设及硬件设备配置的同时,注重科室的专业发展。依据人体器官疾病的分布,科室形成不同器官疾病专业组,如肺-纵隔-胸膜疾病、骨疾病及肿瘤、胃肠道间质瘤良恶性分期分级的临床应用(获得上海市科技进步奖三等奖、华夏医学科技奖、中国抗癌协会科技奖二等奖)、淋巴造血系统疾病及肿瘤、肝-胆-胰疾病及肿瘤(获得上海市科技进步奖三等奖)、肾-泌尿系疾病及肿瘤、心血管疾病及肿瘤、男女生殖器官疾病和肿瘤、骨与软组织肿瘤、神经系统肿瘤、头颈部肿瘤、移植病理等专业组,开展肝疾病和肝肿瘤,心血管疾病,肝、心、肺、肾等器官移植的临床病理诊断及科学研究,以适应医院临床各分支学科开展。同时,不断提高临床病理诊断水平,并逐步与复旦大学病理中心的各病理专业组联合,加强学科发展和病理专科医师的科研培养。

自 1992 年建科以来,鼓励青年医师撰写论文,申请科研项目。病理科共获得国家自然科学基金 13 项,上海市科委基金 7 项,上海市卫生局课题 2 项,上海市浦江人才计划 1 项,上海市重要薄弱科室资助项目 1 项,以及中山医院临床研究专项基金 1 项,中山医院青年基金 16 项。在 *Nature Medicine*、*American Journal of Respiratory and Critical Care Medicine*、*Modern Pathology*、*Histopathology* 等著名刊物上发表学术论文,在《中华病理杂志》《中华移植杂志》发表系列文章,在历年中华医学会病理学年会大会受邀发言。发表 SCI 收录论文 99 篇,如:纪元发表题为 The UPF1 RNA surveillance gene is commonly mutated in pancreatic adenosquamous carcinoma 的文章;卢韶华发表在 *American Journal of Respiratory and Critical Care Medicine*(影响因子为 13 分)的题为 Two microRNA panels to discriminate three subtypes of lung carcinoma in bronchial brushing specimens 的论文,且该杂志对该文专门配发了述评;侯英勇在 *Modern Pathology* 等杂志上发表系列论文、2006 年发表于 *Histopathology* 的文章被第五版《WHO 肿瘤分类消化系统分册》引用。研究成果获得了包括上海市科技进步奖三等奖、中国抗癌协会科技奖二等奖在内的多项奖励。创建多种技术和方法,申请获得专利授权 13 项。侯英勇转化高产组织芯片和高产细胞芯片相关专利 2 项,产品得到推广和应用。

表 2-3-2　1998—2017 年病理科获国家自然科学基金资助项目情况表

获批年份	项　目　名　称	项目类型	负责人
1998	DNA AP 部位修复酶 *APEX* 基因表达水平及突变与癌发展关系探讨	面上项目	谭云山
2003	*KDR/flk-1* 基因在胃肠道间质瘤中的突变及突变型基因功能的研究	青年科学基金	侯英勇
2005	肝窦毛细血管化与肝移植后排异的关系	青年科学基金	纪　元

（续表）

获批年份	项 目 名 称	项目类型	负责人
2009	前列腺癌特异血清 microRNA 表达谱的病例对照研究	青年科学基金	侯 君
2010	胰腺癌侵袭转移特异性 microRNA 的筛选及其靶基因的鉴定	面上项目	纪 元
2010	肺癌发生与转移相关的 miRNA 的验证与功能研究	面上项目	卢韶华
2011	伊玛替尼治疗胃肠道间质瘤耐药相关 microRNA 的研究	青年科学基金	石 园
2014	miR-363 调控肺腺癌干细胞促进肿瘤转移的分子机制研究	面上项目	卢韶华
2014	羟基类固醇硫酸基转移酶（SULT2B1b）对小鼠非酒精性脂肪肝大部切除后肝脏再生的影响及相关机制研究	青年科学基金	张 欣
2014	小细胞肺癌相关的 miRNA-375 靶基因 *Runx1* 的鉴定和功能研究	青年科学基金	刘亚岚
2014	基于转录组测序的美罗华治疗 B 淋巴细胞非霍奇金淋巴瘤耐药分子机制的研究	青年科学基金	葛晓雯
2017	食管癌 PIK3CA 突变下调 PPP2R2D 表达干预 LB100 化疗增敏的作用机制	青年科学基金	蒋冬先
2017	Snail 介导的 TFEB-溶酶体抑制在乳腺癌转移中的作用及分子机制	青年科学基金	占蒙娜

五、社会服务

自 2010 年开始，每月安排主治医师以及副高以上医师赴张家港市人民医院指导咨询，提高当地医院病理诊断水平。与青浦区中心医院、上海市公共卫生临床中心及青浦区朱家角人民医院等结对交流。

病理科多次进行科普活动，内容包括社区讲座、戒烟活动、院内讲座、创建科普公众号、发放科普宣传册等，积累了丰富的科普宣传经验。病理科科普团队以党员为主，包括科室主任、支部书记、组织委员、宣传委员和新老党员 15 人，形成各有专长又能优势互补的良性创作环境。

科室还取得很多社会荣誉，各类奖项共计 27 项。侯英勇获 2017 年度上海市巾帼建功标兵称号。许建芳代表复旦大学参加亚洲老将田径锦标赛和中国老将田径锦标赛，取得优异成绩。

第二节 放射诊断科

一、发展沿革

放射诊断科（简称"放射科"）创建于 20 世纪 30 年代，国内放射学创始人之一的荣独山曾担任科室主任。经几代放射学家的不断努力，逐步发展成为国内知名和技术领先的影像科室，并在国内最早获批成为影像医学与核医学博士学位授权点。

自科室成立以来，始终走在国内放射学同行前列，起着示范和引领作用。1958 年，荣独山在卫生部召集的全国会议上主持制定了《矽肺的诊断标准以及分期》，作为全国通用标准。20 世纪 60 年代初,放射科建立卫生部核准的放射学实验室。中国介入放射学奠基人之一林贵在瑞典进修期间,通过研究证实人肝脏肿瘤具有肝动脉和门静脉双重血供的特点,受到国际放射学界的重视。70年代初期,放射科在国内率先开展胃肠道气钡双重造影、经脾门静脉造影、经脐静脉门静脉造影、选择性血管造影、选择性腹腔动脉造影和超选择性肝动脉造影等。1973年,放射科成功进行选择性冠状动脉造影。1984年,放射科在国内率先开展心脏轴位投照电影和大片摄影。荣独山主编的《X线诊断学》(三册)为国内最早和最有权威性的放射诊断学专著。1989年起,周康荣领导的团队在肝癌、小肝癌CT、MRI诊断和分期等方面,开创国内先河,研究成果获2005年度国家科技进步奖二等奖。同期,周康荣主编的《腹部CT》《腹部CT诊断学》《体部磁共振成像》,成为国内放射学领域的经典专著。

2010年,医院在放射科的基础上成立放射诊断科,由放射学专家、中华医学会放射学分会常务委员、中华医学会腹部影像专业委员会副主任委员曾蒙苏担任科室主任。放射诊断科成立以来,科室发展迅速,临床与教学、科研并重。放射诊断作为"影像医学与核医学"最主要组成学科,是国家教育部重点学科、国家临床重点专科建设项目以及上海市"重中之重"临床医学重点学科,也是"211"工程重点学科、复旦大学"985"重点建设学科,并为国家级影像诊断继续教育基地,上海市影像医学住院医师/专科医师规范化培训基地,国家级影像医学住院医师规范化培训基地,以及影像医学与核医学硕士、博士学位授权点。中山医院放射诊断科是重要的放射学临床和科研与人才培养的基地,总体医疗和科研水平在中国处于领先地位,并在国际上拥有一定知名度。

截至2017年底,科室共有在职医技人员125名,包括医师44人,技术人员81人。医师中,正高级职称5人,副高级职称9人;博士生导师2人,硕士生导师4人。科室80%以上的医师拥有研究生学历,人才储备充足,人员梯队结构合理。

表2-3-3 1957—2017年放射诊断科历任主任情况表

科 室 名 称	任 职 时 间	主 任
放射科	1957年11月—1980年8月	荣独山
	1980年8月—1984年12月	林　贵
	1984年12月—1988年10月	洪应中
	1988年10月—1992年4月	林　贵
	1992年4月—2002年6月	周康荣
	2002年6月—2010年5月	王建华
放射诊断科	2010年5月—	曾蒙苏

二、医疗特色

放射诊断科设备先进,至2017年底拥有CT 12台,包括最先进的320排、双源螺旋CT;MRI 7台,包括3.0T MRI 4台和1.5T MRI 3台;DR(包括胃肠、IVP和床旁检查)14;乳腺数字化钼靶X线机2台;大平板DSA机3台;骨密度测定仪2台。2007—2017年,放射科的全年检查人次数持续增长,2017年达到785 391人次,其中CT和MRI检查人次分别达到372 227和128 783。除特殊检查项目外,患者在接受预约后 1～3 天能完成检查。科室积极参与临床各科的多学科诊治团队,并开设高级和普通专家门诊,对院内外各种疑难杂症的影像资料进行会诊并提供诊治意见。

放射诊断科已形成以肝癌、小肝癌为核心,包括其他脏器肿瘤在内的早期诊断、疗效评判影像诊断体系,开展冠心病和各类血管疾病的无创性影像诊断,对早期肝纤维化和肝硬化进行影像诊断和功能评估,利用综合影像学方法进行器官移植术前术后的评估。

2007—2017 年,科室在保持上述医疗优势的基础上,开展了多项临床新技术项目,包括:小和微小肝癌 MRI 研究,执笔制定 2016 年《肝胆特异性 MRI 对比剂钆塞酸二钠临床应用专家共识》,推动该对比剂在国内开展和普及;小胰腺癌 CT/MRI 研究及其手术切除性判断的评价;冠脉低剂量 CT、心脏 MRI、小肠增强 CT、肺肿瘤 MRI 研究;肝纤维化 MR 评价、肝脏 MRI 灌注扫描、肾肿瘤双能 CT 研究、心脏 CT 负荷灌注评价心肌缺血和心肌活性;颈动脉血管 MRI 斑块研究、神经根MRI 成像;CT 导引下穿刺活检等。上述研究在国内外发表一系列论文,形成科室临床特色,并扩大了科室影响力。

放射诊断科专家门诊已开设 10 年以上,每日均有副高职称及以上资深放射诊断专家出诊,通过阅读分析患者院内外影像资料,为各类患者提供读片会诊,特别是对于临床影像检查资料存在疑点难点,外院影像检查资料需要确认诊断,以及诊断尚存困难的少罕见病例、疑难杂症患者则更加适用,满足不同患者的各项需求,并可及时申请安排相关检查,广受患者和临床科室欢迎。出诊专家重点帮助解决如下临床问题:对于患者诊断不明者,明确诊断或提供诊断线索,同时,建议进一步做何种影像检查(X 线、CT、MRI、DSA 和 PET/CT 等);患者经治疗后,进一步观察疾病疗效,做好随访等工作;肿瘤患者,除可明确肿瘤诊断,还可明确分期和手术切除性判断等,同时提供进一步的合理影像学检查建议等。

放射诊断科专家门诊的设立,改变了以往放射诊断过程中只看图像、不接触患者的工作模式,出诊专家直接与患者沟通交流,详细了解病史、检查患者,在此基础上结合丰富的影像诊断及临床经验,真正实现了个体化的临床影像诊断,提高影像诊断的准确度。另外,科室还开设高级专家门诊,由国内具有影响力的放射诊断专家出诊,为患者提供更加优质便捷、更具针对性的特需咨询会诊。

三、医学教育

放射诊断科为医学影像学住院医师/专科医师培训基地、国家级继续教育基地及复旦大学上海医学院医学影像系挂靠单位,承担相应教学任务。

放射诊断科重视教学及人才培养,安排专人负责教学工作,保证教学质量,获各级各类教学奖励多次。其中,梁亮获 2017 年第七届全国高等医学院校青年教师教学基本功比赛一等奖和最佳教案奖。

放射诊断科承担复旦大学上海医学院本科生及研究生影像诊断学理论授课、示教、实习及各类临床轮转教学。针对本科生的"影像诊断学"课程为复旦大学精品课程和上海市教委重点课程,科室承担其中 1/3 以上教学工作,授课对象包括临床医学八年制、临床医学五年制、临床医学五年制留学生班、MBBS 英语教学班、法医班、预防医学班和基础医学班等。同时,科室还承担复旦大学研究生"腹部影像学进展"和"心血管诊治进展"理论授课任务。

作为国内最早获批的博士学位授权点之一,科室重视研究生招生及培养工作。至 2017 年底,有博士研究生导师 2 人,硕士研究生导师 4 人;在读博士研究生 12 人,硕士研究生 13 人。

作为住院医师/专科医师培训基地,科室每年招收住院医师 12～15 人,专科医师 4～5 人,全年安排针对基地住院医师的讲课 96 次,每周安排 4 次病例讨论或教学读片。自 2010 年上海市实现社会化住院医师规范化培训以来,基地每年结业合格率 100%。

作为国家级继续教育基地,科室每年举办 3 次国家级继续教育项目,包括"放射诊断学基础与提高""影像医学新技术的应用和进展""腹部影像诊断新技术新进展学习班",每个学习班学员约 100 人。科室每年招收培养全国各地进修医师及技师 65～75 人(其中三甲医院的学员占比约 1/3),包括常规 X 线、CT 和 MRI 诊断等。全年安排针对进修生的讲课 100 次以上,进修生来源覆盖全国各地。

放射诊断科出版的主要经典著作包括:《X 线诊断学》(三册,荣独山主编,上海科学技术出版社,1978 年);《腹部 CT》(周康荣主编,上海医科大学出版社,1993 年);《胸部颈面部 CT》(周康荣主编,上海医科大学出版社,1995 年);《螺旋 CT》(周康荣主编,上海医科大学出版社,1998 年);《体部磁共振成像》(周康荣、陈祖望主编,上海医科大学出版社,2000 年);《腹部影像诊断必读》(曾蒙苏主编,人民军医出版社,2007 年);《腹部 CT 诊断学》(周康荣、严福华、曾蒙苏主编,复旦大学出版社,2011 年)。

四、科学研究

放射诊断科的科研重点和学科优势包括:以肝癌、小肝癌为核心的肿瘤影像诊断,包括胰腺癌、肾癌、肺癌、乳腺癌、胃癌和结直肠癌的早期诊断、综合治疗后疗效评判等;冠心病和各类血管疾病的无创性影像诊断;早期肝纤维化、肝硬化的影像诊断和功能评估;综合影像学方法对器官移植术前、术后的评估。

2007—2017 年,科室承担了多项省部级以上科研项目,其中国家自然科学基金等重大科研项目 14 项。2012—2017 年,科室年均发表科研论文 50 篇以上,2017 年发表论文 54 篇,其中 SCI 收录论文 26 篇,中华系列杂志论文 6 篇,其他核心期刊论文 22 篇。科室曾获多项各级各类科教奖励,2007—2017 年获省部级以上重大奖励 4 项。

科室获相关科技人才计划:上海领军人才培养计划(曾蒙苏,2015 年),上海市优秀学科带头人(新百人计划)培养计划(林江,2013 年),青年科技英才扬帆计划(盛若凡,2016 年)。

表 2-3-4　2004—2017 年放射诊断科获国家自然科学基金资助项目情况表

获批年份	项 目 名 称	项目类型	负责人
2004	3.0T MRI 对小胰头癌检测和胰头癌手术可切除性判断及其相关病理对照的深入研究	面上项目	曾蒙苏
2005	肝纤维化的高场强(3.0T)MR 功能影像学的实验和临床应用研究	面上项目	严福华
2008	用于高分辨血管成像和斑块标记的双功能超顺磁造影剂的研制	面上项目	林 江
2010	三维全肝 MR 灌注联合 MR 波谱分析定量评价结直肠癌肝转移新辅助化疗的物理改变和对照研究	青年科学基金	饶圣祥
2010	同步辐射微束 X 射线荧光 CT 结合 MR 多回波技术探讨铁含量及分布动态变化与肝纤维化分期相关性的实验和临床研究	面上项目	严福华

（续表）

获批年份	项目名称	项目类型	负责人
2012	MR 新技术在冠状动脉微栓塞早期检测及其延迟强化演变机制的研究	青年科学基金	金　航
2013	肝细胞膜上 OATP 和 MRP 载体与肝功能评价的相关性 MR 实验研究	面上项目	曾蒙苏
2013	USPIO 增强微血管成像新技术评价肝癌新生血管功能和形态异质性的实验研究	面上项目	林　江
2015	基于分子水平的肝纤维化多模态 MR 成像新技术及相关影像生物标志物的研究	面上项目	曾蒙苏
2016	Gd－EOB－DTPA 联合多模态 MR 成像新技术评价 ALPPS 术后肝脏增生能力及其机制研究	青年科学基金	盛若凡
2016	基于蛋白质组学的结核靶向 CT 造影剂的分子靶标及动物实验研究	青年科学基金	王青乐
2017	T1 mapping 技术下肝细胞靶向对比剂早期诊断化疗后肝损伤的机制研究	青年科学基金	丁　莺
2017	心脏 MR 多模态成像评价猪心肌缺血再灌注后局部铁沉积介导的心肌损伤及其机制研究	青年科学基金	陈铟铟
2017	IVIM－DWI 结合纹理分析对直肠癌新辅助放化疗抗拒的早期预测研究	青年科学基金	刘立恒

五、社会服务

放射科自创建以来,全体成员始终以服务社会、服务人民为己任。荣独山曾到淮南煤矿和江西盘古山钨矿等地,深入矿井作业现场实地调查,访视矿工医院内的矽肺患者,阅读数以千计的厂矿工人胸部 X 线片,主持制定了全国《矽肺的诊断标准以及分期》。

放射诊断科继承了前辈的光荣传统,成立以来积极配合医院组织完成了各级各类对口医疗支援和帮扶工作。2010—2017 年,连续派出共计 10 名专家赴云南富源县人民医院及曲靖市第二人民医院进行对口支援,赴西藏察雅县卫生服务中心帮扶指导。所派专家在各级各类医疗支援和帮扶工作中,深入细致地开展了大量临床诊疗、学科建设、教学培训等工作。同时,科室接收对口支援单位人员前来进修,全方位提升对口支援单位综合实力。科室还派出多名主治医师参加上海市基层医院的医疗援助。

第三节　介入治疗科

一、发展沿革

介入治疗科的前身是中山医院放射科的介入治疗组,2010 年 5 月经医院批准,将原放射科分为放射诊断科和介入治疗科。

介入治疗学属医学新兴学科,虽然介入治疗科单独成立科室较晚,但作为放射科的介入治疗部门开展介入诊疗工作却是历史悠久,是国内最早开展介入放射学临床和基础研究的单位之一。20世纪70年代,中国介入放射学开拓者和奠基人之一、中山医院原院长林贵就开始了肝癌的介入诊疗研究。1981年,林贵被公派前往瑞典隆德大学学习,在此期间专心学习、研究血管造影和介入性治疗技术。1983年,在南斯拉夫世界血管造影研讨会上发表了由他实验证明的"肝肿瘤具有双重血供"的崭新理论,也确立了他提出用"双介入"方法提高肝肿瘤患者疗效新观点的理论基础。回国后林贵先后开展了肝、胃、肺、胰腺肿瘤以及大动脉炎等十几项介入治疗项目,在国内首创了"双介入疗法"治疗恶性梗阻性黄疸等介入放射学技术。尤其面对已失去手术切除机会的中晚期原发性肝癌,林贵采用"明胶海绵栓塞肝动脉"以及用碘油乳剂做肝动脉栓塞治疗,使中晚期肝癌患者一年生存率从原来的"0"提高到62%,为中国在该领域的研究填补空白。1988年,在国内率先建立了介入放射学联合治疗中心,并于1991年建立了第一家正式介入放射学病房。当时正式介入床位20张,现已增加至56张。

1981年,放射科(介入放射学科)在国内最早获批介入放射学科的博士点。1996年,放射科(介入放射学科)建立国家放射学及介入治疗继续教育基地。1997年,成为国内第一个获批的卫生部影像学重点学科。放射科(介入放射学科)是上海医科大学、复旦大学"211"工程和"985"工程重点学科。"肝癌的影像诊断和综合介入治疗"系列科研项目曾于1997—2001、2001—2004、2004—2007年连续3次获卫生部部属(管)医疗机构临床学科重点项目资助。

表 2-3-5　2010—2017 年介入治疗科历任主任情况表

任 职 时 间	主 任
2010 年 5 月—2016 年 3 月	王建华(兼)
2016 年 3 月—	颜志平

二、医疗特色

经多年的努力和发展,介入治疗科逐步形成三大主要临床和科研体系和特色:以肝癌介入为核心的肿瘤综合介入治疗,包括其他重要脏器肿瘤综合介入治疗;肝硬化、门静脉高压的介入治疗;器官移植术后血管、胆道并发症的介入治疗。

【以肝癌为中心的肿瘤综合性介入治疗】

原发性肝癌的综合性介入治疗规范的制定和推广:王建华作为主要参与者和肝癌介入治疗组组长,先后参与了国家卫生部《原发性肝癌诊疗规范》(2011 年版)和《原发性肝癌诊疗规范》(2017年版)的制定。刘嵘作为主要参与者参与制定《2016 年原发性肝癌放疗共识》,作为第一秘书参与《原发性肝癌诊疗规范》(2017 年版)的制定。经过多年来的临床和实验研究,使肝癌的介入治疗从原先的单纯动脉化疗栓塞治疗逐步转变为化疗栓塞同步联合局部消融治疗(2010 年),尤其是TACE 同步消融治疗大肝癌和巨块型肝癌取得良好的疗效(2013 年),患者疗效进一步提高,生存期进一步延长。

肝癌伴门静脉癌栓的综合介入治疗:肝癌伴门静脉主干和一级分支癌栓,由原先的单纯化疗栓塞和内科保守治疗转变为化疗栓塞联合门静脉支架治疗(在承担国家"九五"计划课题时提出和实施),后又转变为化疗栓塞＋门静脉支架＋适形放疗。2008年起,通过创新,又提出了化疗栓塞＋门静脉支架＋放射性碘-125粒子条治疗的新治疗模式,并在全国范围推广应用。研究团队颜志平、罗剑钧、王建华"一种植入性碘-125放射性粒子条"获得发明专利。通过临床诊疗模式的优化,使大部分肝癌伴门静脉主干和一级分支癌栓的患者介入疗效明显提高,患者生存期显著延长。

胰腺癌的综合性介入治疗:科室对不能手术切除胰腺癌的患者进行综合性介入治疗,包括区域性的动脉化疗栓塞,然后给予放射治疗;胰腺癌伴梗阻性黄疸的介入治疗。在这些介入治疗的基础上,探索胰腺癌规范化的综合治疗。

【门静脉高压的介入治疗】

科室针对各种疾病引起的门静脉高压,开创和改进不同介入技术,取得了良好临床疗效。

国内率先开展经皮穿肝曲张静脉栓塞术(PTVE):为运用介入微创技术治疗门脉高压揭开序幕。1991—2010年,共对820例门脉高压性上消化道出血患者实施PTVE术,技术成功率为100%,止血成功率为100%,术后30天死亡率为0。

国内率先开展经皮穿脾脏门静脉置管(PTPC),为介入治疗门静脉疾病提供了新路径。1999—2010年,共对50例患者实施经皮穿脾静脉门静脉置管术,技术成功率为94%,止血成功率为100%,术后30天的死亡率为0。

直接性门腔分流(DIPS)拓宽了介入性肝内门腔分流的适应证;2004—2008年,共对23例门脉高压患者实施DIPS术,技术成功率为100%,患者术后一、二年分流道累计通畅率分别为77.4%、50.2%。

多途径、联合运用多种介入技术提高在门脉系统血栓形成(PVT)患者体内建立肝内门腔分流的成功率,为PVT的治疗提供了安全入路。2006—2010年,共对16例非急性、症状性PVT患者进行治疗,建立肝内门腔分流道的成功率为100%,临床症状缓解率达93.8%。

在国内外介入治疗领域,首先提出"血管内近程放疗治疗门脉主干癌栓"的理念,发明制作了"植入性碘-125粒子条",率先采用"血管内植入碘-125粒子条及支架联合TACE"对原发性肝癌合并门脉主干癌栓患者进行治疗。2008—2010年,100例肝癌合并门脉主干癌栓患者接受上述治疗,患者的平均中位生存期达到(432.0±123.7)天,术后一、二年的累计生存率分别达到53.3%、36.9%,疗效令人鼓舞。该技术的临床研究成果在国际刊物上发表了5篇SCI论文,得到广泛认可。

【肝移植术后血管、胆管并发症的介入治疗】

与医院肝外科和移植中心密切合作,对肝动脉急性血栓形成或闭塞行溶栓或内支架治疗,对门静脉狭窄进行PTA或门脉支架治疗,下腔静脉和肝静脉狭窄行PTA或支架治疗。肝移植术后胆道并发症行PTCD或内支架治疗,取得满意疗效。这些方法已成熟应用于临床,并形成规范进行推广。在移植肝来源紧缺的情况下,大大提高肝移植成功率,减少二次肝移植手术,延长患者生存期。

三、医学教育

介入治疗科承担复旦大学各专业学生影像医学教学中介入放射学部分的授课和见习等带教任务,同时每年承担复旦大学研究生院研究生影像医学中介入放射学的教学任务。自1980年以来,介入放射学共培养研究生 64 人,已毕业 52 人,其中博士研究生 39 人、硕士研究生 13 人。2017 年在读研究生共 12 人,其中博士研究生 7 人、硕士研究生 5 人。已经毕业的研究生中部分在各自工作岗位上已担任科室主任,或破格晋升为教授,多数已成为副教授。本专业是上海市住院医师影像医学学科的培养基地,王建华是总负责人,2010 至 2017 年底每年培养基地轮转住院医师 11～14人。2010—2017 年每年招收介入进修医生 12～15 人,范围涵盖全国除新疆、西藏外的所有省、自治区和直辖市,部分进修医生已成为当地介入放射学分会的主任委员或医院科室主任。至 2017 年底,出国培养超过半年以上的教授、副教授共 8 人次,接受短期培训的教授、副教授 12 人次。

1996 年起,每年承办全国放射介入治疗学习班 1 次,每届学习班 60～80 人次。2009 年至今,每年承办介入放射学远程教育 1 次。主办国际和全国学术大会 4 次:2005 年 6 月主办第一届上海国际肝癌综合介入治疗研讨会;2008 年 6 月主办第二届上海国际肝癌综合介入治疗研讨会;2011年 4 月主办第二届中国肿瘤介入与微创治疗大会暨第三届上海国际肝癌综合介入治疗研讨会;2014 年 4 月主办第五届中国肿瘤介入与微创治疗大会暨第四届上海国际肝癌综合介入治疗研讨会。每次会议均有来自美国、日本、韩国及欧洲各国等的国际知名教授 60 余人次进行专题讲演,国内知名教授 100 余人次做专题报告。每次会议参加人数 600～800 人。

四、科学研究

科室自 2013 年以来累计承担科研课题 20 项(包括完成国家级、省部级课题和全球多中心合作课题),科研经费超过 700 万元。"影像学和介入放射学新技术在肝癌诊断和治疗中的系列研究"获2005 年国家科技进步奖二等奖。国家"九五"攻关计划课题"肝癌综合性介入治疗技术的应用研究"获 2002 年中华医学科技奖二等奖、上海市科技进步奖一等奖。"小和微小肝癌影像学检查新技术及其相关问题的研究"获 2003 年中华医学科技奖二等奖、上海市科技进步奖一等奖。"肝癌综合性介入治疗系统性研究"获得 1995 年上海市科技成果奖二等奖。"t-PA 溶栓剂实验和临床研究"获得 1991 年上海市科技成果奖二等奖。"肝肾肿瘤栓塞治疗的实验和应用研究"获得 1988 年卫生部科技进步奖二等奖。"Experimental studies of portal venous embolization with iodized oil in rats tumor induced liver"获美国心血管介入放射学会海外青年优秀者奖(1993 年)。科室成立以来共发表论文共 412 篇,其中 SCI 收录 65 篇。主编、副主编专著 6 部,参与编写十余部。

表 2-3-6　2011—2013 年介入治疗科获国家级基金资助项目及国际合作项目情况表

获批年份	项 目 名 称	项目类型	负 责 人
2011	肝癌介入栓塞治疗对肝癌转移的影响及其机制的实验研究	国家自然科学基金面上项目	王建华
2012	微波消融治疗肝癌对肝脏灌注和转移的影响及其机制的实验研究	国家自然科学基金	刘凌晓
2012	消化系统恶性肿瘤微创治疗新技术的应用研究	国家高技术研究发展计划("863"计划)	王建华
2012	胰腺癌外周血单个核细胞早期诊断蛋白标志物的筛选及功能评价	教育部高等学校博士学科点专项科研基金	王小林

（续表）

获批年份	项　目　名　称	项目类型	负　责　人
2013	肝癌介入栓塞后缺氧诱导上皮间质转化的分子机制及磁共振功能成像研究	国家自然科学基金委专项基金	瞿旭东
2007—2012	原发性肝癌介入治疗方法规范化的比较研究和中远期疗效评估	国家"十一五"科技支撑计划课题	王建华
2009—2012	Study in Asia of the combination of TACE with Sorafenib in patients with hepatocellular carcinoma（HCC）	亚太地区多中心合作课题	王建华（中国大陆地区主要研究者）
2010—2012	A phase Ⅱ randomized, double-blind, placebo-controlled study of Sorafenib or placebo in combination with TACE for intermediate stage HCC	全球多中心合作课题	王建华（中国大陆地区主要研究者）
2010—2013	A randomized, double-blind, multicenter Phase Ⅲ study of Brivanib versus placebo as adjuvant therapy to TACE in patients with unresectable hepatocellular carcinoma：The BRISK TA Study	全球多中心合作课题	王建华（中国大陆地区主要研究者）

五、社会服务

2015 年 5—11 月，张雯作为医疗队成员赴云南曲靖市第二人民医院进行了为期 6 个月的定点扶贫医疗工作；2013 年 8 月，瞿旭东作为国家医疗队成员赴新疆石河子进行为期一个月的国家医疗队工作。2016 年 9 月，王小林作为国家医疗队成员，"重走长征路"赴甘肃华池县和环县进行指导和义诊工作。

第四节　放射治疗科

一、发展沿革

放射治疗科（简称"放疗科"）成立于 1996 年，位于西院区 12 号楼，占地面积 500 平方米。医教研并重，是硕士、博士教学点。医疗诊疗技术在国内始终保持领先水平。

1996 年建科时，设备只有用于常规 X 线及电子束外照射的直线加速器（GE-41F）及东芝放疗模拟定位机。主要治疗的项目为头颈部和部分胸部肿瘤，如淋巴瘤、乳腺癌术后。

2005 年，开始使用三维适形治疗计划系统（TPS）进行肿瘤放疗。2006 年，安装启用西门子 OncoAvant-Garde 高能直线加速器开展调强放射治疗。2009 年起，调强放射治疗逐渐成为主要的肿瘤放疗方式，为满足患者的治疗需要，科室开始执行周六和夜间加班、中午不休息、周日维护放疗设备的工作制度。

2009 年开始科室改建，将原有的 2 层机房重新加筑浇灌地基，加盖第三层，升级通风系统，改建科室二楼安装 TOMO 机房，扩建后建筑面积达到 1 400 平方米。

2011 年 6 月 6 日，放疗科开展医院第一例、当时世界最先进的螺旋断层放射治疗

（Tomotherapy，TOMO），一例肿瘤肝转移患者成为首位受益者。2016年，配合普外科直肠组开设了直肠癌多学科会诊门诊，参与的科室还包括化疗科、肝外科、介入科和放射科，可以给就诊的患者提供全方位确切的诊疗建议。截至2017年3月，已完成2 200余例TOMO治疗患者。放疗科在设备配置和应用技术上达到了国内领先的水平，满足现代精确放疗、精准治疗的要求。

2003年，分部放疗科随上海市纺织第三医院并入中山医院，设立肺肿瘤放化疗联合病房。2016年，总部与分部放疗科的合并进一步壮大了中山医院放疗科的实力。2016年3月，本部开设肿瘤日间病房1病区，设有正式床位24张，进行同步放化疗及放疗不良反应的临床诊治。

2017年，放疗科拥有1台TOMO螺旋断层放射治疗系统、2台直线加速器、1台CT模拟定位机、1台普通模拟定位机；2套放射治疗计划系统：TPS＆Pinnacle。放疗科有医师31人，其中副高级职称以上医师9人，主治医师17人；物理师10人，技术员21人。

表2-3-7　1996—2017年放疗科历任主任情况表

任 职 时 间	主 任
1996年3月—2001年10月	王凤英
2001年10月—	曾昭冲

二、医疗特色

随着肿瘤疾病治疗需求的增加，治疗患者总数和疾病种类越来越多，每年的工作量不断增长。2017年，放疗科门诊达39 366人次，治疗患者3 060人，总放射野460 000余个。成立6个肿瘤相关放疗亚专科，拓宽了领域，也进一步奠定专业基础。

【肝癌】

放疗科与肝癌研究所和介入科积极合作，对不能手术切除的大肝癌患者进行肝动脉结扎、栓塞化疗结合外放疗，提高了患者的生存期，肝癌放疗已成为科室的治疗特色之一。2002年，放疗科成为上海市重点临床学科——肝癌诊治中心的一部分。在此基础上，将放射治疗肝癌的适应证扩大到淋巴结转移、门脉/下腔静脉癌栓、肝内胆管癌、肾上腺转移、骨转移，还开发了呼吸门控等临床适宜的放疗技术，均获得了良好的治疗效果。TOMO螺旋断层放射治疗系统给晚期肝癌患者带来了更好更多的治疗机会，在肝癌肺部多发转移、腹盆腔多发淋巴结转移方面都取得了很好的治疗效果。2013年开发新临床技术——肝癌的立体定向放射治疗。

【肺癌】

2001年，与呼吸科和胸外科联合，成立国内第一家肺部肿瘤综合治疗中心，有2个病区，共74张病床。坚持肺癌治疗的三科会诊制度，开展同步放化疗和肺癌胸腔积液的阴阳模放疗新技术，使肺癌综合治疗更加规范、合理，明显延长肺癌患者生存期。

【乳腺癌】

2009年，与乳腺外科、化疗科、病理科等相关科室成立中山医院乳腺肿瘤治疗中心，坚持多学科 MDT 会诊制度,施行中晚期乳腺癌术前放疗、早期乳腺癌保乳术后放疗以及晚期乳腺癌胸壁转移、颅脑转移的放疗等。至 2017 年,已完成乳腺癌术后放疗 1 400 余例,患者生存期长,治疗效果确切。

【前列腺癌】

放疗一直是前列腺癌的重要治疗手段,自放疗科开展调强放疗后,放疗病例开始增多。2011年,放疗科开展图像引导下螺旋断层调强放疗,对前列腺癌的治疗更有保障,大大减少了放射性直肠炎的发生。2015 年以来,每年有近 100 例各期前列腺癌患者接受放疗。通过前列腺癌 MDT 加强了放疗科与泌尿外科的协作。

【胰腺癌】

自 2010 年与普通外科合作后,放疗科的胰腺癌治疗更加规范。至 2014 年胰腺肿瘤 MDT成立,科室间交流增加,对于放疗指征的掌握也更规范和权威。2016 年以来,每年有胰腺癌放疗病例 60 余例,其中局部晚期胰腺癌"三明治治疗"、术后辅助治疗大大提高了胰腺癌患者的诊治水平。

【直肠癌】

直肠癌是医院重点研究和治疗的疾病,中山医院在全国率先开设直肠癌综合治疗门诊,普外科每年约有 1 500 例结直肠癌手术病例,许多患者在不同的病期需要接受放疗。肠癌 MDT 门诊进行常规术后放疗、局部区域复发和转移性直肠癌放疗,2017 年以后,又增设术前新辅助放疗,提升直肠癌诊疗水平。

三、医学教育

【本科、研究生教育】

从 2003 年起,放疗科成为复旦大学的硕士点,每年招收放射治疗学硕士,同时积极指导其他科室的研究生从事肿瘤放疗方面的研究。先后培养硕士研究生 20 人。2008 年获批博士点,先后培养博士研究生 6 人。2012 年获教育部博士点基金资助。

2013 年,中山医院成立肿瘤学专科基地,培训肿瘤学相关专科医生,实行一对一导师制,要求导师在医、教、研各方面按专科医师规范化培训细则的要求督促学员完成各阶段培训,每月进行疑难病例讨论学习,相关资料撰写成文,发表于《中国医学论坛报》,各学员均通过上海市卫计委及复旦大学的年度考核。

【继续医学教育】

2003 年起,放疗科开始陆续接收外地进修医生及进修物理师,进修医生共 18 人,进修物理师共5 人。除常见肿瘤放化疗的教学外,还将他们纳入临床诊疗工作,受到普遍好评。

【国内外学习交流】

放疗科曾昭冲任英国 SCI 收录杂志 *BMC Cancer* 副主编。

2004 至 2017 年共主办 12 次国家级继续教育项目——"肿瘤放射综合治疗进展"全国放射治疗学习班,得到全国各地放疗界同人的大力支持,每届均有 30 余人次来院学习,反响良好。

2005 年成功举办首届全国肝胆胰肿瘤放疗研讨会。2005 年和 2009 年先后主办首届和第二届全国肝癌放疗研讨会,推动中国肝癌放疗学的开展。编写的《腹盆部肿瘤放射治疗学》获得上海市科委的资助。同时,参与呼吸科、胸外科联合主办"上海国际呼吸病研讨会及肺部肿瘤诊治新进展学习班"。上述学术活动有助于提升中山医院在全国放疗界的地位和影响,加强了国内外同行的交流。

放疗科积极开展对外友好交流与合作。曾先后邀请国际放射研究学会主席乔治·里亚基斯(George Iliakis)、美国放射治疗及肿瘤学会(ASTRO)主席劳伦斯(T. S. Lawrrence)、ASTRO 放射物理主任兰德尔·滕哈肯(Randall TenHaken)、美国放射治疗协作组(RTOG)临床研究组主任亚当·迪克(Adam Dicker)等来院参观讲学,进行学术交流。2016 年美国 M. D. 安德森癌症中心放疗科来医院放疗科交流学习。

曾昭冲多年来受邀在国内外各种会议上做特邀报告,内容涵盖了放疗科在临床治疗和基础研究各方面的进展。2007 年 9 月,受联合国发展署的邀请在韩国做肝癌放疗质量控制的报告;2008、2010 和 2012 年 3 次在亚太地区肝病年会做特邀报告;2012 年,应邀在亚太地区肝癌年会(APPLE)以及美国放疗进展年会(ARO)上做特邀报告;2013 年,曾昭冲先后在中国台北举办的第五届亚太肝癌高峰论坛和在日本神户举办的亚太放射大会上做特邀报告,充分展现放疗科在肝癌治疗中的经验;2015 年,应邀在首届国际放疗新技术学术会议、中华医学会第十二次全国放射肿瘤治疗学学术会议上做大会报告;2016 年,应邀出席亚太地区放疗定位新技术研讨会,是中国唯一一位参会演讲者。

【出版书籍】

曾韶冲主编《腹盆部肿瘤放射治疗学》(复旦大学出版社,2007 年)及《原发性肝癌放射治疗临床实践》(人民卫生出版社,2013 年)。

四、科学研究

科研内容包括常见恶性肿瘤最佳综合治疗模式、多种放疗手段结合提高实体肿瘤治疗疗效的研究、新的模拟定位和放疗技术的建立和临床应用、图像引导下的肿瘤放射治疗工作等。

截至 2017 年,共计科研经费 650 余万元。2007 至 2017 年发表 SCI 论文 96 篇,影响因子总分达 200 分。发表中文核心期刊论文 30 余篇。

放疗科一直致力于肝癌放射治疗的基础与临床研究,证实肝癌属于放疗敏感性肿瘤;分析了肝细胞癌放射损伤、凋亡的过程,以及其肿瘤标志物 AFP 在放疗过程中变化的特殊性及意义。1999 年,在《美国临床肿瘤学杂志》上撰文阐述了放射性肝损伤的病理变化,从病理学角度纠正了放射性肝炎的概念。2005 年,"肝细胞癌的放射治疗"获第六届上海市临床医疗成果奖二等奖。

2006 年,放疗科获得中国抗癌协会临床肿瘤学协作专业委员会(CSCO)的基金资助和上海市肝脏肿瘤中心的资助,开展不能手术切除肝癌介入治疗结合与不结合外放疗的多中心、随机前瞻性研究;还开展"多烯紫杉醇对肝细胞癌的放射增敏的实验研究""放射治疗促肝细胞癌转移的实验研究"及"细胞周期调控药物对肝细胞癌的放射增敏效果"等研究。2010 年,肝癌放疗基础相关放射性肝纤维化得到突破性进展,一系列如"干预和阻断 TGF - β1 信号转导通路可有效缓解放射性肝纤维化"等论著发表在本专业国际顶级期刊 *Int J Radiat Oncol Biol Phys* 上。在国外有影响的医学杂志如《国际放射肿瘤学·生物学·物理学》《癌症杂志》《欧洲核医学杂志》等发表临床研究相关论文,得到国际同行高度认可及评价。

曾昭冲 2012 年获国家自然科学基金委主任基金、上海市优秀学科带头人基金,2013 年获得上海市科委科研基金 2 项、国际原子能机构课题 1 项,2014 年获上海市科委科技创新行动计划项目、上海市科委重大项目子课题,2015 年获国家自然科学基金海峡联合基金项目资助。曾昭冲获 2016年上海市领军人才称号。

参加国家一类新药甘氨双唑钠的临床Ⅲ、Ⅳ期试验。该试验成果论文《甘氨双唑钠对食道癌放射治疗增敏作用的研究》发表于《中华放射肿瘤杂志》。先后参与"Xeloda 对复发性大肠癌的放射增敏"临床多中心研究、EPO 与放疗结合的临床研究、前列腺癌或膀胱癌的热疗加放疗的临床研究、胰腺癌介入化疗结合外放疗研究等,取得了很大进展。鼓励技术人员参与科研,在国内率先研究腹部加压呼吸控制技术,同时对 4D - CT 和 TOMO 等新技术展开研究。2013 年,"腹部加压呼吸控制技术研究"论文被中华医学会第十次全国放射肿瘤治疗学学术会议录用。

表 2 - 3 - 8　2007—2017 年放疗科获国家级基金资助项目情况表

获批年份	项 目 名 称	项目类型	负责人
2007	重组腺病毒介导可溶性Ⅱ型 TGF - β 受体干预放射性肝病的实验研究	国家自然科学基金面上项目	曾昭冲
2009	放射性肝损伤血清肽组学研究	国家自然科学基金青年科学基金	杜世锁
2009	肝细胞癌骨转移的分子预测模型研究	国家自然科学基金面上项目	曾昭冲
2013	放疗后肝脏微环境变化对肝实质细胞放射敏感性影响的机制研究	上海市人才发展基金专项基金项目	曾昭冲
2015	FoxP3 介导的胃癌细胞- Treg 的交互作用对胃癌术前新辅助放化疗后抗肿瘤免疫应答的影响及机制	国家自然科学基金青年科学基金	马桂芬
2016	miR - 146a 桥接 TLR4 与 TGF - β1 通路调控微环境用于肝癌放疗致放射性肝病的发病机制及早期诊治	国家自然科学基金海峡联合基金项目	曾昭冲
2017	小肝癌精确放疗临床应用规范编制与验证	科技部重点项目	曾昭冲
2017	唑来膦酸通过启动 M1 型巨噬细胞和 Th17 细胞间正反馈环路提高肝癌放疗疗效的机制研究	国家自然科学基金青年科学基金	陈一兴

五、社会服务

放疗科多名主治医师参加上海市基层医院的医疗援助,带着学科知识和科室管理理念下乡入科,受到上级领导部门的好评,为社会提供更多更好的优质医疗服务,造福患者。

放疗科同人始终致力于学科相关宣教、营养支持治疗宣教,受到广泛热烈的社会反响。

第五节 药 剂 科

一、发展沿革

1937年医院开业的同时,建立药房,当时的职能是配方、发药,并提供一些简单的临时调剂服务。1949年,科室在医院组织系统中称为药剂部,归属医院行政委员会管理。1964年12月更名为药剂科,沿用至今。

因临床医疗与科研需要,医院于20世纪60年代末成立了中草药制剂室;20世纪70年代初又相继建立普通制剂室和灭菌制剂室,生产一些中药制剂、化学药制剂、葡萄糖注射液和心脏保养液等。在较长的一段时间内,药剂科的主要工作包括调剂与制剂两大部分,负责医院门诊和住院患者的处方调配以及配制市场上买不到的供医院患者使用的药品。

20世纪80年代,药剂科迎来一个快速发展的时期。1981年,药剂科组建药物分析室,开展医院制剂的质量控制工作。1982年,又成立临床药理实验室,陈秋潮为负责人,开展以血药浓度测定为主要内容的临床药理工作。最初主要是以微生物法测定抗菌药血药浓度,后与肾病科合作,对患者肾移植后免疫抑制剂环孢素的血药浓度进行测定,并带教相关专业研究生,以后逐渐发展到运用高效液相色谱法,对临床使用普罗帕酮、氨基糖苷类等治疗指数狭窄的药物的患者进行血药浓度监测,提高了治疗的安全性和有效性,并承担多项研究课题。至20世纪90年代发展成为拥有十多个专业、国内知名的临床药理实验基地。1982年,苏宝驹带领灭菌制剂室试制成功临床急需的人造血、停搏液,为医院顺利开展心脏手术创造了条件。1986年,医院收回由徐汇区药材公司管理的门诊中药房,交由药剂科负责管理,王达妹为负责人。同年下半年成立药学资料室,搜集药学资料,开展合理用药咨询工作。1988年,制剂楼建成并投入使用,由灭菌、普通、中草药三个制剂室和质检室组成,是上海第一个制剂、检验内容齐全且完全集中在一起的制剂室。1989年,上海市卫生局医院制剂工作会议在中山医院召开。

20世纪90年代,在科主任徐力红的带领下,药剂科服务内容和管理工作不断充实和提高。1990年,门诊药房开设药物咨询窗口,为患者提供用药帮助,并于1996年在咨询窗口引入"微机药物咨询系统"以提升服务质量。1999年,配方部初步实现计算机网络化管理。药剂科工作也随之进一步做到制度化、科学化、规范化、标准化和数据化。

进入21世纪,药剂科的面貌进一步发生极大转变。2001年,成立药学研究室,主要从事天然药物提取和分离有效成分工作;同年成立临床药学室,建立临床药师队伍,有专职临床药师5人。药师开始到临床和医生一起查房,参与临床药物治疗,开展以合理用药、减少药物不良反应为目的的临床药学工作。2003年,以"实施药品实库存管理和药品成本核算"为管理目标,药剂科开始逐步推行药品"三级"管理,即对药品在医院流通的三个主要环节(库存、药房、使用)实施全程化、逐级化、个体化、数据化和奖惩化管理。其中"药房"环节并不是传统概念中的药房,而是将某些特殊的用药单位如麻醉科、放射科视同药房环节加以管理,使用环节中除门急诊患者、住院患者用药外,还包括教学用药、科研用药、特殊情况用药等。这样使得药品在医院各个使用环节的浪费、流失现象减少到最低限度,从而最大限度地实现药品的经济价值。2003年8月,建筑面积1 200平方米的静脉药物配置中心(PIVAS)建成并投入试运营,当时在中国乃至亚洲规模最大。PIVAS由药剂科主管、护理部协管,药剂科委派张建中负责日常工作,临床药学室全体药师参与配置中心工作。至

2004年8月,PIVAS完成覆盖全院普通病区和1个监护室,为临床提供细胞毒性药物、TPN以及普通输液长期医嘱的配置服务。静脉用药集中配置工作的开展,为药师从医嘱入手介入临床治疗过程搭建了一个全新的药学工作平台,安全、有效用药理念得到具体实施,提高了医院药物治疗质量,同时也节约了大量人力(主要是护士)和资源,减少了临床输液反应和因用药错误而致的药物不良事件。2004年,中山医院新门急诊大楼落成,门急诊药房条件得到极大改善,门诊患者数量飞速增长,药房工作量也随之迅速上升,日平均处理处方达到5 000张左右。同年,中山医院成为卫生部国家抗菌药物临床应用监测网第一批成员单位,由药剂科PIVAS负责该项工作的具体落实。药剂科以此为契机,与医院感控中心合作,结合细菌耐药数据,对全院抗菌药物的使用进行宏观调控。2005年7月,临床药理室脱离药剂科,归属医院科研处管理。同年,卫生部委托中华医院管理学会启动临床药师培训基地试点工作,中山医院成为首批19家基地之一,获批心血管、呼吸、消化3个专业临床药师的培训资格。2006年与中华医院管理学会签订《临床药师培训工作协议书》,同年招收第一批6名学员。2008年,卫生部医政司开展临床药师制试点工作,中山医院被遴选为42家试点医院之一。2009年,上海市首家手术室专供药房在中山医院投入使用。2012年,经过申报、评审,中山医院成为首批卫生部临床药师师资培训基地之一。2013年,新建于松江区的制剂室通过上海市食品药品监督管理局的验收,并获颁《医疗机构制剂许可证》。2016年6月,中山医院成为首批上海市临床药学重点专科建设项目单位。同年12月,成为上海卫生计生委重要(薄弱)学科建设计划临床药学专科组长单位,药剂科主任吕迁洲任首席专家。2016年东院PIVAS投入使用,静脉用药集中调配服务延伸至东院区全部病区。2017年8月20日,复旦中山厦门医院投入试运营,叶岩荣任厦门医院药剂科执行主任。

2017年,药剂科有正式员工207人,其中主任药师1人、副主任药师8人、主管药师62人;博士研究生5人,硕士研究生23人。2017年日平均处理门诊处方8 914张,日配制细胞毒性药物165袋、TPN 60袋、普通输液4 798袋。

表2-3-9 1957—2017年药剂科历任主任情况表

科 室 名 称	任 职 时 间	主 任
药剂部/药剂科	1957年4月—1972年7月	黄福昌(药房主任)
药剂科	1972年7月—1978年2月	王 萍
	1978年3月—1985年12月	王 萍(药房主任)
	1985年12月—1989年5月	吴绍庭
	1989年5月—1996年6月	徐力红
	1996年6月—1998年2月	王达妹(副主任,主持工作)
	1998年2月—	吕迁洲

二、药学服务特色

【药品实库存与全程化管理】

药剂科从1998年开始推行药品实库存管理,至2008年,在国内首先实现全部药品和大输液的实库存管理。中药房全面推行中药饮片小包装化调剂模式,2009年实现中药饮片实库存管理。

2011 年,手术药房开始执行一站式术中用药专业化配送服务。2012 年,药剂科率先在三级医院中建成药品批号全流程跟踪体系。同时启动冷链建设,2013 年完成冷链监控报警系统建设。

【信息化与自动化建设】

2010 年,药剂科在全市范围率先实现药品发票电子化。2013 年,药库引入手持移动终端(手持机)系统,实现电子核对功能。2015 年,在药剂科全面推广使用手持机,并上线在库药品有效期智能管理模块。

2007 年和 2009 年分别实现对医师的麻醉药品和第一类精神药品、抗菌药物的处方权限分级管理。2010—2016 年,陆续上线"药品运行监测记录"及"门诊合理用药质量管理指标"模块、"高警示药品专有标示及使用监控"模块、"药师处方干预记录及调剂内部差错登记"模块以及"一般处方点评和多个专项处方点评"模块。

2010 年起,陆续分批引进药品分包机,至 2016 年实现全院住院患者药品自动单剂量分包。

2013 年,住院药房引进毒麻药品智能保险柜,实现特殊管理药品的批号跟踪管理、基数管理、各类记录文书生成自动化,2015 年推广至门诊。

2014 年,手术药房启用麻醉药箱发放及回收电子追踪系统。

2015 年,东院区门诊药房采用智能化药房设计,以大型自动发药机为中心执行自动化药品调剂工作模式。急诊药房引入注射剂自动化发药系统。

【质量持续改进】

2007 年,药剂科启动质量持续改进活动,通过流程再造、工作创新,提高药事管理质量。2012 年,医院在全院范围开展质量持续改进活动,药剂科 7 名药师成为种子内训师,先后培训各类内训师 140 余人,指导优秀品管圈在 2013—2017 年全国医院品管圈大赛上取得五连冠的佳绩,为医院成为首批 4 家全国医院品管圈培训基地奠定基础。2017 年,种子内训师团队应邀在英国伦敦举办的国际医疗品质协会年会上做专题报告。同年出版国内唯一一部质量持续改进活动案例专著《医疗质量持续改进案例精选》。

【静脉用药集中调配】

2003 年 8 月,中山医院 PIVAS 建成并投入试运行,至 2004 年 8 月完成覆盖全院普通病区和 1 个 ICU。静脉用药集中调配工作的开展,使药师可以从医嘱入手,把握药物使用的合理性;同时,无菌环境的输液配制,使静脉输液不良反应的发生率明显降低,从而确保药物使用的安全、有效与经济,实现提高医疗质量、合理用药、节约资源(人力和药品)的目的。

2016 年,东院区 PIVAS 建设完成,PIVAS 工作覆盖东西两个院区 63 个病房、3 个 ICU、2 个周转部病房。同时引进针剂配药机和智能机器人,进一步提升 PIVAS 的工作效率;实现对全院抗肿瘤药物的统一管理。

【临床药学与合理用药】

药剂科紧抓医院药学的学科发展方向,在 2001 年设立临床药学室,由 5 名药师组成专职临床药师队伍,开启中山医院的临床药学工作。经过十多年的不懈努力,至 2017 年 12 月,专职临床药师队伍扩充到 28 人,深入心内科、心内科监护室、肿瘤内科、外科监护室、呼吸科、感染科、神经内科、肝外科监护室等十多个临床科室和病区,在临床药物治疗工作中发挥作用。2008年,中山医院被卫生部医政司遴选为国家临床药师制试点单位之一。2016年6月,成为上海市首批临床药学重点专科建设项目单位。同年12月,成为上海市卫生计生委重要薄弱学科建设项目临床药学专科组长单位。

药剂科依据《处方管理办法》的要求,从2007年起开展处方点评工作,尤其关注抗菌药物、糖皮质激素、抗肿瘤药物、中药注射剂、麻醉药品、辅助用药等药品。处方点评结果按规定上报医务管理部门,并在院内网公示。2009—2016年,逐步在HIS系统上线一般处方点评模块和抗菌药物、糖皮质激素、特殊管理药物、辅助用药等专项处方点评模块,不断提升处方点评信息化、自动化程度。

【医院自制制剂】

中山医院自制制剂起步于20世纪60年代。1988年,建成上海市第一座集灭菌制剂、普通制剂、中草药制剂和质检于一体的制剂楼。20世纪90年代,配合医院临床治疗的需求,生产9种大输液、6种小针剂、7种滴眼药、8种灭菌溶液剂;开发恩肤霜、复方消炎霜等皮肤科外用制剂;与心研所病毒室合作研制成功"健心颗粒剂",用于病毒性心肌炎的治疗,取得良好效果;皮肤科、药剂科与日本津村株式会社合作,进行雷公藤对于免疫功能作用的有效成分研究,取得诸多研究成果。

2008年12月22日,中山医院同意在松江区佘山镇天南路180号地块建设新制剂室,并于2012年7月基本建成进入试生产,2013年3月通过上海市食品药品监督管理局的验收,同年4月获颁《医疗机构制剂许可证》,2015年11月通过换证检查验收。

新制剂室包括制剂楼和质检楼两栋主建筑和其他辅助工作区,主建筑面积分别达4 497.5平方米和1 317平方米。生产区域包括膏霜剂生产区、外用液体生产区、外用灭菌液体生产区、中药口服液体生产区、中药口服固体生产区,另有独立的中药提取、灌装车间,仓储区域与设施;配有功能齐全的质检室、理化实验室、微生物检验室、无菌检验室及1个万级环境下局部百级的中试区。

2017年制剂室共有制剂文号74个,其中化学药制剂26个,中药制剂48个。

三、医学教育

【本科、研究生教学】

1998年7月,上海医科大学药学院筹建医院药学教研室,吕迁洲兼任教研室副主任。药剂科承担中山临床医学院本科生临床药学教学工作,吕迁洲、李雪宁、陈伟力参与编写教材及理论授课。2012年起,吕迁洲、李静、叶晓芬、吴薇等承担复旦大学药学院硕士研究生、本科生理论课"临床药物治疗学"授课任务;2016年起许青、李静、吴薇、陈璋璋等承担复旦大学护理学院理论课"药物治疗与护理"授课任务。2013年药剂科成为复旦大学药学硕士(临床药学)研究生实践基地。

20世纪90年代起,承担上海医科大学、复旦大学药学院、上海中医药大学中药学院本科生的医院实习带教工作。2014、2015年,又分别增加徐州医学院临床药学专业本科生、安徽医科大学药学院本科生的实习带教工作。

2001年,吕迁洲、李雪宁成为硕士生导师,并于次年开始招生。2012年,吕迁洲成为博士生导师,至2017年培养毕业博士研究生3人。

2017年药剂科有博士生导师1人,硕士生导师1人;在读博士研究生7人,同等学力硕士研究生3人。

【专科生实习带教】

药剂科承担上海医药职工大学、上海医药高等专科学校、上海市药剂学校、上海市卫生学校等校专科生的医院实习带教工作多年,2010年和2016年又分别新增上海健康职业技术学院和上海震旦职业技术学院两所院校学生的实习带教工作。

【继续医学教育】

2003—2011年,药剂科为上海市住院医师(药师)规范化培训考试基地,承担调剂学与药物分析技能考核工作。

2006年,药剂科成为卫生部临床药师培训试点基地,至2017年为全国各地兄弟医院培训临床药师98人。

2011年,上海市医院协会启动上海市临床药师在职规范化培训项目,吕迁洲为项目负责人。至2017年,该项目完成对上海市七十多家二、三级医院568名临床药师的在职规范化培训。

2012年,药剂科成为卫生部临床药师师资培训基地,至2017年为多个临床药师培训基地单位培养带教师资108人。

【境外学习交流】

1991—2017年,药剂科共有20人次赴日本、英国、加拿大、美国及中国台湾地区访学或培训。2010年起,承担复旦大学药学院的美国奥尔巴尼医药与健康科学学院(Albany College of Pharmacy and Health Science,ACPHS)交流生(药学博士)实习带教工作,至2016年累计完成9名学生的带教。其他还包括1名法籍留学生、6名泰籍留学生和4名美籍留学生的见习带教。

【教学论文、成果、获奖】

药剂科于2007—2017年先后发表教学论文10篇,参编教材2部。2012年,吕迁洲作为第二完成人的"临床药物治疗学"精品课程项目获复旦大学研究生教学成果奖二等奖;叶晓芬获2016年首届全国临床药学专业青年教师教学基本功竞赛二等奖;李静获2016年中国医院协会临床药师带教之星称号。2017年,吕迁洲作为第四完成人获复旦大学教学成果奖一等奖和上海市教学成果奖二等奖。陈璋璋获2017年上海市医院协会十大优秀临床药师带教老师称号。

四、科学研究

药剂科科研工作最早可以追溯到20世纪50年代,徐忠祥等在不影响疗效的前提下,把一些常用药改变剂型,把苦药变成甜药,不但可口、美观,而且特别受小儿患者欢迎,并在1959年第二期《药学通报》(《中国药学杂志》前身)发表药剂科第一篇论文《药物剂型的一点改进》。1988年,杨春欣的"清热调血糖浆(三藤糖浆)治疗302例各型红斑狼疮的研究"获上海市科技进步奖三等奖。1998年,杨春欣负责的课题"雷公藤水溶性单体的分离及其免疫药理的研究"成为药剂科首个获得国家自然科学基金资助的研究项目。2001年,制剂室科研部分分离,成立药学研究室,继续以天然药物提取与分离有效成分为主要研究方向。

1998—2017年,药剂科共获得各级各类课题项目39项,其中国家自然科学基金项目1项,国家中医药管理局课题 1 项,国家科技重大专项课题"重大新药创制项目"子课题 1 项,上海市科委中药科技支撑项目 1 项,上海市科委中药现代化专项课题 2 项,复旦大学上海医学院基础-临床交叉研究基金 1 项,复旦大学创业投资基金项目 1 项,上海市科委专项课题 3 项,上海市卫计委课题 2 项,上海市药学会医院药学专项课题 19 项,中山医院青年基金项目 4 项,中山医院管理基金项目 3 项。

2008—2017 年,药剂科共发表 SCI 论文 18 篇,国内核心期刊论文 247 篇。主编、副主编专著 6 部,参编专著 7 部。

2004—2016 年,药剂科共申请获得国家专利授权 5 项,获得日本特许(专利)授权 1 项。

2011 年,药剂科主任吕迁洲入选上海市卫生系统优秀学科带头人。2012 年 3 月,药剂科杨春欣、泌尿外科林宗明的授权专利"一种免疫抑制药及其制备方法和应用"以及心研所杨英珍、药剂科杨春欣等的授权专利"黄芪甲苷在制备药物组合物中的应用"与浙江中科生物医药有限公司签订科研成果转让合同,合同额分别为 1 500 万元和 12 万元。

2017 年,吕迁洲团队"创新性立体化临床药师培养平台的构建与应用"获上海药学科技奖(应用类)三等奖。

五、社会服务

【医疗援建】

2014 年 8 月 6 日至 2015 年 2 月 4 日,药剂科黄逎奇作为第十七批上海青年志愿者赴滇服务接力队的一员,赴云南红河州蒙自市人民医院开展为期半年的"医疗卫生志愿服务边疆行"活动,因表现突出被云南省红河团州委评为红河州优秀青年志愿者,被云南团省委授予优秀志愿者称号。

【科普工作】

1990 年,药剂科在门诊药房最早开设了药物咨询窗口,为病患提供咨询服务与用药指导。经过多年的坚持与精益求精,对患者进行合理用药宣传教育服务,深受患者好评。

2012 年,药剂科引入用药咨询辅助软件。2015 年,住院药房上线"用药小知识"微信公众号。临床药师通过深入社区,参与广播电台、电视台相关节目,担任上海市卫生计生委药政处"上海药讯"微信公众号轮值单位等多种形式,积极开展合理用药宣传教育活动。临床药学室 2016、2017 年连续被评为上海市合理用药系列宣传教育活动先进单位。药剂科被上海市总工会授予 2017 年群众性劳动竞赛上海市工人先锋号。

第六节　检　验　科

一、发展沿革

检验科前身为化验室,始建于 20 世纪 40 年代,经过近 80 年的发展,通过几代人的努力,已由简单的化验室发展成为检测设备齐全、具备现代化硬件和软件的医学实验室。

1949 年检验科初建时仅有 3 名工作人员,以手工检测为主,辅以显微镜观察,开展三大常规检查。20 世纪 60 年代初,检验科引入 581 型光电比色计开展一些简单的生化常规项目,并自主研制多孔加液器和快速染料染片法,显著缩短检测时间。1974 年,检验科开展了血凝法检测 AFP,有助于肝癌的早期诊断。20 世纪 80 年代末至 90 年代中期,检验科先后引进大型全自动生化仪、免疫分析仪、尿液分析仪和全自动五分类血液分析仪等,实现检验工作自动化。1996 年,科室建立实验室信息系统,实现网络化管理,保证检验结果的时效性,迈上自动化、标准化、科学化的管理发展道路。1997 年起,检验科实行全年 365 天每周 7 天开展检测。2002 年,检验科建立临床基因扩增检验实验室,添置实时荧光扩增仪,揭开临床核酸扩增检测的序幕。2004 年 9 月,检验科整体搬迁至新门诊大楼 6 楼,检验科进入质量管理和检测能力飞速发展的新时期。2005 年,门诊开始启用"条码检验信息无纸化操作系统",减少人为因素造成的各种差错,次年该系统在全院全面推行。2009 年,检验科成为上海市首家通过 ISO 15189 医学实验室质量与能力认定的实验室。2010 年,检验科获首批国家临床重点检验专科建设单位项目,作为全国 7 家单位之一参与科技部"十二五"重大项目"中国人群常用临床检验项目参考区间及相关技术支撑体系的建立"。2016 年 1 月,门诊抽血及临床基础检验室搬迁至门诊一楼,启用智能化采血流水线,并更新包括血常规流水线、流式细胞仪等在内的大部分仪器设备。

表 2 - 3 - 10　1973—2017 年检验科历任主任情况表

科 室 名 称	任 职 时 间	主 　 任
化验室	1973 年 11 月—1975 年 2 月	洪月英(副主任,主持工作)
检验科	1975 年 2 月—1985 年 3 月	梅振武
	1985 年 3 月—1988 年 10 月	严佩华(副主任,主持工作)
	1988 年 10 月—1991 年 1 月	梅振武
	1992 年 5 月—1993 年 7 月	洪月英(副主任,主持工作)
	1993 年 7 月—1996 年 9 月	梅振武
	1996 年 9 月—	潘柏申

说明:1973 年之前检验科由内科医生兼任负责,不单独设立主任。

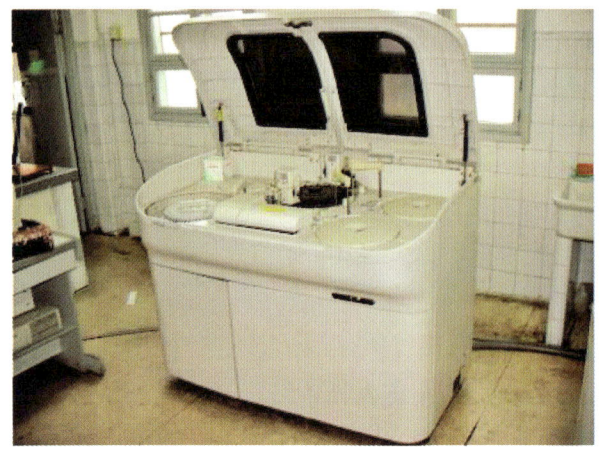

图 2 - 3 - 7　20 世纪 90 年代中山医院化验室

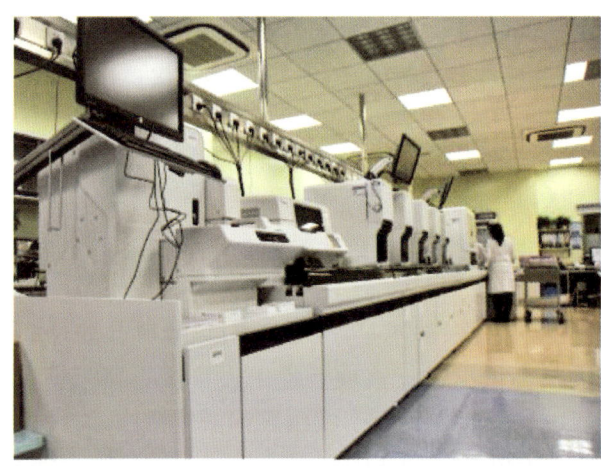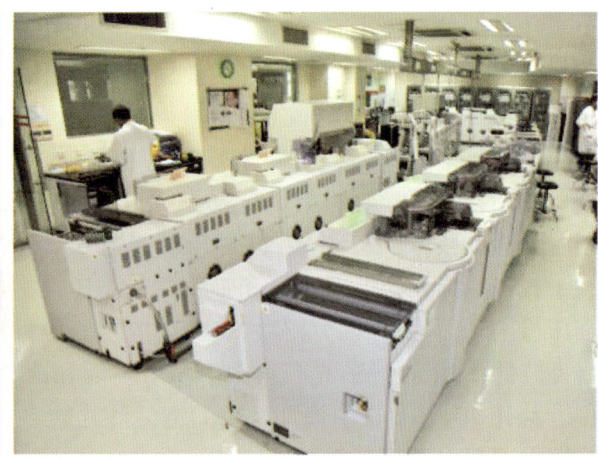

图 2 - 3 - 8　21 世纪高度自动化、信息化的检验科实验室

2017 年,检验科设有临床基础检验室、临床生化室、临床免疫室、临床分子诊断室、急诊检验室和血液实验室。科室秉持"不断提高检验质量,不断改进服务质量"的目标,持续改进、精益求精,于 1997 年被上海市临检中心评为"百次质量调查成绩优秀单位";2008、2009 年两次被评为全国十大优秀检验科室;2010 获卫生部颁发的首批国家临床重点检验专科建设单位;2012—2014 年,连续获上海市卫生和计划生育委员会颁发的上海市卫生计生工作先进集体;2012 年,检验科主任潘柏申被中共上海市委宣传部、上海市文明办评为十佳医技工作者;2013 年,检验科获全国总工会颁发的全国模范职工小家称号;2015 年,检验科获评全国五一巾帼标兵岗;2014—2017 年,连续四年在中国医院最佳检验专科排名第五。

二、医疗特色

【高标准的检验质量】

检验结果的准确性是检验质量的生命线。检验科一直坚持以国际先进实验室高标准对检测中每一环节进行全面质量控制,每年参与国内、国际各类室间质评计划。2011 年,检验科在欧洲室间质评计划(EQAS)的生化项目总成绩在全球 943 家实验室中名列 16 位;免疫项目总成绩在全球 1 253 家实验室中名列第 92 位(前 7.3%);在中国 15 家参评实验室中排名第一。2009 年,检验科成为上海首家通过 ISO 15189 实验室质量体系现场评审认可的医学实验室,科室百余项常用检测项目结果报告可被全球 40 多个国家医疗机构认可。2010 年,科室成为美国国家糖化血红蛋白标准化计划(NGSP)初级认证实验室,2016 年 9 月成为中国首家 NGSP 次级参考实验室(SRL),全面推动中国糖化血红蛋白一致性计划。作为华东地区首家通过 Westgard Sigma VP 质量认证单位,检验科成功举办多期学习班,将质量管理的最新理念引入中国。欧美最大医学检验服务集团 BARC 及 QUEST 公司先后选择中山医院检验科作为中国中心实验室,承担全球药物临床试验大中华区中心实验室检测工作。

【高效率的检验速度】

检验科全年承检量逾 4 500 万项次。2007 年 10 月,中山医院检验科 400 余个检测项目全面提速,85 个生化常规检测项目报告时间由 4 小时缩短至 2 小时,56 个免疫常规检测项目报告时间由 2

个工作日缩短至4小时,门诊血常规报告30分钟可取,为实现长三角患者"一日就诊"提供高效服务保证。中山医院检验科的快速、便捷和人性化服务在《解放日报》《文汇报》等媒体多次被报道。

【创新性检验项目开展】

高新技术是检验医学提升服务质量的要素,也是精准医疗的基石。2006年,检验科开展流式细胞学检测技术。2012年,科室开始应用分子生物学技术进行药物代谢及肿瘤相关基因检测,有利于提高临床用药的安全性和有效性。2013年,科室开展基于高效液相色谱串联质谱分析平台的临床检测项目,弥补内分泌激素、药物浓度等项目现有检测技术的不足。2014年,检验科开展外周血循环肿瘤细胞检测,是最早由上海市发展和改革委员会批准进行该项目临床收费检测的医疗单位。2016年,科室在上海地区首先将微滴式数字PCR技术应用于临床,实现肿瘤液体活检,为肿瘤晚期患者靶向治疗提供精准信息。在2016年国家卫计委组织的全国肿瘤游离DNA(ctDNA)基因突变检测室间质评中,中山医院检验科是7家满分通过的数字PCR组单位之一。2011—2017年,科室新开展检测项目逾80项,多项技术成果先后获中国产学研合作促进会"产学研合作创新成果优秀奖"、上海市医务工会职工科技创新"星光计划"奖等。

【技术推广与行业引领】

由于检测方法与系统的固有差异,同一样本在不同实验室检测结果可能存在不一致情况,给临床医疗决策、患者安全、医疗成本等带来诸多问题。检验科于1999年起牵头组织了上海地区丙氨酸氨基转移酶(ALT)检测结果的一致性工作,并在此基础上修正ALT的参考范围,该项工作于2002年获上海医学科技奖二等奖。2008—2013年,检验科组织参与"肌酐检验结果一致性"及"血脂结果一致性"项目,全面推动一致性工作的开展和实施。2010年起,检验科牵头组织"上海地区糖化血红蛋白一致性计划"(SHGHP)。经过多年的努力,SHGHP工作取得良好的成效:参加单位从最初的上海地区5家三级医院检验科扩展至全国各地200多家各级医疗机构实验室;检测能力从最初的达到美国NGSP标准的实验室的39%,到后来达到95%以上。该项工作于2013年获批为上海市卫生系统先进技术适宜推广项目。

潘柏申作为中华医学会检验医学分会第九届委员会主任委员、国家卫生标准委员会临床检验专业委员会第七届副主任委员,紧抓管理,以"点"辐射,致力于推动行业质量全面提升,执笔撰写或参与制定多部检验专业临床应用建议及行业标准;作为华东地区项目负责人,参与卫生部、科技部重大专项研究"中国人群重要常规临床检验项目参考区间的建立"课题,建立适合中国人群的常用检测项目参考区间70项,2012—2017年共颁布行业标准9项,推动中国临床检验项目开创"中国标准"。2017年,潘柏申牵头与美国临床化学学会(AACC)合作,将AACC官方杂志 *Clinical Chemistry* 以中文版形式引入中国并担任主编,郭玮任杂志编委。

三、医学教育

【本科、研究生教学】

1990年,检验科完成上海医科大学招标录像片3部,其中《血库知识》获上海医科大学优秀教学录像片。检验科承担复旦大学医学院"实验诊断学"教学任务,每学年约90课时;同时承担上海交通大学医学院检验医学专业的实习带教和毕业论文的指导工作;此外还是上海健康医学院的实习基地。检验科也是复旦大学临床检验诊断学技术专业的硕士及博士研究生培养点,至2017年底,累计培养研究生23人。

【继续医学教育】

2013年,由检验科牵头建立的全国"实验室规范化静脉采血示范培训基地"为全国的检验人员及护理人员搭建学习规范化静脉采血的平台。至2017年12月,该基地已成功举办6届国家级继续教育项目学习班。2016—2017年,科室连续举办两届"流式细胞技术临床应用"国家级继续教育学习班。2017年4月,科室主办了"液相色谱-质谱技术临床应用"国家级继续教育培训班。以上学习班累计吸引来自全国各地的学员逾千人次。2013年起,检验科牵头主办"复旦检验论坛",每季度召集来自复旦大学附属十余家医院的近百名检验专科从业人员参加论坛交流。

【国外学习交流】

1999—2017年,检验科先后派遣6名科室技术骨干,分别赴美国路易斯维尔大学、哈佛大学医学院、南卡罗来纳州立大学、得克萨斯大学西南医学中心,以及德国哥廷根大学等大学附属检验科交流学习或科研访学。

【出版书籍】

2008—2017年,检验科团队共主编、主译著作8部,包括国家卫生和计划生育委员会医政医管局临床检验操作权威性、规范性文件《全国临床检验操作规程》(第四版,人民卫生出版社,2015年),国家级规划教材《检验医学高级教程》(中华医学电子音像出版社),专业理论著作《医学检验项目指南》(人民卫生出版社,2011年),国外优秀专著译著(主译)《Thomas临床实验室诊断学》(上海科学技术出版社,在编),以及《蛋白质实验室检测项目临床应用指南》(上海科学技术出版社,2008年)、《心脏标志物》(人民卫生出版社,2009年)、《Tietz临床化学与分子诊断学基础》(中华医学电子音像出版社,2017年)、《实验室管理学》(中华医学电子音像出版社,在编)。

四、科学研究

检验科一直秉承临床、科研两手抓的策略,临床带动科研,科研服务临床。经过多年的整合与发展,检验科形成了以先进检验技术、外周血标本库为基石,以各类实验诊断学标志物为核心,以心血管及肝肿瘤为重心的科研特色。截至2017年12月,共承担各类科研项目27项,其中包括科技部"十二五"重大专项1项、国家自然科学基金项目3项、上海市科委及卫计委资助课题8项等。发表学术论文338篇,其中SCI收录21篇,有关液体活检在肿瘤诊疗中应用的文章发表在 *Clinical Cancer Research*、*Hepatology Research* 等权威杂志。2006—2017年,检验科共参与28部卫生行业标准、临床指南、专家建议与共识的编写,其中主笔12部。

五、社会服务

【医疗援建】

检验科在立足于自身建设的同时,积极响应国家及医院的号召,服务社会,服务大众。截至

2017年12月,先后派出6人次分别赴摩洛哥和西藏进行援非、援藏工作。在1976年唐山大地震时,检验科派出1人随救援队深入灾区实施救援工作。

【科普工作】

检验科注重各种形式的科普服务,在《家庭用药》《大众医学》及"丁香园"医学频道等各类媒介平台进行健康教育与科普宣传。2014—2017年底,累计发表科普文章6篇。

第七节 超 声 科

一、发展沿革

超声科创建于1958年,原称超声波室。超声科是复旦大学"985"工程重点学科,上海市超声质量控制中心和复旦大学超声医学与工程研究所挂靠单位。在2017年公布的复旦大学医院管理研究所最佳专科排行榜中,超声医学专科排名第三位。

1958年,中山医院设超声波室,1978年,卫生部批准建立超声诊断研究室,承担全身性脏器(包括心脏、妇产科)的超声诊断工作。1982年,心脏超声划入上海市心血管病研究所,超声诊断室承担除心脏超声外的所有临床超声检查工作。1992年,超声诊断科成立。1996年,超声诊断科与美国托马斯·杰斐逊大学医院超声教育培训中心联合成立"中国上海中山-美国费城托马斯·杰斐逊超声教育培训中心"。2000年3月,经上海市卫生局批准成立上海市超声质量控制中心(挂靠中山医院)。2003年,超声诊断科成立复旦大学超声医学与工程研究所(挂靠中山医院)。2014年,超声诊断科设立腹部超声、浅表及血管超声和介入超声3个亚专科。2016年3月,超声诊断科更名为超声科。2017年,超声科共有员工43人,其中,医师38人、技师3人、护师2人;教授2人,主任医师5人;博士研究生导师2人,硕士研究生导师5人。超声科设置3个诊疗区,分为住院部超声、西院门诊部超声和东院部超声,拥有各类彩色超声诊断仪器40余台。

表2-3-11 1978—2017年超声科历任主任情况表

科 室 名 称	任 职 时 间	主 任
超声波室	1978年3月—1992年9月	徐智章
超声诊断科	1992年9月—1999年1月	徐智章
	1999年1月—2000年5月	王文平(副主任,主持工作)
	2000年5月—2016年3月	王文平
超声科	2016年3月—	王文平

二、医疗特色

【超声诊断】

超声科开展了许多在中国属于开创性的工作。1958年11月,超声科开始进行A型超声诊断研究。1960年,超声科首先在临床应用手动接触式B型超声进行成像诊断。1961年,超声诊断科首先用 M 型超声心动图研究正常人二尖瓣曲线及风湿性二尖瓣狭窄等,为二尖瓣病变的早期确诊提供新的技术。1961 年 5 月,超声科率先研制出超声光点连续扫描仪(M 型超声心动仪)。1962年,超声科首先开展多普勒超声研究再植肢体动脉血供状况,为临床诊断提供了客观的依据。1978年,超声科研制出"维生素丙-碳酸氢钠"超声造影剂,该造影剂符合生理要求且 CO_2 微泡无产生气栓的潜在危险,为中国首创,对诊断多种心脏分流性疾病有重大意义。20 世纪 80 年代初,超声科开始进行彩色多普勒超声成像诊断腹部疾病的研究,同时,对周围血管及腹部大血管的病变进行大量病例研究。

1982 年,超声科开始进行肝肿瘤灰阶超声诊断系列研究。1988 年,超声科在中国率先开展彩色多普勒超声血流成像技术诊断肝肿瘤的研究。1992 年,超声科开展 CO_2 超声造影诊断肝肿瘤的研究。1999 年 5 月,超声科开始实行科室报告网络化管理和打印。1999 年,超声科率先将彩色多普勒超声造影应用于肝肿瘤的诊断及鉴别诊断。2002 年,超声科开展灰阶谐波超声造影技术。2003 年,超声科在中国率先开展实时谐波超声造影诊断肝肿瘤的临床研究,并进行了中国仅有 4 家医院参加的超声造影剂的临床试验。超声科不断探索和开展新技术,如超声造影导航技术、弹性成像技术等,在肝肿瘤的诊断方面达到了国内领先水平。2016 年,超声科各类超声造影病例数达6 000 余人次,科室总体诊疗量突破 25 万例/年。2013 年,科室在国内率先开展超声造影导航诊断肝肿瘤。2014 年,超声科在中国率先开展三维超声造影诊断肝肿瘤的临床应用。其中,"肝脏超声弹性成像新技术的临床应用"获得 2015 年中山医院临床新技术认证;"超声造影-MRI 图像融合虚拟导航技术在肝肿瘤微创诊治中的临床应用"获得 2016 年中山医院临床新技术应用推广奖认证入围奖。

20 世纪 80 年代中期,超声科在徐智章的带领下,对肝肿瘤患者建立超声科医生与肝肿瘤科医生共同会诊的特色医疗服务制度(MDT 雏形)并延续至今,为广大肝肿瘤患者明确诊断、制订最佳治疗方案,受到患者好评。超声弹性成像是超声技术又一里程碑式的飞跃,可无创而快速精确地提供靶组织的质地特征,为临床诊断浅表器官的弹性硬度性质以及评估肝脏纤维化/肝硬化程度提供诊断价值。2004 年 2 月,超声科开始甲状腺弹性成像研究;2013 年 8 月,超声科开始肝弹性成像研究;2015 年 5 月,超声科开始乳腺肿瘤弹性研究。已发表与弹性相关的中文核心期刊论文 40 余篇,SCI 收录论文十余篇。

【介入性超声】

1984 年,超声科在国内率先开展介入性实时超声技术。1989 年,超声科率先在中国开始应用超声引导下无水酒精注射疗法治疗肝癌,取得较理想的疗效,已成为临床上常规治疗肝癌的一种技术。2000 年 6 月,超声科在中国率先开设介入超声门诊。2002 年 4 月,超声科开展超声引导下微波治疗肝癌的新技术,使许多不宜外科手术的患者得到了早期治疗。超声科已开展多项超声介入诊治技术,包括囊肿穿刺抽液以及酒精硬化治疗,脓肿穿刺抽液以及置管引流术,肿块穿刺活检,肾积水造瘘术,经皮肝穿刺胆道置管引流术,经皮胆囊造瘘术,肝肿瘤无水酒精治疗及微波消融治疗等。每年介入超声诊治患者近 5 000 人次,成功率达 98%。2012 年起,超声科又相继开展了超声造影引导下肿瘤穿刺活检新技术(2012 年)、超声引导下甲状腺肿瘤的激光及微波消融术(2016 年)。"超声造影引导穿刺活检"获 2014 年中山医院临床新技术应用推广奖认证。

【专家门诊】

2004年以来,超声科在国内率先开设超声科特色专家门诊。2015年起,开设特需门诊,以满足患者的不同层次的需求,年接诊患者2万余人次,尽力满足患者的个性化需求。

三、医学教育

【学历教育】

超声科承担包括复旦大学上海医学院七年制、八年制在内的研究生,影像基地医生,本科生及上海健康医学院在内的多重教学任务,包括理论授课和示教、见习和实习带教任务。对于研究生和影像基地医生,科室安排专职主治医师带教,定期对不同阶段的学生进行临床技能的检查和考核。培养博士研究生十余人、硕士研究生30余人,其中6人获上海市或复旦大学优秀毕业生称号。近5年,5人获硕士学业一等奖学金,10人获硕士学业二等奖学金,3人获硕士学业三等奖学金;还有3人获上海市优秀住院医师称号,毕业后分布在全国各级医院,成为专业领域的医疗骨干。

【职后教育】

科室每年完成上海市医学会超声医学分会超声专业班、全国继续教育学习班、远程教育、院内住院医生讲座、科内进修医生讲座等各项教育任务,培养来自全国各地的进修医生数十人。在巩固超声医学基础知识和提高超声诊断临床技能方面,科室安排每周一次疑难病例讨论,就平时工作中的病例提出图像分析和诊断思路的讨论与总结;每周一次针对进修医生和低年资医生的小讲课;每月一次针对基地医生的超声医学系列讲座。

从1996年起,超声科每年举办3期国家级继续教育项目学习班,每年参加学员150余人,内容涉及"超声医学新技术临床应用进展""超声造影的临床应用新进展"等超声新技术的应用和推广;每年完成"腹部疾病的超声医学临床实践与进展"的远程教育项目。科室选派年轻医生赴国内外学习和研修。

四、科学研究

【科研成果】

超声造影、超声弹性成像、介入性超声等超声新技术始终是科室的科研重点和突破方向。在科室主任和学科骨干的带领下超声科获得多项国家级和省部级科研项目资助,包括国家自然科学基金面上项目4项、国家自然科学基金青年基金1项、上海市科委课题和上海市卫计委项目十余项。王文平入选2015年上海市医学领军人才计划。科室2013—2017年发表论文150余篇,其中SCI收录60余篇,影响因子值超过150分。科研项目获得了国际和国内省部级的多项科技成果和奖项。

【学术交流】

1980年开始,中华医学会第一次组织超声医学专业代表团参加日本超声波医学会第三十六届学术会议,徐智章任团长。其后,分别于1983年赴日本东京出席世界超声诊断乳房学术会议,1992年赴韩国首尔出席第三届亚洲超声医学生物学联合会(AESUMB)学术大会,1994年赴日本札幌出席第七届世界超声医学生物学联合会(WFUMB)学术大会,均由中华医学会组团,徐智章担任团长。1988 年,徐智章赴美国华盛顿特区出席 WFUMB 学术大会及超声医学史研讨会,获超声医学先驱者(Pioneer Award)奖。1995 年,徐智章在北京组织并主持召开第四届亚洲超声医学与生物学联合会(AFSUMB)学术大会,任大会主席。1996 年,徐智章参加世界卫生组织在美国费城召开的超声诊断教育研讨会。2002 年开始,超声科每年主办超声造影新技术交流会,邀请国内外著名专家贾尼(Giani)、意大利学者索尔韦斯(Solbiaty)等做专题报告。近年来每年以上海市超声质量控制中心、上海市生物医学工程学会超声医学工程专委会和复旦大学超声医学与工程研究所的名义主办或联合主办超声相关新技术学术会议和论坛,大大提升了科室的学术影响力。科室成员每年积极投稿参加中华医学会超声医学分会的全国学术会议,被大会录用的论文数多次为全国第一。2000 年至今,每年有数人次参加在美国、日本、韩国及欧洲等地举行的各种学术会议,并做口头发言和壁报学术交流十余次。丁红参与制定《国际超声造影剂临床应用指南》(2012 版),参与编写《超声弹性成像临床应用指南》"基础"和"肝脏"部分;2012 年,王文平和丁红参与制定《中国超声造影临床应用指南》。

【学术任职】

徐智章先后担任上海市医学会超声诊断分会主任委员、中华医学会超声诊断分会第二届主任委员、中国医师协会超声医师分会第二届委员会名誉主任委员等,创刊医学超声专业性期刊《中华超声影像学杂志》并任首届总编辑。王文平担任中华医学会超声医学分会第九届委员会副主任委员、上海市医学会超声医学分会第九届委员会候任主任委员等职务。黄备建、丁红等分别担任中华医学会超声医学分会青年委员和学组委员。

五、社会服务

2016 年,陆清参加国家卫计委组织的包虫病流行病学调查组上海 21 人小组,赴西藏日喀则的 7 个不同区县开展为期 1 个月的乡村包虫病调查,在海拔 5 000 米的高原为当地村民进行超声检查。

第八节　核 医 学 科

一、发展沿革

核医学科的前身是 1958 年 8 月成立的同位素实验室(后改名为核医学实验室),是国内最早开展同位素临床应用和研究的单位之一。创建初期,由放射学教研室荣独山、陈又新负责组织和实施此项工作。卫生部 1958 年开始在北京、上海、广州、天津巡回举办放射性同位素临床应用训练班,开展放射性同位素在临床诊断和治疗上的应用,上海训练基地就设在中山医院。同年,来自苏联的核医学专家 Marectob 在中山医院举办了放射性同位素在医学上应用的学习班,为中国核医学发展起到了重要推动作用,使得核医学在上海逐步发展壮大,并对中山医院核医学科的早期发展建设奠定了稳固的基础。1959 年,在同位素实验室的基础上建立了放射医学教研组、放射医学研究所。同位素实验室编撰出版了全国统一教材《放射医学》,用于全国教学。1964 年,赵惠扬主编的中国第一本核医学专著《临床同位素学》,推动了核医学的临床应用。1959—1960 年,科室举办了放射性医学专业学习班,内容包括同位素应用、放射损伤与放射病、放射卫生防护三部分。后来由于国家原子能事业发展的需要,放射损伤与放射病及放射卫生防护两部分搬离中山医院;同位素应用部分留在中山医院,1972年4月更名为核医学科。1983年,核医学科被确定为国家卫生部临床药理基地,并承担国际原子能机构临床核医学医师培训任务。1994年7月31日,上海医科大学批准将1979年成立的核医学研究所挂靠在中山医院核医学科。

1997年,核医学科被教育部列为"211"工程发展规划重要学科;2010年,被列为住院医师规范化培训基地;2011年,设立乳腺专用伽马成像(BSGI)培训中心;2014年,被列为亚洲核医学院上海分院中山医院培训基地,同时被批准为国家卫计委临床重点专科,同年被列为国家专科医师规范化培训基地。2015年以来,在医院的支持及临床科室的协助下,依托中山医院的整体优势,尤其是以上海市重大工程中山医院东院区建设为契机,核医学科得到了长足发展,科室规模、学术水平均跻身国内前列。2017年,科室有专业技术人员41人、医师系列16人、技术系列16人、护理系列5人、放射性药物系列4人。其中,高级职称5人,中级职称15人,还有1名复旦大学关键岗位引进人才。

图2-3-9 2017年,核医学科赵惠扬(第一任主任,右二)、陈可靖(第二任主任,右一)、
陈绍亮(第三任主任,左二)与主任石洪成(左一)合影

2001年核医学科安装了具有符合线路的三探头SPECT,进一步拓展单光子显像工作,开展简单的正电子显像工作。2003年3月,放射免疫体外分析项目划归检验科,核医学科的临床工作仅有单光子显像,学科发展遇到瓶颈。2005年11月,石洪成从美国留学归来,一方面积极到临床科室宣介核医学影像检查项目;另一方面练"内功",提升质量并加强服务意识,以身作则带领大家加班加点工作,工作量持续增加,仅有的一台三探头SPECT平均利用率达到16小时/天。2008年4月上海市首台配备有16层诊断CT的SPECT/CT成像系统(Precedence飞利浦)落户中山。通过积极推广,不到一年的时间,SPECT/CT就开始超负荷运转。借助于SPECT/CT中的诊断CT与三探头的符合线路图像实现异机融合,得到了临床科室的认可,也为后续PET/CT的临床应用奠定了基础。科室人人具有核医学上岗证,其中7人考取了CT上岗证。SPECT/CT在临床上的探索性应用,不仅为临床科室提供了优质服务,也得到国内专家的褒奖,科室成员多次受邀在学术会议上

做报告，核医学科在国内的学术地位逐渐提高。2010年3月PET/CT安装并投入临床使用。2012年国内首台乳腺专用伽马相机落户中山医院，填补了国内空白。重质量、讲服务，检查流程不断优化，使得PET/CT很快得到临床医生的认可，检查人数快速增长，2015年3月第二台PET/CT（上海联影）在核医学科投入使用。2017年检查患者数量达到14 328人次，位居上海第一，而且上海市核医学质量控制中心的质量评价也是全市第一。2017年10月，国内首台正电子药物自动注射车落户中山医院并投入使用。2017年11月，首台国产PET/MRI（上海联影）落户中山，进入临床验证阶段。科室强调一人多技、一人多能，克服了人员不足对科室发展的制约，同时也培养了全面发展的人才。随着医院整体发展，2015年，核医学科从8号楼（1楼和2楼）原址将影像部分搬迁至东院区地下1层和地下2层，病房和实验室分别搬迁至9号楼1楼和地下1层。科室面积由原来的不足1 000平方米，拓展到5 000余平方米。科室下设4个中心：PET分子影像中心（2台PET/CT和1台PET/MR），单光子功能影像中心（3台SPECT/CT，1台SPECT和1台乳腺专业伽马相机），放射性核素靶向治疗中心（9张治疗病床）和分子探针研发中心（拟配20 MeV回旋加速器）。科室的规模和具有的设备数量在国内居首，开展的项目数量和工作量在国内名列前茅。科室影响力不断提升，在复旦大学医院排行榜中，2014年首次将核医学科纳入评价体系时科室名列全国第七，2015年晋升到第五并一直保持。2017年，石洪成当选为中华医学会核医学分会副主任委员，中国医师协会核医学医师分会常委，中国医师协会核医学医师分会第三届基层帮扶工作委员会主任委员，上海市医学会核医学分会副主任委员。

表 2 - 3 - 12　1978—2017 年核医学科历任主任情况表

科室名称	任职时间	主任
同位素室	1978 年 3 月—1980 年 10 月	赵惠扬
	1980 年 10 月—1984 年 12 月	陈可靖（副主任，主持工作）
	1984 年 12 月—1992 年 4 月	赵惠扬
核医学科	1992 年 4 月—1996 年 9 月	陈可靖
	1996 年 9 月—2006 年 4 月	陈绍亮
	2006 年 4 月—2009 年 6 月	石洪成（副主任，主持工作）
	2009 年 6 月—	石洪成

二、医疗特色

在核医学检查与治疗方面，1958年起，核医学开展放射性[131]I测定甲状腺功能并用于治疗甲状腺功能亢进、甲状腺转移癌，肝脏扫描，[32]P治疗真性红细胞增多症等工作。经过近60年的发展和几代核医学专家及工作人员的努力，核医学科在脏器功能测定、脏器显像、放射分析、疾病治疗等多方面取得进步，形成了诊治特色。

在国内率先开展涉及肝肿瘤的诊断、肝胆疾病检查、心功能测定、心肌灌注显像、消化系统动力学、门静脉压力测定等方面的应用。先后获得国家卫生部、国家教委、国防科委、上海市政府和上海市卫生局、上海市高教局等多次重大科技成果奖励。

在肿瘤转移灶的确诊、术前分期和肿瘤术后复发诊断、疗效评估等方面积累了丰富的临床经验，在研究肿瘤代谢显像和心肌活力显像方面取得成绩，并与心内科合作，参与多项重大课题项目（如心肌干细胞移植术后的影像学研究），获得多个奖项。

在甲状腺癌核素治疗及肿瘤晚期骨转移的止痛治疗方面形成特色，在全国处于领先水平。核医学科是全国最早开展放射性核素治疗的专业单位之一。

在核医学显像仪器方面，核医学科经历了使用 GM 计数器、扫描机、γ 照相机、SPECT（单探头）、SPECT（三探头符合线路）、SPECT/CT、PET/CT、PET/MR（规划）8 个阶段，不断拓宽诊断内容，不断提升显像质量，始终与国际核医学发展保持同步，多个领域在国内处于领先地位。

三、医学教育

1958 年以来，核医学科多次举办全国性和校级放射性同位素医学应用学习班。1979—1986年，在上海医科大学主持下连续 7 年举办"卫生部临床核医学医师进修班"，先后为全国培养核医学专业骨干医师 150 人以上。1995 年，科室参与国际原子能机构（IAEA）的远程教育培训项目，对高年核医学技术人员进行专业技术培训，所有参加者全部通过考试，取得资格证书。1978 年，恢复研究生教育制度后，科室作为第一批核医学硕士点，于同年开始招收研究生，并于 1990 年通过评审确定为核医学博士点。

核医学科多年来承担了复旦大学医学院本科生、留学生等核医学专业的教学任务，同时作为医学影像与核医学专业硕士、博士点，为中国核医学的发展培养了大批优秀人才，先后培养博士、硕士研究生 40 余人。2017 年科室在读硕士、博士研究生十余人。其中，谭辉先后于 2013 年（硕士研究生）、2016 年（博士研究生）获得国家级奖学金。2010 年起科室成为国家首批住院医师培训专业基地，参与修订卫生部专科医师培训大纲（核医学专业），每年承担 20 余人次的住院医师培训任务，成为各专科临床研究生轮转培训重要的临床训练基地。

在继续教育方面，核医学科开办多期不同研究方向的全国学习班，早期的"全国同位素学习班"为中国培养了第一批核医学人才，其中多数已成为全国各地核医学科的领军人物。2009 年以来，核医学科连续多年举办国家级继续教育项目"SPECT/CT 临床应用与技能扩展"学习班，为核医学新技术的应用起到了很好的推广作用。为促进核医学行业更好地发展，科室在国内率先开展面向基层医院的短期培训班及住院医师岗前培训项目，并邀请国内外知名教授来院举办各类临床科研讲座。与此同时，科室每年会选送 1～2 名硕士生、博士生赴欧美国际一流学术研究机构接受科研培训，进行科研交流，使得科室的学术与教学水平始终与国际先进水平保持一致。

2012 年 4 月 5 日至 7 日，在武汉召开的第一届中国核医学医师年会暨第一届中国核医学医师奖颁奖典礼上，科室赵惠扬获首届核医学医师终身成就奖。

科室先后编写了《放射性同位素在医学上的应用》《临床核医学》《核医学手册》等讲义，并正式出版《临床同位素学》《核医学》《临床核医学》《实用核医学》《影像诊断学》《核医学影像与临床思维》《明明白白做放射性核素治疗》《明明白白做 PET－CT 检查》《呼吸系统疾病的核医学检查》《心脏核医学》《SPECT/诊断 CT 操作规范与临床应用》等专业书籍。其中，2015 年石洪成带领科室团队编写《SPECT/诊断 CT 操作规范与临床应用》专著，不仅填补了国内相关领域的空白，同时也是国际上首部系统介绍 SPECT/诊断 CT 操作规范与临床应用的专著。2016 年石洪成作为副主编参加国家卫计委住院医师规范化培训教材《核医学》的编写。

四、科学研究

科室自成立以来一直有重大科研项目获得中央卫生部、国家科委、中央第二机械工业部等资助,如$^{99}Mo-^{99}Tc^{m}$发生器,$^{113}Sn-^{113}In$发生器药盒的研制,计算机在核医学的应用,脏器显像的研究,放射免疫显像等。1979年成立的上海医科大学核医学研究所于1994年挂靠中山医院核医学科。科室作为首批国家放射性药品临床研究基地,与其他科室合作共同参加了国家"六五""七五""八五"等攻关项目。在国内外重要期刊上发表论文486篇,其中,在国外重要期刊发表180余篇,国内核心期刊发表260余篇,出版专著20余部。承担了多项重大科研课题,并多次获得国家科委、卫生部、教育部、上海市卫生局等部门的奖励与表彰,其中"同位素技术及其在生物医学中的应用"获全国科学大会重大成果奖。

1978年,"放射性^{99m}Tc同位素的制备及临床应用研究"获卫生部科技进步奖二等奖。1985—1986年,陈绍亮主持的"肝胆放射性药物的研制"获国家自然科学基金资助。1989年,汤钊猷、刘康达、赵惠扬主持的"七五"攻关项目获国家卫生部科技进步奖三等奖。1990年,陈绍亮主持的国家自然科学基金项目"放射性核素肿瘤阳性显像剂吡哆氨基酸和二乙酸类的研究"获上海市科技进步奖三等奖。"无创性同位素时相分析和心脏断层显像在早期诊断冠心病中的应用"获1992年国家科技进步奖三等奖和国家卫生部科技进步奖二等奖。1994年,陈绍亮牵头"放射性核素治疗肝肿瘤研究"项目入选为2001年与国际原子能机构国际合作课题。1996年,陈绍亮主持的卫生部课题"心肌酯酸显像剂$^{123}I-BMIPP$的研制和临床前研究"获国家教委科技进步奖三等奖和上海市科技进步奖二等奖;陈绍亮主持的"无创伤性半定量测定门静脉压力"获国家教委科技进步奖三等奖和第二届王淦昌优秀核科学和核技术论文奖。2002年,陈绍亮等主编的专著《核医学影像与临床思维》获华东地区优秀科技图书二等奖。陈绍亮主持"同步辐射的医学应用初步研究"获2005年国家自然科学基金资助。

2003年,石洪成在美国期间参加"A2a替代腺苷进行心肌药物负荷试验Ⅲ期临床研究"。2006年,石洪成主持的"SPECT心肌灌注显像常见伪影识别方法及对策研究"通过专家鉴定,达到国内领先水平。2014年,石洪成获第三届中国核医学医师奖。2016年,石洪成获上海市卫生计生委干部人事处颁发的"上海青年医师优秀导师"。2017年,石洪成获美国核医学研究院荣誉院士称号。科室围绕科研平台建设和学术队伍的培育,积极鼓励科室成员进行基金申请、科研成果申报,科室科研管理工作继续实施以教授为核心的科研队伍建设和以课题为中心的管理模式,强调科研创新和工作绩效的结合、临床和基础相结合,不断发掘新的学科增长点,强调建立和发展广泛的国内外科研合作和交流。

科室积极支持国产品牌大型医疗设备的应用和发展。2015年3月,装备了科室第二台

图2-3-10 核医学科石洪成获美国核医学研究院
(ACNM)荣誉院士(Fellow)

PET/CT(联影 uMI510),以高起点对国产设备的临床应用进行了严格的测试、深入的研究和探索,并协助生产厂家对设备的诸多性能进行提升和完善,支撑产品质量不断趋向完善,并有所创新。基于实际临床使用情况,结合产品部分优越性能,在国际会议上对国产设备进行学术交流,展示中山规范,提升民族品牌。

此外,科室与上海联影医疗科技有限公司共同开发研究的"智能延迟影像技术"在美国核医学大会上获得了大会的特殊奖项——Arthur Weis Award in Radiation Dosimetry and Safety。该奖项是用于表彰在 PET/CT 低剂量临床检查中有特殊贡献的学者及机构,这是该奖项首次颁发给中国。

五、社会服务

核医学科长期积极参与各种医学科普工作,1966 年,根据毛主席医疗下乡的指示,陈可靖参加中山医院医疗队到上海青浦下乡巡回医疗半年,1971 年 7 月再次参加上海市医疗队到安徽旌德下乡巡回医疗 1 年。20 世纪 90 年代,陈绍亮经常在《大众医学》《康复》等医学科普类杂志上进行医疗科普宣传,通过各种有趣的病例介绍让大家了解核医学的各类检查及治疗;2003 年参与上海电视台《家庭演播室》栏目的活动让大家了解了 [131]I 甲亢治疗的情况。2012、2013 年主编科普书籍《明明白白做 PET - CT 检查》《身边的辐射——谈核无须色变》。

石洪成在 2014 年 8 月 16 日的《东方早报》上发表题为"以核为武,诊治疾病"的文章介绍了核医学的融合影像技术。2015 年 8 月 4 日在东方卫视《名医大会诊》栏目与普外科宋陆军、2017 年 2 月 18 日北京卫视《养生堂》节目与中国医学科学院肿瘤医院头颈外科殷玉林同台科普甲状腺癌的诊治。同时通过科室微信公众号、院内公益讲座、网络讲座等多种媒介平台进行核医学教育与社会公益活动,在中央电视台二套、北京卫视、上海电视台、上海教育电视台、腾讯视频、搜狐视频等不同媒体栏目,切实解答群众关心的问题,在多家有社会影响力的刊物发表医学科普文章。

科室历年来还积极派遣骨干医师胡鹏程、顾宇参深入社区,参加上海市医学会组织的"甲状腺疾病防治月"等公益活动,向广大群众介绍核医学常识、解答疑难病等。2014 年核医学科微信公众号上线,推出科普常识、网上挂号、专家答疑等多项功能,方便了广大患者就医。

2014 年 7 月 1—4 日,石洪成作为特邀专家参加国家卫计委在山东对国产医疗设备使用与需求状况的调研,为推进国产医疗设备的采购提供第一手资料。中山医院是国产大型医疗设备临床应用与验证的示范单位,国家卫健委的领导在 2015 年 5 月 15 日和 22 日先后两次到核医学科调研联影公司生产 PET/CT 和 PET/MRI 的临床应用状况,对中山医院为国产医疗设备的推广与质量持续改进做出的贡献予以高度评价。2013 至 2017 年,石洪成多次应邀参加国家卫计委组织的大型医疗设备集采和招标工作。2017 年,石洪成应邀参加国家生态环境部组织的《核医学工作场所辐射防护与安全要求(草案)》的制定工作。

第九节 心脏超声诊断科

一、发展沿革

医院心脏超声诊断科(简称"心超科")奠基人为姜楞,曾任医院副院长,是中国心血管病专家。

1984 年,姜楞创立心超科,这是中国创建最早的心脏超声诊断中心之一。至 2017 年,心超科已成长为国家影像学重点学科,以及上海市心血管病研究所、上海市影像医学研究所、上海市心血管临床医学中心、上海市超声质量控制中心、复旦大学超声医学与工程研究所的重要组成部分,也是复旦大学"985"工程重点学科。

心超科在 1984 年成立之初,主体位于医院 9 号楼 1 楼,诊区面积不足 20 平方米,科室成员 6人,每个月完成心超检查约 300 例;1986 年,心超科主体搬迁至医院 9 号楼 2 楼;2012 年心超科在中国率先开展心脏超声特色专家门诊;2015 年 3 月,心超科再次搬迁后,主体位于医院东院区 16 号楼 M 层,诊区面积与接诊体量均大大增加,并于同年开设了瓣膜病 MDT 门诊、专病门诊;至 2017年,科室成员增加至 20 人,普通专家门诊每周 4 次,特需专家门诊每周 4 次,专病门诊每周 2 次,全年完成心超检查 149 239 例次,其中心血管超声疑难杂症超过 5 万人次。心超科每年工作量在上海名列第一、全国名列前茅,不但总例数庞大,而且病种疑难复杂。超声诊断与手术符合率达到 98%以上,处于世界先进水平,并有 95% 以上的患者可以在术前免受创伤性心导管检查直接手术。

表 2－3－13　1984—2017 年心脏超声诊断科历任主任情况表

科 室 名 称	任 职 时 间	主 任
心脏超声诊断室	1984 年 1 月—1991 年 5 月	姜 楞
	1991 年 5 月—1999 年 11 月	沈学东(副主任,主持工作)
	1999 年 11 月—2004 年 3 月	舒先红(副主任,主持工作)
心脏超声诊断科	2004 年 3 月—	舒先红

二、医疗特色

自成立以来,心超科在中国率先开展多项新技术,科研和教学水平在中国处于引领地位,在心血管病超声诊断和治疗方面开展一系列中国首创或最早开展的项目。1984 年,在中国首先引进系列标准切面的概念,用于心脏超声诊断;1985 年,开展彩色多普勒血流显像(国际上 1983 年开展);1987 年,开展连续多普勒定量肺动脉高压的研究(国际上 1985 年开展);1987 年,开展经食管超声心动图(国际上 1984 年开始推广应用),同年开展术中超声检查(与国际同步);1991 年,开展血管腔内超声显像(国际上 1989 年开展);1994 年,开展超声消融动脉粥样硬化斑块(国际上 1989 年开展);1995 年,开展体元模型动态三维重建超声显像(国际上 1992 年开展);1997 年,开展体外超声助溶血栓治疗急性心肌梗死的研究;1999 年,开展经静脉声学造影研究(国际上 1997 年开展);2002年,开展实时三维超声心动图研究(国际上 2001 年开展);2003 年,开展组织多普勒技术在心脏再同步化治疗中的应用研究(国际上 2002 年开展);2003 年,开展心肌应变和应变率成像(与国际同步);2004 年,开展心脏腔内超声协助房颤射频消融(国际上 2003 年开展);2005 年,开展实时三维评价心肌收缩再同步化的研究(与国际同步);2006 年,开展二维心肌应变和应变率成像(与国际同步);2006 年,开展二维心肌应变和应变率成像与速度向量显像的应用研究(与国际同步);2007 年,开展斑点追踪显像评价心肌扭转的研究与经食管实时三维超声心动图(国际上 2005 年开展);2008 年,开展超声结合其他影像学方法评价心脏同步性(与国际同步);2009 年,开展血流向量成像评价心功能;2010 年,在中国率先开展超声监测经皮主动脉瓣植入术(TAVI);2011 年,开展实时三维超声评价右心室节段功能;2012年,开展三维斑点追踪显像技术;同年,在中国率先开展超声引导下经皮二尖瓣钳夹术(MitraClip);2013年,在中国率先开展超声监测经皮肺动脉瓣植入术(PPVI);2014年,开展超声监测经皮左心耳封堵术;2015年,在中国率先开展心肌分层应变的定量研究;2016年,在中国率先开展经食管实时三维超声心动图定量冠状动脉开口高度的研究等;2017年,在国际率先开展超声3D打印辅助诊治二尖瓣疾病的研究。

三、医学教育

心超科担任复旦大学上海医学院七年制、八年制医学生在内的研究生、影像基地医生、本科生及进修生的教学任务,至2017年培养硕士研究生109人,博士研究生62人。培养的研究生多人次获得国家奖学金及上海市优秀毕业生、复旦大学优秀学生干部等荣誉,为心脏超声领域输送了医疗骨干人员。

心超科每年举办全国继续教育学习班1～2期,每年接收进修医师40余人。每月进行2次心脏超声学术小讲课或疑难病例讨论。截至2014年举办国家继续教育学习班50余期,学员1 500人。

近6年,舒先红先后在黑龙江、湖北、河南、四川、河北、山东省等地进行了20余次全国超声心动图检查规范化巡讲,解读超声规范化指南,推广超声心动图新技术,听众达4 000余人。

科室多名医师赴美国、德国进修学习。

四、科学研究

心超科在各种先天性及后天性心血管疾病诊断和科研方面均达到国内先进水平,尤其在冠心病、声学造影、三维超声心动图等方面处于国内领先,并与国际接轨。发表论文600余篇,其中,SCI论文60余篇;国际权威会议发表论文100余篇。承担国家自然科学基金项目等省部级以上课题50余项;国家知识产权局授权专利9项,其中5项完成转化。近年来主编或副主编专著5部。获得科技奖项20余项,其中,省部级以上科技进步奖12项(二等奖3项、三等奖9项),主要包括2003年上海市科技进步奖二等奖、2006年上海医学科技奖三等奖、2014年上海医学科技奖一等奖、2015年上海市科技进步奖三等奖、2017年中华医学科技奖二等奖。

表2-3-14 2007—2017年心脏超声诊断科获国家自然科学基金资助项目情况表

获批年份	项 目 名 称	项目类型	负责人
2007	超声心动图预测心脏再同步化治疗疗效最佳参数的研究	面上项目	舒先红
2010	心肌灌注与心脏再同步化治疗疗效相关性的超声研究	面上项目	舒先红
2011	斑点追踪显像技术评价压力和容量负荷及心肌收缩力改变对左心室扭转和解旋功能影响的实验研究	青年科学基金	董丽莉
2013	CRT治疗心衰的线粒体蛋白质组的动态变化及调控	青年科学基金	巩 雪
2013	超声斑点追踪显像甄别蒽环类化疗药物早期心脏毒性的实验和临床研究	青年科学基金	程蕾蕾
2014	MMP/TIMP在二叶式主动脉瓣升主动脉重塑中的作用及其与局部血流动力学的关系	青年科学基金	汪咏莳

（续表）

获批年份	项 目 名 称	项目类型	负责人
2014	实时三维超声心动图检测急性和慢性压力负荷升高状态下右心室节段收缩功能的变化特征	青年科学基金	孔德红
2014	三维斑点追踪显像提高心脏再同步化治疗效果的实验和临床研究	面上项目	舒先红
2017	超声优化多部位起搏参数改善心脏再同步化治疗效果的研究	面上项目	舒先红
2017	超声心动图右室新参数联合细胞凋亡检测在蒽环类药物早期心脏毒性中的意义	青年科学基金	陈永乐

五、社会服务

在《康复》《家庭医生报》《大众医学》《健康促进》《现代家庭》等品牌科普杂志撰写科普文章及编绘科普图文共计 117 篇。科室成员因从事科普工作接受《青年报》、《新民晚报》、《健康报》、*Shanghai Daily* 等纸媒人物专访 9 次。科室成员作为特邀嘉宾参加上海教育电视台《健康大不同》、上海电视台《名医大会诊》、上海 990 广播电台《活到 100 岁》等广播电视台科普节目录制 5 次。科室出版医学科普书籍 2 部，制作医学科普视频 1 套。陈海燕获 2015 年上海市科普能力大赛二等奖，并代表上海参加第二届全国科普能力大赛获三等奖。陈海燕的科普漫画及程蕾蕾的科普文章分别获第二届中国健康科普创新大赛十佳科普漫画及十佳科普图书。2017 年，程蕾蕾主编的《医生最懂你的心——心脏故事》、陈海燕主编的《燕子医生漫画笔记——心脏检查》又双双被评为第十届健康中国论坛年度优秀科普作品。

第十节 心 电 图 室

一、发展沿革

1948 年，中国心脏病学家陶寿淇留美归来带回一台 Cambridge 心电图仪，建立了中山医院心电图室，成为中国最早研究心电学的单位之一。1951 年，陈庆璋成为心电图室第一位成员。1958 年上海市心血管病研究所成立，心电图室成为该研究所下属的主要科室之一。陶寿淇、陈灏珠、浦寿月、诸骏仁等也在不同时期密切关注和支持心电图室的工作。

20 世纪 50 年代中后期，随着中山医院心血管专业的发展，心电图室承担了从有创的心导管检查、心脏冲击图检查到无创的心电向量图、运动心电图、食管心电调搏等多项与心血管有关的检查。这些检查项目中，既有领先于全国的开拓性探索，又有大量的实践性工作。科室编写和参与编写了大量的学术著作和教学材料，为中山医院心血管专业立足于中国领先地位，更为推动这些领域的研究和实践在中国医学界的普及、发展和提高做出了重要的贡献。20 世纪 80 年代以后，原先由心电图室主持的工作，如心导管检查，因工作量的加大而脱离心电图室成为独立科室。2000、2005 年运动平板室及急诊心电图室先后归并至心电图室。至 2017 年，心电图室已有 21 人，其中，正高级职称 2 人，副高级职称 6 人，中级职称 7 人，初级职称 6 人。

表 2-3-15 1980—2017 年心电图室历任主任、负责人情况表

任 职 时 间	主任、负责人
1980 年 6 月—1988 年 11 月	姚正义（副主任，主持工作） 陈庆璋（副主任，主持工作）
1988 年 11 月—1997 年 2 月	陈庆璋（副主任，主持工作）
1997 年 2 月—2010 年 11 月	李高平 李景霞（负责人，主持工作）
2010 年 11 月—2012 年 2 月	周京敏（兼任）
2010 年 11 月—	林靖宇（副主任，主持工作）
2012 年 2 月—	宿燕岗

二、医疗特色

心电图室除了完成大量的常规心电图检查外，还积极进行科研和临床实践的结合，逐步引进了具有先进水平的心室晚电位检测，动态心电图监测，动态血压监测，脉搏波速度、踝臂指数检测等项目。2015 年开展了直立倾斜试验项目，成为上海医院中唯一能够对成人常规进行此项检查项目的科室。

2015 年 3 月，心电图室分成东院区和西院区两大区域，负责中山医院所有患者的心电图随访，动态心电图，动态血压，平板运动试验，脉搏波速度、踝臂指数检测及直立倾斜试验。东院区的急诊心电图检查实行 24 小时全天候服务。

在科室主任的科学管理下，科室成员架构合理，人才梯队培养完善。科室内各项检查项目均呈逐年递增趋势，2017 年各项检查工作量如下：常规心电图 36 万人次，动态心电图 15 000 人次，动态血压 7 200 人次，平板运动试验 3 500 人次，脉搏波速度、踝臂指数检测 1 800 人次，直立倾斜试验 115 人次。通过严格的质量管理体系和品管圈（QCC）活动，中山医院心电图室已成为上海心电学专业的领头羊和典范。2009 年，上海市心电质量控制中心成立，作为牵头单位，李景霞、林靖宇及其他心电专家制定了《上海市心电图质量控制手册》及《上海市常规心电图诊断书写规范手册》。同年，中山医院心电图室承担了上海市心电图质量控制培训及质量控制检查工作，负责上海市心电图规范化培训的任务，为提高基层医院心电图医师的水平提供了良好的平台，深受好评。作为中山医院重要的服务窗口之一，心电图室的全体职工积极工作，制订并有效执行了一系列文明就医、方便患者的措施。

20 世纪 90 年代初，心电图室或自主或与外单位合作，将计算机技术引进心电领域中，开发和开展了高频心电图分析（晚电位）、心率变异分析（HRV）等在中国具有先导意义的项目。20 世纪 90 年代中期以后，开创性地发展了 12 导联同步心电图计算机分析和管理系统、计算机辅助心向量图分析系统等，再次成为国内上述领域的开拓者和带头人。至 2017 年 12 月，分布在医院各院区的 21 台常规心电图设备全院联网，运用网络科技技术进行心电图采集、储存及管理。开发动态心电图、动态血压、运动平板试验报告软件，医生工作站通过电子病历可以调阅心电图、动态心电图、动态血压、运动平板试验报告。

三、医学教育

心电图室始终参与大学专科生、本科生的培养，住院医师基地规范化培训、专科医师及高年资

深医师的培训乃至硕士、博士研究生的培养,承担复旦大学上海医学院医疗系、卫生系、全科系的本科生及研究生的心电图诊断课时授课及示教任务,承担中山医院远程教育心电图课程授课任务。另外,科室还负责上海理工大学医疗器械及生物工程专业学生的心电图专业培训和示教,是中山医院和复旦大学上海医学院临床教学中一个重要的力量和基地。每年来自全国各地进行心电学专业进修的医师学成后大多成为各自单位的业务骨干和领导。为配合教学工作的需要,心电图室还主持完成了教学材料和书籍的编写和制作,这些教材发行至全国,为心血管病学中极为重要的心电学在全国范围内的普及和发展发挥了一定的作用。近年来主编或副主编专著 3 部。2002—2017 年,心电图室连续举办"心电图新理论新进展"全国继续教育学习班 16 期。截至 2017 年,科室共发表教学论文 3 篇。2011 年获中山医院教学工作先进集体。

四、科学研究

中山医院心电图室是中国心电学专业的一个重要科研基地。20 世纪 50—60 年代,对体表心电图进行开拓性积极探索;20 世纪 90 年代,对计算机在心电学中的应用、最新的网络信息技术在心电网络系统中迅速发展及运用进行积极有效研究。完成的科研项目包括:临床心导管检查、临床心向量图研究、高频心电图的研究(国家"七五"攻关项目)、心率变异的研究、计算机心电图的临床应用、中国人心电图共同标准(美国大卫与露西·派卡德基金会资助)、计算机心电图诊断标准的优化(美国惠普公司中心实验室资助并合作)、心血管专业计算机多媒体教学系统的研究(中国科学院立项资助,与中国科学院上海技术物理所合作)、数字式冠状动脉造影的动态分析(上海市卫生局领先学科项目)。上述项目的完成填补了国内空白,为中国医学科学的发展做出贡献。截至 2017 年 12 月,科室共发表论文 200 余篇。2012 年,赵瑞红完成复旦大学附属中山医院青年基金项目"原发性高血压病患者动态脉压差、脉压指数与 PWV 的相关性研究";宿燕岗作为课题负责人在研国家自然科学基金面上项目 1 项、上海市科委课题 2 项及国内多中心横向研究课题数项。1999 年,李高平获上海市卫生系统第七届"银蛇奖"三等奖。2013 年,宿燕岗获上海医学科技奖三等奖。

五、社会服务

1975 年 6 月—1977 年 6 月,武佩佩赴西藏自治区拉萨、日喀则、江孜、那曲等地区进行医疗援建及科学调查研究。

2017 年 8 月—2018 年 1 月,张新刚赴西藏自治区昌都市察雅县人民医院进行医疗援建。

科室参与中山健康促进大讲堂的科普宣教工作,创立"中山心电图室"微信公众号,发表科普文章 20 多篇。宿燕岗主编科普书籍《关于心脏起搏的 123 个问题》。

第十一节　营　养　科

一、发展沿革

中山医院自 1937 年建院以来,住院患者膳食一直由营养室负责,当时营养室隶属于总务科管理。1992 年正式成立营养科,实行科主任负责制,受院长直接领导,按医技科室进行管理。营养食堂最初位于现 10 号楼位置,1985 年搬至 6 号楼,1994 年在 3 号楼 5 楼东侧成立逸仙医院外宾餐厅。2003 年 10 月启用 5 号楼底楼的营养科食堂,2007 年关闭外宾餐厅,外宾餐厅工作人员和设备搬迁至 5 号楼营养科食堂,开设一个新的特需灶。2015 年 7 月,位于 13 号楼东院区的营养科食堂正式开张,5 号楼和 13 号楼的 2 个营养科食堂分开核算,统一管理。2002 年底,原纺三医院营养科纳入统管,2016 年正式合并。2017 年 8 月中山医院厦门分院营养科启用。2017 年,有医学营养专业技术人员 18 人,其中 14 人具有本科及以上学历;2 人具有高级职称,6 人具有中级职称,10 人具有初级职称。营养科共有职工 136 名,其中正式职工 19 名,派遣工 117 人。

营养科建科后面对数次较大的突发事件,均顺利应对。1988 年甲肝流行期间,营养科职工克服困难,将饮食送到远在零陵路的病区;2003 年"非典"期间,营养科做好防护隔离,保证为患者送餐;2004 年禽流感事件,营养科梳理所有禽类进货渠道,保证患者吃得放心;2008 年奥运会、2010 年世博会,营养科都做好食品安全保障工作;2008 年汶川特大地震,科室积极组织全体员工进行捐款,第一时间关心家在四川的劳务工,并为四川伤员供餐。

厨房建立了科主任—管理员—厨师组长的分级管理体制。2010 年,特需供餐服务通过英国宝柏认证。2011 年,营养科食堂通过规范化管理安装油水分离器,设立废弃油专用回收桶。2012 年,添加剂予以公示,并进行"五专"管理。营养科财务管理原来是独立收支,2003 年起由医院财务科统一管理和监督,2015 年起对大宗货物进行招标并签订采购合同,完善各项财务制度。

营养科初创时仅 2 名事务性工作人员。1971 年 1 名护士转为营养专业人员;1986 年起招收营养专业中专毕业生;1994 年起招收营养专业本科毕业生;2001 年起招收营养专业硕士研究生。2012 年高键成为营养科第一位营养专业博士生。2016 年引进营养专业海归人员。

2017 年,厨房工作人员中 3 名正式员工,其他均为派遣制人员。厨师中有 5 人拥有三级厨师证书及点心师证书,10 人拥有营养医疗膳食配制技工上岗证。1989 年,营养室组建全市第一支配膳员专职队伍,受到电视台的广泛报道。2017 年共有配餐员 62 人。

表 2 - 3 - 16　1992—2017 年营养科历任主任情况表

任 职 时 间	主 任
1992 年 7 月—1993 年 12 月	周晚霞
1993 年 12 月—2005 年 3 月	施秀凤
2005 年 3 月—2011 年 3 月	高　键(副主任,主持工作)
2011 年 3 月—	吴国豪(兼任)　高　键(副主任,主持工作)

二、业务特色

2017 年共完成普通就餐 315 137 人·日(包括高干就餐 50 886 人·日),规定治疗膳食共 220 624 人·日,管饲总数 3 116 200 毫升,称重膳食共 20 054 人·日,特需 9 969 人·日;营养咨询和指导 22 000 人次,营养筛查和营养评价 2 600 人次;营养病史 1 100 份,特殊代谢饮食 170 人次,低能量代谢餐 710 人次,营养门诊 518 人次,膳食营养补充医嘱 96 759 人次。食品安全管理一直是营养科工作重点。

【营养工作】

之前,营养师主要工作是各项事务性工作,从1998年起营养师承担专业工作。2005年起营养师岗位分为临床营养师和管理营养师。临床营养师负责临床宣教,记录营养治疗病史,进行营养会诊;管理营养师负责菜谱设计、汇总、统计等。2009年起,营养师工作再次细分为临床营养师、管理营养师、质量控制营养师,实行轮转制。

2011年开始,营养科病史系统进入医院HIS系统,在糖尿病患者的病历中加入能量的计算。

2012年开始,营养点餐系统电脑化。

2013年8月6日,营养科正式开设营养咨询门诊,每周一至周五下午均有中级及以上职称营养师坐诊。2016年,全年门诊量近500人次。

营养科与临床科室密切合作。2007年起,参与内分泌科的糖尿病教育工作,参与营养科内分泌科肥胖和代谢手术MDT。2013年起,协助临床药理试验的开展,提供试验用饮食。2015年起,参与肿瘤科MDT,每周二开展专项肿瘤患者营养门诊。2016年起,配合临床的快速康复外科(ERAS)工作。

【饮食供膳和肠内营养治疗工作】

每天供应全院区近2 000名患者的伙食,均为包伙点菜制。提供25种以上治疗膳食,治疗饮食符合率达到100%。2005年起,糖尿病饮食早餐供应粗粮。2009年起,糖尿病主食改为粗粮饭。2015年起,增加糖尿病饼干加餐,肾病低蛋白饮食主食改为蛋白米。

肠内营养方面,最初只提供混合奶,后改为匀浆膳食。2003年,建立肠内营养配置室,并供应鼻饲流质和全营养流质。2013年起,建立补充医嘱系统,为临床提供丰富的营养支持。

最初患者通过手写菜单定菜,收取饭菜票。1982年,采用手工油印菜单,收取饭菜票。2000年起,菜单由电脑排版印制,伙食费通过电脑系统收取。饮食点餐和收费系统逐渐完善。

2005年起,逐渐使用电加热饭车替换掉原来的蒸汽饭车,现全部使用电加热饭车。

三、医学教育

营养科定期接收上海健康医学院、上海中医药大学的实习生,平均每年近20人次,并接收多名来自国外的见习生。2015年,开始接收中国台湾地区实习生。高键为复旦大学上海医学院、上海中医药大学等多个院校的学生授课。

食品安全管理、饮食安全生产一直是营养科工作的重中之重。自从建室以来从未发生重大的生产安全和食品安全的事故。营养科内部有完善的紧急预案,定期在夏季给职工食堂和营养科职工上食品安全课,是上海市徐汇区餐饮服务行业食品安全规范化管理示范单位。营养科定期开展各类各级职工的培训工作。

四、科学研究

2010年起,参与内分泌科的"上海长风研究"项目。2004年起营养科在营养学专业核心期刊《中国临床营养》和《营养学报》上发表论文。2013年起营养科开始发表SCI收录论文,每年平均2～4篇。

五、社会服务

2012 年,帮助云南富源县人民医院设立营养科。自 2010 年开始,营养科高键参与大量电视台健康教育节目,如《名医大讲堂》《名医大会诊》《36.7℃明星听诊会》《X 诊所》,并坚持 8 年在广播电台做营养科普节目,受到广大上海市民的欢迎。2015 年,高键被评为中国营养学会全国营养行业先进工作者。2010 年,高键编写的科普图书《吃对就健康》出版。2012 年,高键参编《临床营养治疗理论与实践》《营养与膳食》两部专著。2015 年,高键被上海市食品药品监督管理局聘为食品药品安全科普专家。2015—2016 年,高键担任上海市医学会临床流行病学与循证医学分会青年委员会副主任委员和中国抗癌协会肿瘤营养与支持治疗专业委员会科普分会副主任委员。

营养科员工多次参与各种形式的志愿者服务。近年来,每当遇到营养科职工或家属患重病等情况,大家都给予捐款和帮助,形成了良好的互助氛围。2007 年起,参与特殊奥林匹克营养提升计划;2013 年起,每年参与"洒下人间都是爱"义诊;2015 年起,每年参与全面营养周活动。

第十二节 输 血 科

一、发展沿革

1950 年,在麻醉科吴珏主持下正式成立中山医院血库,开展血型鉴定、配血、发血等输血相关日常工作,隶属麻醉科管理。1978 年血库合并至检验科,成为检验科的一个业务组——血库组。2007 年,依照国家相关规定正式成立独立的输血科并定义为临床科室。输血科主体位于西院区 1 号楼 2 楼,另在东院区 16 号楼 4 楼设立配血、发血点。科室正式工作人员 12 人,其中博士 2 人,硕士 2 人;主任医师 1 人,主治医师 1 人;主管技师 4 人,技师 4 人,技士 2 人。2017 年,复旦大学附属中山医院厦门医院开业,输血科秉承"严谨、求实、团结、奉献"的院训,融合上海、厦门不同用血模式,建立厦门医院各项输血管理和检验制度,实现中山厦门医院同质化管理。

表 2-3-17 2007—2017 年输血科历任主任情况表

任 职 时 间	主 任
2007 年 1 月—2009 年 7 月	李 锋
2009 年 7 月—2011 年 3 月	戎瑞明
2011 年 3 月—2015 年 5 月	童朝阳(兼任)
2015 年 10 月—	戎瑞明

二、医疗特色

输血科除了开展确保患者输血安全的检测工作、输血相关治疗、输血会诊和输血新技术应用,同时还担负着医院输血管理和监督工作。输血科建立全流程物流网化输血管理系统,实现血液制品院内闭环管理。输血科严格遵照 2012 年 8 月 1 日卫生部公布的《医疗机构临床用血管理办法》

开展工作,在加强医院临床用血管理的同时,推进临床科学合理用血,保护血液资源,保障临床用血安全和医疗质量。

【仪器设备】

输血科内设实验室,总面积 260 余平方米。拥有全系列血型鉴定和配血自动化分析平台(伯乐 IH100、伽利略 NEO、戴安娜 WADIANA、奥森多 AUTO),同时拥有垂直层流超净工作台(2 台)、生物安全柜(1 台)、移动式紫外线消毒车(1 辆)、储血冰箱(8 台)、储血冰柜(5 台)、血浆解冻箱(2 个)、血小板保存箱(2 个)、水浴箱(4 个)、BASO 离心机(4 台)等大型设备。2008 年,医院引进国内第一条血液专用输送轨道。

【诊断项目】

输血科开展的诊断项目包括 ABO/Rh 血型鉴定、交叉配血、抗体筛选、抗体鉴定及效价检测、血小板相关抗体检查等。

【业务开展】

1950 年成立血库后,除负责输血相关工作外,还负责葡萄糖、生理盐水注射液制备供临床使用,发挥了大输液制剂室的作用。

1955 年,上海市卫生局颁布《为在附设血库的各医院通知试行患者家属亲友助血暂行办法》,血库由此开展献血员血液采集工作。

1978 年,血库合并至检验科后,原血库输液设备移交药房。

1985 年,在市、区两级献血办公室统一部署下,开展献血员血液采集、血液成分分离、成分输血推广等工作,使宝贵的血液资源得到更充分合理应用的同时,降低了输血反应的发生。

20 世纪 90 年代初,上海市血液中心成为上海市区内唯一的采供血服务机构,医院结束 30 多年自行采血的历史。

1986 年,输血科在血型鉴定和交叉配血检测基础上,在国内较早开展血型抗体鉴定、抗体筛选、抗体分型、抗人球蛋白检测等一系列血型相关血清学检测,参与中国第一个输血相关条例《上海市输血与献血工作规范》的起草和修订,也参与《全国输血科标准》的起草工作。

1989 年,在中国较早开展血液治疗,包括血液量子疗法和血浆置换等工作。

1992 年,与上海市血液管理办公室合作,开发上海市首套输血管理信息系统,并在上海各大医院推广应用,拉开上海输血管理信息化大幕。此项业务早于上海市血液中心信息化管理,当时只能对用血者和血液进行数字量化和统计,无法管理献血员。

1998 年,在上海市血液管理办公室领导下,与专业软件开发商合作,完成中山医院的输血管理信息系统(早于医院医疗管理信息系统的开发应用),使临床输血管理工作迈上了自动化、标准化、科学化的发展道路,对全市的输血信息化管理起到了推动作用。

2007 年,医院的信息化管理系统开始应用后,输血科与信息科共同开发了从临床医师申请用血到输血后血袋回收的闭环,成为上海市第一家建立输血信息化管理系统的医院,并且不断完善。

2010 年 1 月 26 日,正式启动上海市血液中心驻中山医院献血屋,成为华东地区第一家也是唯一一家血液中心驻医院献血屋,极大地推进了互助献血工作的开展。

2012 年,参与上海市血液中心主编的、全国第一部《血液安全预警指南》起草和临床实践工作。

2013年,参与由上海市血液中心牵头的上海市公共卫生重点学科(输血医学)的建设。

2014年全面修订了并编制了《复旦大学附属中山医院输血管理文件汇编》,并开展相应的培训、考核等工作。2014年9月,国家卫计委下属中国输血协会机关报《输血月刊》刊登了对中山医院输血科的专访文章《通过技术创新和制度建设推进外科领域合理用血工作》,将中山医院的经验推广到中国。

2015年,开展血小板抗体筛选、悬浮红细胞滤白等工作。

2016年,参与由华山医院牵头的上海市公共卫生重点学科(输血医学)的建设。推出输血电子化病史、手术用血网上预警、血液院内物流网化管理等,使临床输血信息化管理更上一个台阶。

输血科在2015—2017年上海市临床输血质量控制中心组织的年度检查中,获上海市临床输血质量管理优胜单位。

表 2-3-18　2007—2017 年输血科工作量情况表

年份	ABO 血型鉴定(次)	交叉配血(次)	抗体筛查(次)	出库红细胞(单位)	出库血浆(单位)	出库单采血小板(单位)	冷沉淀(次)	血小板抗体(次)
2007	26 101	20 564		21 457	17 428	640	2 160	
2008	26 793	20 135	26 793	21 713	16 927	1 304	2 392	
2009	27 134	17 546	27 134	18 879	20 439	1 130	1 779	
2010	27 424	13 764	27 424	18 352	17 831	1 129	782	
2011	27 113	14 028	27 113	18 704	19 008	1 046	899	
2012	26 605	12 496	26 605	16 423	15 462	1 003	421	
2013	27 573	12 541	27 573	16 914	16 072	1 005	436	
2014	28 342	11 523	28 342	17 538	17 312	962	489	
2015	31 356	10 815	31 356	17 738	16 811	930	500	
2016	39 145	13 594	43 778	19 242	19 811	1 359	704	197
2017	48 891	13 963	48 891	19 944	20 354	1 394	920	233

三、医学教育

【本科教学】

输血科自成立以来,参与上海交通大学医学院医学检验专业的实习生带教和培训任务。1988年,率先在上海医科大学检验系开设12学时的血型学课程。2016年起对复旦大学五年制临床医学生开设2学时输血课程。

【出版书籍】

1989年至今,参编著作4部。

【国外学习交流】

2013年11月,戎瑞明作为医院唯一代表,在世界卫生组织和国家卫计委组织的输血论坛上介绍中山医院推进外科合理用血的经验，特别是"将合理用血认识上升到医院文化建设高度"的观点受到相关领导和专家的普遍认同，并在国内重要会议上多次被引用。多次接待强生输血检验团队（美国）和奥森多全球输血相关产品团队来访，交流输血检验平台使用经验和改进需求。

【教学获奖】

1989 年，承担卫生部医学视听教育软件摄制项目，编写并拍摄《血库基本知识》教学录像，获得上海医科大学优秀教材评比鼓励奖。1991 年，再次承担卫生部医学视听教育软件摄制项目，编写并拍摄《成分输血》教学录像。

四、科学研究

2001 年，输血科参与上海市血液中心输血研究所"免疫性输血反应的调查及预防研究"项目。

2002 年，参与上海市血液中心"输血后 HCV 感染的前瞻性研究"项目。

2009 年，参与上海市第六人民医院"临床输血调查"项目。

2017 年，独自承担课题 15 项，其中国家级课题 3 项、省级课题 4 项、其他课题 8 项，经费总额 218.5 万元。参与国际临床试验 1 项。

近十年来，以第一或通讯作者发表 SCI 收录论文 21 篇，中文期刊论文 14 篇。

表 2-3-19　2012—2017 年输血科获国家自然科学基金资助项目情况表

获批年份	项　目　名　称	项目类型	负责人
2012	多肽 HBSP 保护猪移植肾的信号通路的动态网络研究	面上项目	戎瑞明
2016	原发免疫性血小板减少症中 $Foxp3^+ ROR\gamma T^+$ 调节性 T 细胞的鉴定和免疫调控功能研究	青年科学基金	吴擘颋
2017	CHBP 诱导的 MDSC 极化在器官移植免疫耐受中的作用及机制	面上项目	戎瑞明

五、社会服务

2011 年和 2016 年，戎瑞明参加国家医疗队先后赴安徽和甘肃开展巡回医疗。

2017 年，发表科普文章 1 篇。科室积极宣传无偿献血，2017 年利用上海市血液管理办公室献血屋建设基金，为门诊和心脏监护室、肝脏监护室、外科监护室等候区增设 30 台显示器，滚动播放宣传无偿献血及合理用血的短片。

第十三节　健康咨询体检中心

一、发展沿革

健康咨询体检中心（简称"体检中心"）成立于 2004 年 12 月 31 日，首任主任施伟斌。这是在

1983年开始体检工作的"厂院联络室"（下厂组）和1992年成立的"职工技术协会"开展体检工作的基础上，旨在整合中山医院良好的医疗资源、树立中山医院的品牌形象、统一和规范体检业务管理，为社会为人民群众提供更多更优质的医疗健康服务。

体检中心成立伊始，隶属于医院的职能部门，主要负责各类体检相关事宜的管理和协调，具体制定体检中心工作和管理规范；负责与各体检队（院内外）建立合作关系，统筹管理和安排体检场地、设备和人员，协调各体检队相关问题（分配、奖惩等）、督查各体检队工作，定期完成成本效益分析。2010年，体检服务模式由成立之初的团队体检、特需门诊体检，扩展延伸至特需住院体检，拥有特需体检床位21张。2012年开始，体检中心积极开展和推进"质量持续改进"活动。

2015年5月11日，门诊体检中心正式启用了中山医院新建的东院近3 000平方米的独立场地，体检环境、体检项目和检查设施等都有新的提升。体检中心体检设备齐全，除常规项目外，中心配备独立的DR、CT、骨密度检测仪、钼靶、磁共振、心脏彩超、无创动脉硬化检测和胃肠镜检查等设备，凭借临床经验丰富的专业医疗技术队伍为受检者提供健康体检服务。2015年9月，中山医院为提升健康体检的质量与管理工作，把体检中心正式作为业务科室进行管理。体检中心主要运营方式为依托医院体检中心平台，对外与各体检中心合作公司紧密联系、共同发展；对内通过各部门间的通力协作，从检前、检中、检后对体检中心的整体运营进行全方位管理，逐步摸索中山医院健康体检与健康管理发展之路。

2017年，为推动医院健康管理的规范建设和发展，依托医院雄厚的医疗综合实力，体检中心在总结经验和开拓进取的前提下，经积极筹备，被评选为由中国健康促进基金会、中华医学会健康管理学分会组织的第七批健康管理示范基地。

表 2-3-20　2004—2017年健康咨询体检中心主任情况表

任　职　时　间	主　　任
2004年12月—	施伟斌

二、医疗特色

体检中心主要工作是开展团队（单位）体检、个人特需体检与个人特需住院体检。工作目标是依托中山医院雄厚的医疗技术实力和先进的医疗设备，合理协调并调动院内资源和医护人员积极性，逐步扩大体检和健康管理工作规模，提升医院整体社会效益和满意度。日常工作中，体检中心始终坚持"您的健康，我们管理"的服务理念，凭借医院特有的临床经验丰富的专业医疗技术队伍与先进尖端的医疗设备、温馨舒适的体检环境、高效的健康信息管理平台以及人性化服务理念，为体检客户提供"一站式"健康管理服务。同时，通过积极探索和把握预防医疗的发展方向，体检中心依据客户的不同需求逐步拓展和提供多种健康体检服务。

2016年是体检中心成为业务科室以来的第一个工作年，体检中心的工作重点是积极探索可持续发展之路，借助体检中心微信公众号的推广和使用，将客户管理提升为用户管理，从而深化服务理念、细化服务流程、提高服务意识和水平，不断提升中山体检中心的整体品牌形象和认知度。

体检中心在各辅助科室的支持与合作下，重点围绕以团队体检为基础、以特需体检为重心，积极开展质量持续改进，优化体检套餐，突出专科性，根据不同健康人群增设专科套餐项目，如心血管疾病专科体检套餐、代谢综合征专科体检套餐、脑血管疾病专科体检套餐、消化科疾病专科体检套餐、呼吸科疾病专科体检套餐和肿瘤筛查体检套餐。致力为受检者提供差异化、特色化、个性化的健康体检服务,深受广大受检者欢迎。团队体检在提供可选增加项目的同时,配套提供多种体检套餐供参检单位灵活选择,力求在保证体检量的基础上满足受检单位的需求。调整后的团队套餐得到了各受检单位的认同和好评。

为加强检后健康管理服务,积极与网络中心、门急诊部展开充分的合作交流,为体检客户提供便捷的在线预约门诊、在线报告查询、在线健康宣教、就诊预约绿色通道等个性化用户服务,使体检工作纳入健康管理模式;免费为体检客户提供体检后专家咨询,为团队体检客户提供单位场地现场专家咨询,临床专家现场一对一为受检者解读体检报告并给予个性化指导,提出科学的健康诊断和建议,以降低自身健康危险因素;体检信息系统与医院 HIS 系统对接,所有体检报告均可在门诊或病房的医生工作站查询并会诊,真正实现疾病管理与健康预防的有效结合。

图 2-3-11 2015 年 5 月启用的健康咨询体检中心

三、医学教育

围绕医院对体检中心的绩效考核方案,进一步完善队伍建设,加强人员管理,完善和修订健康管理的质量控制制度、操作流程和岗位职责。

加强人员管理。重视人才的培养和储备工作,根据实际需要招募新员工,提供岗前培训和定期专业知识培训、职业能力培训,为体检中心的后续发展储备人才资源。组织各类管理制度的培训,相关服务、礼仪的培训,各检查项目相关注意事项的培训,体检相关职业技能、医疗知识的培训,各类突发事件、紧急状况相关应急处理的培训。鼓励员工积极参加市健康管理师的培训和考核,重视内部顾客的服务,创建健康体检温馨团队,切实提高整体服务质量和服务意识。

积极开展质量持续改进活动,组织相关培训,及时对不良事件进行分析,制订标准化流程,整改环节流程,及时跟踪督查,并定期开展质量讲评,进一步提升健康管理质量。

四、科学研究

长期以来,体检中心一直支持临床科研工作,坚持服务临床的宗旨,与临床各科合作,开展慢病管理及健康管理多中心课题应用研究,积极参与内分泌科、病理科、肝外科、血液科、放射科、神经内科等多项临床研究。

五、社会服务

体检中心一直以来秉承深化服务理念、细化服务流程、提高服务意识和水平的理念,不断提升中山体检中心的整体品牌形象和社会认知度。

体检中心每年为干部保健对象的保健体检开设专场体检及咨询;为援疆援藏人员开设全天专场体检;承担上海市优秀志愿者等知名人士的体检任务;参与《名医话养生》节目组"健康体检背后故事"的录制等。

第十四节　计算机网络中心

一、发展沿革

计算机网络中心是随着医院信息化管理不断发展而设置的行政职能科室,主要协助院领导规划、制订并实施针对医院总体业务目标的信息化建设愿景和方案,保证医院日常工作在医院信息系统的支持下正常开展。

1992年,因医院等级评审需求,成立信息科,计算机室包含其中,属科教处管理。随着计算机应用的不断扩展和计算机室人员的增加,1997年成立网络中心,由科教处管理。2003年8月网络中心工作由分管院长管理。2017年,科室人员25人,其中硕士9人。

表 2-3-21　1997—2017 年计算机网络中心历任主任、技术总监情况表

任 职 时 间	主 任	技 术 总 监
1997—2000 年	蒋金根(兼)*	
2000—2003 年	张卫国(副主任,主持工作)	
2003—2007 年	张卫国	
2007—2015 年	阴忆青	张卫国
2015 年—	张 伟(副主任,主持工作)	杨 春

说明: *科教处处长兼计算机网络中心主任。

二、业务特色

【自主开发信息系统】

2007 年,网络中心以参加国家卫生部课题为契机,围绕临床医疗要解决的问题着手设计功能,建立了以患者为中心,以临床诊疗信息为主线,强调"结构化数据",集成门诊、住院等与患者诊疗相关的各个环节,包含了门诊病历和处方、医技检查、检验、医嘱、医生与护理病历记录、手术麻醉等信息的结构化电子病历,有效支持了临床业务。

医院影像存储与传输系统(PACS)从 2007 年开始建设,至 2017 年已逐步形成总体的医学影像信息系统,涵盖放射、核医学、内镜、病理和超声等科室。开发具有自主知识产权的 RIS 系统,实现了整个放射检查过程的数字化流程处理。在这个过程中,因为实现了全院级的预约排程(scheduled work flow),可按照患者的需要调整预约检查时间,掌握整个影像系统资源的使用情况,主动引导患者向相对空闲的设备有序流动。

在全院基于 Wi-Fi 技术的移动查房推车基础上,部署了基于 3G/4G 网络和安卓操作系统的移动电子病历,实现了临床医生在院外实时查看患者电子病历;同时开发基于 Wi-Fi 技术的移动护理终端,完成床旁采集生命体征数据,实现了药品、检验医嘱等的闭环管理。

采用条码技术对患者、医护人员和重要设备资产进行识别,通过条形码扫描对检验标本和易耗品等进行识别,实行条码匹配,方便了血库、药房、物流等部门的实时跟踪管理。借助射频识别(RFID)和条码等技术,对用药、输血等医嘱的执行进行流程控制,从而减少差错,提高医疗行为的安全性。

为向医院管理层提供更好的决策分析平台,依托医院信息系统的结构化信息,引入业务智能系统(business intelligence)。系统通过对中山医院现有数据的分析和统计,以独立网页门户的方式展现了多维度、不同时期的数据对比,为医院管理层提供了良好的决策分析平台。建立单病种信息平台、各专科信息平台、随访系统,通过临床路径信息平台、危急值提醒、药物过敏和配伍禁忌等消息提醒机制,为临床提供必要的决策支持。

与大丰市实现医保"一卡通"。大丰市参保人员转入中山医院治疗所发生的住院医疗费用可实现实时结算。

【荣誉奖励】

2004 年被评为卫生系统唯一的中国医疗行业优秀信息化企业。2009 年与戴尔公司合作成立戴尔-中山医院"简化 IT"医疗行业实验室。2010 年获"英特尔"杯无线移动技术临床应用优秀奖。2014 年中山医院的医疗信息化应用水平通过美国医疗卫生信息与管理系统协会电子病历应用成熟度模型(HIMSS EMRAM)6 级认证,成为沪上首家 HIMSS 6 级医院。

第十五节　临床试验中心

一、发展沿革

临床试验中心正式成立于2000 年。临床试验中心包括临床试验机构和伦理委员会。1994 年,中国《药物临床试验质量管理规范》(GCP)起草人之一的心血管专家诸骏仁以中山医院心内科和临床药理研究室为基础,负责筹建国家新药(心血管)临床试验研究中心(简称"临床试验中心")。2000年,临床试验中心通过国家科技部组织的验收,成为中国十家国家新药临床试验研究中心之一。临床试验中心历任主任为诸骏仁、李雪宁。

表2-3-22　2000—2017年临床试验中心历任主任情况表

任 职 时 间	主 任
2000年8月—2008年9月	诸骏仁
2008年10月—	李雪宁

【临床试验机构】

临床试验机构经过多年的长足发展,成为国内专业组覆盖面最广的、少数几个得到国内外认可的临床试验机构之一,药物临床试验和医疗器械临床试验水平在国内一直居于领先地位。

中山医院的临床试验研究始于20世纪50年代,麻醉科吴珏率先开展了有关麻醉药药理的临床研究。20世纪60至70年代,心内科诸骏仁进行钾盐临床研究。20世纪70至80年代,诸骏仁、李志善、陈秋潮开始心血管药物临床试验研究,包括阿替洛尔、哌唑嗪、安搏律定(阿普林定)、胺碘酮、普罗帕酮、莫雷西嗪等。1983年,卫生部批准上海第一医学院为第一批部属临床药理基地,中山医院心内科和核医学科(与华山医院合作)成立了心血管专业组和放射专业组。1987年4月,为了加强临床药理基地,上海医科大学成立了上海医科大学临床药理研究所,并同时成立了10个研究室,其中包括心血管药临床药理一室(临床药理研究室)。1994年,诸骏仁、李志善、李雪宁、陈伟力等筹建国家新药(心血管)临床试验研究中心,并于2000年通过国家科技部组织的验收。

1997年,根据新药国家药品临床研究基地的发展需要,上海医科大学决定改组临床药理基地,在中山医院和华山医院分别成立药物临床研究分基地,中山医院有心血管、放射药专业。1998年,中国药政管理局组织卫生部药品审评中心对临床药理基地的资质进行考核及评估,确认达到考核验收标准,并将获批专业增至8个,包括心血管、呼吸、消化、肾病、内分泌、皮肤、血液、放射药。1999年,上海医科大学中山医院经国家药品监督管理局审核确认为国家药品临床研究基地,临床药理基地更名为国家药品临床研究基地。2000年,复旦大学与上海医科大学合并,成立新的复旦大学。上海医科大学中山医院国家药品临床研究基地更名为复旦大学附属中山医院国家药品临床研究基地。2001年,根据新药临床研究与注册审评工作的需要,确保药品临床研究质量,经国家药品监督管理局和卫生部决定,复旦大学附属中山医院增加麻醉和胃肠外营养专业组。2008年,经国家食品药品监督管理局(CFDA)审查,复旦大学附属中山医院药物临床试验机构符合药物临床试验机构资质认定的有关规定,Ⅰ期临床试验研究室需按程序进行药物测试;认定16个专业[普通外科、骨科、胸外、中医神经、神经内科、免疫、眼科、心血管、呼吸、消化、肾病、内分泌、血液、皮肤、医学影像(诊断、治疗)、麻醉专业]具有承担药物临床试验的资格,国家药品临床研究基地更名为药物临床试验机构。2011年,国家食品药品监督管理局经审查、认定6个专业[肿瘤、中医肿瘤、心脏大血管外科、泌尿、医学影像(核医学)、普外科(胃肠外营养)]符合药物临床试验机构资格认定的要求。2016年,为适应医疗器械发展的需要,进一步加强对医院临床试验的管理,将药物临床试验机构更名为临床试验机构。2017年,国家食品药品监督管理总局(CFDA)经审查、认定5个专业

［妇科、重症医学、康复医学（骨科康复、神经康复）、急诊医学（危重病、急性中毒）、耳鼻咽喉科］符合药物临床试验机构资格认定的要求。截至 2017 年，临床试验机构共有 27 个专业通过 CFDA 的机构资格认定。

　　临床试验机构的主要职能是负责管理医院的药物临床试验及医疗器械临床试验，在工作上接受双重领导：行政上受分管院长的领导，业务上受 CFDA 的领导。临床试验机构实行院长授权下的主任负责制，设有机构主任 1 人、机构副主任 1 人，并设有专门的机构办公室。机构办公室设有办公室主任 1 人、副主任 1 人、机构秘书 1 人、质量管理人员 1 人、药物管理员 3 人、资料管理员 2 人，分别对临床试验质量、试验药物、资料档案进行专人管理，对临床试验相关医技科室进行检查，确保其具备与药物临床试验相关的检测、检验和诊断等相适应的仪器设备。

表 2 - 3 - 23　　1983—2017 年临床试验机构历任主任、副主任（主持工作）情况表

科室名称	任 职 时 间	主 任	任 职 时 间	副主任（主持工作）
临床药理基地	1983 年 10 月—1999 年 11 月	诸骏仁		
国家药品临床研究基地	1999 年 12 月—2008 年 3 月	蔡逎绳	2005 年 1 月—2008 年 3 月	樊　嘉
药物临床试验机构	2008 年 4 月—2010 年 9 月	樊　嘉	2008 年 4 月—	李雪宁
	2010 年 10 月—2016 年 1 月	朱同玉		
临床试验机构	2016 年 2 月—	周　俭		

表 2 - 3 - 24　　1987—2017 年临床药理研究室历任主任、副主任（主持工作）情况表

任 职 时 间	主 任	任 职 时 间	副主任（主持工作）
1987 年 4 月—	诸骏仁	1987 年 4 月—2000 年 2 月	李志善
		2001 年 3 月—	李雪宁

【伦理委员会】

　　1996 年 7 月，中山医院成立了中山医院伦理委员会。为了规范人体器官移植技术的临床应用，保证医疗质量和医疗安全，中山医院于 2006 年 6 月成立了器官移植伦理委员会。为了满足新形势下生物医学研究和临床试验研究中伦理管理的需求，中山医院又分别于 2007 年 10 月和 12 月成立了生物医学研究伦理委员会和临床试验伦理委员会。截至 2017 年，临床试验伦理委员会由 13 名委员组成，包括社区代表 1 人、法学人员 2 人、外科 3 人、科研人员 1 人、内科 5 人和药学人员 1 人；生物医学研究伦理委员会由 13 名委员组成，包括社区代表 1 人、法学人员 2 人、外科 3 人、科研人员 1 人、内科 5 人和药学人员 1 人；器官移植伦理委员会由 13 名委员组成，包括社区代表 1 人、法学人员 1 人、外科 5 人、科研人员 1 人、内科 2 人、药学人员 1 人、护理 1 人和急诊科 1 人。

　　中山医院伦理委员会的主要职能是制定适合的伦理审查规范，提供独立的审查，保护研究参与者的权益，监督及管理委员会通过的人体研究计划和人体研究计划的档案保存及管理。伦理委员会的委员、秘书组工作人员有责任阅读、理解并遵守伦理委员会所制定的各项规程。

表 2-3-25　1996—2017 年临床试验伦理委员会历任主任委员情况表

任 职 时 间	主 任 委 员
1996 年 8 月—1999 年 8 月	陈世波
1999 年 9 月—2014 年 1 月	王玉琦
2014 年 2 月—	樊 嘉

二、业务特色

自 1986 年以来,临床试验机构在科技部国家重点科技攻关计划项目和国家重大科技专项的资助下得到了蓬勃的发展,从创立之初的临床药理基地发展为现在的临床试验机构,从创立之初的 2 个专业组发展到 2017 年的 27 个专业组。临床试验机构在业务上不仅要接受 CFDA 的指导和检查,同时也要接受国外药监机构的检查,在历次现场检查中均顺利通过。2014 年,美国食品药品监督管理局(FDA)抽检的 4 个品种临床试验数据和日本医疗器械审评审批机构(PMDA)检查的 1 个品种临床试验数据全部通过现场核查。自 2015 年"7·22"公告后,CFDA 抽检 11 个品种临床试验数据,全部通过现场核查,其中 3 个品种(依非韦伦片、舒更葡糖钠注射液和利奥西呱片)已于 2017 年上半年被 CFDA 批准上市。

临床试验机构各专业组每年新开展的药物临床试验、医疗器械临床试验和体外诊断试剂试验项目达 100 余项。自 2013 至 2017 年,临床试验机构共承接药物临床试验项目 281 项,其中完成 74 项,在研 207 项;国际多中心 114 项,其中 48 项担任组长单位;承接的医疗器械临床试验和体外诊断试剂试验项目共计 190 项。

表 2-3-26　2013—2017 年药物临床试验项目情况表

试 验 分 期	完成项目数量	在研项目数量
Ⅰ 期	22	19
Ⅱ 期	11	37
Ⅲ 期	39	137
Ⅳ 期	2	14
总计	74	207

表 2-3-27　2013—2017 年医疗仪器及诊断试剂临床试验项目情况表

临床试验项目	完成项目数量	在研项目数量
医疗器械临床试验	26	102
体外诊断试剂	39	23

临床药理研究室于 2013 年和 2016 年分别通过中国合格评定国家认可委员会(CNAS)的实验室认可和复评审。截至 2017 年,临床药理研究室共负责完成 90 个新药的Ⅰ期临床试验研究,其中包括 12 个一类创新药、17 个国外制药企业的进口注册品种和 1 个药物相互作用研究、60 个国内仿

制药物的生物等效性临床试验，其中一项是唯一在中国完成过高加索人与中国人群 PK 桥接试验。

　　2011 年，伦理委员会通过亚太地区伦理审查委员会论坛（FERCAP）的发展伦理审查委员会能力启动战略（SIDCER）认证。2014 年，伦理委员会通过其复核认证。根据中国药物临床试验质量管理规范（GCP）的要求，伦理委员会建立了符合国际和国内要求的伦理委员会标准操作规程，审查水平在国内处于领先水平。伦理委员会积极配合研究者接受 FDA、日本医疗器械审评审批机构（PMDA）、CFDA 视察，并在德国勃林格殷格翰公司对于亚太地区伦理委员会视察时获好评。

图 2-3-12　2011 年 10 月，伦理委员会通过 FERCAP 认证

　　2013 年至 2017 年 10 月，临床试验伦理委员会评审项目包括注册类临床试验 439 项、复审和修订 799 项。生物医学伦理委员会评审项目包括涉及人的临床研究 806 项、复审和修订 387 项。器官移植伦理委员会对活体器官肾、肝移植进行审查，其中活体肾脏移植 132 对，活体肝脏移植 7 对；对人体死亡后的全器官捐献审查 50 次 50 例。

三、医学教育

　　截至 2017 年，临床药理研究室共有博士研究生导师 3 人，硕士研究生导师 1 人。自 1978 年恢复招收研究生以来，临床药理研究室共培养博士研究生 22 人，硕士研究生 14 人。2017 年在读博士研究生 1 人，硕士研究生 3 人。

　　临床试验机构承担着培养医院及外院从事临床研究的医务人员的工作。自 2013 年以来，临床试验机构定期组织专家对参加临床试验的相关人员（研究医生、研究护士等）进行 GCP 培训，其中 2016 年举办的"药物临床试验机构复核检查辅导培训班"，有 357 人参加。

　　自 1987 年以来，诸骏仁和李雪宁先后主编和参编多本专业书籍。其中诸骏仁主编《临床用药须知》《中华人民共和国药典临床用药须知·化学药和生物制品卷》《中国成人血脂异常防治指南》等 7 部医药书籍，李雪宁参编全国高等教育医学数字化规划教材（国家医学电子书包）《临床药理学》《实用物联网医学》等书籍。

四、科学研究

1991 至 1992 年,诸骏仁、李志善负责的"无创性核素时相分析和心脏断层显像在早期诊断冠心病中的研究"获得国家科技进步奖三等奖、卫生部科技进步奖二等奖。1995 年,诸骏仁作为中国药物临床试验质量管理规范(GCP)起草人之一,负责起草及主译中国 GCP。2003 年,诸骏仁、李志善负责的"普罗帕酮、莫雷西嗪、美西律的疗效与安全性再评价"获得上海市科技进步奖三等奖、上海医学科技奖三等奖。截至 2017 年,临床药理研究室共发表论文 100 余篇,其中 SCI 收录论文 25 篇。

表 2-3-28 1986—2012 年临床试验机构获国家重大专项资助项目情况表

获批年份	项　目　名　称	项目类型	负责人
1986	无创性核素时相分析与心脏断层显像在早期诊断冠心病中的研究	"七五"国家科技攻关计划	诸骏仁
1991	临床试验再评价抗心律失常药物研究	"八五"国家科技攻关计划	诸骏仁
1994	国家新药(心血管)临床试验研究中心	"九五"国家科技攻关计划	诸骏仁
2002	药物临床试验关键技术及平台研究	"十五"国家高技术研究发展计划("863"计划)	李雪宁诸骏仁
2008	心脑血管新药临床评价研究技术平台	"十一五"国家重大科技专项	李雪宁
2012	心脑血管和肾脏病新药临床评价研究技术平台	"十二五"国家重大科技专项	李雪宁

五、交流合作

1992 年,诸骏仁由卫生部委派去瑞士日内瓦参加世界卫生组织的 GCP 指南定稿会,此后不少国外学者以及政府机构、制药企业来中国进行访问交流。

1996 年,国家科委组团去美国及加拿大考察 GCP,诸骏仁担任团长到临床试验中心、制药企业、合同研究组织(CRO)了解 GCP 实施经验并介绍中国 GCP 发展的状况。

1997 年,卫生部组团出席第四届人用药品注册技术规定国际协调(ICH4)会议,诸骏仁作为团员参与 FDA 举行的双边会议。

1999 年,诸骏仁参加访问团去美国,与 FDA 领导及专家研讨中药临床试验问题。

2013 年 11 月,台湾荣民总医院院长林芳郁带领的参访团到中山医院参观并座谈,中山医院院长王玉琦以及朱同玉、诸骏仁、李雪宁等就建立两岸多中心临床试验合作及人体试验委员会联合审查机制与台湾参访团进行交流探讨。

2013 年 12 月,李雪宁参观台湾台北荣民总医院、台湾大学医学院附设医院、林口长庚纪念医院等,代表中山医院签署了《海峡两岸临床试验中心合作意向书》。

2015 年 7 月,中山医院院长樊嘉及李雪宁在台湾台北荣民总医院参加了"海峡两岸 4+4 临床试验中心研讨会"。

第十六节 高压氧治疗室

一、发展沿革

高压氧治疗室的成立源于与复旦大学放射医学研究所的合作。高压氧治疗室成立于 1997 年,地处斜土路 2094 号,当时购置一台中型空气加压氧舱。2000 年,又增设一台中型空气加压氧舱。2003 年,引进上海第一台婴儿纯氧舱。2009 年,根据新的国标要求,改建了一台中型氧舱,建造一台大型的空气加压氧舱。2017 年,高压氧治疗室拥有 2 台大型空气加压氧舱,符合新的国家标准,舱容超过国家标准,舱内配有电视、现代化对讲系统,舱外设有若干个常压吸氧位置,为不宜进舱吸氧的患者提供适宜的吸氧场所。2017 年,高压氧治疗室设有 45 张普通病床、7 间特需包房以及急诊病房、门诊输液室、换药室、清创手术室,以满足需接受高压氧综合治疗的不同疾病患者的急诊和一般治疗服务需求。高压氧治疗室成立 20 年来,已接受住院患者 15 700 余人次,门诊就诊量 34 750 人次,每年接受高压氧治疗人次平均 15 000。2017 年,科室现有中高级职称医务人员 12 人,占全科室人员的 50%。前任专家顾问组 2 人:徐佩芳(儿科),杨丹(妇产科);专家顾问组 4 人:梅振武(内科),汪昕(神经内科),张晓彪(神经外科)和施德源(骨科)。科室另有主治医师 4 人,操舱治疗技术人员 3 人(均为主管技师),高压氧病房专科护士 11 人。

2017 年 4 月 25 日,医院研究决定高压氧治疗室整体并入医院康复医学科作为康复医学科病房,经装修改造后于 2018 年 1 月 8 日正式运行。

表 2-3-29 1997—2017 年高压氧治疗室历任负责人情况表

任 职 时 间	负 责 人
1997—2001 年	徐彩英
2010 年—2017 年 4 月 25 日	郭美奂

二、医疗特色

【CO 中毒】

科室实行 24 小时值班制。1997—2010 年每年治疗一氧化碳(CO)中毒患者 170～200 人(占上海市总数的 1/5);2010—2017 年,每年约有 70 例 CO 中毒患者被送到高压氧舱进行抢救治疗,其中约 20% 为重症昏迷者。科室对此类患者总的抢救成功率为 98%。尤其在夜间抢救 CO 中毒患者,进舱时间 30～60 分钟,远比诊疗常规规定的小于 4 小时进舱时间短。这为减少 CO 中毒患者发生并发症赢得了时间,严格控制了重度 CO 中毒患者的迟发性脑病发生,迟发性脑病发生率小于 10%。

2003 年 1 月 8 日晚,收治 17 例 CO 中毒患者,包括上海慧中服装有限公司 12 例女职工集体

CO 中毒,其中 3 例昏迷,经抢救治疗全部转危为安。2003 年 3 月,江苏启东装修队 5 例男职工废气中毒,其中 3 例深昏迷,经及时进舱抢救,4 例得到治愈,1 例留下迟发性脑病、肢体偏瘫的后遗症。后经过反复高压氧及药物综合治疗,该患者病情好转出院。2004 年 2 月、3 月,高压氧舱又成功抢救在上海市望达路、复兴东路发生的 CO 中毒患者。新闻晨报和上海东方电视台新闻娱乐频道等媒体对此都做了报道。在抢救的众多 CO 中毒患者中还有来自德国、法国、俄罗斯、马来西亚、新加坡、韩国、日本等国的外籍人士。

科室每周五上午还设有高压氧专科门诊。高压氧治疗时间为周一至周六上午 8:00 至下午 16:00,为患者提供服务。

【其他疾病】

科室除接收 CO 中毒及其他有害气体中毒、迟发性脑病患者外,还对多种疾病的患者进行高压氧治疗,均取得了良好疗效。疾病包括:脑血管疾病(脑血栓、脑动脉粥样硬化、脑梗死、蛛网膜下腔出血)、糖尿病慢性并发症(糖尿病足、周围神经炎、糖尿病视网膜病变)、外伤性疾病(颅脑损伤、脊髓损伤、脑震荡、脑挫裂伤、脑外伤后遗症、骨折延迟愈合和骨不连)、周围血管疾病(血栓闭塞性脉管炎、血管栓塞、下肢慢性溃疡、肢端动脉痉挛)、断肢(指、趾)等再植、植皮(单纯皮瓣或带血管蒂皮瓣)术后、大面积创伤术后、无菌性骨坏死、慢性骨髓炎、感染性疾病(气性坏疽、厌氧菌感染、病毒性脑炎)、银屑病、突发性耳聋、面瘫、视网膜脉络膜炎、视网膜中央动脉阻塞、视网膜静脉阻塞、溺水、系统性萎缩等。

2000 年 2 月,成功救治一名患有减压病的美籍患者。2004 年 11 月,成功抢救了一名国内罕见的气性坏疽患者,当时患者臀部伤口 20 厘米×10 厘米×10 厘米,并迅速气性坏疽,生命垂危。高压氧治疗室工作人员为此患者制订个体化的有效治疗方案,包括连续 22 天夜间单独包舱治疗和氧舱消毒,既保证日间患者的治疗,又保证该例特殊患者的治疗。还抢救了数例重症糖尿病足坏疽患者,使他们避免了截肢。数例大面积外伤、挤压伤患者,通过及时对污染伤口的清创、精心换药、高压氧及药物综合治疗,缩短伤口愈合时间,促使伤口早日愈合。

针对上海市新生儿、婴儿疾病诊治需要,2003 年经上级批准引进了沪上第一台婴儿氧舱。至 2017 年 4 月,科室已对 40 余例患儿进行婴儿氧舱治疗,取得良好疗效。婴儿氧舱治疗病种包括婴儿面瘫、新生儿窒息、脑发育不全等。

三、医学教育

科室人员主编与参编多部专著,主编《高压氧治疗经验选集》《高压氧临床应用参考手册》,参编《医用高压氧规范管理与临床实践》《上海医用高压氧质量控制手册》。还参与 2013 年出版执行的中华人民共和国卫生行业标准《高压氧临床应用技术规范》的编写,该标准获得上海市科技成果奖。

四、科学研究

1997 年,施德源等在陈中伟指导下开始进行动物实验,进一步阐明了高压氧疗法作为一种辅助治疗的手段,有助于提高游离皮瓣的缺氧耐受力和移植术后的存活率;在缺血性损伤中,还能显著减少水肿和肌肉的坏死,证明高压氧治疗可在创伤性外科作为辅助治疗手段促使伤口早期愈合。

因此,创伤外科众多患者在紧急接受断肢(指、趾)再植术、皮瓣移植术及大面积创伤、挤压伤、急症扩创清创后,常规做高压氧治疗。经高压氧治疗后再植的肢体、皮瓣存活率较高,疗效良好。

2000年,高压氧治疗室与复旦大学附属眼耳鼻喉科医院迟放鲁等合作研究"加压治疗抑制豚鼠内淋巴积水"课题,并不断在临床实践中,探讨有关美尼尔综合征的高压氧治疗机制。2009年,神经内科研究生查晓冰开始进行"高压氧预处理对再发脑梗死、创伤及骨折后患肢肿胀的术前消肿的影响"的研究。2000—2017年共发表论文20余篇。

第三篇
医疗管理

概　　述

　　医疗和护理是医院的核心工作,医疗护理水平是医院实力最重要的表现之一,医疗护理管理也是医院管理的重中之重。

　　医院历来重视医疗质量管理。1952年开始设立医务室,全面管理医务行政问题。历任院长沈克非、黄家驷、崔之义等高度重视医疗质量,尤其是交接班制度、病史书写等,要求极其严苛。20世纪90年代开始,逐渐建立和完善医务管理制度体系,成立医疗质量管理委员会、病案管理委员会,制定和修订《中山医院医务管理制度》《病历书写基本规范》等。进入20世纪末,逐步加强抗菌药物管理、手术管理、危重患者抢救等专项管理。

　　医院始终以临床新技术的创新与应用、学科与亚专科的建设推动医疗水平的提升。医院曾创造中国医学史上多项第一,如国内最早的人工心肺机、平板型人工肾透析机、真丝人造血管、心脏直视手术、左心导管检查、肺功能检查等。2006年开始,举行临床新技术、新项目应用奖励计划,并于2014年定名为"临床新技术应用推广奖"。2010年起,组织申报国家临床重点专科,至2013年共有18个学科获得国家临床重点专科建设项目。2014年起,开展临床亚专科建设,实行亚专科主任负责制,并定期进行考核。

　　医院从建院开始就提供门诊服务。1949年,医院设有内科、儿科、肺科、皮肤科、外科、产科、眼科、耳鼻喉科门诊,每日门诊量300余人次。至2017年医院开设普通门诊、专科专病门诊、专家门诊、特需门诊、多学科门诊、远程门诊等各种类型的门诊,涵盖除儿科外所有临床学科,每日门诊量超过1.2万人次。1986年医院建立急诊科,最初仅有2名专职医师。至2017年,建立起院内急诊急救、急诊留观和急诊ICU一体化的救治体系。医院还在国内较早开设急诊心肌梗死、消化道出血等救治绿色通道。

　　医院成立之初就设有附属的护士学校。1977年起,护理部承担全院护理质量监控与管理工作,并坚持"垂直管理体制",统一管理全院护理人力调配、绩效考评、晋升聘任及奖惩等。进入21世纪后,医院护理制度日趋细化和完善,并开展造口护理、血透护理、经外周静脉置入中心静脉导管(PICC)、呼吸治疗等专科护理工作,将循证实践用于护理实践,积极开展护理科研和学科建设。

　　医院作为综合医院中的"国家队",始终积极响应国家召唤,参与各类应急医疗救援和保障、医疗扶贫工作。如组建抗美援朝医疗队,组织青浦防治血吸虫、唐山地震、抗击"非典"、汶川地震救援等。2010年起,对口支援云南省曲靖市富源县人民医院、曲靖市第二人民医院、西藏自治区察雅县卫生服务中心。2011年起每年组建国家医疗队深入"老、少、边、穷"地区。从1972年起连续多年派出医务人员援助阿尔及利亚、多哥、摩洛哥、柬埔寨、泰国、印度尼西亚等国家。

　　此外,医院还设立专门部门做好干部保健、职工预防保健、科普宣教和红十字工作。其中,中山科普纳凉晚会、中山健康促进大讲堂等都是具有一定影响力的品牌项目。

第一章 医务管理

第一节 医疗质量与安全管理

医院自建院之始对医务管理就有高度认识,在发展过程中,逐步形成日趋完善的医务管理模式和制度。

1952年,在医疗工作中提倡"三基三严"(基础理论、基本制度、基本操作,严肃态度、严格要求、严密方法),并建立各科定期开展学术会议和病例讨论制度,促进医疗技术水平的提高。

1991年12月,成立医疗护理质量管理委员会。

1992年,医务处完成并发行《中山医院诊疗手册》。

1994年1月,由医务处副处长任医疗质量管理委员会专职副主任。

2001年3月,成立医疗秘书网络,在院内建立起院领导、医务处及各科之间上通下达的联系渠道。

2003年,根据国家卫生部和上海市卫生局《医疗机构病历管理规定》《重大医疗过失行为和医疗事故报告制度的规定》等文件规定,制定医院56项医疗制度,装订成册发至科室。

2007年,重新修订医院医疗工作制度手册。

2011年开始,医务处严格按照国家规定将所有的医务规章制度汇编成册,定为《医务管理制度》,2013、2017年先后两次修订,完成《医务管理制度》(第三版)。

《医务管理制度》(第三版)共分为8部分115篇,分别为医疗核心制度18篇、患者权益保护制度9篇、医疗安全相关制度15篇、医疗质量相关制度17篇、手术安全相关制度18篇、药物安全相关制度15篇、院感及职业防护相关制度7篇、其他医务管理制度16篇。此版《医务管理制度》重点强化18项医疗核心制度的完善和落实。

一、病历管理

1950年,在医院管理中开始实施用中文记录病史,利于日常管理。1953年,在医院管理上推行病室负责制和保护性医疗制,包括制订医护计划、登记医疗事故等。医院注重病史质量管理并定期督查。1989年,加大对病史质量的考核力度,建立病史质量与奖金挂钩制度,制定新入院记录、手术记录规范,并建立科室病史自查制度。1991年12月,成立病案管理委员会。1995年,组织全院病史评比展览。1996年7月1日起,实行限时收回病史制度。1997年,实行整改通知制度和曝光制度。2002年,根据国务院颁布的《医疗事故处理条例》修订医院病历撰写手册,制定《医嘱书写修改制度》,颁布《病历书写基本规范(试行)》。2005年,根据上级部门文件要求,每月对各临床科室进行病史质量督查,并将督查结果与绩效奖惩挂钩。2006年,启动电子病历。2009年,开发并试运行电子医嘱系统,提高对住院患者治疗过程信息记录的便利性及保证医疗质量。2010年,根据卫生部要求,全国各医疗机构施行2010年3月1日颁布的《病历书写基本规范》,同时废止了2002年颁布的《病历书写基本规范(试行)》。2010年5月,上海市病历质量管理质量控制中心出台《上海地区病历质量考核评价标准实施细则(试行版)》。医务处根据上述文件要求撰写《中山医院病历质量重点提醒（2010）》，组织学习 2010 年版《病历书写基本规范（试行）》。2014 年 8 月，进行病历书写知识培训和优秀病案评比，以促进病历质量不断提高。

二、抗菌药物管理

1996 年，启动编制抗感染药物使用指导原则。2005 年，为推动合理使用抗菌药物、规范医务人员用药行为，医务处将《抗菌药物临床应用指导原则》装订成册，人手一册，人人知晓。各科室根据疾病谱，列出合理、常用的用药规范，进一步做好外科手术科室围手术期抗菌药物合理应用工作。2006 年，建立抗菌药物使用情况监测软件。2011 年，在全院范围内开展抗菌药物应用督查，进一步加强临床合理用药管理。2012 年，实现医师抗菌药物处方权和药师抗菌药物处方调剂资格电子化管理，采用电子化手段控制抗菌药物使用的品种、疗程等，实现特殊使用级抗菌药物网上会诊。2012 年，卫生部颁布《2012 年抗菌药物临床应用专项整治活动方案》《抗菌药物临床应用管理办法》。医务处按照卫生部的要求对各科室及个人使用抗菌药物的情况进行定期点评、公示，把抗菌药物的管理与科室绩效考核、科主任考核和个人职称晋升挂钩。

三、手术管理

2005 年，开展非计划再次手术专项管理，实施 6 个月，非计划再次手术率下降 60%，效果明显。2011 年，组织"手术部位标记核查"。2015 年 5 月，医务处联合护理部、临床科室高年医师、职能部门负责人对手术安全的三方核查开展专项督查。

2010 年，根据卫生部相关文件及《三级综合医院评审标准》的要求，医务处组织修订《重大手术报告审批制度》，并制定《手术风险评估制度及流程》，于 11 月 30 日开始实施。2013 年，新增"重大手术审批"电子化审批模块，并开展手术级别动态授权管理，加强非计划再次手术的管理。2017 年，对高危患者、重大手术、新开展手术，实行《重大手术备案制度》。

四、重症患者抢救管理

2006 年，推动危重患者信息登记系统建设。2015 年，为进一步提高产科服务与管理质量，加强妇幼健康服务管理，落实《上海市孕产妇保健工作规范》，做好医院危重孕产妇管理，制定《复旦大学附属中山医院危重孕产妇收治及上报流程》，并发布《做好危重孕产妇的医疗安全工作》医务提醒及培训。

第二节　临床学科建设管理

医院临床学科建设管理是医院可持续发展的支柱与基石。加强临床学科建设项目的管理是医务处管理工作的重要组成部分。

一、国家临床重点专科建设项目

国家临床重点专科建设项目是国家为实现公立医院改革目标，提高三级医院医疗技术能力和服务水平,根据国家医疗卫生发展需求,组织专家评估产生的具有医疗能力强、医疗质量高、管理规范等特点的医疗专科,在临床医疗服务体系中居于技术核心地位,是国家医疗质量管理、人才培养和技术推广的基地。

自 2010 年起,按国家卫生部要求,开始申报国家临床重点专科建设项目。医院领导对该项工作高度重视,亲自指导。消化科、麻醉科、检验科、心脏大血管外科、胸外科、心血管内科、内分泌科、临床护理专业、中医科、普通外科、肾病科、呼吸内科、重症医学科、肿瘤科、器官移植科、医学影像科、急诊医学科和神经内科共 18 个临床专科,成功完成国家临床重点专科建设项目申报与获取,位列上海市三甲医院前茅,并全部完成建设项目的审核与验收。

表 3-1-1　2010—2013 年医院国家临床重点专科建设项目情况表

获 批 年 份	专 科 名 称	获 批 年 份	专 科 名 称
2010	麻醉科	2012	呼吸内科
2010	消化科	2012	肾病科
2010	检验科	2012	普通外科
2011	心血管内科	2012	重症医学科
2011	内分泌科	2013	肿瘤科
2011	心脏大血管外科	2013	器官移植科
2011	胸外科	2013	神经内科
2011	临床护理专业	2013	急诊医学科
2011	中医科	2013	医学影像科

二、临床亚专科建设

为了充分发挥人才特点,逐步形成各具特色的专业组,提升各专科治疗品质,2014 年,医院开始建立临床亚专科,至 2017 年,医院共设立 122 个亚专科,覆盖 35 个科室。同时建立 3 个市级临床诊疗中心,10 个院级临床诊疗中心。

自 2015 年起,医院于每年年底对全院临床亚专科从开展情况、学科人才梯队建设、学术地位与影响力及下一年度工作计划与展望 4 个方面进行考核。亚专科的发展成为提升中山医院医疗科研向更高层次发展的重要抓手。

表 3-1-2　2015—2017 年医院亚专科情况表

成立时间	科　室	亚专科项目名称	负 责 人
2015 年 2 月	妇产科	妇科肿瘤亚专科	臧荣余
2015 年 2 月	泌尿外科	肾移植亚专科	朱同玉
2015 年 2 月	泌尿外科	肾肿瘤亚专科	王 杭
2015 年 2 月	泌尿外科	泌尿结石亚专科	徐志兵
2015 年 2 月	泌尿外科	前列腺癌亚专科	孙立安

（续表）

成立时间	科　室	亚专科项目名称	负　责　人
2015 年 2 月	泌尿外科	男科	郭剑明
2015 年 2 月	骨科	脊柱外科	董　健
2015 年 2 月	骨科	关节外科	姚振均
2015 年 2 月	骨科	创伤外科	施德源
2015 年 2 月	骨科	骨与软组织肿瘤外科	王毅超
2015 年 2 月	骨科	运动医学亚专科	林建平
2015 年 2 月	骨科	足踝外科	周建平
2015 年 2 月	骨科	显微与手外科	陈增淦
2015 年 2 月	普外科	胃肠外科	沈坤堂
2015 年 2 月	普外科	结直肠外科	许剑民
2015 年 2 月	普外科	胰腺外科	楼文晖
2015 年 2 月	普外科	胆道外科	刘厚宝
2015 年 2 月	普外科	乳腺外科	张宏伟
2015 年 2 月	胸外科	食管亚专科	谭黎杰
2015 年 2 月	胸外科	肺癌亚专科	葛　棣
2015 年 2 月	心外科	心脏瓣膜外科	洪　涛
2015 年 2 月	心外科	冠脉外科	丁文军
2015 年 2 月	心外科	晚期心脏病外科	杨守国
2015 年 2 月	心外科	大血管外科	赖　颢
2015 年 2 月	心外科	微创心脏外科	魏　来
2015 年 2 月	耳鼻喉科	头颈肿瘤专科	黄新生
2015 年 2 月	耳鼻喉科	鼻病专科	谢晓凤
2015 年 2 月	耳鼻喉科	咽喉疾病专科	周　旭
2015 年 2 月	眼科	视网膜内科	袁源智
2015 年 2 月	眼科	眼表及眼整形亚专科	马晓萍
2015 年 2 月	神经外科	神经导航内镜微创神经外科	胡　凡
2015 年 2 月	神经外科	脑和脊髓血管疾病微创神经外科	李秋平
2015 年 2 月	血管外科	主动脉亚专科	符伟国
2015 年 2 月	血管外科	颈动脉亚专科	郭大乔
2015 年 2 月	血管外科	下肢动脉亚专科	徐　欣
2015 年 2 月	血管外科	干细胞移植亚专科	董智慧
2015 年 2 月	整形外科	修复重建外科	亓发芝

（续表）

成立时间	科　室	亚专科项目名称	负责人
2015 年 2 月	整形外科	激光美容外科	顾建英
2015 年 2 月	内镜中心	上消化道疾病亚专科	周平红
2015 年 2 月	内镜中心	胆胰内镜亚专科	徐美东
2015 年 2 月	内镜中心	下消化道疾病亚专科	钟芸诗
2015 年 2 月	内镜中心	消化道出血亚专科	陈世耀
2015 年 2 月	内镜中心	EUS 诊疗亚专科	张轶群
2015 年 2 月	麻醉科	心脏和大血管手术麻醉亚专科	郭克芳
2015 年 2 月	麻醉科	普胸外科手术麻醉亚专科	薛张纲
2015 年 2 月	麻醉科	普通外科手术麻醉亚专科	仓　静
2015 年 2 月	麻醉科	神经外科手术麻醉亚专科	葛圣金
2015 年 2 月	麻醉科	矫形外科手术麻醉亚专科	张晓光
2015 年 2 月	口腔科	口腔种植亚专科	余优成
2015 年 2 月	口腔科	牙体牙髓亚专科	孙　健
2015 年 2 月	口腔科	口腔修复亚专科	毕　玮
2015 年 2 月	口腔科	牙周病亚专科	龚逸明
2015 年 2 月	口腔科	口腔正畸亚专科	丁小军
2015 年 2 月	心内科	冠心病介入组	钱菊英
2015 年 2 月	心内科	心力衰竭（心衰）组	周京敏
2015 年 2 月	心内科	心脏监护室	王齐兵
2015 年 2 月	心内科	结构性心脏病组	周达新
2015 年 2 月	心内科	起搏与心脏植入型电子装置组	宿燕岗
2015 年 2 月	心内科	心脏节律组	朱文青
2015 年 2 月	中医科	中医/中西医结合神经内科	蔡定芳
2015 年 2 月	中医科	中医/中西医结合内科	杨云柯
2015 年 2 月	中医科	中医/中西医结合急诊科	蔡定芳
2015 年 2 月	中医科	中医/中西医结合肿瘤科	范　越
2015 年 2 月	皮肤科	结缔组织病亚专科	李　明
2015 年 2 月	皮肤科	中西医结合治疗难治性皮肤病亚专科	杨　骥
2015 年 2 月	康复科	神经伤残康复亚专科	张　键
2015 年 2 月	康复科	慢性疼痛康复亚专科	刘邦忠
2015 年 2 月	康复科	骨科康复亚专科	戚少华
2015 年 2 月	放疗科	食道癌亚专科	张树民

（续表）

成立时间	科 室	亚专科项目名称	负 责 人
2015 年 2 月	放疗科	肺癌亚专科	何 健
2015 年 2 月	放疗科	乳腺癌亚专科	孙 菁
2015 年 2 月	放疗科	肝癌亚专科	曾昭冲
2015 年 2 月	放疗科	肠癌亚专科	王斌梁
2017 年 3 月	介入科	肝肿瘤介入亚专科	瞿旭东
2017 年 3 月	介入科	血管介入亚专科	罗剑钧
2017 年 3 月	介入科	胆胰介入亚专科	陈 颐
2015 年 2 月	肾内科	水、电解质和酸碱平衡紊乱亚专科	丁小强
2015 年 2 月	肾内科	急性肾损伤亚专科	滕 杰
2015 年 2 月	肾内科	肾脏病理及检验亚专科	张志刚
2015 年 2 月	肾内科	中西医结合亚专科	丁小强
2015 年 2 月	消化科	胃肠病科	沈锡中
2015 年 2 月	消化科	肝病科	董 玲
2015 年 2 月	消化科	胆胰疾病科	张顺财
2015 年 2 月	消化科	门脉高压科	陈世耀
2015 年 2 月	血液科	淋巴瘤亚专科	刘 澎
2015 年 2 月	血液科	免疫性血小板减少亚专科	程韵枫
2015 年 2 月	风湿科	关节炎诊治整合亚专科	陈慧勇
2015 年 2 月	风湿科	血管炎亚专科	姜林娣
2015 年 2 月	内分泌	肥胖-脂肪肝及代谢疾病亚专科	卞 华
2015 年 2 月	内分泌	内分泌肿瘤亚专科	陆志强
2015 年 2 月	呼吸科	呼吸监护室	蒋进军
2015 年 2 月	呼吸科	气道疾病中心	金美玲
2015 年 2 月	呼吸科	肺部感染科	李华茵
2015 年 2 月	呼吸科	肺部肿瘤与呼吸介入科	张 新
2015 年 2 月	老年病科	老年心血管代谢亚专科	胡 予
2015 年 2 月	老年病科	老年胃肠疾病及肠内营养亚专科	罗 蔓
2015 年 2 月	肿瘤内科	胃肠肿瘤亚专科	刘天舒
2015 年 2 月	肿瘤内科	淋巴/骨软组织肿瘤亚专科	周宇红
2015 年 2 月	检验科	临床分子诊断学亚专科	张春燕
2015 年 2 月	检验科	临床生免检验亚专科	郭 玮
2015 年 2 月	检验科	临床血液学检验亚专科	王蓓丽

（续表）

成立时间	科　室	亚专科项目名称	负责人
2015 年 2 月	检验科	骨髓细胞学综合诊断亚专科	陈　朴
2015 年 2 月	超声科	腹部超声亚专科	丁　红
2015 年 2 月	超声科	介入超声亚专科	季正标
2015 年 2 月	超声科	浅表血管超声亚专科	李超伦
2015 年 2 月	心超科	心功能评估亚专科	舒先红
2015 年 2 月	心超科	结构性心脏病超声诊断亚专科	董丽莉
2015 年 2 月	心超科	肺高压超声诊断亚专科	孔德红
2015 年 2 月	病理科	胸科病理亚专科	陈　岗
2015 年 2 月	核医学科	放射性药物亚专科	程登峰
2015 年 2 月	放射科	胸部乳腺影像诊断亚专科	张兴伟
2015 年 2 月	放射科	腹部影像诊断亚专科	饶圣祥
2015 年 2 月	放射科	心脏影像诊断亚专科	金　航
2015 年 2 月	放射科	神经血管影像诊断亚专科	林　江
2015 年 2 月	放射科	骨肌泌尿生殖影像诊断亚专科	周建军
2015 年 2 月	放射科	分子/活检影像亚专科	吴　东
2017 年 3 月	神经内科	脑血管病	范　薇
2017 年 3 月	神经内科	癫痫及睡眠障碍	丁　晶
2017 年 3 月	神经内科	神经退行性疾病	钟春玖
2017 年 3 月	神经内科	神经-肌肉疾病	董继宏
2017 年 3 月	病理科	肝胆胰疾病病理亚专科	纪　元
2017 年 3 月	病理科	肿瘤分子病理亚专科	侯英勇

表 3 - 1 - 3　2001—2017 年医院临床诊疗中心情况表

诊疗中心级别	成 立 年 份	诊疗中心名称	负 责 人
市　级	2001	心血管疾病中心	葛均波
	2001	肝脏肿瘤中心	樊　嘉
	2017	肾脏疾病中心	丁小强
院　级	2016	内镜中心	周平红
	2016	生殖医学中心	董　曦
	2016	胃癌中心	孙益红
	2016	食管癌中心	谭黎杰
	2016	结直肠癌中心	许剑明
	2016	脑卒中心	汪　昕

（续表）

诊疗中心级别	成立年份	诊疗中心名称	负责人
院级	2016	肺癌中心	葛棣
	2016	生物治疗中心	周宇红
	2017	胸痛中心	葛均波
	2017	胆道疾病中心	刘厚宝

三、医疗质量控制中心

1998年，上海市医疗质量控制中心以公开招标、擂台评审的方式确定新建质量控制中心或重新更换质量控制中心挂靠单位。截至2017年12月，共有8个质量控制中心挂靠医院，其主要职责为：制定相关专业的质量管理标准和操作规范，报市卫生行政部门审定后实施；设计全市相关专业的质量控制计划，根据计划对各级医疗机构进行业务指导；制订全市相关专业的质量考核方案，组织实施对各级医疗机构的质量考核和评估；制订全市相关专业队伍的发展规划，组织对相关专业人员的培训，不断提高专业队伍素质；对全市相关专业的设置规划、布局和特殊项目的开展，相关技术、设备的引进和使用等工作进行调研和科学论证，为卫生行政部门决策提供依据；负责对国内外相关专业信息进行收集和调研，组织开展专业交流活动；建立相关专业的信息资料数据库，开发相应专业的质量控制软件等。

表3-1-4 2008—2015年挂靠医院的上海市医疗质量控制中心情况表

批复年份	质量控制中心名称	负责人
2008	上海市心血管内科质量控制中心	葛均波
2009	上海市胸心外科临床质量控制中心	王春生
2010	上海市超声质量控制中心	王文平
2011	上海市普通外科临床质量控制中心	秦新裕
2011	上海市院内感染质量控制中心	胡必杰
2013	上海市呼吸内科质量控制中心	白春学
2015	上海市血液透析质量控制中心	丁小强
2015	上海市综合医院中医药工作质量控制中心	蔡定芳

第三节 信访接待与医疗事故处理

自1952年起，医院即明确医疗相关来信来访、医疗纠纷等工作由医务部门负责，信访接待与医疗事故的管理成为医务管理工作的一个重点。医院不断探索采用新的模式进行管理，有效缓解医患矛盾和纠纷。

1993年，为杜绝医疗事故，减少医疗差错，医院制定《中山医院医疗事件处理制度》。1996年建立差错事故登记报告和处理制度。

2002年,成立医院医疗事故处理条例工作小组,医务处成立医疗服务质量监控科,负责医疗事故鉴定及医疗诉讼案件调解。根据2002年4月1日最高人民法院实施的《医疗过错举证责任倒置》法规、9月1日国务院颁布的《医疗事故处理条例》,医务处整理并补充拟订规范性文件和规章制度共75项,制定《医院防范、处理医疗事故预案》,包括执行《医疗事故处理条例》时的工作规范、流程、细则等,装订成册,发至各科室,规范医疗行为,畅通投诉反映渠道。

一、来信来访管理

2002年9月,为规范患者投诉的处理流程,合理、快速地解决纠纷,保障医疗工作的正常开展,避免恶性纠纷事件的发生,构建和谐医院,医疗安全科制定《投诉管理制度》,该制度为患者指明投诉途径——科室投诉、医疗安全科投诉、徐汇区卫生局医疗事故处理办公室投诉、人民法院投诉,各个投诉部门层层递进,保障患者的权利和自由。2011年11月,该制度进行修订,更名为《病人投诉指南》。同时,增加徐汇区医患纠纷人民调解委员会(简称"医调委")第三方调解内容及病历封存、申请尸体解剖等注意事项。2012年,制定《中山医院来信来访工作制度》,规范接待来信来访工作,方便患者。2015年11月,按照《上海市信访条例》、卫计委《信访事项受理制度》,结合医院实际情况,对《中山医院来信来访工作制度》进行再次修订,明确处理来信来访的原则、登记、分类、处理、落实等9条20余项规定。

专门设立《院长、书记接待日制度》。每周五上午9—11时在门诊8楼接待室,由院长、书记及院内主要职能科室负责人一同参加接待,听取院内、外人员意见,以便及时解决管理工作中的疑难杂症。

除了建立面向患者的投诉制度外,为了预防重大纠纷,做好内部管理,医疗安全科于2009年制定重大医疗过失行为,医疗事故报告、处理、预防以及应急预案一整套制度。制度明确处理流程,即重大医疗过失行为和医疗事故发生时,医务人员应立即向科室主任报告,总值班向医疗安全科报告,同时应做好现场实物、病历的封存、复印工作等其他多项具体规范。

2013年10月,完善《医疗损害争议处理途径》。2015年11月,在修订的《医疗损害争议处理途径》(第三版)中,规范医疗损害争议的4种处理方法:患方与医院双方自行协商;医患纠纷人民调解委员会调解;通过卫生行政部门解决或移送医学会鉴定;经人民法院诉讼解决。

二、医疗调解

2011年7月,徐汇区医调委成立后,医院医务处医疗安全科积极探索与徐汇区医调委合作模式,将相关信息纳入《病人投诉指南》,努力通过第三方调解来解决医患纠纷。医疗安全科将徐汇区医调委的专家咨询与医院医疗安全专家委员相挂钩,创新工作机制。对于疑难信访事项,会同徐汇区医调委,组织开展院外专家讨论,及时对医患纠纷进行深入梳理,加快处理进程,并对确有医疗缺陷的案例明确责任,落实处理,不断改进工作。2012年开始,医患双方签署调解协议书,通过徐汇区医调委签署并经法院确认,有力保障医患双方合法权益。

2015年,东院区投入使用,伴随医院业务量的急剧增加,各类投诉也随之增加。为此,医院修订相关信访投诉接待制度和流程,将东、西院区的患者投诉接待工作纳入统一管理与处理的平台,方便患者及时向医院管理部门反映诉求,避免患者来回奔波。

除了简化流程,医院创新管理模式,将多学科综合治疗(MDT)模式引用到纠纷的接待处理中来。2015年,医院牵头院办、医疗安全科、门急诊、精神文明办等职能部门达成共识、形成合力,一旦涉及多科室、多部门的重大疑难纠纷,各科室通力协作,各施所长,及时化解纠纷于萌芽之中,避免部门之间相互推诿导致患者诉求无法得到有效解决。

2016年,中山医院与保险公司签订合同,探索由保险公司参与的医疗纠纷分担机制。

第四节　医　保　工　作

一、医保信息平台

1998年,医院开展计算机联网工作。1999年,计算机收费发票得到上海市医保局的肯定和表扬。

2000年,在市医保局的号召下,实现医保实时交易结算。在医院网络中心等部门的大力配合下,于2003年自主研发的医院信息系统(HIS)正式上线,为医保联网、信息化打下坚实基础。

2005年8月,药品代码和疾病诊断代码上传匹配通过率达100%。2008年,联合医院网络中心开发与财务等部门共享的BI数据平台,将每月统计的医保报表程序化,达到数据统一、信息共享、提高效率的目的。

2009年12月,建立医院执业医师信息库,规范执业医师行为。同年,经医院同意,由各科室的医疗秘书(干事)兼管医保工作,形成"医保秘书"制度,定期组织会议,架起医保办与临床科室的沟通桥梁。

二、落实医保政策

2002年,实施医保总量控制,为贯彻落实各项政策,医保办在职工培训班上宣传医保政策。2004年,在院内网上开辟"医保信息"栏目,多点多面宣传医保政策规定。2002年8月,原纺三医院与中山医院合并挂牌,分部与总部的医保管理遵循垂直管理,保持与总部工作要求上的一致。

2010年,医院参加上海市三级医院医保预付制试点,医保办采取多种措施积极合理控制医保费用。

2016年3月,协同网络中心、设备材料科等,及时通过技术接口和渠道维护,完成医院万余种耗材的编码库与本地基础信息的比对、备案等工作,同年7月正式实施医疗器械的"阳光采购"工作。

2010年7月,与江苏省大丰市医疗保险基金管理中心就沪丰医保"一卡通"合作正式签约,从初期洽谈、网络程序接口,到入院处、财务处操作程序调整,最终实现全国首例跨省异地医保医疗费用实时结算。2013年5月,与江苏省盐城的医保住院费用实时结算进行签约,异地医保医疗费用实时结算由大丰延伸到整个盐城地区。

2017年5月16日,经院务会议讨论决定,由院长樊嘉签发公文,成立"复旦大学附属中山医院异地跨省就医联网结报工作小组"。2017年8月7日18:00,随着一名来自安徽省淮北市杜集区的患者成功进行跨省异地就医出院结账的即时联网结报,正式实现全国住院费用的跨省实时结算。

医保管理的各项工作是在不断摸索中加以改进提高的,每年都会有许多新的、更完善的政策出台,人群的覆盖面亦日渐扩大。因此,贯彻、落实医保各项政策成为医疗保险办公室的首要工作,如医保药品目录变更、医保预付管理实施、结算项目库管理、日对账管理、医保诊疗项目约定服务等。

三、医保管理优化

2009年,医保办"建立'患者一站式服务中心'的设想"获医院第二届精神文明建设金点子奖三等奖。

2010年10月,医院医保办向市医保局申请,对"医保门诊大病申请单"实行电子化管理,规范门诊大病申请、审核流程。

2011年,医院被中国医院协会授予全国医院医保管理先进单位称号。

根据市医保管理部门对医院下达的预付指标,调整医保考核方案,制订科室目标,每月将各项细化的医保指标数据及时反馈给科室,并在医生工作站上加强医保费用的提示及查询功能;每月对全院医保数据进行分析,向各相关科室主任和院领导及时汇报。

第五节 医院感染管理

一、院内感染防控

从2004年起,开展各项院内感染监测:重症监护室开展气管插管/切开、留置导尿管、留置中心静脉导管相关感染的监测,每年开展一次现患率调查,每季度一次血培养送检率调查,每年2次围手术期预防性抗菌药物使用监测,常规开展手卫生依从性及用品耗量监测。

建立并完善医院感染监测及管理系统,2016年起搭建医院感染信息系统,做到医院感染病例预警、监测数据抓取、自动统计分析等功能,节省人力物力。建立抗菌药物管理的临床路径,个性化规范抗菌药物使用及微生物标本送检。

推行循证化感染防控措施,针对重点部位感染,采取一系列防控措施:半卧位、洗必泰(氯己定)口腔护理预防呼吸机相关肺炎;穿刺前洗必泰(氯己定)皮肤消毒、最大无菌屏障、酒精棉片消毒接口预防导管相关血流感染;避免不必要备皮预防手术部位感染;使用环境清洁消毒湿巾防控多重耐药菌等。通过组合干预措施降低医院感染发病率。

定期开展联合督查,联合医务处、护理部、防保科、门急诊办、总务处等部门走访医院感染相关重点部门,查找医院感染管理的漏洞及安全隐患,针对问题及时采取相关措施。

二、上海市院内感染质量控制中心

上海市院内感染质量控制中心成立于1999年,挂靠复旦大学附属中山医院,先后由何礼贤、胡必杰担任质量控制中心主任。

质量控制中心的发展经历了几个过程,最早质量控制中心的工作以查阅病史资料为主,主要调查医院感染的发病率及漏报率。2003年"非典"之后,医院感染管理由监测逐步向防控转变。2009年开始,国家卫计委颁布一系列医院感染管理规范,医院感染管理从经验化管理向规范化、循证化转变。

上海市院内感染质量控制中心的工作得到上海市卫生计生委、其他质量控制中心及医疗机构的大力支持,多次被上海市卫生计生委评为优秀质量控制中心。2016年和2017年被国家级医院感染质量控制中心评选为优秀省市质量控制中心。

第二章　临床新技术开展与管理

第一节　临床新技术开展

医院自建院以来,始终注重新技术的研发,率先在上海乃至全国开展各类诊疗技术,首创多项医疗技术。

1950年,沈克非与史玉泉成功开展全国首例右侧额叶胶质瘤开颅切除手术。

1953年,心胸外科开展国内首例体外循环分流术治疗法洛四联症、全肺切除术、胸骨后空肠代食管术。

1955年,麻醉科在国内首先开展了静吸复合全麻、支气管内麻醉、硬膜外阻滞和连续硬膜外阻滞等麻醉方式。吴绍青在医院建立国内第一个肺功能实验室,并与上海医疗器械厂协作研制成国产肺功能检测仪,填补国内空白。

1956年,崔之义、冯友贤等开始进行真丝人造血管的研究。1957年试制成功,并应用于临床,很快推广至全国。内科李宗明用德国产半曲式胃镜成功进行第一例胃镜检查,为医院消化内镜诊断奠定基础。

1957年,朱无难和李宗明利用旧的膀胱镜和自制套针改装为腹腔镜,完成100余例腹腔镜检查。心胸外科开展国内首例先天性食管闭锁及食管气管瘘一期根治术。

1958年,心胸外科成立体外循环心内直视手术研究组,试制成功中国第一台静立垂屏式人工心肺机,为开展心脏直视手术创造条件。石美鑫等在低温麻醉下施行国内首例先天性心脏病患者房间隔缺损伴肺静脉异位引流心内直视缝闭术,获得成功;成功为一例心房间隔缺损印尼华侨患者施行缺损缝闭手术,取得良好的疗效。内科实验室在上海市最早开展谷丙转氨酶、谷草转氨酶等生化检查项目,并作为临床肝炎诊断的一个新指标。1959年,普外科在国内率先开展胰十二指肠切除手术。1960年又在全市最早开展γ-谷氨酰氨基转肽酶(γ-GT)肝病诊断辅助指标的研究工作。

1960年,石美鑫等完成中国首例主动脉窦动脉瘤穿破缝合术;1962年石美鑫应用深低温体外循环施行左心室室壁瘤切除术和二尖瓣狭窄合并关闭不全心内直视瓣膜整复术,均获得成功。

1961年,血管外科和泌尿外科在国内首创采用真丝人造血管实施肾-腹主动脉旁路手术治疗肾动脉狭窄获得成功。

1962年,心血管内科在国内率先开展左心导管检查。

1966年,骨科、血管外科和华山医院杨东岳等在医院成功实施5例第二足趾一期游离移植再造拇指术。

1968年,医院检验科、中国科学院生化研究所、上海市立医学化验所共同协作,成功进行甲胎蛋白(AFP)的提纯,用于临床检测,成为肝癌早期诊断最重要指标之一。心外科石美鑫与心内科陈灏珠合作安置国内第一台埋藏式人工心脏房室传导起搏器,成功治疗完全性心脏房室传导阻滞。

1972年,心外科成功研制人工生物瓣并应用于临床。泌尿外科研制成功全国第一台标准平板型人工肾,为医院开展血液透析和肾移植做技术准备。

1973年,心内科陈灏珠与上海市第六人民医院协作,首次在国内开展选择性冠状动脉造影术获得成功。医院成立肾病组,成功开展国内第一例血液透析治疗尿毒症患者。

1978 年,由汤钊猷成功施行国内首例低温无血切肝手术。普外科吴肇光领衔下的手术团队,为一例肝肿瘤患者施行肝脏移植手术取得成功,实现医院肝移植手术零的突破。

1980 年,黄富成和张光健与光华医院合作,对类风湿关节炎病例施行滑膜切除术或人工关节置换手术。该项目获卫生部乙级科技成果奖。

1985 年,泌尿外科和上海交通大学合作研制成功震波碎石机,并进行国内首例患者的治疗工作。该项目获国家科技进步奖一等奖。

1986 年,普外科吴肇光团队运用医院正在开展的静脉营养临床研究新技术,对一例全小肠切除患者实施监护室内接受肠外营养的治疗,并抢救成功。此后该患者成为靠肠外营养存活最长的"无肠人",创造世界纪录。

1990 年,放射科林贵先后开展肝、胃、肺、胰腺肿瘤,多发性大动脉炎等十几项介入治疗项目。在国内首创"双介入疗法"治疗恶性梗阻性黄疸。

1991 年 1 月 19 日,心内科为一名心绞痛患者成功施行"动脉内旋切术"。

1994 年 8 月 3 日,血管外科王玉琦团队借鉴国外先进技术,采用不离断腹主动脉后壁的阻断血流方法和"降落伞"缝合法,成功施行肾下动脉硬化腹主动脉瘤切除术。

1995 年 9 月 20 日,心内科采用冠脉内脉冲激光溶栓术,成功抢救一名急性广泛前壁心肌梗死患者。心内科在国内首次采用经静脉途径安置埋藏式自动起搏复律除颤器获得成功。

1996 年 9 月 19 日,骨科陈中伟、陈峥嵘为一名失去右手的患者顺利施行"游离第二足趾再造前臂手指"手术,世界首例"手臂残端再造指控制电子假手"在医院获得成功。

1998 年 2 月 20 日,血管外科与介入科合作,国内首例腔内人造血管置入术获成功。2 月 21 日,内镜中心姚礼庆首次应用内镜气囊扩张术取胆总管结石获得成功。

1999 年,血管外科在国内首创"对动脉瘤患者实施腔内支架术治疗"获得成功。10 月,心内科在国内首先采用心包穿刺活检术,率先开展经导管电消融术治疗室性心动过速获得成功。

2000 年 5 月 23 日,王春生团队为一名年仅 12 岁的女孩施行心脏移植术,这次中国年龄最小的"换心人"的手术获得成功,实现医院心脏移植零的突破。11 月 13 日,王春生团队顺利运用声控机器人"伊索"的手臂辅助心脏搭桥手术,获得成功。12 月 22 日,心内科葛均波实施中国首例门诊冠状动脉造影术获得成功。

2001 年 1 月 3 日,葛均波等打破常规,在国内首创桡动脉穿刺诊断冠心病技术。3 月 1 日,心内科实施上海市首例放射治疗冠心病获得成功。3 月 12 日,葛均波与心外科联手为一名年事已高并多支冠状动脉严重病变、闭塞的患者进行冠心病治疗,实施全国首例联合血运重建术。

2002 年 4 月 18 日,泌尿外科王国民团队完成上海市首例手辅助腹腔镜肾癌根治术。5 月 8 日,心内科运用介入治疗方式,成功实施国内最大房间隔缺损介入治疗。10 月 8 日,骨科施行全国首例腹腔镜腰椎前路手术获成功。

2003 年 12 月 31 日,心外科王春生领衔团队成功地为一名患者施行心肺联合移植术获得成功,这是上海首例同种异体心肺联合移植术。

2004 年 4 月 28 日,泌尿外科专家用腹腔镜下微创取肾实现活体脏器移植史上新突破。

2005 年 7 月 18 日,心外科手术团队为一名患先天性心脏病房间隔缺损的 7 岁女孩,顺利实施国内首创机器人辅助微创封堵房间隔缺损术。

2008 年,神经外科张晓彪团队完成一例罕见颅内复杂巨大多发动脉瘤夹闭手术。

2009年，"达芬奇S"外科手术系统在医院完成安装。泌尿外科王国民、朱同玉团队成功施行上海首例"达芬奇S"机器人辅助腹腔镜肾脏手术及国内首例"达芬奇S"机器人辅助腹腔镜亲属活体供肾获取。肝外科樊嘉团队完成迄今中国报道的直径最大一例肝脏血管瘤切除手术。泌尿科朱同玉团队完成中国首例，也是上海市年龄最小亲属肾移植手术（5岁儿童患有德尼-德拉什综合征）。神经外科张晓彪团队为一名鞍结节脑膜瘤患者成功施行上海市首例导航引导下、内镜经鼻扩大入路鞍结节脑膜瘤切除术。内镜中心的治疗团队首次采用国际最新内镜黏膜下挖除技术，为一名在食管黏膜下患有5.5 cm×3.5 cm、大如鸡蛋的平滑肌瘤患者进行手术，历时45分钟，成功一次性完整挖出。胸外科团队在国内率先成功完成一例机器人辅助食管癌切除术。内镜中心周平红在消化科、胸外科和麻醉科的合作下，对贲门失弛缓症患者实施国内首例内镜下肌切开微创手术治疗。

2011年，普外科许剑民和肝外科王鲁合作，为一名直肠癌合并肝转移的患者先应用腹腔镜切除肝转移灶，同时又实施达芬奇机器人直肠癌根治术，获得成功。这是国际首例直肠癌肝转移微创同步切除术。内镜中心徐美东为一名患有肿瘤的患者，在经口内镜下肌切开术和内镜黏膜下剥离术（ESD）的基础上，实施国际首创黏膜下隧道内镜肿瘤切除术。

2012年，心内科葛均波在国内率先开展第一例经导管二尖瓣修复手术。内镜中心周平红应用海博刀实施食管环状肌和纵形肌的全层切开，手术方式为世界首创，因手术出血少、操作时间短、复发率低，命名为"POEM ZHOU"。

2013年，朱同玉团队成功施行上海首例由公民逝世后捐献器官的肾移植手术。普外科许剑民团队完成国际首例肠癌肺转移微创同步切除手术。普外科许剑民团队联合肝外科王晓颖，在秦新裕与樊嘉2位专家指导下，完成上海首例、国内第二例机器人辅助微创同步肠癌根治术和肝转移灶切除手术。普外科减重及代谢外科专业组完成医院首例完全腹腔镜下胃绕道手术。超声科王文平团队应用超声造影提高超声的临床诊断水平。心内科葛均波成功完成中国首例由国人自主研发的完全可降解聚乳酸冠脉支架的植入。呼吸科白春学团队在国际上率先成功研发出"中心-社区联动物联网医学睡眠呼吸疾患诊治新技术。"

2014年，肝外科樊嘉领衔的肝移植团队利用微创外科领域最先进的机器人辅助外科手术系统，成功完成"活体获取供肝"手术，创造亚洲首例机器人辅助成人—幼儿（出生50天）活体供肝移植手术的历史纪录。普外科、肝外科和胸外科3个科室合作，成功完成世界首例应用达芬奇机器人微创技术在一个患者身上同时完成直肠癌根治术、肝转移灶切除术和肺转移灶切除手术。心内科葛均波利用谷歌眼镜主视角转播并成功演示一例右冠钙化病变的旋磨手术。心内科葛均波与周达新率先在华东地区完成左心耳封堵术。在多学科专家的配合下，心外科王春生领衔的团队为一例前降支完全闭塞的69岁患者实施心脏不停跳的全机器人缝线吻合冠脉搭桥手术，为亚太地区首例。王春生牵头采用中国自主创新研发的瓣膜植入系统，为一名重度主动脉瓣关闭不全的79岁高龄患者实施经心尖微创主动脉瓣置换术。

2015年，心内科葛均波团队成功实施世界首例经皮导管肾交感神经深低温冷冻消融术。整形外科亓发芝团队完成中国首例自体脂肪颗粒移植＋组织瓣转移修补直肠阴道瘘手术。心外科王春生团队成功完成国内首例经心尖"瓣中瓣"经导管主动脉瓣置换手术。

2016年，胸外科葛棣和骨科董健同台手术，完成国内首例一次手术肺癌侵犯胸椎肋骨的肿瘤整块切除。泌尿科朱同玉团队完成上海市第一例供肾小肾癌切除后的活体亲属供肾移植手术和第一例ABO血型不相容亲属活体供肾移植术。介入治疗科王小林团队成功完成全球首例

"CT导引下胰腺射频消融导管治疗胰腺癌"手术。介入治疗科王建华与颜志平率先成功开展"经肝动脉化疗栓塞联合微波消融"治疗大肝癌。颜志平团队原创发明的"植入性碘-125粒子条",获得国家知识产权局实用新型专利授权,并被纳入中国2016版介入治疗专家共识。内镜中心周平红、徐美东合作,对一例复杂胆道梗阻病患完成医院首例超声胃镜引导下十二指肠胆道支架置入术。徐美东成功完成国内首创应用黏膜下隧道内镜实施憩室中隔离切断手术获得成功。泌尿外科郭剑明团队完成上海首例膀胱软镜下前列腺新型螺旋形热膨胀支架置入手术。呼吸科张新团队成功完成首例ECMO下气管镜介入治疗。肝肿瘤外科周俭团队突破极高龄患者的手术治疗禁区,完成一例92岁高龄患者巨块型肝肿瘤切除手术。血管外科符伟国团队成功运用自主研发设备,为一位患有最大瘤径达59.6 mm、累计长度约30 cm的巨大胸主动脉瘤患者进行腔内微创。

2017年,心外科王春生团队应用3D打印技术辅助外科手术,成功治愈罹患罕见先天性复杂变异胸主动脉瘤的患者。

第二节　临床新技术管理

临床新技术的开发和应用是提高医疗技术水平和医疗服务质量的重要途径,也是医院构建和不断增强核心竞争力的关键。

2009年,依据国家卫生部《医疗技术临床应用管理办法》,医院建立医疗技术准入管理制度,确立以院长王玉琦为责任人的领导组,以各科室主任为组员的专家组。同时,明确将医疗技术分为一、二、三类,规范医疗技术的申请和管理,建立医院第一类医疗技术目录并开展技术审核,开展第二、三类医疗技术临床应用第三方审核的准备及申请工作。

2015年,根据《国家卫生计生委关于取消第三类医疗技术临床应用准入审批有关工作的通知》和医院实际情况,重新修订《新技术新项目准入制度》,强调新政策下对限制类技术的准入审批制度,各医疗机构对所有三类医疗技术实行内部管理,并承担相应主体责任。医院按文件精神,调整《中山医院开展新技术、新项目管理办法》,将新技术、新业务项目定义为"凡本院、本科室原来未开展的项目,无论国内外其他单位是否已实施,均属新技术、新业务项目。新药品、新器材的临床试验不属于本规定的新技术、新业务项目"。新技术分为以下6类,① 技术改进项目:在原已开展的项目上有所改进;② 院级新项目:本院未开展,市内其他医院已进行的技术项目;③ 市级新项目:市内未开展,省内其他市已进行的技术项目;④ 省级新项目:省内未开展,国内其他省市已进行的技术项目;⑤ 国家级新项目:国内未开展,国外已进行的技术项目;⑥ 国际新项目:在国内外均未开展的技术项目。

表3-2-1　2010—2017年医院申报并获批的部分新技术情况表

获 批 时 间	项 目 名 称	申报科室
2010.5.19	妇科内镜诊疗技术	妇产科
2010.2.25	超声联合气压弹道碎石消石术(新)	泌尿科
2010.5.5	心脏导管消融技术	心内科
2010.5.5	冠心病介入诊疗技术	心内科

（续表）

获 批 时 间	项 目 名 称	申报科室
2010.5.5	先天性心脏病介入诊疗技术	心内科
2010.5.5	起搏器介入诊疗技术	心内科
2010.5.27	内镜黏膜下剥离技术（ESD）（新）	内镜中心
2010.5.27	乳腺血氧功能成像系统诊断乳腺疾病	普外科
2010.5.31	髋、膝关节置换技术	骨科
2010.6.28	输尿管镜技术	泌尿科
2010.7.20	免疫荧光法定量检测血清中的降钙素原	检验科
2010.8.4	超声多普勒定位移动脉结扎术	中医科
2010.9.9	人附睾蛋白 4（HE4）定量检测（酶联免疫法）	检验科
2010.9.27	口腔种植诊疗技术	口腔科
2010.9.27	远程心电监测（新）	心内科
2010.9.27	SCC 震波心血管治疗系统（上海市医学会更名为：心肌缺血震波治疗）	心内科
2010.10.22	脉搏波速度、踝臂指数检测	心电图
2010.12.16	扩大全胰腺切除术（上海市医学会更名为：胰腺癌根治术）	普外科
2010.12.16	激光多普勒血流仪（CDF）术中检测股骨劲骨折股骨头血供	骨科
2011.2.17	吻合器痔上黏膜环切术	内镜中心
2011.3.14	临床基因扩增检验技术	检验科
2011.3.14	ELISA 定量检测血液标本中 IgG 类环瓜氨酸抗体	检验科
2011.4.12	肝脏储备功能检测	肝外科
2011.5.4	心脏型脂肪酸结合蛋白检测	（急诊）检验科
2011.5.4	冠状动脉血流储备分数测定（FFP）	心内科
2011.5.4	胸苷激酶（TKI）血清水平检测	检验科
2011.7.4	尿液计量仪临床应用（光电感应尿量实时定量监测技术）	急诊科
2011.8.4	结扎速切割闭合系统的临床应用（上海市医学会更名为：结扎速血管切割闭合系统）	普外科
2011.8.31	低氧激发试验（低氧耐受试验）	肺科
2011.9.19	白内障超声乳化技术	眼科
2011.9.19	高强度聚焦超声技术（HIFU）	泌尿科
2011.11.10	人工智能辅助治疗技术（0206110065）	胸外科
2011.11.10	人工智能辅助治疗技术（0206110066）	泌尿科
2011.11.10	人工智能辅助治疗技术（0206110067）	普外科
2011.11.10	人工智能辅助治疗技术（0206110068）	心外科

（续表）

获批时间	项目名称	申报科室
2011.11.10	人工智能辅助治疗技术(0206110069)	血管科
2011.11.10	心室辅助装置应用技术(0206110070)	心外科
2011.11.11	面部轮廓整形技术	整形科
2011.12.26	医用高压氧治疗技术	高压氧
2012.2.6	内镜逆行胰胆管造影诊疗技术	内镜中心
2012.3.13	脐带血造血干细胞治疗技术	血液科
2012.4.23	人工智能辅助治疗技术(机器人辅助手术技术)	普外科
2012.4.23	人工智能辅助治疗技术(机器人辅助手术技术)	心外科
2012.4.23	人工智能辅助治疗技术(机器人辅助手术技术)	泌尿外科
2012.4.23	人工智能辅助治疗技术(机器人辅助手术技术)	胸外科
2012.4.23	人工智能辅助治疗技术(机器人辅助手术技术)	血管外科
2012.4.23	心室辅助装置应用技术	心外科
2012.5.17	SPECT/CT 图像融合技术和冠脉钙化积分技术	同位素
2012.6.14	放射性粒子植入治疗技术(三类)	泌尿外科、介入科
2012.7.24	肿瘤消融治疗技术(三类)	介入科
2012.9.3	人附睾蛋白 4(HE4)(化学发光法)	检验科
2012.9.3	胃泌素释放肽前体(ProGRP)检测(化学发光法)	检验科
2012.9.3	高尔基体蛋白 73(GP73)测定	检验科
2012.12.31	膝关节置换技术	骨科
2012.12.31	髋关节置换技术	骨科
2013.5.15	超声全自动断层容积成像术	B超
2013.5.15	超声弹性成像定量诊断技术	B超
2013.5.15	乳腺专用伽马相机显像技术	同位素
2013.7.10	妇科内镜诊疗技术	妇科
2013.7.15	丙型肝炎病毒核心抗原检测(酶联免疫法)	检验科
2013.7.15	结核感染 T 细胞检测(免疫斑点法)	肺科-微生物室
2013.7.15	Cell search 循环肿瘤细胞检测	检验科
2013.8.5	经口经隧道消化内镜治疗技术	内镜中心
2013.8.23	经尿道前列腺汽化消融术	泌尿科
2013.12.31	冠脉介入诊疗技术	心内科
2013.12.31	先心介入诊疗技术	心内科
2013.12.31	起搏器介入诊疗技术	心内科

（续表）

获 批 时 间	项 目 名 称	申报科室
2013.12.31	参照四级手术管理的呼吸内镜诊疗技术	胸外科
2014.1.27	呼吸内镜诊疗技术	肺科
2014.1.27	参照四级手术管理的呼吸内镜诊疗技术	肺科
2014.4.16	临床基因扩增检验技术	病理科
2014.4.24	胰腺癌根治术	普外科
2014.4.24	直肠癌根治术	普外科
2014.7.2	超声多普勒定位痔动脉结扎术	中医科
2014.7.11	肝脏硬度数据值超声检测	消化科
2014.7.31	吻合器痔上黏膜环切术	内镜中心
2014.8.7	临床基因扩增检验技术 HPV 基因分型	检验科
2014.8.8	体外冲击波碎石技术	泌尿科
2014.8.15	心肌缺血震波治疗	心内科
2014.9.3	异常凝血酶原(PIVKA‐11)检测	检验科
2014.10.29	神经血管介入诊疗技术	神经外科
2014.12.12	急性脑梗死溶栓技术	神经内科
2014.12.22	体外物理振动排石技术	泌尿科
2014.12.22	普通外科内镜诊疗技术	普外科
2015.1.16	脊柱内镜诊疗技术	骨科
2015.1.16	关节镜诊疗技术	骨科
2015.1.31	面部轮廓整形技术	整形科
2015.2.15	远程心电监测	心电图
2015.4.14	经皮左心耳封堵术	心内科
2015.5.26	泌尿外科内镜诊疗技术	泌尿科
2015.5.26	三、四级胸外科内镜诊疗技术	胸外科
2015.6.8	鼻科内镜诊疗技术	五官科
2015.6.8	咽喉科内镜诊疗技术	五官科
2015.6.8	三、四级消化内镜诊疗技术	内镜中心
2015.8.7	富血小板血浆(PRP)的临床应用	骨科
2015.12.25	连续性肾脏替代治疗技术	外科监护室
2015.12.25	连续性肾脏替代治疗技术	肾内科
2015.12.25	连续性肾脏替代治疗技术	急诊科
2016.10.14	血清唾液酸(SA)检测(酶速率法)(上海市医学会更名为：唾液酸测定)	检验科

（续表）

获 批 时 间	项 目 名 称	申报科室
2016.10.14	中性粒细胞明胶酶相关脂质运载蛋白测定（NGAL）检测	检验科
2016.10.14	糖化血红蛋白测定（毛细血管电泳法）	检验科
2016.10.14	免疫球蛋白流离轻链测定	检验科
2016.10.14	肿瘤化疗药物血样浓度检测（免疫比浊法）	检验科
2016.10.14	冠脉光学相干断层成像术	心内科
2016.10.14	冠脉血流储备分数测量术	心内科
2016.10.14	脂蛋白相关磷脂酶 A2 检测	检验科
2016.10.14	唾液酸化糖链抗原（KL-6）检测（化学发光法）	检验科
2016.10.14	可溶性生长刺激表达基因蛋白 2（ST2）检测（ELISA）法	检验科
2016.10.14	抗缪勒管激素（AMH）检测（化学发光法）	检验科
2016.10.14	抗磷脂酶 A2 受体抗体（PLA2R）测定（ELISA 法）	检验科
2017.1.10	电子膀胱镜诊疗技术	泌尿科
2017.1.19	3D 腹腔镜诊疗技术	普外科
2017.1.26	三、四级妇科内镜诊疗技术	妇产科
2017.2.21	肿瘤深部热疗和全身热疗系统	普外科
2017.4.14	人工椎间盘置换术	骨科
2017.7.13	自身免疫性肌炎抗体谱测定（免疫印迹法）	检验科
2017.7.26	无创性血管内皮功能检查	心内科
2017.8.10	消化内镜诊疗技术	内镜中心
2017.8.16	分子诊断新技术（Septin9 基因甲基化检测）	检验科
2017.9.11	人工膝关节置换技术	骨科
2017.9.11	人工髋关节置换技术	骨科
2017.9.28	超声骨刀	骨科
2017.9.28	经导管主动脉瓣置换术（TAVI/TAVR）	心外科
2017.10.27	分子诊断新技术 ALK/ROSI 融合基因联合检测（ARMS）法	病理科
2017.10.27	人类 KRAS/NRAS/PIK3CA/BRAF 组织/细胞荧光定量核糖核酸（DNA）聚合酶链式反应（ARMS）法	病理科

　　为鼓励临床新技术、新项目的应用，更好地为患者提供优质的服务，进一步提升医院的整体实力，医院于 2006 年开始施行临床新技术、新项目应用奖励计划。

　　2006 年，医院举行第一届"临床新技术、新项目奖励计划"，共对 33 个项目予以奖励。其中，一等奖、二等奖、三等奖各 11 个。

2008年,医院举行第二届"临床新技术、新项目应用奖励计划"的评审和讨论,评选出共计20个获奖项目,其中16项为新型治疗项目、4项为新型诊断项目。这些项目均体现医院临床新技术、新项目的最新进展,具有较强的临床实用性和创新性。同时为确保奖励落到实处,产生效益,医院对第二届的获奖项目进行为期2年的跟踪评估,直至2010年才最终完成项目的终审。

2014年,为进一步鼓励医院各临床和医技科室积极开展新技术、新项目的临床应用,更好地扶持临床医疗新技术和适宜技术的开展,规范新增医疗服务项目的申报和收费管理工作,医院于3月成立临床新技术项目申报和收费管理工作小组。结合以往经验,医务处通过调研、整改进一步完善"临床新技术"的评审工作,明确活动的宗旨是促进医院医疗水平的进步,引导科研、教学等工作最终都回归到医疗服务这一落脚点,并将新技术的评选标准落在"新"上,重在"应用推广"。"新"是为了鼓励临床和医技科室积极创新,引进、学习在专业领域处于领先地位、能真正让患者获益的适宜技术,特别是希望能有由医院职工自主创新的技术。"应用推广"是强调该技术应当有可复制性,能推而广之。能够经得起这两点检验的真正优秀的技术,应当有全国各地甚至世界各地的同行竞相来访学习。同时,根据申报技术的性质特点,将申报项目分为"手术有创操作类""非手术类"和"医技类"3组,并制订个性化的评分细则。

自2014年起,新技术奖励计划正式定名为"临床新技术应用推广奖",与往届新技术奖励计划相比,不但评审标准有非常明显的细化,更重要的是配套实施中山医院"临床新技术积分"办法,为获得奖项和新技术认证项目的完成人给予一定的"临床新技术积分"奖励。在年度科室及个人综合考评中,"临床新技术积分"的效力等同于"科研积分"。

2014年,第一届"临床新技术应用推广奖"共评选出一等奖1名,二等奖2名,三等奖3名,临床新技术认证58名。

2015年,第二届"临床新技术应用推广奖"共评选出一等奖1名,二等奖2名,三等奖3名,临床新技术认证49名。

2016年,第三届"临床新技术应用推广奖"共评选出一等奖1名,二等奖2名,三等奖3名,临床新技术认证40名。

2017年,第四届"临床新技术应用推广奖"共评选出一等奖1名,二等奖2名,三等奖3名,临床新技术认证38名。

第三章 护理管理

第一节 护理制度与管理模式

一、护理制度

护理制度包括护理管理组织体系、人力资源、临床护理管理、护理安全管理、重点部门管理、护理教育培训考核等内容。

护理部自1946年成立起，即设立护士长会议制度，每周一召开，就病房各项护理工作进行讨论。

1952年7月，院系调整，取消护理部与督导一级，成立医务室，护理管理工作划归医务室负责。其间改进不合理事务性制度，建立病房固定人员负责制。

1954年3月，由胸外科病室开始建立病室负责制，加强护士业务学习。此后，病室负责制逐渐推广到全院各病室，病室业务工作渐上正轨。

"文化大革命"结束后，护理部在主任郑俭璧带领下，恢复"三级护理制度"及"三定包干护理制"，使各种不同的病员按病情轻重得到必需护理。对于危重患者集中管理，实施定人、定时、定点的包干护理制度，令危重患者得到专人护理；同时实施"陪客"管理制度，陪客人数大大减少，陪客率降至10%。而后又先后恢复近20项护理制度。开展五项抢救配合训练，建立抢救车、药品器械清点制度并每日做好记录，保证抢救质量，做到病房规格化。建立双人核对制度（包括给药、输液及执行医嘱），防止差错事故的发生。为保证护理制度持之以恒，采取病房对口检查、护士长不定期查岗等措施，建立夜间护士长值班查房制，使中山医院的护理面貌焕然一新。

2000年，护理部建立《护士长360°考评制度》《危重患者交接班制度》《危重患者生命指征监测制度》《危重病人留守制度》《监护室血透室站立式服务制度》《供应室物品上收上送制度》，完善《差错防范制度》《患者满意度反馈制度》。2001年，护理部在全院实施三级护理公示，手术室护士开展手术前后访视，建立《药品管理制度》《突发事件报告制度》《护理文件书写制度》《护理文件保管制度》《病人手术前后访视制度》。配合器官移植新技术，开展新技术新知识的培训工作，制定《器官移植护理制度》。2002年，修订《护理安全防范制度》《分级护理质量规范制度》《请假与排班制度》《质量检查与评价制度》《压疮预报制度》等护理制度，建立《护理部分配制度》，组织开展远程继续教育护理课程。2003年，修订《手术病人接车护士核对签名制度》《手术室接到病人后安全巡视制度》《压疮评估告知制度》《供应室管理制度》《静脉输液配制中心管理制度》等护理制度。2004年，修订《护理质量评估整改制度》《深静脉穿刺护理制度》《各种仪器报警制度》《补液室工作制度》《护理质量控制标准》等护理制度。2005年，修订《护理质量逐级监控制度》《紧急预案制度》《紧急状态护理人员调配制度》《护理质量管理标准》《护理质量考核办法》《护理质量持续改进制度》《专项护理质量监控制度》《护理会诊制度》《住院病人请假制度》《医嘱核对制度》《仪器管理制度》《化疗护理常规》《深静脉置管护理常规》等护理制度，并开展护理质量讲评。2006年，修订、完善及健全关键流程、重点患者、手术患者转运交接等护理规章制度。2007年，新建《病家双向核对制度》。2010年，开展优质护理服务示范活动,护理部新增《优质护理管理制度》《各级护理人员岗位管理制度》《各级护理人员绩效考核管理制度》,至12月,医院优质护理服务覆盖病房达80%。同年,护理部针对"中国患者安全目标"制定《患者身份确认制度》《转运交接制度》《预防跌倒制度》《护理查对制度》《重点护理对象管理流程》《护理不良事件管理规范及处理流程》等,并将急救技能及基础操作流程编写成册。2013年,实施《护理分级》和《静脉治疗护理技术操作规范》2个国家标准,修订《分级护理制度》《给药制度》《静脉治疗相关并发症的预防和处理流程》等制度。2014年,根据等级医院评审要求对《护理质量和护理安全监控制度》《护理危险因素管理流程》等进行修订。2015年,贯彻国家卫计委进一步深化优质护理、改善护理服务精神,修订《病人入院制度及流程》《病人出院制度及流程》。2016年,建立护理管理信息小组,明确护理管理信息系统工作范畴和任务分工;将护理评估、质量控制、不良事件管理及人力资源管理等纳入信息系统,并制定《信息系统瘫痪应急预案》。2017年,完善护理管理信息平台、不良事件管理系统;新增护理风险评估,试点结构式护理记录等护士工作站功能项目;增加护理部、护士长节假日和夜值班汇总分析。

二、管理模式

护理部自1994年起坚持实施"垂直管理体制",护理质量监督管理、护理人力设置与调配、科室收入二级分配(护士部分)、护士工作绩效考评、晋升聘任以及奖惩均由护理部统一管理。2011年,护理部根据卫生部相关文件精神开始实施护士岗位管理试点工作,拟定护士任职条件、能力标准、岗位职责、岗位工作质量评价标准,确定部门护士层级和数量配置,拟定以实时动态管理方案、岗位管理为基础的绩效考核管理方法和细则;建立护理人员技术档案信息库,根据《医院注册护士管理办法》落实护士规范化培训和岗位继续教育培训。2012年,继续落实护士岗位管理,建立护理岗位配置指标体系和护士人力资源动态管理系统,编制76个护士岗位目录、5级护士能级标准(N1～N5),制定岗位内容和职责、岗位护士准入标准、护理岗位评价指标和方法、岗位护士绩效考核方案、各病区岗位配置方案、各类护士在职培养方案。2017年,开始落实国家新护士规范化培训政策与策略,对新入职护士根据《新入职护士培训大纲(试行)》进行培训、考核、轮转及晋级管理。

第二节　护理质量与服务管理

一、护理质量

中华人民共和国成立后,护理部在各病区设立意见箱,供患者及家属对医院工作提出意见和建议。

1977年起,护理部开始承担全院护理质量监控与管理任务。1990年9月,医院成立医疗护理质量管理委员会,护理部主任徐和作为成员之一负责护理质量管理。20世纪90年代初,上海市开展医院等级评审,护理部对照评审标准,建立护理质量规范,增加检查频次,组织全院护士演练操作规范,模拟评审理论考试,1992年12月一次通过三甲医院评审。1994年,护理部制定《手术患者安全制度》《输液患者安全制度》,所有住院补液患者建立"输液巡视卡",记录患者输液内容、速度,有无肿胀与开始、结束时间等,保障患者治疗安全。同年,所有住院患者的出入院宣教中增加书面材料的发放以提高宣教质量。1996年,护理部被批准为卫生部全国整体化护理网络单位。2003年,静脉输液配制中心成立,首批完成 10 个病区的输液配制,后覆盖全院。2005 年 3 月 3 日,医院成立护理质量管理委员会,副院长秦新裕任主任,护理部主任徐筱萍任副主任。坚持谁主管谁负责的管理策略,严格执行护理质量逐级监控制度。坚持质量管理持续改进理念,以卫生部、卫生局文件精神为依据,以诊疗、护理常规为标准,每月对不同工作内容及项目进行评估,对督查及工作过程中发现的问题及时整改,形成制度,并纳入督查范畴。2008 年,上海市护理质量控制中心对全市各家医院质量开展督查,医院护理质量达标率 100%。"表格式护理记录单在临床护理应用中的效果评价"项目获得"护理工作改进成果奖"。2010 年,建立供应室灭菌质量追溯系统。2012 年底,护理部首次启动品管圈(QCC)活动,组建"护拉圈"等 5 个活动圈,通过品管圈十大步骤做好护理质量持续改进工作。2013 年,护理部修订 5 个质量标准:《分级护理质量标准》《病区管理质量标准》《抢救物品质量标准》《消毒隔离质量标准》《护理文件书写质量标准》;重新制定《护士长工作质量考核标准》,修订 27 个专科护理常规,制定 70 个疾病出院指导处方。2015 年,医院建立护理质量管理委员会和护理安全委员会,护理质量管理委员会下设 16 个护理质量管理小组参与全院护理质量和安全管理。2015 年 10 月,医院启动单包装口服药进病房项目,首批在 3 个病区试点,2 年内覆盖到全院。2016 年,护理部承办中国医院品管圈联盟护理专业委员会成立大会和论坛,成为主任委员单位。参与国家护理敏感指标构建及行业分级护理标准制定。确立"十三五"医院护理质量指标体系,包含 13 项结构指标、过程指标和结果指标,54 项专科护理质量敏感指标,重点夯实和完善 200 余项指标最小数据的信息监测系统。在全国各类护理管理大会上就敏感指标监测和发展主题发言十数次,参与编写《护理敏感质量指标实用手册》(2016 年),成为全国第一家国家护理敏感指标直采医院以及首批全国护理质量促进联盟成员单位。2017 年,护理部与其他科室合作开展多学科合作项目(MDT),提高护理质量;与医务处合作开展静脉血栓栓塞症(VTE)预防和处理、入院患者心理评估和高危预警;与重症医学科合作成立体外膜氧合器(ECMO)工作组;与检验科合作开展危急值处理流程和规范、标本采集运送处理流程和规范项目;与麻醉科合作开展疼痛管理。

二、护理服务

护理服务模式经历从功能制护理、责任制护理到系统化整体护理的变迁。1985 年 1 月,护理部首开护理指导门诊,开展护理咨询、上门换药、指导家庭腹膜透析等专业技术工作。自 1997 年起,护理部在全院开展整体护理服务,转变以往传统服务观念和模式,开展以患者为中心的护理服务。1998 年起,医院全面开展住院患者健康教育,依据入院、手术前后、出院前及特殊治疗检查前后等不同阶段患者健康需求,实施不同教育指导,健康宣教普及率达 100%。2001 年,医院从护理安全、温馨服务角度开展优质护理服务。同年 2 月,开通中山医院"优质护理工作网"。手术室坚持开展手术前后访视工作,为患者及家属提供指导和心理护理。开展当年,访视数占择期手术比例从 2000年的 20% 提升至 2001 年的 80%。2007 年,肾内科、妇产科开通 24 小时护理咨询热线服务,为家庭腹透患者、产妇、新生儿提供健康咨询。2010 年起,医院全面开展"优质护理服务示范工程"工作,在 4 个病区试点后迅速推广至 26 个病区,占住院病区 65%。试点病区责任护士对患者健康指导覆盖率达 100%,健康指导满意度提高 3.1%。监护室床护比达到 1∶2.5,有 30% 以上护士接受监护室专科培训并获得"上海市 ICU 护士岗位适任证书"。2011 年 6 月 29 日,医院优质护理服务病房覆盖率达 100%。2012 年,开通中山医院"优质护理服务工作网",制定责任制、基础护理、专科护理为一体的 24 个护理质量标准,倡导接待新患者时"主动起立、主动接物、主动问候、主动介绍",解答患者询问"不直呼患者床号、对询问不说不知道、对难办事不说不行、对患者主诉不随便敷衍"的服务理念。2013年,护理部拍摄6个优质护理服务规范和流程视频在病区播放。2014年,护理部建立中山关怀APP,方便患者查询,强化健康教育成效。2015年,护理部设立中山护理部微信公众号,推送专科疾病健康教育系列内容,发布护理学术活动和管理信息。

第三节 护理专科与循证实践

一、护理专科

2000年,医院ICU成为上海市护理学会专科护理适任证书培训基地。2005年11月,吴燕经培训获得国际造口治疗师专业证书,并在医院开设造口护理门诊,每周半天开展造口护理、造口相关并发症预防和处理、慢性伤口处理、造口患者自我护理指导和咨询,以及心理健康咨询等专科护理工作。2005年,医院急诊成为上海市护理学会专科护理适任证书培训基地。2008年,医院成为上海国际造口治疗师学校首批临床教学医院。2011年,手术室成为上海市护理学会专科护理适任证书培训基地。2011年,临床护理获国家卫计委重点专科建设项目批准立项,并于2015年完成项目验收。2012年,血液透析室成为上海市护理学会专科护理适任证书培训基地。2013年,护理部初步拟定专科护士岗位和认证制度,用于外周中心静脉导管(PICC)人才的选拔和培养,推广PICC技术。第一年PICC穿刺和维护会诊达400次。2014年4月,护理部筹建静脉治疗专科护理小组,同期开设PICC专科护理门诊,为患者进行PICC置管、PICC维护、PORT维护。2014年6月,护理部成立造口伤口失禁专科护理小组,主要负责院内造口伤口失禁患者的随访和疑难会诊,参与造口护理门诊,压疮不良事件督查和护理质量控制、院内专科培训等工作。肾内科开设腹透护理门诊,腹透专职护士项波主诊,负责肾内科家庭腹透患者24小时咨询热线工作。同年,医院成为上海市护理学会社区糖尿病护士实训基地。2015年4月,医院血液透析专科护士培训基地通过上海市护理学会专科护理基地评审。同年9月,静脉治疗小组在全院护理专科小组中实行会诊值班制度,范围辐射东院、西院、门急诊、高压氧舱等各个诊疗区域。2015年9月末,护理部与重症医学科联合培养ICU呼吸治疗专科护士。11月,呼吸治疗小组成立,在外科监护室开展临床呼吸治疗护理工作,陶嘉乐任副组长,朱凌、郑欣、郁慎吉、林圣尧、范定定经考核成为医院首批呼吸治疗师。2015年,医院成为上海市护理学会腹膜透析专科护理实训基地,危重症护理成为复旦大学临床护理特色专科。2016年5月12日,静脉治疗小组与院内介入科、血管外科、麻醉科、感染科、放射科、超声诊断科联合组建静脉治疗血管通路管理MDT团队。2016年,医院心脏专科护理成为复旦大学临床护理特色专科。2017年9月,医院成为中华医学会心血管分会心血管病专科护理及技术培训示范基地。

二、循证实践

自2011年,医院开始将循证实践运用于临床护理。2011—2017年,累计开展19项循证护理实践项目,共选派10人至澳大利亚JBI循证卫生保健中心进行培训交流,6人至上海市循证护理中心进行培训交流。2012年,医院被批准成为全球最大循证护理中心JBI的证据应用基地。2016年2月29日,中山医院护理部与复旦大学护理学院、上海市循证护理中心合作举办"危重症护理循证实践方案"发布会,指导护士预防危重症患者非计划拔管、眼部并发症和发生压疮,降低护理不良事件的发生,并将循证实践方案融入护理制度、常规和流程,实现护理质量的持续改进。

第四节 护理教育与学科发展

一、中山医院护士学校

1936 年 12 月,在中山医院竣工落成的同时,院内由社会名人史量才家属捐款所建的量才堂同时竣工,作为护士学校之用。

1937 年"八·一三"事变,日军进攻上海,战争爆发,中山医院业务重心移至中国红十字会第一医院,护校也一同归并。

1947 年 9 月,重新开设护士学校,依照民国时期教育局规定,设立董事会,定名为"上海市私立中山高级护士职业学校",招收初中毕业生,学制三年,隶属于中山医院。校长由中山医院护理部主任陈良玉兼任,教导主任卢惠清,设事务员 2 人,专职教师 2 人,兼职教师 19 人。10 月初,招收第一班新生。1948 年春、秋及 1949 年秋,招收第二、三、四班,共计学生 64 人。1950 年 11 月,第一届学生 14 人毕业,1951 年第二届毕业生 13 人,1951 年 15 人,1952 年 21 人,四届毕业生共 63 人,大多留院工作。

1952 年 7 月,在院系调整的基础上,经华东卫生部批准,中山高级护校与中国红十字会第一医院护校及西门妇孺医院附设协和护校合并,命名为"上海第一医学院附设护士学校",由华东卫生部和上海第一医学院领导和管理,校长张祖华,副校长曲淑瑜、陈良玉,校址仍在中山医院内。1954 年 8 月迁入枫林路 305 号校区,此后陈良玉不担任校职务。

1958 年 8 月,为结合医院办校精神,上海第一医学院附设护士学校拆分为中山医院、附属第一医院、儿科医院三所护士学校,校舍拨归上海第一医学院工农预科使用。中山医院的护士学校名称为"上海第一医学院中山医院护士学校",校址位于中山医院内,招收初中毕业生,学制三年。1959 年 8 月,第一届毕业生 23 人。校长熊汝成(兼),副校长张祖华。1960 年 11 月,麦素心任副校长。

1962 年,成为卫生部直属中级卫生学校。

1962 年上半年,上海第一医学院进行附属医院护士学校调整工作。10 月 11 日,上海第一医学院儿科医院护士学校并入中山医院护士学校。12 月 28 日,上海第一医学院附属第一医院护士学校并入中山医院护校。1963 年 8 月,三校合并后护士学校名称改为"上海第一医学院中山医院护士学校",9 月学校合并工作基本完成,迁至枫林路 305 号校舍。校长由中山医院副院长熊汝成兼任,副校长麦素心、张祖华,教导主任龚棣珍、李文卿、虞国华;有教职工 39 人,其中专职教师 20 人,兼职教师 7 人;招收初中毕业生,学制三年。学生的教学实习及生产实习除在中山医院进行外,还可在上海第一医学院附属医院进行,包括附属第一医院、妇产科医院、儿科医院和眼耳鼻喉科医院。合并后有学生 348 人,其中中山护校 187 人,附一护校 122 人,儿科护校 39 人。1963 年,毕业学生数 176 人,包括中山护校 70 人,儿科护校 38 人,附一护校 68 人。同年招收新生 80 人,在校学生共 106 人。

1966 年,"文化大革命"开始,7 月学校更名为"中山医院半工半读护士学校"。护校停止招生,学校工作长期处于瘫痪、半瘫痪状态。

1959 年 8 月至 1969 年 2 月,中山医院护士学校共有毕业生 700 人,其中 1959—1962 年,毕业 257 人;1963—1966 年,毕业 243 人;1968—1969 年,毕业 200 人。

1971 年,学校恢复招生,由中山医院领导。专业设置从护理专业增加了化验、放射,校名改为"中山医院卫生学校",学制有一年的医护班、两年和两年半的护士班、两年半的化验班和放射班。校长熊汝成,副校长麦素心、张祖华。当年 10 月招收第一届学生,1973 年 11 月,3 个班级共 148 人毕业。1974 年 10 月秋季,中山卫校招收放射班、化验班各一个班。1977 年,放射班 22 人毕业,化验班 26 人毕业。

1978 年 2 月,中山医院卫生学校招收恢复高考后的第一届高中毕业学生,学制两年,一个班,39 人。1978 年 11 月,第二届高中毕业学生 101 人入学。招收的第一届和第二届高中毕业学生分别于 1980 年 2 月及 11 月毕业,共 140 人。

1979 年 7 月,任命中山医院卫生学校校长熊汝成(兼),副校长张静如、李文卿、吴宗典、郑俭璧(兼),张祖华任顾问。9 月,学校行政隶属关系变更,直属上海第一医学院领导,校名恢复为"上海第一医学院附设护士学校"。后因建制更迭和医学院校名变更而屡次更名。

二、护理教育

中华人民共和国成立后,护理部举办业务讨论会,提高护士的业务能力。举办工友训练班,每周二次,每次一小时,为期二月。

1978 年,护理部从狠抓"三基"开始,对医院高年资护士、青年护士按不同要求进行基本知识、基础理论、基本操作的训练及考核,总结统一基础护理操作规程 22 项,全院统一操作,保证护理质量。对于新开展的诊疗技术、手术等,举办学术讲座,并组织操练,研究护理配合,制订新的护理常规。为各级护理人员制订不同的教学计划,举办各类心理、医德学术讲座,举办技术比武等。1982 年,上海第一医学院首批建立全日制护理大专学历教育项目,护理部选送 7 名护士参加该项目学习。

2008 年,医院开始实行护士分层培训和考核,以学时、学分制形式实施护士"三基"培训和考核;2009 年 9 月,医院正式开始招收护理专业硕士研究生。2009 年,护理部制定护理查房、护理病例讨论和护理会诊制度,开始举办专项护理培训和特殊科室专科护士培训,开展论文撰写和科研能力培训,组织《护理基础知识 1000 题》理论考试和急诊急救操作比武。2010 年,护理部开始加大临床护士"三基"训练,将常见急救技能、基础和专科操作流程编写成册,并组织考核。

2012 年,护理部探索护士分层培训,实施多层面、多方位培训和考核,建立医院各职级、不同岗位护理人员在职教育培养规划。2013 年起,医院与复旦大学护理学院合作实施床旁教学改革,将学校教学与临床教学相结合;建立复旦大学本科生临床导师制,为每一位本科学生配备一名拥有丰富临床经验与科研能力的高年资护士作为临床导师,在学习上和思想上给予帮助和引导。2013 年,医院在职教育从单一培训转变为分层培训,为不同培训对象制订包含不同培训要求、培训内容和培训方法的培训计划。2013 年,医院成功申报复旦大学专业学位研究生专业实践基地建设项目和临床护理教研室建设项目。2014 年 6 月,应卫生部人才交流服务中心要求,医院与威高管理学院合作开展中国护理管理人才培养项目,培养适应中国卫生事业发展的护理管理人才,护理部 100 余名护理管理人员参加培训。2014 年,护士按能级、分岗位、分学科实施培训,考核内容涵盖法律法规、人文素养、专业理论、急救配合、新业务新技术、礼仪修养等,培训形式有现场授课、情景模拟演练和在线学习,考核形式为分层、分岗位在线考核。2008—2015 年,院内理论、操作培训 400 余次,参加培训护士 26 000 余人次;理论、操作考核 12 000 余人次。2016 年 6 月 6 日,医院临床技能中心成立,护理部总带教胡敏担任模拟病房护理部联系人,参与模拟病房仿真建设、护理模拟教学方案开发、技能中心培训管理等工作。2017年5月8日,医院启动"护理科研能力建设项目",开始培训科研护士。

三、学科发展

1946年8月12日,陈良玉作为中国20名护士之一,得到美联总护士师资进修班奖学金,赴美进修4个月。之后又作为获得罗氏基金奖学金的7名护士之一,在耶鲁大学护士学校、纽约哥伦比亚大学、加拿大多伦多大学护士学校、巴尔的摩约翰斯·霍普金斯护士学校及美国各州护士学校学习及参观,并参加国际护士大会。其间主要进修护理教育和护理行政管理。

1981年,外科护士徐美霞赴日本名古屋保健卫生大学进修学习,主修外科监护项目,成为医院选送优秀护士赴国外学习第一人。此后,徐美霞又获世界卫生组织奖学金赴日本大阪市立大学主修护理教育。1982年,护理部主任徐和任中华护理学会上海分会理事,1983年成为全国理事。1983年5月6日,徐和作为上海医科大学、武汉医学院、哈尔滨医科大学三校组成的6人代表团成员,由世界卫生组织资助赴埃及、南斯拉夫、瑞典三国考察,学习卫生管理及高等护理教育。1985年,外科护士徐建鸣通过英语考试获援助科威特培训项目,赴美国加州州立大学长滩分校和西金学院进修护理教育1年。以此为基础,其后,徐建鸣作为世界抗癌协会资助的访问学者进入美国M.D.安德森癌症中心学习,成为世界卫生组织质量管理培训师,加入世界护士会领导力训练营,被吸纳成为世界护士会高级专科护理实践委员会成员。

2003年1月6日,护理部主任徐筱萍任上海市护理学会理事长。2007年9月5日,卫生部大型医院巡查组在沪举行"医院管理年活动"护士操作技能考试,中山医院获得上海市操作技能竞赛第一名、综合成绩第一名。2008年,护理部获全国卫生系统岗位技能比赛铜奖和卫生部先进集体称号。

2011年9月起,开展优质护理延伸服务,与徐汇区枫林社区卫生服务中心合作,在社区举办护士培训讲座,到社区站点为居民开展健康讲座,建立中山-社区卫生服务中心护理会诊制度。同年,主任徐筱萍、副主任秦薇参加云南省富源县人民医院结对工作,帮助富源县人民医院二乙升二甲工作。2012年,医院与复旦大学护理学院联合培养ICU高级护理实践护士;同年7月,经国家卫生部批准获得护理重点学科建设项目,并开始实施护理管理信息化建设。2012年8月,医院参与中华护理学会"万名护理人才培训项目",帮扶县级医院专科护理人才培养。2013年1月,复旦大学护理学院任命徐建鸣为护理学院副院长,同年医院申请成为复旦大学护理专业学位研究生专业实践基地。2015年,护理部开通微信公众平台,构建中山医院护理部交流、学习、教学、科研和管理新平台。2015年,重症医学护理团队获国家卫计委"优秀服务岗"称号。2015年9月11—12日,上海东方心血管病会议首次设立护理论坛,并由医院护理部承办。2015年11月20日,护理部以质量为轴心,从护理质量工具应用、急危重症护理管理和专科护理发展为切入点,举办首届复旦中山护理质量管理高峰论坛。2015年12月,医院顺利通过上海市医学会对中山医院临床护理重点专科建设专业评估。

2016年5月28日,国家卫生计生委医院管理研究所护理中心"全国护理质量促进联盟"成立。医院护理部主任徐建鸣任副主席,外科监护室护士张琦任青年委员,参加联盟组织各项活动和会议,完成联盟布置各项工作,按时上传各项护理敏感指标数据,为国家护理质量管理提供科学管理依据。2016 年 6 月,医院正式成为中国医院品管圈联盟护理专业委员会主任委员单位,院长樊嘉任主任委员,副院长高鑫任副主任委员,护理部主任徐建鸣任秘书长。2016 年 7 月,中山医院成为第一批实施上海市护理质量控制中心"优质资源向基层医院辐射 512 工程"的 17 所三级综合性医院之一,将中山医院所属区域内 10 所基层医院纳入"512 工程中山互助联盟",开展帮扶工作。下基层参与护理查房、会诊和讲课 50 余次,接收来院培训 200 余人次,共享学术会议参会 500 余人次。2017 年,护理部主任徐建鸣参与国家卫计委"十三五"规划细则的修订和调研工作研讨会,负责护教协同方案征募及汇总;作为特邀师资参与卫计委护理中心首届护理部主任核心胜任力培训方案策划与课程培训;作为护理质量联盟副主席,参与 CBM 合作课题研究;作为卫计委护理中心讲师,参与质量持续改进讲授和案例评审。

学术交流方面:2008—2016 年 5 月接待国内外参观交流 94 批次共 964 人次。其中,国际及港澳台来访交流 27 批次 203 人次,涉及美国、澳大利亚、新加坡以及中国香港和台湾地区等;国内来访交流 67 批次 761 人次,涵盖 22 个省、市、自治区。2008—2016 年 5 月,派送护士境外交流学习 5 批次 8 人次;境内交流 2 批次 15 人次。

学术研究方面:自 1994 年 1 月 1 日至 2017 年 12 月 31 日,共计发表论文 846 篇;获局级课题 6 项,校级科研项目 31 项,护理创新项目 13 项,院级科研项目 18 项;参编书籍专著 29 部。培养博士研究生 1 人,硕士研究生 27 人,其中已毕业硕士研究生 13 人。

第四章 医疗服务

第一节 门诊医疗服务

1937年,中山医院建院时就设有门诊。1949年,医院设有内科、儿科、肺科、皮肤科、外科、产科、眼科、耳鼻咽喉科门诊,每日门诊量300余人次。至2017年,门诊部已经开设普通门诊、专科专病门诊、专家门诊、特需门诊、多学科整合门诊、远程会诊等各种类型门诊,涵盖除儿科以外所有临床学科,每天出诊医师达到400余人,日均门诊量超过1.2万人次。

1996年,门诊就诊700 411人次。2000年由于新的医改政策出台及各项工作的不断完善,门诊人数骤增,全年门诊量达到1 155 278人次,首次突破100万人次。2008年,门诊量2 074 400人次;2017年,门诊量达到3 869 900人次。门诊部下设综合管理科和特需服务部两个科室。

一、门诊诊疗服务优化

【"一站式"自助服务模式】

为提供患者便捷就医的服务,门诊部自2006年起致力于推行"一站式"自助服务模式,从预约、挂号、付费、报告查询、疾病科普到查询专家医疗专长等实现全流程患者自助服务。2014年起,积极探索"一站式"服务模式,全面启用智能叫号系统;2016年,患者可通过一站式服务终端获得自助预约、挂号、付费、报告查询等便捷服务;2017年,在实现自助挂号的基础上,开通微信、支付宝扫码支付,同时将自助支付服务范围从自助挂号扩展到自助缴费。

为患者提供免费优质和多途径的预约服务,号源100%开放,落实预约及挂号实名制,并实现精细化分时段预约,在原有电话、网络、现场预约的基础上,大力发展诊间预约、出院随访预约、自助机预约、手机APP预约、手机微信预约和社区转诊预约等新预约途径,并提高预约服务的后续服务,根据具体情况与预约患者通过短信及电话及时沟通,以保证预约号源的有效利用;实现在诊室医生工作站上进行患者所有辅助检查及化验的"一站式"预约,减少患者的往返奔波;2017年,为适应时代发展,启动银医合作,开通支付宝、微信扫码支付,为患者提供更加便捷的服务。

【优化服务流程,改善就诊环境】

门诊部始终致力于为患者提供更加温馨、便捷、优质的服务。不断内部挖潜,采取各种措施增加医疗服务供给总量。2015年,新增16号楼的1~3层和15号楼作为门诊用房;根据患者需求,不断开设新的专科专病门诊,至2017年专科专病门诊已达180余个。根据患者人流数据进行科学化定量分析,主动将人流量大的科室诊室下移,并将专科诊室与相关辅助检查科室就近安排,最大可能减少患者往返奔波。强调医患沟通、患者教育、科普宣传,设立门诊接待室、便民服务中心及门诊服务微信公众号等接待方式服务患者,定期制作《门诊手册》《健康处方》,诊区播放健康教育视频,切实解决患者关切的问题,促进医疗服务质量取得新成效。

【多学科协作诊疗门诊】

多学科协作诊疗（MDT）以患者为中心，根据患者的病情，由相关科室采用"联合作战"的方式，为患者进行详细检查和细致评估，针对个体设计最为精准、科学的诊治方案。这一诊疗模式，简化患者的就医流程，缩短患者从首诊到接受治疗的时间，实现对每个患者的个体化、精准化、整体性诊疗，深受患者欢迎。医院早在 1999 年即在国内率先开展 MDT 门诊，形成若干 MDT 团队。截至 2017 年，医院已开设 30 多个 MDT 门诊，每年为近 5 000 名疑难杂症患者提供精准、科学的诊疗服务。

此外，为发挥优质医疗资源的辐射作用，医院进一步拓展 MDT 门诊的功能，积极推进 MDT 的远程医疗会诊，与 11 家区域医疗协作体和医疗机构开展定期远程 MDT、定期远程培训，既充分利用互联网平台将区域医联体优势最大化，将有限的诊区空间与时间打破，最大化资源利用，提高效率，更好地服务患者，又帮助基层医疗机构提升诊疗水平，更好地服务基层、服务社会。

【专科专病门诊】

为帮助患者准确就医，医院鼓励科室开设专科专病门诊，针对特定疾病，由相应专业医师出诊，对患者从诊治、随访到生活指导，给予其全方位的服务。至 2017 年，全院累计开设各类专科专病门诊 180 余个，均由临床经验丰富的主治及以上职称医师负责，年服务患者数十万人次，受到患者的广泛好评。

为让社区医师及患者进一步了解专科专病门诊的医疗特色，门诊部负责编辑印刷《专科专病门诊手册》，发放至与医院建立分级诊疗协作关系的社区医师，以帮助社区医师为患者提供更加清晰、准确的就医预约转诊方向，促进医疗资源的高效利用。

二、门诊医疗服务质量与安全管理

因门诊区域大、分布散，门诊量巨大，危重患者多，与急诊相距较远，意外随时可能发生。为保障就诊患者的医疗安全，门诊部建立一套覆盖全门诊、完整高效、无缝衔接的门诊急救体系。2015 年，因急诊以及心内、心外、肝内、肝外 4 个科室门诊先后搬迁至东院区，原有抢救流程已无法适应实际情况。因此，根据不同区域特点，分别制定了个性化的区域急救流程及制度，如《门诊突发事件应急管理》《门诊医疗突发事件应急预案》《门诊危重急症处置预案》《门诊急救演练制度》《西院区门诊急救流程》《东院区门诊急救流程》《特需门诊急救流程》等。通过完善的制度、个性化的急救流程、分工协作的急救团队、统一的标准化的急救配备、便民的急救地图、顺畅的联络通道、规范的门诊急救培训、定期的门诊急救演练、默契的急救配合、强大的后备保障等举措的落实和持续改进，充分保障门诊患者的医疗安全，为门诊危重急症患者赢得宝贵的急救黄金时间，得到医患双方的一致好评。2017 年，形成一套覆盖全门诊、完整高效、无缝衔接的门诊急救体系，打造中山门诊急救品牌，该项目获得 2017 年中山医院"十佳好人好事"、复旦大学"十大优秀医疗服务品牌"以及上海市卫计委第三批"医疗服务品牌"。

三、门诊精神文明和医德医风建设

门诊部与门诊党支部一起，注重医务人员职业道德教育，努力弘扬"一切为了病人"的中山精神，建设良好医德医风。落实廉洁从医及文明规范服务有关规定，规范门诊服务流程，杜绝服务流程中的漏洞,有效防范"号贩子""网络医托"及医药代表等不正当行为;深挖潜力,不断提高医疗供给总量;开展经常性制度性行风巡视,加强与警方的联系与合作,保持打击"号贩子""网络医托"及医药代表等的高压态势;加强第三方预约平台管理,督促其不断采取措施杜绝"网络医托"。制定制度,张贴标语并每日巡查,严禁医药代表进入门诊诊疗区域。自2016年起在上海市第三方测评中,门诊患者满意度居前列。

重视患者投诉接待,对每一例投诉均逐一调查,及时处理和回复,耐心沟通解释,积极化解矛盾,并由此持续改进门诊服务流程及服务质量,改善患者就医体验。2011年,接待投诉3 250人次,发放整改通知50份,整改率100%;2014年,共接待投诉3 000余人次,发放整改通知书44份,整改率100%。2014年起,对投诉案例进行电子化管理,每半年进行整理分析,形成《门诊投诉事件分析报告》,持续改进投诉管理工作。2015年,各类接待近1万人次,其中投诉1 560人次。2016年,对接待工作进行分类细化管理,患者、家属以来电、来信、来访等形式向门诊部各接待室、其他部门、上级部门以及徐汇区医调委等部门进行投诉1 423人次,求助24件,建议17件;同年制定《门诊部投诉接待服务规范》,规范投诉接待处理程序,明确接待中的注意事项。2017年起,对投诉量排名前十的科室进行个性化分析,形成单科的投诉分析报告,为科室持续提升服务质量打下良好的基础。

第二节　急诊与急救绿色通道

医院以综合性成人急诊、急救为特色,尤其以实力雄厚的外科急诊、创伤急救为优势,以擅长心、脑血管和呼吸急诊急救著称。在成人内科急症方面,急诊覆盖的诊治专业包括神经内科急症、心脏内科急症、呼吸内科急症、消化内科急症、血液内科急症、内分泌科急症、风湿免疫科急症以及急性中毒等。在外科急症方面,急诊覆盖的诊治专业包括神经外科急症、心外科急症、胸外科急症、腹部外科急症、泌尿外科急症、骨科急症、血管外科急症、整形外科急症。急诊科成人急症诊治工作还覆盖妇产科急症、眼科急症、五官科急症(包含耳、鼻、喉)、皮肤科急症以及口腔科急症等。

急诊科诊治工作量大,承担周围社区的急诊就诊,还承担大量非就近的急诊患者和数量众多的转诊患者。而急诊就诊人群中,危重病症比例高达20%以上,疑难复杂病例多。急诊实行24小时全天候急诊和急救服务,依托建立的"院内急诊/急救—急诊留观—急诊ICU"一体化的救治体系,成功抢救无数急危重症患者,在上海及华东地区具有较高的影响和辐射能力。

一、急诊

1986年12月,医院成立急诊科,初期医疗急救工作主要由各科室派员承担。

1989年,急诊科改建、扩大。1991年,急诊科利用老外科大楼的病房,从原科内28张留察床增加到115张留察床。1992年,急诊科开设急诊监护室,设立监护床位18张。2000年,急诊工作改革,调整急诊室的工作安排,给予急诊病区医师特别补贴,发布《重申加强急诊咨询班工作的决定》,并对各科室急诊工作人力、物力进行测算。2001年,扩建和改善急诊室就医条件,增加急诊监护床位和留观床位,撤销急诊病房,改为急诊普通留观床位。

2004年,新门急诊综合楼(现20号楼)建成,急诊迁入。设立一般患者诊疗区、密切观察治疗区和危重病患者抢救区,即"红黄绿三区的急诊区域",并设立急诊和急救两条通道。

2009年,急诊科借助国外比较成熟的曼彻斯特(Manchester)分诊系统,制定符合国情的"四级分诊系统"和"电子叫号系统"。"三区两通道"的设置和四级的分诊和电子叫号系统的应用,极大提高了急诊科的工作效率,充分利用急诊资源,保证急危重症患者的及时抢救。

2014年2月,急诊科整体搬迁至医院东院区新急诊大楼。急诊监护室布局严格按照"三区两通道"的理念进行空间设计,具有独立的家属探视外走廊。该重症监护病房有先进的心电和脑功能监护以及各种脏器支持设备。主要收治严重脓毒症、休克、多器官功能衰竭、急性呼吸衰竭和心力衰竭、重症急性胰腺炎、严重电解质紊乱、急性中毒、多发伤等急诊和危重病患者,能够常规开展有创和无创血流动力学监测、有创和无创机械通气、床旁血液净化、经皮微创气管切开、床旁支气管镜和亚低温等治疗和脏器支持技术。

至2017年,医院急诊建筑面积10 000余平方米,设普通急诊诊疗室10间,特殊治疗室1间;具有设备先进、功能齐全的危重病患者抢救室4个,扩创室和石膏间各1间,急诊手术室2间,急诊留观室2间,总床位190张,满足急诊和危重病患者高级心肺脑复苏、多器官功能衰竭患者的抢救和治疗;满足特殊患者和危重孕产妇的诊治,以及突发事件和重大活动的医疗保障。

急诊设有独立的急诊收费处、检验科、药房、急诊彩超、心电图和放射科。在急诊和急救区域内可以便捷地完成急诊和危重病患者的常规实验室检查和辅助检查。辅助检查方面,放射科可为急诊患者提供24小时的X线摄片和头颅CT检查,以及急诊MRI检查等。急诊B超室专门为急诊患者提供24小时服务,进行肝、脾、胆道、腹水、胰腺、肾脏、尿道、膀胱、胸腔积液等检查。心超室可提供急诊心包积液检查。急诊检验科除了能为急诊患者进行各项常规和生化检验外,还可提供心肌损伤标志物、心肌酶和D-二聚体等急诊检测项目。肺功能室可提供急诊动脉血气分析检查的24小时服务。此外,血液透析中心可为急性中毒或急性肾衰竭患者提供急诊血液净化治疗,也可进行急诊床旁血液透析。对于急性肺栓塞患者,可提供急诊溶栓或急诊介入治疗;对于主动脉夹层患者,心外科或血管外科可提供急诊手术或介入治疗,以及时挽救患者的生命。

为保证医疗质量,急诊科自2000年起,修订《急诊科工作制度》《三级查房制度》《危重病病人抢救制度》《总值班工作制度》和《专科科室的会诊和协作制度》;制定《危重病病人的抢救规范流程》《心肺复苏规范和流程》《急性呼吸衰竭和心力衰竭诊疗规范》《急性冠脉综合征诊疗规范》《多发伤抢救规范》《危重病有创操作技术规范及群体伤的应激预案》,保证危重病患者的抢救质量和突发事件的应急处理。2006年,修订急诊各级医师工作职责和规章制度,加强急诊岗前培训制度,提高急诊的医疗质量。

二、急救绿色通道

1999年,医院开设急性心肌梗死的急诊急救绿色通道,成为国内较早开展急性心肌梗死急诊溶栓和介入治疗的医院。在消化系统急诊急救方面,为消化道出血患者开通24小时绿色通道,可进行急诊胃镜检查和内镜下的止血治疗等。

急诊绿色通道包括分诊的项目和流程、相关部门的配套服务、科室间分工协作等。

明确急诊分诊的标准和流程,符合以下情况将分入绿色通道:患者呈急性胸痛,或者生命体征不稳定,如意识障碍、对疼痛无反应,或存在急性局部神经障碍;呼吸停止,或濒死呼吸;测量不到血压,或血压低,或有休克表现;高血压危象;心搏停止;心动过速或心动过缓;严重创伤、急性冠脉综合征、急性脑卒中、急性中毒、急性呼吸衰竭,以及其他生命体征不稳定的疾病(如急腹症、妊娠并发症、消化道大出血、过敏性休克等)。

提供相关部门的配套服务包括急诊预检预报,设专门绿色通道预报电话,确保通信畅通,及时通知相关急救小组准备接诊。急诊绿色通道的急、危、重患者设特殊病历标志,急诊医护人员对进入急诊绿色通道的患者遵循方便、快捷、安全的原则进行急诊处置。急诊药房、急诊放射影像、急诊心电图室、急诊检验、急诊 B 超、输血科 24 小时×7 天服务,危重病优先,绿色通道患者特别优先进行。

凡需紧急施救的急、危患者不受地域、地段、经济状况、身份地位和医疗保险合同条款的限制,均应给予紧急抢救,按急诊绿色通道的要求进入救治程序。急诊抢救过程中,急诊科值班主任有权邀请和传呼医院任何有关医务人员参加抢救工作和解决急诊抢救工作的有关问题。急诊科医师有权按医院的规定收治急、危重患者,任何科室不得以任何理由拒绝。对急需抢救而暂无经费者,急诊科总值班可签发临时费用记账申请单,经院领导批准后先行抢救、手术或收住院,然后补办有关手续。

提供科室间分工协作的服务:绿色通道以急诊科为中心,涉及其他科室应配合确保通道的顺畅。绿色通道的协作具体落实于各科总值班之间,预检呼叫后各总值班 5 分钟之内到达急诊,协助急救,并负责收入相应的监护病房或普通病房。如患者疾病为多发伤或有多种疾病时,以威胁患者生命的最严重情况的科室为主并收入其相应的监护室,存有争议时,急诊总值班医师有判决权。遇大批中毒、传染病、严重多发伤复合伤患者及时向科主任汇报,同时向医务科、医院行政值班室或医院领导报告,以便组织抢救。

第三节　院内、外应急医疗救护

一、应急管理制度

2010 年,医院按照《中华人民共和国安全生产法》《国家突发公共卫生事件相关信息报告管理工作规范》等有关法律法规,以及根据《重大突发事件院内救治应急预案编制指南》,制定《中山医院重大突发事件院内救治应急预案》。

2012 年,修订《中山医院重大突发事件院内救治应急预案》,明确突发事件的范围,并将突发事件分为三级。同时,医院成立突发事件应急领导小组,由院职能部门负责人组成,在院长及其他院领导的领导下开展工作。应急领导小组下设总协调、院内协调组、医疗保障组、护理保障组、药品保障组、设备保障组、后勤保障组、安全保障组,各组之间加强沟通,相互协调,在各自职责范围内开展工作。突发事件应急领导小组负责突发事件应急预案的修订与实施、突发事件的指挥与处理、事件原因调查与总结、信息报告与通报、媒体接待工作等,规定人员召集方案、信息汇总和报告制度等。

2012 年,就相关重点事项、重要部门单独制定相关政策,如《急诊灾害事故重大突发事件应急预案》《突发性群体伤害事故护理应急预案》《急诊突发事件应急预案》《仪器设备应急调配机制》《药品应急调制制度》和《医院感染暴发处置预案》等,同时建立院内应急专家库,纳入中山医院所有科室主任,并多次参与应急医疗救护任务。

二、应急医疗救护任务

【1951 年组织抗美援朝医疗队】

1951 年 1 月,根据抗美援朝前线的需要,经中央人民政府卫生部批准,上海首批抗美援朝志愿医疗手术队 321 人出发奔赴前线,黄家驷被任命为医疗总队队长。7 月,上海第二批抗美援朝志愿医疗手术队出发,熊汝成担任大队长,陶寿淇担任副队长,林兆耆和陈化东担任顾问。医疗手术队奔赴齐齐哈尔,接替第一批医疗手术队的工作。当时还成立上海市抗美援朝志愿医疗手术队技术顾问团,院长沈克非担任团长。

【1976 年唐山抗震救灾】

1976 年 7 月 28 日下午 4 时左右,上级党委布置关于组织赴唐山等地抗震救灾医疗队的任务,医院党委立即召开紧急会议传达布置,会后各党支部立刻动员组织各部门、各系统紧急行动,分头准备,在不到 4 个小时的时间内医院组织了 42 人的抗震救灾医疗队,由方梦日带队奔赴唐山开展医疗救援。

【2001 年 APEC 会议医疗保障工作】

2001 年,医院被指定为 APEC 医疗保障定点医院,医院立即组建由院长杨秉辉为组长的党政领导小组和由副院长秦新裕、医务处处长金亚萍为总协调员的指挥小组,成立 APEC 医疗保障具体工作小组、医疗保障专家组、医疗安全保卫小组、药品供应保障小组等,并按指挥部要求组织 8 组医疗保障救护医疗队,涉及部门广泛,参与保障人员多达百人以上。本次工作组织严密,相关人员高度重视、严守纪律、服从指挥,APEC 会议医疗保障工作圆满完成。

【2003 年"非典"防治】

2003 年 5 月 6 日,面对"非典"疫情,医院组建以院长王玉琦、副院长秦新裕为总指挥的医院"非典"防病领导小组,成立"非典"防病工作小组,制订医院应急处理预案、工作细则,完善全院"非典"诊治流程图。加强全员培训,对涉及 8 个科室 5 个梯队的人员进行重点培训。在全市率先开设"发热咳嗽"诊室和摄片室,建立可疑"非典"患者隔离留观室,为发热患者建起与普通门诊分隔的专用通道,给来医院的发热患者佩戴口罩,制订详细的院内防病预案和流程图,做好各项措施的落实和督查协调,并组建两支由 17 名医护人员参加的医疗队,支援上海市传染病医院。呼吸科李善群2003 年 5 月担任上海市赴香港抗击"非典"医疗预备队中山医院队长、赴上海市传染病院抗击"非典"上海医疗队队长。医院经受严峻的考验,顺利完成上级交给的任务。

【2006 年上合组织峰会医疗保障】

2006 年 3 月,应干保局要求,医院组建 4 支外派上合组织峰会驻地医疗队,共 12 人;组建峰会期间专家医疗保障组,共 7 人;制订峰会期间医疗保障工作预案。5 月中旬,外派驻地医疗队分别接受干保局和医务二处的培训,完成演练并通过干保局检查。5 月 30 日,副院长秦新裕召开多科室紧急会议,启动医院峰会期间医疗保障工作预案,按卫生局应急办要求组建一支 7 人应急医疗队于峰会期间 24 小时在院待命。6 月 2 日,保健局副局长骆松明至医院检查准备工作。6 月 7 日,院党委书记王小林到现场检查。6 月 8 日,由医务处、医务二处牵头与相关部门负责人共同进行现场演练并整改缺点。6 月 13 日 8 时起,各项工作进入备战状态。上合组织峰会期间驻地医疗队共接诊 25人,定点医院共接诊 5 人,其中救护车接诊 4 人。

【2008 年四川汶川抗震救灾】

2008 年 5 月 13 日,四川汶川特大地震发生第二天,按市卫生局要求,医院联合儿科医院迅速组建 18 人地震医疗救援队,由中山医院党委副书记、纪委书记牛伟新担任领队,中山医院队员有方芳、方玲、韦烨、东莉、邬静晔、陈增淦、周浩、蒋伟、范虹、费敏、钟鸣、徐志兵、顾奕。5 月 14 日上午 11:10,地震医疗救援队同其余 4 支上海医疗队一起赶赴四川灾区,随行携带 95 件医疗物资。5 月 15 日,全体医疗队员加入华西医院参与医疗救护工作。5 月 17—22 日,医疗队到达绵阳安县晓坝镇中心村展开医疗救助,每日接诊伤员约 200 人。5 月 22 日,第一批医疗队中的 7 名队员撤回上海,医院增派孙剑勇、邱东鹰、隗祎 3 名医师至晓坝镇。此外,骨科李熙雷作为上海青年医疗卫生志愿者抗震救灾服务队第一批队员于 5 月 16 日抵达四川绵竹;感控科任金兰于 5 月 18 日抵达鄞嵊第二人民医院;血透室朱国红和张咏梅抵达德阳第二人民医院。感控专家胡必杰、重症医学专家诸杜明也分别参与汶川抗震救灾工作。医院本部也时刻做好准备,接诊来自灾区的 15 名患者,为他们提供精心治疗,直至康复出院。2008 年 7 月 1 日,复旦大学党委做出《关于表彰抗震救灾先进集体和先进个人的决定》,中山医院获先进集体称号,中山医院儿科医院赴川抗震救灾医疗队临时党支部获先进党支部称号,中山医院 23 人获先进个人称号、14 人获优秀共产党员称号。

【2009 年甲型 H1N1 流感疫情】

2009 年 9 月,上海市通报第一例甲型 H1N1 流感重症病例。为全力救治患者,呼吸科顾宇彤作为甲型流感流行治疗小组成员,赴第一人民医院南院支援甲型流感重症患者的抢救工作,对患者进行 24 小时监护和治疗。

【2010 年胶州路特大火灾事故救援】

2010 年 11 月,胶州路一幢居民楼发生特大火灾。在了解到火情信息后,医院第一时间启动应急预案,部署救治伤员的各项措施,同时派出心内科葛均波、呼吸科白春学和医院感染管理科胡必杰 3 位专家担任临床专家组成员,参与伤员救治。

【2012 年江苏常熟重大车祸事故救援】

2012 年 4 月,江苏常熟发生重大车祸,医院接到指示后立即启动应急预案,相关部门协同工作,最快速度将床位配置、成立急救治疗组、建立护理团队、保障急救药品物资等工作一一落实。对送至医院的 7 名伤员,开通院前到院内急救绿色通道,同时配合"120"院前急救部门做好伤员的交接工作,保证绿色通道各环节畅通无阻。伤员到院后,由重症医学专家分诊,各专科医师积极予以诊治。

【2013 年 H7N9 禽流感疫情】

2013 年 4 月,人感染 H7N9 禽流感的疫情逐渐加重,医院召开人感染 H7N9 禽流感防控紧急工作会议,并部署防控和救治工作:发热门诊 24 小时开诊,由急诊科、心内科、呼吸科、血液科、肾内科、消化科、风湿科、神经内科、老年病科、全科医学科和内分泌科共 11 个科室轮流派医师负责;医务处发布人感染 H7N9 禽流感防控工作的医务提醒及禽流感医疗救治工作预案;成立人感染 H7N9 禽流感防控专家工作组参与院内外会诊,专家会诊分成三级,即市级、区级和院级,蔡映云、何礼贤、诸杜明、白春学、胡必杰、宋元林、李善群和姚晨玲 8 位专家作为市级专家组成员参加市内会诊,区级会诊专家为呼吸科咨询班,院级专家为呼吸科二线班,院内常规会诊是呼吸科总值班;派出重症医学科朱彪、麻醉科庄小凤、呼吸科宋元林和呼吸监护室护士李倩组成的上海市首批医疗队进驻上海市公共卫生临床中心,与该中心的一线医护人员共同开展人感染 H7N9 禽流感危重患者的救治工作;同时组织全院医护人员观看培训录像。

【2013 年雅安地震救援】

2013 年 4 月 20 日上午,在四川省雅安市芦山县发生 7.0 级地震。4 月 20 日下午,根据国家卫生和计划生育委员会要求,医院紧急组建一支由普外科、骨科、神经外科、胸外科、肾内科、麻醉科、急诊科、重症医学科、肾内科血透室等科室组成的抗震救灾医疗队。医疗队队员由 7 名医生、4 名护士组成。4 月 21 日,国家卫计委从各部属医院抗震医疗队中临时抽调人员组成部级专家组,赴四川指导地震伤员抢救。上海一共被抽调 3 人,胸外科主任王群入选,当晚即赴四川开展救援。医院于 4 月 22—26 日开展为期一周的"同舟共济·雅安加油"医院职工为地震灾区募捐活动,统一接受职工捐款,支援四川的受灾群众。

【2014 年云南昭通地震救援】

2014 年 8 月,云南省昭通市鲁甸县境内发生 6.5 级地震,造成重大人员伤亡。8 月 3 日上午 9 时 20 分,应国家卫计委要求,医院紧急选派普外科 2 名医师、重症医学科 2 名医师作为第一批救援人员,第一时间赶赴灾区。8 月 6 日,胸外科主任王群赴灾区开展救援指导。

【2014 年外滩踩踏事件救援】

2014 年 12 月,外滩踩踏事件发生,医院呼吸科蒋进军、胸外科范虹作为市级专家组成员,紧急前往伤员收治医院参与救治工作,专家们一一仔细查看收治的所有伤员,对治疗方案进行讨论和建议,对治疗措施细节进行指导,并尽可能给予伤者精神抚慰,历时 3 个多小时,顺利完成既定任务。

【2015 年西藏地震灾情救援】

2015 年 4 月,西藏自治区受"4·25"尼泊尔强烈地震影响,有近 30 万人出现不同程度伤情。医院高度重视、全力支援,迅速选派骨科姜南春、周健与男护士李宏亮支援灾区。3 人医疗小组援助期间总共完成 8 例伤情特别严重的、当地医师无法完成的骨科手术。他们克服高原反应,圆满完成各项医疗援助任务,赢得当地群众的交口称赞。2015 年 8 月,重症医学科主任诸杜明受国家卫计委委派,担任国家卫计委医疗专家巡视组组长,参与巡视工作的组织、诊疗方案的决策、卫计委及当地人员的协调等工作。

【2016 年 H7N9 疫情】

2016 年 3 月,医院呼吸监护室收治外地转诊重症肺炎 1 例,后确诊为 H7N9 阳性。医院第一时间启动院内应急预案,报防保科、呼吸科,请院、区、市进行三级会诊,同时做好医护人员隔离措施。

【2016 年申嘉湖高速车祸救援】

2016 年 11 月,浦东新区申嘉湖高速公路发生严重车祸,造成多人死伤。当日,接市卫计委医政处任务,医院立即派出普外科、胸外科专家各 1 人,赴伤员收治医院浦东医院和周浦医院进行会诊。

【其他重大活动医疗保障任务】

医院还多次参与其他医疗保障任务,如 2004 年 F1 世锦赛医疗保障、2004 年 12 月组建赴泰国救援医疗队、2008 年世界摩托车大奖赛中国站比赛医疗保障、2008 年三鹿奶粉事件医疗救治、2010 年世博会保障任务、2011 年世界游泳锦标赛医疗保障、2012—2015 年 F1 锦标赛医疗保障、2015 年国际田联钻石联赛医疗保障、2015 年尼泊尔 8.1 级地震救灾、2017 年上海马拉松医疗保障、2017 年 11 月上海医学院校庆保障工作。

第四节　医　疗　援　助

一、对口支援

【富源县人民医院】

概况　2010 年,根据卫生部和上海市卫生局等协议,医院被指定在 2010—2013 年对口支援云南省曲靖市富源县人民医院,并将该院建设成为二级甲等综合性医院。

在医院统一部署、医务处和人事处的统一管理组织下,2010 年 4 月—2013 年 3 月第一轮援建工作中,共有 89 位院领导和专家前往云南省富源县人民医院参与援建工作,其中包括 57 位管理干部和专家、32 位医师。57 位管理干部和专家分为 15 批前往富源,累计赴云南 93 人次,其中有 11 批是由院领导带队;32 位医师分为 6 批组建医疗队前往富源县人民医院,每批援建 6 个月。

2010 年 2 月,医院领导带队,协同人事处、医务处,带领医院多个重点科室的科主任,先期对富源县人民医院进行实地调研,与曲靖市领导和富源县人民医院党政干部进行深入交流,了解对方的受援需求,为对口支援工作做好前期准备。

2010 年 8 月,医院召开首批援建云南省富源县人民医院工作中期总结会,进行前期总结和后期规划。

2011 年 10 月,应医院邀请,富源县卫生局、县人民医院院领导班子和主要科室主任组成的代表团对医院进行访问。双方组织援建座谈会,对援建工作进行阶段性总结,对富源县人民医院"创二甲"工作进行规划讨论。

2011 年 11 月 4—7 日,医院派出由院办、人事处、医务处、护理部、网络中心等职能部门负责人和临床评审专家组成的工作组赶赴富源,以卫生部医院等级评审的标准开展实地调研,对富源县人民医院建设二甲的情况进行深入摸底,并完成《中山-富源县人民医院建二甲医院调研报告书》。2011 年 11 月 12 日,院长王玉琦一行 10 人再赴富源。医院党委与富源县委签订《文化共建互助协议书》。这个协议在全国对口支援工作中尚属首创。

2011 年 11 月 30 日,卫生部在云南省昆明市召开全国城乡医院对口支援工作会。卫生部副部长马晓伟出席会议并讲话,云南、江苏、四川、上海 4 省(市)卫生厅(局)和中山医院、北京协和医院等医院,以及云南省富源县进行大会交流,随后代表们赴富源县人民医院进行考察。卫生部领导高度评价医院的对口援建工作。

2012 年 3 月 1—3 日,由医院泌尿外科土国民、医院评审专家臧兰龄和药剂科王达妹等组成专家组前往富源县,开展一系列"创二甲"工作调研、健康知识讲座、教学查房与座谈等活动。4 月 6 日,第五批医疗队员接替第四批队员前往富源,以"创二甲"工作为推手,继续开展医疗援建工作及相关协议落实工作。

2013年1月，医院先期派出由杨震、徐筱萍、臧兰龄、徐焕林、王培嘉、石虹、顾国嵘和陈瀚钰等来自多个部门和科室的同志组成的工作组。1月31日，副院长樊嘉带领魏宁、刘凤林2名同志抵达富源，进一步指导当地迎评工作。樊嘉还出席中山医院心内科携手富源县人民医院开展"十二五"国家科技支撑计划项目子课题的签约仪式。2月1日下午，云南省卫生厅在富源召开富源县人民医院二甲评审总结会。会议上，评审专家组反馈现场评审情况。云南省卫生厅副厅长杜克琳在讲话中充分肯定中山医院和富源县人民医院的对口支援合作成绩，并对下一步援建工作提出殷切希望。专家组对富源县人民医院各方面的工作亮点给予充分肯定。富源县人民医院成功晋升二甲。

经验与成果 在每批医疗队组建方面，制订严格的"入选标准"：在心内科、神经内科、呼吸科、普外科、麻醉科、放射科和泌尿外科等重点专业中挑选年富力强的、有丰富医教研经验的业务骨干。医院把接收富源医师进修学习作为援建的重点工作来抓。各临床科室为每名进修医师安排导师专人带教，并为他们分别制订个体化的培养计划，旨在培养更加符合当地医疗需求的优秀医师。医院派出的医疗队，队长挂职富源县人民医院副院长，协助该院加强管理。医疗队密切结合医政管理的各项要求，在受援医院狠抓医疗流程规范化。针对该院的相关科室长期收治患者不分科、没有基本的专科知识的情况，通过查房、病例讨论、讲课讲座等多种形式的指导，讲解相关专科知识。相关科室医师水平大幅提高，能够独立初步处理一些常见的专科疾病。医疗队还以抗生素应用为着眼点，狠抓规范化用药。医疗队在当地建立"中山大讲堂"，准备丰富的临床教学材料，还结合当地患者的资料进行讲解。医疗队也非常重视实战教学，引入基于问题的教学法（PBL），不仅传授知识，还注意调动广大医师的积极性，发掘自学能力。医疗队因地制宜开展腹腔镜等技术，普外科与麻醉科队员商量手术方案，因地制宜，克服困难，自制有创血压监测，充分利用当地器械，开展复杂的腔镜手术。突破瓶颈创建重症监护室等急需专业，设立专门的封闭式病床，对外科和麻醉科等相关医护人员进行初步的ICU理论培训，在外一科创建ICU；将内一科抢救室设计改造为过渡期心内监护室（CCU）。这些重症监护体系成为救治富源危重患者的生命线。

3年多对口支援期间，富源县人民医院选派64人到中山医院顶岗进修，返岗工作的人员全部成为业务骨干。中山医院还专门为县医院在上海举办2批护士长管理培训班。医疗队开展学术讲座186次、培训医务人员2839人次；通过专家的言传身教，帮助培养96名业务骨干，极大地提升县医院全体医务人员的服务能力和业务技能。

中山医院通过人才培训、业务支持、硬件援助等方式，帮助县医院从原来的27个科室拓展到54个科室，同时大力协助县医院开展适宜新技术。医疗队队员帮助县医院开展近30项新技术，实现多个当地"第一例"，如第一台腹腔镜手术、第一例单孔腹腔镜胆囊切除和第一例胃大部切除术等。2011年11月，在富源召开的全国对口支援现场会议上，卫生部向全国推广"中山-富源合作援建模式"，富源县人民医院成为全国50家对口支援示范点之一。

【云南省曲靖市第二人民医院】

概况 2014年5月，根据国家卫计委的统一部署，中山医院对口支援云南省的受援医院由富源县人民医院改为曲靖市第二人民医院。

2014年5月6日，由副院长秦净带队，医务处处长孙湛、教育处处长郑玉英、人事处副处长张博恒、介入治疗科王建华、肝肿瘤外科孙惠川等与由普外科何国栋（队长）、呼吸科李春、心内科黄东、放射科杨姗、胸外科彭旭光组成的第九批医疗队，抵达曲靖二院开展援建工作。援建期间诊疗1703人次，手术188例，会诊及疑难病例讨论194例，义诊402人次，学术讲座81次，业务培训

1 110 人次,教学查房 359 次,手术示教 116 次。2014 年 10 月 31 日,医疗队返沪。

2014 年 11 月 9 日,由副院长阎作勤带队,医务处副处长杨震、内镜中心主任姚礼庆等与由骨科车武(队长)、内镜中心任重、放射科刘骏桢、心内科陆浩、麻醉科陈智组成的第十批医疗队,抵达曲靖二院开展援建工作。援建期间诊疗 1 551 人次,手术及内镜检查 303 例,会诊及疑难病例讨论140 例,学术讲座 68 次,教学查房 45 次,手术示教 38 次。2015 年 5 月 6 日,医疗队返沪。

2015 年 5 月 14 日,由呼吸科叶茂松(队长)、消化科曾晓清、麻醉科孙敏莉、介入治疗科张雯、心内科戴宇翔组成的第十一批医疗队到达曲靖二院。医疗队成员克服水土不服、语言不通等困难,共完成门诊 6 000 余人次,各类手术 716 例,参与各级疑难病例讨论 380 余例,抢救危重患者 420 余人次;开展各类讲座共 62 次,听课人数总计约 2 200 人次;举办义诊 2 次,共接待群众 600 余人,发放健康宣教资料 500 余份;开展临床新技术共 33 项;出版科普书籍 1 部;启动临床研究 1 项;指导对口科室撰写论文 4 篇。2015 年 11 月 9 日,医疗队返沪。

2015 年 11 月 23 日,由泌尿外科朱延军(队长)、内分泌科桂明辉、心内科潘文志、麻醉科李虹、放射科丁莺和内镜中心秦文政组成的第十二批医疗队赴曲靖市第二人民医院,开展为期 6 个月的对口支援。半年援建期间,参与相应科室的门诊工作,开设泌尿肿瘤专病门诊、血管介入专病门诊等,并对相关诊疗方案进行规范,共接诊门诊患者 2 000 余人次;完成各类手术近 100 例,包括泌尿系肿瘤手术、胃肠镜检查、各类内镜治疗等,尤其是大大增加当地内镜四级手术的数量,仅 2016 年第一季度就达到 20 余例,比同期增长 4 倍;积极开展新技术,包括曲靖首例心房间隔缺损的心导管介入治疗、首例内镜经黏膜下隧道肿瘤切除术、后腹腔镜保留肾单位肾肿瘤切除术、腹腔镜肾癌根治术、糖尿病相关抗体检测、冠状动脉 CT 成像等。2016 年 5 月 20 日,医疗队返沪。

中山医院对口支援医疗队在曲靖市第二人民医院完成 21 个月的援建任务,共完成门诊量约3 000 例,各类手术 911 例,参与各级疑难病例讨论 263 例;开展各类讲座共 107 次,听课人数计2 400 余人次;举办义诊 2 次,接待群众 600 余人,发放健康宣教资料 500 余份;开展临床新技术新业务共 18 项;出版科普书籍 1 部;启动临床研究 1 项;指导对口科室撰写论文 4 篇。援建工作在各方面取得良好成效。

医院综合水平提高 根据当地经济、文化和医疗特色,对呼吸科提出肺功能检测的必要性和重要性,提出价廉效优的呼吸系统疾病常用药物的扩展,为科室的长期发展出谋划策。2014 年 11 月10 日双方签约,建立上海市消化内镜诊疗工程技术研究中心-曲靖二院基地。2015 年,曲靖市第二人民医院消化科通过云南省重点专科的评审,并成功举办肝病进展学习班,成立曲靖市消化专业委员会肝病学组。提出每名医师掌握 1 个常见病和 1 个少见病的要求,设立专病门诊,多学科联合团队的建设方案。将消化科的发展重点放在慢性肝病(尤其是脂肪肝)及幽门螺杆菌的检测和治疗。2016 年,内镜中心“大国工匠”周平红专家工作站落户曲靖二院。2015 年 4 月,签约推进葛均波院士工作站的建立,并于 2016 年正式揭牌。参与建立心内监护室(CCU)的设计、布局等众多工作。通过科室及医院的对外宣传,进一步提高医院门诊量。

临床工作和带教 通过教学查房、疑难病例查房及手术演示,向科室医师传授国内外临床诊疗进展,规范常见疾病的诊疗,提高对少见病、疑难病的认识,促进科室和科室之间的联系。同时,在每天早交班后针对前一天病患处理过程中的问题进行点评,将临床教学融入每天的工作。通过每天的手术麻醉操作、业务讲座及术中突发情况处理,向科室医师灌输临床麻醉诊疗规范化,同时提高科室医师对重大手术及围手术期突发事件的麻醉处理和急救能力。

开展新技术 在曲靖市第二人民医院开展第一例纤支镜下肺周围占位病变的活检新技术,为周围型肺占位性病变活检提供一种新的安全有效的方法。在开展纤支镜检查的基础上,进一步加强纤支镜检查培训,手把手教曲靖市第二人民医院呼吸科医师如何使用及调整呼吸机参数,以更好地、合理地为更多重症患者服务。使得曲靖市第二人民医院医师可以熟练使用纤支镜,掌握呼吸机呼吸参数的调整,为大批重症患者提供有效的治疗。

开展多例静脉麻醉下心房纤颤电复律。针对慢性完全闭塞病变的冠状动脉介入治疗,普及双侧造影在术中的使用,并从手术策略的选择、手术器械的选择上优化慢性完全闭塞病变的规范化介入治疗。进一步优化急性心肌梗死24小时绿色通道救治体系流程,及时救治100余名急性心梗患者,使患者得到及时、有效、合理的治疗,挽救患者生命,大大提高医院在区域性急性心肌梗死救治方面的影响力。

开展腔静脉滤器植入取出、经腘静脉下肢深静脉血栓介入治疗、髂静脉支架植入术、数字减影血管造影术(DSA)引导下长期透析导管置入术、子宫肌瘤和子宫腺肌症的介入栓塞治疗、DSA引导下食管支架的植入、鼻胃管的植入、静脉畸形的硬化治疗、肝肾囊肿的硬化治疗、胆道支架的植入、腔内近程放疗等,拓展曲靖市第二人民医院介入手术范畴,使曲靖市第二人民医院的介入医师可以独立完成多项常见疾病的介入手术。2015年9月,中山医院介入治疗科王建华、颜志平及李晓蓉一行至曲靖市第二人民医院指导工作,从学术理论授课到手把手教学。

带领麻醉科医师开展超声引导下的臂丛神经阻滞、股神经阻滞、中心静脉置管等教学,学习如何使用超声及建立精准医疗理念。

2016年4月,泌尿外科王国民、郭剑明、徐志兵等专家抵达曲靖二院,举办中山-曲靖泌尿外科新技术论坛,郭剑明和徐志兵现场手术演示,王国民做精彩讲座。中山医院在曲靖二院开展超声引导前列腺穿刺活检、腹腔镜肾部分切除等新技术普及。

学术讲座 根据曲靖市第二人民医院医师临床工作上存在的困惑和业务提高所需,医疗队员们有针对性地开展包括"慢性阻塞性肺病(COPD)指南更新""肺栓塞的诊治进展""呼吸衰竭的无创通气理论""肺部常见疾病的影像学表现""抗真菌药物作用机制及进展""胸部CT读片""临床抗菌药物使用规范"等近50场专题学术讲座。这种具有针对性的学习讲座,极大地提高了医务人员的学习积极性和临床业务水平。

科普宣传 医疗队员们参与撰写和出版《消化内镜宣传手册》《谈谈冠心病的那些事儿》《谈谈糖尿病的那些事儿》等科普读物。制作《介入治疗你知道吗?》科普手册,提高老百姓对介入治疗的认识。通过2次大型义诊,给当地民众讲解普及呼吸道常见疾病的预防和早期诊治。先后在该市针对高危人群和病房老干部,数次开展心血管疾病早知道、早预防、早治疗的科普讲座,均获得很好的社会效益。

科研工作 开展临床研究选题和设计的一系列讲座,包括"诊断试验的临床应用""系统评价和meta分析写作""队列研究的设计""临床研究的选题与设计"等讲座,提高该院医务人员的科研意识。指导曲靖市第二人民医院医师完成关于曲靖地区幽门螺杆菌感染不同方案根除率及耐药情况的科研设计。与麻醉科同事成功申报超声引导经腋静脉穿刺中心静脉置管术科研成果1项。根据当地医院特色,启动"评估云南特色的水烟枪与传统卷烟相比在非糖尿病患者中损害血管内皮细胞方面的多中心、前瞻性研究"的临床研究,并参与及启动全国多中心研究"早发冠心病的临床特点和基因学研究"。指导该院医师完成论著4篇,其中2篇已经被国家核心期刊接受。

结合曲靖市第二人民医院麻醉科特色,行腹腔镜胆囊切除手术近7万例,均采用口咽通气道正压通气的全麻方式,且无一例发生麻醉意外。启动"全麻下腹腔镜胆囊切除术气管插管或口咽通气道正压通气"的临床研究,进一步用科学数据支持其可行性,同时为科内医师建立临床研究概念。

2016年5月,接国家卫计委通知,中山医院对口曲靖二院医疗援助项目结束。为继续拓展对口援建成果、扩大支援效应,2017年5月,曲靖二院与中山医院签署《复旦大学附属中山医院与曲靖市第二人民医院医疗技术协作协议》,继续重点帮扶曲靖二院心内科、消化科及消化内镜中心、介入科、泌尿外科、呼吸科、麻醉科6个科室。按照双方约定,每年开展"博士周"学术活动。2017年8月,第一届博士周活动举行,曲靖二院与中山医院远程医疗教学中心正式开通。

【西藏察雅县卫生服务中心】

2016年3月,按照国家卫计委印发的《关于加强三级医院对口帮扶贫困县县级医院的工作方案》,医院被指派对口帮扶西藏自治区昌都市察雅县卫生服务中心。

2016年5月16—19日,医务处处长孙湛等赴察雅县进行调研考察。6月16日上午,察雅县副县长杨迎春一行3人至中山医院就对口帮扶三方协议和医疗队的保障相关事项进行协商。在筹备工作中,党委书记汪昕在院干部会议上做思想动员,副院长秦净做具体的援助工作部署。

2016年6月26—29日,由医务处处长孙湛带队,管理专家组成员和5名医疗队队员共同启程奔赴西藏察雅。5名队员克服高原反应、停水、停电等各种困难,立即投入察雅县的对口帮扶工作。

2017年3月5日,第二批援藏医疗队启程,赴察雅开展为期6个月的对口帮扶工作。第二批援藏医疗队由急诊科奚百顺任队长,肿瘤内科郭曦任副队长,放射诊断科闫伟伟、泌尿外科王继纳和护理部沈燕萍等人员组成。

对口支援察雅期间,医疗队累计诊疗各类患者1 985人次,进行疑难会诊、讨论137次,开展新技术新业务4项,为当地群众提供义诊197人次,开展学术讲座26次,业务培训611人次,教学查房39次,接收当地医生与护士到医院进修2人次。

二、国家医疗队

【概况】

2011年,国务院办公厅下发《医药卫生体制五项重点改革2011年度主要工作安排》和《2011年公立医院改革试点工作安排》,卫生部首次启动"国家医疗队"巡回医疗项目,组建医疗小分队,为边远地区提供巡回医疗服务。选派中山医院等3家部属部管医院组建"国家医疗队",深入新疆、云南、四川、青海、西藏等18个省(区、市)的"老、少、边、穷"地区开展医疗援助,以一流的医术造福当地百姓,并为当地医院"造血"培养一支"带不走的医疗队"。3月底,医院召开全院动员大会,报名初始即得到400多名医务人员的积极响应。各支医疗队组建后,立即投入制订详细的援助计划、行程安排及物资保障等工作,建立规范内部管理制度,保持统一的外部形象,努力打造一支巡回医疗的"王牌军"。

2011年,医院派出6支国家医疗队;2012年,医院派出2支国家医疗队;2013年,医院派出3支医疗队;2014—2017年,医院每年各派出1支医疗队。巡回医疗期间,国家医疗队作为一支医疗战斗队,依托当地诊疗机构开展诊疗活动,为群众提供健康咨询;作为一支医疗工作队,深入调研,开展驻地医院流行病学调查;同时,作为一支医疗宣传队,开展专业及科普讲座,并充分利用报纸、广播、电视等大众媒体,向广大群众宣传常见病、多发病的健康保健知识,传达党和国家对"老、少、边、穷"地区的关怀。

表 3-4-1　2011—2017 年医院参加国家医疗队、对口支援医疗队及义诊队员情况表

项　　目	援助时间	援助地点	队　　员
2011 年国家医疗队（第一批）	2011 年 4 月 11 日—5 月 12 日	云南怒江	袁　非（队长）　杨　震（副队长）　于晓萍　唐文斌　凌　雁　涂传涛　张书宁　肖　剑
2011 年国家医疗队（第二批）	2011 年 5 月 30 日—6 月 29 日	四川都江堰人民医院	楼文晖（队长）　江瀛川　邵云潮（副队长）　王　琳　黄浙勇　潘文彦
2011 年国家医疗队（第三批）	2011 年 6 月 20 日—7 月 21 日	青海	沈锡中（队长）　周晓岗（副队长）　林豪杰　张　波
2011 年国家医疗队（第四批）	2011 年 7 月 4 日—8 月 2 日	新疆	姚礼庆（队长）　余　情（副队长）　冯振洲　李倬哲　朱延军　许　华　王志明
2011 年国家医疗队（第五批）	2011 年 9 月 2—29 日	安徽省芜湖市第二医院	姚振均（队长）　唐红敏（副队长）　戎瑞明（副队长）　张宇浩　李晓牧　翁书强　吴鸿谊　吴文川
2011 年国家医疗队（第六批）	2011 年 10 月 11 日—11 月 10 日	重庆市梁平县人民医院	郭剑明（队长）　孙晓宁（副队长）　韦　烨　李熙雷　张　峰　张　静　杜　鹏
2012 年国家医疗队（第一批）	2012 年 10 月 10 日—11 月 9 日	云南	任正刚（队长）　张书宁（副队长）　冯振洲　黄卫红　朱　彪　佘　君
2012 年国家医疗队（第二批）	2012 年 10 月 10 日—11 月 6 日	新疆	邹善华（队长）　陈华（副队长）　马晓萍　王　鹏　林宗武　陈巍峰　李　锋
国家医疗队都江堰医疗中心	2012 年 10 月 17—20 日	四川	秦新裕（领队）　楼文晖　邵云潮　王　琳　黄浙勇　高　虹　王晓丹
2013 年国家医疗队（第一批）	2013 年 6 月 4 日—7 月 4 日	云南	邹善华（队长）　邹静怀（副队长）　郭津生　张明兰　顾俭勇　黄新生　杜　鹏　张　勇
2013 年国家医疗队（第二批）	2013 年 8 月 10 日—9 月 10 日	新疆新源县人民医院	刘邦忠（队长）　张　静（副队长）　孙剑勇　邹　健　吴鸿谊　颜红梅　林　红　陆　巍
2013 年国家医疗队（第三批）	2013 年 8 月 13 日—9 月 12 日	新疆石河子人民医院	杨云柯　陈　华　马　莉　秦胜梅　王　鹏　沈继平　瞿旭东　陈智鸿　江　颖
2014 年国家医疗队	2014 年 7 月 30 日—9 月 12 日	新疆新源县人民医院	谢晓凤（队长）　郭常安（副队长）　陈　华　马丽黎　蔡　瑜　王晓丹　程　宽　陈　伟　王利新　常薪霞
2015 年国家医疗队	2015 年 8 月 4—7 日	新疆新源县人民医院、新源县中医院	徐美东
	2015 年 8 月 4—24 日		杨　骥
	2015 年 8 月 4 日—9 月 2 日		沈振斌（队长）　杜　鹏（副队长）　王历阳　陈子贤　王宣传　秦胜梅　薛如意
2016 年国家医疗队	2016 年 8 月 25 日—9 月 24 日	新疆察布查尔县	张　勇（队长）　颜红梅（副队长）　刘韬韬　聂振宁　曹渊武　刘文娟　刘　军　胡　敏
2017 年国家医疗队	2017 年 5 月 31 日—7 月 2 日	新疆察布查尔县	丁建勇（队长）　李　蕾（副队长）　邹建州　童汉兴　袁　颖　陈秀萍　孟德华　赵　刚
富源县对口支援医疗队（第一批）	2010 年 4 月 7 日—9 月 21 日	云南省富源县人民医院	刘　寒　蒋进军　丁　明　马　昱　林瑾仪

（续表）

项　目	援助时间	援助地点	队　员				
富源县对口支援医疗队(第二批)	2010 年 10 月 9 日—2011 年 3 月 30 日	云南省富源县人民医院	邵长周	方　浩	刘凤林	费国强	沈　霁
富源县对口支援医疗队(第三批)	2011 年 4 月 11 日—9 月 30 日	云南省富源县人民医院	韩寓嵩	杨　冬	徐世坤	金　航	李　嶷
富源县对口支援医疗队(第四批)	2011 年 10 月 11 日—2012 年 4 月 1 日	云南省富源县人民医院	蒋　奕	张建平	李远方	佘　君	饶圣祥
	2012 年 2 月 7 日—4 月 27 日	云南省富源县人民医院	凌志青				
富源县对口支援医疗队(第五批)	2012 年 4 月 6 日—9 月 27 日	云南省富源县人民医院	顾国嵘　刘宇军	管丽华	施晨晔	王　杭	张　静
富源县对口支援医疗队(第六批)	2012 年 10 月 10 日—2013 年 3 月 26 日	云南省富源县人民医院	奚百顺	胡骁轶	陈允钦	张辉军	薛　亮
富源县对口支援医疗队(第七批)	2013 年 4 月 26 日—8 月 6 日	云南省富源县人民医院	王　红				
	2013 年 4 月 26 日—11 月 4 日		黄浙勇	曹渊武	张　勇	汤　敏	
富源县对口支援医疗队(第八批)	2013 年 8 月 6 日—2014 年 1 月 27 日	云南省富源县人民医院	方　勇				
	2013 年 11 月 2 日—2014 年 4 月 29 日		许　明	马　琦	王　箴	叶　芳	
曲靖二院对口支援医疗队(第一批)	2014 年 5 月 6 日—10 月 31 日	云南省曲靖市第二人民医院	李　春	何国栋	黄　东	逄旭光	杨　姗
曲靖二院对口支援医疗队(第二批)	2014 年 11 月 9 日—2015 年 4 月 1 日	云南省曲靖市第二人民医院	车　武				
	2014 年 11 月 9 日—2015 年 5 月 6 日		陈　智	刘骏桢	陆　浩	任　重	
曲靖二院对口支援医疗队(第三批)	2015 年 5 月 14 日—11 月 9 日	云南省曲靖市第二人民医院	叶茂松	戴宇翔	曾晓清	张　雯	
	2015 年 6 月 8 日—11 月 9 日		孙敏莉				
曲靖二院对口支援医疗队(第四批)	2015 年 11 月 23 日—2016 年 5 月 20 日	云南省曲靖市第二人民医院	朱延军　秦文政	桂明辉	潘文志	李　虹	丁　莺
西藏对口支援医疗队(第一批)	2016 年 6 月 26 日—12 月 22 日	西藏昌都市察雅县卫生服务中心	周　健	周　敬	叶　伶	黄　剑	李静怡
西藏对口支援医疗队(第二批)	2017 年 3 月 5 日—8 月 1 日	西藏昌都市察雅县卫生服务中心	奚百顺	郭　曦	阎伟伟	王继纳	
	2017 年 3 月 22 日—8 月 1 日		沈燕萍				

（续表）

项　目	援助时间	援助地点	队　员				
2016年宁夏义诊	2016年5月22—25日	宁夏回族自治区人民医院宁南医院	谢晓凤　马　昱　汤　敏　姜南春　沈沪佳 马丽黎　赵　刚　冯　丽　朱　炯				
2016年西藏包虫病流行病调查	2016年8月23日—9月21日	西藏日喀则	陆　清				
2016年甘肃义诊	2016年9月3—10日	甘肃省华池县、环县等	秦　净　谢晓凤　李　明　姜晓幸　戎瑞明 屠蕊沁　洪群英　杜　鹏　汪皓琪　蒋　炜				
2016年云南义诊	2016年9月17—21日	云南省永平县	林寰东　高　虹　蒯　铮				
2017年江西义诊	2017年5月12—14日	江西省上饶市玉山县	武睿毅　林寰东　吴海福　谢晓凤　袁源智 郭常安　黄浙勇　孙剑勇　杜　鹏　齐璐璐 冯　颖　李时鸿　杨　震				
中组部派出专业技术干部援疆援藏	2010年11月—2012年6月	新疆喀什二院	陈　培				
	2012年7月7日—2013年12月	新疆喀什二院	马剑英				
	2012年7月7日—2013年1月	新疆喀什二院	赖　颢				
	2013年6月6日—2016年6月	西藏日喀则	沈　辉				
	2014年2月22日—2015年8月3日	新疆喀什二院	张　峰				
	2015年7月30日—2017年1月5日	新疆喀什二院	宋　凯　周朝晖				
	2016年6月18日—2017年6月	西藏日喀则地区人民医院	王翔飞				
	2017年2月19日—	新疆喀什二院	周　浩				
上海市团委派出第十七批赴滇上海青年志愿者服务接力计划	2014年8月—2015年2月	云南省蒙自市人民医院	黄迺奇				
医疗支援	2014年12月24日—2015年3月25日	海南301医院	徐晓波　武睿毅				
	2014年12月24日—2015年4月7日		李　懿				
上海市卫计委派出尼泊尔8.1级地震协助救灾	2015年4月30日—5月7日	西藏日喀则*	姜南春　周　健　李宏亮				
中组部及教育部派出第十六批西部博士服务团	2015年12月22日—2016年12月16日	四川省阿坝州人民医院	邱东鹰				

说明：*尼泊尔地震波及我国西藏日喀则。中山医院协助救灾西藏日喀则。

【医疗质量提高】

2011—2017年,医疗队巡回期间,医疗队员接待门诊患者十余万人次,教学查房上千人次,会诊千余例,开展手术千余例。每次巡回医疗,队员们都以最快的速度熟悉各自科室的现状,并通过业务为抓手,融入当地的医疗工作中,以示范、带教、讨论、会诊等多种形式传授最新的医疗技术和规范的诊治思路,努力提高当地医院的医疗水平和质量。

医疗队员巡回期间,更是创造当地历史上的多项第一。例如,2013年,普外科张勇开展云南迪庆藏族自治州历史上第一例肝癌切除术、标准胃癌根治术和腹腔镜探查阑尾切除术;呼吸科陈智鸿指导新疆石河子人民医院第一例急性肺栓塞(高危)的溶栓治疗;普外科江颖完成石河子人民医院第一例定位钢丝引导下乳头劈开式病变导管加腺叶切除术等。

【医疗带教】

基层医疗机构长期缺人才、缺技术,中山医院变"输血"为"造血",技术帮扶、开展业务培训和技术指导成为医疗队工作的重中之重。医疗队员不仅开展各类专业讲座、教学查房、培训医师,还捐赠给当地价值不菲的医疗器械、常用药品,为当地基层医务人员购买配套的临床适宜技术书籍,印刷健康教育宣传单等。

2011年,云南小分队做"急性心肌梗死的新概念和诊断要点""液体复苏""肺癌的流行病学调查和预防"等学术讲座,同时也通过教学查房和业务交流等形式向相关业务科室传授科室管理经验及手术操作知识和围手术期管理要点。2013年,队员们充分利用碎片时间,根据当地医师的需求及内科和儿科常见疾病的发病谱确定各自的讲课题目,开展"内科大讲堂"。同时,队员们结合自己撰写论文、发表文章及申请课题的经历,为当地医师传授很多实用的技巧和方法,提出自己的意见和建议,鼓励他们多思考、多总结,在实践中积累经验。除了这些"软件"上的帮助,医疗队员还帮助他们制订初步的学科发展计划和人才培养计划,并赠送自己带来的实体书、电子书、外科多媒体课件、手术缝线、肝拉钩等。2014年,国家医疗队作为"新源县首届医护技能大赛"协办单位,全程参与大赛筹备、演练、实战等过程,为大赛提供技术支持,并且负责医疗组比赛的裁判和仲裁工作。2015年,医疗队首次在新疆新源县举办"医疗学术活动周",把中山医院高质量的学术讲座带到新源县,来自全县各级医疗机构、社区卫生服务中心(站)的100余名医护人员参加"医疗学术活动周"课程。中山医院沈振斌、杜鹏、杨骥、王历阳、秦胜梅、陈子贤、薛如意和王宣传结合自己的专业及新源县常见疾病,就相关知识开展内容丰富的学术讲座,讲授相关疾病或技术的最新进展及规范化治疗。

【长效帮扶机制】

2011年,通过巡回期间结缘后,中山医院与安徽芜湖市第二人民医院签署长期协作的协议书,确立长久帮扶的协作关系,双方将在医疗、教学、科研及人才交流等方面开展进一步合作交流。

四川都江堰、新疆新源县和呼图壁县、云南怒江等国家医疗队所遍及的受援医院也积极开展回访中山医院的活动。

受援医院与中山医院都十分重视立足于"智力援建",受援医院通过与医院结对帮扶,以培养专业人才、技术人员、管理人员为目标,选派优秀人才到中山医院进修学习。中山医院各部门也将此作为工作的重点之一,为他们提供尽可能优越的食宿条件,制订个体化的培养计划,力求圆满完成该项培养任务。其间,新疆新源县人民医院的来访人员作为特邀嘉宾参加中山医院第二批护理培训;四川都江堰市人民医院职能科室干部与中山医院相关部门结对交流,共同提高管理水平等。

【流行病学调研】

为贯彻卫生部长远规划、长远服务的目的,医院国家医疗队四川分队、青海分队、新疆分队、安徽分队及重庆分队与各驻地医院密切配合,开展驻地流行病学调查,了解当地常见病、多发病、地方病和疑难病症,积累临床资料,探索防治规律,并形成 6 份调研报告。这些调查研究及其成果必将为当地医疗卫生事业发展做出重要贡献。例如,2011 年,队长袁非开展眼科相关疾病的流行病学调查工作;副队长杨震受云南怒江州政府委托,参与对怒江总体卫生医疗资源和怒江州妇幼保健情况的深入调研,形成题为"关于怒江傈僳族自治州特少数民族儿童健康情况的汇报"的报告上报国家发改委,针对不同的病因,提出切实可行的防治意见。

三、援外医疗队

对外提供医疗援助是中国一项长期的具有战略意义的政治任务。医院作为国家卫生计生委(卫生部)直属管理的医院承担着国家援外医疗队的工作任务,为中国推行和平外交政策做出贡献。1972 年 4 月,王文华、朱银南和周康荣参加赴非洲阿尔及利亚医疗队,拉开中山医院援外工作的序幕。至 2017 年,医院先后派出 56 人次前往多个国家及地区参与国际医疗援助,包括阿尔及利亚、多哥、摩洛哥、柬埔寨、泰国等国家和南极地区。每批医疗队员都把维护祖国荣誉、增进中外友谊放在心中,尽心尽责,以精湛的医术、高尚的医德,圆满完成各项援助医疗任务。

摩洛哥王国是上海市对口援助的非洲国家。因此,中山医院援助非洲医疗服务以派遣摩洛哥医疗队为主。从 20 世纪 80 年代开始,医院先后派 9 批共 28 名医师前往摩洛哥进行医疗援助,援助地点:沙温(2 批),塔扎(2 批),荷赛马(3 批),塞达特(2 批)。每批医疗队员援助时间为 2 年。

表 3-4-2 1972—2017 年医院派出援外医疗队情况表

派往国家和地区	援 助 时 间	队 员	科 室
阿尔及利亚(盖尔马和赞那迪点)	1972 年 4 月—1974 年 5 月	王文华 朱银南 周康荣	骨科 麻醉科 放射科
多哥(洛美点)	1974 年 11 月—1977 年 2 月	柯翠菊 王 萍	内科 药剂科
柬埔寨(四·一七医院点)	1975 年 9 月—1977 年 10 月	刘成安	外科
多哥(拉马卡拉点)	1976 年 2 月—1978 年 1 月	王申生 许培琪 王炳生 蔡小毛(厨师)	内科 针灸科 外科 食堂
多哥(洛美点)	1977 年 2 月—1979 年 5 月	陶克明 严国昌	放射科 检验科
柬埔寨(四·一七医院点)	1977 年 9 月—1979 年 1 月	兰凤英	麻醉科
多哥(拉马卡拉点)	1978 年 3 月—1981 年 4 月	傅秀美 顾浩森 程 瑛	检验科 外科 心内科

（续表）

派往国家和地区	援 助 时 间	队 员	科 室
多哥（洛美点）	1979 年 4 月—1981 年 4 月	丁伯龙 顾光宁 刘咸璋	内科 放射科 外科
多哥（洛美点）	1981 年 3 月—1983 年 3 月	吴光汉 蔡则骥	外科 内科
多哥（拉马卡拉点）	1981 年 3 月—1983 年 3 月	胡德昌 刘德珍 仇红宝	内科 针灸科 骨科
摩洛哥（沙温点）	1983 年 5 月—1985 年 5 月	陈世波 黄德骧 金亚萍	内科 外科 针灸科
摩洛哥（塔扎点）	1991 年 3 月—1993 年 4 月	王国民 沈润来 傅志君 吴民慧 倪爱民 戚少华 刘亚生（厨师）	泌尿外科 外科 心内科 麻醉科 骨科 针灸科 食堂
	1991 年 3 月—1993 年 6 月	刘德珍	针灸科
	1991 年 7 月—1993 年 6 月	许培琪	针灸科
摩洛哥（塔扎点）	1993 年 3 月—1995 年 4 月	兰凤英 董惠群 仇红宝 吴同法 李　红 陈文青 陆聚根（厨师）	麻醉科 泌尿外科 骨科 心内科 妇产科 针灸科 食堂
南极中山站	1998 年 11 月—2000 年 4 月	徐俊华	外科
摩洛哥（荷赛马点）	1998 年 11 月—2000 年 12 月	周建平	骨科
摩洛哥（沙温点）	2003 年 4 月—2005 年 4 月	陈卫玲	眼科
泰国（普吉岛点）	2004 年 12 月—2005 年 1 月	邵云潮 阴忆青 郑吉莉	骨科 外科 护理部
摩洛哥（荷赛马点）	2006 年 10 月—2008 年 10 月	杨子昂 张月妹	普外科 原北院区内科
摩洛哥（荷赛马点）	2008 年 10 月—2010 年 10 月	顾宇彤 杨昌生	骨科 心内科
摩洛哥（塞达特点）	2011 年 10 月—2013 年 10 月	廖庆武 任爱民	麻醉科 妇产科
摩洛哥（塞达特点）	2015 年 10 月—	车　武	骨科

第五节　特需医疗服务

　　医院利用现有医学条件,采用现代经营理念,发挥医院综合优势,向社会提供不同层次、不同级别、不同特点、不同需要和不同方式的医疗服务。特需医疗服务科成立于 1999 年 11 月,郑烈伟为科长(兼),包亚萍为副科长,共有科员 6 人。下设特需门诊-高级专家会诊中心 1 部和 2 部。高级专家会诊中心设有 24 小时预约电话,门诊以电话预约就诊和咨询为主,内设收费窗口、抽血检查室、挂号收费等全流程服务,一般检查当场优先完成,特殊检查优先预约,有专人陪送患者检查,可电话查询化验报告,并免费为外地患者邮寄化验报告。

　　2001 年 3 月,高级专家会诊中心增开院士门诊;4 月,增开名家会诊;12 月,增开多科疑难病会诊。同年 11 月,原企业家门诊和病房划归特需医疗服务科管理。包亚萍为特需医疗服务科科长,吴映飞为副科长,下设高级专家会诊中心和 2 个特需病房(32 病区、16 病区),特需医疗服务科对特需病房的管理,主要以收置患者、协调病区行政事务为主,也参与特需病房一些管理工作。

　　2003 年 8 月,特需医疗服务科参加上海市卫生局软科学研究课题"以患者为中心,改进就医流程"。12 月,向社会推出高级专家会诊中心贵宾体检卡,以满足患者的需求。

　　2004 年 9 月,新门诊大楼落成,原属门诊部管理的高级专家会诊中心 3 部并入高级专家会诊中心 2 部,科室人员共有 13 人。12 月,特需病房从 1 号楼 16 楼搬入新门诊大楼 A 楼,改病区号为 55 病区,相继开设 53 病区、52 病区、16 病区(移植特需)。

　　2008 年 6 月,开设普外科特需病区 51 病区,开放床位 14 张。

　　2009 年 10 月,55 病区调整为收治住院体检患者,并归入体检中心管理。

　　2011 年 9 月,李文娟担任医务处特需医疗科科长,管理 16 病区、51 病区、52 病区和 53 病区共 4 个特需病区。并参与医务处特需医疗科负责的 1 病区 30、31 床,5 病区 41 床,母婴同室 101 床,20 病区 46、47 床,22 病区 67、68 床,24 病区 42、43 床,26 病区 37、39 床,28 病区 34 床,心内监 16 床,总共 62 张开放特需床位的患者收治及行政事务。同时负责位于西院区门诊 B 楼 14 楼和 15 楼 2 个楼层的特需门诊的业务管理。特需病区依据患者病情及需求提供快速入院服务;高级专家负责实施诊疗;资深护理人员提供优质服务;完备的专科及全科医师队伍管理患者医疗事务;以病区环境安静洁净、生活设施完备为服务标准。特需门诊由 86 位各科正高级专家固定时间坐诊,患者以限量预约形式就诊,并开展结直肠肿瘤多学科综合治疗门诊,以及泌尿科、放射科二科讨论,呼吸科多科会诊门诊,腹部软组织肿瘤多学科会诊 3 项多学科整合门诊。同时,负责管理上海台海医疗保健咨询服务中心的医疗工作。11 月 2 日,医务处召开特需医疗工作协调会,明确特需医疗环境、配套服务等事项具体由特需医疗科组织实施等。其间张贴大量的指示标志,增添特需门诊的医疗用房、储物空间及患者候诊椅,门诊 15 楼增设心电图检查室,对 1 病区的 2 间特需病室实施标房装修,显著改善患者治疗、候诊条件及住院环境;增设挂号收费窗口,改善患者付费排长队状况;制定特需专家工作制度及专家申请出诊特需门诊流程并严格按制度实施;合理调整就诊程序及诊疗空间。接待江苏省卫生厅、台北医学代表团、复旦泰福医院管理公司和英国保柏管理质量服务认证公司等单位、团体的参观学习。

　　2012 年,在设备科、总务处、全科、妇产科、网络中心、护理部等部门的协同努力下,在特需医疗服务不停顿的状态下,对 51、52 和 53 病区进行全面装修并对特需门诊实施整修,特需医疗环境得到显著改善;在财务处的协助下,对特需门诊工作时间进行合理调整,将挂号时间提前到早晨 7 点,工作时间提前至早晨6:30,显著改善"专家等患者挂号"现象;在与后勤服务公司积极协调下调整保洁员的工作时间及流程并增加人力,保证整洁的特需医疗环境;11月,协调开展病理科特需医疗服务;对各项工作制度及工作人员职责做全面修订并严格实施。接待上海市第六人民医院、第十人民医院和肿瘤医院等兄弟单位及外省市卫生局、医院代表团的参观学习;协助医务二处,安排干部保健患者的特需医疗服务。撰写论文《论特需医疗对公立医院公益服务的补偿》在《中国临床医学》杂志上发表,并参加华东六省一市医院管理论坛和第十一届京、津、沪、渝医院管理高级论坛。

2013年,科室工作以提升服务品质、优化患者就医流程为重点。2月,新增胃肿瘤多学科综合治疗门诊。3月,委托复旦医院管理公司,对科内全体人员进行为期2天的关于医院优质服务的专题培训;实行患者咨询"首问负责制";在一楼门诊大厅增设特需门诊专家现场预约点;在门诊14楼设置患者自助取化验报告机;特需门诊专设安保管理;门诊13楼加设特需挂号收费窗口;开展电话、网络、现场、诊间等多渠道的预约就诊形式,并设立预约诊疗服务平台,实现预约号源统一号池的管理与动态调配,特需门诊预约率达到门诊量50%以上。特需门诊每间诊室、办公室及患者候诊区域均配置感应式快速手消毒剂,使用便捷,工作人员手消毒依从性超过95%,达到有效控制院内感染的目标。特需病区改革后勤工人管理模式,增加服务力量,便捷辅助检查,改革床位设置结构,改善特需患者住院难问题。同时,充实超声科、普外科、泌尿科、呼吸科、全科医学科、肿瘤科、眼科、老年病科等特需门诊的专家力量,为14位新增专家安排特需门诊出诊事宜,进一步满足特需患者的就医需求。5月,根据院务会精神,为职工优惠入住医院特需病区制定详细实施规则并顺利运作。

科室重视对工作人员的职业培训教育,年内科室组织对每名人员进行心肺复苏术、消防安全、规范洗手、应知应会的培训并逐一进行考核,所有人员达到合格以上水平。科内人员注重学习积累,积极撰写论文,在《中国临床医学》杂志上发表《公立医院法人治理结构下医患关系的探讨》,并参加在烟台举行的华东地区医院管理论坛。参与接待山东省聊城市人民政府考察团,台湾企业家代表团,青浦分院门急诊学习团,市政府第七办公室组织的台湾工作联络参访团。

2014年2月18日,成立门急诊部,特需医疗科划归门急诊部管理。科室注重对特需门诊专家的工作纪律管理,科内专人负责在专家出诊前1个工作日发短信提示准时出诊,迟到现象有很大改观;充实超声科、普外科、泌尿科、血管外科、血液科、妇产科、胸外科、肝肿瘤内科、肝肿瘤外科、肾病科、内镜中心、病理科和心内科特需门诊专家力量,为18位新增专家安排特需门诊出诊事宜,进一步满足特需患者的就医需求。6月,新增肝硬化门脉高压食管胃静脉曲张破裂出血多学科协作综合门诊,尽力满足疑难杂症患者的诊疗需求,使接受多学科会诊的患者无一例投诉,普遍反映质优。年中,启用特需门诊自动叫号系统,候诊秩序大为改善。12月,按医院决定妥善安排特需门诊24位75岁以上老专家停诊事宜。协同院办参与接待台商医疗考察团和海峡两岸医疗工作交流考察团,协同接待温州医科大学附属第一医院考察团及上海市多家兄弟医院的业务咨询及工作交流。

2015年2月27日,启用特需49病区,原16特需病区搬迁入49特需病区(取消心血管内科监护室16床的特需床位设置)。主要收治心血管内科、心血管外科、肝肿瘤内科和肝肿瘤外科特需患者。特需医疗科负责行政管理,日常医疗事务管理由心内科承担,逐步由15张病床增至18张病床。3月16日,启用特需48病区,主要收治肝肿瘤内科、肝肿瘤外科特需患者。特需医疗科负责48病区行政管理,日常医疗事务运作由肝肿瘤内科和肝肿瘤外科协商派专人负责,增设至30张病床。6月,新开展多发性骨髓瘤多学科门诊(MDT)、淋巴瘤多学科门诊;6月30日,1病区搬入原19病区,该病区50至54床设置为医保特需病房(A类病房);28病区搬入23病区,该病区中加7

和加 8 床的设置为同 A 类病房特需床。特需医疗科共管理 115 张特需开放床位患者的收治及运作中各项协调事务。8 月 12 日,医院成立特需医疗部。9 月,新设立心血管病多学科门诊、妇科肿瘤多学科门诊、骨科脊柱肿瘤多学科病例讨论多学科门诊;10 月,新设立妇科肿瘤遗传与预防多学科门诊。2015 年度共开展 12 项多学科整合门诊,患者无一例投诉,普遍反映服务质优。为满足患者不断增长的特需医疗需求,2015 年度充实放疗科、内分泌科、消化科、骨科、超声科、呼吸科、妇产科、病理科、生殖医学科特需门诊专家力量,为 15 位新增专家安排特需门诊出诊事宜。协同院办参与吴阶平基金会在医院特需门诊开展门诊及多学科远程会诊的各项筹备工作;为厦门分院特需医疗出谋划策;参与全科"改善特需服务的对策"质量持续改进(QCC)项目,人事处组织的医院护理人员招聘,新特需门诊设计、装修、用物购置等各项筹备工作。

2016 年 3 月 8 日,沈松被任命为门急诊部副主任兼特需医疗部主任,李文娟为门急诊部特需医疗部副主任。3 月 17 日,新增前列腺癌骨转移多学科门诊。4 月 18 日,特需门诊整体搬迁至东院区 15 号楼 1~3 楼,设置药房,检验标本采集点,心电图、心超、彩超检查室,挂号收费处,就医新卡制卡点,现场预约挂号点及特需病区住院登记处,就诊空间、环境及医疗设施均较旧址显著改善。开展电话、网络、现场、专家诊间、中山医院 APP 预约等多种预约就诊形式,方便患者就医。

2016 年 9 月,在特需门诊 1 楼增设肺功能检查,极大方便患者。11 月 9 日,吴阶平医学基金会-复旦大学附属中山医院区域医疗协作体远程医疗服务中心启用仪式在特需门诊 3 楼多功能室举行。该中心启用后,主要具有双向转诊合作、远程医疗协作、专科协作、国际医学协作、医学资源共享、科研协作等平台功能,华东地区共有 56 家医疗机构加入这个协作体。11 月 16 日,以樊嘉领衔的肝肿瘤 MDT 成功完成首例远程会诊,并得到国家卫计委主任李斌的肯定。11 月,新开展胆道疾病多学科门诊。12 月,新开展骨关节病多学科门诊及垂体瘤多学科门诊。12 月,遵院务会决定妥善安排本部门 5 位 75 岁以上老专家停诊事宜。2016 年,充实骨科、呼吸科、内分泌科、普外科、消化科、心内科、心外科、中医科、生殖医疗科、放疗科、核医学科和耳鼻喉科特需门诊专家力量,新增 14 位专家出诊特需门诊。

2017 年 1 月,新开展胰腺肿瘤多学科门诊、甲状腺肿瘤多学科门诊、肾上腺肿瘤多学科门诊、肝肿瘤多学科门诊。2 月,新开展主动脉疾病腔内开放联合治疗多学科门诊、乳腺癌多学科门诊、大血管炎多学科门诊。3 月,新开展冠心病介入快治多学科门诊、肿瘤放化疗与营养多学科门诊、结缔组织疾病合并肺间质病变多学科门诊。4 月,新开设产科多学科门诊。2017 年上半年充实消化科、心内科、胸外科、放疗科、产科特需门诊专家力量,新增 5 位专家出诊特需门诊。积极推进远程医疗会诊,对张家港市第一人民医院、湖州市中心医院、青岛市中心医院、新昌县人民医院、常州市第二人民医院 5 家医疗机构的疑难病患者进行远程医疗会诊,医疗机构及患者均非常满意。在门诊部、网络中心、财务处的大力协助下,在患者就诊预约、费用支付、自助挂号、自助获取检查报告、按序叫号等方面全方位加强信息化建设,通过开展品管圈(QCC)活动和支付宝、微信等自助支付方式的上线,患者挂号付费排队时间大为缩短,就诊效率显著提高。

第五章 医疗保健

第一节 干部医疗保健

一、概况

1991年7月,医院外科大楼落成启用,其中设置干部病区床位44张;1998年增加至64张。2004年9月,医院门急诊医疗综合楼正式启用,在A楼(现21号楼)设置10个层面的干部病区,核定床位共计272张,12月7日完成干部病区搬迁。

1991年,在3号楼1楼设置第一诊疗室为干部保健门诊。2004年9月,第一诊疗室搬迁至A楼(现21号楼),为了方便就医,设置挂号、收费、心电图、B超、抽血、化验、药房等。开设每周一至周六11个半天的内科门诊,涉及18个专科的分诊,均由副高级职称以上人员担任。

二、主要工作

干部医疗保健方面的各项工作由医务二处(医疗服务科)在分管院长领导下主要负责安排、协调和处理。医院二处认真做好常规的干部医疗保健工作,加强对干部门诊和干部病房的医疗管理,主要包括重要或特殊的保健对象的手术、各类检查,治疗的现场协调指挥以及病情报告;例行每月的院长行政查房;每月对干部保健医疗的门诊病史的书写和门诊处方的规范进行检查;重要保健对象的医疗抢救,参加重大手术的术前谈话;负责保健对象的会诊、转诊事宜和特殊用药的审批及报批工作。

组织每年例行的保健对象的体检等工作,保健对象的疗休养表格的审核,安排干部保健相关医护人员的疗休养事宜。组织安排保健对象的重大会诊,联系外省市重要保健对象的会诊专家,以及负责安排医院部分专家教授外院会诊工作。

负责干部保健的医疗接待和来信来访、投诉的协调处理;每年向干部保健局申报干部保健科研课题经费的匹配工作;协助设备科完成干部保健局高端设备的申请工作、设备应用的交流、设备使用汇报等工作;组织各相关科室参加每年干部保健局开展的干部保健文化活动等。

参与重大会议及活动的院内医疗保障和外派医疗队的保障任务,负责组织医疗队的人员安排与医疗所需物品的准备。院内组织绿色通道预演、医疗队员的应急演练,以及医疗保障外派医疗队员的培训和演练,确保重大会议及活动期间的医疗安全。已经圆满完成多次国家领导人及重大会议和活动期间的医疗保障任务,包括2006年上海合作组织峰会,2010年世博会,2011年亚太经合组织会议(APEC),2014年上海亚信峰会,2016年上海"两会"、G20峰会,2017年上海"两会"、金砖国家峰会等。

医务二处围绕以强化监管为抓手,打造阳光下的上海干部医疗的工作为主基调,坚持以人为本,规范服务,推进干保工作的制度化、标准化、规范化、社会化、信息化建设,提高医疗保健工作质量,并通过持续改进质量的管理模式,不断提升干部保健医疗质量。部门建立后,一直致力于干部保健工作制度和流程的改进,定期对各类干部保健规章制度进行梳理,督促各临床科室开展医疗管理和质量自查、互查,进一步优化和完善若干干部保健相关医疗保健制度。定期与各临床科室沟通,不断优化病区管理模式,实行走动式管理,经常深入病区,发现问题,及时解决,确保病区的医疗安全和质量。与体检中心、超声科、检验科等部门协调沟通,通过场地实地调查、增加导医及体检员数量,优化体检流程,提高干部体检满意度。通过医院的质量持续改进活动,医务二处组建方圆圈,通过品管圈(QCC)的方法,以最少的医疗资源获得保健对象就诊的最大满意度。同时结合国家医院管理要求,将干部保健工作列入各科室绩效考核,提高医护人员对干部保健工作的重视程度和积极性。

第二节 预防保健

医院预防保健工作始于建院之初,防保科作为承担此项工作的职能部门,由直属分管院长领导。2003年后,防保科归入医务处。预防保健科既有业务职能,又有行政管理职能,负责全院职工的内科保健门诊、职工医疗费用报销。1957年,开始疑似职业病报告工作。1958年,专人负责指定传染病上报。1964年,根据上级部门要求,负责肿瘤疾病报告、职工体检、计划生育、职业防护等工作。1976年起,组织职工献血。2001年,职工门诊纳入医疗保险范畴。2003年,开展非典型性肺炎(SARS)防控工作。

预防保健工作是医院管理的重要内容之一,主要包括职工医疗保健、职业防护、健康教育、疾病防控、爱卫会等方面。随着医疗卫生改革的推进及健康理念的不断演变,医院预防保健部门在健康促进、疾病预防、维护和保障医院职工和患者健康方面发挥着越来越重要的作用。

一、职工医疗保健

医院十分重视职工的健康保健工作,全面启动职工健康管理计划,共同构建职工健康情况的闭环管理系统,为切实、有效地保障职工的身心健康做出积极、努力的探索。

为保证医院职工享受医院优质医疗资源,顺利完成挂号、就诊、取药、检查及住院流程,2014年12月,由防保科牵头,联合网络中心、工会和门急诊部联合制定《优化本院职工就诊流程》。按流程,普通内科疾病由保健科专职医师为职工提供内科诊疗。对于有专科就诊需要的职工,参照专病门诊模式,特别设置相应保健专科,由各科室门诊大组长或高年资医师坐诊。2015年1月,制定实施《职工患病住院优化流程》;2016年,实施《优化本院职工预约检查及治疗流程》,通过设置电子化识别标志,使医院职工可以享受到更为便捷的就医流程。

【职工健康体检】

2002年起,利用医院医疗资源优势,体检中心与防保科合作进行职工体检。2016年5月制定《优化本院职工体检流程》,开始采取集中体检与平时分散体检相结合的方式,每位职工均可选择最适合自己的体检时间。

利用职工体检获得的数据和职工诊疗等电子化信息,收集资料,存入电脑,健全职工健康档案。通过健康干预措施,降低职工发病率和亚健康状态,体现医院对职工的真正关心。

1976年起,组织职工前往献血站献血,每年按计划完成献血任务。1999年12月,院长杨秉辉签发《中山医院献血办法(试行)》。2000年3月,医院被评为徐汇区献血先进集体、先进血库。

2003年,防保科经与徐汇区献血办协商,让献血车开进医院,方便职工集中献血。

2006—2017年,医院已连续12年被评为上海市献血工作优秀集体。

【计划生育管理工作】

1964年起,每年做好职工生育信息、人工流产信息登记。1978年,利用黑板报、广播台宣传,使每名职工都能知晓计划生育的精神和政策。2008年后,建立二胎信息登记。2013年起,每年做好区政府实事项目"免费孕前优生健康检查服务"的院内宣传,广大职工积极参与。医院历年计生率做到100%,流产率低于2%,无计划外生育。

二、职工职业防护

【放射防护】

始终坚持预防为主的方针,1988年成立医院放射安全管理委员会,由院长直接领导,建立放射防护管理体系。按上级部门要求,每年做好放射机器性能检测和机房防护检测;完成放射人员的职业培训、职业健康体检、个人剂量监测等工作;建立放射人员信息库,方便数据查询上报和人员通知。

2015年5月,由防保科、核医学科联合举办"科学看待医疗检查的辐射安全"宣传周活动。2016年,在全院范围内开展放射源安全使用情况的自查工作,百分百覆盖所有部门科室,清查结果均符合要求,未发现存在闲置、废弃放射源情况。同时为提高剂量计回收率,根据心脏介入中心、介入治疗手术室空间走道特点和人员工作性质,设计安装剂量计放置盒,保证剂量计的回收和剂量准确,收效显著。

【职业暴露防护】

2004年,对医护人员操作中的锐器暴露进行管理,由防保科专人负责。2014年9月,制定《中山医院职业暴露处理流程》,具体对乙型肝炎、丙型肝炎、梅毒、艾滋病病毒感染的职业暴露后处置予以详细规定。同时,每年对新职工开展职业防护培训,并对部分职业暴露高发科室进行实地走访,探究原因及做好预防培训,提倡主动免疫(免费给予疫苗注射);一旦发生意外职业暴露,提供健全的应急预防和追踪随访机制。

【疫苗接种】

1952年,医院对全院职工接种鼠疫疫苗、四联疫苗。1988年起,医院对乙肝血液检测阴性的医务人员,免费接种乙肝疫苗。2001年起,医院医务人员持乙肝血液检测阴性报告,可至枫林社区服务中心免费接种乙肝疫苗。2015年起,每年组织急诊科、呼吸科、皮肤科等重点科室接种麻疹疫苗。2017年,对全院医务人员开展自愿接种水痘疫苗工作和相关报销工作。

三、健康教育

中山医院创建之初,在《筹设上海中山医院缘起》中提出极具前瞻性的倡议——"注重平民,普及卫生教育"。一代代中山人始终坚守并实践着这一理念。

1991年起,医院设立专职健康教育干部,开展健康教育工作。

1992年起,杨秉辉主持开展"健康教育纳凉晚会",每年一届,共14届。

1993年,在上海市卫生系统第一届健康教育工作表彰大会上,医院被评为上海市医院健康教育工作先进单位。

1998年4月,"健康教育纳凉晚会"被评为1997年枫林街道"十佳"好事之一。

1998年5月,医院成为上海市三级医院中唯一一家世界卫生组织健康促进医院实验基地。

1998年9月,全国城市卫生检查团来院检查健康教育工作,对医院健康教育工作评价:"解决了与患者沟通和重视信息反馈两个健康教育技能的关键问题实属不易,一些工作也正与国际接轨,达到了先进水平。"

2000年起,成立"健康教育俱乐部",常年开展健康讲座、健康咨询等活动。

2001年9月,医院获上海市医院健康教育先进集体示范单位称号。

2002年12月,在第三次全国科普工作会议上,中山医院获得全国科普先进集体称号。

2004年9月,新门诊综合楼启用,医院也将传统的纳凉晚会搬到宽畅明亮、冬暖夏凉的候诊大厅内。

2006年4月,开设"中山大讲堂",健康教育工作由夏季纳凉晚会改成日常性工作。

2007年6月,成立中山医院健康教育专家讲师团。自此,原先的"健康教育俱乐部"通过多方资源整合,发展成立"中山健康大讲堂"。

2014年,医院获得上海市卫生和计划生育委员会科技教育处、世界卫生组织上海健康教育与健康促进合作中心认定的上海市卫生计生系统第二批世界卫生组织上海健康教育与健康促进合作中心科普教育基地,并授牌。

2015年开始,协助教育处开展基地医师健康教育"月月讲"工作,并参与指导评比。

自2016年6月开始,"中山健康大讲堂"课程目录通过医院微信公众号进行推送,每月一次,方便群众及时了解参加。

2016年12月,在习近平总书记在全国卫生与健康大会讲话中强调"健康是促进人的全面发展的必然要求"的背景下,将"中山健康大讲堂"更名为"中山健康促进大讲堂",健康教育活动增加到平均每周2～3次。

全国首创向患者发放健康教育处方,并组织健康教育专家讲师团成员走出医院,深入社区单位。医院全员参与,覆盖所有临床科室,除医生外,护理部、医技科室、药剂科和营养科等部门的同志也积极参加。对院外的健康教育活动精彩纷呈,对院内职工也有形式多样的健康宣传活动。如对餐饮人员开展卫生培训;对医务人员及后勤人员开展职业防护、控烟宣传;对女性职工举办有关女性保健讲座等。

四、疾病传报与传染病防控

【传染病报告】

1958年,指定专人负责各科室指定传染病的统计、传报、专册登记和检查漏报等工作。

1978年,明确各病区传染病传报卡的传报流程,首次将性病列入报告范围。1986年,取消对性病的保密限制,并开展性病防治的宣传工作。

2004年起,通过中国疾病预防控制信息系统平台传送传染病报告。

2015 年 6 月,由网络中心、医务处联合开发完成"电子化疾病上报系统",7 月 1 日正式上线运行,从而彻底改变以往临床医师手工填写疾病上报卡的传统,减轻临床工作压力,减少因字迹不清、信息不全等原因而导致的迟报、漏报现象。肝炎门诊于 2015 年 12 月 31 日正式实行传染病强制上报制度。2016 年 1 月 1 日,医院正式取消纸质版报卡,特殊情况联系传报室,临时应急时启用纸质版报卡。

【传染病防控】

2003 年,非典型性肺炎疫情蔓延,医院成立"非典"防病领导小组和以肺科为主的"非典"防病专家小组,院领导亲自挂帅,在上海市率先开设发热咳嗽诊室和摄片室。建立可疑"非典"患者隔离留观室,为发热患者建立与普通门诊分隔的专用通道。医务处根据上级要求,制定详细的院内防病预案和流程图。4 月初,医院在上海市设立第一个发热门诊。

2005 年与 2006 年,医院获徐汇区疾控管理先进集体二等奖。

2013 年,防保科负责牵头医院的禽流感防控工作,更新人感染 H7N9 禽流感防控专家名单,组织专家院内会诊 31 人次。制定并完善 3 项制度流程《人感染 H7N9 禽流感就诊流程》《人感染 H7N9 禽流感消毒隔离规范》和《人感染 H7N9 禽流感本院职工防控措施》。同时,联合医院感染管理科一同加强消毒隔离防控。

2014 年,更新各类传染病的防控专家名单。同年,亚信峰会期间,每日向市、区疾控中心上报相关疾病发病数,做好放射、生物安全、二次供水督查及医疗保障工作。

2015 年,为保证医疗安全,做好疫情防控,在医院 3 个部门(发热门诊、肠道门诊和感染性疾病科病区)放置外送标本转运箱,与总务科共同梳理标本外送流程。

【其他疾病报告】

自 1964 年起,指定专人负责各科室肿瘤疾病报告。1978 年,明确各病区肿瘤疾病报告卡的填写和报告流程。2002 年,设专人负责肿瘤报告卡的核对、检查漏报工作。2015 年 7 月,正式转为院内电子化肿瘤报告,通过医院信息系统直接上传至防保科,提高肿瘤报告的效率和准确性。

1957 年,开始疑似职业病报告工作,后陆续开展心、脑血管疾病报告,农药中毒报告,新生儿缺陷报告,高温中暑报告,非职业性一氧化碳中毒报告,白内障复明手术登记报告和结膜炎报告等。

2003 年起,按照上级部门要求,做好全院每日不明原因肺炎数据上报工作。2016 年起,开展食源性疾病报告。

五、爱卫会和控烟工作

1988 年起,为做好爱卫会工作,由防保科牵头组织爱卫会成员每季度对医院各部门进行卫生督查及反馈整改,控烟为必查内容。2017 年,根据要求,将爱卫会检查表进行修订,依据各部门所负责区域不同,发送相应的整改通知,限期整改反馈,建立长效管理机制。

医院从 1996 年起,连续 11 年被评为上海市无烟单位。1998 年 6 月,被评为上海市无烟先进单位。2009 年,被评为爱国卫生、健康单位先进。2009 年,被评为全国无烟医院。2014 年与 2016 年,分别接受徐汇区疾病防治控制中心控烟督查 2 次,均获得好评。2015 年,加入"医·无烟"徐汇区拒烟医疗联盟体。2016 年,开展系列控烟宣传活动:组织"我是控烟督导员"倡议签名活动;新建吸烟点 4 处(共 6 处);针对控烟难点联合保卫处进行巡查,总务处划分清洁包干区域;开展院内控烟讲座培训等。

六、日常卫生管理

医院及时反馈区级爱卫会的工作要求,随时处理患者及各部门反映的卫生问题。每季度开展卫生检查,督促灭害公司做好全院性灭害工作。自 1998 年,每月对营养室、职工食堂和处理后污水进行采样、培养,并及时将结果反馈给相关部门。2016 年,由防保科、总务科、护理部联合组织,协同灭害公司针对 3 号楼和 1 号楼突击采取消灭蟑螂行动,取得良好的灭害效果。

第六章 红十字工作

2011年底,经上海市红十字会审核批准,医院正式冠名为"上海市中山红十字医院"。医院随后成立由全体院领导和相关职能部门负责人组成的理事会,院长王玉琦任理事长。2017年,院长樊嘉任理事长。医院领导高度重视红十字会工作,秉承红十字精神,遵守法律法规和红十字相关制度,依法履行红十字冠名医院的职责,并将红十字会的工作与医院日常医疗、管理、教学工作相结合,使红十字会工作真正融入医院工作的方方面面。

第一节 组织管理机制

为全面开展红十字相关工作,医院成立红十字会办公室,挂靠院长办公室。推行红十字会活动的民主决议,向全体会员征集意见,由医院红十字会办公室制订工作计划、活动方案,力求做到思想统一、目标明确。根据《中国红十字会法》《中国红十字会章程》,制定医院红十字相关的各项规章制度,形成系列的管理措施。加强组织内部管理,提高管理水平及组织功效。医院每年定期召开理事会议,深入学习红十字知识,及时传达上海市红十字会各项工作任务,并确保有效贯彻落实。

第二节 培训教育

2012年7月,以院红十字会办公室的名义,向医院3 000多名在职职工发出红十字志愿者招募号召,并将《红十字志愿者登记表》发至每位职工院内邮箱。此后每年,医院在新进职工中招募志愿者,并为红十字志愿者建立专项档案,将志愿者个人信息、专业特长、服务经历等录入电子信息库管理。

红十字会办公室每年遵循红十字"人道、博爱、奉献"的宗旨,以红十字的"救死扶伤,扶危济困,助人为乐,敬老助残"的精神为主线,开展针对包括医院红十字会员在内的全体医院职工的宣传普及和专项培训。充分利用医院宣传栏、长廊电视、网络、院报等宣传平台,加大红十字活动宣传力度。在医院人流量大的地点设立红十字知识宣传栏,并定期更新;将红十字宣传片在医院长廊电视上循环播放;在医院内网上设立红十字知识专栏;将各项活动的开展情况及时以新闻通讯稿的形式在院报上刊登。2014年,医院还利用微信公众号加强红十字知识的宣传,并推出红十字急救"掌上学堂"APP,推广红十字急救知识。

2012年8月,红十字会办公室向入院的200多名新职工发放《红十字知识简明读本》和《现场初级救护手册》,并进行红十字知识培训;院办主任李锋向新职工详细讲解了红十字运动的历史、职责、基本原则、组织机构,红十字标志的使用,中国红十字会和上海市红十字会的工作及红十字冠名医院的任务等情况,并对医院冠名红十字后开展的各项工作进行系统介绍;医务处副处长、急诊科副主任孙湛为新职工进行急救知识培训。2014年10月14日,组织全院医师进行卫生应急核心能力的培训考核。积极组织并参加市红十字应急救护大赛,并借此机会培训红十字救护队核心队员和讲师,受训者已开展多次普及急救知识培训。

2014 年 9 月 30 日,医院开展危重孕产妇抢救演练,同时重新梳理急救流程,开展多样的急救培训活动。2015 年 11 月 19 日,医院紧急救援队员参加上海市冠名红十字医院紧急救援队训练比赛,并获得总分第三名的好成绩。

2015 年和 2016 年,医院连续邀请上海市红十字会赈济救护部王子美,向入院新职工进行红十字知识培训,向新职工详细讲解红十字运动的历史、职责、基本原则、组织机构,红十字标志的使用,中国红十字会和上海市红十字会的工作,以及红十字冠名医院的任务等情况。此外医院还邀请急诊科医师给新职工们做急救知识培训,并组织新职工和来院进行志愿服务的志愿者对医院冠名红十字后开展的各项工作进行系统介绍。

第三节　无 偿 捐 赠

一、"三献"活动

医院是全国最早开展器官移植的单位之一,是上海市唯一同时获得心脏、肝脏和肾脏 3 项移植许可的医院。能够完全依靠医院技术力量,在多科协作下从事肝脏、肾脏和心脏等重要脏器移植和多器官联合移植。2014 年起,医院成立人体器官获取组织(OPO)办公室,推动器官捐献工作。

继成为上海市首批 17 家人体器官捐献试点医院之一后,2013 年 2 月 25 日下午,在上海市红十字会的见证下,医院 10 位党政领导集体签署《人体器官捐献志愿书》,自愿加入器官捐献的爱心行列,以挽救他人生命,为社会做出贡献。11 月 12—13 日,泌尿外科朱延军完成 2 次采集达到足量的造血干细胞供临床治疗使用,他是医院第一位成功捐献造血干细胞的医务人员,也是上海市第 288 例造血干细胞捐献者。2014 年 8 月 19—20 日,药剂科黄佳鸿完成 2 次采集达到足量的造血干细胞供临床治疗使用,成为上海市第 307 例造血干细胞捐献者。2016 年 12 月 13 日,医院成功举行造血干细胞捐献志愿者招募活动,现场有 68 名志愿者入库。

组织职工积极参与献血已成为医院每年的常规工作,在外网上设"中山献血网"链接,普及献血知识,公开献血工作进展,表彰和鼓励先进,培养职工的服务意识、奉献精神,使得"无偿献血是每个适龄公民的义务"在院内成为共识。

2014 年,医院有器官捐献 4 例。2015 年,医院共完成器官捐献 10 例,成功捐出肝脏 6 个、肾脏 10 对、角膜 14 片,让 26 名饱受疾病折磨的重患重新燃起生的希望,让至少 14 名身处黑暗的患者重见光明。2015 年 9 月 2 日,医院与上海宋庆龄基金会联合创立国内首个儿童肾移植领域的公益项目——"新肾儿"慈善公益项目。

二、救灾救助活动

2013 年 4 月,红十字会办公室向全院医务人员发出"汇聚爱心,延续年轻生命"的捐助倡议。22 日上午,一场为罹患罕见冯希佩尔-林道(VHL)综合征的 23 岁患者发起的红十字爱心捐赠仪式在医院 2 号楼中山大讲堂举行。上海市红十字会王子美,医院副院长高鑫、朱同玉,院办主任李锋,党办主任李耘,泌尿外科主任郭剑明,内分泌科副主任陆志强,患者家属林开明以及医院各个科室的百余名医护人员出席。百余名医务人员爱心捐款和医院红十字专项救助经费共 28 450 元。同时,红十字理事会决议通过人道救助基金向其一次性捐赠 3 000 元用于住院治疗费用。5 月 3 日,患者在医院内分泌科、泌尿外科等多科专家联合救治下,在全院医务人员的爱心捐款帮助下,手术后顺利康复出院。5月16日,为江西肾移植患者严先生举行捐款仪式,医院泌尿外科医师纷纷献出自己的爱心,共募集善款5 000多元并交到患者手上。

为了表达医院职工对四川雅安地震灾区的爱心和支持,2013年4月22—26日开展为期一周的"同舟共济·雅安加油"医院职工为地震灾区募捐活动,统一接受职工捐款。活动结束共收到700多人次(包括北院区)捐款,总金额128 670元,所有善款捐至上海市慈善基金会。

2014年4月7—14日,心研所第一党支部在心脏外科和心研所范围内,倡议发起爱心募捐活动,共有医师、护士、医技人员和行政办公人员107人,为身患重病的心脏外科医师魏强进行爱心募捐,收到54 700元。

第四节 红会活动

2012年5月8日,为纪念"5·8"世界红十字日,弘扬"人道、博爱、奉献"的红十字精神,医院联合宝山区红十字会、宝山区卫生局、罗店医院等在罗店镇龙船广场举办大型义诊活动。为做好本次义诊活动,医院派出普外科、心内科、老年病科、眼科、耳鼻喉科、妇产科、呼吸内科、内分泌科、眼科等专业的知名专家,为到场的百姓提供免费诊疗咨询服务,让远离市区的罗店居民享受到三甲医院的优质医疗资源。医务人员还在义诊现场进行心肺复苏术、搬运伤员方法、雷击和触电的急救方法的实物操作模拟演练,讲解应对突发事件和各种意外伤害的避险自救知识。义诊活动历时2个多小时,共发放健康教育资料近千份,义诊咨询200多人次,受到市民一致好评。

市红十字会向社会公开招募家庭紧急救助包填装志愿者,医院南丁格尔志愿服务队积极报名参加。2013年12月18日,医院10名志愿者赴上海市红十字备灾救灾中心完成600个家庭紧急救助包的填装工作。

2014年4月,在全院弘扬"人道、博爱、奉献"的红十字精神,倡议医院职工向泌尿外科朱延军医师(医院第一例造血干细胞捐献者)学习,踊跃加入捐献造血干细胞志愿者队伍。5月8日,世界红十字日,医院在门诊大厅举行以"大爱无疆,生命永续"为主题的造血干细胞志愿者征募活动,近百名医务人员参加。最后,共有83名医务人员成功加入造血干细胞捐献志愿者队伍。6月7日,由上海市静安区政协文卫体委专委会和上海市医院协会医务社会工作与志愿服务工作委员会联合主办的"洒向人间都是爱"——2014年红十字日大型义诊与医务社会工作宣传活动在静安公园拉开帷幕。医院派出消化科郭津生、心内科卜丽萍和营养科高键3名专家为广大市民提供免费的医疗咨询和健康宣教。活动当日,上海市文明办主任燕爽、上海市红十字会常务副会长马强到场并分别致辞,上海市卫生计生委党委书记黄红也到现场。此次义诊、咨询共计服务2 585人次。专家出色的义诊咨询服务得到了广大市民的称赞,市医院协会也向医院颁发了荣誉证书。

2014年7—9月,组织开展"2014年世界急救日"系列活动,在全院推广"红十字急救掌上学堂",征集"身边的急救"优秀摄影作品,征集"红十字急救优秀案例"。医院最终上报6组30张优秀摄影作品,并上报5月19日在中山医院门急诊上演的生死时速急救故事。11月4日下午,医院党办和肝友会联合主办一场特别的"感恩趴"(party),100多名心、肝、肾移植患者齐聚一堂,共同"让爱动起来"。上海市红十字会志愿者工作部部长、器官捐献办公室主任汤兆祥,上海市癌症康复俱乐部监理会主任黄彭国,医院院长樊嘉、副院长周俭,以及泌尿外科戎瑞明、许明,心外科陈昊,妇产科张秀珍和肝外科贺轶锋应邀出席联谊会。

2015 年 6 月 6 日,全科医师张向杰和护士胡燕为上海市"城市坐标"活动提供红十字社会医务志愿服务。

2016 年 5 月 8 日世界红十字日来临之前,医院以上海市中山红十字医院的名义,由院领导班子带领专家团队,千里送医,到安徽六安霍邱革命老区开展医疗支援活动,在霍邱县第二人民医院的广场上,开展大型义诊。义诊中,院长樊嘉仔细询问每位求诊群众的病史、仔细阅读群众带来的每张影像资料片,悉心地给予诊疗指导;书记汪昕手把手地指导神经科患者康复锻炼;内分泌科高鑫、普外科秦净、整形外科顾建英、呼吸科朱蕾和张静、心内科周达新和张书宁、肾内科丁小强、皮肤科李明、妇产科臧荣余、骨科王毅超、泌尿外科张立、儿科徐灵敏、急诊科孙湛耐心为每位群众答疑解惑。全科医学科潘志刚为当地基层卫生机构的工作者带去一场精彩的课程。心内科和儿科的专家在县第二医院开展教学查房。

第四篇
医学教育

概　　述

　　1937 年中山医院建立时,成为当时的国立上海医学院最大的教学医院,承担医学专业学生的教学工作。在历史的风云变幻中,学校教育体制和机构几经变迁,医学教学体系不断变化,医学教学内容由于科学的进步和发展,也进一步丰富。中山医院在院校医学教育、毕业后教育和继续医学教育方面始终在全国具有重要影响,成为孕育和培养医学人才的摇篮。

　　医院建院之初,就坚持开展以临床医学为主体的医学教育,同时设护校进行护理教育(相关内容详见护理部及护理教育所在章节)。1952 年 4 月,学校宣布,经中央卫生部及华东卫生部批准,将教学医院设为专科医院,中山医院改为外科学院,黄家驷担任外科学院院长。1952 年 10 月,上海医学院更名为上海第一医学院,并进行第一次院系调整,中山医院更名为上海第一医学院外科学院。1955 年 8 月,根据卫生部关于医学院校专业设置的规定,学校院系第二次调整,各临床学院恢复医院名称,外科学院改为上海第一医学院附属第二医院,学校成立医疗系,医院承担医疗系的临床教学任务。1956 年 8 月,上海第一医学院附属第二医院恢复中山医院原名。1960 年 11 月,医疗系分设一部、二部,一部在中山医院。1962 年,按照学校教学整体要求,医疗系一部和二部合并成立医疗系,林兆耆任主任。1966 年 3 月,基础医学部与医疗系合并,成立医学系。“文化大革命”期间,教学工作停顿。1978 年 2 月,医学系又分为医学一系和医学二系,其中医学一系在中山医院。1980 年 8 月,医学一系、二系合并成立医学系。1992 年 12 月,医学系体制撤销,成立中山临床医学院和华山临床医学院。中山临床医学院和中山医院实行两块牌子,一套班子。临床医学院下设教育处,全面负责日常教学管理工作和学生的思想素质教育。2000 年 4 月 27 日,复旦大学与上海医科大学合并,成立新的复旦大学,中山临床医学院更名为复旦大学中山临床医学院。2001 年 7 月 15 日,撤销复旦大学中山临床医学院建制,继续保留教育处建制,继续参与复旦大学上海医学院所属临床各系的工作。

　　除院校医学教育外,医院还承担毕业后医学教育。从 1978 年恢复研究生招生以来,招生规模逐年扩大,硕士、博士生导师数量不断增加,涉及学科越来越丰富,逐渐具备培养一流科研人才的能力。自 1992 年起招收博士后,涉及心内科、肝外科、呼吸内科、放射科等优势学科,在医院重点学科、重点实验室的建设过程中发挥重要作用。从建院初期,医院就实行 24 小时住院医师培养制度。1988 年开始,参加卫生部、上海市以 400 学分制考核,5(3+2)年两阶段住院医师规范化培训测试点工作。1994 年,在全国最早探索全科专业住院医师规范化培训制度。2006 年起,在上海市最早探索“社会人”住院医师(全科医师)规范化培训制度,在全国先行先试。2009 年,成为上海市最早探索“行业内社会人”住院医师规范化培训的医院。2010 年 10 月,教育部批准实施临床医学硕士专业学位教育与住院医师规范化培训结合的改革项目,医院的住培工作始终走在全国前列。2014 年,医院全科住院医师规范化培训项目成为全球首个通过世界家庭医师组织(WONCA)标准认证的全科医师培训机构。2015 年 10 月,成为国家住院医师规范化培训示范基地;同年 11 月,成为美国中华医学基金会(CMB)中国住院医师培训精英教学医院联盟成员。在 2006 年底卫生部专科医师培训试点基地实地评审中,有 22 个基地顺利通过评审。2010 年,卫生部启动专科医生规范化培训工作。2013 年,上海市启动专科医师规范化培训工作。2017 年,医院共有国家和上海市审核批准的专科医师规范化培训基地 29 个。

　　医院的继续医学教育包括进修教育和医务人员的终身教育。从 1972 年正式开展进修教育,招收进修人员数量逐年增加,覆盖医、技、护三大系列,为上海市及全国培养大批业务骨干。2015 年,开设外籍人员进修项目,进修教育走上国际舞台。1997 年,医院开始举办继续医学教育项目。2003 年,成为全国首家由卫生部批准开展远程医学继续教育的医院。2005 年 12 月,开始试点开展远程继续医学教育。

第一章 教学组织与机构

第一节 教学管理机构

医院的本科教育教学最先由学校医学系(医疗系)统一安排,先后有多名教师担任医学系(医疗系)的主任、副主任,负责学校及医院的教学管理工作。1992年12月成立中山临床医学院后,由临床医学院负责本科教学及管理工作。中山临床医学院设在中山医院内,是一个以中山医院为主体,妇产科医院、儿科医院、眼耳鼻喉科医院、肿瘤医院、上海市第一人民医院及上海市精神卫生中心等共同参与的教学体系。学院院长由医院院长兼任,学院日常事务由医院分管教学的副院长负责。1997年5月19日,上海医科大学市一临床医学院正式成立,市一医院教学副院长不再担任中山临床医学院副院长。

学院下设教育处,并分设教务科和学生科,负责教学管理及学生工作。同时,派出专人在上海市第一人民医院内设立教学办公室,负责那里的教务和学生管理工作。市一临床医学院成立以后,学院的市一教学办公室撤销。2001年7月15日,撤销临床医学院建制,医院继续保留教育处及下属各科,负责医院的本科教育教学工作。为理顺管理流程、提高管理效率,2014年11月,医院将原教务科和学生科合并,成立本科教育科,全面负责医院的本科教育教学管理工作。

表4-1-1 1955年4月—1992年11月医院人员担任医疗(学)系历任主任、副主任情况表

部门名称	任职时间	主任	任职时间	副主任
医疗系	1955年4月—1960年11月	林兆耆	1955年4月—1960年11月	陶寿淇
			1958年12月—1960年11月	崔之义
医疗系一部	1960年11月—1961年12月	陶寿淇	1960年11月—1961年12月	熊汝成
医疗系	1962年1月—1966年3月	林兆耆	1962年1月—1966年3月	熊汝成
医学系	1966年3月—1978年7月	林兆耆		
医学系一系	1978年8月—1980年6月	熊汝成	1978年2月—1980年6月	孟承伟 朱无难
	1985年1月—1990年7月	孟承伟	1980年6月—1985年1月	孟承伟
医学系			1980年6月—1992年11月	熊汝成
			1985年1月—1992年11月	杨秉辉

表4-1-2 1992年12月—2001年7月中山临床医学院历任院长、分管副院长、副院长情况表

任职时间	院长	任职时间	分管副院长	任职时间	副院长
1992年12月—2001年7月	杨秉辉	1992年12月—1998年2月	施寿康	1992年12月—1994年5月	姜立本
		1998年2月—2001年7月	王国民	1992年12月—1998年9月	陈世波

（续表）

任 职 时 间	院 长	任 职 时 间	分管副院长	任 职 时 间	副院长
				1992 年 12 月—2001 年 7 月	王玉琦
				1994 年 5 月—1998 年 9 月	王小林
				1998 年 9 月—2001 年 7 月	秦新裕
				1992 年 12 月—1997 年 5 月	俞沛霖（市一医院）

1959 年开始，研究生招生纳入本科生毕业计划中，直至"文化大革命"中断。1978 年，恢复研究生招生。随着研究生招生规模的扩大，为加强教育和管理工作，医院于 1990 年正式成立医教处研究生科（1992 年 5 月起改为科教处研究生科），并于 1996 年设立科教处研究生思想政治工作科，分别负责研究生教育和思想政治工作，1999 年两科合并成科教处研究生科（2002 年 3 月起为科研处研究生科），全面负责研究生的教育及管理工作。2008 年 7 月，研究生科并入教育处，实现医院学历教育的统一归口管理。

医院住院医师及专科医师规范化培训和继续教育分别由教育处规范化培训科和继续教育科负责。医院住院医师规范化培训从 1988 年开始，由医教处教育科负责（1992 年 5 月起为科教处教育科）；医院进修教育始于 1972 年，先后由医务科、医教科（1979 年 3 月起）、医教处教育科（1988 年 9 月起）、科教处教育科（1992 年 5 月起）负责；1997 年，医院开始举办继续医学教育项目，由科教处教育科负责。2002 年 3 月，教育科并入教育处，更名为继续教育科，医院住院医师规范化培训和继续医学教育统一归口于教育处。2017 年 7 月，医院增设规范化培训科，专门负责医院住院医师及专科医师的规范化培训工作。

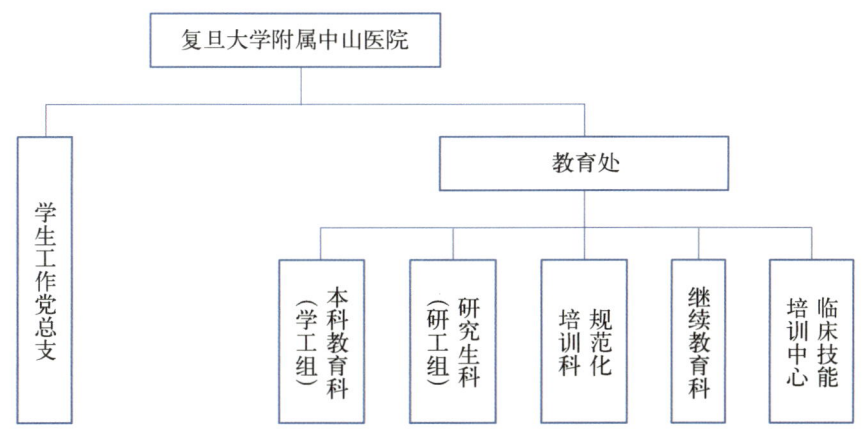

图 4-1-1 2017 年医院教育教学及管理体系图

医院远程医学中心成立于 1995 年，是国内最早开展远程医学工作的单位之一。中心负责举办各类远程医学继续教育学习班和开展远程医疗会诊，先后由科教处（2002 年 3 月前）和网络中心管理。2011 年远程医学中心并入教育处，其工作由继续教育科负责。

为顺应现代医学教育的发展,医院于 2016 年新建中山医院临床技能培训中心,组建在教育处组织管理构架下的师资团队,任命中心主任 1 人、副主任 2 人,配合教育处,以模拟医学教育的形式,为全院各类学员及所有医务人员搭建临床技能学习平台。为进一步配合学校做好新形势下的学生思想政治工作,医院于 2005 年 5 月成立中共复旦大学附属中山医院学生工作党总支。在学校学工部和研工部的领导下,指导医院的学工组暨本科教育科(原学生科)和研工组暨研究生科,做好本科生和研究生的思想政治工作。经过不断的建设与调整,医院形成以教育处和学生工作党总支为核心,以本科教育科(学工组)、研究生科(研工组)、规范化培训科和继续教育科为中心,以临床技能培训中心为支撑的医学教育教学及管理体系,为医学人才的培养提供组织保障。

第二节　临床教学机构

除医院的行政职能部门外,医院以临床系和教研室的形式参与临床教育教学的实施过程。在中山临床医学院成立之初,由内科学、外科学、影像学、麻醉学和肺病学 5 个教研室承担学院的教学任务。1993 年 6 月,根据教学需要,增设诊断学、神经病学、中医学、皮肤病学、医学心理学和口腔科学 6 个教研室(组)。至 1994 年 1 月,建成以中山医院 12 个教研室(组)为主体,妇产科医院(妇产科学教研室)、儿科医院(儿科学教研室)、眼耳鼻喉科医院(眼科学教研室和耳鼻喉科学教研室)、肿瘤医院(肿瘤学教研室和放射治疗学教研室)及上海市第一人民医院各教研室共同参与的教学体系,任命诸骏仁、张轶斌等 20 名教研室正、副主任。市一临床医学院成立以后,上海市第一人民医院各教研室不再承担中山临床医学院的教学任务。

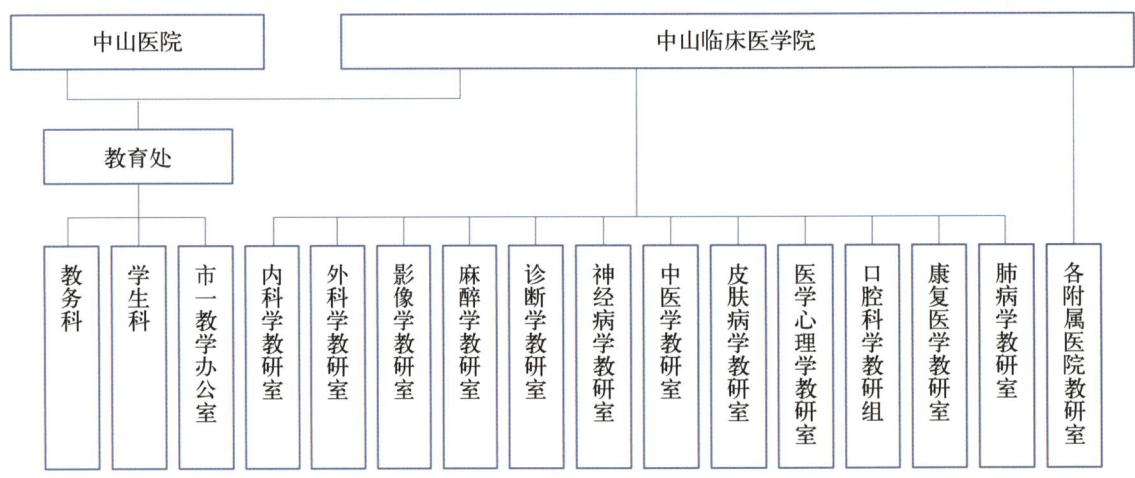

图 4-1-2　1994 年中山临床医学院教学机构架构图

表 4-1-3　1992 年 12 月—2001 年 7 月各附属专科医院及市一医院教研室设置情况表

医 院 名 称	教研室数	教 研 室 名 称
儿科医院	1	儿科学教研室(含儿内、儿外科)
妇产科医院	1	妇产科学教研室(含中山医院妇产科)
眼耳鼻喉科医院	2	眼科学教研室(含中山医院眼科) 耳鼻喉科学教研室(含中山医院耳鼻喉科)

（续表）

医 院 名 称	教研室数	教 研 室 名 称
肿瘤医院	2	肿瘤学教研室 放射治疗学教研室
上海市第一人民医院	13	内科学教研室　　外科学教研室　　神经内科学教研室 麻醉学教研室　　儿科学教研室　　妇产科学教研室 眼科学教研室　　中医学教研室　　耳鼻喉科学教研室 核医学教研室　　放射科学教研室　　皮肤病学教研室 口腔科学教研室

表 4 - 1 - 4　1992 年 12 月—2001 年 7 月中山临床医学院教研室(组)历任主任、副主任情况表

教研室(组)	任 职 时 间	主 任	任 职 时 间	副 主 任
	中山医院及各附属专科医院			
内科学教研室	1992 年 12 月—1996 年 8 月	诸骏仁	1992 年 12 月—1996 年 8 月	王吉耀
	1996 年 8 月—2001 年 7 月	王吉耀	1992 年 12 月—2000 年 5 月	张希德
			2000 年 5 月—2001 年 7 月	姚君厘　蔡逎绳 蔡映云
外科学教研室	1992 年 12 月—2001 年 7 月	陈中伟	1992 年 12 月—2000 年 5 月	吴肇汉
	2000 年 5 月—2001 年 7 月	吴肇汉	1994 年 1 月—2000 年 5 月	张轶斌
			1996 年 9 月—2001 年 7 月	王国民
			2000 年 5 月—2001 年 7 月	赵　强　顾大镛
肺病学教研室	1992 年 12 月—1997 年 5 月	钮善福	1994 年 1 月—1997 年 5 月	何礼贤
			1996 年 11 月—1997 年 5 月	白春学
影像学教研室	1992 年 12 月—2001 年 7 月	周康荣	1992 年 12 月—1996 年 11 月	陈可靖
			1992 年 12 月—1998 年 2 月	陶克明
			1996 年 11 月—2001 年 7 月	王文平　陈绍亮
			2000 年 5 月—2001 年 7 月	颜志平
麻醉学教研室	1992 年 12 月—2001 年 7 月	蒋　豪	2000 年 5 月—2001 年 7 月	薛张纲
诊断学教研室	1994 年 1 月—1996 年 8 月	诸骏仁	1994 年 1 月—1996 年 8 月	蔡则骧
	1996 年 8 月—1998 年 7 月	蔡则骧	1994 年 1 月—1996 年 11 月	梅振武
	1998 年 7 月—2001 年 7 月	傅志君	1994 年 1 月—2000 年 5 月	蔡逎绳　蔡映云
			1996 年 11 月—2001 年 7 月	潘柏申
			2000 年 5 月—2001 年 7 月	王葆青　舒先红
神经病学教研室	1994 年 1 月—2000 年 5 月	朱文炳	1994 年 1 月—2000 年 5 月	崔尧元
	2000 年 5 月—2001 年 7 月	崔尧元	2000 年 5 月—2001 年 7 月	汪　昕

（续表）

教研室（组）	任职时间	主任	任职时间	副主任
中医学教研室	1994年1月—2000年5月	唐辰龙	1994年1月—1996年11月	邹扬华
	2000年5月—2001年7月	戴豪良	1994年1月—2001年7月	时毓民（儿科医院） 曹玲仙（妇产科医院） 宋明志（肿瘤医院）
			1996年11月—2001年7月	陶福兴
皮肤病学教研室	1994年1—12月	秦万章	1994年1月—2001年7月	秦立模
医学心理学教研室	1994年1月—1997年12月	徐俊冕	1994年1月—1997年12月	季建林
	1997年12月—2001年7月	季建林		
口腔科学教研组	1994年1月—1995年1月	滕铭贤	1994年1月—1998年2月	陆金泉
	2000年5月—2001年7月	顾章愉		
康复医学教研室	1994年1月—2000年5月	姜立本	1994年1月—2001年7月	李泽兵
	2000年5月—2001年7月	石凤英		
妇产科学教研室（妇产科医院）	1992年12月—1994年12月	庄依亮	1992年12月—2001年7月	曹斌融
	1995年1月—2001年7月	丰有吉	1994年1月—1996年11月	盛丹菁（中山）
			1996年11月—2000年5月	李 红（中山）
			1997年1月—1998年	段 涛
			2000年1月—2001年7月	林金芳
			2000年5月—2001年7月	杨来春（中山）
眼科学教研室（眼耳鼻喉科医院）	1992年12月—1998年4月	王文吉	1992年12月—1998年4月	陈钦元
	1998年4月—1999年4月	褚仁远	1994年1月—2000年5月	朱志忠（中山）
	1999年4月—2001年7月	孙兴怀	1998年4月—1999年4月	陆国生　孙兴怀
			1999年4月—2001年7月	罗 奕　徐格致
			2000年5月—2001年7月	袁 非（中山）
耳鼻喉科学教研室（眼耳鼻喉科医院）	1992年12月—2001年7月	王正敏	1992年12月—1998年4月	王 薇
			1994年1月—2000年5月	常荣先（中山）
			1998年4月—2001年7月	郑春泉
			2000年5月—2001年7月	王建中（中山）
儿科学教研室（儿科医院）	1992年12月—1999年3月	樊绍曾	1992年12月—2001年7月	郭志平　周蓓华 王晓红　郑 珊
	1999年3月—2000年10月	黄国英		
	2000年10月—2001年7月	陈 超		
肿瘤学教研室（肿瘤医院）	1992年12月—2001年7月	韩企夏	1992年12月—2001年7月	胡超苏

（续表）

教研室（组）	任 职 时 间	主 任	任 职 时 间	副 主 任
放射治疗学教研室（肿瘤医院）	1992年12月—2001年7月	何少琴	1992年12月—2001年7月	傅慈禧
上海市第一人民医院				
内科学教研室	1992年12月—1994年7月	高寅春	1992年12月—1994年7月	许　群　周　柱
	1994年7月—1997年5月	周　柱	1994年7月—1997年5月	黄华瑞　郑明芳
外科学教研室	1992年12月—1997年5月	黄恭康	1992年12月—1997年5月	徐治康　花天放
妇产科学教研室	1992年12月—1997年5月	鄞豫增	1992年12月—1997年5月	周琴慧
儿科学教研室	1992年12月—1997年5月	王乃礼		
眼科学教研室	1994年7月—1997年5月	吴迺川	1992年12月—1994年7月	吴迺川
耳鼻喉科学教研室	1992年12月—1997年5月	许时晖	1992年12月—1997年5月	高会真
放射科学教研室	1994年7月—1997年5月	汪守中	1992年12月—1994年7月	汪守中
神经内科学教研室	1994年7月—1997年5月	张福麟	1992年12月—1994年7月	张福麟
麻醉学教研室	1994年7月—1997年5月	庄心良	1994年7月—1997年5月	周俊成
中医学教研室	1994年7月—1997年5月	严佩贞	1994年7月—1997年5月	严君白
核医学教研室	1994年7月—1997年5月	黄耀章		
皮肤病学教研室	1994年7月—1997年5月	朱光斗		
口腔科学教研室	1994年7月—1997年5月	施鼎祺		

　　2001年7月,中山临床医学院撤销建制,原学院所属的各教研室也随之取消。2002年3月,复旦大学医学院将原基础和临床医学各教研室统一组建为27个系,聘任医院王吉耀等13位教授担任内科学等13个系的正、副主任,经过2004年及2008年两次重新聘任,医院现有11位教授担任11个系的正、副主任。为进一步做好临床教学工作,医院于2002年6月成立内科一、二部,外科一、二部,医技一、二部等6个医学部,配合做好教学工作。2004年8月,撤销医学部,重新成立内科、外科和诊断学教研室,分别任命石凤英、吴肇汉、朱文青为教研室主任。根据医院教育教学工作的需要,医院于2012—2014年,先后成立急诊医学教研室、肿瘤学教研室、全科医学教研室和麻醉与危重症医学教研室共4个教研室,在医院教育处的协调下,组织临床各科完成医院的各项教学工作。

表4-1-5　2002—2017年医院人员受聘复旦大学上海医学院临床各系历任主任、副主任情况表

学　系	任 职 时 间	主 任	任 职 时 间	副 主 任
内科学系	2002年3月—	王吉耀		
精神卫生学系	2002年3月—	季建林		
麻醉学系	2002年3月—	薛张纲		
临床诊断学系	2002年3月—2008年5月	傅志君		
	2008年5月—	朱文青		

(续表)

学　系	任　职　时　间	主　任	任　职　时　间	副主任
全科医学系	2002 年 3 月—	祝墡珠		
影像医学系	2008 年 5 月—	曾蒙苏	2002 年 3 月—2008 年 5 月	曾蒙苏
外科学系			2002 年 3 月—2004 年 9 月	吴肇汉
			2004 年 9 月—	吴国豪
肿瘤学系			2002 年 3 月—	樊　嘉
口腔医学系			2002 年 3 月—2012 年 4 月	顾章愉
皮肤病与性病学系			2002 年 3 月—	李　明
神经病学系			2002 年 3 月—	汪　昕
中西医结合学系			2002 年 3 月—2008 年 5 月	陶福兴
			2008 年 5 月—	蔡定芳

表 4-1-6　2004—2017 年中山医院各教研室历任主任、副主任情况表

教　研　室	任　职　时　间	主　任	任　职　时　间	副主任
内科教研室	2004 年 8 月—2008 年 12 月	石凤英	2004 年 8 月—2008 年 12 月	陈世耀
	2008 年 12 月—	陈世耀	2004 年 8 月—	钱菊英
			2005 年 10 月—	姜林娣
外科教研室	2004 年 8 月—2008 年 10 月	吴肇汉	2004 年 8 月—2008 年 10 月	吴国豪
	2008 年 10 月—	吴国豪	2004 年 8 月—	董　健 林宗明
			2008 年 10 月—2013 年 8 月	顾大镛
			2013 年 8 月—2016 年 12 月	许剑民
诊断学教研室	2004 年 8 月—	朱文青	2004 年 8 月—2005 年 10 月	王葆青
			2004 年 8 月—2006 年 3 月	叶志斌
			2004 年 8 月—	郭　玮
			2005 年 10 月—	张　新
急诊医学教研室	2012 年 9 月—	童朝阳	2012 年 9 月—	姚晨玲 施东伟
肿瘤学教研室	2013 年 5 月—	刘天舒	2013 年 5 月—	曾昭冲 黄晓武
			2013 年 9 月—	王艳红
全科医学教研室	2013 年 12 月—	潘志刚	2013 年 12 月—	江孙芳
麻醉与危重症医学教研室	2014 年 4 月—	薛张纲	2014 年 4 月—	诸杜明 仓　静

第二章　院校医学教育

第一节　教 学 工 作

一、专业设置及课程开设

中山临床医学院设临床医学五年制和临床医学七年制 2 个专业,开设 23 门课程,其中,临床医学五年制、七年制,预防医学,护理,卫生事业管理,妇幼卫生等专业的必修课程 15 门;临床医学五年制的选修课程 4 门,临床医学七年制的学位课程 4 门。

表 4-2-1　1992—2001 年中山临床医学院课程开设情况表

课 程 性 质	开课门数	课 程 名 称
临床医学五年制、七年制,预防医学,卫生事业管理等专业必修课程	15	诊断学、内科学、外科学、医学心理学、影像诊断学、中医学、妇产科学、传染病学、皮肤病学、眼耳鼻喉科学、口腔科学、精神医学、神经病学、肿瘤学概论、儿科学
临床医学五年制专业选修课程	4	临床药理学、中西医结合学、运动医学与康复医学、小儿外科学
临床医学七年制专业学位课程	4	临床流行病学、临床内科学、临床外科学、心血管疾病进展与诊断

表 4-2-2　1992—2001 年中山临床医学院专业设置及教学安排情况表

专业设置	课程性质	学 期	教 学 安 排	所获学位
临床医学五年制	必修课程	6—8	内科学(上、下)、外科学(上、下)、医学心理学、影像诊断学、肿瘤学概论、中医学、妇产科学、儿科学、传染病学、皮肤病学、眼耳鼻喉科学、口腔科学、精神医学、神经病学、法医学概论、预防医学(上、中、下)	医学学士
	选修课程	8	小儿外科学、运动医学与康复医学、中西医结合学、临床药理学、医学文献检索与利用	
	临床实习	9—10	内科、外科、儿科、妇产科、肿瘤科、眼科、耳鼻喉科、神经科、精神科、预防医学轮转实习	
临床医学七年制	必修课程	6—8	内科学(上、下)、外科学(上、下)、医学心理学、影像诊断学、肿瘤学概论、中医学、妇产科学、儿科学、传染病学、皮肤病学、眼耳鼻喉科学、口腔科学、精神医学、神经病学、法医学概论、预防医学(上、中、下)	医学硕士
	学位课程	8	临床流行病学、临床内科学、临床外科学、医学文献检索与利用、医学统计方法(二)、实验动物学、心血管疾病进展与诊断	
	临床实习	9—10	内科、外科、儿科、妇产科、肿瘤科、眼科、耳鼻喉科、神经科、精神科、预防医学轮转实习	
	硕士阶段培养	11—14	相关的二级科室轮转,完成学位论文	

自 2001 年 7 月撤销中山临床医学院建制后，本科教学课程由复旦大学上海医学院各系开设。至 2017 年医院教师先后开设临床医学(含五至八年制)、基础医学、法医学、预防医学、药学(临床药学方向)、护理学和公共事业管理等专业的专业必修课 44 门;专业选修课 11 门;临床医学长学制(含七、八年制)的学位课程 2 门。

表 4 - 2 - 3　2002—2017 年中山医院教师开课情况表

课程性质	开课门数	课 程 名 称	课 程 代 码	负责人	开课年份
专业必修课	44	内科学(上)	356.005.1	王吉耀	2002—2007
		内科学(下)	356.005.2	王吉耀	2002—2007
		内科学 B(上)	MED130021	王吉耀	2008—2016
		内科学 B(下)	MED130022	王吉耀	2008—2016
		内科学	356.243.1	王吉耀	2002—2007
		内科学 A	MED130025	王吉耀	2009—2016
		内科学(床旁教学)	356.244.1	王吉耀	2008
		内科学床边教学	MED130163	王吉耀	2009—2016
		内科学	356.004.1	王吉耀	2002—2007
		内科学 C	MED130056	王吉耀	2008—2016
		Internal Medicine Ⅰ	MED130223	王吉耀	2011—2016
		Internal Medicine Ⅱ	MED130224	王吉耀	2012—2016
		循证医学	MED130104	王吉耀	2010—2016
		内科见习	356.173.1(MED130037)	王吉耀	2002—2016
		Medicine Probation	MED130240	王吉耀	2013—2016
		内科实习	MED130119	王吉耀	2009—2016
		内科实习	MED130128	王吉耀	2008—2011
		内科实习	MED130132	王吉耀	2009—2016
		诊断学	356.202.1	傅志君	2002—2007
		临床诊断技术	356.242.1	傅志君	2007
		临床诊断基本技术操作	MED130173	朱文青	2009—2016
		诊断学 A	MED130016	傅志君	2007
				朱文青	2008—2011
		诊断学 B	MED130049	傅志君	2007
				朱文青	2008—2016
		诊断学 C	MED130192	朱文青	2011—2016
		Diagnostic	MED130218	朱文青	2011—2016
		诊断学基础	356.241.1(MED130174)	傅志君	2007—2008
				朱文青	2008—2012

（续表）

课程性质	开课门数	课程名称	课程代码	负责人	开课年份
专业必修课	44	临床诊断学	MED130244	朱文青	2012—2016
		实验诊断学	MED130245	朱文青	2012—2016
		影像诊断学 B	MED130018	曾蒙苏	2009—2016
		影像诊断学 C	MED130050	曾蒙苏	2009—2016
		Diagnostic Imagine	MED130220	曾蒙苏	2012—2016
		放射科实习	MED130257	曾蒙苏	2016
		医学心理学	356.141.1（MED130017）	季建林	2002—2016
		精神医学	356.016.1（MED130034）	季建林	2002—2016
		Medical Psychology	MED130219	季建林	2012—2016
		Psychiatry	MED130237	季建林	2012—2016
		精神科实习	MED130124	季建林	2009—2016
		医学与护理心理学	359.008.1	季建林	2002—2007
		全科医学	MED130083	祝墡珠	2016
		Traditional Chinese Medicine	MED130222	蔡定芳	2011—2016
		中医科实习	MED130199	蔡定芳	2013—2016
		General Practice Internship	MED130291	祝墡珠	2014—2016
		Cardiac Surgery Internship	MED130293	王春生	2014—2016
		Plastic Surgery Internship	MED130294	亓发芝	2014—2016
专业选修课	11	基本生命支持技能培训	MED130170	姚晨玲	2006—2016
		全科医学	356.208.1（MED130083）	祝墡珠	2002—2015
		整形美容外科学	MED130177	亓发芝	2007—2016
		危重疾病诊治	356.209.1（MED130084）	黄培志	2002—2010
		呼吸支持技术	MED130176	白春学	2007
		心肺功能监测的理论和实践	MED130179	缪长虹	2008
		医患交流技巧	MED130185	祝墡珠	2009—2016
		从医之道 I	MED130289	高虹	2015—2016
		走近临床 II——医护初体验	MED130322	阎作勤	2017
		走进重症医学——从基础到临床	MED130323	罗哲	2017
		近代中国医学人文历史巡礼	MED110057	杨震	2017
专业学位课	2	临床内科学	356.186.1	王吉耀	2002—2010
		高级内科学	MED130158	王吉耀	2010—2016

二、师资队伍

中山医院在本科教学的过程中,教师队伍不断壮大,师资结构日趋完善。中国工程院院士汤钊猷、陈灏珠和中国科学院院士葛均波、樊嘉,以及各个相关科室的主任、业务骨干都高度关注和积极投身本科教学。至2017年底,医院有上海市教学名师1人,教授70人,副教授53人,博士生导师107人,硕士生导师145人。

2003年11月,为进一步提高理论课授课质量,复旦大学上海医学院首次聘任临床授课教授,医院共有151名医师受聘,包括授课教授58人、副教授48人和助理教授45人。

表4-2-4　2003年医院受聘复旦大学上海医学院临床授课教师情况表

聘任授课岗位	所 属 系	姓 名						
授课教授	内科学系、临床诊断学系	葛均波 姚君厘 徐建民 朱 蕾	蔡映云 刘厚钰 钮善福 瞿介明	高 鑫 黄培志 白春学 傅志君	沈锡中 诸俊仁 王吉耀 丁小强	吴兆龙 何礼贤 谢瑞满 潘柏申	朱文青 杨永年 叶胜龙	胡必杰 张顺财 蔡洒绳
	外科学系	樊 嘉 陈统一	秦新裕 靳大勇	陈峥嵘 张永康	姚礼庆 符伟国	王国民 童赛雄	王玉琦 陈君雪	吴肇汉 曾 亮
	妇产科系	杨 丹						
	医学影像系	周康荣	王建华	曾蒙苏	张志勇	颜志平	王文平	陈绍亮
	中西医结合系	蔡定芳						
	精神卫生学系	季建林						
	神经病学系	汪 昕						
	皮肤与性病学系	李 明						
	康复与运动医学系	石凤英	李泽兵					
	麻醉系	蒋 豪	薛张纲					
	全科医学系	杨秉辉	祝墡珠					
授课副教授	内科学系、临床诊断学系	樊 冰 周京敏 邹善华	周达新 张 新 宿燕岗	霍纲娣 童朝阳 舒先红	王葆青 任正刚 朱畴文	於 强 颜 彦 叶志斌	应赛亚 杨昌生	王齐兵 陈世耀
	外科学系	王春生 孙益红	秦 净 林宗明	阎作勤 郑如恒	牛伟新	顾大镛	姚振均	吴国豪
	妇产科系	韩立敏	屠蕊沁					
	医学影像系	王佩芬	严福华	曾维新	蒋亚平	程洁敏	丁建国	
	中西医结合系	陶福兴						
	精神卫生学系	叶维菲						
	神经病学系	范 薇	钟春玖					
	口腔医学系	顾章愉	于晓萍					

（续表）

聘任授课岗位	所 属 系	姓 名						
授课副教授	眼科系	袁 非						
	耳鼻喉科学系	王建中						
	皮肤与性病学系	秦立模						
	康复与运动医学系	戚少华						
	麻醉系	缪长虹						
授课助理教授	内科学系、临床诊断学系	钱菊英 姜林娣	胡 予 于明香	陆 明 金美玲	姚晨玲 柏 瑾	林贻梅 李善群	王 蔚 余丹青	李 清 殳雪怡
	外科学系	吴海福 周建平	洪 涛 孙立安	张 立 张宏伟	陆维祺 朱同玉	凌跃新 董 健	胡国华	张 键
	医学影像系	丁 红	石洪成	林 江	吴卫平	张兴伟	刘利民	张 晖
	中西医结合系	吴榕洲	滕 颖					
	神经病学系	陈 婕						
	口腔医学系	余优成						
	眼科系	杨志坤						
	皮肤与性病学系	吴国勤	王 强					
	康复与运动医学系	贾月霞						
	麻醉系	葛宁花	仓 静					
	全科医学系	周月明	施文娟					

复旦大学上海医学院于 2007 年 8 月重新聘任临床授课教授并于 2008 年 11 月进行微调，医院先后共有 147 名医师受聘，包括授课教授 54 人、授课副教授 53 人和授课助理教授 42 人。

表 4-2-5 2007 年医院受聘复旦大学上海医学院临床授课教师情况表

聘任授课岗位	所 属 系	姓 名						
授课教授	内科学系、临床诊断学系	葛均波 舒先红 徐建民 丁小强	蔡映云 何礼贤 任正刚 潘柏申	高 鑫 刘少稳 白春学	沈锡中 张顺财 王吉耀	钱菊英 石凤英 谢瑞满	朱文青 黄培志 叶胜龙	胡必杰 陈世耀 朱 蕾
	外科学系	樊 嘉 陈统一	秦新裕 靳大勇	吴国豪 董 健	姚礼庆 童赛雄	顾大镛 徐 欣	林宗明 牛伟新	朱同玉 王春生
	医学影像系	王建华	曾蒙苏	张志勇	颜志平	王文平		
	中西医结合系	蔡定芳						
	精神卫生学系	季建林						
	神经病学系	汪 昕						
	皮肤与性病学系	李 明						
	麻醉系	薛张纲	缪长虹					
	全科医学系	杨秉辉	祝墡珠					

（续表）

聘任授课岗位	所 属 系	姓 名
授课副教授	内科学系、临床诊断学系	王葆青　於　强　王齐兵　姜林娣　姚晨玲　金美玲　蒋　炜 周京敏　张　新　童朝阳　刘天舒　胡　予　钟一红　李　锋 邹善华　宿燕岗　朱畴文　于明香
	外科学系	秦　净　姚振均　张宏伟　姜晓幸　孙立安　王　群　邱双健 孙益红　郭大乔
	妇产科系	屠蕊沁
	医学影像系	王佩芬　程洁敏　林　江　张兴伟　黄备建　石洪成
	中西医结合系	陶福兴　杨云柯
	神经病学系	范　薇　钟春玖
	口腔医学系	顾章愉　余优成　于晓萍
	眼科系	袁　非
	耳鼻喉科学系	王建中
	皮肤与性病学系	秦立模　吴国勤　王　强
	康复与运动医学系	刘邦忠　戚少华
	麻醉系	仓　静
	全科医学系	施文娟
授课助理教授	内科学系、临床诊断学系	李　清　周达新　葛　雷　顾宇彤　李华茵　潘　珏　孙剑勇 董　玲　滕　杰　王志梅　陆志强　石　虹　高　虹
	外科学系	吴海福　洪　涛　张　立　陆维祺　凌跃新　胡国华　张　键 周建平　葛　棣　谭黎杰　郭剑明
	妇产科学系	黄卫红
	医学影像系	丁　红　刘利民　张　晖　吴　东　周建军　龚高全
	中西医结合系	唐红敏
	精神卫生学系	张红霞
	神经病学系	陈　婕
	耳鼻喉科学系	黄新生
	皮肤与性病学系	胡东艳　隗　祎
	康复与运动医学系	黄晓春
	麻醉系	葛宁花　王　婷
	全科医学系	潘志刚　江孙芳

表 4-2-6　2008 年医院受聘复旦大学上海医学院临床授课教师调整情况表

聘任授课岗位	所 属 系	新 聘	不 续 聘
授课教授	内科学系、临床诊断学系	夏景林	
	外科学系	孙益红　孙惠川　亓发芝	樊　嘉　秦新裕

（续表）

聘任授课岗位	所 属 系	新 聘	不 续 聘
授课副教授	外科学系	许剑民 陆维祺	孙益红
	中西医结合系	李文伟	陶福兴
授课助理教授	外科学系		陆维祺

三、教学任务

中山临床医学院每年承担临床医学、预防医学、卫生事业管理、妇幼卫生、护理、药学等近10个专业、60余门次的授课和示教任务。另外，还承担临床医学专业的见习和实习任务。

表 4－2－7　1993—2000 年中山临床医学院教学任务情况表

年份	部门(医院)	承担专业(个)	上课门次	承担班次	授课(课时)	示教(学时)	见习(人·周)	实习(人·周)
1993	中山医院		34	38	1 017	4 187	524	4 184
	市一医院	10	—	—	530	873		2 096
	儿科医院、妇产科医院、肿瘤医院、眼耳鼻喉科医院		—	—	418	1 440		2 322
1994	中山医院		37	33	1 682	4 358	372	2 970
	市一医院		14	—	666	1 078	156	1 702
	儿科医院	9	3	—	182	327		468
	妇产科医院		1	—	82	440		224
	眼耳鼻喉科医院		1	—	62	288		380
	肿瘤医院		1	—	118	173		376
1995	中山医院		39	34	1 722	3 843	356	4 177
	市一医院		14	5	668	1 049	156	1 856
	儿科医院	8	3	11	202	327		563
	妇产科医院		1	13	91	537		256
	眼耳鼻喉科医院		1	4	62	144		516
	肿瘤医院		1	12	162	186		392
1996	中山医院		43	42	1 765	4 680	396	4 453
	市一医院		15	5	708	1 132	160	1 856
	儿科医院	10	3	12	194	387		584
	妇产科医院		1	13	84	529		228
	眼耳鼻喉科医院		1	6	54	120		504

（续表）

年份	部门（医院）	承担专业（个）	上课门次	承担班次	授课（课时）	示教（学时）	见习（人·周）	实习（人·周）
1996	肿瘤医院	10	1	13	95	129		480
	上海医科大学		11	15				
1997	中山医院	7	44	45	1 718	4 762	500	4 954
	市一医院		15	5	705	1 123	160	1 968
	儿科医院		4	12	202	441		618
	妇产科医院		2	13	133	589		467
	眼耳鼻喉科医院		1	6	64	240		518
	肿瘤医院		3	13	98	115		432
	上海医科大学		17	15	1 138			520
1998	中山医院	10	43	45	1 806	4 335	488	4 849
	儿科医院		5	8	204	246		592
	妇产科医院		1	3	67	288		364
	眼耳鼻喉科医院		1	4	64	288		508
	肿瘤医院		3	3	79	6		458
	上海医科大学		15	11	883			
1999	中山医院	9	42	46	1 561	4 872	536	5 262
	儿科医院		5	11	222	240		516
	妇产科医院		2	11	106	432		348
	眼耳鼻喉科医院		1	7	61	144		538
	肿瘤医院		3	10	65	50		492
	上海医科大学		14	11	668			472
2000	中山医院	10	49	45	1 802	4 690	472	5 591
	儿科医院		2	5	142	219		472
	妇产科医院		1	2	61	234		328
	眼耳鼻喉科医院		2	5	61	96		492
	肿瘤医院		1	2	54	6		530
	上海医科大学		11	11	410			472

临床医学专业学生实习前，均安排1个月的见习，其中内科和外科各2周。见习作为课堂学习与临床实习之间的过渡，有利于学生逐步适应临床工作的特点，以胜任实习医生的工作。

按照内、外、妇、儿科实习大纲要求，在第五学年安排临床医学专业的学生到各科室进行轮转实习，共48周，其中内、外科各12周，妇产科、儿科、眼科和预防医学各4周，肿瘤、神经、精神、耳鼻喉科各2周。临床实习以中山医院为主，妇产科医院、儿科医院、眼耳鼻喉科医院、肿瘤医院承担相关的实习教学。临床实习由各科分管教学的副主任负责,高年资住院医师或主治医师带教,每位学生出科前必须通过科室的理论和技能考核。

临床医学专业五年制学生在毕业前须参加并通过由中山临床医学院组织的专业综合考试和英语能力考试,才能获得毕业证书和医学学士学位证书。临床医学专业七年制学生在第六、七年须按照培养计划在相应的二级学科轮转,承担相当于第一、二年的住院医师工作,在完成学位论文后,才能取得毕业证书和医学硕士学位证书。

自临床医学院建制撤销后,医院每年承担复旦大学临床医学(五至八年制)、法医学、基础医学、预防医学、卫生事业管理、护理学、药学(临床药学方向)等近 10 个专业 40 门次左右的本科生授课和示教(含床边教学带教)任务,负责临床医学专业的见习和实习带教工作,同时也负责临床医学专业长学制(七、八年制)学生的后阶段(研究生阶段)培养工作。

表 4 - 2 - 8　2001—2017 年中山医院本科教学任务情况表

年份	承担专业(个)	上课门次	理论授课(学时)	示教(学时)	床边教学(人·日)	见习(人·周)	实习(人·周)
2001	6	48	2 066	4 936		456	5 972
2002	7	44	1 449	3 274		472	5 652
2003	8	53	1 756	4 058		488	5 852
2004	7	43	1 797	3 197	1 440	956	5 836
2005	7	42	1 389	2 788	1 800	172	5 856
2006	7	36	1 687	1 100	1 428	42	3 858
2007	7	37	1 043	1 311		58	3 476
2008	8	37	1 222	1 624	1 755	86	2 302
2009	7	36	1 203	1 684	2 013	114	3 216
2010	7	39	1 359	1 630	1 947	78	2 388
2011	8	44	1 470	1 983	1 947	86	3 004
2012	8	47	1 577	1 986	1 902	136	2 970
2013	8	48	1 511	2 068	1 914	90	3 116
2014	9	48	1 319	2 028	2 265	100	3 014
2015	9	46	1 191	2 103	1 800	94	3 179
2016	9	46	1 342	1 966	1 992	104	3 075
2017	9	49	1 480	1 996	2 484	168	3 376

四、教学质量

为保证教学质量,医院采取多种管理措施进行教学质量监控,有效保证教学任务的完成。

【理论授课试讲制】

凡首次承担复旦大学上海医学院本科生理论授课任务的教师,必须在通过科内试讲后参加医院的教学试讲,试讲由教学督导专家、教研室主任、分管院长和教育处处长担任评审,合格者才有资格走上讲台。

【教学竞赛】

1992—1997年,中山临床医学院多次组织青年教师参加上海医科大学青年教师讲课竞赛。1999年起,学院连续两年举办中青年教师讲课竞赛,参赛者为承担学院授课任务的中山医院、儿科医院、妇产科医院、肿瘤医院和眼耳鼻喉科医院的中青年教师,通过专家组和学生的评判,评选出6名教师获得一、二、三等奖,以资鼓励。讲课竞赛不但检验中青年教师的授课水平,而且为进一步丰富授课内容、改革教学方法提供帮助,有效促进教学质量的提高。

表4-2-9 1999—2000年中山临床医学院中青年教师讲课竞赛获奖情况表

届 次	时 间	等 级	获奖人	单 位	讲 课 内 容
第一届	1999年9月	一等奖	杨建伟	中山医院康复科	现代康复治疗技术
		二等奖	毛悦时	中山医院神经内科	面神经炎
			桂永浩	儿科医院心血管中心	小儿先天性心脏病
		三等奖	傅 红	肿瘤医院外科	医源性扩散防治
			杨 丹	中山医院妇产科	无排卵性功血
			孙立安	中山医院泌尿外科	良性前列腺增生
第二届	2000年11月	一等奖	周水珍	儿科医院	癫痫
		二等奖	张宏伟	中山医院外科	乳腺癌
			朱畴文	中山医院内科	腹部检查概论和视诊
		三等奖	吴 炅	肿瘤医院	恶性肿瘤的自然播散和医源性播散
			屠蕊沁	中山医院妇产科	子宫肌瘤
			徐丛剑	妇产科医院	异位妊娠

2001—2017年,医院教师多次参加各级教学竞赛,获得好成绩,展示医院雄厚的教学人才储备和青年教师的教学能力。

表4-2-10 2016—2017年医院教师在省部级及以上级别教学竞赛获奖情况表

年 份	竞 赛 名 称	获奖等级	获奖人
2016	首届全国临床药学专业青年教师教学基本功竞赛决赛	二等奖	叶晓芬
2016	首届全国临床药学专业青年教师教学基本功竞赛(南方赛区)	二等奖	叶晓芬
2017	第七届全国高等医学院校青年教师教学基本功比赛	一等奖	梁 亮
2017	第七届全国高等医学院校青年教师教学基本功比赛	最佳教案奖	梁 亮

【教学督导制】

医院历来重视教学督导工作,由老教授和有经验的教学人员组成医院教学督导组,定期到课堂巡视听课,加强教学全过程的监督管理,发现问题及时提出和纠正,有效促进课堂教学质量提高。自 2003 年医院独立组织教学督导工作以来,先后共有 11 位老教授加入教学督导队伍,为医院的教育教学工作贡献自己的余热。

表 4－2－11 2003—2014 年医院教学督导组情况表

学 科	专 科	组 员
内科学	心内科	童步高(2003 年 1 月—2004 年 6 月)
	血液科	蔡则骧(2005 年 1 月—2008 年 6 月)
	消化科	夏德全(2003 年 1 月—2014 年 12 月)
	消化科	傅志君(2009 年 1 月—)
	呼吸科	蔡映云(2015 年 2 月—)
外科学	普外科	张轶斌(2003 年 1 月—2004 年 12 月)
	普外科	张延伟(2007 年 8 月—2010 年 6 月)
	骨 科	刘成安(2003 年 1 月—2014 年 12 月)
	泌尿外科	王国民(2015 年 2 月—)
	肝外科	马曾辰(2003 年 1—11 月)
神经病学	神经内科	朱文炳(2003 年 1 月—2014 年 12 月)

【评教机制】

坚持学生参与授课质量评估,评估内容包括教师的教学内容、教学方法和教学效果,建立教学信息反馈机制,大大促进广大教师的教风建设,加强教师的教学责任感,有利于授课质量的提高。根据评教的综合结果,自 2005 年起连续开展医院教学先进集体和个人的评选活动。

五、教学改革

学院重视教育教学改革与实践的研究,1995—1996 年,共申请 6 个教育教学改革与实践课题,其中有 2 个课题通过国家教委和卫生部批准,正式立项。

表 4－2－12 1995—1996 年中山临床医学院申请教学改革课题情况表

年 份	课 题 名 称	课 题 情 况	申 请 人
1995	全科医师的培养和社区医疗卫生服务	上海医科大学教学研究二等奖	杨秉辉
1995	电化、计算机在医学教学中的应用	上海医科大学教学研究二等奖	施寿康
1995	医学心理的 HAD 常模	上海医科大学教学研究二等奖	叶维菲
1995	内科课堂教学和示教改革的研究	上海医科大学教学研究鼓励奖	张希德
1996	加强临床思维和临床技能训练,提高内科学教学质量	国家教委和卫生部高等医学教育面向 21 世纪教学内容和课程改革立项研究课题	张希德
1996	改革预防医学课程体系、教学内容和方法,培养防治结合的新型医师	国家教委和卫生部立项研究课题	施寿康

为进一步推动现代医学教学的发展,深入开展教学改革,医院于2001年建立"教育教学改革研究与实践"课题启动基金,资助在教育教学方面的改革和创新,并于2008年和2010年启动两轮课题评审,先后共有29个项目通过评审,并立项实施。同时,医院教师积极申报上海市教委、复旦大学、上海医学院设立的各类本科教育教学改革课题。截至2017年底,共申请立项课题51个。

六、教学设施

为适应现代医学教学的需求,医院不断改善教学条件。至2017年,医院共有多媒体教室4间(含1个计算机房),面积250余平方米;有病区示教室近20间;有各类学生(本科生、研究生、进修生)宿舍109间。医院已新建面积2000平方米的临床技能培训中心(含能同时进行7台手术的动物实验中心),配备各类模具和设备,能满足包括临床实习生、研究生、基地住院医师在内的各类学员的临床操作技能培训需求。

第二节 学 生 工 作

一、概况

医院从1992年起,承担复旦大学临床医学专业中山班学生从基础医学院转入临床后至毕业的全程管理工作,涵盖专业包括临床医学五年制、六年制、七年制、八年制。医院学生管理以培养具有"人文情怀、科学精神、专业素养"人才目标为导向,依托医院学科人才优势和人文特色,开展教育教学工作。1992年12月成立的中山临床医学院下设教育处,教育处下设学生科,全面负责学生管理工作,学生科行政人员担任班级辅导员。2000年4月27日,复旦大学与上海医科大学合并,成立新的复旦大学,中山临床医学院更名为复旦大学中山临床医学院。2001年7月15日,撤销复旦大学中山临床医学院建制,中山医院继续保留教育处建制,下设的学生科继续负责复旦大学临床医学专业学生管理工作。2014年11月,医院教育处原学生科和教务科合并,成立本科教育科,全面负责本科教学管理以及学生管理工作,科内行政人员开展教学管理工作的同时,兼任班级辅导员。

表4-2-13 2008—2017年临床医学专业中山班在读学生和毕业学生数统计表

年 份	硕士(七年制)		博士(八年制)		本科(五年制、六年制)	
	在读人数	毕业人数	在读人数	毕业人数	在读人数	毕业人数
2008	214	120	60		117	50
2009	83	131	121		113	42
2010		83	179		92	56
2011			232		101	45
2012			232	57	111	41
2013			226	53	130	36
2014			232	59	132	50
2015			232	55	134	41

（续表）

年　份	硕士(七年制)		博士(八年制)		本科(五年制、六年制)	
	在读人数	毕业人数	在读人数	毕业人数	在读人数	毕业人数
2016			232	48	186	43
2017			246	59	190	52

说明：2004 年起停止招收七年制学生,2004 年起开始招收八年制学生。

二、学生管理

根据复旦大学学生管理工作内容和条线,医院学生管理工作内容包括思想政治教育、党建工作、团学工作、学业管理、评奖评优、资助育人、生活管理、就业指导、心理辅导、安全稳定等。

【思想政治教育】

在复旦大学党委学生工作部和医院学生党总支的指导下,坚持立德树人,培养具有社会主义核心价值观、具有道德涵养和人文情怀、具有扎实专业知识技能和科研基本能力的"三有"专业人才。以学生党支部和团支部、学生党员、辅导员、学生干部三点一面为体系,与时俱进开展学生思想政治工作。以谈心谈话为主导,掌握学生思想动态。以主题教育活动为抓手,开展诸如政策报告、党课团课、老教授访谈、师生座谈、学习交流、征文比赛、知识竞赛等多种形式的活动,润物无声地做好学生思想引领工作。2007 年起,每年组织"我心目中的好老师"评选活动,张林根、王国民、樊嘉、陈世耀、姜晓幸五位老师先后获 2007 届、2008 届、2009 届、2015 届、2016 届复旦大学本(专)科毕业生"我心目中的好老师"称号。通过弘扬优秀学生和先进事迹等宣传途径,树典型、促先进,占领大学生思想战线高地。

【党建工作】

2001 年 7 月,中山临床医学院撤销建制后,学生党建工作由医院党委负责。2005 年 5 月,医院成立了学生工作党总支,负责学生党建和思想政治工作。本科生设有两个学生党支部,党支部书记由品学兼优、具有较强工作能力的高年级学生党员担任。学生党支部在学校和医院党委领导下,在学生工作党总支指导下,定期规范开展组织生活,做好入党积极分子考察和学生党员发展工作,发挥学生党员的先锋模范作用。2011 年起,开展建党 90 周年之理想信念教育、保持先进性教育、学习党的十八大会议精神、"三严三实"与"两学一做"、党的十九大会议精神学习等党员教育活动。2015 年,学生工作党总支制定《中山医院学生党支部考核指标体系》,每个年度学生党支部书记完成述职评议活动。

【团学工作】

包括团建工作和学生组织。各班建有团支部,由中山学生团总支负责管理,在学生工作党总支指导下,开展青年学生教育学习活动,做好团内推优、团建和组织工作,发挥青年积极向上的主观能动性。中山团学联作为学生组织,负责开展形式多样的贴近学生的丰富活动。每年举办"九月钟林"学术文化节,开展过人文类讲座、学术讲座、前辈交流、导师交流会、学长经验分享会、实用信息讲座、技能培训和各类体育文化活动。秉承"奉献、友爱、互助、进步"的志愿者精神,组织学生志愿服务活动。

组建中山学生志愿者服务队,开展科技馆、医院门急诊导医、健康宣教、社区医学科普等志愿者服务项目。

【学业管理】

包括临床课程和进度安排、教务考务工作、见习和实习管理、推免遴选、长学制分流和选导师、后阶段教学安排、培养和学位工作等。对不同学生给予学业分类指导,比如选导师与选专业咨询、政策解读等。对于学业落后的学生给予关心、指导,督促其顺利完成学业并毕业。加强学生日常学习纪律管理和学风建设。配合学校完成各项临床技能类考试。

【评奖评优】

根据《中山医院本科优秀学生奖学金评选细则》,每学年开展奖学金评审。根据《中山医院优秀毕业生评选细则》,开展优秀毕业生评选,评选出德智体较全面发展的优秀毕业生。规范做好复旦大学优秀学生、优秀团员、优秀学生干部等评选工作,对优秀学生事迹进行宣传,发挥榜样引领作用。

【资助育人】

对家庭经济困难学生进行认定,按照学校助学金评审规定,做到精准资助、帮困育人。除了国家助学金等各类校内助学金的评审外,医院设立帮困专项基金,每年用于资助困难学生的生活费用。自2006年开始,每年承办上海市慈善基金会倪天增慈善教育基金在中山医院的颁发仪式,该基金每年拨款10万元资助医院临床医学专业和护理专业困难学生40名。做好勤工助学岗位推荐、学生勤工助学、应急基金发放和冬季送温暖活动,解除学生后顾之忧,激励自强不息、奋发向上的精神。

【生活管理】

配合学校园区学生宿舍管理工作,开展日常宿舍安全和卫生监督检查,做好学生消防演练和防火防盗安全教育,确保学校园区和学生宿舍安全。2014年枫林校区改扩建,11批次共531人次安全有序地搬迁至校外住宿点。3年期间,做好校外住宿点安全检查和管理,确保无安全隐患,并于2017年7月顺利完成所有学生回搬枫林学生公寓工作。

【就业指导】

根据学生实际需求,提供研究生专业选择指导、开展临床早接触和科研实践、推荐免试直研政策宣讲和经验交流等活动,旨在帮助学生提前做好职业生涯规划。做好就业信息宣传、毕业信息核对、毕业事务管理、就业信息统计、人事档案归档等就业服务工作。针对性做好就业困难学生的关心和指导,提升就业率。

【心理辅导】

做好学生心理状态的日常排摸,时刻关注心理状态不稳定的学生、及时发现心理异常的学生,给予就医帮助,做好心理疏导和预防措施,防止心理危机事件的产生。

【安全稳定】

关注学业、生活、心理等方面存在问题的学生,对特殊群体学生给予更多的关心和关注。做好特殊或敏感时期以及突发事件的应急预案,确保学生在校内外的安全和大局稳定。

第三章 毕业后医学教育

第一节 研究生教育

一、发展沿革

高等教育部于 1953 年 11 月 27 日发布《高等学校培养研究生暂行办法（草案）》，卫生部批准上海第一医学院每年招收研究生，中山医院著名医学家荣独山等教授开始带教研究生。1966 年"文化大革命"开始，研究生教育被迫中断。

自 1978 年恢复研究生招生，医院于 1981 年开始招收第一个博士研究生，至 2017 年底已经为国家培养各类研究生 2 492 名，其中博士研究生 1 213 名。至 2017 年底，中山医院拥有 18 个二级学科博士学位授权点，21 个硕士学位授权点。自 1981 年获批第一名博士生指导教师，截至 2017 年，中山医院共评聘过 467 名研究生导师，在职博士生导师 101 名，硕士生导师 139 名。截至 2013 年，肝研所博士研究生贺平、王鲁、李雁、叶青海、高强先后获得"全国优秀博士学位论文"，之后此项评选暂停开展。

为加强研究生教育和管理工作，医院于 1995 年正式成立研究生科，隶属医院分管院长和科研处管理。研究生科主要工作职责是负责医院研究生的招生、培养、学位、思想政治等工作。2000 年根据研究生培养的需要，医院成立研究生学生工作组。在加强研究生思想教育工作中，以研究生党支部为核心，开展研究生党建工作。2008 年根据医院整体调整需要，研究生科划归教育处负责。中山医院是复旦大学临床医学博士后流动站，包括 5 个二级学科和 17 个研究方向。自 1992 年招收博士后以来，已有 55 名博士后出站。研究生科秉承中山医院"严谨，求实，团结，奉献"的院训，发扬中山医院的优良传统，以"研究生培养质量"为核心，营造完善的成才机制和浓厚的学术氛围，努力将研究生培养成为国家卫生战线上临床和科研过硬的优秀人才。

二、研究生招生工作

根据学校管理变化，1997 至 2012 年医院研究生科直接由学校研究生院招生办公室指导开展各项招生工作。2012 年成立复旦大学上海医学院，之后在医学学位与研究生教育管理办公室的指导下，医院研究生科负责中山医院各类研究生的招生工作，包括制订招生计划、开展宣传、组织学生报名、命题、阅卷、组织复试等工作。

1978 年恢复招收硕士研究生，1981 年开始招收博士研究生。从 1999 年开始根据国家战略决策扩招研究生，平均年增长幅度达到 15％。2006 年起，招生人数基本稳定在博士研究生 80 人左右，硕士研究生 70 余人。2010 年，上海开始试点临床医学专业学位改革，特别招收临床专业学位硕士研究生和住院医师规范化培训相结合的研究生，简称"四证合一"生，每年招收 20 余人。2014 年起，招生人数进一步增加，每年招收 40 余人。2015 年，全国全面推行临床医学专业学位硕士研究生与住院医师规范化培训相结合的工作，所有招收的临床专业学位硕士研究生都要进入住院医师规范化培训基地培训,获得住培合格证书后方能申请硕士学位。2015 年开始在硕士研究生基础上,在全国率先试点统招专业学位博士研究生和专科医师规范化培训相结合,第一年招收 3 人,占上海市招生数的一半以上,在全国处于领先。2016 年开始,随着改革的推进,招生数逐渐增加。

2013 年,为贯彻落实《中共中央国务院关于推进新疆跨越式发展和长治久安的意见》及《关于进一步加强和推进对口支援新疆工作的实施方案》,支持喀什、霍尔果斯经济开发区的建设,复旦大学单考招收临床专业学位援疆硕士研究生,医院 3 年共招收 23 人。

三、研究生培养工作

按照学校对研究生培养的要求,医院研究生科负责在院研究生学籍管理、教务管理,研究生科研创新的培育及研究生培养过程的质量监控等工作。主要包括学籍管理:负责在院研究生学籍管理,协助办理自费、公费出国等工作;课程与教材建设、教务管理:负责研究生公选课及部分业务课的管理、成绩管理等,至 2017 年底,医院先后开设研究生课程 7 门,分别为循证医学、急救医学、心血管病进展、影像医学进展(腹部)、心身医学与心理咨询、临床研究与课题设计、医学实验研究;科研创新及质量监控:研究生科研训练及研究生培养过程的质量监控等。

医院十分注重对研究生培养的过程管理,聘请校外专家组成考核小组对研究生的开题、中期考核等环节进行集中考核,严把质量关。研究生科在医学学位与研究生教育管理办公室指导下,组织专家进行硕士研究生第一阶段专业和专业外语的理论考核的命题、阅卷等工作,在传统的临床型硕士生中开展临床技能考核并选择优秀者转博。2015 级临床型研究生全部纳入住院医师规范化培训,研究生科协助继续教育科对临床型研究生进行技能考核,对于遗留的临床型研究生仍采取原先考核方式。组织专家对临床型硕士生和在职申请临床专业硕士学位者的临床轮转情况、课题准备情况进行检查,并增加对所有毕业班研究生科研情况检查和"四证合一"专业学位硕士生进行中期考核的措施,务必做到过程管理严把关,切实提高研究生培养质量。

四、研究生学位工作

结合医院实际,贯彻执行国务院学位委员会的工作方针和决议,根据复旦大学学位授予条例和实施细则及相关工作的规章制度,医院协助受理研究生及同等学力人员的学位申请;组织复旦大学硕士、博士学位授权学科、专业及研究生指导教师的申报、审核、上报工作;组织学位与研究生教育质量的检查、评估;组织有关学位信息的组织、上报工作等。

为加强研究生教学管理工作,医院负责导师队伍建设,在优秀医师和研究员中开展导师遴选;对医院的硕士点、博士点进行督导,加强评估;积极申报优秀博士、硕士学位论文。为提高科研型博士研究生课题的质量,加强临床医学各学科与基础学科的交流和合作,促进医院学科建设的发展,医院从 2004 级科研型博士生起,为每名博士生聘请一名基础学科的专家担任共同导师,先后已有 238 名院外专家被聘为研究生的共同导师。

截至 2017 年底,中山医院分别有 1 265 名硕士研究生和 228 名同等学力人员获得硕士学位;分别有 1 190 名博士研究生和 49 名同等学力人员获得博士学位。2013 年首届住院医师和专业学位硕士衔接的"四证合一"研究生毕业,截至 2017 年,已有 5 届共计 134 人申请到硕士学位。2016 年首届新疆单考临床专业学位硕士生毕业,截至 2017 年,共 16 人顺利获得学位。

五、博士后工作

在复旦大学博士后办公室指导下,组织博士后招生及进出站的全过程管理。自 1992 年招收博士后以来,已有 55 名博士后出站。

六、研究生思想教育工作

在复旦大学党委研究生工作部和中山医院学生工作党总支的指导下,开展在院研究生的思想政治教育和管理工作。

【研究生党建】

按照学校和医院党员教育的统一安排,在医院学生工作党总支的统一部署下,通过座谈会、报告会、参观学习、思想小结等形式,提高研究生党员做模范、做示范的意识,进一步提高研究生党员在群众同学中的影响力和感召力。以理想信念教育为核心,通过各种形式提高研究生党支部组织生活的质量和实际效果,围绕党员先进性教育、建设和谐社会、"三严三实"与"两学一做"专题教育等学习党内精神;支部采用专题党课、外出学习、观看主题影片等形式开展丰富多彩的支部学习活动。每年顺利完成研究生支部的支委换届和增补工作,并加强对研究生党支部委员的指导和培训力度,提高支委的工作能力。2005、2014、2015、2016、2017 年先后对研究生党支部的设置进行调整。所有研究生党支部按照班级设置,适应研究生建班、建制管理,加强党支部和班级凝聚力。王宁舫、陈佳慧、刘婵娟 3 名研究生获 2015、2016、2017 年复旦大学优秀研究生共产党员称号。中山医院研究生心研所党支部获 2016 年复旦大学优秀研究生党支部称号。

【主题教育】

以培养研究生创新意识为主题,开展形式多样的研究生学术交流活动。2001 年开始,举办中山医院"研究生学术活动周"系列活动,每年一届。内容包括院士讲座、研究生学术论坛、科研相关讲座、趣味知识竞赛等。学子们济济一堂,以浓浓的学术氛围来丰富研究生的学业生涯。

充分发挥研究生导师对研究生德育和科研创新教育的作用;继续深化研究生导师参与研究生德育工作的制度性建设;充分发挥名师在研究生德育和科研创新教育中的导向作用;切实有效地发挥研究生导师德育工作首要负责人作用。

积极加强研究生学风院风建设。在新生中开展研究生新生教育日活动,通过讲座、交流、考核等多种形式培养研究生"严谨、求实"的学习精神。

增强研究生和导师的联系机制。制定《中山医院研究生定期联系制度》,确立研究生和导师进行定期联系机制、研究生定期至研究生科报到机制、研究生与辅导员进行定期沟通机制,更进一步推进研究生管理工作。

以发挥"四自"作用为主题,开展多种形式的教育活动。吸收优秀研究生加入研究生团学联,吸收优秀学生参加中山医院研究生会,充分利用团学联的纽带作用,提高研究生自我管理和自我教育的能力;2015 年开始创新信息沟通模式,建立"中山医院研究生之家"微信公众号,探索网上思想政治工作的新机制;鼓励研究生开展丰富多彩的文体活动,提高研究生人文素质和身体素质;举行新生迎新晚会,不仅迅速拉近新老生之间的距离,更让新生感到医院的关怀和温暖;开展日常行为规范教育,发挥研究生的自我约束作用,倡导健康的研究生宿舍文化;完善研究生信息网络,加强研究生思想状况调研,了解研究生的热点问题,有针对性地开展思想政治工作。

引导研究生对医院管理和建设献计献策。在全体研究生中开展医疗行为规范培训和医德医风教育,提高研究生服务意识以及对医疗风险的防范意识。

以提高综合素质为主题,开展研究生社会实践活动。结合医学研究生特点,开展形式活泼的研究生社会实践和科技创新活动,突出研究生社会实践的学术实践性和社会教育性,在各类志愿者中活跃着各个专业的研究生;积极参与学校各类社会实践项目的申报;发挥医学研究生优势,参与社区卫生保健等青年志愿者服务活动,受到广大师生的一致好评;通过社会调研活动,让研究生了解国情、民情。

开展毕业研究生的文明离校主题教育活动。爱国荣校的文明离校系列活动包括毕业研究生微信征集、全体毕业研究生集体留影等。研究生科每年还为毕业研究生制作刻有自己名字的"中山医院毕业研究生纪念印章",受到一致赞誉。

【奖贷助补及评优工作】

在奖贷助补工作中处处渗透"诚信"教育理念、"三公"原则。在毕业前开展优秀毕业研究生评选活动,推荐优秀学生和优秀集体参评各级各类奖项。更新困难研究生档案,为家中发生突发事件的困难同学申请"复旦大学突发事件研究生困难补助"。鼓励困难研究生申请助学贷款,协助研工部办理研究生助学贷款、签订还贷协议等工作。做好"三助"聘任、管理、考核、核算资助金额等工作,每年共计发放"三助"津贴10万余元。根据复旦大学研究生奖助体系要求,医院除上交学校相应补助院系及导师出资部分外,继续为研究生提供生活补贴,2016年8月对《研究生津贴发放办法》进行修订,提高了相关学生的生活津贴标准。同时,为更好加强研究生教育管理工作,制定《中山医院研究生综合考评奖考核及发放细则》,对研究生综合素质进行综合考评,已取得一定成效。同时根据研工部关于奖助体系改革要求,完成一年两次优秀学业奖学金和学年奖学金的评定。

【学生园区管理】

配合复旦大学枫林校区整体改造工程,2014年,中山医院300余名研究生搬迁至校外住宿点"菁英汇"学生公寓。2014—2017年,医院独立支付校外住宿点的租金达千万元,为复旦大学枫林校区建设做出极大的贡献。2017年,所有学生搬回枫林校区学生宿舍住宿。同时积极响应学校研工部园区联合院系查寝工作,保障研究生在校外住宿的安全,每周有辅导员至"菁英汇"学生公寓和枫林学生公寓进行查寝,2016年起,查寝记录与研究生综合考评、研究生留院等工作相挂钩,进一步深化学生园区管理工作。

第二节 住院医师规范化培训

一、发展沿革

建院之初,医院就初探住院医师培养模式,逐步推进。1949年,百余名医师共同提出如何改进住院医师训练之制度方案。1960年,在医院工作计划中明确,住院医师培养要严格按照第一年、第二年、高年资住院医师分层开展培训,步步提高。1963年,医院出台《助理住院医师培养制度》,同时出台内科、肺科、外科、妇产科、放射科住院医师培养计划。1979年,《高等医学院校附属医院住院医师培养考核试行办法》将住院医师分两个阶段培养,第一阶段培养2年,第二阶段培养3年以上;为了系统观察患者,更快地培养住院医师的独立工作能力,实行住院医师住院制(24小时负责制),提出住院医师应有计划地到有关科室轮转工作和学习。第一阶段期满考核后,根据需要,选留部分进入第二阶段培养。第二阶段培养中,对一部分成绩优异者采用"总住院医师"等办法进行培养。1988年,《上海市住院医师培养制度试行条例》明确在全市32家医院试行住院医师培养制度,中山医院成为第一批试点医院,其培训对象:1982—1987年毕业的住院医师,属回顾性培训;1988年及以后的住院医师,按照要求纳入规范化培训,采用3+2的分段培训模式,第一阶段培训时间为3年,第二阶段培训时间为2年,实行上海市卫生局的400学分制。从2000年起,医院将七年制毕业生和硕士毕业生纳入住院医师规范化培训,2005年将博士毕业生也纳入培训范围。2006年,医院成为上海最早开展"社会人"全科医师规范化培训单位;2007年启动国家卫生部住院医师规范化培训;2009年试点启动上海市住院医师规范化培训;2010年,内科、外科、全科等共15个专业基地纳入"行业内社会人"上海市住院医师规范化培训。2015年,成为国家住院医师规范化培训示范基地;2015年11月,成为美国中华医学基金会(CMB)中国住院医师培训精英教学医院联盟成员。截至2017年12月31日,共有1 452名住院医师完成培训并获取合格证书,有565名住院医师正在接受培养。

二、组织架构

医院建有"毕业后医学教育委员会、管理部门、培训基地、轮转科室、教学小组"5个层面网络化教学组织管理体系。在上海市毕业后医学教育委员会和复旦大学毕业后医学教育委员会的领导下,医院成立毕业后医学教育委员会,领导医院的住院医师规范化培训工作,并实行院长负责制。院长担任医院教学工作的负责人,分管教学的副院长为院级教育分管领导,教育处规范化培训科负责各项行政管理工作。各培训基地为主任负责制,配备教学秘书处理各项具体事务;各轮转科室由教学分管主任负责住院医师的日常培训及考核,亦配备教学秘书协助相关工作,确保培训工作有序开展。

三、培训管理

【培训目标】

进一步加强基本功训练,通过住院医师规范化培训,培养有独立工作能力的合格的住院医师,系统掌握相关专业基础理论、专业基础知识和专业基本技能,掌握本学科基本的常规诊疗技术,并具备一定的临床科研和教学能力,为进入专科医师规范化培训阶段做好准备。主要包括以下5个核心能力:具有良好的执业道德和遵守伦理原则的能力;具有诊疗病患的临床专业能力;掌握临床医学专业知识;具有临床教学与科研的能力;具备良好的人际沟通能力与医疗团队协作能力。

【培训要求】

包括职业道德、临床理论、专业技能、临床科研和教学以及外语能力等5个方面。

【培训计划】

2001 年起,根据《卫生部专科医师培养标准总则》,中山医院对住院医师/专科医师规范化培养实施 500 学分的量化考核指标,其中临床技能 260 学分、临床理论 90 学分、临床实践时间 150 学分,同时要求职业道德表现优良。2010 年起,根据《上海市住院医师规范化培训细则》的要求,结合医院具体培训特点,制订严格的培训内容,包括政治思想、医疗道德、工作作风、临床实践时间、临床专业技能、临床思维能力、医学理论、专业外文、科研和教学能力等。业务培训以临床实践为主,专业理论和外语以自学为主。

【培训时间和方式】

住院医师规范化培训根据住院医师的学历、毕业专业、既往工作经历及临床能力测评结果确定培训年限为 1～3 年,住院医师进院后按照二级学科分别进入内科、外科、影像等,按照《上海市住院医师规范化培训细则》的要求,教育处对每一位住院医师制订详细的轮转计划,明确培训内容和考核要求,坚持同质化、规范化培养。

【考核】

住院医师需要参与的考核有日常考核、出科考核、年度考核、公共科目考核、结业模拟考、结业综合考核。只有通过各类考核,方能获得"上海市住院医师规范化培训合格证书"。

四、住院医师招录

2009 年以前,住院医师招录为"单位人"招录,由人事部门根据医院的岗位编制和用人标准招收录用,一经录用即与中山医院签订聘用合同,成为中山医院的职工。2009 年,住院医师的招录首次改为"行业人"招录,由人事部门根据医院各培训基地的培训能力招收基地学员,学员录用后与上海市卫生人才交流中心签订培训暨劳动合同,培训合格后医院二次选拔录用。

2010 年起,上海市统一开展住院医师规范化培训,由上海市卫生局制订培训计划和和主持招录工作。

表 4 - 3 - 1　2008—2017 年医院住院医师规范化培训招生人数情况表　　单位:人

学历、学制	2008 年	2009 年	2010 年	2011 年	2012 年	2013 年	2014 年	2015 年	2016 年	2017 年
本　科	10	6	30	48	41	38	52	97	92	75
七年制	44	39	50	7	2	5	0	13	12	1
硕　士	0	0	0	0	1	5	41	0	59	61
八年制	3	12	22	23	21	28	33	68	81	30
博　士	0	0	0	1	31	29	25	30	32	37

五、培训成效

在历年上海市住院医师公共科目考试中,中山住院医师的成绩名列前茅。

每年协助复旦大学其他附属医院培养住院医师 40 人左右。

自 2004 年成为上海市全科医师规范化培养基地至今,已培养合格全科医师 294 人,2014 年全科住院医师规范化培训项目成为全球首个通过世界家庭医师组织(WONCA)标准认证的全科医师培训机构。全国首家区域性全科师资培训示范基地。

探索住院医师规范化培训与专业型硕士研究生并轨的"四证合一"培养模式,已合格培养"四证合一"医师 132 人。

医院有上海市住院医师结业考核考点 11 个(8 个综合考试考点、3 个手术考试考点)。放射诊断学和药剂学曾经为上海市住院医师技能考试点。

六、教学获奖

医院住院医师规范化培训工作得到各级部门的肯定并获得了各种嘉奖。教育处参与的"住院医师规范化培训信息化管理平台"项目获得 2011 年上海市医务职工科技创新星光计划优秀项目一等奖;"全科医学教育体系和人才培养模式的探索与创新"研究项目和"临床医学专业学位教育综合改革的探索和创新"研究项目获得 2013 年上海市教学成果特等奖;"我国临床医学教育综合改革的探索和创新——'5+3'模式的构建与实践"研究项目获得 2014 年国家教学成果奖特等奖;"中国特色全科医学人才培养体系的探索与创新"研究项目获得 2014 年国家教学成果二等奖。2011 年,获得上海市住院医师规范化培训临床技能大赛一等奖;2012 年,获得上海市住院医师规范化培训英语演讲比赛三等奖;2014—2017 年,获得上海市住院医师月月讲大赛一等奖 1 次、二等奖 1 次、三等奖 2 次。至 2017 年,已有 1 人获得国家住院医师心中好老师称号,1 人获得全国"十佳"住培管理者称号,1 人获得全国优秀基地负责人称号,1 人获得全国优秀专业基地负责人称号,1 人获得全国优秀住院医师带教老师称号,69 名住院医师获得上海市优秀住院医师称号,13 名带教老师获得上海市住院医师规范化培训优秀带教老师称号,5 名教学管理者获得上海市住院医师规范化培训优秀管理者称号。

第三节 专科医师规范化培训

一、发展沿革

2003 年,卫生部开始对中国专科医师培养和准入制度进行研究,上海市也探索将住院医师规范化培养和专科医师资格培训接轨,转向 3 年(基础培训)+X 年(根据专业制定培训时间)的培训制度。医院紧跟改革步伐,不断完善自身的培训条件,尝试新的适宜的培训模式。2006 年,中山医院向卫生部申报专科医师培训基地,经过评审有 22 个基地顺利通过。医院共有国家和上海市审核批准的专科医师规范化培训基地 28 个,包括心内科、呼吸科、消化科、血液科、风湿科、肾病科、内分泌科、普外科、整形外科、骨科、泌尿外科、心外科、胸外科、麻醉科、老年病科、肿瘤内科、肿瘤外科、肿瘤放疗科、病理科、超声诊断科、放射科、核医学科、急诊科、检验科、口腔种植科、皮肤科、神经内科和妇产科。118 名专科医师顺利通过上海市专科医师规范化培训结业考核,获得首批"专科医师规范化培训合格证书"。

二、组织架构

在上海市毕业后医学教育委员会和复旦大学毕业后教育委员会的领导下,中山医院成立毕业后医学教育委员会,领导医院的专科医师规范化培训工作。教育处继续教育科负责各项行政管理工作;各培训基地为主任负责制,配备教学秘书处理各项具体事务;各轮转科室由教学分管主任负责专科医师的日常培训及考核,亦配备教学秘书协助相关工作。

三、培训管理

【培训目标】

培养具有良好的职业道德、患者照护能力、人际沟通技巧和专业精神、扎实的专业知识和临床技能,以及临床导向的学习与改善能力,能独立承担本专科常见疾病和某些疑难病症诊治以及危重患者抢救工作,具备一定的教学和科研能力,能对下级医师进行业务指导的临床医师。

【培训计划】

根据《上海市专科医师规范化培训细则》的要求,结合医院具体培训特点,制订严格的轮转计划和培训内容,轮转安排以亚组学习为要求,培训内容以临床实践为主,专业理论和外语以自学为主。

【培训时间和方式】

专科医师培训时间为3年,专科医师进院后按照学科亚组轮转学习,按照《上海市专科医师规范化培训细则》的要求,教育处对每一名专科医师制订详细的轮转至各学习亚组的轮转计划,明确培训内容和考核要求,坚持同质化、规范化培养。

四、专科医师招录

医院自2010年起按卫生部亚专科医师培训要求进行专科医师规范化培训,2013年启动上海市专科医师规范化培训。截至2017年12月31日,已招收专科医师395人,仍在院培养专科医师211人。

表4-3-2　2010—2017年医院专科医师规范化培训招生人数情况表

年　份	招录人数
2010	15
2011	20
2012	21
2013	65
2014	66
2015	78

（续表）

年　份	招录人数
2016	67
2017	63

五、培训成效

　　至2017年，118名专科医师顺利通过上海市专科医师规范化培训结业考核获得首批"专科医师规范化培训合格证书"，涉及的专科包括心内科、呼吸科、消化科、血液科、风湿科、肾病科、内分泌科、普外科、骨科、泌尿外科、心外科、麻醉科、老年病科、肿瘤内科、肿瘤外科、肿瘤放疗科、超声医学科、放射科、核医学科、急诊科、口腔种植科、病理科、皮肤科、神经内科、医学检验科、整形外科。

　　积极探索专科医师规范化培训与临床型博士研究生培养并轨的工作，2017年博士并轨在培专科医师共33人，在保证临床能力培养的同时，加强博士研究生的培训管理，确保培养具备双重能力的优秀医学人才。

第四章　继续医学教育

第一节　进修教育

中山医院的进修教育可追溯至中华人民共和国成立初期,随着医院的发展,进修工作也逐步壮大。进修科室涵盖了医院医、技、护等各个部门,接收的进修人员来自除台湾省以外的中国各省、市、自治区,进修人员的学籍资格管理由教育处继续教育科负责(2002年前由科教处教育科负责),而进修人员的日常管理、临床技能和理论的培训与考核则由各招收进修人员的科室负责。医院推行"严进、优出、明责、严管"的管理要求,严格实行"总量控制,结构调整"的招收标准,既保证了进修人员的数量,也有效地提高了进修生源的质量。另外,医院还制定《中山医院进修教育管理规定》《中山医院进修教育管理工作流程》,明确三级审批(进修科室主任、医务处和教育处审批)、三级管理(科室、教育处和医院)和"三位一体"(继续教育科统一的岗前培训、科室的上岗培训和医院的集中培训互相结合、互相补充)的培训管理模式,使医院的进修培训和管理有章可循。

早在1952年,医院就开始接收各省市外科医师和护士。为了规范进修员的招录和培训工作,1962年4月,医院制定《进修工作制度(试行草案)》,规范了进修员的管理和教育工作,规定进修按季度进行,一般为半年或一年。同时提出在中央分配的名额外,适当增加低年资医师来院进修,努力培养基层医师。1964年,上海第一医学院制定《接收与培养进修员方案(草案)》,将进修分为骨干进修和普通进修两大类,普通进修又分为开班进修与非开班进修。1972年,上海市共承担全国6个进修学习班,中山医院联合工农兵医院、东方红医院、胸科医院等5家医院承担其中胸外科进修班的培训和开班工作。1972年4月,中山医院按上海市卫生局革命委员会制定《上海市医院接收医务人员进修的暂行办法》的规定,严格执行进修的计划和安排。1974年,受上海市卫生局革命委员会委托,开展泌尿外科学习班。"文化大革命"结束后,1977年11月,医院按第一医学院革委会要求恢复医学进修基地,进修工作逐步回到正轨。1977年,医院受上海市卫生局委托,和华山医院、瑞金医院、仁济医院以及胸科医院一起,开设全国心内科进修班,以非学历办班的形式招收并培训进修人员,至今坚持办了28期,招收并培训合格进修人员847人。1977年,医院获准开设全国普外科进修班、全国骨科进修班、全国放射进修班、全国血液科进修班和全国麻醉进修班,参与协办全国泌尿外科和全国心胸外科进修班,共培养进修人员977人。为规范进修员的收费管理,医院于1984年执行《教育部、财政部关于修订高等学校短期进修学员收费标准的通知》的规定,同时加强对少数民族进修人员的生活补贴,1988年按卫生部要求制定来自内蒙古等8个省、直辖市、自治区进修人员的进修费用。1990年后,医院根据进修学习要求,逐年增加进修项目,进修人员数量逐步上升。1997—2017年,共招收进修人员13 045人。2009年,医院获准成为国家卫生计生委心血管介入培训基地,共培养进修人员104人。2017年,共有进修项目148项。2007—2017年,接受对口支援任务,为新疆、西藏、云南、四川、重庆、贵州等边远地区培养进修人员372人,为当地医疗服务水平的提升提供了帮助。医院扩展海外进修项目,吸引包括美国、欧洲等发达国家的外籍进修人员前来进修。

第二节　继续医学教育项目

中山医院举办继续医学教育学习班已经有20年,办班的申报、组织、举办和总结均由办班科室和继续教育科(原科教处教育科)协同完成。2003年,中山医院向卫生部申报4个全国继续医学教育基地并获批准,分别是上海市心血管病研究所、上海市肝癌研究所、上海市影像医学研究所和上海市呼吸病研究所。在这4个基地的带动下,中山医院继续医学教育项目的开展有长足的进步。2012—2017年,中山医院每年申报并获批的继续医学教育项目50个左右,在传播与交流先进医疗科学技术的同时,也进一步促进了科室的发展。1997—2017年,共申报并举办国家级继续医学教育项目722期,招收学员67 391人;举办省市级继续医学项目36期,招收学员1 943人。另外,中山医院教师积极进行继续医学教育的研究,探索新模式,获得各级教学成果4项。1999年,获上海医科大学继续教育工作先进集体一等奖。2003年,获上海市卫生局2000—2003年上海市继续医学教育工作先进集体称号。

表4-4-1　1997—2017年医院举办国家级和省部级继续医学教育项目情况表

年　份	国家级继续教育项目数	省市级继续教育项目数	总　数
1997	15	0	15
1998	14	1	15
1999	9	6	15
2000	20	1	21
2001	21	1	22
2002	32	3	35
2003	24	3	27
2004	36	2	38
2005	27	4	31
2006	26	2	28
2007	27	0	27
2008	28	1	29
2009	32	4	36
2010	37	0	37
2011	45	0	45
2012	51	0	51
2013	49	0	49
2014	51	0	51
2015	54	2	56
2016	59	3	62
2017	65	3	68

第五章 教学成果

第一节 教材编写

早在 1961 年，医院教师就参与全国高等医药卫生院校教材的编写，其中由林兆耆主编出版的《内科学》是中国高等医学院校第一部内科教科书。1978 年，由沈克非主编的《外科学》、熊汝成主编的《泌尿外科学》和荣独山主编的《X 线诊断学》等 3 部教材获全国科学大会重大成果奖。

自 1977 年人民卫生出版社开始组织编写并出版医学院校统编教材以来，医院教师的名字就出现在各类教材的编委名单中，其中由陈灏珠院士主编的《内科学》（第三版）于 1990 年出版，1996 年获卫生部第三届优秀教材二等奖；《内科学》（第四版）于 1996 年出版，1998 年获卫生部科技进步奖三等奖。《内科学》（第四版）成为全国各大医学院校广为使用的内科学教科书。1998—2017 年，中山医院的教师主编各类教材 54 部，有 9 部教材获得全国、卫生部、上海市各类奖项。

表 4-5-1 2000—2017 年医院教师主编教材情况表

出版年份	教材名称	出版单位	主编	获奖情况
2000	心理障碍与精神卫生	人民卫生出版社	季建林	
2000	内科临床思维	科学出版社	张希德	2001 年上海市优秀教学成果奖
2000	临床外科学	上海医科大学出版社	吴肇汉 王国民	
2000	诊断学试题与题解	上海医科大学出版社	傅志君	
2001	综合医院精神卫生	上海科学技术文献出版社	季建林	
2001	医学心理学（第三版）	复旦大学出版社	季建林	2003 年上海普通高校优秀教材奖
2001	全科医学概论（第一版）	人民卫生出版社	杨秉辉	
2002	循证医学和临床实践	科学出版社	王吉耀	
2002	内科学（七年制）	人民卫生出版社	王吉耀	2003 年上海普通高校优秀教材一等奖、2003 年上海市优秀教材评审一等奖、2005 年上海市教学成果奖二等奖、2005 年全国高等学校医药优秀教材一等奖
2002	临床内科学——新进展、新技术、新理论	复旦大学出版社	王吉耀	
2002	医学教学参考丛书·医学心理学和精神病学试题与题解	复旦大学出版社	季建林	

（续表）

出版年份	教 材 名 称	出 版 单 位	主 编	获 奖 情 况
2002	内科学英文精要	人民卫生出版社	王吉耀	
2003	精神医学	复旦大学出版社	季建林	
2003	内科学试题与题解	上海科学技术文献出版社	王吉耀	
2003	外科学（第六版）	人民卫生出版社	吴肇汉	2005 年全国高等学校医药优秀教材一等奖
2004	康复医学	科学出版社	李泽兵	高等医学院校新世纪教材
2004	全科医学概论（第二版）	人民卫生出版社	杨秉辉	2005 年全国高等学校医药优秀教材二等奖、2007 年上海普通高校优秀教材奖三等奖
2005	内科学（八年制）	人民卫生出版社	王吉耀	2007 年上海普通高校优秀教材奖一等奖
2005	医学心理学（第四版）	复旦大学出版社	季建林	
2005	内科临床病例分析——双语学习	人民卫生出版社	王吉耀	
2005	现代内科学进展	上海科学技术文献出版社	杨秉辉	
2006	临床诊断基本技术操作	上海科学技术文献出版社	傅志君	
2006	全科医学导论	复旦大学出版社	杨秉辉 祝墡珠	
2006	循证医学和临床实践（第二版）	科学出版社	王吉耀	
2006	医学试题精编丛书·医学心理学与精神医学	复旦大学出版社	季建林	
2006	医学试题精编丛书·诊断学	复旦大学出版社	傅志君	
2009	精神医学（第二版）	复旦大学出版社	季建林	
2009	消化系统症状鉴别诊断学	人民卫生出版社	傅志君	
2009	核医学（第二版）	科学出版社	陈绍亮	
2009	临床内科学——新进展、新技术、新理论（第二版）	复旦大学出版社	王吉耀	
2010	社区全科医师临床诊疗手册	华东师范大学出版社	江孙芳	
2010	内科学（第二版）	人民卫生出版社	王吉耀	
2011	医患关系与医患沟通技巧	上海科学普及出版社	杨秉辉	
2012	全科医生临床能力培养	人民卫生出版社	祝墡珠	
2012	循证医学与临床实践（第三版）	科学出版社	王吉耀	2015 年上海普通高校优秀教材奖
2013	全科医学概论（第四版）	人民卫生出版社	祝墡珠	

（续表）

出版年份	教 材 名 称	出 版 单 位	主 编	获 奖 情 况
2013	内科学（第八版）	人民卫生出版社	葛均波	
2013	全科医生临床实践	人民卫生出版社	祝墡珠	
2013	外科学学习指导与习题集（第三版）	人民卫生出版社	吴国豪	
2013	住院医师规范化培训教材·内科学	复旦大学出版社	王吉耀	
2013	急救医学——理论与实践	军事医学科学出版社	姚晨玲	
2014	护理礼仪与人际沟通	复旦大学出版社	徐建鸣	
2014	现代临床流行病学（第三版）	复旦大学出版社	陈世耀	2015年上海普通高校优秀教材奖
2015	心电图一本通	上海科学技术出版社	葛均波 朱文青	
2015	循证医学	人民卫生出版社	王吉耀	
2015	基础护理	复旦大学出版社	徐筱萍 赵慧华	
2015	医学科研方法	人民卫生出版社	陈世耀	
2016	毕业后医学教育系列·综合知识	科学出版社	王吉耀	
2016	循证临床实践指南的制定与实施	人民卫生出版社	王吉耀	
2016	全科医学科示范案例	上海交通大学出版社	祝墡珠	
2016	内科示范案例	上海交通大学出版社	王吉耀	
2017	临床诊断基本技术操作	上海科学技术出版社	朱文青	
2017	内科学	中国医药科技出版社	金美玲	
2017	全科医生临床实践（第二版）	人民卫生出版社	祝墡珠	

第二节　优 秀 课 程

　　自2002年起，复旦大学上海医学院以学系为单位进行课程建设。医院教师负责的18门课程先后成为国家级、上海市级和校级的各类优秀课程，其中，国家级1门，上海市级精品课程3门，上海市重点课程5门。

表 4 - 5 - 2　2005—2017 年医院优秀课程情况表

年　份	课 程 名 称	课 程 类 别	负 责 人
		国家级	
2005	内科学	国家级精品课程	王吉耀

（续表）

年　份	课程名称	课程类别	负责人
		上海市级	
2005	内科学	上海市精品课程	王吉耀
2010	医学影像学	上海市教委本科重点课程	曾蒙苏
2010	循证医学	上海市教委本科重点课程	王吉耀
2011	全科医学概论	上海市精品课程	祝墡珠
2011	全科医学概论	上海市教委本科重点课程	祝墡珠
2013	循证医学	上海市精品课程	王吉耀
2014	Internal Medicine	上海高校外国留学生英语授课示范性课程	王吉耀
2014	Internal Medicine	上海高校示范性全英语课程	王吉耀
2015	医患交流技巧	上海市教委本科重点课程	祝墡珠
2017	临床诊断学	上海市教委本科重点课程	朱文青

第三节　优秀研究生论文

自 1999 年开始优秀博士学位论文评审以来，医院共获得各级优秀博士学位论文 48 篇，其中，全国优秀博士学位论文 5 篇，全国优秀博士学位论文提名奖 4 篇，上海市优秀博士学位论文 20 篇，复旦大学优秀博士学位论文 19 篇。

表 4－5－3　2000—2013 年医院获全国优秀博士学位论文(含提名)情况表

年　份	论　文　题　目	作　者	指导老师
	全国优秀博士学位论文		
2000	肝癌细胞因子基因治疗的研究	贺　平	汤钊猷
2002	α干扰素及其他制剂干预肝癌转移复发和肿瘤生长的实验研究	王　鲁	汤钊猷
2004	转移性人肝癌细胞模型的优化及转移机制探讨	李　雁	汤钊猷
2005	肝细胞癌转移预测模型的建立及其转移相关基因的筛选——cDNA 微阵列技术分析	叶青海	汤钊猷
2010	免疫微环境与肝细胞癌复发转移及"免疫微环境分子预测模型"的建立与验证	高　强	樊　嘉
	全国优秀博士学位论文提名奖		
2003	肝癌免疫基因治疗的实验研究	邱双健	叶胜龙
2007	利用血管内皮异质性预测和干预肝癌转移复发的研究	张　倜	汤钊猷
2013	药物洗脱支架对血管重构和内皮功能影响的实验和临床研究	张　峰	葛均波
2013	抗血管生成促肝癌转移中 IL－12b 介导的机体免疫起关键作用	朱小东	汤钊猷

第四节　教　学　获　奖

自 1989 年教学成果奖开始评选以来,医院教师以第一完成人身份获得省部级及以上教学成果奖 11 项,其中,国家级 1 项,上海市级 10 项。

表 4－5－4　1993—2017 年医院获省部级及以上级别教学成果奖情况表

年　份	获　奖　成　果	奖　项　名　称	第一完成人
国家级			
2014	中国特色全科医学人才培养体系的探索与创新	教学成果奖二等奖	祝墡珠
上海市级			
1993	医学心理学课程之创立和培训	教学成果奖二等奖	徐俊冕
2001	基于电话线和卫星通信的远程教育系统的开发和应用	教学成果奖二等奖	蒋金根
2001	《内科临床思维》(教材)	教学成果奖三等奖	张希德
2002	医院继续医学教育的管理和实践	卫生事业管理成果奖三等奖	蒋金根
2005	《内科学》	教学成果奖二等奖	王吉耀
2013	全科医学教学体系和人才培养模式的探索与创新	教学成果奖特等奖	祝墡珠
2013	以培养学生能力为导向的创新型内科学教学体系	教学成果奖二等奖	王吉耀
2017	强化医学人文,构建新时期医学职业素养教育体系	教学成果奖一等奖	阎作勤
2017	以临床应用能力为导向的循证医学教学体系的创建和实践	教学成果奖一等奖	王吉耀
2017	立足"卓越医师"的专科医生培养模式探索与创新	教学成果奖二等奖	郑玉英

第五篇
医学研究

概　　述

　　科研处是医院主管科学研究的职能管理部门。医院十分重视科学研究与探索,作为科研管理部门,科研处秉持着中山精神,对医院整体科研工作采取全流程管理,注重科研诚信,全面推进电子化办公,在学科建设、专利转化、项目管理等方面不断探索创新,服务一线科研人员,为医院的科研创新保驾护航。

　　截至 2017 年,医院拥有国家重点学科 13 个,省部级工程研究中心 3 个,省部级重点实验室 5 个,上海市"重中之重"临床医学中心 2 个,上海市重点学科 2 个,上海市"重中之重"临床医学重点学科 2 个,上海市医学重点学科 2 个,上海市卫计委重要薄弱学科 4 个,上海市公共卫生重点学科 6 个,上海市研究所 8 个,复旦大学研究机构 13 个。

　　自 20 世纪 80 年代以来,医院的科研获奖硕果累累,共获得 15 项国家奖,其中一等奖 2 项,二等奖 9 项,三等奖 4 项。2007—2017 年,获得省部级中华医学奖、教育部奖和上海市科技奖共计 195 项,其中一等奖 27 项,二等奖 63 项,三等奖 102 项,国际合作奖 1 项,上海市科技功臣 2 项(获得者分别为肝研所汤钊猷和心研所陈灏珠),充分体现医院职工在工作中开拓思路、积极进取的精神。

　　除集体项目,还有许多个人获奖,如肝外科樊嘉、心内科葛均波和邹云增分别获得了 2009 年、2011 年和 2013 年上海市科技精英的称号。心研所孙爱军 2014 年获得上海市科技英才称号。肝外科汤钊猷获得陈嘉庚生命科学奖,心内科葛均波获谈家桢生命科学创新奖,肝外科周俭获谈家桢生命科学创新奖,肝外科樊嘉获谈家桢生命科学临床医学奖,内镜中心姚礼庆获恩德思医学科学技术奖,病理科侯英勇、内镜中心姚礼庆、肾内科丁小强、血管外科符伟国、内镜中心周平红、肝外科周俭和心外科王春生获华夏医学科技奖,护理部赵慧华获护理学会奖,展现了医院科研团队和科研工作者的整体实力。

　　1952 年,放射科荣独山主编《普通 X 线诊断学》,成为国内最早的高等医学院放射学统编教材。1960 年黄家驷主编的《外科学》正式出版,成为中国较早的外科学专著,对训练青年外科医师发挥巨大作用,至今仍为广大外科医师重要的参考书。1963 年陶寿淇与上海市第六人民医院董承琅合编的国内第一本心脏病学专著《实用心脏病学》出版。1964 年,林兆耆主编的《内科学》出版,这是国内十多位著名教授共同参与编写和评阅的中国第一本高等医学院校教科书。1982 年,汤钊猷主编的《原发性肝癌》一书,由上海科学技术出版社出版。该书系中国第一本肝癌专著,被评为 1977—1981 年全国优秀科技图书。1996—2017 年,医院编辑出版专著及编著 330 种(册),涉及众多基础和临床医学领域。

　　进入 21 世纪,专家们出版的专著在数量和质量上都有飞跃。2009 年,内镜中心姚礼庆牵头编写的《内镜黏膜下剥离术》出版,这是国内首部专门介绍消化道早癌最新治疗方式的专著,规范中国内镜的诊断和治疗,填补中国内镜诊治领域的空白。2011 年,核医学科石洪成与上海交通大学医学院黄钢共同主编的《心脏核医学》专著出版,是国内首部心脏核医学方面的专著。2015 年,由普外科吴国豪主编的《临床营养理论与实践》一书,由上海科学技术出版社出版,是国内最先系统介绍临床营养的专著。

科普工作是惠及病患的重要工作,医院的许多专家用自己的临床经验结合口语化的表达方式,出版了许多科普书籍,得到患者的好评,取得良好的社会效益。骨科董健医生的"腰椎间盘突出症系列"科普书,前后出版 15 次,发行量达到 80 000 多册,得到患者广泛好评,取得良好的社会效益。

2008—2017 年,医院共计发表论文 11 713 篇,其中 SCI 3 928 篇,国内核心期刊 7 785 篇,医院发表影响因子 5 分以上论文达到 560 篇,发表论文数量和质量有突破性的进步。根据中国科学技术信息研究所公布的中国科技论文统计结果,2017 年,中国卓越国际论文较多的医疗机构排行中,医院以卓越论文 45.74%的优异数据,排名全国医疗机构第七名;同年,在国际论文被引用篇数较多的医疗机构统计中,医院也以 22.34%的增长率排名全国医疗机构的第十名。

第一章 科研平台

第一节 重点实验室与工程研究中心

一、国家卫健委病毒性心脏病重点实验室

【发展沿革】

1978 年，肿瘤医院一位年轻医师因频发期前收缩猝死，上海医科大学微生物教研室自其尸解心肌组织中分离到柯萨奇 B 组病毒，结合临床诊断为病毒性心肌炎。而当时的期前收缩患者众多，但原因不清。1979 年，卫生部委托上海市心血管病研究所成立病毒研究室，从事病毒性心肌炎的研究。院长裘麟积极支持卫生部的决定，在 9 号楼心血管病研究所（简称"心研所"）大楼 2 楼辟出 2 间朝北的房间，一间为主任杨英珍办公室，另一间放置离心机、CO_2 孵箱、光学显微镜等小型仪器设备，实验室初见雏形。同时，委派杨英珍带金佩英医生及工友刘立洋到上海医科大学微生物教研室进修。在此期间，将临床心肌炎患者血液标本带到实验室进行柯萨奇 B 组病毒中和抗体检测。除此之外，在流行性感冒流行时，同时检测流感病毒的血凝抑制抗体。1983 年，实验室由心研所搬至 4 号楼，正式挂牌病毒室。经过十余年的建设和完善，对心肌炎的研究取得可喜的成就。1989 年，该项目获国家科技进步奖三等奖。1994 年 10 月，病毒室成为被卫生部批准成立的全国首批重点实验室之一，且是国内唯一一个病毒性心脏病重点实验室，是中国心血管疾病的重要科研机构。

表 5-1-1　1979—2017 年病毒性心脏病重点实验室历任主任情况表

任 职 时 间	主 任
1979—2001	杨英珍
2001—2011	陈瑞珍
2011—	葛均波

【科学研究与成果】

1984 年，开设病毒性心肌炎专科门诊并进行该病相关的研究工作。病毒性心脏病重点实验室（简称"心实验室"）于 1994 年获批建立。2011 年前，实验室研究方向主要为病毒性心脏病的发病机制、临床诊断和治疗，先后在病毒性心肌疾病研究领域内获得国家重大科技攻关项目、国家自然科学基金、国家教委博士点基金、卫生部基金、上海市科委基金、上海市领先专业、世界卫生组织病毒性心脏病实验诊疗技术和群体防治培训课题及英国医疗慈善机构维康信托基金会（Wellcome Trust）有关病毒性心肌炎的协作研究课题等 30 项研究基金资助。研究成果"病毒性心肌炎的临床及实验研究"获 1988年卫生部科技进步奖一等奖、1989 年国家科技进步奖三等奖；"病毒性心肌炎的心肌电生理研究（含药物影响）"获 1995 年国家教委科技进步奖二等奖；"自分子水平研究病毒性心脏病的诊断、发病机制及治疗"项目获 1996 年卫生部科技进步奖三等奖及上海市科技进步奖三等奖；"应用合成肽检测柯萨奇

B病毒IgM抗体及中西医结合治疗病毒性心肌炎的研究"项目获1998年卫生部科技进步奖三等奖，"牛磺酸对病毒性心肌炎作用机制的探讨"项目获1998年国家教委科技进步奖三等奖；"病毒性心肌炎及扩张型心肌病的诊断、发病机制和治疗项目"获2001年上海市科技进步奖二等奖；"黄芪治疗病毒性心肌炎"项目获2002年中国高校科学技术二等奖（推广类）；"病毒性心肌炎及扩张型心肌病的临床及实验研究"项目获2004年国家科技进步奖二等奖等。同时分获专利3项。发表有关论文350余篇，出版《病毒性心肌炎》《病毒性心脏》专著2部。培养了博士研究生28人、硕士研究生18人与博士后3人。陈瑞珍入选教育部新世纪优秀人才计划及上海市优秀学术带头人。

作为卫计委的开放实验室，自批准建立以来，在向医院及全市各级医院开放进行有关病毒性心脏病的检查项目的同时，坚持向来自全国各省市的医疗和科研单位开放。除为中山医院和上海市医疗科研单位培养研究生、医师及专业人员外，还为浙江、云南、江苏等地的兄弟单位培养研究生、医师及专业人员，并为他们顺利完成研究课题提供指导与帮助。

【特色科研与成就】

2011年，葛均波出任心实验室主任。实验室结合中国疾病谱的变化和学科发展要求，对研究方向进行重大调整，在动脉粥样硬化炎症免疫机制、炎症及缺血损伤后心肌能量代谢、心肌重构及新型介入器械转化医学研究等4个方向均取得多项高水平科研及转化成果，为中国心血管疾病的防治策略优化做出贡献。

在动脉粥样硬化（AS）机制研究方面，团队阐述树突状细胞（DC）在促进AS发生中的关键作用，DC的成熟与AS的发生密切相关。胰岛素可促进DC成熟摄取氧化型低密度脂蛋白（ox-LDL），从而激活DC、促进炎症反应；进一步研究发现，miR-181a可通过抑制 $c-fos$ 基因表达，减轻ox-LDL引起的成熟DC来源炎性因子的释放。证实氯沙坦钾和普罗布考防治AS发展与抑制DC的成熟和炎症反应有关，发现阿托伐他汀可通过PI3K/Akt通路抑制该效应而发挥抗AS作用，普罗布考可通过上调血红素加氧酶1阻断ox-LDL诱导的DC细胞成熟而抗AS的新机制。发现组氨酸脱羧酶（HDC）在小鼠$CD11b^+$ $Gr-1^+$不成熟髓系细胞高表达；组胺缺失抑制单核巨噬细胞的分化和成熟，参与炎症相关肿瘤的发生发展。这些研究得到国家自然科学基金重点项目和面上项目等资助。

心肌在缺血刺激下是适应、存活，还是损伤、死亡，结局取决于其内源性保护机制与死亡信号之间的角力。团队组建心力衰竭患者临床数据库与生物样本库，发现新的遗传性心力衰竭高危基因，获国家发明专利授权，并实现临床转化。提出某些心脏钠通道基因突变可通过诱导线粒体功能障碍而直接损伤心肌细胞的新观点，相关成果被录入美国心脏病专著 *Sudden Death*；进而着眼于线粒体这一代谢的重要细胞器，以乙醛脱氢酶2为切入点，通过临床与基础研究相结合，阐明其在物质及能量代谢环节通过抑制心肌细胞死亡、促进血管新生等途径，发挥保护心肌及改善血运重建的作用。提出利用缺氧预适应、基因修饰等增加干细胞能量储备及改善干细胞代谢微环境的新策略，显著提高干细胞移植治疗疗效，为终末期心力衰竭的临床处理决策提供新的选择。还发现抗肿瘤药物毛壳素能通过抑制组蛋白H3K9甲基转移酶，实现对线粒体关键酶Sirt1的调控，纠正线粒体代谢异常，有望作为治疗心力衰竭的新药物。这些研究获得国家自然科学基金、国家"973"子课题等基金资助。

心肌重构是心力衰竭发生发展的重要病理基础。2004年，团队率先提出反向激动剂奥美沙坦能有效抑制压力负荷所致的心肌肥厚和血管重塑，改善心肌重构。这些研究结果解释了临床上奥美沙坦的降压及靶器官保护效果存在明显差异的原因，将这一发现积极推广到全国众多三甲医院，反向激动效剂奥美沙坦应用于万余例患者,对临床心肌重构有明显改善作用。国际著名心脏专家古德曼(Gudermann)评价"该发现开拓了G蛋白结合受体作为机械刺激感受器的全新研究,对高血压心脏病的防治、药物开发应用具有重要的临床价值"。该研究成果被编入德国斯普林格(Springer)出版社出版的教科书 *Mechanosensitivity of the Heart* 中。团队还首次发现心脏重要保护因子热休克转录因子1、粒细胞集落刺激因子等能调控心肌重构,并将成果应用于临床,在对200余例急性心肌梗死患者常规治疗的基础上静脉滴注非格司亭(G-CSF),随访3年观察其能显著改善心功能,且安全可靠。发现RyR-2能调节压力超负荷心肌重构Ca^{2+}的释放,激活AKT和钙神经素,减少心肌细胞死亡。国际著名心血管专家帕特森(Cam Patterson)在国际心血管领域最权威杂志 *Circulation* 评价该成果发现心肌重构早期防治新的治疗靶点。这些研究成果为临床上早期调控心肌重构及预防心力衰竭发生发展提供充分实验基础,获上海市科技进步奖一等奖4项。

围绕"内皮修复"这一决定传统药物支架远期疗效的核心问题,开展内皮友好型支架的基础和临床转化研究。传统药物支架涂层材料因不可降解等缺陷,致血管持续性炎症反应和内皮化延迟,引发高死亡风险的支架内血栓形成。针对传统支架的技术缺陷及进口支架的价格垄断,组织团队刻苦攻关,创制中国首例可降解涂层新型冠脉支架,通过研制出生物可降解聚乳酸材料及以此为载体的国产药物支架,曾被评为国家"863"计划新材料领域两项优秀研究成果之一。这一成果使支架内晚期血栓发生率从1.3%降到0.87%,支架植入后双联抗血小板疗程由至少12个月缩减至6个月,显著降低医疗费用和出血风险。该产品在全国超过900家医疗机构临床应用,年均8万例冠心病患者获益,每年为中国患者节约费用超10亿元,并出口俄罗斯、印度和新加坡等十余个国家,成为中国创新成果科技转化的成功范例。成果获得2011年国家技术发明奖二等奖、2012年第十四届中国工博会"创新奖"。继生物可降解涂层支架后,2013年牵头研制成功中国首个完全生物可吸收冠脉支架"Xinsorb",生物可吸收支架(bioresorbable scaffold, BRS)被认为是冠脉介入治疗史上的第四次革命。

实验室在上述领域获得国家科技进步奖二等奖2项、国家技术发明奖二等奖1项、上海市科技进步奖一等奖4项。2013年,入选教育部"创新团队发展计划";2015年,获得国家自然科学基金委"创新研究群体科学基金"。实验室团队由11名平均年龄46岁的年轻教授为研究骨干,9名副高和讲师及30余名博士后、研究生为研究主体组成,90%以上人员具有博士学位。团队包括中国科学院院士1人、教育部"长江学者"特聘教授2人、国家千人计划特聘教授1人、国家杰出青年科学基金获得者3人、国家优秀青年科学基金获得者1人、教育部新世纪优秀人才2人、上海市科技精英2人、上海市青年科技英才2人、上海市优秀学术带头人4人。

2016年,国家卫计委对各重点实验室进行5年例行评估。专家组对心实验室的工作给予很高评价,认为实验室在病毒性心脏病的基础上,抓住疾病谱的改变,扩展研究方向,提高团队协作,取得国内外瞩目的成果。同时,也给实验室提出建议与更高的期望,希望病毒性心脏病重点实验室能以申报国家重点实验室为目标,做出更好的成绩,为心血管疾病的研究做出更大贡献。专家组建议将实验室名称由"病毒性心脏病重点实验室"改为"病毒性及缺血性心脏病重点实验室"。此事已呈报国家卫计委核准。

【共享实验平台】

最初创建时,实验室在9号楼旧址,拥有干细胞技术研究平台、病毒转染研究平台、实验动物平台、病理影像实验平台等。2015年8月,实验室自9号楼4楼搬迁至新建的东院区19号楼2楼,实验室面积较原先大幅扩大。实验室在原有各平台基础上,新建了新型冠脉支架研发平台、小动物成像研究平台、大型仪器共享平台,以及全院首个斑马鱼实验平台等。

二、癌变与侵袭原理教育部重点实验室

【发展沿革】

2000年8月,教育部批准成立癌变与侵袭原理教育部重点实验室。2005年10月,重点实验室通过教育部第一次评估;2010年11月,通过教育部第二次评估;2017年1月,通过教育部第三次评估。2000年8月至2011年10月,由中国工程院院士、复旦大学汤钊猷担任第一和第二届重点实验室主任,复旦大学叶胜龙和中南大学曹亚担任实验室副主任。2011年11月至2017年底,由中南大学曹亚任重点实验室主任,复旦大学樊嘉和中南大学熊炜任实验室副主任。由16位专家组成第三届学术委员会,中国工程院院士、第二军医大学王红阳任学术委员会主任委员,中南大学李桂源和复旦大学叶胜龙任学术委员会副主任委员。

重点实验室依托复旦大学肝癌研究所和中南大学肿瘤研究所,拥有肿瘤学和病理生理学国家级重点学科,是“211”和“985”重点建设项目。

【科学研究与成果】

重点实验室针对国家肿瘤防控的重大需求,面向科学前沿,按照国家对肿瘤防治发展的新要求,以肿瘤癌变与侵袭原理的研究为明确而稳定的研究方向,围绕中国人群高发的鼻咽癌与肝癌病因、发病及临床特征,着力探讨病毒感染与细胞癌变的分子机制以及肝癌转移复发的机制,建立靶向EBV及防治肝癌复发转移的新策略。从基础研究、应用基础研究以及临床转化研究层面,开展创新性、系统性研究工作,进一步强化学术优势及特色,以提升依托高校的创新能力,推动学科建设发展,以高水平科学研究支撑高质量高等教育。

2000—2017年,共发表SCI论文650余篇,发表在包括 *Lancet Oncol*, *Journal of Clinical Oncology*, *Hepatology*, *Gut*, *Journal of Hepatology*, *Autophagy* 和 *Gastroenterology* 等国际著名期刊,以及 *Cancer Research*, *Oncogene* 和 *Clinical Cancer Research* 等肿瘤专业学术期刊上。受邀在 *Nat Rev Cancer* 发表评述文章。2000—2017年,科研项目共计480项,包括国家科技部重大专项15项,国家科技部“973”项目8项,科技部“863”项目8项,教育部项目30项(其中高等学校学科创新引智计划1项,教育部创新团队发展计划1项,教育部新世纪人才支持计划3项),国家自然科学基金项目290项(其中重点项目12项,国际合作项目8项,重大研究计划2项,面上项目190项),以及上海市、湖南省人才项目等。

【共享技术平台】

复旦大学癌变与侵袭原理教育部重点实验室科研用房面积约5 500平方米。主要科研平台包括分子生物学技术平台、组织样本库、细胞治疗中心、精准医学中心和裸鼠动物部、高分辨质谱平台、全套蛋白质组学实验平台、高速活体荧光激光共聚焦平台、流式细胞分析与分选平台、组织芯片及肿瘤病理分析平台等。上述主要仪器设备平台已进入依托单位贵重仪器设备共享网,平台实行开放共享,建立使用培训、维护与数据库更新的制度。

癌转移分子和细胞生物学公共实验技术平台　重点实验室注重引进新的肝癌细胞株,进一步扩充并提高肝癌细胞株的数量和质量,如引进韩国学者建立的肝癌细胞株SNU398-5及国内学者

建立的肝癌癌栓细胞株 PVTT－1 和 CSQT－2。至 2017 年,实验室能够提供 40 余种肿瘤细胞株和永生化正常细胞株,包括 9 种人类肝癌细胞细胞株(MHCC97－L、MHCC97－H、HCCLM3、PLC/PRF/5、BEL－7402、BEL－7405、SMMC－7721、HepG2、Hep3B)、2 种人类肝细胞株(HL7702、Changliver)、20 余种大鼠和小鼠肝癌细胞株(CBRH－7919、MH3924A、MCA－RH7777、H22、Hepal－6 等),以及其他类别的肿瘤细胞株(293－FT、293、A549、BGC－823、U－87MG、Bcap37、K－562、U937、THP－1、Hela、HUVEC、PA317、RAW264.7、Vero)。上述各类肝癌细胞株的建立和保藏为高水准的癌转移研究提供良好的体外观察平台。

SPF(无特定病原体动物)实验动物肿瘤移植模型共享平台　在 2006 年获得国家科技进步奖一等奖的工作基础上,重点实验室的无特定病原体动物(SPF)裸鼠人肝癌转移模型获得更加广泛的应用,每年裸鼠用量多达 1 500～2 000 只,由此产生和发表一系列高水平的研究文章。同时建立能够实时监控人肝癌细胞裸鼠体内转移过程的荧光观察模型。完成上海市动物管理委员会对 SPF 实验动物使用许可证的换证工作。

大型仪器设备实验观察平台　重点实验室加强现有仪器设备的使用、共享、维护和保养工作,如高速冷冻离心机、倒置显微镜、立体显微镜、微板扫描分光光度计、冷冻切片机、Biodot AD3200 生物芯片分析系统、徕卡自动免疫组化仪、全自动荧光显微镜、柯达多光谱荧光活体成像系统、多用途大容量脉动真空灭菌器、Luminex 200 多功能流式点阵仪、核磁共振波谱仪、多功能酶标仪(具荧光素检测功能)、双向蛋白电泳仪、荧光探针单细胞分离系统等。更新部分关键仪器设备,如 ABI7900 real－time PCR 分析系统。科研条件和研究能力获得进一步改善和提高。

肝癌生物样本共享平台　自 2009 年重点实验室着手建设标准化肝癌生物样本库以来,至 2017 年拥有 12 台超低温冰箱、5 名样本采集及预处理人员和 5 名样本库管理人员。实现样本出入库管理的电子化和信息化,冰箱温控监测系统的实时化,样本收集、处理、储存、备份及使用等诸环节的标准化,从源头上保证所收集的临床样本的高质量。至 2017 年,已收集肝癌及癌旁冰冻组织、术前及术后血液/尿液样本及肝癌术后随访患者的血液样本等超过 10 万份,初步建成具有一定规模,现代化、标准化的肝癌生物样本库,为肝癌转移研究及转化医学研究提供可靠的临床标本来源。

【科研新技术】

克隆和优化具有自主知识产权的高转移肝癌细胞株 MHCC97－L、MHCC97－H、HCCLM3 等,并获得 2 项国家发明专利(ZL2010 10153285.4:肺靶向转移性人肝癌细胞株及其建立方法;ZL201010153268.0:淋巴结靶向转移性人肝癌细胞株及其建立方法)。在 2006 年获得国家科技进步奖一等奖的工作基础上,重点实验室的 SPF 裸鼠人肝癌转移模型获得更加广泛的应用。

建立 microRNA 早期诊断肝癌模型,获中国大陆(ZL201110462133.7)、中国香港(HK1177229)、韩国(10－1532210)、日本(2013－532030)、国际 PCT(PCT/CN2011/073774)授权发明专利;研制的血浆 microRNA 检测试剂盒,已在多中心进行验证并申请 CFDA 批件,并实现企业转让(骏实生物科技有限公司)。2013 年 8 月授权专利"预测肝癌术后转移与复发的实时 PCR 微阵列芯片试剂盒"(ZL201110091076.6)转让给上海赛安生物医药科技有限公司;2014 年 7 月授权专利"基于炎症因子的肝癌患者术后转移复发多分子预测试剂盒"(ZL200810208150.6)转让给杭州佳创知识产权代理有限公司。

建立一套具有自主知识产权的循环肿瘤细胞(CTC)检测平台(201410081508.9),运用于肝癌术后转移、复发以及肝癌患者的个体化治疗。

三、上海市器官移植重点实验室

【发展沿革】

上海市器官移植重点实验室由上海市科委批准组建,成立于 2009 年,主要依托中山医院筹建,2011 年建设完成。2011 年 10 月顺利通过验收,正式挂牌;首任主任朱同玉。2013 年,被评为上海市优秀重点实验室。

中山医院是国内最早开展心脏、肝脏和肾脏移植的单位之一,也是上海市唯一的经卫计委批准可以同时开展心脏、肝脏和肾脏移植的单位,具有多学科综合优势。在中国泌尿外科奠基人之一熊汝成带领下,1970 年,进行首例尸体肾移植;1974 年,成功完成国内首例长期存活的尸体肾移植,存活 9 年以上。1978 年,吴肇光等为一例肝肿瘤患者施行肝脏移植手术,在免疫抑制剂尚未应用于中国临床的情况下,患者存活 35 天,取得肝移植手术的成功。2000 年,中国年龄最小的"换心人"的手术成功,实现中山医院心脏移植史上零的突破。经过几代中山人的不断努力,医院器官移植手术成功率和患者存活率均为全国首位。

基于中山医院在器官移植临床工作中取得的突出成绩,上海市科委决定以中山医院为依托,组建上海市器官移植重点实验室。实验室承担多项国家自然科学基金、"211"工程三期医学重点学科建设和市级医学重点项目。在朱同玉的带领下,努力将上海市器官移植重点实验室建成上海市乃至全国器官移植配型中心和免疫耐受基础与临床研究中心,使中国的器官移植达到国际先进水平。

【科学研究与成果】

实验室以复旦大学上海医学院与复旦大学附属中山医院为依托,紧密围绕器官移植所面临的重大问题,主要致力于以下 3 个研究方向:器官移植排斥及免疫耐受诱导的临床研究;器官的损伤和修复研究;移植受者特异性免疫状态监测体系的研究和个体化用药指导。通过基础研究来解决临床上面临的实际问题,努力实现科学研究的临床应用。2013 年,朱同玉发现 EPO 衍生物 11 个氨基酸环肽(CHBP)在缺血再灌注损伤中具有肾脏保护作用,并获得专利(ZL201310227284.3),有望成为新型的器官保护药物。2013—2014 年,发表一系列文章,发现调节性 T 细胞效应分子 sFGL2 在器官移植中的免疫调节功能;同期关于肾脏特络细胞(telocytes)在肾小管再生中的重要作用的研究也处于领先水平。2016 年,在上海市率先开展了 ABO 血型不兼容肾移植手术,扩大了供肾资源;王春生带领的研究团队研发了心脏离体持续灌注保存系统,改善心脏保存后移植物功能,拓展心脏移植供体池范围,实现供体向心脏停止跳动后的器官捐献(DCD)供体过渡。

自成立至 2017 年底,实验室承担国家自然科学基金项目 31 项,国家级重大项目 4 项,省部级研究项目 17 项。科研经费超过 7 000 万元;实验室发表 SCI 收录文章 141 篇,获国家发明专利 7 项。

表 5 - 1 - 2　2015—2016 年上海市器官移植重点实验室代表性科研项目情况表

立项年份	项 目 名 称	负 责 人
2015	循环肿瘤细胞捕获、精确操控和数字化 PCR 技术在肝癌转移复发中的应用研究	樊　嘉等
2016	新型小分子肽 CHBP 抑制 DC 自噬减轻移植肾排斥反应的机制	朱同玉等

（续表）

立项年份	项　目　名　称	负责人
2016	利用 iPSCs 模型对 *TGFBR2* 基因突变 c.577C＞T 导致 Loeys－Dietz 综合征的机制研究	王春生等
2016	基于多组学特征谱的肝癌分子分型研究	周　俭等

【共享技术平台】

实验室具有多个开放性共享平台，可为医院研究人员使用，包括 Leica EMUC7 室温超薄切片机，可进行组织切片进行免疫学研究；FACSAria Ⅱ 流式细胞仪，可对多种细胞表面分子标记进行多重标记及检测；Cell－IQ 活细胞实时成像分析系统，可对活细胞进行实时观察，检测细胞的生长、迁移；Life Biosciences 定量 PCR 分析平台，能够对基因表达水平进行准确分析等。

表 5－1－3　2017 年上海市器官移植重点实验室共享技术平台情况表

共享技术平台名称	主　要　功　能
徕卡室温超薄切片机 Leica EMUC7	组织切片
Ion PGM 个人化操作基因组测序仪	中通量测序
BIORAD CFX96 定量 PCR 仪	定量、半定量基因表达分析
Ion Proton 测序仪	高通量深度测序
液相芯片检测系统 Luminex	HLA 配型、自身免疫病检测、过敏原检测、基因突变检测、肿瘤标志物检测等
FACSAria Ⅱ 流式细胞仪	细胞标记分析
Cell－IQ 活细胞实时成像分析系统	实时活细胞成像

【科研新技术】

高通量 DNA、RNA 深度测序技术，通过高通量测序，进行大数据分析。实时活细胞成像技术，实时观察活细胞内标记分子的表达、运动等。液相芯片检测技术，适用于免疫分析、核酸研究、酶学分析、受体配体识别分析等研究。流式分析及分选技术，既可进行常规流式分析，还能进行细胞分选。

四、上海消化内镜诊疗工程技术研究中心

【发展沿革】

上海消化内镜诊疗工程技术研究中心于 2011 年 5 月筹建。2013 年 6 月，获上海市科委批准正式成立，挂靠中山医院。主任姚礼庆，副主任周平红，办公室主任钟芸诗，技术委员会主任周平红。工程技术开发队伍有固定技术人员 72 人，特聘人员 9 人。本中心的主体单位中山医院内镜中心是卫生部首批国家内镜诊疗技术培训基地，是上海市科委公共研发平台之一。2013—2015 年，上海工程技术研究中心评估成绩良好；2015—2017 年，上海工程技术研究中心评估成绩优秀（第一名）。

中心以"提高上海市内镜设备和诊疗技术研究的整体水平和综合创新能力，形成国际竞争力"为目标。建立和完善新技术研发平台、动物试验和临床验证平台、人才培养平台、对外交流平台四

大工程技术开发平台。通过特聘和客座等方式整合相关科技力量,形成一支高素质工程化研发团队,集中上海市消化内镜领域的人才队伍。同时拥有完善的动物试验和临床验证等共享平台资源,满足上海市消化内镜领域工程化验证和评估要求。整合上海市在该领域的科技力量,围绕消化内镜领域急需解决的关键技术问题和工程化问题,通过工程化研究,形成工程化技术成果,从而提高工程中心的科技创新人才培养能力、科技开发能力和社会服务水平,对于促进中国消化内镜行业科技进步起到重要的带头作用。

【新技术研发平台】

自 2013 年上海市内镜诊疗工程技术研究中心成立以来,复旦大学中山医院内镜中心先后获得上海市五一劳动奖章、上海市创新团队、高等院校科技进步奖一等奖、华夏医学科技奖一等奖、上海市科技进步奖一等奖等 20 余项奖励,先后获发明专利 30 余项。"内镜微创治疗食管疾病技术体系的创建和推广"获国家科技进步奖二等奖。2015 年,在国内率先开展 EUS 联合 ERCP 支架植入术等领先和创新微创治疗技术,ERCP 取石后应用胰管支架引流减少了二次内镜造影。内镜中心海博刀 ESD 手把手培训班开创以来已有数千名中外医生前来进修、学习。2015 年通过胃镜手术切除最长脂肪瘤、2016 年使用 POEM 术治愈最年幼贲门失弛症患者,均获得大世界吉尼斯之最。2016 年,开展 ETER(经内镜隧道切除胃肠道腔外肿瘤)、GAL(内镜下缝合)、隧道内镜下憩室切开等新技术。2017 年,开展隧道内镜技术新拓展(G-POEM,STESD,ETER 等),融合 3E(ESD、ERCP、EUS)内镜治疗技术新格局稳步形成。NOTES 技术也由基础研究、动物试验真正走向临床应用。内镜中心团队在国际消化内镜大会,如美国消化疾病周(DDW)、欧洲消化疾病周(UEGW)、亚太消化疾病周(APDW)上数百次进行大会演讲和手术演示,彰显中山内镜的国际影响力和风采。中心首次成为美国消化内镜国际培训中心、中国医师协会消化内镜医师培训基地,并牵头成立上海市抗癌协会消化内镜专业委员会。

【动物试验和临床验证平台】

中心拥有动物试验室 4 间,动物手术台及内镜设备 3 套,用于动物试验和内镜医师的培训。中心已完成多项动物试验和临床验证任务。经项目组验证的新设备和新药均通过国家质监局及食品和药物管理局检测后获批上市,未发现严重不良反应。

同时,中心另一个重要研究方向是内镜设备和附属器械的研究,包括内镜特殊成像技术的研究、内镜的小型化研究、特殊用途内镜的研究,以及各种内镜诊断和治疗用附属器械和开发。中心既往已有 3 项内镜相关治疗设备获得国家专利认证,并进行批量生产,在国内多家医院推广使用,获得好评。研究成果包括:与上海澳华内镜公司合作开发医用内镜图像处理器及氙灯冷光源(AQ-100 型和 AQL-100 型),已经完成临床试验,在国内和国际市场上销售。与上海澳华内镜公司合作研究的高通量 AQ-200 型内镜进入临床,并将在上海消化内镜诊疗工程技术研究中心进行放大染色内镜功能的临床试验。与杭州安杰斯公司共同研发的内镜用金属夹通过临床验证,有待进入市场。

【人才培养平台】

中心与依托单位重点学科、创新平台、重点科研基地配合,以学术委员会为核心,凝聚学术人才,形成一个优秀创新团队。在该平台的支持下,年轻医师也获得各级别的人才培养计划的支持,包括上海市卫生局优秀青年人才计划、上海市人才发展基金、上海市教委晨光计划和复旦大学卓学计划人才基金等。

中心是以国家需求为导向、重视应用技术研究的科研机构和人才培养基地,通过接收长期进修、短期学习班培训、举办大型国际学术会议、研究生培养等多种形式,为各医疗机构输送一大批重要业务骨干和精英,并使之成为推动内镜事业可持续发展的中坚力量,全面提升内镜诊疗技术综合实力,加速内镜诊疗新技术的产业化。至 2017 年,中心培训国内进修医师 1 243 人,国外医师 100余人;举办国际消化内镜演示会 10 届(每届 800~1 000 人次);举办各类内镜诊疗学习班 68 届,其中英文学习班 5 期(学员分别来自美国、英国、俄罗斯、荷兰、西班牙、蒙古、奥地利、瑞典等国家以及中国香港和台湾等地区),以上培训班累计参加人员 2 600 余人。中心成立以来,培养硕士研究生 6人、博士研究生 15 人。

每年主办的上海国际消化内镜研讨会暨 ESD 高峰论坛已经成为最新内镜切除术的发布会和内镜切除技术发展趋势的晴雨表,得到国际同行的广泛关注,至 2017 年已经举办了 11 届。每年 7月举办上海市静脉曲张学术会议,已经举办 8 届;每年 11 月举办国家级学习班(2015 年起同时举办"中山内镜论坛"),已经举办 16 届。以上会议参加人数累计 14 000 人。

【对外交流平台】

2012 年,中心技术委员会主任周平红作为中国代表,受邀参加在德国杜塞尔多夫举行的第十四届世界消化内镜大会。这是中心在世界专业舞台上的首次亮相,周平红展示中国医师在内镜手术方面的速度、质量和技法,并奠定中国在世界消化内镜微创切除领域的领先地位。从此,中心内镜团队周平红、徐美东、钟芸诗、张轶群等开始出现在世界舞台,参加包括亚太消化疾病周(APDW)、美国消化疾病周(DDW)、欧洲消化疾病周(UEGW)、欧洲内镜外科协会(EAES)等在内的国际会议 100 余次,并在国际大会上做精彩的演讲和手术演示 150 余次。以姚礼庆和周平红为代表的内镜专家们在国际大会上获得多项国际大奖,为中国在世界消化内镜舞台赢得一席之地。2013 年,周平红参加美国消化疾病周中的"内镜世界杯"(World Cup of Endoscopy)。2014 年,周平红从上海中山医院直播内镜手术至日本福冈第八十七届日本消化器内视镜学会大会。2016 年,美国消化疾病周上,周平红第一次作为"内镜世界杯"决赛裁判给选手打分;同年,周平红应邀担任欧洲消化年会"胃肠道外科手术并发症的内镜处理"环节的主持。2016 年,周平红带领中山内镜团队8 名医师参加亚太消化疾病周,并均在大会上做主持、主题报告、壁报展示等。

中心内镜技术的创新吸引包括美国梅奥诊所等机构在内的多名欧美知名专家至医院参观学习。已经接待 100 多名国外医师到科室进修,开创国外医生来中国学习内镜技术的先河。同时,也吸引国际知名医院和专家主动与医院进行临床和科研的合作。2013 年起,德国爱尔博公司与中心合作,研究海博刀在内镜治疗中的应用优势。2014 年,日本筑紫医院的内镜早癌 NBI 放大染色诊断的专家、VS 分型的创始人八尾建史与中心合作,进行 NBI 放大染色在早期胃癌筛查中的作用等相关研究,协助培养年轻医师进行 NBI 放大染色的操作和 VS 分型的辨认。

五、心血管介入治疗技术与器械教育部工程研究中心

【发展沿革】

心血管介入治疗技术与器械教育部工程研究中心(简称"工程中心")成立于 2013 年 11 月。按

照《教育部关于下达 2013 年度教育部工程研究中心建设项目立项计划的通知》有关工程研究中心建设项目通知要求,以中山医院心内科多年构建的"心脏介入器械"的研发平台为核心建设区域,整合复旦大学高分子系及中山医院心外科和血管外科等技术研发力量,并与国内多家创新型医疗器械企业联手,建设成为一个多学科交叉,以心血管医疗器械转化为重点的工程研究中心。研究中心主任葛均波,副主任沈雳。

工程中心依托中山医院多学科综合优势,悠久的心血管技术与器械研发经验,在多年的建设与发展中不断形成具有中山特色的技术与器械研发创新模式。早在 20 世纪 50 年代,血管外科在国内首创国产真丝人造血管,心外科研制第一台国产静立垂屏式人工心肺机。2006 年,由中山医院作为主要研究单位研发的 EXCEL 西罗莫司药物洗脱支架,成为世界上首款应用于临床的可降解涂层支架,一举改变世界对于国内支架企业"只模仿不创新"的评价。2012 年,三氧化二砷支架上市,这是至 2017 年为止国内唯一拥有自主知识产权的药物洗脱支架。

【科学研究】

工程中心依托复旦大学心血管领域国内一流的临床中心,面向心血管介入及微创外科领域等国家重大需求和国际学术前沿,以心血管支架系统、结构性心脏病介入器械、肾交感神经消融、新型生物材料和组织工程修复、微创心外科器械 5 个领域为重点攻关方向,主持或参与多项国家级、省部级重大项目及国际合作项目。在完全可降解冠脉支架、肾动脉交感神经消融、经皮主动脉瓣置换等领域,均处于国内领先地位,创造了多项国内第一。Xinsorb 聚乳酸完全可降解支架已进入创新医疗器械特别审批程序,在行业中处于"领头羊"地位。肾动脉冷冻球囊消融治疗难治性高血压为世界首创,已进入临床实验阶段,初期受试者临床获益明显。2015 年,心外科完成国内首例 3D 打印导航心脏手术。一批技术专利,如经皮主动脉瓣置换系统及二尖瓣瓣膜夹合器,已完成成果转化。工程中心与全国多家医疗器械龙头企业及重点高校进行深入合作,走出一条强调产、学、研、医结合的医疗器械创新模式,提供心血管新器械动物试验、病理组织切片、分子生物学、材料体外相容性及临床数据统计分析为核心的技术服务平台,已成为国内享有盛誉的心血管介入器械研发基地。

工程中心在广泛开展介入器械研发的同时,也积极传播心血管创新理念,鼓励心血管医师参与心血管器械创新。2015 年 9 月,由工程中心作为主要发起人,中国心血管医生创新俱乐部(Center for Cardiovascular Innovations,CCI)在上海成立。俱乐部集创新培训、设计交流、研究支持、产业合作为一体,希望激发一线临床医师以发现和解决临床需求为导向的创新潜能。CCI 由中心主任葛均波担任俱乐部主席,副主任沈雳担任俱乐部秘书长,汇集中国心血管领域最有影响力及创造力的心血管病专家。在不到两年的时间里,CCI 成功举办多项活动,受到业界广泛关注,包括首届国际心血管技术和产业创新峰会、心血管诊疗技术与器械创新大赛及创新学院等。在这些活动中涌现出一大批具有创造力的心血管病医师,他们的很多构想和设计都逐步转化为产品。CCI 也重视国际交流合作,希望能将世界先进的创新理念带入中国。CCI 已与以色列心血管介入创新大会(ICI)及美国斯坦福大学生物设计(Biodesign)项目达成合作意向,并选派优秀人员进行学习和访问。

六、上海市肾脏疾病与血液净化重点实验室

【发展沿革】

2014 年 10 月,上海市肾脏疾病与血液净化重点实验室由上海市科委批准成立,任命丁小强担

任该实验室主任。中山医院肾内科方艺、贾平和上海医学院病理系张志刚为实验室副主任,林其谁为实验室学术委员会主任。

重点实验室基于复旦大学和中山医院相关学科的强强合作、优势互补,临床医学与基础医学和公共卫生等多个学科有机融合。

【科学研究】

实验室建有的共享技术平台包括非编码 RNA 技术平台、组学与尿毒症毒素研究技术平台、干细胞与肾脏疾病技术平台、表观遗传学技术平台、缺血性肾损伤实验研究平台、肾小球发病机制与肾脏发育技术平台、环境因素与肾脏疾病研究技术平台、转化医学技术平台、危重肾脏病/透析技术研究平台等。

主要研究方向包括:急性肾损伤发病机制和防治的基础与转化研究;慢性肾脏病进展机制和防治的研究;血液净化治疗新策略及其规范研究与应用;肾脏疾病诊治和血液净化技术的转化医学平台建设。2016 年 11 月,该实验室顺利通过试运行阶段的考核,进入正式运行状态。

七、国家中医药管理局神经生理病理实验室(三级)

【发展沿革】

2005 年 9 月,国家中医药管理局批准成立中西医结合神经疾病实验室(二级)。2009 年 8 月,国家中医药管理局委托各省中医药管理部门和有关单位负责组织,依托全国中医药科研实验室专家委员会开展中医药科研实验室(三级)评估工作,实验室达到相关标准,并更名为神经生理病理实验室(三级)。2011 年 7 月,实验室顺利通过中期评估。2005 年 9 月至 2017 年 12 月,由中山医院中医/中西医结合科主任蔡定芳任实验室主任。

【科学研究与成果】

实验室以神经内科常见疑难疾病如脑梗死、帕金森病、抑郁症为研究模型,着重验证中医药治疗上述疾病的疗效并探索其作用机制,包括小续命汤治疗急性缺血性卒中的神经血管单元保护作用与机制研究、地黄饮子治疗帕金森病的多巴胺能神经元保护作用与机制研究等,促进基础研究成果的临床转化。

2005—2017 年,实验室共发表 SCI 收录学术论文 29 篇,总影响因子 83.3。同期共获得科研项目 18 项,经费 1 500 万元,其中,国家级研究项目 7 项,经费 825 万元,占总经费的 55%。2006 年,蔡定芳(第一完成人)主持的"分期辨证治疗急性缺血性脑卒中研究"获中国中西医结合学会科学技术奖二等奖。2010 年,蔡定芳(第四完成人)主持的"肾阳虚证的神经内分泌学基础与临床应用"获国家科技进步奖二等奖。2017 年,蔡定芳(第一完成人)主持的"祛风通络及其演变方药治疗急性缺血性卒中临床疗效的神经血管单元保护作用与机制研究"获上海市中医药学会上海中医药科技成果奖一等奖。2013 年,蔡定芳(第一完成人)主持的"肉苁蓉提取物在制备治疗帕金森病药剂中的应用"获专利 1 项。

【共享技术平台】

实验室拥有凝胶成像系统、流式细胞分选仪、肌电诱发电位仪、血流动力学监测仪、立体显微镜、免疫组化仪等关键仪器设备。

八、上海结直肠肿瘤微创工程技术研究中心

【发展沿革】

上海结直肠肿瘤微创工程技术研究中心是由上海市科学技术主管部门于2017年批准成立的省级工程技术研究中心,由中山医院牵头,联合上海微创医疗器械(集团)有限公司、上海逸思医疗科技有限公司以及上海医疗器械(集团)有限公司手术器械厂3家国内微创医疗领域的优势企业共同组建,并与美中互利医疗有限公司结成战略合作伙伴。工程中心以微创医疗器械中的关键技术为研发对象,广泛进行产学研合作,成为微创医疗器械技术和产品的孵化基地;致力于打造微创技术人才培训平台;推广创新微创术式,是产、学、研三位一体的国内一流结直肠肿瘤微创工程技术研究中心。

2017年,工程中心有工作人员47人,具有研究生学历33人、高级职称8人、上海市领军人才1人,形成一支年龄、职称、学历结构合理和业务水平较高的人才队伍。中心技术委员会主任为秦新裕,中心主任为许剑民,副主任为韦烨、何超,办公室主任为任黎、钟芸诗。工程中心下设工程技术研究部、培训部、质量保证部等5个部门,拥有工程技术实验室、动物实验中心、手术培训中心等机构,研究设备国际先进。

【科学研究】

工程中心的主要任务包括:国产化手术机器人、高清/3D腹腔镜、手术能量平台、吻合器/切割闭合器等微创手术器械的研发;微创手术、研发、管理等人才培养;结直肠机器人、腹腔镜微创术式的创新和推广以及行业标准制定。

工程中心牵头单位是中山医院,其结直肠肿瘤微创诊疗水平国内领先,是中国唯一的机器人结直肠外科临床手术教育示范中心,年结直肠肿瘤手术超2 000例,机器人结直肠手术量位居全国首位,是"211""985"工程重点学科,国家临床重点专科,上海市"重中之重"临床医学重点学科。3家共建企业均为国内微创手术领域翘楚,产品获ISO 9001、美国FDA、欧盟CE、中国CFDA等专业认证,拥有专利2 000余项,承担多项国家、省部级研发项目,多次获国家科技进步奖、国家级科技兴业示范企业、国家创新型企业试点、上海市高新技术企业等荣誉。中心成立以来申请专利52项,获得授权专利12项;获得国家科技重大专项、上海市科委、上海市经信委等项目9项;发表论文20篇,更新诊疗指南1部;累计开展学术交流近40次,培训微创技术人员近300人。

工程中心以临床需求为核心,产学研紧密结合,加速微创手术技术创新、培训和推广应用,推动医疗器械设备产业从仿制研发向自主创新转型,实现设备国产化,产生显著经济和社会效益。

第二节　研　究　所

依托医院建设的上海市级和校级研究所是针对特定的研究方向有明确的发展规划与建设目标,并在上海市内或校内具有相对优势地位的虚体研究机构,也是医院开展科研创新活动的重要科研平台。

医院高度重视研究所的建设,最早可追溯到1958年成立的上海市胸病研究所。根据学科发展

方向,研究所的研究方向也不断完善调整,如胸病研究所于 1963 年更名为上海市心血管病研究所。
优势学科的研究所成熟一个发展一个:1993 年,成立上海市中西医结合康复医学研究所;2001 年,
成立上海市影像医学研究所;2012 年,成立上海市呼吸病研究所;2014 年,成立上海市肝病研究所
和上海市肾病与透析研究所。在新的学科生长点积极布局:2000 年,成立上海市临床营养研究中
心;2004 年,成立复旦大学循证医学中心;2014 年,成立上海市临床生物信息研究所;2015 年,成立
复旦大学泛血管医学研究院。至 2017 年底,已建有 8 个上海市级研究所(同级医院中最多),13 个
上海医科大学/复旦大学校级研究所,基本覆盖医院的优势学科,全面反映医院雄厚的综合实力。
这些研究所不仅确立和巩固相关学科的优势地位,成为科技创新的孵化器,也培育了一批重点实验
室、工程技术研究中心等研究基地。

表 5 - 1 - 4 1963—2014 年医院市级研究所情况表

成 立 时 间	机 构 名 称	批 准 部 门	负 责 人
1963 年 2 月	上海市心血管病研究所	上海市卫生局	葛均波
1993 年 3 月	上海市中西医结合康复医学研究所	上海市卫计委	汪 昕
2000 年 12 月	上海市临床营养研究中心	上海市科委	吴肇汉
2001 年 5 月	上海市影像医学研究所	上海市科委	王小林
2012 年 1 月	上海市呼吸病研究所	上海市卫生局	白春学
2014 年 2 月	上海市肝病研究所	上海市卫计委	樊 嘉
2014 年 4 月	上海市肾病与透析研究所	上海市卫计委	丁小强
2014 年 11 月	上海市临床生物信息研究所	上海市卫计委	王向东

表 5 - 1 - 5 1981—2016 年医院校级研究所情况表

成 立 时 间	机 构 名 称	批 准 部 门	负 责 人
1981 年 1 月	复旦大学核医学研究所	上海第一医学院	石洪成
1987 年 12 月	复旦大学肝癌研究所	上海医科大学	汤钊猷
1997 年 7 月	复旦大学呼吸病研究所	上海医科大学	白春学
1999 年 11 月	复旦大学血管外科研究所	上海医科大学	符伟国
2001 年 1 月	复旦大学器官移植中心	复旦大学	樊 嘉
2002 年 12 月	复旦大学超声医学与工程研究所	复旦大学	徐智章
2004 年 11 月	复旦大学循证医学中心	复旦大学	王吉耀
2008 年 3 月	复旦大学普通外科研究所	复旦大学	秦新裕
2008 年 7 月	复旦大学内镜诊疗研究所	复旦大学	姚礼庆
2014 年 3 月	复旦大学临床生物信息学研究中心	复旦大学	王向东
2015 年 1 月	复旦大学慢性代谢性疾病研究所	复旦大学	高 鑫
2015 年 6 月	复旦大学泛血管医学研究院	复旦大学	葛均波
2016 年 6 月	复旦大学中西医结合神经病学研究所	复旦大学	李文伟

第二章 科研人才、项目与获奖

第一节 科 研 人 才

中山医院历来重视人才培养。2006—2017年,中山医院获得137项人才培养计划资助。其中,国家级人才7项,省部级人才82项,局级人才48项,为医院的科研发展和学科建设提供重要的人才支撑。

表5-2-1 2006—2017年医院获科研人才培养计划情况表

年 份	人才培养计划名称	入 选 者
2006	教育部新世纪优秀人才	陈瑞珍
	上海市优秀学术带头人	樊 嘉
	上海市领军人才	樊 嘉 葛均波
	上海市医学领军人才	樊 嘉 葛均波 白春学 蔡定芳
	上海市教委曙光计划跟踪	周 俭
	上海市浦江人才	刘少稳
	上海市青年科技启明星计划跟踪	徐 泱
2007	国家杰出青年科学基金	葛均波
	上海市优秀学术带头人	董 健
	上海市领军人才	白春学 蔡定芳
	上海市教委曙光计划	王 鲁
	上海市青年科技启明星计划跟踪	任 宁 钱菊英
2008	教育部新世纪优秀人才	孙惠川
	上海市优秀学术带头人	符伟国 钦伦秀
	上海市教委曙光计划跟踪	葛均波
	上海市教委曙光计划	钱菊英
	上海市浦江人才	王向东 崔杰峰
	上海市公共卫生优秀学科带头人	胡必杰
	上海市公共卫生优秀青年人才	张 静 宋振举
	上海市青年科技启明星计划跟踪	张 峰 孙惠川
2009	上海市优秀学术带头人	舒先红
	上海市领军人才	王春生
	上海市浦江人才	程韵枫 郭津生 侯英勇
	上海市教委曙光计划	孙爱军

（续表）

年　份	人才培养计划名称	入　选　者
2009	上海市领军人才后备队	黄晓武
	上海市青年科技启明星计划跟踪	孙爱军
	上海市青年科技启明星计划	史颖弘
2010	上海市优秀学术带头人	周　俭
	上海市领军人才	符伟国
	上海市医学领军人才	钦伦秀　董　健
	上海市教委曙光计划跟踪	周　俭
	上海市浦江人才	过常发
	上海市青年科技启明星计划跟踪	徐　泱
	上海市青年科技启明星计划	高　强
	上海市教委晨光计划	丁振斌
2011	教育部创新团队	钦伦秀
	上海市优秀学术带头人	丁小强　钟春玖
	上海市领军人才	丁小强　董　健
	上海市卫生系统优秀学科带头人	朱同玉　周　俭　许剑民　丁小强　夏景林　吕迁洲
	上海市青年科技启明星计划跟踪	张　峰
	上海市青年科技启明星计划	丁振斌
	上海市卫生系统优秀青年人才	杨欣荣　董丽莉　钟芸诗　张　峰
	上海市教委晨光计划	高　强
2012	国家杰出青年科学基金	周　俭
	教育部新世纪优秀人才	孙爱军
	上海市优秀学术带头人	曾昭冲　许剑民
	上海市领军人才	周　俭　许剑民
	上海市浦江人才	杨向东
	上海市公共卫生优秀学科带头人	江孙芳
	上海市青年科技启明星计划	钟芸诗　董丽莉
2013	教育部创新团队	葛均波
	上海市优秀学术带头人	朱同玉　陈瑞珍
	上海市领军人才	朱同玉　夏景林
	上海市浦江人才	程登峰　宋满根　徐　泱
	上海市卫生系统优秀学科带头人	钱菊英　邱双健　周平红　潘志刚　林　江
	上海市青年科技启明星计划跟踪	任　宁
	上海市青年科技启明星计划	李　锋　武多娇
	上海市卫生系统优秀青年人才	高　强　李　锋　王利新　程登峰

（续表）

年 份	人才培养计划名称	入 选 者
2014	上海市优秀学术带头人	王春生　夏景林
	上海市领军人才	邹云增　汪　昕
	上海市浦江人才	孙晓宁
	上海市教委曙光计划	史颖弘
	上海市教委晨光计划	易　勇
2015	国家自然科学基金委员会创新研究群体	葛均波
	国家自然科学基金委员会优秀青年科学基金	高　强　张英梅
	上海市优秀学术带头人	钱菊英
	上海市青年科技启明星计划	周　健
	上海市领军人才	曾蒙苏
	上海市医学领军人才	钱菊英　王文平
	上海市浦江人才	姜　磊　郭　坤
	上海市教委晨光计划	朱　铠
2016	上海市优秀学术带头人	周京敏　叶青海
	上海市领军人才	曾昭冲
	上海市浦江人才	王洪山　佘　君　吴文川
	上海市青年科技启明星计划	胡　捷
	上海市教委晨光计划	李全林
2017	国家杰出青年科学基金	孙爱军
	国家自然科学基金委员会优秀青年科学基金	陆　炎
	上海市优秀学术带头人	孙惠川　楼文晖
	上海市领军人才	姜　红
	上海市卫生系统优秀学科带头人	高　强　钟芸诗　刘　澎　程蕾蕾
	上海市浦江人才	朱　铠　刘玥隽　武多娇
	上海市教委曙光计划	高　强
	上海市卫生系统优秀青年人才	李全林　陈章炜
	上海市青年科技启明星计划	陆　炎

第二节　科　研　项　目

1985—2017 年，医院共获各级各类科研基金 3 316 项，特别是国家级项目、重点项目及人才专项基金增长较快，因此所获经费明显增加。其中，2013—2017 年，获基金 1 040 项，获得科研经费 5.426 2 亿元。

2005 年，医院为加强青年医师培养，设立医院科研启动基金——复旦大学附属中山医院青年科学基金；2008 年，增设管理科学基金；2009 年，增设科技创新基金；2015 年，增设优秀骨干计划和优秀青年计划;2016年,增设临床研究专项和科研发展基金。2008—2017年,已资助青年科学基金491项,管理科学基金99项,科技创新基金113项,优秀骨干计划47项,优秀青年计划60项,临床研究专项22项,科研发展基金98项,共资助7820万元。

第三节 科研获奖

自20世纪80年代以来,医院的科研获奖硕果累累,共获得15项国家奖,其中一等奖2项,分别为肝外科汤钊猷1985年的项目"小肝癌的诊断与治疗"和2006年"转移性人肝癌模型系统的建立及其在肝癌转移研究中的应用";二等奖9项;三等奖4项。

省部级中华医学科技奖、教育部奖和上海市科技奖共计195项,其中,一等奖27项,二等奖63项,三等奖102项,国际合作奖1项,上海市科技功臣2项。局级奖共计57项,其中,一等奖8项,二等奖19项,三等奖27项,推广奖3项。各类行业奖共计获奖116项,其中,由上海市总工会组织的"优秀发明选拔赛",医院共获得金、银、铜奖共计52项,充分体现医院职工在工作中开拓思路、积极进取的精神。

肝外科樊嘉、心内科葛均波和邹云增分别获得了2009、2011和2013年上海市科技精英称号。2014年,心实验室孙爱军获得上海市科技英才称号。肝外科汤钊猷获得陈嘉庚生命科学奖;心内科葛均波、肝外科樊嘉和周俭获得谈家桢生命科学奖。另外,从医院所获的华夏医疗科技奖、抗癌协会奖、恩德思医学科学技术奖、护理学会奖等个人和项目奖项情况来看,从各个方面展现了医院科研团队和科研工作者的整体实力。

一、国家级奖项

20世纪80年代中期,由于缺乏早期发现和诊断手段,发现肝癌即晚期,肝癌患者平均只生存5个月。肝外科汤钊猷小组在用甲胎蛋白监测肝癌高危人群的实践中解决当时"早诊早治"的关键:证明肝癌有一较长的无症状(亚临床)期,是诊治肝癌的最佳时机。创用甲胎蛋白动态分析诊断无症状的肝癌。提出以局部切除代替肝叶切除治疗伴肝硬化的小肝癌,提高安全性。其结果使肝癌切除的5年生存率翻一番(小肝癌为57%,大肝癌为31%),并在国内外推广。住院肝癌患者的5年生存率也由70年代的7.4%提高到近十年的42.1%。小肝癌切除至今仍是提高肝癌疗效的最重要途径。国际肝病学奠基人汉斯·波普(Hans Popper)认为"亚临床肝癌概念是人类认识和治疗肝癌的重大进展"。项目"小肝癌的诊断与治疗"1985年获得国家科技进步奖一等奖。随后又将其原理用于大肝癌,通过综合治疗使之变为小肝癌,创建了"缩小后切除"的策略,使部分原无切除机会的患者获得切除,甚至治愈,获1991年国家科技进步奖三等奖。

在解决"早诊早治"和大肝癌"缩小后切除"后,汤钊猷又发现要进一步提高肝癌疗效,必须解决转移问题。但国际上尚无可用的"癌转移模型"。他发展"种子与土壤"学说,从过去未被注意的"改造土壤环境也可诱变种子特性"出发,创建三项建立模型的关键技术,建成不同转移潜能和不同转移靶向的模型系统。该模型已向全球近百研究机构推广应用。美国国立癌症研究所用此模型后认为"这是可供研究肝癌转移和识别抗转移药物的第一个模型,对学术研究和药物筛选均很有用"。这项理论及项目"转移性人肝癌模型系统的建立及其在肝癌转移研究中的应用"获2006年国家科技进步奖一等奖,也是医院第二个国家科技进步奖一等奖。

心内科葛均波的项目"新型可降解涂层冠脉药物洗脱支架的研发",所研发的新型可降解涂层药物支架具有内皮覆盖快、炎症和血栓发生率低等临床应用优势,疗效和安全性更好,得到国内外心血管介入专家的一致认可,已在全国超过 900 家医疗机构获得临床应用。针对传统冠脉药物支架缺陷,创制中国首例可降解涂层支架,惠及病患,成为中国成果科技转化的成功范例。该项目获 2011 年国家技术发明奖二等奖。

肝外科樊嘉的项目"肝癌肝移植术后复发转移的防治新策略及关键机制",历时 12 年,完成肝癌肝移植 702 例,建立肝癌肝移植术后复发转移防治新策略,揭示其关键机制。应用该项目成果,使该中心肝癌肝移植术后 5 年生存率由应用前的 56.1% 提高至 65.9%,显著提高肝癌肝移植疗效,项目获得 2012 年国家科技进步奖二等奖。

表 5-2-2　1985—2015 年医院科研项目获国家级奖项情况表

年份	项　目　名　称	奖项名称	获奖部门	获奖者
1985	小肝癌的诊断与治疗	国家科技进步奖一等奖	肝外科	汤钊猷
1987	液电冲击波体外破碎肾结石技术	国家科技进步奖一等奖	泌尿外科	章仁安
1989	病毒性心肌炎的临床及实验研究	国家科技进步奖三等奖	心内科	杨英珍
1991	手术证实不能切除肝癌的缩小后切除	国家科技进步奖三等奖	肝外科	汤钊猷
1992	无创性核素时相分析和心脏断层显像在早期诊断冠心病中的研究	国家科技进步奖三等奖	心内科	诸骏仁
1998	《现代肿瘤学》	国家科技进步奖三等奖	肝外科	汤钊猷
2004	病毒性心肌炎与扩张型心肌病的临床与实验研究	国家科技进步奖二等奖	心内科	杨英珍
2005	影像学和介入放射学新技术在肝癌诊断和治疗中的系列研究	国家科技进步奖二等奖	放射科	周康荣
2006	转移性人肝癌模型系统的建立及其在肝癌转移研究中的应用	国家科技进步奖一等奖	肝外科	汤钊猷
2006	血管内超声与多普勒技术在冠状动脉疾病诊治中的应用研究	国家科技进步奖二等奖	心内科	葛均波
2008	肝癌门静脉癌栓形成机制及多模式综合治疗技术	国家科技进步奖二等奖	肝外科	樊　嘉
2010	肝癌转移机制的新发现及其意义	国家自然科学奖二等奖	肝外科	钦伦秀
2011	新型可降解涂层冠脉药物洗脱支架的研制	国家技术发明奖二等奖	心内科	葛均波
2012	肝癌肝移植术后复发转移的防治新策略及关键机制	国家科技进步奖二等奖	肝外科	樊　嘉
2014	《专家解读腰椎间盘突出症》	国家科技进步奖二等奖	骨　科	董　健
2015	结直肠癌肝转移的多学科综合治疗	国家科技进步奖二等奖	普外科	秦新裕

二、省部级奖项

医院自创院以来,专家在临床工作中结合科研工作,创新出许多有益于患者的科研成果。1972

年，泌尿科缪中良研制成功全国第一个标准平板型人工肾，该项目获 1974 年上海市重大科技成果奖。

2003 年，放射科周康荣在国内外首创"小和微小肝癌影像学诊断新技术"和"肝癌综合介入治疗方案"，使小和微小肝癌的检出率处于世界领先地位，使中晚期肝癌的疗效明显提高，患者 3 至 5 年生存率达到国际先进水平。该项目获得当年的上海市科技进步奖一等奖，后获得国家科技进步奖二等奖。

2009 年，心内科葛均波领衔"冠状动脉介入治疗后支架内再狭窄的防治"项目获上海市科技进步奖一等奖。

2010 年，普外科秦新裕课题组起草并牵头制定了中国第一部结直肠癌肝转移诊治指南——《结直肠癌肝转移诊断和综合治疗指南》(2010 版)，并撰写了国内外第一部相关专著《结直肠癌肝转移早期诊断和综合治疗》。《结直肠癌肝转移诊断和综合治疗指南》被卫生部《结直肠癌诊疗规范》(2010 版)采纳，项目获得 2011 年教育部科技进步奖一等奖、2012 年上海市科技进步奖一等奖和 2015 年国家科技进步奖二等奖。

2012 年，肝外科樊嘉领衔的"肝癌肝转移适应证优化及复发防治策略"项目，获上海市科技进步奖一等奖，被列入近年来上海医学科技最新的"十大进展"之一。

2013 年，骨科董健领衔的"腰椎间盘突出症系列"科普书，获上海市科技进步奖二等奖、国家科技进步奖二等奖(科普类)，董健成为首位以科普书籍项目获得国家奖的医务人员。

2015 年，肝外科樊嘉领衔的项目"肿瘤微环境调控肝癌转移复发的机制研究"，获得教育部自然科学奖一等奖。樊嘉团队在国内外率先开展肝癌微环境与肿瘤复发转移的系列研究工作，经过 15 年的潜心研究，形成相对完整的肝癌微环境调控理论。后续对该工作向临床转化做更深层次的推进，对研究肝癌转移复发的客观规律和内在机制，进而探索新的临床干预策略具有十分重要的意义。

2016 年，内镜中心周平红领衔的项目"内镜微创治疗食管疾病技术体系的创建与推广"，依托内镜微创优势，历时 7 年，世界首创多项内镜新技术，从技术标准化、适应证扩展和并发症防治上开展系统研究，创建并推广内镜微创治疗食管疾病技术体系，疗效显著。该项目获得当年的上海市科技进步奖一等奖。

表 5-2-3 2007—2017 年医院科研项目和个人获省部级奖项情况表

年份	项 目 名 称	奖 项 名 称	获奖部门	获奖者
2007	肝癌转移机制的新发现及其意义	教育部自然科学奖一等奖	肝外科	钦伦秀
2007	消化道肿瘤及慢性肝病靶向纳米药物载体研制	教育部科技进步奖二等奖	消化科	沈锡中
2007	缺血性心脏病心肌再生治疗的基础研究和临床应用	教育部科技进步奖二等奖	心内科	葛均波
2007	消化道肿瘤及慢性肝病靶向纳米药物载体研制	上海市科技进步奖二等奖	消化科	沈锡中
2007	女性乳腺癌死亡率的诊断检测方法与应用	上海市科技进步奖二等奖	分部普外科	高道利
2008	原位心脏移植治疗终末期心脏病	上海市科技进步奖二等奖	心外科	王春生
2008	原位心脏移植治疗终末期心脏病	中华医学科技奖二等奖	心外科	王春生
2008	主动脉扩张性疾病的腔内治疗	上海市科技进步奖三等奖	血管外科	符伟国
2008	主动脉扩张性疾病的腔内治疗	教育部科技进步奖二等奖	血管外科	符伟国

（续表）

年份	项 目 名 称	奖 项 名 称	获奖部门	获奖者
2008	肝纤维化细胞分子机制与治疗策略	上海市科技进步奖三等奖	消化科	王吉耀
2008	肝纤维化细胞分子机制与治疗策略	中华医学科技奖三等奖	消化科	王吉耀
2008	肝纤维化细胞分子机制与治疗策略	教育部科技进步奖二等奖	消化科	王吉耀
2008	冠状动脉介入治疗后再狭窄的机制及干预研究	教育部科技进步奖一等奖	心内科	葛均波
2009	冠状动脉介入治疗后支架内再狭窄的防治	上海市科技进步奖一等奖	心内科	葛均波
2009	肝癌转移的分子基础与分子预测	上海市自然科学奖一等奖	肝外科	钦伦秀
2009		上海市科技功臣奖	心研所	陈灏珠
2009	消化系统磁靶向和温度可控纳米靶向药物载体的实验研究	中华医学科技奖三等奖	消化科	沈锡中
2009	冠状动脉支架内再狭窄的防治	中华医学科技奖三等奖	心内科	葛均波
2010	可降解涂层新型冠状动脉支架的研制及国产化	上海市发明奖一等奖	心内科	葛均波
2010	原发性肝癌放射治疗——实验研究与临床实践	中华医学科技奖二等奖	放疗科	曾昭冲
2010	缺血性心脏病心肌再生治疗的基础研究和临床应用	教育部科技进步奖二等奖	心内科	葛均波
2011	结直肠癌肝转移的外科和综合治疗	教育部科技进步奖一等奖	普外科	秦新裕
2011	基于超声造影确立肝癌血供分型创建个体化微创治疗的综合研究	上海市科技进步奖一等奖	超声科	
2011	肝癌肝移植适应证优化及复发防治策略	上海市科技进步奖一等奖	肝外科	樊 嘉
2011	大段骨缺损修复的基础条件和关键技术的研究	上海市科技进步奖一等奖	骨 科	董 健
2011	内镜黏膜下剥离术和黏膜下挖除术治疗消化道早期癌和黏膜下肿瘤	上海市科技进步奖三等奖	内镜中心	姚礼庆
2011		上海市国际合作奖	心研所	小室一成（日本）
2012	由疾病保健转向疾病预防的医学科普	上海市科技进步奖一等奖	全科医学科	杨秉辉
2012	结直肠癌肝转移的外科和综合治疗	上海市科技进步奖一等奖	普外科	秦新裕
2012	急性肺损伤发病机制、诊治新技术研究和临床应用	上海市科技进步奖二等奖	呼吸科	白春学
2013	"腰椎间盘突出症系列"科普书	上海市科技进步奖二等奖	骨 科	董 健
2013	胃肠道间质瘤的良恶性、分期分级和临床应用	上海市科技进步奖三等奖	病理科	侯英勇
2013	心肌重构的发生发展和早期防治的研究	教育部科技进步奖二等奖	心内科	邹云增
2014	心肌重构的调控机制及其临床应用	上海市科技进步奖一等奖	心内科	邹云增

（续表）

年份	项 目 名 称	奖 项 名 称	获奖部门	获奖者
2014	心肌重构的调控机制及其临床应用	中华医学科技奖三等奖	心内科	邹云增
2014	复杂主动脉夹层腔内治疗方案的优化	上海市科技进步奖二等奖	血管外科	符伟国
2014	复杂主动脉夹层腔内治疗方案的优化	中华医学科技奖二等奖	血管外科	符伟国
2014	复杂主动脉夹层腔内治疗方案的优化	教育部科技进步奖二等奖	血管外科	符伟国
2014	慢性肝病中肝纤维化无创伤性诊断新方法的创建及其靶向治疗	上海市科技进步奖二等奖	消化科	王吉耀
2014	结构性心脏病介入治疗新技术的临床应用	上海市科技进步奖三等奖	心内科	周达新
2015	肿瘤微环境调控肝癌转移复发的机制研究	教育部自然科学奖一等奖	肝外科	樊　嘉
2015	急性肾损伤的有效防治和危重病例的血液净化治疗	上海市科技进步奖一等奖	肾内科	丁小强
2015	原发性肝癌放射治疗基础研究与临床	上海市科技进步奖二等奖	放疗科	曾昭冲
2015	磁性纳米微球在肝癌早期诊断标志物筛选中的应用	上海市科技进步奖二等奖	消化科	沈锡中
2015	多维超声参数评价心肌节段功能的临床和实验研究	上海市科技进步奖三等奖	心超室	舒先红
2015	综合影像学在胰腺肿瘤中的应用	上海市科技进步奖三等奖	放射科	曾蒙苏
2016	内镜微创治疗食管疾病技术体系的创建与推广	上海市科技进步奖一等奖	内镜中心	周平红
2016	胸腹腔镜微创食管癌根治术的技术创新和推广	上海市科技进步奖二等奖	胸外科	谭黎杰
2016	多维超声参数评价心肌节段功能的临床和实验研究	中华医学科技奖二等奖	心超室	舒先红
2016	结直肠疾病内镜微创治疗新策略	中华医学科技奖三等奖	内镜中心	周平红
2017	内镜微创治疗上消化道肿瘤技术体系的创建与推广	教育部科技进步奖一等奖	内镜中心	周平红
2017		教育部青年科学奖	肝外科	高　强

第三章 论文、著作和专利

第一节 论 文

2008—2017 年,医院共计发表论文 11 713 篇,其中 SCI 论文 3 928 篇,国内核心期刊 7 785 篇。医院发表于国外的论文稳步发展,SCI 论文从 2000 年的 21 篇发展到 2017 年的 620 篇,有了突破性的进步。在数量上升的同时,高质量的 SCI 论文也层出不穷,2007 年以来,医院发表的影响因子 5 分以上高质量论文达到 560 篇。根据中国科学技术信息研究所公布的中国科技论文统计结果,2017 年中国卓越国际论文较多的医疗机构排行中,医院以卓越论文比例 45.74％的优异数据排名全国医疗机构第七名;2017 年国际论文被引用篇数较多的医疗机构排名中,医院也以 22.34％的增长率排名全国医疗机构第十名。

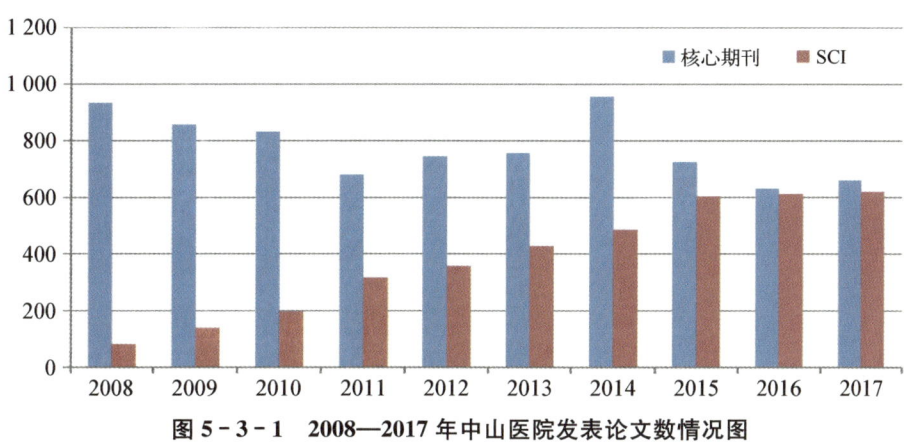

图 5 - 3 - 1　2008—2017 年中山医院发表论文数情况图

第二节 著 作

一、学术专著

1952 年,放射科荣独山主编了《普通 X 线诊断学》,成为国内最早的高等医学院放射学统编教材。1960 年,黄家驷主编的《外科学》正式出版,成为中国较早的外科学专著,对训练青年外科医师发挥巨大作用,至今仍为广大外科医师重要的参考书。1963 年,陶寿淇与上海市第六人民医院董承琅合编的国内第一本心脏病学专著《实用心脏病学》出版。1964 年,林兆耆主编的《内科学》出版,这是国内十多位著名教授共同参与编写和评阅的中国第一本高等医学院校教科书。1982 年,汤钊猷主编的《原发性肝癌》由上海科学技术出版社出版。该书系中国第一本肝癌专著,被评为1977—1981 年全国优秀科技图书。

进入 21 世纪,专家们出版的专著无论在数量和质量上,都有飞跃。2009 年,内镜中心姚礼庆牵头编写的《内镜黏膜下剥离术》出版,这是国内首部专门介绍消化道早癌最新治疗方法的专著,规范了中国内镜的诊断和治疗,填补中国内镜诊治领域的空白。2011年,核医学科石洪成与上海交通大学医学院黄钢共同主编的《心脏核医学》专著出版,是国内首部心脏核医学方面的专著。2015年,由普外科吴国豪主编的《临床营养理论与实践》由上海科学技术出版社出版,该书是国内最先系统介绍临床营养的专著。

表 5－3－1　1996—2017 年医院出版专著、译著情况表

出版年份	书　　名	出　版　社	编写方式	作　　者	科　室
1996	胸部颈面部 CT	上海医科大学出版社	主　编	周康荣	放射科
1996	运动医学	上海科技教育出版社	主　编	陈中伟	骨　科
1996	实用核医学显像技术	上海医科大学出版社	主　编	方瑞英	核医学科
1996	肝纤维化的基础研究及临床(第二版)	人民卫生出版社	主　编	杨长青	消化科
1996	医学心理学	上海医科大学出版社	主　编	徐俊冕	心理科
1997	超声成像原理及腹部诊断	上海交通大学出版社	主　编	徐智章	超声科
1997	消化系统疾病手术经验文集	沈阳出版社	主　编	周信达	肝研所
1997	实用胸膜疾病学	上海医科大学出版社	主　编	张敦华	呼吸科
1997	体表颈部乳房血管手术图解	上海三联书店	主　编	孟承伟	普外科
1997	外科学应用多选题	上海医科大学出版社	主　编	张轶斌	普外科
1997	让心中的太阳发光	上海医科大学出版社	主　编	徐俊冕	心理科
1997	实用内科学	人民卫生出版社	主　编	陈灏珠	心脏内科
1997	血管外科手术图谱	山东科学技术出版社	主　编	石美鑫　吴肇光 陈福真　陈中伟	血管外科
1998	腹部介入放射学	上海医科大学出版社	主　编	王建华　王小林 颜志平	放射科
1998	螺旋 CT	上海医科大学出版社	主　编	周康荣	放射科
1998	家庭用药手册	东方出版中心	主　编	杨秉辉	肝研所
1998	周围神经损伤基础与临床研究	山东科学技术出版社	主　编	陈中伟	骨　科
1998	胃肠道外科	湖南科学技术出版社	主　编	蔡成机	普外科
1998	现代中医病理学基础	上海科学普及出版社	副主编	戴豪良	中医科
1999	原发性肝癌	上海科学技术出版社	主　编	汤钊猷　余业勤	肝研所
1999	百大医学发现	上海科技教育出版社	主　译	任正刚　杨秉辉	肝研所
1999	老龄化与老年医学新进展	上海医科大学出版社	主　编	石凤英	康复医学科
1999	红斑狼疮的防治	上海医科大学出版社	主　编	秦万章	皮肤科
1999	临床经济学	上海医科大学出版社	副主编	王吉耀	消化科
1999	现代肝病治疗理论与进展	上海医科大学出版社	主　编	王吉耀	消化科
1999	认知心理治疗	贵州教育出版社	主　编	徐俊冕　季建林	心理科

（续表）

出版年份	书　名	出　版　社	编写方式	作　者	科　室
1999	临床实用心理护理	上海医科大学出版社	主　编	徐俊冕	心理科
2000	体部磁共振成像	上海医科大学出版社	主　编	周康荣　陈祖望	放射科
2000	妇产科(第二版)	上海医科大学出版社	主　编	盛丹菁	妇产科
2000	肝胆肿瘤学	天津科学技术出版社	主　编	杨秉辉	肝研所
2000	医院感染管理学	军事医学科学出版社	副主编	何礼贤	呼吸科
2000	抗感染化学治疗	上海医科大学出版社	主　编	何礼贤　徐元钊　胡必杰　瞿介明	呼吸科
2000	实用检验医学指南	上海科学普及出版社	副主编	潘柏申	检验科
2000	现代糖尿病学	上海医科大学出版社	副主编	杨永年	内分泌科
2000	损伤与疾病的法医鉴定	法律出版社	主　编	牛伟新	普外科
2000	内科危重病诊治	人民卫生出版社	副主编	崔尧元	神经外科
2000	内科临床思维	科学出版社	副主编	张希德　蔡则骥	消化科
2000	心血管病学新理论与新技术	上海科技教育出版社	主　编	陈灏珠	心研所
			副主编	童步高　蔡迺绳	
2000	血管内超声波多普勒学	人民卫生出版社	主　编	葛均波	心研所
2000	中国家庭医疗指南	中国书籍出版社	主　编	李志善	心研所
2000	实用非处方药物手册	上海科技教育出版社	主　编	吕迁洲	药剂科
2001	现代腹部超声诊断学	科学出版社	主　编	徐智章	超声科
2001	临床妇产科手册	上海科技教育出版社	主　编	盛丹菁	妇产科
2001	实用妇产科药物手册	上海科学技术出版社	副主编	杨来春	妇产科
2001	实用肝胆肿瘤外科学	复旦大学出版社	主　编	马曾辰　吴志全	肝研所
2001	汤钊猷临床肝癌学	上海科技教育出版社	主　编	汤钊猷	肝研所
2001	临床肿瘤手册	上海科技教育出版社	主　编	杨秉辉　任正刚	肝研所
2001	核医学影像与临床思维	上海科学技术出版社	主　编	陈绍亮	核医学科
2001	机械通气	上海科学技术出版社	主　编	朱　蕾　钮善福	呼吸科
2001	最新临床检验手册	湖南科学技术出版社	主　编	梅振武　潘柏申	检验科
2001	疼痛的基础与临床	复旦大学出版社	主　编	蒋　豪	麻醉科
2001	镇江米醋的药用功能	中国农业科学技术出版社	主　编	秦万章	皮肤科
2001	现代内镜学	复旦大学出版社	主　编	刘厚钰　姚礼庆	普外科
2001	临床普外科手册	上海科技教育出版社	主　编	吴肇汉	普外科
			副主编	张延伟	
2001	实用临床营养治疗学	上海科学技术出版社	主　编	吴肇汉	普外科
			副主编	吴国豪　靳大勇	

（续表）

出版年份	书　名	出　版　社	编写方式	作　者	科　室
2001	心灵重塑	北京出版社	主编	徐俊冕	心理科
2001	综合医院精神卫生	上海科学技术文献出版社	副主编	季建林	心理科
2001	病毒性心脏病	上海科学技术出版社	主编	杨英珍	心研所
			副主编	宿燕岗	
2001	心血管内科手册	人民卫生出版社	主译	陈灏珠	心研所
			副主译	戎卫海	
2001	临床用药须知	化学工业出版社	主编	诸骏仁	心研所
2001	实用内科学（第十一版）	人民卫生出版社	主编	陈灏珠	心研所
2001	动脉瘤与动脉闭塞	上海科学技术出版社	主编	叶建荣	血管外科
2001	袖珍血液系统用药手册	上海科学技术出版社	主编	邹善华　李大启	血液科
2001	乳房整形再造外科	人民卫生出版社	主编	亓发芝	整形科
2002	外周血管超声彩色血流成像	人民卫生出版社	主编	徐智章	超声科
2002	机械通气及临床应用	上海科学技术出版社	副主编	蔡映云	呼吸科
2002	现代自我用药与就医必备	复旦大学出版社	主编	杨永年	内分泌科
			副主编	陶福兴	
2002	*The Basic Study and Clinical*	First Jumbo Publishing Co.	主编	杨长青	消化科
2002	循证医学与临床实践	科学出版社	主编	王吉耀	消化科
2002	性心理咨询	同济大学出版社	副主编	季建林	心理科
2002	默克老年病手册	人民卫生出版社	主译	陈灏珠	心研所
			副主译	刘厚钰	
2002	常见心电图的诊断与鉴别诊断图谱	复旦大学出版社	主编	李高平　李景霞	心研所
2002	现代外科学（上、下册）	复旦大学出版社	主编	石美鑫	心研所
2002	实用外科学（第二版）	人民卫生出版社	主编	石美鑫	心研所
			副主编	张光健	
2002	现代实用急诊医学	黑龙江科学技术出版社	副主编	杨　成	心研所
2002	2002中医药博士论坛：中医药的继承、创新与发展	北京出版社	副主编	蔡定芳	中医科
2003	铁林迪妇科手术学	山东科学技术出版社	主译	杨来春	妇产科
2003	肝癌转移复发的基础与临床	上海科技教育出版社	主编	汤钊猷	肝研所
2003	医院管理学·教学、科研管理分册	人民卫生出版社	分册主编	杨秉辉	肝研所
			分册副主编	王国民　王玉琦	

（续表）

出版年份	书　名	出　版　社	编写方式	作　者	科　室
2003	水、电解质与酸碱平衡紊乱	上海科学技术出版社	主编	朱　蕾	呼吸科
2003	麻醉信息学	中国协和医科大学出版社	主编	薛张纲　朱　彪	麻醉科
2003	临床执业医师手册	中国医药科技出版社	副主编	崔尧元	神经外科
2003	危重病手册	上海科学技术出版社	副主编	崔尧元	神经外科
2003	临床内科学——新进展、新技术、新理论	复旦大学出版社	主编	王吉耀	消化科
2003	内毒素基础与临床	科学出版社	主编	张顺财	消化科
2003	内科学试题与题解	上海科学技术文献出版社	主　编 / 副主编	王吉耀 / 蔡映云	消化科
2003	现代消化科手册	上海科学技术文献出版社	主　编	王吉耀	消化科
2003	精神医学	复旦大学出版社	主　编	季建林	心理科
2003	抑郁障碍诊疗关键	江苏科学技术出版社	主　编	季建林	心理科
2003	大辞海·医药科学卷	上海辞书出版社	副主编	石美鑫	心研所
2003	心血管病诊断治疗学	安徽科学技术出版社	主　编	陈灏珠	心研所
2003	高血压与相关疾病	郑州大学出版社	主　编	陈灏珠	心研所
2003	常见内外妇科疾病的诊治及护理	黑龙江科学技术出版社	副主编	杨　成	心研所
2003	血管外科治疗学	上海科学技术出版社	主　编	王玉琦　叶建荣	血管外科
2004	肿瘤的分子诊断与预测	上海科技教育出版社	主　编	钦伦秀	肝研所
2004	呼吸系统疾病的诊断与鉴别诊断	天津科学技术出版社	主　编	白春学　钮善福　何礼贤	呼吸科
2004	结核病防治新进展	复旦大学出版社	副主编	瞿介明	呼吸科
2004	免疫低下与感染	上海科学技术文献出版社	主　编	瞿介明　何礼贤　胡必杰	呼吸科
2004	临床肺功能	人民卫生出版社	主　编	朱　蕾	呼吸科
2004	临床实验诊断学	上海科学技术出版社	主　译	潘柏申	检验科
2004	实用神经眼科学	上海科学技术文献出版社	主　编	谢瑞满	老年病科
2004	内分泌系统疾病的诊断与鉴别诊断	天津科学技术出版社	主　编	杨永年	内分泌科
2004	外科并发症的预防和治疗	复旦大学出版社	主　编	秦新裕　姚礼庆	普外科
2004	临床内科学——新进展、新技术、新理论（续集）	复旦大学出版社	主　编	王吉耀	消化科

（续表）

出版年份	书　名	出　版　社	编写方式	作　者	科　室
2004	消化系统疾病诊断与鉴别诊断	科学出版社	主　编	张顺财	消化科
2004	介入心脏病学手册	科学出版社	主　译	葛均波　钱菊英	心研所
2004	心房颤动与导管射频消融心脏大静脉电隔离术	科学出版社	主　编	刘少稳	心研所
2004	临床超声心动图新技术	复旦大学出版社	主　编	舒先红	心研所
2004	实用眼表病学	北京科学技术出版社	副主编	朱志忠	眼　科
2004	中西医角膜病学	人民军医出版社	副主编	朱志忠	眼　科
2004	诊断学大词典	华夏出版社	副主编	杨　震	整形科
2005	胆道疾病介入放射学	复旦大学出版社	主　编	王小林	放射科
			副主编	龚高全	
2005	现代内科学进展	上海科学技术文献出版社	主　编	杨秉辉	肝研所
2005	现代消化系肿瘤	上海中医药大学出版社	主　编	周信达	肝研所
2005	急性呼吸窘迫综合征	复旦大学出版社	主　编	白春学	呼吸科
2005	实用血液净化护理	上海科学技术出版社	主　编	林惠凤	护理部
2005	哮喘病学（第二版）	人民卫生出版社	副主编	蔡映云	老年病科
2005	糖尿病现代治疗学	科学出版社	主　编	杨永年	内分泌科
2005	临床免疫学	复旦大学出版社	副主编	李　明	皮肤科
2005	休克的基础与临床	科学出版社	主　编	祝墡珠　黄培志	全科医学科
2005	慢性肝病	科学技术文献出版社	主　编	张顺财　石碧坚　王伟岸	消化科
2005	中华人民共和国药典临床用药须知：化学药和生物制品卷	人民卫生出版社	主　编	诸骏仁	心研所
2005	实用内科学（第十二版）	人民卫生出版社	主　编	陈灏珠	心研所
2005	常见病症诊断手册	上海科学技术出版社	主　译	王齐兵	心研所
2005	望舌诊疗图解	辽宁科学技术出版社	主　编	戴豪良	中医科
2005	眼耳鼻咽喉及口腔疾病药膳疗法	上海科学技术文献出版社	主　编	王翔宇	中医科
2006	胃肠道间质瘤	上海科学技术文献出版社	副主编	侯英勇	病理科
2006	当代脊柱外科内固定技术	上海科技教育出版社	主　编	陈统一	骨　科
2006	脊柱外科手术图谱	复旦大学出版社	主　译	阎作勤　董健　姚振均	骨　科
2006	下呼吸道感染实验诊断规范	上海科学技术出版社	主　编	胡必杰	呼吸科

（续表）

出版年份	书　名	出　版　社	编写方式	作　者	科　室
2006	医院感染学	复旦大学出版社	主　编	胡必杰	呼吸科
2006	呼吸重症监护和治疗	科学技术文献出版社	副主编	蔡映云	老年病科
2006	内科危重病	人民卫生出版社	副主编	蔡映云	老年病科
2006	实用临床营养学	复旦大学出版社	主　编	吴国豪	普外科
2006	临床流行病学——临床科研设计方法	复旦大学出版社	副主编	王吉耀	消化科
2006	临床诊断基本技术操作	上海科学技术文献出版社	主　编	傅志君	消化科
2006	循证医学与临床实践	科学出版社	主　编	王吉耀	消化科
2006	医学心理学与精神医学	复旦大学出版社	主　编	季建林	心理科
2007	腹盆部肿瘤放射治疗学	复旦大学出版社	主　编	曾昭冲	放射科
2007	腹部影像诊断必读	人民军医出版社	主　编	曾蒙苏	放射科
2007	医学"软件"——医教研与学科建设随想	复旦大学出版社	主　编	汤钊猷	肝研所
2007	现代周围神经外科学	上海科学技术出版社	主　编	陈统一	骨　科
2007	机械通气	上海科学技术出版社	主　编	朱　蕾　钮善福	呼吸科
2007	呼吸系统疾病的细胞和分子生物学	复旦大学出版社	主　编	何礼贤　瞿介明　胡必杰	呼吸科
2007	心肺脑复苏进展	人民卫生出版社	主　编	童朝阳　姚晨玲	急诊科
2007	内科疾病诊断标准（第二版）	科学出版社	主　编	蔡映云	老年病科
2007	呼吸病诊治策略	上海科学技术出版社	主　编	蔡映云	老年病科
2007	内科学	人民卫生出版社	主　编	王吉耀	内　科
2007	现代肝病诊断与治疗	复旦大学出版社	主　编	王吉耀	消化科
2007	自杀预防与危机干预	华东师范大学出版社	主　编	季建林	心理科
2007	实用心脏病学	上海科学技术出版社	主　编	陈灏珠	心研所
2007	危重病抢救技术	上海科学技术出版社	副主编	杨　震	整形科
2007	望舌诊病挂图说明书	辽宁科学技术出版社	主　编	戴豪良	中医科
2007	姜春华中医学术思想研究及临床经验选粹	中国中医药出版社	主　编	王佩芳	中医科
2007	内科病症	上海中医药大学出版社	主　编	王佩芳　石凤英	中医科
2007	肾虚与科学	人民卫生出版社	主　编	蔡定芳	中医科
2008	临床肝病诊断与治疗	人民卫生出版社	副主编	侯英勇	病理科
2008	现代腹部超声诊断学	科学出版社	主　编	徐智章	超声科
2008	超声诊断学	第四军医大学出版社	副主编	徐智章	超声科

（续表）

出版年份	书　　名	出　版　社	编写方式	作　　者	科　室
2008	核医学教师用书	人民卫生出版社	副主编	陈绍亮	核医学
2008	肺移植	上海科学技术出版社	副主编	王桂芳	呼吸科
2008	临床呼吸生理学	人民卫生出版社	主　编	朱　蕾　钮善福	呼吸科
2008	生长与发育——人类发展全过程	人民卫生出版社	副主编	徐建鸣	护理部
2008	蛋白质实验室检测项目临床应用指南	上海科学技术出版社	主　编	潘柏申	检验科
2008	大肠癌的综合治疗	上海科技教育出版社	主　编	姚礼庆　许剑民 钟芸诗	内镜中心
2008	外科学学习指导与习题集	人民卫生出版社	主　编	吴肇汉	普外科
2008	全科医疗	人民卫生出版社	主　编	杨秉辉	全科医学科
2008	全科医学概论	人民卫生出版社	主　编	杨秉辉	全科医学科
2008	名医会诊强迫症	上海文化出版社	副主编	季建林	心理科
2008	熊汝成教授百年诞辰纪念集	复旦大学出版社	分册主编	王玉琦	血管外科
2008	中医与科学——姜春华医学全集	上海科学技术出版社	主　编	蔡定芳	中医科
2009	医学试题精编丛书·内科学	复旦大学出版社	主　编	王吉耀	消化科
2009	医学超声术语手册	上海科学技术出版社	主　编	徐智章	超声科
2009	心脏标志物	人民卫生出版社	主　译	潘柏申	检验科
2009	痔上黏膜环形切除钉合术	上海科技教育出版社	主　编	姚礼庆　钟芸诗	内镜中心
2009	现代内镜护理学	复旦大学出版社	主　编	王　萍　姚礼庆	内镜中心
2009	内镜黏膜下剥离术	复旦大学出版社	主　编	姚礼庆　周平红	内镜中心
2009	内科急诊手册	人民卫生出版社	主　译	丁小强　王吉耀	肾内科
2009	尿毒症	中国医药科技出版社	主　编	丁小强　邹建洲	肾内科
2009	胃癌的早期防治	复旦大学出版社	主　编	陈世耀　刘天舒 马丽黎	消化科
2009	规范体格检查与病史书写双语手册	复旦大学出版社	主　编	傅志君　石　虹	消化科
2009	*Essential Internal Medicine*	人民卫生出版社	主　编	王吉耀	消化科
2009	消化系统症状鉴别诊断学	人民卫生出版社	主　编	傅志君	消化科
2009	肾　炎	中国医药科技出版社	主　编	丁小强　吉　俊	消化科
2009	超声心动图疑难杂症的诊断	复旦大学出版社	主　编	舒先红	心超室
2009	实用内科学（第十三版）	人民卫生出版社	主　编	陈灏珠　林果为	心内科
2009	冠状动脉慢性完全闭塞病变介入治疗	人民卫生出版社	主　编	葛均波	心内科

（续表）

出版年份	书　名	出　版　社	编写方式	作　者	科　室
2009	临床药物治疗学	高等教育出版社	副主编	蔡映云	药剂科
2009	中医神志病学	上海中医药大学出版社	主　编	蔡定芳	中医科
2010	介入放射学	人民卫生出版社	副主译	王建华	放射科
2010	医院感染预防与控制标准操作规范	上海科学技术出版社	主　编	胡必杰	感染科
2010	现代骨科学	复旦大学出版社	主　编	陈峥嵘	骨　科
2010	肝移植	第二军医大学出版社	副主译	王桂芳	呼吸科
2010	临床护士职业防护	上海科学技术出版社	主　编	徐筱萍	护理部
2010	呼吸衰竭	科学出版社	副主编	蔡映云	老年病科
2010	实用老年痴呆症	上海科学技术文献出版社	主　编	谢瑞满	老年病科
2010	慢性阻塞性肺疾病	科学出版社	主　编	蔡映云	老年病科
2010	结直肠癌肝转移的早期诊断和综合治疗	人民卫生出版社	主　编	秦新裕　许剑民	普外科
2010	百姓医典	复旦大学出版社	主　编	杨秉辉	全科医学科
2010	社区全科医师临床诊疗手册	华东师范大学出版社	主　编	祝墡珠　江孙芳	全科医学科
2010	《柳叶刀》临床研究基本概念	人民卫生出版社	主　译	王吉耀	消化科
2010	内科学	人民卫生出版社	主　编	王吉耀	消化科
2010	胸外科手术步骤点评	科学出版社	主　编	郑如恒	胸外科
2010	汉英诊断学大辞典	人民卫生出版社	副主编	杨　震	整形科
2010	中华吃法——中国人的饮食智慧	复旦大学出版社	主　编	戴豪良	中医科
2011	现代肿瘤学	复旦大学出版社	主　编	汤钊猷	肝外科
2011	医院感染管理执行力：案例分析	上海科学技术出版社	主　编	胡必杰	感染科
2011	我在摩洛哥当医生	文汇出版社	主　编	顾宇彤	骨　科
2011	PET－CT 图谱	科学出版社	主　编	陈绍亮	核医学
2011	心脏核医学	上海科学技术出版社	主　编	石洪成	核医学
2011	国际医学期刊论文撰写指南	人民军医出版社	主　编	白春学　王向东	呼吸科
2011	体液代谢的平衡与紊乱	人民卫生出版社	主　编	朱　蕾	呼吸科
2011	下消化道内镜学	上海科学技术出版社	副主编	姚礼庆	内镜中心
2011	皮肤病学	北京大学医学出版社	主　译	李　明	皮肤科
2011	现代胃肠道肿瘤诊疗学	复旦大学出版社	主　编	秦新裕　姚礼庆　陆维祺	普外科

（续表）

出版年份	书　名	出　版　社	编写方式	作　者	科　室
2011	医患关系与医患沟通技巧	上海科学普及出版社	主　编	杨秉辉	全科医学科
2011	重寻客体与重建自体——在精神分析中找到自己	中国轻工业出版社	主　译	张荣华	心理科
2011	现代心脏病学	复旦大学出版社	主　编	葛均波	心内科
2011	心血管疾病循证治疗学	武汉大学出版社	副主编	姜　红	心内科
2011	食管胃外科常规手术操作要领与技巧	人民卫生出版社	主　译	刘　愉	胸外科
2011	食管胃外科复杂手术操作要领与技巧	人民卫生出版社	主　译	刘　愉	胸外科
2011	医院管理学·教学科研管理分册	人民卫生出版社	分　册主　编	王玉琦	院　办
2012	实用肝脏疾病超声造影图谱	人民卫生出版社	主　编	王文平　丁　红黄备建	超声科
2012	呼吸机相关肺炎预防与控制最佳实践	上海科学技术出版社	主　编	胡必杰	感染科
2012	手术部位感染预防与控制最佳实践	上海科学技术出版社	主　编	胡必杰	感染科
2012	中央导管相关血流感染预防与控制最佳实践	上海科学技术出版社	主　编	胡必杰	感染科
2012	实验室生物安全最佳实践	上海科学技术出版社	主　编	胡必杰　周昭彦	感染科
2012	多重耐药菌感染控制最佳实践	上海科学技术出版社	主　编	胡必杰	感染科
2012	手卫生最佳实践	上海科学技术出版社	主　编	胡必杰	感染科
2012	医疗机构空气净化最佳实践	上海科学技术出版社	主　编	胡必杰	感染科
2012	医务人员血源性病原体职业暴露预防与控制最佳实践	上海科学技术出版社	主　编	胡必杰　高晓东	感染科
2012	医院环境物体表面清洁与消毒最佳实践	上海科学技术出版社	主　编	胡必杰	感染科
2012	临床创伤放射学	第二军医大学出版社	主　编	肖　剑	骨　科
2012	机械通气	上海科学技术出版社	主　编	朱　蕾	呼吸科
2012	消化内镜疑难病例治疗精粹	北京大学医学出版社	主　编	姚礼庆　陈巍峰	内镜中心
2012	消化内镜诊疗病人须知	复旦大学出版社	主　编	王　萍　蔡贤黎	内镜中心
2012	消化内镜切除术	复旦大学出版社	主　编	周平红　姚礼庆	内镜中心
2012	全科医生临床能力培养	人民卫生出版社	主　编	祝墡珠	全科医学科
2012	内科临床思维	科学出版社	主　译	陈世耀	消化科
2012	循证医学与临床实践	科学出版社	主　编	王吉耀	消化科

（续表）

出版年份	书　　名	出　版　社	编写方式	作　者	科　室
2012	循证胃肠病学和肝病学	人民卫生出版社	主　译	王吉耀	消化科
2012	干细胞技术在心血管疾病中的应用	人民卫生出版社	主　编	葛均波	心内科
2012	结构性心脏病介入诊疗病例解析	上海科学技术出版社	主　编	周达新	心内科
2012	血管疾病腔内治疗病例解析	上海科学技术出版社	主　编	符伟国　王利新	血管外科
2012	现代医院药事管理论文选编	化学工业出版社	副主编	吕迁洲	药剂科
2012	临床药学理论与实践	人民卫生出版社	主　编	吕迁洲	药剂科
2012	临床药代动力学与药效动力学	人民卫生出版社	副主译	吕迁洲	药剂科
2012	乳房整形美容外科学	浙江科学技术出版社	主　编	亓发芝	整形科
2013	肝胆胰肿瘤——病理、影像与临床	上海科学技术文献出版社	主　编	纪　元　谭云山樊　嘉	病理科
2013	原发性肝癌放射治疗临床实践	人民卫生出版社	主　编	曾昭冲	放疗科
2013	汤钊猷三代影选	复旦大学出版社	主　编	汤钊猷	肝外科
2013	SIFIC 医院感染预防与控制临床实践指引	上海科学技术出版社	主　编	胡必杰	感染科
2013	机械通气手册	人民卫生出版社	副主编	诸杜明	麻醉科
2013	重症监护	郑州大学出版社	副主编	诸杜明	麻醉科
2013	实用消化内镜手术学	华中科技大学出版社	主　编	姚礼庆　徐美东	内镜中心
2013	内镜黏膜下剥离术	复旦大学出版社	主　编	姚礼庆　周平红	内镜中心
2013	生物统计学与流行病学	科学出版社	主　译	王吉耀	消化科
2013	经导管心脏瓣膜治疗术	上海科学技术出版社	主　编	葛均波　周达新潘文志	心内科
2013	实用内科学(第十四版)	人民卫生出版社	主　编	陈灏珠　王吉耀	心内科
			副主编	葛均波　高　鑫白春学　丁小强	
2013	脑卒中防治	上海文化出版社	主　编	蔡定芳	中医科
2014	急诊超声医学	人民军医出版社	主　译	王文平　黄备建丁　红	超声科
			副主译	金赟杰　俞　清夏罕生	
2014	中国式抗癌	上海科学技术出版社	主　编	汤钊猷	肝外科
2014	汤钊猷院士集	人民军医出版社	主　编	汤钊猷	肝外科

459

（续表）

出版年份	书　名	出　版　社	编写方式	作　者		科　室
2014	骨科术前术后管理	辽宁科学技术出版社	主　译	陈统一		骨　科
2014	实用核医学	人民卫生出版社	主　编	石洪成		核医学科
2014	实用物联网医学	人民卫生出版社	主　编	白春学		呼吸科
2014	现代呼吸病学	复旦大学出版社	主　编	白春学	宋元林	呼吸科
2014	围术期重症监测与治疗	人民卫生出版社	主　编	朱　蕾	樊　嘉	呼吸科
2014	临床肺功能	人民卫生出版社	主　编	朱　蕾		呼吸科
2014	护理礼仪与人际沟通	复旦大学出版社	主　编	徐建鸣		护理部
2014	特殊感染外科学	上海科技教育出版社	副主编	刘　立		泌尿科
2014	*Atlas of Digestive Endoscopic Resection*	斯普林格出版社	主　编	周平红　姚礼庆 秦新裕		内镜中心
2014	消化道肿瘤早诊早治	厦门大学出版社	主　编	姚礼庆		内镜中心
2014	2012—2013 全科医学学科发展报告	中国科学技术出版社	主　编	祝墡珠		全科医学科
2014	心脏外科手术技巧	上海科学技术出版社	主　译	王春生	孙晓宁	心脏外科
2014	眼科微缩指南——365 天日进一智	复旦大学出版社	主　编	袁　非	马晓萍	眼　科
2015	胰腺影像学	人民卫生出版社	副主编	王明亮		放射科
2015	肌骨骼检查法	辽宁科学技术出版社	主　译	陈统一		骨　科
2015	SPECT/诊断 CT 操作规范与临床应用	上海科学技术出版社	主　编	石洪成		核医学
2015	物联网医学分级诊疗手册	人民卫生出版社	主　编	白春学		呼吸科
2015	*Single Cell Sequencing and Systems Immunology*	斯普林格出版社	主　编	王向东		呼吸科
2015	基础护理	复旦大学出版社	主　编	徐筱萍	赵慧华	护理部
2015	实用老年中风康复防治学	上海科学技术出版社	主　编	谢瑞满		老年病科
2015	软组织肉瘤诊疗学	天津科技翻译出版公司	主　译	陆维祺　周宇红 侯英勇		普外科
			副主译	王毅超　蒋俊豪 邵叶波		
2015	心血管畸形胚胎学基础与超声诊断	人民卫生出版社	主　编	舒先红		心超室
2015	肺高压治疗学	上海科学技术出版社	主　编	周达新　管丽华 葛均波		心内科
2015	冠状动脉疾病影像学	北京大学医学出版社	主　编	葛均波		心内科
			副主编	舒先红		

（续表）

出版年份	书　名	出　版　社	编写方式	作　者		科　室
2016	*Telocytes*	斯普林格出版社	主　编	王向东		实验中心
2016	*Application of Clinical Bioinformatics*	斯普林格出版社	主　编	王向东		实验中心
2016	突破：88例肝癌患者手术后20—48年长期生存	科学出版社	主　编	马曾辰		肝外科
2016	实用血液净化护理	上海科学技术出版社	主　编	林惠凤		护理部
2016	四季常见病的预防与护理	上海科学技术出版社	副主编	赵慧华		护理部
2016	临床局部解剖学	人民卫生出版社	副主编	王国民		泌尿科
2016	泌尿及生殖系统常见恶性肿瘤防治：120问与答	复旦大学出版社	主　编	王国民		泌尿科
2016	连续性肾脏替代治疗临床规范	人民卫生出版社	主　编	丁小强		肾内科
2016	胃肠病学、肝脏病学与内镜学最新诊断和治疗	天津科技翻译出版有限公司	主　译	陈世耀		消化科
2016	实用心脏病学	上海科学技术出版社	主　编	陈灏珠		心内科
			副主编	何梅先	葛均波	
2016	临床血液疾病经典问答1 000问	人民卫生出版社	副主编	邹善华		血液科
2016	临床药物治疗呼吸系统疾病	人民卫生出版社	主　编	蔡映云	吕迁洲	药剂科
2016	骨组织肉瘤诊疗学	天津科技翻译出版有限公司	主　译	周宇红　王毅超 陆维祺		肿瘤内科
			副主译	侯英勇　周建军 邵叶波		
2017	中华医学影像案例解析宝典·腹部分册	人民卫生出版社	主　编	饶圣祥		放射科
2017	系统性血管炎	人民卫生出版社	主　编	姜林娣		风湿科
2017	临床核医学进展：SPECT-CT与PET-CT技术与应用	科学出版社	主　编	陈绍亮		核医学
2017	国家抗微生物治疗指南	人民卫生出版社	主　编	何礼贤		呼吸科
2017	Tietz临床化学与分子诊断学基础	中华医学电子音像出版社	主　译	潘柏申		检验科
2017	皮肤科结缔组织病诊治	北京大学医学出版社	主　编	李　明		皮肤科
2017	全科医生临床实践	人民卫生出版社	主　编	祝墡珠		全科医学科
			副主编	江孙芳		

（续表）

出版年份	书　名	出　版　社	编写方式	作　者		科　室
2017	超声心动图在经导管心血管治疗中的应用	上海科学技术出版社	主　编	潘翠珍　舒先红		心超室
			副主编	孔德红　董丽莉		
2017	心血管热点问题与专家解析	中南大学出版社	主　编	葛均波		心内科
2017	实用内科学（第十五版）	人民卫生出版社	名誉主编	陈灏珠		心内科
			主　编	王吉耀　葛均波		
			副主编	高　鑫　白春学　丁小强		
2017	心血管植入型电子装置术后管理	上海科学技术出版社	主　编	宿燕岗　秦胜梅		心内科
			副主编	汪菁峰　陈学颖　梁义秀		
2017	现代体外循环学	人民卫生出版社	主　编	李　欣　龙　村　于　坤		心外科
2017	乳房整形美容与再造外科	人民卫生出版社	主　编	亓发芝		整形科

二、科普书籍

　　科普工作惠及病患，医院各科专家也把科普工作作为临床工作的重要内容，用自己的临床经验结合口语化的表达方式，出版众多科普书籍，得到患者好评，取得良好的社会效益。例如，骨科董健的"腰椎间盘突出症系列"科普书，前后出版15次，发行量达到80 000多册，并获得国家科技进步奖二等奖（科普类）。

表5-3-2　1996—2017年医院出版科普书籍情况表

出版年份	书　名	出　版　社	编写方式	作　者	科　室
1996	家庭保健百科	上海科技教育出版社	主　编	杨秉辉	肝研所
1997	鼻咽癌	上海医科大学出版社	主　编	杨秉辉	肝研所
1997	大肠癌	上海医科大学出版社	主　编	杨秉辉	肝研所
1997	宫颈癌、宫体癌和卵巢恶性肿瘤	上海医科大学出版社	主　编	杨秉辉	肝研所
1997	银屑病防治	上海医科大学出版社	主　编	秦万章	皮肤科
1998	白血病多发性骨髓瘤和恶性淋巴瘤	上海医科大学出版社	主　编	杨秉辉	肝研所
1998	肺　癌	上海医科大学出版社	主　编	杨秉辉	肝研所
1998	肝　癌	上海医科大学出版社	主　编	杨秉辉	肝研所
1998	肝　癌	上海科学技术出版社	主　编	杨秉辉	肝研所
1998	健康顾问	上海科技教育出版社	主　编	杨秉辉	肝研所
1998	泌尿及生殖系恶性肿瘤	上海医科大学出版社	主　编	杨秉辉	肝研所

（续表）

出版年份	书　名	出　版　社	编写方式	作　者	科　室
1998	乳腺癌	上海医科大学出版社	主　编	杨秉辉	肝研所
1998	食管癌贲门癌	上海医科大学出版社	主　编	杨秉辉	肝研所
1998	胃　癌	上海医科大学出版社	主　编	杨秉辉	肝研所
1998	心血管疾病的食疗	上海科学技术出版社	主　编	黄士通	心研所
1999	准妈妈的 10 个月	上海科技教育出版社	主　编	盛丹菁	妇产科
1999	肺源性心脏病	上海科学技术出版社	主　编	蔡映云　顾宇彤 金美玲	呼吸科
1999	腹　痛	上海科学技术出版社	主　编	傅志君	消化科
1999	青光眼	上海科学技术出版社	主　编	王健瑚	眼　科
2000	便秘的防治	上海医科大学出版社	主　编	王吉耀	老年病科
2000	胆道疾病的防治	上海医科大学出版社	主　编	王吉耀	消化科
2000	腹泻的防治	上海医科大学出版社	主　编	王吉耀	消化科
2000	甲型、丙型、戊型肝炎的防治	上海医科大学出版社	主　编	王吉耀	消化科
2000	溃疡病的防治	上海医科大学出版社	主　编	王吉耀	消化科
2000	乙型肝炎的防治	上海医科大学出版社	主　编	王吉耀	消化科
2001	知识就是健康	复旦大学出版社	主　编	杨秉辉	肝研所
2001	自我保健指南	复旦大学出版社	主　编	杨秉辉	肝研所
2001	慢性支气管炎与肺气肿	上海科学技术出版社	主　编	蔡映云　顾宇彤 姜红妮	呼吸科
2001	脱　发	上海科学技术出版社	主　编	秦万章	皮肤科
2001	肝硬化的防治	上海医科大学出版社	主　编	王吉耀	消化科
2001	对付心脏病 50 法	上海科学技术文献出版社	主　译	周达新	心研所
2002	肿瘤放射治疗 250 问	复旦大学出版社	主　编	曾昭冲	放疗科
2002	家庭保健必备——疾病自测	上海科技教育出版社	主　编	杨秉辉　张希德	肝研所
2002	夏夜凉风	上海科学技术出版社	主　编	杨秉辉	肝研所
2002	小儿皮肤病的防治	复旦大学出版社	主　编	吴惠琍	皮肤科
2003	再显女性美——防治女性乳腺疾病	复旦大学出版社	主　编	陈君雪	普外科
2003	首席专家杨秉辉谈健康的生活方式	人民卫生出版社	主　编	杨秉辉	全科医学科
2003	癌的早期发现	复旦大学出版社	主　编 副主编	杨秉辉 张博恒	全科医学科
2003	心脏病人的家庭康复	复旦大学出版社	主　编	祝墡珠	全科医学科

（续表）

出版年份	书　名	出　版　社	编写方式	作　者	科　室
2003	心理咨询——身心健康必读	上海科学技术文献出版社	主　编	季建林　朱晓彤	心理科
2004	饮食宜忌手册	复旦大学出版社	主　编	戴豪良	中医科
2005	专家解答腰椎间盘突出症	上海科学技术文献出版社	主　编	董　健	骨　科
2006	高原旅游和飞机旅行保健百问	第二军医大学出版社	主　编	白春学	呼吸科
2006	社区常见健康问题	人民卫生出版社	主　编	杨秉辉	全科医学科
2007	实用肝移植300问	复旦大学出版社	主　编	樊　嘉　周　俭　徐　泱	肝研所
2007	社区常见健康问题	复旦大学出版社	主　编	杨秉辉	全科医学科
2009	中风病人的家庭康复	上海科学技术文献出版社	主　编	祝墡珠	全科医学科
2009	教师一定要知道的99个健康细节	华东师范大学出版社	主　编	祝墡珠	全科医学科
2010	健康大讲堂	上海文化出版社	主　编	王玉琦	血管外科
2011	消灭与改造并举	上海世纪出版股份有限公司	主　编	汤钊猷	肝外科
2012	专家诊治骨质疏松症	上海科学技术文献出版社	主　编	董　健	骨　科
2012	专家诊治腰椎间盘突出症	上海科学技术文献出版社	主　编	董　健	骨　科
2012	专家诊治中风	上海科学技术文献出版社	主　编	江孙芳　祝墡珠	全科医学科
2013	明明白白做PET－CT检查	科学出版社	主　编	陈绍亮	核医学
2013	身边的辐射——谈核无须变色	上海科学技术出版社	主　编	陈绍亮	核医学
2013	大肠癌早诊早治	复旦大学出版社	主　编	姚礼庆　钟芸诗　胡健卫	内镜中心
2013	健康检查	上海文化出版社	主　编	杨秉辉	全科医学科
2014	明明白白做放射性核素治疗	北京科学技术出版社	主　编	陈绍亮	核医学科
2016	偏头疼不是简单的头痛	上海世界图书出公司	主　译	蔡定芳	中医科
2017	家庭健康的守护人——全科医生	上海科学技术出版社	主　编	江孙芳	全科医学科
2017	关于心脏起搏的123个问题	上海科学技术出版社	主　编	宿燕岗	心内科
			副主编	汪菁峰　陈学颖	

第三节　专利申请与转化

　　2008 年,医院在科研处设立成果管理科。在科研处成果管理科的统一管理、协调和扶持下,职务发明专利申请数和授权数每年递增,1987—2017 年,共申请专利 536 项,其中,发明专利 259 项、实用新型专利 277 项。专利授权 294 项,其中,发明专利 102 项、实用新型专利 192 项。

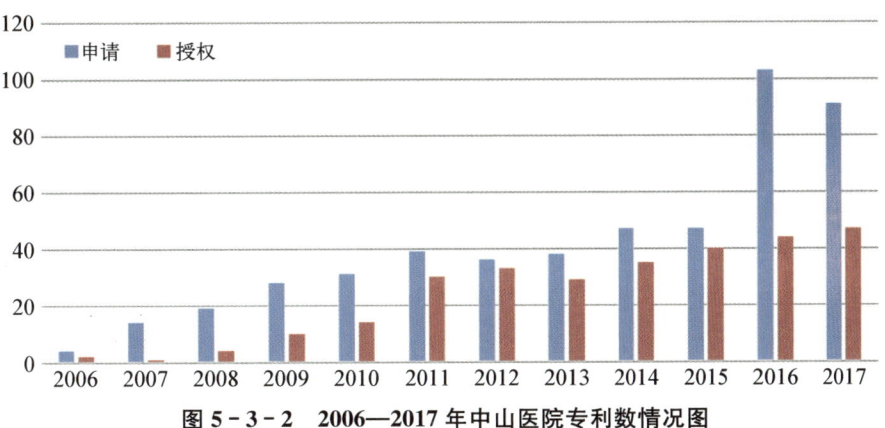

图 5 - 3 - 2　2006—2017 年中山医院专利数情况图

　　在积极申报专利的同时,医院在专利转化方面取得扎扎实实的成绩。2010—2017 年,共转化独家许可专利 37 项,签约总金额逾 2 000 万人民币,另外还有部分产品正式投产后的销售额提成,使医院医务人员的科研创新走向市场,为广大患者造福。医院于 2010 年获得中国产学研合作创新与促进奖、2013 年获得上海市卫生系统知识产权示范单位先进集体等荣誉,并于 2016 年被评选为上海市企事业专利工作示范单位。

表 5 - 3 - 3　2010—2017 年医院转化的专利项目情况表

专利交易时间	转　让　项　目
2010 年	神经内科钟春玖、费国强的授权专利"一种预防和治疗阿尔茨海默病与衰老的药物"(专利申请号:200710041571.X),转让给上海日馨生物科技有限公司
2011 年 6 月	肝研所叶青海、王心伟、贾户亮、钦伦秀、汤钊猷的授权专利"用于预测肝癌转移与复发风险的基因芯片及其制作和使用"(专利申请号:200910199953.4),转让给杰傲湃思生物医药科技(上海)有限公司
2011 年 12 月	上海中山医疗科技发展公司和中山医院的授权专利"一种消化道吻合器抵钉座"(专利申请号:201120025141.0;发明人:谭黎杰、徐梁、林志品),转让给北京中法派尔特医疗设备有限公司
2011 年 12 月	上海中山医疗科技发展公司和中山医院的授权专利"一种用于直线切割缝合器的引导器"(专利申请号:201020213869.1;发明人:冯明祥、徐梁、谭黎杰、王群、林志品),转让给北京中法派尔特医疗设备有限公司
2011 年 12 月 27 日	药剂科和泌尿外科杨春欣、林宗明的授权专利"一种免疫抑制药物及其制备方法和应用"(专利申请号:02110826.9),转让给浙江中科生物医药有限公司
2011 年 12 月 27 日	心内科和药剂科杨英珍、杨春欣、郭棋、许根英的授权专利"黄芪甲苷在制备药物组合物中的应用"(专利申请号:00119451.8),转让给浙江中科生物医药有限公司

（续表）

专利交易时间	转 让 项 目
2012 年 12 月 16 日	朱蕾的授权专利"一种可调式吸氧装置"（专利申请号：201220332906.X），转让给上海颐尚电工科技有限公司
2012 年 11 月 27 日	符伟国、方征东、董智慧、张祥满、郭大乔、何红兵、王玉琦的授权专利"纤维蛋白原与聚乳酸/聚己内酯符合构建纳米组织工程支架及其制备方法"（专利申请号：201010107257.9），转让给上海松力生物技术有限公司
2013 年 4 月 30 日	侯英勇、石园、何德明、侯君、卢韶华、胡沁、徐晨、刘亚岚、宿杰阿克苏、曾海英、谭云山的授权专利"一种石蜡组织芯片取样刀"（专利申请号：201120336315.5），转让给上海点康生物科技有限公司
2013 年 8 月 19 日	神经内科钟春玖、费国强的授权专利"一种高效液相色谱检测血液中吡啶硫胺素的方法"（专利申请号：200910049828.5），转让给上海兰卫临床检验有限公司
2013 年 8 月 29 日	肝研所周闯、钦伦秀、叶青海、董琼珠、贾户亮、周海君、王冠、张晓飞、付丽云的授权专利"预测肝癌术后转移与复发的实时 PCR 微阵列芯片试剂盒"（专利申请号：201110091076.6），转让给上海赛安生物医药科技有限公司
2013 年 12 月 6 日	朱同玉、王向东、武多娇的授权专利"用于诊断肾移植后急性排斥反应的试剂盒"（专利申请号：201010266073.7），转让给上海鸢鹏医药科技有限公司
2014 年 6 月 16 日	樊嘉、周俭、代智、于雷、胡捷、王征的授权专利"由血浆 microRNA 组合成的肝癌诊断标志物及一种诊断肝癌的新方法"（专利申请号：201110462133.7），转让给骏实生物科技（上海）有限公司
2014 年 7 月 14 日	周海军、钦伦秀、黄华的授权专利"基于炎症因子的肝癌病人术后转移复发多分子预测试剂盒"（专利申请号：200810208150.6），转让给杭州佳创知识产权代理有限公司
2015 年 7 月 28 日	陈伟、王国民的授权专利"一种腹腔镜手术遥控动脉夹"（专利申请号：201320723762.5），转让给南通伊凯医疗器械有限公司
2015 年 7 月 28 日	陈伟、王国民的授权专利"一种腹腔镜手术遥控动脉夹"（专利申请号：201310572054.0），转让给南通伊凯医疗器械有限公司
2015 年 10 月 19 日	葛均波、孙爱军、范铮、徐磊、申程的授权专利"一种筛查扩张型心肌病的试剂盒"（专利申请号：201310439984.9），转让给苏州科诺医学检验所有限公司
2015 年 11 月 24 日	呼吸科白春学、宋元林、佘君的授权专利"角质细胞生长因子-2 在制备防治肺损伤的药物中的应用"（专利申请号：201010157909.X），转让给上海新生源医药集团有限公司
2015 年 11 月 24 日	呼吸科宋元林、白春学、于洪亮、陈佳佳、袁胜峰、黄阳斌、周建、陈翠翠、童琳、佘君、王琴、冯娜娜、李华茵、蒋进军、毕晶的授权专利"重组人角质细胞生长因子-2 喷雾制剂及其制备方法"（专利申请号：201410490324.8），转让给上海新生源医药集团有限公司
2015 年 12 月 22 日	潘文志、周达新、程蕾蕾、葛均波的授权专利"一种经外周动脉途径植入的人工主动脉瓣环系统"（专利申请号：201510640673.8），转让给杭州启明医疗器械有限公司
2016 年 9 月 12 日	潘文志、周达新、程蕾蕾、葛均波的授权专利"一种瓣膜夹合器"（专利申请号：201610594219.8），转化给苏州市拓宇医疗科技有限公司
2016 年 12 月 16 日	骨科董健、曹露、江立波、陈谦、李熙雷、周晓岗、殷潇凡的授权专利"聚乳酸/纳米 β-磷酸三钙复合材料及其制备方法"（专利申请号：201610607512.3），转让给花沐医疗技术服务（上海）有限公司
2016 年 12 月 16 日	骨科董健、曹露、江立波、陈谦、李熙雷、周晓岗、殷潇凡的授权专利"聚乳酸/纳米 β-磷酸三钙复合多孔支架及其制备方法"（专利申请号：201610607498.7），转让给花沐医疗技术服务（上海）有限公司

（续表）

专利交易时间	转 让 项 目
2016 年 12 月 16 日	骨科董健、方涛林、周健的授权专利"一种抗生素可控释放的多孔骨替代材料及其制备方法"（专利申请号：200910199332.6），转让给花沐医疗技术服务（上海）有限公司
2016 年 12 月 16 日	骨科董健、曹露、江立波、陈谦、李熙雷、周晓岗、殷潇凡的授权专利"一种可降解自锁定颈椎融合器及其制备方法"（专利申请号：201610607490.0），转让给花沐医疗技术服务（上海）有限公司
2016 年 12 月 16 日	骨科董健、曹露、江立波、陈谦、李熙雷、周晓岗、殷潇凡的授权专利"一种纳米级 β-磷酸三钙及其制备方法"（专利申请号：201610607524.6），转让给花沐医疗技术服务（上海）有限公司
2017 年 5 月 2 日	心内科秦胜梅、宿燕岗的授权专利"表面涂层缓释抗凝药物薄膜的起搏器电极导线"（专利申请号：201520299320.1），转化给创领心律管理医疗器械（上海）有限公司
2017 年 5 月 5 日	内分泌科、超声科高鑫、颜红梅、夏明锋、常薪霞、卞华、曾蒙苏、饶圣祥、姚秀忠、何婉媛的授权专利"一种超声波图像量化诊断系统及其信号处理方法"（专利申请号：201110212659.X），独家许可给上海中嘉衡泰医疗科技有限公司
2017 年 8 月 1 日	病理科侯英勇、石园、何德明的授权专利"一种石蜡组织芯片聚合装置"（专利申请号：201120374374.1），独家许可给广州深达生物制品技术有限公司
2017 年 11 月 1 日	呼吸科白春学、周建、杨达伟的授权专利"一种物联网 PM2.5 压差式肺功能检测系统"（专利申请号：201620571566.4），独家许可给上海锦云医药科技有限公司
2017 年 11 月 17 日	护理部东莉的授权专利"肥胖病人胃减容手术床"（专利申请号：201721307469.5），独家许可给上海医达医疗器械有限公司
2017 年 12 月 25 日	心超科陈海燕、舒先红、程蕾蕾的授权专利"内窥镜消毒水槽"（专利申请号：201520908378.1），转让给上海捍宇医疗科技有限公司
2017 年 12 月 25 日	心超科程蕾蕾、陈永乐、赵维鹏、舒先红的授权专利"一种与心脏超声诊断仪匹配的无线心电图装置"（专利申请号：201520127640.9），转让给上海捍宇医疗科技有限公司
2017 年 12 月 25 日	心超科赵维鹏、舒先红、潘翠珍、程蕾蕾、潘文明、陈永乐的授权专利"一种可开合的医用咬口器"（专利申请号：201420775139.9），转让给上海捍宇医疗科技有限公司
2017 年 12 月 25 日	骨科王洋、崔安凤、张键的授权专利"大鼠解剖固定板"（专利申请号：201620049347.X），转让给上海捍宇医疗科技有限公司
2017 年 12 月 25 日	骨科王洋、崔安凤、张键的授权专利"一种开盖器"（专利申请号：201620102562.1），转让给上海捍宇医疗科技有限公司
2017 年 12 月 25 日	骨科王洋、崔安凤、张键的授权专利"一种锐器盒"（专利申请号：201620106675.9），转让给上海捍宇医疗科技有限公司

第四章　主要学术团体与杂志任职

自建院至2017年,医院涌现出多位在学术团体中担任重要职务的领军人物,有的是国家级学术团体会长,主任委员、副主任委员等,有的是杂志主编和副主编。他们无私奉献,在学术团体和学科的发展中做出了积极贡献。

第一节　国际学术团体任职

国际学术团体的任职一定程度上代表着中国医学在国际上的学术地位。近十年,中国在国际医学领域的地位逐年增长。

表5-4-1　1937—2017年医院专家国际学术团体任职情况表

姓　名	科　室	学术机构/团体名称	学术任职	团体或机构所属国家/区域
丁小强	肾脏内科	国际血液透析学会	常务理事	国　际
亓发芝	整形外科	泛亚面部整形美容学会中国区	副主任委员	加拿大
王建华	介入治疗科	国际肝胆胰协会中国分会微创介入专业委员会	名誉主任委员	德　国
王春生	心外科	亚洲心胸外科协会	资深委员	亚　洲
史振宇	血管外科	国际血管联盟中国分会青年委员会	副主任委员	法　国
白春学	呼吸科	全球哮喘防治创议(GINA)/全球慢性阻塞性肺疾病防治创议(GOLD)	国际领导人成员	美　国
白春学	呼吸科	日本结核预防会	名誉会员	日　本
白春学	呼吸科	世界卫生组织全球抗呼吸病联盟	顾　问	美　国
白春学	呼吸科	欧亚呼吸学会执行委员会	委　员	英　国
白春学	呼吸科	欧洲呼吸学会	国际代表	欧　洲
白春学	呼吸科	美国胸科医师学院	国际事务中国负责人	美　国
白春学	呼吸科	美国胸科学会(ATS)科研促进委员会	委　员	美　国
白春学	呼吸科	美国胸科学会呼吸细胞分子生物学学术委员会	委　员	美　国
叶胜龙	肝肿瘤内科	国际肝癌协会(ILCA)	创始理事、组委会主席	比利时(总部)
叶胜龙	肝肿瘤内科	亚太肝癌专家协会(APPLE)	共同主席、执行理事	韩　国(秘书处)
孙爱军	心实验室	国际动脉粥样硬化学会中国分会理事会	理　事	美　国

（续表）

姓　名	科　室	学术机构/团体名称	学术任职	团体或机构所属国家/区域
孙爱军	心实验室	国际蛋白质组	主要成员	国　际
孙爱军	心实验室	欧洲心脏病协会	委　员	英　国
孙爱军	心实验室	美国心脏病协会	委　员	美　国
纪　元	病理科	国际胃癌协会	委　员	日　本
宋元林	呼吸科	亚太呼吸学会	组　长	日　本
宋元林	呼吸科	美国胸科学会	委　员	美　国
张育红	护理部	美国输液协会	委　员	美　国
张英梅	心内科	国际心脏研究会中国分会	中青年委员	国　际
张英梅	心内科	国际心脏研究会中国转化医学工作委员会	委　员	国　际
陈　岗	病理科	国际肺癌研究协会病理组	委　员	美　国
陈　岗	病理科	国际胸腺肿瘤研究协会	病理委员	美　国
周平红	内镜中心	亚太消化内镜学会 ESD 委员会	主任委员	亚　太
周平红	内镜中心	国际食管病学会	会　员	美　国
周平红	内镜中心	印度胃肠内镜学会	国际终身名誉会员	印　度
周平红	内镜中心	南非胃肠病学会	名誉会员	南　非
周达新	心内科	亚太心脏联盟	委　员	亚　洲
周达新	心内科	亚太先心结构性心脏病协会	委　员	亚　洲
姚振均	骨　科	亚太人工关节学会	理　事	亚　太
姚振均	骨　科	华裔骨科学会	理　事	亚　太
胡　洁	呼吸科	美国胸科医师协会	资深委员	美　国
徐建鸣	护理部	世界护士会高级专科护理实践委员会	委　员	国　际
钱菊英	心内科	美国心脏病学院	会　员	美　国
樊　嘉	肝外科	美国临床肿瘤学会	资深委员	美　国
顾　杰	全科医学科	世界家庭医师组织亚太区	青年委员	亚　太
顾　杰	全科医学科	世界家庭医师组织农村工作组	委　员	世　界
董　健	骨　科	国际脊柱内固定协会讲师团	讲　师	美　国
谢瑞满	老年病科	国际华人医学家心理学家联合会	委　员	美　国
谢瑞满	老年病科	美国神经病协会	主任委员	美　国
谢瑞满	老年病科	美国科学促进会	副主任委员	美　国
臧荣余	妇产科	妇科肿瘤协作组	执行委员	加拿大
薛张纲	麻醉科	世界麻醉医师联盟协会	常务委员	英　国

第二节 国内学术团体任职

自医院成立以来,院内多位专家成为学科的开拓者和缔造者。随着医学的不断发展和进步,国内也发展出众多重要的学术团体组织,医院不少专家在其中担任重要职务。

表 5-4-2 1937—2017 年医院专家国内学术机构任职情况表

姓 名	科 室	组织机构名称	学术任职
丁小强	肾脏内科	上海市医师协会肾脏内科医师分会	副会长
丁小强	肾脏内科	上海市肾脏病学会	主任委员
丁小强	肾脏内科	中国医师协会肾脏内科医师分会	副会长
丁小强	肾脏内科	中国医疗保健国际交流促进会血液净化分会	副会长
丁小强	肾脏内科	中国医疗保健国际交流促进会慢病综合管理分会	副会长
丁 红	超声科	上海市生物医学工程学会第八届超声医学工程专业委员会	副主任委员
丁 晶	神经内科	上海市医学会脑电图与临床神经生理专科分会第九届委员会	副主任委员
亓发芝	整形外科	上海市医师协会整形外科医师分会	副会长
亓发芝	整形外科	上海市医学会整形外科分会	副主任委员
亓发芝	整形外科	中国医师协会整形美容分会民营机构专家委员会	副主任委员
亓发芝	整形外科	中国医师协会整形美容分会乳房专业委员会	副主任委员
仓 静	麻醉科	上海市医学会麻醉分会	副主任委员
仓 静	麻醉科	中国心胸血管麻醉学会疼痛学分会	副主任委员
牛惠生		中华医学会	会 长
王文平	超声科	上海市生物医学工程学会超声医学工程专业委员会	主任委员
王文平	超声科	上海市医学会超声专科分会	副主任委员
王文平	超声科	上海市超声医学工程学会第五届理事会	副会长
王文平	超声科	上海市超声质量控制中心	主 任
王文平	超声科	中国生物医学工程学会医学超声工程分会	主任委员
王文平	超声科	中国医学影像技术研究会腹部超声专业委员会	副主任委员
王文平	超声科	中华医学会超声医学分会	副主任委员
王吉耀	消化科	中华医学会临床流行病学会	主任委员
王吉耀	消化科	上海市医学会临床流行病分会	主任委员
王吉耀	消化科	上海市医学会消化专业委员会	副主任委员
王建华	介入治疗科	上海市抗癌协会肿瘤介入学专业委员会	名誉主任委员
王建华	介入治疗科	上海市抗癌协会肿瘤微创治疗专业委员会	名誉主任委员

（续表）

姓　名	科　室	组织机构名称	学术任职
王建华	介入治疗科	上海市疾病预防控制中心肿瘤介入专业委员会	副主任委员
王建华	介入治疗科	中国研究型医院学会介入医学专业委员会	副主任委员
王建华	介入治疗科	中国癌症基金会介入委员会	副主任委员
王建华	介入治疗科	国际肝胆胰协会中国分会微创介入专业委员会	名誉主任委员
王春生	心外科	上海市医学会心脏大血管外科专科分会	创始主任委员
王春生	心外科	上海市胸心外科临床质量控制中心	主任委员
王春生	心外科	上海器官移植学会	副主任委员
王春生	心外科	中华医学会上海胸心外科学会	主任委员
王春生	心外科	中华医学会心胸外科学会	副主任委员
王春生	心外科	中国医师协会心外科分会大血管专业委员会	副主任委员
王春生	心外科	中国医师协会心外科分会瓣膜病专业委员会	主任委员
王春灵	护理部	上海市护理学会第十届理事会手术室护理专业委员会	副主任委员
王春灵	护理部	上海市护理学会第十一届理事会手术室专业委员会	副主任委员
王　萍	内镜中心	上海市护理学会外科专业委员会	副主任委员
王　萍	内镜中心	中华护理学会第二十六届门诊护理专委会	副主任委员
王　萍	内镜中心	中国医学装备协会护理装备与材料分会内镜专委会	主任委员
王翔宇	中医科	上海市针灸学会耳穴专业委员会	副主任委员
王　群	胸外科	上海市抗癌协会第一届胸部肿瘤专业委员会	副主任委员
王　群	胸外科	中国医师协会内镜医师分会第一届胸腔镜专业委员会	副主任委员
冯　丽	护理部	上海市护理学会门急诊专业委员会	副主任委员
叶胜龙	肝肿瘤内科	中国抗癌协会肝癌专业委员会	主任委员
叶胜龙	肝肿瘤内科	上海市医学会肝病专科分会	主任委员
白春学	呼吸科	中华医学会呼吸病学分会	副主任委员
白春学	呼吸科	中国医师协会呼吸医师分会	副会长
白春学	呼吸科	中国非公立医疗机构协会物联网医疗专业委员会	主任委员
石凤英	内分泌科	中国康复医学会老年病专业委员会	副主任委员
石凤英	内分泌科	上海市康复医学会糖尿病专业委员会	主任委员
石洪成	核医学科	上海市医学会核医学专科分会第七届委员会	副主任委员
石洪成	核医学科	上海市医学会核医学专科分会第八届委员会	副主任委员
石洪成	核医学科	上海市医学会核医学专科分会	副主任委员
石洪成	核医学科	中国影像技术研究会核医学分会	副主任委员
石美鑫	心胸外科	中华胸心血管外科学会	副主任委员

（续表）

姓 名	科 室	组织机构名称	学术任职
石美鑫	心胸外科	中华医学教育学会	副主任委员
石美鑫	心胸外科	中华心血管病学会	副主任委员
石美鑫	心胸外科	上海市医学会	副会长
石美鑫	心胸外科	上海市胸心血管外科学会	主任委员
任正刚	肝肿瘤内科	上海市医学会肿瘤分会	副主任委员
任正刚	肝肿瘤内科	上海市疾病控制中心肝癌专业委员会	主任委员
任正刚	肝肿瘤内科	国际肝胆胰协会中国分会微创介入专业委员会	副主任委员
任正刚	肝肿瘤内科	中国抗癌协会肝癌专业委员会	副主任委员
刘天舒	肿瘤内科	上海市医学会临床流行病学专科分会	副主任委员
刘天舒	肿瘤内科	上海市药学会药物治疗委员会	副主任委员
刘天舒	肿瘤内科	上海市疾病控制中心肿瘤专业组综合性医院肿瘤防治专业委员会	副主任委员
刘厚宝	普外科	中国抗癌协会肿瘤微创专家委员会胆道肿瘤微创外科与综合治疗分会	副主任委员
刘 澎	血液科	上海市抗癌协会血液肿瘤专委会	副主任委员
吕迁洲	药剂科	上海市医学会临床药学专科分会	副主任委员
吕迁洲	药剂科	上海市医院协会临床药事管理专委会	副主任委员
吕迁洲	药剂科	上海市药学会医院药学专委会	主任委员
吕迁洲	药剂科	上海市药理学会临床药理专业委员会	副主任委员
孙爱军	心实验室	中国医师协会中西医结合医师分会	副主任委员
孙益红	普外科	中国医师协会外科医师分会肿瘤外科医师委员会	副主任委员
朱无难	消化科	中华医学会消化病学分会	常务委员
朱无难	消化科	上海市医学会消化病学分会	副主任委员
朱同玉	泌尿外科	中国研究型医院学会移植医学专业委员会第一届委员会	副主任委员
朱同玉	泌尿外科	上海市医院协会第二届传染病医院管理专业委员会	主任委员
朱同玉	泌尿外科	中国生物医学工程学会透析移植分会	副主任委员
朱同玉	泌尿外科	中国医师协会器官移植医师分会肾移植专业委员会	副主任委员
朱同玉	泌尿外科	中国研究型医院学会	副主任委员
朱 蕾	呼吸科	上海市医师协会	副会长
江孙芳	全科医学科	上海市医学会全科医学分会	副主任委员
汤钊猷	肝肿瘤外科	中华医学会	副会长
汤钊猷	肝肿瘤外科	上海市医学会	副会长

（续表）

姓　名	科　室	组织机构名称	学术任职
汤钊猷	肝肿瘤外科	中国抗癌协会肝癌专业委员会	主任委员
汤钊猷	肝肿瘤外科	中华医学会肿瘤学会	副主任委员
许剑民	普外科	中国医师协会肛肠医师分会肿瘤转移专业委员会	主任委员
许剑民	普外科	中国医师协会结直肠肿瘤专业委员会	副主任委员
许剑民	普外科	中国医疗保健国际交流促进会结直肠肝转移专业委员会	副主任委员
许剑民	普外科	中国研究型医院学会机器人与腹腔镜外科专业委员会	副主任委员
余优成	口腔科	上海市口腔医学会口腔全科专业委员会	副主任委员
余优成	口腔科	上海市医师协会口腔科医师分会	副会长
吴国豪	普外科	上海市医学会肠外肠内营养学专科分会	主任委员
吴国豪	普外科	中华医学会肠外肠内营养学分会	副主任委员
吴　珏	麻醉科	中华医学会麻醉学分会	副主任委员
吴肇汉	普外科	中华医学会外科学分会	副主任委员
吴肇汉	普外科	中华医学会上海市外科学会	主任委员
宋元林	呼吸科	上海市医学会互联网医疗专科分会	副主任委员
宋元林	呼吸科	上海市医学会呼吸病学专科分会	副主任委员
张育红	护理部	上海市护理学会第十届门急诊专委会	副主任委员
张晓彪	神经外科	中国医师协会内镜医师分会第一届神经内镜专业委员会	副主任委员
张博恒	肝肿瘤内科	中国医师协会循证医学专业委员会	副主任委员
张博恒	肝肿瘤内科	中国医院协会医院图书情报专业委员会	副主任委员
张博恒	肝肿瘤内科	上海市抗癌协会癌症预防与筛查专委会	副主任委员
张　健	康复科	上海市医学会显微外科分会	副主任委员
李小英	内分泌科	上海市医学会糖尿病分会	副主任委员
李文伟	中医科	上海市中西医结合学会神经科专业委员会	副主任委员
李　明	皮肤科	上海市中西医结合学会皮肤性病专业委员会	副主任委员
李　欣	心外科	中国生物医学工程学会体外循环专业委员会	副主任委员
李晓蓉	护理部	上海市护理学会肿瘤护理专业委员会	副主任委员
李晓蓉	护理部	中国抗癌协会肿瘤专业委员会	副主任委员
李晓蓉	护理部	中国研究型医院学会介入护理学组	副主任委员
李雪宁	临床试验机构	上海市药学会药物临床研究专业委员会	副主任委员
李雪宁	临床试验机构	上海市药理学会临床药理专业委员会	副主任委员

（续表）

姓　名	科　室	组织机构名称	学术任职
李雪宁	临床试验机构	上海市药理学会药物临床试验专业委员会	主任委员
李善群	呼吸科	中国医药教育协会呼吸病康复专业委员会	主任委员
杨云柯	中医科	上海市中西医结合学会第三届周围血管病专业委员会	副主任委员
杨云柯	中医科	上海市中医药学会第二届综合医院中医发展研究分会	副主任委员
杨云柯	中医科	上海市中医药学会第三届综合医院中医发展研究分会	主任委员
杨永年	内分泌科	中华医学会上海市内分泌学会	副主任委员
杨秉辉	肝肿瘤内科	中华医学会全科学会	主任委员
杨秉辉	肝肿瘤内科	中国抗癌协会肝癌专业委员会	主任委员
杨秉辉	肝肿瘤内科	上海医学会科普分会	主任委员
汪　昕	神经内科	上海市医师协会神经内科医师分会	副会长
汪　昕	神经内科	上海市医学会神经内科专科分会	主任委员
汪　昕	神经内科	上海市医学会神经内科分会第九届委员会	名誉主任委员
汪　昕	神经内科	上海市康复医学会神经康复专业委员会	主任委员
汪　昕	神经内科	中华预防医学会卒中预防与控制专业委员会	副主任委员
汪　昕	神经内科	中国医疗保健国际交流促进会神经病学分会	副主任委员
汪　昕	神经内科	中国抗衰老促进会神经系统疾病专业委员会	副主任委员
汪　昕	神经内科	中国卒中学会中国卒中中心联盟评价委员会	副主任委员
汪　昕	神经内科	中国卒中学会脑血流与代谢分会	主任委员
沈克非	外　科	中华医学会	会　长
沈学东	心超室	中国超声医学工程学会超声心动图专业委员会	副主任委员
沈锡中	消化科	上海市医学会消化专业委员会	副主任委员
沈锡中	消化科	中国中西医结合学会肝病专业委员会	副主任委员
邱双健	肝肿瘤外科	上海市免疫学会肿瘤免疫专业委员会	副主任委员
邱双健	肝肿瘤外科	上海市医学会肝病专科分会	副主任委员
邹云增	心实验室	中国医师协会心力衰竭专业委员会	副主任委员
邹云增	心实验室	世界中医药学会联合会络病学专业委员会	副会长
邹云增	心实验室	国际心脏研究会中国转化医学工作委员会	副主任委员
陈世耀	内科教研室	上海市医学会临床流行病学和循证医学专科分会	主任委员
陈世耀	内科教研室	上海市医学会食管和胃静脉曲张治疗专科分会	主任委员
陈世耀	内科教研室	上海市医学会食管和胃静脉曲张治疗专科分会	副主任委员
陈世耀	内科教研室	中华医学会临床流行病学和循证医学分会	主任委员
陈财忠	放射诊断科	上海市医学会影像技术分会	副主任委员

（续表）

姓　名	科　室	组织机构名称	学术任职
陈绍亮	核医学科	上海市医学会核医学专科分会	主任委员
陈　斌	血管外科	中国医师协会腔内血管学专业委员会血管创伤专家委员会	副主任委员
陈灏珠	心内科	上海心血管病学会	名誉主任委员
周平红	内镜中心	上海市中西医结合学会	副主任委员
周平红	内镜中心	上海市中西医结合学会消化内镜学分会	副主任委员
周达新	心内科	上海市药学会临床药物治疗专业委员会	副主任委员
周京敏	心内科	上海市中西医结合学会	副主任委员
周　俭	肝肿瘤外科	上海免疫学会器官移植分会	副主任委员
周　俭	肝肿瘤外科	中国免疫学会移植免疫分会	副主任委员
周　俭	肝肿瘤外科	中国医师协会外科医师分会肝脏外科医师委员会	副主任委员
季建林	心理医学科	上海市医学会行为医学专业委员会	名誉主任委员
季建林	心理医学科	上海市医学会精神科专业委员会	副主任委员
季建林	心理医学科	中华医学会行为医学分会	副主任委员
林芷英	肝肿瘤内科	中国抗癌协会肝癌专业委员会	副主任委员
范仲珍	门诊部	上海市护理学会心理卫生专业委员会	副主任委员
郑俭璧	护理部	上海市护理学会	副理事长
金美玲	呼吸科	中国医师协会变态反应医师分会	副会长
侯英勇	病理科	全国卫生产业企业管理协会实验医学专家委员会	主任委员
俞静娴	护理部	上海市护理学会心理卫生专业委员会	副主任委员
姚礼庆	内镜中心	上海市医师协会消化内科医师分会	副会长
姚礼庆	内镜中心	上海市医学会食管和胃静脉曲张治疗专科分会	名誉主任委员
姚礼庆	内镜中心	中华医学会消化内镜学分会第一届消化内镜专业委员会	副主任委员
姚晨玲	急诊科	中国医师协会心脏重症专家委员会第一届上海心脏重症工作委员会	副主任委员
姜立本	康复科	中国康复医学会上海分会	副会长
姜林娣	风湿免疫科	上海市医学会风湿病专科分会	副主任委员
姜春华	中医科	全国中医学会	常务理事
姜春华	中医科	中华医学会上海分会	理事、名誉理事长
姜　楞	心超室	卫生部心血管病咨询委员会	副主任委员
姜　楞	心超室	中国超声医学工程学会超声心动图专业委员会	副主任委员
洪慧慧	上海中山医疗科技发展公司	上海市护理学会门急诊专业委员会	副主任委员

（续表）

姓　名	科　室	组织机构名称	学术任职
胡必杰	感染性疾病科	上海市医院协会医院感染管理专业委员会	主任委员
胡必杰	感染性疾病科	中华医院协会医院感染管理专业委员会	副主任委员
胡必杰	感染性疾病科	中华预防医学会医院感染控制分会	主任委员
胡必杰	感染性疾病科	中国医药教育协会感染疾病专业委员会	副主任委员
胡必杰	感染性疾病科	中国医院协会医院感染管理专业委员会	副主任委员
荣独山	放射科	中华放射学会	主任委员
荣独山	放射科	上海市放射学会	主任委员
赵惠扬	核医学科	中华医学会核医学分会	副主任委员
赵惠扬	核医学科	上海市医学会核医学专科分会	主任委员
赵慧华	护理部	上海市护理学会第九届科普工作委员会	主任委员
赵慧华	护理部	上海市护理学会第十届科普工作委员会	副主任委员
赵慧华	护理部	上海市护理学会第十一届科普工作委员会	主任委员
钟芸诗	内镜中心	中国医师协会结直肠肿瘤专业委员会第一届经肛门内镜微创手术专业委员会	副主任委员
夏景林	肝肿瘤内科	上海市医院协会院办管理专业委员会	副主任委员
夏景林	肝肿瘤内科	中国医师协会临床精准医疗专业委员会	副主任委员
徐建鸣	护理部	上海市护理学会第十届重症监护专业委员会	主任委员
徐　欣	血管外科	中国医师协会腔内血管学专业委员会主髂动脉疾病专家委员会	副主任委员
徐敏珍	护理部	上海市护理学会第十届外科护理专业委员会	副主任委员
秦新裕	普外科	上海市医师协会普外科医师分会	会　长
秦新裕	普外科	上海市医疗服务标准化技术委员会	副主任委员
秦新裕	普外科	上海市医学会外科学专业委员会	主任委员
秦新裕	普外科	上海市医学会外科学专业委员会	副主任委员
秦新裕	普外科	上海市医学会理事会	常务理事
秦新裕	普外科	上海市医学会组织工作委员会	委　员
秦新裕	普外科	上海市医学会普外科专业委员会	主任委员
秦新裕	普外科	中华医学会外科分会	副主任委员
秦新裕	普外科	中国医师协会医学教育工作委员会	副主任委员
徐智章	超声科	上海市医学会超声诊断分会	主任委员
徐智章	超声科	中华医学会超声诊断分会	主任委员
徐智章	超声科	中国医师协会超声医师分会	名誉主任委员
秦万章	皮肤科	中华医学会皮肤病学会	副主任委员

（续表）

姓 名	科 室	组织机构名称	学术任职
秦 薇	护理部	上海市护理学会第十届理事会护理标准专业委员会	副主任委员
秦 薇	护理部	上海市护理学会第十一届理事会护理标准专业委员会	副主任委员
诸杜明	重症医学科	上海医师协会重症医学医师分会	会 长
诸杜明	重症医学科	上海市医学会危重医学病专科分会	副主任委员
诸杜明	重症医学科	中国医师协会重症医学医师分会	副会长
诸骏仁	心内科	中华老年医学学会	副主任委员
郭大乔	血管外科	上海市中西医结合学会周围血管病专业委员会	副主任委员
郭克芳	麻醉科	中国心胸血管麻醉学会心血管麻醉分会	副主任委员
郭 玮	检验科	上海市抗癌协会检验医学专业委员会	副主任委员
郭秉宽	眼 科	上海市医学会眼科学分会	主任委员
郭剑明	泌尿外科	上海市激光学会激光医学泌尿外科专业委员会	副主任委员
郭津生	消化科	上海市中西医结合学会器官纤维化专业委员会	副主任委员
钱菊英	心内科	上海市医学会心血管专科委员会	副主任委员
钱菊英	心内科	中国女医师协会心脏与血管专业委员会	副主任委员
钱菊英	心内科	中国医疗保健国际交流促进会心血管疾病预防与治疗分会	副主任委员
陶寿淇	心内科	中华医学会心血管病学分会	主任委员
顾建英	整形外科	中国中西医结合学会医学美容专委会第一届瘢痕整形美容专委会	副主任委员
顾建英	整形外科	中国医疗保健国际交流促进会慢性病综合管理分会	副主任委员
高丽萍	护理部	上海市护理学会老年护理专业委员会	副主任委员
高晓东	医院感染管理科	中国医学装备协会医用洁净装备工程分会医院感染装备专委会	副主任委员
高 鑫	内分泌科	上海市医师协会内分泌代谢科医师分会	副主任委员
高 鑫	内分泌科	上海药学会药物治疗专委会第十一届理事会	主任委员
高 鑫	内分泌科	中华内分泌学会上海分会	主任委员
高 鑫	内分泌科	中国医师协会内分泌代谢科医师分会	副会长
高 鑫	内分泌科	中国健康教育协会医院分会第三届委员会	副主任委员
宿燕岗	心电图室	上海市生物工程学会第九届心脏起搏与电生理专业委员会	副主任委员
宿燕岗	心电图室	中华医学会心电生理和起搏分会心衰器械治疗工作委员会	副主任委员
宿燕岗	心电图室	中华医学会心电生理和起搏分会室性心律失常工作委员会	副主任委员

（续表）

姓　名	科　室	组织机构名称	学术任职
宿燕岗	心电图室	中国医师协会心律学专业委员会	副主任委员
符伟国	血管外科	中国老年学学会老年医学委员会血管外科专家委员会	副主任委员
符伟国	血管外科	中国医师协会外科医师分会血管外科专业委员会	副主任委员
符伟国	血管外科	中国医师协会腔内血管学专业委员会主动脉夹层专家委员会	主任委员
符伟国	血管外科	中国医疗保健国际交流促进会血管外科专业委员会	副主任委员
符伟国	血管外科	中国医疗器械行业协会血管器械分会	副主任委员
符伟国	血管外科	中国研究型医院学会血管外科专委会	副主任委员
符伟国	血管外科	国家心血管病专家委员会血管外科专业委员会第一届委员会	副主任委员
符伟国	血管外科	海峡两岸医药卫生交流协会血管外科专家委员会	副主任委员
阎作勤	骨　科	上海市医学会创伤专科委员会	主任委员
黄家驷	心胸外科	中华医学会	副会长
黄家驷	心胸外科	中华医学会外科学分会	主任委员
黄晓春	康复科	上海康复医学会康复治疗委员会	副主任委员
曾蒙苏	放射诊断科	上海市核学会肿瘤放疗和影像医学专业委员会	副主任委员
曾蒙苏	放射诊断科	中国抗癌协会影像医学专业委员会上海分会	副主任委员
程登峰	核医学科	中华医学会核医学分会固体靶工作委员会	副主任委员
童朝阳	急诊科	上海市医师协会急诊科医师分会	副会长
童朝阳	急诊科	上海市医学会急诊医学专科分会	候任主任委员
童朝阳	急诊科	上海市急诊医学会	副主任委员
童朝阳	急诊科	上海市医学会急诊医学专科委员会	副主任委员
舒先红	心超室	中国医师协会心血管内科医师分会超声心动图工作委员会	副主任委员
舒先红	心超室	中国医师协会超声医师分会超声心动图专业委员会	主任委员
舒先红	心超室	中国医学影像技术研究会超声分会心动图专业委员会	副主任委员
舒先红	心超室	中国超声医学工程学会超声心动图专业委员会	副主任委员
舒先红	心超室	海峡两岸医药卫生交流协会第二届超声医学专家委员会心脏超声专科委员会	副主任委员
葛均波	心内科	中国医师协会心血管内科医师分会	副会长
葛均波	心内科	全国医师定期考核心血管内科专业委员会	主任委员
葛均波	心内科	上海市医疗服务标准化技术委员会	副主任委员
葛均波	心内科	中华医学会内科学分会第十一届委员会	副主任委员

（续表）

姓　名	科　室	组织机构名称	学术任职
葛均波	心内科	中华医学会心血管病学分会	主任委员
葛均波	心内科	中华医学会心血管病学分会	副主任委员
葛均波	心内科	中国医疗保健国际交流促进会专家工作委员会	副主任委员
葛均波	心内科	国家干细胞临床研究专家委员会	副主任委员
董　健	骨　科	中国中西医结合学会上海分会骨伤科学会	副主任委员
董　健	骨　科	中国中西医结合学会骨伤科分会骨质疏松工作委员会	副主任委员
董　健	骨　科	中国修复重建外科专业委员会第一届基础与材料学组	副主任委员
董　健	骨　科	上海市中西医结合学会脊柱外科专业委员会	副主任委员
董　健	骨　科	上海市科普作家协会第九届理事会医学健康专业委员会	副主任委员
董　健	骨　科	中国中西医结合学会上海分会脊柱外科学会	副主任委员
董　健	骨　科	中国中西医结合学会骨伤科分会脊柱工作委员会	副主任委员
董　健	骨　科	上海市中西医结合学会骨伤科专业委员会	主任委员
董　健	骨　科	上海市中西医结合学会微创骨科专业委员会	候任主任委员
楼文晖	普外科	上海市医学会外科分会	副主任委员
楼文晖	普外科	上海市医学会普外科分会	主任委员
楼文晖	普外科	中华医学会外科学分会	委　员
楼文晖	普外科	中国医学保健国际交流促进会快速康复分会	副会长
楼文晖	普外科	中国医学保健国际交流促进会神经内分泌肿瘤分会	副会长
楼文晖	普外科	中国研究型医院学会加速康复分会	副会长
裘　麟	骨　科	中华医学会外科学分会	副主任委员
廖履坦	肾内科	中华医学会肾脏病学分会	常务委员
廖履坦	肾内科	上海市肾脏病学会	主任委员
熊汝成	泌尿科	中华医学会泌尿外科学分会	副主任委员
熊汝成	泌尿科	上海市医学会泌尿外科专科分会	常务理事
臧荣余	妇产科	上海市医学会妇科肿瘤学专科分会	副主任委员
蔡定芳	中医科	中国民族医药学会脑病分会	副会长
蔡定芳	中医科	中国医师协会中西医结合医师分会第二届神经病学专家委员会	主任委员
蔡定芳	中医科	上海市中西医结合学会神经科专业委员会	主任委员
蔡定芳	中医科	上海市中医药学会第二届综合医院中医发展研究分会	主任委员
蔡定芳	中医科	上海市医师协会中西医结合医师分会第一届委员会	会　长
蔡定芳	中医科	中华中医药学会名医学术研究分会	副主任委员

（续表）

姓　名	科　室	组织机构名称	学术任职
蔡定芳	中医科	中华中医药学会综合医院中医药工作委员会	副主任委员
蔡定芳	中医科	中国医师协会中西医结合医师分会神经病学专家委员会	主任委员
蔡定芳	中医科	中国医师协会中西医结合医师分会第三届委员会	副会长
谭黎杰	胸外科	海峡两岸医药卫生交流学会胸外科专业委员会	副主任委员
樊　嘉	肝肿瘤外科	上海市医师协会肿瘤科医师分会第一届委员会	会　长
樊　嘉	肝肿瘤外科	上海市医学会外科专科分会第八届委员会	主任委员
樊　嘉	肝肿瘤外科	中华医学会肿瘤学分会第八届委员会	副主任委员
樊　嘉	肝肿瘤外科	中华医学会肿瘤学分会第十届委员会	主任委员
樊　嘉	肝肿瘤外科	中国医师协会外科医师分会肝脏外科医师委员会	主任委员
樊　嘉	肝肿瘤外科	中国抗癌协会肝癌专业委员会	主任委员
樊　嘉	肝肿瘤外科	中国抗癌协会肝癌专业委员会	名誉主任委员
樊　嘉	肝肿瘤外科	中国研究型医院学会普通外科学专业委员会	副主任委员
滕　杰	肾脏内科	上海市医学会肾脏病学专科分会	副主任委员
潘志刚	全科医学科	海峡两岸医药交流协会全科医学分会	副主任委员
潘柏申	检验科	上海市生物医学工程学会检验医学专委会	主任委员
潘柏申	检验科	上海市医学会检验医学专科分会	主任委员
潘柏申	检验科	中华医学会检验分会第七届委员会	副主任委员
潘柏申	检验科	中华医学会检验分会第八届委员会	副主任委员
潘柏申	检验科	中华医学会检验分会第九届委员会	主任委员
颜志平	介入治疗科	上海市中西医结合学会介入医学专业委员会	副主任委员
颜志平	介入治疗科	中国抗癌协会肿瘤介入专业委员会肝癌介入专家委员会	主任委员
颜志平	介入治疗科	国际肝胆胰协会中国分会微创介入专业委员会	副主任委员
颜福庆		中华医学会	会　长
薛张纲	麻醉科	上海市医师协会麻醉科医师分会	副会长
薛张纲	麻醉科	中华医学会麻醉学分会	常务委员
戴豪良	中医科	中国中西医结合学会诊断学专业委员会	副主任委员
戴豪良	中医科	上海市中西医结合学会四诊研究专业委员会	副主任委员

第三节　国内外杂志主编、副主编任职

　　医院多位专家在国内外杂志中任职，为医学进展的信息发布贡献自己的力量。医院专家担任国内外杂志主编、副主编等情况见下表。

表 5 - 4 - 3　1937—2017 年医院专家国内外杂志主编、副主编任职情况表

姓　名	科　室	杂　志　名　称	任　职	杂志所属国家/区域
丁小强	肾内科	上海医学	副主编	中　国
丁小强	肾内科	中华肾病研究电子杂志	副总编辑	中　国
丁小强	肾内科	*Journal of Onco-Nephrology*	副主编	意大利
王文平	超声科	生物医学工程学进展	副主编	中　国
王文平	超声科	肿瘤影像学	副主编	中　国
王建华	介入治疗科	介入放射学杂志	副主编	中　国
王建华	介入治疗科	中国介入影像与治疗学	副主编	中　国
王春生	心外科	中华胸心血管外科杂志	副总编	中　国
叶胜龙	肝肿瘤内科	*Liver Cancer*	副主编	瑞　士
白春学	呼吸科	临床肺科杂志	副主编	中　国
白春学	呼吸科	世界感染杂志	副总编辑	中　国
白春学	呼吸科	呼吸新视野	主　编	中　国
白春学	呼吸科	中华肺部疾病杂志	副主编	中　国
白春学	呼吸科	国际呼吸杂志	总编辑	中　国
白春学	呼吸科	上海医学	副主编	中　国
白春学	呼吸科	中华结核和呼吸杂志	副总编辑	中　国
白春学	呼吸科	中国呼吸与危重监护杂志	副主编	中　国
白春学	呼吸科	复旦大学学报（医学版）	副主编	中　国
白春学	呼吸科	*Journal of Organ Dysfunction*	副主编	英　国
白春学	呼吸科	*Journal of Clinical Bioinformatics*	副主编	英　国
白春学	呼吸科	*International Journal of Chronic Obstructive Pulmo*	副主编	英　国
白春学	呼吸科	*Journal of Epithelial Biology & Pharmacology Translational*	副主编	美　国
白春学	呼吸科	*Respiratory Medicine*	主　编	美　国
白春学	呼吸科	*Bioinfo Journal of Proteomics*	副主编	印　度
白春学	呼吸科	*American Journal of Physiology-Lung and Molecular Physiology*	副主编	美　国
白春学	呼吸科	*Translational Respiratory Medicine*	主　编	美　国
石洪成	核医学科	美国《临床核医学杂志》中文版	副主编	中　国
石美鑫	心胸外科	中华胸心血管外科杂志	副主编	中　国
吕迁洲	药剂科	中国药房	副主编	中　国
吕迁洲	药剂科	今日药学	副主编	中　国

（续表）

姓　名	科　室	杂　志　名　称	任　职	杂志所属国家/区域
吕迁洲	药剂科	中国临床药学杂志	副主编	中　国
朱同玉	泌尿外科	*Journal of Clinical Practice Member Editorial*	编　委	美　国
朱同玉	泌尿外科	*Transplantation Member Current Opinion of Editorial*	编　委	美　国
朱同玉	泌尿外科	*Organ Transplantation Member*	编　委	美　国
朱无难	消化科	国外医学·消化系疾病分册	副主编	中　国
朱无难	消化科	中华消化杂志	副主编	中　国
朱　蕾	呼吸科	过敏（*Allergy* 中文版）	副主编	中　国
朱　蕾	呼吸科	诊断学理论与实践	副主编	中　国
许剑民	普外科	《手术》电子杂志"结直肠外科学篇"	副主编	中　国
许剑民	普外科	*OncoTargets and Therapy*	副主编	德　国
孙忠亮	呼吸科	中华结核和呼吸系疾病杂志	副总编辑	中　国
孙爱军	心实验室	*Frontiers*	编　委	国　际
李　欣	心外科	中国体外循环杂志	副主编	中　国
吴伟忠	肝研所实验室	*American Journal of Cancer Science*	副主编委员会委员	美　国
吴绍青	呼吸科	中华结核和呼吸系疾病杂志	副总编辑	中　国
吴绍青	呼吸科	防痨通讯	主　编	中　国
吴　珏	麻醉科	上海医科大学学报	主　编	中　国
吴肇汉	普外科	临床外科杂志	副主编	中　国
邹云增	心实验室	临床心血管病杂志	副主编	中　国
邹云增	心实验室	*Circulation Research*（中文版）	副主编	中　国
邹云增	心实验室	中华心力衰竭和心肌病杂志	副总编辑	中　国
李小英	内分泌科	*Journal of Diabetes*	副主编	中　国
李华德	呼吸科	中华结核和呼吸系疾病杂志	副总编辑	中　国
杨秉辉	肝肿瘤内科	中华医学杂志	副总编	中　国
杨秉辉	肝肿瘤内科	中华全科医师杂志	总　编	中　国
杨秉辉	肝肿瘤内科	中国临床医学	主　编	中　国
汪　昕	神经内科	中国临床神经科学杂志	副主编	中　国
汪　昕	神经内科	神经病学与神经康复学杂志	名誉主编	中　国
宋元林	呼吸科	国际呼吸杂志	副总编辑	中　国
宋元林	呼吸科	*Clinical Respiratory Journal*	副主编	英　国

（续表）

姓　名	科　室	杂　志　名　称	任　职	杂志所属 国家/区域
宋元林	呼吸科	*The Clinical Respiratory Journal*	副主编	英　国
宋元林	呼吸科	*Respiratory*	副主编	澳大利亚
陈绍亮	核医学科	中华核医学杂志	副主编	中　国
季建林	心理医学科	中华行为医学与脑科学杂志	副总编辑	中　国
季建林	心理医学科	中国心理卫生杂志	副主编	中　国
周平红	内镜中心	*Translational Gastrointestinal Cancer*	副主编	中　国
林　贵	介入科	中华放射学杂志	副总编辑	中　国
林　贵	介入科	国外医学·消化系疾病分册	副主编	中　国
胡必杰	感染性疾病科	中华临床感染病杂志	副主编	中　国
胡必杰	感染性疾病科	中华医院感染学杂志	副主编	中　国
侯英勇	病理科	*BMC Cancer*	副主编	英　国
姜春华	中医科	上海中医学杂志	副主编	中　国
祝墡珠	全科医学科	中华全科医师杂志	副总编辑	中　国
荣独山	放射科	中华放射学杂志	副主编	中　国
赵惠扬	核医学科	中华核医学杂志	副主编	中　国
徐智章	超声科	中华超声影像学杂志	主　编	中　国
秦新裕	普外科	中华胃肠外科杂志	副主编	中　国
秦新裕	普外科	中国临床医学	副主编	中　国
秦新裕	普外科	中华胃肠外科杂志	副主编	中　国
秦新裕	普外科	上海医学	副主编	中　国
秦新裕	普外科	中国实用外科杂志	副主编	中　国
秦新裕	普外科	中华普外科手术学杂志	副主编	中　国
秦新裕	普外科	中华外科杂志	副总编	中　国
秦新裕	普外科	中华普通外科杂志	副主编	中　国
秦新裕	普外科	中华消化外科杂志	副主编	中　国
秦新裕	普外科	外科理论与实践	副总编	中　国
诸骏仁	心内科	循环（*Circulation* 中文版）	主　编	中　国
诸骏仁	心内科	国外医学·心血管疾病分册	主　编	中　国
诸骏仁	心内科	美国医学会杂志（中文版）	副主编	中　国
诸骏仁	心内科	国外医学·老年医学分册	副主编	中　国
钱菊英	心内科	上海医学	副主编	中　国
陶寿淇	心内科	中华心血管病杂志	副主编	中　国

（续表）

姓　名	科　室	杂　志　名　称	任　职	杂志所属 国家/区域
葛均波	心内科	中国实用内科杂志	副主编	中　国
葛均波	心内科	中国介入心脏病学杂志	副主编	中　国
葛均波	心内科	医师报	副主编	中　国
葛均波	心内科	上海医学	总编辑	中　国
葛均波	心内科	中国微循环	副主编	中　国
葛均波	心内科	上海医学	名誉总编辑	中　国
葛均波	心内科	*Cardiology Plus*	主　编	美　国
葛均波	心内科	*Herz*	副主编	德　国
曾蒙苏	放射诊断科	临床放射学杂志	副主编	中　国
谢瑞满	老年病科	*International Chinese Neurology &* *Psychiatry Journal*	副主编	美　国
熊汝成	泌尿科	中华泌尿外科杂志	副总编辑	中　国
熊汝成	泌尿科	中华器官移植杂志	副总编辑	中　国
蔡定芳	中医科	神经病学与神经康复学杂志	副主编	中　国
谭黎杰	胸外科	*World Journal of Cancer Research*	副主编	澳大利亚
樊　嘉	肝肿瘤外科	中华外科杂志	副主编	中　国
樊　嘉	肝肿瘤外科	*Liver Cancer*	副主编	瑞　士
樊　嘉	肝肿瘤外科	上海医学	总编辑	中　国
樊　嘉	肝肿瘤外科	中国临床医学	主　编	中　国
潘柏申	检验科	中华检验医学杂志	副总主编	中　国
潘柏申	检验科	检验医学	副主编	中　国
潘柏申	检验科	国际检验医学杂志	副总编	中　国
潘柏申	检验科	中华临床实验室管理电子杂志	副总编	中　国
潘柏申	检验科	临床化学（中文版）	主　编	中　国
薛张纲	麻醉科	中华麻醉学杂志	副主编	中　国
薛张纲	麻醉科	临床麻醉学杂志	副主编	中　国
瞿介明	呼吸科	中国临床医学	副主编	中　国

第五章　对外交流与合作

第一节　出访与交流

中华人民共和国成立后,中山医院的专家学者就开始在国际舞台崭露头角。石美鑫、荣独山、陈灏珠、熊汝成等均曾参加国际会议或出国访问。改革开放后,医院国际交流合作日益频繁和深入。20 世纪 80 年代起,医院受上海市政府委派,接待多位国外政要前来参观。20 世纪 90 年代后,与澳大利亚、美国、芬兰、英国等多个国家的著名医学中心建立友好协作关系。进入 21 世纪后,更多医院专家活跃在国际学术舞台,进行主题发言、学术报告,甚至进行手术演示、手术转播。心血管病研究所、肝癌研究所、呼吸病学研究所、神经内科等多个科室都开始主办各种国际学术会议。医院注重借助国外、境外的学术资源,为医院培养业务骨干、开拓医务人员视野,提高医教研和管理水平。

1996 年起建立人才培养基金,用于选派和支持优秀中青年医务人员出国进修学习。

一、出访

出国(境)进修、学习,开展合作与交流,是借助国外、境外的学术资源培养业务骨干,开拓员工视野,进一步提高医院科研、医疗、管理水平的重要举措之一。中山医院制定一系列的政策、制度,支持不同层次员工出国(境)学习、交流,并与国外医疗机构建立长期合作关系。

1996 年 12 月起,医院建立出国人才培养基金,每年派出人员出国进修学习。2004 年 1 月,医院制定《复旦大学附属中山医院选派出国进修学习实施办法》(简称《实施办法》),使得该项工作更加规范化、制度化和常效化。《实施办法》中提出了"按需派遣,保证质量,学成回院"的 12 字方针,这个方针正是医院选派出国培养的根本指导原则,也是在制定本办法前医院选派人员出国工作的核心内容。围绕这个方针,医院每年积极开展选派出国工作,1997—2017 年,累计已选派出国培训人员 542 人次。其中,医院在职 487 人(282 人具有高级职称,占 57.9%;75 人为业务或行政干部,占 15.4%)。选派出国进修培养按照一定的程序实施:个人申报、科室推荐、人事处初审、学术委员会审核、院务会批准,列入人才培养计划,每年选派 10 人左右。1996 年开始进修期限为 6 个月,医院资助 5 000 美元/人;自 2008 年 5 月,医院资助 6 000 美元/人;自 2012 年 7 月,进修期限改为 1年,医院资助 12 000 美元/人;2017 年,医院修订《实施办法》,1 年的资助金额根据职称不同而提高至 3~4 万美元/人,每年选派约 20 人。

表 5-5-1　2007—2017 年医院因公出国情况表

年　份	出国人次	参加学术会议 (人次)	访问交流 (人次)	合作研究 (人次)	进修 (人次)	担任大会主席或 分会主席(人次)
2007	353	258	28	26	23	2
2008	421	306	39	24	15	5

（续表）

年　份	出国人次	参加学术会议（人次）	访问交流（人次）	合作研究（人次）	进修（人次）	担任大会主席或分会主席（人次）
2009	446	310	35	22	16	5
2010	476	376	20	12	18	12
2011	466	346	34	10	25	9
2012	515	330	37	21	25	7
2013	458	334	19	12	44	4
2014	477	379	13	9	43	6
2015	492	455	3	2	20	7
2016	379	314	6	7	18	10
2017	433	373	12	10	32	4

表 5－5－2　1997—2017 年医院人才基金资助长期（半年或以上）出国人员情况表

年　份	资助人数	年　份	资助人数
1997	7	2008	13
1998	10	2009	13
1999	10	2010	14
2000	8	2011	12
2001	9	2012	24
2002	9	2013	21
2003	6	2014	17
2004	14	2015	20
2005	10	2016	16
2006	3	2017	32
2007	13		

二、国际交流与合作

医院广泛开展国际学术交流，鼓励职工参加国外各种学术会议，扩大医院在国际学术界的知名度和影响力。近年来，每年出国参加各种学术交流和合作者约有 300 人，部分学科还组织举行国际大型会议，邀请外国著名专家参会。医院每年接收外国人员进修，包括欧美发达国家人员。2007—2017 年，共 3 781 人出国访问，参加学术会议或进行研究合作，国际会议交流论文 1 316 篇。医院心外科与美国麻省总医院心外科、肝癌研究所与美国匹兹堡移植中心均建立合作关系。

表 5 - 5 - 3　2007—2017 年医院参加国际学术交流情况表

年　份	参加国际学术交流人数	交流论文数(篇)	国际会议收录论文数(篇)
2007	258	39	39
2008	306	80	80
2009	310	81	81
2010	376	84	84
2011	346	88	88
2012	330	84	84
2013	334	132	132
2014	379	201	201
2015	455	195	195
2016	314	161	161
2017	373	171	171

第二节　聘任境外专家

一、概况

为了加强医学学术交流,提高医疗水平,扩大医院在国际上的影响,根据学科发展需要,1994年起,医院建立客座教授制度,支持各科室聘任境外专家、引进境外人才,推动学科发展和科研攻关,分别和复旦大学生命科学学院、生物医学研究院等建立双聘首席研究员(PI)制度,引入优秀 PI为医院服务。

申报聘任境外专家的流程如下:各科室向人事处提出书面申请,申请书需详细附上专家个人简历和学术上成就等重要内容。由人事处按照《复旦大学高层次人才引进实施办法(修改稿)》上的要求与科研处一起审核材料,符合人才引进条件则提交分管院领导,由院务会讨论。院务会讨论通过后启动聘任程序,提交医院学术委员会投票表决。医院同意聘任的境外专家,由人事处与其协商约定待遇和权利义务等事宜,填写相关表格,并报复旦大学人事处审批。复旦大学审批通过下发批准件后,人事处与该专家签订工作合同等。

二、聘任境外专家名单

依照《复旦大学高层次人才引进实施办法(修改稿)》确定该专家的岗位职责,医院结合其实际承担工作和工作时间给予相应待遇。对于长期在医院工作的境外专家,医院给予用房、设备、经费等各方面的支持。同时,实行聘期目标考核,即聘期满 2 年的境外专家,由复旦大学组织专家对其进行全面的工作评估,评估结果将作为是否续聘的依据。

表 5-5-4　1994—2017 年医院聘任境外荣誉教授与客座教授情况表

聘任时间	姓　名	荣誉学衔	本职单位、职务
1994 年 9 月	Ollock	上海医科大学客座教授	美国 M. D. 安德森癌症中心肿瘤外科
2002 年 2 月	汪　健	中山医院客座教授	美国北卡罗来纳大学医学院移植外科
2003 年 11 月	胡　凯	复旦大学特聘讲座教授	德国维尔茨堡大学医学院心血管内科
2003 年 12 月	朱　岳	中山医院客座教授	美国匹兹堡大学托马斯·E. 斯塔泽(Thomas E. Starzl)移植研究所
2004 年 2 月	张　峰	复旦大学兼职教授	美国密西西比大学医学院整形外科
2004 年 2 月	Gus J. Vlahakes	中山医院客座教授	美国麻省总医院心脏外科
2004 年 3 月	Christoph E. Broelsch	复旦大学顾问教授	德国杜伊斯堡-埃森大学外科与移植科
2004 年 4 月	Broelsch	中山医院客座教授	德国杜伊斯堡-埃森大学外科与移植科
2004 年 8 月	张昌贤	中山医院客座教授	法国国家医学科学院
2004 年 11 月	Alan S. Verkman	中山医院客座教授	美国加州大学旧金山分校
2005 年 8 月	林延龄	中山医院客座教授	澳大利亚墨尔本大学心脏中心
2005 年 10 月	王向东	复旦大学兼职教授	瑞典隆德大学临床科学学院副院长
2005 年 10 月	Bernard Nordinger	中山医院客座教授	法国巴黎大学
2006 年 1 月	Scott L. Friedman	复旦大学顾问教授	美国纽约西奈山医学院肝病科
2006 年 4 月	Didier Pitlet	中山医院客座教授	瑞士日内瓦大学医院教授、感染控制部主任
2006 年 4 月	司徒永康	中山医院客座教授	中国香港大学教授、香港玛丽医院感染控制部主席、微生物科教授
2006 年 6 月	沈路一	中山医院客座教授	美国加州大学洛杉矶分校医学中心
2006 年 10 月	John J. Curtis	中山医院客座教授	美国阿拉巴马大学医学院器官移植中心主任
2006 年 11 月	小室一成	中山医院客座教授	日本千叶大学附属医院
2006 年 11 月	陆满晴	中山医院客座教授	中国香港大学外科实验室
2006 年 11 月	Adam P. Dicker	中山医院客座教授	美国托马斯·杰弗逊大学肿瘤放疗科
2006 年 11 月	Ten Haken	中山医院客座教授	美国密歇根大学肿瘤放疗科
2006 年 12 月	李　俊	中山医院客座教授	美国韦恩州立大学医学院神经病学
2006 年 12 月	Brian I. Carr	中山医院客座教授	瑞典隆德大学医学院临床生理学系
2006 年 12 月	吴　栋	中山医院客座教授	新西兰奥克兰大学医学院
2007 年 1 月	陈松鹤	中山医院客座教授	美国纽约大学医学中心资深研究员
2007 年 1 月	柯嘉敏	中山医院客座教授	加拿大曼尼托巴大学动物学系副教授
2007 年 4 月	胡强达	中山医院客座教授	新加坡国立大学教授、新加坡中央医院泌尿外科高级顾问医师、亚洲泌尿外科协会秘书长

（续表）

聘任时间	姓　名	荣誉学衔	本职单位、职务
2007 年 4 月	迪尔克·沙伊纳特	中山医院客座教授	德国莱比锡大学医院临床血管介入中心主任
2007 年 6 月	姜　楞	中山医院客座教授	美国塔夫茨大学内科学教授、贝斯泰医学中心无创心内科主任、美国心脏病学院院士、美国超声心动图学会院士
2007 年 6 月	山本有平	中山医院客座教授	日本北海道大学医学院形成外科教授
2007 年 7 月	陈肇隆	中山医院客座教授	中国台湾高雄长庚医院院长
2007 年 9 月	Dan Mark Roden	中山医院客座教授	美国范德堡大学医学院
2007 年 11 月	Jeffrey M. Drazen	中山医院客座教授	《新英格兰医学杂志》主编
2007 年 11 月	张　毅	中山医院客座教授	美国密歇根州立大学内科学系助理教授
2007 年 11 月	Roland Andersson	中山医院客座教授	瑞典隆德大学临床科学研究院院长、教授、外科主任
2008 年 5 月	曹之宪	中山医院客座教授	中国香港中文大学医学系药理教研室主任、国际基础和临床药理学会消化病分会主席
2008 年 12 月	Hiroshi Mashimo	中山医院客座教授	美国哈佛大学医学院教授
2008 年 12 月	Claudio Ronco	中山医院客座教授	意大利圣巴托洛（San Bortolo）医院教授
2009 年 2 月	Jordi Bruix	中山医院客座教授	西班牙巴塞罗那大学教授
2009 年 2 月	Josep Llovet	中山医院客座教授	西班牙巴塞罗那大学教授
2009 年 2 月	H. L. A. Janssen	中山医院客座教授	荷兰鹿特丹依拉斯姆斯大学医学中心教授
2009 年 3 月	Michael L. Nicholson	中山医院客座教授	英国莱斯特大学医院移植科主任
2009 年 3 月	杨　斌	中山医院客座教授	英国莱斯特大学名誉讲师、莱斯特总医院肾脏移植组高级研究员
2009 年 3 月	Frank J. Criado	中山医院客座教授	美国巴尔的摩联合纪念医院教授
2009 年 4 月	王振宇	中山医院客座教授	中国香港大学内科学系
2009 年 5 月	梁明瑜	中山医院客座教授	美国威斯康星大学医学院
2009 年 9 月	Alex Steven Evers	中山医院客座教授	美国华盛顿大学附属巴恩斯-犹太医院
2009 年 10 月	郑畏三	中山医院客座教授	新加坡中央医院
2009 年 10 月	文学军	中山医院客座教授	美国南卡罗来纳州克莱门森大学
2009 年 10 月	裴　明	中山医院客座教授	美国西弗吉尼亚大学
2009 年 11 月	阚祖兴	中山医院客座教授	美国 M. D. 安德森癌症中心
2010 年 4 月	Sami Areva	中山医院客座教授	芬兰坦佩雷理工大学教授
2010 年 4 月	Zhimin（Tim）Cao	中山医院客座教授	美国纽约州卫生署博士
2010 年 7 月	Yasuyuki Seto	中山医院客座教授	东京大学医学部附属医院教授
2010 年 7 月	姜　楞	中山医院客座教授	美国塔夫茨大学医学院教授

（续表）

聘任时间	姓　名	荣誉学衔	本职单位、职务
2011 年 4 月	David H. Garfield	中山医院客座教授	美国百瑞肿瘤中心（Promed Cancer Center）
2011 年 6 月	金献文	中山医院客座教授	美国克利夫兰诊所
2011 年 8 月	Luc Moudon	中山医院客座教授	瑞士奇雷什医疗中心
2011 年 8 月	罗招庆	中山医院客座教授	美国普渡大学生命科学院
2011 年 10 月	William E. Rhodes	中山医院客座教授	美国碧迪医疗器械公司全球总裁
2011 年 10 月	William Lineaweaver	中山医院客座教授	美国密西西比大学医学中心矫形外科教授
2011 年 10 月	Darrell Brooks	中山医院客座教授	美国斯坦福大学医学中心矫形外科教授
2011 年 12 月	郑彦铭	中山医院客座教授	澳门何鸿燊博士医疗拓展基金会副主任
2012 年 1 月	Robert A. McGuire	中山医院客座教授	美国密西西比大学医学中心
2012 年 3 月	Stefan G. Ruehm	中山医院客座教授	美国加州大学洛杉矶分校
2012 年 4 月	Jordi Bruix	中山医院客座教授	西班牙巴塞罗那大学教授
2012 年 4 月	Josep Llovet	中山医院客座教授	西班牙巴塞罗那大学教授
2012 年 7 月	A. Lee Dellon	中山医院客座教授	美国约翰斯·霍普金斯大学
2012 年 9 月	Derek A. Mann	中山医院客座教授	英国纽卡斯尔大学细胞医学研究所
2013 年 3 月	Misra Madhukar	中山医院客座教授	美国密苏里大学医学院内科学系教授
2013 年 3 月	Aris Q. Urbanes	中山医院客座教授	美国诊断及介入放射学学会主席
2013 年 3 月	Andrew Davenport	中山医院客座教授	英国伦敦大学皇家医院肾脏内科主任
2013 年 3 月	Philip Li	中山医院客座教授	中国香港威尔斯亲王医院肾脏科主任
2013 年 4 月	曹世植	复旦大学顾问教授	中国香港威尔斯亲王医院
2013 年 5 月	Peter Butler	中山医院客座教授	斯普林格科学出版社编辑主任
2013 年 6 月	李国栋	复旦大学上海医学院顾问教授	中国香港大学医学院
2013 年 8 月	Adeera Levin	中山医院客座教授	加拿大英属哥伦比亚大学
2013 年 8 月	蔡淳娟	中山医院客座教授	中国台湾义大医院
2013 年 9 月	Yoshinori Marunaka	中山医院客座教授	日本京都府立医科大学
2013 年 11 月	杨　平	中山医院客座教授	美国梅奥医学中心医学院
2013 年 12 月	Steven Wu	中山医院客座教授	美国哈佛大学医学院马萨诸塞州总医院介入肾脏病学主任
2013 年 12 月	Chen Guangping	中山医院客座教授	美国埃默里大学生理学及肾脏病学
2013 年 12 月	Li Li	中山医院客座教授	美国弗吉尼亚大学内科系肾脏科
2014 年 1 月	小室一成	中山医院客座教授	日本东京大学循环内科主任、教授
2014 年 9 月	Ravindra L. Mehta	中山医院客座教授	美国加州大学圣地亚哥分校医学中心
2014 年 9 月	John T. Daugirdas	中山医院客座教授	美国伊利诺伊大学医学院

（续表）

聘任时间	姓　　名	荣誉学衔	本职单位、职务
2014 年 9 月	Christopher R. Blagg	中山医院客座教授	美国西北肾脏中心
2014 年 9 月	Wolfgang C. Winkelmayer	中山医院客座教授	美国贝勒大学医学院
2014 年 9 月	Timothy C. Wang	中山医院客座教授	美国哥伦比亚大学
2014 年 11 月	李小韦	中山医院客座教授	美国加州大学圣地亚哥分校
2014 年 11 月	Jinghong Li	中山医院客座教授	美国加州大学圣地亚哥分校
2014 年 11 月	Christoph Thümmler	中山医院客座教授	英国爱丁堡龙比亚大学
2014 年 11 月	Aaron Ciechanover	中山医院客座教授	以色列人文和自然科学院
2014 年 12 月	Doris	复旦大学上海医学院荣誉教授	澳大利亚墨尔本大学医学院全科医学系
2015 年 4 月	傅光义	中山医院客座教授	日本国立癌症研究中心东医院
2015 年 6 月	成佳宪	中山医院客座教授	中国台湾大学附设医院肿瘤放疗科教授
2015 年 7 月	夏怡丰	中山医院客座教授	美国索尔克生物研究所
2015 年 8 月	陈文根	中山医院客座教授	美国马里兰大学医学院、马里兰大学医学中心放射诊断及核医学科副教授
2015 年 12 月	刘允怡	中山医院客座教授	中国香港中文大学教授（中科院院士）
2016 年 1 月	钱琪	中山医院客座教授	美国梅奥医学中心
2016 年 3 月	Niels H. Chavannes	中山医院客座教授	荷兰莱顿大学医学中心副教授
2016 年 3 月	周敏	中山医院客座教授	美国纽约大学医学中心提许（Tisch）医院
2016 年 7 月	殷晓鸣（Yin Xiaoming）	中山医院客座教授	美国印第安纳大学医学院临床病理及实验室副主任、印第安纳大学江铃病理实验室主任
2016 年 7 月	何慈江	中山医院客座教授	美国纽约西奈山健康中心肾内科主任、西奈山医学院药理和生物化学教研室副教授
2016 年 8 月	Yoshinori Marunaka	中山医院客座教授	日本京都府立医科大学分子细胞生理学教授、医学教育研究中心主任
2016 年 12 月	裴明	中山医院客座教授	美国西弗吉尼亚大学医学院终身副教授
2016 年 11 月	何川	中山医院客座教授	美国霍华德·休斯医学研究所（HHMI）研究员，芝加哥大学生物物理动态研究所主任、教授
2016 年 11 月	邢毅	中山医院客座教授	美国加州大学洛杉矶分校生物信息学博士、培养项目主任
2017 年 2 月	张幸鼎	中山医院客座教授	美国西北大学助理教授
2017 年 3 月	Wen Jiang	中山医院客座教授	美国 M. D. 安德森癌症中心
2017 年 6 月	黄志威	复旦大学上海医学院顾问教授	中国香港家庭医学学院
2017 年 8 月	王崴	中山医院客座教授	澳大利亚埃迪思科文大学教授

（续表）

聘任时间	姓　名	荣　誉　学　衔	本职单位、职务
2017 年 9 月	Rathan M. Subramaniam	中山医院客座教授	美国得克萨斯大学西南医学中心放射科核医学主任、教授
2017 年 11 月	Jadwiga Anna Wedzicha	中山医院客座教授	英国帝国理工学院
2017 年 12 月	Paul Anthony Insel	中山医院客座教授	美国密歇根大学教授

第六篇

党群工作

概　　述

　　医院历来重视党员发展工作,尤其是在临床一线、业务骨干、优秀青年、关键岗位中的发展工作,坚持"成熟一个、发展一个"的标准,同时将党员发展工作与精神文明、医德医风问题紧密挂钩。截至2017年,医院党员人数共1 803人。医院党委始终重视对党员的思想教育工作,先后组织开展党员标准大讨论、"双学"活动、学习"三个代表""共产党员先进性"专题党课教育、学习实践"八荣八耻"社会主义荣辱观、纪念改革开放三十周年、"三严三实"和"两学一做"等学习教育活动。

　　医院党委积极贯彻落实"党管干部"原则,努力做好干部培养、选拔、任用、教育等工作,不断完善干部选拔任用机制。抓好业务、管理两支队伍建设,探索多形式、多渠道的培训模式,加强干部管理和教育的力度。注重后备干部队伍建设,通过挂职锻炼、青年行政轮岗等方式加大对年轻干部的培养力度,不断为医院管理队伍注入新的活力与生机。

　　医院文化是医院的灵魂,是医院持续发展的保证。中山医院始终坚持"以病人为中心",以提高医院服务质量、提高医务人员素质为重点,全方位地开展精神文明建设工作,加强医院文化建设。医院坚持不懈开展职业道德教育,坚持多形式、多渠道、分层次、有针对性地开展职业道德、职业规范、职业纪律和职业素质教育,使受教育的干部职工覆盖率达100%。医院历来重视职工素质的培养,成功举办以医院文化、职工情操、中山精神为主题的中山文化艺术节、杜鹃花节、敬老节等形式多样、内容活泼的活动,不断营造良好的医院文化氛围;通过开展以倡导良好医德医风为目的的学习讨论会、座谈会、演讲和征文活动,不断营造有利于行风建设和医院发展的氛围;积极开展评优活动,注重用身边的先进典型事例,使"以病人为中心"的服务理念潜移默化到每位员工的实际行动中。

　　2011年,医院整合成立"绿叶"志愿者服务队。2012年,成为上海市志愿者服务基地,同年成立志愿者和社会工作部。医院不断完善志愿服务管理制度,丰富服务内容,扩充志愿者队伍,志愿服务内容主要涵盖门诊、急诊、病房、社区、专项服务和各类义诊咨询等层面。

　　在医院发展过程中,逐渐凝练出"一切为了病人"的中山精神,"严谨、求实、团结、奉献"的院训,并创作院徽、院歌,建造孙中山雕像、院名石等文化载体,体现医院深厚的文化底蕴和历史传承。

第一章 党员发展和党员教育

第一节 党员发展

中山医院历来重视党员发展工作,在坚持党员标准、保证质量的前提下,做好发展新党员工作。

中华人民共和国成立初期:1949 年 7 月,中山医院、上海医学院成立联合党支部,有中共党员 8 人。1957 年 4 月中山医院成立党总支,有中共党员 48 人。

20 世纪 60—70 年代:1965 年,有中共党员 101 人。1966 年"文化大革命"。1968 年 3 月成立中山医院革命委员会。1969 年 10 月中共党员恢复组织生活。1970 年 8 月恢复成立中山医院党总支。1973 年党总支改选。1976 年 7 月,成立中山医院党委。1978 年底,有中共党员 247 人。

80 年代:医院党委加强对积极分子的教育培养和考察,注意从第一线的中青年积极分子中和"空白"单位中抓紧发展新党员。1980 年,有中共党员 173 人。1988 年党委换届改选,有中共党员 265 人。

90 年代:1993 年新发展党员 9 人,预备党员转正 10 人。1995 年重点抓青年、抓骨干、抓空白点,重视和发挥共青团推优工作,使青年党员的比例提高到 8%。1996 年,注重抓好研究生和临床医学院大学生中的组织发展工作,共发展新党员 34 人。1997 年,重点抓好青年医生、护士和大学生、研究生的发展党员工作,加强对共青团推优工作的领导和指导,制定《推优工作制度》。1998 年发展党员工作取得新成绩,全年共发展党员 30 人,全院 2 076 名职工中,党员比例已达 13.7%。选送 39 名入党积极分子到上医大党校学习。1999 年坚持"确保质量、慎重发展"原则,发展党员 32 人。

进入新世纪:2000 年,坚持"成熟一个、发展一个"标准,发展对象重点放在一线、一流及优秀骨干同志上,发展党员 25 人。2001 年,按照"坚持标准、保证质量,改善结构、慎重发展"原则,发展党员 16 人。选送 46 名入党积极分子参加复旦大学党校学习。2002 年积极稳妥做好党员发展工作,发展党员 15 人。2003 年发展党员 26 人,选送 53 名同志参加复旦大学党校学习。2004 年发展党员 21 人,以临床第一线知识分子群体为重点,及时吸收医疗、护理、医技、后勤、管理等青年骨干中的先进分子入党,重视在研究生和大学生中做好发展工作。2005 年发展党员 20 人,将党员发展工作与精神文明、医德医风问题紧密挂钩,在发展和转正党员时,征求纪委、医务处意见,重视在医务人员、学生中的发展工作,修订中山医院《推优工作制度》。2006 年发展党员 31 人。2007 年,发展党员 24 人。2008 年年底,全院 773 名党员完成电子身份认证,认证率 98%,居复旦大学附属院系之首。此后 10 年间,医院党委继续做好一线、业务骨干、优秀青年、关键岗位的组织发展工作,至 2017 年底,全院共有党员 1 803 人。

第二节 党员教育

中山医院党委始终重视对党员的思想教育工作。20 世纪 80 年代末,组织全院党员学习党的十三届三中全会精神,举办轮训学习班,组织"双周五"下午的形势教育,举办"我说十年"演讲活动。

1993 年,在支部中开展达标创先活动,组织全体党员祭扫龙华烈士陵园,观看《秋收起义》,举行"共产党员话改革"演讲会、组织 13 个党支部参加党建知识智力竞赛。

1994 年,党委提出"二重三新"的要求,即重点抓支委会建设和党员教育;支部工作要有新思路,组织生活要有新形式,发展工作要有新招数。组织全院党员开展大型集体教育:举办学习《邓小平文选》第三卷的脱产学习班,开展党员标准大讨论,举行形势政策报告会,组织党员义务劳动等。

1995 年,组织全体党员学习十四届四中全会《中共中央关于加强党的建设几个重大问题的决定》《中国共产党党章》和《中国共产党党员权利保障条例》。

1996 年,全院开展"双学"活动,全体党员集中脱产学习《邓小平建设有中国特色社会主义理论学习纲要》并考试,组织观看《孔繁森》。

1998 年,举办党员脱产学习邓小平理论培训班 1 次,共 267 名党员参加,出勤率达到 95%,并书面考核,邀请专家做辅导报告五次。

1999 年,开展党员"双评"工作,认真贯彻《上海市党支部建设纲要》,组织支部委员、党务干部共 50 人分两批参加上医大党支部书记培训。组织党员观看《中国共产党党员纪律处分条例》录像共 1 708 人次。

2000 年,组织学习"三个代表"、十五届五中全会及市委七届七次会议精神等,全年召开 9 次党员大会,举办"我为中山争光辉"报告会,组织党员观看《生死抉择》《胡长清案件警示录》等。

2001 年,以纪念建党八十周年为契机,开展新时期共产党员新形象大讨论、组织党史知识竞赛、党内外座谈会等活动,院党委书记做"共产党员先进性"专题党课教育。

2002 年,院党委把学习贯彻十六大精神作为重中之重,组织收看开幕式,采取集中学习和自学相结合的方式,要求全体党员对照党章以身作则,把"三个代表"真正落实到工作中去。

2003 年,深入开展学习《"三个代表"重要思想纲要》,组织专题辅导报告 4 场,组织党员观看《凝聚》、举办《中国共产党光辉的历程》图片巡回展,开展《城市精神与上海大发展》主题讨论,提高党员整体素质。

2004 年,院党委坚持以科学发展观指导实际工作,重视抓好支部书记和党员的学习,认真组织学习"两个条例",举办知识竞赛,组织观看《邓小平在 1928》,缅怀老一辈无产阶级革命家的丰功伟绩。

2005 年,院党委层层发动,周密部署,深入开展保持党员先进性教育活动,完成问卷 1 600 多份,召开党内外座谈会 4 次,个别访谈 50 人,多层次、全方位开展党员教育,发放《告共产党员书》《告离退休党员书》,自学与集中学习讨论结合,要求学习有笔记,出席有考勤,缺席有补课。党委在全院范围开展"一滴骨髓一片爱心",志愿加入中华骨髓库为主题的实践活动,共 698 名党员、群众、民主党派代表加入献爱心队伍。

2006 年,在全院开展学习党章、学习实践"八荣八耻"社会主义荣辱观专题学习会,提高道德素养。举办党风廉政教育、先进事迹报告会,组织观看《苍生大医》《白求恩》等,进行医德医风教育。开展先进性教育回头看,筹办《蓝天下的至爱——爱心大放送》活动。

2007 年,组织学习贯彻党的十七大精神,开展向陈海新同志专题学习活动。适时组织"多交一份党费,多献一份爱心"活动,帮助枫林街道党工委成立枫林社区党员帮困基金。

2008 年,召开纪念改革开放三十周年座谈会、抗震救灾先进事迹报告会,组织党员观看话剧《废墟上的爱》等,并充分利用党建园地、党员在线学习中心、中山医院报等多种院内媒体,加强党员的学习与交流。

2009 年，院党委深入学习实践科学发展观，全院 40 个党支部、993 名党员圆满完成工作任务，成效显著。按照市卫生局部署在全市开展向姜万富同志学习的活动，围绕"爱国爱院，励志兴邦"主题，开展爱国主义教育。

2010 年，在全院范围营造"创先争优"的良好氛围，凸显榜样的力量和带动作用。开展"迎接上海世博会"为主题的专题组织生活会，促使党员带动群众，以实际行动投入到"世博先锋行动"中。

2011 年，院党委制定《创先争优活动的实施方案》，全院支部、党员学习氛围浓厚，党委开展了"先进学习型组织"评比表彰活动。

2012 年，党的十八大胜利召开，组织党员集中观看开幕式，积极开展"强组织、增活力，学习贯彻党的十八大精神"专题学习活动。

2013 年，深入开展党的群众路线教育实践活动，制定实施方案，党委发出"志愿服务一小时，和谐医患献爱心"活动倡议。

2015 年，院党委深入开展"三严三实"教育活动，全院党员深入学习党的十八届四中全会和习近平同志的系列讲话精神，积极开展主题党日活动。

2016 年，深入开展"两学一做"学习教育，组织开展"红七月"系列活动：听系列党课、明党史、勤学习、学先进。配合上海市教卫党委开展"践行'四讲四有'做合格党员"主题征文活动，共收到 41 篇投稿。

2017 年，院党委推进"两学一做"学习教育常态化、制度化，将学习情况纳入医院每年党支部书记目标责任考核制。全院党员在党委指导下，结合各自优势，以党支部为单位，开展了专题学习、参观、义诊、岗位结对等形式多样的活动。

第二章 纪检监察工作

第一节 廉政建设教育工作

　　医院纪委一贯重视廉政建设,协助党委共同做好廉政教育和医德医风教育。20 世纪 80 年代末,在党内外广泛进行医德医风和纠正行业不正之风教育,贯彻落实上海市卫生局《关于廉洁行医的若干规定》的通知。1990 年,开展"学习与发扬白求恩、雷锋精神"活动,倡导全体党员和干部学习白求恩、雷锋精神,在各自岗位上自觉抵制不正之风,以身作则。

　　1991 年,医院纪委对心研所支部、外科支部开展党风和廉洁行医状况调查,并对全体党员进行《党纪规定选编》学习测验。1992 年,对后勤、泌骨两个支部开展党风和廉洁行医状况调查。对全院职工开展多形式的社会主义教育工作,继续办好在《中山通讯》上开辟的《纪检知识》专栏。举办一次党支部纪检委员学习班,学习纪检工作知识、传达中央有关文件。1993 年,党中央决定加大反腐败工作力度,医院纪委及时传达中央反腐倡廉精神,加强对广大党员、干部和群众的宣传教育。1994 年,开展"廉洁自律和艰苦奋斗"主题教育,组织全体党员、干部观看有关祝文清犯罪警示的录像片、收听卫生部领导在纠风电话会议上的讲话录音,并在全院范围内提出医院纠风工作要求。1995 年,邀请徐汇区检察院工作人员为院内重点部门负责人做"在改革开放中如何掌握各项经济政策、界限"报告。1996 年,开展"立党为公,从政为民,接受监督,做人民好公仆"为内容的主题教育,配合院行政部门召开医院医药代表法制教育会议。1997 年,开展"廉洁勤政,艰苦创业,拒腐防变"主题教育,组织重要岗位负责人和职工参观提篮桥和青浦女子监狱,加强警示教育。1999 年,开展"学理论,正风纪,树形象"的宣传教育活动,组织副处级以上干部学习党风廉政建设和反腐败斗争的有关理论,观看宣传《中国共产党纪律处分条例》主要内容的电视系列片。2000 年,根据复旦纪委要求,协助党委通过党内组织生活抓好"宗旨"教育、"三观"教育和"三讲"教育。

　　2001 年,围绕门急诊大楼和 5 号楼基建工作创"双优"活动开展廉政教育,与徐汇区检察院签订《门急诊大楼创"双优"活动协议》。2002 年,在医院领导干部中开展"规范从政行为,强化廉洁自律"教育活动,对新任命的 26 名科级干部、5 名处级干部开展岗前廉政谈话,并发放《中山医院干部守则》。2003 年,开展"红包"、回扣的专项整治工作及相关警示教育活动,与部分业务科室负责人签订《关于加强廉政建设责任协议书》。2004 年,在新职工岗前培训中,增设由医院纪委书记主讲的廉政建设和行风教育专题课程;组织临床医生参加廉政建设专题培训讲座。2005 年,根据建立健全惩治和预防腐败体系要求,开展《中国共产党党内监督条例(试行)》《中国共产党纪律处分条例》知识竞赛活动,并加强医院中心组学习,组织专题发言,查找问题,提出整改。2006 年,组织协调开展医院内部治理商业贿赂专项工作,修订、完善各部门的规章制度。2007 年,邀请上海市检察院反贪局高级检察官在全院干部廉政建设大会上举办讲座,并通过院报、医院网站和宣传栏等渠道及时公示工作重点、动态及相关政策法规,深化党风廉政教育。2008 年,结合医院管理年活动,组织全院干部、重点部门贯彻学习各项会议精神,定期发放《检察风云》,坚持廉政建设教育长效常态化。2009 年,以深入学习实践科学发展观为契机,加强党员干部理想信念、廉洁从政和党的作风教育,组织《最高人民法院、最高人民检察院关于办理商业贿赂刑事案件适用法律若干问题的意见》专题学习;针对"肝肿瘤和心血管病综合楼"工程,邀请徐汇区检察院参与工程建设创"双优"工作,建立联席会议制度;组织召开工程项目廉政建设专题会议,开展案例分析和警示教育,共同预防职务犯罪工作。2010年,以制约和监督权力为核心,深入开展理想信念和廉洁从业教育,分层次、多渠道开展"学习《中国共产党党员领导干部廉洁从政若干准则》资料选编"的专题学习,组织党员、干部参观全国检察机关惩治和预防腐败渎职侵权犯罪展览活动。

2011年,深入推进反腐倡廉建设,在院报、医院内网增设法制教育专栏,开展案例分析、点评,通过手机、院报、网络等多渠道,开展反腐倡廉的法制宣传和警示教育,提高针对性和有效性。2012年,积极开展廉政风险防控建设工作,梳理重点部门的廉政风险防控点,绘制风险防控流程图;为加强创"双优"工作,定期请徐汇区检察院工作人员参加医院东院区项目工程例会,扎实推进优质廉洁工程建设;在药剂科、物流中心、设备科等重要部门推行廉政协议书制度,通过与供应商签署廉政协议书,强化廉政意识。2013年,在院内 OA 系统中建立法律法规培训平台,强化全院职工法律意识。2014年,坚持督查与教育宣传并重,开展职务犯罪风险防范的专题报告,组织重点部门前往徐汇区廉政教育基地实地参观。2015年,组织全院党员深入学习新修订的《中国共产党廉洁自律准则》和《中国共产党纪律处分条例》。通过"制度＋科技"的手段,新增廉政宣教渠道,包括在医院连廊滚动播放廉政宣传短片;邀请徐汇区人民检察院开展"廉政宣教进科室"活动;开通纪委微信公众平台;增设教育处进修医生关于"九不准"内容的考题等;加强干部廉政审查和重点部门负责人岗中廉政谈话。2016年,践行监督执纪"四种形态",开展各类谈话,注重日常的警示提醒;编写完成《复旦大学附属中山医院干部廉政手册》,并在院内网改版基础上,完善纪检监察专栏的建设。2017年,组织职能部门填写并落实《复旦大学附属中山医院 2017 年党风廉政建设工作任务书》;组织重点岗位人员、支部纪检委员等前往杨浦区委党校反腐倡廉教育馆实地参观学习,向全院干部群体发放《复旦大学附属中山医院干部廉政手册》。

第二节　干部廉政自律工作

自 1988 年成立以来,医院纪委落实上级纪委有关领导干部廉洁自律的各项规定,督促健全完善院领导干部每年在全院职工代表大会上述职和述廉制度;认真执行《复旦大学关于干部在国内交往中收受礼品实行登记制度的实施细则》规定,定期对落实情况进行检查和上报;配合院党委贯彻落实"三重一大"制度和院务、政务公开制度;配合上级部门开展干部廉政审查,协助党委组织完成科室部门负责人《党风廉政建设责任书》的签署工作,注重日常的警示提醒,对干部自身在履行职责、工作作风、廉洁勤政等方面出现苗头性问题时进行及时指出,让"咬咬耳""扯扯袖""红红脸""出出汗"成为监督常态。

医院纪委协助院党委和院办制定、修订多项制度,不断推进完善医院制度建设。其中,在1996—2014 年制定及修订的规定、细则、办法达 28 项。2015 年,纪委向院党委申请发文权限,进一步加强医院纪检监察监督执纪问责的刚性纪律要求,修订《复旦大学附属中山医院纪检监察信访工作条例》。2016 年,修订《中山医院纪委监察信访案件线索处置实施办法(试行)》。2017 年,修订《复旦大学附属中山医院纪检监察信访工作条例》《复旦大学附属中山医院纪检监察信访案件线索处置实施办法》。

第三节　监督执纪问责工作

医院纪委加强各项制度建设,强化对重点领域的监督检查工作。

医院成立反腐倡廉和纠风领导小组,院纪委加强对基建、医疗设备、一次性医疗用品采购等工作的参与和监督,同时重视群众的信访举报,尤其是对患者"红包"、公司回扣等问题的举报,始终将纠风工作和查处违纪案件放在重要位置,不断加大查处力度。

在医院内设立举报箱和公布举报电话,对群众反映强烈的问题,积极认真组织调查,提出核查意见;出院患者填写医务人员服务质量和是否收受"红包"征询意见表;纪委工作人员不定期前往诊疗区域抽查了解医护人员收受"红包"、回扣的情况。

自2007年,纪委配合党办建立院内职工医德医风档案,进一步加强检查和考核;聘请党团员、民主党派、医务人员担任医院党风、政风、行风廉政建设监督员,深入相关职能部门抽查廉政建设工作的执行情况。开展"九不准""十项不得"规定的医疗卫生行风建设专项自查,配合上海市卫生计生委开展《医疗药械购销等问题专项整改自查工作》等检查工作。

党的十八大以后,在全面从严治党的新形势下,医院纪委深化"三转"(转职能、转方式、转作风),聚焦主责主业,坚持把纪律和规矩放在前面。按照《中山医院纪检信访工作条例》和《复旦大学附属中山医院纪委监察信访案件线索处置实施办法》有关规定,认真、及时做好纪检监察信访举报工作的受理、调查、回复和处理工作,坚决维护党纪政纪的严肃性,严格查处违纪违法行为,坚决纠正行业不正之风。截至2017年底,经查实确有问题需要处理的案件18起,涉及的20人次均做处理,2名党员受到党纪处分,2名医务人员受到政纪处分,6人因触犯法律交由司法机关追究法律责任。

第四节　行政监察工作

2012年,协助党委制定《复旦大学附属中山医院关于贯彻落实建立健全惩治和预防腐败体系2013—2017年工作规划》,并根据上海市卫生局的要求开展廉政风险防控工作,深化医院廉政风险防控机制建设。通过梳理部门职权,查找廉政风险防控点,进行流程分析,绘制风险防控流程图,制定风险防范规则,建立健全管理制度和权力分解制约机制。2015年,监察科在医院OA平台改造的基础上,推进廉政风险防控平台建设工作,不断完善供应商管理、合同管理等信息化系统,通过"制度+科技"的手段,大大提高行政审批和监督监管的效能。

2015年,制定《关于进一步加强中山医院招投标项目管理监察工作的通知》,开展合理用药、行风建设督查、科研诚信、八项规定等各项专项监察,并开展招投标采购、合同签审、捐赠审批、住院医师规范化培训招录考等日常监察工作。监察科推行招投标事项报告制度,在现场进行监察事项记录,对发现的问题向有关部门发放监察建议函,提出整改意见,规范权力运行中的风险,并进一步规范监察部门自身工作的流程规范,从而更好地监督相关流程符合职权运行廉政风险防控要求。2016年,制定《复旦大学附属中山医院关于实施供应商廉洁准入管理的规定》,从制度层面加强对医院重点部门的监督管理,从科室负责人层面强调"谁主管、谁负责,一岗双责"的原则;发放监察建议函7件次。2017年,开展专项和日常监察工作,针对发现的问题,向部门发放监察建议函1件次。

在政风行风建设方面,监察科协调处理医院行风监督邮箱投诉举报,拓宽举报投诉和社会监督渠道,加大社会监督力度;协助落实上级部门有关行风建设系列文件,协助制定医院纠正行业不正之风实施方案和行风建设系列文件,加强医院行风建设。2015年,为进一步落实"九不准"规定,倡导医务人员廉洁行医,修订《复旦大学附属中山医院关于严禁医务人员收受"红包"的若干规定》。2016年,为切实加强关键岗位人员及重点部门行使医药购销职权的监督,防患商业贿赂问题的滋生,制定《复旦大学附属中山医院关于防范职权运行中商业贿赂的规定》;为规范礼品、礼金上交登记管理工作,制定《复旦大学附属中山医院关于严禁收受礼品、礼金的规定和处置办法》。2016年,将廉政教育、廉洁行医、医德医风等工作成果运用于科室绩效考核指标中,发挥指标数据客观化评价优势,全力推进医院医德医风及行风建设发展。

第三章 干部管理工作

医院党委积极贯彻落实"党管干部"原则,努力做好干部培养、选拔、任用、教育等工作。

第一节 干部选拔任用

1978年,党的十一届三中全会后,根据中央关于干部队伍"革命化、知识化、年轻化、专业化"(简称"四化")的方针,医院进一步将干部考核、晋升工作制度化,大胆提拔德才兼备的干部。

1985年,根据中共中央组织部、上海市委组织部《关于加强本市局、处级后备干部培养和管理的意见(试行)》、中共上海第一医学院委员会《党委1985年工作要点》等关于"加快干部'四化'步伐,大胆启用一代新人"的指示精神,加快"第三梯队"的建设要求,医院做好新干部的培养、提高工作,严格按照干部"四化"的要求,从三四十岁的干部和业务人员中选拔"第三梯队"人员,并安排后备干部在几个主要部门的主要岗位上巡回锻炼,较快适应拟任领导工作的需要。

1987年,按照中组部关于普遍对处级以上干部进行以工作实绩为主要内容的考核要求,根据上医大党委的布置,认真做好院、所党政领导班子全体成员的考核工作。

1992年,为加强医院中层领导干部的民主管理、加强职工对医院管理的民主监督,促进医院进一步开展干部考核工作,完善干部考核制度,医院制定颁布《关于我院党政中层领导干部考核工作的意见》,对各党政处室正、副处长,各党政科室科级干部施行年度考核,主要考核中层领导干部的德、能、勤、责,以及履行岗位职责的工作情况。经过两年时间,基本形成考核工作的程序。

1993年,院党委认真抓好干部队伍的建设,先后与近百位行政和业务干部开展谈心活动。

1997年,颁布《中山医院党政干部党风廉政责任制》,将党风廉政工作责任制的履行情况列为对各级领导干部的考核、选拔、任用和任期成绩评价的重要内容和条件,增强党政干部的作风建设。

1999年,改革以往书面干部考核模式,采取自评述职、群众测评及考核小组考评相结合的量化考核形式。

2000年,配合劳动人事制度改革,坚持"早选苗、早育苗",注重加大对后备干部的培养力度,为干部队伍选拔优秀人才;规范了干部的选拔、任用程序,对拟任命的干部进行任前公示制。

2001年,医院逐步推行干部制度改革,加大公开招聘、竞争上岗力度,实行干部任前公示制;完成对医务处、科教处、教育处等6个处10个科共23名干部的选拔、考察及聘任工作。从临床一线选调年纪轻、学历高、素质高、主治医师以上的同志充实机关职能机构,共有7名同志到机关担任科长、副科长。

2002年,为充实临床科室干部力量,党委协助行政领导积极物色业务干部人选,从各方面进行考察后,调整了全院的科主任,范围涉及40多个科室100多人。重新任命科主任103人,其中,平均年龄在43岁、副高以上职称的88人、硕士学历以上的67人。

2006年,根据医院发展需要,进一步调整干部队伍结构,总计有50余名同志得到提拔,或者转入新的工作岗位,促进整个干部队伍的年轻化、专业化。

2014年,根据医院发展需要,完成对门急诊部、总务处、教育处、院办等部门结构调整。先后增补三位副院长,并完成党办、院办、医务处、总务处、教育处等科室部门共 24 名干部的考察任命工作。

2015 年 4 月,院党委制定《中山医院干部选拔任用工作办法》。

2016 年 7 月,院党委修订《中山医院干部选拔任用工作办法》,及时做好干部的选拔、考察、任用等工作,选拔优秀人才充实干部队伍,完成院办、门诊部、总务处等共 17 名干部的任命工作。

第二节　干　部　培　训

1987 年,根据中共上海市委组织部《关于 1987 年本市后备干部工作的意见》,加强后备干部的培训工作:一是岗位培训;二是马列主义理论培训。

1994 年,为了不断提高干部的思想政治水平和实际工作能力,党委坚持中心组学习制,每月组织一次现任在职的科(处)长以上干部进行理论学习;第四季度起,每月增加一次学习,并扩大到业务科室负责人和党支部书记。

1997 年,医院举办"科以上干部管理研讨班",近 80 名干部脱产二天参加学习讨论,共商医院改革发展大计;举办"科以上干部'三讲'学习班"("讲学习、讲政治、讲正气"),邀请院长杨秉辉及上医大专家讲解"讲政治"与医院中心工作的关系及医院工作中"讲政治"的内涵,并要求科以上干部每人撰写学习体会,其后进行大会交流。

2000 年,医院加强对管理干部的培养,开办办公自动化、管理讲座等各类课程,为干部的继续学习提供条件。同时,自 2000 年起,医院设立一笔专项基金,用于选拔优秀的管理干部赴新加坡学习现代化医院管理,让管理干部走出去,借鉴先进管理机制和管理理念,促进医院管理工作。2000 年 5 月,医院选派 8 名机关职能处室负责同志赴新加坡进行为期两周的医院管理知识培训。

2002 年,党委围绕"如何做一名合格的科主任"这一主题,在科主任培训中进行精神文明、医德医风、廉洁自律等方面的教育,以进一步增强科主任的责任感和使命感。

2005—2006 年,在职能部门开展"服务质量年"主题活动。以"改进职能部门作风、服务临床一线"为专题进行调研,摸清存在问题,听取意见和建议,理顺医院职能部门结构,建立和完善服务制度和承办规定。

2005—2008 年,医院开设 5 期中层管理干部高级研修班,以及 2 期护士长管理培训班,共有 200 多名干部参加培训。

2011 年,面向全院职能部门人员开展集体培训,通过需求调查,制订具有针对性的培养目标和课程;通过培训,使职能部门人员更深入全面地了解医院的发展目标、运行情况,增强职能部门的执行力,同时不断提高服务意识和为临床一线服务的能力。全院近 30 个职能部门的 150 多位学员参加培训。

2015 年,启动医院中层干部培训,培训以提升中层干部执行力为主题,打造高效能团队,促进管理科学化。首批 50 名学员参加。

第三节　年轻干部培养

1995 年起,医院开展挂职干部培养工作,促进各业务科室、职能部门之间工作交流,至 2017 年已有 13 批干部共计 102 人完成挂职锻炼。挂职干部来自医疗、护理、医技、管理等多个部门和科室;从最初由党委直接指派人员挂职,到每年职工主动向党委递交挂职申请报告;挂职时间从最初的3个月逐渐延长至1年。2015—2017年,共开展3批挂职锻炼工作,其中有8名挂职干部已走上行政管理岗位。

2007年,医院制定《青年管理干部培养方案》,每名青年管理干部在入院后的前三年将进入轮转培养阶段,以便尽快适应和全面熟悉医院的管理工作。至2017年底,已有50名青年管理干部接受轮岗培养,6名成长为医院管理干部。

2017年,根据医院管理人才队伍需要,开展管理实习生项目。医院党委面向各所高校发布招聘通知,有13名实习生加入,完成培训和实习工作,其中1名同学在毕业后正式加入中山医院管理队伍。

第四章　精神文明工作

第一节　管理机构

医院精神文明建设工作是在医院精神文明建设领导小组的领导下,由党委办公室下设的精神文明建设办公室系统开展。1989 年,成立精神文明建设办公室,精神文明建设办公室主任由党委办公室主任兼任,设专职副主任 1 人,院长办公室、医务处、护理部等职能部门负责人为兼职副主任。

第二节　精神文明创建活动

医院始终秉承"为广大人民群众服务"的办院初衷,坚持为广大人民群众提供优质的医疗保健服务,一直以"一切为了病人"的中山精神教育全院职工,始终将提高医疗质量、改善服务态度作为抓好精神文明的切入点。

1958 年,医院推行"医护合一"和组织开展"无痛医院"创新管理,促进为患者服务的工作。

1988 年,医院制定"三个提高,一个创建"(提高工作效率,提高医疗护理质量,提高职工福利待遇,创建文明医院)的工作指导方针,抓文明建设、病史质量、服务礼仪和院容院貌。

1989 年,医院首次被上海市五讲四美三热爱活动领导小组评为 1987—1988 年上海市文明单位。

1991 年,医院把上等达标和争创上海市文明医院"三连冠"作为全院的重要工作。医院举办首届"文化艺术节"。

1992 年,医院把"夺取上海市文明单位三连冠,争上国家级医院"作为工作目标,开展"文明行医、优质服务、满意在医院"和"三优"(优质护理、优质服务、优美环境)竞赛活动。

1993 年,在上海市卫生系统第一届健康教育工作表彰大会上,医院被评为上海市医院健康教育工作先进单位。

1994 年,医院广泛开展"满意工程"活动,切实解决患者呼声较高的问题,促进文明行医和优质服务。与上海汇众汽车制造有限公司签订精神文明共建协议,在上海开创厂院共建企事业单位精神文明模式。

1995 年,医院积极参加"兴华杯"医院精神文明建设达标竞赛活动,成立以院长为组长的达标领导小组和办公室,确定具体目标、措施、步骤和方法。医院被上海市绿化委员会评为 1993—1994 年上海市花园式单位,为上海市卫生系统唯一获得此荣誉的单位。

1996 年,医院党委提出"三个提高、四个结合"(提高职工整体素质,提高医院文明程度,提高规范服务、规范操作、规范管理率;精神文明建设与硬件建设相结合,与队伍建设相结合,与抓薄弱环节相结合,与纠风工作相结合)的精神文明创建新思路,使医院精神文明建设工作又迈上新台阶。开展向社会功臣发放保健卡、慰问交警、与汇众汽车公司共建等精神文明活动,塑造医院良好形象。

1997 年,医院被评为上海市爱国卫生标兵单位、市环保先进和上海市花园式单位,并被卫生部评为全国卫生系统文化建设先进集体。

1998年,中央文明委召开表彰全国精神文明创建工作先进单位电视电话会议,医院获"全国创建文明先进单位"称号。

1999年,医院开展"中山医院窗口规范服务""安静与便捷"活动。医院获上海市文明单位"六连冠"、全国卫生系统先进集体和全国创建文明行业工作先进单位称号。

2000年,医院开展首届"十佳医生""十佳护士""十佳好事""优秀管理工作者"和"华联高尚医德奖"的评选活动。22病区护理小组与上海航空公司金鹤乘务组签署协议,结成姐妹班组,共建精神文明。

2001年,医院开展"优化就医流程、方便病人"的活动,各部门结合各自工作,找差距,摆问题,提出合理化建议。

2002年,在上海市卫生工作会议上,由医院牵头,向全市医疗机构发出"坚持以病人为中心,提供温馨、便捷、优质医疗服务"的倡议。医院率先于优质服务上下功夫,在全院范围内开展"优化就医流程设计竞赛",有33个部门以书面形式递交119条优化就医流程的改进措施。

2003年,医院以"尊重、关爱、方便病人"为中心,开设中午连续门诊和夜门诊,进一步体现以人为本的服务理念。推广门诊"首诊负责制",扩大窗口星级服务评选范围,优化就医流程。医院委托两家公司加强对护工管理和培训,统一着装,挂牌上岗,使护工服务、管理规范化。

2004年,医院开展向"白求恩奖"获得者、全国先进工作者、上海市劳模学习的活动,汤钊猷为全体医生做"如何做一名合格的医生"的报告。医院积极配合上海市卫生系统五个"十佳"推荐评选及表彰活动;推进"尊重、关爱、方便病人"的措施,解决患者"看病难"问题;为加强健康教育,更好为社区居民服务,继续举办第十三届健康教育纳凉晚会。医院获得上海市文明单位"九连冠"荣誉称号。

2005年,医院积极贯彻落实卫生部"医院管理年"和上海市卫生局创"双优"活动精神,改变工作作风,强化服务意识,提高服务质量。以患者呼声为第一信号,以患者需求为第一选择,以患者满意为第一标准,围绕患者反映的热点、难点问题,举全院之力,在流程便捷化、环境温馨化和服务人性化等环节上下功夫,并根据"管理年"的要求,加强管理,自查问题,分析原因,落实整改。

2006年,医院持续推进创"双优"活动,"爱心连廊"获上海市卫生系统精神文明建设创新奖。

2007年,医院在上海展览中心友谊会堂举行精神文明建设暨第二届"十佳"表彰大会。邀请上海礼仪专家来院做办公室礼仪专题讲座,促进职能部门转变工作作风。举行第一届精神文明建设"创新奖、金点子奖"评选和表彰会。

2008年,医院召开"5·12"四川汶川特大地震抗震救灾先进事迹报告会,发出向赴川抗震救灾医疗队学习的通知,授予医疗队队员"抗震救灾勇士"荣誉称号,并组织抗震救灾募捐活动。根据市卫生局迎世博活动的总体要求,医院召开"积极行动迎世博,加强管理促评估"精神文明工作会议,出台《中山医院迎世博600天行动计划》。编制《中山医院着装规范》并拍摄录像片。

2009年,医院发出"主动关心、送温馨"活动倡议,增强职工的服务意识,展现医院优质、高效、温馨的窗口形象。举行第二届精神文明建设"创新奖、金点子奖"评选和表彰会。开展"迎世博,争创优质服务"窗口百日竞赛,并举行表彰和授牌仪式。

2010年,贯彻和落实市卫生系统"世博文明服务二十条"措施,医院召开推进会落实责任,合力推进。

2011年,医院开展"精神文明十佳好事"评选表彰活动。积极响应市卫生局要求,推出"三首四轻五多"（三首：首问负责制、首句普通话、首句礼貌用语；四轻：走路轻、说话轻、操作轻、动作轻；五多：多一点目光交流、多倾听一点、多沟通一点、说得通俗一点、多一点安慰性用语）和"三五"（每月5日、15日、25日）行动活动，制作张贴宣传板面及标识，加大宣传力度。医院积极配合徐汇区争创全国文明城区（简称"创全"）各项工作。医院举行第三届精神文明建设"创新奖、金点子奖"评选和表彰会。

2012年，医院响应并组织申报由市委宣传部、市文明办、市卫生局联合新闻媒体开展的"我心中的白衣天使——市民投票评选五'十佳'"活动。为贯彻"改善服务年"活动精神，医院开展"创先争优·窗口示范服务明星"评选活动。开展医疗卫生职业精神大讨论，活动采取主题征文、专题研讨、座谈交流等形式，让广大干部职工思想受教育、精神得升华、素质有提高、工作上水平。

2013年，医院参加复旦大学组织的五"十佳"评选与表彰活动。召开落实10项细节服务举措推进会，持续开展"改善服务年"活动。完成《2012年中山医院文明单位社会责任报告》的编写上传工作。医院邀请复旦医院管理公司培训师做"提升现代医院优质服务"的主题讲座。积极参与支持徐汇区争创全国文明城区。组织"我是中山人，我知道"职能部门人员知识竞赛活动。举行第四届精神文明建设"创新奖、金点子奖"评选和表彰会。

2014年，医院积极参与徐汇区"创全"活动。上海市卫计委新闻宣传处在医院召开人文关怀细节服务举措评选观摩"巴林特小组"活动。8月，上海市卫计委领导来医院进行精神文明建设调研指导。医院组织"关爱病人，从细节做起"文明服务主题活动。

2015年，医院举行第五届精神文明建设"创新奖、金点子奖""敬老文明服务举措奖"评选和表彰会。修订《中山医院员工着装规范》，并完成相关视频拍摄以及后续推广宣传。医院邀请上海航空有限公司培训老师为医院特需、门诊护士及收费窗口人员开展培训课程，内容包括服务理念、礼仪培训、沟通技巧等。医院获2014年度上海市公立医疗机构服务质量病人满意度测评特优单位，获第四届全国文明单位、第十七届（2013—2014年）上海市文明单位、第十二届（2013—2014年）上海市卫生计生系统文明单位荣誉称号。

2016年，党委书记汪昕在国家卫生计生系统全国文明单位创建工做交流大会做主旨发言。医院组织开展"窗口示范服务明星"及"最美窗口"的评选活动。开展复旦大学2016年度文明班组（岗）的推荐及申报工作。医院和徐汇区区域党建促进会、徐汇区区域党建促进会专委会、徐汇区文化局联合主办"艺享徐汇——2016名家艺术季"，邀请职业昆曲推广人赵津羽来院做"给你一个喜欢上昆曲的理由"讲座。

2017年，医院举行第六届精神文明建设"创新奖、金点子奖"评选、表彰会。组织开展八"十佳"的评选和表彰活动。医院和徐汇区区域党建促进会、徐汇区区域党建促进会专委会、徐汇区文化局联合主办"艺享徐汇——2017名家艺术季"，邀请上海音乐学院艺术学博士后杨赛来院做"唐宋诗词里的中国人文"讲座。医院获第十三届上海市卫生健康系统文明单位（2015—2016年度）称号及第十八届上海市文明单位（2015—2016年度）称号；2017年，经中央精神文明建设指导委员会再次复查合格，继续保留全国文明单位荣誉称号。

第三节 医德医风建设

1979年，医院开展"假如我是一个病人"的大讨论，提倡换位思考，发动全院职工学习上海商业系统南京东路、淮海中路、四川北路和豫园商场这"三街一场"改善服务态度的先进管理经验，并在全国率先提出医德教育问题。

1990年，在全院开展"爱中山、做中山人"的教育活动，组织开展"闪光的职业道德"主题演讲会。

1992年，医院建立医德医风义务监督员制度，并向首批来自市卫生局、街道、新闻单位等30多名社会义务监督员颁发聘书。制定中山医院职工医德规范"救死扶伤，尽职尽责，文明行医，爱护病人，团结协作，献身事业"。

1993年，医院采取党委全力抓，院长亲自抓，分管院长具体抓，院科两级抓，工、青、妇齐抓，民主党派配合抓的方式，开展多种形式的医德医风教育。医院建立"高尚医德"奖励基金。

1994年，医院制定《干部守则》《工作人员行为规范》《中山医院职工廉洁行医细则》等条例，拍摄《社会各界话医德》《先进思想、高尚医德》《中山前辈话医德》3部录像片，加强形象化的医德教育。

1996年，上海市教委在《教卫情况》（第11期）中为"中山医院坚持抓医德医风建设，取得良好成效"做专题报道。

1998年，医院与全体职工签订《医德医风承诺书》。

2000年，医院开展"华联高尚医德奖"评选活动。举行"我为中山增光辉"演讲报告会，邀请援疆3年的俞济舟、作为队医参加南极考察队1年的徐俊华及参加"青年志愿者赴云南扶贫活动"的陈世耀结合各自的工作进行演讲。

2004年，医院根据上海市卫生系统精神文明和行风建设会议精神，成立纠正行业不正之风工作小组，明确党政主要领导是医院行风建设的第一责任人。为做到行风建设从基础抓起，医院从重点部门试行，以点带面，在2003年与4个部门科室签订《中山医院精神文明建设责任书》基础上，采取扩大签约内容，增加签约部门的措施，共有37个临床医技部门和27个职能部门签署责任书，真正做到责任到人。

2006年，医院组织开展"学习贯彻胡锦涛总书记讲话精神，加强社会主义荣辱教育"的活动。通过学习使全院职工进一步树立正确的社会主义人生观和价值观。

2007年，医院为全院职工建立医德档案，可在院内网及院外网上实现数据的录入和查询统计功能，把对医务人员的医德医风的监管和考核落到实处。

2008年，为促进窗口和后勤员工规范服务，医院邀请瑞金医院培训部讲师为窗口服务人员做"行为的魔力"专项培训；组织后勤员工观看《医院服务礼仪》录像。

2010年，医院参加市卫生局组织的医德档案调研工作，并在《健康报》发表文章《医德档案成为医院管理新坐标》，对医院医德档案的考核管理办法作介绍。

2011年，医院邀请瑞金医院培训部讲师来院做主题为"维护病人权益，提升医院形象"的培训讲座。

2012年，医院邀请瑞金医院人力资源处讲师做"如何提供优质服务"的主题讲座。

2015年，医院开展"院训院风带动医德医风"主题活动，组织院训院风大讨论及"院训院风引领我成长"主题征文暨演讲比赛，展现医务人员遵循"严谨、求实、团结、奉献"中山院训的主人翁风貌。

2017年，医院开展"医学与人文"系列讲座、"我身边的医德医风"主题征文评选活动，加强医德医风宣传教育。

第五章 宣 传 工 作

第一节 宣传内容及方式

一、《中山医院报》

1997年2月，在《中山通讯》院刊的基础上，宣传科主办《中山医院报》，创刊号收到上海市人大常委会副主任吴肇光、上海市副市长左焕琛、市政协副主席陈灏珠、市教卫党委书记王荣华、市卫生局局长刘俊等领导的贺信及题词。创刊初期，院报每月出版一期，每期发行1000份。院报诞生后，宣传科建立院报通联网络，聘请兼职编辑，在每个科室设置通讯员，规范工作制度，制定兼职编辑及通讯员的工作职责和义务，并定期对兼职编辑和通讯员进行培训。

2001年，《中山医院报》加入全国医院报刊协会。

2002年4月，宣传科组织召开院报创刊五周年座谈会，邀请新华社、解放日报、文汇报等媒体资深记者，同医院领导、部分科主任、院报通讯员等进行座谈，听取意见，总结经验。此后，院报改为每月出版两期，每期发放2000份。

2014年起，每年制作前一年院报全年合订本。在原有《中山随笔》《专病门诊》《新技术新项目》《人物》《娃娃天地》等栏目的基础上，新增《中山往事》《剪烛西窗》《小萱看中山》《微信》《支部风采》《微新闻》等栏目，多角度展现医院的改革与发展足迹。

2016年，宣传科对院报头版进行全面改版，打破原有格局，放大头条照片，增添图文导读、标题和各版导读。在发行工作上，不再向业务科室、行政部门负责人寄送纸质版，采用院内邮箱投递PDF文件；整理并缩减对复旦大学、上海市及全国其他省份的邮局寄送数量，删除失效地址和部分不必要地址，由原有的2000份下降到1500份每期（特殊用途份数例外）；在保持原有院外网发布《中山新闻》《中山医院报》PDF文件的基础上，在院内网开辟《中山新闻》栏目，方便在门诊、病房、手术室使用内网的职工及时阅读、了解资讯。同时，甄选院报相关内容，通过医院微信公众平台及官方微博进行推送和发布。

2017年，宣传科策划推出院报80年院庆专刊、院报400期之微信倒计时10期、"回首那些年"老专家访谈专刊。截至2017年12月31日，已累计刊发404期《中山医院报》。

二、官方微博与微信

2012年3月，宣传科开设医院官方微博。累计"粉丝"量超2万，发文量1500余篇。致力于医疗服务、科普知识、专家观点、学科前沿、新闻动态、山中故事、医院文化等工作的宣传报道。

2014年4月，宣传科开设、负责运营与管理医院官方微信公众平台，及时发布就诊服务、科普保健、讲座预告、新闻动态、医院文化和图片等信息。其中，《专家日记：亲历"12·31"外滩踩踏事件伤员救治》在2015年1月2日事件发生后及时推出，阅读人数破万，全文刊登在翌日《解放日报》头版；2015年11月8日推送的《"与死神赛跑"：中山医院医护人员救治2015上海马拉松赛心脏骤停参赛者》单条微信阅读人数近 24 万,并被上海发布、新华社上海分社等权威媒体引用,中央电视台等各主流媒体进行跟踪报道;作为由宣传科自导自演并制作的"健康自习室"系列科普视频的首集——《中山医院"腰椎健身操"》于 2016 年 9 月 10 日推出后达到近 15 万的点击量,并被央视网、上海发布、澎湃新闻客户端、东方网等权威媒体转载。

通过微信公众平台,在党委领导下,宣传科鼓励和推出各类"中山达人"、开辟人文特色栏目《周末放画/话》等。医院官方微信在全国医院公众号影响力排名榜上入围前 10 名,并获全国第二名、上海地区第一名。

三、中山制作

宣传科从成立开始就担负着医院部分影像资料片的策划和制作职能,长期与医院录像室合作,记录医院发展进程中的重大事件,制作了多部影像专题片。

2004 年 6 月,录像室正式并入宣传科,陆续制作《中山前辈话医德》《攀登移植新高峰》《彩色多普勒肝肿瘤超声诊断》《泌尿系统内镜的检查与治疗》《中山医院保持共产党员先进性教育活动系列》等近百部影像资料片。随着医院照相室的撤销,宣传科增加了摄影的工作职能。每年承担拍照任务 200 余次、录像任务 30 余次。

为传承与发扬医院精神与院史知识,2005 年,宣传科对医院历史进行查对,收集文字、图片资料。同年 7 月,医院院史陈列厅在 1 号楼底楼大厅建成。

2007 年,为庆祝建院 70 周年,宣传科策划制作了"中山视角"医院风貌系列明信片和《医学殿堂腾飞中山》医院介绍片。同年,《廊回中山》介绍片拍摄成片。

2015 年,为配合医院东院区启用,宣传科相继拍摄"急诊'东迁'"特别报道、东院区宣传片;在2015 至 2017 年间,陆续启动推进"回首那些年"系列老专家访谈项目,采集完成医院 13 位 80 岁以上教授的口述历史(视频及文字),文字整理合订版于 2017 年 7 月 15 日刊登在第 395 期《中山医院报》特刊上;完成多个专题报道、科普教学视频的编剧、拍摄、制作和后期剪辑,包括"健康自习室"系列科普视频 6 部,新版"中山医院着装规范",全国品管圈大赛参赛部门的纪录片,以及全院品管圈(QCC)大片、保卫处消防应急演练等。

2017 年 9 月 14 日,医院新宣传片《中山八秩　砥节砺行》正式发布。该片是为献礼 80 周年院庆,由宣传科倾力耗时 2 年负责联络拍摄完成的新医院形象宣传片。

第二节　重大事件的宣传工作

一、院庆活动

在 1997 年医院 60 周年院庆活动中,宣传科积极协助医院策划院庆相关宣传报道,策划院史出版内容和院史展览室的筹建工作。加强同新闻界的联系,在各大媒体平台增加报道量,并在院庆环境布置、反映医院 60 年发展历史书籍筹划工作等项目中配合医院其他科室共同完成。

2007 年围绕 70 周年院庆工作,利用各类媒介全面展示医院医、教、研等成果。通过上海各主流报纸,新浪网、网易等门户网站报道院庆庆典等,在动态媒体制作 9 个专题节目。

2017 年 80 年院庆期间,宣传科完成医院官方宣传片、《新民周刊》特刊、《大众医学》特刊,并结合医院在医教研各方面工作,在解放日报、文汇报等媒体头版及版面头条刊登系列深度报道,主题词聚焦"中山经验""中山模式"等,以院庆为契机铸就"国人骄傲""中国故事""国人医院"等医院品牌文化。设计完成院庆院内环境布置,结合医院及各部门院庆主题活动开展媒体宣传。依托微信、微博、院报、网站等自媒体平台第一时间进行院庆系列活动报道。

二、内镜中心创新团队先进事迹报告会

2015年,医院党委响应市委一号课题精神,积极配合市委宣传部、上海市卫生计生委对于医院内镜中心创新团队的宣传计划,宣传科完成系列文字、视频媒体报道,参与组织筹办全市先进事迹报告会,负责报告团成员的事迹材料收集整理、汇报PPT制作、发言稿撰写以及现场视频、PPT放映等工作,复旦大学附属中山医院内镜中心创新团队先进事迹报告会于5月22日在上海展览中心友谊会堂举行;同年9月,协助内镜创新团队参评"感动上海"十大人物评选,并组织50多人参加晚会现场节目录制。

三、《人间世》线下活动

2016年6月,由上海电视台融媒体中心派出摄制组,在医院蹲点半年拍摄的深度调查类系列纪录片《人间世》在申城热播。同年7月27日,"中山医院新职工培训暨'人间世·坚持'线下活动"举行,近700名新职工接受了一场特别的培训课程,一起聆听医学前辈们对"大医精诚"的深刻诠释。

四、"发现医者之美"深度报道

2016年8月,上海市卫计委新闻宣传处、上海广播电视台新闻中心联合开展"发现医者之美"系列宣传。在高温红色警报拉响的日子里,广播电台记者来院蹲点麻醉科采访,新闻工作者深入体验医生生活,感受医疗行业的辛苦,并准确向公众表述医者之美。与广播报道同步,电台官微推送的推文成为同系列报道中点击量最高的一篇。

五、中山朗读室

2017年4月,宣传科与团委创意开展"中山朗读室"活动,相关专家做客上海电视台《夜线约见》,节目畅谈"中山人"的"心灵档案",活动陆续被健康报、澎湃等媒体深度报道。

第六章 离休老干部工作

第一节 概　　况

1988 年,医院党委决定成立离休党支部。

表 6 - 6 - 1　1988—2017 年离休支部历任支部书记情况表

任 职 时 间	支 部 书 记
1988—1992 年	张　惠
1992—1998 年	方梦日
1998—2000 年	黄绥仁
2000—2004 年	欧天干
2004—2014 年	孙晓红
2014 年—	杨新梅

第二节　主要工作和获得荣誉

医院党委历来重视离休老干部工作,自 1988 年成立离休党支部后,支部从思想上、生活上给予离休老干部关心和支持。

按要求召开党的组织生活会,布置完成上级党组的各项工作、学习文件精神,组织观摩学习《党员新视野》资料光盘,组织离休党员进行思想汇报和开展批评与自我批评。组织老干部积极参加上海市老干部局的形势报告会、复旦大学校领导通报会和传达重要会议精神、专题报告会。

贯彻执行老干部各项政策,夏送清凉、冬送温暖。从走访开始,关心他们的身体和生活状况,及时掌握老干部的生活动态,为老干部排忧解难。及时为老干部提供就医和住院便利,第一时间前往病房和上门探望慰问了解病情,送去组织的温暖。

鼓励老干部发挥余热,老有所学,老有所养,老有所乐,积极参加老年大学。

2012 年,被评为上海市教卫党委系统离退休老干部"五好"(即支部班子好、党员队伍好、组织设置好、活动开展好、群众反映好)党支部。

第七章　工会、妇委会、退管会工作

第一节　工　会　工　作

一、民主管理

1980 年 4 月 1 到 2 日,中山医院召开第一届职工代表大会,职工代表由各部门工会民主选举产生。截至 2017 年 12 月,共产生 9 届职工代表,2017 年职工代表数 261 人。

工会以每年召开 2 次职代会和工代会为契机,坚持深化院务公开,医院的"三重一大"等重要情况及时向职工公开,扩大公开领域,增强公开实效。坚持全体职工代表认真审议并通过当年医院工作报告和财务决算报告,听取下一年度医院工作计划和财务预算报告、院行政领导的述职报告以及医院"三重一大"工作报告,落实院务公开;审议中山医院各项涉及职工切身利益的规章制度。深入了解职工关心的热点问题,跟踪并落实职工提案中所涉及的问题,2017 年提案办复满意率 100%。工会通过工代会,规范和督促职工代表认真履行代表职能,切实维护职工群众合法权益,开展民主管理。

表 6-7-1　2003—2016 年医院获院务公开民主管理工作奖项情况表

评选年份	奖项名称	获奖集体、个人
2003	全国厂务公开先进单位	中山医院
2007—2009	上海市卫生系统院务公开先进单位	中山医院
2007—2009	上海市卫生系统院务公开优秀成果奖	中山医院
2010—2012	上海市卫生计生系统院务公开民主管理先进单位	中山医院
2010—2012	上海市卫生计生系统院务公开民主管理工作先进个人	秦新裕
2013—2016	上海市卫生计生系统院务公开民主管理工作先进单位	中山医院
2013—2016	上海市卫生计生系统院务公开民主管理工作先进个人	秦嗣萃
2015—2016	上海市十佳厂务公开民主管理工作先进单位	中山医院

二、帮扶慰问

工会持续完善职工帮扶体系,力求全方位、多层次实现对职工,尤其是病困职工的帮扶保障。

【中山医院职工医疗互助保障基金会】
为贯彻执行《中共中央 国务院关于深化医药卫生体制改革的意见》中"鼓励工会开展多种形式的医疗互助活动"的要求,对现行的职工医疗保险起互助互济的辅助作用,医院于 2001 年 3 月成立

"中山医院职工医疗互助保障基金会";2001年3月16日中山医院五届十次职工代表大会审议表决通过《中山医院职工医疗互助保障基金管理条例》,2001年4月起试行。医疗互助基金会遵循权利与义务相一致的原则,参加基金会的成员自觉缴纳会费、自愿捐款,宗旨是对患有大病、重病的会员施以经济援助,减轻大病和重病会员的经济负担,帮助他们共渡难关。基金管委会由医院工会、财务处、人事处、医务处(防保科)等职能处室负责人和部门工会主席代表组成,基金会设会长、副会长、秘书长各1人,基金监督小组成员4人,遇负责人人事变动则实行自然接替制;工会办公室兼任基金管委会办公室,负责基金会的日常工作和受理会员申请。基金使用监督小组由医院纪委、监察审计办公室和职工代表组成。参加医疗互助基金会的会员缴纳会费120元/年,符合申请条件的大病、重病会员,医疗发票上"分类自负"和"自负"部分的医疗费用按规定比例报销。2016年11月—2017年10月,"医疗互助基金"资助大病重病职工21人,补贴部分医疗费用7万余元。

【中山医院解困基金会】

为了适应社会主义市场经济和医药卫生体制改革的要求,帮助工会会员缓解由于突发事件及日常生活所出现的靠职工自身难以解决的经济困难,体现中山医院工会大家庭的温暖,贯彻和谐建院的精神,1994年6月22日,经院务会讨论决定成立中山医院解困基金会,1995年制定《中山医院解困基金会条例》。2005年7月8日,经中山医院第六届职代会常任主席团和第十四届工会委员会讨论通过第一次修订,至2017年2月历经七次修订。中山医院解困基金会由医院党政、工会、人事处及财务处等部门负责人组成,基金会设会长、副会长、秘书长各1人,委员8~9人,基金监审3人,遇人事变动实行自然接替制;经费来源为医院行政支出,工会办公室负责基金申请管理工作。在上半年"冬送暖"、下半年"夏送凉"时,依病困职工具体情况,酌情补助。2016年11月—2017年10月,基金会补助病困职工129人,资助额近30万元。

【上海市职工保障互助会保障计划】

上海市职工保障互助会1994年12月成立后,医院工会先后为全院职工参保《上海市职工保障互助会综合补充医疗、意外(工伤)互助保障计划(A类)》《特种重病团体互助医疗保障计划》《女职工团体互助医疗特种保障计划》。2016年11月—2017年10月,帮助职工申领住院保障金177人次、金额近37万元,特种重病保障金7人次、金额33万元,女职工医疗特种保障金3人次、金额9万元。

【上海市医务职工救急济难基金】

1996年7月上海市医务职工救急济难基金成立后,医院按章程规定缴纳团体会费,参加基金会。2016年11月—2017年10月,为符合条件的困难职工申请帮困补助8人次,补助金2.7万元。

【上海市工会会员卡专项保障】

2014年起,工会为职工办理上海市总工会"工会会员服务卡",每年纳新注册,开通职工重大疾病专项保障。2016年11月—2017年10月,工会帮助职工申请工会会员卡专项保障金7人次、金额12万元。

【上海市医务职工意外人身伤害保险】

2014年,上海市医务工会推出市直属医疗机构医疗纠纷意外人身伤害保障项目,为医务职工投保意外人身伤害保险。2016 年 11 月—2017 年 10 月,工会为符合条件的职工申请保险理赔 2 人次,获保险金 1 000 元。

【职工慰问制度】

医院工会成立以来,始终以关爱职工为己任,每年坚持做好冬送暖、夏送凉和节日慰问工作。春节前,工会组织上门慰问困难职工、劳模、孤老,并对全院职工情况进行排摸,及时慰问援助病困职工,缓解患大病、重病及遇到特殊困难职工的燃眉之急。夏季高温,工会为全院职工送上清凉,对急诊、后勤等高温一线岗位职工进行慰问,发放清凉用品。工会不断完善日常慰问制度,包括院、部门二级工会职工患病住院慰问,职工直系家属住院慰问,职工直系亲属去世慰问,在职职工生日慰问、结婚慰问、生育慰问。2016 年 11 月—2017 年 10 月,工会慰问住院职工 331 人,慰问直系亲属去世职工 7 户,"夏送凉"慰问战高温一线职工 941 人,"冬送暖"上门走访大病人员、长病假职工、院士劳模、援外医疗队员家属、老教授、孤老等 60 户。

三、职工关爱

工会坚持以职工为中心的工作导向,抓住职工最关心、最直接、最现实的利益问题,为广大职工提供具有工会特点的普惠性、常态性、精准性服务,安抚职工情绪,调动职工积极性、主动性和创造性,提高职工的获得感、幸福感、价值体现。

【工会寒暑托班、晚托班】

1987 年,根据职工实际需求,经职代会通过,工会创办中山医院寒、暑托班。每年寒、暑假坚持为职工子女创造安全适宜的托班环境,解决职工的现实问题,让职工安心投入工作。寒、暑托班不收托管费,从幼儿园、小学放假起,至开学前一天,托管时间"全覆盖",保证孩子照护不出现真空期。2016 年 9 月,工会联合有资质的培训机构开设小学生辅导晚托班(职工亲子工作室),工作日安排专人专车接管放学的小朋友到亲子工作室,聘请专职教师为小朋友辅导功课,切实解决职工后顾之忧。2017 年,医院获首批上海市总工会"职工亲子工作室"创建试点单位。

【中山医院"巴林特小组"心理关爱项目】

中山医院"巴林特小组"心理关爱项目创始于 2009 年。在实践中,从单纯的心理疏导逐渐发展为不同学科、人员之间深度交流的平台,通过对具体案例的分析、讨论和分享感受,在医务工作者的团体里共同探寻改善医患沟通之路。每两周一次活动,每年超过 600 人次职工得到心理援助,"巴林特小组"心理关爱项目在医院文化建设和员工心理关怀方面发挥了积极作用。2012 年,医院"巴林特小组"心理关爱项目获第四届全国医院文化建设优秀成果、上海市卫生系统医院文化品牌;2015 年,中山医院承办了卫生系统"巴林特小组"系列培训中级班、高级班共 4 期,完成"巴林特工作坊"相关课题研究;2017 年"巴林特小组"心理关爱项目,被评为上海市人文关怀心理疏导示范点;2017 年建立"巴林特小组"心理关爱项目微信公众号。

【知心家园心理健康俱乐部】

工会配备拳击沙包、手套,开设"专业拳击吧";工会运用专业心理学工具沙箱疗法、开放心理疏

导室等缓解职工压力,并于 2014 年创立"知心家园心理健康俱乐部",关爱职工心理健康,增强职工
内心归属感。

【中山医院"医患纠纷"职工安抚疗休养试行办法】

工会在鼓励职工进行心理互助的同时,致力完善保障制度,2014 年出台《中山医院"医患纠纷"
职工安抚疗休养试行办法》,帮助在工作中无辜受伤的职工申办纠纷抚恤金,使职工在医患纠纷事
件过后及时调整心态,以良好精神面貌投入工作。

四、推优选树

【综合奖项】

1988—2017 年,工会工作先后获得多项综合奖项:1998 年 9 月,中华全国总工会授予中山医
院工会"全国模范职工之家"荣誉称号;在 2000 年 10 月全国总工会复查验收中,中山医院工会保持
了"全国模范职工之家"荣誉称号。2008 年 4 月,中山医院获 2006—2007 年上海市"职工最满意企
(事)业单位"荣誉称号。2008 年 6 月,上海市总工会授予中山医院抗震救灾医疗队"工人先锋号"荣
誉称号。2011 年 4 月,中华全国总工会授予复旦大学附属中山医院全国五一劳动奖状荣誉证书。
2017 年 9 月,上海市总工会授予复旦大学附属中山医院上海市五一劳动奖状荣誉。

【劳动模范】

积极做好劳模的推优选树工作,运用各类宣传媒介、宣传阵地大力宣传劳模先进思想和先进事
迹,扩大劳模先进在群众中的影响力,引导广大职工向身边的榜样学习,弘扬爱岗敬业、恪尽职守的
道德风尚,提高医院整体人文素养。每年对汤钊猷、吴肇光等医院 11 位劳模(国家级、省部级)进行
探访,对患病劳模及时慰问;组织劳模参加市医务工会组织的各项活动;支持和推进劳模工作室创
建,"樊嘉征服肝肿瘤劳模创新工作室""葛均波冠心病诊疗劳模创新工作室"分别于 2012、2015 年
获"上海市劳模创新工作室"称号。

表 6-7-2　1981—2017 年医院劳模情况表

评选年份	姓　名	劳模名称
国家级		
1998	张贤玲	全国模范护士
2000	杨秉辉	全国卫生系统先进工作者
2003	薛张纲	全国卫生系统先进工作者
2003	汤钊猷	白求恩奖
2010	樊　嘉	全国劳模
2012	葛均波	全国五一劳动奖章
上海市级		
1981	徐　和	上海市劳模

（续表）

评选年份	姓　名	劳　模　名　称
上海市级		
1985	吴肇光	上海市劳模
1987	汤钊猷	上海市劳模
1991	钮善福	上海市劳模
2003	吴志全	上海市劳模
2015	姚礼庆	上海市劳模

说明：根据卫生部《关于表彰七百五十六名全国模范护士的通知》，上海市医务工会于 2010 年 11 月起将张贤玲纳入劳模管理。

【上海工匠】

"上海工匠"选树工作自 2016 年启动，为宣传新时代工匠精神，上海市总工会计划用 10 年时间培养选树 1 000 名"上海工匠"。截至 2017 年，内镜中心主任周平红获评此项荣誉。

五、文化建设

【职工书屋】

2006 年中山医院工会在原有工会图书馆的基础上建立职工书屋，藏有文学、励志、管理、传记、旅游、生活等各类文化书籍，总藏书量达 1 万余册，为职工搭建良好学习平台，提供多样读书选择，满足广大职工不同层面的文化需求。为进一步方便职工读书学习，2015 年工会建立"网上职工书屋"，创建书目网上检索、新书上架动态查询、图书在架信息实时查询等功能。2011 年，中山工会职工书屋被评为上海市医务工会职工书屋示范点；2016 年，中山工会职工书屋被评为中华全国总工会全国职工书屋示范点。

【中山医院语言艺术剧社】

中山医院话剧社成立于 20 世纪 90 年代，群众基础深厚，在历届中山医院文化艺术节中参与小品比赛，成为展示中山医院职工才艺和风采的重要载体之一。自编自导的小品《爱的春天》曾在 2007 年的上海市卫生系统文艺会演（小品比赛）中获得优胜奖。2010 年正式成立语言剧社，自编自导的小品《珍藏》获得 2011 年第四届上海市"五一文化奖"职工小品比赛银奖。在第四届上海市民辩论赛电视大赛赛前展示、卫计委 QCC 大赛小品展示等大型活动中，语言艺术剧社参与各项演出。2013 年中山医院成为上海市医务职工语言艺术活动基地单位。

【中山医院职工文化艺术节】

首届中山医院职工文化艺术节创办于 1991 年 5 月，至 2017 年已成功举办 10 届。在历届文化艺术节上，中山人以"庆祝国庆 60 周年""建院 70 周年""建院 80 周年""庆祝建党 90 周年"等大型庆典活动为主题，在表演形式上汇聚舞蹈、大合唱、小品等丰富多彩的高品质节目呈献舞台。27 年来，中山医院职工文化艺术节已成为医院独具特色的文化品牌。

【中山医院杜鹃花节暨文化体育节】

1998年4月,工会成功举办首届中山医院杜鹃花节暨文化体育节活动,至2017年已连续举办20届。杜鹃花暨文化体育节倡导健康向上、积极乐观的生活理念,以"减轻工作压力、促进身心健康、分享愉悦生活"为目标,结合医院年度工作重心,紧扣时事和社会热点,举办一系列颇具特色、富有创意的文化体育活动,深受职工喜爱和欢迎。中山医院杜鹃花节暨文化体育节系列活动已成为职工展示风采、相互交流、增强凝聚力的重要平台,获2011年度上海市医务工会职工文化建设十佳优秀项目。

【中山医院时装队】

中山医院时装队成立于2002年,由中山医生、护士、医技、机关等各个岗位成员组成。在历年中山医院大型庆典、年会、演出、比赛中,时装队表演都是经典节目之一,展现医务人员融会贯通、优雅自信的风采。中山医院时装队在2015年度上海市卫生系统女性服饰风采大赛一举夺冠,摘得最佳创意组合奖,被邀请参加各类演出,在上海市卫生系统内外成绩斐然。中山医院2017年成为上海市医务职工时装展示活动基地单位。

【中山医院读书节】

中山医院读书节系列活动始于2010年,是深受职工喜爱的综合性读书项目,至2017年已成功举办5届。工会以医学人文为核心主题,通过征文、朗诵、访谈、演讲、品读、讲座、读书沙龙等形式每年举办读书节。读书节活动提升全院职工的文化修养、弘扬了中山医学人文精神,同时也发掘、培养并凝聚了医院众多阅读爱好者、文学达人。2017年"中山书友荟"读书系列活动被选为第十九届上海读书节基层优秀项目。

【"中山好声音"歌唱比赛】

"中山好声音"十佳歌手歌唱比赛始于2010年,每两年举办一届,至今已举办4届。"中山好声音"歌唱比赛,发掘和培养许多中山医院优秀歌手,其品牌效应逐步提升,使医院文化特色得以彰显,引起职工们的广泛关注。

【中山医院乐团】

中山医院乐团成立于2012年,乐团成员由医院各个岗位的音乐爱好者组成。2013年2月,乐团举办首届"中山医院迎新音乐会"。每年新年来临之际,中山医院乐团成员倾情奉献,音乐会包括钢琴独奏、四手联弹、小提琴协奏、小号协奏、琵琶演奏,以及男女声独唱、对唱、合唱等多样形式。至2017年中山医院乐团已连续5年成功举办迎新年音乐会,形成了具有中山医院特色的文化品牌。

【中山医院快乐童年"庆六一"系列亲子活动】

中山医院快乐童年"庆六一"系列亲子活动始于2014年5月。每年"六一"儿童节之际,工会推出音乐会、大型木偶剧演出、泡泡魔幻秀、亲子器乐展等亲子晚会,至2017年已连续举办4届,美轮美奂、精彩纷呈的"庆六一"活动让职工和子女尽享亲子欢乐时光。

【体育活动】

工会对医院田径队、游泳队、足球队、篮球队等体育特长团队进行梳理和整合,团队日常训练和活动统一纳入工会常态化管理,不断发掘和培养职工体育特长,拥有颇具影响力的体育运动品牌及团队。工会选拔和组织职工、体育团队参加上海市卫生系统、复旦大学、枫林社区等各级各类体育活动,在体育竞技赛场上,中山医院蝉联多届复旦大学教工运动会团体总冠军,获优秀组织奖;羽毛球队、乒乓球队在历届"医工杯""上医杯"的赛场上成绩优良。2017年首次举办的徐汇滨江"中山健康跑"活动,受到职工积极参与和欢迎。

【文化宣传】

随着新媒体的迅猛发展,为顺应时代要求,工会开启组织和文化构建新思路。2015年,工会建立"复旦大学附属中山医院工会"官网。2016年2月,工会开通"复旦大学附属中山医院工会"微信公众号,将职工关注的话题通过"荟关注""荟服务""荟关怀"3个板块及时推送给广大会员,实现工作动态即时发布、活动新闻广泛宣传、文化建设全面提速。

第二节 妇委会工作

召开妇委会、女职工、女医师专题会议,学习理论和相关政策。组织女职工深入开展巾帼建功活动,鼓励女职工立足本职,不断提高职业技能,建功立业。以纪念"三八"国际妇女节为契机,定期表彰女职工中涌现的先进集体和先进个人,以评促进,学习与发扬女职工中的先进事迹。关心女职工身心健康,自2011年起为全院女职工参保"女职工团体互助医疗特种计划"。每年组织女职工开展丰富多彩的文体活动。定期举办"六一"国际儿童节特色活动,关爱职工子女的身心健康。开展亲子工作室相关工作,自1987年起连续开办寒、暑托班,2016年起,开办小学生辅导晚托班,解除女职工后顾之忧。配合上海市女医师协会,做好中山医院女医师协会各项工作,为女医师们提供展示平台。

第三节 退休人员管理委员会工作

结合退休人员的具体情况,积极开展为老服务工作。

定期或不定期召开退管会、块组长工作会议,组织和参加各类退管会培训班,学习理论和相关政策。做好收文、归档等各项管理工作。

主动关心退休职工的生活,认真处理来信,做好来访接待工作。

做好退休职工生活保障工作:从1994年12月起为退休职工参保"上海市退休职工住院互助保障计划";组织落实退休人员每年一次的体检工作;做好退休职工住院慰问、探望和安抚等工作;对病困老人做好"送清凉""送温暖"工作,做好上门慰问并启动院解困基金,发放补助金。1995年成立的中山医院解困基金,帮助离退休职工克服由于突发事件造成的经济困难,体现中山医院工会大家庭的温暖。

落实退休职工福利工作:为70岁老人做好申领老人优待证及发放工作;落实退休人员"一日游"活动、"敬老节"慰问补贴进卡事宜。

开展适合退休职工的文体娱乐、兴趣活动:组织落实退休人员"回娘家",举办敬老节联欢活动;为新退休人员举办迎送会;为70、80、90、100周岁老人举办祝寿活动;为孤老派送年夜饭,送上关心和爱心。

做好谢世退休人员的悼念工作等。

第八章 共青团工作

第一节 制度建设

中山医院历届团委先后制定《团支部年终评估考核表》《中山医院共青团工作条例》《关于共青团干部考核的实施办法》《关于团总支、团支部考核的实施办法》《中山医院团委社团管理条例》等规章制度,印制了统一格式的《团支部组织生活记录本》下发给各个支部。

2013年,团委结合医院创优工作和质量持续改进活动,建立健全包括基本工作制度、团内选举制度、考核实施办法、推优工作条例、廉政自律规定、社团管理条例、志愿者工作管理条例、志愿者服务财务管理规定等方面在内的团组织规章制度汇编,并建立规范流程;进一步明确制定团委书记、副书记岗位职责,落实团委委员和各级团干部工作职责;建立团委委员联系支部制度,每一位团委委员联系1~2个支部,定期督促和指导支部工作。

第二节 文化品牌

中山医院团委坚持联系青年、服务青年的主旨,注重加强团组织的凝聚力和在青年中的号召力,积极开展医院团委、团总支、支部、团小组等不同层面的活动,注重优秀活动的持续性和传承性,着重打造共青团活动文化品牌。

作为医院团委的品牌活动,中山青年科技节及中山青年体育节每年交替进行,已经历时十年余,成为中山医院优势活动项目,深受全院团员青年的喜爱。

1999年,团委举办首届中山青年科技节,并形成品牌,之后逢单数年即举办一届。科技节内容丰富,包括中山优秀青年论坛、院士论坛、专题学术报告、论文比赛等多项活动。2001年第二届中山青年科技节,为时一个月,结合青年兴趣,贴近青年需求,收到良好效果。2003年以"博学、笃志、创新、塑形"为主题举行第三届中山青年科技节,加入院士和专家论坛,活动广受好评。2005年第四届中山青年科技节,以"科技培育青年、创新引领未来"为主题,保留了青年论坛等经典项目,还结合青年的热点和焦点,加入"今天谁会赢"科普精英大赛、电子竞技大赛、"第三只眼看中山"数码摄影大赛等系列活动,进一步扩大科技节在医院的影响力。2007年结合医院70周年院庆,举办以院庆为主题的青年科技节活动。2013年科技节分为六大板块、举办14场活动,包括"科技创造梦想"系列论坛6场,"科技融入理想"先进人物、先进集体事迹展板宣传,"科技让梦想飞翔"科幻微小说创作大赛,"科技赛场谁与争锋""谁能一站到底"科普擂台赛及技能比武大赛等,丰富的活动得到了团员青年的热烈响应。2015年,团委集思广益,在原有基础上,在青年科技节上增设了"青年调研"这一主题,通过调研实现专家、领导与青年的双向互动,增进团委对青年思想和需求的把握,提高了活动的精准度和针对性。多年来,青年科技节已经成为中山团员青年的经典节目,以各种内涵丰富的形式吸引广大团员青年投入活动中,听取专家讲座、探讨学术问题,在历届青年科技节上先后举办过中山优秀青年论坛、院士论坛、专题学术报告、论文比赛、网页设计比赛、主题演讲比赛、科普精英大赛、数码摄影大赛等。通过这一系列活动,广大团员青年真切感受到科研工作的重要性,展示了个人风采,领略到大家风范,激发了对科研工作的热情,真正实现了"科技培育青年、创新引领未来"这一主题。

自2002年起,每两年举办一次"中山青年文化体育节",体育节以"运动让青春飞扬""青春动起来"为口号,以跳长绳比赛、趣味足球射门、快乐飞镖、弄堂游戏、春日郊游等喜闻乐见的运动形式,吸引了广大团员青年和职工参加。2001年开展"新世纪中山青年"系列趣味体育活动。2002年,首届"中山青年文化体育节"与"杜鹃花节"一起举行,通过各种趣味体育比赛达到了团结青年、凝聚青年的目的。

2004年,在传统比赛项目中,增加青年人喜欢的保龄球赛、极品飞车争霸赛等项目,吸引广大职工报名参与。2014年中山青年文化体育节在坚持以往风格的基础上,推陈出新,以"青春承载梦想,运动激扬热情"为主题,设立运动强身、趣味体育、弄堂游戏、知识讲座四大板块、包括10项活动,充分调动医院职业青年的运动热情,丰富了医院文化。2016年,将团委品牌项目"中山青年文化体育节"与工会品牌项目"杜鹃花节"强强联合,合作开展多项体育健身活动,扩大影响力,在活动中体现青年活力,开展的拔河比赛、投篮比赛等获得青年的一致好评。

每年7月适逢新职工入院,团委会同人事处、护理部开展"新职工宣誓仪式暨医生授白大衣仪式及护士授帽仪式"已经成为团委的一项特色工作。该项活动通过老教授寄语、院领导授白大衣、新护士授帽等仪式增强新职工对中山文化和中山精神的认同感,增加医护人员对职业的神圣感和敬畏感,在今后的工作中更好地为患者服务。

第三节 志 愿 活 动

中山医院团委积极组织团员青年发挥自己的业务所长,走向公园、街道、工厂、学校,为广大群众开展医疗咨询。同时注重科研和实践的结合,力求以科研指导实践,以实践促进理论建设,为志愿服务和医院文化管理积累大量数据材料和影像资料,并在此基础上探讨志愿服务对医院文化的影响力、公立医院文化价值取向,以及医院志愿者工作的科学管理模式。

1997年八运会期间,团委成立"八运会青年志愿者服务队",共计300余人次,参加八运会期间的文明啦啦队、八运会志愿者服务部工作、上海特色医疗咨询热线等志愿者服务。2001年10月,亚太经济合作组织(APEC)会议期间,中山青年志愿者为会议提供医疗保障。2004年,响应团市委"上海医务青年志愿服务活动"的号召,组织医务青年"共青团号健康快车"每月一次到青浦、金山、崇明等郊区,高校,社区送医送药。同年9月,医院医务青年加入F1世界锦标赛的医务青年志愿者队伍中,为赛事提供志愿服务。2007年,"特奥会"在上海举行,团委组织中山医院青年志愿者服务队为特奥运动员服务,赢得世界的认可和良好的口碑。2010年世博会召开期间,团委组织世博志愿者志愿服务周边公交车站,保卫一方安宁,为世博会的召开贡献力量。

上海市医苑新星大型义诊是上海市卫计委多年来的医疗系统志愿者服务品牌项目,中山医院多年来坚持每年派出多名专家参与其中,获得上级领导肯定及市民朋友的热情欢迎。尤其是2013—2016年,中山医院派出心内科、肝肿瘤外科等医院优势学科专家参与义诊,给上海市民带来福音的同时也进一步打响中山品牌。2016年起,医院同浦东南码头街道合作,在3月5日学雷锋日开设"医苑新星大型义诊分会场",同样派出医院优秀专家前往,获得当地居民的热烈欢迎。

团市委赴滇志愿者服务队项目一直以来是团委积极参与的一个重点项目,从1998年骨科董健作为上海市首批赴滇青年志愿者接力队队员,赴云南文山壮族苗族自治州广南县人民医院进行医疗支援开始,中山医院定期派遣医院青年骨干参与该项活动,先后有陈世耀、林建平、刘化弛、王蔚、蒋炜、滕杰、费琴明、黄䓍奇作为志愿者接力队队员赴云南进行医疗扶贫。尤其是2005年底,第八批赴滇志愿者队员滕杰医生,在云南支援时了解到云南"畸胎腿"女孩石金玲的遭遇,主动与团委联系,提出诊治方案。团委积极向领导汇报,并协助各部门做好相关准备工作。石金玲的手术取得很好效果,医院收到良好的社会效益。2014年医院派出黄䓍奇参加第十七批赴滇志愿活动,其丰富的临床药师经验给当地带去很大的帮助。

除了服务上海地区及周边省、市,团委努力将志愿服务的范围进一步扩大,将中山医院的辐射力延伸至边远地区,为更多的老百姓服务。2011年,老年病科沈继平和心内科张峰参加复旦大学青年援疆医疗队,在短短的一周时间内,行程覆盖整个南疆地区,服务人群达到200余人次,获得边疆少数民族地区人民的肯定;2014年,团委书记沈继平和肝肿瘤外科高强参加复旦大学青年援疆医疗队,走遍多个州、县和村,服务边疆百姓,受到广大当地百姓的热烈欢迎。

第四节　推　优　选　优

建立人才梯队,为年轻人成才提供平台。团委采取推优评优等措施,开展各项活动,为他们提供良好的发展平台,积极鼓励年轻人成长成才。

2001年,组织开展新世纪首届"中山医院十大优秀青年"评选活动。2003年,将第二届中山医院"十大优秀青年"的评选放入第三届中山青年科技节中。此后,该项评选活动已成为发掘中山优秀青年的重要平台,每两年举办一届。2013年起,为进一步激发青年潜能,开展"中山科技新星评选"活动。它是中山青年科技节系列活动的重要组成部分,由院党委直接领导和组织,主要目的是为了激励医务青年积极投身医学事业,以科研能力的提升带动临床技能提高,更好地为群众健康服务。评选经过支部发动、组织推荐和评委评议等多个环节后产生候选人进入最终擂台赛。中山科技新星评选以两年为一个周期,从医教研各个维度衡量中山青年的才能,并通过邀请院领导、高级专家擂台等形式角逐产生中山科技新星。至2017年,这项活动已举办3届,产生许多青年人才。除了先进个人外,医院团委还注重挖掘在医院各项工作中表现优秀的青年集体,利用青年人的特点为集体增添光辉。医院肝肿瘤外科集体曾获全国青年文明号。医院团委注重青年医护人员的医疗护理基本技能的提升,从2014年起连续参加复旦大学团委举办的医疗技能大赛。2014年参加第一届比赛即在复旦大学各附属医院中脱颖而出,获第二名。2016年再次参加医疗技能大赛,再次获得第二名的优秀战绩。

第五节　社　团　活　动

以共青团活动为抓手,增强组织凝聚力,是团委的一项重要工作。团委积极培养和支持中山青年篮球队、青年羽毛球协会以及青年排球协会的各项活动,为其提供场地及技术的支持。团委还积极挖掘文艺骨干参加各类文艺比赛并获佳绩。

根据医务青年的需求,团委组建中山医院青年艺术团、中山小乐队。组织排练的小品《爱的谎言》《其实不想走》在2003年的上海市卫生系统艺术节的小品大赛中分别获一、二等奖以及优秀创作奖。中山医院青年礼仪队为医院重大庆典、颁奖、开幕、剪彩及演出比赛等活动进行礼仪服务。此外团委还组建乒乓球协会、游泳协会、辩论社、中山足球队、篮球队、羽毛球队。各社团在负责人的带领下,凝聚有共同兴趣爱好的青年,自行组织各项活动。中山青年篮球队多次在上海市、徐汇区、复旦大学等多个层次的比赛中获佳绩,尤其在2013年度复旦大学职业青年篮球赛中斩获冠军,体现中山青年良好的精神面貌和身体素质。同时,医院团委还积极挖掘文艺骨干参加各项文艺比赛。2014年参加复旦大学组织的青年歌手比赛并获亚军,展示中山青年文艺特长。

第六节　合　作　交　流

注重加强同兄弟单位和跨行业的联系和互动,为加强各大医院团委之间的沟通和联系,互通有无,广泛交流。除同复旦大学各附属医院团委及上海市卫生系统团委保持密切联系、积极互动外,还走出医疗系统,同上海市公安局团委、上海市航天局团委、上海市公安高等专科学校团委等多个跨行业的兄弟团组织展开交流互动。

邀请上海市各大综合性医院的团委书记,成立"上海市综合性医院团委联谊会"。同时在以往与众多工厂企业团组织建立友好团组织的基础上,邀请吴泾热电厂、江南造船有限公司等团组织共同举办"厂院联谊会"。2014年同公安系统青年举办相亲交友活动,进一步拓宽医院团员青年的视野,增进跨行业青年之间的友谊。

第七节　其他特色活动

中山医院团委还结合时事,开展一系列围绕医院中心工作的特色活动。1999年举办百年回眸暨迎接澳门回归知识竞赛。2001年,举办申奥成功座谈会。2002年,为纪念建团80周年,举行一系列纪念活动。2003年,号召团员青年积极投入抗击"非典"的战役。2004年,为纪念邓小平同志诞辰100周年,组织全院近800名团员青年观赏影片《邓小平·1928》,并在上海市卫生系统纪念邓小平百年诞辰座谈会上做精彩发言。2005年结合复旦百年校庆开展系列活动。2006年,团委向全院团员青年发出"知荣辱,树新风,做优秀青年"的倡议;9月,结合时势,开展"树立社会主义荣辱观、做新时代优秀青年"系列活动,邀请上影集团副总裁汪天云做"审视历史、倡导和平——从电影《东京审判》说起"专题讲座,反响热烈。2010年,医院团委挖掘医务青年摄影专长,在全院青年中开展主题摄影比赛,受到群众的热烈欢迎。2010年,恰逢上海世博会召开,全市人民沉浸在迎世博、庆世博的良好氛围中,医院团委结合世博热点,开展世博知识竞赛,鼓励团员青年积极参与,获得好评。2013年,组织开展"山中有故事"主题征文大赛,以"走进医务青年,捕捉青春脉搏"为主题,收集大量医务青年的优秀作品,抓住青年热点。2014年,为迎接建团92周年,进一步增强"我的中国梦"主题思想在青年中的辐射力,在医院团员青年中树立"勤读书,读好书"的良好习惯,团委开展"庆祝建团92周年主题读书月"活动。活动以团支部为单位,围绕"我的中国梦"、青年成才、医疗卫生发展、医疗体制改革等主题,动员和组织团员青年"勤读书,读好书",组织各支部以小组讨论、演讲、座谈、论坛等多种形式进行读书心得体会的交流,树立正确的人生观、价值观,并促进团员青年之间的友谊。

为充分发挥团员青年的特长,服务医院党政工作大局,紧扣医院工作重点,1996年,安排团员青年参加赴皖老区社会考察、赴新疆建设兵团社会考察、卢湾区五里桥地区区校共建之义诊、赴江西宁冈革命老区医疗服务暨社会实践活动。1997年,将五四青年节与院庆60周年结合,相继举行了"弘扬中山精神,做合格中山青年"的主题报告会、座谈会和大型义诊。1999年,参与组织中山医院迎接新千年职工大会,大会圆满成功。2003年,利用网络优势,开通"中山青年网",充分展示中山青年的形象,使其成为中山青年获得信息、外界了解中山青年的窗口。2004年,联合举办门急诊楼落成庆典活动"医疗服务大家谈",以小品点评和访谈的形式探讨"如何以病人为中心,尊重病人、关爱病人、方便病人,努力为病人提供温馨、便捷、优质的医疗服务";以"奔放的旋律、腾飞的中山"为主题开展文艺演出,为即将启用的门急诊医疗综合楼献礼。2004年10—12月,组织以"激扬才智、百辩风采"为主题开展首届中山青年辩论赛。2007年,结合院庆70周年,开展"中山与您同行、健康与您相伴"的大型医疗咨询服务。同年,为结合医院管理年活动的开展,为青年人成长成才提供广阔舞台,组织开展了"托起生命的艳阳天"病史书写宣传月系列活动。2013年起,团委创新性地以青年喜闻乐见的形式进行主题宣传,创建"中山那点事"系列漫画宣传活动,涉及志愿者活动、品管圈(QCC)活动、医疗服务理念等主题,收到良好效果。2014年被医院党委评为精神文明创新一等奖。

2015年初,为进一步增强"我的中国梦"主题思想在青年中的辐射力,加强青年岗位成才、岗位建功的意识,举办"中山新腾飞"岗位微摄影比赛活动,收获许多优秀作品,得到团员青年的一致肯定。同年1月,为庆祝新版中山医院徽标(logo)的诞生和使用,加强医院文化建设,提升和塑造医院形象内涵,进一步宣传医院新logo,同时展示医院员工PPT制作、设计、美化的能力,实现优质资源共享,院团委开展了医院PPT模板设计大赛。大赛共收到了数十份来自全院各个部门青年的作品,其中不乏一些精品,为全院医务人员制作PPT提供了很好的素材。2016年,为迎接2017年中山医院建院80周年,团委开展院庆logo设计大赛,同样取得了不错的反响。2014—2016年,为进一步丰富团员青年生活,医院团委每年开展"光影中山——中山医院科技主题电影节"系列活动,每月定期播放科技系列电影,并开展"一句话影评"等后继内容;由各支部按月承办,形成团委的品牌活动,并开展影评比赛等延伸活动,为中山青年繁忙的临床工作创造轻松活泼的氛围。每次活动均有很多青年前来观影,有些甚至还带上家属一同前来,活动异常火爆,深受大家欢迎。

第九章 志 愿 服 务

第一节 发 展 沿 革

中山医院自建院之初就始终秉承"一切为了病人"的精神,众多医务工作者和社会热心人士志愿开展爱心服务、义诊活动和科普宣教,服务广大民众。医院自20世纪90年代起开展门诊志愿服务,为患者提供导医咨询、维持秩序、安抚陪伴,同时也承担一定的基础调研工作。2007年,在门诊志愿者活动开展相对成熟的基础上,针对急诊工作繁忙、患者数量大、病情急的状况,医院成立中山急诊志愿者服务队。

2011年医院整合成立"绿叶"志愿者服务队,不断完善志愿服务管理制度,丰富服务内容,扩充志愿者队伍。2012年医院成为上海市志愿者服务基地;同年,医院成立志愿者和社会工作部。

第二节 工 作 内 容

中山医院志愿者服务内容分为门诊志愿服务、急诊志愿服务、病房志愿服务、社区志愿服务、各类义诊服务和专项志愿服务等多个层面。

一、门、急诊导医志愿服务

医院积极参与徐汇区区域党建和创全工作,2015年医院和枫林街道签署共建协议,动员医院周边4个居委的社区居民为中山医院提供门、急诊导医志愿服务,截至2017年底固定人数已达36人。

同时,医院为学生志愿者提供规范有效的志愿服务平台,与复旦大学护理学院、中山团学联、复旦克卿书院建立长期合作关系,仅2017年一年已招募500余名学生参加志愿服务,成为门、急诊导医和调研工作的中坚力量。寒暑假,医院还与零陵中学等20余所中学开展共建,为高中生假期社会实践提供志愿服务平台。2015年,医院又启动"医二代"职工子女门、急诊导医志愿服务,在为广大患者提供就诊便利的同时,也加深他们对医务工作和医院环境的了解,增强对父母繁忙医务工作的理解和支持。

二、病房志愿服务

2015年中山医院"癌症康复和移植受者病房志愿服务基地"成立,每周3天定期为有需要的患者提供心理支持和帮助。截至2017年队伍固定成员35人,志愿者在病房设立的服务点仅2017年已接待了超过200人次咨询。

三、社区、义诊志愿服务

中山医院的医务人员经常走入社区进行科普宣传和义诊，并通过电视、广播、微信等媒体，为群众带去健康知识。2006年开办的"中山健康促进大讲堂"是中山医院健康教育的品牌项目，先后有800多位专家登上讲台，受益听众20余万人次，发放医学科普资料40余万份，受到了市民的高度评价和交口称赞。在劳模专家义诊、三下乡活动、"三八"妇女节医疗咨询、"学雷锋"义诊、纪念"5·8"世界红十字日义诊、"医苑新星"义诊、"卫生健农"义诊中，也都处处可见中山医务志愿者的身影。

四、专项志愿服务

中山医院积极开展各类专项志愿活动，包括雅安、鲁甸地震医疗救援；"5·8"红十字日志愿加入中华骨髓库活动；住院医师培训基地考务；上海马拉松急救志愿者等。

第十章　医　院　文　化

第一节　院　　徽

　　1990 年,医院首次向全院职工和社会人士征集院徽图案设计(当时称"院标")。经过全院职工投稿评选,由杨秉辉和上海锦绣地毯厂设计室设计员杨巍共同设计制图的图案最终入选,经局部修改,确定为院徽图案。该图案中央由一根手杖和一条蛇组成,为医学的象征。外围是上海市花白玉兰的图案。蛇与手杖构成"中"字,白玉兰图案形如"山"字,共同构成"中山"之意。

图 6-10-1　1990 版中山医院院标

　　2014 年,医院对院徽进行更新,并形成完整的视觉识别系统。新版标识保留原标识中蛇杖、白玉兰等基本图案元素,但进行重新设计。同时,新版标识用盾牌衬底,象征保护和坚固的含义;在白玉兰和蛇杖图案下方加入"1937"字样,代表中山医院于 1937 年建院;标识采用蓝色和金色两种基本色调版本,更具有现代感和科技感。同时,作为视觉识别系统的一部分,在院徽的下方或侧面(竖版和横版)有"复旦大学附属中山医院"中英文字样。

图 6-10-2　2014 版中山医院院标

第二节　院训、核心价值观和中山精神

　　中山医院的院训来于原上海医科大学校训。上医校训为"严谨、求实、团结、创新",而中山医院作为医疗机构,应更加强调对患者的服务和关爱,故而将中山医院院训定为"严谨、求实、团结、奉献"。2017 年医院申报上海市质量金奖之际,经讨论决定,在中山医院院训的基础上,补充"创新""关爱"两词,确定中山医院的核心价值观为"严谨、求实、团结、奉献、创新、关爱"。

　　20 世纪 90 年代,卫生部多项文件材料中提出医院各项工作要围绕患者需求展开,"一切为了病人"。恰逢医院新建病房科研楼（现 1 号楼）落成,医院领导班子讨论决定将"一切为了病人"六个大字悬挂在大楼的外立面,以激励全体医务人员努力工作、服务患者。经过多年传承,"一切为了病人"成为中山人的行为准则和工作信条,也成为全院公认的"中山精神"。

第三节　院　　歌

1990 年,医院部分爱好音乐的专家教授组建"中山医院教授合唱团",并决定创作中山医院院歌。医院院歌定名为《托起生命的艳阳天》,由杨秉辉作词、蒋金根作曲。

第四节　孙中山像与院名石

一、孙中山像

医院建院伊始,以孙中山先生之子孙科为代表的爱国社会人士共同发起《筹设上海中山医院缘起》,为建院做出重要贡献。此后中山医院虽历经更名,但是除 20 世纪 50 年代初全国高校院系调整时更名"外科学院"外,一直沿用"中山医院"之名。

1989 年,医院作为全国重点改造的 18 所医院之一,由国家出资兴建的病房科研楼（现 1 号楼）和外宾学术报告楼（原逸仙楼,后拆除兴建现 10 号楼）即将竣工,为纪念医院与中山先生的渊源,医院决定在上述两楼间的绿化带内兴建孙中山塑像,并向上海医科大学、上海市委宣传部、上海市人民政府教卫办提交申请。雕像于 1990 年建成,由上海油画雕塑院设计建造,现在已经成为医院标志性的建筑物之一。

二、院名石

2017 年,为祝贺中山医院建院 80 周年,山东省日照市五莲县（中国科学院院士葛均波的家乡）赠予医院当地出产的一座巨石。医院决定将它打造为"院名石"。制作完成的院名石长 15 米、高 1.4 米,正面镌刻由著名书法家陈佩秋题写的"复旦大学附属中山医院"院名,背面刻有《筹设上海中山医院缘起》及募捐发起人的签名。

2017 年 8 月 9 日上午,院名石落成揭幕仪式在西院区中央草坪举行。两座巨型起重机将院名石精确悬吊安放到位。医院领导和专家代表陈灏珠、汤钊猷、葛均波、樊嘉、汪昕、杨秉辉、施荣范、王小林、秦新裕、吴肇光,以及校友代表陈松鹤、五莲县委副书记袁利强、陈佩秋的代表庞沐兰共同为院名石揭幕。院名石是中山医院文化的重要体现,承载中山深厚的文化内涵。

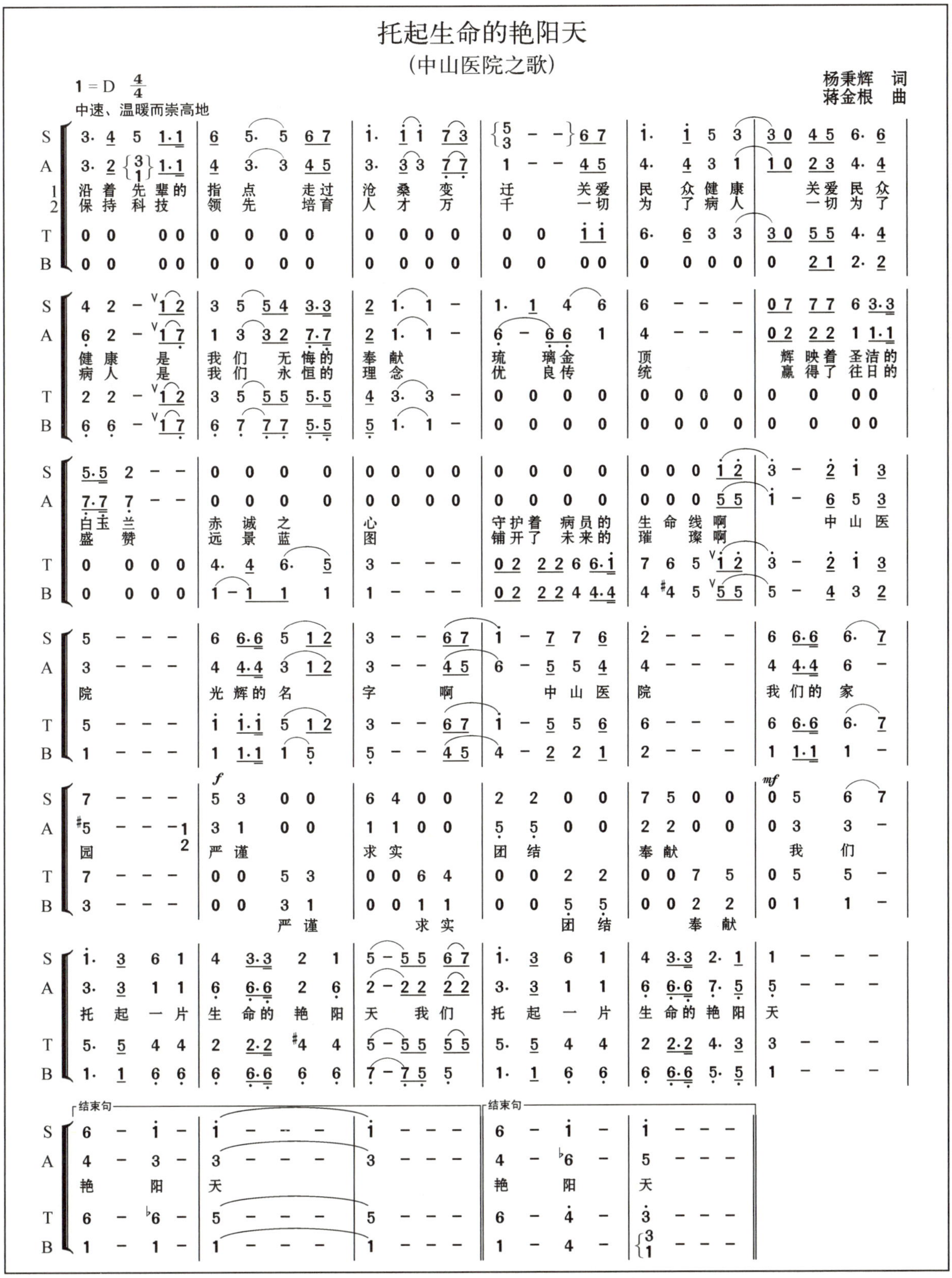

图 6-10-3　中山医院院歌歌谱

第七篇

行政管理

概　　述

医院行政管理涉及医、教、研、人力资源、后勤保障、财务资产等多个方面。由于医疗管理、教育管理、科研管理均单独设篇,故本篇记述的医院行政管理主要包括人力资源管理、财务管理、资产应用与管理、药物与试剂管理、信息化建设和管理、后勤服务与基本建设、保卫工作、审计工作等。

医院建院之初实行董事会管理。1949年,医院设有行政委员会,并下设总务处,总务处所属的文书室、出纳室、库房、合作社、收发室、水电工程机械修理室等全面负责医院后勤保障、财务管理等行政职能。20世纪50年代,建立会计科、总务科、人事科等部门。此后,随着医院规模扩大,国家对医院发展建设不断提出新的要求以及医院信息化工作的推进,相继成立保卫处、设备材料处、网络中心、审计科、资产与招投标管理办公室等部门负责相应的行政管理职能。

1949年,医院仅有员工400余人。至2017年,在职职工4 000余人。医院始终坚持以发展目标为导向,兼顾各科室发展的需求,制订适度、合理、前瞻的岗位配置计划。坚持对员工的培训,其中每年的新职工培训以及2008—2010年的全院职工培训是规模最大的集中培训。20世纪90年代起,大力推进人才项目申报、人才引进等工作。始终遵守国家相关规定,顺应改革方向,形成公平合理且有吸引力的薪酬福利制度。

医院建立健全财务管理制度、内部控制制度、内部控制体系和工作机制。2000年后,着力推行全面预算管理和成本核算管理。按照公立医院改革的要求,完善医药价格、收费的管理监督。

成立设备材料处、资产与招投标管理办公室等部门对医院设备、资产进行全面管理。完善设备招标、采购、使用、维护到报废的全周期管理。1992年成立信息科,1997年成立网络中心,信息化建设从无到有,坚持自主开发与外部合作相结合的发展模式。2014年成为上海首家HIMSS 6级医院。

医院从建院之初就有专门的总务部门,负责后勤保障、基础建设和生活管理。运用科学的管理决策,以后勤精细化管理为目标,树立主动服务和以人为本的理念,引入数字化信息化手段,为医院医教研核心工作顺利开展提供安全可靠的支撑。从1937年医院第一幢楼宇(现3号楼)竣工,医院的基本建设始终未曾停歇。1977年建成上海市心血管病研究所大楼,1991年建成外科大楼,2004年建成门急诊综合楼,2009年建成手术楼,2015年建成东院区心血管病和肝肿瘤临床医学中心。20世纪60—70年代成立保卫科,后与人事科合并为人保科,80年代保卫科再次独立,后升级为保卫处。在医院领导下、在上级公安部门指导下,加强治安、消防、人民武装等工作。2014年推行院内网格化管理模式,2015年建立现代化的消控中心。

第一章　人力资源管理

医院人力资源管理是医院决策管理中的重要组成部分,是医院提升核心竞争力的重要因素,具有战略性的作用。管理部门通过对人力资源的预测与规划,对人事进行合理配置和使用,组织员工进行多层次多方位培训,构建具有竞争力的人才梯队。通过薪酬福利的分配、岗位考核等管理形式对院内外相关人力资源进行有效运用,满足医院发展的需要,保证组织目标实现与成员发展的最大化。

第一节　人力资源规划与配置

在人力资源规划与配置上,医院坚持以战略目标为导向,兼顾医院各科室人力资源需求、对外援助任务等因素,制订适度、合理、前瞻的岗位配置计划,按期完成各类职工招录,确保职工的数量、结构和效率符合各部门和分支机构正常运营的需要。

1937 年建院初期,人力资源规划与配置工作由医院秘书处统筹管理,对职工进出、薪酬福利等进行管理。1938 年有员工 115 人,工友 79 人。

根据 1947 年的档案记载,医诊部 68 人,护理 61 人,职工 77 人,助理员 16 人,实习生 25 人,甲班护生 24 人,工友 119 人。

1952 年,医院成立人事科,管理人力资源相关工作。按工作性质分类,同年有卫生技术人员 210 人,一般技术人员 14 人,行政人员 46 人,工勤人员 191 人。人员信息详细记录了性别、年龄、政治面貌、入党时间、工作时间、岗位、职称。

1962 年,卫生技术人员 441 人,行政人员 61 人,工勤人员 173 人,合计 675 人。

1972 年,卫生技术人员 557 人,教学人员 7 人,行政人员 288 人,合计 852 人。

1985 年,学校开始实行专业技术职务聘任制度,医院紧跟学校规定执行,同时在选聘专业技术人员工作中更注重整体年龄结构的优化。同年,人力资源结构:卫生技术人员 936 人,其他技术人员 4 人,管理人员 100 人,工勤人员 252 人,合计 1 292 人。

1996 年,国家开始实行合同聘用制度,医院人力资源配置增加,开始招录聘用合同人员。当年有卫生技术人员 1 464 人,其他技术人员 2 人,管理人员 175 人,工勤人员 258 人,合计 1 899 人。

2000 年,医院有卫生技术人员 1 692 人,行政 190 人,工勤 262 人,合计 2 144 人。

2001 年,医院实行人事代理,新进职工档案由上海市卫生人才交流服务中心管理。

2004 年,医院开始招录非在编职工,由上海市卫生人才交流服务中心代缴社会保险。

2008 年,医院采取全员聘用合同制。在深入研究国内外岗位分析和评价理论及应用现状的基础上,开展全院岗位调查。通过细致的岗位分析分类,形成全院各岗位职系、职组、职级、职称等,运用网络平台采集数据与专家意见征询相结合的方式,探讨医疗岗位、护理岗位、工勤岗位等岗位定级和各岗位职系的薪酬宽带设置工作,特别是不同职系间的评价,在医院管理、医生、护理、医技、行政管理和后勤六大职系中选择基准岗位,对依据研究得出的岗位评价模型进行试评价和模型优化工作,选择试点逐步推广到对全院所有岗位进行评价,构建适合医院岗位评价的模型。根据岗位设置修订岗位职责,实行岗位聘任,在全员聘用基础上签订聘用合同。同年有卫生技术人员2435人,其他技术人员86人,管理人员101人,工勤人员185人,合计2807人。

2009年,医院开始招录派遣合同人员。签订的合同种类分为在编非代理合同、在编代理合同、非在编合同、派遣合同。同年有卫生技术人员2549人,其他技术人员89人,管理人员93人,工勤人员168人,合计2899人。

2010年,上海市开始实行住院医师规范化培训,未经培训者,单位不得聘用为医师。医院作为12个学科的首批招录单位,开始招录住院医师进行培训。

2017年,招收新职工470人,其中医师233人,护士171人,其他人员66人。至2017年底,有卫生技术人员4253人,其他技术人员143人,管理人员123人,工勤人员94人,合计4613人。其中正高级职称227人,副高级职称429人,中级职称1031人,师级职称1441人,士级职称683人,其他802人。上海市住院医师规范化培训基地培训生416人。

第二节　职　工　招　录

中华人民共和国成立初期,医院职工进院实行推荐人员担保制度。之后,医院工作人员由上级分配。恢复高考以后,毕业生采取"统一分配制"安排工作,医院人事部门负责做好上级部门分派来的毕业生的人事关系交接和工作安排。

1996年1月,人事部印发《国家不包分配大专以上毕业生择业暂行办法》,正式打破原来毕业生包分配工作的格局。1998年后,全国开始大规模施行此政策。医院人事招聘工作也自此正式开展。

"人才是第一竞争力",人事招聘工作是人力资源管理的第一环节,对医院的人才梯队建设起着至关重要的作用。人事处一直以医院发展规划为前提,根据医院发展需求提出人员规划及招聘计划,对医院和临床科室提出的各项人才需求积极响应。根据招聘岗位的要求和特点,制订应聘者基本条件要求。本着公开、公正、公平、德才兼备、唯才是举的原则,为医院招录各类优秀职工。

医院人事处与各医学院校保持长期良好的合作沟通,在近几年的招聘中为吸引更多的优秀人才,主动做到"走出去,请进来"。通过参加各类校园招聘会、人才招聘会,拓展了医院招聘的影响力,也吸引到了全国各地更多的优秀毕业生。医院还随复旦大学一起走出国门,到欧美国家进行海外高层次人员招聘。

2017年,总部人事招聘工作包括总部在册职工招聘、住院医师规范化培训生的招聘以及科研助理、劳务派遣人员等的招聘,并协助中山厦门医院和上海市老年医学中心职工的招聘工作。

第三节　职　工　培　训

医院十分重视职工培训工作。培训类型包括新职工培训、在岗培训、转岗培训、专项培训等。

经过多年的摸索和实践,医院建立健全了职工培训体系,从依托外院专业培训,借他山之石转为自主建设师资队伍;形成多部门联合工作团队,以保障培训顺利开展;完善培训沟通机制,畅通培训道路;建立培训个人档案,记录培训过程;总结培训成果,提高培训效率,最终形成标准化运营模式。

除了体系健全，医院在培训过程中强调实践，注重实战化效果，针对不同的人群开展与工作实际结合度比较高的课程；注重文化特色的输入，特别是在集中培训活动中开展主题论坛与主题联欢会活动，并使之成为常规，既寓教于乐，又加强团队合作；创新手段，通过题库建设、强化集训、拓展训练、测训结合等方式，强化培训效果，提升培训效益，达到培训目标。

一、新职工培训

对新职工进行培训是中山医院多年来的传统，经过为期一周的培训，让新职工对医院的概况、文化氛围有全面的认识，为今后的工作打下一定的认知基础。

2005 年开始，人事处对新职工培训的内容、形式进一步细化与调整：增发新员工手册，为新员工的学习工作提供便利；增加拓展训练、急救 ABC 等新课程，旨在促进新员工增加彼此的熟悉度，有利于今后工作中的有效协调；加强职业技能方面的训练，为走上工作岗位奠定基础。同时，将拓展训练引入新职工培训项目中，一是"融冰"，打破现存的组合，重新排列组合成一个崭新的团体，为今后在医院工作中的横向联系、协调打下基础；二是磨炼意志、挑战自我，对个人的心理素质、沟通技巧、解决和处理问题的能力提出挑战，并加强团队意识。

在一周的培训后，新职工们已经渐渐认识彼此，没有了陌生感，在此基础上为新职工筹划举办联谊晚会。联谊晚会由新职工自行策划、主持并演绎，晚会节目内容丰富、形式多样，成为新职工融入中山文化、展示自我才华的首秀舞台，也成为医院工会选拔艺术特长人才的重要渠道。

二、全员培训

2008 年 7 月，医院启动全院职工培训计划，针对主治医师、护理、医技、财务、高级职称和后勤人员分别开展培训。

【主治医师培训】

2009 年 4 月 24 日，中山医院主治医师培训开学典礼在复旦大学明道楼报告厅举行。培训对象包括中山医院总部、分部、青浦分院、上海市公共卫生临床中心在内的 566 名主治医师及 3 年内晋升副高职称医师。培训内容涉及人生规划、医疗改革、医患沟通、卫生法律法规、教学科研等多模块。

为确保培训效果，在培训前期，人事处走访上海交通大学、专业培训公司及医院管理专家，充分听取经验，多方调查访谈，整个筹备工作将近 8 个月。本次培训采取集中培训与分散培训相结合的形式。在 2009 年 5—6 月期间，分 3 批对主治医师和副高职称低年资医师进行集中培训；2011 年，进行 3 批次的分散专题培训。

【护理员工培训】

随着优质护理服务的深入开展、护理模式的转变、护士岗位管理的试行运作，对护理人员的职业素养、专业技能、沟通能力等方面都提出了更高的要求。在此背景下，医院在 2011 年启动对全院护士的培训计划。

以"推进优质护理、创建和谐团队、温馨护理家园"和"让人生更精彩"为主题，2011 年 6 月至

2012年6月,共完成6批1 000余名护理人员的培训任务。

【医技员工培训】

医技培训采用集中培训形式,分3批进行。经过广泛调研和需求收集,根据医技人员的特点及需求,经头脑风暴最终提出"责任＋定位＋价值＝自我实现"的培训主题。2012年11月至2013年6月,共完成3批593名医技人员的培训任务。

【财务员工培训】

2009年7月,共185人参加为期2天的财务人员培训。培训课程结合财务人员的专业及医院特色设置"服务理念""压力与情绪管理""拒腐防变,警钟长鸣""媒体效应""医学发展史和医学人文精神"课程。通过分组讨论和主题论坛,进行沟通交流和自我展示。

【高级职称员工培训】

2010年9—10月,完成2批次共358名高级职称人员培训。基于培训学员都已在本专业取得了不小的成就,如何在专业上更上一层楼是他们需要思考的问题,医院将培训的主题定为"从优秀到卓越",让参加学员能有交流、碰撞的机会。同时,还邀请外院知名管理与技术专家就"医院发展和学科建设"专题与学员进行共同探讨。

【后勤员工培训】

医院采取与各专业后勤服务公司签订项目外包的方式来解决医院对于后勤工人的用工需求,降低派遣制工勤人员的比例,开展后勤社会化管理的探索与实践。医院后勤员工分为总务处直属管辖下的总务科、动力科、膳食科、被服间、宿管科、绿化组、电梯组、净水房、外包公司的员工,以及由各临床科室管辖、复旦后勤公司分派到各临床科室的后勤员工。根据医院的实际情况制订相应的培训计划,对总务处管辖下的后勤员工,以服务为主、思想教育为辅的教育课程展开培训。对在各临床科室工作的员工,以思想教育为主、服务为辅的课程开展培训计划。培训项目包括卫生行风建设、思想品德教育、保洁操作标准、劳动安全和防护、劳动纪律和制度、仪容仪表及文明礼貌、专项设备使用和保养方法、医疗废弃物管理、突发事件应急处理等,取得较好工作成效。

三、品管圈内训师培训

除了常规培训外,为了更好地做好医院的管理工作,人事处组织开展了品管圈内训师专项培训。2012年初,采取医院内公开报名方式,共吸引院内67名职工参加品管圈内训师团队。其中,医院挑选出11名职工,参加复旦医院管理公司组织的医院内训师培训Mini－CEX,2名职工参加行业外的培训师培训。

通过质量持续改进活动,建立由药剂科与护理部人员组成的种子品管圈内训师团队。在此基础上,以全院推广质量持续改进活动为契机,组成140人的品管圈内训师团队。2012年4月18日,医院召开全院品管圈内训师培训启动会,并邀请护理部主任徐建鸣进行首次理论培训。本次培训为期3个月,共分9轮集中培训和6轮试讲。通过理论授课和学员试讲,让内训师完全细致地掌握品管圈的理论和手法,为之后在全院推广打下良好的基础。

第四节　人才培养与人才引进

医院生存和发展的关键是人才。医院健全人才引育相关制度,落实"党管人才"原则,人才工作由医院党政主要领导直接负责,组建医院人才工作小组,建立人才工作例会制度。党委办公室负责组织和协调,人事处分管人才引进、培养、聘任、流动、素质培训,科研处分管学科建设和发展,教育处分管住院医师培养和全院职工的继续教育。

20世纪90年代起,国家、上海市逐步建立人才引进的相关制度。1997年,上海市政府发布《上海市引进高层次留学人员若干规定》,开启海外高层次留学人员引进模式的同时,规范了高层次留学人员专项资金管理和使用。医院紧跟国家、上海市人才工程建设步伐,主动对标国际、积极贯彻落实《统筹推进世界一流大学和一流学科建设总体方案》和《关于医教协同深化临床医学人才培养改革的意见》文件精神,按照"以优势学科为依托、以技术平台为载体、以人才队伍为核心、以科研创新为抓手、以对外合作交流为延伸、以患者为中心促进临床科研发展,打造国内一流国际知名的医学中心"的总体发展要求,多渠道、全方位做好人才引进工作,为医院发展提供强大人才支撑。通过人才引进和培养,逐步形成一支结构合理、素质优良、数量充足,创新型、复合型、高层次的人才梯队。

一、人才培养

医院历来紧跟国家、地方战略和学校人才工作要求,不断调整更新各学科人才梯队建设方案。医院除了上级老师传帮带下级直接培养的方式外,还将职工送到国内外高水平学术机构进行业务培养,为职工提升学历、提高专业水平提供各种学习机会。

上海第一医学院从1961年起逐步为40多名老专家配备助手,以充分发挥老专家的传帮带作用。一共挑选了55名骨干教师,采取一帮一的办法,与老专家结成对子,进行重点培养。医院有9名医生入选,李华德、萨藤三、丁璞、高育瑶、陈英男是吴绍青的助手,陈士葆、林芷英是林兆耆的助手,洪应中、林贵是荣独山的助手。

20世纪80年代起,医院积极探索人才培养,并逐步形成以院内教育、定向培训、选拔深造、自学成才等"多管齐下"方式并存的基本模式,利用学科梯队接班人候选人和业务骨干到行政岗位轮转锻炼等形式,努力营造有利人才脱颖而出的氛围,储备并培养了一批具有影响力的中坚、骨干力量。1993年4月起,为鼓励广大职工提升学历层次,拓宽就业、升职渠道,医院对工作之余开展学历提升学习的职工额外给予学习经费奖励,有效促进了全员技能、学历双提升和职工素质全面发展。同时,医院向国务院人才引进办公室申请国外专家来院讲学传授技术,并争取各类出国进修、参加国际会议、考察机会。1997年起,医院设立"青年人才培养基金",采取"自愿报名、科室推荐、公开竞争、择优选拔"的原则,每年通过擂台选拔10名左右优秀中青年骨干赴国内外进修学习。除此以外,建立优秀骨干计划(2年资助20万)、优秀青年计划(2年资助10万)等院内项目,鼓励职工自主开展科研活动。

二、人才引进

医院根据战略需要进行人才引进工作。对业绩突出或急需紧缺专业人才,协助做好国家级、省部级、市局级高层次人才计划申报、落地工作;对研究能力突出、发展潜力较大、尚需孵育的优秀人才,按《复旦大学关于加强教学科研岗位招聘工作的实施意见》分类引进领军人才、学术带头人和学术骨干;对有申报国家重大、重点科研项目,重要人才计划需求,及具有突出发展潜力的青年职工,争取复旦大学固定聘期研究员、副研究员聘任机会。

在人才计划申报方面,人事处在收到申报通知的第一时间快速响应,按照各项人才计划的申报要求完成人选的初步遴选,协助申报人核查申报表及附件材料内容,认真沟通申报细节,确保申报材料准确。除此之外,人事处就人才落户、过渡住房、随迁子女入学、家属就业等诸多事宜,根据政策积极为人才争取便利,协调职能部门优化人才的工作、生活环境,确保人才能迅速适应医院、科室新环境,早日投入医院发展建设。

医院注重在各临床医技科室、职能部门中培养、选拔、任用以中青年为主体的干部,提升干部队伍年轻化、专业化水平,不断满足医院建设、医疗发展需求。医院全面分析各学科人力资源情况,有针对性地培养学科带头人和学术骨干,还聘请外籍的客座和兼职教授。

对优秀青年人才,在工作中压课题、定指标、创造条件使其进入各种人才培养计划。各类人才培养计划包括复旦大学世纪之星、上海市高层次中西医结合临床科研人才、上海市科委启明星计划、上海市教委曙光计划、上海市优秀青年医学人才计划、教育部跨世纪优秀人才、上海市医学领军人才、国家自然科学基金杰出青年科学基金、长江学者、院士等。对优秀人才在政治、业务、工作条件、生活待遇等方面给予相应的支持,积极创造良好的人际关系环境、教学与科研环境,保障其充分发挥聪明才智。

三、人才梯队建设

人才梯队的建设和发展是医院持续发展的保障,在医院80年的发展历史中,涌现出了众多杰出人才。1956年国家评选的一级教授中有11位在医院工作过。

1994年12月,汤钊猷成为中国工程院院士。1997年11月,陈灏珠成为医院第二位中国工程院院士。2011年4月,葛均波当选为中国科学院院士。2017年11月,樊嘉当选为中国科学院院士。1990年起,党和政府对有特殊贡献的知识分子颁发荣誉证书和政府特殊津贴,首批获得者有汤钊猷、石美鑫2人。截至2017年,中山医院共有92位专家先后获此殊荣。

在这些德高望重的老专家的带领下,一批批风华正茂、医术高明的医疗专家不断在学术界、医疗界崭露头角,入选国家级人才计划、上海市人才计划和复旦大学人才计划。

表7-1-1 1956—2017年医院入选国家级人才计划情况表

人才计划名称	入选年份	入选者
一级教授	1956	颜福庆　黄家驷　沈克非　吴绍青　荣独山　谷镜汧　林兆耆　杨国亮　郭秉宽　钱惪　陈翠贞
中国工程院院士	1994	汤钊猷
	1997	陈灏珠
中国科学院院士	1980	陈中伟
	2011	葛均波
	2017	樊嘉

（续表）

人才计划名称	入选年份	入　选　者						
国务院特殊津贴	1990	汤钊猷	石美鑫	陈中伟	林兆耆			
	1992	吴　珏	陈灏珠	诸骏仁	吴肇光	赵惠扬	杨英珍	徐智章
		杨学义	王敏生	刘厚钰	杨秉辉	李锡莹	蒋　豪	蒋振斌
		秦万章	姜立本	夏德全	王承棓	章仁安	肖常思	林佑善
		洪应中	陈长春	施寿康	盛丹菁	任长裕	张光健	钮善福
		吴肇汉	廖履坦	刘银坤	熊汝成	林　贵	姜春华	余业勤
		崔祥缤	赵关林（原北院区）	张元芳				
	1993	王快雄	何亮家	朱无难	孟承伟	袁弥满	韩莘野	罗忠芬
		黄士通	蔡遁绳	徐俊冕	周信达	徐从德	林芷英	陈世波
		徐　和	陈可靖	梅振武	陶克明	李志善	王吉耀	王宝珍
		王玉琦	杨蕊敏	何梅先	蔡涵蓉	杨永年	朱文炳	周康荣
		周毓菜	高育瑶	吴志全	裘　麟	卢家祥	朱世敏	
	1994	贾友明	蔡成机					
	1995	顾　瑨						
	1996	张永康						
	1997	张轶斌						
	1999	王炳生	陈福真	张希德				
	2001	王国民						
	2002	秦新裕						
	2003	葛均波						
	2005	叶胜龙						
	2006	樊　嘉						
	2013	钦伦秀						
	2015	周　俭						
	2016	姚礼庆						
有突出贡献中青年专家	1984	陈中伟						
	1986	汤钊猷						
	1988	林　贵						
	1990	杨英珍						
	1990	张元芳						
	1992	杨秉辉						
	1996	周康荣						
	1998	沈学东						
	2004	葛均波						
	2006	樊　嘉						
	2012	符伟国						

（续表）

人才计划名称	入选年份	入 选 者
有突出贡献中青年专家	2015	周 俭
	2017	董 健
海外高层次人才计划	2011	张 峰
	2012	任 骏
长江学者特聘教授	1999	葛均波
	2005	邹云增
	2013	周 俭 钦伦秀
长江青年学者	2015	高 强
	2016	张英梅
科技部重点领域创新团队	2015	周 俭
国家青年拔尖人才计划	2015	高 强
科技创新领军人才	2017	周 俭

表 7 - 1 - 2 2007—2017 年医院入选上海市人才计划情况表

人才计划名称	入选年份	入选者	科 室
东方学者	2011	宋元林	呼吸科
上海海外高层次人才计划	2013	任 骏	心内科
浦江人才D类	2009	侯英勇	病理科
	2013	徐 泱	肝肿瘤外科
	2014	孙晓宁	心外科
	2015	姜 磊	核医学科
		郭 坤	放射治疗科
	2016	佘 君	呼吸科
		吴文川	普外科
	2017	武多娇	实验研究中心
上海人才发展资金	2007	符伟国	血管外科
		赵 强	心外科
	2008	沈锡中	消化科
		王春生	心外科
	2009	汪 昕	神经内科
	2010	董智慧	血管外科
	2012	王利新	血管外科

（续表）

人才计划名称	入选年份	入选者	科　室
上海人才发展资金	2013	李　锋	消化科
		钟芸诗	内镜中心
	2015	杨欣荣	肝肿瘤外科
上海市卫计委青年医师培养资助计划	2012	沈　纳	耳鼻喉科
		陈子贤	骨　科
		姜　磊	核医学科
		吴晓丹	呼吸科
		陈　伟	泌尿外科
		凌　雁	内分泌科
		朱　玮	普外科
		杨　华	全科医学科
		顾　杰	全科医学科
		章晓燕	肾脏内科
		李　锋	消化科
		黄　东	心内科
		王利新	血管外科
	2014	陈章炜	心内科
		李全林	内镜中心
		周　健	骨　科
		夏慧玲	全科医学科
		杨　骥	皮肤科
		俞小芳	肾脏内科
	2015	吴　昊	消化科
		朱德祥	普外科
		张　磊	心内科
		徐夏莲	肾脏内科
	2016	古　杰	胸外科
		张　恒	普外科
	2017	刘　洁	呼吸科
		蔡加彬	肝肿瘤外科
		虞　莹	全科医学科

（续表）

人才计划名称	入选年份	入选者	科室
上海青年护理人才培养资助计划	2015	吴燕	护理部
		薛燕	心外科监护室
	2016	郑文燕	护理部
	2017	朱丽	心导管室
		潘文彦	外科监护室
上海青年临床医技人才培养资助计划	2016	周琰	检验科
	2017	王蓓丽	检验科

表7-1-3 2011—2015年医院入选复旦大学人才计划情况表

人才计划名称	入选年份	入选者	科室
复旦大学卓越计划	2011	汤钊猷	肝肿瘤外科
		陈灏珠	心内科
		葛均波	心内科
		邹云增	心实验室
		钦伦秀	肝肿瘤外科
	2013	周俭	肝肿瘤外科
复旦大学卓学计划	2011	高强	肝肿瘤外科
		张峰	心内科
		张静	呼吸科
	2013	钟芸诗	内镜中心
		董丽莉	心脏超声诊断室
		李锋	消化科
		丁振斌	肝肿瘤外科
		杨骥	皮肤科
		周健	骨科
		吴鸿谊	心内科
	2015	李全林	内镜中心
		卢春来	胸外科
		汪学非	普外科
		杨达伟	呼吸科

　　医院基于中共中央、国务院文件精神，按照复旦大学《关于建设人才引进与高级职务外聘分类分级审批聘任机制的意见》《关于完善新进教师聘用审批工作机制的意见》等文件要求，进行科研岗位人才引进工作。

表 7 - 1 - 4　2004—2017 年医院通过复旦大学科研岗位引进的人才情况表

岗 位 类 型	批 准 年 份	入 选 者	科　室
复旦大学特聘教授	2004	邹云增	心实验室
	2005	葛均波	心内科
	2007	王向东	实验研究中心
	2011	张　峰	骨　科
	2012	任　骏	心内科
		夏　朴	内分泌科
校聘关键岗位	2011	杨向东	心内科
	2012	程登峰	核医学科
	2014	刘　澎	血液科
	2015	姜志龙	呼吸科
		张英梅	心内科
院聘关键岗位	2012	宋满根	实验研究中心
		史　懿	实验研究中心
		周　建	呼吸科
		许丽莉	消化科
	2015	蒋　璆	心实验室
		朱长锋	消化科
		吴　剑	心实验室
		祝继敏	消化科
		宋娜娜	肾脏内科
		张　易	实验研究中心
	2016	尹　俊	胸外科
		陆　炎	内分泌科
		司　逸	血管外科
		冯国栋	神经内科
		陈　晓	肾脏内科
		李　华	心实验室
		宋光启	消化科
	2017	崔兆强	心内科

第五节　薪　酬　福　利

一、工资与奖金

1949年以来,中国进行了数次事业单位工资制度改革。医院人事处劳资科按国家政策,严谨细致地贯彻执行实施方案,对全院职工做好工资改革和工资套改工作。1956年(第一次)的工资制度改革,建立职务等级工资制度,奠定工资制度的基础;1985年(第二次),国家机关、事业单位行政人员、专业技术人员均改为以职务工资为主要内容的结构工资制,按照工资的不同职能,将工资分为基础工资、职务工资、工龄津贴和奖励工资4个部分;1993年(第三次),事业单位专业技术人员执行相应的专业技术职务的等级工资制;2006年(第四次),建立岗位与绩效相结合的事业单位绩效工资制,实行正常晋升工资机制,完善津贴补贴制度。2008年,事业单位开展岗位设置工作,专业技术人员在首次岗位设置聘任上一等级以上岗位的,可执行上一等级的岗位工资。2014年,机关事业单位工作人员基本工资标准调整。2016年,稳妥做好岗位、薪级、绩效新标准的调整实施工作。

根据工资政策规定,以职工的工作岗位等级来确定工资等级和工资标准,每年做好岗位、薪级、绩效、职岗、护龄津贴变动等工作,合理地调整职工的工资,加强对职工的长期激励,保持职工的工作热情,调动职工的积极性。同时,合理控制薪酬成本,使其对外具有竞争力,对内具有公平性原则,激励职工提高效率,吸引和留住人才,促进单位战略决策的实现。

二、津补贴与福利

员工津补贴方面,主要包括交通、通信、节日、值班等补贴。职工的福利由社会保险福利、集体福利、职工个人福利组成。包括独生子女补贴,牛奶补贴,幼托班费用报销,探亲路费报销,在职、退休职工死亡抚恤金、丧葬费等发放,均按国家有关规定贯彻执行。认真贯彻落实关于统筹保险的各项政策,及时做好社保、住房公积金的基数核定和缴纳工作。

2006年开始,为职工缴纳企业年金、补充公积金,成为当时上海市医疗系统首家为员工缴纳企业年金的单位。2014年,为配合机关事业单位养老保险制度改革,按照国家规定,开始为编制内人员缴纳职业年金,编制外人员继续缴纳企业年金,切实维护职工利益,有助于提高职工的满意度,强化职工的忠诚度。

员工福利不仅落实到了正式职工,还覆盖到医院工作的工勤人员。为了加强医院后勤队伍人员的建设,保障他们的工作积极性和降低人员流动性,提供工勤人员激励计划。其中,物质方面激励包括工龄奖、考核奖、交通补贴、通信补贴、规范服务奖、骨干津贴;非物质方面激励包括为工勤人员提供职工体检、定期技能培训等,从而提高后勤服务水平,为临床提供优质的保障,促进医院的健康快速发展。

第六节　考　核　定　级

一、应届毕业生考核定级制度

应届生参加工作,必须进行考核定级,考核内容及方法由医院各主管职能部门具体确定。大学本科(含获得双学士学位的本科生和未获得硕士学位的研究生)及以下学历的毕业生,实行一年试用期,期满后于下一年度进行考核定级。获得硕士及以上学位的毕业生,院内实行半年试用期,期满后经考核合格明确岗位。职工职称考试、申报及聘任工作实行考、聘分开。申报聘用人员必须通过国家规定的卫生专业技术资格考试,取得相应的资格证书,且所报专业必须符合医院专业设置需求。职工职称考试、申报及聘任条件根据复旦大学相关文件规定执行。

人事处负责承办职工职称考试报名、职务申报聘用等工作。由医院学术委员会根据科室及个人表现等情况,结合《复旦大学初中级专业技术职务聘任办法》文件规定进行聘用。医院每年组织一次职称认定工作,根据复旦大学有关职称工作的部署及职称工作有关问题的通知,组织实施申报,办理职称申报的审核,论文(著)、成果收集,评审材料的多次审核。组织评审工作,并做好院内初、中级的评审和报批。

二、初、中级职务任职资格获取和聘任

根据《临床医学专业技术资格考试暂行规定》《预防医学、全科医学、药学、护理、其他卫生技术等专业技术资格考试暂行规定》有关规定,从事医疗、预防、保健、药学、护理、其他卫生专业技术工作的职工,需参加相应级别和专业类别的考试,并获取相应资格。符合聘任条件后,人事处将相关材料上报复旦大学。由复旦大学审核合格后,进行相关资格的聘任。医院根据复旦大学的批复兑现相应的级别。

三、高级专业技术职务评聘

高级专业技术职务评聘对培养和造就高级专业技术人才有着重要的作用,评聘工作引导专业技术人员注重工作实绩,为优秀中青年人才脱颖而出创造条件,并且稳定了专业技术人员队伍。中山医院在党和国家的相关政策指导下,根据上海医科大学、复旦大学关于专业技术职务评审工作的相关规定和要求,制定适应医院各阶段需要的准入标准。

自2012年起,医、药、护、技系列卫生专业技术人员的高级职务资格认定开始参加上海市的全行业评审,在一定程度上实现了对卫生专业技术人员任职资格等级的认可度由本单位向全行业的转变,另一方面对卫生专业技术人员在任职资格晋升方面也给予了更多的机会。获得上海市卫生专业技术任职资格后由复旦大学予以聘任相应岗位。

四、业绩考核

考核主要体现在考勤与年度考核两方面。每个科室设立考勤员,根据考勤情况发放工资与奖金。对不同的考核对象分类进行年度考核:对副处级及以上干部由上级部门考核,年度考核等次由上级部门评定,业务考核等次由所在的业务科室评定;对各科室第一负责人,每年进行述职考核,最终由医院综合考评;对其他人员,由科室考核小组考核后提交医院最终决定。

对不同类别人员,分别建立了不同的业绩考核内容,包括科主任的综合目标考核、医师定期考核、护理人员分档业绩考核,以及医技、研究、药剂、营养人员,科研助理,基地规范化培训人员等各种业绩考核内容。

为了加强对医师执业的管理,规范医师的执业行为,提高医师素质,保证医疗质量和医疗安全,贯彻落实国家卫生部《医师定期考核管理办法》,根据《上海医师定期考核管理办法实施细则》要求,医院成立了2013—2014年、2015—2016年医师考核委员会,制定《复旦大学附属中山医院医师定期考核制度(试行)》,对医院两个年度具有医师执业资格的医生进行医师定期考核。考核委员会坚持客观、科学、公平、公正、公开原则。具体分两个阶段完成,第一阶段是个人填报及卫生机构审核工作,第二阶段是申请一般程序考核和简易程序考核。医师定期考核分为一般程序考核和简易程序考核。一般程序考核中,符合相关条件者可申请免考。简易程序考核为医师书写述职报告,提交执业机构审核。执业机构对医师进行工作成绩和执业道德评定,评定合格后,上级考核机构复核。一般程序免考申请:医师在考核周期内按规定通过晋升上一级专业技术职务任职资格考试、住院医师规范化培训考试、专科医师规范化培训考核的,可视为业务水平测评合格,提交免试申请,由执业机构审核,考核机构进行复核。医院考核考评专家组成员对被考核医生进行有关法律、法规、专业知识的考试及技术操作的考核;综合医疗单位的评定意见及业务水平测评结果对医师做出考核结论。通过医师考核,提高了被考核医师掌握医疗卫生管理相关法律、法规、部门规章,以及应用本专业的基本理论、基础知识、基本技能解决实际问题的能力,学习和掌握新理论、新知识、新技术和新方法的能力。促进医师在执业过程中,遵守有关规定和操作规范,坚持救死扶伤,以患者为中心,构建和谐医患关系、团结协作、依法执业的意识。医院医德医风水平、工作量、医疗质量、服务水平和完成政府指令性工作的质量上了一个新台阶。

第七节　人　事　档　案

人事档案室负责医院职工人事档案材料的接收、整理、归档、利用、安全、保密、转递等工作。

1949年后,国家进行了数次人事档案制度建设,人事档案室严格按照国家要求,不断规范人事档案的管理。1956年第一次全国干部档案会议召开后,建立收集归档、整理、转递、查阅、安全保密等基本规定,配备兼职档案人员,初步达到档案材料按人管理、分类合理、排列有序。1980年(第二次),充实档案内容,布置职工填写履历表、自传及反映技术专长的材料,清理人事档案中的不实材料,维护人事档案的真实性。1990年(第三次),建立《干部档案工作条例》《关于干部档案材料收集、归档规定》《干部档案整理工作细则》《流动人员人事档案管理暂行规定》等制度,初步改革传统管理方式,试行目标管理与考评。医院明确人事档案工作由院长负责分管,具体工作由人事处长主管,落实专门档案人员,建立档案工作管理网络,完善档案管理机制。医院领导能做到对档案工作理解、关心与支持,为干部人事档案工作提供有效保障。档案员认真履行职责,每年积极参加上海市委组织部、市教委的档案培训活动,加强业务学习,努力提高管理水平。

2001年,人事档案室获得中共中央组织部颁发的"干部人事档案目标管理一级单位"称号。此后,医院根据不同时期的工作进一步完善健全档案材料的查阅借阅、收集补充、归档整理、利用转递、检查核对、保管秘密、管理人员职责和送交档案等八项制度,使档案材料的联系、催要、送交、登记等一系列环节有了明确规定,增强了操作性。在2009年的复审中,达到"优秀"水平,干部人事档案工作逐渐走向制度化、规范化、科学化管理的发展轨道。

第八节　其他人事管理工作

一、中山特色"质量持续改进活动"

从 2007 年质量持续改进活动初创时期、推广期到"全面开花"期,医院各个科室部门均参加了不同主题的活动,共计组织 798 个品管圈,基本上实现"全院动员、全员参与"的效果。在 2012 年试点活动期间,人事处牵头构建质量持续改进全院推广的组织管理结构,分为领导小组、工作小组(包括秘书组)、内训师团队和质量组 4 级,具体由院领导组成的领导小组负责确定活动方案,统领全局;来自行政职能部门的主要负责人组成工作小组,负责制订活动方案,并督导和保障全院质量持续改进各项活动的推进;由种子内训师负责培养骨干内训师团队,督导和指导骨干内训师按期全面推进各质量组的质量持续改进活动;质量组作为品管圈的基层组织,成员包括科主任、骨干内训师、圈长、宣传干事和圈员,具体实施质量持续改进;另设行政人员组成的秘书组,负责各质量组活动的协调、活动资料和宣传材料的汇总工作。

对 1 000 多名员工进行品管圈管理工具和手法的培训是一个工作量巨大的工程。借鉴来源于互联网的"众包"管理理念:利用集体智慧去开拓创新,将工作交给最想做这个工作的人。在全院推广活动前期,人事处发掘了对质量持续改进活动投入极大热情、有丰富活动经验、熟知工具和手法的 7 名药剂科优秀员工作为"种子内训师"。然后在全院范围内招募对本次活动有兴趣的员工组成内训师候选人,由 7 名"种子内训师"负责开展 9 轮集中培训和 6 轮试讲,最后在 2012 年 7 月,组建一支 140 人的内训师队伍,分赴各科各圈,成为全院质量改进活动的骨干力量。

品管圈活动让广大基层员工参与医院管理,是全员参与医院民主管理的创新形式,为员工在培训、展示才能、创新等方面搭建平台,使员工普遍感到责任感、成就感,被认可、被尊重,起到了良好的激励效果。

二、复旦大学附属中山医院厦门医院人员管理

复旦大学附属中山医院厦门医院(简称"中山厦门医院")筹建期间,医院人事处配合医院制订人力资源规划方案,以确保员工的数量、结构和效率符合各部门和分支机构正常运营的需要。多次赴异地参加招聘会,扩大宣传面,拓宽招聘渠道。按计划多次组织有关部门一起赴厦门进行招录笔试面试。按照厦门人事政策,为招录员工办理入职、社保与公积金开户缴费、外地职工落户等一系列相关手续。根据有关规定和医院实际情况,建立《关于职工休假的规定》《关于津补贴发放的规定》《关于为在册职工开具收入证明的规定》《医院考勤制度》《关于往返中山医院总部和厦门医院各类人员交通补贴的规定》《围里宿舍管理规定》《中山厦门医院离院手续》《中山厦门医院派驻人员途中保障方案》《中山厦门医院申请总部人员赴厦工作备案流程》等,规范工作的基本要求和员工行为。

2017 年 8 月中山厦门医院开业试运营期间,共组织 10 余批 240 人次派驻中山厦门医院,协调相关部门共同为派驻人员办理安排交通、住宿、执业变更和备案、处方章、胸卡、饭卡等相关手续。

为实现中山厦门医院的同质化管理,中山医院业务科室主任兼任中山厦门医院主任,各个科室增设执行主任岗位。做好中山厦门医院人员招录和职工培训,并稳妥做好岗位、薪级、绩效标准的

调整实施工作,每月的职工社保、公积金、职业年金、企业年金的基数核定和缴纳管理等日常工作。做好中山厦门医院员工在总部进修、规培期间的日常管理工作,如工作上的医师执业注册、转正定级核定工资、考核等,以及生活上的住宿安排、工会关爱等。

三、青浦区"三下乡"工作人员配置

中山医院作为青浦区"三下乡"活动的支持者和实践者,与青浦区建立对口支援关系已达半个多世纪。多年来,院领导高度重视这项工作,为青浦区的医疗卫生和医学教育发展与建设提供有力的帮助,做出重要贡献。早在 20 世纪 50 年代,中山医院就与上海青浦地区建立业务协作关系,定期派遣医疗队前往青浦地区指导卫生防病工作,并接受当地的医生来院进修学习。20 世纪六七十年代,医院先后十余次派遣医疗队参与青浦等郊县地区的血吸虫病防治工作,老一辈医学专家吴肇光、王承棓等经常到青浦地区支援医疗,为当地最终消灭血吸虫病做出了贡献。20 世纪 80 年代以来,医院按照"培养人才为主、技术指导为辅,适当提供物资援助"的工作思路,推动了卫生支农工作的进一步发展。

2002 年,为探索新的医疗管理模式,充分利用医疗资源,让青浦人民得到更直接的优质医疗服务,"复旦大学附属中山医院青浦分院"正式挂牌成立。医院对青浦中心医院实行人、财、物、医教研的全面托管,使广大青浦人民在家门口就能享受到三级医院服务、二级医院收费的医疗保障,进一步提高青浦的医疗水平和服务。每年的送医下乡活动,医师与专家们都积极参与。同时,为青浦区卫生系统解决缺医的实际问题,医院通过复旦大学临床医学专业"专升本青浦班"为青浦区城乡基层医疗卫生机构培养临床医学人才,医院的教授为"专升本青浦班"学员授课,组织参观学习等。自2009 年始,医院开展的全院职工分层培训中,将青浦分院职工纳入其中。近年来,根据上海市"5+3+1"方案,中山医院承担起培训青浦分院骨干医师的任务。2012 年 12 月,青浦分院顺利通过上海市三级乙等综合医院评审验收。2015 年,医院 16 个科室与青浦分院结对,16 名临床科主任兼任该分院临床科室主任,同时医院 30 余名正、副教授定期到青浦分院坐诊和临床指导,对促进青浦区医疗卫生事业的进步和发展产生更为直接、更富成效的影响和作用,更好地造福于青浦区的城乡民众。

四、北院区并入总部人员安置

2015 年根据上级的要求,北院区(中山分部)安置整合工作启动,数次召开分部在职及离退休人员的安置方案解答会议。《复旦大学附属中山医院分部调整方案》在 2015 年 12 月 17 日的职代会上正式通过。制定《复旦大学附属中山医院分部后续工作方案》。分部门诊医疗工作在 2016 年 1月 22 日全部结束,分部病房医疗工作在 2016 年 1 月 29 日全部结束,分部在职人员 2016 年 2 月 1日至总部到岗工作。2016 年度完成分部人员安置补贴一次性生活补贴、企业年金、补充住房公积金及购(住)房补贴的发放工作。

第二章 财 务 管 理

第一节 管 理 机 制

一、组织构架

中山医院根据《中华人民共和国会计法》相关规定建立会计机构——财务处,并为财务处配备具有相应资格和能力的会计人员。医院按规定设立总会计师岗位并任命总会计师。医院发生的一切经济业务事项均按国家统一的会计制度核算,并进行账务处理,及时编制和上报财务会计报表。

2004 年,医院成立经济管理委员会和工作小组。同年,医院成立医疗价格管理委员会和工作小组。

2005 年,医院成立预算管理委员会和工作小组。

2010 年,医院成立绩效管理委员会和工作小组。

2016 年,医院成立内部控制建设委员会和工作小组。同年,医院成立审计督查以及持续改进领导小组和工作小组。

二、管理制度

医院建立健全财务管理制度和内部控制制度、内部控制体系和工作机制。医院现有重大财务管理内部控制制度 48 个,医院要求重要的制度要配置执行流程,关注制度执行的有效性,严格内部控制程序的合法合规性。

表 7 - 2 - 1 1994—2017 年医院主要财务管理制度情况表

制定时间	制 度 名 称	修 订 时 间
1994 年 5 月	复旦大学附属中山医院财务管理制度	2001 年 6 月第一次修订 2003 年 6 月第二次修订 2005 年 6 月第三次修订 2006 年 10 月第四次修订 2010 年 9 月第五次修订 2013 年 3 月第六次修订 2014 年 2 月第七次修订 2016 年 5 月第八次修订
1994 年 12 月	复旦大学附属中山医院物价收费管理制度	2001 年 6 月第一次修订 2003 年 6 月第二次修订 2004 年 6 月第三次修订 2006 年 10 月第四次修订 2010 年 5 月第五次修订 2013 年 3 月第六次修订 2014 年 11 月第七次修订

（续表）

制定时间	制 度 名 称	修 订 时 间
2003 年 6 月	复旦大学附属中山医院经济事项决策授权以及分级负责管理制度	2006 年 10 月第一次修订 2009 年 10 月第二次修订 2010 年 9 月第三次修订 2013 年 3 月第四次修订 2014 年 2 月第五次修订
2003 年 6 月	复旦大学附属中山医院会计制度	2005 年 6 月第一次修订 2006 年 10 月第二次修订 2010 年 9 月第三次修订 2011 年 1 月第四次修订 2013 年 3 月第五次修订 2014 年 2 月第六次修订
2003 年 6 月	复旦大学附属中山医院成本核算管理制度	2010 年 6 月第一次修订 2013 年 3 月第二次修订 2014 年 2 月第三次修订 2015 年 12 月第四次修订
2004 年 7 月	复旦大学附属中山医院"三重一大"事项集体决策制度 复旦大学附属中山医院"三重一大"事项集体决策责任追究制度	2006 年 10 月第一次修订 2010 年 7 月第二次修订 2013 年 3 月第三次修订 2014 年 2 月第四次修订 2016 年 12 月第五次修订
2004 年 7 月	复旦大学附属中山医院财务处干部岗位责任制度	2006 年 6 月第一次修订 2007 年 6 月第二次修订 2008 年 5 月第三次修订 2010 年 6 月第四次修订 2013 年 3 月第五次修订 2016 年 12 月第六次修订
2005 年 6 月	复旦大学附属中山医院财务报告及分析制度	2006 年 10 月第一次修订 2010 年 9 月第二次修订 2013 年 3 月第三次修订 2014 年 2 月第四次修订
2005 年 6 月	复旦大学附属中山医院医疗和药品费控制管理制度	2006 年 10 月第一次修订 2013 年 3 月第二次修订 2014 年 2 月第三次修订
2005 年 12 月	复旦大学附属中山医院经济合同管理制度	2009 年 10 月第一次修订 2010 年 9 月第二次修订 2013 年 3 月第三次修订 2014 年 2 月第四次修订 2016 年 12 月第五次修订
2006 年 12 月	复旦大学附属中山医院财务会计内部控制制度	2010 年 6 月第一次修订 2013 年 3 月第二次修订 2014 年 4 月第三次修订 2015 年 12 月第四次修订

（续表）

制定时间	制 度 名 称	修 订 时 间
2006 年 12 月	复旦大学附属中山医院预算控制制度以及执行流程 复旦大学附属中山医院收入控制制度以及执行流程 复旦大学附属中山医院支出控制制度以及执行流程 复旦大学附属中山医院货币资金控制制度以及执行流程 复旦大学附属中山医院药品及库存物资控制制度以及执行流程 复旦大学附属中山医院固定资产控制制度以及执行流程 复旦大学附属中山医院工程项目控制制度以及执行流程 复旦大学附属中山医院债权债务控制制度以及执行流程 复旦大学附属中山医院财务电子信息控制制度以及执行流程	2010 年 6 月第一次修订 2013 年 3 月第二次修订 2014 年 4 月第三次修订 2015 年 12 月第四次修订
2007 年 5 月	复旦大学附属中山医院接受社会捐赠资助管理制度	2013 年 3 月第一次修订 2014 年 2 月第二次修订 2016 年 12 月第三次修订
2009 年 3 月	复旦大学附属中山医院国有资产管理制度	2010 年 9 月第一次修订 2013 年 3 月第二次修订 2015 年 12 月第三次修订
2012 年 10 月	复旦大学附属中山医院公务卡管理制度（试行）	2014 年 2 月第一次修订
2012 年 10 月	复旦大学附属中山医院总会计师岗位责任制度	
2013 年 5 月	复旦大学附属中山医院财政性资金项目绩效评估管理制度	2014 年 2 月第一次修订
2013 年 5 月	复旦大学附属中山医院大额资金支出项目绩效评估管理制度	2014 年 2 月第一次修订

第二节 全面预算管理

医院自 2003 年起，将所有收支全部纳入医院预算统一管理，收支预算逐级分解，落实到医院具体责任部门和责任人。医院施行全面预算管理，设立预算管理委员会和工作小组，由院长负责预算的授权管理，总会计师负责组织和督查医院的预算管理和执行工作，各行政职能部门负责人是预算执行的第一责任人。医院建立健全预算管理相关制度和流程，具体流程涵盖预算编制、预算分级、预算审批、预算执行、预算分析及预算考核 6 个环节。

一、流程

【预算编制】

预算管理贯穿医院财务管理的各个方面，统领医院财务管理的各个环节。医院区分不同的收入项目，分开核算预算收入。同时，参照上一年度收入的实际执行情况，合理测算预算年度影响收入的增减因素后，预计填报。

所有预算编制和重大调整都经过医院领导班子集体决策。医院预算全部向职代会进行通报。2014 年 9 月，根据国家卫生计生委要求，医院建立三年滚动预算项目库，推动重要经济管理部门编制 3 年滚动预算，并编制相应月份的资金使用进度表等预算编制精细化管理要求；对多年预算编制做规划。

【预算分级】

将收支预算分解落实到各级部门，全面反映医院整体的收支活动情况。医院将预算进行逐级分解，并落实到具体的责任单位或责任人，在预算执行过程中定期将执行情况与预算进行对比分析，及时发现偏差，查找原因，采取必要措施，保证预算整体目标的完成。医院内部形成管理合力机制，预算执行负责部门与财务部门共同参与、相互配合、各司其职。

【预算审批】

实行预算资金支出授权管理机制。按照执行部门、分管领导以及支出金额类型及大小划分资金授权审核的方法。医院财务处不受理没有部门负责人签字确认的付款申请。

【预算执行】

严格按照国家卫生计生委的批复预算执行年度收支预算。建立预算执行督导员制度。医院财务部门直接委派相关财务人员深入重要的预算执行项目部门，进行督促与沟通，发现问题向领导及时汇报，力争完成预算执行序时进度的要求。此外，医院还同步建立预算执行约谈制度，跟踪管理预算执行率。

财务处按照每年国家卫生计生委财务司下达的财政预算批复数，编制基本支出和项目支出的年度用款计划，并根据支付额度到账通知书定期发送预算下达告知书，及时安排支出。按月向国家卫生计生委报告预算执行情况，并对预算执行情况进行分析和调整，按照用款计划执行。医院连续被国家卫生计生委通报表扬为预算执行进度先进单位。

【预算分析】

把预算执行情况与预算执行结果进行有效衔接与挂钩。财务处实行预算分析确保年度预算和事业发展计划按时完成，并对预算编制、审批、执行、调整等各个管理环节工作进行检验。定期向医院决策和管理层报告预算执行情况，为医院发展和运营提供决策依据。

从政策、环境和条件因素、责任人履行职责、管理是否到位等多方面多角度进行分析与研究，对未完成预算及预算进度执行缓慢的项目进行重点分析，提出相应解决办法，纠正预算编制和执行中的偏差，注重预算执行动态监控。

【预算考核】

实现对预算管理过程的有效控制，充分调动职工积极性，提高服务质量和工作效率。依据绩效考核指标体系，运用科学适当的方法，对预算执行、成本控制以及业务工作等情况进行客观、公正的综合考核评估。

自 2013 年起，在国家卫生计生委组织对医院开展的年度经济管理绩效考评中，医院连续 4 年获得考评结果优秀。

二、举措

【深化全面预算管理的意识】

作为日常工作中的一部分，医院通过全面预算管理方式，统一经营理念，明确发展目标，增强管理能力,确立经济管理责任制,确保预算管理正常、有序开展。

【不断完善预算管理制度】

依据国家财经法律法规,不断完善预算管理制度和监控流程,医院自 2003 年起制定实施《复旦大学附属中山医院预算管理制度》《复旦大学附属中山医院预算控制制度》等,并为重要制度配设制度的操作流程。医院建立预算管理委员会,明确各委员会成员的工作职责,负责预算方案的订立、审核及调整。以国家政策为标杆,结合实际情况,建立健全并完善医院内部全面预算管理制度及实施细则。

【加强精细化预算编制】

按照国家要求,本着预算编制准确性及严肃性的原则,明确分类预算项目,按经济科目来具体划分支出范围,合理预计,反复核算,确保预算数据精细化。

三、成果

全面预算管理是评价医院运营情况的有效机制。

通过全面预算管理,医院对各项内部经济活动做出评估,监督各部门制订相应的财务计划并实施,最大限度减轻财务风险,避免不必要的经济损失及资产流失。

通过全面预算管理,增强医院财务管理综合实力,有效分析预算对流动比率、资产负债率等数据,评估资产的规模、结构、盈利能力与利用效率,最大限度降低经营风险。

通过全面预算管理,医院及时控制执行中的差异,通过分析原因并施行相应的措施方法,缩小决算与预算的差异性,提升工作效率。

通过全面预算管理,医院建立起事前、事中、事后控制,环环相扣,充分发挥全面预算管理对于医院经济运行的全程监控,发挥出预算管理的杠杆作用。

第三节　成本核算管理

一、全成本核算

2002 年 5 月,结合医院成本管理需要,在财务处下设成本核算科。按照 2003 年卫生部颁发的《关于进一步加强和改进部属(管)医院经济管理工作的意见》,医院成立成本核算领导小组和工作小组,由院长和主管计算机网络工作的副院长分别担任组长和副组长。

2004 年起,医院推行成本核算,以科室为单位,对医院的医疗服务、物资消耗和业务活动等逐步推进全方位的成本核算管理。医院实施全面成本核算,建立包括院级成本核算和科室成本核算的两级成本核算体系,定期出具月度、季度、年度成本分析报告,提交主管领导审阅。对临床科室和医技科室进行成本分析考核,主要是科室半年度、年度考核,分析评价科室的收益情况,结合各科室的特征,对于异常的收支情况进行分析比较,多维度对各科室的收益情况做出评价。

在科室成本的基础上,尝试开展医疗服务项目成本分析,在项目成本分析方法的制订上采用作业成本法计算,对全院医疗服务项目的难易程度进行分类,分阶段进行项目成本核算。注重实地调研,与业务科室沟通,梳理相关测算医疗服务项目操作流程,采集成本核算的各类信息,制订医疗服务项目标准成本计算规则,比较标准成本与实际成本的差异。已完成多个医技科室的医疗服务项目成本核算工作,并定期更新维护,逐步形成一套具有中山医院特色的成本核算方法和体系。

结合临床路径管理、医保单病种付费模式等进行病种成本核算,对病种的平均住院天数、费用区间、收入结构、药品材料占比等进行核算和分析,比较分析临床路径管理下单病种的住院天数、住院费用间的差异,为按相关诊断分类(DRGs)付费工作奠定基础。

二、大型医疗设备及财政项目绩效考核

财务处成本核算科通过采用前期效益预测评估与后期追踪绩效评价的管理方式对大型医疗设备进行全方位的绩效管理,分析医疗设备配置的合理性、科学性,加强对医疗设备管理使用的考核评价,提高医疗设备的使用率,保证医院国有资产的保值和增值。通过对大型医疗设备绩效考核,了解现有设备的使用状况,帮助使用设备科室充分利用原有设备,合理选择配置设备和所开展的诊疗项目,避免重复购买和设备限制现象的产生,使设备采购及管理部门、设备使用部门掌握设备的经济运营状况,并将相关数据形成分析报告,对医院设备进行动态监测,为医院投资决策提供参考依据。

2012年,财务处成本核算科根据新的《医院财务制度》《医院会计制度》以及《医院成本管理暂行办法》的要求,结合医院财务管理实际情况,修订医院内部成本管理实施细则、岗位责任制及相关制度,进一步加强成本核算与控制。

根据《卫生部预算管理单位预算绩效管理暂行办法》,成本核算科逐步建立成本核算绩效评价体系,尝试对财政项目绩效实施评价,并对大型医疗设备进行效益预测和绩效追踪考核。开展财政项目绩效评价工作保证财政资金安全使用,提高财政资金使用效益,为下一年度的财政项目申报工作提供决策依据。逐步完善财政项目绩效评价指标,将财政项目绩效评价工作开展情况和评价结果作为以后年度预算项目资金安排的重要参考依据。

三、成本核算工作成效

在全面实施成本核算工作推进过程中,注重完善监督和控制制度并保证制度的执行,降低或杜绝管理上的漏洞。不断加强成本数据的分析能力,进行科室的期间分析和科室间的分析,寻找差异的原因,促进医院科室成本效益管理。将成本核算作为管理工具,改变或完善主要经济管理部门的工作方式和流程,达到降低和控制成本的目的,消除医院经济运行中每个环节的弊病,在预算管理、收支管理、药品实库存管理、物价收费管理和控制医药费用的不合理增长等方面取得显著的效果。

第四节　医药价格及收费管理

一、医药价格管理

医药价格管理是医院财务管理的一项组成部分,公立医院须完善自身医药价格管理,以适应社

会形势。

【建立医院内部价格管理体系】

医院各级领导重视医药价格管理在医院建设中的作用。为认真落实管理目标和措施,2011年10月医院下发《关于成立复旦大学附属中山医院价格管理委员会和价格管理工作小组的通知》,成立包括院长、书记、总会计师和各职能部门主管在内的医院价格管理委员会,主要负责指导和协调医院的医药价格管理工作。下设工作小组,负责医药价格管理的各项具体工作,主要包括:对医院的医疗服务价格、药品价格、可另收费医疗器械价格的管理;参与医疗设备、医用耗材以及新技术、新疗法的收费许可审核;医疗服务价格的公示;接待医药价格咨询和处理医药价格投诉等。

【建立和规范各项价格管理制度】

为使医院价格监督管理工作有章可循、有规可依,医院制定多项价格管理制度,明确管理标准和要求。1994年以来,根据国家卫生部,市卫生局、物价局和医保局的有关规定和要求,结合医院实际,医院成立了价格管理委员会和价格管理工作小组,先后制定并不断补充和完善与医疗服务价格管理有关的各项制度,如《复旦大学附属中山医院价格管理制度》《复旦大学附属中山医院医疗服务价格公示制度》和《复旦大学附属中山医院价格投诉接待制度》等多项管理制度。这些管理制度较为完整地明确了医院价格管理的标准和要求。

表7-2-2　1994—2015年医院价格管理制度制定和修改情况表

制定时间	制度名称	修订时间
1994年12月	复旦大学附属中山医院医疗服务价格管理制度	七次修订,最近一次修订为2015年
2001年9月	复旦大学附属中山医院医疗服务价格投诉接待制度	三次修订,最近一次修订为2013年
2001年9月	复旦大学附属中山医院专职物价员岗位职责	四次修订,最近一次修订为2014年
2001年9月	复旦大学附属中山医院价格档案管理制度	三次修订,最近一次修订为2014年
2001年9月	复旦大学附属中山医院医药收费价格信息维护、变更制度	四次修订,最近一次修订为2016年
2006年1月	复旦大学附属中山医院医疗服务价格公示制度	四次修订,最近一次修订为2015年

【完善价格管理的监管方式和力度】

按照医院推进网络化建设要求,财务处收费管理科逐步建立以网络化管理为中心的医药价格管理工作体系。

通过医院互联网系统逐步在全院范围内建立和执行"三统一""两公开""一固定"的价格管理规则:统一价格、统一收费、统一使用规定格式的费用清单;公开住院"一日清"账单查询系统、公开医药价格信息查询系统;医院的各部门价格管理人员相对固定。

不断加强与网络中心的合作和沟通,建立和完善医院价格管理信息平台,帮助医院各科室完成医疗费用记账网络化的工作,来院就诊患者的记账收费基本取消手工开单,实现费用记账网络化操作和医疗费用全明细化。同时,可以根据要求对各类医药价格管理信息和数据进行收集、整理和分析,为医院决策提供依据。

严格贯彻执行医药价格政策法规,审核医疗服务项目价格、药品价格及医疗器械价格,通过各种形式指导临床、护理、医技和辅助等部门正确执行医药价格政策。

二、收费管理

财务处收费管理科在东、西院区有 60 个左右的收费窗口,随着服务量的不断增加,为确保窗口工作的顺利运行,科室在加强收费人员的规范管理和提高收费人员工作效率与素质的同时,改善各项操作的规范流程,强化内部控制制度的管理。

财务处收费管理科建立和修订《收费管理科现金管理制度》《收费管理科备用金管理制度》《收费管理科门急诊收据管理制度》《收费管理科门急诊退费管理制度》《收费管理科出院结账处退费管理规定》《收费管理科预缴费管理制度》《收费管理科日常行为规范和奖惩条例》《收费管理科现金收缴管理制度》《收费管理科计算机网络故障和安全的应急预案》等。同时,还为各项制度配备相应的流程图便于直观操作。

加强对人员的素质教育和职业道德的培养。财务处常规开展对收费人员的岗前培训,并组织定期学习,规范收费行为,不断提升收费人员的业务素质和思想觉悟;积极参与医院开展的"质量持续改进"活动,工作质量和优质服务能力得到共同提升。

优化内部流程,加强日常管理工作。财务处下设的各部门通过各方努力,不断提高软硬件实力,优化各种内部操作流程,包括出院结账处克服人员紧缺、节假日遇特殊情况导致备用金不足等困难,坚持天天正常开窗结账,全年无休;门急诊收费由全面手工收费变为电子化收款;实名制就医模式;急诊留观病区化管理;POS 机的网络"一体机"运行等。

为了加强对资金安全的管理,在各个重要环节设置相关的岗位并做到定岗定员,各司其职,比如收款岗位、退费岗位、现金监缴岗位、收据复核岗位、后台的审核岗位等在财务风险监控上做到各个岗位的互不相容、相互制约和监督。在内控制度的管理上除了岗位的设置、相关制度的制定以外,科室还增加"技防"安全措施,做到人防与技防相结合。比如为保障现金的安全,门急诊收费专门设计定制了带有信箱式投放的现金收款车和保险箱等,有效地维护货币资金的安全。

三、荣誉

在财务处全体员工的不懈努力下,收费管理科的各服务窗口获多项院、市级文明服务窗口奖项。2010 年,获上海市医务工会颁发的"迎世博"窗口服务示范岗、"迎世博"红旗文明岗、"迎世博"巾帼文明岗和中山医院优秀示范窗口等荣誉称号。

第三章 资产应用与管理

第一节 设备应用与管理

一、管理制度

设备管理科的工作直接与人、财、物打交道,加强制度建设是科室管理的重要内容之一。科室狠抓制度建设,不断优化管理方式和采购流程,建立内控机制;严格执行设备采购分级管理制度,全力开展价格谈判。同时,科室还要求全体成员在日常工作中,严格按照制度办事,绝不以权谋私。配套建立重要岗位人员不定期轮岗制度,最大限度地降低腐败问题的发生率。设备管理科每年均积极参加医院组织的廉政教育活动,在警示教育中,不断巩固、增强自身"免疫"能力和风险控制能力。

2013 年,针对通用设备采购,设备科大胆尝试网上采购。力求减少供应商环节,从大型、正规网商采购到物美价廉的产品,保证医院经济利益。

2014 年起,设备管理科狠抓制度建设,对原有的管理方式和流程进行重构、优化,增强管理的内控性和流程的便捷性。同时,制度与制度之间的关系更加协调一致,制度建设更显系统性。

针对设备采购工作,科室形成一套行之有效的管理方法。设备在采购前,需通过严格的设备购置可行性论证。1 万(含)元以上的设备,需由科室填写《万元以上设备购置可行性论证表》,并经科室主任、设备材料处长、总务处长、分管院长和院长签字;10 万(含)至 50 万元的设备,使用设备科室需有 3 名业务骨干联合提出申请,并签字确认;50 万(含)元以上的设备,需召开产品论证会,请相关专家参与论证,并由财务处成本核算科、资产管理办公室出具经济效益测算结果。经过这样的论证,可基本排除一些使用率不高、性能较差、技术受限、安装条件不具备、人员配置不足、缺乏经济与社会效益等缺陷项目的采购。

同时,设备在合同签订前,还需通过授权领导的逐项签审。2 万元以下的设备采购不签合同,2 万元至 10 万元签订采购合同,由经办人、设备材料处长、分管院长逐级签审;10 万元至 50 万元采购合同,由经办人、设备材料处长、分管院长和纪检监察领导逐级签审;50 万元以上采购合同,则需经设备材料处长、财务处长、内部审计、总会计师、分管院长、院长和纪检监察七级签审。合同签审中的任何一级均能提出项目整改或项目终止的要求。这样的流程,在最大限度上保证医院设备采购资金使用上的安全,约束采购行为,规范采购流程。同时,完善的采购制度,与院内设备调拨制度、设备清点制度相结合,也有利于降低设备闲置率,减少不必要的投入浪费,让医院有限的资金投入到高社会效益、高经济效益的项目中去。

二、设备管理

设备材料处重视设备的管理。依靠设备的故障维修、日常维护和定期保养工作实现设备运行的安全、准确、有效,发挥设备最大的效用。适时开展预防性维护保养工作,减少设备的故障率和发生重大故障的概率,从而降低设备生命周期内的总维修、维护成本。设备管理处对除颤仪、高频电刀、有创呼吸机、麻醉机、人工心肺机、体外临时起搏器、血透血滤机等高风险设备,监护仪、注射泵、输液泵等次高风险设备,以及 CT、MRI、DSA、SPECT、PET/CT 等放射(核医学)类设备与生产厂商签订 1 年 2 次的预防性维护保养协议。每次维护保养,医院均委派专职工程师(电子维修室成员)全程陪同监督,并做好每台设备的维护保养记录的归档工作。

同时,科室严格按照国家计量法以及上海市计量局的工作部署要求,对压力容器、压力表、血压计、监护仪、心电图机、X 线设备、超声诊断设备等设备做到近 100% 的计量,对于计量结果不合格的设备做好维修或报废工作,保证医院设备在使用时的安全性和有效性。

此外,对于设备的保障除了依靠院外的技术力量外,设备管理处内部还有一支人数不多但技术能力强的维修队伍。2017 年,电子维修室有 3 名成员,年院内维修任务达 400 余次,同时还需辅助完成 3 000 余台设备的预防性维护的管理工作。自行维修的设备主要包括:监护仪、注射泵、心电图机、无影灯、显微镜等小型医疗设备,以及微波炉、电视机等常规家用电器。这支队伍是医院设备发生故障时,应急抢修的中坚力量,为医院节约设备维修开支,并依靠自身的技术能力,监督、评判厂家的维修、保养工作,保障医院的利益不受侵害。同时,它还是设备报废前鉴定维修价值的院内专家组。

通过上述种种手段,医院设备平均开机率达 95% 以上,有效地保障各科室医疗工作的顺利开展。

三、管理技术

设备材料处的员工大多具有医学影像、医用电子、计算机软件、电子信息等工程学教育背景,发挥专业所长,提升工作质量和管理水平;具备机械制图及 CAD 制图的专业能力,与设备厂家和场地施工方进行专业级沟通;从原先靠手指指点点,到现如今在电脑上的清晰标记,管理水平发生质的变化。

同时,注意在工作中运用现代管理手段,创新医院的设备管理模式,改变原先手工记账、人工管理的原始模式。科室同仁主动将其所学计算机软件设计的专业知识与现实工作相结合,不断努力探索,终于成功地开发出医院设备管理信息系统。该系统具备健全的功能模块,涵盖医院设备管理的方方面面:设备采购前的招标、送审、合同、支付、免税、验收等管理功能,以及设备采购后的实物、账务、计量、档案、维修、清点、报表等管理功能,实现从"手工账"到"计算机网络账"的管理模式转变;实现科内不同工作岗位间的信息协同和管控;实现设备全生命周期管理,以及动态管理的目标。该项目获得 2015 年上海市优秀发明选拔赛优秀发明铜奖。

2014—2015 年,随着医院东院区建设工程进入收尾阶段,设备处积极投入,在 2014 年基本完成大型设备的新装和搬迁工作,包括① 新急诊区域中的放射科设备:1 台 CT、1 台 DR 的搬迁,以及 2 台 CT 和 1 台 MRI 的新装;② 核医学科设备:1 台 PET/CT 新装;19 间手术室的灯、床、塔、转播、麻醉、监护、电刀、人工心肺机等设备的新装,以及 1 间心脏杂交手术室的术中 CT、术中 DSA 新装;③ 心导管室设备:5 台 DSA 搬迁,2 台 DSA 新装;④ 中心供应室设备:1 条消毒长龙、4 台灭菌蒸锅的搬迁,2 条消毒长龙、2 台单舱消毒柜、4 台灭菌蒸锅、4 台环氧乙烷、1 套水处理系统等设备的新装;⑤ 4 间重症监护室设备:横梁吊塔、监护系统等设备的新装;⑥ 急诊科抢救室、预抢救室设备:横梁吊塔的搬迁和新装;⑦ 16 个心、肝病区设备:遥测监护系统的新装;⑧ 网络信息设备:600

余台电脑、200 余台打印机的新装。为搬迁后的正常运作打下扎实基础。

设备材料处以中小型医疗设备、办公设备、木器家具的采购与安装为工作重心,其特点是细小、繁杂、工作量大。2015 年,主要完成的区域:16 号楼的放射科、核医学科、心导管室、肝肿瘤介入治疗室、监护室、手术室、供应室、财务收费处、药房、医生办公室、专家办公室,以及 34~49 病区(共 16 个病区,其中 2 个特需病区);17 号楼的急诊科及相关病区;18 号楼的图书馆(含地下书库)、分会议室(4 间,60 人/间)、宿舍(108 间);19 号楼的实验研究中心、心研所实验室、肝研所实验室、动物实验室、医护培训教育基地等。各个区域家具、办公设备、中小型医疗设备的配套均需花费大量人力劳动。从房屋结构图,到每间房的设备安装就绪,均经历需求调研、方案设计、部门确认、招标采购、安装验收、设备入账、标签标识、签收使用等诸多工作环节。同时,完成西院区 9 号楼心血管病研究所整体搬迁,1 号楼肝外科病房、3 号楼肝内科病房的搬迁,以及急诊区域的整体搬迁。西院区诸多病房、诊室也做相应扩容和调整:8 号楼 1 楼改造为 28 病区(新感染科病房),3 楼改造为 30 病区(新呼吸科病房);3 号楼 1 楼改造为 19 病区(消化科病房),3 楼改造为 21 病区(皮肤科、风湿科病房)和 23 病区(内分泌科病房);1 号楼 16、17、18 楼改造为 16、17、18 病区(胸外科病房,其中 18 病区为胸外科扩容病房),14 楼改造为 14 病区(新脑外科病房),13 楼改造为 13 病区(新普外科病房);老门急诊综合楼 1 楼改造为内镜病房和西院检验科。在各病区、诊室的改造过程中,设备材料处时时跟进,积极、主动地做好设备配套工作,为临床一线提供最优质的技术保障。对于部门搬迁遗留下来的旧设备,严把报废关,尽可能地将旧设备重新利用,尽心竭力为医院节约开支。

设备材料处做好财政性资金项目的申请、管理工作,为医院开源。第一轮干部保健专项设备采购项目,包括螺旋断层放疗系统(TOMO Therapy)、达芬奇机器人系统、磁导航心血管造影系统、双心室辅助系统等,共申请到财政拨款 10 000 万元。第二轮干部保健专项设备采购项目,包括体外震波心血管治疗系统、术中 CT、术中 DSA、人工心肺机系统等,共申请到财政拨款 3 975 万元。第三轮干部保健专项设备采购项目,包括体外冲击波碎石系统、O 形臂联动数字导航脊柱手术系统、支气管导航定位检查系统等,共申请到财政拨款 2 590 万元。2014 年,财政预算项目库设备采购项目,包括 1 台 CT、2 台 DSA,共申请到财政拨款 3 200 万元。2015 年,财政预算项目库设备采购项目,包括 2 台 DSA、1 台 SPECT,共申请到财政拨款 2 000 万元。2016 年,财政预算项目库设备采购项目,包括肝脏杂交手术室(术中 CT、术中 LA),共申请到财政拨款 860 万元。这些财政项目的成功申请,为医院赢得大量的资金补助,同时又提高了医院的装备水平,为医院优势学科地位的保持、科研工作的开展提供了良好的硬件基础。

设备材料处在日常的采购工作中,严格把关设备采购价格,通过公开招标为医院的资金节流。平均每个项目从报价到成交价,节约 30% 以上,保守估计每年可为医院节省 5 000 万元。

四、设备档案管理

设备档案是医院质控检查、文明医院评审、保养与索赔的重要依据。当接受上级巡视、审计时,查阅设备档案是最常规和最有效的方法之一。在日常设备管理工作中,查阅设备档案,将以往工作和现在的情况做比较,可促进把工作做得更好。

设备材料处坚持对每台万元以上的医疗设备,均建立设备档案。每本档案的内容、次序均严格按照相关规定制作。在电子化管理的形势下,设备材料处也已经建立起设备电子档案,与设备账目相关联管理。通过软件系统,可以迅速、准确地查看设备的档案影印件,并可打印输出。至 2017

年,已归档设备档案 3 000 余卷,包括最早的 20 世纪 80 年代的设备档案。设备档案管理工作在全国医疗系统内较早通过国家档案一级评审,档案管理员获得上海市卫生局档案管理先进个人称号。

第二节 医用耗材管理

医院设备材料处耗材管理科承担全院所有医用耗材用品、植入性医疗器械、医用试剂和临床新材料试用的管理,包括各种医疗器械、卫生用品(包括一次性医疗用品)、布类制成品、印刷品、试剂、日常用品、办公用品及科研试剂、科研耗材等。

为加强医院采购工作管理,规范采购工作流程,提高资金使用效益,维护医院合法权益,设备材料科根据院内文件《复旦大学附属中山医院采购工作规定(试行)》精神,进一步修订《设备材料科采购管理制度》。

新增医疗器械及医用耗材均需要通过多部门联合签审后,方可入院。后经多次制度完善,医院新增的医疗器械及医用耗材制度已日趋完善。自 2016 年起,已形成初期由医务处牵头对新产品进行试用评估并由专家组进行论证、中期的 9 个部门联合会签、后期的医用耗材管理小组审批、终期的院务会议审批的机制。

在医用耗材管理运行机制上,不断完善库存管理制度,同时加强库存管理信息化建设,加强医用耗材及植入性医疗器械的库存管理,在 2004 年物流中心建设之初的一级库房管理的基础上,进一步设立主要针对手术室医用耗材管理的二级库房管理。所有植入性医疗耗材均采用条码信息管理。该机制于 2011 年 12 月被上海市医疗设备器械管理质控中心评为"中山医院耗材采购与库房管理示范点"。

2015 年 10 月起,科室根据上海市医疗保险管理中心《关于印发〈医保结算项目库医疗器材编码管理实施细则〉的通知》《关于进一步规范本市公立医疗机构等医疗器械价格行为的通知》和《关于进一步做好医保结算项目库医疗器械结算管理的通知》的文件精神,开始在上海市医保结算项目信息网上进行价格备案的工作。

2016 年 3 月,科室根据《关于开展本市医保定点医疗机构医疗器械"阳光采购"有关事项的通知》文件精神,在市医药集中招标采购事务管理所(简称"市药事所")的指导下正式开展"上海市医药采购服务与监管信息系统(医疗器械)"(简称"市阳光采购平台")的试运行工作。2016 年 7 月,"市阳光采购平台"正式运行。

自物流中心成立之初,即根据"专人管理,统一调配,有备无患"的要求,制定应急物资管理制度,并与应急物资供应商签订应急物资采购协议。设备材料处为 2008 年四川汶川特大地震、2011 年青海玉树地震及 2014 年非洲埃博拉疫情等重大事件中救援医疗队的出征提供重要的物资保障。

第三节 贵重医疗设备配置与管理

一、医院设备保有量

随着近代医疗科技的发展,医疗新技术极大地推动医疗设备的发展,医疗设备又对疾病诊治起越来越重要的作用。同时,随着医院规模的不断扩大,医院对设备的拥有量也呈现迅猛增长的趋势。

表 7 - 3 - 1　1990—2016 年医院设备存量情况表

年　份	设备数量(台)
1990	436
1995	1 978
2000	5 059
2005	12 444
2010	20 485
2015	36 248
2016	41 165

二、甲、乙类大型医用设备配置

随着时代的发展,贵重设备的采购量也呈现显著增长趋势。截至 2017 年,医院在用甲类大型医用设备 4 台(PET/CT 2 台、TOMO 1 台、达芬奇手术机器人 1 台)、乙类大型医用设备 37 台(CT 12 台、MR 6 台、DSA 14 台、LA 2 台、SPECT 3 台)。

第四章　药物与试剂管理

第一节　药品管理

为了加强医院的药事管理,中山医院在20世纪90年代初,成立中山医院药事管理委员会,行使医院药事管理职能。2012年,根据国家《医疗机构药事管理规定》的要求,医院在原有药事管理委员会的基础上,成立医院药事管理与药物治疗学委员会,由院长任主任,医疗副院长和药剂科主任任副主任,成员包括医务处、护理部、院感、纪委和主要临床科室负责人。在药事管理与药物治疗学委员会下设合理用药领导小组、药品质量管理小组、麻醉药品管理领导小组、药品不良反应监测委员会、抗菌药物临床应用管理小组及处方点评管理小组等医院合理用药相关管理机构,负责对全院药物临床使用的管理和指导。

药事管理与药物治疗学委员会及下属各管理小组均制定有各自的工作制度、管理章程,定期或不定期召开工作会议,讨论相关药事管理工作,对医院内有关药事工作实行严格管理,包括严格药品采购管理,加强药品流通使用中的管理如分析医院的药物使用情况,尤其是精麻药品、抗菌药物的动态监管,确保药物合理使用;实施临床药师制,加强药品不良反应监测管理,加强临床各科室的合理用药管理等。

在药品供应管理方面,医院药剂科在国内率先推行药品实库存管理和药品三级管理模式,对药品在医院内各单位的流通、使用、储存环节实施全程化、逐级化、动态化、数据化管理,将药品管理扩大到全院所有用药部门,最大限度地实现药品的经济价值。

对全院药品实施实库存管理。包括在加强药品管理的过程中对发药领药流程进行改善,改变旧有的药品记账流程,采用电脑记账和电脑自动化处理数据,做到可以在电脑中查询所有药库及药房的药品消耗数据和库存信息,配合药品的最低警戒线和自动申领系统,申领和采购药品大大简化,明显降低药品库存量。同时周转加快,药品支出数据更详尽、及时。药品误差率基本控制在1‰以内,优于开展实库存管理之前误差率平均4‰的水平,大大降低了药品的自然损耗和人为损耗,为医院节约了大量成本。

药剂科提出并实施药品三级管理的理念和方法,将药品管理扩大到全院所有用药部门,即将在临床科室(麻醉科、放射科、心导管室、手术室等)的药品纳入药剂科药品管理。拓展管理空间,扩大管理范围,做到"哪里有药,哪里就有药师",确保药品安全使用,减少药品的流失。通过药品管理体系的不断完善,实现药品管理工作步骤标准化和工作流程最优化,使得医院药品管理更加科学、更加规范,逐步实现药品的全覆盖管理和使用的全过程管理。

药剂科执行包括药品质量与安全管理、药事工作质量与安全管理在内的全面质量管理,设立质量与安全管理小组,制定《质量与安全管理制度》,并在此基础上制定相关的质量控制管理方案和风险防范预案,定期监测实施效果。

药剂科内部实行药库、药房二级管理制度,制定下属各个部门月盘点及日日抽样盘点的管理制度,将三级药品库房的盘点工作纳入住院药房的工作内容中,每月上报药品管理数据,财务部门有专人对药品收入数据和支出数据进行比照,把抽查结果提供给医院考核部门,作为部门考核的组成部分。药品数量管理已经成为科室管理的重要工作内容之一。

在药品管理的流程设计中,通过软件权限的设置来规范人员的权限范围与各部门申领物的资格和范围,对申领部门权限的设置和对申领部门申领物范围的权限设置的加强,可有效防范药品流失。通过完善软件分析系统,可及时比较药品使用的异常变动,发现问题,及时纠正。

医院严格按照国家的有关要求和规定,贯彻实施药品收支两条线管理。同时,医院积极参加药品集中招标,建立药品公开采购制度和药品集中招标采购制度,以切断药品的利益驱动。药品集中招标采购,降低药品价格,控制不合理医药费用,减轻群众负担。积极开展对药品不良反应的监测,促进了药品品种的结构调整和质量提高。

第二节　临床检验试剂管理

检验试剂管理是科室管理的一个重要方面。检验科无论从检测项目、检测质量,还是服务质量上都有很大的变化。随着科室发展的要求,在医院的大力支持下,科室不断引进先进的仪器设备、开发新的检测项目,使工作量迅速递增,试剂的用量更是翻了几倍。

2001年以前,临床检验试剂由检验科各组室自行申购与使用,没有统一的管理。2001年,检验科开始进行试剂管理改革,成立检验科试剂管理小组,按照上级要求简单制定工作制度,重点对试剂出入库的数量进行管理,这是检验科试剂管理的雏形。当时管理模式主要是纸质化管理,包括试剂申购申请、发放领取,在当初的工作量下该管理模式尚能满足业务需求。随着工作量的日益攀升,试剂用量也随之猛增,该管理模式渐渐暴露出弊端,纸质填写逐渐成为工作人员的额外负担。

2009年,中山医院检验科成为上海市第一家通过ISO 15189管理体系的检验科,按照质量管理体系的要求,对试剂管理进行全面改革,试剂管理由"手工时代"大踏步迈入"试剂LIS管理时代",工作效率有了质的飞跃,可以大大减少人为差错。检验科将所有的试剂、质控品、校准品及耗材进行电子化管理,包括所有产品的货号、名称、规格。有效期管理包括试剂有效期、试剂开瓶后有效期查询。试剂批号管理工作包括:为了检测的稳定性,一般要求试剂的批号1年不能超过3个;为了方便各岗位使用,将试剂按专业组划分试剂大类,按照各使用岗位划分试剂小类,按照日常使用量设定日常申领量和试剂报警量,免得试剂出现短缺且方便申购;增加注册证管理,方便注册证得到及时更新。检验科有一套完整的供应商评价体系,有着完整的供应商基本资料和合格供应商列表,并对供应商的产品质量、送货服务及售后服务等进行全面评估,以评定该供应商是否合格,每年召开供应商大会。

检验科也非常注重试剂管理的细节方面,如试剂入库及发放需根据有效期按顺序摆放及领取,可以避免不必要的浪费。试剂组会定期对检验试剂用量进行统计,对整个检验科的试剂用量有了量化的概念,并对试剂用量出现异常波动情况进行分析,查找原因,分析哪些环节用量较大,是否可以节约、缩减,杜绝浪费。

根据医院制定的《中山医院医用试剂管理办法》《中山医院物流中心试剂管理实施细则》和《建立试剂二级库房管理的规定》,检验科也对试剂管理的各个环节都做出明确的规定。根据规定,试剂的订购与选择由物流中心进行,检验科负责对试剂的性能进行验证。为了减少试剂搬运环节造成的试剂问题,对于检验科申购的试剂会直接发往检验科,由物流中心工作人员到检验科与试剂小组对试剂进行共同验收。这不仅使医院内试剂的购买与使用有了统一的管理,也是医院管理正规化的体现。

经过这么多年的努力,检验科对试剂的管理已经形成了一套逐渐完善的管理制度,并且在工作实践中不断改进。

第三节　科研试剂管理

医院试剂主要包括两大类,一类为各临床科室诊疗所用,另一类为实验研究之用。这两类试剂原均由中山医院药剂科代为采购,经费由医院支付。随着医疗业务和科研工作的迅速发展,药剂科采购渐不能适应其需要,同时也由于科研项目的不断增加,费用均由医院承担不尽合理,改为由各科室或部门自行采购,科研用试剂经费由各课题组承担。

医院制定《科研试剂及耗材采购管理制度》,决定实行试剂申请集中审核后再采购,采购后试剂送至时由试剂管理人员签收,同时查看发票、试剂数量及有效期并登记后再报销的制度。医院成立试剂管理委员会,对临床用试剂实现统一管理,对供应商资质进行审核,进一步规范了试剂采购。

2006年,科研试剂采购由原物流中心统一负责,归口设备材料处耗材管理科管理,加强对全院所有试剂集中采购,统一管理,使科研试剂管理制度化、规范化。科研课题需要购买试剂、耗材,必须事先提出书面申购计划,课题负责人签署意见,经医院相关部门审核后,由医院设备材料处统一购买,个人不得自行购买。

第五章 信息化建设和管理

中山医院网络中心是随着医院信息化管理不断发展而设置的行政职能科室,主要协助领导规划制订并实施针对医院总体业务目标的信息化建设愿景和方案,保证医院日常工作在医院信息系统的支持下正常开展。

1992年,医院上等级评审时成立信息科,计算机室包含其中,属科教处管理。随着计算机应用的不断扩展和计算机室人员的增加,1997年成立网络中心,由科教处管理。2003年8月,网络中心工作由分管副院长管理。

第一节 信息化建设规划

一、信息化系统启用

中山医院的信息化建设起步较早,1992年就和高仓软件公司合作,建立基于Novell网络的医院信息管理系统,实现门诊挂号、收费、入院登记和出院结算等的计算机化应用。1994年,开发基于视频会议系统的"远程医疗咨询系统",并于1995年开始投入应用,建立远程医疗咨询模式,即实现图像资料传输和实时咨询讨论的医疗咨询模式。远程医疗咨询系统在上海市第三届科技节展出,并在健康报、文化报、新华电讯、中央电视台、上海电视台及各报纸做了近百次报道,卫生部原部长陈敏章来医院视察时,对医院开展的信息化建设工作表示肯定。1997年,医院与上海金士达卫宁公司合作,在Windows平台下重新开发医院信息系统,1998年11月开始上线运行。而后完成面向患者的影像信息系统(RIS)和实验室信息管理系统(LIS),医院的信息系统开始从基于财务收费转向基于患者的理念。

二、自主开发医疗信息系统

为配合医疗业务的迅速发展,医院开始尝试自主开发医院的核心医疗信息系统,以适应不断变化发展的业务流程。2003年,自主开发医院信息系统(HIS)大部分模块,替代原有第三方公司的系统。2013年底,更新门急诊挂号收费系统,顺利实现医保数据交互的系统切换。住院部系统、急诊留观登记、入院管理、出院结账、患者预交金管理、病区护士工作站、膳食管理系统、药物配置中心管理系统等也同步顺利切换。2004年,自主开发完成住院医生工作站(出院小结、化验和医技报告查询)、门诊医生工作站、门诊排队分诊系统;同年9月,与科华公司合作完成LIS系统改造及与HIS的集成,配合医院新门急诊医疗综合楼顺利启用,医院信息系统的管理模式也基本实现从外包转为自主开发。

2005年,网络中心和南京长城公司合作,建立小型的PACS系统,实现内窥镜的图像传输、保存和查阅,为建立全院级的PACS做技术准备。2006年1月,手术管理系统上线,实现院内手术申请和查询电子化;9月,实现门诊检验申请单无纸化、门诊排队分诊自动语音呼叫、干部保健体检电子报告;12月,实现急诊和逸仙医院门诊的电子处方、病区检验医嘱无纸化、检验申请条码应用和院内会诊的电子申请。

2006年,为配合放射科检查报告的规范化,满足质控需要,重新开发放射科报告系统,实现从预约登记到排队叫号、与检查设备的相互连接,到最后的报告打印的电子化流程。其中预约登记流程扩展到门诊超声和心电图室使用,以逐步做到院内检查登记预约的集成化,为实现院内检查集中预约登记打好基础。同时,新建门诊自助挂号系统。凡医保复诊患者可以使用自助挂号的方式进行挂号,待就诊完成,最后付费时再收挂号费。改变必须先付挂号费然后再就诊的习惯流程,减少患者排队等候次数。

医院通过信息化手段不断完善医院的管理流程。在院内网实现网上排班,医院各部门都可以在内网上登记排班或查阅值班人员;实现三级库房实库存管理,做好物资和药品的实库存管理。2007年,建立医德医风档案系统,对全院职工的医德医风档案的信息和数据进行动态管理和监控,把对医务人员的医德医风的监管和考核落到实处,真正为每位医务人员建立起一份"信誉档案",并将此纳入医院管理体系。同年开发的死亡报告登记系统和教学评价系统等,支持医院各职能部门的工作。

三、建设电子病历平台

通过前期发展,医院内各类信息系统数量不断增加,信息孤岛现象日渐突出,有必要整合现有的信息系统,实现互联互通的医疗信息系统。2007年,网络中心以参加卫生部课题为契机,围绕临床医疗要解决的问题着手设计功能,建立以患者为中心,以临床诊疗信息为主线,强调结构化数据,集成门诊、住院等与患者诊疗相关的各个环节,包含门诊病历和处方、医技检查检验、医嘱、医师与护理病历记录、手术麻醉等信息的结构化电子病历,有效支持临床业务,收到很好的社会效益和经济效益。

四、建立数据仓库

健康档案数据仓库主要记录归档后的患者医疗结果数据,医院运营数据仓库主要记录医院日常的运营情况,如床位占用、出入院人数、摄片数量等。利用数据挖掘技术,整合出基于全面临床信息,包含患者基本视图、临床诊疗视图、医学影像视图、指标趋势视图等的全息视图,与病例讨论库一起,为建立以患者为中心、存储整个生命过程的电子健康档案(HER)打下坚实基础。统一医学影像信息系统,优化就诊流程。

医院影像归档和通信系统(PACS)从2007年开始建设,至今已逐步形成总体的医学影像信息系统(RIS),涵盖放射、核医学、内镜、病理和超声等科室。和PACS厂商共同开发具有自主知识产权的影像信息系统,实现整个放射检查过程从检查申请、标本管理、报告,到临床浏览报告的数字化流程处理。在这个过程中,因为实现全院级的预约排程(scheduled work flow),患者在门诊诊间就可以完成批价和预约流程,并且可以按照患者的需要调整预约检查的时间,掌握整个影像系统资源的使用情况,合理分配全部影像设备的工作量,减少患者等待时间。再结合已有的检验科信息系统和门诊叫号排队系统,掌握整个门诊资源的使用情况,引导患者向较空闲区域有序流动。合理平衡门诊各部门的压力;减少患者在门诊的无效跑动。住院部的医师也可以确切知道患者预约的检查时间,以便安排后续诊疗措施。

通过同电子病历系统的集成,经授权的医生在医院任意一个工作站上可以随时快速取得患者的各阶段、多类型的影像检查资料、检验结果、各类病史以供其临床参考。患者则可以在整个就医过程中,充分体会到数字化影像管理系统带来的快捷、准确与便利。

五、推动移动设备及信息识别技术建设

使用移动查房车,医师可随时通过电子病历系统调阅患者的病历和各种检查、化验和影像资料,并可在患者床边记录病情变化,直接下达医嘱,及时将相关信息传输至各科室及医院管理终端。

在全院基于 Wi-Fi 技术的移动查房推车基础上,部署基于 3G/4G 网络和安卓操作系统的移动电子病历,实现临床医师在院外实时查看患者电子病历;同时开发基于 Wi-Fi 技术的移动护理终端,完成床旁采集生命体征数据,实现药品、检验医嘱等的闭环管理。

采用条码技术对患者、医护人员和重要设备资产进行识别,通过条形码扫描对检验标本和易耗品等进行识别;实行条码匹配,方便血库、药房、物流等部门的实时跟踪管理。借助射频识别(RFID)和条码等技术,对用药、输血等医嘱的执行进行流程控制,从而减少差错,提高医疗行为的安全性。同肺科一起开展控烟项目的探索,完成床旁数据采集。将药物过敏试验的结果也录入系统中。

六、建立辅助决策支持系统

为向医院管理层提供更好的决策分析平台,依托医院信息系统的结构化信息,引入商务智能(business intelligence)系统。系统通过对医院现有数据的分析和统计,以独立网页门户的方式展现了多维度、不同时期的数据对比,为医院管理层在医疗质量管理、人力资源管理及财务成本管理等方面提供良好的决策分析平台。已初步建立门急诊综合分析、病区综合分析、医保信息分析、统一报表工作平台等决策分析模块。

通过临床路径信息平台、危急值提醒、药物过敏和配伍禁忌等消息提醒机制,建立单病种信息平台、各专科信息平台、随访系统,为临床提供必要的决策支持。

七、建立办公管理平台

为方便日常办公和教学科研管理,整合独立的用于管理事务的信息系统,提供统一的入口,实现日常办公事务(公文管理、合同审批、出差签审、会场申请、员工名录等功能)、教学(网上培训考试、住院医师和专科医师培训、进修管理、教学病历数据库、讲座管理等功能)、科研(回顾性临床研究、个人学术信息、科研经费管理等功能)的信息化管理,形成相对完整的医院办公平台,满足医院日常管理的需求,降低办公成本。

八、部署整合区域信息资源

医院与青浦分院签订信息服务合同,为其提供一体化的医院信息化解决方案及服务,为分院部

署核心医疗信息系统,保障电子病历系统稳定运行,完成门急诊工作站、LIS、药库系统等更新。完成原北院区机房改造和核心系统切换。开通分部、分院邮件系统,实现总部、分部与分院邮件系统的整合。天马山分部 LIS 上线,实现检验无纸化流程。在当时的环境下实现总部与分部分院的网络和数据互通,形成初步的区域医疗信息系统。

与江苏省大丰市实现医保"一卡通"。大丰市参保人员转入中山医院治疗所发生的住院医疗费用可实现实时结算。通过电信云平台部署复旦中山厦门医院的信息系统,试水基于云平台的医院信息化管理。

第二节　信息管理与系统运行

一、基础硬件网络建设

网络中心承担对医院机房及网络资源的管理工作,包括计算机等终端设备的管理工作。服务器、机房 UPS、存储设备、网络设备、各类终端都属网络中心的固定资产,网络中心应对这些设备进行性能管理,动态监测其运行情况。管理内容包括供应商、基本配置、存放位置、上下联设备等。

医院经过网络更新升级工程、机房改造及服务器和存储设备的更新,已实现内部业务网络和外部网络的物理融合。全网为万兆核心、千兆到桌面,关键部位的汇聚层交换机也为万兆设备,为大容量图像的稳定传输提供坚实网络基础。两网合一后,节省下来的投资用以强化网络安全和控制。增加了入侵检测、流量控制和分析等功能,保障业务网络及数据的安全,保障正常办公和科研业务的开展。为了管理庞大的医院网络,网络中心不仅安排专人管理,还借助网管软件对医院网络进行实时监控。当网络出现故障时可以通过短信及时通知网络工程师迅速处理网络故障,以保障医院信息高速公路畅通无阻。另外,机房的环境监控也可以帮助管理者对机房内的情况进行监控。

医院完成医疗区域无线网络覆盖,以配合推行移动查房、移动护理系统和各类手持设备的使用。

制订医院信息系统突发事件应急方案,建立健全机房管理制度和数据备份制度,依托东院区新机房启用的契机,完善机房容灾备份方案,建立异地容灾备份系统,实现异地双机热备。通过技术手段实现服务器虚拟化、存储虚拟化和网络虚拟化,避免突发情况下所有业务中断的状况。制订突发事件应急方案并加以多次演练,从而消除安全隐患。

同时,中山医院与中国联通上海分公司签署战略合作协议,正式启动中山医院"统一通信云平台"项目,为医院提供区别于传统本地模式的"云统一通信",创新性地将传统用户应用系统从单独的服务器上搬到"云端"。

二、硬件终端管理

随着医院信息系统的不断完善,医护人员对信息系统也越来越依赖,计算机数量也随之增加,大量的计算机终端分布在医院各个角落,对终端的管理也显得尤为重要。病毒、补丁是终端计算机最常见的问题,因此,网络中需要部署病毒升级服务器和补丁服务器以保证全网终端的安全。由于网络中出现的冲击波等病毒都是利用微软的漏洞攻击,造成终端的反复重启。在保障终端稳定运行的前提下,如何方便信息中心工程师快速为终端进行远程协助也是提高信息中心工作效率的关键要素。网络中心在医院内网中部署桌面终端安全管理软件,对全院所有终端进行管控,对网络中不在白名单中的软件进行阻断操作,禁止终端计算机使用 U 盘、上网卡等可能给内网带来风险的设备。同时网络中心工程师可通过桌面终端管理软件对网络中所有终端计算机进行软件分发、远程协助等操作,大大加快了网络中心工程师的工作效率,也减少了工作量。

三、软件项目建设

【项目上线前准备】

一个新的应用软件项目在医院上线,必须要有前期大量的准备工作。网络中心制订的上线方案,在避免医务人员对软件有抵触情绪中起着重要作用。通常会采用两种模式。模式一:需求分析、个性化调研、软件修改、再次调研和软件的修改,这个过程反复几次后最终再开始实施。这种模式的好处是上线前的准备比较充分,但是时间会拖得较长。模式二:需求分析、个性化调研、软件修改、实施、使用中再次个性化修改。这种模式好处是上线时间短,但是上线后遇到的问题会比较多。因此,具体采用什么样的上线模式,网络中心会根据医院总体的发展思路,根据轻重缓急采取恰当的实施方案。无论什么样的模式,其初期的准备一定要充分,这样在上线后才可以避免因问题过多影响系统的使用。

【项目上线过程中及上线后的协调】

医院信息化是一个循序渐进、逐步稳定的过程,在任何项目的实施过程中,都会出现很多的问题,尤其是医院自身的个性化需求。因此,在项目实施中力求做好两种关系的协调工作,一是与职能部门,如医务处、护理部等的协调,主要是理顺各类业务流程,确认各类关键需求。二是与应用科室如临床、医技等的协调,主要是抓各类进程、各种需求的落实。这样在项目实施时才会不脱离实际,得到各方的积极配合。医院信息化项目的实施是一个系统的工程。一个项目上线后,并不代表项目成功结束了,这仅仅只是一个开始,后期还有很多要维护的地方,如功能上的继续完善、员工分工、与项目公司的沟通等。

四、信息化知识普及

每个新上线的信息化应用,都分三个阶段进行培训:① 项目实施前的集中培训;② 项目实施中的现场培训;③ 项目实施后针对特殊人群,如老专家的单体培训。在采用这三个阶段培训的同时,每年还对新员工和进修生也进行相关软件的培训,利用现有的人力资源,保证临床工作的持续与稳定。另外,针对临床上遇到的常见软件问题,网络中心工作人员采用编写使用手册、整理汇总常见问题、下病区向医护人员介绍软件操作流程等方法,促进了医护人员与信息中心人员之间的良好沟通。

五、荣誉

2004 年,医院被评为卫生系统唯一的中国医疗行业优秀信息化企业。2009 年,与戴尔公司合作成立戴尔-中山医院"简化 IT"医疗行业实验室。同年,在庆祝第二十五届教师节暨中山医院2008—2009 学年教学工作表彰会上获得"支持教学工作先进集体"称号。2010 年,获"英特尔杯"无线移动技术临床应用优秀奖。2014 年,医院的医疗信息化应用水平通过 HIMSS EMRAM(美国医疗卫生信息与管理系统协会电子病历应用成熟度模型)6 级认证,成为沪上首家 HIMSS 6 级医院。

第六章　后勤服务与基本建设

第一节　后　勤　管　理

总务处作为医院的行政职能部门之一，负责全院各类后勤服务保障工作，根据医院发展目标和工作计划，保障医院正常运行。在"十五""十一五"和"十二五"期间，运用科学的管理决策，以后勤精细化管理为目标，逐步调整改善各项管理工作；树立"主动服务"和"以人为本"的理念，提升了总务后勤管理水平和服务保障质量，确保医院后勤保障工作正常顺利开展，为医院医教研工作的顺利开展提供了一个安全、规范、可靠的保障平台。

总务处以"夯实基础管理，抓好班组建设"为目标，在2002年引入ISO质量管理体系，对医院后勤管理的组织架构和岗位设置进行调整，按需设岗，因岗设人，使安全管理、节能管理、餐饮、保洁、机电设备运行、布类洗涤、绿化管理、污水处理、废弃物处置、汽车队等各班组的配置更为合理；同时，完成一套全面的医院后勤服务质量管理体系文件，其规模、深度明显高于其他同级医院。2003年11月，通过ISO 9001：2000国际质量管理体系认证，为医院后勤社会化改革的顺利实施打下坚实基础。随着医院后勤服务中心的成立，总务处职能随之逐渐转向监督管理，与后勤服务中心共同完成后勤保障工作，医院后勤管理工作得到平稳过渡。

2002年，建立"158"维修保养服务台，整合后勤维修保养资源，方便使用者，也使维修任务得到更及时和准确地响应。

2003年，总务后勤有力、有序、有效地配合好奋战在"非典"第一线的广大医务工作者们，做好各项后勤保障工作，平安渡过这次"危机"，以实际行动切实保障医疗第一线的需要，成为医院取得"非典"战斗胜利的坚强后盾。

2004年，医院成立后勤服务中心，总务处架构调整并下设总务管理办公室、基建管理办公室，监管后勤服务中心运行职责，后勤运行部门班组及员工纳入后勤服务中心管理。

在引入ISO质量管理体系认证的基础上，总务处循序渐进地改进管理方法，以患者和医疗第一线的需求和满意为目标，以后勤服务保障的效率为核心，使医院后勤保障运行工作取得积极成效。

通过采取后勤"查房"等关口前移的措施，深入医疗第一线，检查后勤服务工作，听取患者及医务人员的意见，及时解决存在的问题，降低安全事故隐患，机电设备故障率下降，各类报修和投诉数量明显下降。通过对工作进程中各个节点深入监管和规范，促使工作流程更通畅顺利，工作差错越来越少，同时减少工作质量的人为起伏。围绕医院可持续发展的要求，支撑医疗设备的运行，对医院机电设备进行添置与更新，改造各类机房设施。通过专业化的机电管控措施，解决"跑冒滴漏"现象，达到提高院内机电设备正常运行的目的，提高院内机电设备的使用效率。在持续狠抓基础管理的前提下，针对后勤日常保障工作中存在个性化缺陷，提出缺陷管理，通过管理手段不断控制缺陷的出现、规避风险的发生。

2011年起，结合"质量提高年""优质服务年"活动，对原有制度、组织、资源、管理、技术等进行调整和改进，以获得更好的工作效果，并逐步实现后勤标准化、规范化、精细化管理。进一步完善考核制度，在原有对各后勤服务岗位工作考核的基础上，调整工作要求和考核标准；针对后勤保障运行网络化管理中所监管的班组,加强规范工作过程和完成情况的绩效考核。明确各项工作,注重"突出保障、突出质量、突出效率"的原则。同时,"讲认真、讲安全",注重日常工作,做好后勤保障工作。推进优质服务,使后勤保障适应大医院的运行,推进后勤管理标准化建设。

针对医院后勤重点和难点问题,如保洁、职工餐饮、护工服务、机电设备维保等,组成各专项工作小组,调整创新管理机制,加强业务学习,加强监管力度,优化工作流程,进行深度管理,借此解决部分实际工作中存在的问题,更好地为医院医教研工作的开展提供基础服务与保障。通过诚信、积极和专业的行为与表现,提高后勤服务满意度:抓班组建设,稳步推行质量持续改进工作,按岗位职责要求逐步落实到位,建立可持续安全运行的保障体系,同时以医院品管圈(QCC)活动为基础,35 个班组参加 QCC 活动;以后勤文明班组创建为抓手,狠抓服务质量,提升患者与职工满意度。专项保洁班组、电梯驾驶班组、病员接送班组、饮用净水生产班组、高知餐厅服务班组、绿化组被评为服务规范化班组。

2015 年,医院建筑面积已达到 35 万余平方米。医院的各类机电设备设施资产规模已达 10 亿元。为确保机电设备设施的管理职能发挥更高效的保障能力、强化后勤保障体系,2016 年 3 月,经医院批准增设组建总务处动力科,负责技术保障队伍的建设,对各类机电设备设施的运行、保养、维修等工作进行专业化管理,以提高医院机电设备全生命周期内的使用效率,延长使用寿命,降低维修成本。同时,运用物联网与大数据技术,采集医院能耗与大型设备的运行数据,建立医院后勤管理数据平台,为医院发展规划提供有效的数据与必要的决策支持;整合医院内部和外部各家保洁力量,形成合力,打破服务业的区域局限,形成规模效应,构建一个全院联动的保洁合作体系(保洁联盟);总务处作为监管方,参与联盟的日常考核,疏通联盟与院方之间交流,辅助联盟所需的硬软件需求。这种创新的保洁管理模式及在统一的"中山"标准下,使院区环境卫生保洁状况日益改善,形成竞争机制并相互提高的态势,从而促进中山医院的环境卫生得到整体的正面发展。

第二节　节能开源与成效

随着科学技术的发展与新技术的引进,医疗服务需求日渐多元化,在医院门诊量和住院量不断增长的同时,能源价格的上涨使医院的运作成本迅速上升。国家卫计委对医院在节能减耗方面的投入逐年增加,医院在节能降耗的硬件保障上也已逐步完善。为建设资源节约型、环境友好型医院,总务处通过制定节能管理制度、落实节能减耗措施、完善精细化节能降耗管理手段、搭建医院能耗监控平台,达到降低医院运作成本、减轻患者负担、"节能减耗,减支增效"、深化医院内涵管理的目标。

一、精细化节能管理

节能减耗、减支增效。在日常管理中就是要合理地控制好水、电、气的使用,做到物尽其用。在保证医院正常高效运行的前提下,尽可能地减少能源的投入,在节能上实现精细化管理。总务处在充分利用技术节能改造的基础上继续深入挖掘节能潜力。通过建立管理制度、落实管理措施,逐步实现节能的精细化管理。通过建立医院节能的监控平台,实现动态的实时分项计量,夯实医院节能精细化管理发展的基础。

根据上级对节能工作的要求,2005 年,制定《中山医院节能工作条例》及中山医院节能工作 5 年计划,从房屋建筑、机电设备等节能方面分批、分阶段地开展工作,力求达到门急诊、床位的年能耗费用支出下降15％的节能降损指标；落实监督管理机制，将节能降耗纳入医院绩效考核体系和部门内部考核体系。

二、节能降耗技术改造与革新

在国家卫计委支持下，中山医院通过节能技术手段的革新等管理措施，使医院在业务量上升的同时，医院单位建筑面积能耗逐年递减，实现节能降耗常态化。

【技术改造】

蒸汽热力管道改造（2008年）：医院内的整个热力系统重新设计，合理布局，重新进行保温材料外用铝皮包扎。疏水器采用斯派沙克热动力式，只滴水不漏汽，大大降低了蒸汽在输送过程中的浪费。

动力用电采取变频措施（2008年）：电梯采用变频调速系统，平均节电约30％。

LED节能灯的改造（2015年）：医院采取声控、光控、定时器等措施控制照明时间，并在病房中采用可调照明，节约照明用电。节能灯安装率达到90％以上，改造后节能约40％，测算单年节约7万度电。

建筑节能（2012年）：在东院区的建设中，医院前瞻性地考虑节能减耗问题，在建造和设计时，通过节能材料的选择以及对所有病区安装中央空调窗磁系统，实现了建筑节能。

建立医院能耗监控平台（2015年）：完成国家卫计委建设节约型医院两个"导则"中关于建设医院建筑能耗监管系统的硬件要求，完善了医院能耗监控平台，能够通过实时数据采集，实行医院能耗分类和分项计量等。

建立节水装置（2009年）：病区浴室淋浴用水使用磁卡，利用磁卡数据可统计出各病区用水情况，比对各自业务量，进行节约用水考核。

分时照明（2015年）：每天23:00到次日凌晨5:00，地下车库关闭2/3的照明灯，在不影响使用的前提下节约用能。

【技术革新】

2009年，开展冷凝式余热回收：对冷凝水系统实施改造，成功采用冷凝式余热回收装置对3台锅炉的尾部加装高效、低阻力烟气冷凝换热器，降低排烟温度，提高运行效率，减少锅炉燃气费用。热水交换器的冷凝水统一回收，既提高软水箱水温，又减少蒸汽消耗，对除氧器的控制也起到了稳定的作用。冷凝水回收量平均每天20吨，达到节能的工作目标。

2012年，溴化锂空调机组改造：由于直燃式空调溴化锂机组在运行时，烟气排放温度高达180℃以上，废热废能未能有效利用，对环境也造成热污染。经过认证项目合理性后，决定采用烟气热回收装置对门急诊综合楼2台直燃式空调溴化锂中央空调机组进行改造。烟气余热回收系统将直接排放的热能回收利用，回收后的热空气（110℃左右）作为燃烧器进风用作机组助燃，从而起到节能降耗目的。2017年，2台直燃溴化锂机组烟气回收节能改造工程完工，每年可节省天然气费用20余万元，减少二氧化碳等气体排放近260吨。

医院节能减耗工作取得成效，在上海市卫计委公布的关于医院节能减排工作统一考核指标"床日能耗量"方面，以年平均下降5％的出色成绩达到预期目标。医院被评为2005年度上海市节能先进单位。

表 7 - 6 - 1 2006—2017 年医院单位建筑能耗比情况表

年　份	能耗(吨标准煤)	建筑面积 (平方米)	单位建筑面积能耗 (千克标准煤/平方米)	人均能耗(千克 标准煤/人)
2006	19 014.49	169 745.27	112.02	1 425.16
2007	18 934.50	169 745.27	111.55	1 328.46
2008	16 914.60	169 745.27	99.65	1 128.09
2009	16 848.02	169 745.27	99.25	1 076.69
2010	15 871.14	185 736.27	85.45	972.08
2011	15 450.02	185 736.27	83.18	918.06
2012	15 278.85	185 736.27	82.26	873.63
2013	16 141.93	185 736.27	86.91	884.49
2014	14 804.44	185 736.27	79.71	800.28
2015	13 651.97	368 807.27	37.02	703.31
2016	15 730.57	368 807.27	42.65	719.08
2017	16 014.88	368 80.27	43.42	698.73

第三节　基　本　建　设

1935 年 6 月,中山医院正式动工,次年 12 月落成 3 号楼,占地 26 644 平方米(40 亩)。

1937 年,中正楼(现 2 号楼)竣工。

1949 年,国家拨款改善病房条件,新建手术室、骨科病房,充实化验室、动物实验室,改建宿舍、饭厅等,增加建筑面积 3 827 平方米。

1955 年 8 月,肿瘤医院新楼(现 8 号楼)划归中山医院,辟为内科病房大楼。

1977 年,上海市心血管病研究所(现 9 号楼)落成启用。研究所设有病理、药理、生化、病毒、流行病学、人工瓣膜和核心脏等研究室,并开设心脏内科、外科病床 90 张,建筑面积 5 837 平方米。

1981 年,实验大楼(4 号楼)由原来 3 层加至 5 层,内科大楼(8 号楼)由 4 层加至 5 层,新建动物房。经过改建和扩建,增加建筑面积 3 000 平方米。

1986—2000 年,中山医院被国家计委列为全国重点改造的 18 所医院之一,医院开始整体性改造,启动集体宿舍大楼(7 号楼)项目。"八五"期间,拆除量才堂,在其原址新建 18 层的外科病房大楼(现 1 号楼)和 16 层的科研大楼,建筑面积 29 471 平方米。15 层的集体宿舍大楼(现 7 号楼)及逸仙楼等也相继建成,在调整病房大楼后又改建药剂科制剂楼,医院扩大建筑面积 5 万余平方米。随着 1991 年外科病房大楼正式启用,经市卫生局核定全院病床数从原来 840 张增加到1 000 张。

1995 年,医院建造核磁共振楼(11 号楼),安装先进的 1.5T 磁共振和快速螺旋 CT,提高医学影像学诊断水平;接着又改造内科大楼(现 8 号楼),使之成为有中央空调设施的病房大楼;医院还投资 400 余万元,建立实验研究中心。

1996 年,建成放射治疗楼(现 12 号楼),引进美国通用公司的新型直线加速器等放射治疗设备,成立放射治疗科。

2003 年,12 层的办公医技生产综合楼(新 5 号楼)竣工,总建筑面积 12 048 平方米。启用后,医院大多行政职能部门搬入集中办公,改变以往各科室分散在医院各个空间,同时也改善办公环境。该项目获上海市建设工程"白玉兰奖"。

2004 年,医院"十五"发展规划中的重要项目——门急诊医疗综合楼竣工,总建筑面积 69 807.32 平方米。项目建成后,大大缓解当时日趋增加的门急诊量的需求。该项目获中国建筑工程"鲁班奖"、上海市建设工程"白玉兰"奖和上海市"申安杯"安装工程优质奖。

2009 年,在拆除原有 10 号楼、逸仙楼的基础上建成手术楼。该手术楼承担着医院大部分手术的工作量,基本满足医院发展和患者的需求。手术室楼建筑面积 15 212 平方米。项目获上海市建设工程"白玉兰"奖。

2015 年,东院区心血管病和肝肿瘤临床医学中心竣工。该项目是"委市共管共建项目"、上海市重大工程。总建筑面积 183 071 平方米,主要功能为专科门诊、急诊、病房、手术室、监护室、医技部门、体检中心、会议中心、图书馆、实验室、宿舍等,有手术室 19 间、病床 720 床,是一个设计先进、功能完善的综合医疗建筑项目。项目施工中积极推广应用建筑业新技术,曾先后获得中国建筑行业工程质量的最高荣誉——中国建筑工程"鲁班奖",建筑设计国家"华彩奖",建筑结构"工程优质结构奖",机电设备安装"申安杯",施工现场"全国 AAA 级安全文明标准化工地",工程质量上海市"白玉兰奖"、上海市用户满意工程等荣誉。

建造 1.2 千米长的双层连廊、36 米长的跨街连廊与 78 米长的地下通道,将中山医院新老院区的整个建筑群连为一体,解决新老院区之间人流、物流等交通关系,成为东西院区和医院 30 多幢建筑深入结合的"疏通"纽带。每日大量的人流穿梭于此,环境舒适、风雨无阻。

表 7-6-2 截至 2017 年医院各时期主要基建项目情况表

时 期	建设项目	建筑面积(平方米)	医院总建筑面积(平方米)
1949 年前	2 号楼、3 号楼	13 597	13 597
1949 年至"六五"	8 号楼	4 671	35 000
	门诊大楼	3 900	
	9 号楼	5 837	
"七五"至"九五"	1 号楼	29 471	80 000
	逸仙楼改造	430	
	9 号楼改造	2 605	
"十五"	门急诊医疗综合楼	69 807.32	150 000
	5 号楼	12 048	
	连廊	1 233	
"十一五"	手术室楼	15 000	170 000
	门急诊楼自动扶梯	1 023	
"十二五"	东院区	183 071	350 000
	TOMO 机房	1 460	

表 7 - 6 - 3 "十五"至"十二五"时期建筑面积与门诊量情况表

年　份	医院总建筑面积(平方米)	医院门诊量(万人次)	出院人数(万人次)
"十五"规划末年(2005 年)	150 000	180	4.6
"十一五"规划末年(2010 年)	170 000	220	6.9
"十二五"规划末年(2015 年)	350 000	350	9.8

第七章 保 卫 工 作

第一节 职 责

保卫处是在院党委、院长的领导下，在上级公安部门的指导下，以医、教、研为中心，根据治安保卫工作法规，结合本单位的实际情况，切实做好保卫工作，维护医院正常秩序，实现院内治安持续稳定的职能部门。保卫处推进治安的综合管理，组织协调和监督检查全院各部门的安全防范工作，健全各项制度，落实各项措施，杜绝安全管理方面的漏洞，督促限期整改。开展"四防"（防恐、防盗、防火、防治安事件）、保密和法制宣传工作，协助院有关部门做好违法犯罪人员的转化工作。负责全院治安保卫委员会日常工作，做好消防工作，检查督促各类防火制度的落实，定期和不定期地组织职工、义务消防队员消防学习和专门训练。对单位内部发生的刑事案件和重大治安案件，按具体分工和有关管理权限的规定，积极配合公安机关做好案件侦破工作。根据户籍管理有关法律法规做好医院集体户口管理工作和外来人口的管理教育工作。依照上海市交通委员会的有关规定，规范管理院内各类车辆的停放秩序，落实管理措施。

第二节 主要工作和荣誉

1992 年，保卫处加强对院内盗窃等案件的管理；加强消防工作，组建防火安全委员会领导小组，建立健全防火安全制度，调整充实义务消防队员骨干，开展消防教育和宣传；新建钢结构二层自行车车棚；清理掌握外来人口，做好因私出国、出境政审工作。获得徐汇公安分局颁发的 1992 年度徐汇区治安保卫系统集体嘉奖。

1994 年，被上海市公安局评为 1993—1994 年市局级治安保卫先进集体。

1997 年，保卫处修订《二三级治安、消防安全责任协议书》，与 48 个二级部门、108 个三级部门签订协议书。与院内工程队签订《治安承包协议书》，督促帮助工程队建立必要的安全管理制度。设立治安队，并配备无线电对讲机。

1999 年 2 月，被徐汇公安分局和上海市公安局文保总队评为市公安局集体三等功。

2001 年，保卫处在公安部门的指导下，结合医院内部环境，实施"铁门工程"，即对财务处、药库等重点部门安装铁门、铁窗。实施"灯光工程"，对复杂场所、偏僻角落和通道处增加照明和亮度。实施"车棚工程"，根据职工年龄结构分上下层管理。这三项工程在防范和处置各类案件中发挥作用。新增技防设施，同时在新门诊大楼收款处、药房等增设红外线"110"报警探头并与"110"联网。从武警部队退伍战士中挑选 4 人组建应急小分队。

2003 年，在"非典"疫情流行期间，保卫处做好院内安全工作，遇到发热患者不愿隔离，保安员到隔离区内耐心做工作，完成抗击"非典"任务。

2005 年，被徐汇公安分局评为 2003—2004 年上海市治安保卫先进集体。

2008 年，医院民兵参加区武装部组织的为期 2 个月的奥运安保备勤集训，表现突出，受到部队领导的好评，并被评为优秀民兵。

2009 年,医院明确将平安医院创建办公室划归保卫处所属。

2012 年,保卫处新安装 H3C 视频监控系统,再次扩容 96 路监控设备,工程结束并投入使用;完成监控室电视显示墙改造及更换 16 台显示器。

2013 年,保卫处布设巡更点位 122 个,涉及门诊及住院部,确保路线不重复,点位不遗漏,保证保安巡逻的质量。与武警上海总队五支队一大队结成军民共建单位。加强医院和部队之间的联系沟通,研究和发展新形势下军地精神文明共建的形式与内容。

2014 年,保卫处在实地调研的基础上,推行院内安保区域网格化管理模式,将全院安保系统分为 7 个专业条口,即治安、联防、消防、监控、宣传培训、危化品管理、交通停车。成立特保队伍,由 9 人组成,形成平战结合的工作方式。组建中山医院消防队,按专业消防队装备配置,邀请徐汇消防支队官兵进行培训指导。紧密结合东院区建设,做好保障人员配备,完成岗位设置。在急诊搬迁前两周,保卫处联系武警徐汇消防支队,邀请 7 名消防官兵对东院区进行为期 10 天的治安、消防巡查。

2015 年,保卫处引入专业保安公司承担安保服务。东院区正式启用后,充分利用消控中心的技防设备,加强消控中心建设,努力把消控中心打造成医院治安和消防的指挥中心。加强与徐汇分局治安支队、枫林派出所、交警三中队的联系,定期邀请民警对院内保安进行专业培训,提高保安业务水平。在治安支队和枫林派出所的大力支持下对"黄牛"、乞讨、"小广告"等进行严厉打击。2015 年,东院区地下车库正式启用。3 月,设立消防科,强化消防管理,切实落实消防工作责任制。全年组织消防应急预案演练 5 次,对新职工、进修医生进行消防培训 4 批 800 多人次。

2016 年,保卫处创新机制,与枫林街道、枫林派出所、徐汇交警支队分别成立枫林街道综合治理工作站、枫林派出所中山医院警务室、徐汇交通辅警分队中山班组,对中山医院周边环境开展综合治理,经过综合整治,中山医院周边环境焕然一新。2016 年,中山医院被上海市公安局评为上海市治安保卫先进集体。11 月 9 日,中山医院消防科建立中山医院微型消防站和义务消防队,骨干队员 14 人(其中包括 4 名武警消防退伍战士)。消防科定期组织开展消防安全教育、演练活动,普及消防知识,提高消防安全意识和灭火作战技能,每年开展各类消防培训、演练和"119"消防安全宣传活动。

2017 年 12 月,上海市卫计委支援日喀则市人民医院创建三级甲等医院工作,保卫处处长邱网妹作为专家团第一梯队成员赴藏支援,克服高原缺氧、身体不适等困难,对日喀则市人民医院治安保卫和消防工作进行指导,建立和完善各项制度,使日喀则市人民医院安保工作再上新台阶。保卫处顺利完成中山医院 80 周年院庆各项庆祝活动的安保工作。

第八章 审 计 工 作

第一节 内部审计初创阶段

1991—1997 年是医院内部审计初创阶段。此时国家对内部审计从定位到功能提出新一轮发展要求。中国内部审计的建立和发展始于 1983 年，国家审计署在这一年成立，随后颁布《审计署关于内部审计工作的若干规定》，为内部审计工作提供法律依据，并进行规范。1989 年，国家审计署重新颁布的《审计署关于内部审计工作的规定》，指出"政府部门、全民所有制企业事业单位实行内部审计制度"。

医院于 1991 年设立审计科，作为履行内部审计职能的独立部门。根据要求，内部审计开始建章立制，建立内部审计相关的各类制度。各类相关内部审计业务从 1992 年开始逐步推进，开展对医院财务收支的审计，对大修基建费用管理的审计；对部分大型设备的经济效益审计；对固定资产包括设备耗材实物进行盘点或抽查；此间配合医院薪酬改革，对各重要部门的情况进行检查。这个时期，审计人员注重学习新的领域知识，如对基建领域相关知识的学习，总结经验，从对基建项目竣工决算的抽查发展到全面决算审核，为审计对基建的监督建立初步模式。参与各类检查，协助纪委进行一些事件的调查，形成相关审计报告。接待包括国家审计署在内的上级部门对医院各类审计工作，在此过程中也获得学习和发展。

第二节 监察和审计合署办公时期

监察、审计合署办公是从 1998 至 2015 年，历任三位负责人。监察室成立于 1995 年，设立初期为加强纪委的监督力度，负责由原纪委承担的监察工作。医院在 1998 年为整合监督力量，将审计科和监察室合并，正式成立监察审计室（简称"监审室"），以提升监察和审计的整体实力。这一阶段是监察和审计工作长足发展的阶段。1997 年，卫生部颁布实施《卫生系统内部审计工作规定》，规定中明确指出内部审计机构功能是促进卫生事业的健康发展，提高医院的经济效益，维护医院各种规章制度的执行。

一、合署办公初期

这个时期，根据新的形势，监审室加强科室及工作人员的自身建设，健全内审人员的工作制度。根据医院实际情况和形势发展，健全各项制度，规范监察和审计行为，强化监察内审监督机制。先后制定《监察审计室工作职责》《监察审计室主任、副主任、工作人员工作职责》《监察审计室人员廉政规定》，进一步明确医院内审机构的职责、权限、工作程序、审计内容和责任。与医院纪委密切配合，加强监察、信访、举报工作查处力度。在审计工作中结合监察工作的要求，配合医院纪委、保卫处核查经济问题和办案。

参与制定《医院各部门奖金分配监督条例（讨论稿）》，并对业务科室责任奖金分配情况审计，进一步加强医院各部门奖金分配的管理工作。组织并配合第三方咨询机构对医院下属公司财务运作情况进行财务审计。每年有针对性地对承包经营和独立财务核算部门的财务情况进行内部审计。对审计中所发现的问题,及时向院领导请示、汇报,并将情况向科室负责人告知,督促其整改。

二、合署办公中后期

【履行监督执纪功能】

在此期间,监察审计室加强对中层领导干部监督,负责受理对医院的中层干部(包括副处级以下的行政干部、业务科室负责人)、业务技术干部以及医院行政职能处(科室)管理工作人员的举报、控告。对违纪疑点和线索及时进行调查,并将调查的情况写出书面报告,提出处理参考意见,提交院领导研究决定。受理干部对政纪处理不服的申诉,进行复查或者复审,并及时将复查或复审意见书面上报院领导研究决定。深入各部门开展调查研究工作,并对调查情况进行分析,提出建议性意见。每年举行全院干部廉政大会,请检察院同志做报告,定期制作宣传画报,组织医院各职能部门、重点部门、全体医生观看廉政教育会议录像、警示教育片。组织重要岗位人员,到廉政教育基地参观学习,加强风险意识。

2002年,根据复旦大学对医院廉政建设的要求,监审人员定期参加院纪委、监审室联署办公工作会议,共同研究、探讨在医院管理工作过程中新发现的问题,学习上级各项新的政策,院领导布置新的工作任务。通过进一步落实上级部门有关"收支两条线"的管理要求,加强医院干部、医护(务)人员的廉洁自律,保证医院管理、医疗和经济活动的有序开展。参与各类重要监督领域的制度建设:基建管理领域,包括基建(修缮)工程建设中合同管理、建设中违规违纪责任追究、招投标管理;耗材管理领域,包括一次性医疗用品(自费)使用的补充管理等各类基建和耗材管理制度;涉及"红包"、回扣问题领域,包括重新修订《关于医务人员收受"红包"处罚实施细则》《关于严禁收受回扣的若干规定》《重申廉洁行医的若干规定》等制度;廉政制度建设方面,有《复旦大学附属中山医院与业务科室关于加强廉政建设责任协议书》等相关监督条例,完善监督制度体系,加强监督力度。根据各项经济管理制度,结合经济管理的检查工作中查出的一些问题,以书面形式向院领导提出工作建议。

自2005年开始,根据医院要求,监审室对"小金库"方面的问题进行检查和建议,并对落实整改情况进行跟踪。从2009年开始,开展"小金库"专项治理工作,每年组织医院各部门进行自查工作,通过自查杜绝和纠正各种形式的小金库,严肃财经纪律,建立完善长效机制。

开展创"双优"工作,打造精品工程。从2009年"中山医院肝肿瘤及心血管病综合楼基本建设项目"开工至2015年竣工投入使用,医院根据卫生部《卫生系统开展工程建设领域突出问题专项治理工作方案》的精神,与上海市徐汇区人民检察院(简称"徐汇区检察院")共同商定,开展创"双优"工作,由监察审计室牵头,通过创"双优"工程,保证工程质量,造就优秀干部。监察审计室在工程期间定期(每2月)请徐汇区检察院参加医院"二中心"项目工程例会,及时了解建设工程进展情况,进行案例法制宣传教育,扎实推进优质廉洁工程建设。

2011年,监察审计室为加强医院统方管理,安装防统方软件,与网络中心合作,确保统方软件的正常运行,对利用统方数据进行不法活动实施有效的防范和警示作用;制定《中山医院网络信息安全保密制度》,配合网络中心确保医院信息的安全。

2013年,根据上海市卫计委《上海市卫生系统加强廉洁风险防控工作实施意见》要求,积极开展廉政风险防控建设工作。通过召开干部会议、院务会议和党支部书记会议,展开新任干部岗前诚勉谈话,岗位廉洁教育;通过邀请检察院、卫计委老师讲课,新职工岗前谈话等岗位廉洁风险教育方式,营造廉洁文化氛围;由相关行政职能科室指定专人负责廉政风险防控工作。进行风险目录梳理,预防机制建设;对照法律法规、制度规定、岗位职责,全面清权确权、编制职权目录,确定职权187个,权力风险点210个。评定风险等级,确定高风险点33个,中风险点72个,低风险点105个。优化职权运行流程、制定防控规则工作情况,绘制职权运行流程图146个。同时开发和实施患者满意度电子调查系统、供应商诚信管理电子监控平台等,逐步建立风险防控电子平台,完成配套相关制度。

【内部审计发展完善】

内部审计工作第一阶段是拟定内部审计规章制度;参与各类医院内控制度的拟定;对财务报表进行审计;实物资产的定期盘点;基建项目的竣工结算审价和基建项目财务决算审核。第二阶段是参与合同、协议相关流程的签审工作;卫生、科研、教育和各类援助等专项经费的管理和使用审计;各类科研课题审计。在这一阶段,审计工作内容从事后审计开始向事中审计进行过渡,立足监督、鉴证功能,拓展审计工作范围。

审计部门每年根据工作安排,不定期抽查和盘点医院资产,了解资产管理情况,参与主要经济制度、内控制度的制定和主要经济合同的会签。结合合同审计和招投标审计等专项审计方式了解制度落实情况,并根据审计结果,以专项审计报告的方式提出审计意见,促进制度的落实和不断完善。对医院的经济业务,审计科每年聘请外部咨询机构完成年度医院财务审计,从而能对预算管理、财务管理、资金管理有所监督和了解,协助内部控制的建设工作。

在基建项目管理方面,审计部门对所有基建项目竣工决算审价聘请第三方进行审核。每年核减率基本在5%左右,为医院把好基建审价关。随着医院基建项目数量和金额的增加,财政资金竣工决算项目的审计量也相应增加。先后完成门急诊综合楼、5号楼办公大楼的新建工程,手术大楼改扩建工程,门急诊医疗综合楼改建项目等重大项目竣工决算审核。

2002年,配合上海市东华会计师事务所(原国家审计署驻沪特派办下属机构)、院财务处和有关单位,完成医院"三产"立大公司转制的财务审计、资产评估工作和债权、债务交接偿还协议起草等工作。

第三节 内部审计高速发展阶段

2015年初,为保证内部审计独立性,促进内部审计发展,同时加强监察组织力量,审计科和监察科分设。2017年,国家审计署与卫计委对内部审计的相关规定进行修订和颁布,医院的发展也达到空前规模,外部形势和内部需求使内部审计进入新的发展阶段。

审计科结合本部门特点,邀请外部专家,采用自行审计、聘请外审、外审加内审结合的模式,推进审计全覆盖的范围,从专项审计入手深入了解审计对象,实现从审计鉴证发展为提供咨询意见和建议。审计项目覆盖招投标、捐赠、政府采购、财务年报、信息系统、内控合规、工程项目、对外投资、预决算执行情况、领导经济责任、全过程跟踪审计、大型设备效益分析等领域。对上海中山医疗科技发展公司、上海中杉食品综合商店、逸仙医院、中国临床医学杂志社等下属单位,采用财务年报审计、内控审计和主要经济责任审计等方式,贯彻医院对下属单位的监管要求。

随着向管理审计和风险管理的方向发展,审计工作越来越趋于横跨事前、事中、事后的审计管理模式,开展的审计相关工作更复杂,包括:审计内部有关管理制度落实情况;根据干部管理权限,开展有关领导人员的任期经济责任审计;根据经济管理要求,开展针对捐赠和合同管理等特定领域的审计;选择性地参加医院重大采购前论证过程以及基本建设投资、修缮工程项目全过程跟踪审计;提供审计相关的咨询,如基建工程造价控制、项目咨询、科研经费管理等审计相关咨询。

2016年,配合医院资产清查,完成心血管病研究所资产清查专项审计、中山医院资产清查专项审计。2017年,完成对下属青浦分院院长任期经济责任审计,对基建大型项目投资监理和决算审计项目涉及1号楼大修、医技科研楼(9号楼)大修、肝肿瘤及心血管综合楼新建等,网络信息建设财政项目"网络中心信息系统建设"的竣工决算审核。

内部审计包括对捐赠管理情况、招投标管理情况、合同管理情况、科研管理情况等进行几年的专项连续审计。采用此方式为促进审计整改落实情况有较全面了解,同时对管理的持续改进起到推动作用。

根据审计业务和定位的不断变化,在提供监督和咨询方面,审计科结合审计的优势参与医院重要科室的内控管理优化工作。从2017年开始采用"1+1+1"(主责行政科室、审计科、专家咨询团队三方合作)连续项目的模式,深入完善和优化重要科室的业务内控流程,涉及基建管理流程内控优化和信息系统内控优化项目。通过这一工作实践,在拓展自身业务能力的同时将工作做深做细,为医院长足发展打下基础。

注重人才培养和科员自身的专业能力的提升。在每年完成常规的培训外,参加国家卫健委和上海市教委等组织的培训,积极参与各类研讨会和课题研究活动,以满足不断提高的审计业务需求。在医院组织各类培训,涉及科研经费管理、招投标等领域,先后邀请上海市审计局专家,国家卫计委专家组专家,招投标单位、会计师事务所、造价咨询有限公司等专家,就经济合同、招投标、基建工程管理、科研经费管理及审计中遇到的问题进行讲座和培训。通过各种方式提升内部审计业务能力,建立内部审计可持续发展模式。

2012年,被卫生部评为内部审计工作先进集体。

第八篇
人物·荣誉

概　　述

　　中山医院在公共卫生学家、医学教育家颜福庆的倡议和主持下建立。作为国人创建并管理的第一家综合性医院，建院初期即吸引众多爱国医者鼎力支持。骨科专家牛惠生、热带病学专家应元岳分别为第一、第二任院长。在此后的发展历程中，医院始终是名医大家的摇篮。例如20世纪50年代上海医学院的16位一级教授中，有11位曾在中山医院工作过。又如，黄家驷、沈克非、吴绍青、林兆耆、荣独山、陶寿淇、吴珏、熊汝成等都是相关学科的奠基人或创始人之一。自中国科学院、中国工程院成立至2017年，医院历史上拥有陈中伟、陈灏珠、汤钊猷、葛均波、樊嘉等5位两院院士。这些医院历史上的重要人物，不仅对医院发展做出重大贡献，更在中国医学发展史上写下浓墨重彩的一笔。

　　建院80周年以来，中山人始终秉承"严谨、求实、团结、奉献"的中山院训，在使命和愿景的感召下砥砺奋进，医院各条线工作稳步发展，医院综合实力持续提升，在党建、医教研管等各方面均斩获佳绩，各类荣誉硕果累累。医院曾获全国文明单位，连续32年16次蝉联上海市文明单位，获全国五一劳动奖状、中国最佳医院管理团队奖、服务创优奖，并涌现出一系列的优秀集体与个人。这些成绩的取得，是医院党政领导班子关心和指导的结果，是工会委员会组织团结带领广大职工围绕中心、服务大局、发挥作用的具体体现，也是全院职工锐意进取、顽强拼搏、辛勤劳动、甘于奉献的成果。

　　收入本篇的人物，包括在医院工作期间获评一级教授的人物、中国科学院和中国工程院院士、中山医院终身荣誉教授、医院创建者、历任党政一把手和部分《岁月如歌　中山如炬——复旦大学附属中山医院建院80周年志》的入志人物，共计49人。以2017年12月31日为界，已故人物列入人物传，按卒年排序；健在人物列入人物简介，按生年排序。

第一章　人　物　传

牛惠生（1892—1937），上海人。中国早期骨科专家之一。中山医院首任院长。

1910年，毕业于上海圣约翰大学，获文学学士学位。后赴美国哈佛大学医学院深造，1914年，获美国哈佛大学医学博士学位；同年7月，赴新斐德福城圣路加医院任外科医师。1915年回国后，任上海哈佛医学院解剖学讲师。1916年再度赴美，先后任波士顿加尔纳医院、儿童医院、麻省总医院和约翰斯·霍普金斯医院骨科医师。1918年，回国主持北京协和医院骨科。先后在北京医学会、北京圣约翰大学毕业同学会、哈佛大学毕业同学会及华北留美学会任职，并担任美国医学会和骨科医师协会会员等职务。

1920年返沪开业行医，兼任西门妇孺医院、苏州博习医院和杭州广济医院骨科医师。1922年起，先后担任上海红十字会医院总办、中国红十字会总医院外科主任、上海圣约翰大学医学院及沪江女医学院教授。1927年，任国民政府军事委员会军医监理委员会委员长。1937年，任国民党政府教育部医学教育委员会委员和首任中山医院院长等职务。

1928年，与其弟牛惠霖共同创办中国最早的骨科医院——上海骨科医院。1930年，当选中华医学会第八届会长。1932年"一·二八"淞沪抗战期间，与宋庆龄、何香凝、牛惠霖等积极组织救护工作，在上海和苏州两地设立伤兵医院，指挥并参与救治大批伤病员。1936年，在杭州广济医院创办残废儿童院，专门收治无家可归的残疾儿童。其在中华医学会第八届会长任期内实现与中国博医会的合并，消除国籍界线，加强医界团结。1937年，被日内瓦万国外科协会授予会员头衔。

去世后，家属遵其遗愿将个人所有的仪器捐助杭州广济医院骨科以充实该院设备，图书资料全部赠予中华医学会图书馆。其夫人徐蘅捐赠牛惠生遗款1万元（当时货币）给中华医学会充作图书经费。为表彰其功绩，中华医学会图书馆改名为"牛惠生图书馆"。

颜福庆（1882—1970），上海人。医学教育家、公共卫生学家，一级教授。中山医院创建者之一。

1904年，毕业于上海圣约翰大学医学院。1906—1909年，赴美国耶鲁大学医学院深造，获医学博士学位，是在耶鲁大学获得医学博士学位的第一位亚洲人。1909年，赴英国利物浦热带病学院研读，获热带病学学位证书。1910年，任长沙雅礼医院外科医师。1914年，创办长沙湘雅医学专门学校（中南大学湘雅医学院前身），任第一任校长。1914年，赴美国哈佛大学公共卫生学院学习。

1915年，与伍连德等发起组建中华医学会，并任第一届会长。1926年，任北京协和医学院副院长。1927年10月，组建第四中山大学医学院（上海医科大学前身），并任第一任院长。1928年7月，创建吴淞卫生所。1931—1937年，广邀社会各界知名人士筹建中山医院。1933年，创建澄衷肺病疗养院（上海市肺科医院前身），并任第一任院长。1937 年，组织医疗救护队，任上海市救护委员会主任委员。1938—1939 年，任武汉国民政府卫生署署长。1949 年，任国立上海医学院临时管理委员会副主任委员。1951 年，上海医学院改组，颜福庆被任命为副院长。

一生关心人民健康，提倡"预防为主"，严谨治学，并献身医学教育。1957 年因工作成绩卓著受卫生部嘉奖。晚年仍坚持参加学校内外的各种会议和社会活动。曾任第一至三届全国人民代表大会代表，第二届全国政协委员，九三学社中央委员兼上海分社副主任委员，中华医学会名誉副会长和基督教三自爱国运动委员会委员。曾受到毛泽东、周恩来等党和国家领导人接见。

沈克非（1898—1972），浙江嵊县人。外科学家、医学教育家，中国现代外科学的奠基人和先驱者，一级教授，中国科学院学部委员。曾任上海第一医学院副院长、中山医院院长。

1924 年，毕业于美国俄亥俄州克利夫兰西储大学（Western Reverse University）医学院，获医学博士学位。1925 年，任北京协和医院外科住院医师。1927 年，任安徽芜湖弋矶山医院外科主任。1936 年，任南京中央医院院长。1941 年，任重庆国民政府中央卫生署副署长，兼任陆海空军总司令部医监。1943 年 5 月，当选为中华医学会理事长。1946 年，任国立上海医学院教授，兼任附属中山医院院长。1951 年，作为医疗队技术顾问团团长率领第二批志愿医疗队抗美援朝。1951—1958 年，任中国人民解放军医学科学院副院长。曾任中华医学会理事长，第一至三届全国人民代表大会代表。

擅长普通外科，首创脾脏切除，治疗晚期血吸虫病；设计大网膜腹膜后固定术，治疗门静脉高压症；设计肠道无菌吻合术、直肠折叠术，治疗直肠脱垂。1950 年，首次成功切除右额叶巨大脑瘤，是国内施行脑外科肿瘤手术第一人。在国内首先创建神经外科。担任中山医院院长期间，主持建立并发展泌尿外科和胸外科。

1956 年编著出版大型外科专业参考书《外科学》（又名《沈氏外科学》），并多次再版。主持编著《外科手术学》《腹部外科手术图解学》《神经外科手术学》。1944—1956 年，多次赴伊朗、秘鲁、波兰、墨西哥等地出席国际医学学术会议。作为中国医学界首席代表，参加联合国世界卫生组织的筹建工作。曾任国际外科学会中国分会负责人之一，英国皇家外科学会会员。

崔之义（1908—1975），安徽太平人。外科学家。曾任中山医院院长、上海第一医学院副院长。

1926 年考入北京燕京大学医科预科班。1929 年转入协和医学院，一年后转国立上海医学院就读。1935 年从上海医学院毕业。毕业后留校任助教，兼任红十字会第一医院外科医师，4 年后晋升为总住院医师。1943 年，晋升为副教授。1947 年，先后在美国哈佛大学医学院及麻省总医院进修外科。1948 年回国后，任红十字会第一医院院长、外科主任，兼华东医院首任院长。1955—1961 年，任中山医院院长。

理论扎实、技术精湛。20 世纪 40 年代，提出急性阑尾炎和急性胆囊炎大部分病例都应该在急性期采用积极手术的方法，并在外科学会做病例报告，得到同行的认可并加以推广。1950 年，开始国产真丝人造血管研究。1957 年，在动物实验基础上，首次为一名右侧大腿动脉瘤患者置换了一根长达 11 厘米的真丝人造血管，手术获得成功。

1959年，制成中国独创的无缝具环状皱褶的真丝人造血管。相关成果发表在《中华外科杂志》上，并在罗马第二十届国际外科学会议上报告。这项开创性工作也为中山医院血管外科起步和发展奠定了坚实的基础。

重视基础理论、临床实践和预防医学教学工作。在担任上海第一医学院副院长期间，积极开展医学教育改革，亲自参加示范性讲课实践。坚持每周到中山医院进行指导性查房，细心做手术示范动作，参加病房疑难病例讨论。强调医生要有高尚的医德，并率先垂范。1959年，为抢救一位大面积灼伤的患者，将自己刚刚去世父亲的皮肤捐献给这位患者。晚年不顾自己患有老年性气喘，坚持下农村巡回医疗。

吴绍青（1895—1980），安徽巢县人。肺病学家、医学教育家，中国结核病防治奠基人之一，一级教授。

1921年毕业于湘雅医学院，获医学博士学位。历任上海工部局传染病住院医师，芜湖医院内、外科住院医师，南昌医院内科医师。1929年，赴美国哈佛大学医学院深造。

在美国深造期间，染上轻度肺结核，并作为患者参加院内召开的胸腔会议，对肺科产生兴趣，鉴于自身遭遇及对患者的同情，改攻肺科并服务终生。1932年回国，在南昌医院任肺科主任兼代院长，并在南昌西郊创办肺结核疗养院。1938年，受聘为上海医学院肺科教授。1944年，获得美国洛克菲勒基金会的资助再度赴美，在哥伦比亚大学医学院任研究员，兼任波士顿麻省纪念医院及帝届德肺病医院肺科主治医师。其间，考察美国的防痨机构和设施，深入了解肺结核的预防和治疗新进展。1946年回国，继续在上海医学院任肺科教授，担任医疗教学工作。中华人民共和国成立后，更加积极地参与各项防痨事务，为中国控制结核病做出突出贡献。

1956年起，开展肺功能测验，将新陈代谢仪改为肺量计，对中国健康人肺容量、通气功能和换气功能等一系列肺功能进行测验。1956—1961年，陆续发表有关肺功能测验的论文24篇。1961年，编写出版中国第一部有关肺功能的专著《肺功能测验在临床的应用》。20世纪60年代，开展慢性支气管炎与肺气肿患者肺功能方面的研究，为中山医院呼吸衰竭的诊治研究奠定了基础。

发表论文80余篇，担任《中华结核病科杂志》和《中华结核和呼吸系疾病杂志》副总编辑、顾问，《中华医学杂志》英文版编委。著有《实用内科学》（呼吸系统疾病篇）、《实用肺结核治疗学》等学术专著。1956年，被评为上海市劳动模范。

黄家驷（1906—1984），江西上饶玉山人。胸心外科学家、医学教育家，中国胸心外科奠基人之一，一级教授。曾任中山医院院长。

1933年，毕业于协和医学院，获医学博士学位，并在协和医院任外科住院医师。1935年，转至国立上海医学院任教，历任主治医师、外科讲师。1941—1943年，在美国密歇根大学医院胸腔外科学习，获外科硕士学位。1952—1955年，任中山医院院长。1958年起，先后调任中国医学科学院院长、首都医科大学校长，兼任中国医学科学院名誉院长、中国科学技术协会副主席、中华医学会副会长、国家科委医学组副组长、卫生部医学科学委员会副主任、中国科学院主席团成员、中华医学会外科学会主任委员、国务院学位委员会委员、国家发明评选委员会副主任和国家科委生物医学工程组组长等职务。参与筹建中国医科大学(现中国协和医科大学),并被任命为校长。

在上海医学院执教期间,主持附属中山医院和华山医院胸外科的创建工作。开展肺结核、肺化脓性感染、食管肿瘤和先天性心脏血管畸形等手术,并利用带回国的手术器械,较早地在国内开展各种类型的肺切除术、食管切除术、动脉导管结扎术和心包切除等手术。20世纪50年代,向卫生部提出"肺癌早期诊断、早期治疗"的倡议。曾任《中华医学杂志》(英文版)和《中国生物医学工程学报》主编,《中国医学百科全书》《中国科学》《科学通报》副主编,《中华大百科全书》《中华外科杂志》编委。组织编写《外科学》(第四版),该书被命名为《黄家驷外科学》。中华医学会追授他"胸心血管外科科学进步贡献奖",以表彰他一生致力于医学教育事业,尤其是为胸心血管外科做出的突出贡献。

1955年加入中国共产党,是第一至第四届全国人民代表大会代表,第五届和第六届全国政协委员。

荣独山(1901—1988),江苏无锡人。放射诊断学家、医学教育家,中国放射诊断学奠基人和先驱者之一,一级教授。曾任中山医院放射科主任。

1920年,考取北京协和医学院预科,后获得美国纽约州立大学医学博士学位。1933年,赴美国圣路易斯华盛顿大学医学院Mallinckrodt放射学研究所进修放射诊断。1934—1935年,任协和医院放射科主治医师、讲师。1936—1937年,调任南京中央医院放射科主任。1949年9月,同夫人林飞卿一起参加上海医学院工作,任放射学教研室主任,兼附属中山医院放射科主任。

在北京协和医院工作期间,与外科、解剖学科、神经科等合作,进行了一系列二氧化钍作为造影剂的实验,发现二氧化钍胶体对网状内皮系统的损伤,为最后废弃二氧化钍作造影剂提供确切的依据。1950—1952年,支持并参加上海精密医疗机械厂制成中国第一台200毫安X线机,安装于中山医院内的工作。1955年,在中山医院和瑞金医院筹备和建立同位素实验室。1957年,应卫生部邀请,负责编写"矽肺X线诊断及其分期"。对周围型肺癌作了详细的研究,指导周围型肺癌的早期诊断。重视病理与X线的对照,研究肺与肿瘤交界面、胸膜凹陷征与空泡征等。

研究成果《手术后肺不张与侧支呼吸》一文,在美国第十四届胸外科年会上宣读,并于1931年发表在美国《胸外科杂志》的创刊号上。1953年,主编《普通X线诊断学》。1961年,主编的《X线诊断学》成为国内最早的统编高校教材和蓝本。1982年,主编《X线诊断学进展》和《医学百科全书·X线诊断学》。

曾任中华放射学会副主任委员、《中华放射学杂志》副主编、上海市放射学会主任委员、中华医学会理事、卫生部医学科学会委员及上海市政协常委。

应元岳(1896—1991),浙江宁波人。内科学家。曾任中国红十字会第一医院、中山医院院长,第二军医大学副校长。

1921年,毕业于湖南湘雅医学院,并获美国康涅狄格州医学院医学博士学位。1924年,赴美国约翰斯·霍普金斯大学医学院学习内科学。翌年转赴英国伦敦卫生与热带医学院攻读热带病学。

1926年回国后,任浙江绍兴福康医院内科医师。1928年,应国立中央大学医学院(上海医学院前身)的邀请,担任热带病学、寄生虫学和实验诊断学副教授。1932年,任上海医学院内科学教授。1933年,在印度加尔各答英国皇家热带病研究院进修,被授予热带病学博士学位及金质奖章,为中国获此奖章的第一人。学成回国后,继续在上海医学院任教。1937年,任中山医院院长。1939年,上海医学院内迁,随迁校先遣队入滇,在昆明白龙潭办学。1941年,又随上海医学院转迁重庆继续任教,并任中国红十字总会医院内科主任等职务。1949年,受华东军区人民医学院(第二军医大学前身)聘请,担任内科学系教授兼主任。1957年,担任第二军医大学副校长。兼任中国人民解放军总后勤部卫生部专家组成员、医学科学委员会副主任委员和名誉主任委员,全国血吸虫病防治委员会委员,中华医学会理事和名誉顾问,中华医学会上海分会副会长;《中华医学杂志》和《中华内科杂志》编委,《解放军医学杂志》编委会主任委员。

长期从事内科传染病学研究。1927年,在国内首次发现并诊断肺吸虫病。担任中山医院院长期间,严谨治学,为中山医院内科学事业的起步和发展奠定良好的基础。一生著述颇丰,发表论文40余篇。主编"军医参考丛书"及《传染病学》《内科学》和《内科手册》。积累多年经验和研究成果编写了中国第一部《热带病学》专著,该书3次修订3次出版。

曾任第三届全国政协委员和全国人大代表、第一至四届上海市人大代表及第五届上海市政协委员等。

林　贵(1938—1991),福建福州人。放射诊断学家、介入放射学家,中国介入放射学奠基人之一。曾任中山医院放射科副主任、主任,中山医院院长。历任中山医院党委委员、上海医科大学学术委员会和学位委员会委员等职务。

1957年,进入上海第一医学院学习。1962年,进入中山医院放射科工作,师从中国放射学奠基人之一的荣独山。1981年,被教育部派往瑞典隆德大学学习、研究血管造影和介入性治疗技术。在国内较早开展肝、胃、肺、胰腺肿瘤以及多发性大动脉炎等十余项介入治疗项目。创造性采用"明胶海绵栓塞肝动脉"治疗肝癌,并用碘油乳剂作肝动脉栓塞治疗中晚期肝癌,使中晚期肝肿瘤患者1年生存率从原来的"0"提高到62%,填补国内空白,并于1988年获卫生部科技进步奖二等奖。1988年,在中山医院建立起中国第一个介入放射联合治疗中心,并于1991年正式建立介入放射学病房。先后培养研究生10人(其中博士生5人,硕士生5人)。曾先后担任《中华放射学杂志》副总编辑、中华医学会放射学会委员、上海市放射学会委员、卫生部科技成果终审委员会委员、中国抗癌协会胃癌专业委员会委员、《国外医学·消化系疾病分册》副主编、《临床放射学杂志》顾问、北美放射学会(RSNA)会员、欧洲心血管和介入放射学会(CIRSE)会员和国际放射学继续教育委员会委员等职务。主编出版《介入性放射学》《选择性血管造影》和《医学影像学》3部医学著作,参与了18部放射学专著的编写、翻译工作,并在国内外医学杂志上发表论文129篇。先后负责国家和上海市重要科研课题6项,1项获卫生部科技成果奖二等奖,3项获上海市科技成果奖。1990年入选英国剑桥国际研究中心出版的《世界知识分子名人录》和美国的《世界名人录》。先后获全国卫生文明建设先进工作者、全国卫生系统优秀留学回国人员、上海市优秀教育工作者及卫生部授予的"有突出贡献的中青年专家"等荣誉称号,并获上海市科技精英提名奖。

林兆耆(1907—1992),上海人。内科学、消化病学家,医学教育家,中国消化病学奠基人之一,一级教授。历任红十字会第一医院(现华山医院)和中山医院副院长、院长,上海医学院内科系主任和医疗系主任。

1927年,毕业于上海圣约翰大学理学院。1931年,毕业于上海医学院。相继任中国红十字会总医院(现华山医院)和北京协和医院内科助理住院医师。1934年留学英国,在利物浦大学热带病与卫生学院学习,伦敦各教学医院实习和进修。1936年11月回国,任上海医学院内科学讲师,1945年任教授。

1940年,首创用骨髓培养法诊断伤寒、副伤寒、葡萄球菌败血症及其他全身性细菌感染,并对伤寒、副伤寒的胆汁、骨髓、血液、粪、尿等培养与维达尔氏反应(即肥达反应)进行比较研究。中华人民共和国成立后主持血吸虫病、胃癌和肝癌等疾病研究。1953年,林兆耆在中山医院内科建消化病组,培养并带领一大批消化专科医师在国内率先开展伤寒等细菌性传染病、血吸虫病、原发性肝癌及慢性肝病的研究,为中山医院消化科发展奠定基础。1962年,提出原发性肝癌的临床分型,为临床诊断和治疗提供论据。

主编中国最早一部大型内科综合性参考书《实用内科学》和中国第一本高等医学院校教科书《内科学》。20世纪60年代初,主编《辞海》医学部分的"内科学"部分。1964—1965年,创办并主编《消化疾病文摘》。从20世纪40年代初期起,历任《中华医学杂志》的编委和常务编委等职务。

姜春华(1908—1992),江苏南通人。中医、中西医结合学家,中医脏象及治则现代科学奠基人。历任中山医院中医教研组主任、上海医科大学中医教研组主任等职务。

自幼从父姜青云学习家传中医之术。1926年到上海开业行医,师从名医陆渊雷,并自学西医大学教材。1954年进入华山医院,任中医科主任兼第一医学院中医教研室主任。1972年调至中山医院,任中医科主任。1978年晋升教授、博士研究生导师。对伤寒、温病、脉学等各家学说都有造诣,并出版专著专论。积累多年临床实践经验,独创"截断扭转"学说及"辨证与辨病相结合"的理论;主张充分运用各种现代科学知识,克服中医学的历史局限性。擅长伤寒、温热、急性或慢性传染病等疾病,尤擅肝炎、肝硬化、胃炎、哮喘、血吸虫病的诊治。发表论文200余篇。担任《上海中医学杂志》副主编,《上海医科大学学报》顾问等职务。主编《伤寒论识义》《姜春华论医集》《中医基础学》《中医病理学》《中医诊断学》《中医治疗法则概论》《活血化瘀的研究》。《中医治疗法则概论》和《活血化瘀的研究》获上海市中医、中西医结合科研成果奖一等奖。开创了中医药治疗肝腹水、慢性肾炎、哮喘等疾病的先河,获卫生部"继承发扬祖国医学遗产金质奖"。1956年,获全国劳动模范称号。1958年,获卫生部授予的奖状和金质奖章。1977年,获上海市卫生战线先进工作者称号,并出席全国代表大会。

曾任卫生部医学科学委员会委员、中国科学院上海分院特约研究员、国家科委中医专业组成员、国家科委科学委员会委员、全国中医学会常务理事、全国中医学会上海分会名誉理事长、全国中西医结合研究会理事及顾问、中华医学会上海分会理事、上海医科大学专家委员会委员。

熊汝成（1908—1995），湖北蕲春人。泌尿外科专家、医学教育家，中国泌尿外科事业奠基人之一。中山医院终身荣誉教授。历任中山医院首任工会主席、泌尿外科主任、外科教研组主任与中山医院副院长。

1936年，毕业于北京协和医学院，留校任住院医师。1938年，任主治医师和助教。1941年，任贵阳医学院讲师、副教授。1945—1947年，在美国密歇根大学医院进修泌尿外科。1947年回国，在上海中山医院工作，开创中山医院泌尿外科。1951年抗美援朝时，担任抗美援朝第七大队大队长。20世纪60年代，在中山医院开始肾移植研究。1970年，取得尸体肾移植成功。1975年，创下第二例尸体肾移植存活时间最长的纪录。牵头进行男性口服避孕药棉酚的调查和临床试验等研究，1978年获全国科学大会重大成果奖。1979年，与中国科学院上海有机化学研究所、第三军医大学协作研制全氟碳代血液，1981年首先应用于临床，并获1987年中国人民解放军总后勤部科技进步奖三等奖。1982年主持"硅橡胶导管卡那霉素的应用"等研究项目，获上海市重大科技成果奖。1983年，与上海医疗器械厂协作，成功研制泌尿外科成套手术器械，填补国内空白。1984年，带领泌尿外科与上海交通大学合作，研制中国体外震波碎石机，1987年获国家科技进步奖一等奖。开展"流式细胞（FCM）技术诊断膀胱肿瘤"研究项目，1991年获卫生部科技进步奖三等奖。1983年，获上海市劳动模范称号。

发表论文120余篇，先后主编、副主编《肾脏移植》《泌尿生殖外科学》《实用外科学》等8部专著，参编各类泌尿外科专著16部。担任《中华泌尿外科杂志》和《中华器官移植杂志》副总编辑、《上海医学》和《上海第一医学院学报》编委等职务。曾任国家计划生育协会理事，中华医学会泌尿外科学分会副主任委员，上海医学会泌尿外科分会常务理事、外科学会副主任委员、泌尿外科学组组长等职务。

刘文英（1918—1998），山东蓬莱人。曾任中山医院党支部书记。

1936年3月参加革命，1938年9月加入中国共产党。抗日战争时期，任八路军政治指导员、组织干事、政治干事、政治协理员、分支书记、组织股长等职。解放战争期间，任中国人民解放军胶东军区后勤部和卫生部机关党总支书记、组织股长。荣立过三等功，评为机关模范干部1次。后在渤海军区教导团任组织股长。1952年，调上海第一医学院任中山医院秘书主任、党支部书记。在任中山医院党支部书记期间，为加强党员政治理论学习，开展讲座、学习班等多种形式的党建工作培训。同时切实抓好领导班子、领导干部的思想政治学习，把抓好理论学习作为领导干部思想政治建设的重要内容，加强干部的理论学习和教育培训，不断发挥党建工作优势，将思想政治工作渗透到各个部门、各个环节，充分发挥党支部的战斗堡垒作用。1953年10月，调往上海第一医学院办公室，先后担任副主任、主任，总务处处长，眼耳鼻喉科医院革委会召集人，上海第一医学院后勤组组长、总务长、副院长、党委委员、党委常委。1982年，任上海第一医学院红十字会会长。1984年，获上海市和高校系统两项爱国卫生运动先进个人奖、上海市红十字会荣誉会员。1985年，中共上海市教育卫生工作委员会批准离休。

陶寿淇（1918—2000），上海人。心血管病学家，中国心血管病、心血管流行病学奠基人之一。

1934年，考入国立上海医学院。1947年，在美国哈佛大学和密歇根大学医学院学习心脏内科和心电图学。1948年回国，在上海医学院工作，历任内科讲师、副主任、主任、教授。1951年，参加抗美援朝志愿医疗队。1974年，调入中国医学科学院阜外心血管病医院，任副院长、院长、名誉院长。曾担任中华医学会心血管病学会主任委员、卫生部医学科学委员会委员、世界卫生组织专家咨询团顾问组成员、国际心脏病学会流行病与预防学部理事会理事等。

在心律失常的病因、治疗，休克的抢救及预防心脏病学方面，取得了多项成果。1952年，在国际上首次报道三价锑治疗血吸虫病引起室性快速心律失常是导致猝死的原因。1954年，在国际上最早提出抗心律失常药物可引起严重心律失常。1956年，率先提出补充氯化钾来纠治低血钾引起的恶性心律失常。1965年，率先提出异丙肾上腺素治疗休克患者。1966年，在国内首次成功应用同步直流电复律治疗快速心律失常。20世纪70年代末，制定《血脂异常防治建议》。20世纪80年代后，参与国家"六五"到"九五"医学科技攻关规划的制定，主持大规模临床试验，开展流行病学研究，促进国际合作与交流。其中"中美心肺疾病流行病学合作研究"是中国最早的一个大型流行病学研究。

发表论文100余篇，主编中国第一部大型专科学参考书《实用内科学》和第一部心脏病学专著《实用心脏病学》。曾任世界卫生组织心血管病研究与培训合作中心主任、国际心脏病学会流行病与预防学部理事、国务院第一届学位委员会委员、中国医学基金会理事、中华医学会心血管病学会名誉主任委员、《中华心血管病杂志》副主编。

裘　麟（1919—2003），山东青岛人。骨科学家、医院管理专家。中山医院终身荣誉教授。曾任中山医院院长、党委书记。

1939年，考入国立上海医学院。1946年7月—1950年7月，在华山医院任外科住院医师、外科总住院医师、助教、骨科主治医师、讲师。1950年10月，报名参加上海市第一批抗美援朝志愿医疗手术队。1952年7月，任中山医院医务科副主任。1955年5月加入中国共产党。1955年3月—1978年3月，先后任中山医院副院长、外科教研室副主任、党总支副书记、骨科副主任。1976年10月，任中共上海第一医学院委员会委员。1978年8月—1984年9月，任中山医院院长、党委副书记、党委书记。

在日常医院管理工作中，强调"严字当头"，紧紧抓住"一切为了病人"的中山精神，建立健全医院管理的各项规章制度。参加制订《上海医院工作60条》，加强和规范医院管理工作。提出"医疗质量是医院工作的生命线""医务人员必须急病人所急、想病人所想""医院后勤保障工作要主动积极、自觉地为临床第一线服务"等管理思想。重视医疗技术创新、学科梯队建设和人才培养工作，提出"以任务带学科，促进新学科的发展"和"科研工作要组织大协作"的工作思路，鼓励有发展潜力的青年医师转攻其他专科，使不少薄弱学科得到有力加强，主持创建肾内科等多个新的学科。

中国医院管理学的创始人之一。1980年，筹建中华医学会上海分会医院管理学会，任第一届主任委员。1981—1988年,担任中华医学会管理学会第一、二届副主任委员。曾获中华医学会管理学会颁发的首届"医院管理终身贡献奖"等称号,享受国务院特殊津贴。

曾任中国软组织疼痛学会名誉理事长、中华医学会上海分会秘书长、上海市退离休高级专家协会理事及其所属医药专业委员会委员、上海红十字会高级专家服务中心主任委员等职务。参译的著作有《手术前准备和手术后处理的问题》和《Maingot腹部外科手术学》,编写的专著有《医疗卫生普及全书》《家庭医学全书》《医院管理学》《老年矫正外科学》《中老年自我保健》《中国老年保健全书》《血管外科学》和全国教材《实用外科学》等。

陈中伟(1929—2004),浙江宁波人。中国科学院院士,骨科教授、博士生导师。

1954年,毕业于上海第二医学院医疗系。毕业后在上海市第六人民医院骨科工作,曾任该院骨科主任、副院长。1982年,调入中山医院任骨科主任。兼任第三世界科学院院士、国际显微重建外科学会主席、国际显微外科学会创始委员、国际外科学会中国委员会理事、国务院学术委员会学科(临床医学)评议组成员、卫生部医学科学显微外科副主任委员、卫生部医学科学委员会委员、中华医学会理事、中华医学会外科学会副主任委员、上海医科大学学位评定委员会委员、学术委员会委员(科研组副组长)、复旦大学附属中山医院外科教研室主任。曾经担任 *Microsurgery*、*Plastic and Reconstructive Surgery*、《中华医学杂志》《中华外科杂志》《中华骨科杂志》《中华显微外科杂志》《上海医学》等杂志编委。

长期从事骨科、断肢再植和显微外科的实验研究、临床及教学工作。1963年,成功完成世界首例断手臂再植术;1978年,又获断指再植成功,被称为"世界断指再植之父"。国际首创"手臂残端再造指控制的电子假手研究"。2000年,"神经的运动控制与假肢控制信息源的研究"获得国家自然科学基金重点项目资助,开展以人体中枢神经运动指令为信息源的电子假肢研究。由于在断肢再植与显微外科领域的突出贡献,1963年获卫生部记大功一次;1981年获国务院国家科学大奖;1994年,被求是基金会授予"首届十大杰出科学家奖",是唯一获奖的医学家。1999年7月25日,在美国召开的国际修复重建显微外科学会上被誉为再植与显微外科方面具有里程碑意义的人物。2004年1月,主持的国家"863"计划资助项目"羟基磷灰石人工骨的研制与临床应用"成果获得国家科技进步奖二等奖。发表论文130余篇,论著10部。共培养博士生20人,硕士生5人。

方梦日(1928—2005),浙江诸暨人。曾任中山医院党总支书记、副院长。

1943年到上海求学。1946年,在上海市中华家用化学品厂工作。1947年7月参加革命,进入华东军事政治大学学习。1950年12月加入中国共产党。1951—1969年,在航空兵部队担任机械长、基地机务工程部长、师机务处副主任等职。1969年,转业到中山医院工作。1970年8月,担任中山医院党总支书记。1978年,担任中山医院副院长。1988年离休。

在中山医院工作时正值"文化大革命"期间,面对这些困难,发扬自力更生、艰苦奋斗的精神,推进医院建设。担任主管后勤的副院长期间,与后勤工作人员保持密切联系,善于聆听他人的意见,切实解决困难。1976年唐山大地震发生后,接卫生部通知,组织中山医院医务人员前去抗震救灾并担任领队,带领42人的医护团队奔赴唐山灾区开展医疗救援。带领医疗队克服种种困难,发扬党员吃苦耐劳精神和高度的责任心,拯救大量受灾群众的生命,胜利完成医疗救援任务。

工作期间立个人三等功2次,集体三等功1次。2004年,获复旦大学老干部先进个人称号。

张 亮(1914—2006),江西瑞金人。曾任中山医院副院长、党总支书记,上海第一医学院副院长。

1929年4月投身革命,在江西瑞金参加农会工作,任贫农团组织委员、少先队副队长。参加红军长征,并于1936年1月加入中国共产党。此后,经历抗日战争和解放战争,曾参加平型关战役、百团大战、黄土岭战役、平津战役和渡江战役等重要战斗。在部队中历任晋察冀军区一分区指导员、分区政治部组织干事、巡视团主任、党总支书记、团政委、政治部主任,以及南下干部总队四支队政治部主任,皖南军区池州分区政治部主任、副政委等职。1953年10月从部队转业,担任中山医院副院长和党支部书记。1957年4月中山医院成立党总支,任总支书记。1963年3月,调至上海第一医学院任副院长和党委委员。1985年离休,经中组部批准为享受单项副市级待遇离休老干部。曾当选为上海市政协委员。

胡田成(1921—2006),安徽桐城人。历任上海第一医学院附属第一医院(现华山医院)副院长、支部书记,上海第一学院附属中山医院党总支书记、副院长,上海第一医学院医疗系总支书记。

1939年参加革命,1941年3月加入中国共产党。在革命战争年代,从事医疗救治工作,不顾个人安危,深入敌后出色地完成军部下达的任务,多次获新四军卫生部模范工作者称号及华东卫生部授予的立功嘉奖。1963年3月,担任中山医院党总支书记。在任期间,对工作精益求精,同时注重提高自己的素质修养和管理水平,调查研究、著书立说,多次在《大众日报》《文汇报》上发表文章。1985年12月离休。曾任上海中医学院副院长,上海市卫生局援外办公室负责人,中华医学会上海分会常务副会长、党支部书记。

吴 珏(1912—2008),江苏江阴人。临床麻醉学家、临床药理学家、医学教育家,中国麻醉学及临床药理学创始人之一。中山医院终身荣誉教授。

1933年,就读于国立上海医学院本科。1938—1946年,任国立上海医学院生理学和药理学助教。1947年,公派赴美国威斯康星大学医学院附属医院专修临床麻醉。1950年,任上海医学院附属中山医院和华山医院麻醉科主任。1958年,成为中国第一位麻醉学教授。曾任国家科委发明评选委员会委员、中国药典委员会委员、卫生部学术委员会委员、中华医学会麻醉学分会副主任委员、上海医科大学临床药理研究所名誉所长。

1952 年，首次确立麻醉由专业医师主持的体制，并有计划地培养麻醉专业人员，为中国培训大批临床麻醉工作者。1954 年，组建成立上海第一医学院麻醉学教研室。为改变当时国内麻醉资源匮乏状况，与电子仪器厂、医疗设备厂和药品生产厂合作，设计制作麻醉机（陶根记麻醉机）、呼吸器、心电图监护仪、气管导管、硬膜外导管和穿刺针等，协定麻醉药物的规格，推动中国麻醉事业的发展。

先后发表论文 73 篇。1954 年，编著出版中国第一部麻醉学专著《临床麻醉学》，后又组织编写《实用麻醉学》等专著十余部。1978 年起，担任《上海医科大学学报》主编 12 年。20 世纪 70 年代末至 80 年代初，积极推动并参与《中华麻醉学杂志》和《临床麻醉学杂志》的创刊。其他负责创办或襄助的期刊包括《新药与临床》《中国外科学年鉴》《国外医学·外科分册》《国外医学·麻醉学与复苏分册》《中华外科杂志》等。

2000 年，美国麻醉学会等多家机构将吴珏的成就及贡献加以总结，并在 *Anesthesiology* 等国际知名麻醉期刊上刊登，称其为中国 20 世纪卓越的临床药理学家和临床麻醉学家，并推崇他为中国麻醉学先驱者之一。1993 年，获"中华医学会资深会员"称号。2007 年，获中国医师协会麻醉医师终身成就奖。

孟承伟（1924—2010），江苏常州人。普通外科专家、医学教育家。中山医院终身荣誉教授。曾任中山医院普外科副主任、外科教研室副主任，上海医学院医学系副主任、主任。

1944—1950 年，就读于国立上海医学院。1950 年 7 月，在中国红十字会第一医院（华山医院）外科任助理住院医师。1952 年，至中山医院外科工作，任住院医师；1956 年 2 月晋升主治医师；1960 年 8 月晋升讲师；1978 年 4 月晋升副教授；1981 年 11 月晋升教授。1983—1984 年，在美国宾夕法尼亚费城托马斯·杰弗逊大学医学院从事医学教育研究。

主要从事门脉高压症和胆道疾病的治疗和研究。1958 年参加上海医学院血吸虫防治队，在青浦地区抗击血吸虫病，为晚期血吸虫患者切除巨大脾脏。同时，创造性地将患者自身的血液或腹水回输，部分解决输血问题，使患者能及时手术，减轻经济负担。1985 年，在上海市消灭血吸虫病表彰大会上获记大功一次、奖章一枚，获市领导赞誉。

从事外科学教学工作，成绩卓著，多次被评为上海医科大学先进工作者、上海教育战线先进工作者。1993 年起享受国务院特殊津贴。

主编高等医学院校教材《外科学》，参编《外科学》（沈克非主编）、《黄家驷外科学》、《腹部外科手术学》、《腹部外科手术图解》、《胆道手术学》、《中国医学百科全书》、《外科手册》、《血吸虫防治手册》、《家庭医学全书》、《医学卫生普及全书》等教材和专著，发表论文 80 余篇。"体外冲击波治疗胆结石"获得卫生部科技进步奖三等奖、上海科技进步奖二等奖；"肝门部胆管癌的治疗"获上海科技进步奖二等奖。

王承棓（1927—2012），上海人。外科学家、医学教育家。曾任中山医院院长、工会主席。中山医院终身荣誉教授。

1951 年，毕业于上海震旦大学医学院。1951 年 7 月，参加中国人民志愿军，赴朝鲜战场从事战场救治工作，先后被任命为军医、责任军医、主治军医等职务，荣立三等功，获朝鲜民主主义人民共

和国军功章 2 枚。1954 年 5 月奉调回国，分配在上海第二医学院附属宏仁医院外科工作。1955 年 10 月，由组织保送到上海第一医学院中山医院系统外科教研组，攻读中国首次试行的副博士研究生。1957 年 9 月毕业后，进入中山医院普外科工作。1978 年 3 月起，先后担任中山医院外科教研室副主任、主任，普通外科副主任，中山医院工会主席。1984 年任中山医院院长。

长期从事普通外科临床和教学工作，手术技艺精湛，并注重创新。20 世纪 70 年代初，在上海市率先开展纤维结肠镜检查及肠息肉电灼术，并开展十二指肠镜检查、逆行胰胆管造影，以及经胃镜注射硬化剂治疗食管静脉曲张破裂出血等内镜诊疗新技术。发表学术论文 70 余篇，先后获得省部级以上科研成果奖 3 项、国家发明奖 1 项。担任《中华消化杂志》、JAMA（中文版）、《上海医学院学报》、《国外医学·创伤与外科基本问题分册》、《外科理论与实践》、《中国胃肠外科》等杂志的编委和常委。担任中山医院院长期间，健全和完善院内的各项规章制度，启动医院院所的改造，坚持发扬民主作风和民主管理，建立职工代表大会制度。享受国务院特殊津贴。

石美鑫（1918—2014），福建福州人。医学教育家、胸心外科专家，新中国胸心外科奠基人之一。曾任上海第一医学院院长。

1943 年，上海医学院毕业留校，任外科助理住院医师、外科系助教和总住院医师。1950 年，参加上海市第一批抗美援朝志愿医疗手术队赴黑龙江工作半年。1951 年，开始从事胸外科专业。1954 年起，晋升外科学副教授、教授。历任中山医院胸外科副主任、主任，外科教研组主任，上海市心血管病研究所副所长、所长，上海第一医学院院长。曾任国务院学位评定委员会委员，卫生部学位评定委员会副主任委员，中华胸心血管外科学会、中华医学教育学会和中华心血管病学会副主任委员，上海市医学会副会长，上海市科协副主席，上海市胸心血管外科学会主任委员。

开创国内胸心外科十余项手术：肺转移性肿瘤切除术，全脓胸全肺一期切除术，肺切除后胸膜成形术，异位右锁骨下动脉结扎切断术，法洛四联症体肺分流术，胸骨后空肠代食管术，国内首例动脉导管缝合切断术，国内首例先天性食管闭锁及食管、气管瘘一期根治手术，低温麻醉心内直视房间隔缺损缝合术，低温麻醉并应用人工心脏施行主动脉弓全弓切除同种异体主动脉弓移植术治疗二例梅毒性主动脉弓动脉瘤，应用深低温体外循环施行左心室室壁瘤切除术和二尖瓣狭窄合并关闭不全心内直视瓣膜整复术，应用生物瓣膜施行单瓣膜或多瓣膜替换术。1959 年，研制成功中国第一台人工心肺机，并为 11 例先天性心脏病患者使用此心肺机施行体外循环心脏直视手术，9 例获得成功。

发表学术论著近百篇。主编《实用外科学》《胸心外科手术图解》《血管外科手术图谱》。参编全国高等医学院校教科书《外科学》《黄家驷外科学》《血管外科学》《胸心外科手术学》等。担任《中华胸心血管外科杂志》编委会副主任，《中华外科杂志》《中华心血管病杂志》《中华胸心血管外科杂志》编委。曾获上海市先进工作者、全国先进生产者、全国社会主义建设先进生产者等荣誉称号。

廖履坦（1931—2014），福建福州人。肾脏病学专家，中国透析技术的主要奠基人之一。中山医院终身荣誉教授。曾任中山医院肾内科主任。

1957年7月，毕业于中国医科大学医学系，在中国医科大学第二医院担任住院医师。1960年，进入上海第一医学院中山医院工作。曾在中山医院心内科进行临床和科研工作十余年，师从心脏病学专家陶寿淇。1975年，调至肾内科工作并担任主任，开展和完善慢性肾衰竭的替代治疗。"血液净化系列研究"获得1989年卫生部科技进步奖二等奖。1980年，在国内率先提出急性肾衰竭早期、充分和预防性透析的具体指征。1984年，在国内首次提出非少尿型急性肾衰竭的定义。在疑难危重肾脏病、水电解质酸碱失衡和狼疮性肾炎等方面开展系统研究，经验丰富。

1985—1996年，先后参加国际学术会议30余次，其中做大会专题报告12次，交流论文47篇。1985年，受邀在美国哥伦比亚大学圣路克医院肾科担任客座教授并进行授课。曾任美国人工器官学会会员、国际血液净化学会会员、国际腹膜透析学会会员、国际肾脏病代谢和营养学会创建委员。曾任上海医科大学肾脏研究中心副主任、上海市肾病与透析研究所名誉所长、中华医学会肾脏病学分会常务委员兼透析移植学组组长、上海肾脏病学会主任委员、国际肾脏病学会急性肾衰竭突发事故急救协会中国负责人、卫生部药品审评委员会委员。担任《实用内科学》副主编，《肾脏病、透析与肾移植杂志》副主编，《实用内科杂志》常务编委，《中华肾脏病杂志》《透析与人工脏器》及《国际营养杂志》编委。1992年起享受国务院政府特殊津贴。

王快雄（1923—2016），江苏常熟人。放射学专家。中山医院终身荣誉教授。

1948年，毕业于上海医学院医疗系。历任中山医院放射科主治医师、副教授、教授。曾担任上海医科大学放射学教研室主任、全国医用X线设备及用具标准化技术委员会和X线分技术委员会委员、中华医学会放射学会上海分会委员、《临床放射学杂志》顾问、上海医科大学专家委员会委员等职。

长期从事放射学临床诊断和治疗工作。早年克服放射治疗机器设备差的困难，自己改进设备，提出提高疗效的X线放射治疗方案及预防并发症等措施，并总结和撰写出相关论文。重视对科室青年医师及研究生的培养，治学严谨。1979年，参加并完成中国第一部放射学教学电影的制作，开创了放射学视频教学的先河。

发表《白血病的全身X线治疗》和《食管癌的旋转治疗及腔内镭疗》等论文20余篇。参加编写《X线诊断学》《X线诊断学进展》《医学百科全书·X线诊断学》，编译《放射治疗学——原理、方法与效果》。1979年，被评为中山医院先进工作者。1985年，被评为上海医科大学优秀教师。

第二章　人物简介

朱无难(1920—　　)，湖南长沙人。消化病学专家、医学教育家。中山医院终身荣誉教授。

1946年，毕业于湘雅医学院(后更名湖南医学院)。1946—1948年，任南京中央医院内科住院医师。1949—1954年，历任湘雅医院住院医师、主治医师。1954年，至上海第一医学院内科学院工作。后随学校院系调整，在中山医院内科历任主治医师、副教授、教授、博士生导师。1978年，中山医院成立消化科，朱无难任首任主任，兼任内科教研室主任。1986年，加入中国共产党。1994年，被聘为中山医院终身荣誉教授。曾任中华医学会消化病学分会常务委员、上海市医学会消化病学分会副主任委员、上海医科大学专家委员会委员。

从事肝病及胃肠病学的临床、教学及科研工作。20世纪50年代，自制腹腔镜，在国内较早开展腹腔镜检查，是中国消化内镜的先行者。1958年，参加上海县血吸虫病防治工作。20世纪60年代，仿制成功成人和小儿"一秒钟肝穿刺针"，为肝组织活检病理诊断创造条件。1965年，任上海第一医学院医疗队队长赴江西革命老区进行巡回医疗。20世纪70年代末，带领研究生在国内率先开展"腹水浓缩回输治疗肝硬化患者腹水"的研究。"应用国产羟烷基淀粉透析治疗肝硬化腹水"的研究获1982年上海市科技成果奖三等奖。完善各项内科规章制度，实行总住院医生制，制订低年资住院医师及高年资住院医师的培养计划。坚持三级查房制度，重视住院医生和实习医生基础知识及基本技能的训练。

共发表论文90余篇，担任《实用内科学》(第五至十版)编委，参与编写统编教材《内科学》(第一至四版)。担任《汉英医学大词典》、《中华医学杂志》(英文版)编委，《国外医学·消化系疾病分册》副主编，《中华消化杂志》副主编、编委、顾问，《中国内科年鉴》编委及顾问，《临床肝胆病杂志》名誉编委，《中国临床医学》副主编、编委等职务。享受国务院政府特殊津贴。

袁耀萼(1923—　　)，女，山东荣成人。妇产科教授。中山医院第一任党支部负责人。

19岁参加革命。1946年8月，在上海医学院加入中国共产党。入党后，积极参加学生运动和对敌斗争。"五二〇"学生运动后，面对国民党反动派镇压抓捕，继续在隐蔽战线开展工作，担任联络员，完成党组织交给的任务。1948年底，顺利完成上海地下党医务党总支下达的任务，保护中山医院在中华人民共和国成立前夕免受国民党特务的破坏，迎接上海的解放。上海解放后，回到中山医院担任党支部第一任支部书记。与医院其他领导一同组织开展整编节约活动，在药品、水电、文具和医疗物资方面制订节约方案，按月将各科室和部门所用物品盘点后编制在册，对每月物资运用情况进行比较和公示。1950年4月，参加中国人民解放军第三野战军九兵团二十军防治血吸虫病工作，荣立四等功。1953年，赴俄罗斯攻读研究生并获副博士学位。1956年11月回国后，在上海第一医学院附属妇产科医院工作,历任主治医师、副教授、教授,曾任妇产科医院副院长。建立医院妇产科研究所并担任副所长,是国内生殖免疫学研究的先驱。"测定胎儿宫内生长迟缓诊断"获国家卫生部甲级科技成果奖三等奖;"女用长效口服避孕药远期安全性研究"获国家科技攻关成果奖二等奖。参编《女性生殖系统恶性肿瘤》等专著。

陈灏珠(1924—),广东新会人。心血管病学家、医学教育家,中国当代心脏病学主要奠基人之一。中山医院终身荣誉教授。中国工程院院士。

1949年,毕业于国立中正医学院。1948年,被推荐进入中山医院实习,毕业后留院在内科工作。历任上海医学院附属中山医院和内科学院住院医师、主治医师,内科副教授、教授、博士生导师。曾任中山医院心内科主任、上海市心血管病研究所所长和名誉所长。

从事心血管病内科医疗、教学、科研工作近70年。中国心血管病侵入性诊治法奠基人之一。率先在国内开展左心导管等介入诊断法,冠状动脉造影、冠脉腔内超声检查和用超速起搏法治疗顽固性快速心律失常,达国际先进水平。中国研究冠心病、动脉粥样硬化和高脂血症的先驱者之一。在国内较早研究用活血化瘀法治疗冠心病并阐明其原理;研究与冠心病有关的中国人血脂水平,提出的中国健康人血脂值现被公认为真正的正常值。此外,也是中国较早开展原发性心肌病、心脏肿瘤、心脏流行病学研究的专家,率先提出中国心脏病病种变迁、流行趋势和防治对策。医术精湛,曾成功抢救濒死的心肌梗死外宾,产生良好国际影响;在国内外首先用超大剂量异丙肾上腺素治疗"奎尼丁晕厥"取得成功。

担任《中华心血管病杂志》《中国实用内科杂志》《中国介入心脏病学杂志》等顾问。主编《内科学》(第三、四版)、《实用内科学》(第十一、十三版)等。获国家科技进步奖二等奖2项、全国科学大会重大成果奖2项、省部级科技进步奖和教学成果奖一等奖8项。获得中国介入心脏病学终身成就奖、上海市科技功臣奖、上海市优秀科研院所长、中华医学会百年纪念荣誉等。

吴肇光(1925—),广东四会人。外科学家、医学教育家,重症医学领域的先驱者,中国现代外科事业奠基人之一。中山医院终身荣誉教授。

1941年,先后就读于香港大学和上海圣约翰大学。1943年,进入上海医学院临床医学系学习。1949年,赴美国新泽西州 Alexian Brothers 医院和泽西市医院学习工作。1956年回国,在中山医院从事普通外科工作。先后担任中山医院外科教研室副主任和主任、普通外科副主任和主任。中国致公党中央委员,中国致公党上海市委副主任委员、主任委员,中华基督教青年会全国协会会长,第五至八届全国人大代表、第十届上海市人大常委会副主任。获上海市先进工作者、上海市劳动模范、上海市侨界"十杰"等荣誉称号。享受国务院政府特殊津贴。

手术技艺精湛,率先在国内开展规则性肝切除和结肠咽部高位代食管术等多项高难度手术。

1977年,协助完成国内首例尸体肾脏移植术。1978年,主持开展肝脏移植术。1978年,创建中山医院重症监护病房(ICU),并关注重症医学学科发展。1986年,主持治疗世界首例依靠全肠外营养长期生存的全小肠及右半结肠切除患者。因在外科营养领域的开拓性研究,先后获1994年上海市科技进步奖二等奖和 1996 年卫生部科技进步奖二等奖,并被鉴定为"八五"期间重大科技成果。"肝肾衰竭中分子物质测定"获上海市技术革新奖。

在国内外医学杂志上共发表论文 100 余篇。先后参与主编《外科学》(沈克非主编)、《腹部外科手术学》、《实用外科学》、《血管外科手术图谱》,主持和翻译《重症监护治疗》和《外科营养》等学术专著。

郑俭璧(1925—),女,福建长乐人。护理学家。中山医院终身荣誉教授。曾任中山医院护理部主任。

1940 年,就读于福州私立协和高级护士学校。1944 年毕业后,就职于福州省立第二医院。1948 年开始,在中山医院工作,任护士、护士长。1950 年 12 月,参加抗美援朝医疗手术队,任护士长。1951 年 8 月,先后进入长春军医大学附属医院、抗美援朝志愿军第 47 军后勤卫生部医政科工作。1952 年 8 月,调回中山医院,先后担任护士长、科护士长、护理部主任。1979—1984 年,兼任中山医院卫生学校副校长。曾任第十八届中华护理学会理事、第四届上海市护理学会副理事长、上海市高级技术职称专业评审组成员。

从事护理工作 40 余年,通晓外科护理,具有丰富的医院护理管理工作经验。在中山医院主持或参与建立并落实护士长查房、护士长夜查房、抢救车管理、双人核对、患者出入院与患者健康宣教等 20 项护理制度,开展实行岗位责任制。注重护理教育,培养各级护理人员。紧抓临床护理的"三基"培养,举办专项讲座,提高护士对新技术的了解及丰富理论知识。在国内,较早组织开展护理讲座和护理论文报告会,提高护理工作的理论水平。

1977—1979 年,连续三年被评为上海第一医学院附属中山医院先进工作者;1978、1979、1984 年上海第一医学院先进工作者;1981 年上海市优秀护士;1984 年上海市三八红旗手。2016 年,上海市护理学会授予郑俭璧特别荣誉奖,表彰其在上海护理事业和学会工作中所做出的杰出贡献。

张培胜(1930—),上海人。曾任中山医院党委书记。

原汇明电动厂职工。"文化大革命"期间,跟随工宣队进驻中山医院。1970 年 8 月,中山医院党总支进行重建,张培胜作为工宣队队员之一担任中山医院党总支委员。1976 年 7 月,中山医院调整党的委员会成员,张培胜担任党委书记至 1978 年。后从上海市轻工业建筑构配件公司离休。

汤钊猷(1930—),广东新会人。肝癌研究专家、肿瘤外科学家,小肝癌研究奠基人之一。中山医院终身荣誉教授。中国工程院院士。

1949 年考入上海医学院,毕业后进入中山医院外科工作。肝肿瘤外科主任医师、教授、博士研

究生导师,中国工程院院士,复旦大学肝癌研究所所长。曾任上海医科大学校长、国际抗癌联盟(UICC)理事、国家教委科技委副主任、中国工程院医药卫生学部主任、中华医学会副会长、中国抗癌协会肝癌专业委员会主任委员、上海市医学会副会长。

早年从事血管外科和显微血管外科研究。1968年开始,致力于肝癌的临床诊治和基础研究。开展小肝癌研究,首次提出"亚临床肝癌"概念,攻克早诊早治的关键技术,大幅度提高临床疗效;首次建成"高转移人肝癌模型系统",并提出肝癌转移新理论。这两项研究成果显著提高了中国肝癌诊治水平,挽救大批患者生命。以第一完成人获得1985年和2006年国家科技进步奖一等奖。

推进国际和国内肿瘤学术交流,曾两次担任国际癌症大会肝癌会议主席,主办上海国际肝癌肝炎会议并任主席。主编《现代肿瘤学》等9部专著,参编《临床肿瘤学手册》等10部国际专著,发表SCI论文400余篇。获何梁何利科技进步奖、中国医学科学奖、中国工程科技奖、吴阶平医学奖、陈嘉庚生命科学奖和上海市科技功臣奖、上海市教育功臣奖,并获全国五一劳动奖章和白求恩奖章。

诸骏仁(1931—　　),江苏无锡人。心血管病学家、老年医学家,中国药物临床试验质量管理规范奠基人。中山医院终身荣誉教授。

1953年,毕业于上海第一医学院。1959年,内科研究生毕业后进入中山医院工作。曾任中山医院大内科主任、国家新药临床试验研究中心主任、中山医院临床药理研究室主任、世界卫生组织药品评审顾问、国家药典委员会委员、国家药品监督管理局药品审评专家、中华老年医学学会副主任委员、亚太动脉粥样硬化与血管疾病学会创始会员与理事。

最早致力于推动中国药品临床研究与国际接轨,负责起草及主译中国药物临床试验质量管理规范(GCP),推动中国临床研究的标准化和国际化,为循证医学的发展做出巨大贡献。曾担任5项临床试验的指导委员会委员或国家协调员。先后主持"七五"至"九五"国家重点科技攻关计划项目。1994年开始,负责筹建国家(心血管)新药临床试验研究中心。长期致力于心血管病的研究工作,在心律失常、血脂、老年心血管病、心血管药物等领域取得卓著成果。

发表各类学术论文120余篇。主编《中西药物临床指导》、《家庭医学全书》、《辞海》(内科部分),编写《实用内科学》《实用心脏病学》《中国医学百科全书·心脏病学》等。担任 *Circulation*(中文版)、《国外医学·心血管疾病分册》主编,*JAMA*(中文版)、《国外医学·老年医学分册》副主编,国内外多家杂志编委。以第一完成人获得国家科技进步奖三等奖、卫生部科技进步奖二等奖、上海市科技进步奖三等奖、光华科技奖等奖项。

秦万章(1931—　　),江苏高邮人。皮肤病学家。曾任中山医院皮肤科主任。中山医院终身荣誉教授。

1957年,毕业于上海第一医学院医疗系,后至附属华山医院皮肤科工作。1964年,中央卫生部西学中研究班结业。1981年4月,调入中山医院皮肤科担任主任。

主要从事中西医结合治疗自身免疫病及相关皮肤病的研究。以中西医结合治疗红斑狼疮、皮肌炎、硬皮病等结缔组织病和各种疑难、顽固性皮肤病为学科特色,并形成一套完整的结缔组织病诊疗规范和特色治疗方案;自主研制多种中药制剂及外用制剂,具有鲜明的技术特色,在国内皮肤科领域享有较高声誉。

先后担任中华医学会皮肤病学分会副主任委员、上海市中西医结合红斑狼疮医疗协作中心和全国红斑狼疮研究会主任、上海名老中医药专家继承人导师(博士生导师)、全国及上海中西医结合学会皮肤科专业委员会荣誉主任委员等职务。在国内外学术期刊共发表论文100余篇,主编和出版十余部专著,获"雷公藤研究有杰出贡献的人物"奖、全国中西医结合先进工作者称号。曾获1965年卫生部科技成果奖二等奖、1982年全国科学大会重大成果奖、1987年上海市科技进步奖三等奖、1990年上海市科技进步奖三等奖、1991年上海市卫生局科技进步奖三等奖、2005年中国中西医结合学会科学技术奖三等奖等。

朱新华(1931—),上海宝山人。高级政工师。曾任中山医院党委书记。

历任上海市郊工委青工部副部长,上海青年报社编委,上海第一医学院卫生系机关党委常委、党支部书记、党总支书记,卫生部国家中医药管理局所属医院思研会理事,上海市卫生系统思研会理事理论组研究员,上海医科大学思研会常务理事等职务。1984年11月至1992年10月,任中山医院党委书记。1992年11月退休。

担任党委书记期间,中山医院成立上海医科大学肝癌研究所,建立血管外科、放射介入科、老年病科、内分泌科、风湿病组,成立中山医院天马山分院。在1988年上海"甲肝"大流行、1991年洪涝灾害中,组织中山医院医务人员开展医疗救治。1991年,组织援助摩洛哥医疗队。开展"爱中山、做中山人"等主题教育活动,举办首届"文化艺术节"。主持成立精神文明建设办公室、纠风工作领导小组,建立院长、书记每周一次接待日制度和科室精神文明建设考核制度,实行院长民主评议考核制。担任党委书记期间,中山医院连续3届被评为上海市文明单位,并通过了三级甲等医院评审。

徐智章(1932—),江苏昆山人。超声医学家,中国超声医学奠基人。中山医院终身荣誉教授。

1955年,毕业于上海第一医学院医学系。先后任中山医院超声科主任、复旦大学超声医学与工程研究所所长、上海市医学会超声诊断分会主任委员、中华医学会超声诊断分会第二届委员会主任委员、中国医师协会超声医师分会第二届委员会名誉主任委员、亚洲超声医学生物学联合会常务理事、中国生物医学工程学会医学超声工程分会主任委员、中国生物医学工程学会副理事长等。

自主研发成功手动式B型超声、M型超声心动图及多普勒超声血管诊断仪及相关设备,并在国内首先应用于临床。在国内率先开展小肝癌筛查的多项超声新技术应用,诊断符合率达95%以上。1985年,以大会主席身份,成功举办国内首次超声医学国际学术会议——世界超声医学与生物学联合会大会。1988年,获国际超声先驱者奖。

1996 年，牵头成立中国上海中山-美国费城杰斐逊超声教育培训中心，任中心主任。2000 年，申请成立上海市超声质量控制中心，任中心主任，主持制定国内首部超声质控规范。

在国内外学术刊物和学术会议上发表科研论文 50 余篇。主编超声医学专著 4 部，参编 26 部。1991 年创刊《中华超声影像学杂志》，并任首任总编辑。

姜立本（1932— ），江苏东台人。康复医学专家。中山医院终身荣誉教授。

1957 年，毕业于上海第一医学院医疗系本科，进入中山医院任住院医师，后晋升主任医师、硕士研究生导师。曾任上海医科大学中山临床医学院副院长、中山医院副院长、中山医院康复科创始人、上海市中西医结合康复医学研究所第一任所长等。

从事骨科、康复专业逾 60 年，积累丰富临床教学和科研经验。在国内率先提出连枷腿的综合治疗方案，较早地开展带血管骨移植及人工关节置换，对断肢再植、大面积烧伤的治疗做出开拓性的工作。从事高龄老人康复外科的探索，在严重创伤的救治和发展现代康复医学领域做出较大的贡献。

曾任中国康复医学会理事、中残联康复协会常务理事、中国神经伤残康复研究会副理事长、中国脊髓损伤研究会副会长、上海市康复医学工程研究会副理事长兼秘书长、中国康复医学会上海分会副会长等。曾被评为中国残疾人康复协会小儿麻痹后遗症研究会有突出贡献的委员。发表主要论文 30 余篇，参编专著 20 余部。曾任《国外医学·创伤与外科基本问题分册》《中国矫形外科》《中国康复医学》《中华物理医学》等杂志编委。

杨英珍（1933— ），女，上海人。中国病毒性心肌炎研究奠基人。中山医院终身荣誉教授。

1956 年，毕业于上海第一医学院。1962 年，上海第一医学院研究生毕业。历任中山医院心内科主治医师、副教授、教授、博士生导师。1981 年赴美国爱德华·史派罗（Edward Sparrow）医院进修心脏病毒学。曾任卫生部病毒性心脏病重点实验室主任、上海市心内科领先学科带头人、"211" 工程内科重点学科总负责、上海市心血管病研究所副所长。

从事病毒性心肌炎发病原因和诊断治疗研究，建立分子生物学和分子免疫学病因诊断方法。开展以黄芪为主导的中西药结合治疗病毒性心肌炎方法的研究和应用，改善中国病毒性心肌炎的诊断与治疗水平。1979 年，创建中国第一个心血管病毒研究室，开设国内第一个心肌炎专科门诊。1994 年，组建卫生部病毒性心脏病重点实验室。

担任《中华内科杂志》《中华心血管病杂志》《中国心血管病杂志》等杂志编委。出版《病毒性心肌炎》《病毒性心脏病》专著 2 部。获得国家重大科技攻关项目、国家自然科学基金、卫生部基金、世界卫生组织病毒性心脏病实验诊疗技术和群体防治培训课题等研究基金资助。作为第一完成人，获国家科技进步奖二等奖、卫生部科技进步奖一等奖、国家教委科技进步奖二等奖等奖项。曾被授予中国女医师杰出贡献奖。

吴肇汉（1938— ），上海人。外科学家、临床营养学家。中山医院终身荣誉教授。

1962年，毕业于上海第一医学院。曾任中山医院外科教研室主任、普外科主任，上海市临床营养研究中心主任。历任中华医学会外科学分会副主任委员、中华医学会上海市外科学会主任委员、中华医学会外科学分会临床营养支持学组组长。

从事外科学基础与临床领域的探索、实践及创新研究。参与创建国内首个普外科重症监护室（ICU），在治疗休克、急性呼吸窘迫综合征及多器官功能衰竭等方面积累丰富的经验，为中山医院外科监护室的发展奠定基础。系统深入研究各种营养素的特征、补充途径及并发症防治，主持制定中国首部《肠内、肠外营养临床实施指南》，为营养治疗的成功实施及在全国范围的推广应用做出贡献。开展家庭肠外营养治疗方法使全小肠切除患者健康存活30年，创造该领域的世界纪录。

共发表研究论文200余篇，先后培养硕士生、博士生各12人。担任卫生部规划教材《外科学》（第六、七版）主编、《实用外科学》（第三、四版）主编，并担任多本医学杂志的副主编或编委。研究成果"短肠综合征的实验与临床研究"获得上海市科技进步奖一等奖（第一完成人）。获得中华医学会外科学分会终身成就奖。

杨秉辉（1938— ），江苏镇江人。肝脏病和肿瘤学家，中国全科医学主要开创者之一。中山医院终身荣誉教授。曾任中山医院院长。

1962年7月，毕业于上海第一医学院医学系，进入中山医院工作。历任住院医师、主治医师、副教授、教授、博士生导师。1984年起，历任中山医院副院长、院长。曾任中华医学会常务理事、中华医学会全科学分会主任委员、中国抗癌协会肝癌专业委员会主任委员、中国健康教育协会副会长、上海市科普作家协会理事长、上海医学会科普分会主任委员、上海市政协委员、上海市科学技术协会副主席等职。1999年，被评为全国卫生系统先进工作者、全国优秀院长。

中国肝癌筛查工作的主要开创者。1985年，"小肝癌的诊断与治疗"研究获国家科技进步奖一等奖。在肝癌早期诊断方面，开展迄今最大队列的前瞻性随机对照研究，确立肝癌筛查及早期诊断的模式及方案，为多个国际指南所采用。致力科学普及工作，2000年，获国家科技进步奖（科普著作）二等奖；2012年，获上海市科技进步奖一等奖。在中山医院建立全国第一个全科医学科。

在国内外发表学术论文150余篇。主编中国高等医学院校第一部全科医学教材《全科医学概论》。主编《原发性肝癌的研究与进展》《肝胆肿瘤学》《内科治疗矛盾》《现代内科学进展》《全科医学概论》等。参与编写《现代肿瘤学》、*Primary Liver Cancer*等学术专著。曾任《中华医学杂志》副总编、《中华全科医师杂志》总编。曾主持多档科普节目，出版科普著作50余部，发表科普文章近千篇。

周康荣（1940— ），江苏溧阳人。放射诊断学家。中山医院终身荣誉教授。

1965年，毕业于上海第一医学院。后在中山医院从事医学影像学临床和科研工作近60年。

1981年，成为中国第一批访问学者，赴美国哈佛大学医学院深造。回国后先后担任中山医院放射科和教研室副主任、主任。

潜心钻研CT、MRI技术，带领科室和研究生团队在医、教、研领域取得重大成绩，成为"985""211"工程重点建设学科及上海市重点学科领军人物。2001年，作为学科带头人，申报复旦大学影像医学与核医学成为国家级重点学科。同年，创立上海市影像医学研究所，并担任所长。

以第一作者或通讯作者发表论文500余篇。其中，有关肝癌影像诊治方面的论文152篇，被SCI收录35篇。出版CT、MRI等大型经典专著十余部（均为主编）。担任国内和国外多家杂志主编、名誉主编及顾问，多家医科大学客座教授。领导的科室和研究所获奖30余项；个人获得科研项目20多项，科研资金逾1 000万；获省部级以上科技成果奖18项，其中，2005年国家科技进步奖二等奖1项（影像界首次），上海市科技进步奖一等奖2项，教育部和中华医学会一、二等奖3项。2006年，获复旦大学校长奖。2008年，获上海市医学荣誉奖。

王吉耀（1944—　），女，上海人。消化和肝脏病专家，中国临床流行病学和循证医学的开拓者。中山医院终身荣誉教授。

1967年，毕业于上海第一医学院医学系。1981年，获上海第一医学院内科消化病专业硕士学位。1986年，获加拿大麦克马斯特大学临床流行病学科学硕士学位。复旦大学内科学二级教授、博导。曾任中山医院内科教研室主任、消化科主任，上海医学院内科系主任，复旦大学循证医学中心主任。中国临床流行病工作网主席、国际临床流行病工作网董事。

在国际上率先开展靶向分子影像学无创诊断肝纤维化的研究，找到并证实"土三七"致肝窦阻塞综合征的毒性成分。在国内积极推进临床流行病学的发展，将"循证医学"的概念引入中国。

发表论文200余篇，SCI收录80余篇。研究成果分别获国家科技进步奖二等奖，上海医学科技奖一等奖，教育部科技进步奖二等奖，中华医学科技奖三等奖，上海市科技进步奖一、二、三等奖等16项。授予发明专利3项。主编的七年制规划教材《内科学》和全国"十五"规划教材七、八年制《内科学》分别获国家和上海市优秀教材奖，《实用内科学》（第十四至十六版）共同主编。获上海市教学成果奖一、二等奖。

曾先后获上海市三八红旗手、上海市优秀教育工作者、上海市高校教学名师、上海市高尚医德奖和"国之大医"、上海市白玉兰医学巾帼成就奖等荣誉。

王玉琦（1947—　），北京人。血管外科学家、医院管理学家。中山医院终身荣誉教授。曾任中山医院院长。

1970年，中国医科大学（现中国协和医科大学）毕业。1982年，上海第一医学院硕士研究生毕业，获硕士学位。1986—1989年，在澳大利亚墨尔本大学奥斯汀医院血管外科进修。1986年起，任中山医院血管外科主治医师、副教授、教授、博士研究生导师。1991年12月，任中山医院副院长（分管医疗）。1999年12月，任常务副院长。2003年1月，任中山医院院长，兼任中山医院青浦分院院长。曾任上海市医务工会副主席、中华医学会常务理事、中华医学会外科分会血管外科学组组长、

亚洲血管外科学会理事长、上海市医院协会副会长等职务。

在治疗颈动脉狭窄、四肢和内脏动脉闭塞、动脉瘤、血管损伤和下肢静脉疾病等方面有丰富经验。系统研究国内颅外颈动脉狭窄和缺血性脑卒中的关系并成功开展颈动脉内膜切除治疗小卒中。在国内首先采用原位大隐静脉旁路移植术治疗下肢长段动脉闭塞症。发表论文100余篇，先后主编《血管外科治疗学》等多部专著。曾获上海市科技进步奖二等奖。

在医院管理方面，倡导"病人多看一点""态度好一点""质量高一点"的服务理念。注重人才培养，推进科技兴院。2006年，获中国医院协会全国优秀院长奖。2010年，获中国医院协会全国医院管理突出贡献奖、上海医科大学首届医院管理突出贡献奖和上海市优秀院长、上海市职工信赖的好院长等荣誉称号。

秦新裕（1953— ），江苏高邮人。外科学教授、博士研究生导师。曾任中山医院党委书记。

1975年，上海第二医学院医学系毕业。1981年，上海第一医学院外科硕士研究生毕业。1988年，英国伦敦大学皇家伦敦医院医学院博士研究生毕业。历任中山医院普外科副主任、主任，院长助理、副院长。2007年8月至2015年7月，担任中山医院党委书记，兼任徐汇区枫林社区（街道）党委副书记。2008年3月起，担任复旦大学普外科研究所所长。

作为胃肠外科专家，领导团队在人工肝、胃肠动力、胃肠肿瘤、多学科团队诊疗（MDT）模式、加速康复外科建设等多个领域颇有建树。主持多项国家临床重点专科和国家自然科学基金等项目，发表学术论文350余篇，主编专著5部。担任国家五年制和八年制全国统编教材《外科学》副主编，并担任《中华外科杂志》等十余本外科学杂志的副主编。以第一完成人先后获得国家科技进步奖二等奖，教育部科技进步奖一等奖，上海市科技进步奖一等奖、三等奖。担任中华医学会外科学分会副主任委员、胃肠外科学组组长，上海医学会外科专业委员会、普外科专业委员会名誉主任委员，上海市医师协会普外科医师分会会长。

担任医院党委书记期间，在中山医院开展"改善服务抓质量，培育人才促学科，科学发展创一流""爱国爱院，励志兴邦""严格管理，狠抓质量，争先创优，科学发展"等主题活动。组织2008年汶川、2010年青海玉树抗震救灾医疗队。开展第一届精神文明建设"创新奖、金点子奖"评选。

王小林（1953— ），上海人。影像医学、介入放射学专家。曾任中山医院党委书记。

1977年，毕业于上海第一医学院医疗系，进入中山医院放射科工作。1984年起，从事介入放射治疗专业。1996—1997年，在美国得克萨斯州立大学担任高级访问学者。复旦大学工商管理研究生毕业。主任医师、教授、博士研究生导师，上海市影像医学研究所所长。历任中山医院院办主任、院长助理、财务处处长、副院长、工会主席。2004年6月至2007年8月，任医院党委书记，兼任枫林街道党工委副书记。曾任上海医科大学副校长，复旦大学校长助理、党委副书记，徐汇区第十五届人大代表、常委等职务。

国内最早参与介入放射研究和介入治疗应用、介入新器材研发的学者之一。擅长中晚期肝癌、胃癌、良、恶性梗阻性黄疸和血管等疾病及术后胆道残余结石网篮取石等介入治疗。主持或参与的科研项目曾获卫生部科技进步奖三等奖，上海市科技进步奖一、二等奖等。主持上海市科委、国家教委博士点和卫生部科研课题十余项；在国内外学术刊物发表论文300余篇。主编《胆道疾病介入放射学》和《腹部介入放射学》，参编专著6部。先后指导硕士研究生、博士研究生、博士后40人。曾连续兼任中华放射学会介入分会委员、上海市医学会放射学会分会委员和上海市疾病预防控制中心慢性非传染性疾病介入组副组长。担任《介入放射学杂志》《中国医学计算机成像杂志》《中华现代中西医杂志》和《中华现代临床医学杂志》等学术期刊的副主编或编委。

任中山医院党委书记期间，注重医院形象塑造，开展"关爱病人、和谐发展"教育活动，倡导开设中层管理干部和业务科室主任高级研修班，注重年轻干部的培养和管理，并出台《青年管理干部培养方案》，建立岗位轮转和导师制。

施荣范（1954—　　），浙江慈溪人。副研究员。曾任中山医院党委书记。

1980年，毕业于上海第一医学院公共卫生学院。毕业后留校工作，曾先后担任公共卫生学院学生年级党支部书记，上海医科大学校团委书记、总务处长、后勤党总支部书记、校党委常委、校长助理。1992年10月，任中山医院党委副书记（主持工作）。1993年4月至2004年6月，任中山医院党委书记。2004年8月至2005年8月，任复旦大学党委常委、纪委书记。2005年8月起，任上海申康医院发展中心党委副书记、纪委书记。2008年4月起，任上海申康医院发展中心党委书记。

担任中山医院党委书记期间，积极探索党建工作新模式，完成全院党支部的调整，初步达到"划小支部，支部设在科室之上"的目的。改善支部委员的学历、年龄结构，加强支委培训，开展党课教育创新活动和"组织生活创新奖"评选活动。规范干部选拔任用程序，实行干部任前公示制，制定《中山医院加强管理干部队伍建设的若干措施》。重视精神文明建设，创办《中山医院报》，开展"高尚医德奖""最佳服务明星"等评选活动。认真落实党风廉政建设责任制，成立监察审计室及后勤经审小组，并制定完善一系列廉政、行风规章制度。

曾先后获得上海市优秀思想政治工作者、全国优秀教育工作者、上海市精神文明建设活动优秀组织者等荣誉称号。

樊　嘉（1958—　　），江苏江都人。外科学家、肝肿瘤外科与肝脏移植专家。中国科学院院士。2013年12月起任中山医院院长。

1983年7月，南通医学院本科毕业。1987年，南京铁道医学院硕士研究生毕业，获硕士学位。1995年7月，上海医科大学博士研究生毕业，获博士学位。1999—2000年，美国匹兹堡大学访问学者。历任中山医院肝癌研究所主治医师、副教授、教授。曾任肝外科副主任、主任。博士研究生导师。2003—2013年，任中山医院副院长。2013年12月起，任中山医院院长。兼任中山医院青浦分院院长、复旦中山厦门医院院长、上海市肝病研究所所长、复旦大学肝癌研究所常务副所长。曾任中华医学会肿瘤分会主

任委员、中国抗癌协会肝癌专业委员会主任委员。现任上海市医院协会常务副会长、上海市医院管理学会副会长、中华医学会常务理事、中国医师协会常务理事、中国抗癌协会常务理事等职。

在肝癌门静脉癌栓、肝癌肝移植、肝癌复发转移与肿瘤微环境研究等方面颇有建树。带领团队开创多个国内乃至全球首例技术；作为第一完成人获国家科技进步奖 2 项、教育部自然科学奖一等奖 1 项以及上海市科技进步奖一等奖 2 项；作为主要完成人获国家科技进步奖一等奖 1 项和国家科技进步奖二等奖 1 项；负责国家科技重大专项子课题等国家级项目 9 项。担任美国外科医师学院研究员、美国临床肿瘤学会资深会员、美国临床外科学会会员、*Liver Cancer* 杂志副主编。以第一及通讯作者身份发表 SCI 论文 150 篇，单篇最高引用约 640 次，包括 *Nature*、*Lancet Oncology*、*J Clinical Oncology* 等杂志。获全国劳动模范、全国医药卫生系统创先争优活动先进个人、"十佳"全国优秀科技工作者、全国十大我最喜爱的健康卫士、全国优秀教师、宝钢优秀教师奖、健康促进卓越院长奖、中国医师奖、谈家桢生命科学奖临床医学奖、何梁何利科学与技术进步奖、上海市劳动模范、上海市劳模年度人物、首届上海市"十佳"医生、上海市仁心医师奖、上海市科技精英、上海市首批领军人才、上海市优秀学科带头人、励树雄教育卫生奖等荣誉。卫生部有突出贡献的中青年专家。享受国务院政府特殊津贴。

汪　昕（1962—　），上海人。神经内科专家，教授，博士生导师。2015年 8 月起任中山医院党委书记。

1984 年 7 月，毕业于第四军医大学。2006 年 7 月，复旦大学上海医学院博士研究生毕业，获博士学位。1997—1998 年，在美国克利夫兰临床中心进修。曾任中山医院院长助理、工会主席、副院长。2015 年 7 月起，任中山医院党委书记。担任复旦大学上海医学院神经病学系主任、上海市中西医结合康复医学研究所所长、中华医学会神经病学分会常务委员、中国抗癫协会常务理事、中国卒中学会常务理事、中国医师协会神经内科医师分会癫痫专科副主任委员。2016 年，当选为徐汇区第十六届人大代表，并任徐汇区第十六届人大常委会委员、枫林街道党工委兼职副书记等职务。

从事神经病学临床及科研工作，擅长癫痫、脑血管病、神经康复的临床及基础研究。主持并完成科技部重大专项、国家自然科学基金、上海市科学技术委员会重大重点课题等 15 项。发表论文、论著 140 余篇，主持或参与编写《实用内科学》《实用神经病学》等多部专业著作。先后获得国家教委发明奖二等奖、上海市科技进步奖二等奖、上海市优秀发明选拔赛金奖等。2014 年被评为上海市领军人才。

担任医院党委书记期间，探索党建新格局、新形式，设计开展"红七月"系列活动，开展党建课题研究。在上海市各大医院中率先开通党建园地微信平台。曾获得全国节能先进个人、中国医院协会第一届医院后勤管理先进个人、上海医药卫生行风建设促进会"和谐医患之改善医疗服务，提升病人满意度"优秀管理者等荣誉称号。

葛均波（1962—　），山东五莲人。心脏病学家。中国科学院院士。

1988 年，进入上海医科大学攻读博士学位。1990 年，公派至德国美因茨大学接受联合培养。1999 年，响应党和国家号召，回到中山医院工作。任中山医院心内科主任、上海市心血管临床医学中心主任、复旦大学生物医学研究院院长、中国心血管健康联盟主席。

致力于推动中国心血管疾病诊疗临床技术革新和科研成果转化。在国际上率先应用血管内超声评价冠脉斑块的影像学特征,发现心肌桥特征性改变"半月现象"和"指尖现象";率先在中山医院建立华东地区第一条急性心肌梗死介入抢救绿色通道,为中国胸痛中心的建立和运作提供模式借鉴;研制出国内首个可降解涂层新型冠脉支架和首个完全可降解冠脉支架,打破国外支架的长期垄断;首创逆向导丝技术,大幅提高介入治疗冠状动脉完全闭塞(CTO)成功率,组建中国CTO俱乐部,推进中国CTO病变介入治疗策略的发展和技术革新。成功实施多项首例革新技术:国内首例经皮主动脉瓣膜置入术,亚洲首例经导管二尖瓣夹合术,国内首例经皮肺动脉瓣置入术,世界首例深低温冷冻消融去肾动脉交感神经术等。

主编《内科学》(第八、九版)、《实用内科学》(第十五版)等。作为第一完成人获得国家科技进步奖二等奖、国家技术发明奖二等奖、教育部科技进步奖一等奖、中华医学科技奖二等奖等科技奖项。被授予上海"十大"杰出青年、全国五一劳动奖章、中国侨界杰出人物、白求恩奖章等荣誉。

第三章 先进集体与个人

1959—2017年，医院发展过程中涌现出一系列先进集体与个人，获国家级、省部级和市级各类奖项。获奖主体包括医院、集体和个人，因科研、教育类奖项在相关章节已单独列出，故此章中不再重复列出。

表 8 - 3 - 1 1953—2017 年医院获先进集体与个人情况表

年　份	奖　项　名　称	获奖集体、个人
1953	中国人民解放军东北军区后方总务部二等功	俞信泉
1959	全国卫生先进集体——大搞技术革新和科学研究标兵	中山医院
1979	全国三八红旗手	张仲英
1979	上海市模范集体	中山医院肝癌研究室
1981	上海市劳动模范	徐　和
1982	上海市五好家庭	袁弥满　林　贵
1982	上海市三八红旗手	傅秀美
1984	上海市五好家庭	王圭卿
1985	上海市劳动模范	吴肇光
1985	上海市模范集体	中山医院肝癌研究室
1986	上海市三八红旗手	姜　楞
1986	上海市新长征突击手	徐敏珍
1986	上海市三八红旗集体	中山医院肺科病区
1986	上海市先进教育集体	中山医院内科教学组
1988	全国卫生文明建设先进工作者	林　贵
1988	全国模范护士	张贤玲
1988	上海市三八红旗集体	中山医院护理部
1988	上海市爱国卫生先进单位	中山医院
1989	上海市文明单位	中山医院
1991	全国救灾防病先进集体	中山医院
1991	上海市文明单位	中山医院
1992	上海青年百里挑一"金状元"护理操作"金状元"	徐敏珍
1992	上海市优秀中青年医师	瞿介明
1992	上海市花园单位	中山医院

（续表）

年　份	奖　项　名　称	获奖集体、个人
1992	上海市无烟单位	中山医院
1992	上海市绿化先进集体	中山医院
1992	上海市环境保护先进集体	中山医院
1992	上海市青年文明病区暨上海市新长征突击队	中山医院 28 病区
1992	上海市青年文明服务竞赛优胜病区	中山医院 29 病区
1993	三级甲等医院	中山医院
1993	上海市精神文明百件好事	喻　青
1993	第四届"银蛇奖"二等奖、上海市新长征突击手	瞿介明
1993	第四届"银蛇奖"三等奖、上海市新长征突击手	徐敏珍
1993	上海市优秀青年医务工作者	秦新裕
1993	上海市模范护士	徐　和
1993	上海市社会治安综合治理先进个人	汪荣富
1993	上海市第三届优秀护士	范仲珍
1993	上海市优秀团干部、上海市新长征突击手	刘雪梅
1993	上海市文明单位	中山医院
1993	上海市节约用水夏季保高峰先进集体	中山医院
1993	上海市新长征突击队	中山医院 29 病区
1993	上海市民营科技企业 100 强	中山医疗科技发展公司
1993	上海市绿化工作先进集体	中山医院
1993	上海市爱国卫生标兵单位	中山医院
1993	上海市无烟单位	中山医院
1993	上海市医院健康教育工作先进单位	中山医院
1993	上海市住院医师规范化培养先进单位	中山医院
1994	全国医院管理终身贡献奖	裘　麟
1994	全国卫生系统先进工作者	蒋　豪
1994	全国卫生系统优秀思想政治工作研究会	中山医院思研会
1994	首届上海市医院优秀院长	杨秉辉
1994	上海市全心全意依靠职工办企业十佳厂长（经理）	杨秉辉
1994	上海医学荣誉奖	汤钊猷
1994	上海市社会治安综合治理先进个人	汪荣富
1994	上海市"金榜奖"	刘　玮
1994	上海市三八红旗手	喻　青

（续表）

年　份	奖　项　名　称	获奖集体、个人
1994	上海市优秀团干部、上海市新长征突击手	刘雪梅
1994	上海少年儿童住院医疗保险工作先进个人	吴桂英
1994	"温暖在医院——'天赐福杯'优质服务竞赛"上海市竞赛优胜者	颜美琼　李和平
1994	"温暖在医院——'天赐福杯'优质服务竞赛"上海市优秀组织奖	中山医院团委
1994	"温暖在医院——'天赐福杯'优质服务竞赛"上海市青年示范病区、上海市新长征突击队	中山医院 29 病区
1994	"温暖在医院——'天赐福杯'优质服务竞赛"上海市青年优胜病区	中山医院 11 病区
1994	"温暖在医院——'天赐福杯'优质服务竞赛"上海市青年优胜窗口	中山医院急诊科
1994	上海市三八红旗集体	中山医院外科监护室
1994	上海市红旗团组织	中山医院团委
1995	上海市窗口行业十大优秀职业女性	周以梅
1995	上海市新长征突击手	符伟国　刘雪梅　艾志龙
1995	上海市优秀团干部	刘雪梅
1995	上海市文明单位	中山医院
1995	上海市无吸烟先进单位	中山医院
1995	上海市巾帼文明岗	中山医院电梯组
1995	上海市红旗团组织	中山医院团委
1995	上海市共青团号青年集体	中山医院 22 病区护理小组
1995	上海市新长征突击队	中山医院 22 病区护理小组
1995	上海市部门造林绿化十佳单位	中山医院
1995	上海市红旗团组织	中山医院团委
1996	军队转业干部先进个人	刘恩民
1996	全国卫生文化建设先进单位	中山医院
1996	全国卫生系统优秀思想政治工作研究会	中山医院政研会
1996	卫生部国家中医药管理局所属医院思想政治工作研究会优秀通讯单位	中山医院党办
1996	上海市新长征突击手	邱双健
1996	上海市中西医结合优秀工作者	秦万章
1996	上海市三八红旗手	周以梅
1996	上海市学知识、学科学、学技术先进集体	中山医院护理部

（续表）

年 份	奖 项 名 称	获奖集体、个人
1996	上海市三八红旗集体	中山医院 22 病区护理小组
1996	上海市退休职工管理服务先进集体	中山医院退管会
1996	上海市红旗团支部	中山医院肝癌研究所团支部
1996	上海市共青团号	中山医院肝癌研究所肝肿瘤科
1997	全国科技文化卫生"三下乡"活动先进集体	中山医院
1997	全国卫生系统文化建设先进集体	中山医院
1997	全国模范职工之家	中山医院
1997	全国造林绿化 400 佳单位	中山医院
1997	国家教委计算机临床医学题库优秀奖	施寿康 李耘 张希德 张轶斌 蔡则骥
1997	国家教委全国高等医学院计算机指导委员会和中华医学会教育技术分会学术交流优秀奖	李耘
1997	上海市模范职工之家	中山医院
1997	上海市无烟先进单位	中山医院
1997	上海市企事业协会绿化先进单位	中山医院
1997	上海市健康教育先进集体	中山医院
1997	上海青年志愿者服务先进集体	中山医院
1997	上海市"爱心在社区"红十字志愿服务先进集体	中山临床医学院
1997	上海市暑假社区实践服务模式的探索和实践活动优秀活动奖	中山临床医学院
1997	上海市总工会文明班组	中山医院内分泌科
1997	上海市红旗文明岗	中山医院门诊收款处示范窗口
1997	"长途电信杯"上海市青年迎八运优质服务精髓先进集体铜奖	中山医院急诊科团支部
1997	上海市"双迎"活动二等功	中山医院 22 病区护理小组
1997	上海市总工会文明岗、上海市总工会文明示范窗口、上海市医务工会文明岗	中山医院门诊收款处
1997	上海市医务系统红旗文明岗	中山医院电梯组
1997	上海市劳动模范先进集体	中山医院放射介入组
1997	上海市企事业生活后勤协会文明食堂	中山医院职工食堂
1997	上海市大众科学奖	杨秉辉
1997	上海市精神文明创建活动优秀组织奖	施荣范
1997	上海市育才奖	王国民
1997	上海市优秀教材一等奖	陈灏珠

（续表）

年　份	奖　项　名　称	获奖集体、个人
1997	上海市高校优秀青年教育工作者	季建林　符卫国
1997	上海市劳模集体	中山医院放射科放射介入组
1997	上海市文明单位	中山医院
1998	世界卫生组织健康教育基地	中山医院
1998	全国造林绿化 400 佳单位	中山医院
1998	全国模范职工之家	中山医院
1998	中央干部保健先进个人	张永康
1998	上海市卫生系统救灾防病先进集体，记集体三等功	中山医院赴湖南抗洪救灾医疗队
1998	上海市花园单位	中山医院
1998	上海市爱国卫生标兵单位	中山医院
1998	上海市抗洪救灾（捐款）证书	中山医院
1998	上海市卫生系统模范职工之家	中山医院
1998	上海市公用电话站先进集体	中山医院
1998	上海市绿化环境卫生先进集体	中山医院
1998	上海市文明单位	中山医院
1998	上海市安全生产先进单位	中山医院
1998	上海市卫生标兵单位	中山医院
1998	上海市公安局集体三等功	中山医院保卫处
1998	上海市巾帼文明岗	中山医院外科监护室
1998	上海市卫生系统共青团号	中山医院 29 病区护理小组、财务处门诊收费处
1998	上海市三好集体	中山临床医学院 1995(1)班
1998	上海市公用电话站先进个人	郁建中
1998	上海市干部保健先进个人	李晓蓉　罗怀芬　杨秉辉　王玉琦　诸骏仁　杨蕊敏　王承棓　李锡莹　林芷英　蒋　豪　钮善福　张　健　郑烈伟　陈思瑜
1998	上海市女职工标兵	王吉耀
1998	上海市三八红旗手	祝墡珠
1998	上海市高校校报消息类二等奖	秦嗣萃
1999	全国百佳医院	中山医院
1999	全国争创文明行业工作先进单位	中山医院
1999	全国部、局属学校德育工作检查评比先进集体	中山医院
1999	全国卫生系统先进工作者	杨秉辉

（续表）

年　份	奖　项　名　称	获奖集体、个人
1999	全国首届百佳医师	王承棓
1999	全国优秀院长、中华医院管理学会常务理事	杨秉辉
1999	上海市学知识、学科学、学技术先进集体	中山医院
1999	上海市爱国卫生标兵单位	中山医院
1999	上海市安全生产先进单位	中山医院
1999	上海市绿化环境卫生先进集体	中山医院
1999	上海市卫生标兵单位	中山医院
1999	上海青年志愿者赴滇扶贫接力计划特别贡献奖	中山医院
1999	上海市文明食堂	中山医院职工食堂
1999	上海市文明班组	中山医院肝肿瘤科临床医生组
1999	上海市文明班组	中山医院 26 病区
1999	上海市红旗文明岗	中山医院急诊预检护理小组
1999	上海市青年岗位能手	瞿介明
1999	上海杰出青年志愿者	董　健　陈世耀
1999	上海市献血工作先进个人	张丽华
1999	部、局属学校德育检查工作先进个人	施寿康
1999	上海市科技事业单位档案工作目标管理活动突出贡献奖	王临江
2000	全国卫生系统先进集体	中山医院
2000	全国卫生系统纠风工作先进单位	中山医院
2000	全国先进思想政治工作研究会	中山医院
2000	全国继续医学教育先进工作者	蒋金根
2000	中国工程科技奖	汤钊猷
2000	上海市职业道德十佳单位	中山医院
2000	上海市健康教育协会先进单位	中山医院
2000	上海市优秀报刊发行站	中山医院
2000	上海市花园单位	中山医院
2000	上海市节约用水先进集体	中山医院
2000	上海市绿化环境卫生先进集体	中山医院
2000	上海市文明食堂	中山医院
2000	上海市先进集体	中山临床医学院
2000	上海市精神文明建设组织奖	施荣范
2000	上海市三八红旗手	舒先红

（续表）

年　份	奖　项　名　称	获奖集体、个人
2000	上海市民族教育奖励金	张林根
2000	上海市企事业生活后勤先进工作者	沈建华　沈文海
2000	鑫岛杯上海市职工精神文明十佳好事	"给病人送上健康的钥匙——记内分泌科糖尿病学校""以病人为中心，开展特色服务——记肝肿瘤科青年医护人员真诚服务病人的先进事迹""中山医院涉外服务的窗口——记逸仙医院19病区""心系病人全力以赴——肺科抢救危重病人刘保良纪实""一曲抢救新生命的乐章——普外科抢救一名危重病人纪实""情注社区——记助人为乐的好党员张仲英""真情系社会，爱心献人民——1996（1）班先进事迹""一件小事——内科党支部捐助云南贫困学生""一件感人至深的好事——王轶青护士先进事迹""检验科杨蓉乐于助人的先进事迹"
2001	全国青年文明号	中山医院肝癌研究所团支部
2001	全国卫生系统思想政治工作优秀党委书记	施荣范
2001	中央保健委员会先进个人	王玉琦
2001	上海市"三五"普法宣传教育先进集体	中山医院
2001	上海市对口支援先进集体	中山医院
2001	上海市健康教育先进集体暨示范单位	中山医院
2001	上海市电信公司公话先进单位	中山医院
2001	上海市社区文化建设女生小组唱第一名	中山医院
2001	上海市大学生社会实践活动优秀项目奖	中山临床医学院
2001	上海市先进集体	中山临床医学院1998（1）班
2001	上海市文明班组	中山医院20病区护理小组
2001	上海市优秀产学研项目	中山医疗科技发展公司
2001	上海市劳动模范	王承棓
2001	上海市十大杰出青年、上海市十大科技精英提名奖	葛均波
2001	上海市新长征突击手	钱菊英
2001	上海市新长征突击手、记大功一次	钦伦秀
2001	上海市总工会优秀民主管理干部	朱美安
2001	上海市总工会支持工会工作好领导	杨秉辉
2001	上海市优秀工会干部	王国民

（续表）

年　份	奖　项　名　称	获奖集体、个人
2001	上海市工会积极分子	刘雪梅　顾伟光　任年芳
2001	上海市育才奖	王国民
2001	上海市优秀学生干部	肖永胜
2001	上海市科技统计工作优秀个人	杜玲芳
2001	何梁何利基金科学与技术进步奖	石美鑫
2001	上海市教育成果二等奖	蒋金根　郑玉英　郑　辉
2001	上海市优秀毕业生	贺轶峰、宋志强等5人
2001	宝钢教育基金理事会优秀教师奖	樊　嘉
2002	全国科普工作先进集体、全国模范职工之家	中山医院
2002	全国五一劳动奖状	中山医院肝癌研究所肝肿瘤临床医生组
2002	全国科普工作先进个人、上海市员工信赖的好领导、上海市女职工之友	杨秉辉
2002	全国优秀教师、明治乳业生命科学优秀奖和上海市技术创新能手	汤钊猷
2002	全国高校优秀教材二等奖	陈灏珠
2002	中德医学会杰出贡献奖	葛均波
2002	第九届吴阶平-保罗·杨森医学药学研究奖一等奖	王春生
2002	中华医学会心电生理和起搏分会优秀青年医师奖、Cordis杯中华医学会心电生理和起搏分会年会优秀论文奖二等奖	朱文青
2002	上海市卫生标兵单位	中山医院
2002	上海市文明单位	中山医院
2002	上海市爱国卫生标兵单位	中山医院
2002	上海市文明食堂	中山医院职工食堂
2002	上海市十佳锅炉房	中山医院锅炉房
2002	上海市继续医学教育工作先进单位	中山医院
2002	上海市劳动模范集体	中山医院肝癌研究所医生组
2002	上海市企事业生活后勤先进工作者	沈建华
2002	上海市绿化环境卫生先进个人	沈文海
2002	上海市三八红旗手	王吉耀
2002	上海市三好学生	刘晓霞
2002	上海市机关事业单位敬老好儿女金榜奖	包亚萍
2003	全国厂（院）务公开先进单位	中山医院
2003	全国宣传通讯工作先进集体	中山医院

（续表）

年　份	奖　项　名　称	获奖集体、个人
2003	全国优秀医院院报	《中山医院报》
2003	全国卫生宣传通讯工作先进集体	中山医院宣传科
2003	全国卫生系统抗击"非典"先进个人	钮善福
2003	上海市医务工会抗击"非典"优秀工会干部	李荣花
2003	全国优秀医院院报总编	瞿介明
2003	中华医学会心电学终身成就奖	陈灏珠
2003	全国思想政治工作先进个人一等奖	张林根
2003	上海市花园单位	中山医院
2003	上海市继续教育工作先进集体	中山医院
2003	上海市献血工作先进单位	中山医院
2003	上海市共青团号	中山医院 24 病区
2003	上海市政府实事工程二等奖	中山医院急诊改造工程
2003	上海市十佳锅炉房	中山医院锅炉房
2003	上海市"冠生园杯"企业歌唱大赛一等奖	中山医院合唱队
2003	上海市优秀专业技术人才	王春生
2003	上海市优秀青年志愿者	王　蔚
2003	上海青年科技英才	葛均波
2003	上海市三八红旗手	顾宇彤
2003	上海市支持工会工作好领导	王国民
2003	上海市继续教育工作先进个人	郑玉英
2003	上海市三好学生	吴文川
2003	上海市医学荣誉奖	陈灏珠
2003	上海市宣传通讯先进个人	秦嗣萃
2003	上海市优秀工会工作者	任年芳
2003	东方奖教金	丁小强
2004	中国医疗行业优秀信息化企业	中山医院
2004	卫生部《中国卫生》通联工作先进单位	中山医院
2004	全国医院院报好版面	《中山医院报》
2004	全国三八红旗手	顾宇彤
2004	卫生部白求恩奖章	汤钊猷
2004	全国卫生系统先进个人	薛张纲
2004	全国青年科技奖、卫生部有突出贡献中青年专家	葛均波

（续表）

年　份	奖　项　名　称	获奖集体、个人
2004	中国医疗行业 CIO 年度人物	秦新裕
2004	全国医院院报优秀记者	秦嗣萃　刘　嫣
2004	卫生部《中国卫生》通联工作先进个人	秦嗣萃
2004	全国医院院报好新闻奖	秦嗣萃　吴　婷
2004	全国医院院报好标题奖	胡秀敏
2004	全国医院院报好图片奖	陈慧芬
2004	上海市节约用水先进集体	中山医院
2004	上海市花园单位	中山医院
2004	上海市国际戒烟竞赛组织合作奖	中山医院
2004	共青团健康快车上海优秀青年志愿者服务集体	中山医院青年志愿服务队
2004	上海市文明职工食堂	中山医院职工食堂
2004	上海市老年运动会象棋比赛优秀组织奖	中山医院退管会
2004	上海市劳动模范	吴志全
2004	上海市治安保卫先进个人	章海航
2004	上海市科技奖励与成果管理先进工作者称号	黄锦培
2004	上海市优秀医苑新星	钱菊英　丁小强　严福华　吴国豪 孙惠川
2004	上海市十佳优秀健康促进志愿者	杨秉辉
2004	"华梅杯"上海市科技企业家创新奖	林志品
2004	上海市治安保卫先进个人	章海航
2004	上海市三好学生	许　烨
2004	上海市优秀科研院所长奖	陈灏珠
2004	上海市委统战部三个文明建设先进个人	葛均波
2004	上海市青年科技英才(提名奖)、上海市曙光计划学者	叶青海
2004	上海市科技奖励与成果管理先进工作者	黄锦培
2005	全国医院文化建设先进单位	中山医院
2005	全国优秀医院报刊	《中山医院报》
2005	全国巾帼文明岗	中山医院急诊护理组
2005	全国医院报刊优秀总编	王小林
2005	教育部新世纪优秀人才	叶青海
2005	华侨华人专业人士杰出创业奖、九三学社优秀社员	葛均波
2005	上海市优秀集体	中山临床医学院 2002 级七年制 (3)班

（续表）

年　份	奖　项　名　称	获奖集体、个人
2005	上海市文明班组	中山医院急性心梗绿色通道
2005	上海市医疗器械名优产品	中山医疗科技发展公司硅胶面罩
2005	上海市社会主义精神文明建设十佳好人好事	"给追梦女孩一次新生"
2005	上海市总工会文明班组	中山医院心血管导管室
2005	上海市总工会文明岗	中山医院内镜中心
2005	上海市年度科技统计先进集体	中山医院心血管病研究所
2005	云南省优秀志愿者、上海市优秀志愿者	蒋　炜
2005	上海市优秀学生	林燕萍
2005	上海市优秀护士	郑吉莉　张育红
2005	上海实施发明创新成果优秀企业家	林志品
2005	上海市优秀志愿者	滕　杰
2005	上海市三八红旗手	陈瑞珍
2005	上海市年度科技统计先进个人	杜玲芳
2005	上海市高校保卫工作研究会先进工作者	章海航
2005	上海市百名领军人才	汤钊猷
2005	上海市妇联十佳妇女干部	李荣花
2005	上海市妇联优秀知识女性志愿者	王敏华
2006	第三届全国医院报刊好新闻、好栏目、好图片、好标题、好版面等奖项	《中山医院报》
2006	全国三八护理集体	中山医院急诊科护理组
2006	卫生部有突出贡献的中青年专家、上海市优秀学科带头人	汤钊猷
2006	中国医院"先声杯"优秀院长	王玉琦
2006	中国介入心脏病学终身成就奖、中国农工民主党上海社会服务工作先进个人	陈灏珠
2006	全国医院报刊优秀编辑	吴　婷
2006	全国医院报刊优秀记者	黄　文
2006	全国"卫生进社区,相约健康社区行"活动优秀专家奖	杨秉辉
2006	上海市科技创业型小企业证书	中山医疗科技发展公司
2006	上海市三八红旗集体	中山医院心超室
2006	上海市教师之歌独唱、重唱比赛金奖	中山医院
2006	上海市巾帼创新提名奖、上海市三八红旗手	陈瑞珍　舒先红
2006	上海青年科技英才	钱菊英
2006	上海市公安局治安保卫先进个人、上海市高校保卫工作研究会先进工作者	章海航

（续表）

年　份	奖 项 名 称	获奖集体、个人
2006	上海市青年科技启明星计划	徐　泱
2006	上海市科教党委系统青年科技创新人才奖	周　俭
2006	新华社上海分社首届十佳信息员	秦嗣萃
2006	上海市联协办基层组先进个人	李　耘
2006	上海市优秀工会积极分子	郑玉英
2007	全国优秀医院报刊	《中山医院报》
2007	卫生部国有资产管理先进个人	吴林初
2007	全国医院报刊优秀编辑	吴　婷　陈惠芬
2007	全国医院报刊优秀记者	黄文发
2007	中华医学会科技管理先进工作者	黄锦培
2007	全国医院报刊好图片奖	吴　婷
2007	上海市五四特色团委	中山医院团委
2007	上海市青年文明号	中山医院 29 病区青年护理组
2007	上海市消防协会优秀单位会员	中山医院保卫处
2007	上海市少儿住院基金表扬奖励单位	中山医院
2007	上海市科技创新优秀团队	中山医院内镜中心
2007	上海市职工职业道德十佳好事提名奖	中山医院泌尿外科"为孝子圆梦"
2007	上海市基层工会经审工作考核三等奖	中山医院工会
2007	上海市基层工会财务工作考核二等奖	中山医院工会
2007	上海市模范职工之家	中山医院工会
2007	上海市健康单位先进	中山医院
2007	上海市优秀青年志愿者	费琴明
2007	上海市巾帼创新奖	高　鑫
2007	上海市高校保卫工作研究会先进个人	章海航
2007	上海市普通高校优秀教材奖一等奖	王吉耀
2007	上海市普通高校优秀教材奖三等奖	杨秉辉
2007	上海市优秀发明选拔赛 20 年"优秀发明人"奖	樊　嘉
2007	上海市优秀发明选拔赛二等奖	刘厚宝
2007	上海市优秀发明选拔赛三等奖	曾蒙苏　袁　非　张轶群　王　萍　王历阳
2007	上海市优秀发明选拔赛优秀组织者	何　凡
2008	全国医院（卫生）文化建设先进单位	中山医院
2008	全国卫生系统思想政治工作先进单位	中山医院

（续表）

年　份	奖　项　名　称	获奖集体、个人
2008	全国医院人文管理荣誉奖	中山医院
2008	全国医院管理年活动先进单位	中山医院
2008	全国巾帼文明岗	中山医院心脏超声诊断室
2008	全国抗震救灾工人先锋号	中山抗震救灾医疗队
2008	全国卫生系统岗位技能比赛铜奖	中山医院护理部
2008	第四届全国优秀医院报刊协会好新闻奖	秦嗣萃　李晶莹
2008	第四届全国优秀医院报刊协会好栏目、好图片、好标题、好版面奖	《中山医院报》
2008	全国医院报刊协会抗震救灾宣传报道先进集体	中山医院宣传科
2008	"白衣天使·大爱无边"全国卫生系统抗震救灾纪实征文活动优秀奖	秦嗣萃　李晶莹
2008	"白衣天使·大爱无边"全国卫生系统抗震救灾纪实征文活动优秀奖	陈惠芬
2008	全国抗震救灾医药卫生先进个人	牛伟新
2008	全国人文管理荣誉奖	牛伟新
2008	全国优秀医院报刊协会优秀编辑	李　耘
2008	全国优秀医院报刊协会优秀记者	程蕾蕾
2008	中国医院协会信息管理专业委员会评选的全国医院优秀CIO称号	张卫国
2008	上海市工人先锋号	中山医院抗震救灾医疗队
2008	上海市工人先锋号	中山医院急性心梗绿色通道
2008	上海市职工最满意企(事)业单位	中山医院
2008	上海市医务工会基层工会财务工作考核一等奖	中山医院工会
2008	上海市用户满意服务明星班组	中山医院心脏超声诊断室
2008	上海干部文化论坛优秀组织奖	中山医院医务二处
2008	上海市献血工作优秀集体	中山医院
2008	上海市五四特色团委	中山医院团委
2008	上海市优秀质控中心	上海市院内感染质控中心
2008	上海市优胜报刊发行站	中山医院
2008	上海市五一劳动奖章	樊　嘉
2008	上海市抗震救灾五一劳动奖状	牛伟新
2008	上海市用户满意服务明星个人	沈　赟
2008	全国医院报刊协会抗震救灾宣传报道先进个人	秦嗣萃　陈惠芬

（续表）

年　份	奖项名称	获奖集体、个人
2008	上海市优秀青年志愿者	刘丹政
2008	上海市援助西部医疗卫生优秀医疗队员	王晓丹
2008	上海市优秀医院药学管理者、优秀青年药师	叶岩荣
2008	上海市节水工作先进个人	俞之学
2008	上海市节能工作先进个人	张群仁
2008	上海市十佳健康促进志愿者	胡秀敏
2009	全国精神文明建设工作先进单位	中山医院
2009	全国卫生系统护士岗位技能竞赛铜奖	中山医院护理部
2009	全国"心健康、心行动"医院集体奖	中山医院
2009	中国医师协会心血管外科医师奖("金刀奖")之"终身成就奖"	石美鑫
2009	全国创建无烟医院活动贡献奖	张建伟
2009	全国医院医保管理学术年会优秀论文评选一等奖	高　鑫
2009	全国医院医保管理学术年会优秀论文评选一等奖	郭　莺
2009	全国医院医保管理学术年会优秀论文评选优秀奖	郭　莺　钱　邻
2009	迎世博主题歌歌词征集活动入围奖	杨　震
2009	定西市人民政府援助西部优秀医疗队长	王晓丹
2009	定西市人民政府援助西部优秀医疗队员	马剑英
2009	上海市文明单位	中山医院
2009	上海市建设健康城市爱国卫生、健康单位先进单位	中山医院
2009	上海市社区、企事业单位献血工作考核优秀集体	中山医院
2009	上海市文明班组	中山医院内镜中心
2009	上海市工人先锋号	中山医院内镜中心
2009	上海市文化艺术节"健康韵律"健身操比赛二等奖	中山医院工会
2009	上海市文化艺术节"舞林天使"舞蹈比赛三等奖	中山医院工会
2009	十佳文化品牌评选擂台赛提名奖	中山医院工会
2009	上海市文化艺术节总分第四名、优秀组织奖	中山医院工会
2009	上海市中行医院院长杯保龄球比赛团体第四名、体育精神奖	中山医院代表队
2009	上海干部保健文化论坛演讲论文优秀奖	中山医院医务二处
2009	上海干部保健文化论坛组织奖	中山医院医务二处
2009	民革上海市委三八红旗手	谢晓凤
2009	上海职工迎世博窗口服务行业立功竞赛活动世博服务风采奖	葛均波

（续表）

年　份	奖　项　名　称	获奖集体、个人
2009	上海市中行医院院长杯保龄球比赛个人第二名	汪　昕
2009	上海市科技奖励与成果管理先进个人	姜　红
2009	明治乳业生命科学奖优秀奖	姜　红
2009	农工民主党上海市委优秀组织工作者	李　华
2009	上海市职工科技创新标兵	葛均波
2009	迎世博倒计时200天上海市五一劳动奖章	葛均波
2009	上海市职工技协先进个人	周　俭
2009	上海市优秀青年志愿者	刘丹政
2009	上海市十佳健康促进志愿者	胡秀敏
2009	上海市优秀药师	叶岩荣
2010	全国医药卫生系统先进集体	中山医院内镜中心
2010	中国医院"先声杯"突出贡献奖	王玉琦
2010	"西部行"十周年巡礼表彰	王玉琦
2010	全国先进工作者	樊　嘉
2010	全国医院医保管理先进个人	郭　莺
2010	上海市文化科技卫生"三下乡"活动先进集体	中山医院
2010	迎世博贡献奖	中山医院
2010	上海市社区、企事业单位献血工作考核优秀集体	中山医院
2010	上海医学科技奖	中山医院心内科
2010	上海市用户满意服务明星班组	中山医院内镜中心
2010	上海市职工疗休养工作、经审工作考核一等奖	中山医院工会
2010	上海市迎世博巾帼文明岗	中山医院护理部
2010	上海市基层工会财务工作考核一等奖	中山医院工会
2010	上海市"为上海世博会增光添彩"巾帼文明岗	中山医院出院结账处
2010	上海市迎世博窗口服务示范岗	中山医院门诊收费处
2010	上海市"世博先锋行动"先进基层党组织	中山医院门诊党支部
2010	上海市科技功臣奖	陈灏珠
2010	上海市先进工作者	樊　嘉
2010	上海市"当好主力军，建功世博会，展示新风采"主题实践活动工会优秀组织者奖	秦嗣萃
2010	上海市用户满意服务明星个人	顾梅秀
2010	上海市"世博先锋行动"优秀共产党员	邱东鹰
2010	上海市五好文明家庭	王健生　徐筱萍

（续表）

年　份	奖　项　名　称	获奖集体、个人
2010	上海世博会窗口服务优秀组织者	范仲珍
2010	上海市"创先争优，世博先锋行动""五带头"共产党员	顾建英
2010	上海市优秀工会积极分子	孙　湛　姚瑞明　陈慧荣　陈洁荣　郭颖凌
2011	中国产学研合作促进奖	姜　红
2011	全国工会职工书屋建设先进个人	秦嗣萃
2011	第五届全国医院报刊优秀总编	秦新裕
2011	上海市"忆红色岁月"读书征文鼓励奖	陈惠芬
2011	上海职工祝福短信创作大赛每周最具人气奖	樊　嘉
2011	上海职工祝福短信创作大赛优秀作品奖	樊　嘉
2011	上海市劳模创新工作室	樊　嘉
2011	上海市女医师协会科技鼓励奖	高　鑫　姜　红
2011	上海市教卫党委系统纪检监察先进工作者	高作枫
2011	上海市优秀工会积极分子	郭颖凌
2011	上海市用户满意服务明星个人	纪　元
2011	上海市科技奖励与成果管理先进工作者	姜　红
2011	上海市"忆红色岁月"读书征文鼓励奖	刘盛东
2011	上海市医院协会单位会员优秀联络员	刘　嫣
2011	上海市工会优秀组织者	秦嗣萃
2011	上海市"忆红色岁月"读书征文一等奖	秦嗣萃
2011	上海市女医师协会科技鼓励奖	孙爱军
2011	上海市女医师协会优秀女医师奖	孙爱军
2011	上海市五一巾帼创新奖	孙爱军
2011	上海市优秀工会积极分子	孙　湛　姚瑞明
2011	上海市重点工程实事立功竞赛优秀组织者	张群仁
2012	全国第一批优质护理示范病房（肾内科）	中山医院护理部
2012	全国我最喜爱的健康卫士提名奖	樊　嘉
2012	全国五一劳动奖章	葛均波
2012	全国文明单位	中山医院
2012	第四届全国医院（文化）建设优秀成果奖	中山医院巴林特小组
2012	全国节能先进个人	汪　昕
2012	全国青年岗位能手	高　强
2012	全国卫生系统先进集体	中山医院急性心梗绿色通道

（续表）

年 份	奖 项 名 称	获奖集体、个人
2012	全国卫生系统优秀共产党员	樊 嘉
2012	上海市创先争优先进基层党组织	中山医院护理部
2012	上海市模范职工小家	中山医院神经内科
2012	上海医学科技奖管理工作先进集体	中山医院科研处
2012	上海医学科技奖管理工作先进个人	姜 红
2012	上海市工会工作考核优秀单位	中山医院工会
2012	上海市先进职工之家	中山医院工会
2012	上海市支持工会工作好领导	阎作勤
2012	上海市优秀工会工作者	沈 辉
2012	上海市优秀工会积极分子	方 芳 张普庆 栾 骁 郭 玮 顾宇彤
2012	上海市首批优秀职工代表	徐敏珍
2012	上海市优秀妇女组织	中山医院
2012	上海市巾帼文明岗	中山医院门诊办公室
2012	上海市巾帼文明岗	中山医院内科教研室
2012	上海市档案工作先进集体	中山医院综合档案室
2012	上海市创先争优先进基层党组织	中山医院护理部党支部
2012	上海市职工合理化建议优秀成果	中山医院总务处
2012	上海市重点工程实事立功竞赛优秀组织者	张群仁
2012	上海市五一巾帼奖	张 艳
2012	上海市十佳医技人员	潘柏申
2012	上海市十佳医生	樊 嘉
2012	上海援疆前方指挥部创先争优优秀共产党员	陈 培
2012	上海市教卫党委系统先进老干部工作者	孙晓红
2012	上海市教卫党委系统创先争优优秀共产党员	曾昭冲
2012	上海市教卫党委系统离退休干部创先争优五好党支部	中山医院老干部党支部
2013	全国最受欢迎三甲医院	中山医院
2013	上海市社区、企事业单位献血工作考核优秀集体	中山医院
2013	全国医院报刊优秀主编	秦新裕
2013	上海市科技奖励与成果管理先进工作者	姜 红
2013	上海市优秀发明选拔赛优秀组织者	何 凡
2013	上海市优秀志愿者	朱延军
2013	上海市高校辅导员论坛征文比赛一等奖	杜楚源

（续表）

年 份	奖 项 名 称	获奖集体、个人
2013	全国用户满意服务明星个人	王 萍
2013	中华护理学会科技二等奖	徐建鸣
2013	全国五一巾帼标兵	孙爱军
2013	全国医药卫生系统创先争优活动先进个人	樊 嘉
2013	全国青年岗位能手	高 强
2013	全国节能先进个人	汪 昕
2013	卫生部有突出贡献中青年专家	符伟国
2013	全国十大我最喜爱的健康卫士	樊 嘉
2013	中国侨界杰出人物	葛均波
2013	文化卫生科技"三下乡"先进集体	中山医院
2013	上海市五好关工委组织	中山医院
2013	上海市细节服务举措创新奖	中山医院
2013	上海市院务公开民主管理先进单位	中山医院
2013	上海市市民辩论赛季军	中山医院
2013	上海市"六五"普法知识竞赛二等奖	中山医院
2013	上海市献血工作考核优秀集体	中山医院
2013	上海市用户满意服务明星个人	王 萍
2013	上海市院务公开民主管理先进个人	秦新裕
2013	上海市科技创新能手	周平红
2013	上海市市民辩论赛优秀组织者	秦嗣萃
2013	上海市市民辩论赛优秀辩手	邵叶波
2013	上海市"女教师的幸福"征文比赛一等奖	程蕾蕾
2013	上海市"女教师的幸福"优秀征文品读优秀诵读奖	张洪寅子
2013	上海市医院协会优秀联络员	刘 嫣
2013	上海市劳模年度人物	樊 嘉
2013	上海市医苑新星大型义诊活动"20年20人"特殊贡献奖	葛均波
2013	上海市科技进步一等奖（科普人才）	杨秉辉
2013	上海市教育功臣	汤钊猷
2013	"感动上海"十大人物提名奖	白春学
2014	全国优秀科技工作者	孙爱军
2014	上海市青年文明号	中山医院肝肿瘤科
2014	上海市青年文明号	中山医院24病区

（续表）

年　份	奖 项 名 称	获奖集体、个人
2014	上海市青年文明号	中山医院心内科
2014	上海市青年文明号	中山医院 28 病区护理小组
2014	上海市青年文明号	中山医院手术室
2014	上海市优秀志愿者	李　锋
2014	国际护理技能大赛二等奖（护士组）	秦　瑶　张　琦
2014	上海市五一巾帼奖	姜　红
2014	上海市治安保卫先进组织	保卫处
2014	上海市优秀妇女组织	中山医院妇委会
2014	上海市巾帼建功标兵	高　鑫
2014	上海市巾帼文明岗	中山医院检验科临检组
2014	上海市五一劳动奖章	姚礼庆
2014	上海市优秀发明选拔赛职工技术创新奖铜奖	周平红
2014	上海市优秀发明选拔赛职工技术创新奖银奖	朱　蕾
2014	上海市医务职工科技创新"星光计划"入围奖	冯　丽　张群仁
2014	上海市医务职工科技创新"星光计划"三等奖	卜丽萍
2014	上海市医务职工科技创新"星光计划"一等奖	白春学
2014	"幸福·在美食时刻"上海女职工厨艺交流赛第 15 场冠军	中山医院工会
2014	老年人权益保障法知识竞赛二等奖	中山医院退管会
2014	"达人秀"排舞比赛综合组第一名（红牡丹一等奖）	中山医院退管会
2014	上海市重点工程实事立功竞赛优秀建设者	张群仁
2014	上海市优秀青年药师	翁静艳
2014	上海市五四青年奖章	朱延军
2015	全国文明单位	中山医院
2015	"济民可信杯"中国最佳医院管理团队单项奖——"医疗质量与安全"五星单项奖	中山医院
2015	"济民可信杯"中国最佳医院管理团队单项奖——"医院形象与传播"五星单项奖	中山医院
2015	"济民可信杯"中国最佳医院管理团队单项奖——"医院学科建设"五星单项奖	中山医院
2015	全国医院品管圈大赛护理类一等奖	中山医院心外监护理团队
2015	国家卫计委优质服务岗	中山医院重症医学护理团队
2015	全国"我心中的人文医学"有奖征文优秀论文奖	金晓璐
2015	全国巾帼文明岗	中山医院检验科临床基础检验组

（续表）

年 份	奖 项 名 称	获奖集体、个人
2015	全国医德标兵	姚礼庆
2015	五洲女子科技奖医学科研创新奖	孙爱军
2015	全国劳模年度人物	葛均波
2015	全国发明展览会"发明创业奖·项目奖"银奖	姚礼庆团队
2015	国家卫计委住院医师心中的好老师	陈慧勇
2015	国家住院医师规范化培训示范基地	中山医院
2015	仁心医者·上海市仁心医师奖	樊 嘉
2015	中国最佳医院管理团队奖	中山医院
2015	上海市十佳护士	李晓蓉
2015	上海市仁心护士提名	张扶嫔
2015	上海国际护理技能大赛一等奖	蔡诗凝 石裕琦
2015	上海市护理器具创新发明四等奖	俞静娴
2015	上海市冠名红十字紧急救援队训练比赛三等奖	冯 洁
2015	上海市医院品管圈选拔赛一等奖	中山医院心外监护理团队
2015	上海市优秀南丁格尔志愿服务队	中山医院南丁格尔志愿者服务队
2015	"感动上海"年度人物	中山医院内镜中心
2015	上海市劳模创新工作室	葛均波冠心病诊疗劳模创新工作室
2015	上海市三八红旗集体	中山医院急诊护理组
2015	上海市基层工会财务工作、经审工作考核一等奖	中山医院
2015	上海市先进工作者	姚礼庆
2015	上海市三八红旗手	高 鑫
2015	退休职工"达人秀"合唱大赛一等奖	中山医院
2015	上海市总工会"重温抗战史 激发爱国情"读书征文三等奖	齐璐璐
2015	上海市医务工会"重温抗战史 激发爱国情"读书征文比赛二等奖	齐璐璐
2015	上海市优秀发明选拔赛银奖	姚礼庆
2015	上海市优秀发明选拔赛铜奖	王 杭 王一栋
2015	上海市科技奖励与成果管理先进工作者	姜 红
2015	上海市教育系统三八红旗手	姜 红
2015	上海市青年医学科普能力大赛二等奖	柯国锋
2016	全国睿智创新院长奖	樊 嘉
2016	中国健康总评榜年度人物	樊 嘉
2016	何梁何利基金科学与技术进步奖（医学药学奖）	樊 嘉

（续表）

年　份	奖　项　名　称	获奖集体、个人
2016	"华仁杯"最具领导力的中国医院院长	樊　嘉
2016	谈家桢生命科学奖	樊　嘉
2016	吴阶平-保罗·杨森医学药学奖	樊　嘉
2016	全国十大杰出护理工作者	徐筱萍
2016	中国十大医学新闻人物	樊　嘉
2016	上海市女医师科技奖	孙爱军　高　鑫
2016	上海市五一劳动奖章	钱菊英
2016	上海市女医师协会"医树奖"	顾建英
2016	上海市科技奖励与成果管理先进工作者	姜　红
2017	全国住院医师心目中的好老师	潘志刚
2017	全国优秀住院医师	孙奉昊
2017	中国社会福利基金会919护士关爱计划心理解压站	中山医院护理部
2017	全国健康教育微电影作品征集活动优秀组织奖	中山医院61病区
2017	"软式内镜规范化清洗消毒灭菌教学视频发布会"测漏比赛二等奖	潘玥玮
2017	中华护理学会优秀组织奖	王　萍
2017	中华护理学会全国急诊护理学术交流会议"急诊急救临床护理实践"的气道异物急救技术组比赛三等奖	卢爱萍
2017	全国内镜专委会"天使的情怀"会演专业情怀奖	王　萍
2017	中国护理心电图"邦建杯"大奖赛三等奖	刘睿艳　董忻悦　唐　艳　陈　俊
2017	全国医院品管圈大赛一等奖	中山医院内分泌科
2017	全国医院品管圈大赛三等奖	中山医院护理部
2017	中国心理学会护理心理学专业委员会第三届学术年会论文交流优秀论文三等奖	赵慧华
2017	华夏医学科技奖	王　萍
2017	中国医院科技影响力排行榜（综合第六名）	中山医院
2017	中国患者安全协作网核心专家	樊　嘉
2017	中国医疗结构最佳基础设施奖	中山医院
2017	中国医疗结构最佳工作环境奖	中山医院
2017	中国医院历史与医学人文论坛老照片征集评选活动一等奖	中山医院
2017	中国名医百强榜（TOP10）	樊　嘉
2017	"中国顶级医院竞争力"100强医院、"中国最佳互联互通医院竞争力"100强医院、"上海市省域医院竞争力"30强医院	中山医院

（续表）

年　份	奖　项　名　称	获奖集体、个人
2017	中国医师协会住院医师规范化培训十佳住培基地负责人	樊　嘉
2017	中国研究型医院建设示范医院	中山医院
2017	中国医疗机构最佳雇主公立医院十强	中山医院
2017	中国医院文化论坛征文优秀奖	梁　颖　郭　莺
2017	全国医院品管圈先进个人	王玉琦
2017	全国品管圈积极推动优秀个人	孙　湛
2017	上海市五四特色团组织	中山医院团委
2017	上海市青年文明号	中山医院肝肿瘤科
2017	上海市青年文明号	中山医院手术室
2017	上海市青年文明号	中山医院心内科
2017	上海市青年文明号	中山医院 23 病区护理小组
2017	上海市优秀发明选拔赛职工技术创新成果铜奖	潘文彦
2017	上海市优秀发明选拔赛职工科技创新成果银奖	沈月红
2017	造血干细胞捐献志愿者征募工作先进集体	中山医院
2017	上海市冠名医疗机构红十字工作年度评估优秀	中山医院
2017	第四届上海市青年医学科普能力大赛优秀组织奖	中山医院
2017	上海市十佳厂务公开民主管理工作先进单位	中山医院
2017	上海市五一劳动奖状	中山医院
2017	上海市人文关怀心理疏导示范点	中山医院巴林特小组
2017	上海市优秀发明选拔赛优秀发明铜奖	中山医院风湿科
2017	上海市优秀发明选拔赛优秀发明铜奖	中山医院肾病科
2017	上海工匠	周平红
2017	上海市五一劳动奖章	周平红
2017	国家卫生计生突出贡献中青年专家	董　健
2017	"和谐医患之改善医疗服务，提升病人满意度"服务创优奖	中山医院
2017	上海市文明单位	中山医院
2017	仁心医者·上海市仁心医师奖	葛均波
2017	上海市医疗服务品牌	中山医院门诊部
2017	上海市人文关怀心理疏导示范点	中山医院巴林特小组
2017	长三角仁心团队	中山医院急性心梗绿色通道
2017	长三角医院优秀建筑	中山医院

专

记

中山心研展宏图　实至名归攀高峰
——记上海市心血管病研究所60年

中华人民共和国成立之初的中国医学可谓百废待兴。师资、设备俱缺，医学科研尚在萌芽。面对落后的现状，政府和医学大家清醒地认识到医疗科研的重要性，于是积极地倡议并支持部分综合实力强劲的医院建立专项研究院，在学习国外先进医疗技术的基础上，自力更生，自主研发，为中国的医学健康事业发展做出贡献。

1958年12月，心胸外科专家、上海第一医学院副院长黄家驷克服万难，在中山医院内筹备创建了上海市胸病研究所，并担任所长，后改由外科专家、上海第一医学院副院长沈克非担任所长。研究所包括心脏外科、心脏内科和研究室，组织建设逐渐完善。1963年初，研究所改称为上海市心血管病研究所，是当年上海第一医学院的首个研究所，也是上海市最早建立的临床医学研究所之一，专门从事心血管疾病的临床和实验研究工作。研究所所长先后由石美鑫、陈灏珠院士以及葛均波院士担任。经过近60年的发展，上海市心血管病研究所在心血管疾病的医疗、科研和教学方面不断进步，持续向前，不但始终领先于国内，同时积累了一定的国际声誉。

一、"最艰难的时候，我们也从没有想过放弃心研所"

研究所初创期间，沈克非和石美鑫在心脏外科领域做了很多开拓性工作，使得研究所成为国内最先开展心血管手术的单位之一。先后开展的心脏手术有十余种之多，包括动脉导管切断缝合术、心房间隔缺损直视下修补术、右径二尖瓣闭式分离术、主动脉弓切除同种异体主动脉弓移植术等。他们还成功研制出中国首台静立垂屏式人工心肺机，并将其应用于法洛四联症纠结术、主动脉窦瘤修补术、左心室室壁瘤切除术和二尖瓣修复术等。在心脏内科领域，则是由陶寿淇带领陈灏珠等一批年轻医生进行初创工作。他们悉心建立起心导管室，从右心导管检查开始，稳步发展，解决了先天性和风湿性心脏病这两种常见心脏病的诊断难题，协助心脏外科直视手术的开展。与此同时，心血管病的生化、药理、病理等基础研究也得到了扎实推进，心血管病流行病学研究开始起步。

然而，在"文化大革命"最初的六七年里，由于心血管病研究处于边缘化地带，设备被封存，研究工作完全停止，研究所几乎面临解体。但是，即便是在无法进行实验室研究的情况下，研究所的带头人们仍竭力想在心血管病的临床研究方面做些工作，其中包括1968年石美鑫和陈灏珠共同施行的国内首例埋藏式起搏器植入术。

在那个特殊的年代，虽然研究工作遭受严重阻滞，但上海市心血管病研究所从未停下过追赶国际一流水平的脚步。在全球范围内一些心脏病学家和物理学家进行起搏器研究的同时，研究所对同一问题的相关研究也开展得如火如荼。1962年，由中山医院石美鑫、陈灏珠、江圣扬、许柏如等内外科医师和技师组成的研究小组与上海市第一人民医院心胸外科主任霍銮锵合作，制成了中国第一个用心外膜或心肌电极的体外起搏器，之后又研制出心内膜电极起搏的体外起搏器。1968年4月，石美鑫带领团队在国内首次施行进口埋藏式起搏器安置术治疗一例患完全性房室传导阻滞的患者，获得成功，"我们从60年代初开始研究心脏起搏技术，基础扎实，所以虽然当时的环境并不利于研究,但我们还是做了,并取得了成功"。这次艰难时局下的成功为之后的研究埋下了一颗种子,对中国心脏起搏技术的发展有着承前启后的重要作用。

"文化大革命"结束之后,石美鑫带领这个研究小组与上海医用电子仪器厂工程师合作,很快就相继研究出用镍电池和锂电池作为动力的国产埋藏式起搏器,并应用到临床上,挽救了许多患严重缓慢性心律失常患者的生命。小组课题"心脏起搏器的研制和临床应用"获1978年全国科学大会重大成果奖。他们还与上海、南京、北京的一些兄弟单位合作,在国际上较早地开展用人工心脏起搏法治疗心动过速的心率失常(当时起搏器只用于治疗心动过缓的心律失常),并取得良好的疗效。

陈灏珠后来回忆说:"就算在最艰难的时候,我们也从没有想过放弃上海市心血管病研究所,更没有停止过学习和思考。我们坚信在当下所做的每一点努力,在后面都会用得到。"事实也是如此,正是这种不抛弃不放弃的坚韧奋斗精神,将每一次努力发出的微弱的光芒凝聚起来,照亮了研究所的前行之路。

二、"国内首例选择性冠状动脉造影手术是一次勇敢且伟大的尝试"

20世纪50年代至60年代初期,中国心脏内外科通过不懈努力和自主研究,开展了右心导管检查、左心导管检查、心腔内心电图检查、心腔内心音图检查、选择性染料稀释曲线测定、氢和维生素C稀释曲线测定等一系列有创性介入诊疗,进一步促进了心脏外科手术的发展,逐渐追上了国际同行的水平。但在当时,冠状动脉造影还属于禁区,因为人们普遍认为向冠状动脉注射造影剂一定会导致不可逆的心脏停搏。直到1958年,美国克利夫兰医学中心的梅森·索恩斯(Mason Sones)在手术中无意间将30毫升造影剂注入一名瓣膜病患者的右冠状动脉,虽然出现了意料当中的心脏骤停,但在患者咳嗽几声使造影剂加速排出后很快恢复了正常,这表明冠状动脉能够耐受少量的造影剂直接注射。随后,选择性冠状动脉造影逐渐开展,成为冠心病诊治历史上的里程碑。

1972年美国总统尼克松访华后,中国开始逐渐恢复与欧美国家之间的医疗学术交流。当时,欧美国家心脏病学的介入性诊断水平已经遥遥领先于中国。国际同行已经能够通过介入"看清楚"来诊断疾病,向通过介入直接"治疗"疾病的方向探索。其中不少来访的美国学者都在学术报告中不约而同地介绍了选择性冠状动脉造影术等心脏介入诊断方面的内容。

外宾在学术交流中反复提到的选择性冠状动脉造影技术引起了上海市卫生行政领导的关注,又鉴于当时中国的冠心病患者开始增多,开展相关研究工作的迫切性增加。组织当机立断决定派有关人员对上海市医疗单位进行摸底调查,了解哪些单位有条件对此项技术进行攻关。设在中山医院的上海市心血管病研究所很快进入了卫生部门的视线。在过去的那段艰难岁月中,虽然许多工作受到限制,心脏病介入诊断检查已经很少施行了,但至少由陈灏珠所建立的心导管室仍然在运作,最有条件研究和开展选择性冠状动脉造影术。于是,这项重任便落到了由陈灏珠带领的上海市心血管病研究所团队肩上。

由于冠状动脉的直径一般在2~4毫米,而介入诊断用的导管直径也只有2毫米左右,所以这项诊疗技术常被比喻为"在针尖上跳舞"。陈灏珠常说:"关乎生命的创新路,要步步小心,要做好充分的准备,但不应该裹足不前,要勇于研究和尝试。"为此,他和同事们并没有操之过急,而是通过各种渠道查询文献,广泛深入地阅读国外有关的资料,详细了解施行选择性冠状动脉造影术所需的设备和操作过程,积极地做好基础准备工作。

选择性冠状动脉造影术最重要的设备之一是一台1000毫安以上的X线机,其球管装在C形臂上,因而可以转动,从不同的角度摄像。当时,中国的相关设备还没有那么先进,上海市心血管病研究所的X线机的球管是固定在正侧位的,摄像时不能转动,陈灏珠和同事们就想办法用木板制成像独木舟一样的船形床,放在X线机的透视桌上,患者躺在上面时可以沿纵轴旋转,从而代替了球管的转动,同样可以达到从不同角度摄像的效果。

选择性冠状动脉造影术还需要专用的心导管,这种导管的顶部有特定的弯度,更加便于造影剂的注射。但是,这种更为精巧的心导管国内当时没有,而且由于大环境仍未开放,进口也很难。陈灏珠并不气馁,决定带领团队继续夯实研究基础,等待机会。终于,功夫不负有心人,机缘巧合之下,上海市第六人民医院心内科副主任王恒润医生到加拿大访问时,带回了两根心导管,恰好符合选择性冠状动脉造影术的要求。陈灏珠团队与第六人民医院积极开展合作,又自己动手制作了一些手术设备,成功在尸体上进行了这项试验。"在各方的帮助下,我们不断克服困难,不断地操练,不断地改进,而且整个手术组团结一致,配合默契,我觉得我们准备好了!"

1973年4月,一位患者因胸痛住院,经各种检查怀疑患有冠心病,但无法确诊,患者的一般情况良好。为了明确诊断,陈灏珠与团队思考再三决定为其施行选择性冠状动脉造影术。虽然操作过程已经过无数次的试验,但是,真正在冠心病患者身上施行,还是让人有些担心。由于造影剂会进入冠状动脉与血液混合在一起流动,血液是带氧气的,造影剂是不带氧气的,如果混到血液中的造影剂过多,就很有可能引起心肌缺血、缺氧。更严重的是,如果冠状动脉充满了造影剂完全失去血液供应,就有可能引起患者心肌梗死,因此,控制好造影剂的比例是十分重要的事情。患者的病情不容等待,陈灏珠和小组每位成员都是百分之百的努力和小心,"做任何一个新的操作,大家都会紧张,尤其是那个特殊时期。但紧张归紧张,我们做好了各种预案,例如会发生什么意外、我们要采取什么样的应对方法,而且医院领导也很支持我们的工作,所以我们有信心。"4月23日,手术如期开展,两根心导管分别被顺利送入左、右冠状动脉,注入造影剂,随之冠状动脉显影、摄片,整个过程顺利完成。

这台持续了不到一小时的全国首例选择性冠状动脉造影手术,开启了中国现代冠心病介入性诊断的先河。从此,中国心脏病的介入诊断和治疗技术进入了一个腾飞的时期。这项技术不但成为诊断冠心病的"金标准",而且直接促进了中国心脏外科手术,尤其是介入性手术治疗方法的迅速发展。陈灏珠因此被认为是中国心血管病介入性诊断和治疗的奠基人之一。2006年,他被中华医学会授予"中国介入心脏病学终身成就奖"。

三、"这是一条由无数前辈医学家开拓而成的路,也必将在新一代医学人才的努力下走得更为宽广"

世纪之交,上海市推出了重大卫生改革举措,要求汇集上海市三级医院中层次最高、力量最强的优势学科,以诊治疑难杂症为宗旨,特别是那些覆盖面较大、人民群众迫切需要解决而尚未解决的疑难杂症,逐步形成管理现代化、服务精良、技术先进、设备完善的具有相当规模的标志性临床医学中心。临床医学中心的建立目标是建成临床医疗水平达到国内一流、亚洲及国际领先的医疗中心,最终把上海建设成为亚洲医疗中心城市。经过公正而严格的选拔及评审,2002年,上海市心血管病研究所成为第二批获得批准的临床医学中心之一。上海市心血管病临床医学中心的建立,为研究所在新世纪的后续发展注入动力。两年后,研究所还进一步被指定为上海市心血管病急救中心。

岁月更替,薪火相承。2009年,葛均波接过了老师陈灏珠的班,担任上海市心血管病研究所所长,担负起带领全所同人再铸辉煌的重任。2011年,葛均波当选为中国心血管界第一位科学院院士。在他的带领下,上海市心血管病研究所开启了心血管病治疗新时代,相继进行了技术创新、理念创新、器械创新,又做到了多个"国内第一"和"全球第一"。例如,在国际上首创动脉完全闭塞病变经逆行导丝进行的介入治疗;先后研发肾动脉冷冻球囊消融、聚乳酸冠脉可降解支架、ValveClamp 二尖瓣夹闭系统;在国际上首次改进并命名了冠状动脉逆向导丝主动迎客技术(AGT技术);等等。在人才梯队上,上海市心血管病研究所除了有中国心血管界第一名工程院院士和第一名科学院院士外,还有教育部长江学者 2 人、国家杰出青年基金获得者 3 人、青年长江学者 1 人。

心血管病研究所的主要特色及处于全国领先水平的临床及研究方向如下。

【复杂冠脉病变的介入治疗】

主要包括慢性完全闭塞病变(CTO)、严重钙化病变、严重三支血管病变的介入治疗策略优化及技术创新。陈灏珠早年在国内率先开展冠状动脉造影,20 世纪 90 年代以来,在国内先后率先开展冠状动脉粥样硬化斑块旋切术、冠脉内激光溶栓术、冠脉完全闭塞病变经逆行导丝介入治疗术、冠脉内旋磨术、切割球囊术等,极大地推动了中山医院乃至全国在复杂冠心病诊疗水平方面的提高;作为发起和负责单位,于 2005 年倡导成立中国 CTO 俱乐部,葛均波任秘书长。在上海已举办 14 届中国 CTO 俱乐部会议,每年吸引国内外数百名顶级专家学者参加,已成为中国 CTO 病变最大及最权威的学术交流平台。

【缺血性心血管疾病的发病机制及综合诊治】

重点集中在"危险因素—动脉粥样硬化—心肌损伤—心肌梗死—心力衰竭"事件链,对缺血性心血管病的发生、发展、早期预警及防治策略展开系统研究。缺血性心血管疾病防治团队在新世纪不断发展壮大,并于 2013 年入选"教育部创新团队",2015 年入选"国家自然科学基金委创新研究群体"。团队在葛均波带领下于 2016 年成功申请并启动国家重点研发计划项目"急性心肌梗死全程心肌保护体系研究",该研究由全国范围缺血性心血管疾病科研与诊疗水平一流的 14 家单位共同参与,有望为急性心肌梗死全程救治体系的建立提供重要科学依据和实践经验。

【瓣膜性疾病的介入及外科新技术推广应用】

中国首例经皮主动脉瓣置换术(2010 年)、首例经皮二尖瓣修复术(2012 年)、应用中国自主研发 VENUS-P 自膨胀瓣膜系统成功实施国内首例经皮肺动脉瓣植入术(2013 年)、首次应用中国自主知识产权的瓣膜植入系统开展经心尖主动脉瓣置换术(TA-TAVI,2014 年)等创新型技术均源自本中心。一系列革新性治疗技术的临床应用与推广,开创了中国心脏瓣膜性疾病微创治疗的新时代。

【机器人及胸腔镜微创心外科手术】

心研所是国内最高水平的微创心脏外科中心之一,也是国内能常规开展全部达芬奇机器人心脏手术的两个心脏中心之一。2014 年,完成亚洲首例"心脏不停跳全机器人缝线吻合冠脉搭桥手术";胸腔镜辅助微创心脏瓣膜手术例数居国内首位,获得国家专利 4 项。

【心脏移植】

心脏移植是学科的主要特色之一,是亚洲唯一的心脏移植药物临床试验中心,完成心脏移植超过 320 例,5 年生存率高达 80%(高于国外的 71%),牵头制定了国家心脏移植技术规范,曾获得中华医学科技奖二等奖和上海市科技进步奖二等奖。

【新型冠脉药物支架的研制及临床应用】

牵头创制国际首例新型可降解涂层支架,使致死性血栓形成发生由原来的 1.2%～1.9%降至 0.34%,研究成果获得国家技术发明奖二等奖。在此基础上,进一步成功研制国内首例生物完全可降解支架"Xinsorb™"。2013 年 9 月 5 日,葛均波带领团队率先完成了中国首例自主研发的完全可降解聚乳酸支架(Xinsorb)的植入,标志着中国新一代自主研发的完全可降解支架临床试验正式启动,同时也预示着中国冠脉介入治疗"第四次革命"的到来。

【血管内超声技术研究】

国际首次发现心肌桥特有的"半月现象"和"指尖现象",使心肌桥的检出率接近 100%,并修正了传统治疗方法,成果已被录入国内外心血管病教科书;研究成果获得国家科技进步奖二等奖。

【慢性心力衰竭诊治研究】

先后牵头进行"十一五""十二五"国家科技支撑计划心力衰竭项目研究,建立了大型的社区人群队列,为中国心力衰竭的系统性流行病学研究奠定了基础;组织进行了 β 受体阻滞剂治疗射血分数保留的心力衰竭的 RCT 研究——"β－PRESERVE"研究,研究结果令国内外同行期待。组织进行了国内首次大规模心力衰竭注册登记研究(CN－HF 研究),初步研究成果在欧洲以及中国心血管病年会汇报、交流,将为揭示中国心力衰竭患者的临床特点及诊治现状提供重要数据参考。

【心血管基础研究】

在病毒性心脏病研究、心血管疾病的细胞治疗研究、炎症免疫及血流动力学因素在动脉粥样硬化发生中的机制研究、机械负荷直接激活血管紧张素的 1 型受体(AT1)引起心肌肥厚的机制及其有效阻断剂(ARB)研究、心脏钠通道基因突变在心肌损伤中的作用及机制研究等方面做了大量工作,取得了丰硕成果,曾获得教育部科技进步奖、中华医学科技奖等。

此外,研究所在心律失常的电生理诊断和治疗、心脏超声的基础研究及临床诊断、心电学的临床诊断、先天性心脏病的外科矫正手术、高血脂与动脉粥样硬化等方面也取得了很好的成绩,在国内同行及广大患者中有较高的知名度。

60 年辛勤耕耘,上海市心血管病研究所在临床诊疗和基础科研上都取得了不少突破性进展,更是做到了数不清的"第一"。最令人骄傲和自豪的,是研究所成为世界卫生组织心血管病研究和培训合作中心,并以此为起点,走上了世界舞台。开拓创新一甲子,以黄家驷、沈克非、石美鑫、陈灏珠和葛均波为代表的一代代中山心脏病学家们陪伴着上海市心血管病研究所走过了 60 个春秋,亲历了它的成长与辉煌;而上海市心血管病研究所也为他们提供了更为广阔的舞台和事业发展的空间,见证了他们的辛劳与荣耀。未来,研究所定将不忘初心,继续砥砺前行,时刻牢记"严谨、求实、团结、奉献"的院训,始终践行"一切为了病人"的服务理念,开拓创新、积极进取,不畏艰难、卓越奋斗,使国内心血管疾病诊疗规范呈现"上海标准",国外相关防治指南写入"中国经验",朝着建设国际一流的现代化心血管病临床诊疗、科学研究平台的目标阔步前进。

开拓创新　砥砺奋进

——记复旦大学肝癌研究所50年

肝癌被称为"癌中之王"。自20世纪50年代起,上海第一医学院附属中山医院在肝癌临床研究方面已有一定基础。当时受卫生部委托,由林兆耆领衔开展了多年临床研究,总结的大队列肝癌临床病例曾在1962年莫斯科举行的第八届国际癌症大会上做报告,引起关注。中山医院在肝癌研究领域真正崛起,要从20世纪60年代说起。

一、第一件事: 小肝癌的研究

复旦大学肝癌研究所(原上海医科大学肝癌研究所)的前身始于1968年。当时为响应周恩来总理关于"癌症不是地方病,而是常见病,中国医学一定要战胜它"的号召,上海第一医学院附属中山医院于1968年成立医院肿瘤小组,由汤钊猷、杨秉辉等5人组成。这支精干的队伍,从内、外科,中、西医各方面开展对肝癌的诊治研究工作。那时没有实验室,医院便将"工农兵病房"改为以消化道肿瘤为主的肝癌病房,并成立中山医院肝肿瘤小组,由汤钊猷担任组长,余业勤、杨秉辉、林芷英、周信达、陆继珍、曹韵贞等内外科医生任组员。"解除病人的痛苦是医生的责任,病人的需要就是我的选择!"抱着征服癌症的念头,他们毅然投身同肝癌抗争的事业中。从此,汤钊猷院士和他的同事们走上了一条布满荆棘的肝癌研究之路。

肿瘤小组成立之初的工作以临床研究为主。由于肝癌患者集中,患者入院均已属晚期,病房忙于抢救,几乎每天都有患者死亡,其情景可概括为"病人走进来,抬出去",工作十分困难。当时,有许多肝癌患者来自江苏省启东县,这引起了研究人员的关注,为寻找根源,研究小组派出杨秉辉等人前往实地调查,证实该地肝癌高发。其后,肝肿瘤小组人员分批于20世纪70年代初加入上海医疗科研队,深入启东县的肝癌高发现场工作,并结合开展上海的普查工作。

当时,医学界已经知道血液中的甲胎蛋白(AFP)可以诊断大肝癌,但还没有人知道如何用它来诊断小肝癌。1972年,在启东现场调研中,汤钊猷发现没有肝癌症状但甲胎蛋白呈阳性的患者一年之内的死亡率竟高达80%。他敏锐地意识到,甲胎蛋白可能就是打开肝癌早期诊断的一把钥匙。他在现场研究和大量外科实践的基础上,创造性地提出:联合甲胎蛋白和肝功能检测有可能查出早期的小肝癌。冒着风险,他说服一位血液中甲胎蛋白呈阳性但没有任何症状的患者进行手术,结果证明该患者确实患有小肝癌! 紧接着,更多的临床实践和调查数据验证了这一观点。

这一重大研究成果推广应用后,大批毫无症状的小肝癌患者被发现,研究小组将其概括为"小肝癌的研究"或"亚临床肝癌的研究",肝癌早期发现、早期诊断的概念和方法由此确立。肝癌的有效治疗时间大大提前,肝癌手术切除的疗效成倍提高,肝癌的手术治疗在全国许多医院开展起来,挽救了大批患者的生命。

由于工作有了进展,1978年起,肝肿瘤研究小组改名为中山医院肝癌研究室,林芷英任副主任,工作人员20多人,病房拥有30张床位,并建立起初步规模的实验室,开展生化、免疫、裸鼠、导向治疗等研究。此时,研究室已拥有较为完善的医疗科研设施,病房床位46张,加上外宾、干部和导向治疗三个病区总床位 66 张。实验室用房面积已达 1 000 平方米,拥有超低温冰箱、超速离心机、毛细血管电泳仪等 30 余件高级科研仪器设备,并根据科研需求还在不断添置之中。

由于小肝癌的研究,1979 年汤钊猷作为代表获得美国纽约癌症研究所"早治早愈"金牌,并于 1985 年获国家科技进步奖一等奖。由汤钊猷主编的、现代肝病学奠基人汉斯·波普(Hans Popper)撰写前言的英文版《亚临床肝癌》也在 1985 年问世,成为世界上第一本描述早期肝癌的专著。波普在前言中写道:"亚临床肝癌这一新概念是人类认识和治疗肝癌的重大进展。"

二、第二件事:不能切除肝癌缩小后切除

汤钊猷等并未满足于小肝癌研究所取得的成就,他们立即想到为数众多不能切除的大肝癌急需寻求解决办法。1979 年汤钊猷自美国带回裸小鼠不久,即建成中国首例裸鼠人肝癌模型,并开展了实验性治疗研究,特别是导向治疗研究,先后成为国家"六五""七五"和"八五"攻关课题。这项研究最重要的部分就是由中山医院肝癌研究室团队提出的"不能切除肝癌缩小后切除"的命题。

在很长一段时间里,医疗界以肝叶切除为肝癌的正规手术方式,但中国的肝癌患者 85% 左右患有合并肝硬化,难以耐受大块肝脏的切除,这导致了极高的手术死亡率,迫使外科医生放弃手术,大批患者因此丧失生存机会。针对此现象,汤钊猷于 20 世纪 80 年代带领团队开始进行对中晚期患者实施导向治疗、介入治疗和综合治疗的研究,提出了"不能切除肝癌缩小后切除"的命题,创造性地提出全新的手术方法:以局部切除代替肝叶切除,既切除肿瘤,又保留较多肝脏,将手术风险降至最低,为更多患者提供手术机会。这项创新经过十年以上的随访,证明其手术死亡率仅为肝叶切除手术的十分之一,而患者的 5 年生存率不仅没有降低,还略有提高,为中晚期肝癌患者的治疗开辟了希望之路。这项研究成果多次获得国家级、省部级科技进步奖,并得到了国内外同行的承认和采纳。为向全国推广研究成果,自 1985 年举办第一届全国小肝癌学习班以来,研究所每年均会举办全国性学习班。

随着肝癌研究事业的发展,中山医院肝癌研究室于 1988 年经卫生部批准改名为上海医科大学肝癌研究所,隶属上海医科大学。2000 年上海医科大学与复旦大学合并后,正式更名为复旦大学肝癌研究所,成为中国最主要的两个肝癌研究中心之一。

三、肝癌斗士的"半件事":肝癌的复发转移

复旦大学肝癌研究所与肝癌的斗争的第三回合自 20 世纪 90 年代开始。这一时期,中山的肝癌斗士们将研究目光敏锐地投向肝癌的复发转移这一世界难题。这个命题主要解决两大问题,一是怎样降低复发率,二是如何预测转移复发。前者虽有现成的,如术后肝动脉化疗栓塞等,但效果并不理想;后者过去只有诊断指标,没有预测指标,都需要研究者自己寻找。对此,汤钊猷做了个形象的比喻:就像喝茶,得自己种茶树、自己挖井、自己烧水,才能泡茶。

在研究所,小肝癌的切除例数 20 年来增加了 10 倍多,但患者的 5 年生存率却没有明显提高。即便是 2 厘米以下手术切除的早期肝癌患者,其 5 年生存率也只有 69%。不难发现,癌转移才是肝癌的主要死因。

在探寻肝癌细胞侵袭转移规律的过程中,研究所发现了不少出人意料的新问题。汤钊猷举例说,医生有时勉强为已错过最佳手术期的晚期患者进行手术,为的是减轻他们的痛苦。但动物模型

研究发现，姑息性切除可能促发残癌细胞的侵袭转移。与某些手术"适得其反"的作用相比，放疗对于癌细胞的影响更为复杂——在肝癌小鼠接受放疗的 2 天内，癌细胞生长"偃旗息鼓"，可等到 30 天后再观察，癌细胞的肺转移倾向竟然比那些"休养生息"的肝癌小鼠更高！

种种迹象提醒肝癌斗士们，常规癌症疗法好似一只"潘多拉魔盒"。在利害之间，医生们究竟该如何选择？汤钊猷说，二十年的肝癌转移研究给了他不少启示："癌症既是局部病变，更是全身性疾病，是生活环境、癌细胞、体内微环境和人体之间互相作用的结果。"因此，行之有效的抗癌方法应该是一边消灭肿瘤，一边从免疫、内分泌、神经、代谢等角度综合干预，最终令残癌细胞改邪归正。

在汤钊猷、樊嘉等几代学科带头人的领导下，研究所组织了基础、临床、转化等各方面的研究力量，对肝癌的裸鼠实验模型、复发转移的相关分子从基因组和蛋白组水平等方面进行攻关，这一时期的研究工作特点可以归纳为以下五个方面。

其一，为了进一步提高肝癌的疗效，整个研究所的战略方向自 1993 年起转到肝癌转移复发防治上来；樊嘉等在国内外率先开展肝癌微环境与肿瘤复发转移的系列科研工作。2015 年"肿瘤微环境调控肝癌转移复发的机制研究"获教育部自然科学奖一等奖。

其二，由于肝癌研究中的问题越来越突出，加上全国重点学科——肿瘤学建设的需要，汤钊猷等于 1993 年主编出版的《现代肿瘤学》成为 1997 年和 1998 年被引用最多的医学专著，并成为肿瘤学专著中唯一获得国家科技进步奖三等奖的著作。

其三，新旧世纪交替之际，为填补空白，救治更多患者，以樊嘉、周俭为首的一批较年轻骨干开展了肝癌肝移植的工作。自 2001 年起，曾先后成功完成上海市第一例成人对成人和第一例成人对儿童的活体肝移植；完成国际首例母女同为受体的经典劈离式肝移植；完成亚洲第一例心肝联合移植；完成世界首例"废弃肝"供肝成人-儿童活体肝移植；肝移植患者最小年龄仅 3 个月，肝移植患者最大年龄为 92 岁。率先在国内提出肝癌肝移植适应证中国标准——"上海复旦标准"。2012 年"肝癌肝移植术后复发转移的防治新策略及关键机制"获国家科技进步奖二等奖。2015 年，肝肿瘤外科成功实施被誉为肝脏外科革命性的手术，联合肝脏离断和门静脉结扎的二步肝切除术（ALPPS）治疗传统方法不能切除的巨大肝癌。这是亚洲首例报道的 ALPPS，表明肝肿瘤外科的肝癌手术水平位居国际前列。

其四，研究所的实验研究进一步深入，从转移模型的建立到基因和蛋白水平的研究广泛开展，发表的高影响因子的原创性论文日益增多。2006 年，"转移性人肝癌模型系统的建立及其在肝癌转移中的应用"获得国家科技进步奖一等奖；2008 年，"肝癌门静脉癌栓形成机制及多模式综合治疗技术"获国家科技进步奖二等奖。至此，肝癌研究所共获得国家科技进步奖一等奖 2 项、二等奖 2 项、三等奖 2 项，省部级科技进步奖一等奖 8 项，以及其他奖项。

其五，自 1986 年主办上海国际肝癌肝炎会议以来，至今已召开 7 届（包括 2000 年以后与中国香港地区合办的），从 2006 年开始已成为亚太地区最大的肝病会议。肝癌研究所的国内外地位也日益提高。在这个阶段，余业勤、杨秉辉、周信达等先后担任副所长，发挥了重要作用。

半个世纪过去，弹指一挥间，复旦大学肝癌研究所即将迎来 50 周年所庆。一路走来，研究所攻坚克难，开拓创新，砥砺奋进，取得了令人振奋的耀眼成绩。但是，肝癌仍然是中国排名第二的癌症杀手，未来仍任重道远。复旦大学肝癌研究所的百人团队将在樊嘉院士领导下，"不忘初心，牢记使命，再创辉煌"！

附录

中山医院院名更迭

序号	更 名 前	更 名 后	更 名 时 间
1	上海中山医院	上海医学院外科学院	1952 年 4 月 1 日
2	上海医学院外科学院	上海第一医学院外科学院	1952 年 11 月 28 日
3	上海第一医学院外科学院	上海第一医学院附属第二医院	1955 年 8 月 9 日
4	上海第一医学院附属第二医院	上海第一医学院中山医院	1956 年 8 月 16 日
5	上海第一医学院中山医院	上海第一医学院附属中山医院	1978 年 10 月 24 日
6	上海第一医学院附属中山医院	上海医科大学附属中山医院	1985 年 5 月 14 日
7	上海医科大学附属中山医院	复旦大学医学院附属中山医院	2000 年 7 月 1 日
8	复旦大学医学院附属中山医院	复旦大学附属中山医院	2001 年 2 月 19 日

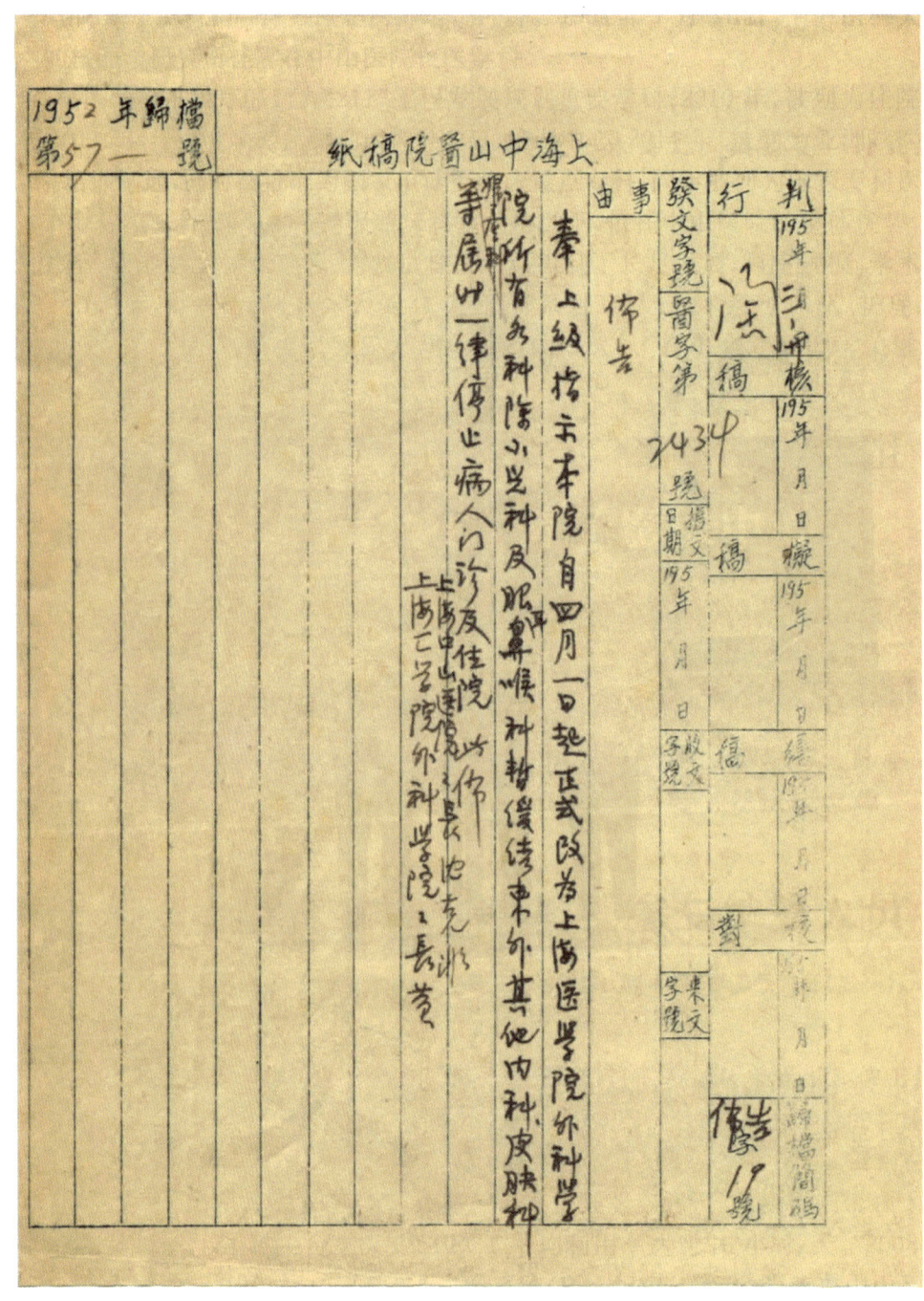

上海医学院外科学院命名文件（一）

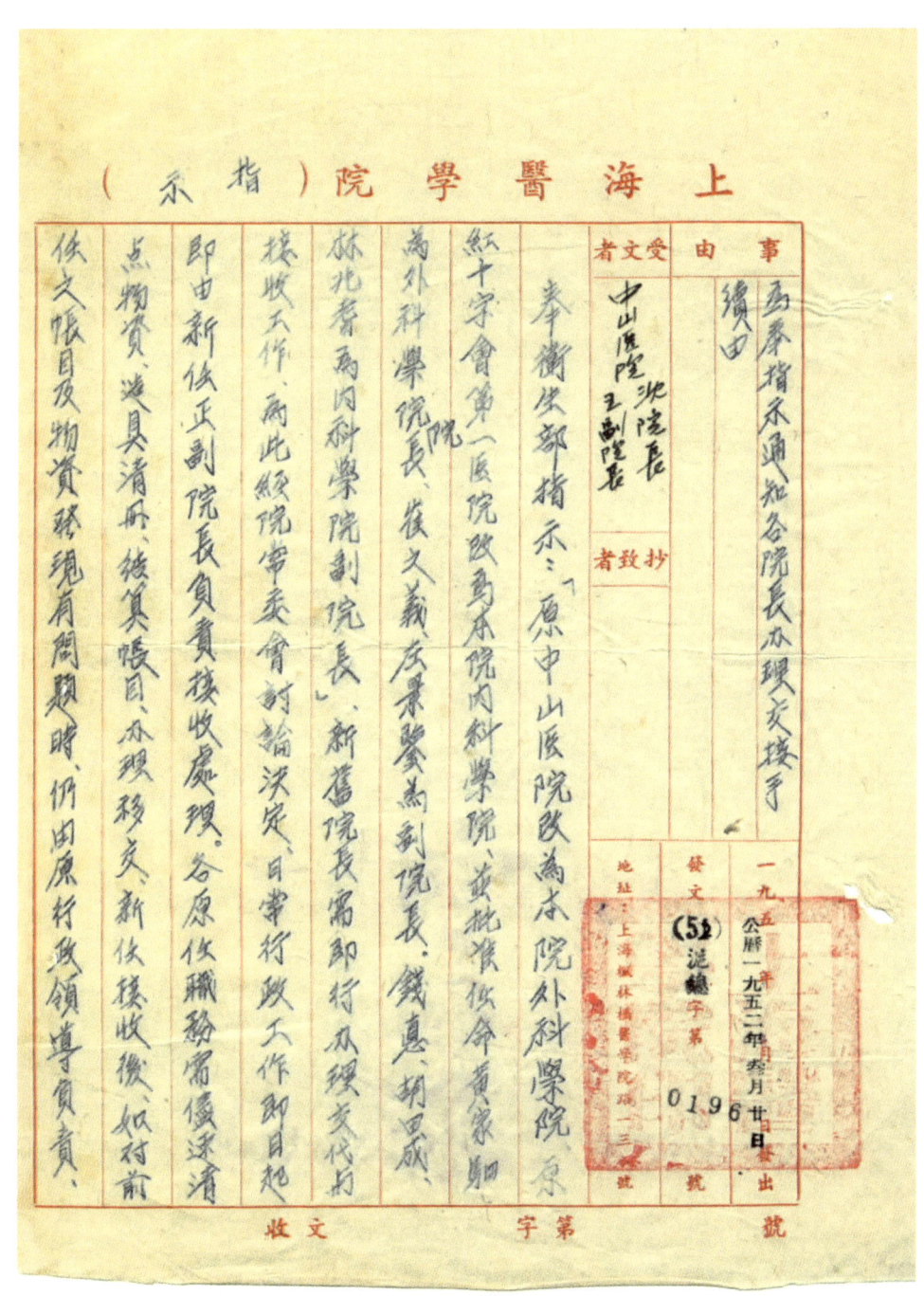

上海医学院外科学院命名文件(二)

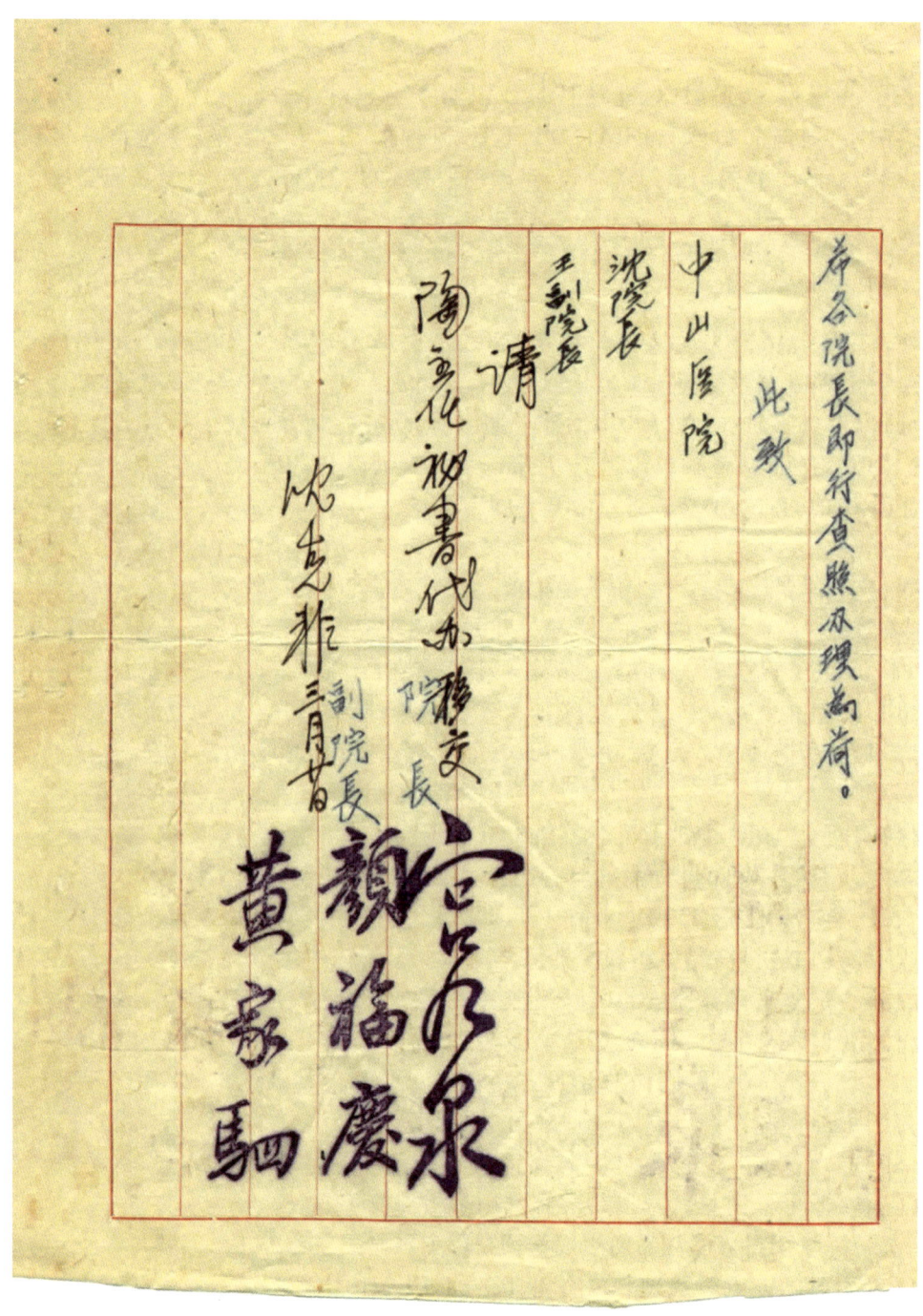

上海医学院外科学院命名文件(三)

上海中山医院稿纸

上海中山醫院聯合啟事

上海医学院外科学院命名文件(四)

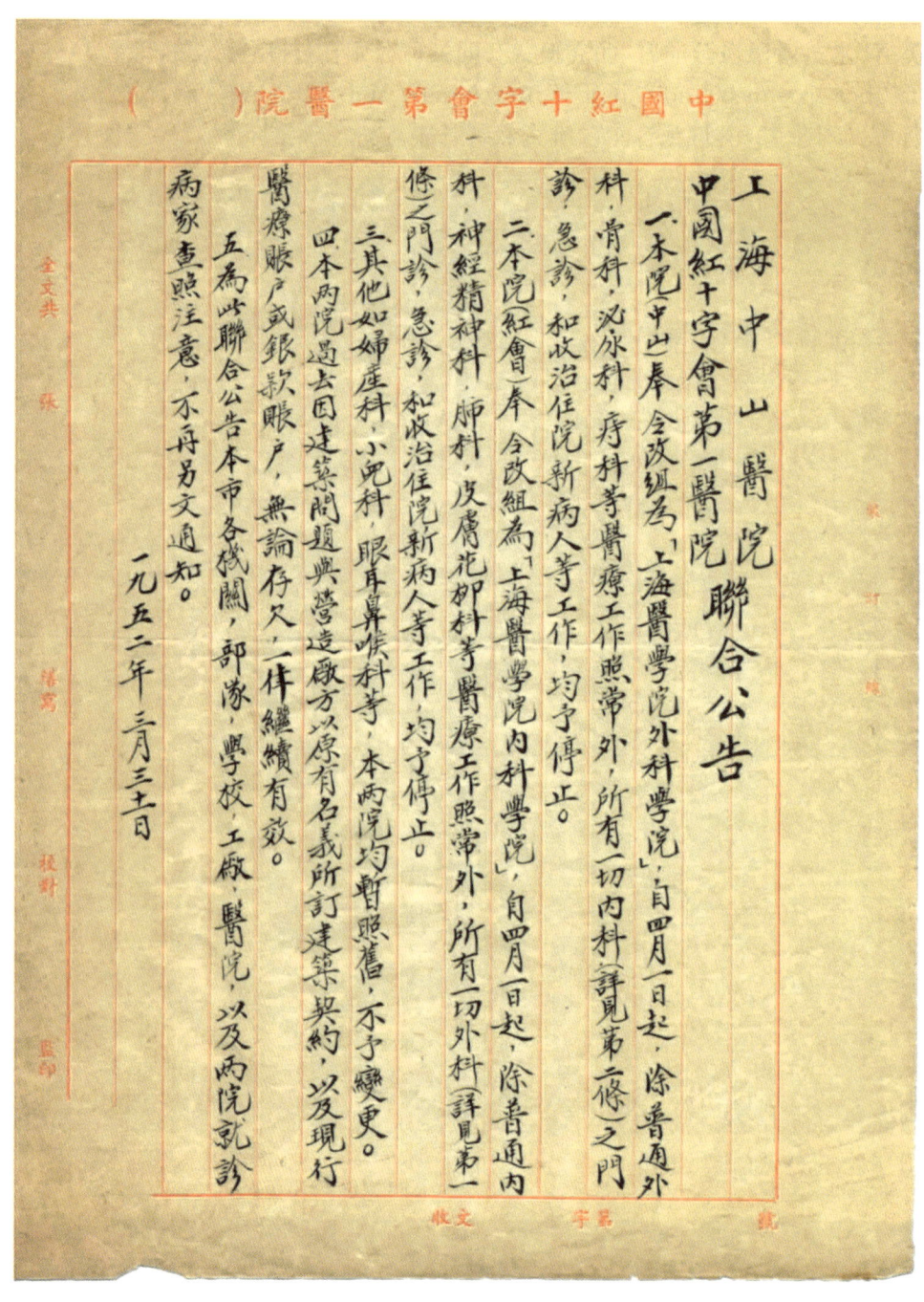

上海医学院外科学院命名文件（五）

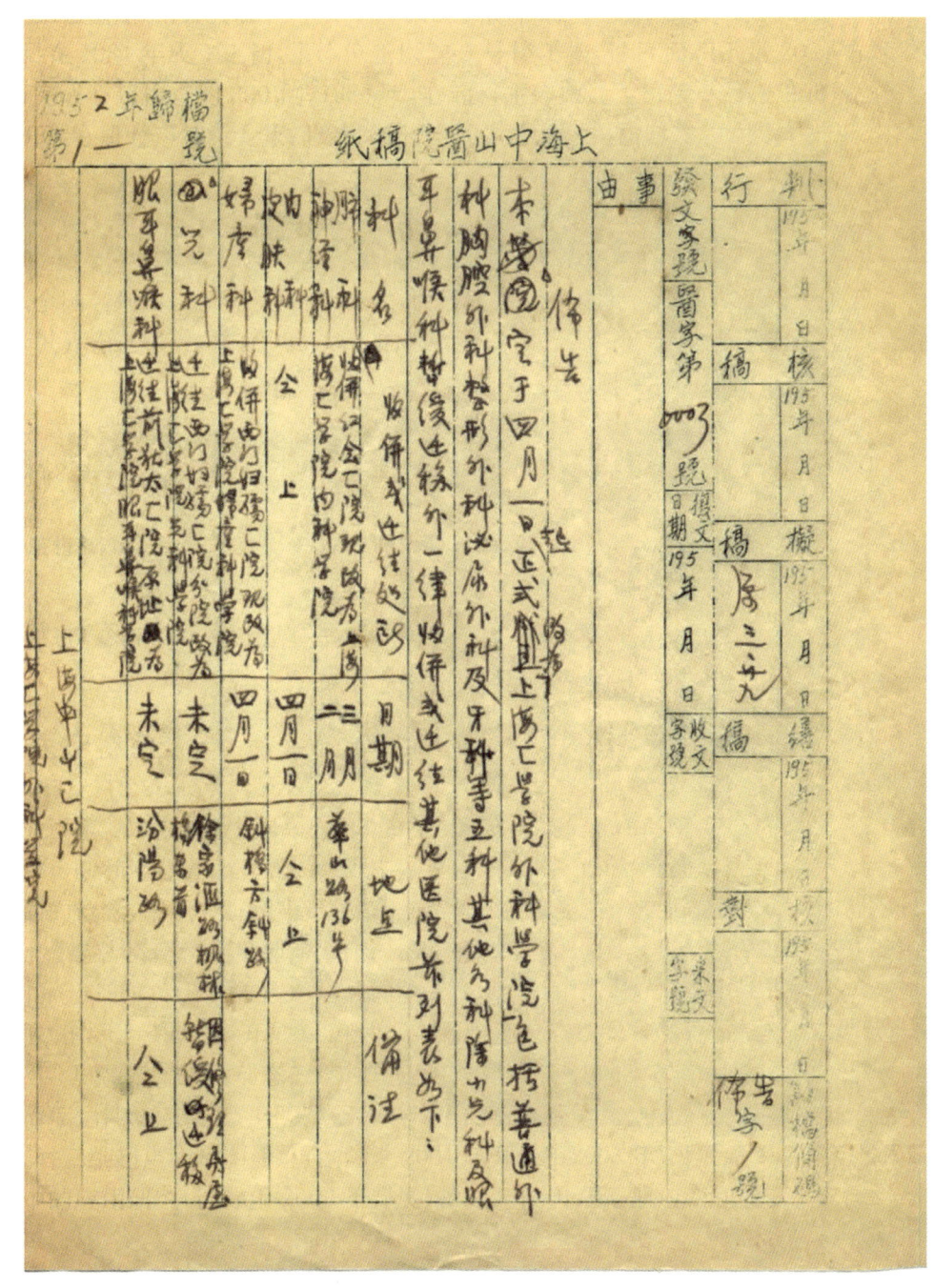

上海医学院外科学院命名文件(六)

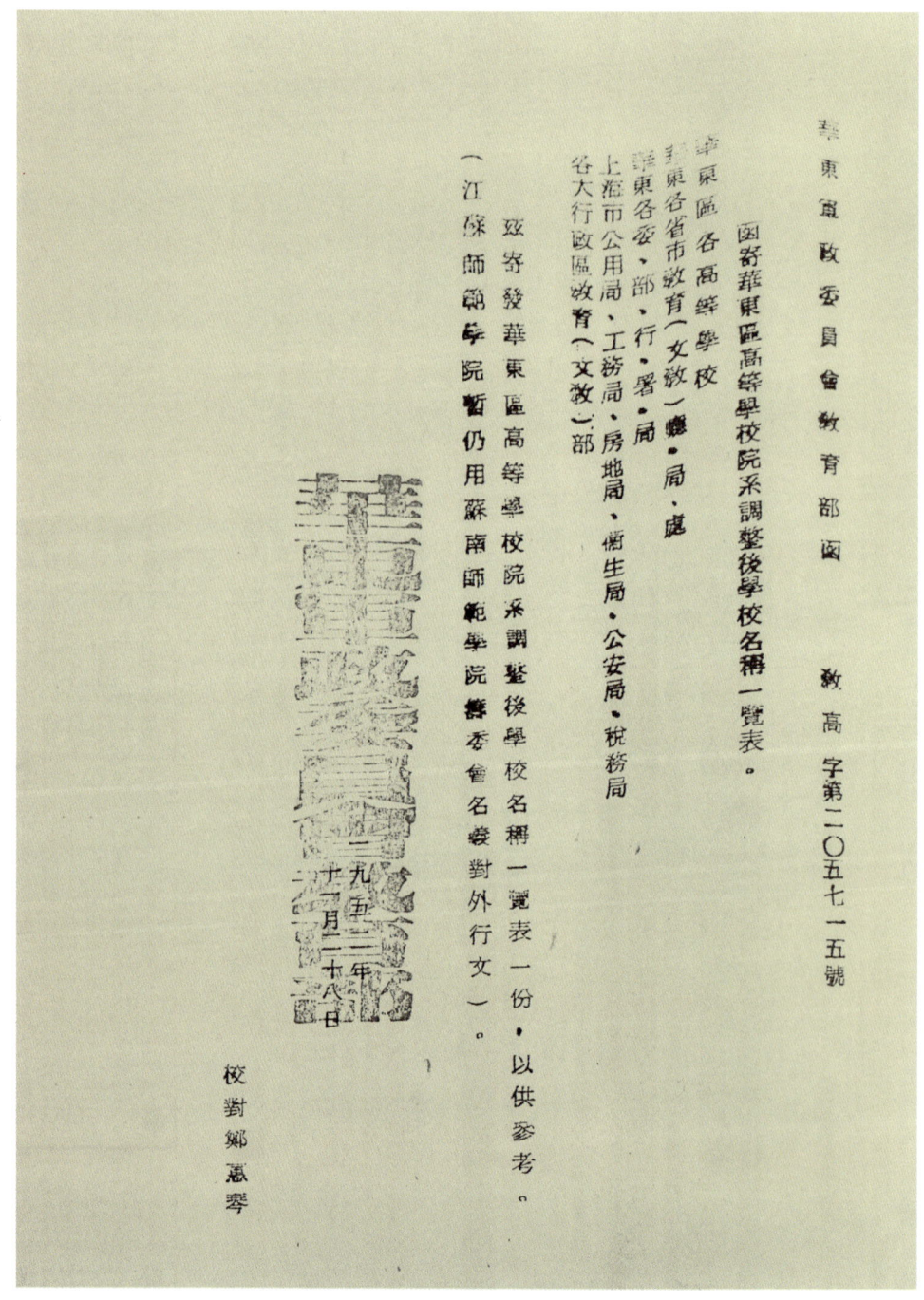

华东军政委员会教育部函　教高字第二〇五七一五号

函寄华东区高等学校院系调整后学校名称一览表。

华东区各高等学校
华东各省市教育（文教）厅、局、处
华东各委、部、行、署、局
上海市公用局、工务局、房地局、卫生局、公安局、税务局
各大行政区教育（文教）部

兹寄发华东区高等学校院系调整后学校名称一览表一份，以供参考。

（江苏师范学院暂仍用苏南师范学院等委会名义对外行文）。

一九五二年
十一月二十八日

校对　郑惠琴

上海第一医学院外科学院命名文件（一）

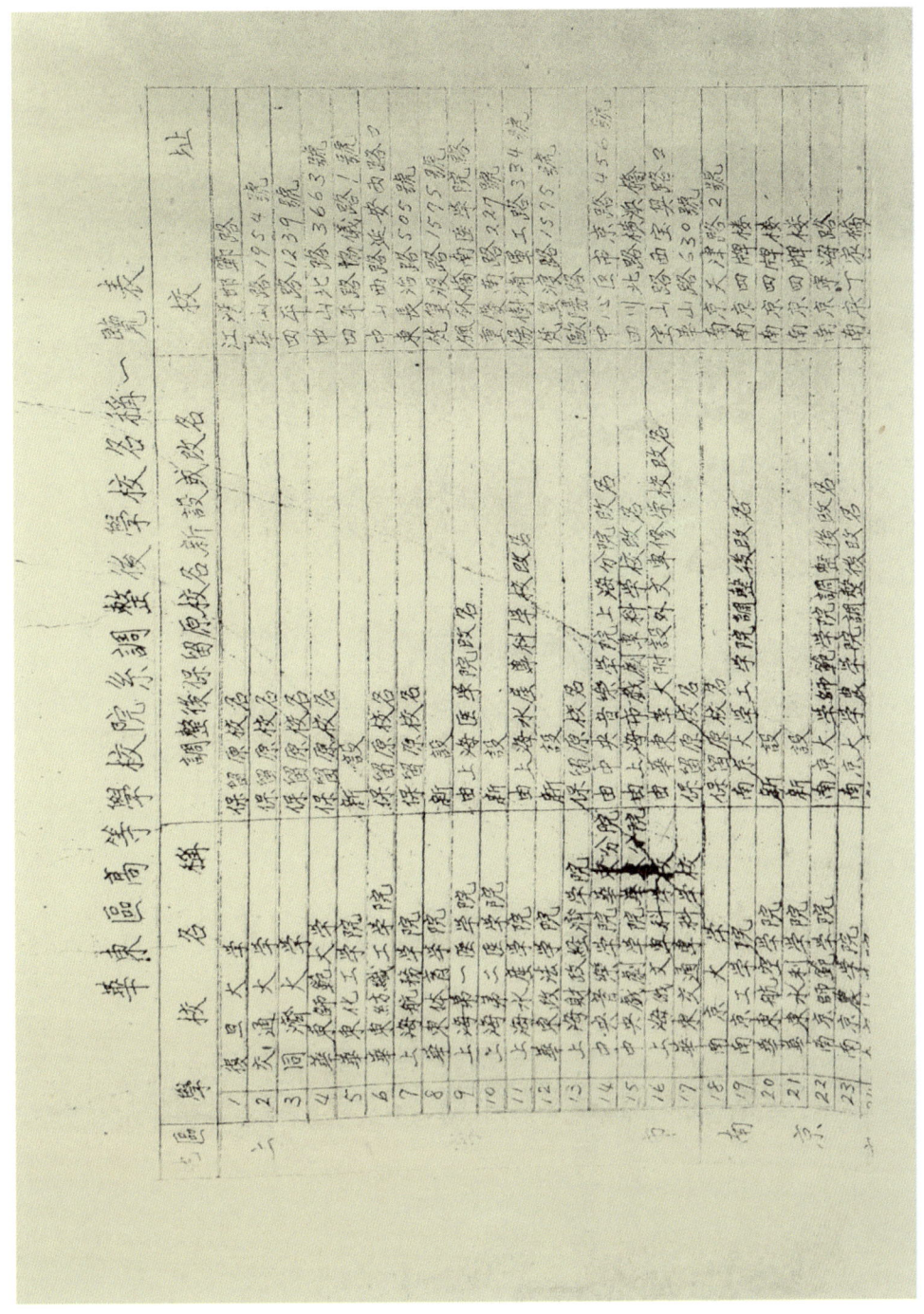

上海第一医学院外科学院命名文件(二)

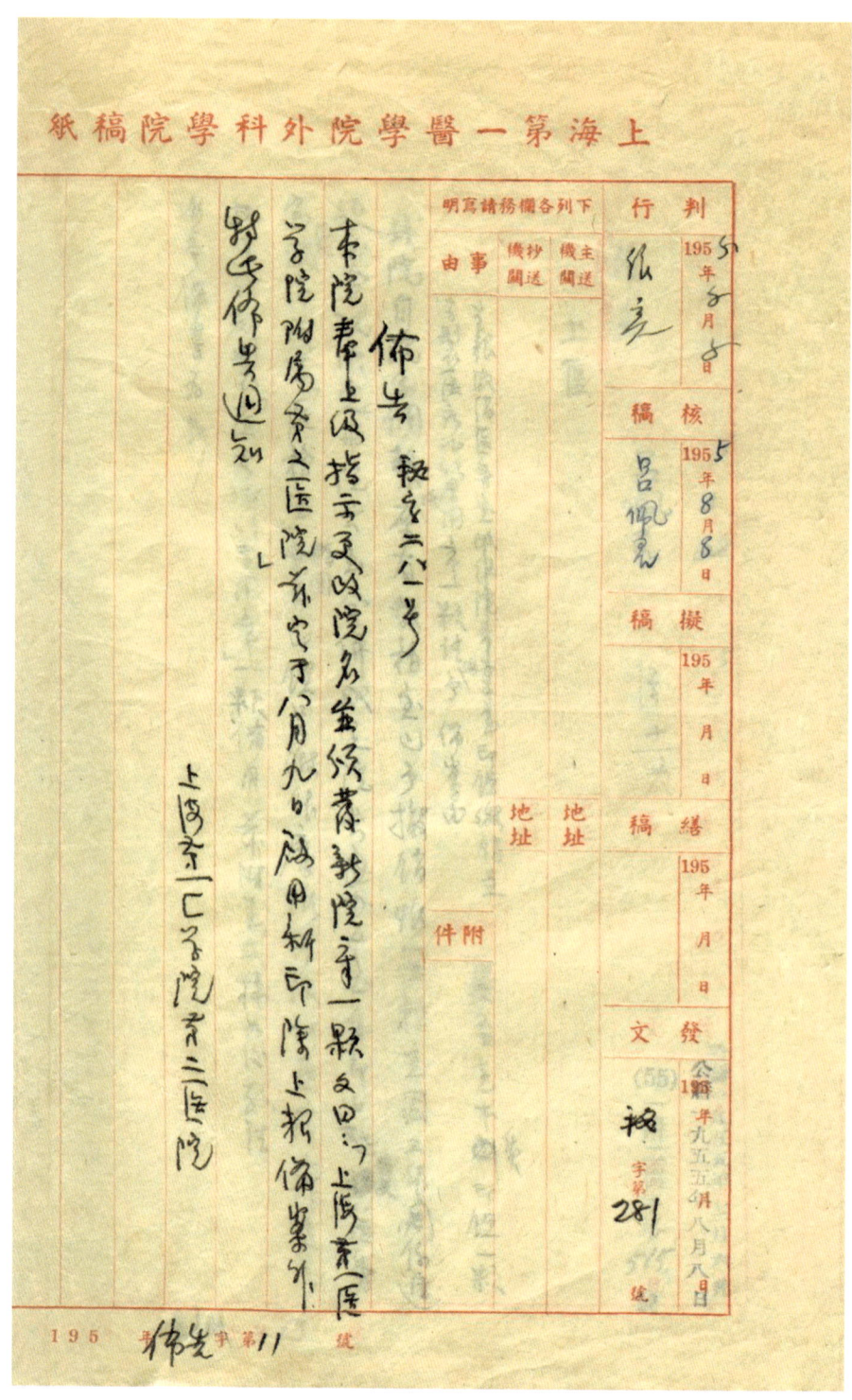

上海第一医学院附属第二医院命名文件

上 海 第 一 医 学 院

复同意你院更名为Ｌ上海第一医学院中
山医院Ｊ

附属第二医院：

你院56一附二秘字第277号报告并附Ｌ上海第一医学院
中山医院Ｊ新印一颗收到。经研究同意你院目八月十六日起
改名为Ｌ上海第一医学院中山医院Ｊ。附还你院新印一颗，
即希查照是荷。

附件：附还你院新印一颗（抄报抄送单位无附件）

一九五六年八月十四日

抄报：中华人民共和国卫生部
上海市高等教育管理局
上海市卫生局

抄送：两属各院、校

上海第一医学院中山医院命名文件

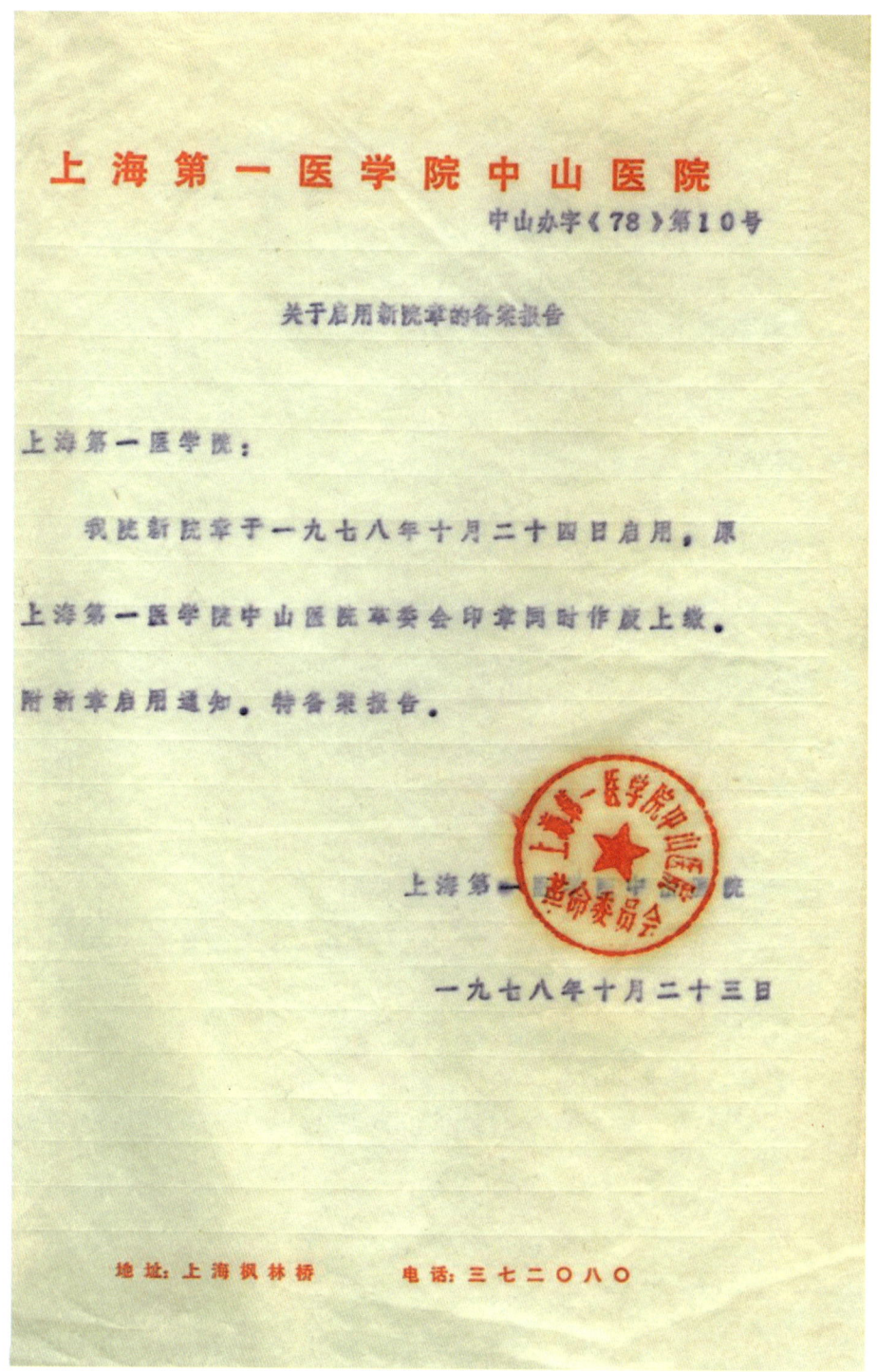

上海第一医学院附属中山医院命名文件

卫生部文件

(84)卫科教字第34号

关于"中国首都医科大学等五所院校更改校名"的批复

中国首都医科大学、四川医学院、北京医学院、上海第一医学院、山东医学院:

关于中国首都医科大学、四川医学院、北京医学院、上海第一医学院、山东医学院等五所院校更改校名的问题,为理顺领导层次,加强学校管理,促进医学教育事业的发展和方便国际间的交往,经部党组研究批准:

"中国首都医科大学"改名为"中国协和医科大学;

"四川医学院"改名为"华西医科大学";

"北京医学院"改名为"北京医科大学";

上海医科大学附属中山医院命名文件(一)

657

"上海第一医学院"改名为"上海医科大学"；

"山东医学院"改名为"山东医科大学"。

以上五所院校更改校名后，单位及该单位各级干部的级别、待遇不变。

卫　生　部

一九八五年五月十四日

抄报：教育部、国家计委、财政部、全国人大教育科学文化卫生委员会

上海医科大学附属中山医院命名文件（二）

上 海 医 科 大 学

复医委字[2000]第2号

关于启用复旦大学医学院所属各学院和有关部门印章的通知

各党委、党总支、直属支部；
各学院、医院、各有关部门：

　　经国务院批准，2000年4月27日原复旦大学与原上海医科大学合并组建新的复旦大学。经校党政联席会议讨论决定，成立复旦大学医学院（原上海医科大学）。原上海医科大学所属各学院及各有关部门已作相应更名（各单位名称和新印模见附件）。现复旦大学医学院所属各学院及各有关部门印章已刻就，定于2000年7月1日起正式启用，原各单位和部门的印章同时废止。

　　特此通知。

附件1：各单位名称
附件2：启用印章新印模（1）、（2）、（3）、（4）

中共复旦大学医学院委员会
复旦大学医学院（原上海医科大学）
二○○○年六月三十日

抄报：中共复旦大学委员会、复旦大学

复旦大学医学院附属中山医院命名文件

复旦大学校长办公室

通知　　　　　校通字[2001]7 号　　　　　总第 487 期

关于原复旦大学医学院附属医院
及放射医学研究所更名的通知

经研究决定，复旦大学医学院党委和医学院行政建制撤销后，原医学院下属各学院、附属医院及放射医学研究所由学校直接管理。为此，各附属单位名称须作相应更改：

复旦大学医学院附属中山医院更名为复旦大学附属中山医院；

复旦大学医学院附属华山医院更名为复旦大学附属华山医院；

复旦大学医学院附属肿瘤医院更名为复旦大学附属肿瘤医院；

复旦大学医学院附属妇产科医院更名为复旦大学附属妇产科医院；

复旦大学医学院附属儿科医院更名为复旦大学附属儿科医院；

复旦大学医学院附属眼耳鼻喉科医院更名为复旦大学附属眼耳鼻喉科医院；

复旦大学医学院附属金山医院更名为复旦大学附属金山医院；

复旦大学医学院附属上海市第五人民医院（筹）更名为复旦大学附属上海市第五人民医院（筹）；

复旦大学医学院附属放射医学研究所更名为复旦大学附属放射医学研究所

特此通知。

复旦大学校长办公室
二○○一年六月十九日

复旦大学附属中山医院命名文件

1990—2017 年医院
重要报刊新闻报道情况表

日　　期	报刊名称	新　闻　标　题
1990 年 2 月 26 日	文汇报	中山医院百名专家和医务人员为二千多患者义务咨询
1990 年 7 月 9 日	新民晚报	党团员主动义务加班为民解忧　中山医院急诊室高温中有条不紊
1990 年 11 月 13 日	新民晚报	中山医院完成一项重要科技攻关课题　我国肺心病抢救跻身世界前列
1990 年 12 月 2 日	新民晚报	林贵和他的病人
1990 年 12 月 17 日	文汇报	诊断冠心病　无须吃一刀——两项处于国际先进水平的新技术问世
1991 年 1 月 17 日	文汇报	病床前的"生死搏斗"
1991 年 1 月 20 日	新民晚报	心脏禁区"转"飞刀
1991 年 5 月 5 日	文汇报	她给病人带来春光
1991 年 5 月 20 日	新民晚报	病房里飞出欢乐的歌
1991 年 10 月 4 日	新民晚报	爱，撒向安徽八里河
1992 年 1 月 16 日	文汇报	无创伤诊断门静脉循环课题通过鉴定　首例肝脏疾病诊治新法一百多例临床实验全部成功
1992 年 2 月 11 日	新民晚报	没有小肠的"准妈妈"
1992 年 3 月 28 日	新民晚报	不用动刀的手术
1992 年 5 月 27 日	新民晚报	喜看病人重返家庭
1992 年 6 月 6 日	文汇报	手术不用刀　解痛在须臾
1992 年 8 月 17 日	新民晚报	晚风习习　知识入耳
1992 年 8 月 20 日	文汇报	冲破禁区　补心有术
1993 年 3 月 24 日	新民晚报	腹腔血管"搭桥"　老妪怪魔"逃脱"——中山医院解除病人痛苦有良法
1993 年 4 月 8 日	文汇报	海外辗转四处求医难治愈　大陆医生妙手回春除肿瘤——中山医院成功为台湾退休将军朱厚德做肝癌手术
1993 年 7 月 17 日	文汇报	为心理失衡者送上一片温馨
1993 年 7 月 18 日	新民晚报	食管手术导管在沪研制成功　中山医院临床百例无意外
1993 年 10 月 3 日	文汇报	注入玻璃微球"饿死"肝肿瘤——中山医院用非手术治疗原发性肝癌，延长了多名患者的生命
1993 年 11 月 18 日	文汇报	坚持开展和研究纤维结肠镜检查和治疗　中山医院内镜手术全国居先
1993 年 11 月 28 日	文汇报	中山医院采用胃动脉化疗加栓塞疗法　有效延长晚期胃癌患者生命

（续表）

日　　期	报刊名称	新　闻　标　题
1994 年 3 月 5 日	文汇报	为不能手术切除的肝癌患者提供有效治疗手段　中山医院成立冷冻治疗中心
1994 年 6 月 12 日	新民晚报	为了让病人更满意
1994 年 8 月 3 日	文汇报	中山医院血管外科治疗腹主动脉瘤达国际水平
1994 年 10 月 23 日	文汇报	中山医院医务人员六年攻关　CT 临床应用研究获重大突破
1994 年 10 月 30 日	新民晚报	突破"禁区"取得肝门区肝癌手术治疗重大进展　中山医院肝癌外科研究跻身世界前列——该院肝癌综合介入治疗达到国际先进水平
1995 年 1 月 4 日	文汇报	中山医院首次发现和证实二尖瓣环为马鞍形
1995 年 7 月 11 日	新民晚报	中山医院施行颈动脉斑块内膜切除术　一嗜睡病人精神抖擞了
1995 年 7 月 24 日	新民晚报	一群医生和一个孤女
1995 年 7 月 26 日	文汇报	相距千里　两地医生　医患之间可"面对面"会诊看病　远程多媒体医院专家会诊系统在沪研制成功
1995 年 9 月 16 日	文汇报	折射出太阳光辉的水珠
1995 年 9 月 24 日	新民晚报	中山医院溶血栓术留住生命　一心肌梗死患者起死回生
1995 年 12 月 26 日	新民晚报	中山医院遇上了"钢环之症"　医生费尽周折取下指上轴承
1996 年 3 月 9 日	新民晚报	修复"决堤"
1996 年 6 月 5 日	解放日报	中山医院放射科放射光彩——小肝癌诊断、中晚期肿瘤介入治疗跻身世界先进
1996 年 8 月 26 日	新民晚报	假牙咽入食道　性命交关　勿用开刀　名医巧施绝技
1996 年 9 月 9 日	新民晚报	细枝末节见精神
1996 年 9 月 19 日	新民晚报	湘妹子足趾化作幸运之手　手指再造今天上午在沪获成功
1996 年 12 月 19 日	文汇报	胸膜病患者痊愈有望
1996 年 12 月 28 日	解放日报	真情托起一片绿荫
1997 年 3 月 14 日	文汇报	病魔袭身生命危　四方援手情义真
1997 年 3 月 16 日	新民晚报	外地农民大出血生命垂危　上海医生施妙手抢救成功
1997 年 4 月 6 日	新民晚报	"方匣子"前把病看
1997 年 7 月 17 日	解放日报	中山医院加快学科建设　设立人才培养基金,选派中青年骨干出国进修
1997 年 10 月 16 日	解放日报	一切为了病人
1997 年 11 月 13 日	解放日报	把医学科普甘霖洒满人间
1997 年 12 月 29 日	文汇报	"中山"成功除血肿　六旬女士获新生
1998 年 1 月 1 日	新民晚报	心血管手术再创新纪录　中山医院连克三十五例"马凡氏"
1998 年 1 月 6 日	新民晚报	中山医院的便民"的士"

（续表）

日　　期	报刊名称	新　闻　标　题
1998 年 2 月 6 日	解放日报	师生远距千里　如在一间教室——中山医院远程医疗教育覆盖全国
1998 年 2 月 26 日	解放日报	中山医院采用世界最先进手术施治　七旬老翁腹主动脉瘤被"锁定"
1998 年 3 月 25 日	文汇报	气管换面罩　创伤可避免——"中山"抢救呼吸衰竭者有新招
1998 年 4 月 29 日	文汇报	"中山"肝门胆管癌诊治获突破性进展
1998 年 9 月 10 日	文汇报	雨水挡不住我们的决心
1999 年 1 月 14 日	解放日报	中山医院首创手术治疗新方法　开胸不切肋骨　创口缩短一半　应用自身组织　实施乳房再造
1999 年 3 月 24 日	文汇报	"以药养医"此路不通　医院发展仍然大有可为
1999 年 4 月 16 日	文汇报	重建肠系膜上动脉　一患者在中山医院转危为安
1999 年 5 月 28 日	新民晚报	面对先天性无肛无阴道、一不小心就会肠破尿漏的病例,中山医院还是让姑娘圆了姑娘梦
1999 年 8 月 12 日	新民晚报	"沙企"嘴里不再有障碍
1999 年 10 月 27 日	解放日报	中山医院肝癌基础及临床研究世界领先
1999 年 12 月 31 日	解放日报	一颗跃动的心
2000 年 1 月 4 日	文汇报	中山医院用微创搭桥术使急性心肌梗死台胞获新生
2000 年 1 月 13 日	新民晚报	给腹主动脉瘤加个"衬里"　中山医院新型隔离术救回耄耋翁
2000 年 1 月 14 日	新民晚报	用新技术也要"短平快"
2000 年 1 月 25 日	新民晚报	为老年心脏瓣膜患者造福　新型无支架心脏生物瓣膜在中山医院应用成功
2000 年 4 月 10 日	文汇报	中山医院实施血浆置换疗法　一罕见病症患者获新生
2000 年 7 月 17 日	新民晚报	血管瘤"爬上"婴儿半边脸　中山医院创同类手术切除低龄纪录
2000 年 8 月 2 日	新民晚报	74 岁顾老太昨有幸成为我国"心脏跳动,头脑清醒"下接受心脏搭桥手术第一人　该项国内首创手术使病人术后心绞痛消失,真可谓——"开心人"碰到"开心事"
2001 年 1 月 1 日	新民晚报	二十分钟,查完即归——中山医院首创桡动脉穿刺诊冠心病
2001 年 1 月 13 日	新民晚报	廿二年前接受肾移植幸存　半年前车祸皮肤缺损难愈　中山医院实施皮瓣移植修复术获成功
2001 年 1 月 20 日	解放日报	让病人少花钱治好病
2001 年 2 月 3 日	新民晚报	大夫"心"明眼亮　病人"心"满意足
2001 年 3 月 3 日	解放日报	用 β 放射源治冠心再狭窄　中山医院在本市首次成功施行一例新手术
2001 年 6 月 25 日	文汇报	中山医院成立腹腔镜中心做大"钥匙孔"文章
2001 年 10 月 9 日	文汇报	中山医院妙手回春创纪录　连续七例肝移植告捷
2002 年 1 月 4 日	新民晚报	守望生命——一个护士和一个病人十五年的情谊

（续表）

日　　期	报刊名称	新　闻　标　题
2002 年 1 月 30 日	文汇报	中山医院"二步疗法"治恶性梗阻性黄疸
2002 年 3 月 31 日	解放日报	海峡两岸心血管病学研讨会举行
2002 年 4 月 18 日	新民晚报	拓宽"小切口大手术"领域——本市完成首例手辅助腹腔镜肾癌根治术
2002 年 5 月 8 日	新民晚报	不开胸　补心洞——中山医院实施国内最大房缺介入治疗
2002 年 5 月 11 日	解放日报	中山医院肝肿瘤科挑战"癌中之王"　总体治疗水平国际领先
2002 年 6 月 3 日	文汇报	肝硬化发生率在悄悄升高
2002 年 6 月 16 日	解放日报	占地一百四十多亩，建二十幢高楼，上海打造现代化标志性医院——中山医院改造工程启动，投资总额八亿元
2002 年 7 月 29 日	文汇报	放射性种子植入治疗前列腺癌
2002 年 8 月 3 日	新民晚报	一肝肾心衰竭病人死里逃生　血液净化联合疗法立奇功
2002 年 8 月 20 日	新闻晚报	"私家医生"进小区　居民喜添健康档案
2002 年 9 月 4 日	新闻晚报	病毒性心肌炎　用黄芪有疗效
2002 年 9 月 9 日	文汇报	血液净化疗法迅速崛起
2002 年 10 月 12 日	解放日报	全国首例腹腔镜腰椎前路手术获成功
2002 年 10 月 14 日	新民晚报	肝移植领域又一新突破　三岁患儿成功换肝
2002 年 11 月 6 日	新民晚报	吃火锅贡丸嵌食道　一中年男子经巧妙救治化险为夷
2002 年 11 月 7 日	文汇报	告别"看病难"　寿命逐年高
2002 年 12 月 25 日	解放日报	对每一位病人负责
2003 年 1 月 18 日	解放日报	中山医院东海康复医疗中心揭牌
2003 年 1 月 28 日	文汇报	中山医院泌尿外科为一患者摘除肾脏六枚嗜铬细胞瘤
2003 年 2 月 12 日	新民晚报	中山医院肝脏外科达国际先进水平
2003 年 2 月 13 日	文汇报	与心脏病人心连心——记上海市科技英才奖获得者葛均波
2003 年 2 月 17 日	新民晚报	肺病专家何礼贤"有话要说"　"非典型性肺炎"尚无特效药物
2003 年 2 月 20 日	文汇报	微创法治疗多发性大动脉炎　中山医院这项手术填补国内一项空白
2003 年 2 月 21 日	新闻晚报	信息速递：中山医院成立冠脉循环研究中心、复旦成立超声医学与工程研究所
2003 年 2 月 25 日	新民晚报	整合优势　院士领衔——复旦成立超声医学研究所
2003 年 4 月 11 日	解放日报	沪上医务人员尽责奉献　全力防范"非典"袭扰
2003 年 4 月 24 日	解放日报	国际权威杂志刊登中山医院重大研究成果论文：肝癌转移复发可望早期测诊，首个分子预测模型准确率超 85％
2003 年 4 月 24 日	新闻晚报	中山医院囊括市科技 3 项一等奖，占领医学科技制高点
2003 年 4 月 24 日	Shanghai Daily	Cancer Gene Find Revealed

（续表）

日　　期	报刊名称	新　闻　标　题
2003 年 4 月 28 日	文汇报	上海各高校广大共产党员防"非典"战中冲锋在前
2003 年 4 月 28 日	文汇报	抗"非典"，我们绝不退缩——来自中山医院肺科医务人员的声音
2003 年 5 月 1 日	文汇报	众志成城抗"非典"——来自中山医院 SARS 第一线的报告
2003 年 5 月 7 日	解放日报	"战略预备队"准备中——上海医务人员踊跃报名"非典"后续梯队侧记
2003 年 5 月 12 日	新民晚报	天使心声——抗"非典"一线护士话语实录
2003 年 5 月 17 日	澳门日报	中国肝癌转移研究获重大突破
2003 年 5 月 21 日	解放日报	集全市力量援助市传染病医院抗非典，中山医院、市一医院医疗队"换防"
2003 年 5 月 24 日	经济参考报	我国肝癌转移研究获重大突破
2003 年 5 月 26 日	新民晚报	危难时，我们理应挺身而出——记战斗在传染病医院的中山医院医护人员
2003 年 6 月 1 日	新闻晚报	中山医院医疗队凯旋
2003 年 6 月 7 日	解放日报	钮教授和"钮式面罩"
2003 年 6 月 13 日	新民晚报	中山医院完成三例具开创性意义治疗——干细胞移植治疗心肌梗死
2003 年 6 月 19 日	商　报	中山医院重大突破——干细胞移植治疗心脏疾病
2003 年 6 月 21 日	新华社	肝癌转移研究攻坚，中国已获重大突破，进一步确定了国际领先地位
2003 年 7 月 1 日	家庭医生报	中山医院采用干细胞移植，治疗急性心肌梗死获得成功
2003 年 8 月 16 日	解放日报	腔内人造血管支架移植术＋动脉转流术成功——中山医院勇闯禁区创国际第一
2003 年 11 月 19 日	文汇报	延伸市府实事工程　解决患者奔波之苦——中山医院搭建风雨连廊
2003 年 11 月 20 日	新民晚报	人工晶体可"调焦"——中山医院成功施行 10 例植入术
2003 年 12 月 1 日	新民晚报	中山医院樊嘉教授开创性地施行"劈裂式肝移植"喜获成功——"同肝"母女
2003 年 12 月 2 日	新闻午报	中山医院"造"出国内首例"同肝母女"
2003 年 12 月 8 日	新民晚报	移植领域再图进取——中山医院今与世界最大器官移植机构携手
2003 年 12 月 9 日	文汇报	中山医院与世界最大器官移植机构携手，器官移植更上一层楼
2003 年 12 月 9 日	解放日报	中山医院与世界顶尖医学权威牵手抢占移植领域制高点
2003 年 12 月 30 日	新民晚报	主刀医生王春生教授上午向本报证实　本市首次自主完成"心肺联合移植"
2004 年 2 月 24 日	解放日报	牵手全美最佳医院心外科——中山医院、麻省总院心脏外科培训中心成立
2004 年 3 月 26 日	经济参考报	他，还你一只灵巧的手——记中科院院士、著名骨科专家陈中伟

（续表）

日　　期	报刊名称	新　闻　标　题
2004 年 4 月 8 日	文汇报	"我只做了两件半事"——记全国"白求恩奖章"获得者汤钊猷教授
2004 年 4 月 9 日	文汇报	汤钊猷获得"白求恩奖章"
2004 年 4 月 29 日	解放日报	母亲把肾移植给儿子——中山医院成功实施腹腔镜亲属活体肾移植
2004 年 6 月 2 日	东方早报	上海中山医院微创手术再造生育能力
2004 年 6 月 13 日	新闻晚报	我国首个药物冠脉支架将进入临床试验　治疗冠心病费用有望大减
2004 年 6 月 15 日	新民晚报	微创为"石女"圆梦
2004 年 8 月 23 日	文汇报	中山医院对患者采用介入栓塞疗法　不开颅除"定时炸弹"
2004 年 9 月 21 日	文汇报	中山医院门急诊新大楼正式启用　救护车直接开进急救室——市府实事工程凸现"以人为本"服务理念
2004 年 10 月 27 日	东方早报	首个多器官联合一支队伍成熟运作　中山医院创造亚洲肺移植病人最大年龄纪录
2004 年 11 月 19 日	新民晚报	注射硬化剂，瘘口长新肉——中山医院应用微创技术治疗支气管胸膜瘘
2004 年 11 月 25 日	新民晚报	任何内镜检查都能"拿下"　中山医院内镜中心规模名列国际前茅
2004 年 12 月 12 日	解放日报	中山医院争分夺秒诊治心血管疾病　"心梗"绿色专道显神威
2004 年 12 月 20 日	解放日报	心脏介入市场设"门槛"——卫生部首批规范培训基地挂牌
2004 年 12 月 20 日	文汇报	陈灏珠从医 55 周年
2005 年 1 月 1 日	新闻晚报	凌晨 4:00 15 名白衣勇士紧急出发　上海医疗队雪中飞泰
2005 年 1 月 4 日	解放日报	救援 72 小时——上海赴泰救援队最新火线报告
2005 年 1 月 4 日	青年报	中国救援队在泰国灾区救援前线，疫情控制形势严峻，救援队员每天工作 13 小时
2005 年 1 月 5 日	新民晚报	15 名上海医生 5 天前到了泰国普吉岛，这些卫生救援队队员在海啸灾区工作得怎样？生活又如何？昨夜，他们给本报记者发来短信——15 条短信讲述救援动人事
2005 年 1 月 5 日	新民晚报	赴泰救助海啸灾民马不停蹄　上海医生上午移师巴东海滩
2005 年 1 月 5 日	新民晚报	救援医疗队员讲述在泰救援经历　5 天来酸甜苦辣说不尽
2005 年 1 月 6 日	解放日报	上海赴泰救援队家人心声：为你骄傲，盼你凯旋
2005 年 1 月 7 日	青年报	沪医疗救援队转战重灾区
2005 年 1 月 7 日	新闻午报	"我们在这里一切都很好，巴东未有疫情暴发迹象。昨顺利完成 4 例小手术"
2005 年 1 月 8 日	新闻晚报	上海医疗救援队明晨凯旋　当地居民对他们非常感激和尊重
2005 年 1 月 8 日	新民晚报	昨晚是中国卫生救援队的第一批上海医生在泰国普吉的最后一晚，临行时，他们还有很多事放心不下——不知那些病人好点了没有

（续表）

日　　期	报刊名称	新　闻　标　题
2005 年 1 月 8 日	新民晚报	上海家人全力支持医疗队员前方救灾——"我们都是坚强的后盾"
2005 年 1 月 9 日	新闻晚报	救援英雄今晨凯旋　夫妻相搂父子相拥
2005 年 1 月 9 日	新民晚报	十五名上海医务人员在泰国海啸灾区奋战九天——中国首支卫生救援队今晨凯旋
2005 年 1 月 10 日	青年报	首支赴泰医疗队昨晨凯旋——15 名上海医务人员在海啸灾区进行了 9 天工作
2005 年 1 月 10 日	解放日报	关爱地震海啸灾区专版——救援医疗队返航班机上唱响"让世界充满爱"
2005 年 1 月 11 日	新闻午报	慈母切肝救九月女婴——本市最低龄亲属肝移植手术喜获成功
2005 年 1 月 12 日	上海家庭报	为妻子感到骄傲——访首批赴泰女医疗员郑吉莉的丈夫
2005 年 1 月 13 日	文汇报	心脏移植突破百例　中山医院独占全国半壁江山
2005 年 1 月 25 日	解放日报	血缘不同　真情动天——中山医院成功施行本市首例夫妻活体肾移植
2005 年 2 月 11 日	上海大众卫生报	中山医院表彰赴泰国救援人员：医生取出胃中打火机
2005 年 2 月 21 日	新民晚报	中山医院微创心脏手术有创新　智能机器人手臂来帮忙
2005 年 3 月 4 日	解放日报	中山医院实施国内年龄最小病例手术——七龄童心脏"搭桥"
2005 年 4 月 5 日	新民晚报	中山医院创造一项"新纪录"：微创技术让百岁老人免受开刀之苦
2005 年 5 月 11 日	新民晚报	中山医院创下国内纪录又创世界纪录——年龄最大患者肝移植成功
2005 年 5 月 12 日	Shanghai Daily	Transplant Record
2005 年 6 月 18 日	新闻晨报	中国工程院院士汤钊猷：肝癌治疗，发现、诊断、治疗"早期"最关键
2005 年 6 月 23 日	新闻晚报	世界年龄最大"换心人"出院
2005 年 6 月 28 日	新闻晨报	干细胞移植复活梗死心肌，中山医院已成功实施 90 余例，医技与世界同步
2005 年 7 月 19 日	文汇报	复旦大学附属中山医院国内首创，机器人辅助微创封堵房缺
2005 年 9 月 6 日	健康报	"无肠女"的幸福生活
2005 年 10 月 18 日	文汇报	让高原儿童绽开健康笑脸——上海青年志愿者赴滇巡回医疗队侧记
2005 年 10 月 21 日	上海大众卫生报	保持共产党员先进性教育见实效　中山医院数百人报名献骨髓
2005 年 11 月 22 日	青年报	云南少女来沪除"畸形"
2005 年 11 月 26 日	新民晚报	中山医院上午完成"多余肢体解除术"，石姑娘"第三条腿"卸下
2006 年 1 月 19 日	新民晚报	云南小石姑娘今来做"畸胎腿"手术复查，能够独自走上六楼招待所
2006 年 2 月 19 日	新民晚报	被刺后颈部伤口渗白液——胸导管损伤患者在中山医院保住性命
2006 年 3 月 23 日	新民晚报	陈中伟院士铜像安置中山医院

（续表）

日　期	报刊名称	新　闻　标　题
2006 年 3 月 24 日	解放日报	攻克剩下的"半件事"——记 2005 年度上海市科技功臣、中国工程院院士汤钊猷
2006 年 3 月 24 日	文汇报	病人"逼"我创新——记 2005 年上海市科技功臣汤钊猷
2006 年 3 月 27 日	解放日报	上海制定肝移植"复旦标准"较国际通用标准适用范围扩大一倍，患者术后生存率保持不变
2006 年 8 月 18 日	新闻午报	你适合去西藏旅游吗？沪上首开高原低氧环境旅游门诊
2006 年 9 月 16 日	新闻晨报	10 亿元打造枫林路生物学院区　"生命路"将不再拥堵
2006 年 9 月 17 日	新闻晚报	"电脑挂号员"今上岗中山医院　医保卡社保卡一刷就挂号
2006 年 9 月 19 日	解放日报	中山医院：50 年创 50 万住院病例
2006 年 9 月 19 日	文汇报	中山医院 70 周年院庆以慈善心脏手术开场　第 50 万例病人免费换瓣
2006 年 10 月 14 日	解放日报	中山医院首创"双镜"根治肠癌
2006 年 10 月 16 日	新民晚报	当 1 毫米厚"总血管"被撕出"夹层"——中山医院十多名教授挑战世界医学难题，排除罕见动脉瘤
2006 年 11 月 14 日	医院报	上海复旦大学附属中山医院采用"一步法"治疗乳腺癌
2006 年 11 月 23 日	健康报	复旦大学附属中山医院"从腿入手"，治疗罕见肺血管畸形
2007 年 2 月 6 日	医院报	中山医院为 4 岁男童取出肾结石
2007 年 2 月 27 日	新闻晚报	预防肝癌复发、治疗近视眼、敢于以先天性耳聋等成功造福百姓 21 年后，上海医学再获一等奖——预防肝癌复发有了突破
2007 年 2 月 28 日	解放日报	没什么比科学的精神更美丽——写在国家科学技术奖励大会之后 汤钊猷：实事求是不盲从
2007 年 3 月 23 日	文汇报	林兆耆教授百年诞辰　中山医院举行纪念会
2007 年 3 月 31 日	文汇报	将原本在人体内生长发展的癌细胞放到体外培养、观察直至消灭：中国科学家建成体外三位肿瘤生物模型，为开发抗癌良药、制定个性治疗方案提供了实验平台
2007 年 4 月 2 日	新民晚报	肝癌转移研究实验有了"替身"，中山医院汤钊猷院士的一项研究成果获国家科技进步奖一等奖
2007 年 4 月 20 日	新闻晚报	中山医院成立特奥医疗服务队
2007 年 4 月 25 日	Shanghai Daily	Medics：We'll care for athletes
2007 年 6 月 24 日	文汇报	中山医院昨同时进行三例亲属活体肾移植，三队亲人共同演绎爱的故事
2007 年 7 月 23 日	文汇报	中山医院肝癌研究所发现，免疫调节可降低术后复发
2007 年 8 月 8 日	新闻晚报	国内首个呼吸病防治联盟成立，医生、社会共同打造"健康呼吸"
2007 年 8 月 10 日	新民晚报	本市成立国内首个"呼吸病防治联盟"
2007 年 9 月 8 日	新民晚报	中山医院今天宣布已率先突破"禁区"——肠癌肝转移，一次"同切除"

（续表）

日　　期	报刊名称	新　闻　标　题
2007 年 9 月 22 日	文汇报	六十四岁肝移植老人再换心肾　中山医院移植手术开国内先例
2007 年 9 月 22 日	Shanghai Daily	Lucky three：Heart, liver and kidney transplants save a man
2007 年 9 月 22 日	新闻晨报	中山医院成功实施我国首例序贯肝心肾移植手术，"组装人"创移植史新纪录
2007 年 9 月 23 日	解放日报	中国人自己创办的第一所综合性医院——中山医院喜迎七十华诞，韩启德徐匡迪题词，张怀西出席庆典，习近平发来贺信
2007 年 9 月 23 日	文汇报	中山医院昨喜庆七十华诞，韩启德徐匡迪题词，张怀西出席庆典，习近平发来贺词
2007 年 9 月 23 日	新闻午报	中山医院喜迎 70 华诞，16 名器官移植病人代表庆典上朗诵《感恩》
2007 年 10 月 29 日	新华网	上海中山医院嵊州医疗合作中心成立
2007 年 11 月 4 日	新闻晚报	中山医院施行第一例隔代移植手术获成功，14 岁女孩装上了外婆的肾
2008 年 1 月 13 日	解放日报	中山医院推行电子病历，医保病人将无须携带各种化验结果
2008 年 1 月 21 日	新闻晚报	中山医院实施第 100 例亲属肾移植手术，女儿患尿毒症母亲今捐肾
2008 年 3 月 7 日	上海大众卫生报	不倦的医路行者——记 2007 年卫生系统"银蛇奖"二等奖获得者钱菊英
2008 年 5 月 14 日	劳动报	首批上海医疗队员奔赴灾区
2008 年 5 月 15 日	青年报	沪首批医疗队抵达震中，两上海医生待命参与首批心理干预医疗队赴灾区
2008 年 5 月 15 日	解放日报	上海首批 6 支医疗队驰援灾区——俞正声在救护车队发车仪式上讲话，韩正同往送行
2008 年 5 月 15 日	新闻晨报	上海 13 支医疗队昨奔赴第一线
2008 年 5 月 15 日	上海医工报	上海首批 6 支医疗队驰援灾区——俞正声在救护车队发车仪式上讲话，韩正同往送行
2008 年 5 月 16 日	解放日报	上海医生：手术台上经历余震
2008 年 5 月 16 日	青年报	上海医疗队成都一天施救 20 人，部分医护人员昨天下午乘直升机从成都飞赴重灾区
2008 年 5 月 16 日	上海大众卫生报	抗震救灾　众志成城——本市首批 6 支医疗队奔赴抗震救灾第一线，中山医院医疗队全力支持
2008 年 5 月 17 日	新报	四小时急搭野战医院　上海救援队夜以继日持续作战
2008 年 5 月 17 日	青年报	前方医疗救援队全面展开工作，自我命令"绝不轻言放弃"。上海医生会诊，伤者免遭截肢
2008 年 5 月 17 日	东方早报	上海医疗队队员日记
2008 年 5 月 18 日	青年报	本报记者随上海医疗队卫生青年志愿者抗震救灾服务队施救第一天

（续表）

日　　期	报刊名称	新　闻　标　题
2008 年 5 月 18 日	新报	灾区野战帐篷成"医疗一线"　弱光下完成高风险手术
2008 年 5 月 18 日	解放日报	上海医疗队在川救治数千人
2008 年 5 月 19 日	文汇报	上海第二批医疗救援队抵川,驰援灾区人数已逾六百名,精神卫生专业队伍随时待命
2008 年 5 月 19 日	青年报	20 名血透护士昨日出发
2008 年 5 月 21 日	文汇报	救援正有条不紊进行——本报特派记者灾区见闻
2008 年 5 月 22 日	文汇报	危难时刻,我们在最前线——上海救援队在四川抗震救灾纪实
2008 年 5 月 22 日	Shanghai Daily	Medical Heroes Pine for Hot Meal
2008 年 5 月 22 日	文汇报	久违了,孩子们的笑声
2008 年 5 月 23 日	上海大众卫生报	中山医院医疗队奋战重灾区
2008 年 5 月 27 日	解放日报	你们会很快好起来的——上海接治首批灾区伤员侧记
2008 年 5 月 28 日	上海医工报	中山医院工会慰问救灾医疗队员家属
2008 年 5 月 28 日	上海医工报	抗震救灾　心手相连——上海抗震救灾医疗队战地速记:中山医院赴川抗震救灾医疗队队员范虹日记
2008 年 6 月 13 日	解放日报	使命,在灾难面前升华——中山医院儿科医院联合医疗队赴川救援纪实
2008 年 6 月 15 日	文汇报	灾区日记——一支上海医疗队在四川
2008 年 6 月 16 日	家庭医生报	"原发灶""转移灶"一次同步切除——上海中山医院肠癌肝转移治疗达国际领先水平
2008 年 6 月 16 日	上海医工报	中山医院工会慰问四川伤员和家属
2008 年 6 月 19 日	医师报	铿锵玫瑰——记上海中山医疗队的 10 名女队员
2008 年 7 月 31 日	健康家庭	走进爱心病房:中山医院
2008 年 10 月 12 日	解放日报	中山医院纪念熊汝成诞辰百周年
2008 年 10 月 31 日	中国卫生人才	荣独山——中国放射学事业的开拓者
2008 年 12 月 18 日	文汇报	上海心研所喜迎五十华诞——韩启德桑国卫题词,韩正致贺信
2009 年 1 月 4 日	新闻晚报	中山医院"门诊诊疗列车"大提速　常规检查实行网上预约
2009 年 2 月 8 日	解放日报	中山医院启动生物技术标本库,永久保存有价值临床病例
2009 年 3 月 24 日	医院报	复旦大学附属中山医院成功实施一例高龄重症冠脉搭桥手术
2009 年 4 月 1 日	文汇报	为肝肿瘤和心血管病患者提供"一站式"医疗服务,中山医院新综合楼奠基
2009 年 4 月 19 日	解放日报	中山医院首位换肝人"八岁"了
2009 年 5 月 5 日	医院报	复旦大学附属中山医院,国内率先成功使用具有监护功能的心脏起搏器
2009 年 5 月 27 日	文汇报	中山医院主编国内首部 ESD 专著和内镜护理学专著

（续表）

日　期	报刊名称	新　闻　标　题
2009 年 7 月 3 日	上海大众卫生报	用责任与使命保障心的畅通——记中山医院心内科主任、第八届"银蛇奖"得主葛均波教授
2009 年 7 月 14 日	文汇报	中山医院构建"医疗高速公路"　长三角地区患者可"一日就医"
2009 年 9 月 4 日	上海大众卫生报	给绝境中患者生的希望——记中山医院肝脏外科副主任、第九届"银蛇奖"得主周俭教授
2009 年 9 月 14 日	新民晚报	中山医院成功完成我国最大一例肝脏血管瘤切除术——为六旬翁搬掉腹内巨瘤并移植肝脏
2009 年 9 月 21 日	徐汇报	中山医院检验科获全市首家 ISO 15189 认可
2009 年 11 月 3 日	医院报	复旦大学附属中山医院首例内镜下经鼻蝶入路切除颅内脑膜瘤成功,国内首次将神经导航应用于此类手术
2009 年 11 月 19 日	新闻晚报	中山医院完成首例原位换肾手术
2009 年 11 月 23 日	文汇报	"肝癌斗士"汤钊猷院士反思:癌细胞是否一定要斩尽杀绝? 期待"中国式抗癌"
2009 年 12 月 27 日	解放日报	复旦肝癌研究所喜迎 40 华诞,韩启德、徐匡迪宋健发贺信和题词
2010 年 1 月 3 日	解放日报	中山医院两专家喜获中国内镜杰出领袖奖　外科医生一手拿刀一手拿镜成趋势
2010 年 2 月 7 日	解放日报	中山医院成为卫生部培训基地
2010 年 2 月 7 日	新民晚报	一青岛肝癌患者致信俞正声称赞中山医院:"这里的医护人员让病人舒心"
2010 年 2 月 10 日	文汇报	中山医院完成逾千例肾移植手术,免疫耐受方案助患者摆脱药物
2010 年 2 月 24 日	解放日报	中山医院专家在《柳叶刀》撰文:"让临床数据物尽其用"
2010 年 2 月 26 日	上海大众卫生报	市卫生系统发通知学习中山医院
2010 年 2 月 26 日	健康报	吴绍青:"吾已立志从医"
2010 年 3 月 2 日	解放日报	中山医院成立多学科腹部软组织肿瘤协作组
2010 年 3 月 3 日	新民晚报	5 年来,王小林教授和他的博士生们坚持上门护理一位下岗瘫痪的晚期肝癌患者,创造了一个医学奇迹——根根导尿管　生命"接力棒"
2010 年 3 月 25 日	解放日报	俞正声强调:上海必须在进一步增强自主创新能力上狠下功夫,"优势在创新,动力在创新,希望在创新"。 市科技奖励大会举行,管彤贤、陈灏珠获科技功臣奖,韩正主持,刘云耕、殷一璀出席
2010 年 3 月 25 日	解放日报	复旦大学附属中山医院陈灏珠:一辈子研究"一颗心"
2010 年 3 月 25 日	文汇报	陈灏珠——以管窥心
2010 年 3 月 26 日	Shanghai Daily	Two Honored for Science Innovation
2010 年 4 月 8 日	新闻晚报	数字化导航心血管介入手术——中山医院探索首例新技术获成功
2010 年 4 月 8 日	文汇报	手术室恍若一个"国际空间站"——国内首例数字化双平板磁导航心血管介入手术在沪获成功

（续表）

日　　期	报刊名称	新　闻　标　题
2010 年 4 月 10 日	解放日报	双平板磁导航"起死回生"——中山医院在国内首次尝试取得成功
2010 年 4 月 23 日	医院报	复旦大学附属中山医院发现世界首例脑室内原发性 Burkitt 淋巴瘤
2010 年 4 月 23 日	上海大众卫生报	上海首批医疗机构世博会医学实验室获国家认可
2010 年 5 月 9 日	解放日报	中山医院机器人辅助手术连创三项国内纪录：达芬奇机器人善用"柳叶刀"
2010 年 6 月 21 日	新闻晚报	首部《结直肠癌肝转移的诊疗指南》发布，规范治疗降低肝转移发生率
2010 年 6 月 28 日	文汇报	中山医院探索出结直肠癌肝转移治疗新模式，喜获"两个 30%"佳绩
2010 年 7 月 12 日	徐汇报	中山医院——全国首家实现跨省异地医保实时结算
2010 年 9 月 25 日	解放日报	为了患者生活质量和幸福指数——记复旦大学附属中山医院内镜中心主任姚礼庆教授
2010 年 9 月 28 日	解放日报	"怪病"三年一招解除——中山医院利用神经内镜为患者切除齿状突
2010 年 10 月 10 日	解放日报	中山医院完成国内首例经皮置换术：皮下开小口，植入主动脉瓣膜
2010 年 10 月 17 日	解放日报	"物联网医学"将成发展趋势，彻底改变"病发后到医院"的现有诊疗模式
2010 年 11 月 16 日	医院报	复旦大学附属中山医院，国内率先开展经口内镜下肌切开术治疗贲门失弛缓症
2010 年 11 月 24 日	健康报	肝癌介入治疗渐入佳境——"从不能到能、从不彻底到彻底、从肝内到肝外"
2010 年 11 月 26 日	劳动报	大爱点燃"花季少女"的希望——记全国先进工作者、中山医院副院长樊嘉
2010 年 11 月 30 日	康　复	中山医院成功为罕见肝病少女实施亲体肝移植术
2010 年 12 月 13 日	徐汇报	中山、华东特需诊疗获保柏国际认证
2010 年 12 月 15 日	新闻晨报	我眼中的名医：陈灏珠——我的良师与楷模
2010 年 12 月 15 日	新闻晨报	我眼中的名医：汤钊猷——那次诊断为我打开心结
2010 年 12 月 25 日	解放日报	用大爱之心治病救人——记复旦大学附属中山医院白学春教授
2010 年 12 月 27 日	新民晚报	解读 2010 年上海医学科技一等奖"消化道早癌的内镜诊断和微创治疗"，肿瘤切除也可以不开刀
2010 年 12 月 27 日	文汇报	低铜蓝蛋白血症是发生帕金森病的高危因素——上海中山医院科研成果在 Brain 发表
2011 年 1 月 21 日	上海大众卫生报	肝癌转移机制有多项新发现——中山医院获国家自然科学奖二等奖
2011 年 1 月 22 日	上海医工报	中山医院改革护理模式，责任护士开"有陪无护"先河

（续表）

日　期	报刊名称	新　闻　标　题
2011 年 1 月 28 日	上海大众卫生报	中山医院血管外科"点射"封堵主动脉夹层破口
2011 年 2 月 28 日	文汇报	中山医院研究肝癌转移复发取得重要进展：四跨膜蛋白 CD151 是关键因素
2011 年 3 月 11 日	文汇报	中山医院开设"一站式"骨质疏松整合门诊，减少患者奔波之苦，五个科室专家服务一个病人
2011 年 3 月 23 日	解放日报	全国政协委员、中山医院心内科主任葛均波——"新血流通隧道"的开拓者
2011 年 4 月 11 日	新民晚报	卫生部上午在沪举行出发仪式　中山医院组首批国家医疗队赴滇
2011 年 4 月 12 日	解放日报	留下一支"带不走的医疗队"——中山医院"国家医疗队"赴滇
2011 年 4 月 18 日	上海医工报	"要我做"变成"我要做"——记复旦大学附属中山医院优质护理服务
2011 年 4 月 28 日	解放日报	要让病家用得起药物支架——葛均波教授领衔摘取技术发明一等奖中唯一医学领域奖项
2011 年 5 月 4 日	健康报	上海中山医院打造"长三角一日就医圈"
2011 年 6 月 18 日	上海医工报	卫生系统推出六项举措倡导学习"樊嘉精神"——忠于职守，服务人民，勇攀高峰
2011 年 6 月 21 日	解放日报	上海影像医学研究所举行十周年庆
2011 年 7 月 6 日	文汇报	中山医院专家"秀"高超内镜技术　海博刀微创治疗术亮相米兰
2011 年 7 月 13 日	健康报	世界先进放疗设备螺旋断层放射治疗系统（Tomo）今日落户复旦大学附属中山医院并投入使用
2011 年 7 月 29 日	上海大众卫生报	"守护健康医魂彰显，创先争优推进医改"，上海卫生系统"争先创优"先进事迹报告会剪影——樊嘉：殚精竭虑，勇斗癌王
2011 年 8 月 3 日	新闻晨报	《院士抗癌新观点》新书发布会
2011 年 8 月 11 日	解放日报	汤钊猷：肿瘤患者无须"关怀备至"
2011 年 8 月 18 日	新华每日电讯	走基层，听民声——走进"小人物"急诊室里，提醒自己再耐心点
2011 年 8 月 19 日	解放日报	中山医院十科室联合闯禁区创造奇迹，成功切除罕见 21 斤腹腔巨瘤
2011 年 8 月 23 日	新民晚报	国内首部描写医学人物的采访文集《名医大家》今首发
2011 年 8 月 27 日	东方早报	汤钊猷：太极图与道德经——中国式抗癌
2011 年 8 月 30 日	医院报	复旦大学附属中山医院完成一例罕见巨大甲状腺切除手术
2011 年 9 月 9 日	徐汇报	中山医院成功救治血型稀有脊柱肿瘤少年
2011 年 9 月 26 日	健康报	复旦大学附属中山医院麻醉科六次获国家自然科学基金资助
2011 年 10 月 4 日	新民晚报	直肠癌肝转移，微创同步切除——中山医院完成一项国际首例手术
2011 年 11 月 30 日	新华每日电讯	早期肝癌诊断取得重要突破

（续表）

日　期	报刊名称	新　闻　标　题
2011 年 12 月 9 日	新民晚报	上海首例：肝移植者"10 岁"产女，"活着就是奇迹，没想到还能当妈妈"——安徽女子术后 10 年诞下新生命
2011 年 12 月 10 日	文汇报	中科院增选 51 名院士
2011 年 12 月 10 日	文汇报	无数患者的救"心"人——记中山医院心内科主任葛均波教授
2011 年 12 月 16 日	上海大众卫生报	中山医院葛均波教授当选为中科院院士
2011 年 12 月 22 日	健康报	5 年找到危急病人 1 069 名——复旦大学附属中山医院演绎关爱病人的感人故事
2011 年 12 月 30 日	解放日报	中山医院伦理委员会获国际认证
2012 年 1 月 4 日	中国科学报	走进高校中的新科院士——"葛均波：做一名中国的好医生"
2012 年 1 月 19 日	人民日报	中华医学会全科医学分会主任委员祝墡珠——全科医生要"强筋健骨"
2012 年 1 月 31 日	医院报	10 年里，他们使数万肺癌患者获益——复旦大学附属中山医院肺部肿瘤综合诊疗中心成立 10 周年
2012 年 2 月 15 日	解放日报	国家技术发明获奖项目目录（通用项目）：新型可降解涂层冠脉药物洗脱支架的研制
2012 年 3 月 13 日	解放日报	中山医院救治脊髓急性损伤致完全截瘫患者
2012 年 3 月 13 日	新华每日电讯	葛均波：既要坚持"保基本"的宗旨，也要在普遍提升待遇水平中逐步缩小城乡、不同类型人群的医保差距
2012 年 3 月 18 日	上海医工报	中国消化内镜手术媲美国际水平：中山医院周平红的内镜手术被命名为"POEM ZHOU"
2012 年 3 月 30 日	解放日报	显微外科工程师礼赞——献给陈中伟院士
2012 年 4 月 3 日	医院报	复旦大学附属中山医院成功诊治一例成人肠套叠
2012 年 4 月 6 日	解放日报	中山医院发现并证实成骨诱导因子"人工骨"不再是"骨水泥"
2012 年 4 月 8 日	文汇报	中山医院内镜中心年诊疗人数全球最多
2012 年 4 月 17 日	东方早报	肝癌治疗在沪实现重要突破，肝移植患者 5 年生存率上升 16％。中山医院新科研获市科技进步一等奖
2012 年 5 月 7 日	健康财富	汤钊猷院士：治肿瘤，开游泳处方
2012 年 5 月 7 日	文汇报	中国肺癌防治联盟成立
2012 年 5 月 16 日	上海科技报	一位专注于发明的科研工作者——记复旦大学附属中山医院呼吸科白春学教授
2012 年 5 月 21 日	徐汇报	用"心"忙碌医德高——记中山医院心内科主任、全国五一劳动奖章获得者葛均波院士
2012 年 5 月 22 日	文汇报	樊嘉：手术台实验室，两栖作战
2012 年 5 月 25 日	新华每日电讯	农民工画家陈建辉沪上换肝记
2012 年 6 月 5 日	新闻晚报	葛均波院士在国内率先施行经导管二尖瓣修复术：新技术无须开胸，创口极小

（续表）

日　　期	报刊名称	新　闻　标　题
2012 年 6 月 25 日	中国科学报	陈嘉庚科学奖，"中国诺奖"的追求与梦想、陈嘉庚生命科学奖获得者汤钊猷：肿瘤研究的"普通一兵"
2012 年 7 月 7 日	解放日报	中山医院启动"四证合一"课程
2012 年 7 月 9 日	人民日报	上海中山医院全科医学生毕业可执业
2012 年 7 月 13 日	人民日报	爱心帮农民工圆了画家梦
2012 年 7 月 28 日	健康报	2011 医院改革创新亮点——复旦大学附属中山医院优化流程，打造"一日就医"
2012 年 7 月 31 日	文汇报	全面科学管理，打造行业先锋——复旦大学附属中山医院检验科的管理学
2012 年 8 月 1 日	中国科学报	我国首个循证护理证据应用基地落户复旦中山
2012 年 8 月 1 日	医院报	我国第一个循证护理实践证据应用基地落户上海中山医院
2012 年 8 月 9 日	新闻晚报	中山医院呼吸科率先尝试"物联网医学"全新诊治模式——在家睡一夜，病情远程传到医院
2012 年 8 月 17 日	新华每日电讯	上海：细节做起，让病人感受医改
2012 年 8 月 20 日	文汇报	给"伤心处"打一个"铆钉"——上海医生在喀什完成南疆首例微创先心病手术
2012 年 8 月 20 日	新民晚报	援疆医疗队转变思路，在喀什打造 5 个临床医学高地——上海医生会开刀更会带徒弟
2012 年 8 月 20 日	健康报	"保证检验数据质量，就是保证生命安全"——复旦大学附属中山医院规范检验管理侧记
2012 年 8 月 29 日	上海科技报	内镜手术技惊四座——记复旦大学附属中山医院内镜中心副主任周平红
2012 年 8 月 29 日	新闻晨报	中山医院潘柏申教授谈检验科的管理学：质量就是生命线
2012 年 8 月 31 日	中国科学报	肝炎与肝癌防治研究协同创新中心成立
2012 年 9 月 3 日	健康报	汤钊猷和施杞当选为"上海市教书育人楷模"
2012 年 9 月 6 日	新民晚报	中山医院专家接力手术抢救脑出血孕妇：剖腹接生男婴，微创切除脑瘤
2012 年 9 月 11 日	中国科学报	上海中山医院成功开展经皮椎间孔镜下髓核摘除术
2012 年 9 月 14 日	人民日报	骨头汤，既不补钙也无害
2012 年 9 月 18 日	医院报	复旦大学附属中山医院骨科成功开展经皮椎间孔镜下髓核摘除术
2012 年 9 月 21 日	文汇报	2012 教书育人楷模：复旦大学肝癌研究所所长、中山医院外科学教授汤钊猷——"我再能干也只是一个人"
2012 年 9 月 26 日	健康周报	治疗预防，双管齐下——访复旦大学附属中山医院神经内科主任汪昕教授
2012 年 10 月 12 日	解放日报	中山医院"国家医疗队"援滇援疆
2012 年 10 月 27 日	东方早报	陈灏珠：看透"心病"

（续表）

日　　期	报刊名称	新　闻　标　题
2012 年 10 月 30 日	上海大众卫生报	上海五"十佳"评选结果揭晓,中山医院樊嘉教授等优秀医务工作者获殊荣
2012 年 11 月 26 日	文汇报	《2011 年度中国最佳医院综合排行榜》揭晓,申城 19 家医院上榜,瑞金中山华山跻身前十
2012 年 12 月 12 日	文汇报	上海 17 家医院试点器官捐献,捐献器官将按国际原则和国家规定进行自动排序分配
2012 年 12 月 18 日	健康报	《中国卫生》2012 年度医改三大评选揭晓,"十大医改新闻人物"——王玉琦
2012 年 12 月 18 日	医院报	樊嘉荣膺"十佳全国优秀科技工作者"称号
2013 年 1 月 8 日	解放日报	中山医院敢于突破禁区,完成国际首例三椎节脊柱复发肿瘤整块切除术
2013 年 1 月 19 日	文汇报	国家科技进步奖二等奖项目:肝癌肝移植术后复发转移的防治新策略"监视免疫功能,降低复发风险"
2013 年 1 月 19 日	新民晚报	肝移植 5 年生存率提升——中山医院 12 年研究术后复发转移防治策略
2013 年 1 月 19 日	东方早报	樊嘉:解密肝癌转移复发
2013 年 1 月 23 日	健康报	中山医院樊嘉教授课题组相关研究获国家科技进步奖二等奖
2013 年 1 月 30 日	上海医工报	以五"十佳"精神引领社会风尚——樊嘉:全心全意地为病人服务
2013 年 2 月 6 日	光明日报	打造"流动的中山医院"——复旦大学附属中山医院援建边区纪实
2013 年 3 月 5 日	新民晚报	中山医院党政班子自愿捐献器官
2013 年 3 月 19 日	文汇报	中山医院实施国际首例肠癌肺转移同步切除术
2013 年 3 月 22 日	人民日报	培养医生不能"广种薄收"
2013 年 4 月 7 日	新民晚报	中山医院内镜中心年诊疗 8 万人次,诊疗水平达世界前列
2013 年 4 月 11 日	天天新报	上海集结专家力量全力救治 H7N9 病例,病房内医护人员身体状态良好
2013 年 4 月 19 日	解放日报	纵有"千千结",也需用心解——专访上海中山医院副院长樊嘉教授
2013 年 4 月 22 日	天天新报	中山、华山医院 3 名专家飞赴成都
2013 年 4 月 22 日	劳动报	上海全城集结"物资到位人员待命",沪医疗专家抵达成都参加救援
2013 年 4 月 23 日	新闻晚报	沪首批三位专家今进重灾区:排查危重病员,最大限度降低死亡率、致残率
2013 年 4 月 23 日	解放日报	中山医院"大肠癌肝转移治疗"取得重大突破:铆住三关,突破病人低生存率瓶颈
2013 年 4 月 24 日	新闻晚报	上海专家赴川筛查危重患者
2013 年 4 月 25 日	健康报	杨秉辉获上海科技进步奖一等奖

（续表）

日　期	报刊名称	新 闻 标 题
2013 年 5 月 8 日	中国科学报	上海中山医院成功救治罕见 VHL 病兄妹
2013 年 5 月 28 日	上海大众卫生报	国内首例经皮肺动脉瓣置入术在沪完成
2013 年 8 月 21 日	劳动报	沪首例肠癌肝转移机器人手术成功
2013 年 8 月 24 日	文汇报	上海首例公民逝世后器官捐献完成
2013 年 8 月 27 日	医院报	复旦大学附属中山医院成功试行上海首例肠癌肝转移机器人辅助微创同步切除术
2013 年 8 月 31 日	上海医工报	中山医院普外科团队 10 年攻关苦斗结直肠癌,转化性治疗帮助患者重获手术机会
2013 年 9 月 8 日	新民晚报	第三届"上海市教育功臣"群英谱
2013 年 9 月 11 日	健康报	我国首例自主研发可降解支架植入术完成
2013 年 9 月 26 日	解放日报	全国十大"我最喜爱的健康卫士"揭晓,中山医院樊嘉教授当选
2013 年 9 月 30 日	家庭医生报	国际首创"云计算家庭病人管理系统"启动试用
2013 年 9 月 30 日	上海医工报	我国支架研发冲上国际前沿
2013 年 11 月 6 日	新闻晚报	复旦学者成功创建心脏研究新图谱
2013 年 11 月 7 日	新闻晚报	巴林特小组:管控压力阀,融医患坚冰
2013 年 11 月 7 日	健康报	全球首个心脏细胞器蛋白质图谱库建成
2014 年 1 月 14 日	文汇报	创新不止,只为"补心"——追忆我国胸心外科奠基人之一石美鑫教授
2014 年 3 月 7 日	解放日报	中山医院完成亚洲首例"机器人"辅助成人—幼儿肝移植:"医生帮我把健康还给宝宝"
2014 年 3 月 14 日	文汇报	上海中山医院完成世界首例应用达芬奇机器人微创手术——机器人动刀,三病灶"一锅端"
2014 年 3 月 24 日	文汇报	市肝病研究所落户中山医院
2014 年 3 月 27 日	新闻晨报	本市成功实施首例左心耳封堵术
2014 年 3 月 31 日	文汇报	中山医成功施行左心耳封堵术:房颤患者"血栓根据地"被密闭
2014 年 3 月 31 日	人民日报	国家住院医师规范化培训制度启动,塑造"标准化"医生
2014 年 4 月 8 日	新民晚报	在跳动的心脏上完成手术——中山医院成功实施全机器人搭桥手术
2014 年 4 月 28 日	劳动报	坚守承诺——记上海市五一劳动奖章获得者、中山医院内镜中心姚礼庆
2014 年 5 月 25 日	新华每日电讯	上海:"不开胸不停跳"心脏瓣膜置换手术成功
2014 年 8 月 4 日	新民晚报	中山医院专家赶赴云南抗震救灾
2014 年 8 月 5 日	文汇报	上海爱心接力　千里驰援灾区
2014 年 8 月 5 日	解放日报	中山医院专家赴灾区　市红十字会救灾物资抵滇
2014 年 8 月 14 日	解放日报	沪医疗队援非抗击埃博拉

（续表）

日　　期	报刊名称	新　闻　标　题
2014 年 8 月 16 日	新民晚报	上海抗埃博拉，赴尼日利亚医疗队整装待发
2014 年 8 月 18 日	新民晚报	中山医院赴滇救援医生前往永善县"新震中"
2014 年 8 月 18 日	新民晚报	中山医院首推物联网模式提供肺癌早期诊断：二维码扫一扫，病历直接发给专病门诊
2014 年 8 月 20 日	劳动报	90 后药剂师推迟婚期"救人要紧"　中山医院白衣天使再度捐献干细胞
2014 年 10 月 10 日	中国科学报	我国自主研发主动脉瓣膜完成首例植入
2014 年 10 月 31 日	上海医工报	中山医院微创心脏瓣膜手术技术世界领先　中国首秀"TA－TAVI 手术"获国际掌声
2014 年 11 月 11 日	上海大众卫生报	中山医院"品管圈"有助提升医疗质量
2014 年 11 月 16 日	新民晚报	百年"公共卫生中心"挂牌中山医院南院
2015 年 1 月 3 日	解放日报	"我是医生，别担心，会好起来"——中山医院专家的会诊札记
2015 年 1 月 3 日	中国青年报	死神面前：有人当天使，有人作看客
2015 年 1 月 7 日	文汇报	无须开胸，心脏跳动下完成换瓣——中山医院实施国内首例冠脉搭桥术后经心尖微创主动脉瓣置换术
2015 年 1 月 12 日	新民晚报	中山医院"数字化"获国际认可，成为沪上首家 HIMSS 6 级医院
2015 年 1 月 16 日	上海大众卫生报	腰椎间盘突出症可防可治——中山医院董健教授领衔"专家解答腰椎间盘突出症"项目获 2014 年国家科学技术进步奖
2015 年 1 月 26 日	解放日报	有病家在急诊室住了 7 年多，何故？急诊患者长期滞留，并非中山医院独有，已成申城三甲医院急诊部"流行病"
2015 年 2 月 1 日	文汇报	3D 打印导航心外科手术在沪成功，将患者二维影像数据转化成栩栩如生的心脏模型，使经导管主动脉瓣置换手术过程简化、更准确安全
2015 年 2 月 12 日	新民晚报	你的"废弃"肝脏，我的"生命枢纽"——中山医院完成世界首例"利用切除废弃肝脏行成人-儿童肝移植"
2015 年 2 月 25 日	解放日报	"中山标准"是怎样诞生的——复旦大学附属中山医院瞄准前沿趋势勇于创新，内镜治疗团队走在世界同行最前列
2015 年 2 月 28 日	新民晚报	中山医院东院区正式启用，肝肿瘤和心血管病患者下周看病情"东移"
2015 年 5 月 3 日	文汇报	中山医院首次派员赴 3 000 米以上高原救灾，日喀则手术室里过"五一"
2015 年 5 月 8 日	解放日报	200 公斤胖小伙减重出院，是申城迄今减重手术最胖患者，一年内有望减 40 公斤
2015 年 5 月 21 日	解放日报	中山医院内镜中心的创新技术走在世界最前列　"中山标准"为患者重拾尊严
2015 年 5 月 23 日	文汇报	让更多创新人才团队不断涌现——杨雄会见中山医院内镜中心创新团队先进事迹报告团

（续表）

日　期	报刊名称	新　闻　标　题
2015 年 6 月 4 日	新民晚报	中山医院肝外科完成本市首例"经胸腔镜镜微创肝癌切除术"，胸腔镜深入腹腔"缉拿"肝肿瘤
2015 年 6 月 13 日	Shanghai Daily	Doctor Striving to Change Hearts and Minds
2015 年 8 月 5 日	文汇报	上海援藏干部牵线，藏族同胞千里求医："感谢上海医生给我二次生命"
2015 年 8 月 27 日	解放日报	"孤肾"患者除瘤保肾，中山医院 27 分钟切除 5 个肿瘤
2015 年 11 月 9 日	新民晚报	上马选手中途倒地不省人事，医生跑友紧急救助抢回一命
2015 年 11 月 18 日	解放日报	八旬患者重度主动脉瓣狭窄，中山医院极微创换瓣成功
2015 年 12 月 1 日	新民晚报	中山医院葛均波院士团队力挽命悬一线高龄心瓣患者，不开胸换"心门"让 80 岁患者获新生
2015 年 12 月 30 日	复旦	中山医院完成世界首例低温冷冻消融去肾动脉交感神经术
2016 年 1 月 9 日	新民晚报	结直肠癌肝转移"个体化综合治疗"
2016 年 1 月 18 日	解放日报	八旬翁假牙卡气管情况危急　中山医院团队为老人巧手解难
2016 年 1 月 31 日	新民晚报	切除肾上肿瘤，再移植肾给女儿——中山医院完成沪上首例供肾小肾癌切除后活体移植手术
2016 年 2 月 2 日	医院报	中山医院在世界范围内首次将 POEM 技术应用于幽门痉挛内镜微创治疗获成功
2016 年 2 月 3 日	中国科学报	"人工肺"打破重症肺炎"死亡魔咒"
2016 年 2 月 25 日	解放日报	12 岁肝移植女孩在西安找到，2005 年在中山医院接受亲属活体肝移植
2016 年 3 月 3 日	上海医工报	春节里的"中山人"
2016 年 3 月 15 日	上海大众卫生报	为子宫肌瘤妈妈保留生育希望
2016 年 3 月 22 日	医院报	成功切除乳房罕见巨大恶性肿瘤
2016 年 3 月 30 日	复旦	"医企联手"实现心脏疾病治疗研发专利转让：中山医院葛均波团队发明"一种经外周动脉途径植入的主动脉瓣环系统"
2016 年 4 月 5 日	健康报	葛均波院士飞机上急救美国患者
2016 年 4 月 19 日	解放日报	防治疾病"出技术"也要"出指南"
2016 年 4 月 20 日	新民晚报	患者体内三部分肿瘤"一锅端"——中山医院多科协同施行国内首例肺癌同时侵犯椎体肋骨手术
2016 年 5 月 5 日	文汇报	中山医院成功完成沪上首例 ABO 血型不相容肾移植手术
2016 年 5 月 5 日	健康报	上海中山医院送医大别山——中山医院专家团队赴安徽省霍邱县开展义诊
2016 年 5 月 6 日	文汇报	中山医院周边交通"消肿"——对周边马路"化瘀"处理后，医学院路畅通得像一条步行街
2016 年 5 月 6 日	文汇报	一家医院可以"养活"多少人
2016 年 5 月 25 日	文汇报	医生观念陈旧会让患者过早离世，术前新辅助腹腔与全身联合化疗 NIPS 治疗

（续表）

日 期	报刊名称	新 闻 标 题
2016 年 6 月 19 日	新民晚报	把上海 7 家大牌科室"搬"到喀什,中山医院心内科葛均波院士连续三年进行技术指导
2016 年 6 月 21 日	健康报	在日喀则,上海"安吉拉"缔造奇迹——中山医院援藏纪实
2016 年 6 月 22 日	文汇报	大肠癌治疗全面步入精准时代——中山医院普遍采用基因测序,不同患者分组治疗
2016 年 7 月 17 日	解放日报	医疗援藏从"输血"到"造血"——上海医生为当地培养一支带不走的医疗队,填补医疗技术"鸿沟"
2016 年 7 月 20 日	新民晚报	中山医院肝外科 VR 手术直播首次面向"患者学员"
2016 年 8 月 1 日	健康报	"上海模式"描绘南疆医学高地蓝图——上海市对口支援新疆喀什地区第二人民医院建设纪实
2016 年 9 月 13 日	文汇报	读懂患者"心事" 消除患者"心痛"
2016 年 9 月 19 日	健康报	住培管理如何成为"最欣慰的事"
2016 年 9 月 26 日	健康报	上海中山:希望埋下一些"种子"
2016 年 9 月 27 日	新民晚报	92 岁患者巨大肝肿瘤切除
2016 年 9 月 28 日	中国科学报	葛均波院士团队专利成果成功转化 有望用于心脏瓣膜微创治疗
2016 年 9 月 30 日	上海医工报	放学的孩子去哪儿? 中山医院工会开办晚托班为职工解忧
2016 年 10 月 10 日	东方早报	"既要会看病也要为患者省钱"——中山医院心内科主任葛均波研发国产药物支架,每个降至万元,每年可省 12 亿
2016 年 10 月 27 日	中国医学论坛报	TAVR 入路,"条条大路通罗马"
2016 年 11 月 7 日	新民晚报	大雾连环车祸已致 9 死 43 伤,中山医院胸外科和普外科派出市级专家会诊
2016 年 11 月 18 日	中国科学报	樊嘉:不断创新的"医学人生" 中山医院肝外科樊嘉获何梁何利基金"科学与技术进步奖——医学药学奖"
2016 年 12 月 7 日	解放日报	援滇之后又踏上援摩征程
2016 年 12 月 19 日	文汇报	3 根钢针扎入胸部刺破心脏 心外科微创手术精准取针
2017 年 1 月 4 日	健康报	"气球"之内架"桥梁"
2017 年 1 月 26 日	健康报	大医院如何告别"越位"发展
2017 年 2 月 17 日	文汇报	新设"有温度"的晚托班,中山医院筹划暖心事解职工后顾之忧
2017 年 2 月 28 日	新闻晨报	电子烟无害? 同样释放有害物质
2017 年 3 月 2 日	健康报	医生的动力来自病人
2017 年 3 月 22 日	文汇报	新型颈椎融合器有望临床应用
2017 年 3 月 29 日	复旦	用行动感恩:肝移植康复者"变身"医院志愿者
2017 年 4 月 6 日	文汇报	沪急性肾损伤发病率引起关注
2017 年 4 月 9 日	文汇报	中山医院打造内镜技术高地

（续表）

日　　期	报刊名称	新　闻　标　题
2017 年 4 月 17 日	文汇报	正值青春年少,他为何多次倒下?
2017 年 4 月 19 日	复旦	中山医院专家成功实施两例高龄患者骨科手术
2017 年 4 月 26 日	新民晚报	"食不下咽"警惕贲门失弛缓症
2017 年 5 月 8 日	健康报	研究跟上了,医院才能"拔尖儿"
2017 年 5 月 20 日	Shanghai Daily	Depression Lurks Amid Stresses of Life
2017 年 6 月 24 日	健康报	晚期肠癌患者也能重获新生
2017 年 7 月 23 日	文汇报	"中山经验"让医学科普"接地气":中山医院科普文章与核心科研论文一样纳入绩效考核
2017 年 8 月 11 日	健康报	医院的"医格"源自何处——中山医院举行"中国医院历史与医学人文论坛"
2017 年 8 月 15 日	新民晚报	院士领衔手术救治彩云之南"心肝宝贝"
2017 年 8 月 17 日	医师报	中山专家挑战"定时炸弹"卡颈胸
2017 年 9 月 16 日	文汇报	"中山模式"破解跨学科就诊难题——中山医院"多学科协作诊疗模式"实现"挂一次号看多科专家门诊"
2017 年 9 月 19 日	文汇报	亟须提升护士职业荣誉感获得感 第六届中国医院临床专科建设与发展论坛暨中山医院八十周年学术论坛
2017 年 9 月 19 日	解放日报	"人工智能:解放医生还是解雇医生"——中山医院八十周年学术论坛热议人工智能的医疗应用
2017 年 11 月 7 日	青年报	公益宣传片引领健康科普新玩法——中山医院公益宣传片《健康自习室缓解焦虑篇》获上海市"健康中国　美丽上海"公益广告大赛铜奖
2017 年 11 月 12 日	解放日报	国产高精尖医疗影像设备"突围":中山医院与上海联影携手合作,推动自主创新设备不断优化,将扭转"全进口"局面
2017 年 11 月 29 日	解放日报	搞医学科研,要沉得住气不计较名利——上海新增科学院院士、肝癌专家樊嘉
2017 年 12 月 18 日	解放日报	智造企业融入医改和医学创新:上海联影参与打造技术平台助力分级诊疗,与多家医院"产学研用"合作取得创新成果
2017 年 12 月 19 日	上海大众卫生报	科研实力哪家强? 上海自有"一杆秤"——中山医院在 2016 年度上海市三甲医院科研竞争力评价综合实力位居第一
2017 年 12 月 22 日	解放日报	"上海医改十大创新举措"推选,25 条举措入围　中山医院"开辟实验室与病房双向通道,加快医学专利成果转化"

索引

表 格 索 引

图 片 索 引

编　后　记

　　历时五个寒暑，历经多轮编修，在医院领导及全院职工的共同努力下，在全国上下共同庆祝中国共产党成立100周年的喜庆时刻，《上海市级专志·中山医院志》终于顺利完成！欣喜之余，回顾过往，院志编纂的点点滴滴历历在目，不断闪现。

　　2010年，上海市启动第二轮新编地方志书编纂工作，复旦大学附属中山医院有幸被列入上海市级专志编纂规划。医院上下对此倍感荣耀，高度重视，积极落实。2016年，中山医院成立《中山医院志》编纂委员会，院长、书记共同担任编纂委员会主任，其他院党政领导兼任副主任。同时成立院志编纂工作小组具体落实编纂工作，正式启动院志编纂，并进行了体制、机制的全面保障。

　　院志编纂涉及80年来医院发展的方方面面，包括党委机关、行政管理部门及全院50多个业务科室，涉及面广、时间跨度长，很难由单一部门或科室独立完成。为高效精准完成编纂，医院确立了医院与部门-科室双重负责制以及部门-科室联络员制度来确保院志编纂的内容准确性及进度。由科室主任或部门负责人代表科室或部门按照医院规定的时间节点和标准提交编纂内容，科室和部门指派专人（联络员）负责与医院编纂工作小组对接，并全程参与。在此，特别感谢各业务科室及职能部门负责人的全力支持和配合。

　　与兄弟医院相比，《中山医院志》起步稍晚，时间紧、任务重。所幸，医院一直注重院志、院史资料的整理汇总，前期正式编辑出版《跨世纪的辉煌——中山医院志 1937—2007》（简称《70周年志》）、《岁月如歌　中山如炬——复旦大学附属中山医院建院80周年志》（简称《80周年志》）等著作，有较全面的资料准备和积淀，为院志的规范编纂奠定了坚实基础。特别感谢医院《70周年志》《80周年志》的前辈编纂人员，留下了丰富的历史资料。

　　相较医院《70周年志》《80周年志》的编辑出版，此次《中山医院志》的编纂参照《〈上海市志（1978—2010）〉编纂行文规范》，有更严谨的志书编写规范和格式，而各科室及部门的供稿人员，甚至编纂工作小组相关人员，均缺乏相关的专业背景和写作经验。针对此问题，医院在正式启动编写工作后，召集工作组人员及各科室联络员进行多次的院志内容编写原则、规范及编写方法的全员业务培训，统一院志编写格式，从源头规范编纂工作，减轻后续评审及修改压力。特别感谢上海市地方志办公室洪民荣主任、王依群副主任、过文瀚处长及赵明明老师多次来院进行现场讲解及答疑，显著提升了编纂效率。

　　与医院《70周年志》《80周年志》侧重于反映医院阶段性发展成就不同，《中山医院志》的编纂要求展现全貌，全面覆盖1937—2017年的所有发展轨迹，要求全面展示医院80年发展史上的重要人物和事件。因此，深入挖掘医院早期发展史料及佐证并行深入查证和甄别显得尤为必要。编纂工作小组联合各科室联络员到医院档案馆、上海医学院档案馆、上海市档案馆进行资料查询及史料甄别。对于相关资料中有矛盾的重要历史人物、时间、事件，编纂人员多头并进，多种途径进行审核、确认。对于部分历史久远的资料,编纂人员积极向医院老领导、老专家、老职工请教,现场采访,确保资料的完整性和权威性。特别感谢相关单位及部门对中山医院的支持,并向各位老同志致敬!

为确保院志编撰的高质量、高水平,《中山医院志》历经评议、审定、验收三次大的外部评审流程,且每次外送评审前均先进行医院内部自评,邀请医院领导、科室负责人及医院老专家、老领导进行审阅。外审工作均由上海市地方志办公室组织,邀请上海市卫生系统、新闻出版系统、志史研究领域、行政管理部门等各方面专家现场评议、指导修改。评议稿、审定稿、验收稿的评审流程和侧重点各不相同。评议稿审阅意见主要集中于篇章布局欠合理、撰写格式不规范、重要内容缺项、图片重复、内容自相矛盾等问题。审定稿的专家意见主要集中于文字表达不严谨、临床特色体现不明显等细节层面。经过两轮的修改,验收稿已经较完善,评审意见进一步聚焦于图片美观、文字优化等更高要求层面。经历评议稿、审定稿、验收稿三轮的评审修改,《中山医院志》基本完成了初期的编纂目标,能全面反映中山医院80年的发展脉络和临床特色,体现了中山水平和中山精神。特别感谢医院退休专家、领导以及相关单位的评审专家,他们精益求精的严谨态度以及一丝不苟的求实精神深深打动了我们,也显著提升了《中山医院志》的编纂水平。

以史为鉴知兴替,以史正人明得失,以史化风浊清扬。院志的编纂过程不仅是一项工作任务,更是一次精神洗礼。从1937到2017年,从抗日战争到中国特色社会主义新时代,一代代医学前辈大家向我们缓缓走来,越来越清晰,越来越丰满。80年的风雨历程丰富了中山历史,一代代中山人的家国情怀、医者仁心和精勤奉献铸就了中山文化。这一切孕育和诞生了"一切为了病人"的中山精神,"严谨、求实、团结、奉献、创新、关爱"的核心价值观,激励和鼓舞着中山人勇往直前、创造新辉煌。

虽然力求全面准确,但限于史料搜集难度较大、编著者水平有限,《中山医院志》难免有疏漏及不足之处,殷切希望各位专家及读者给予批评指正。

编者

2021年7月

图书在版编目（CIP）数据

上海市级专志 . 中山医院志 / 上海市地方志编纂委员会编 .
—上海：上海科学技术文献出版社，2021

ISBN 978-7-5439-8442-4

Ⅰ . ① 上… 　Ⅱ . ① 上… 　Ⅲ . ① 上海—地方志② 医院—
概况—上海 　Ⅳ . ① K295.1 ② R199.2

中国版本图书馆 CIP 数据核字（2021）第 195880 号

中山医院志

编　　者：上海市地方志编纂委员会
责任编辑：徐　静
封面设计：严克勤
出版发行：上海科学技术文献出版社
　　　　　上海市长乐路 746 号　邮编 200040
　　　　　http://www.sstlp.com
排　　版：南京展望文化发展有限公司
印　　刷：上海中华商务联合印刷有限公司
开　　本：889mm×1194mm　1/16
印　　张：45.375
插　　页：20
字　　数：1 189 000
版　　次：2021 年 12 月第 1 版　2021 年 12 月第 1 次印刷
书　　号：ISBN 978-7-5439-8442-4
定　　价：800.00 元